杜鹰 区域经济研究文集

[上卷]

中国财经出版传媒集团
经济科学出版社
Economic Science Press

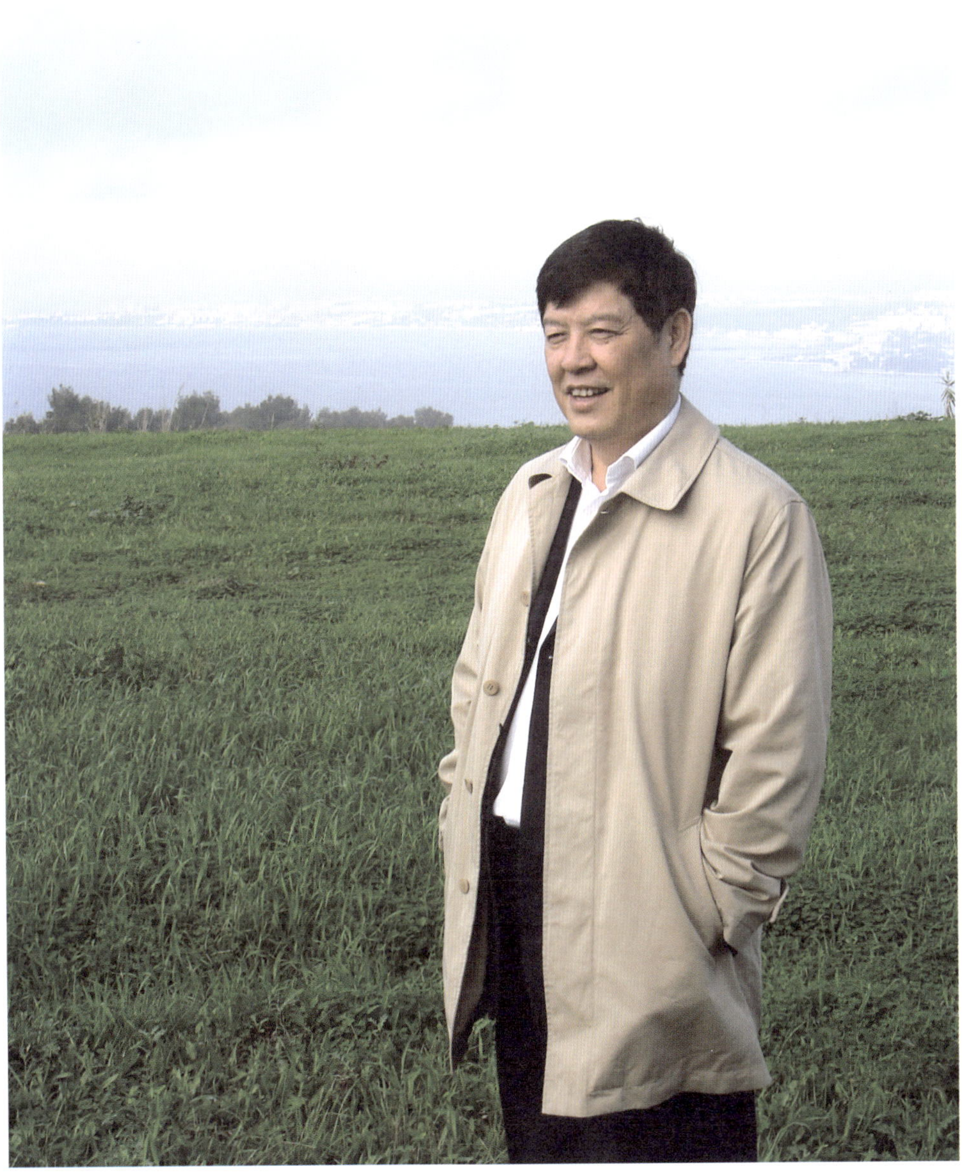

自　序

我是研究农业农村问题出身的，研究区域经济，纯粹是出于工作需要。2005年任国家发改委副主任后，即协助主要领导分管地区经济工作，先是分管地区经济司，2008年后又分管西部开发司、东北振兴司，同时牵头承办中央交办的西藏、新疆经济社会发展事务。2014年退出一线工作岗位，先后任国务院参事、全国政协民宗委副主任、中央新疆办副主任，仍继续从事区域经济工作。正是因为这样的经历，我对区域经济的研究如同研究农业农村问题一样，主要是为决策服务的。

在国家发展改革大局中，区域经济占有重要地位。从理论上讲，区域经济是中观层次的问题，区域经济发展得好不好、协调不协调，直接关系到宏观经济运行的速度、质量和效益，是宏观经济不可分割的重要组成部分，也是宏观调控的重要手段。从实际情况看，我国幅员辽阔，各地情况千差万别，区域发展不平衡是我国的基本国情。尤其是在工业化、现代化发展的一定阶段上，地区差距通常呈扩大趋势，若差距过大，又与民族、宗教问题纠葛在一起，就不仅仅是经济问题，还会引发社会问题、政治问题，因此绝不可等闲视之。

我从事区域经济工作这十几年，正值我国区域发展战略转换的时期。改革开放前20年，我国实施的是沿海地区率先开放率先发展的非均衡发展战略。世纪之交，根据邓小平同志"两个大局"的战略构想，党中央做出实施西部大开发的战略决策；2005年，党的十六届五中全会第一次完整地提出以西部大开发、东北等老工业基地振兴、中部崛起、东部率先为主体框架的区域协调发展战略。在发展战略转换的大背景下，区域经济实践和研究空前活跃，不少重点地区的发展问题上升到国家层面，大量的区域政策调整任务提上日程。根据党中央、国务院的部署，国家发改委会同有关部门深入各地调查研究，密集制定了几十个区域性政策文件和发展规划。这些文件和规划，地域上覆盖了"四大板块"的不同区域，内容上涉及区域协调发展的方方面面，进一步明确了不同地区发展的战略定位、基本思路和主要任务，实化细化了区域协调发展的政策措施。区域协调发展战略的实施，对遏制地区发展差距扩大势头、促进形成更富活力的区域经济版图发挥了重要作用。

党的十八大以来，我国经济由高速增长转向高质量发展新阶段，对区域协调发展提出新要求。以习近平同志为核心的党中央统筹内外、着眼全局，尊重客观规律，在更高层次上提出并实施京津冀协同发展、长江经济带发展、共建"一带一路"、粤港澳大湾区建设等区域重大战略，推动形成带动全国高质量发展的新动力源；同时坚持发挥不同地区比较优势，走分工合理、优化发展的路子，进一步完善区域经济政策体系，推动形成纵横联动的区域协调发展新格局，我国区域经济发展由此进入新阶段。这期间，国家发改委的地区经济工作任务依然繁重，我也参与了其中一些战略规划的研究制定工作。

区域经济是个大课堂，实践是最好的老师和教材。我和我的同事们在多年从事区域经济工作的实践中学到了太多的东西，不仅加深了对中国国情和各地区情的认识，深化了对区域发展一般规律从感性到理性的理解，而且在如何做好区域经济工作方面积累了不少有益的经验。这里，择其要者列举如下。

在区域发展战略方面，对新中国成立以来我国区域发展战略演进的脉络进行梳理，认为先后经历了均衡发展战略、非均衡发展战略、协调发展战略三个阶段。这说明，国家的区域发展战略不是一成不变的。区域发展战略的每一次转换，不仅是基于国内外形势和发展环境的变化，而且也是发展观更新的结果。调整区域发展战略，会触及到"路径依赖"和利益关系的调整，有如中央决策西部大开发之初，有同志一时不理解一样，需要通过实践检验和思想碰撞来统一人们的认识。

关于区域协调发展的内涵，我们将其概括为四点：一是要逐步缩小地区发展差距，这是促进区域协调发展的首要任务；二是要充分发挥不同地区的比较优势，这是促进区域协调发展最重要的着力点；三是要优先促进基本公共服务均等化，使发展水平不同区域的人们共享改革发展成果，这是促进区域协调发展的根本目的；四是加强空间管治，优化国土开发格局，真正把发展建立在人与自然和谐相处和可持续的基础上。这四条，既是做好区域经济工作的基本原则，也是衡量区域发展协调与否的重要标志。

在支持特定区域发展方面，要从明确该区域的战略定位入手，着力解决主要矛盾。我们在实践中体会到，抓住战略定位就是坚持目标导向，抓住主要矛盾就是坚持问题导向，这样才能做到纲举目张。比如，新疆的发展就要服从于维护社会稳定和实现长治久安总目标，这是由新疆反分裂斗争的主要矛盾决定的；再比如，青海是我国最重要的生态屏障，支持青海发展就要把生态保护放在优先位置；又比如，巩固河南粮食生产核心区地位，面临的主要矛盾是农业现代化与工业化、城镇化不协调，就要把促进"三化"协调作为全部工作的主线，等等。为此，实际工作中要做到"吃透两头"，上要吃透中央的精神和战略意图，下要吃透省情区情，并把两者紧密结合起来，唯其如此，方能成事。

在区域政策制定方面，要正确看待和处理全国统一市场与差别化政策的关系。任何区域比较优势的发挥和不同区域间比较优势的交换，都离不开竞争性市场的筛选，因此，建立全国统一市场，是促进区域协调发展最重要的前提。另一方面也要看到，市场不是万能的，由于"马太效应"的存在，要缩小地区发展差距，的确需要政府制定差别化的区域政策。制定差别化政策的目的，是为了帮助特定区域更好地进入市场，更好地参与竞争。因此，不应把全国统一市场与差别化区域政策、市场机制作用与政府作用对立起来，在区域经济工作的实践中要特别注意防止两个方向上的片面性。

在促进中西部发展方面，指出"赶"与"转"是中西部发展面临的双重任务。一方面，中西部地区处在工业化的初中期阶段，加快发展和赶超、缩小与东部地区差距的任务十分繁重；另一方面，时代已不允许中西部重蹈沿海发达地区早期工业化的老路，必须加快转变发展方式，这就要求中西部的发展必须把"赶"与"转"结合起来，在发展中转型、在转型中发展。为此，中西部地区要立足自身资源优势和沿边开放、向西开放优势，抓住产业转移、工业化与信息化融合发展和共建"一带一路"的重大机遇，创造性地走出一条新路来；同时也要求东部沿海发达地区继续坚持外向型战略取向，为中西部地区又好又快发展腾出市场空间。

在沿边开发开放、向西开放方面，指出全方位对外开放要着力改变"东强西弱、海强边弱"的格局。扩大沿边开发开放、向西开放不仅具有重要的战略意义，而且也具备有利条件和巨大潜力。与沿海开放相比，沿边开放具有"一对一"的性质、易受外部政经环境影响、自身经济实力较弱等特点。为此，沿边开放要切实恪守亲、诚、惠、容的周边外交方针，树立正确的义利观，积极参与国际次区域合作；要把交通基础设施互联互通放在优先位置，充分发挥通道经济潜力；特别是要把沿边的窗口作用与腹地的支撑作用有机结合起来，形成对外开放的综合优势，共同打造内陆型对内对外开放新高地。

在落实主体功能区规划方面，强调加快建立生态补偿机制的重要性，指出生态补偿机制是根据生态服务价值和保护成本调节利益攸关者关系的公共制度安排，目的是使生态环境保护成本内部化，形成谁开发谁保护、谁受益谁补偿的约束激励机制。这不仅是生态文明建设的内在要求，也是促进区域协调发展的重要举措。在认真总结国内外生态补偿实践经验的基础上，着手开展《生态保护补偿条例》的前期研究，初步厘清了相关的理论和实践问题，为后续工作打下良好基础。

在推进工作的方法上，要坚持统筹兼顾、突出重点。"不谋全局者，不足以谋一域"。促进区域协调发展，要牢固树立"全国一盘棋"思想，统筹协调不同区域之间的关系，着力发挥不同区域的比较优势，促进形成分工明确、优势互补、良性互动、协调发展的区域格局。同时也要突出重点。发达地区和欠发达地区是区域发展类型中的"两极"，在处理区域发展效率与公平的关系中具有典型性和标志意义。从实践看，采取"抓两头、带中间"的工作思路是奏效的，抓住了这两头，就抓住了区域经济的关键环节，就可以带动区域协调发展大局。

以上认识，不一而足，虽多属经验之谈，但今天看来仍是有启发意义的。

展望未来，做好新时期的区域经济工作，既任重道远，又值得期待。任重道远是指，近些年来，区域经济出现了一些区域分化的苗头和倾向，这种区域分化不仅表现在四大板块之间及板块内部，还表现为全国经济重心进一步南移，说明仅仅限于原有的区域划分考虑问题已经不够了。值得期待是指，近年来中央提出并付诸实施的京津冀协同发展、长江经济带发展、共建"一带一路"、粤港澳大湾区建设、长三角一体化、黄河流域保护和发展等重大区域战略，在统筹"四大板块"协调发展的同时，又不拘泥于原有区域划分，而是在强化区域互动中着力打造高质量发展新的动力系统，在更大范围内优化区域经济布局，展现了区域经济适应新发展阶段、践行新发展理念、构建新发展格局的新思想、新举措，必将对区域经济的高质量发展产生重大而深远的影响。

抚今追昔，作为长期从事区域经济工作的当事人，我很愿意把我和我的同事们过往的认识和经验拿出来，与更多关心和研究区域经济的人们特别是其中的年轻人分享，希望对做好新时期的区域经济工作能够有所帮助，这就是我将过去的文稿整理出来结集出版的初衷。

这部上、下两卷的文集，收录了我2004~2021年有关区域经济研究的文稿131篇。这131篇文稿是从400多篇存稿中挑选出来的，包括研究报告、调查报告，以及相当一部分在不同场合的讲话等，大体可以从一个侧面反映这一时期我国区域经济发展的概况和脉络。需要说明的是，无论是我牵头撰写的报告还是我的讲话，不少是建立在工作团队集体调查研究基础上的，其中也包含了同事们的心血和贡献。收录的文稿按不同主题分类编辑，共分14编，即区域协调发展、西部大开发、东北振兴、中部崛起、东部率先发展、民族地区发展、西藏及四省涉藏地区发展、新疆发展、对口支援、产业转移与区域合作、流域综合治理与生态补偿、国际次区域合作和沿边开发开放、共建"一带一路"，以及其他等，其中每一编的文稿则按时间先后顺序排列。本书的大部分文稿是第一次公开发表。

在本书付梓之际，我要衷心感谢国家发展改革委的历任老领导，正是在他们的直接领导下，发改委的地区经济工作开创了新局面，也使我在这个平台上得到历练和学习的机会；感谢国家发改委所有从事和参与区域经济工作的同志们，特别是地区经济司、原西部开发司和东北振兴司的同事们，正是因为有这样一支训练有素的团队，区域经济工作才能有声有色地展开并交出比较满意的答卷；感谢在国务院参事室、全国政协民宗委、中央新疆办工作期间的领导和同志们，我在这个期间的工作和研究离不开他们的帮助、支持，我从他们那里学到了很多的东西。我还要再次感谢经济科学出版社的领导，去年年底该出版社刚刚出版了我的农村经济研究文集，他们对本书的出版一如既往地给予了大力支持，同时感谢孙丽丽、撒晓宇为书稿的编辑付出的辛劳。陈学斌、赵崇生、蔡平、刘少军、雷德航等为本书文稿的收集、整理和文字录入、校勘做了很多工作,再次一并致谢。

朴鹰

写于 2022 年端午假日

目 录

上 卷

第一编　区域协调发展 /1

总结区域发展历史进程　促进区域经济协调发展 …………… 3
　　（2006年10月14日）
准确把握区域协调发展内涵　全面落实区域协调发展战略 …… 18
　　（2007年11月13日）
改革开放30年促进区域协调发展的基本经验 ………………… 33
　　（2008年11月17日）
区域政策和立法是促进区域协调发展的必要手段……………… 42
　　（2008年11月17日）
做好当前地区经济工作的重要性和着力点……………………… 48
　　（2009年12月15日）
怎么看我国区域发展不平衡问题………………………………… 55
　　（2010年5月15日）
"十一五"促进区域协调发展的主要成就和基本经验 ………… 63
　　（2010年12月13日）
"十二五"促进区域协调发展的基本思路与重点任务 ………… 71
　　（2011年11月18日）

1

深入实施区域发展总体战略　不断完善区域政策体系………… 83
　　（2011年12月23日）
以科学发展观来统领地区经济工作…………………………… 96
　　（2012年1月16日）
深入学习贯彻党的十八大精神　不断开创区域协调发展新
　　局面……………………………………………………………… 99
　　（2012年12月11日）
关于新时期地区工作的着力点………………………………… 116
　　（2013年1月22日）
区域经济发展：怎么看和如何干……………………………… 120
　　（2014年1月20日）
"十三五"促进区域协调发展的政策建议…………………… 133
　　（2015年5月27日）
怎样看待区域发展的协调性与区域分化……………………… 142
　　（2018年4月8日）
推动区域经济协调发展　为高质量发展注入新动力………… 148
　　（2019年12月14日）

第二编　西部大开发 / 155

关于西部大开发和西部地区农村经济发展的几点思考……… 157
　　（2004年9月23日）
关于促进宁夏经济社会发展的几个问题……………………… 166
　　（2007年11月25日）
支持广西北部湾经济区开放开发……………………………… 177
　　（2008年2月28日）
主动应对国际金融危机挑战　进一步理清西部大开发基本
　　思路……………………………………………………………… 179
　　（2009年2月17日）

抓住新机遇　担负新使命　努力推进重庆的改革和发展 …… 188
　　（2009年4月18日）

在深入推进关中—天水经济区发展规划实施工作
　　座谈会上的讲话 …………………………………………… 206
　　（2010年4月9日）

杜鹰谈西部开发新十年 ………………………………………… 212
　　（2010年7月10日）

支持云南省加快建设面向西南开放桥头堡 …………………… 220
　　（2010年7月20日）

促进内蒙古经济社会又好又快发展 …………………………… 228
　　（2010年8月23日）

深入实施西部大开发战略 ……………………………………… 236
　　（2010年9月16日）

牢牢把握西部大开发"十二五"规划编制的主题和
　　主线 ………………………………………………………… 259
　　（2010年10月28日）

关于西部地区推进产业结构调整与发展方式转变的若干
　　思考 ………………………………………………………… 273
　　（2011年1月12日）

促进贵州经济社会又好又快发展 ……………………………… 292
　　（2011年9月16~22日）

缩小区域差距　又好又快发展 ………………………………… 304
　　（2012年2月21日）

认清形势　明确任务　把实施西部大开发战略引向深入 …… 309
　　（2012年2月22日）

关于支持贵州在新时代西部大开发上闯新路的几点思考 …… 325
　　（2021年11月27日）

3

第三编　东北振兴／341

推进辽宁沿海经济带建设 ················· 343
　（2008年9月9日）
在长吉图开发开放先导区建设座谈会上的讲话 ········ 352
　（2009年11月20日）
编制好长白山林区生态保护与经济转型规划 ········· 356
　（2012年7月23日）
做好新十年东北振兴政策文件起草工作 ··········· 364
　（2013年4月10日）
凝神聚力　开拓创新　奋力把东北振兴推向新阶段 ····· 368
　（2013年8月17日）
新十年东北振兴需要进一步研究的政策问题 ········· 373
　（2013年10月8日）
在资源型城市可持续发展规划新闻发布会上的答问 ····· 382
　（2013年12月3日）
关于辽宁省钢铁行业去产能及深化企业改革问题的调研
　报告 ································ 392
　（2016年4月8日）

第四编　中部崛起／409

关于"十一五"中部地区农业农村发展的几个问题 ······ 411
　（2004年8月25日）
贯彻落实中央战略决策　加快中部地区崛起步伐 ······ 419
　（2007年4月26日）
努力开创中部地区经济社会发展新局面 ··········· 425
　（2008年4月25日）
在武汉大学中国中部发展研究院揭牌仪式上的致辞 ····· 430
　（2008年4月26日）

在鄱阳湖生态经济区建设座谈会上的讲话 ············ 432
   （2010年3月1日）
支持河南省加快中原经济区建设 ················ 436
   （2011年6月13~17日）
支持赣南等原中央苏区振兴发展 ················ 444
   （2012年4月16日）
接受人民网"中部崛起"在线访谈文字实录 ·········· 452
   （2013年6月28日）

第五编　东部率先发展／463

率先建设创新型区域　全面提升国际竞争力 ·········· 465
   （2007年12月1日）
关于珠三角改革发展规划纲要编制的几个问题 ········ 470
   （2008年9月23日）
在长三角指导意见新闻发布会上的答问 ············ 477
   （2008年10月16日）
在广东省委理论学习中心组《珠江三角洲地区改革发展
   规划纲要（2008~2020年）》专题研讨班上的讲话 ······· 483
   （2009年2月1日）
推进黄河三角洲高效生态经济区建设 ············· 516
   （2010年1月17日）
开展海洋经济发展试点工作的重要意义和重点领域 ······ 520
   （2010年7月9日）
把握机遇　开拓创新　努力开创海洋经济发展新局面 ····· 529
   （2011年10月28日）
在河北沿海地区发展规划新闻发布会上的答问 ········ 534
   （2011年12月1日）
在苏南现代化建设示范区规划编制调研时的讲话 ······· 539
   （2012年7月5~10日）

在福建平潭综合实验区建设部际联席会议第一次会议上的
　　讲话 ·· 547
　　（2013 年 7 月 30 日）
关于京津冀协同发展的若干重大问题 ······································· 553
　　（2014 年 8 月 26 日）
京津冀协同发展稳步推进 ·· 574
　　（2016 年 3 月 8 日）
大力推进粤港澳大湾区建设 ·· 577
　　（2017 年 9 月）
推进粤港澳大湾区建设的几点建议 ·· 583
　　（2018 年 8 月 20 日）

下　卷

第六编　民族地区发展 / 589

促进民族地区全面发展　夯实民族团结进步基础 ················· 591
　　（2009 年 9 月 30 日）
促进民族地区跨越式发展 ·· 595
　　（2010 年 9 月 16 日）
民族地区优化产业布局问题 ·· 608
　　（2014 年 5 月）
加快民族地区经济社会发展　缩小与全国平均发展差距 ····· 617
　　（2014 年 7 月 24 日）
民族地区工业化城镇化进程中的就业问题 ···························· 628
　　（2014 年 9 月 4 日）
"十三五"规划中民族地区发展需要关注的几个问题 ········· 634
　　（2015 年 5 月）

第七编　西藏及四省涉藏地区发展 / 643

关于支持青海等省藏区经济社会发展的几个问题 …………… 645
　（2007 年 11 月 3 日）
认真做好西藏经济社会发展调研工作 ………………………… 656
　（2009 年 6 月 29 日）
促进西藏跨越式发展的基本经验和总体思路 ………………… 663
　（2009 年 8 月）
四省藏区的发展差距和实现跨越式发展的基本思路 ………… 673
　（2009 年 8 月）
认真贯彻落实中央第五次西藏工作座谈会精神　促进西藏及
　四省藏区经济社会跨越式发展 ………………………………… 683
　（2010 年 7 月 27 日）
在西藏日喀则地区调研时的讲话 ……………………………… 712
　（2012 年 9 月 5 日）
在西藏阿里地区调研时的讲话 ………………………………… 717
　（2012 年 9 月 8 日）
认真贯彻中央重大方针政策　努力推进西藏和四省藏区跨越式
　发展 ……………………………………………………………… 723
　（2013 年 7 月 26 日）

第八编　新疆发展 / 747

促进新疆经济社会加快发展的重大意义和战略思路 ………… 749
　（2007 年 8 月 15 日）
支持新疆发展的重要性和需要研究的几个政策问题 ………… 763
　（2009 年 11 月 14 日）
《关于推进新疆经济社会跨越式发展的调研报告》概述 …… 769
　（2009 年 12 月 23 日）

7

促进新疆产业聚集园区建设和发展的总体思路 ·············· 785
 （2010年5月11日）
推进新疆跨越式发展的基本思路 ······················· 794
 （2011年8月20日）
当前新疆的经济形势和几个政策问题 ···················· 802
 （2013年5月27日）
学习贯彻第二次中央新疆工作座谈会精神　夯实新疆社会稳定
 长治久安经济基础 ······························ 806
 （2014年6月27日）
关于发展纺织服装产业和促进就业政策的落实情况 ·········· 829
 （2014年9月1日）
在新疆和田调研时的讲话 ··························· 837
 （2015年4月14日）
谈谈新疆经济 ··································· 844
 （2015年6月25日）
在新疆有关工作座谈会上的发言 ······················ 858
 （2018年1月5日）

第九编　对口支援 / 863

关于进一步加大对口援疆工作力度的建议 ················· 865
 （2009年12月23日）
在对口支援新疆工作协调会上的总结讲话 ················· 867
 （2010年8月2日）
准确把握新时期对口援藏工作的新要求 ·················· 877
 （2010年10月25日）
扎实推进对口援青工作 ····························· 887
 （2010年12月17日）
在对口援疆前方工作座谈会上的讲话 ···················· 893
 （2013年7月16日）

对口援藏 20 年调研报告 ·················· 898
　　（2014 年 7 月 9 日）
进一步做好对口援疆工作 ·················· 912
　　（2014 年 8 月 18 日）
"十三五"对口援疆工作的思路和对策建议 ·········· 923
　　（2015 年 4 月 30 日）
对口援疆 20 年调研报告 ·················· 928
　　（2017 年 4 月 25 日）

第十编　产业转移与区域合作／947

促进东中西良性互动的重大举措 ··············· 949
　　（2010 年 3 月 1 日）
深入推进东西合作　不断开创西部大开发新局面 ······· 952
　　（2010 年 4 月 8 日）
携手合作　互利互赢　推动产业转移工作健康有序发展 ···· 958
　　（2010 年 12 月 26 日）
扩大开放　深化合作　开创西部地区承接产业转移工作
　　新局面 ························· 969
　　（2012 年 8 月 18 日）
优势互补　良性互动　携手共创泛珠三角区域合作新局面 ··· 982
　　（2013 年 9 月 9 日）
积极开展南水北调水源地与受水区的对口协作 ········ 985
　　（2013 年 9 月 18 日）
在 2013 年两岸企业家紫金山峰会午餐会上的演讲 ······· 990
　　（2013 年 11 月 5 日）

第十一编　流域综合治理与生态补偿／993

加强"三湖"流域水环境综合治理 ·············· 995
　　（2007 年 6 月 30 日）

建立健全生态补偿机制　促进人与自然和谐发展…………… 1002
　　（2009年9月6日）
着力构建政策法规保障体系　加快建立健全生态补偿机制 …… 1007
　　（2010年10月23日）
切实做好渤海环境保护和综合治理工作………………………… 1012
　　（2011年7月25日）
关于《千岛湖及新安江上游流域水资源和生态环境保护
　　综合规划》编制工作有关情况的汇报 ……………………… 1023
　　（2011年11月8日）
齐心协力　攻坚克难　扎实做好太湖流域水环境综合治理
　　各项工作……………………………………………………… 1030
　　（2012年4月6日）
全面推进南水北调中线水源区水污染防治　确保通水水质
　　安全…………………………………………………………… 1043
　　（2012年10月24日）
关于生态补偿机制建设工作情况的汇报………………………… 1050
　　（2013年4月2日）

第十二编　国际次区域合作和沿边开发开放/1067

相互借鉴　加强交流　不断深化中俄两国地区合作…………… 1069
　　（2011年6月14日）
在第六次中欧区域政策高层研讨会上的致辞…………………… 1076
　　（2011年10月13日）
加强中俄区域合作　促进双方共同发展………………………… 1082
　　（2012年5月14日）
扩大对外开放　深化东北亚区域合作　努力开创东北地区
　　全面振兴新局面……………………………………………… 1085
　　（2012年8月10日）

目　录

抓住机遇　开拓进取　全面推进沿边开发开放试验区
　　建设 …………………………………………………………… 1090
　　（2012年8月17日）
扩大向西开放　构筑全方位开放新格局 …………………………… 1102
　　（2012年9月13日）
在东盟—湄公河流域开发合作第十五次部长级会议上的
　　讲话 …………………………………………………………… 1109
　　（2013年8月21日）
在第12届索契国际投资论坛上的讲话 …………………………… 1112
　　（2013年9月27日）
加快西部地区开放合作　促进均衡发展共同繁荣 ………………… 1116
　　（2013年10月23日）
在云南瑞丽沿边开发开放研讨会上的讲话 ………………………… 1119
　　（2014年12月23日）
在中国（四川）日本产业合作圆桌论坛上的讲话 ………………… 1134
　　（2019年8月22日）

第十三编　共建"一带一路"／1139

共建海上丝绸之路　共享发展繁荣机遇 …………………………… 1141
　　（2014年5月15日）
希望广东省争当共建海上丝绸之路排头兵 ………………………… 1146
　　（2014年8月13日）
关于"一带一路"规划的几个问题 ………………………………… 1151
　　（2015年5月14日）
推进新疆丝绸之路经济带核心区建设的看法和建议 ……………… 1169
　　（2015年12月21日）
"一带一路"建设取得良好开局 …………………………………… 1181
　　（2016年3月7日）

11

把握机遇　乘势而上　扎扎实实推进"一带一路"建设 …… 1184
　　（2016年11月4日）
人类命运共同体理念是指导"一带一路"建设的行动
　　指南……………………………………………………… 1196
　　（2018年9月17日）

第十四编　其他 / 1205

欧盟区域政策考察报告………………………………………… 1207
　　（2006年11月29日）
世界主要国家促进区域发展的做法与启示…………………… 1214
　　（2007年2月15日）

第一编 区域协调发展

总结区域发展历史进程
促进区域经济协调发展[*]

（2006年10月14日）

区域经济是一个中观层次的问题，主要研究局部与整体、局部与局部的关系。地区经济工作又是宏观调控的手段之一，是宏观经济在空间上的具体化，在整个宏观经济管理中占有重要地位。我分管地区经济工作不到一年，深感任务艰巨，责任重大。做好地区经济工作，必须树立大局意识，具备战略眼光，要从理论和实践的结合上加深对中央区域协调发展战略的认识。

一、我国区域经济发展的历史回顾

我国地域辽阔，地区经济社会发展不平衡，总体发展水平不高，这既是我国的基本国情，也是确定国民经济发展战略时必须审慎处理好的基本关系。

平衡是相对的，不平衡是绝对的，我国区域之间的经济不平衡自古有之。隋唐以前，我国的经济中心在黄河中下游，即从西安到洛阳、开封这一线，南方包括楚国都还没有得到开发。三国时期，孙权的孙子孙皓曾一度把都城从建业（现在的南京）迁到武昌（现在的鄂城），百姓和百官都不愿意去，讲"宁饮建业水，不食武昌鱼"，武昌当时还是荒蛮之地。隋唐以后，江南一带发

---

[*] 这是在武汉召开的2006年全国发展改革系统地区经济工作会议上的讲话，原文载《中国经贸导刊》2006年第23期。收录本书时有删节。

展起来，韩愈讲："赋出天下而江南居十九"，全国的经济中心转到了长江中下游。19世纪中后期，列强瓜分中国，清政府被迫开放门户口岸，东南沿海一带成为资本主义现代工业的揭橥之地。到新中国成立之初，东南沿海12%的国土面积集中了全国70%以上的工业。可见，我国地区经济的不平衡经历了一个以南北划分到东西划分的演变，只是到了近代，才表现为东西差距。

新中国成立以来，我国区域经济关系的演进大体经历了三个阶段：

第一阶段，从新中国成立之初到改革开放之前。研究者通常认为，这个时期我国国民经济奉行的是区域均衡发展战略，也有的称为区域平衡发展战略。当时实施区域均衡发展战略，有两个基本背景：一是要改变旧中国畸轻畸重的工业布局。全国被划分为几大经济协作区，要求不同的经济协作区都要建成相对独立的工业体系；二是出于国际环境和战备的考虑。从最初苏联的援建到后来的三线建设，工业项目的摆布也大多放在了内地。1956年，毛泽东同志在《论十大关系》中讲道："沿海的工业基地必须充分利用，但是，为了平衡工业发展的布局，内地工业必须大力发展。在这两者的关系问题上，我们也没有犯大的错误，只是最近几年，对于沿海工业有些估计不足，对它的发展不那么十分注重了。这要改变一下。过去朝鲜还在打仗，国际形势还很紧张，不能不影响我们对沿海工业的看法。现在，新的侵华战争和新的世界大战，估计短时期内打不起来，可能有十年或者更长一点的和平时期。这样，如果还不充分利用沿海工业的设备能力和技术力量，那就不对了。"他又说，"这不是说新的工厂都建在沿海。新的工业大部分应当摆在内地，使工业布局逐步平衡，并且利于备战，这是毫无疑义的。"

根据资料，从1953年我国开始实施国民经济第一个五年计划到1978年，国家在经济建设上的投资主要投到了内地。"一五"时期，内地的投资占全国总投资的46.8%，"五五"时期占

50%，最高的"三五"时期占64.7%；这几个计划期中，沿海地区的投资比重从来没有超过40%，最低的"三五"时期仅为26.9%，这与"七五"以后沿海地区投资比重超过50%，形成了鲜明的对比。

在均衡发展战略的影响下，我国工业布局的调整取得了很大成就。随着沿海地区的工厂和技术工人大量向内地迁移，内陆地区奠定了工业基础并形成了若干个工业基地，直到现在，内地的发展都有赖于这个基础。内地的工业产值占全国工业产值的比重，从1952年的30.6%上升到1978年的39.1%，旧中国工业布局极不平衡的格局得到明显改观。但是，这个战略也带来了一个问题，即在一定程度上忽视了充分发挥沿海老工业基地的作用，从而使整个国家投资的效益偏低。据有关方面的研究，1953~1978年，全国的工业投资形成4000亿元的资产，但真正发挥效益的仅为2500亿元。三线建设按照"山、散、洞"的原则布局，致使很多一流的设备、一流的技术、一流的产业工人未能充分发挥出效益。而且，即便这一时期实施的是均衡发展战略，但沿海和内地的经济差距仍然是扩大的。

第二阶段，从改革开放之初到20世纪90年代中期。这个阶段实施的是区域非均衡发展战略，也称为不平衡发展战略，或梯级发展战略。1978年，党的十一届三中全会做出了全党的工作重心转到社会主义现代化建设上来的重大决策，而后又制订了三步走的国民经济发展战略。整个经济工作的目标就是要加快国民经济的发展，逐步缩小与发达国家之间的差距。在此背景下，对以往的均衡发展战略做出了重大调整。

邓小平同志在十一届三中全会闭幕式上的著名讲话中讲了这么一段话："我认为要允许一部分地区、一部分企业、一部分工人农民，由于辛勤努力成绩大而收入先多一些，生活先好起来。一部分人生活先好起来，就必然产生极大的示范力量，影响左邻右舍，带动其他地区、其他单位的人们向他们学习。这样，就会使整个国民经济不断地波浪式地向前发展，使全国各族人民都能够比较快地富裕起来。"他又讲道，"这是一个大政策，一个能够影响和带动整个国民经济的政策，建议同志们认真加以考虑和研究。"后来，邓小平同志又多次讲过，"让一部分人先富起来，先富带动后富"。这些话，我们现在听起来是习以为常了，但在当时却是振聋发聩的，这是彻底打破平均主义的大政策。

在上述思想指导下，1979年，中央决定在广东、福建两个省对外经济活动中实行特殊政策和灵活措施；1980年，五届全国人大常委会第十五次会议决定批准设立深圳、珠海、汕头、厦门四个经济特区；1984年，中央决定进一步开放14个沿海城市；1985年，国务院决定把珠三角、长三角和闽南厦漳泉、山东半岛、辽东半岛开辟为沿海经济开放区；1988年，国务院批准海南建省并成立经济特区；1990年，中央宣布建立浦东新区；1992年，中央决定13个沿边城市、5个沿江城市、4个沿边省区的首府、省会，11个内陆省会城市实施对外开放。至此，我国基本形成了涵盖经济特区、沿海开放城市、沿海经济开放区、沿江沿边和内陆省会开放城市在内的全方位、宽领域、多层次的对外开放格局。

这个时期之所以采用非均衡发展战略的一个基本考虑就是，我国实施赶超战略，就必须打破闭关锁国的局面，实施对外开放，引进国外先进的技术、设备、管理经验和投资；就必须要让条件较好的沿海地区，也就是邓小平同志讲的让这两亿人口的地方先走一步，先发展起来，然后再来扶持、带动内地。这是因为，虽然国内地区间的发展差距大，但我国与发达国家间的发展差距更大。要加快发展，就不能齐步走，就必须"效率优先，兼顾公平"。

据统计，改革开放以来，我国吸引外资的84.7%在沿海地区，而中西部地区仅占百分之十几。1978～1995年，东部沿海地区的GDP增长了18倍，年均增长11.7%，比中西部地区9.6%的增长速度高2个百分点。在沿海率先发展的带动下，我们国家的整体经济实力迅速提高，1978~1995年，全国GDP增长了16倍，年均增长9.96%。事实说明，这个时期实施的区域非均衡发展战略是一个正确的选择，也是现实的选择。还应指出的是，东部地区的快速发展得益于中央政策的倾斜，也得益于广大中西部地区服从大局做出的重大贡献。但是，也要看到，这一时期的区域发展也出现了一些问题，集中体现在地区差距明显扩大、差幅最大的"八五"时期，沿海与中西部地区的速度差高达4.8个百分点。此外，中西部一些地方的贫困问题也日益突出。

第三阶段，从上世纪90年代中期到现在。这十年，是我国从区域非均衡发展战略向区域经济协调发展战略转变的时期。这一战略转变基于如下两个背景：一是伴随着地区间发展差距的扩大，地区之间的利益矛盾和摩擦加剧，地方保护主义盛行，中西部广大地区解决经济发展和生态保护问题力不从心。这些发展中的矛盾和问题如果长期得不到解决，就不仅是经济问题，而且会引发社会问题和政治问题。二是亚洲金融危机以后，周边国家货币贬值，我国出口难度加大。加之经过改革开放二十年的发展，我国的市场关系已从过去的卖方市场转向买方市场，沿海地区发展乃至整个国民经济的发展都面临着严重的需求制约，客观上要求拓展发展空间。

党中央、国务院审时度势、总揽全局，做出了调整区域经济发展关系的重大决策。江泽民同志在十四届四中全会上的重要讲话中指出："从'九五'计划开始，要更加重视支持中西部地区经济发展，逐步加大解决地区差距继续扩大趋势的力度，积极朝着缩小差距的方向努力"，"应该把缩小地区差距作为一条长期坚持的重要方针"。《中共中央关于制定国民经济和社会发展"九五"计划和2010年远景目标的建议》，提出了今后15年经济社会发展必须贯彻的九条重要方针，其中第八条方针就是"坚持区域经济协调发展，逐步缩小地区发展差距"。该建议根据邓小平同志的思想进一步指出："从战略上看，沿海地区先发展起来并继续发挥优势这是一个大局，内地要顾全大局，发展到一定时候沿海多做一些贡献支持内地发展，这也是一个大局，沿海也要服从这个大局。"1999年，江泽民同志在西安的一个座谈会上作了题为《不失时机地实施西部大开发战略》的重要讲话，第一次提出了实施西部大开发战略的问题，在这篇讲话中他谈道："西部地域广大，自然资源丰富，有巨大的发展潜力，也是一个巨大的潜在市场。加快发展西部地区，可以促进各种资源合理配置和流动，为国民经济发展提供广阔的空间和巨大的推动力量。"2003年，中央又决定实施振兴东北地区等老工业基地战略。

从"九五"到"十五"，经过10年的调整，我国区域发展不平衡的格局开始改观，各地区经济发展速度的差距开始缩小。1996~2005年，东部地区GDP年均增长11.53%，同期，中西部地区GDP年均增长10.37%。与前一个阶段相比，中西部地区的发展速度明显加快，东部与中西部地区的发展速度差距缩小了1个百分点。

如果说从"九五"开始，中央启动了从非均衡发展战略向区域协调发展战略的转变，那么，近年来，中央关于促进区域经济社会协调发展的战略意图更为明确，总体目标、发展思路和格局摆布更为清晰，政策体系和具体措施更趋完善。党的十六届三中全会提出树立和贯彻科学发展观，并把"五个统筹"作为主要内容。十六届五中全会通过的《中共中央关于制定国民经济和社会发展第十一个五年规划的建议》，提出"要从社会主义现代化建设全局出发，统筹城乡区域发展"，"落实区域发展总体战略，形成东中西优势互补、良性互动的区域协调发展机制"。"十一五"规划明确提出了区域经济发展的整体战略："根据资源环境承载能力、发展基础和潜力，按照发挥比较优势、加强薄弱环节、享受均等化基本公共服务的要求，逐步形成主体功能定位清晰，东中西良性互动，公共服务和人民生活水平差距趋向缩小的区域协调发展格局"，提出要建立区域协调发展的市场机制、合作机制、互助机制和扶持机制。今年4月，党中央、国务院做出了实施中部崛起战略的重大决定。至此，全国四大板块协调发展的总体格局基本确立。

回顾历史，我们可以得出两个基本结论：一是区域发展战略是整个国民经济发展战略的核心组成部分，区域发展格局事关整个国民经济发展的速度、结构、质量和效益，与国民经济全局息息相关；二是区域经济发展战略是可以调整的，可以根据不同时期的情况各有侧重，但总的趋向是朝着建立在市场经济基础上的区域协调发展方向演进。21世纪的头20年，是我国国民经济发展的重要战略机遇期，中央已经明确区域经济发展的基本取向和战略，那就是区域经济协调发展战略。

二、促进区域协调发展意义重大

第一，促进区域经济协调发展，是贯彻落实科学发展观，实现国民经济既快又好发展的需要。

未来二十年是我国重要的战略机遇期，也是矛盾凸显期，保持国民经济平稳较快增长面临资源瓶颈和需求制约两大难题。资源瓶颈主要体现在人均资源匮乏上。目前，我国的GDP占全球GDP的比重不到5%，而各种资源的消耗，如铁矿石、铁合金、氧化铝、木材、水泥、钢铁、石油、天然气、煤的消耗占全球的比重，低的是7%，高的是31%。国民经济以高能耗和高资源消耗为代价的增长方式，使矛盾更加突出。需求因素涉及国民经济发展的动力问题。我们现在的外贸出口每年以20%以上的速度增长，这种靠外需拉动增长的态势是特定阶段的产物，长期的方针还是要立足于扩大内需。中西部地区目前虽然落后，但中西部蕴藏着丰富的石油、天然气、煤炭、水能、有色金属，以及农业、旅游等资源，有着巨大的开发潜力。中西部的国土面积占全国的86%，人口占57%，但GDP仅占38%，市场份额仅占39%，也就是说，全国近60%人口的消费不到全国的40%，中西部要是富起来，市场的容量和潜力也是巨大的。由此可见，中央提出实施西部大开发、东北等老工业基地振兴和中部崛起战略，其意义就在于要在整个国土上全面优化配置资源，更充分地利用中西部地区尚未得到有效开发的各种资源；就是要在国内创造新的投资需求和消费需求，拓展国民经济发展空间，破除资源瓶颈和需求制约。因此，在实施"走出去"战略、充分利用国际市场的同时，在考虑国民经济总体发展战略时，我们不能把眼光只盯在沿海，而是必须着眼于全国960万平方公里的国土，从整体上考虑资源的优化配置和生产要素的合理组合，这是新时期国民经济持续健康发展的需要，具有极其重要的战略意义。

再从生产力布局角度看，生产力的布局和空间结构合理与否，关系到不同地区的比较优势能否充分发挥，关系到整个国民经济综合效益的显著提高。在从计划经济向市场经济的转变过程中，我国的生产力布局和区域经济结构还不尽合理。因此，优化生产力布局、调整区域经济发展关系也就蕴藏着巨大的潜力。把这个潜力发挥出来，把不同地区的比较优势发挥出来，整个国民经济就可以拿到很大的一块增值收益。这对于实现中央提出的"十一五"期间降低资源消耗和能耗，尽快转变国民经济增长方式，同样具有十分重要的意义。实践证明，调整区域布局是促进国民经济战略性转型的一个要点，区域布局搞好了，有助于从内外两个方面提高全要素生产率。

第二，促进区域协调发展，是构建社会主义和谐社会，逐步缩小区域差距和实现区域间基本公共服务均等化的需要。

无论是邓小平同志还是江泽民同志，在阐述区域经济发展战略的时候，从来都是讲两句话：一句话叫让一部分地区、一部分人先富起来；第二句话叫逐步实现共同富裕，共同富裕是社会主义本质的体现和要求。

中西部地区是我国"老、少、边、穷"相对集中的地区，集中了全国81%的老区县、83%的少数民族县、93%的陆地边境县和88%的国家扶贫开发工作重点县。不少外国友人交口称赞中国发展得快、变化大，但是他仅仅是看了北京和上海，没有去看贵州和甘肃。1986年，上海与贵州的人均GDP之比是8.6：1，而到2005年，这一比值扩大到10.2：1，绝对差距从3541元扩大到46422元。由于自然、历史等原因，广大中西部地区经济社会发展水平、人民的生活水平、公共服务水平还比较低，与东部沿海地区形成明显对比，且还有扩大的趋势。

中西部与东部之间存在着的经济社会发展差距不仅是经济问题，也是政治问题。在国民经济的高速增长中，如果中西部地区不能分享到改革发展的好处，就谈不上实现社会主义的共同富裕，就谈不上建设全面小康；如果区域差距拉得过大，蛰伏社会问题、政治问题，就谈不上社会主义和谐社会的建设。许多事例说明，经济落后和区域发展差距大，是社会不安定、政治不稳定的根本原因，也会给那些别有用心的人制造分裂、煽动不满情绪留下可乘之机。因此，促进区域协调发展，是社会和谐、民族团结、边疆稳固的需要，是增强中华民族向心力和凝聚力、维护国家主权统一、维护国家版图完整的重要保证。缩小区域发展差距是一项长期的任务，是一个经济发展、市场发育的长期过程。我们在缩小区域发展差距的过程中，首先要着眼于不同区域人群基本公共服务的均等化，通过财政转移支付、基本建设投资倾斜，提供教育、卫生、文化服务和扶贫开发等措施，使中西部广大人民群众也能分享到改革开放和经济发展的成果，这对于实现机会平等和公民权利平等是十分重要的。

第三，促进区域协调发展，是实现人与自然和谐相处，实现可持续发展的需要。

中西部地区不仅经济落后，生态更为脆弱，是我国生态建设的重点地区。我国地势西高东低，河流自西向东，中西部地区在国家生态屏障体系中处于上风上水，在全国范围内发挥着土壤保持、水源涵养、环境净化、气候调节和保持生物多样性的重要作用，在国家生态安全与可持续发展格局中占有关键的战略地位。江泽民同志1999年在谈到实施西部大开发时，曾引用唐代诗人王维的诗句："渭城朝雨浥轻尘，客舍青青柳色新。劝君更尽一杯酒，西出阳关无故人"，来描绘那时西北的自然风光。西部生态环境后来恶化了，重要原因是经济发展、人口增长与资源环境承载力不协调。1964~2004年40年间，西藏、青海、四川、重庆、云南、贵州、甘肃、宁夏、陕西、内蒙古、黑龙江11个省区，人口分别增长了1~1.8倍，比全国平均水平高出0.8倍，而经济发展相对滞后，不合理的开发方式又导致生态环境遭到破坏。生态环境的破坏，又反过来制约经济的发展，形成恶性循环。因此，中央提出西部大开发，首要任务就是保护和恢复生态环境，这是实施西部大开发的前提。"十一五"规划第一次提出了四类主体功能区划分的概念，有力地把经济发展和生态保护统一起来，把生态问题放到了区域发展更加突出重要的位置上，从而深化了区域协调发展的内涵，赋予了区域协调发展新的含义。

三、促进区域协调发展任重道远

改革开放二十多年来，我国在区域经济发展方面取得了很大成就。一是基本形成了涵盖东部率先发展、西部大开发、东北地区等老工业基地振兴、促进中部地区崛起的战略框架，以及各有侧重、各具特色的区域经济格局。二是形成了一批具有较强带动作用和扩散功能的经济密集区，比如东部沿海地区的珠江三角洲、长江三角洲、京津冀等都市经济圈，以及区域经济内部的点、轴城市群。三是形成了一整套促进区域经济协调发展的政策体系，包括财政转移支付、投资倾斜、对口支援和扶贫开发等。四是区域间的经济分工和联系更加密切，区域经济合作空前发展。这些成绩的取得来之不易，也是我们今后工作的一个基础。但同时我们也要看到，促进区域经济协调发展仍然任重道远。

第一，区域发展的差距还在扩大。"十五"期间，东部与中西部地区GDP年均增速分别为12.45%和11.17%，速度相差1.28个百分点，东部的发展速度明显高于中西部地区。从人均GDP来看，东部与中西部之间仍呈扩大趋势，2000年东部人均GDP为13698元，中西部人均GDP为5368元，相差8330元；2005年东部人均GDP为25130元，中西部人均GDP为10565元，差距扩大到14565元。什么叫作缩小地区之间的差距？主要不是指GDP的差距，而是指人均GDP的差距。以贵州和上海为例，可能几十、上百年后，贵州的GDP总量还是追不上上海，但是人均GDP差距是可以趋向收敛的，因为人口和劳动力是可以流动的。比如美国，1933年，最富的州与最穷的州的人均收入之比为7∶1，1950年为3.12∶1，而到2003年，缩小到1.84∶1，原因就是人是可以自由流动的。目前，沿海和内地的人均GDP是按户籍人口统计的，如果按常住人口统计，实际人均GDP差距并没有那么高。当然，我们外出打工的人很多，但不能落地生根，这的确是一个体制上要解决的问题。

第二，地区发展差距突出表现在广大农村和农民生活水平的巨大差距上。2005年底，农村居民人均纯收入东部、中部、西部地区分别为4570元、2991元和2349元，东部地区差不多是西部地区的2倍，也远远超过中部地区。2000年，东部农民人均纯收入比中部多986元，到2005年多1975元；同年，东部比西部农民人均纯收入高1745元，2005年差距拉大到2221元。以西部2004年GDP的增长速度计算，西部要赶上东部当年GDP的水平，要12年；而西部的农民人均纯收入以现在的增长速度递增，达到东部现在的水平要25年。因此在相当长时间内，中西部地区加快发展的基本问题是如何遏制区域经济差距的扩大，而首要任务则是加快中西部地区农村经济的发展。

第三，地区之间社会事业发展差距更为明显。与沿海相比，中西部的经济发展短腿，社会发展更是短腿。以 15 岁以上人口的文盲率来比较，贵州是 27%、云南是 14.6%、宁夏是 15.7%、青海是 12.1%、西藏是 40.4%，比 10.3% 的全国平均水平都要高。中西部地区比东部地区，人均受教育年限、每万人中大学生、科技人员、卫生人员的比例、每万人的医院床位数、初生婴儿死亡率、人口预期寿命，以及文化设施，在这些社会发展的主要指标上差距是很大的，这是中西部落后的一个最突出的标志。因此，中西部地区要实现基本公共服务均等化，就要下更大的气力，做长期的努力。

第四，促进区域协调发展的体制和机制仍不健全。一是行政区划的色彩还比较重，地区封锁依然存在。二是财税、价格体制还不完善。我最近看了一篇文章，叫《浅谈地区收入分配不公的税制根源》。这篇文章认为，因为现在的增值税不是生产者纳税，而是消费者纳税，中西部购买沿海的东西多，因此存在一个东部生产的东西由中西部纳税的问题，这是造成地区封锁的主要原因。资源性产品的价格改革还不到位，也使得中西部的资源性产品在交换中存在收入转移问题。三是区域经济合作的广度和深度还有待发展，市场体系还不完备，转移支付还有待进一步完善。四是法律体系还不健全。我国在促进区域协调发展方面迄今为止还没有区域经济促进法，而美国、欧盟、日本都有类似的法律。

四、理清思路，明确重点，努力促进区域经济协调发展

新时期地区工作的基本思路是：以落实科学发展观和构建社会主义和谐社会两大战略思想为指导，以发挥不同区域的比较优势为主线，以形成东中西良性互动和逐步缩小差距为目标，以增强区域可持续发展能力为支撑，以完善区域协调发展机制为手段，全面促进区域经济协调发展。

围绕上述基本思路,"十一五"期间特别是明年,地区经济系统要重点抓好以下六项工作:

(一) 着力抓好"十一五"区域规划编制工作

编制和实施区域规划,是社会主义市场经济条件下,贯彻落实国家区域协调发展战略、实施宏观调控的重要手段。编制区域规划,确定和协调重点区域的开发战略、功能定位、总体布局、统筹解决跨区域发展中的重大问题,有利于充分发挥各地的比较优势,推进区域经济一体化进程,形成一批发展快、竞争力和辐射带动能力强的区域。2004年,我委率先启动了京津冀都市圈和长江三角洲地区区域规划的研究和编制试点工作,下一步,要有针对性地选择一些具有协同发展基础和潜力的区域编制跨省的区域规划,同时研究出台《区域规划编制办法》等规范性文件。根据《国务院关于加强国民经济和社会发展规划编制工作的若干意见》(2005)的规定,国家主要负责组织编制跨省级行政区的区域规划。各地也要高度重视区域规划工作,要从本地区经济发展的客观实际出发,加强对区域规划的研究和编制工作。

(二) 着力抓好区域政策研究制定工作

区域政策是促进区域协调发展的基本手段,没有行之有效的区域政策,促进区域协调发展就是纸上谈兵,就没有抓手。区域政策是各种调控手段在空间维度上的一个集合,包括计划、财政、税收、金融、产业政策、土地管理、人口管理等诸多手段,是一个组合拳。区域政策的制定要注意以下几点:第一,不是为了给某个区域吃偏饭,而是为了有利于发挥它的比较优势,这是区域政策制定的出发点和落脚点。第二,区域政策的制定要着眼于深化改革,要把国家扶持同体制改革结合起来。第三,要加大立法力度,以法律的形式明确区域经济协调发展的方式和重点,形成科学的、长期有效的体制和机制。

(三) 着力抓好重点区域的开发开放工作

抓好重点区域的开发开放工作就是抓增长点。我国改革开放的经验表明，重点地区的开发开放是带动全国改革开放、加快发展的关键。从国家层面上讲，上世纪80年代，深圳特区的开发开放，带动了珠江三角洲等地区的改革开放和经济发展；90年代，浦东新区的开发开放，带动了长江三角洲和长江流域的改革发展。从地区层面上讲，现在各省都在规划发展重点区域，比如湖北叫"一主两辅"，即以武汉为中心，以宜昌、襄樊为副中心；湖南叫"长株潭"；安徽叫沿江东进开发；江西叫"昌九走廊"。地区司近期的工作重点应该放在推动天津滨海新区开发开放上。各省也要围绕本区域内的增长极，采取有效措施促进其加快发展，从而带动地区经济协调发展。

(四) 着力抓好特殊类型地区的发展工作

在促进区域协调发展进程中，存在着一系列难点区域，这些难点区域的发展程度如何，将直接制约着区域协调发展和全面建设小康社会的整体进程。这些特殊类型地区是多样化的，包括老少边穷地区、革命老区、新疆、西藏等少数民族地区、边境地区、生态环境脆弱地区、环境恶化地区、重点流域地区、资源枯竭型城市等，解决问题的办法也不尽相同。地区司和地区系统的同志们要对这类地区高度关注，要有高度的责任感，带着深厚的感情去做工作。要深入分析和随时了解掌握这类地区发展中出现的新情况、新问题，在政策制定、资金扶持、智力帮扶等方面予以必要的倾斜，以增强这些区域可持续发展能力和自我发展能力，让全体人民都能享受到改革发展的成果。

(五) 着力抓好区域合作工作

促进和加强区域合作是政府工作的重要组成部分，是促进区域协调发展的有效手段，是落实中央提出健全合作机制和互助机制的具体体现。区域合作的实质是区际比较优势的交换，只有在区际交换中才能实现区域的互惠互利和双赢。今后，区域合作应继续着眼于合作机制的建设，加快建立健全部门或行业性专业协作网络，充分发挥区域性合作组织和中心城市在促进区域合作中的作用。各地区要在以往工作的基础上，在体制、机制创新方面多下功夫，积极探索以企业为主体、以市场为导向的区域合作模式，进一步转变政府职能，增强服务意识，营造促进合作的良好环境。地区司要主动加强对全国地区协作系统的业务指导工作，在政策引导、组织协调等方面加大工作力度，为地方同志服好务。

（六）着力抓好资源、环境、国土整治和可持续发展的管理工作

促进区域可持续发展是促进区域协调发展的重要内容，也是建设资源节约型社会和环境友好型社会的客观要求。多年来，地区系统参与了大量的与土地、矿产资源管理、海洋开发、环境保护和推进可持续发展战略实施等相关的工作。随着宏观调控机制的深化和完善，资源开发与环境保护对促进区域协调发展的作用日益增强，成为影响区域可持续发展的重要因素。今后，地区工作系统要在资源、环境管理方面进一步强化工作职能，积极探索发改系统参与土地、矿产资源管理、环境管理的新思路，增强参与宏观调控的能力和水平。

准确把握区域协调发展内涵
全面落实区域协调发展战略[*]

（2007年11月13日）

进一步增强区域发展的协调性，加快形成区域协调互动发展机制，是党的十七大提出的全面建设小康社会的一项新任务，也是进一步做好区域发展工作的总要求。为此，我们有必要准确把握区域协调发展的内涵，明确今后一段时期内促进区域协调发展的重点任务。

一、准确把握促进区域协调发展的内涵

什么叫区域协调发展，换句话说，用什么来衡量区域发展的协调性？这既是一个理论问题，也是一个实践问题。搞清楚这个问题很重要，这不仅关系到如何理解区域协调发展，而且关系到如何认定区域协调发展的目标。对这个问题，人们的确有着不同的理解。有的同志认为，所谓区域协调发展，主要是指缩小各区域经济总量的差距，持这种观点的人相当普遍，省与省、县与县之间站队排序，其依据就是由此而来；有的同志却认为，区域间经济总量的差距不可能缩小和拉平，但由于要素可以流动，特别是人口可以流动，因此，衡量区域发展是否协调，应主要看人均

---

[*] 这是在杭州召开的2007年全国发展改革系统地区经济工作会议暨区域合作座谈会上的讲话，原文载《中国经贸导刊》2007年第23期；《求是》2008年第4期。收录本书时有删节。

经济总量是否趋于缩小;也有的同志认为,区域协调发展,主要是看生产力布局是否与资源环境承载能力相适应,区域发展既要充分考虑市场需求和原料供给,也要高度重视生态环境保护;还有的同志认为,能够提供均等化的基本公共服务,是衡量区域协调发展的主要标准。

我认为这些观点都有一定道理,但都不够完整准确。在不同的国家和地区,在不同的历史条件下,对区域协调发展的内涵可以有不同的理解,认识本身也是一个与时俱进的过程。就当前的中国而言,促进区域协调发展有其特定含义,只有真正按照科学发展观的要求,才能全面准确地理解和把握区域协调发展的内涵。我们经过认真研究,认为当前区域协调发展的内涵至少应包括以下四个方面的内容:

第一,地区间人均生产总值差距保持在适度的范围内。地区人均生产总值是衡量地区之间发展差距的重要指标,在一定程度上反映着地区间发展的协调性。不能把促进区域协调发展,简单地理解为缩小地区间经济规模的差距,这实际上也是做不到的,但区域间人均GDP的差距却是可以缩小的。经济学中的要素报酬理论和托达罗的人口流动理论都认为,生产力要素总是从回报率低的地方向高的地方流动,人口也总是从收入低的地方向高的地方流动,这种要素自由流动的结果,有利于缩小地区间人均GDP的差距。一般来说,人均GDP趋于缩小的过程是呈倒字"U"型的,在农业社会和工业化的早期阶段,地区之间的差距并不大。随着工业化的推进,人均GDP的地区差距呈现出扩大趋势,到后工业化时期又呈现出缩小的趋势。比如美国,从新中国成立到上世纪30年代的200年间,地区之间、州与州之间的人均GDP差距是扩大的,到上世纪30年代经济危机以后,州际之间的人均GDP差距趋于缩小。上世纪30年代,美国州际变异系数是0.4,到上世纪60年代缩小到0.2,目前仅为0.13。其他国家,比如巴西人均GDP最高州与最低州的差距是5倍,土耳其是13倍,印度尼西亚是17倍，而欧洲国家基本上是2～3倍，说明了发展中国家的人均GDP区域差距大，发达国家的人均GDP区域差距小。我认为，十七大报告提出的努力缩小地区间的差距，应该主要是指人均GDP的差距，把它确定为我们长期要追求的目标，是符合科学规律的。当前，我国正处于工业化、城镇化加速推进的时期，这个时期往往也是区域差距趋于扩大的时期。因此，现阶段促进区域协调发展的一项首要任务，就是要遏制地区间人均生产总值扩大的趋势，并努力使之保持在一个适度的范围内。当然，这种遏制不能采取劫富济贫、截长补短的方式，正确的做法是要鼓励人的自由流动和区域间优势互补、共同发展以及适当的财政转移支付。

第二，各地区的人民都能享受均等化的基本公共服务。基本公共服务主要是指义务教育、公共卫生和基本医疗、社会保障、社会救助、促进就业、扶贫济困、防灾减灾、公共安全、公共文化等。提供这些服务是政府义不容辞的责任。这类服务不应因地区的不同、人群的不同而有明显的差异。实现基本公共服务均等化是现阶段更加注重社会公平、实现公平与效率相统一的重要标志，是促进区域协调发展和构建社会主义和谐社会的必然要求，是我们党立党为公、执政为民的宗旨决定的，也是近年来贯彻落实科学发展观的新思想。十七大报告明确提出要缩小区域发展差距，必须注重实现基本公共服务均等化。目前，我国区域间社会发展差距比较大，是区域发展差距中的最短板，与沿海相比，中西部地区的人均受教育年限、每万人中的大学生、科技人员、医疗设施、体育文化设施等指标的差距还相当大。如何尽快改善贫困落后地区的基本公共服务水平，让全体人民都能共享改革发展成果，是我们工作的一项重要任务。今年以来，我们会同有关部门和地方相继开展了新疆和青海调研以及经济社会发展政策的研究工作，在考虑南疆三地州和青海发展思路的时候，我们将国家支持的重点都明确放在了改善民生、提高公共服务能力上，通过改善当地的教育、卫生、文化设施条件，建立健全社会保障制度等措施，切实改善广大群众的生产生活条件，使他们真正分享改革开放和经济发展的成果。

第三，各地区比较优势能够得到合理有效的发挥。比较优势是区域经济学最核心的概念之一。在国际贸易理论中，比较优势最早是讲国与国之间的关系，从亚当·斯密提出的绝对比较优势到大卫·李嘉图的相对比较优势，再经过后来国际贸易理论的研究发展，比较优势现在也被称为竞争优势。从这个角度讲，不同地区都有各自的比较优势，关键是看能不能把它挖掘出来。而只有各地区的比较优势充分发挥出来了，才能实现全国整体利益的最大化，才能有效消除区域间的利益冲突，实现区域间的优势互补、互利互惠，这也是促进区域协调发展的重要内容和重要标志。过去在计划经济时期，我国工农业生产小而全、大而全，地区之间相对封闭，区域比较优势的交换不充分，这也是整个国民经济素质和效率不高的重要原因，直到现在这个问题仍然存在。因此，充分发挥不同地区的比较优势，再通过区域之间比较优势的交换，整个国民经济的效率和发展质量就可以大大提高。区域交换的道理就在于此，区域合作的理论根基也在于此。

第四，各地区人与自然的关系处于协调和谐状态。各地区的经济发展，必须充分考虑本地区的资源环境承载能力，以不破坏生态环境为前提。我国生态环境整体比较脆弱，许多地区的经济和人口承载能力不强，既要促进欠发达地区的经济发展，努力缩小地区差距，同时也要做到开发有度、开发有序、开发可持续，切实保护好生态环境。因此，各地区人与自然的关系是否处于协调和谐状态，是衡量区域发展协调性的又一个重要的标志。比如青海省果洛州玛多县，1979年是全国农民人均纯收入最高的县，因为当时玛多县牧民每户都有几十头、上百头的牲畜。但后来由于超载过牧，草场严重退化，玛多县现在已沦为国家级贫困县了。这个问题不光是欠发达地区，发达地区同样存在这个突出问题。

今年太湖蓝藻事件爆发，导致无锡百万人饮水危机，其原因是水体的富营养化，而富营养化又与人类不当的生产生活活动直接相关。一旦水环境破坏了，想要恢复，就得花成百倍、上千倍的代价。因此，人与自然关系不协调，就不能叫区域协调发展。党的十七大提出了优化国土开发格局和形成主体功能区的任务，实际上折射出来的就是要保持人与自然和谐发展的战略思想和重大原则。要努力引导形成主体功能定位清晰，人口、经济、资源环境相协调的总体战略格局，只要这样，才能保持人与自然关系处于和谐状态，才能真正做到区域的全面、协调、可持续发展。

准确把握区域协调发展的内涵，在当前具有重要的实践意义，可以有效提高我们工作的主动性、自觉性，防止和避免盲目性、片面性。希望同志们加深对区域协调发展内涵的理解，并在实践中不断深化认识。

二、努力推进形成主体功能区

党中央、国务院顺应国内外形势发展的需要，提出了推进形成主体功能区的重大任务。十六届五中全会和"十一五"规划纲要都明确提出了编制主体功能区规划的要求。胡锦涛总书记明确指出，要加快形成主体功能区，统筹考虑未来我国人口分布、经济布局、国土利用、城镇化格局，明确不同区域的功能定位，优化生产力空间布局，规范空间开发秩序，逐步形成合理的空间开发结构。党的十七大报告也明确提出，要按照形成主体功能区的要求，完善区域政策，调整经济布局。

推进形成主体功能区，是优化国土空间布局的重大举措，是落实区域协调发展战略的基础性工作，是从根本上理顺区域发展关系的重要途径。推进形成主体功能区的主要任务是，根据不同区域的资源环境承载能力、现有开发密度和发展潜力，确定主体功能定位，合理划分优化开发、重点开发、限制开发、禁止开发区域，统筹谋划经济布局、人口分布、资源利用、环境保护和城镇化格局，明确开发方向，控制开发强度，规范开发秩序，完善开发政策，逐步形成可持续发展的国土开发格局。

在新形势下，推进形成主体功能区，对于深入贯彻落实科学发展观，实现经济社会又好又快发展具有重要意义。与以往粗放的、遍地开花式的区域发展模式不同，主体功能区思想给我们提供了一种全新的区域开发理念。之所以提出主体功能区思想，主要是为了解决以往区域发展中存在的一些基本矛盾和问题。一是以往的区域划分线条较粗，很难使国土空间布局优化的任务落到实处。新中国成立以来，我国区域划分格局先后经历了沿海和内地两大区域，东、中、西三大地带，东部、中部、西部和东北地区四大区域发展板块等几个发展阶段，区域划分总体是朝着细化方向发展的。但一个不争的事实是，区域划分格局还比较粗糙，区域划分只考虑了地理区位，而未从人口、资源、环境多因素等来考虑，因而难以从根本上解决区域内部的差异问题。欧盟是实行区域政策最典型的区域，欧盟25国被划分为1214个标准统计区，通过结构基金对人均GDP低于欧盟平均水平70%的标准统计区实行援助，区域政策作用空间非常明确。德国也是区域政策实施力度较大的国家，德国的标准区块划了271个，平均每个区块的面积是1300平方公里（相当于我们一个县的面积），政府根据每个区块的经济状况制定实施相应的区域政策。二是由于主体功能定位不清，导致开发无序、无度，单纯追求GDP增长，超出了资源环境的承受能力。一些不应该开发的地方也在大肆开发，一些应重点开发的地方又不注意集约使用土地等稀缺资源，再加上行政区划的分割，使得地区比较优势难以得到发挥。三是区域政策缺乏针对性，容易造成区域之间的政策攀比。一方面，许多同志都认为中央政策缺乏区域性，现行许多政策都带有"一刀切"的色彩，这主要源于缺乏权威、统一的主体功能区规划；另一方面，现行的一些针对不同板块的区域性政策，又往往造成区域间的攀比，每个区域都要求有特殊政策，最终的结果是造成政策交叉、效率下降。推进形成主体功能区是解决上述问题的根本途径，可以有效提高资源空间配置效率，促进形成区域分工协作、优势互补、良性互动、共同发展的新格局，可以极大增强区域政策的针对性和统一性，促进科学合理的生态环境补偿机制形成，加快实现基本公共服务均等化。主体功能区思想的提出，是我国区域开发战略和开发模式的重大转变，标志着党中央、国务院关于促进区域协调发展的理念更加完整、更加成熟，也更加符合区域协调发展的客观实际。

今年，国务院印发了《关于编制全国主体功能区规划的意见》，前不久还召开了全国主体功能区规划编制工作电视电话会议，曾培炎副总理和马凯同志做了重要讲话，对推进主体功能区工作做了全面部署。这项工作与我们地区经济工作密切相关，无论是区域规划、区域政策、区域合作，还是流域治理、扶贫开发等工作，都要自觉地遵循推进形成主体功能区这条主线。一是积极做好推进形成主体功能区的基础工作，深入基层了解情况，进一步深化研究，积极参与主体功能区规划编制工作；二是结合职能，加大对区域政策的研究力度，研究与主体功能区相配套的财税政策、投资政策、产业政策、土地政策、金融政策、人口政策、环境政策，尤其要抓紧研究加大对限制开发和禁止开发区域财政转移支付力度的政策措施，提高区域政策的有效性和针对性；三是进一步明确主体功能区规划与四大板块发展战略的相互作用机制，明确国土规划、区域规划在主体功能区中的战略定位。主体功能区与四大板块不是相互替代，而是彼此互补的关系，是解决不同问题的不同手段。

三、当前促进区域协调发展的工作重点

发展改革系统推进区域协调发展责任重大、任务艰巨。从当前看，要着力做好以下四个方面的工作。

（一）继续实施区域发展总体战略

深入推进西部大开发。要全面推进实施《西部大开发"十一五"规划》，继续加强基础设施建设，加快在建重点基础工程建设，积极推进"十一五"规划提出的重大项目前期工作，再新开工一批重点项目。继续推进生态建设重点工程，巩固和发展生态建设成果，抓紧制定退耕还林、退牧还草相关后续政策。坚持重点突破，积极推进重庆市和四川省成都市统筹城乡综合配套改革试点工作，加快促进关中－天水、广西北部湾经济区等重点经济带发展，积极培育区域经济新的增长极。突出抓好特殊困难地区和民族地区发展。支持有条件的地区集约发展特色优势产业，建设优势资源加工基地，发展清洁能源、先进制造业、高技术产业、特色农产品加工业及其他优势产业。着力改善和加强西部地区公共服务，继续支持教育、医疗卫生、计划生育、广播影视、文化体育等设施建设，做好社会保障工作。加强人才队伍建设，不断创新人才开发方式，全面落实加强西部地区人才队伍建设的政策措施。继续推进《西部开发促进法》的立法进程。

全面振兴东北地区等老工业基地。要落实《东北地区振兴规划》，进一步巩固东北地区作为全国商品粮生产基地的重要地位，继续抓好优质粮食产业工程和大型商品粮基地建设，建立和完善新型农村社会养老保险、合作医疗和最低生活保障制度。加快石化、钢铁、农产品深加工、医药等传统优势产业，促进高新技术产业发展，大力推进产业结构优化升级。加快振兴装备制造业，继续完善重大技术装备自主化的各项政策措施，推进关键领域的重大技术装备自产化。大力推进国有企业改革，提高大型国有企业的核心竞争力。进一步推动沿海沿边开放和图们江流域国际合作。继续做好经济转型试点工作，逐步建立起开发补偿机制和衰退产业援助机制。做好就业和再就业工作，加大棚户区改造的支持力度。继续加强铁路、公路、能源和国家石油储备基地等基础设施建设，抓紧实施松花江、辽河、环渤海湾水域环境治理和黑土地整治，加大东北西部荒漠化治理力度，大力发展循环经济。

大力促进中部地区崛起。抓紧研究细化落实促进中部地区崛起的各项政策措施，尽快出台中部地区"两个比照"政策的实施意见，组织研究编制促进中部地区崛起规划。围绕"三个基地、一个枢纽"建设，继续加强对中部地区粮食生产的支持力度，加快粮食生产基地建设；大力发展煤炭、电力、钢铁、化工、有色、建材等优势产业，加强能源和重要原材料基地建设；支持发展先进装备制造业，积极发展高技术产业，建设高技术产业基地；积极构建铁路、公路、水运、航空、管道等综合运输体系，加快发展现代流通业。支持中部地区城市群发展，重点推进以武汉城市圈、中原城市群、长株潭城市群、皖江城市带为重点的城市群，积极培育区域新的增长极。加快中部地区开发开放，组织做好中部地区产业承接工作。深化政府行政管理体制和国有企业改革，加快发展非公有经济。加强生态环保和节能减排工作，抓紧实施巢湖、淮河、丹江口等重点流域治理力度，推进工业污染防治措施的实施。

积极支持东部地区率先发展。要加快完善区域创新体系，切实增强企业技术创新的动力和活力，加快培育更多的国际知名企业和品牌，进一步提高东部地区的整体经济实力。积极推进产业结构优化升级，优先发展先进制造业、高技术产业和现代服务业，提高经济运行质量和总体竞争力。推进体制改革和机制创新，继续发挥经济特区的带动作用，继续协调推进上海浦东新区国家综合配套改革试点，组织落实天津滨海新区开发开放的相关政策措施，支持海峡西岸和其他台商投资相对集中地区的经济发展，发挥重点地区在改革开放和自主创新中的辐射带动作用。加快推进基础设施一体化问题。大力发展循环经济，改善人居环境，率先建立资源节约型和环境友好型社会。大力发展海洋经济，努力促进海陆统筹发展。

(二) 继续加大对欠发达地区的支持力度

加大对革命老区、边疆地区、民族地区、贫困地区等欠发达地区的支持力度，是实现全面建设小康社会奋斗目标与构建和谐社会的根本要求，也是全面推进区域协调发展的重点和难点，任何时候都要重视欠发达地区的发展。

一是处理好资源开发、改善民生与生态保护之间的关系。欠发达地区都存在一些共性问题，如生态环境条件比较恶劣，交通等基础设施薄弱，人口素质不高，民生问题突出，即使有资源但也远离市场等。为此，欠发达地区必须首先明确发展定位和战略，走符合自身区情的发展之路。在有条件开发的地区，要立足于形成具有竞争优势和民族特色的产业，合理有序开发利用优势资源，并把保护生态环境放在优先地位。在生态环境恶劣的地方，继续实施重大生态建设工程，稳步推进生态移民搬迁，加大转移支付力度，并不再考核GDP指标。

二是努力提高人口素质。人口素质低是导致贫困落后的根本原因，提高人口素质也是解决欠发达地区发展问题的关键。为此，各级政府要始终盯住提高人口素质工作不放松。要加大资金投入，重点推进"两基攻坚"，加快普及义务教育，扩大对贫困家庭学生的资助范围和力度。做好民族地区"双语"教学工作。大力发展职业教育，提高劳动力素质和技能，扩大劳务输出规模。认真做好计划生育工作，鼓励优生优育，实行计划生育奖励制度，抑制人口过快增长。加强欠发达地区人才队伍建设，稳定人才队伍，加大对口支援特别是人才对口支援的力度。

三是加大财政转移支付力度。对欠发达地区实行特殊的财政转移支付政策，着力解决这些地区财力不足的状况。要切实加大对民族地区、边疆地区一般性和专项性转移支付的力度，继续实施中央财政对产粮大县和财政困难县的"三奖一补"政策，扶持粮食主产区经济发展。加大扶贫开发力度，逐步提高农村扶贫标准，加快贫困地区脱贫致富步伐。加快推进资源税费改革，提高资源输出地税费留成比例，建立健全资源有偿使用制度和生态环境补偿机制。

（三）继续做好区域规划和区域政策工作

编制区域规划、制定区域政策，是贯彻落实国家区域协调发展战略、实施区域调控的重要手段。制定实施区域规划和区域政策，有利于确定和协调重点区域的开发战略、功能定位、总体布局，统筹解决跨区域发展中的重大问题，有利于充分发挥各地区比较优势，推进区域经济一体化进程。

一是认真做好区域规划的编制工作。在有关省市和部门的大力支持下，地区司编制完成了长江三角洲地区和京津冀都市圈两个区域规划。目前京津冀都市圈规划已报国务院，长江三角洲地区规划正在抓紧上报。总体来看，这两个规划编得都不错。下一步，地区司和有关省市要全面总结这两个区域规划编制工作的经验，认真组织好两个规划的实施工作。同时，要选择部分对我国区域发展具有重要意义的跨省区地区和重点地区开展区域规划的编制工作。要抓紧编制完成广西北部湾经济区发展规划，适时启动成渝经济区规划编制，做好淮海经济区等区域规划编制的前期工作。各地也要高度重视区域规划工作，特别是要组织编制本区域内重点都市圈、城市群和经济密集区的区域规划。地区司要加强对各地工作的协调指导，鼓励和支持各地开展区域规划编制工作。要抓紧研究区域规划编制方法和实施机制，适时出台《区域规划编制与管理暂行办法》，促进区域规划编制工作逐步走向规范化。

二是进一步加强区域政策的研究工作。要密切跟踪区域发展总体战略的实施效果，按照党的十七大关于继续实施区域发展总体战略的要求，继续与有关部门共同研究与四大板块相适应的区域政策，力争形成既能充分体现各个区域实际需要，又能发挥各地区比较优势的政策体系，避免出现各地区盲目攀比，造成各个区域都有政策、实际上各个区域又都没有政策的局面。要按照形成主体功能区的要求，积极开展国土开发战略与政策框架的前期研究，开展加快重点地区开发开放和促进经济圈、经济带形成的政策研究工作，完善与推进形成主体功能区相适应的区域政策体系。还要根据党中央、国务院的部署，抓紧特殊类型地区的政策研究制定工作，当前要着力抓好青海、宁夏回族自治区经济社会发展的调研和政策研究制定工作，同时督促有关部门和地方抓紧做好新疆和西藏自治区经济社会发展政策的落实工作。

（四）进一步加强区域合作工作

加强区域合作是促进要素跨区域流动和优化组合的重要途径，是通过区际比较优势交换推进区域良性互动的有力手段，是促进区域协调发展的重要抓手。十七大报告从"引导生产要素跨区域合理流动，突破行政区划界限，形成若干带动力强、联系紧密的经济圈和经济带，鼓励东部地区带动和帮助中西部地区发展"等方面，对促进区域合作提出了新的要求。这次全国发展改革系统地区经济工作会议同时套开区域合作座谈会，很有必要，目的就是学习贯彻十七大精神，进一步推进区域合作工作。

一是深化各种类型的区域合作。要围绕加强城市群规划，重点深化城市间基础设施、社会事业、产业布局、区域政策等领域的合作，积极培育新的经济增长极。着眼于发挥核心的辐射带动作用和区域优势互补，深入推进长江经济带、泛珠三角合作、环渤海经济合作等重点区域性合作的发展，积极拓宽淮海、中原、闽赣粤、北部湾、成渝、关中等经济合作区的合作领域，鼓励开展多种形式的合作活动。要进一步加强对口支援西藏、新疆、其他藏区和三峡库区工作，拓宽对口支援的领域和范围，创新对口支援的方式和机制。要充分发挥企业在区域合作中的主体作用，积极发展跨地区、跨行业、跨所有制的大企业，鼓励优势企业跨区域发展，推动跨地区产业结构调整和资产重组，加快技术转移和扩散。

二是扩大与周边国家的区域合作。沿边开放，对于内陆地区实现跨越式发展具有重要意义，也有巨大的潜力。要继续加强与周边国家和地区的区域合作，拓展中国—东盟、大湄公河次区域、中亚、图们江等区域合作的领域，进一步促进贸易、投资、交通运输的便利化。鼓励区域间联合制定统一开放的发展政策，形成整体对外的良好环境。

三是建立健全区域合作机制。根据区域合作的不同情况，鼓励建立国际间、区域间和城市间多层次、多形式的区域合作组织，积极发挥区域合作组织的沟通协商和组织协调作用。区域合作组织要逐步健全规章制度，提高管理水平，建立和完善信息交流平台，加强调查研究和政策研究，为政府和企业决策做好服务。充分发挥政府对区域合作工作的主导作用，完善地方政府间定期协商交流机制，推进各级政府的合作交流部门建设，研究建立国家层面的区域合作协调机制。

四、加快建立促进区域协调发展的有效机制

市场机制、合作机制、互助机制和扶持机制，是实现区域协调发展的重要手段。这四大机制之间是一个什么样的关系呢？归结起来看，无外就是市场与政府的关系问题。促进区域协调发展到底是靠市场还是靠政府？我认为两者都不可偏废。没有市场机制，生产要素不能自由流动，资源无法合理配置，产业不能优化配置，区域经济就不可能形成比较优势和竞争优势，"蛋糕"也就做不大。因此，必须打破行政区域分割，努力促进市场机制的发育，使任何地方都能培育起有利于活力竞相迸发、财富充分涌流的机制。另一方面，缺少政府的必要干预也不行，经济生活本身就有一个市场失灵的问题，比如交易成本过高、企业生产成本

外部化、生态环境的破坏、收入分配的不公等，都需要政府适度干预，更何况区域发展绝不仅仅是经济问题，还包括许多社会问题、民族问题、宗教问题、文化问题等。因此，过分强调一个机制、偏废另外一个机制的做法都是错误的，我们要做的应该是建立健全四大机制，使四大机制在区域协调发展中都能充分发挥出应有的作用。

一是健全市场机制。健全市场机制，就是要着力打破行政界限和市场分割，加快构建全国统一大市场。要着力促进劳动力和人口在全国的优化配置，逐步消除城乡、区域分割，建立符合市场经济发展趋势的人口有序流动机制和城乡一体化的劳动力市场。要加强包括土地、水资源、矿产资源在内的资源价格和税费改革，改变资源要素价格偏低的现状，引导资金、技术等要素合理流动，引导产业在区域间有序转移和合理布局。要特别注意研究人口流动政策，全国一亿一千多万的农民工，最终总要落地生根，这就需要有相应的人口政策以及相对完善的社会保障制度。

二是健全合作机制。健全合作机制，就是各行政区域要积极开放市场，在保持区域之间有效竞争的同时，按照自愿互利共赢的原则，鼓励和支持多种形式的区域经济协作和技术、人才合作。要探索建立制度化的区域合作机制，开展多层次、多形式、多领域的区域合作。要加强统筹协调，在基础设施和公共服务建设方面加强协作。要充分发挥政府和中介机构的作用，建立区域合作的服务体系，鼓励区域合作方式创新。要明确搞区域合作不是恩赐，东西合作、东西互动一定要建立在市场机制的基础之上，建立在各自利益的基础之上，着力实现互利共赢，不能搞拉郎配，更不能强加于人。

三是健全互助机制。健全互助机制，就是要进一步发挥社会主义制度的优越性，发扬先富帮后富的优良传统，鼓励发达地区采取多种形式帮扶欠发达地区。要继续做好发达地区对欠发达地区的对口支援，特别要做好对边疆地区和少数民族地区的对口支援。要创新对口支援的方式,"受之以鱼"不如"授之以渔",要帮助受援地区生成造血机制,而非简单的给钱给物。要继续鼓励社会各界捐资捐物,改善贫困地区和受灾地区人民的生活。要根据实际需要拓展支援领域,创新帮扶方式,提高帮扶效果,加大技术援助和人才援助的力度,将外生援助转化为内生动力。

四是健全扶持机制。健全扶持机制,就是各级政府特别是中央政府,综合运用资金投入、产业政策等手段,切实加大对革命老区、民族地区、边疆地区、贫困地区发展的扶持力度。当前的工作重点是,以建立资源和生态环境补偿机制为切入点,抓紧研究建立与主体功能区规划相配套的科学有效的财税政策,以及相关的土地、金融、产业、人口等配套政策,使扶持机制更加科学化、规范化。

改革开放30年促进区域协调发展的基本经验[*]

（2008年11月17日）

改革开放30年来，全国人民在党中央、国务院的英明领导下，解放思想、实事求是、锐意进取、奋力开拓，我国经济社会发展取得了举世瞩目的非凡成就。国民经济连续30年保持高速增长，年均增长速度为9.8%，经济总量在全球的位次由1978年的第10位上升到2007年的第4位，国内生产总值占全球的比重由1%上升到近6%，对外贸易总额占全球的比重由不足1%上升到8%左右。广大人民群众真正从改革开放中得到了实惠，实现了从温饱不足到总体小康的转变。

伴随着改革开放和经济社会发展的总体进程，我国区域发展格局发生了深刻的变化。一是逐步形成了涵盖东部率先发展、西部大开发、中部崛起、东北振兴的区域协调发展总体格局，明确了促进区域协调发展的奋斗目标和重点任务，初步形成了促进区域协调发展的体制、机制。二是打破了"小而全、大而全"的格局，重点地区开发开放取得重大进展，地区经济结构明显优化，区域比较优势得到进一步发挥，区域发展的自主性明显增强，空间管制的区域开发理念明显提升，各地区具有了发展的自主性，形成了交换比较优势的局面。三是加大了对革命老区、少数民族

---

[*] 这是在江西井冈山市召开的2008年全国发展改革系统地区经济工作会议暨区域合作座谈会上讲话的一部分，原文载《中国经贸导刊》2008年第24期；《中国经济导报》2009年2月5日；《宏观经济管理》2009年第2期。

地区、边疆地区、贫困地区的支持力度，欠发达地区自我发展能力显著增强，有效遏制了区域发展差距的扩大。特别是实施西部大开发和促进中部地区崛起战略之后，加大了对中西部的投入力度，改善了中西部的投资环境和发展基础设施条件。四是区域发展的协调性显著增强，区域合作广度深度明显拓展，区域经济一体化如火如荼，区域之间朝着优势互补、良性互动的方向发展。区域协调发展战略是国民经济总体战略的重要组成部分，改革开放30年来我国经济社会发展取得的巨大成就，与区域协调发展战略的调整和区域发展格局的优化有着密不可分的联系。

当前，我国经济社会发展进入了关键时期，创新区域协调发展的体制机制进入了重要阶段，促进区域协调发展的任务更加艰巨。值此改革开放30周年之际，系统回顾区域协调发展的演进历程，认真总结促进区域协调发展的基本经验，并用以指导今后的实践，是很有意义的。

一、确定区域发展战略必须始终立足于我国社会主义初级阶段的基本国情

我国是一个幅员辽阔、人口众多的发展中大国，各地区的自然、经济、社会条件差异显著，区域发展不平衡是我国的基本国情。从自然地理格局看，由三级地势阶梯构成的自然基础格局，使得我国各地区支撑经济发展的资源系统和生态基础大不相同，资源和人口的分布很不均衡。从我国黑龙江漠河到云南腾冲画一条线，这条线的西北部为干旱半干旱地区、青藏高原和喀斯特（岩溶）地区，上述地区资源环境承载能力低，经济发展水平明显落后；这条线的东南部自然条件较好，全国人口和经济活动主要集中在这一区域。从民族文化传统看，我国是一个多民族的国家，不同民族都有着悠久的文化传承，社会发育水平差异也很大。解放前夕，我国还有不少的民族仍然过着刀耕火种的生活，有的

民族还处于奴隶社会，云南就有不少一步迈入社会主义的"直过民族"。这些因素迄今为止仍然在深刻地影响着区域发展格局。从经济发展水平看，我国的区域差距很大。用人均GDP衡量，2007年人均GDP最高的上海是最低的贵州的9.6倍，剔除京津沪三个直辖市，最高的浙江仍为最低的贵州的5.4倍，而美国、印度、巴西分别为2.4倍、3.8倍和2.6倍。用基尼系数衡量，2004年我国以各省（区、市）人均地区生产总值计算的基尼系数为0.35，比区域差距较大的土耳其的0.32和墨西哥的0.27还要高。可以说，我国是世界上区域差距问题最突出的国家之一。要做好地区经济工作，必须仔细研究区域差距和如何缩小区域差距两方面问题。

区域发展不平衡这一基本国情决定了，促进区域协调发展在我国具有特殊的重要性，我国实施区域协调发展的难度也要比其他国家更大。党中央历来高度重视区域协调发展，始终把促进区域协调发展放在我国总体战略的重要位置统筹考虑。毛泽东同志在《论十大关系》中专门讲到沿海和内地的关系问题，在他看来，这是社会主义建设中的重大问题之一；邓小平同志高瞻远瞩，提出"两个大局"的战略思想，解决了促进区域协调发展如何起步的问题，明确了奋斗目标和基本路径；江泽民同志秉承"两个大局"的思想，在世纪之交，不失时机地提出了西部大开发的战略；党的十六大以来，以胡锦涛同志为总书记的党中央明确提出科学发展观的重大战略思想，把促进区域协调发展提高到了一个新的战略高度。

改革开放以来，我国区域发展战略经历了由非均衡发展到促进区域协调发展的转变。这种战略转变与我国改革开放的伟大进程紧密相随，与我国经济社会发展的宏观背景息息相关，也是立足我国社会主义初级阶段基本国情做出的理性判断与现实选择。改革开放之初，如果我们不实行非均衡发展战略，让拥有两亿人的沿海地区率先发展起来，就不可能打破闭关锁国的局面，也不可能打破传统计划经济体制下的平均主义，这是在特定历史条件下的正确选择；上世纪 90 年代中后期以来，如果我们不及时地调整区域发展总体战略，推进形成四大板块协调发展的战略格局，就不可能缩小地区间发展差距，甚至会引发社会问题和政治问题，也不可能充分开发国内市场，拓展经济社会发展空间。党的十六大以来确定的区域协调发展战略是我们今后必须长期坚持的基本战略。因此，在推进现代化建设的整体进程中，我们必须始终把促进区域协调发展置于总体发展战略中统筹考虑，必须针对不同时期的现实情况，不断创新和完善促进区域协调发展的政策和措施。

二、促进区域协调发展必须始终致力于缩小区域差距和促进基本公共服务均等化

缩小区域差距问题，是实施区域发展总体战略要解决的核心问题。温家宝总理在《求是》杂志上发表题为《关于深入贯彻落实科学发展观的若干重大问题》的署名文章，在谈到促进区域协调发展问题时，他强调"促进区域经济协调发展，逐步缩小区域发展差距，是实现科学发展的重点和难点，是我国现代化进程中必须长期花大力气解决的重大问题，事关大局。无论是东部地区还是中西部地区，都必须关心这个大局，维护这个大局"。特别是要看到，我国正处于工业化、城镇化加速推进时期，从国际经验来看，这个时期，各类要素的集聚效应大于扩散效应，因此往往是区域差距趋于扩大的时期。如果我们任由区域差距扩大，不仅不利于各类要素在更广阔空间上实现优化配置，不利于实现不同区域间基本公共服务均等化，而且更重要的是不利于维护国家统一、民族团结和社会长治久安。如前南斯拉夫区域差距过大，引发民族矛盾，就是导致国家解体的重要原因。

党中央、国务院历来高度重视缩小区域发展差距问题。1993

年党的十四届五中全会通过的《中共中央关于制定国民经济和社会发展"九五"计划和2010年远景目标的建议》，第一次明确把坚持区域经济协调发展，逐步缩小地区发展差距作为经济社会发展必须贯彻的重要指导方针。此后，党的十五大、十六大、十七大都一以贯之，始终把缩小区域发展差距作为国民经济社会发展5年计划的重要内容，并相继提出了一系列更为具体的部署和安排。近年来，围绕缩小区域差距，特别是促进基本公共服务均等化，中央加大了对中西部地区的投入力度，出台了一系列政策措施。据统计，1994~2007年，中央对中西部地区的转移支付占转移支付总额的比重从69.6%提高到87%左右；1998~2007年，中央预算内投资中中西部地区的比重也由43.4%提高到56.5%。2003~2007年，中部和西部GDP年均增长率分别快于东部地区0.48个和0.46个百分点，占全国GDP总量的比重也分别提高了0.4个和0.3个百分点。这些年国民经济形势好，不同区域的群众总体上比较满意，与缩小区域差距的努力是分不开的。

促进区域协调发展，缩小区域差距是一个长期而艰巨的任务，尽管这些年我们取得了一些成效，GDP增速差距缩小，但区域差距扩大的趋势仍未得到根本扭转，人均GDP差距仍在扩大。地区经济系统的同志要牢牢抓住缩小地区差距这一基本工作目标不放，这既是我们的职责所在，也是促进经济社会又好又快发展全局战略的需要。这里，我还要强调两点：一是缩小区域差距不是指缩小GDP的差距，而主要是指缩小人均GDP的差距，从GDP总量来看，贵州可能永远也赶不上上海，但两地之间人均GDP的差距却是可以缩小的。二是地区间人均GDP差距的缩小也需要一个较长的过程，可能会以十几年、几十年来计量，但基本公共服务均等化却可以率先突破的，且可以不和经济发展水平直接挂钩。在推进缩小区域差距的过程中，我们要始终把握这个工作重点。

三、促进区域协调发展必须始终注重发挥不同地区的比较优势

比较优势理论是国际贸易理论的基础，也是解释区域分工最具影响性的理论。从亚当·斯密提出绝对比较优势理论到大卫·李嘉图的相对比较优势理论，再经过现代国际贸易竞争比较优势学说的演绎，比较优势理论不断丰富和发展。按照比较优势理论，两个国家分别生产各具比较优势的产品，再进行交换而获得的收益，要大于两国分别生产不同产品而获得的收益，两者间总收益的差值就源于比较优势。这个理论同样适用于地区和地区之间。按照比较优势理论，小而全、大而全的生产效率较低，只有充分发挥各地区的比较优势，通过交换实现区域间的优势互补，才能实现效益的最大化。

在计划经济时期，我国地区之间相对封闭，工农业生产小而全、大而全，区域比较优势的交换不充分，这是整个国民经济效率不高的重要原因。改革开放30年来，区域经济发展日益生动，生机勃勃，一个重要原因就在于我们注意发挥不同地区的比较优势。

刚才我讲了，缩小区域差距是地区经济工作的基本目标，现在要再加上一句话，即缩小区域差距一定要建立在充分发挥不同区域比较优势的基础上。只有通过比较优势的交换，才能把"蛋糕"做大，我们才有条件更好地支持欠发达地区；反之，如果损害了不同地区比较优势的发挥，抑制地方发展的积极性和长处，即便表面上区域差距一时缩小了，但也失去了本来的意义。这实际上就是效率与公平统一的道理。

近年来，我们在研究制定区域性政策文件时，都注意对各地区的比较优势进行研究论证并给予有针对性的政策支持。比如结合中部地区在粮食生产和能源原材料生产的优势，提出了建设全

国重要的粮食基地和能源原材料基地的战略定位；结合新疆在矿产资源方面的优势，提出了实施以市场为导向的优势资源开发战略；结合长三角地区在人才、技术、创新和区位等方面的优势，提出了要建设亚太地区重要的国际门户、全球重要的先进制造业基地和具有较强国际竞争力的世界级城市群；结合珠三角地区在区位条件方面的优势，提出了要进一步深化与港澳之间的合作。我们也注意了打破形形色色的地区壁垒，促进要素在地区间自由流动和重新组合。这也是非常重要的，因为只有充分实现区域之间的市场交换，才能使不同区域的比较优势得到发挥，才能实现利益的最大化。认清地区比较优势，充分发挥比较优势，完成比较优势的交换，这三个步骤是地区经济工作的关键所在。在今后的地区经济工作中，我们仍然要坚持这一条。

四、促进区域协调发展必须把人与自然和谐相处作为基本前提

区域经济工作要把人与人的关系和人与自然的关系统筹考虑，其中，人与自然的和谐相处是衡量区域协调发展的重要标志。资源环境是人类赖以生存的基本条件。自然资源大都具有脆弱性和不可再生性，一旦遭到破坏，恢复起来难度很大，付出代价更大。

在我们的现实生活中，片面强调经济增长，忽视资源环境承载能力的反面教材比比皆是。去年我在系统会讲话中谈到过青海省果洛州玛多县的例子。1979年玛多县还是全国农民人均纯收入最高的县。事过境迁，由于超载过牧，草场严重退化，玛多县现在已沦为国家级贫困县。这类问题不限于欠发达地区，在发达地区也不乏其例。去年太湖蓝藻大面积爆发，导致百万市民饮水危机，无锡市人均GDP已经7000美元了，但百万市民却一个星期饮不上干净的水、洗不上干净的澡，何有幸福指数可言？正如恩格斯在《自然辩证法》一书中说过的，"我们不要过分陶醉于我

们人类对自然界的胜利，对于每一次这样的胜利，自然界都对我们进行报复。"因此，人与自然关系不协调，就不能叫区域协调发展，因为它已经失去了区域发展的基础。

近几年来，国家出台了一系列促进节约资源、环境友好的政策措施，并收到了积极成效，但任务仍然十分艰巨。发达国家在两百多年工业化过程中分阶段出现的资源环境问题，在我国现阶段集中显现出来，发达国家在经济高度发达后花几十年解决的问题，我们要在十几年里集中解决，难度之大，前所未有。对此，我们必须增强忧患意识和责任感，以对人类负责、对历史负责、对子孙后代负责的精神，把促进人与自然和谐的工作融入到地区工作中来。

近两年，我们在实际工作中注意了生态建设和环境保护问题。比如，在促进新疆经济社会发展的若干意见中，明确指出要努力保护和建设好绿洲生态；在促进宁夏经济社会发展的若干意见中，提出加快将宁夏建设成为全国节水型社会示范省区；在促进长江三角洲地区经济社会发展的指导意见中，提出要高标准、严要求，率先建立资源节约型和环境友好型社会；在支持青海等省藏区经济社会发展的若干意见中，提出构建高原生态安全屏障。今后，我们在地区经济工作中，仍然要坚持把生态环境保护放在突出重要的位置上，同时要结合主体功能区规划的实施，使空间管制工作更加系统化、规范化、科学化。

五、促进区域协调发展必须把发挥市场机制的基础性作用和政府的调控作用有机结合起来

体制机制是促进区域协调发展的动力和保障。处理好市场和政府的关系，又是体制机制问题的核心。促进区域协调发展，首先要充分发挥市场机制配置资源的基础性作用。没有市场机制，生产要素不能自由流动，资源无法合理配置，区域经济比较优势和活力就发挥不出来，"蛋糕"也就做不大。因此，在实际工作中，

必须打破行政区域分割，促进市场体系的发育，培育起有利于活力竞相迸发、财富充分涌流的机制。同时也要看到，由于市场失灵的存在，仅凭市场机制的自发作用，是难以推动缩小区域发展差距的，促进区域协调发展，推进公共服务均等化，必然要充分发挥政府的管理、协调、服务职能，这样才能维护社会公平正义，缩小区域差别，各国概莫能外。这里所说的政府，从全局看主要是指中央政府，从局部区域看，则要充分发挥地方政府的作用。

改革开放以前，在单一的指令性计划管理体制下，区域发展格局主要取决于政府对资源的配置，区域发展缺乏自主性和活力。改革开放30年来，促进区域协调发展的机制发生重大变化，市场和政府的作用在朝着相互配合、良性互动的方向前进，区域协调发展不断被注入新的动力。特别是上世纪90年代以来，社会主义市场经济体制开始全面发挥作用，区域间市场开放度不断提高，区域自我发展活力明显增强。与此同时，以政府为主导的扶持机制、合作机制不断完善和强化，跨行政区的区域合作组织在区域发展中发挥了越来越积极的作用。

十六届五中全会明确提出促进区域协调发展的四大机制，即市场机制、合作机制、互动机制、扶持机制，实际上就是市场与政府的关系的具体化。过分强调一个机制、偏废另外一个机制的做法都是错误的。没有市场机制，就没有效率；没有合作机制、互动机制，就不会有乘数效应。正如邓小平同志在1983年就说过的，"搞经济协作区，这个路子是很对的"，"解放战争时期，毛泽东同志主张第二野战军和第三野战军联合起来作战。他说，两个野战军联合在一起，就不是增加一倍力量，而是增加好几倍的力量。经济协作也是这个道理"。[①] 没有扶持机制，就不能有效地遏制区域差距扩大的趋势。我们应该做的是努力建立健全四大机制，使四大机制相互支持、相互融合、相得益彰。

[①] 《邓小平文选》第三卷，人民出版社1993年版，第25页。

区域政策和立法是促进区域协调发展的必要手段*

（2008 年 11 月 17 日）

在前年的工作会上，我从工作内容的角度，总结了地区经济工作的基本思路。下面，我换一个角度，从地区经济工作手段的角度，再谈一点看法。

一、近年地区经济工作的成效

近两年来，按照中央推进区域协调发展的总体部署，地区经济系统围绕重点地区的开发开放，组织了一系列综合调研，在规划编制、政策制订、扶贫开发、流域治理、区域合作、国土整治等方面开展了大量工作，取得了明显成效，开创了地区经济工作的新局面。两年来，我们相继研究起草了促进新疆、宁夏、青海藏区、长江三角洲地区、海峡西岸地区经济社会发展的政策性文件；相继组织编制长三角地区、京津冀都市圈、广西北部湾经济区、珠江三角洲地区、成渝地区、江苏沿海地区、辽宁沿海地区、江西鄱阳湖生态经济区等区域规划，其中大部分政策性文件和区域规划已经国务院印发或批复，对于落实区域协调发展总体战略产生了积极的推动作用。

---

* 这是在江西井冈山市召开的 2008 年全国发展改革系统地区经济工作会议暨区域合作座谈会上讲话的一部分，原文载《中国经贸导刊》2008 年第 24 期；《中国经济导报》2009 年 2 月 5 日；《宏观经济管理》2009 年第 2 期。

通过上述工作，我们自身的政策水平和工作水平也有了明显的提高。一是通过调研和政策研究工作，使我们更加深入地了解了国情，对促进区域协调发展的必要性、重要性有了更真切的实感；对促进不同地区经济社会又好又快发展的战略定位、战略思路和战略任务有了更真切的认识，提高了落实科学发展观的自觉性。二是进一步细化和实化了促进区域协调发展的政策和措施。针对某一特定区域开展政策制定和规划编制工作，使过去停留在一般发展战略层次的政策得以进一步细化，使区域政策的指向性更加明确。如果没有实地调研，我们就没有这种实感，这种实感不仅有利于增强区域政策与规划的针对性，同时也为今后深化区域政策研究和规划编制奠定了很好的思想基础。三是培养锻炼了队伍，提高了地区经济系统分析问题、解决问题和协调沟通的能力，培养了部门之间团结合作的精神，从而为进一步做好区域经济工作奠定了坚实的组织基础。

二、关于宏观政策的区域差异性问题

随着区域性政策和规划工作的推进，我们也听到了一些疑问，有的同志提出，像这样一个区域、一个区域地制定文件、规划，会不会把国家统一的宏观政策给肢解了、搞乱了？针对这个问题，我想讲一点看法。

第一，近年来我们在区域规划、区域政策研究制定方面开展的一系列工作，是落实中央领导指示的具体行动，是深入实施区域协调发展总体战略的客观要求。总体来看，近年来我们所做工作重点聚焦在四类特殊区域：第一类是现在和未来的经济增长点，比如长三角地区、珠三角地区、京津冀都市圈、江苏沿海地区、辽宁沿海地区等；第二类是对外开放的前沿阵地，如广西北部湾、吉林图们江地区等；第三类是特殊困难地区，比如新疆、宁夏、青海等省藏区等；第四类是国务院确定负有先行先试任务的改革试验区，如上海浦东新区、天津滨海新区、成渝城乡统筹综合配套改革试验区、长株潭城市群和武汉城市圈"两型社会"综合配套改革试验区等。上述四类地区在国家区域发展总体格局中具有重要性和特殊性，有针对性地解决这些地区的改革发展问题，体现了"抓两头、带中间"的工作思路和为全局改革开放探路的战略部署，对全面实施区域发展总体战略具有重要意义。需要特别指出的是，对这四类地区予以重点关注是有选择的，并不意味着对全国所有地区都要出政策、编规划，这既没有必要，也不可能。

第二，宏观政策需要体现区域差别。宏观调控的政策手段通常包括财政政策、税收政策、金融政策，以及产业政策、土地政策、环保政策和人口政策等。宏观政策的基本面是要保持稳定和统一的，不必要也不可能一地一策，否则就是分散主义了。但是，是不是可以反过来讲，宏观政策就不应有区域差别呢？这也不符合实际。事实上，宏观政策不仅有产业差别，也是可以有区域差别的。比如财政转移支付政策是统一的，但一般财力转移支付计算公式赋予了不同地区的指标以不同权重，这就体现了区域差别，专项转移支付更是要体现区域差别；再比如税收政策，有同志认为只能体现产业差异，不能有区域差别，我认为这种观点值得商榷。我们在改革开放之初对特区以及在实施西部大开发时，就有针对特定区域予以所得税减免的规定；又比如金融政策，总体上是统一的，但在特殊地区也有差别，比如对贫困地区的贷款实行贴息；还有，在产业政策上，我们专门制定了中西部产业目录；在土地政策上，按照区位条件的不同，将全国土地出让金价格规定了15个等级；在投资政策上，对贫困地区、少数民族地区实行配套资金减免；在环境政策上，提出环境容量的要求，实际上也体现了对不同地区的区别对待；在人口政策上，我们实施少生快富工程，也体现了地区差别。最后，我们在实施宏观调控政策时，强调坚持有保有压、区别对待的原则，也体现了宏观调控政策实施的区域差异性。

第三，政策与法律是有区别的。我们知道，法律具有稳定性、权威性和强制性，而政策同法律相比，还有所不同。一是政策总是有特定对象和特定阶段性的，比如水库移民政策，就是针对水库移民的，土改政策就是针对土改阶段的。二是政策从来就是原则性与灵活性的统一、统一性与差异性的统一。只有统一性、原则性，就难以适应千差万别的实际情况，就会犯"一刀切"的毛病；而一味讲差异性、灵活性，就会引起攀比，就会提高政策执行的成本。三是政策的制定过程，总是从个别到一般再到个别不断完善的过程。为此，我们在研究出台区域政策时，既要维护政策的严肃性，又要把统一政策与实际很好地结合起来，用发展的眼光实化和细化政策，使每一个具体政策更具可操作性。只有这样，才能有效地推动区域协调发展。

总括以上各点，我们可以认识到，宏观政策的区域差别性，不仅是客观存在的，而且是国家意志的体现，体现了国家促进形成区域协调发展格局的战略意图。同时我们也要看到，政策手段又有一定的局限性，特别是同法律手段相比，因此必须在实际工作中正确处理好政策的原则性和灵活性、统一性与差别性的关系。

三、积极推进区域立法工作

综合考虑，我认为推进实施区域发展总体战略需有三大杠杆，一是区域政策，二是区域规划，三是区域立法。区域政策解决的是区域发展的战术问题，区域规划解决的是区域发展的战略和战役问题，而区域立法解决的是区域发展的长效保障机制问题。这三大杠杆不能互相替代，而是有机统一的整体。从推进我国区域发展总体战略实施的角度看，近期，区域政策研究制定和区域规划编制实施仍将有很多艰巨复杂的工作要去做；但从长远需要来看，区域立法工作亟待提上日程，这是确保区域协调发展的客观需要。

从国外来看，世界主要国家都将立法作为落实区域发展战略的先行性措施和制度性前提。英国较早就制定了专门针对欠发达区域开发的法律，1934年颁布了特别区域法，以后又调整为工业布局法、工业法。美国上世纪30年代颁布了田纳西河流域管理法，20世纪60年代又颁布了地区再开发法、公共工程与经济开发法、阿巴拉契亚地区开发法等一系列法律。日本构建了比较完备的地区开发法律体系，既有国家层面的法律，又有地方性的法律，既有产业法，又有特定地区法。1950年，日本制定了国土综合开发法，作为地区开发的基本法，以此为基础，陆续制定了一系列地区开发法律，如土地利用计划法、北海道开发法、偏僻地区振兴法、振兴地区法等。各国关于地区开发的法律，主要是对开发地区的选定方式、开发的内容和程序、区域开发机构的设置、各级政府在地区开发方面的职责、优惠措施等，作出明确详细的规定，从而为区域开发活动规范、有序进行提供了法律保障。唯独我国，虽然我国是区域发展最不平衡的国家之一，但促进区域协调发展却还没有一部法律来予以保障。

从国内来看，推进实施区域协调发展战略是一个长期的、艰巨的、复杂的历史过程，需要强有力的体制机制保障，刚才我讲了法律与政策的区别，法律是形成有效体制机制的最有效手段。当前，我国区域发展总体战略的实施主要是靠政策推动的，政策具有灵活性、阶段性、可变性，在实施过程中往往会出现变形，这在一定程度上影响了总体目标的实现。为此，亟待通过法律形式，对区域发展的目标、途径、保障手段等内容予以规范和法制化，从而从根本上保障发展目标的实现。

当前我国开展区域立法工作的条件已日趋成熟。一是中央已明确了四大区域协调发展总体战略，区域协调发展的政策框架和体制机制逐步完善；二是在推进区域协调发展方面，我们已经取得了大量宝贵经验，有了实践基础；三是凡是经济社会发展的重点或热点问题，社会广泛关注和领导关心的问题，各方面易于达成共识，这样的立法项目往往容易取得突破。在去年中央政治局集体学习时，专家提出了加快区域立法的建议，中央领导同志予以了高度重视。当前区域发展工作如火如荼，立法工作要抓住机遇、顺势而为。要尽快启动区域协调发展促进法的研究工作，做好立法的前期基础性工作，争取得到全国人大和国务院有关部门的支持，尽早将其列入立法计划。人无远虑，必有近忧。希望地区经济系统的同志们充分认识到立法工作的重要性、迫切性，加快推动区域立法取得进展。

做好当前地区经济工作的
重要性和着力点[*]

(2009年12月15日)

2010年是应对国际金融危机冲击、努力保持经济平稳较快发展的关键一年。我们一定要准确把握国内外经济发展大势,继续强化对新形势下做好地区经济工作重要性和紧迫性的认识,进一步明确新时期地区经济工作的基本思路和重点任务。

一、新形势下做好地区经济工作重要性

第一,做好地区经济工作,推动区域经济加快发展,是积极调整需求结构,努力拓展我国经济发展空间的现实需要。改革开放30年特别是2001年加入世贸组织以来,我国对外贸易保持了年均20%以上的快速增长态势,外需一直是拉动我国经济持续快速增长的强劲动力。但这种靠外需拉动的增长是特定阶段的产物,不会永续维持。这一轮国际金融危机对国际贸易以及我国对外贸易造成了重大冲击,对经济快速发展造成了重大影响。即便国际金融危机影响完全消除后,发达国家过度消费的模式也将难以为继,世界经济增长模式调整势在必行。可以预见,在未来一段时期内,我国贸易占世界份额虽可能会继续攀升,但外贸增长不会长期维持高位。这种变化说明,我国经济靠外需拉动的状况已经

---

[*] 这是在福州召开的2009年全国发展改革系统地区经济工作会议暨区域合作座谈会上的讲话的一部分,原文载《中国经贸导刊》2010年第2期。

发生重大的阶段性变化，要求我们必须坚定不移地把扩大内需作为长期坚持的基本方针。

未来一个时期是我国工业化和城镇化进程加速推进的重要时期，消费需求和投资需求的动力持久而强劲，我国拓展战略纵深的回旋余地非常大，内需市场非常广阔。扩大内需的潜力，从城乡关系看，在农村；从地区关系看，在中西部。2008年，占全国总人口54.3%的乡村人口在全社会消费品零售总额中的比重只有32%，当年占全国总人口63.3%的中西部地区的消费份额也只有44.2%，也就是说，全国农村和中西部地区的消费份额都比其人口份额低了大约20个百分点。因此，加快中西部地区发展，不仅是缩小区域发展差距的现实需要，也是扩大内需、保持国民经济长期平稳较快发展的必然要求。还必须看到，我国经济发展长期面临资源环境约束，目前我国石油对外依存度已经超过50%，铁矿石则超过60%，中西部地区有丰富的资源，合理开发利用中西部地区资源，加快中西部地区发展，也有助于缓解我国经济发展的瓶颈制约，进一步拓展国民经济发展空间。

第二，做好地区经济工作，推动区域经济加快发展，是加快国民经济结构战略性调整和转变经济发展方式的重大举措。国际金融危机对我国的冲击，表面上是对保增长的冲击，实质上是对我国经济发展方式的冲击。改革开放以来，我国国民经济以高能耗、高资源消耗、高环境污染为代价的方式增长，使发展与资源环境保护的矛盾十分突出，再延续过去高污染、高能耗的老路是行不通的，必须尽快转变发展方式，探索发展新路径，加快推进国民经济结构的战略性调整。

推进国民经济战略性调整，核心是按照"节能、环保、增效"的要求，加快推进产业结构优化升级。无论是东部，还是广大的中西部地区，都得走这条路子。国民经济战略性调整，不仅涉及产业结构调整，也涉及城乡、区域结构的重大变革。放到区域经济的大背景下来看，经济结构战略性调整的主要任务是使不同地区的比较优势得到充分发挥，通过比较优势交换，使国民经济新得到一份红利。推进战略性调整，一是必须从一开始就要有区别性的产业政策，要有意识地把一些既符合产业政策，又需要较大环境容量和较高资源门槛的产业，特别是一些新能源、新材料等战略性新兴产业重点安排在中西部地区。二是必须促进地区结构优化和生产力合理布局。目前我国生产力布局和地区结构还不尽合理，调整区域关系蕴藏着巨大的潜力。把区域布局搞好了，把产业、资源空间关系配置合理了，整个国民经济就可以拿到很大一块新增利益。要按照"定位清晰、分工合理、良性互动"的思路，进一步优化国土开发格局和地区结构，加强东西互动与交流，开展比较优势交换，在区域合作中实现利益共享。因此，做好地区经济工作，统筹区域发展，是推动国民经济结构战略性调整的要求，也对提高国民经济综合效率有积极意义。

第三，做好地区经济工作，推动区域经济加快发展，是缩小区域发展差距，全面实现建设小康社会宏伟目标的必然要求。20世纪80年代以来，我国不同地区间经济增长速度的差距呈现出类似倒"V"型变化趋势，即："八五"时期之前，东部与中西部增长速度的差距在2个百分点左右；"八五"时期，地区之间的增长速度差距扩大到4.8个百分点，东部地区增长速度远远超过其他地区；"九五"时期以来，随着西部大开发、东北地区等老工业基地振兴和促进中部地区崛起战略的实施，地区之间的增长速度差距日趋缩小，"十五"时期相差1.7个百分点，"十一五"时期前3年相差0.5个百分点。另一方面也要看到，尽管新世纪以来中西部地区发展速度不断加快，到2008年，西部、中部和东北地区经济增速全面超过了东部地区，但从绝对差距来看，近年来仍呈明显扩大趋势。2000~2008年，东部与西部地区人均GDP之比从2.46缩小到2.33，但绝对值差距从6100元扩大到21000元。从省区情况来看，2000年，最高的上海市与最低的贵州省人均GDP之比为13∶1，2008年缩小到8.4∶1，但绝对差距则从3.2

万元扩大到6.5万元。从公共服务水平看，中西部地区人均受教育年限、卫生医疗、社会保障水平等与东部地区仍有较大差距。因此，坚定不移地实施区域发展总体战略，加快促进中西部地区发展，努力逐步缩小地区发展差距，努力实现基本公共服务均等化，是全面建设小康社会的必然要求，也是贯彻落实科学发展观的题中应有之义。

第四，做好地区经济工作，推动区域经济加快发展，是全面落实科学发展观，丰富和完善宏观调控的有效手段。美欧等西方发达国家，宏观调控主要是以财政政策、货币政策两大手段为主。我国幅员辽阔、地域差异明显，再加上我们是后发国家，宏观调控体系更为复杂，其中一个突出的特点就是区域政策历来都是宏观调控体系的重要组成内容。在这次应对国际金融危机冲击过程中，中央实施的"一揽子"计划，不仅包括财政政策、货币政策，以及以十大产业调整振兴规划为标志的产业政策，而且其中一个突出的亮点是以若干区域规划为代表的区域政策发挥了不可替代的重要作用。之所以这样讲，是因为区域规划和区域政策都具有明确的空间指向性，反映了某一特定时期国家对区域发展的战略定位与意志选择，能够直接引导生产要素在这一区域的集聚，对某一地区的经济发展能力产生影响。地区结构优化了，不同地区的比较优势才能充分发挥出来，在同样投入的条件下，国民经济增长的质量和效率就能达到更佳。因此，区域政策不仅可以保证区际发展的公平，更重要的是能够保证国民经济综合开发效率的最大化。从这个意义上讲，做好地区经济工作，推动区域协调发展，对于丰富和完善宏观调控体系，加强国家对经济生活的调节，同样具有重大意义。

二、2010年地区经济工作的重点任务

一是围绕重点地区开发开放，继续组织编制区域规划和政策

文件，使区域空间开发格局更加系统和完善。自2000年中央正式提出西部大开发战略，到2006年完整地提出四大板块的促进区域协调发展战略以来，在中央的高度重视下，区域政策不断细化实化，对欠发达地区的支持力度不断加大，区域互动加强，开创了区域协调发展的新局面。宏观政策的基本面要保持稳定和统一，不必要也不可能"一地一策"，但是宏观政策又必须体现区域差别，做到区别对待，避免"一刀切"。实践证明，近年来出台的区域规划和政策性文件，把国家战略意图与地方实际需要有机地结合起来，不仅有针对性地提出了一些政策和措施，更重要的是明确了特定区域发展的功能定位和总体思路，这对于统一区域内干部群众的思想、凝聚民心民力，把中央的意图转化为更有效地促进区域发展的强大动力起到了不可替代的作用。我们必须站在统筹全国区域发展大局的高度，立足实现国民经济综合效益最大化，立足于完善优化我国区域空间开发格局，对于那些具有全局重大影响的、确实需要予以特殊支持和重点开发的典型区域，继续在国家层面有重点地组织开展区域规划和区域性政策文件的研究制定工作。

二是围绕规范区域管理方式，扎实推进区域规划和区域性政策文件的实施工作，着重在狠抓落实上下功夫。制定规划和文件仅仅是开端，真正把规划和文件中提出的目标和任务落到实处才是目的。把规划和政策性文件的要求落到实处，是检验我们工作能力的重要方面，也是完善规划和文件的重要一环。从区域规划和政策性文件的编制，到组织实施，到评价和反馈，再到规划和政策的完善，是一个完整的循环。为此，要落实分工，扎实推进规划和政策实施，加强动态监测、定期评估和方案修订等工作。具体讲，其一，抓紧督促地方和有关部门按照规划的部署，严格按照规划和政策性文件确定的功能定位、发展思路和发展重点，规范和有序推进区域开发工作，从而使区域开发活动有章可循、有规可依。其二，在实践中认真评估和检验我们当初确立的定位、思路、目标、任务是否准确，是否符合区域发展实际，建立适时有效的调整完善机制。其三，以此来促进我们研究制定区域规划和政策文件的能力与水平进一步提高，促进地区经济工作能够波浪式前进，螺旋式上升。

三是围绕推进形成主体功能区，研究制定相应的区域政策，不断完善区域政策体系。推进形成主体功能区是在充分考虑资源环境承载能力的基础上，优化我国国土开发格局、推动区域协调发展的有效途径。发改委会同有关方面正在抓紧编制全国主体功能区规划。那么主体功能区规划与区域规划是什么关系？我以为二者并行不悖，相互不可替代，是相互依存、互为补充、相得益彰的关系。区域规划不能取代主体功能区规划，它的制定必须以主体功能区规划的基本理念来引领；主体功能区规划也不可能取代区域规划，它应通过区域规划来加以细化和落实。因此，二者需要同时推进，在此基础上形成具有中国特色的区域管理模式。研究制定符合主体功能区理念的区域政策体系，积极推进不同类型区区域政策研究制定工作，是区域规划和区域开发的要求，是推进形成主体功能区的要求，也是提高区域政策的针对性和有效性的必然途径。我们要围绕促进形成优化开发区、重点开发区、限制开发区和禁止开发区，抓紧研究制定与之相配套的，包括产业政策、人口政策、土地政策等，在这方面我们还有大量工作要做。

四是围绕增强区域发展活力，积极开展全方位多层次的区域合作，构建区域协调互动机制。推动区域合作是加快区域之间要素流动，建立与完善统一大市场，增强区域发展活力的有效途径，也是推进区域联合共同抵御国际金融危机的理性选择。我以为，如果以西部大开发为标志，前10年区域协调发展工作的重点是加强各自区域特别是中西部地区的基础设施、生态环境、优势产业开发和人才队伍建设，那么后10年区域协调发展工作的着力点可能应该放在大力推进东西良性互动上，通过东西互动，实现要素在更大范围内合理流动和优化配置，这样做不仅是必要的，而且条件更加成熟。在此过程中，要注意把政府主导与市场机制更好地结合起来，积极鼓励有条件的地区加大承接国际产业转移力度，鼓励东部参与中西部地区各层次的人力资源开发，鼓励中西部承接东部地区产业转移，鼓励区域合作组织搭建政府、企业、社会团体等共同参与、协作互动的推进区域合作的网络平台；鼓励推进对口支援工作，鼓励沿边沿海地区加强与周边国家和地区的区域合作。

五是围绕完善促进区域协调发展的体制机制，积极推进区域开发的立法工作，强化区域开发规范化法治化建设。我国特殊的国情，决定了形成有中国特色的区域经济管理体制必然是一个长期、艰巨和复杂的历史过程。随着我国区域开发强度的加大，各级政府推动区域发展的能动性显著增强，如何在区域发展总体战略框架下，合理规范和引导各级政府的区域开发行为和空间开发秩序，是我们必须要面对的问题。以法律的形式，将国家区域开发的总体目标、发展思路、基本原则、重大政策等明确下来，将有力地保障区域发展沿着科学、规范、合理的轨道推进，这应该是促进区域协调发展工作的最终取向。当前，我国开展区域立法工作的条件已日趋成熟，立法工作要抓住机遇、顺势而为。

怎么看我国区域发展不平衡问题*

（2010 年 5 月 15 日）

改革开放以来，我国区域发展差距是扩大了还是缩小了？

区域发展不平衡是我国的基本国情，这主要表现在东部地区与中西部地区的发展差距上。区域经济的发展差距通常用地区生产总值来衡量。改革开放以来，我国区域间发展的相对差距经历了一个缩小—扩大—缩小的过程，而绝对差距则始终是扩大的。从相对差距看，1978～1990 年，东部与中西部间经济增长速度差距不到 1 个百分点，"八五"时期（1991～1995 年）迅速扩大到 4.8 个百分点，东部地区增长速度远远超过中西部地区；"九五"时期以来，随着国家区域协调发展战略的实施，区域发展差距趋于缩小，特别是 2007 年以来，中西部和东北地区的经济增长速度全面超过了东部地区，标志着区域发展格局发生了重大变化。但是从绝对差距看，地区间差距仍是扩大的。比如，2000～2008 年，尽管东部与西部地区人均地区生产总值之比从 2.46∶1 缩小到 2.33∶1，但绝对值差距却从 6105 元扩大到 2.12 万元。

区域发展差距还表现在公共服务水平和居民生活水平上。教育。2008 年，西部地区文盲人口占 15 岁以上人口的比例为 10.4%，比东部地区高 3.7 个百分点；每万人普通高校在校生

---

* 这是为参加中宣部"理论热点面对面"活动准备的材料，文章采用问答形式。

440.2人，相当于东部地区的52.9%；人均预算内教育经费仅为东部地区的73.5%，目前全国"两基"攻坚未达标县全部在中西部。卫生医疗。2008年，西部地区每万人拥有卫生技术人员33.9人，相当于东部地区的80.3%；每万人病床数108.1张，相当于东部地区的71.0%。生活水平。2008年，西部地区每万人拥有私人汽车186.8辆，相当于东部地区的44.9%；农村参加社会养老保险覆盖率不到5%，仅为东部地区的1/10；目前全国4007万贫困人口中，中西部地区所占比例高达94.1%。

我国区域发展不平衡是什么原因造成的？

首先是自然地理原因。我国幅员辽阔，各地自然地理条件差别很大，对不同地区的发展有着决定性的影响。其次是历史原因。区域发展不平衡古已有之，不过国家的经济重心也经历了一个演变的过程。大体在唐宋以前，我国的经济重心在中原地区，而北宋以后，转向长江中下游地区，那时地区间的不平衡主要表现为"南北差距"。近代以来，随着国门被打开，中国的经济重心转向沿海，到新中国成立初期，我国90%以上的工业集中在沿海地区，区域差距主要表现为"东西差距"。最后是发展战略的影响。新中国成立以来，我国区域发展战略的演变大体经历了三个阶段：第一阶段，从新中国成立后到改革开放前，实施的区域均衡发展战略，国家在经济建设的布局和投资上主要向内地倾斜，目的是改变旧中国畸轻畸重的工业布局。当然，也有基于当时国际环境和战备的考虑。从1952年到1978年，我国内地的工业产值占全国工业产值的比重从30.16%提高到39.1%。旧中国工业布局极不合理的格局得到明显改观。第二阶段，1978年，党的十一届三中全会作出全党的工作重心转向社会主义现代化建设上来的重大决策。邓小平同志作为改革开放的总设计师，高瞻远瞩地提出了"让一部分地区先富起来。先富带后富"战略思想，他讲道："这是一个大政策，一个能够影响和带动整个国民经济的政策。"在这一思想的指导下，逐步形成了沿海地区率先对外开放、率先发展的区域发展格局。据统计，改革开放以来，我国吸引外资的84.7%在沿海地区，1978~1995年，东部沿海地区的地区生产总值增长了18倍，年均增长11.7%，比中西部地区高2个百分点。第三阶段，从上世纪90年代中后期到现在，是从区域非均衡发展战略转向区域协调发展战略的时期。这一战略转变主要有两个因素：一是随着地区发展差距的扩大，地区间的利益矛盾和摩擦加剧；二是亚洲金融危机后，有必要进一步开拓国内市场，扩展国民经济发展空间。根据邓小平同志"两个大局"战略思想，党中央、国务院审时度势，总揽全局，从世纪之交实施西部大开发战略始，做出了调整区域发展战略的重大决策，到2005年党的十六届五中全会，系统地形成了以西部大开发、东部振兴、中部崛起、东部率先为基础的区域协调发展总体战略。在这一时期，中西部地区发展明显提速，区域发展差距趋于缩小。

那么能不能说，是区域非均衡发展战略扩大了区域差距？

不能这么说，理由有三。第一，非均衡发展战略是特定时期的产物。改革开放之初，要实现现代化建设目标，当时有两个主要矛盾：一是从体制上看，主要矛盾是必须打破"大锅饭"和平均主义。在区域发展关系上，必须摒弃齐步走的思维，让有条件的地区先发展起来，只有这样才能带动全局的发展，也才能为先富带后富创造条件。二是从国内国外看，尽管国内地区之间发展差距较大，但是我国与发达国家之间的差距更大，要实现赶超战略，就必须打破闭关锁国的局面，实行对外开放，就必须让条件较好的沿海地区在率先对外开放中先发展起来。事实证明，这个时期实施的区域非均衡发展战略是一个正确的选择。这同时也说明，一个国家的区域发展战略不是一成不变的，是可以根据不同历史时期的不同情况加以调整的。第二，这个时期我国正处在工业化、城镇化加速发展时期，从各国的发展规律看，这个阶段区域发展差距的扩大是不可避免的。事实上，西方工业化先进国家都经历过区域差距从扩大到缩小的倒"U"型过程。第三，实际上，非均衡发展只是邓小平区域发展战略构想的第一步，"两个大局观"才是邓小平区域发展战略思想的全部。正是根据邓小平同志的这一战略构想，才历史性地形成了新阶段的我国区域协调发展战略。

什么叫区域协调发展？是不是说当贵州的 GDP 和上海差不多了就叫协调发展了？衡量区域发展协调不协调主要看什么？

主要看四条。第一，地区间人均生产总值的差距保持在适度合理的范围内；第二，各地区的比较优势都能得到比较充分的发挥；第三，不同地区都能享受到均等化的基本公共服务；第四，人与自然和谐相处。具体讲，衡量协调发展的主要指标是人均生产总值，而不是地区生产总值，也就是说还要充分考虑人口流动问题。比如，要求贵州与上海的地区生产总值相近或者相同，既不可能也无必要，但是随着人口分布的调整，将来贵州的人均生产总值是可以趋近于上海的。发挥比较优势，是区域协调发展的重要原则，只有把不同地区的比较优势都发挥出来了，整体国民经济的"蛋糕"才能做大；反之，任何抑制地区比较优势发挥的做法都是不对的。不同地区人民能享受到基本公共服务很重要，这是促进区域协调发展的一个出发点和落脚点，也是政府必须承担起的责任。一般而言，基本公共服务均等化应当建立在地区经济差距缩小之前。人与自然和谐相处，就是要求每个地区的发展都不能以破坏生态环境为代价，这是不同地区发挥自身比较优势的前提。

区域发展不平衡会有什么后果？换句话讲，促进区域协调发展有什么重大意义？

从经济角度看，经济社会系统存在一定程度的不均衡，有利于保持竞争的压力与活力，有利于打破平均主义，促进生产要素的合理流动与优化配置。但不平衡问题如果长期过大，也会带来不可忽视的危害。现代管理学中有个"木桶原理"，讲的是木桶容量取决于最短的模板。它启示我们，一个国家的整体发展状况，不仅要看较高发展水平的部分，而且要看较低发展水平的部分。如果不注重不同地区的相互协调，就会制约整体发展水平的提高。区域发展差距过大，会导致部分居民消费增长缓慢，制约社会消费需求总量的增加，影响消费结构的优化升级，阻碍经济发展方式的转变。地区差距长期过大，还容易加剧地方过度竞争，出现地方保护、市场分割和贸易壁垒等情况。区域间经济摩擦和利益冲突的增多，会直接妨碍全国统一大市场的形成，进而降低国民经济的整体效率。

从社会层面看，发展差距过大，容易使整个社会产生心理鸿沟，减弱整个社会的凝聚力和向心力，加剧社会矛盾，影响社会和谐稳定，甚至带来社会冲突。例如，1994年初墨西哥南部吉巴斯地区爆发的起义，就与该地区人民生活长期处于贫困状态，没有公平分享全国经济发展的成果有关。特别是当地区差距过大问题与民族问题、宗教问题纠葛在一起时，往往成为社会动荡甚至国家分裂的诱因。如前南斯拉夫解体前，最富的斯洛文尼亚地区的人均收入是最穷的科索沃地区的8倍，使得不仅低收入地区的不满情绪不断滋长，而且高收入地区也因承担支持落后地区的义务而不满，要求独立的声音最早就来自这两个地区。

实施西部大开发就要增加西部的投资，但有人认为投资西部的效益差，不如投给东部，对于这个观点怎么看？

西部大开发之初，确实有人有这种看法。针对这一观点，朱镕基总理曾讲过这样一段话，非常有针对性和说服力。"有的同志认为，西部地区基础差，投入产出率低，国家在西部地区投入五元的产出效益，不如对沿海地区投入一元的产出效益。这里需要指出，强调投资效益和经济效益是对的，但要全面地、辩证地看待效益问题。一是不能只从单个项目看效益，还要看综合效益。就建设一个项目来说，东部地区的成本可能低一些，但现在东部地区产业结构矛盾已经相当突出，国家如果不增加对西部地区的投入，东部地区传统产业的产品，如钢材、水泥、玻璃等就没有市场，哪里还有效益可言？二是不能只看当前效益，还要看长远效益。在西部地区投资，有些是近期就可以有明显效益的，有些还需要一定时间，效益才能充分发挥出来。三是不能只看局部效益，还要看整体效益。国家对西部地区增加投资，不仅有利于西部地区发展，也为全国经济协调发展创造条件，应当从经济发展全局看效益。四是不能只看经济效益，还要看社会效益。加强西部地区的基础设施和生态环境建设，对改善全国的投资环境和生态环境都是很重要的，有利于促进全国经济与社会协调发展。五是不能只看西部地区的薄弱环节和不利条件，还要看到优势。比如，有些地方自然和地理条件得天独厚，能源、原材料资源丰富，有些地方也拥有雄厚的科技和人才力量，有不少当地特色产业。在这些有优势的地方投入同样的资金，经济效益不见得比东部差。当然，推进西部地区开放，也要尽可能地重视提高投入产出效益，合理使用建设资金，用较少的钱办更多的事。"[1]

---

[1] 中共中央文献研究室编：《十五大以来重要文献选编》中，人民出版社2001年版，第1127～1128页。

促进基本公共服务均等化有什么意义，"基本"的含义是什么？国家发改委在基本公共服务方面有怎样的规划？

促进基本公共服务均等化是公民的基本权利，也是政府的基本职责，是社会公平正义的本质要求，是社会主义国家的本质体现。基本公共服务，是指建立在一定社会共识基础上，由政府根据国家经济社会发展阶段和总体水平提供的，旨在保护个人生存权和发展权所需最基本社会条件的公共服务。基本公共服务是动态的，随着经济社会发展和保障能力增强，其范围逐步扩大，标准不断提高。基本公共服务均等化，就是保障全体公民不论其民族、性别、收入及社会地位差异如何，都能公平地享有与经济发展水平相适应、结果大致均等的基本公共服务。基本公共服务均等化，核心是机会和效果均等，而不是简单的平均化和无差异化。

目前，国家发改委正在会同有关部门，抓紧研究进一步促进基本公共服务均等化的总体思路、配套政策和相关规划。初步考虑，"十二五"时期促进基本公共服务均等化的重点，应优先确定在底线服务和基本发展服务两大领域，具体包括：公共就业服务、社会保障、基本住房保障、义务教育、基本医疗卫生（含计划生育）、公共文化体育、（民政）社会服务七个领域。

如何进一步缩小区域发展差距？

要坚定不移地继续推进区域协调发展总体战略，深入实施推进西部大开发，全面振兴东北地区等老工业基地，大力促进中部地区崛起，积极鼓励东部地区率先发展。要重点做好以下工作：一是积极培育新的经济增长极。立足于发挥各地比较优势，培育新的经济增长极，促进不同地区共同发展。二是大力扶持老少边穷地区加快发展。把促进革命老区、民族地区、边疆地区和贫困地区加快发展放在更加重要的位置上，这不仅是缩小区域发展差距的关键所在，而且是构建社会主义和谐社会的现实要求。三是促进地区间基本公共服务均等化。进一步促进人口和劳动力跨地区有序转移，减轻欠发达地区提供基本公共服务的压力；进一步加大中央财政转移支付和资金投入力度，提高欠发达地区基本公共服务能力。四是推进区域一体化发展。推动跨行政区的以相邻城市或城市群为主体的经济区一体化发展，是近年来促进区域协调发展的新趋向，是优化资源配置、打造经济发展新高地的有效途径。五是深化区域合作。进一步推动区域合作向深度广度发展，重点推进产业、科技、人才、对口帮扶四方面的合作。六是扩大对内对外开放。深化沿海开放，提升沿边开放，加快内陆开放，大力发展海洋经济。七是推进形成主体功能区。进一步按照主体功能定位，明晰不同区域的发展思路和重点。

在促进协调的发展过程中，政府和市场起什么作用？

"十一五"规划纲要提出了促进区域协调发展的四大机制，即市场机制、合作机制、互助机制、扶持机制，这里既讲了市场的作用，也讲了政府的作用。促进区域协调发展，首先要发挥市场机制的作用。没有市场机制，就不可能使要素在大范围内合理流动和优化组合，就不可能充分发挥不同地区的比较优势，就会损失效率。但是光有市场机制是不够的，为了防止市场失灵和"马太效应"，避免区域差距不断扩大，政府必须发挥好规划、引导和完善市场体系的作用，鼓励区域间合作、互助，特别是大力扶持困难地区的发展。只有把市场机制作用和政府作用有机结合起来，才能有力地促进区域协调发展。

"十一五"促进区域协调发展的主要成就和基本经验[*]

（2010年12月13日）

"十一五"时期是我国发展史上极不平凡的五年。我们党团结带领全国各族人民，妥善应对复杂多变的国内外环境和国际金融危机的严峻挑战，保持了经济平稳较快发展，谱写了中国特色社会主义事业的新篇章。五年来，中央高度重视区域发展工作，在区域发展总体战略的指引和地方各级政府的不懈努力下，各地区发展的主动性和科学性不断提高，重点地区开发开放的步伐不断加快，区域合作的广度深度不断拓展，区域发展的协调性不断增强。总的来看，过去的五年是我国区域协调发展战略确立、区域经济在宏观经济中的地位和作用不断强化的五年，是中西部地区自我发展能力明显增强、区域发展差距逐步缩小的五年，是区域增长极不断涌现、区域开发格局进一步优化的五年，是区域管理手段更加有力有效、区域政策体系逐步完善的五年，也是地区经济工作不断开拓创新、积累丰富经验和取得丰硕成果的五年。

一、"十一五"我国区域经济发展的积极变化

"十一五"是我国区域发展总体战略形成确立的重要时期。

---

[*] 这是在昆明召开的2010年全国发展改革系统地区经济工作会议暨区域合作座谈会上的讲话的一部分，原文载《宏观经济管理》2011年第1期；《中国经贸导刊》2011年第4期。

2005年10月，党的十六届五中全会第一次明确完整地提出实施区域发展总体战略。五年来，中央出台了深入实施西部大开发、全面振兴东北地区等老工业基地、大力促进中部地区崛起、积极支持东部地区率先发展的相关政策措施，制定了一系列重大区域规划和政策文件，促进区域协调发展取得新成就，区域增长格局、目标任务、区际关系、调节手段等都发生了重大而积极的变化。

一是区域发展的增长格局从过去东部地区"一马当先"向各区域协同并进转变。改革开放后一个相当长的时期内，我们实施的是沿海地区率先发展战略，东部地区发展速度持续领先于中西部地区，在引领我国经济增长的同时，也导致了区域发展不平衡问题日益突出。1978~2000年，东部、中部、西部和东北地区GDP年均增长速度分别为12.01%、9.99%、9.74%和8.58%，东部地区比其他地区快2个百分点以上。差幅最大的"八五"时期，东部地区比其他地区增速高出4.8个百分点。"十五"期间，东、中、西和东北地区的增长差距虽然缩小到1.2~1.7个百分点，但东部地区依旧保持着领先态势。"十一五"以来，随着区域协调发展战略的深入实施，东部地区"一马当先"的增长格局发生了重大变化。2007年，西部地区经济增长速度达到14.6%，首次超过东部地区；2008年，中西部和东北地区经济整体加速，全面超过东部地区的增长速度；2009年，这一态势继续保持；今年前三季度，中西部和东北地区GDP同比分别增长14.1%、14.1%和14.2%，均超过东部地区12.7%的增速，预计全年仍继续快于东部地区。据测算，"十一五"期间，中部、西部和东北地区GDP年均增速均在13%以上，比东部地区快0.5~1个百分点。过去五年中西部和东北地区经济增速全面超过东部地区，这在改革开放30年来的历史上还是第一次，是我国区域增长格局的重大变化。江泽民同志1994年首次提出要缩小地区发展差距，经过十几年的努力，这一目标在"十一五"时期终于展现了向好的前景。这一变化标志着长期以来区域发展差距扩大的趋势得到初步遏制，标志着中西部地区自主发展能力明显增强，标志着区域协调发展有了新的起点，充分表明党的十六届五中全会提出的区域发展总体战略是完全正确和十分有效的。

二是区域发展的目标任务从过去单纯追求经济增长向经济、社会、生态全面协调发展转变。党的十六大以来，中央提出树立和落实科学发展观的重大战略思想，这是我们党执政理念的丰富和发展，是对社会主义现代化建设规律认识的深化。一方面，促进区域协调发展，是贯彻落实科学发展观的基本要求；另一方面，科学发展观的实践又极大地丰富了区域协调发展的内涵，对促进区域协调发展提出了新的更高的要求。特别是对中西部地区而言，过去我们讲缩小地区发展差距，更多的是关注缩小经济增长速度的差距，现在发展理念转变了，更加注重经济与人口、社会、资源、生态环境的协调发展。中西部地区普遍认识到，不能再走经济发展了、民生改善滞后，经济发展了、生态环境却为此付出过多代价的老路。五年来，我们欣喜地看到，中西部地区不仅经济发展速度超过了东部地区，而且社会事业发展和生态建设也取得了巨大成就。如教育事业，财政投入西部地区的人均教育经费高于全国平均水平，"两基"攻坚计划①如期完成，义务教育阶段入学率提高到99.5%，办学条件、中小学师资合格率与东部地区的差距明显缩小。又如生态建设，西部地区退耕还林2.37亿亩，占全国的57.1%，森林覆盖率从1999年的10.4%提高到现在的17.1%，提高了6.7个百分点，工程区植被覆盖率平均增长了14个百分点，中西部地区生态环境总体恶化的趋势得到初步遏制。"十一五"时期，中西部地区以经济、社会、生态等方面协调发展的态势追赶东部地区，这比GDP增长差距缩小来得更为不易，也更加珍贵。这充分表明，在科学发展观的指导下，中西部地区

---

① 国务院2003年制定了西部地区"西基"攻坚计划，要求到2007年基本实现九年义务教育和基本扫除青壮年文盲。

是能够走出一条具有中国特色和自身特点的发展路子的。这同样也是一个重大的历史性变化。

三是区域发展的区际关系从不够协调向更加协调转变。从新中国成立到上世纪90年代中后期，国家相继实施了两大区域发展战略，即改革开放前的区域均衡发展战略和改革开放初期的区域非均衡发展战略。实施上述两大区域发展战略均有其客观必然性，也取得了应有的成效，但都存在着不够协调的问题。比如，区域均衡发展战略强调生产力布局向内地倾斜，虽然奠定了内陆工业化的基础，但在一定程度上抑制了东部沿海地区的发展优势，最终使整体效益受到影响；又比如，区域非均衡发展战略在较短时间内带来了国家综合实力和国际竞争力的显著提高，但中西部地区却为整体利益作出了牺牲。区域协调发展战略的确立打开了新的局面，各个区域发展的积极性、主动性都得到调动，自身的比较优势都得到发挥，区际关系更加协调。为什么会有这样的变化？我认为很重要的一点，就是区域协调发展战略是在社会主义市场经济体制基本建立的基础上提出来的，这与区域均衡发展战略、非均衡发展战略分别实施于计划经济体制和计划经济体制向市场经济体制过渡时期有很大不同。市场机制比计划经济体制更有利于要素自由流动和资源优化配置，更有利于充分发挥不同区域的比较优势和促进区域经济功能化，更有利于促进区际间比较优势的互补和交换，最终实现国民经济整体效益的最大化。五年来，中央进一步明确了东部、西部、中部和东北地区四大板块的战略定位、主体功能和发展重点，强调各区域要立足自身比较优势，形成定位清晰、优势互补、共同发展的格局，一个区域的发展以另外一个区域发展不充分为代价的情况越来越少，一个区域的发展利好和促进另一个区域发展的情况越来越明显。上述变化，说明我国区域协调发展的内在机制和体制保证正在形成，这也是历史性的变化。

四是区域发展的调节机制从相对单一的手段向综合运用经济、法律、行政手段转变。其一，区域管理模式从以行政区管理为主向行政区、经济区管理并重转变。各类跨行政区的经济区、经济带、城市群、都市圈大量涌现,突破行政区界限的资源要素整合大力推进,区域一体化加快发展。其二,区域开发格局进一步细化。国家从战略层面上进一步明确了"四大板块"内一系列不同空间尺度的重点开发区域,还明确了以四类主体功能区为分类标准的功能区体系,区域开发空间层级优化,正在向精细化方向发展。其三,区域政策朝着更富有针对性和差别性的方向深化、实化,"一刀切"的问题正在扭转。国家围绕各个层级、各个类型的区域开发,制定了一系列相关配套政策,空间上的指向性、内容上的综合性、地域上的针对性显著增强,调控的效果也更加明显。其四,区域调节手段日益多元化。既有必要的行政手段,又根据市场经济体制的要求,更多地运用了规划指导、政策支持、合作机制等经济手段,区域立法工作也摆上重要议事日程,综合运用经济、行政、法律手段调节区域发展的局面正在形成。

在2007年的系统工作会上,我曾就如何衡量区域发展关系是否协调讲了四条,即地区间人均GDP差距保持在适度的范围内、各地区人民都能享受均等化的基本公共服务、各地区比较优势能够得到合理有效的发挥、各地区人与自然的关系处于协调和谐状态。"十一五"我国区域发展的四个积极变化,条条都印证了协调发展的要求。尽管这些变化有些还是初步的,但其影响却是深远的。还应该看到的是,"十一五"期间,区域发展朝着更加协调的方向演进,提高了国民经济的综合效益,为宏观经济做出了重要贡献。我们之所以能够在复杂多变的国际国内形势下保持国民经济又好又快发展,与区域发展活力增强、区际发展关系更加协调有着直接的关系。

二、"十一五"地区经济工作的基本经验

五年来,全国地区经济工作系统认真贯彻党中央、国务院关

于促进区域协调发展的重大部署，迎难而上、锐意进取、扎实工作，有力地推进地区经济工作迈上新台阶，为加强和改善宏观调控、保持国民经济平稳较快发展做出了积极贡献。这五年地区经济工作受关注程度之高、取得的成果之丰硕、产生的社会影响之大都是前所未有的。这些成绩的取得，得益于党中央、国务院对区域协调发展的高度重视和科学发展观的正确指导，得益于各地区、各部门的积极努力与强有力的配合，也得益于地区经济系统全体同志的共同努力。

回顾五年来地区经济工作的实践，我以为有以下五条经验值得认真总结。这些经验既是五年来我们工作体会的结晶，也是今后一个时期地区经济工作必须遵循的基本原则。

一是必须始终坚持地区经济工作服从党和国家中心工作大局这个指导方针。五年来，我们不断强化服务宏观经济的大局意识，坚定不移地贯彻落实中央关于促进区域协调发展的战略安排。在国务院统一部署下，先后组织编制了16个区域规划和20个区域性政策文件，为推进重点地区开发开放和促进区域协调发展发挥了积极作用。特别是2008年以来，为贯彻落实中央应对国际金融危机、保持经济平稳较快发展的"一揽子"计划和政策措施，我们发挥区域政策在保增长、调结构、惠民生中的独特作用，加快区域规划和区域性政策文件的组织制定进度，仅2009年一年出台的重大区域规划和区域性政策文件就超过10个，为各地区发展注入了新的活力和动力，为我国率先实现经济企稳回升发挥了重要作用。实践表明，地区经济工作只有围绕大局、服务大局，自觉服务于党和国家中心工作，才能纳入各级党委、政府的重要工作日程，受到应有的重视；才能抓住重大而紧迫的现实问题开展工作，做出应有的贡献；才能获得更多的锻炼和成长的机会，使我们的工作能力和水平得到应有的提高；才能在工作中赢得先机和主动，路子也才会越走越宽广。

二是必须始终坚持促进区域协调发展这条工作主线。地区经济工作要上层次、上水平,必须有一条贯穿始终的主线。2006年,我们将促进区域协调发展确定为地区经济工作的主线。之所以确定这条主线,其一,基于促进区域协调发展在国民经济发展全局中的重要性,抓住了这件大事,也就抓住了地区经济工作的核心,是践行科学发展观最直接的写照。其二,有强烈的需求。中央提出区域协调发展战略,把这个战略落到实处,落实到各区域,有许多问题需要研究。其三,促进区域协调发展内涵丰富,通过这条主线能够很好地把系统工作中的区域规划、区域政策、区域合作、流域治理、扶贫开发、国土整治等各方面的业务工作串联起来,起到纲举目张的作用。实践证明,把握住了这条主线,就能始终保持正确的工作方向,就能从更宏观的层面和更综合的角度来推进工作,提升工作层次,开创地区经济工作新局面。

三是必须始终坚持把国家战略意图与地方实际需要有机结合这个工作着力点。促进区域协调发展,必须强调全局性、统一性,必须在国家促进区域发展总体战略框架下,把局部置于全局中统筹考虑,唯有如此才能使各个区域有机互动、形成合力。同时也应看到,各地区发展条件千差万别,不尊重区域的差别和特点,也难以充分发挥各区域的比较优势。因此,正确处理好中央与地方、整体与全部的关系,是我们做好地区经济工作的基本着力点。五年来的实践证明,只有把全局需要与地方实际结合起来,把握好宏观可行性与微观需要之间的度,才能真正把国家意志与地方需要有效衔接,充分发挥中央和地方两个积极性。

四是必须始终坚持统筹兼顾与突出重点相结合这个工作方法。要提高工作效率,就要在实际工作中善于发现和把握规律,与时俱进地确定工作重点,集中精力解决制约区域发展的突出矛盾和主要问题。这可以从两个方面来看,从横向区域分布来看,近年来,我们逐步摸索出了"抓两头、带中间"的工作思路。一方面,重点支持有条件地区加快开发开放步伐,着力培育形成支撑全国发展的新的增长点,发挥其辐射和带动作用;另一方面,大力扶持民族地区、边疆地区、贫困地区加快发展，增强其自我发展能力。抓住了这两头，就可以带动全局工作的展开。从纵向时间序列来看，就是要抓区域发展不同时期的主要矛盾。如在世纪之交抓西部大开发，近年来突出抓西藏、新疆等民族地区发展，面对国际金融危机冲击主要抓沿海地区的升级转型和产业转移，近期重点抓海洋经济发展等。一个时期突出一个重点，有利于突破和解决主要矛盾，有利于不断拓展地区工作的新领域。

五是必须始终坚持系统联动与部门协调相结合这一工作机制。地区经济涉及面宽、政策性强，单靠地区经济工作系统自身难以完成艰巨的任务。五年来，我们摸索出了"开门搞调研"、"开门写文件"的工作方式。在完成重大任务上，采取了联合调研、共同研讨、协同起草的形式，与国务院有关部门密切配合，加强系统上下的联系沟通，充分发挥专家学者的作用，形成了劲儿往一处使和集思广益的生动局面，确保了工作任务的完成。与此同时，系统本身干部的能力和素质也得到了提高。就发改委而言，地区经济工作系统是横向联系较多的系统，加强部门合作是我委转变职能、转变作风的有益尝试，要继续坚持下去。

"十二五"促进区域协调发展的基本思路与重点任务[*]

（2011年11月18日）

区域发展不平衡是我国的基本国情，区域发展战略是国民经济整体战略的重要组成部分。解决好区域问题，不仅关系到不同地区比较优势的发挥，关系到宏观经济的稳定性和协调性，而且关系到中华民族的向心力和凝聚力。党中央、国务院历来高度重视区域发展问题，在不同时期实施了各有侧重的区域发展战略，对形成生产力合理布局、协调国内发展和对外开放发挥了重要作用。特别是"十一五"时期，在科学发展观的指导下，中央完整地提出了实施西部大开发、振兴东北地区等老工业基地、促进中部地区崛起、鼓励东部地区率先发展的区域发展总体战略，使我国区域发展呈现出一系列重大积极变化，世人为之瞩目。同时也必须看到，目前我国区域发展仍然存在着诸多亟待解决的突出矛盾和问题。"十二五"时期，必须把促进区域协调发展摆在更加重要的位置，进一步厘清促进区域协调发展的基本思路与重点任务。

一、"十一五"期间我国区域发展取得明显成效

"十一五"是我国区域发展总体战略全面实施的第一个五年。五年来，在区域发展总体战略的指引和地方各级政府的不懈努力

---

[*] 这是在"2011中金论坛"上的演讲，删节后载《求是》2012年第4期。

下，我国区域发展的协调性不断增强。

一是地区发展差距扩大的势头得到有效遏制。我国正处于工业化、城镇化加速推进时期，加之改革开放初期实施沿海地区率先发展战略，东部地区发展速度持续领先于中西部地区，客观上导致区域发展差距持续扩大。1978~2000年，东部地区生产总值年均增长速度比中西部和东北地区分别快2个、2.3个和3.4个百分点，差距最大的"八五"时期，东部地区比其他地区增速高出4.8个百分点。"十五"期间，东、中、西部和东北地区的增长差距虽然有所缩小，但东部地区仍然保持着领先态势。"十一五"时期以来，随着区域发展总体战略的深入实施，东部地区"一马当先"的增长格局逐渐被打破。2007年，西部地区经济增速达到14.6%，首次超过东部地区。2008~2010年，中部、西部和东北地区增长速度整体加快，全面超过了东部地区。过去5年间，中西部和东北地区生产总值年均增速均在13%以上，比东部地区快0.5~1个百分点，这在改革开放30多年来还是第一次，标志着我国区域增长格局发生了重大变化。

二是区域经济增长极不断涌现。"十一五"时期，国家陆续出台了一批重大区域规划和区域性政策文件，重点支持一些生产要素富集、比较优势明显、发展潜力较大的地区加快发展，全国经济增长重心区从南到北、由东至西依次展开。长三角、珠三角、京津冀地区加快产业结构优化升级，综合实力进一步提升，始终是我国经济发展的主要引擎和核心区域。东部沿海地区完成新一轮战略布局，形成了辽宁沿海经济带、河北沿海地区、黄河三角洲高效生态经济区、山东半岛蓝色经济区、江苏沿海地区、海峡西岸经济区等一批新的区域经济增长极，对腹地的辐射带动能力进一步增强。广西北部湾经济区、成渝经济区、关中—天水经济区、皖江城市带承接产业转移示范区、中原经济区等中西部地区一批具有较强竞争力的地区加快发展，成为引领中西部地区持续快速增长的重要支撑力量。这些区域增长极的形成和发展，对推动区域产业结构升级，加快发展方式转变，提升区域对外开放水平，增强区域整体实力和竞争力，发挥了重要作用。

三是对欠发达地区的扶持力度不断加大。民族地区、边疆地区、革命老区、贫困地区是全面建设小康社会的重点和难点地区。为促进这些地区加快发展，近几年，中央出台了促进西藏、新疆、广西、云南、宁夏、内蒙古、青海等省藏区经济社会发展的指导意见，明确了各地区发展的战略定位、发展思路和重点任务，制定了有力的扶持政策。据统计，西部大开发战略实施10年来，中央财政对西部地区的转移支付和专项补助累计达4万多亿元，占同期中央对地方转移支付总额的43.7%；中央预算内投资和国债资金累计投入达8900亿元，占同期中央预算内投资总额的41%。西部地区基础设施和生态环境建设取得突破性进展，产业结构调整迈出新步伐，科技教育和人才培养等社会事业全面发展，城乡面貌发生了历史性变化。中央调整完善了对欠发达地区的帮扶机制，形成了经济、干部、人才、科技全方位对口支援工作新格局，首次明确了对口援藏、援疆资金实物工作量，对口支援力度空前加大，进一步彰显了社会主义大家庭的温暖和社会主义制度的优越性。

四是区域合作深度和广度进一步加强。加强区域合作与交流，是区际间进行比较优势交换的直接体现形式，也是提高区域开发开放水平、增强区域综合效益的有效途径。"十一五"以来，按照建立区域协调互动机制的要求，国家实施了一系列促进区域合作的重大措施。国务院出台了中西部地区承接产业转移的指导意见，批准设立了皖江城市带承接产业转移示范区和东中西合作示范区，中西部地区承接东部沿海产业转移势头良好，成效显著。国内区域合作深入开展，泛珠三角、长江三角洲三省一市、武汉城市圈、长株潭城市群等各类跨行政区的经济区、经济带、城市群（圈）大量涌现，资源要素整合力度加大，区域一体化加快发展，区域合作的形式越来越多样，合作内容越来越丰富，企业的主体作用越来越突出，地区间合理分工、错位发展、优势互补、互利共赢的格局初步形成。国际区域合作务实推进，国务院批复了中国图们江区域合作开发规划纲要，出台了支持云南建设向西南开放桥头堡的政策文件，设置了新疆喀什、霍尔果斯特殊经济区，中国与东盟、中亚、东北亚等国际区域合作积极推进，我国与周边国家的合作水平进一步提高。

五是区域政策体系更加完善。"十一五"以来，我国区域管理模式逐步从以行政区管理为主向行政区、经济区管理并重转变。区域政策目标更加全面，从过去单纯追求经济增长向经济、社会、生态全面协调发展转变。政策尺度更为细致，在西部、东北、中部和东部"四大板块"的基础上，国家从战略层面上进一步明确了一系列不同空间尺度的重点开发区域，明确了以四类主体功能区为分类标准的功能区体系，区域政策的空间指向性、地域差别性、内容综合性特征日益凸显，政策"一刀切"的问题正在逐步扭转。区域调节手段也呈现出多元化特征，政府在调整区际关系时，既有必要的行政手段，又充分发挥市场配置资源的基础性作用，区域调节机制逐步从相对单一的行政计划手段向综合运用经济、法律、行政手段转变。总体上看，区域政策实施效果明显增强，为有效应对国际金融危机冲击，加强和改善宏观调控，保持国民经济持续较快发展作出了积极贡献。

尽管"十一五"期间我国区域发展取得了明显成绩，但区域发展仍存在一些亟待解决的矛盾和问题，促进区域协调发展仍面临诸多严峻挑战。一是虽然近年来中西部和东北地区增长速度全面超过了东部地区，人均地区生产总值相对差距有所缩小，但绝对差距仍在持续拉大。二是中西部地区基础设施落后、生态环境脆弱的瓶颈制约仍然存在，加之贫困面广量大程度深，基本公共服务能力薄弱、水平较低，与东部地区相比还有相当大的差距，加强民族团结、维护边疆稳定的任务仍然繁重。三是中西部地区工业结构以能源化工、资源加工为主，处于产业链的低端，同时由于国际金融危机远未缓解，全球经济增长趋缓对资源型产业的挤压作用明显增强，中西部地区面临着既要加快发展，又要科学发展的双重压力。四是促进区域协调发展的体制机制还不完善，区域间无序竞争和低水平重复建设依然存在，资源开发与利用、生态环境保护与补偿、生产要素流动与交易等方面的利益关系调整还缺乏科学的制度规范，行政管理体制、财税体制还不健全，区域政策实施缺乏必要的法律保障。

二、"十二五"时期促进区域协调发展的基本思路

"十二五"时期是我国全面建设小康社会的关键时期，是深化改革开放、加快转变发展方式的攻坚时期，也是保持区域发展良好势头、化解制约区域协调发展深层次矛盾的关键时期。为此，需要进一步明确"十二五"时期促进区域协调发展的总体目标和基本思路。

（一）进一步明确促进区域协调发展的总体目标

党的十七届五中全会通过的"十二五"规划建议和国家"十二五"规划纲要明确提出，"十二五"时期促进区域协调发展，要实施区域发展总体战略和主体功能区战略，构筑区域经济优势互补、主体功能定位清晰、国土空间高效利用、人与自然和谐相处的区域发展格局，逐步实现不同区域基本公共服务均等化。这是中央对今后五年促进区域协调发展的总体要求，具体讲，"十二五"期间，我国区域协调发展必须致力于实现如下四大目标。

一是地区间人均生产总值差距保持在适度的范围之内。当前，我国正处于工业化、城镇化加速推进的时期，这个时期必须重视遏制区域差距扩大势头。在目标设置上，不能把促进区域协调发展简单理解为缩小地区间生产总值差距，这实际上也是做不到的，而应当把人均生产总值作为衡量地区之间发展差距的主要指标。

人均生产总值在一定程度上反映着区域发展的协调性，而且随着人口的流动和欠发达地区加快发展，各地区人均生产总值的差距是可以缩小的。现阶段我国促进区域协调发展的主要任务是，遏制地区间人均生产总值扩大的趋势，并使之保持在一个适度的范围内。

二是各地区人民都能享受到均等化的基本公共服务。基本公共服务主要是指义务教育、公共卫生和基本医疗、社会保障、社会救助、促进就业、减少贫困、防灾减灾、公共安全、公共文化等，这种服务不应因地区的不同、人群的不同而有明显的差异。促进基本公共服务均等化是政府义不容辞的责任，也是社会公平正义的本质要求。在缩小地区经济发展差距的同时，应该率先缩小基本公共服务方面的差距。现阶段的区域政策必须把致力于缩小地区间基本公共服务差距放在突出重要的位置，使各地区人民都能享受大体均等化的基本公共服务，确保改革发展成果由全体人民共享。

三是各地区比较优势得到合理有效的发挥。不同地区有着不同的比较优势，关键是看能不能把它充分挖掘出来。只有充分发挥各地区的比较优势，再通过区际间比较优势的交换，才能提高各区域发展的效率和质量，才能实现全国整体利益的最大化。促进区域协调发展，不能以牺牲发展速度和效益为前提，不能以抑制发达地区的发展为代价，只有发达地区进一步发展了，我们才有能力进一步加大对欠发达地区的支持力度。为此，必须立足于各地区比较优势的充分发挥，消除区域间的利益冲突，实现区域间优势互补、错位发展和互利双赢，这是促进区域协调发展的重要内容，也是衡量区域协调发展程度的重要标志。

四是各地区人与自然的关系处于协调和谐状态。各地区的经济发展，必须符合主体功能定位的要求，必须充分考虑本地区的资源环境承载能力，以不破坏生态环境为前提。我国生态环境整体上比较脆弱，许多地区的经济和人口承载能力不强。促进区域协调发展，既要强调经济发展，努力缩小地区经济发展差距，同时也要做到开发有度、开发有序、开发可持续，切实保护好生态环境，促进经济社会发展与人口资源环境相协调。

（二）正确处理好促进区域协调发展的几个重大关系

受自然、历史和经济基础等方面的制约，促进区域协调发展是一项长期、艰巨、复杂的历史任务。围绕"十二五"实现促进区域协调发展的上述目标，在工作中还应着重处理好如下四方面的重大关系。

一是经济发展和社会进步的关系。随着科学发展观思想的不断深入，区域协调发展的内涵已不再局限于经济发展，而是进一步扩展到社会事业发展，促进区域间基本公共服务均等化，拓展到加强生态环境保护，实现人与自然和谐相处等方面。近年来，中央财政积极向公共事业和民生领域倾斜，各地区在加快经济发展的同时，也更加注重生态建设和环境保护，"不要污染的GDP"、"既要金山银山，更要绿水青山"已逐步成为全社会的共识。因此，促进区域协调发展，必须坚持把经济发展与改善民生、社会进步、生态保护等紧密结合起来，实现经济发展与社会、生态环境协调发展。

二是政策统一性与差别性的关系。宏观调控的政策手段一般包括财税、金融、投资、产业、土地、环保、人口等政策，其基本面是要保持政策的稳定性和统一性，在政策体系上不必要也不可能"一地一策"，但这并不表明宏观政策不能体现区域差别。有效的宏观政策从来就是既具有统一性，又具有差别性的。比如财政转移支付政策全国是统一的，但针对不同地区的实际情况，在计算一般财力转移支付时要赋予不同的权重，以体现区域差别；又如金融政策，总体上是统一的，但在特殊地区也有差别，如对贫困地区贷款实行贴息；还有产业政策，各地区都必须不折不扣地执行国家限制高污染、高能耗产业发展的政策，但是也有必要针对中西部地区工业化发展的阶段特征，专门制定中西部产业目录，适当放宽了相关产业的准入门槛；再如环境政策，万元GDP能耗、COD排放等节能减排指标，任何一个地区都必须执行，但针对中西部地区资源加工型产业比重大的实际，也有必要实行差别化管理。总之，既要保持和维护宏观调控政策的统一性，又要立足各地区发展的实际，坚持分类指导、区别对待。

三是统筹兼顾与突出重点的关系。促进区域协调发展，要树立全国"一盘棋"思想，坚持统筹兼顾，协调好不同地区之间的关系，推动形成高效、协调、可持续的国土空间开发格局。同时，也要突出工作重点，集中精力解决制约区域发展的突出矛盾和主要问题。先进地区和落后地区是区域发展类型中的"两极"，对促进区域协调发展具有极其重要的标志性作用，处理好这两类地区的关系，实际上也就处理好了效率与公平、整体与局部的关系。从近年来我国区域发展的成功实践看，"十二五"时期还要继续坚持"抓两头、带中间"的工作思路，即一手抓条件较好地区的开发开放，着力培育形成区域发展新的增长极，继续发挥其引领辐射带动作用；一手抓扶持欠发达地区加快发展，增强其自我发展能力，两者不可偏废。抓住了这两头，就抓住了制约区域发展的突出矛盾和关键环节，就可以带动区域协调发展的大局。

四是政府与市场的关系。市场机制有利于发挥各地区的比较优势，有利于优化资源配置和提高资源利用效率，有利于推动形成合理的区域分工格局，区域发展必须始终坚持市场导向，发挥市场配置资源的基础性作用，调动各类市场主体的积极性，不断增强区域协调发展的内在动力。但同时也要看到，市场机制并不是万能的，缩小区域发展差距、促进基本公共服务均等化，具有很强的外部性，是政府必须肩负的职责，必须充分发挥政府的职能作用。"十二五"时期促进区域协调发展，一方面，要充分发挥市场机制配置资源的基础性作用，打破地区封锁，建立全国统一市场，实现生产要素在地区间自由流动和产业有序转移；另一方面，要加强政府宏观调控，强化政策扶持引导，加大资金投入力度，建立健全促进区域协调发展的互助机制和扶持机制，使市场的作用和政府的作用更加有效地结合起来。

三、"十二五"时期促进区域协调发展的重点任务

"十二五"时期促进区域协调发展，必须深入贯彻落实科学发展观，进一步完善落实区域发展总体战略，全面实施主体功能区战略，着力发挥不同地区比较优势，着力培育壮大经济增长极，着力深化区域合作，着力拓展经济发展空间，推动形成区域协调发展新格局。具体要抓好八个方面的重点工作。

一是深入实施区域发展总体战略。要深入推进新一轮西部大开发，加快落实特殊支持政策，制定实施西部大开发"十二五"规划，加快基础设施和生态环境建设，大力发展特色优势产业，切实保障和改善民生。要全面振兴东北地区等老工业基地，制定实施东北振兴"十二五"规划，统筹推进全国老工业基地调整改造，促进资源枯竭型地区转型发展。要大力促进中部地区崛起，全面实施促进中部地区崛起规划，出台并实施新时期促进中部地区崛起的政策意见，加快"三个基地、一个枢纽"建设，引导中西部地区承接产业转移健康有序开展。要积极支持东部地区率先发展，加快转变发展方式，着力构建区域创新体系，不断增强自主创新能力，加快推进区域一体化进程，全面提升国际竞争力。

二是全面落实主体功能区战略。要以落实《全国主体功能区规划》为抓手，进一步规范开发秩序，控制开发强度，推动形成高效协调、可持续的国土空间开发格局。要抓紧完成省级主体功能区规划，在严格按照《全国主体功能区规划》明确的开发理念、开发原则和统一要求的基础上，顺应经济规律和自然规律，充分考虑各地自然条件、资源环境承载能力和发展水平、发展阶段的不同，进一步明确各自的优化开发区域、重点开发区域、限

制开发的农产品主产区和重点生态功能区。要加快制定与主体功能区相适应的投资、产业、土地、农业、人口、民族、环境和应对气候变化等方面的配套政策，加快形成实施主体功能区规划的政策体系，着重解决限制开发区域和禁止开发区域财政收入少、提供基本公共服务能力弱等问题。要建立各有侧重的绩效评价体系和实施机制，不断深化对主体功能区建设的跟踪研究，合理划分中央和地方在实施主体功能区规划中的权责关系，明确各部门的分工和任务，并按照不同区域的主体功能定位，实行差别化的评价考核，引导各地区严格按照主体功能定位推进发展。

三是进一步发挥条件较好地区的引领和辐射带动作用。鼓励东部沿海发达地区主动融入经济全球化和区域一体化进程，全面参与国际分工与合作。继续发挥深圳等经济特区、上海浦东新区、天津滨海新区在改革开放中先行先试的重要作用，继续发挥长三角、珠三角、京津冀地区在引领全国发展中的引擎作用，增强辽宁沿海经济带、河北沿海地区、江苏沿海地区、海峡西岸经济区等带动腹地发展的能力。重点支持武汉城市圈、长株潭城市群、中原经济区、成渝经济区、关中—天水经济区、沈阳经济区等中西部和东北地区一批战略地位重要、承载能力较强、发展潜力较大的地区加快开发开放，打造成为带动区域经济发展的新增长极。

四是积极探索支持欠发达地区加快发展的新路子。要把加快革命老区、民族地区、贫困地区、边疆地区发展放在更加突出重要的位置，妥善处理好"赶"与"转"之间的关系。"赶"就是要坚持发展是第一要务，加快缩小区域发展差距，实施追赶战略；"转"就是要以科学发展为主题，以加快转变发展方式为主线。"十二五"期间，欠发达地区能否处理好加快发展与转型发展的关系，走出一条又好又快发展的新路来，对全国发展至关重要。为此，要进一步加大对欠发达地区特别是民族地区的财政转移支付和政策扶持力度，显著缩小与全国基本公共服务平均水平的差距；加强交通、能源、水利等基础设施建设，加快改善集中连片特殊困难地区的外部发展环境，进一步改善生产生活条件；进一步提高教育、卫生、文化、社会保障等公共服务水平，着力保障和改善民生；加快特色优势产业以及旅游业发展，大力发展非公有制经济，提高自我发展能力；高度重视生态环境保护与建设，加大保护与治理力度，推动可持续发展。

五是全面深化区域合作。促进区域协调发展，既要立足于发挥各自比较优势，又要依靠国内国际区域合作互动，在更大范围、更广领域、更高水平上实现资源要素的优化配置。要拓展国内区域合作领域，加快推进区域一体化发展，完善区域合作机制，加强区域合作载体建设，支持在中西部有条件的地方设立承接产业转移示范区，探索建立利益共享机制。要发挥东部地区科技力量雄厚的优势，帮助和带动中西部地区加快科技进步，继续实施好人才合作工程。不断完善对口支援方式，加大工作力度，扎实做好对口支援西藏、新疆、青海藏区等工作，做好集中连片特殊困难地区等对口帮扶工作。密切与周边国家和地区的合作，积极参与大湄公河次区域、东盟—湄公河流域开发合作的各项活动，加快建设连接中国—东盟市场的国际大通道，务实推进与东北亚地区合作。

六是继续提升对外开放水平。东部沿海优势，东北和西部沿边优势，都是我国对外开放的宝贵资源。要协同推进沿海、沿边与内地开放，坚持以开放促开发，以开发促发展，以发展促协调，努力构筑全方位开放新格局。深化沿海开放，充分发挥长三角、珠三角、京津冀国际门户和东北沿海地区的重要作用，积极推动海峡西岸对台合作和粤港澳深度合作。提升沿边开放，充分利用现有合作平台和机制，加快边境经济合作区、出口加工区及沿边重点边境口岸城镇建设，推进欧亚大陆桥及其他国际运输通道建设，建设新疆喀什、霍尔果斯特殊经济区和广西东兴、云南瑞丽、内蒙古满洲里等沿边重点开发开放试验区。加快内陆开放，积极发展内陆开放型经济。

七是大力发展海洋经济。按照陆海统筹的原则，强化海洋和重点海域在促进区域协调发展中的独特地位和作用，实现经济布局从陆地到海洋的延伸，拓展国民经济发展空间。要抓紧制定我国海洋发展战略，编制海洋经济发展"十二五"规划，统筹推进山东、浙江、广东三省海洋经济发展试点工作，进一步完善全国海洋经济布局。大力实施科技兴海战略，科学开发利用海洋资源，推进生态友好型海洋开发，促进海洋产业快速升级和海陆产业互动，大力培育海洋优势产业。推进编制全国海岛保护与利用规划，制定相关政策措施，加强海岛保护、利用、开发与建设，切实维护国家海洋权益。

八是进一步完善促进区域协调发展的体制机制。特殊的国情决定了促进区域协调发展在我国的极端重要性。要在国家区域发展总体战略的指引下，认真总结近年来的成功实践经验，加快形成具有中国特色的区域管理制度和政策体系。围绕发挥各地区比较优势，着眼于解决突出问题，积极探索更加有效的区域治理方式。要加强区域政策和规划的研究制定，提高针对性和可操作性，形成规范有序、分类管理的区域政策体系。要充分借鉴国内外经验，抓紧制定促进区域协调发展的法律法规，将促进区域协调发展纳入规范化、法制化轨道。

深入实施区域发展总体战略
不断完善区域政策体系[*]

(2011 年 12 月 23 日)

近年来,在中央的统一部署下,区域发展总体战略深入推进,一系列重大区域规划和区域性政策文件制定出台,区域政策体系不断完善,我国区域发展呈现出生动活泼的良好局面,主要表现在:中西部地区发展整体加速,地区发展差距扩大势头得到有效遏制;区域经济增长极不断涌现,区域发展战略格局新的版图逐步形成;国家对民族地区、边疆地区、革命老区、贫困地区扶持力度加大,欠发达地区自我发展能力显著增强;区域合作广度深度不断拓展,区域开发开放水平和国民经济整体效率进一步提高。总体上看,我国区域发展正朝着协调性不断增强的方向迈进。党中央、国务院对区域发展问题高度重视,对近年来区域发展呈现出的好局面给予了充分肯定。胡锦涛总书记、温家宝总理在党的十七届六中全会和中央扶贫开发工作会议的讲话中,都分别对当前区域协调发展取得的成绩给予了积极评价。

区域协调发展出现的这种好局面来之不易,需要我们倍加珍惜和认真总结。我们注意到,自 2006 年国家完整地提出区域发展总体战略后,区域经济版图和区域政策朝着细化、实化和差别化的方向推进。据统计,"十五"期间的 2003~2005 年,国家出台

---

[*] 这是在南宁召开的 2011 年全国发展改革系统地区经济工作会议暨区域合作座谈会上讲话的一部分,原文载《中国改革报》2011 年 12 月 27 日;《中国经贸导刊》2012 年 2 月(上);《宏观经济管理》2012 年第 3 期。

了5个区域规划和区域性政策文件；而"十一五"时期的5年间，国家出台的区域规划和区域性政策文件有50多个，区域经济版图更加清晰，各地区自主发展能力不断增强。为什么"十一五"以来区域规划和区域性政策文件密集出台，它在实践中发挥了什么作用？这里究竟有没有客观规律可以遵循？这些都需要我们认真总结，进一步把握区域发展的规律。

一、近年来区域政策所发挥的积极作用

党的十六届五中全会完整地提出了实施西部大开发、振兴东北地区等老工业基地、促进中部地区崛起、鼓励东部地区率先发展的区域发展总体战略。几年来，在区域发展总体战略的指引下，国家相继批准实施了一系列重大区域规划和区域性政策文件，批准设立了若干个特色鲜明的重点功能区，我国区域政策体系不断完善，并日益呈现出细化、实化、差别化的特征。不断完善的区域政策付诸实施，有效解决了区域发展方面长期存在的矛盾和问题，对于推动形成区域协调发展生动活泼的良好局面也发挥了积极作用。

一是大大增强了政策的区域针对性，有效解决了政策空间尺度过大和"一刀切"问题。我国地域辽阔，区域发展不平衡是我国的基本国情。制定宏观政策必须充分考虑这一国情特点，才能真正发挥作用并落到实处。过去，由于种种原因，政策"一刀切"的问题长期没有得到有效解决，我们常常听到一些同志抱怨，某项政策只削了东部地区的"头发"，却砍掉了我们西部地区的"头"，说明我们在制定政策的时候，没有充分考虑到中国地区差异大这个基本国情。近年来，围绕落实区域发展总体战略，国家在四大板块开发格局的基础上，科学梳理我国区域经济布局，重构区域经济发展版图，有针对性地制定了重点地区的区域规划和区域性政策文件，出台了主体功能区规划，统筹谋划重点开发开放的经济区和城市群，培育形成竞相发展的多极化开发格局，

区域政策空间尺度进一步细化，政策措施更加集中关注于某一特殊类型区域。在保持宏观政策统一性的同时，区域政策的细化、实化、差别化，比较好地解决了宏观调控政策"一刀切"的问题。经过这些年的努力，无论是中西部还是东部地区，无论是省级领导还是基层同志，抱怨政策"一刀切"的说法已经基本上听不到了，说明差别化的区域政策是有效的。

二是进一步明确了各区域的战略定位和发展思路，一定程度上解决了无序过度竞争和低水平重复建设问题。制定实施区域规划和区域性政策文件最为突出的一项任务，就是在综合判断区域比较优势和充分尊重市场规律的基础上，明确各区域符合自身特点的战略定位和发展思路，并将之上升到国家战略层面予以定位，这有利于从根本上解决"张书记来了挖沟，李书记来了埋渠"的政策摇摆性问题。在国家战略的引导和约束下，一个地区的发展瞄准既定的区域功能定位和发展目标，可以真正做到"一张蓝图绘到底，一届接着一届干"。同样地，过去由于各个地区缺乏统筹协调和准确定位，在发展中不顾资源条件和生态环境承载能力，争相上马同类项目，发展同层次、同类型产业，导致产业结构雷同，不惜搞地区封锁的现象屡见不鲜。区域间无序开发、低水平重复建设，不仅加大了资源环境承载压力，也直接影响了经济功能区域的扩展和区域协调发展。区域规划和区域性政策文件，立足从更高层次统筹谋划一个地区的主导产业和重点任务，有利于避免不同地区间的过度竞争和低水平重复建设，有利于推动形成分工明确、优势互补、协同发展、互利共赢的区域开发新格局。

三是促进了对区情特点和主要矛盾的把握，为解决区域发展中的症结问题奠定了坚实基础。在区域政策制定过程中，我们以科学发展观为指导，在推动发展理念转变的同时，十分注意准确把握基本区情和所处发展阶段，明确区域发展的比较优势，找准制约发展的主要矛盾，坚持从实际出发，明确地区发展的战略方向和重点任务，有力地促进了地区经济扬长避短、错位发展。比如，支持青海等省藏区经济社会发展的文件，明确要求牢固树立生态优先观念，取消不切实际的GDP考核，加大中央财政转移支付力度；促进宁夏经济社会发展的文件，提出重点是解决中南部干旱带问题，突出一个"水"字，要求加强水资源的节约、调配和高效利用，以支撑经济社会可持续发展；推进新疆跨越式发展和长治久安的文件，强调要加快石油天然气等优势资源的开发转化，提升自身发展能力，并有力支撑全国对能源的巨大需求；加快中原经济区建设的文件，明确提出要推动"三化"协调发展，强调在工业化、城镇化深入发展中同步推进农业现代化，丝毫不放松粮食生产；支持建设海峡西岸经济区的文件，明确主要任务是积极发展与台湾在经济、文化、教育、科技等方面的交流，促进两岸和平统一；等等。可以看出，虽然上述文件的任务指向不同，但都立足于发挥各自比较优势，立足于解决区域发展中的主要矛盾，这不仅有利于破解区域发展的瓶颈制约，而且有利于建立可持续发展的机制，对于推动区域发展无疑具有深远的意义。

四是统筹考虑国家战略需要与地方发展实际，有利于更好地调动中央和地方两个积极性。中央政府和地方政府在经济管理上承担着不同的职责。实践证明，两个积极性比一个积极性好，只有充分调动中央和地方两个积极性，才能形成可控有序又生动活泼的发展局面。近年来，国家出台的区域规划和区域性政策文件，始终注意调动好、发挥好中央和地方"两个积极性"。一方面，区域政策在制定过程中，中央坚持从各地实际出发，充分考虑地方发展需要，注重发挥各地比较优势，着力增强地方自主增长的动力和活力，从而大大激发了地方加快发展的积极性、主动性和创造性，客观上促进形成了各地区你追我赶、争相奋进的良好局面，整体提升了地区经济活力。另一方面，区域政策又充分体现国家改革发展战略意图，遵循宏观调控总体方向，集聚各部门政策资源的综合优势，从而实现了区域发展和国家整体战略的有机统一。总的来看，区域政策较好地解决了中央与地方两个积极性问题，整体上增强了我国综合国力和竞争力，提升了应对国际金融危机冲击的能力，为保持国民经济平稳较快发展发挥了积极作用。

二、完善区域政策是促进区域协调发展的必然要求

区域政策是落实区域发展总体战略的杠杆和手段，对促进区域协调发展的作用十分明显。现在的问题是，近年来区域政策细化、实化、差别化的趋向是在什么样的背景下出现的，它是否具有客观必要性？这是一个从实践中提出，又应该和必须予以回答的问题。

首先，我们需要把这一政策趋向放到我国经济社会发展的大背景下来认识。

第一个大背景是我国区域发展战略的不断演进。在2006年的地区经济工作会议上，我曾讲过新中国成立以来我国区域发展战略经历的三个阶段，即改革开放之前的区域均衡发展战略，改革开放到上世纪90年代中后期的区域非均衡发展战略，以及上世纪90年代后期至今的区域协调发展战略。区域协调发展战略的形成发展绝不是凭空来的，而是有着深刻的国内外大背景。1999年，江泽民同志代表党中央明确提出实施西部大开发战略，拉开了区域协调发展的序幕，其理论基础是邓小平同志关于"两个大局"的战略构想，其实践基础就是综合考虑了应对亚洲金融危机、扩大国内市场需求、缩小区域发展差距等多方面的要求。关于这个背景，大家可以看看曾培炎同志写的《西部大开发决策回顾》一书，那里面讲得非常清楚。我们后面可以看到，区域协调发展战略的确定，对区域发展的目标和方式都产生了极其深刻的影响。

第二个大背景是我国经济体制的深刻变革。大体到世纪之交，我国经济体制从传统的计划经济体制向社会主义市场经济体制转

变的框架已经建立，基础已经奠定。随着市场的主体地位确立和价格在资源配置中发挥基础性调节作用，一方面深刻影响到要素流动的方式和区际比较优势交换大格局；另一方面对转变政府职能，完善政府调控经济的方式和手段也提出了新的要求，迫切需要处理好政府与市场、中央与地方的关系，以发挥市场机制的基础性作用，增强地方自主发展的积极性。

第三个大背景是国民经济基础条件的巨大变化。经过多年发展，我国的经济规模、基础设施、产业结构、区际联系等都发生了重大变化。比如改革开放之初，全国国内生产总值只有3624亿元，到2010年已大幅跃升到40万亿元。再如，改革开放30多年来，全国公路和铁路营运里程分别从1978年的89万公里和5.17万公里增加到2010年的401万公里和9.12万公里，分别增长了3.5倍和76.4%，铁路、公路已进入高速时代。又如，随着IT技术的发展，我们已经进入信息化和信息网络化时代，区际之间的联系变得十分快速和便捷。接下来我们看到，随着交通信息基础设施条件的大大改善，全社会物流总费用占GDP的比重也从1991年的24%下降到2010年的17.8%，同一商品区域间的差价大大缩小，地区间的经济联系更加紧密，生产要素在区域间的流动更为自由。经济体量的变化，区际联系基础条件的变化，也对区域政策制定提出了新的要求。

其次，我们再来分析区域政策细化、实化、差别化趋向的内在机理。

第一，是区域协调发展的内在要求。关于区域协调发展的内涵或目标，我在2007年和2010年的地区经济工作会议上曾经讲过。概括起来有四条，即缩小地区间人均生产总值差距、率先实现各地区基本公共服务均等化、充分发挥不同地区的比较优势，以及人与自然和谐相处。在这四条中，我以为核心是缩小区域发展差距和充分发挥各个地区的比较优势这两条，也就是说，区域发展的核心问题是要正确处理好公平与效率的关系。缩小区域发展差距是共同富裕的必然要求,发挥区域比较优势是增加国家财富的必由之路,两者是密切关联、相辅相成的。充分发挥区域比较优势,才能做大"蛋糕",最终有利于缩小区域发展差距;缩小区域发展差距,又必须建立在发挥区域比较优势的基础上,绝不能以抑制发达地区的发展来缩小区域差距。因此,当我们进入促进区域协调发展战略新阶段的时候,必须牢固树立充分发挥不同地区比较优势,在此基础上逐步实现缩小地区发展差距的理念。

第二,只有在市场机制作用下才能实现比较优势。不同地区都有各自的比较优势,关键是看能不能把它挖掘出来,并实现区际比较优势的交换,而这两条都离不开市场机制。潜在的比较优势转化为现实的经济优势,需要竞争性市场的长期选择;地区间比较优势交换的前置条件,是生产要素能否自由流动和优化配置。由此可见,市场经济体制是落实区域协调发展战略的重要体制保障。在过去计划经济体制下,行政命令、计划手段是配置资源的基本方式,加之经济体量不大,中央政府可直接支配各种资源,包括财政统收统支、产品统购统销、原材料统一调拨、劳动力统一调配。在这样的经济体制下,各个地区的发展定位和分工都是由行政命令指定的和僵化的,地方的比较优势就难以发挥出来。为什么改革开放后,特别是随着社会主义市场经济体制的逐步建立与完善,随着区域发展战略的调整与完善,各个地区获得了前所未有的发展空间,且自主发展能力不断增强？这在很大程度上归因于市场的力量,得益于比较优势的发挥。

第三,政府的推动是实现区域协调发展必不可少的因素。市场经济体制的建立和区域比较优势的发挥,并不能自动地实现区域协调发展,特别是缩小区域发展差距的目标。这是因为市场并不是万能的,市场也有缺陷。各地区的发展起点不同,经济基础、产业分工、人才供给的条件大不相同,如果任凭市场的自发作用,往往会产生路径依赖和"马太效应",导致区域发展差距不是缩小而是进一步扩大。因此,社会主义市场经济体制是奠定区域协调发展的体制基础，但并不是达到促进区域协调发展的全部体制条件。缩小区域发展差距、促进区域间基本公共服务均等化是政府的职责，需要政府的主动引导和调控。

现在的问题仅仅是，在确立了区域协调发展战略、建立了社会主义市场经济体制、各地区之间的经济联系日趋紧密和复杂、自我发展能力不断增强的大背景下，不仅区域政策的重要性被凸显出来，而且新时期的区域政策必须与时俱进地加以调整和完善，再也不能是大而化之的了，它必须适应战略、体制和发展阶段的要求，同时满足缩小发展区域差距和发挥各自比较优势两大要求，这就需要做更加细致的指导工作。正是在这样的背景下，区域政策的细化、实化、差别化应运而生。由此可见，区域政策的细化、实化和差别化是实施区域协调发展战略的必然要求，是社会主义市场经济体制下完善政府职责的必然选择，符合现代化进程现阶段促进国民经济又好又快发展的客观规律。

从近几年的工作实践看，在中央的决策部署下，我们在制定和出台一系列区域规划和区域性政策文件方面做了大量工作，明确了重点地区发展的总体思路、战略地位、重点任务，推出了差别化支持政策，是符合客观规律的，实际效果也是好的。近年来，区域发展呈现出百舸争流、千帆竞发的生动活泼局面和协调性增强的好势头，从根本上说是大势使然。希望同志们不要被传统思想所束缚，不要被以往经验所桎梏，要善于从实践中总结规律，认清事物发展变化的本质，这样才能更加主动、更加自觉地做好促进区域协调发展的各项工作。

三、今后一个时期的努力方向和工作重点

近年来，尽管我国区域政策不断完善，区域协调发展也取得了巨大成绩，但与中央的要求相比还有较大差距，地区经济发展中还存在不少矛盾和问题，促进区域协调发展任重道远。我们必

须进一步明确新时期完善区域政策的工作方向和重点，努力做好促进区域协调发展的各项工作。

今后一个时期地区经济工作的总体要求是：坚持以邓小平理论和"三个代表"重要思想为指导，以科学发展为主题，以加快转变经济发展方式为主线，紧紧围绕区域协调发展的基本目标，全面实施区域发展总体战略和主体功能区战略，以推进重点地区发展为抓手，着力破解区域协调发展难题；以明确战略定位和发展思路为基础，充分发挥不同地区比较优势；以加强区域交流合作为纽带，努力推动区域良性互动；以政策的实化、细化、差别化为着力点，不断完善区域政策体系，努力保持区域协调发展的良好势头，加快构筑区域经济优势互补、主体功能定位清晰、国土空间高效利用、人与自然和谐相处的区域发展新格局。

按照上述要求，今后一个时期，要重点抓好以下五个方面的工作：

一是深入贯彻落实区域发展总体战略和主体功能区战略。扎实推进新一轮西部大开发战略，加快制定和实施西部大开发"十二五"规划，加快基础设施建设，大力发展特色优势产业，加快以保障和改善民生为重点的社会事业发展，加强重点生态区综合治理，确保经济综合实力、人民生活水平、生态环境保护迈上新台阶。全面振兴东北地区等老工业基地，制定实施东北振兴"十二五"规划，统筹推进国企改革、老工业基地调整改造和对内对外开放，把东北振兴推向新阶段。大力促进中部地区崛起，全面实施促进中部地区崛起规划，出台并实施新时期促进中部地区崛起的政策意见，积极引导中西部地区承接产业转移，进一步巩固"三基地、一枢纽"地位。积极支持东部地区率先发展，加快产业转型升级，着力构建区域创新体系，加快推进区域一体化进程，全面提升国际竞争力，增强对全国区域发展的引领能力。要以规范开发秩序、控制开发强度为着力点，全面落实《全国主体功能区规划》。抓紧完成省级主体功能区规划，加快制定与主体功能区相适应的财税、投资、产业、土地、人口、环保和应对气候变化等方面的配套政策,把空间管制措施落到实处。按照不同区域的主体功能定位,建立各有侧重的绩效评价体系和实施机制,实行差别化的评价考核,引导各地区严格按照主体功能定位推进发展。落实好两大战略的核心,是要充分认识区域发展总体战略在促进区域协调发展中的抓总地位和主体功能区战略的基础作用,在工作中努力把两者有机结合起来,做到互为补充、不可偏废,切实加以推进和落实。

二是继续坚持"抓两头、带中间"的工作方法。所谓"抓两头",是指一头抓重点经济区、经济带的发展,充分发挥这些地区对全国经济发展的引领和带动作用,另一头抓老少边穷地区的发展,着力破解这些地区实现全面小康的瓶颈和制约,以实现共同富裕;所谓"带中间",是指通过"两头"的发展,拉动处于中间地带区域的整体进步。这是近几年我们在区域工作实践中摸索出来的一条行之有效的工作方式,其最大优点就是能够集中精力解决区域发展中的主要矛盾,避免陷入"齐步走"的误区,能够把效率与公平更好地结合起来,把均衡发展与非均衡发展动态结合起来。具体讲,一方面,要继续发挥深圳等经济特区、上海浦东新区、天津滨海新区在改革开放中先行先试的探路作用,继续发挥长江三角洲地区、珠江三角洲地区、京津冀都市圈在引领全国发展中的引擎作用,继续在中西部地区着力培育一批战略地位重要、经济基础好、资源环境承载能力强、发展潜力大的地区加快开发开放步伐,培育形成新的经济增长极。另一方面,要把加快革命老区、民族地区、贫困地区、边疆地区发展放在更加突出重要的位置,进一步加大财政转移支付和政策扶持力度,支持这些地区不断提高自我发展能力。明年要继续把工作重点放在已出台规划和政策文件的贯彻落实上,切实加大检查监督力度,绝不能热乎一阵子就将这些规划和政策文件束之高阁。同时,还要根据实际情况研究制定若干区域规划和区域性政策文件,主要包括：抓紧出台新时期促进中部地区崛起的政策文件，开展首都经济圈发展战略研究，抓紧修改完善京津冀地区区域规划，研究提出促进广州南沙新区发展的有关政策，组织开展云南桥头堡、中原经济区、黑龙江和内蒙古东部沿边开发开放等重点地区发展规划编制，研究制定赣闽粤原中央苏区振兴规划，等等。

三是加强区域发展的顶层设计并注意做好区域规划与产业发展、基础设施建设、社会事业发展布局的有机结合。随着一批区域规划和政策性文件的出台，进一步加强区域发展顶层设计的问题应尽早提上日程。在近年研究制定区域规划和政策性文件时，我们坚持从国家层面予以定位，统筹考虑区域间的关系，但是客观上讲，由于对全国区域空间开发总体思路和开发重点的研究还不深入，在一定程度上影响了区域发展战略的整体性、科学性与合理性。比如，我们先后制定实施了辽宁沿海经济带、河北沿海地区、江苏沿海地区、海峡西岸经济区、广西北部湾经济区等一系列沿海地区的区域规划，但目前尚没有关于我国沿海地区开发开放的总体战略规划，因缺乏上位规划的统筹指导，在一定程度上可能会导致各个区域性规划在功能定位、产业布局等方面的冲突和重复。区域发展的顶层设计，应以区域发展总体战略和主体功能区战略为指导，紧紧抓住交通水利等基础设施建设、一二三次产业空间布局、基本公共服务能力、生态建设与环境保护等重点领域展开，以便将区域规划与行业规划更好地结合起来。进入"十二五"以来，各行业都在制定发展规划，都提出了一系列新的要求，我们必须进一步加强对区域空间开发总体思路和开发重点的研究，强化与国家产业政策和行业发展规划的有效衔接，真正把国家重大生产力布局细化实化到各个区域，努力提高区域政策的科学性与针对性。做好这项工作意义重大，在今后的工作中要切实予以加强。

四是认真做好几个专项工作。主要有五个方面：第一，做好扶贫开发工作。重点是做好集中连片特殊困难地区各项工作。前不久刚刚召开了中央扶贫开发工作会议，胡锦涛总书记、温家宝总理分别作了重要讲话，对做好新时期扶贫开发工作提出了要求，明确了今后10年扶贫开发工作的主要目标和重点任务。当前关键是抓好落实。地区经济工作系统是实施新时期扶贫开发纲要的重要部门，一定要深入学习中央扶贫开发工作会议精神，会同有关部门加强对武陵山片区规划实施的指导协调和督促检查，抓紧组织编制秦巴山片区、乌蒙山片区等其他10个集中连片特殊困难地区区域发展与扶贫攻坚规划的编制工作，积极协调有关方面按照规划要求在政策制定、资金投入、项目安排等方面给予倾斜。第二，推进海洋经济发展试点工作。按照陆海统筹的原则，强化海洋经济在促进区域协调发展中的独特地位和作用，实现经济布局从陆地向海洋延伸，拓展国民经济发展空间。重点是抓紧制定国家海洋发展战略，会同有关部门抓紧编制全国海洋经济、海洋事业发展"十二五"规划，统筹推进山东、浙江、广东三省海洋经济发展试点工作，进一步完善全国海洋经济布局。大力实施科技兴海战略，科学开发利用海洋资源，推进生态友好型海洋开发，促进人海和谐。第三，认真做好国土整治工作。要继续深化土地政策研究，进一步提高利用土地政策工具参与宏观调控的能力，认真编制实施好土地利用、围填海和基础测绘年度计划，进一步加强和完善计划管理制度。第四，加强重点流域治理。完善重点流域治理工作制度，加强规划宏观指导，建立健全项目审批程序，推动重点流域水污染防治工作深入开展，积极促进流域治理与区域发展相协调。第五，进一步拓展区域合作和做好对口支援工作。加强国内区域合作，重点完善合作机制，以承接产业转移示范区为载体，支持中西部地区加强与东部沿海地区的产业合作，鼓励与东部地区合作共建产业园区，探索建立合作发展、互利共赢新机制。支持珠江三角洲地区、长江三角洲地区、长江中游城市群地区等重点区域一体化进程，推动区域一体化发展。密切与周边国家和地区的合作，要加快边境经济合作区、出口加工区及沿边重点边境口岸城镇建设，重点建设新疆喀什、霍尔果斯特殊经济开发区和广西东兴、云南瑞丽、内蒙古满洲里等沿边重点开发开放试验区，推动海峡西岸对台合作和粤港澳深度合作，积极参与大湄公河次区域、东盟—湄公河流域开发合作的各项活动，务实推进与中亚和东北亚地区的合作。要完善对口支援方式，切实加大工作力度，扎实做好对口支援新疆、西藏和青海藏区等工作。

　　五是进一步完善区域政策体系。目前我国区域政策体系还不健全，区域治理方式和管理制度亟待完善，区域立法还是空白。要在国家区域发展总体战略的指引下，认真总结近年来的成功实践经验，加快形成具有中国特色的区域政策体系，建立健全区域协调发展的体制机制。要立足发挥各地比较优势，着眼于解决区域发展的突出问题，在保持宏观政策统一性的前提下，继续坚持"区别对待、分类指导，有扶有控、突出重点"的区域政策取向，出台空间尺度更小、精度更高的差别化区域政策。要加强已有差别化政策的集成和配套，在此基础上，加快完善财税、投资、金融、产业、土地、环保、人才等方面的政策，形成规范有序、分类管理的区域政策体系。要充分借鉴发达国家的经验，加快促进区域协调发展的立法进程，明确区域发展的地位和作用、区域类型划分、促进区域协调发展的目标、任务、机制和政策，抓紧起草《促进区域协调发展条例》，将区域发展总体战略和经过实践检验的区域政策、开发方式上升为法律。

以科学发展观来统领地区经济工作[*]

（2012年1月16日）

促进区域协调发展是科学发展观的题中应有之义，但在落实区域协调发展战略过程中，也有一个能否贯彻落实好科学发展观的问题。具体来看，就是我们在致力于缩小区域发展差距的同时，应该把更多的注意力放到"调结构"和"转方式"上来。近年来，我们在制定实施区域规划和区域性政策文件时，重点考虑了赋予中西部地区差别化政策问题，并将主要精力放到了培育中西部地区自我发展能力、尽快缩小区域发展差距上面。这个工作当然要做，也应该做，但随着发展阶段的变化，我们的工作重心要适当地加以调整。从2008年起，中西部和东北地区经济增长速度已连续4年全面超过东部地区，这种区域增长差距趋于缩小的态势，在未来一个可以预见的时段内不会发生重大逆转。原因是，东部地区已到了"调结构、转方式"发展阶段，受国际金融危机和外需减少等方面的影响，发展速度会有所减缓；而中西部地区借扩大内需之机，发展动力有望继续走强。当然，我们也要注意到中西部地区发展的基础还比较脆弱，还面临着"赶"与"转"的双重任务，保持区域协调发展大势，还必须付出艰苦努力。基于上述判断，我们要在继续做好缩小区域发展差距相关工作的同时，进一步加强"调结构"和"转方式"的工作力度。也就是说，区域协调发展应该是一个站在更高起点、更高水平上的协调发展，应该是涵盖了任何地区"转方式"、"调结构"前提下的协

---

[*] 这是在2012年国家发改委地区经济司民主生活会上讲话的一部分。

调发展。我们一定要尽快转变中西部地区粗放的发展模式，避免采取不真实、不可持续的方式和路径来缩小区域发展差距。比如，近年来中西部地区违法违规占用土地甚至耕地、"两高一资"产业加速向中西部地区转移、东部沿海地区围填海规模迅速扩大、近岸海域生态环境持续恶化、石化等重化工业盲目发展等问题不断出现，上述问题虽然是局部性的、苗头性的，但必须引起我们高度重视。为此，按照深入贯彻落实科学发展观的总体要求，我们在工作的指导思想上必须做适当调整，要尽快把缩小区域发展差距与促进各个区域"转方式"、"调结构"紧密结合起来，并在整个工作部署、工作方式和工作重点上予以体现。

围绕这一思路，我们要通过深入调查研究，寻找发现中西部地区"赶"与"转"结合得比较好的典型，认真总结推广成熟经验；对于那些只"赶"不"转"的地区，我们应该主动加以引导，而不能顺其自然。2010年以来，我们会同有关部门督促检查了珠三角、长三角、北部湾和江苏沿海地区发展规划实施情况。今年，这方面的工作还要进一步加强。要针对区域发展中的一些苗头性和热点难点问题，注意抓重点，归纳总结共性问题。比如，2011年上海、北京和浙江GDP增长速度在全国排倒数前3位，但其经济发展方式转型和区域科学发展能力等方面的指标排在全国前3位。那么，我们能不能就此抓一下长三角规划和政策性文件的监督检查，总结转型经验，研究遇到的问题，进一步促进规划和政策性文件的落实，为东部地区加快转型和提高核心竞争力发挥引领示范作用。又如，可否针对皖江城市带承接产业转移示范区、鄱阳湖生态经济区和中原经济区建设中出现的问题，深入研究一下产业有序转移、节约集约用地和环境保护等方面的问题，着力解决发展中的突出矛盾。再如，我们目前在西部地区新增长极的布点工作已告一段落，综合来看，重庆和成都在"赶"与"转"方面的工作做得比较好，我们能否通过对成渝经济区规划的督导检查来总结一些好经验，向西部其他地区面上加以推广。

总之，希望大家围绕上述思路，对涉及的重点区域认真加以梳理，然后再下去认真调查研究。在调研基础上，要将有关情况及时上报党中央、国务院，对于调研中发现的一些成熟经验，还可采取通报等形式转发给有关方面参考。同时，我们要对已出台的差别化政策，进一步优化集成。差别化政策不应该成为"调结构"、"转方式"的障碍，而应该成为促进结构调整和方式转化的一个强有力杠杆。如果真的这样做，不仅可以切实推进规划实施工作，指导面上工作，也可以深化完善地区经济工作，提高工作质量和水平。

深入学习贯彻党的十八大精神
不断开创区域协调发展新局面[*]

（2012 年 12 月 11 日）

具有重大历史意义的党的十八大刚刚闭幕，全国上下正在认真学习宣传和深入贯彻落实党的十八大精神。我们召开这次会议，就是要深入学习领会党的十八大精神，准确把握对促进区域协调发展的新要求，在总结以往发展成效和工作经验的基础上，进一步明确今后一个时期工作的总体要求和重点任务，切实提高地区经济工作水平，努力开创区域协调发展新局面。

一、认真学习领会十八大报告对促进区域协调发展的新要求

十八大报告对促进区域协调发展有很多论述，其中有些是新表述、新要求。这些论述既是我们党对促进区域协调发展实践的新概括，也是从现代化建设全局出发作出的新部署。其中比较重要的有以下三点。

一是十八大报告将促进形成区域协调发展机制确立为全面建成小康社会的重要目标和加快转变发展方式的基本动力，从而把区域发展战略提升到了一个新高度。十八大报告在阐述全面建成

---

[*] 这是在广州召开的 2012 年全国发展改革系统地区经济工作会议暨区域合作座谈会上的讲话，原文载《人民日报》2012 年 12 月 12 日；《中国产业》2013 年第 1 期。收录本书时有删节。

小康社会目标的新要求中，明确提出"区域协调发展机制基本形成"，这与十六大报告提出的"地区差别扩大的趋势逐步扭转"的要求相比，寓意更加深刻，任务更加艰巨。对于什么是区域协调发展，以及区域协调发展的内涵，我曾在多个场合讲过，即地区间人均生产总值差距保持在适度范围内、各地区人民都能享受均等化的基本公共服务、不同地区的比较优势得到有效发挥，以及形成人与自然和谐相处的合理的空间开发格局。同时满足这四条要求，才叫形成区域协调发展机制；只有形成了区域协调发展机制，才能真正形成区域经济优势互补、主体功能定位清晰、国土空间高效利用、人与自然和谐相处的区域发展格局。十八大报告在论述"加快形成新的经济发展方式"时提出了"五个更多依靠"，首次把"更多依靠城乡区域发展协调互动"与改善需求结构、优化产业结构、提高创新能力和资源节约集约利用并列，作为实现发展方式转变的基本途径和动力源泉。这意味着促进区域经济协调发展不仅是转变发展方式的奋斗目标，更是转变发展方式的题中应有之义，从而把实施区域发展总体战略的地位和作用提升到了一个新的高度。近年来，在区域发展总体战略的指引下，中西部地区发展加速，有效地遏制了区域发展差距扩大的势头，有效地支撑了国民经济的平稳较快发展，区域发展格局发生了深刻而积极的变化。曾几何时，区域发展从一个令人困惑的问题转化为宏观经济中的一个积极因素，成为转变经济发展方式的长远动力，这不能不说是历史性的变化。

二是十八大报告在论述促进区域协调发展和转变经济发展方式时，多处强调充分发挥各地区比较优势、着力培育开放型经济体系。比较优势是区域经济学最核心的概念之一，从亚当·斯密提出的绝对比较优势到大卫·李嘉图的相对比较优势，再到后来国际贸易理论提出的竞争优势，论证和强调了国际贸易和区域交换的必然性。实践证明，不同地区都有自己的比较优势，关键是看能不能把它挖掘出来、发挥出来。只有各地区的比较优势充分发挥出来了，才能实现全国整体效益的最大化，也才能创造缩小区域发展差距的前提条件。因此，实现缩小区域发展差距的目标，绝不能人为地抑制发达地区的发展速度，这无异于杀鸡取卵；也不能一叶障目，视欠发达地区的发展一无是处，而应着眼于发挥不同地区的比较优势，只有这样，才能真正实现区域的协调发展和互利共赢。进一步看，比较优势得以发挥有赖于区际交换，这就要求必须建立一个开放的经济体系。正如物理学耗散结构理论揭示的一个道理，一个系统必须不断地从外界引入负熵，才能抵消体内正熵的增加，从而确保其稳定有序地向更高层次的结构演进。同样的道理，一个地区只有建立开放型经济体系，才能不断引入激活自身结构变化的积极因素，才能在比较优势的交换中产生"1＋1＞2"的叠加效应。我国沿海地区30多年对外开放的成就说明了这个道理，在转变经济发展方式的新的历史时期中，我们要把加快形成沿海内陆沿边全方位开放新格局放在更加重要的位置，这里蕴藏了不可估量的发展潜力。

三是十八大报告更加强调了生态文明建设的重要性，将优化国土开发格局作为生态文明建设的空间载体。十八大将生态文明建设上升为建设中国特色社会主义"五位一体"的重要任务之一，这是针对我国资源约束趋紧、环境污染严重、生态系统退化严峻形势作出的科学决断，是贯彻落实以人为本的科学发展观的重要内容，也是保持经济可持续发展和满足人民新期待的必然要求。生态文明涉及资源节约、环境保护、生态修复和生态补偿机制的建立等，其中，优化国土空间开发格局既是生态文明建设的重点内容，也是生态文明建设的载体。我们要牢固树立国土空间也是一种资源的理念。长期以来，受传统开发理念的制约，像对待耕地、水资源一样，我们对国土空间的定位不清、对严格保护和有序开发重视不够，这个问题已经到了必须解决的时候了。按照十八大的要求，我们在今后的地区经济工作中，要树立国土空间差别化管制理念，要加快实施主体功能区战略，控制开发强度，规范开发行为，调整开发结构，提高开发效率，使区域协调发展战略真正落到实处。

十八大报告的这些论述有很强的战略性、理论性和指导性，是指导我们地区经济工作的强大思想武器。希望全国地区经济工作系统的同志们都要增强学习的自觉性，全面理解和准确把握十八大对区域发展工作的新要求，更自觉、更有力地做好地区经济工作。

二、充分肯定近年来促进区域协调发展的重大成绩，认真总结地区经济工作积累的宝贵经验

我国幅员辽阔，各地区自然、经济、社会条件差异显著，区域发展不平衡是我国的基本国情。促进区域协调发展，缩小地区发展差距，事关国民经济整体发展的速度、质量和效益，事关不同地区特别是欠发达地区人民群众的福祉，事关民族团结和边疆稳定，事关经济社会的可持续发展。历代中央领导集体都十分重视区域发展问题，从不同时期的特定情况出发，制定实施了各有侧重、各具特色的区域发展战略。新中国成立之初，我们实行的是区域均衡发展战略，着力促进沿海工业向内地布局。改革开放之初，我们实行的是区域非均衡发展战略，重点是支持沿海地区率先发展。按照邓小平同志提出的"两个大局"战略思想，在世纪之交，中央提出实施西部大开发战略，之后又相继提出实施振兴东北地区等老工业基地、促进中部地区崛起战略，到党的十六届五中全会，中央完整地提出了区域发展总体战略，四大板块的区域发展格局初步形成，促进区域协调发展的长效机制开始建立，开创了我国区域发展的新局面。

2006年以来，围绕贯彻落实促进区域协调发展战略，党中央、国务院出台了一系列区域规划和区域性政策文件。与以往任何时候相比，我国区域发展的目标指向都更加明确、战略格局都

更加清晰、政策体系都更加完善、支持举措都更加务实。在中央的正确领导下,在科学发展观的指引下,在各方面的共同努力下,区域经济发展呈现出生机勃发、良性互动的大好局面,区域发展的协调性不断增强。主要表现在:

一是区域经济增长格局发生重大变化,地区发展差距扩大势头得到遏制。长期以来,东部地区发展速度始终领先于中西部地区。1978~2000年,东部地区生产总值年均增长速度比中部、西部和东北地区分别快2个、2.3个和3.4个百分点,差距最大的"八五"时期高出近5个百分点。"十五"期间,各地区增长差距虽有所缩小,但东部地区仍然保持着领先态势。2006年以来,随着区域发展总体战略的实施,中西部地区发展速度明显加快,东部地区"一马当先"的增长格局逐渐被打破。2007年,西部地区经济增长速度达到14.6%,首次超过东部地区;2008~2011年,中西部和东北地区增长速度整体加快,连续4年全面超过东部地区,中西部和东北的地区生产总值占比由2006年的44.7%上升到2011年的48%,提高了3.3个百分点。今年前三个季度,中西部和东北地区GDP同比分别增长10.8%、12.4%和10%,均超过东部地区9.1%的增速,预计全年仍继续快于东部地区。改革开放30多年来,连续多年中西部和东北地区经济增速全面超过东部地区还是首次,这是我国区域发展进程中一个重大的历史性变化,标志着长期以来区域发展差距扩大的趋势得到初步遏制,标志着中西部地区自主发展能力明显增强,标志着区域协调发展站在了新的起点上,也充分证明中央提出的区域发展总体战略是完全正确的。

二是区域经济增长极不断涌现,新的区域发展战略版图正在形成。区域经济发展在很大程度上取决于区内增长极(核)的形成及其辐射带动作用的发挥。2006年以来,在全国区域整体规划的引导下,国家重点支持了一批有条件地区加快开发开放步伐,一批不同层级的新的区域增长极不断涌现,发展活力不断增强。

长三角、珠三角、京津冀三大地区产业结构不断优化，自主创新能力显著提高，经济质量明显提升，综合实力不断增强，继续在全国发展中发挥引擎作用。东部沿海地区完成新一轮战略布局，辽宁沿海经济带、河北沿海地区、江苏沿海地区、海峡西岸经济区的建设方兴未艾，对腹地的辐射带动能力进一步增强。中西部地区培育形成了一批新的经济增长极，广西北部湾、成渝、关中—天水、中原经济区、皖江城市带等一批具有较强竞争力的地区加快发展，成为引领中西部地区持续快速增长的重要支撑力量。几年来，与城镇化和调整优化全国生产力布局的进程相适应，全国经济增长极（核）呈现出从南到北、由东至西不断拓展、不断破土而出的新局面，国土开发布局更加均衡；重点经济区、经济带、城市圈、城市群、各类开发区、开放新高地等类型区多种多样，功能定位更加清晰，各类经济增长极的内生动力竞相迸发，对腹地的引领和辐射带动作用明显增强，为保持区域经济协调发展打下坚实基础，注入新的活力。

三是对革命老区、民族地区、贫困地区、边疆地区扶持力度加大，欠发达地区自我发展能力显著增强。加快对革命老区、民族地区、贫困地区、边疆地区的发展，是全面建成小康社会的难点和重点，也是促进区域协调发展的重点和难点，必须进一步加大支持力度。2006年以来，中央出台了支持西藏、新疆、宁夏、广西、内蒙古、青海等省藏区、甘肃、贵州经济社会跨越式发展的政策文件，明确了各地区发展的战略定位、发展思路和重点任务，制定了有力的扶持政策。组织实施了新十年西部大开发战略，明确了西部地区的优先地位，实化细化了各类差别化支持政策。研究制定了14个集中连片特殊困难地区区域发展与扶贫攻坚规划，形成了"以区域发展带动扶贫攻坚，以扶贫攻坚促进区域发展"的基本思路，掀开了扶贫开发新的一页。出台了支持赣南等原中央苏区、陕甘宁革命老区振兴发展的政策和规划，得到老区人民的衷心拥护。特别是为推动西藏和新疆跨越式发展和长治久安，中央先后召开五次西藏工作座谈会和新疆工作座谈会，研究制定了特殊扶持政策，调整完善了对口帮扶机制，形成了经济、干部、人才、科技全方位对口支援工作新格局，对口支援力度空前加大。实施新一轮兴边富民计划，出台了一系列鼓励向西开放的政策措施。这些措施有力地推动了欠发达地区经济社会发展，进一步促进了民族团结和边疆巩固，大大增强了这些地区自我发展能力，加快了与全国其他地区同步实现全面小康的步伐。

四是区域合作广度深度不断拓展，区域开发开放水平大幅提升。加强区域合作，是促进要素跨区域流动和优化组合的重要途径，是通过区际比较优势交换推进区域良性互动的有力手段，是促进区域协调发展的重要抓手，也是适应国际国内产业转移加速的必然之举。2006年以来，国家实施了一系列促进区域合作的重大措施。国务院出台了关于中西部地区承接产业转移的指导意见，批准设立了皖江城市带等一批承接产业转移示范区和东中西合作示范区，中西部地区承接东部沿海产业转移势头良好，区域良性互动格局初步显现。国内区域合作深入开展，区域合作的形式越来越多样，合作内容越来越丰富，企业的主体作用越来越突出。各类跨行政区的经济区、经济带、城市群（圈）大量涌现，资源要素整合力度加大，珠三角、长三角、京津冀地区的城市之间加强在战略规划、产业发展、政策法规等方面的沟通和衔接，探索从基础设施到综合交通、从市场体系到公共服务，从环境保护到社会管理等方面的一体化管理，推动重点领域实现联动发展，区域一体化进程明显加快。与周边国家的区域合作务实推进，合作水平进一步提高。沿海开放进一步深入，沿边和内陆开放步伐加快，国家相继设立了新疆喀什和霍尔果斯经济开发区和广西东兴、云南瑞丽、内蒙古满洲里等内陆开放型经济试验区，支持建设内陆开放型经济示范区，全方位、宽领域的对外开放格局逐步建立。

五是各区域功能定位更加清晰，区域开发秩序进一步规范。过去，由于缺乏准确定位和统筹协调，也由于缺乏利益补偿机制，一些地区在发展中不顾资源条件和生态环境承载能力，争相上马同类项目，产业结构雷同和区域间无序开发、低水平重复建设等问题比较严重，不仅加大了资源环境承载压力，而且对生产要素的优化配置和区域协调发展产生负面影响。2006年以来，中央确立并实施主体功能区战略，国务院印发了全国主体功能区规划，根据资源承载能力、现有开发密度和发展潜力等，从国家和省两个层面明确了优化开发、重点开发、限制开发和禁止开发四类区域，规范了开发原则、开发秩序，研究提出了相应的支持政策，主体功能区理念深入人心，有力地促进了我国区域空间开发格局朝着高效、协调、可持续的方向发展。在主体功能区战略指导下，近年来制定的一系列区域规划和区域性政策文件，从宏观上赋予了不同地区不同的战略定位，进一步明确了各自的发展思路和重点任务，在坚持统一政策前提下，因地制宜实施差别化管理，建立利益补偿机制，加强区域分工合作，促进形成全国区域协调发展的战略版图。

还应该看到的是，近年来实施区域发展总体战略取得的积极变化和明显成效，有力地支撑了整个国民经济的平稳较快发展。2006~2011年，全国经济年均增长10.9%，财政收入年均增长21%，是改革开放以来增长速度最高、增长质量最好的时期之一。而这些成绩的取得，又是在国际金融危机持续发酵、外需带动作用明显减弱的情况下实现的，这就不能不归因于扩大内需政策的成功，归因于这一时期区域发展战略的成功，正是各个地区比较优势的充分发挥，中西部地区发展提速和东部地区加快转型，区域发展协调性不断增强，有效地支撑了国民经济的发展，成为有效应对危机、化危为机的重要原因之一。

推动区域协调发展，是中央赋予发展改革部门的重大使命，是地区经济工作系统承担的重要职责。2006年以来，为深入贯彻落实区域发展总体战略，按照党中央、国务院的总体要求和战略部署，我们会同有关部门和地方编制出台了几十个区域规划和区域性政策文件，实化细化了区域发展的总体战略格局和政策体系，有力地推动了区域经济协调发展。几年来，规划编制和政策制定工作任务之重、强度之大，前所未有。地区经济系统的同志们以对党和人民事业高度负责的态度，怀着对地方各族干部群众的深情厚谊，走遍大江南北、塞外高原，深入基层调查研究。无论是天山南北、青藏高原，还是东海之滨、长江两岸，无论是三江平原、茫茫林海，还是壮乡苗寨、偏远乡村，处处都留下了同志们的足迹。同志们冒严寒、顶酷暑，深入田间地头、厂矿企业，与地方各级干部和广大群众倾心交谈，嘘寒问暖，认真倾听各方面的意见，充分掌握第一手鲜活资料；同志们加班加点、夜以继日、挑灯夜战、忘我工作，积极协调政策，将智慧和心血奉献给了事业和人民。这一幕幕的场景，历历在目；这种奉献拼搏的精神，天地可鉴；六年走过的奋斗历程，令人终生难忘！

促进区域协调发展的过程，对于我们来说，是一个深入实践不断摸索地区经济工作规律的过程，是一个自身素质和学识不断得到锻炼提高的过程，也是一个不断探索和创新的过程。

一是坚持理论创新。认识事物，把握规律，要求把实践经验上升为理论，再用理论指导实践，如此循环往复，以致无穷。在近年的工作实践中，我们注意总结促进区域协调发展的经验，注意汲取有关方面的学术养料，注重区域发展理论的学习、研究和创新。我们提出了我国区域发展战略演进的三阶段论，对我国区域发展战略历史脉络进行了梳理；我们提出了关于衡量区域协调发展基本要求和主要内涵的论述，得到中央领导同志的肯定，得到了学术界的认同，在实践中发挥了很好的指导作用；我们还从理论上回答了区域政策在宏观调控中的地位和作用问题，在宏观调控中赋予区域政策应有的地位，丰富了宏观调控的方式与手段。此外，在研究西部大开发战略中，我们率先提出西部大开发处于区域发展总体战略优先地位的判断，提出中西部地区加快发展的关键是要正确处理好"赶"与"转"的关系，提出西部资源富集地区不要盲目追求东部地区建立多门类产业体系，提升资源加工业的质量和效益同样也是转变发展方式等观点，丰富了对西部大开发的认识；在扩大开放和加快产业转移的研究中，我们提出"以内陆发展支撑沿边开放，以沿边开放带动内陆发展"的观点，深化了对向西开放的认识，提出鼓励中西部与东部地区共建产业园区，建立利益共享机制的新思路；在粮食主产区问题的研究中，我们和地方同志一起研究提出了工业化、城镇化、农业现代化"三化"协调发展的核心是建立利益平衡机制，解决城乡争地的关键是节约集约用地，深化了对"三化"协调发展的认识；在扶贫开发的研究中，我们最先提出了片区开发的思想，继而又提出了"以区域发展带动扶贫攻坚，以扶贫攻坚促进区域发展"的基本思路，得到中央领导同志和扶贫工作部门的充分肯定。可以说，这一时期是我国区域经济理论收获颇丰的一个时期。

二是坚持政策创新。落实新时期的区域发展总体战略，需要政策创新。政策创新涉及对现有政策的调整和完善，是一个调整利益关系、不断凝聚共识的过程，以及政策出台后不断检验实践效果的过程。几年来，我们在深入调查研究的基础上，在坚持宏观政策统一性、连续性的前提下，按照区域发展总体战略的要求，加强政策研究的针对性，加强政策的协调力度，更加注重区别对待、分类指导，推动区域政策朝着细化、实化和差别化的方向发展，大大提高了政策的指向性和可操作性，有效克服了长期存在的政策"一刀切"问题，有利于更好地发挥中央和地方两个积极性。比如，为了落实中部地区崛起战略，我们研究出台了中部地区"两个比照"政策；为了落实中央关于全方位加大对口援疆、对口援藏工作力度的要求，我们重新调整结对关系，反复测算实物工作量，明确提出"两个倾斜"的要求，及时研究提出工作方案；为打造新的增长点，支持新疆跨越式发展，我们研究提出了支持喀什、霍尔果斯经济开发区的特殊政策，着力打造西部两颗明珠，并提出率先在新疆启动资源税费改革、建立新疆生产建设兵团产业发展基金和减轻兵团一线职工负担的建议；为推进建立青海三江源国家生态保护综合试验区并编制总体方案，我们研究提出了建立生态补偿机制的建议；为调动主产区发展粮食生产的积极性，我们研究提出了建立粮食主产区利益补偿机制有关政策；为切实减轻欠发达地区财政配套压力，我们积极推进了取消贫困地区县及县以下公益性建设项目资金配套的工作；为促进沿海发达地区加快转变经济发展方式，我们在鼓励对外开放、加强区域合作、推动产业升级和提高创新能力等方面提出了一系列支持政策，并允许先行先试。实践证明，通过创新区域政策，极大调动了各区域发展的积极性、主动性和创造性，也进一步丰富和完善了我国区域政策体系。

三是坚持方法创新。方法创新是提高工作效率的关键举措，也是驾驭工作能力不断走向成熟的一个重要标志。我们在总结实践经验的基础上，对地区经济工作的方式方法进行了大胆探索和创新。我们始终坚持实践第一的基本原则，每一个规划的编制和政策文件的制定都不是闭门造车，都要经过实地调研，强调对区情的把握和掌握第一手资料，同时又充分发挥国家部门把握宏观能力较强、了解全国各地情况的优势，以剖析局部问题，开展深度研究，大大增强了区域政策的科学性和针对性；我们始终坚持统筹兼顾的根本方法，既把握好国家宏观大局的要求，又充分考虑地方的实际需要，既着眼于长远发展，又立足于解决当前最急迫的问题，既坚持了政策的原则性、统一性，也在必要的情况下敢于突破、特事特办，从而比较好地解决了各种难题和矛盾；我们始终坚持"抓两头、带中间"的工作方法，一手抓条件较好地区开发开放，一手抓"老、少、边、穷"等欠发达地区发展，避免了区域发展"齐步走"的误区；我们始终坚持"联合搞调研"、"开门写文件"的工作方式，每次重大区域规划和政策调研都组织有关部门和地方同志一道参加、共同研究讨论，规划和文件起草始终注意听取地方和部门的意见，最广泛地汇集了各方面的智慧和力量，从而大大提升了工作质量。此外，为确保国家重大区域发展规划和政策真正落到实处，避免规划和政策被束之高阁，我们提出了加强规划政策执行情况督促检查的要求，并探索建立省部联席会议机制、部际协商制度、重要规划与文件推进领导小组等制度，切实加强对区域政策实施的跟踪评估和监督检查，有效提高了政策实施效果。

实践证明，区域经济是个大课堂，区域经济实践是最好的教材。我们在推动区域协调发展的同时，自身的素养、学识和作风也得到锻炼和提高。前一个成果来之不易，后一个成果同样来之不易，同样值得珍惜、总结和发扬光大。

党的十六届五中全会以来的六年，我们走过了极不平凡的历程。这六年，是区域规划和政策出台密集度最高的六年，是我国区域发展格局发生重大而积极变化的六年，是地区经济发展对宏观经济的影响最为深刻的六年，也是地区经济工作系统作出重大贡献和受到极大锻炼提高的六年。所有这些成绩的取得，得益于党中央、国务院对促进区域协调发展的高度重视和正确领导，得益于国家发改委党组的坚强领导和悉心指导，得益于地方各级党委政府的强力支持，得益于各有关部门的大力配合，也得益于全系统广大干部的辛勤劳作和无私奉献。

三、适应新阶段新形势的要求，努力做好今后一个时期的地区经济工作

尽管近年来促进区域协调发展取得了很大成绩，但必须清醒地看到，当前区域发展也面临着许多新挑战，特别是一些制约区域发展的体制性矛盾仍然存在，促进区域协调发展任重道远。一是区域发展差距依然较大。虽然自2008年以来中西部和东北地区经济发展速度全面超过东部地区，人均地区生产总值相对差距有所缩小，但区域发展绝对差距仍在继续拉大。二是中西部地区基

础设施落后、生态环境脆弱的瓶颈制约仍然存在，加之贫困面广量大程度深，基本公共服务能力薄弱、水平较低，欠发达地区的本质特征没有根本改变，基本矛盾和问题还没有得到有效解决，加强民族团结、维护边疆稳定的任务仍然繁重。三是中西部地区工业结构以能源化工、资源加工为主，处于产业链的低端，面临着既要加快发展又要科学发展的双重任务，同时东部地区率先实现转型升级也面临许多挑战。四是促进区域协调发展的体制机制还不完善，区域间无序竞争和低水平重复建设依然存在，资源开发与利用、生态环境保护与补偿、生产要素流动与交易等方面的利益关系调整还缺乏科学的制度规范，行政管理体制、财税体制还不健全，区域政策实施缺乏必要的法律保障。这些都需要在今后的工作中逐步加以克服和解决。

同时也要看到，促进区域协调发展，我们也有许多有利条件，面临诸多重大机遇。一是国际金融危机呈现出长期化趋势，扩大内需成为国民经济发展的长期取向，对进一步加快中西部地区发展十分有利；二是国际国内产业转移方兴未艾，将对推动东部沿海地区加快转型升级、促进中西部地区提升产业层次和发展水平注入新的活力；三是城镇化加速推进，将为国民经济持续发展拓展新的增长空间；四是经过多年发展，广大中西部地区已经有了良好的发展基础，投资环境和发展理念发生了积极变化，具备了进一步加快发展的条件，国家将进一步加大对中西部地区的支持力度，东部地区也会进一步加大对口支援力度；五是随着主体功能区战略的全面落实，我国国土空间开发格局进一步优化，开发秩序将进一步规范。总体来看，机遇与挑战并存，机遇大于挑战，只要我们不懈怠、不折腾，继续艰苦奋斗，保持和发展业已形成的区域协调发展好势头是完全可能的。

今后一个时期促进区域协调发展总的要求是：高举中国特色社会主义伟大旗帜，以邓小平理论、"三个代表"重要思想、科学发展观为指导，全面贯彻落实党的十八大精神，紧紧围绕促进形成区域协调发展机制这条主线，深入实施区域发展总体战略和主体功能区战略，着力推动重点地区发展方式和产业结构转型升级，着力培育提升欠发达地区自我发展能力，着力构建开放型经济体系和拓展区域合作，着力优化国土空间开发格局，着力健全区域经济政策体系，努力保持区域协调发展的良好势头，为全面建成小康社会和全面深化改革开放作出新贡献。

围绕上述总体要求，今后一个时期的地区经济工作要重点把握好以下五个方面：

一要更加注重发挥不同地区的比较优势。坚持区别对待、分类指导，始终把充分发挥各地区的比较优势作为研究制定区域规划和政策性文件的出发点和立足点，作为明确区域经济战略定位和发展思路的基本依据，作为衡量评价区域发展状态的关键性指标。优先推进西部大开发，深入实施西部大开发"十二五"规划，认真落实各项支持政策，加快交通、水利等基础设施和生态环境建设，大力发展特色优势产业，努力提高向西开放水平，培育一批新的区域增长极，提高西部地区自我发展能力。切实提高基本公共服务能力，保障和改善民生。全面振兴东北地区等老工业基地，实施东北振兴"十二五"规划，继续深化改革，形成有利于全面振兴的体制机制，统筹推进全国老工业基地和独立工矿区调整改造，总结推广资源型城市转型发展的经验，大力推进棚户区改造，研究制定新十年东北振兴支持政策。大力促进中部地区崛起，落实新时期大力促进中部地区崛起战略的若干意见，实施促进中部地区崛起规划，巩固提升中部地区"三基地、一枢纽"地位，推进工业化、城镇化和农业现代化协同发展，重点培育一批联通南北、横贯东西的具有跨区域意义的经济区和经济带，进一步扩大对内对外开放，有序承接国内外产业转移。积极支持东部地区率先发展，以体制机制创新为动力，加快发展方式转变，推动产业结构升级，着力构建区域创新体系，不断增强自主创新能力，加快推进区域一体化进程，在更高层次上参与国际竞争与合作。

二要更加注重培育欠发达地区自我发展能力。始终把加快革命老区、民族地区、贫困地区、边疆地区发展放在地区经济工作中的突出位置，着力破解全面建成小康社会进程中的最薄弱环节，尽快补齐区域协调发展中的"短板"。要进一步加大财政转移支付和政策扶持力度，提高教育、卫生、文化、社会保障等公共服务水平，不断缩小与全国基本公共服务平均水平的差距。加强交通、能源、水利等基础设施建设，加快特色优势产业发展，加大生态建设与环境保护力度，不断提高自我发展能力。以组织实施集中连片特殊困难地区区域发展与扶贫攻坚规划为抓手，加大扶贫攻坚力度，注意研究解决实施过程中出现的新问题。继续组织实施以工代赈和易地扶贫搬迁工程。落实支持赣南等原中央苏区振兴发展的有关政策，支持大别山等革命老区加快发展，统筹研究支持其他革命老区发展振兴问题。结合沿边开放战略的实施，加大兴边富民工作力度，努力促进边境地区经济社会跨越发展。继续加大对民族地区的支持力度，落实各项扶持政策。认真做好对口支援新疆、西藏、青海等省藏区工作，组织开展对口援藏、援疆规划中期评估和优化调整工作，不断健全对口支援工作体制机制，及时协调解决对口支援工作中出现的问题。会同有关部门，对对口支援规划实施、项目资金管理、相关政策措施落实等情况进行监督检查。

三要更加注重开放型经济体系建设和推进区域互动合作。要把构筑开放型经济体系和创新区域合作方式作为今后地区经济工作的一个立足点，作为塑造区域发展新优势的着力点。深化沿海开放，继续发挥东部沿海地区对外开放排头兵的作用，大力实施"走出去"战略，积极参与国际经济合作和竞争，进一步完善开放型经济体系。加快向西开放步伐，进一步提升沿边开放，要认真研究沿边开放与沿海开放的不同点和自身特有的规律，有针对性地、有步骤地推进沿边开放。随着西部地区交通条件的改善和"周边首要"外交方针的进一步落实，向西开放的条件在逐步成熟，要不失时机地开展工作，要加快边境经济合作区、出口加工区及沿边重点边境口岸城镇等建设，加快新疆喀什和霍尔果斯开发区、宁夏内陆重点开放试验区、图们江（珲春）国际合作示范区等的建设，推进欧亚大陆桥和其他国际运输通道建设，不断提高对外开放水平。认真做好大湄公河次区域合作、东盟—湄公河流域开发合作、图们江区域合作、中亚和东北亚区域合作等国际区域合作。大力发展内陆开放型经济，推进国内区域合作，打造内陆开放新高地，协同推进沿海、沿边和内地开放，努力构筑对内对外开放新格局。重点推进产业有序转移与承接，加强承接产业转移平台建设，不断优化发展环境，坚持在承接中发展和升级，坚决防止将落后生产能力转入，不断创新体制机制，鼓励和支持中西部地区与东部沿海地区合作共建产业园区，探索建立合作发展、互利共赢的新机制。推进区域一体化发展，支持珠三角、长三角、长江中游城市群等重点区域一体化发展进程，加强在基础设施、产业发展、生态环境、公共服务、社会管理、政府服务等方面的合作与对接，消除市场壁垒，促进生产要素自由流动，探索建立区域一体化发展机制。

四要更加注重完善区域政策体系。区域政策是落实区域发展总体战略的必要手段。目前我国区域政策体系还不健全，区域治理方式和管理制度亟待完善。要在国家区域发展总体战略的指引下，认真总结近年来的成功实践经验，立足于发挥各地比较优势，着眼于解决区域发展的突出问题，加强与主体功能区政策的衔接，在保持宏观政策统一性和重大生产力布局全国一盘棋的前提下，继续坚持"区别对待、分类指导，有扶有控、突出重点"的政策导向，出台针对性和可操作性更强的差别化区域政策，经过努力，逐步形成系统、规范、有序的具有中国特色的区域政策体系。要充分借鉴发达国家的经验，加快促进区域协调发展的立法进程，抓紧起草《促进区域协调发展条例》，将区域发展总体战略和经过实践检验的区域政策、开发方式上升为法律，将促进区域协调发展逐步纳入规范化、法制化轨道，改变我国区域发展立法空白的现状。

五要更加注重研究解决区域协调发展中遇到的新情况新问题。在促进区域协调发展进程中，必须特别注意研究新情况新问题，解决面临的突出矛盾。要加强地区经济形势的研判和长期发展趋势的分析，强化政策储备和理论储备，因势利导地解决区域发展中遇到的各类问题，将其转化为促进区域协调发展的积极因素。要根据全局工作的需要，继续做好重点地区的规划编制和指导工作。要不断拓宽地区经济工作的领域，如近年我们按照中央提出的建设海洋强国的新要求，及时启动开展了全国海洋经济发展规划编制和试点工作，成为地区经济工作中的一个新亮点，有效拓展了地区经济工作的领域。要完善区域规划和区域政策的实施推进机制，抓紧建立区域规划和政策性文件实施效果跟踪检查和评估考核机制，切实解决实施中存在的突出问题。

关于新时期地区工作的着力点

（2013年1月22日）

过去六年是地区经济工作成果众多、效果显著、区域格局变化鲜明的六年。这些成绩的取得是深入贯彻落实科学发展观的结果，是大的经济形势发挥根本性作用的结果。同时，我们必须看到，过去的事情毕竟已经过去，历史终究要翻开新的一页，我们不能沉浸在过去取得的成绩之中。对过去成绩的总结，到底是该打多少分，工作中到底有哪些不足，都要交给历史去评价。总结过去，是为了更好地着眼未来。从这个意义上，我想讲两点想法，供大家参考：

一是关于新时期地区经济工作的定位。党的十八大报告和习近平总书记、李克强总理在中央经济工作会上的讲话，都提出我国当前仍处于可以大有作为的重要战略机遇期，这个基本判断没变。但从国际环境来看，战略机遇期的内涵已发生重大变化，我们面临的任务已不仅是融入国际分工体系、扩大出口、增加投资，更重要的是如何利用世界经济危机的倒逼机制，扩大内需、提高创新能力、加快转变经济发展方式。这里面暗含一个重要前提，那就是支撑中国经济过去30年高速增长的基础条件发生了重大变化，人口红利、出口产品竞争力强等传统比较优势正在失去或发生变化。随着资源环境约束增强、要素价格提升和国际竞争比较优势的失去，传统的依靠出口投资拉动经济增长的数量型扩张模式已难以为继，这就迫切要求我们必须加快转变经济发展方

---

* 这是在2013年国家发改委地区经济司民主生活会上讲话的一部分。

式。在传统比较优势丧失后，如何塑造新的竞争优势，决定着中国经济未来发展的前途命运，而这种战略转换与地区经济工作密切相关。在传统比较优势还存在的情况下，地区经济工作的首要任务是缩小区域发展差距。改革开放以来，我国区域发展差距不断拉大，如处置不当有可能演化成严重的社会问题，为此将缩小区域发展差距作为首要任务是毫无疑问的。但在新形势下，如果我们仍旧把全部精力放在缩小区域发展差距上，或者是仍然用传统的、治标的办法来缩小区域差距，地区经济工作就不能适应新形势的要求了。党的十八大在阐述转变经济发展方式的动力时，明确将区域城乡互动作为动力之一；在提出全面建成小康社会目标时，明确将基本形成区域协调发展机制作为重点之一。由此可见，真正形成区域协调发展机制，这就是新阶段的新的比较优势，也是我们地区经济工作的一个基本着眼点。因此，今后编制区域规划的时候，要全面把握促进区域协调发展的四条基本内涵，尤其要把充分发挥不同地区比较优势这个原则进一步凸显出来，即使是推进缩小区域发展差距，也要建立在区域比较优势这个原则上。这一点，可能关系到今后我们所做工作的成败。我们一定要认清大势、顺应大势，善于发现区域经济发展的阶段性要求，切实按照十八大的要求，把地区经济工作的重点放到促进形成区域协调发展机制上。大家要明确的一点是，工作重心的调整并不意味着否定此前的工作，而是一种螺旋式的上升，这有利于我们更加全面和更加准确地把握区域经济工作的方向，有利于拓展我们的工作内涵和工作领域。经过这些天的思考，我的总体感觉是，区域经济发展已经到了再定位和丰富内涵的一个重要节点了。希望大家把这个问题研究透、认识清，它可能会对今后地区经济工作的定位、方向和支点富有极其深刻的意义。

二是关于未来地区经济工作的思路和重点。关于地区经济工作当前存在的薄弱环节和努力方向，大家有两点基本的共识：一个是对区域协调发展法制化、规范化建设重视不够；另一个是对已制定实施的区域规划和政策监督检查力度不够。这两个问题抓得都比较准。我的一个初步想法是，按照中央要求，今后区域规划和政策还得编，但要从单纯的数量扩张转到以质量为主上来。细说起来，这里有几层含义：第一，如果对这些年我们所编制的区域规划认真审视一遍，其必要程度实际上是参差不齐的，有的是真管用也是必须要编的，有的是在地方强烈要求下不得不编的。今后一个时期，在区域规划编制方面，我们能不能提一个从严把握的原则？那就是必须编的就编，不是必须编的或者是可编可不编的就不编，或者推到适当的时候再编。第二，要正确处理好大局和局部的关系。刚才同志们提出的部分行业生产能力过剩、先行先试地区只赋予权力没有明确责任等问题，都反映了大局和局部的关系。第三，如果再往深层次考虑一下，就必然涉及区域协调发展机制的建立与完善。比如，财税体制隐含的中央地方财权事权不匹配问题，生态补偿机制隐含的补偿标准、范围和方式问题，粮食主产区粮食稳定增长长效机制以及主产区和主销区的利益关系问题，产业转移与生产力优化布局问题等，都直接关系到区域协调发展机制的建立，而这些问题，虽然我们这些年编了那么多规划，却还没有能够真正解决。从下棋的角度看，我们以往所做的工作是布局，现在则进入了中盘战，到了一盘棋胜败的关键阶段。为此，我们一定要按照党的十八大的要求，尽快将工作重心调整到建立促进区域协调发展机制上来。

围绕这一重心，有两项工作必须抓好：第一，强化对已经编制完成规划执行情况的监督检查，其目的是发现其中的体制机制问题，要重点关注一下中央、国务院文件中已经明确的政策但在实际操作中仍未真正落实的原因。第二，强化区域协调发展立法工作，下大气力制定促进区域协调发展法。这两个问题实际上是有内在联系的，不弄清区域协调发展的障碍，立法肯定没有针对性；反过来讲，这些年我们已经做了这么好的铺垫，下一步立法工作的基础是扎实的。比如，区域发展的总体要求、区域协调发展的内涵、区域合作、横向转移支付、对口支援、生态补偿机制、粮食主产区和主销区利益调整机制、中央和地方财权事权配置、中央转移支付方式问题等，我们现在已经有了比较真切的认识。因此，凭借我们现在对区域经济问题的认识理解，在充分参考借鉴国内外经验的基础上，搭好促进区域协调发展法的"四梁八柱"应该是没有太大问题的，目前的关键是如何把实践总结好、如何把好的经验上升到法律法规层面。

比如，编制集中连片特殊困难地区区域发展与扶贫攻坚规划问题，这个思路是我们跟国务院扶贫办共同提出来后被中央采纳的。目前11个片区的发展规划都编完了，发展势头也非常好，各个部门的积极性也调动起来了，但到底采取什么样的方式，把中国扶贫这个最关键的一仗打好，使得这11个片区哪怕大多数片区在三五年内能有个根本性变化，需要我们认真地加以思考。我举这个例子的目的是想说明，区域经济不是说搞完了规划就没干头了，实际上往后要做的事儿比此前做的还要艰巨得多。如果后面这些工作没有做好，这个句号没有画圆，将来十年或二十年后，前面所做的工作可能就前功尽弃了。所谓"行百里者半九十"，我们以前所做的工作是万里长征迈出的第一步，后面这些事儿要不做，前面的工作就会功亏一篑。我希望大家一定要按照中央关于塑造新的比较优势的要求，围绕转变经济发展方式和获取更大改革红利的目标，及时调整工作思路和重点，坚持质量优先，这个质量讲的就是促进区域协调发展的体制机制问题。希望大家经过几年的努力，在这方面能取得实质性进展。这实际上是上篇和下篇的关系问题，上篇做得挺好，下篇没做出来，事情就不圆满，就没办法对历史有个交代，也不能适应新时期宏观经济对地区经济发展的新要求。

区域经济发展：怎么看和如何干[*]

（2014年1月20日）

我今天主要讲两个问题：第一个是怎样看待这些年的区域经济发展，第二个是如何做好下一阶段的地区经济工作。

一、怎样看待这些年的区域经济发展

为什么要讲这个问题？因为一段时期以来，围绕区域经济发展存在一些议论和不同看法。因此，我觉得有必要讲一讲这个问题，以便于进一步统一思想，这是做好下一阶段工作的重要前提。

改革开放以来，我国区域发展战略的演进大体经历了两个阶段：从改革开放到上世纪90年代中后期实施的是区域非均衡发展战略，90年代后期以来，按照邓小平同志"两个大局"的思想，党中央、国务院审时度势、总揽全局，做出了调整区域经济发展关系的重大决策，到2005年党的十六届五中全会完整确立区域发展总体战略，至此，推进西部大开发、振兴东北地区等老工业基地、促进中部地区崛起、鼓励东部地区率先发展的四大板块区域协调发展战略格局初步形成。

与此前的区域非均衡发展战略相比，实施区域协调发展战略以来有了哪些变化呢？我们不拘泥于个别年份的对比，而是从比较大的历史跨度来予以比较，归纳起来，我国区域发展至少在以下7个方面发生了极其深刻而重大的变化。

---

[*] 这是在北京召开的全国发展改革系统地区经济工作座谈会上的讲话。

（一）区域发展相对差距缩小

改革开放以来，地区发展差距不断扩大，东部地区发展速度远远领先于中西部地区。1978～2005 年，东部地区生产总值年均增长速度比中部、西部和东北地区分别快 1.9 个、2.1 个和 3.1 个百分点，差距最大的"八五"时期，东部与西部地区的增速差距高达 4.8 个百分点。2006 年以来，随着区域发展总体战略的实施，中西部地区发展速度明显加快，东部地区"一马当先"的增长格局逐渐被扭转。2007 年，西部地区经济增长速度首次超过东部地区；2008～2012 年，中西部和东北地区增长速度连续 5 年全面超过东部地区，这是改革开放 30 多年所从来没有过的，是我国区域发展进程中一个重大的历史性变化。而且与 2000 年相比，中西部和东北地区合计的固定资产投资、社会消费品零售总额和进出口总额占全国的比重分别从 42.3%、44.8% 和 11.9% 提高到 58.8%、47.2% 和 15.4%，经济总量占全国的比重也从 46.5% 提高到 48.7%。这些都标志着长期以来地区发展差距扩大的势头得到初步遏制，区域发展的协调性进一步增强。

（二）中西部地区培育形成了一批新的经济增长极

区域发展很大程度上依赖于区域增长极的形成及其辐射带动作用的发挥。过去，我国经济增长主要依赖于东部地区的长三角、珠三角、京津冀三大引擎地区。曾几何时，随着区域发展总体战略的实施，国家大力支持条件较好地区加快开发开放步伐，新的区域增长极不断涌现，特别是广大的中西部地区发展的积极性集中迸发，发展活力显著增强，广西北部湾经济区、成渝经济区、关中—天水经济区、中原经济区、皖江城市带、长江中游地区、沈阳经济区等一批新的增长极加快形成，成为引领中西部乃至全国经济持续快速增长的重要支撑。我国区域经济版图已经从传统的东部三大引擎地区向多极支撑、竞相发展转变，形成了从东部地区的"一马当先"到各区域"百舸争流"的生动活泼局面，为国民经济注入了新动力。

（三）区域之间的良性互动铸就了新的增长动力

在实行区域协调发展战略之前，广大中西部地区蕴藏了巨大的市场潜力和内需，但没有开发出来。1998年亚洲金融危机爆发，我国经济增长速度大幅下滑，表明国民经济发展的主要矛盾已从资源要素制约为主转向资源要素与市场需求双重制约并存。为有效应对亚洲金融危机冲击，加快启动内需，拉动国民经济增长，发轫于西部大开发的区域发展总体战略被提上重要议事日程。这些年来，在区域发展总体战略的指引下，中西部地区巨大的市场容量和增长潜力被有效挖掘出来，各地区的比较优势得以充分发挥和交换，有力地支持了经济的较快发展和国民财富的快速增长，而新增的国民财富又被用于继续加大对中西部地区的扶持，从而形成了内需开发—财富增长—内需再开发—财富再增长的良性循环，这是这一时期国民经济得以高速增长的一个重要原因。在需求制约渐次上升为国民经济主要矛盾的大背景下，如果没有近年来中西部地区的快速发展，没有各区域良性互动的强力支持，很难想象进入新世纪以来我国经济仍然能够保持近两位数的增长。依我看，进入新世纪以来，我国国民经济增长主要依靠两个红利：一个是2001年加入WTO的开放红利，另一个是实施西部大开发、东北振兴和中部崛起战略的开发红利。所以，区域经济发展绝非一区一域的事情，而是关乎国民经济的整体。我后面还要讲，在西部大开发战略构想提出来的时候，很多人认为中西部开发是个包袱，实际上他们没有从"短缺经济"的惯性思维里跳出来，没有认识到主要矛盾已经发生变化，没有看到新战略背后蕴藏着内需开发和财富增长的环流。正是这种经济发展新的动力机制的形成，才使我们能够从容面对近年来复杂严峻的国内外形势，在全球经济普遍萧条的大环境下中国经济依旧能够一枝独秀。

（四）特殊类型地区融入发展大潮

在区域发展战略转换前后，尽管民族地区、边疆地区、革命老区、贫困地区都是全面建设小康社会的重点和难点，但含义已有所不同。现在的老少边穷地区更多地看到了希望，有了奔头。近年来，中央把支持特殊类型区域的发展放到十分重要的位置和前所未有的高度，出台了促进西藏、新疆、广西、云南、宁夏、内蒙古以及青海等省藏区跨越式发展的指导意见，明确了各地区发展的战略定位、发展思路和重点任务，制定了特殊的扶持政策；颁布实施了集中连片特殊困难地区区域发展与扶贫攻坚规划，制定出台了支持革命老区振兴发展的规划和政策，调整完善了对欠发达地区的帮扶机制，形成了全方位的对口支援新疆、西藏工作新格局。如果没有这些年国家强有力的支持，我们很难想象这些地区目前发展会是什么样子，更谈不上有效应对分裂势力的破坏，巩固边疆稳定、民族团结的好局面。

（五）全方位对内对外开放新格局初步建立

过去，各区域之间、省区之间的联系是不太紧密的，资源要素和比较优势的相互交换受到很大的局限。我们可以用农产品的地区差价来说明这一问题。过去，不同地区之间同一农产品的价差是非常大的，说明经济活动对差价不敏感；这些年随着基础设施日益改善和开放程度不断提高，地区间的人流、物流、资金流、信息流与日俱增，地区间的商品、要素价差在趋于缩小。换句话说，现在地区之间些微的差价变化，马上就会引发地区间经济流量的变化，这说明区域经济的联系确实是更加紧密了。近年来，在对内开放方面，随着统一市场的逐步建立，区域之间良性互动对推动区际比较优势交换、产业跨区域转移发挥了越来越重要的作用，区域一体化进程明显加快，区域间合作互赢、利益共享的良性互动格局初步显现。在对外开放方面，推进全方位开放合作，国家除继续深入推进沿海开放外，沿边开放、向西开放、内陆开放步伐大大加快，西部和东北地区从对外开放的末梢一跃成为对外开放的前沿地带。几年来，我们出台了进一步扩大沿边地区开放的指导意见，设立了新疆喀什和霍尔果斯经济开发区以及内蒙古满洲里、云南瑞丽、广西东兴等沿边重点开发开放试验区，支持建设宁夏内陆开放型经济试验区，启动了丝绸之路经济带、21世纪海上丝绸之路经济带规划工作，还加强与东北亚、中亚、东南亚等周边国家和地区的合作，全方位、宽领域的对外开放格局逐步建立，统筹内外、协调互动的开放体系基本形成。

（六）空间开发秩序进一步规范

长期以来，区域工作的着力点放在缩小地区经济发展差距上，这是不错的，但不少中西部落后地区不顾资源条件和生态环境承载能力，片面追求GDP增长速度，带来了区域无序开发和粗放式增长等突出问题。近年来，中央作出了实施主体功能区战略的重大决策，根据不同地区资源环境承载能力、现有开发密度和发展潜力，明确了优化开发、重点开发、限制开发、禁止开发四类主体功能区的定位和开发方向，进一步规范开发秩序，完善开发政策，我国国土空间开发格局趋向科学和理性，奠定了经济社会与人口、资源、环境协调发展的基础。

（七）各地区干部群众精神面貌发生重大变化

曾几何时，面对改革开放之后日益拉大的区域差距，中西部地区既有被动落后的紧张感、失落感，又有无力回天的挫折感、无奈感，伴随这种低落情绪的是不绝于耳的抱怨之声。当时西部地区很多同志讲的是"苦无出路、手足无措"，说我们怎么追也赶不上东部，真是"恼火得很，没得办法"；中部地区的同志对自身所在区域窘境的比喻是"不东不西、不是东西"；东北地区的同志讨论更多的则是"东北现象"。实施区域发展总体战略以来，国家相继出台了一系列支持中西部地区加快发展的政策，中西部地区的比较优势和发展潜力被极大地激发出来，自我发展能力显著增强。如今，面对日新月异的变化和发展差距的明显缩小，中西部地区原来的那些抱怨声基本上没有了，不再是垂头丧气、怨天尤人，而是面对困难战而胜之的精神风貌，广大干部群众普遍感觉到有奔头了。这种心态和精神面貌的巨大变化，对于促进形成各地区竞相发展、生动活泼的良好局面具有重大而深远的影响。

之所以回顾这段历史，总结这些重大变化，就是要充分表明中央关于实施区域发展总体战略的决策是完全正确的。我一再讲，近些年区域发展所取得的伟大成绩，首先归功于党中央、国务院的高瞻远瞩和正确领导，得益于各地干部群众的艰苦奋斗，得益于国务院各部门共同的协力配合，当然也与地区经济系统同志的辛勤工作和不懈努力分不开。多年来，地区经济系统的同志们坚决贯彻落实区域发展总体战略，时刻牢记历史使命，从不那么自觉到比较自觉、从单一问题到系统全面、从局部探索到整体推进，始终坚持加快中西部发展、着力扩大内需这一工作重点，始终坚持发挥不同地区比较优势这一工作基本着眼点，始终坚持"抓两头、带中间"这一工作方法，努力把中央战略意图与地方发展实际有机结合起来，推动区域政策朝着细化实化差别化方向发展，为促进区域协调发展、保持国民经济平稳健康发展作出了积极贡献。

事实上，区域发展战略的转换是有过不同意见之间的争论的。我记得在世纪之交中央决策要不要实施西部大开发的时候，当时就有过激烈争论。不少人对实施西部大开发战略是有顾虑的，最典型的说法是认为我们国家整体经济实力还比较弱，国民经济战略还是要坚持效率优先，而区域协调发展是公平问题，公平问题现阶段还提不上议程；说现在往东部地区投入1元钱可以产出5元钱，而往西部投入5元钱只能产出1元钱，认为把钱投到西部地区是不划算的。针对这一说法，2000年1月，朱镕基同志在西部地区开发会议上曾明确指出，实施西部大开发战略，不能只从单个项目看效益，还要看综合效益；不能只看当前效益，还要看长远效益；不能只看局部效益，还要看整体效益；不能只看经济效益，还要看社会效益；不能只看西部地区的薄弱环节和不利条件，还要看到优势。朱镕基同志这五个"不能"和"还要"，有力驳斥了西部大开发效益低下的论点，中央毅然作出了实施西部大开发战略的重大决策。今年是实施西部大开发战略第14个年头，回过头看一看，中央的决策是何其英明和正确。试想，当时如果不搞西部大开发，很难想象今天的全局会是什么面貌、怎样一个局面！

现在有同志对近年来的区域经济发展特别是地区经济工作有些不同看法，甚至提出一些质疑和批评，有同志认为这些年区域规划和文件搞多了，有同志说现在是"一省一策"，对这些说法我们要正确对待和认真分析。受认识的局限和实践经验的制约，我们在实际工作中还有这样那样的不足，特别是从全国的角度对区域发展的顶层设计和统筹谋划不够，区域规划与重大生产力布局、综合交通规划的相互衔接也还存在一些问题。这些问题的存在说明我们的工作还有很大的提升空间，也是在今后的工作中要下大气力去解决的。近年来我们贯彻落实区域发展总体战略，实施差别化区域经济政策的方向是完全正确的，成绩是不容否认的。有批评意见是好事，可以使我们头脑清醒，可以帮助我们改进工作，有什么不好呢？对待批评意见，既不要抵触，更不必妄自菲薄，正确的态度应该是，兼听则明、偏听则暗，有则改之、无则加勉，不要争论，不必弄个谁是谁非，把工作做得更好才是最重要的。希望同志们本着对党和人民负责、对真理负责、对历史负责的态度，坚持落实区域发展总体战略不动摇，保持和发扬好的传统和做法，努力克服薄弱环节，进一步做好新时期的地区经济工作。

二、如何做好下一阶段的地区经济工作

当前，我国经济进入转型发展、提质增效的关键时期，促进区域协调发展任务依然十分艰巨。我们要深入学习贯彻党的十八大、十八届三中全会以及近期召开的中央经济工作会议、中央城镇化工作会议、中央农村工作会议精神，主动把中央战略部署与地区经济工作实际结合起来，坚持问题导向，准确把握当前地区经济发展面临的突出问题，进而进一步明确工作努力方向。我以为，当前有4个问题需要同志们重点关注和认真把握：

（一）关于中西部地区经济增速放慢问题

2008年以来中西部和东北地区的经济增长持续高于东部地区，这是我国区域协调发展的一个重要标志，但去年以来，四大板块主要经济指标正在发生一些值得关注的微妙变化。2013年前三个季度，东中西和东北地区GDP同比分别增长9.1%、9.7%、10.7%和8.6%，与上年相比，各地区增长形势出现明显分化。中西部地区增速虽继续高于东部地区，但同比分别回落1.1个和1.7个百分点；东部地区回暖企稳，经济增速与上年持平；东北地区经济增速非但同比下降，而且已低于东部地区，全年要赶上东部地区几无可能。也就是说，2008年以来形成的中西部和东北地区连续5年全面超过东部地区的增长格局有可能出现逆转。这一现象到底是年度变化还是中长期的阶段性变化？其中的原因是什么？我们要认真分析。我初步分析，这种变化可能与各个地区的产业结构和承受国际金融危机的能力密切相关。东北地区主要经济指标之所以出现明显回落，主要是被产能过剩所困，因为产能过剩，企业效益不好，制约了增加投资的积极性。中西部地区经济增长之所以回落，主要是因为这些地区大多以资源、能源输出为主，受国际性的能源资源价格回落波及较深，此外，产业结

构单一，大多处于产业链上游，结构升级缓慢，自我调节能力和稳定性不强，也是重要原因。东部地区经济企稳主要归功于产业结构层次高、结构升级进展快，对中西部地区市场占有能力较强，应对金融危机的综合能力较强。

面对上述情况，我们要坚决贯彻实施区域发展总体战略，始终把西部大开发放在区域发展的优先位置，继续采取特殊支持政策，努力增强西部地区自我发展能力。要加快落实振兴东北地区等老工业基地有关政策，以壮士断腕的勇气加快淘汰落后产能，推动产业结构优化升级。要大力促进中部地区崛起，推动重点地区加快发展，有序承接产业转移。总之，要继续支持中西部和东北地区加快发展，努力把区域协调发展的好势头延续下去。

（二）关于同步全面建成小康社会问题

党的十八大确立了到2020年全面建成小康社会的宏伟目标。最近，我经常听到中西部地区的同志们讲，我们省的人均GDP、城乡居民人均收入与全国平均水平相比还差多少，到2020年与全国同步实现小康，我们省的GDP、城乡居民收入年均要增长多少多少。对此怎么看？各个地区有发展的积极性是好事，但我想给中西部地区的同志降降温、减减压、泼一点小冷水。最近我看了几个材料，都是反映中西部地区为了加快发展，还在盲目招商引资，大规模圈占耕地搞开发区和新城新区，不加选择地引进产业发展项目，为了所谓工业化和城镇化而大肆举借政府债，片面追求GDP的负面问题已经开始显现，等等。我看了以后有些担心。中西部地区要与全国同步小康，对自己的要求这么高，增长的压力这么大，这怎么行！相对而言，东部地区在这方面已经有很强的自觉性了，不少省市的领导同志在不同场合均讲过，发展速度宁可慢一点，关键是要调整结构、转型升级。中西部地区的发展调门为什么老是降不下来呢？还是被"同步"两字所累。对这个问题，我想同大家讨论一下。第一，平衡是相对的，不平衡是绝对的，我国区域发展差距这么大，不可能有绝对的同步，也就是说各个地区要想在同一个时间节点上同步建成小康社会根本是不现实的。根据国家统计局最新统计监测结果，2012年全国小康指数为83.55%，东、中、西部地区小康指数分别为87.59%、79.42%和77.80%。其中上海市的指数最高，为96.23%；北京市紧随其后，为96.13%。西藏的指数最低，仅为63.72%；其次是贵州，为64.49%。也就是说，最快和最慢省份的小康程度相差30个百分点。现在离2020年只剩6年时间了，中西部地区再怎么赶，也很难达到东部地区的水平，即便各个地方以某种方式同步进入小康了，要不了两年差距还是会出来。所以，所谓的同步从来都是相对的。第二，对全面建成小康社会目标也不能单纯地理解为GDP，最重要的还是城乡居民收入和基本公共服务水平。

在同步小康的问题上，我想讲两句话：一是中西部地区要改变片面的GDP至上观念，更多地强调"以人为本"，要把基本公共服务均等化作为实现同步小康的首要目标；要研究建立具有区域差异性的全面建成小康社会指标体系，科学合理地确定中西部地区实现小康的目标值，不能搞"一刀切"；还要完善发展成果考核评价体系，纠正单纯以GDP论英雄的政绩考核偏向，真正给中西部地区减减压、松松绑。二是中西部地区也要保持一定的发展速度。当然这不是为了追求政绩的速度。我始终认为，在一个相当长的时期，发展速度问题仍然对中西部地区非常重要，毕竟中西部地区还有个缩小差距的问题。更重要的是，只有中西部地区保持适度的增长速度，才能保证国内市场需求的持续扩大，进而为全国经济持续发展发挥支撑作用。

（三）关于建立全国统一大市场问题

党的十四大提出建立社会主义市场经济体制的改革目标，并明确要使市场在国家宏观调控下对资源配置起基础性作用。党的十八届三中全会首次明确提出要发挥市场在资源配置中的决定性作用。20多年来，以市场为取向的改革不断深化，全国统一大市场建设加快推进，市场对资源配置发挥了越来越重要的作用。现在也有同志担心，近年来我们实行差别化经济政策，是不是与统一大市场相矛盾？这是一个需要回答的问题。我记得上世纪90年代初，中央提出建立社会主义市场经济体制的时候，我曾向杜润生同志请教，在全面建立市场经济的大背景下，农业肯定难以置身事外，但农业同时又是一个需要政府保护的弱势产业，这两者之间是不是有矛盾？杜老告诉我，这两者之间并不矛盾，农业当然也要市场调节，包括农产品价格形成体制、粮食流通体制改革都需要依托市场关系来推动。但与工业比，农业就好像矮个子，到市场里跟人家高个子竞争肯定差点事，所以就需要给它脚下垫块砖，而这块砖就是政府的保护和支持。杜老的这一番话对我很有启示。我以为，这个道理同样适用于区域经济关系。也就是说，国家为什么要给中西部地区特别是"老少边穷"地区一些特殊扶持政策呢，不是不让它进入市场经济，只是在它脚下垫块砖，让它更好地进入市场参与国际和区域经济竞争。

目前在区域经济领域，也有不少阻碍统一市场的因素：一是行政壁垒。目前仍有不少地方政府出于局部利益的考虑，或者通过行政干预或是采取技术手段实行地区封锁、设立贸易壁垒，省与省之间、市与市之间相互封锁的现象比比皆是。二是不同区域间优惠政策大比拼，这在一定程度上也可以说是区域壁垒。不少地方为了招商引资，竞相搞政策优惠，你定低地价，我就零地价；你定零地价，我就倒贴；而且搞变相的税收优惠，各地区违反法规自行确定的税收优惠大量存在。这种恶性竞争不仅扰乱和破坏统一市场，还使地方政府背负了一大堆债务，直接导致了资源浪费、环境污染、产能过剩等问题的发生，真可谓害人害己、得不偿失。归根到底，还是一些地方政府的发展观和政绩观出了问题，对这一做法我们不仅不能鼓励，而是要坚决反对。一个地方经济落后，地价低一点当然是必要的，但必须在国家规定的标准范围内，否则就是干扰和破坏统一市场。今后我们做区域规划，要把是否有利于形成全国统一市场作为重要依归。只有建立起统一开放的大市场，才能真正实现资源要素的合理配置，这对于提高一个地区的生产组织效率、增强综合竞争能力、扩大产品消费市场具有重大意义。也只有这样，才能无障碍地实现区域间比较优势的交换，才能真正实现区域间互利共赢。各个地方不应该惧怕放开市场，只有放开自己的市场，才能进入别人的市场，只有"蛋糕"做大了，才能得到更多的利益。

建立全国统一大市场关键是要处理好政府和市场的关系。要按照党的十八届三中全会的要求部署，一是重点清理和废除妨碍全国统一市场和公平竞争的各种规定和做法，坚决纠正地方各级政府出台的不恰当优惠政策，反对地方保护，反对垄断和不正当竞争。三中全会提出要加强对税收优惠特别是区域税收优惠的规范管理，对此我是完全赞成的，这是建立统一大市场的需要。二是加强区域合作，通过合作释放发展潜力，集中力量打破地方封锁和行政壁垒，克服体制机制障碍，通过制定跨行政区规划和推动区域经济一体化来促进生产要素在更大范围、更高层次、更广空间顺畅流动与合理配置。三是坚持实行差别化经济政策。不能认为按市场经济一般规律制定经济政策就是要实行"一刀切"，更不能认为实施差别化区域政策就是与建立全国统一大市场相悖。恰如其分的区域政策、产业政策，反而能够创造出更为公平的竞争。如何把握好这个"度"，需要我们在实践中不断探索完善。

（四）关于通过改革转变发展方式问题

加快转变经济发展方式是我国推进现代化进程中最为迫切的重大任务，是今后一个时期经济社会发展的主线，也是各个地区普遍面临的共性问题。这一问题解决得好与坏，直接关系到各个地区比较优势的发挥以及发展的质量与水平，直接关系到我国现代化建设的总体进程。

近年来，东部沿海地区在促进经济结构调整和发展方式转变方面取得了一定成效，但远未到位，实现经济转型的任务依然十分艰巨。目前最为突出的是中西部地区。我一直讲，中西部地区目前正处于工业化加速发展阶段，面临着"赶"与"转"的双重压力，一方面，中西部地区必须实施赶超战略，始终把加快发展作为第一要务，努力缩小与东部沿海地区的发展差距；另一方面，必须加快调整经济结构，着力解决发展方式相对粗放的问题。现在的问题是，中西部地区在发展中基本上以"赶"为主、以"转"为辅，或者说是只重视"赶"和"快"，不重视"转"和"好"。这种发展方式持续时间长了，肯定会出问题。因为受既有产业结构、经济基础等方面的约束，目前中西部地区的"赶"仍是建立在资源环境大量损耗基础上的，"赶"的基础并不牢固、"赶"的方式并不科学，这也是金融危机对中西部地区造成重大影响的重要原因。再深入探讨一下，在更深层次上还是因为这种"赶"没有建立在"转"的基础上，或者说"赶"与"转"未能同步。因此，中西部地区要实现科学发展，必须在"转"上再多下些功夫。如何才能真正实现"转"呢？主要还是靠中西部自己苦练内功，打好自己的基础，特别是要破除涉及发展的体制机制障碍，重点在加快资源要素价格改革、财税体制改革、生态补偿机制等方面加大改革力度，将推动发展的着力点放在激发市场活力、增强创新驱动动力、构建现代产业体系、培育开放型经济优势等方面，积极创造有利于转变发展方式的整体环境。只有体制机制问题解决了，中西部一些地区只追求"赶"问题、唯GDP问题，包括干部的政绩观问题才能在一定程度上得到解决。今后我们在做地区经济工作的时候，脑子里也要绷紧改革这根弦，注重推动解决制约区域协调发展的深层次矛盾和问题，促进各地区发展方式加快转变。

"十三五"促进区域协调发展的政策建议*

(2015年5月27日)

区域经济与宏观经济密切相关，不同地区的发展质量及区域间比较优势的交换，都对国民经济整体发展有着直接的影响。"十三五"时期，国民经济的转型升级、提质增效对区域发展提出了新要求。区域发展应坚持以缩小区域差距为导向，切实加强"四大板块"的区域统筹，着力实施"三大战略"，推进统一市场建设，促进要素在更大范围内自由流动和优化配置，进一步完善区域协调发展体制机制。

一、"十二五"区域发展的基本态势

2005年，党的十六届五中全会第一次完整地提出了西部大开发、东北振兴、中部崛起和东部率先发展的区域发展总体战略。近10年来，区域发展总体战略在实践中不断完善。一是区别不同地区情况，制定了一系列重大区域性规划和政策文件，出台了相关的差别化政策，使区域发展的目标指向更加明确，政策举措更加务实。二是2010年国务院印发了《全国主体功能区规划》，根据资源环境承载能力和发展潜力，明确了不同区域的功能定位，优化了空间开发秩序。三是党的十八大以来，中央先后提出"一带一路"、京津冀协同发展、长江经济带建设"三大

---

* 这是作为国务院参事撰写的建议。

战略"，促进"四大板块"有机衔接，把区域协调发展推向了新阶段。

"十一五"后期特别是"十二五"以来，我国区域发展呈现出协调性不断增强的态势：一是区域发展相对差距缩小。2007年，西部地区经济增长速度首次超过东部地区，2008~2012年，西部、中部和东北地区增长速度全面超过东部地区，经济总量占全国比重由2006年的44.7%上升到2012年的48.7%，标志着区域发展差距扩大的趋势得到初步遏制，这是改革开放30多年来从未有过的。二是中西部地区培育形成一批新的经济增长极。广西北部湾、成渝、关中—天水、中原经济区、长江中游城市群、皖江城市带等一批新的增长极加快形成，成为引领中西部地区快速增长的重要支撑。从全国看，经济增长极（核）呈现出从南到北、由东至西不断拓展、不断破土而出的新局面。三是特殊类型地区融入发展大潮。中央先后出台了支持各民族地区、革命老区、集中连片贫困地区加快发展的政策文件或规划，明确发展思路，加大倾斜投入。"十二五"以来，民族8省区、580个国家扶贫重点县经济增长速度，以及贫困地区农民人均纯收入增长速度均高于全国平均水平，使干部群众看到了实现全面小康的希望。四是全方位区域开放合作打开新局面。国家在中西部设立了一批承接产业转移示范区和东中西合作示范区，各类跨行政区的经济区、经济带、城市群（圈）大量涌现，推动了区域良性互动。新疆喀什、霍尔果斯和广西东兴、云南瑞丽、内蒙古满洲里等沿边开发开放试验区相继设立，向西开放踏上新征程。五是空间开发秩序进一步规范。主体功能区战略明确了四类区域的主体功能，规范了开发原则和开发秩序，初步建立了对限制开发区和禁止开发区的利益补偿机制。不同地区在制定区域发展战略时，更加注重在新的维度下因地制宜地实施差别化管理，提升了区域发展的科学化水平。

二、面临的挑战和问题

我国作为一个发展中大国，区域发展不平衡的基本格局还没有实质性改变，区域发展差距过大的主要矛盾还没有根本解决。区域发展还面临不少问题，特别是在经济发展进入新常态的大背景下，一些问题的严峻性不容低估。

（一）区域发展相对差距缩小的趋势出现逆转苗头

持续5年的中西部和东北地区增速全面超过东部地区的态势发生变化。2013年，东北地区的增速低于东部0.7个百分点，2014年进一步扩大到2.1个百分点；西部地区、中部地区的增速虽然仍高于东部地区，但增速差距逐年缩小。东北地区的体制机制问题和结构性矛盾尚未根本解决，中西部作为能源原材料基地，工业结构偏重，受经济下行的冲击更大，这是区域增长格局出现变化的主要原因。随着下行压力继续向内陆地区传导，中西部地区和东北地区面临的困难会更多，区域间人均GDP差距很有可能再次呈现扩大趋势。

（二）促进特殊类型地区发展的任务更加艰巨

2013年，全国580个国家扶贫工作重点县人均GDP相当于全国平均水平的44.5%。根据国家统计局监测，2012年全国小康指数平均为83.55%，其中东、中、西部地区小康指数分别为87.59%、79.42%和77.80%。最高的上海市为96.23%，较低的西藏和甘肃仅为63.72%和64.49%。"老少边穷"地区基础设施落后，生态环境脆弱，产业结构单一，贫困面广量大程度深，扶贫攻坚、加快发展的任务十分繁重。特别是随着新常态下财政收入增速放缓，高度依赖中央财政投入的欠发达地区将面临更大挑战。

（三）相当一部分地区存在无序开发现象

一是一些中西部地区在推进工业化和城镇化进程中片面追求经济增长速度，工业园区遍地开花，不顾客观条件大建新城新区，圈地占地问题严重，一些地方政府负债已超过警戒线。二是以行政命令方式搞招商引资，竞相出台优惠政策，有的搞变相的税收返还和零地价，不仅造成资源错配，而且是导致产能过剩的重要原因。三是地方保护普遍存在，一些地方采取技术手段设置贸易壁垒，在跨行政区的工程招标、司法裁判中有意偏袒己方，在跨地区、跨城乡的劳动力流动中仍存在政策歧视和市场分割，在污染治理中以邻为壑等，破坏了全国统一的产品市场和要素市场。

（四）对内对外开放的合力还没有形成

我国对外开放"东强西弱、海强边弱"的基本格局仍未改变。沿边地区大多是欠发达地区，经济实力弱，这就决定了沿边开放必须要有强大的腹地做支撑；沿边开放面对的是特定的国家、特定的市场，受对方及周边国家政经格局变化影响大，开放的外部环境复杂，这就要求更有针对性地开展工作。我们还没有很好地把握沿边开放的规律，沿边开放与内陆开放结合得还不紧密，部门、地方、企业点对点的统筹加强对外工作尚未形成合力，这是推进沿边开发开放成效不够显著的重要原因。

（五）促进区域良性互动的体制机制有待完善

目前存在的问题：一是差别化政策与发挥市场机制作用的度把握得还不太好，类型地区划分还不够科学，造成对政府的过度依赖和区域间的相互攀比。二是对生态区、农业区的利益补偿不到位，主体功能责任不落实。三是对贫困地区的投入与实际需要还有较大差距，缺乏财政支持的政策性金融服务。四是促进区域协调发展还缺乏法律法规的支撑与规范，把近些年经过实践检验的成功做法上升为法律已是当务之急。五是地区间的保护主义和过度竞争与财税体制不完善及片面追求GDP的政绩考核相关,应加强顶层设计,进一步深化改革。

三、"十三五"促进区域协调发展的基本思路和对策建议

"十三五"时期促进区域协调发展的基本思路是:紧紧围绕促进国民经济转型升级、提质增效新要求,以缩小区域差距和实现全面小康为目标,着力推进三大国家战略,加强"四大板块"协调统筹;着力消除要素流动的体制机制障碍,促进区域间比较优势充分交换;着力扩大对内对外开放,不断创新区域合作新方式;着力加大战略投入,促进特殊类型地区加快发展,努力开创定位清晰、优势互补、合作共赢、充满活力的区域协调发展新局面。

新形势下促进区域协调发展,要处理好几个重大关系:一是处理好"四大板块"与"三大战略"的关系。"四大板块"是基础,"三大战略"是抓手。要以实施"一带一路"、京津冀协同发展、长江经济带三大国家战略为牵引,以线串点,以点带面,促进"四大板块"良性互动,打造融合发展的升级版。二是处理好实施差别化政策与发挥市场机制作用的关系。要充分发挥市场机制的决定性作用,更好发挥政府分类指导作用。实施差别化政策的目的,是帮助特殊类型地区提升参与市场公平竞争的能力,而不是其他。把握好这个度至关重要,这样才能使差别化政策与市场作用实现真正的有机统一。三是处理好东部地区与中西部地区的关系。东部地区加快转型升级是关键,只有东部地区实现了转型升级,才能为中西部地区发展腾出更大的市场空间;中西部地区是最大的潜在市场,有巨大的回旋余地,只有中西部地区跟进发展了,才能不断拓展国民经济发展空间。四是处理好对内开放

与对外开放的关系。在实施区域发展总体战略时,对沿海开放、沿边开放和内陆开放进行统一部署,把与周边国家的次区域合作纳入视野,加强统筹联动,赋予新的内涵,增添新的活力。

"十三五"时期,促进区域协调发展的主要任务和政策建议:

(一)进一步明确"四大板块"的战略重点

"四大板块"的划分仍具有现实意义,总体上应稳定。应从全局角度进一步明确各板块的主攻方向和战略任务,加强分类指导。东部地区应全面深化改革,推动制度创新,率先实现创新驱动和转型升级,从更高层次上引领带动全国经济转型发展,并向国际经济体系和产业链的中高端拓展。中部地区最具快速增长的潜力,应提升到更加重要的国家战略层面加以推动。要充分发挥承东启西、连接南北的比较优势,推动城镇化发展与产业支撑、人口集聚有机结合,打造新的战略支点,夯实第二梯队地位。西部地区应抓住与全国一道实现全面小康和丝绸之路经济带建设的重大机遇,进一步提升向西开放和沿边开放水平,着力培育新的经济增长点和增长极。要坚持以基础设施建设和生态建设为切入点,每年新开工一批重点工程。国家要进一步加大教育、就业、扶贫的支持力度,提升基本公共服务水平。东北地区等老工业基地应着力破解转型发展难题,创新体制机制,大力培育发展新兴产业,增强产业竞争力和自主创新能力,扩大面向东北亚地区的开放合作,增强内生发展动力。

(二)扎实推进国家三大战略实施

通过核心带动、轴带支撑和板块联动,构建连接东中西、贯通南北方的多中心、网络化、开放式的区域开发框架,促进资源要素在更大范围内自由流动和优化配置。一是深入推进"一带一路"倡议实施,在加强对外工作形成合力的同时,强化沿海地区的引领、沿边地区的窗口和内陆腹地的支撑作用,加快推进核心区、战略支点、开放门户及对外大通道建设,打造形成内外联动、良性互动的新型经济轴带。二是积极推动京津冀协同发展,把疏解北京非首都功能、解决"大城市病"作为基本出发点,加大改革力度,重点在交通一体化、生态环境保护和产业升级转移三个重点领域率先突破,走出一条经济和人口密集地区内涵集约发展的新路子,更好发挥对"三北"地区的辐射带动作用。三是加快长江经济带建设,依托长江黄金水道,高起点、高水平建设综合交通运输体系,提高互联互通水平,促进产业有序转移与承接,推动上中下游地区协调发展、沿海沿江全面开放,打造支撑全国经济增长的重要轴带。同时,借鉴京津冀协同发展经验,统筹谋划泛珠三角区域协同发展,适时提升到国家战略层面。

(三)统筹推进国内区域合作与对外开放

研究制定进一步深化区域合作的指导意见,统筹推进跨行政区区域合作和一体化发展。支持中原经济区、长江中游地区、成渝经济区、北部湾经济区等中西部经济区建设,促进区域合作和融合发展。把消化过剩产能与产业承接转移结合起来,进一步优化产业空间布局。积极探索城市圈内社会管理和公共服务体系一体化,促进要素自由流动。鼓励推动沿海地区实施新一轮开放,对加快内陆开放和沿边开放提出更为细致的部署和要求。在东北亚、中亚、南亚、东南亚4个战略方向上加强同周边国家的合作,按照内通外联、互促互进、共同发展的思路,扎实推进设施联通、贸易畅通、资金融通、人文相通。研究制定新时期促进"引进来"和"走出去"的中长期规划和新举措,促进资源要素在国内外优化配置。大力推动轨道交通、矿业、通信、石化等重点领域装备"走出去",加强与印尼、哈萨克斯坦、埃塞等重点国家的国际产能合作。扎实推进缅甸皎漂港、中欧陆海快线、中老铁路、匈塞铁路、中泰铁路、中俄高铁、非洲"三网一化"、中巴经济走廊基础设施等一批"走出去"重大合作项目,加快构建全方位开放格局。

(四) 下更大气力促进贫困地区发展

采取超常规的硬措施，以集中连片贫困地区为主战场，创新方式，精准发力，破解难题。一是加大对贫困地区扶贫攻坚的投入力度和政策支持，着力解决交通、水利等区域发展中突出的瓶颈问题，为跨区域经济协作打牢基础。在有条件的项目上推广PPP模式。二是不断探索行之有效的扶贫方式，在保护好生态的前提下积极发展特色优势产业，切实增强"造血"能力。推动扶贫资源优化整合，加强财政支持下的政策性金融服务，实行精准扶贫。引导社会力量参与扶贫事业。三是突出"以人为本"理念，推进基本公共服务均等化。特别是要加强教育扶贫工作，重点抓好基础教育和职业教育，解决贫困代际传递问题。四是制定支持革命老区开发建设的指导意见，编制实施重点革命老区振兴发展规划，加快解决老区人民在住房、饮水、道路、用电等方面的实际困难。五是扎实做好对口支援工作，重点做好涉疆涉藏对口支援，支持民族地区改善民生、凝聚人心和提升发展水平，维护祖国统一和边疆稳定。加强制度化建设，充分调动援受双方积极性。

(五) 健全促进区域协调发展体制机制

围绕党的十八大提出的到2020年"区域协调发展机制基本形成"的目标，着力深化改革创新和加强制度建设。一是充分发挥市场机制作用，促进全国统一市场建设。全面清理和适时废止不利于统一市场建设的政策措施。建立公平开放透明的市场规则，实行负面清单准入管理方式和统一的市场监管。二是规范政府行为。建立规范合理的财税管理体制，形成事权与支出责任相适应的制度，逐步理顺财权事权关系。健全科学完善的政绩考核机制，把可持续发展、民生改善、社会和谐进步和生态文明建设等作为考核评价重要内容。三是完善区域管理体制。研究和完善类型区域划分标准，为差别化管理和精准管理提供依据。在尊重和发挥地方事权基础上，加强中央政府对全国区域统筹发展的顶层设计与协调指导，不断完善自上而下与自下而上相结合的区域治理模式。四是研究制定促进区域合作的指导意见，积极构建推进区域合作的组织保障、规划衔接、利益协调、激励约束、资金分担、信息共享、政策协调和争议解决等机制。五是健全区际利益平衡和协调机制，探索合理有效的生态补偿、资源开发补偿、粮食主产区补偿等制度。六是适时制定出台促进区域协调发展条例，规范区域协调发展的目标和原则，加强区域治理的规范化，推进区域治理体系现代化。

怎样看待区域发展的协调性与区域分化[*]

（2018年4月8日）

近几年，国民经济发展进入新阶段，我国区域经济版图也出现了一些新情况、新变化。怎么看区域经济发展的基本态势？我认为可以用两句话来概括：一句话叫区域发展的协调性增强，今年的政府工作报告和计划工作报告都有这个表述；另一句话叫出现了区域（或地区）经济分化的新情况。对这两种态势怎么看？我想讲一下个人的看法。

我们说区域发展的协调性增强，首先要弄清楚什么叫区域发展的协调性？从新中国成立以来我国区域经济发展先后经历的均衡发展战略、非均衡发展战略和区域协调发展战略三个阶段的历史经验看，衡量区域经济发展协调不协调，主要有四条标准：

一是看地区间经济发展的差距是否保持在合理的区间内。地区发展差距一般以人均地区生产总值作为主要衡量指标。改革开放以来，我国地区发展差距经历了一个从扩大到缩小的过程，1995年前后差距最大，此后特别是西部大开发以来，地区发展差距开始缩小，尤其是2008年至2012年，西部、中部、东北地区三大板块的发展速度连续5年超过东部地区。2013年以后，情况有新变化，但总体而言，区域差距缩小的势头没有逆转。

二是看各地区的人民能否享受均等化的基本公共服务。地区

---

[*] 这是在"中国区域经济50人论坛"2018年年会上的讲话，原文载《财经》2018年第8期。

经济差距的缩小是个长期的过程,但提供均等化的基本公共服务则是政府的职责,是我们政策的基本取向,达成这一目标应早于地区间经济差距的缩小。我们看到,这几年区域间的基本公共服务仍然是朝均等化方向推进的,而且取得了新的进步。

三是看各地区的比较优势是否得到了充分的发挥。各地区都发挥各自的比较优势,再通过区域交换来实现各自的比较优势,这是区域经济发展的根本动力和要义所在。从这个角度来看,随着我国社会主义市场经济体制的不断完善,交通、通讯、物流等基础设施的改善,以及区域经济合作的开展,区域经济互动是比较充分和活跃的。

四是看不同地区人与自然的关系是否处于和谐共生状态。这方面当然存在不少问题,但近年绿水青山就是金山银山的理念更加深入人心,生态环保的工作力度不断加大,空间管制的体制机制初步建立起来,人与自然关系的协调性明显增强。

用这四条标准来衡量,我们讲区域发展的协调性增强是成立的,是符合实际的。看清这一点很重要,因为这是区域发展的基本面和主流。我们说出现了区域发展分化的新情况,首先要看到它是在区域发展协调性增强的大背景下出现的问题,而不能用后者否定前者。

另一方面也要看到,区域分化问题的确是一个现实的挑战,解决不好,就会对区域协调发展的总体态势带来冲击和负面影响。区域分化,是指不同区域经济增长势头出现了情况迥异的变化。这可以从三个层面看:

首先是四大板块分化明显。2008年,东北地区的增速为13.4%,居四大板块之首,但2010年以后,增速落到中西部后面,2013年以后,又落到东部地区之后,成为增速垫底的板块;到2016年,东北地区的增速只有2.5%,跌到谷底,分别比西部、中部和东部地区慢了5.8个、5.5个和5.1个百分点。8年间,增速下滑了将近11个百分点。西部和中部地区的增速虽然仍然超过东部地区，但速度差分别从2012年的3.1个和1.6个百分点缩小到2016年的0.7个和0.4个百分点。还要指出的是，2017年，中部地区的增速不仅超过东部，而且超过了西部，多年来首次居四大板块之首。

其次是板块内部的分化明显。西部地区12省区中，西南的态势比较好，西北的问题和困难比较多。2016年，西南6省区中，只有四川、广西的增速低于西部平均水平，而西北6省区全部低于西部平均增速，其中问题比较多的是甘肃和内蒙古。中部6省也在分化。山西2016年的增速只有4.5%，位列全国倒数第二，而皖赣豫鄂湘的增长势头不错。东北地区也不是铁板一块，除了辽宁问题最多，增速-2.5%，全国垫底，黑龙江居中，吉林的增长大体与全国平均水平相当。东部地区也出现了分化迹象，河北的增速最慢，天津的增速下滑，而江浙闽粤仍保持着较强的增长势头。可以说，这几年，是实施区域协调发展战略十几年来，板块内部分化和差异最为明显的一个阶段。

最后是南北分化明显。2013年以来，我国南方与北方之间的经济增速差距开始拉开，增速差距由2013年的0.6个百分点，扩大到2017年的1.4个百分点。2017年，南方实现地区生产总值52.5万亿元，占全国总量的61%，是1980年以来占比最高的时期，而北方的占比下降到了39%，呈现出全国经济增长"南快北慢"和经济总量占比"南升北降"的格局。纵观历史，自隋唐至近代，我国的地区差距主要是南北差距；而近代以来，由于列强入侵和对外开放，我国的地区差距转变为主要是东西差距，即沿海与内地的差距。这几年，东西差距基本稳定，南北分化的迹象又重新抬头，这种现象值得我们深入研究。

那么，导致近年区域分化的原因是什么？总体上看，这里既有经济的周期性因素、外部经济环境变化的因素，也有新旧动能转换时期的结构性因素、体制性因素。

经济周期对地区增长的影响很复杂。一般情况下，经济增速高的时期，地区增长的差异较大，但也有相反的情况。就我国现阶段的区域经济分化而言，显然只用周期性因素是解释不了的。更为深刻的背景是，国民经济发展进入新常态，我国正处在结构变革和动能转换的关键时期，过去那种依赖拼资源、拼环境的外延扩张型的增长方式已走到尽头，取而代之的必然是依靠科技进步，人力资本投入，以新技术、新业态、新经济为代表的质量效益型增长，这是不可改变的大趋势。当前和今后一个时期，以新发展理念为统领，以高质量增长为目标，以深化供给侧结构性改革为主线，以淘汰落后产能、大力推进"双创"和发展新经济为代表的结构变革和动能转换将成为国民经济的主要特征。

在这个大背景下，我们看到，凡是资源加工型和传统产业为主的地方，凡是市场化程度低、体制机制改革滞后的地方，结构变革和动力转换的困难就更多一些，受经济下行压力的影响就更大一些，最终表现为经济增速的下滑；而结构变革起步较早的地方，高新技术产业和战略性新兴产业基础较好的地方，市场化程度和配套能力较强的地方，就可以比较从容地应对结构变革的挑战，赢得先机，保持经济的平稳较快发展。由此可以得出结论，区域经济的分化，实质上是在结构变革和动能转换的特定背景下，不同地区适应能力、应对能力和引导能力迥然不同的客观反映。其中，周期性因素是外因，结构性、体制性因素是内因。

现在的问题是，对区域经济分化应该怎么看、怎么办？这是需要我们正面回答的课题。

先说怎么看。怎么看，就是要客观、正确地看待区域分化。我认为有这样几个要点。第一，如前所述，现阶段的区域分化是有着深刻的背景和原因的，有一定的客观必然性，很可能会延续一段时间，也不是靠短期政策调整或一两项政策措施就可以解决的。第二，对区域分化既不要大惊小怪、急于出招，因为目前区域分化的程度并不是改革开放以来最高的，而且也有一个对区域分化如何因势利导、把坏事变好事的问题，这就需要客观冷静地对待；另一方面，又不能漠然处之、掉以轻心，因为如果不加以控制和引导，局部地区的增速下降不仅会导致结构转型的失速，还会带来就业、民生等社会问题，拖累整个国民经济和稳定大局，酿成区域经济协调发展的势头出现逆转的风险，因此必须予以高度重视。第三，还要看到，区域经济在协调发展总趋势下出现的分化，呈现出空前复杂的局面，这对区域政策的实施提出了新的更高的要求，要求我们增强区域政策的整体性、针对性和有效性。

再说怎么办。也就是如何有效地控制分化，因势利导引导分化，在保持区域经济协调发展势头不逆转的前提下去加快结构转型和动能转换。就此我提三点思路性的建议。一是坚持问题导向。目前对区域分化以及分化对协调发展总趋势影响的分析研究还不够，很有必要把情况摸清楚，把问题找准，把原因分析透。我赞同把区域研究对象再划小一些，重点调研转型成功地区和转型困难地区（或问题地区），抓两头，带中间。转型成功地区首先是沿海省份，比如广东、浙江、江苏等，但也不要忘了中西部也有一些转型工作做得比较主动、比较好的省份，去看看为什么这些地方转型搞得好，有些什么值得总结推广的经验，需要具备哪些条件，还有些什么可以利用的机会。另一方面，要重点调研问题地区，困难和问题在哪里，如何解决，哪些是省里可以办的，哪些需要中央帮助解决，可以针对这些问题出台一些新的区域性或产业性政策。二是要坚持目标导向和增强施策的针对性。问题地区的问题肯定是一大堆，不能眉毛胡子一把抓，也不能什么都由中央背起来，在就业、民生、社保等方面的困难，中央一定要帮，帮助他们卸下包袱、轻装上阵，但总体来说，支持政策要以充分利用市场倒逼机制为导向，坚持有利于产业结构调整，有利于深化体制改革，有利于促进新旧动能转换。如果帮扶的结果是放缓了转型和改革的步伐，那就南辕北辙了。还有一点，就是不能"抑东扶西"、"抑南扶北"，也就是说，这个阶段的区域政策要鼓励转型好的地方加快转型，不能为了缩小地区差距、控制分化势头，就让转型好的地区发展得慢一点，这是不对的。实际上，转型好的地区发展快一点，"蛋糕"才能做大，我们才有更多能力去帮助问题地区转型发展。三是要特别注意促进区域间的良性互动。无论是转型好的地区还是问题地区，都有转型的比较优势，也都有不同的短板和制约因素。在区域封闭的状态下，这些问题都不好解决，只有要让资源要素流动起来、活起来，推动跨省区、跨区域的重新组合和优化配置，才能取得一加一大于二的效果，这方面的潜力是很大的。广东之所以转型快，把北京的科研成果拿到广东去产业化，就是一条重要的经验；中部地区这几年崛起的势头不错，也是主动对接沿海、接受沿海的辐射和带动的结果；重庆、四川、贵州也是靠产业梯度转移，重塑了竞争优势。所以要进一步消除资源要素流动的体制性障碍，没有全国统一的大市场，也就不可能解决好区域分化问题。同时，还要调控好国际国内两个市场的关系。我国要素成本升高了，不少劳动密集型产业转到东南亚、南亚、非洲去了，这本来无可厚非。但是我国中西部很多地方就业还不充分，特别是一些特殊困难地区，急需东部沿海产业转移过去。但为什么企业只往海外转不往中西部转？说明我们的政策没有加以有意识的引导。在这方面，可以考虑出台一些引导沿海劳动密集型产业、企业向中西部转移的特殊政策，这对于带动困难地区的产业结构调整、控制地区发展差距的扩大是很有意义的。

推动区域经济协调发展
为高质量发展注入新动力[*]

（2019年12月14日）

刚刚结束的中央经济工作会议对明年的经济工作做出全面部署，其中明确提出，"要加快落实区域发展战略，完善区域政策和空间布局，发挥各地比较优势，构建全国高质量发展的新动力源。"这里，我就区域经济助推高质量发展谈一点看法和体会。

一、当前我国区域经济发展的基本态势

70年来，我国区域发展战略先后经历了工业化起步时期的区域均衡发展战略、改革开放初期的区域非均衡发展战略，以及上世纪90年代中后期以来的区域协调发展战略几个阶段。特别是党的十八大以来，党中央先后提出京津冀协同发展、共建"一带一路"、长江经济带发展、粤港澳大湾区建设、长三角一体化发展等新的区域发展战略，在统筹"四大板块"发展的基础上，更加重视培育以中心城市和城市群为主要形态的增长动力源，进一步丰富和完善了区域发展的理念、战略及政策体系。

近年来，随着国民经济发展进入新阶段，我国区域经济版图也出现了一些新情况、新变化、新问题。对当前区域经济发展的基本态势，我认为可以用两句话来概括，一句话叫区域发展的协调性增强，另一句话叫出现了区域经济分化的新态势。

---

[*] 这是在中国国际经济交流中心主办2019～2020中国经济年会上的讲话。

我们说区域发展的协调性增强，主要有四条标准：一是看区域发展的差距是否保持在合理区间；二是看各地区的比较优势是否得到充分发挥；三是看不同地区居民能否享受均等化的基本公共服务；四是看人与自然的关系是否和谐共生。从这四个方面看，我国区域经济发展的总体态势是好的。

区域发展的差距保持在合理区间内。改革开放40年来，我国区域发展差距经历了一个从扩大到缩小的过程，1995年前后差距最大，新世纪以来特别是实施西部大开发战略以来，地区发展差距开始缩小，尤其是2008~2012年，我国西部、中部、东北地区的发展速度连续5年超过东部地区。2013年以后，情况有所变化，但总体而言，区域差距缩小的势头没有逆转。

各地区比较优势得到进一步发挥。各地区都能发挥各自的比较优势，再通过区域交换来实现各自的比较优势，是区域经济战略的要义所在，也是推动整体经济发展的动力所在。近年来，随着京津冀协同发展、粤港澳大湾区建设、长三角一体化发展等重要战略落地，生产要素和人口加快向大城市和城市群集聚，强化了推动高质量发展的动力源和区域增长极，比较优势的交换更加活跃。

各地区基本公共服务继续向均等化方向推进。脱贫攻坚战取得决定性进展，全国农村贫困人口从2012年的9899万人减少到2018年的1660万人，贫困发生率从10.2%降到1.7%，贫困地区的农民收入增速高于全国平均水平，欠发达地区的经济社会发展水平明显提升，提供基本公共服务的能力明显增强。

人与自然关系更加协调。绿水青山就是金山银山的理念深入人心，生态环保的工作力度不断加大，空间管制的体制机制初步建立，人与自然的协调性增强。

在充分肯定成绩的同时，我们也要清醒地看到区域经济发展中出现的新情况、新问题，主要问题是近年来出现了区域经济分化的态势，表现在三个层面上：

首先是"四大板块"分化明显。东北地区的增速2008年居

"四大板块"之首（13.4%），但 2010~2013 年，增速相继落到中部、西部、东部之后，成为增速垫底的板块，东北的经济总量占全国的比重从 2013 年的 9.2% 下降到 2018 年的 6.3%。而中部地区的增速 2017 年、2018 年连续两年超过西部，多年来首次位居"四大板块"之首。

其次是板块内部分化明显。西部地区 12 省（区）中，西南 6 省（区）发展态势明显好于西北 6 省（区），2018 年比 2013 年，在西部经济总量中，西南 6 省（区）的占比从 58.6% 提高到 62.7%，提高了 4.1 个百分点，西北地区的份额相应下降。中部地区 6 省也在分化，山西的增速从 2012 年开始落到中部地区平均增速水平以下，占中部地区经济总量的比重近 6 年下降了 1.7 个百分点，而其他 5 省增长势头不错。东北地区也不是铁板一块，辽宁省 2016 年负增长（-2.5%），跌到谷底，而后企稳回升，反倒是吉林省的增速进一步下降，从 2016 年的 6.9% 下降到今年前三个季度的 1.8%，位列全国倒数第一。东部地区 10 省（市）中，问题较多的是天津和海南，天津的增速去年和今年前三个季度分别位列全国倒数第一和倒数第三，海南则两年位列全国倒数第五。

最后是南北分化明显。经济增长"南快北慢"，南方地区的经济增速从 2013 年开始超过北方且差距不断扩大，南北增速差距由 2013 年的 0.6 个百分点扩大到 2018 年的 1 个百分点。经济份额"南升北降"，2018 年，南方地区经济总量占全国的比重为 61.5%，是 1980 年以来占比最高的时期，与北方经济份额的差距由 2013 年的 14.8 个百分点扩大到 23 个百分点。总的来看，近年来，东西差距基本稳定，南北分化趋向十分明显。

二、区域经济分化的原因及如何看待区域经济分化

总体上看，这里既有经济环境变化的周期性因素，也有新旧动能转换时期的结构性因素和体制性因素。

周期性因素主要是指经济发展进入新常态对区域经济的影响。由于国内国际环境的深刻变化，我国经济正处在从高速增长向高质量发展转换的关键时期，过去那种靠高投入、拼资源、拼环境的外延扩张型增长方式已经走到尽头，取而代之的必然是靠科技进步、人力资本支撑的创新驱动型增长。这种发展方式的转变既对区域经济发展提出了新要求，同时也对区域经济发展格局产生十分深刻的影响，我们理解区域经济分化首先要看到这个大背景。

结构性因素主要是指产业结构对转型发展的影响。我国北方和西部一些地区，产业结构偏重，产业体系单一，以资源输出和资源加工产业为主，受国内经济下行压力和国际大宗商品价格回落的影响较大，产业结构的调整又受到"木桶效应"的制约；而我国东南部地区产业体系相对完整，产业链较长，战略性新兴产业和高新技术产业起步早、基础好，加上创新能力较强，有利于赢得转型升级的先机。

体制性因素主要是指要素配置和优化组合的效率。一般而言，我国北方地区国有经济比重较高，市场化程度相对较低，改善营商环境还存在不少短板，这与东南沿海地区市场经济意识较强、市场主体活力较强、市场机制的作用较为充分相比，存在着明显差距。

总体上看，区域经济的分化，实际上是我国经济从高速增长向高质量发展转变进程中生产力布局重新调整的阶段性产物，同时也反映了不同地区实现发展方式转变和新旧动能转换能力的不同，其中周期性因素是外因，结构性、体制性因素是内因。那么，怎样看待区域经济分化呢？我认为，区域经济的分化具有一定的客观必然性，可能会伴随向高质量发展转变的全过程。同时，这个分化不一定是坏事，我们可以因势利导地促进生产力布局的调整，推动区域经济发展从不平衡走向新的平衡。

三、新形势下促进区域协调发展的思路

习近平总书记在今年8月26日中央财经委员会第五次会议上的重要讲话中，阐明了新形势下促进区域协调发展的基本思路，这就是：按照客观经济规律调整完善区域政策体系，发挥各地区比较优势，促进各类要素合理流动和高效集聚，增强创新发展动力，加快构建高质量发展的动力系统，增强中心城市和城市群等经济发展优势区域的经济和人口承载能力，增强其他地区在保障粮食安全、生态安全、边疆安全等方面的功能，形成优势互补、高质量发展的区域经济布局。

按照总书记的重要讲话精神，当前和今后一个时期促进区域协调发展要把握好以下几个要点：

第一，要坚持按照客观经济规律办事。平衡是相对而言的，不平衡是绝对的、普遍的，这是区域经济发展的客观规律。我们不能为了缩小区域发展差距，就简单地要求各地区的发展"齐步走"，更不能人为地去"抑东扶西"、"抑南扶北"。正确的做法是在发展中求平衡，正像总书记讲的，这是区域协调发展的辩证法。所以，我们在认识和实践上，要处理好区域经济发展中效率与公平、发挥比较优势和缩小地区差距的关系，首先还是要讲效率，讲比较优势的发挥，让能快的地方快起来，能高质量的地方高起来。只有把"蛋糕"做大了，我们才能掌握区域协调发展的主动权，才能带动更多地区的发展，也才能有能力去支持困难地区。尤其是在从高速增长阶段转向高质量发展阶段这个关键时期，更是要把实施区域政策的着力点放到促进高质量发展上。

第二，要加快构建高质量发展的动力系统。这是现阶段区域政策的核心任务。这个动力系统可以分两个层次：第一个层次是从引领全国高质量发展层面上看，要积极推进京津冀协同发展、粤港澳大湾区建设和长三角一体化发展，这三个地区是全国高质

量发展最重要的动力源，经济总量占了全国的40%，要对标国际竞争的新要求，把这三个地区建设成为最有活力和国际竞争力的世界级创新平台和增长极，增强对全国高质量发展的引领带动能力。第二个层次是从引领区域经济发展的层面上看，要加快打造若干引领区域经济发展的重要增长极，这里包括长江中游城市、中原经济区、成渝经济区、关中经济区、北部湾经济区、呼包鄂榆经济区、滇中经济区、哈长、沈大经济区、福厦泉经济区等，这些经济区一头衔接京津冀、粤港澳、长三角，另一头衔接广大内陆腹地和沿边开放，巩固和提升这些战略支点，对于拓展区域发展的战略纵深、形成梯次发展的战略态势具有重要意义。

第三，要完善区域政策单元，实施更加精准有效的区域政策。要从区域经济分化的实际出发，顺应区域经济发展的客观规律，打破原有的以地理单元作为政策实施单元的单一做法，政策体系要从传统区域板块转向培育经济板块，由以行政区为基础转向以类型区为基础。要落实主体功能区规划，让经济发展条件好的地区承载更多的产业和人口，发挥价值创新的作用；让生态功能强的地区得到有效保护，创造更多生态产品；同理，让粮食主产区、能源资源富集区、边疆地区都能充分发挥自己的主体功能。要按照主体功能定位制定差异化的区域政策，进一步细化区域政策单元，增强区域政策的针对性和有效性。

第四，要加快形成全国统一市场特别是要素市场。只有畅通不同地区比较优势的交换，使不同地区的比较优势都充分发挥出来，国民经济整体的效率才能提高，才能收到"一加一大于二"的效果。要实施全国统一的市场准入负面清单制度，消除歧视性和隐性的区域壁垒和城乡壁垒，打破行政性垄断，坚决破除地方保护主义，促进资源和要素在更大范围内自由流动和优化组合，进一步降低市场交易成本。要按照中央的要求，在确保2020年养老保险省级资金统收统支的基础上，加快实现养老保险全国统筹，促进人口的自由迁徙；要探索建立全国性的建设用地、补充耕地指标跨区域交易机制，促进土地的集约节约利用。

第五，要完善财政转移支付制度，充分发挥地方的积极性，更好发挥中央统筹协调作用。要合理划分中央、地方事权，减少专项转移支付，增加一般性转移支付，转移支付要同常住人口挂钩，精确反映不同地区基本公共服务成本上升差异。要加大对重点生态功能区、农产品主产区、困难地区转移支付支持力度，进一步完善生态补偿制度，完善粮食主产区补偿机制。支持政策要坚持激励导向，要有利于促进深化改革扩大开放，有利于促进产业结构调整，有利于促进新旧动能转换。

第六，要加强区域经济合作，创新区域合作方式。区域经济合作大有文章可做。广东之所以转型快，把北京的科研成果拿到广东去产业化，就是一条主要经验；中部地区这几年崛起势头不错，也是主动对接沿海，接受沿海的辐射带动的结果；四川、重庆、贵州、西安等地也是靠产业梯度转移，重塑了竞争优势。要顺应产业转移的大趋势，研究建立东部沿海制造业优先向中西部地区转移的政策，与其向国外转移，不如吸引这些产业转到中西部地区。要进一步优化对口支援、对口帮扶、对口合作机制，助力困难地区加快转型发展。

第二编 西部大开发

关于西部大开发和西部地区农村经济发展的几点思考[*]

（2004 年 9 月 23 日）

这次会议在总结四年西部大开发成绩和经验的基础上，重点研究"十一五"深入推进西部大开发及农村经济发展的基本思路和重大举措，会议开得很好。下面，我讲三个问题。

一、继续推进西部大开发，既要充分肯定成绩，树立信心，又要认识到它是一个长期的过程，充分认识到它的艰巨性和长期性

实施西部大开发，是 1999 年党中央、国务院根据邓小平同志关于两个大局的战略构想，从我国国民经济社会发展进入新阶段的实际情况出发，做出的一个重大的战略决策。推进西部大开发，是促进东中西部协调发展的需要，是改变西部落后面貌、稳定和繁荣边疆地区、少数民族地区的需要，是扩大内需和加强生态治理的需要。如何推进西部大开发，我记得当时提出了五句话，就是以生态建设为切入点，以经济结构调整为主线，以加强基础设施建设为依托，以促进科技进步和人的素质提高为支撑，以改革开放为动力，这五句话构成了实施西部大开发的基本思路。在中

---

[*] 国家发改委农经司在成都召开农村经济发展"十一五"规划编制工作西部地区座谈会，西部地区 12 省（区、市）及兵团发改委领导、基层代表与会。这是作者在座谈会上的讲话，原文载《中国经贸导刊》2005 年第 4 期。收录本书时有删节。

央明确了战略决策以及基本思路以后，国务院在2000年印发《国务院关于实施西部大开发战略若干政策措施的通知》①，为西部大开发提供了有力的政策保障。

经过四年的努力，应该说西部大开发卓有成效，成就斐然。一是西部12个省（区、市）的固定资产投资增长幅度高于全国平均水平。二是西部12省（区、市）经济发展的速度明显加速，和东部增长的速度差距在缩小。三是基础设施建设取得了重要的进展，四年在西部布点了50项重大工程。四是生态建设大规模展开，生态恶化的趋势得到遏制。五是城市职工人均工资、农村农民人均纯收入的增长幅度都高过以往的任何时期。所有这些成就，足以说明中央关于实施西部大开发战略的决策是正确的。

在充分肯定成绩的同时，我们也要清醒地认识到西部大开发的艰巨性和长期性。

第一，西部地区一些重要的经济指标与东部地区相比，相对差距和绝对差距仍然有扩大趋势。先看GDP增长速度，1999~2003年，全国平均是11.4%，东部地区是12.3%，中部是10.4%。西部是11.1%，比中部地区快，但是明显低于东部地区，也低于全国平均水平。西部地区要达到去年东部的人均GDP水平，还需要12年。再看农民人均纯收入增长速度，全国平均是4.36%，东部地区是5.17%，中部地区是3.87%，西部地区是4.10%。以4.1%的增长速度计算，要达到去年东部地区农民人均纯收入的水平，整整需要20年。也就是说，东西部地区的差距，农村比城镇要更大。再看绝对差。人均GDP西部与东部比，1999年的时候差7140元，到2003年这个差距扩大到11122元；农民人均纯收入绝对差距从1897元扩大到2403元。

第二，国民经济的结构性指标也是落后的。首先看城乡结构，

---

① 这个文件首次明确西部大开发政策的适用范围，包括重庆、四川、贵州、云南、西藏、陕西、甘肃、宁夏、青海、新疆、内蒙古、广西等12省（区、市）。

全国平均的城市化率现在是40%左右，而西部的城市化率大概是20%多，相差十几个百分点。再看三次产业结构，在GDP里，第一产业所占的比重，西部地区是19.7%，比全国平均水平高出5个多百分点，大体相当于全国1996年或1997年的水平。再看就业结构，第一产业就业比重，全国是50%，西部地区是60%，相当于全国1990年或1991年的水平。把西部相对全国而言的GDP结构和就业结构对照起来看，你又会发现一个问题，西部的就业水平比GDP水平还低，也就是说，西部第一产业的劳动生产率比全国还低。劳动生产率的落后，在全国产业结构上表现为农业，在地区结构上又特别表现在西部地区。

第三，西部的市场化程度比较低。全国社会商品零售额，西部12省（区、市）所占比重仅有16%，而西部人口占全国的29%。

第四，局部的贫困化程度深。全国现在还有不到3000万的绝对贫困人口，绝大多数在西部。相对贫困人口的绝大多数也在西部。与此相关联，全国文盲和半文盲的比重是11.6%，西部文盲和半文盲的比重是15.2%，甘肃是17%，贵州是20%。

第五，西部的生态状况不容乐观。西部的国土面积占全国的71%，水土流失面积占全国的80%，新增荒漠化面积占全国的90%。大江、大河的源头都在西部，西部是全国生态建设的重点。但总的判断是局部地区好转，总体仍是恶化趋势。

西部地区的优势和潜力是不可忽视的，西部的优势在哪里？一是矿产资源丰富，水能资源占全国的80%，天然气资源已探明的储量占全国的70%，煤炭资源占全国的60%，石油占40%。二是农业资源丰富，种质资源丰富，发展特色农业和优势农产品的优势比较明显。三是市场潜力巨大，差距就是潜力，现在潜力还没有发挥出来，能量还在聚集之中，还没有迸发。

归结起来看，西部地区有潜力、有优势，但目前发展速度还不够快，经济结构、产业结构落后，市场的带动能力还不强，基础设施还是薄弱，还没有进入自我积累、自我发展的良性循环轨道。

正是基于这些情况的分析，我们才说西部大开发是一个长期的过程，是一个艰巨的过程。这个时间之长，恐怕不是3、5年，不是10年、20年，恐怕要以100年来计。为什么这样强调西部大开发的艰巨性和长期性呢，就是为了要把我们自己现在做工作的定位搞清楚，你现在处在一个什么方位、什么水平、什么发展阶段上。中国本来就是一个发展中的国家，经济落后，而中国国内地区间的不平衡性，某种程度上讲，不亚于国家和国家之间的发展差距，真是这样。如果我们把经济发展划分成三个阶段：原始积累阶段、铺筑跑道阶段、经济起飞阶段，我以为东部地区的经济起飞了，中部地区在铺筑跑道，而西部地区仍然要先完成资本原始积累的任务。我深感中国地区间的差距之大，确实需要有一些区域性的政策才行。所以，在精神状态上，既要有必胜的信心——对实现东中西部协调发展充满必胜的信心；同时又要有科学的头脑、冷静的思维、实干的精神。要一代一代地努力下去，积跬步以至千里，集江河已成大海，积小胜为大胜。西部大开发战略不能变，一百年都不能变。中国古人云：凡事靡不有初，鲜克有终。我们希望西部大开发不要虎头蛇尾，这个不要虎头蛇尾的责任在我们身上。怎样才能不虎头蛇尾？兵法上讲，善阵者不战，善战者不败，首先就要把大势看清楚，定位搞准确，这样才能避免走弯路。

二、我们不仅要继续坚持西部大开发，而且要进一步理清思路，更有效率地推进西部大开发

西部大开发的目标是什么？就是实现东中西部的协调发展。什么叫东中西部协调发展？从区域经济学的角度讲，区域经济的协调发展，不是说西部一个省的GDP总量和江苏、浙江比一定要

超过他，一个省的和一个省的 GDP 总量是不可比的，可比的是人均 GDP。就是说，虽然西部这个省的 GDP 总量 100 年后也赶不上东部，但是人口分布是可以调整的，人是可以流动的，人均 GDP 是可以趋向拉平的。美国的西部开发是成功的，虽然美国西部的那些州的 GDP 远远赶不上东部以及西海岸，但是美国各个州之间的人均 GDP 的差距可远远没有我们这么大。"十一五"期间西部经济发展的标尺定在哪儿？西部办有个材料，它的提法是到 2020 年，西部的基础设施要基本适应经济发展需要，特色经济和优势产业基本形成规模，市场竞争力明显提高，科技普及水平和科技能力大幅度提高，生态恶化总体得到显著改善，与东部地区、中部地区差距扩大趋势得到扭转。为了实现这一组目标，我看"十一五"期间的主要任务，就是别让东西差距明显扩大，这可能是"十一五"西部要努力奋斗达到的一个目标。

怎么来加快发展，提高西部大开发的有效性？我想从政府工作角度看，就是要抓重点、抓难点、抓根本、抓改革开放。

抓重点。两层含义，一个是地域分布上讲的重点，另一个是产业分布上讲的重点。为什么要抓重点呢？因为西部地区地域广大，整体的经济发展水平偏低，很多地方似乎看起来有一个东西是亮点，是比较优势，但你要真的着手想把它做大的时候，你会发现缺的东西太多。西部经济的这个特点，我想可以用系统性落后来概括，也类似木桶原理，决定这个木桶能盛多少水的是箍桶的木片中最短的那一根。西部的这个特点决定了，西部大开发绝对不能搞遍地开花，也不可能遍地开花，绝对不能搞整体跨越，也不可能整体跨越。我非常赞同西部办材料中的观点，抓重点，地域上抓三条线，西陇海兰新，这是沿西北的一条线；南面是南贵昆线；中间是长江水道中上游，从重庆到成都到绵阳到乐山。与其撒胡椒面，不如把资源集中起来，集中力量干成一两件大事。这三条线叫什么，叫经济发展的增长极，增长极是增长的带动力量，先把增长极培育起来搞大，然后再带动周边。全国经济是协调发展战略，而西部大开发要有一些非均衡发展的思维，就是说要有重点，叫整体规划，统筹安排，重点突破，以点带面，最终实现全面发展。产业上也要有重点，就是抓优势产业，农业就是抓特色农业。西部农村地区确实有很多好东西，陕西的苹果，宁夏的枸杞子，新疆的棉花，广西的蔗糖，贵州、重庆、四川草食畜牧业，青海和西藏的草原畜牧业，云南的花卉，这里有很多东西都已成气候了。要把特色农业发展起来问题是什么？我觉得是两个问题：第一个规模不够；第二个产业链不长，这是西部地区发展特色农业的两个困难、两个问题。要解决这两个问题，可能发展农业产业化是个出路，就是公司＋基地＋农户。所谓基地建设，就是在不改变农户土地承包权的前提下，统一谋划，实现小群体、大规模，规模就出来了。龙头企业对原料来源不仅有规模的要求，还有一个质量标准的要求，有一个时效性的要求，自然就会把质量标准传输到基地去，这样产业链就拉长了。所以政府要扶持龙头企业，西部特别要扶持龙头企业。

抓难点。"十一五"期间西部地区农业、农村经济发展无非是两大目标，一个是巩固农业的基础，包括粮食安全和农业结构调整；再一个是农民增收。这两件事各有各的难点。就农业发展而言，首先碰到一个如何稳定提高粮食生产能力的问题，这涉及西部地区粮食产需平衡如何定位，如何处理粮食生产与结构调整、生态退耕的关系，关于这个问题，我后面专门讲。相对而言，促进农民增收的任务更加艰巨。农民增收的重点和潜力是非农产业。非农产业的发展无非是两大渠道，一个叫就地转移，就是发展壮大县域经济，发展小城镇和调整乡镇企业结构；另一个叫异地转移，就是外出打工。我们要认真研究县域经济发展问题，同时又要把劳务经济放到一个更加突出重要的位置上。劳动力输出有太多的好处，不仅可以增加务工收入，开阔眼界，增长才干，而且可以扩大当地的农业规模，有相当部分劳动力将来要回乡创业，可以带动当地经济的发展，但他们不会回到土地上，这叫回归故里，但不回归产业。从另一个角度看，发展劳务经济，又是农民自发地对国民收入的一次再分配，不是中央的转移支付，而是通过人的流动来实现地区间资源的优化组合和财富的再分配。据国家统计局的调查，去年农村外出民工1.04亿，占农村劳动力总数4.9亿的21%。劳动力一流动起来，不同地区人均国民收入必然朝着拉平的方向走。劳务经济大有干头，目前的难点，一个是素质低，另一个是受歧视。现在农民工进城都是干城里的脏活、累活，这是农民外出打工的第一阶段，将来要从体力型向技能型转变，往更高层次的劳动力市场提升。中央现在正在抓这两件事，一个是六部委制定了阳光工程，准备用7年时间培训6000万农民工，加大农民工培训力度；再一个就是清理对农民工歧视性的政策，已经有了初步成效。通过一段时间甚至是几年的努力，把这个关键环节突破了，就会带来经济发展全局的一个新面貌。

抓根本。西部大开发工作千头万绪，但是不能头疼医头，脚疼医脚，要始终抓住具有长效机制的事情。一个是交通，西部的交通环境不改善，区域经济就发展不起来，这就是根本大计的事。第二是教育，十年立木百年树人，人的素质不高，什么事都干不成，这也是百年大计。国务院决定西部地区要用5年的时间完成"两基攻坚"，基本普及九年义务教育，基本消灭文盲和半文盲。还有一个根本性的东西要抓住不放，就是改善投资环境。只有投资环境改善了，而且是在地区竞争中改善了，社会资金才能够向你这个地方流入。改善投资环境，首先是观念的转变、作风的转变，要有开放的观念。

抓改革开放。改革开放是西部大开发的动力。西部虽然落后，但是穷则变，变则通，穷则思变，变则通达。西部人在中国的改革开放里是做出过贡献的。比如，贵州、甘肃的包产到户并不比安徽的凤阳县晚；1983年取消人民公社，撤社建乡最早的是四川广汉的向阳镇；工业领域里扩大企业自主权最早的试点也是四川；乡镇企业股份合作制最早的一个案例在甘肃武威的一个村；农村

"四荒"拍卖，最早是陕北；农田小型水利的产权制度改革最早也是四川。我并不是说所有改革都是从西部开始，但是有当一部分的改革是西部人的首创，之后才推广到全国。所以说，西部人本身就有改革创新的传统，并非人们想象的都是封闭自守、观念落后，是有创新精神的。当然，由于种种原因，西部地区改革的步伐还不够快，改革的成效还不是很明显。国家的投资应该进一步向西部倾斜，但是要把改革开放的精神同国家的支持结合起来，才能办成事。强调改革开放，还在于西部经济有这个特点，就是自然经济的成分多，计划经济的成分多，市场经济的成分少。西部农村的许多地方缺乏扩大再生产的能力，这叫自然经济；计划经济色彩浓重，西部的企业80%是国有企业。解决西部问题根本是靠发展，而发展得快不快、好不好，要靠改革，靠开放。经济类型要转变，经济体制、机制也要跟着转变。

三、要正确处理好生态建设，粮食安全和经济发展的关系

这个问题在西部地区有着特殊的重要性。这个关系处理不好，会直接妨碍西部大开发的步伐和效果。从退耕还林的实践看，存在着两种思想倾向。一种倾向，争退耕还林指标，一味要扩大规模；还有一种倾向，总觉得谁抓生态建设谁吃亏，好像这个生态建设是硬加给西部的一个任务，是西部的同志在为全国、东部做牺牲。因为有这样一些思想，所以我才想到西部开发有一个生态建设、粮食安全与经济发展的关系问题。

怎么处理好这三者的关系？第一，生态建设是前提。没有一个好的生态，相反，生态环境在不断遭到破坏，怎么能期望经济能有一个好的发展？过去我们确实走了一段弯路，为了吃饭、建设，破坏了生态环境，现在不得不为我们以前做的事情还债。今后的西部开发，经济发展必须把生态保护作为前提，以不损害生

态环境为前提，不要再让生态为经济发展付出代价。这不仅是全国的需要，东中部地区的需要，也是西部的需要。比如，全国五大草原都在西部，大片的草原既是生产资料，又是生态屏障，不把退耕还林、退牧还草、生态建设搞好，皮之不存，毛将焉附？所以，不能说我这生态建设就是为别人作贡献，这同时也是为你自己啊。当然，加强生态建设，要处理好近期收益和长期收益的关系，在这一点上，国家要支持。

第二，粮食安全是基础。如果要是没有粮食，人的肚皮是空的，那可就不管你什么生态不生态了，还得砍树开荒种粮。所以一定要在退耕还林等生态建设中，把粮食安全问题同步解决好。非常现实和迫切的任务，就是在退耕还林区，要把基本口粮田建好。西北是一亩到二亩，西南是至少半亩。西部地区人均粮食占有量常年平均350公斤，这个水平是低于全国平均水平的，恐怕不能比这个水平再低了。不能期望将来西部地区的粮食大量地靠中部地区调，交通条件都不允许。西部诸省，包括西北和西南，应该基本实现粮食的平衡，少量调入可以，品种调剂可以。因此，正确的思路应该是，一方面要把生态保护好，该还林的还林，该还草的还草；另一方面，又要把基本农田建设好，通过提高单位面积产量，来巩固更大面积的生态建设的成果。政府投资要注意到西部稳定提高粮食生产能力的需求。

第三，经济发展是主线。经济发展是生态建设和粮食安全的保证，你没钱搞什么生态建设？你没钱怎么能确保国家粮食安全？所以西部大开发务必要处理好这三者之间的关系，国家也应制定有利于让这三者保持协调的政策，偏向任何一个方面，都有可能带来很大的负面影响，都会影响政策的连续性和稳定性。西部办提出退耕还林"五结合"，结合基本农田建设、农村能源建设、后续产业发展、生态移民和封山禁牧舍饲，要下气力把这个工作抓好。

关于促进宁夏经济社会发展的几个问题[*]

（2007 年 11 月 25 日）

国务院有关部委、有关单位的同志，分三批历时 15 天，对宁夏经济社会发展问题进行了比较深入全面的调查研究。通过调研，我们确实感到在自治区党委、政府的坚强领导下，宁夏经济社会发展取得了非常显著的成绩；同时也深深感到，宁夏作为"老、少、边、穷"地区，它的进一步发展还面临着许多急迫需要解决，而且解决起来难度也较大的问题。我想借此机会从三个方面向自治区领导做一个汇报。一是对促进宁夏回族自治区经济社会又好又快发展的重要性、必要性和紧迫性的认识；二是对促进宁夏回族自治区经济社会又好又快发展的基本思路和目标的考虑；三是对如何解决南部山区和中部干旱带问题的看法。

一、对促进宁夏回族自治区经济社会又好又快发展的重要性、必要性和紧迫性的认识

改革开放以来特别是西部大开发以来，宁夏回族自治区经济社会发展的整个态势是好的。尤其是"十五"规划以来，是宁夏经济发展速度最快、城乡面貌变化最大、老百姓得到实惠最多的

---

[*] 这是国家部委调研组在宁夏实地调研结束后，与自治区党委政府交换意见时作者的讲话。在这次调研基础上起草了相关文件。2008 年 9 月，国务院印发《关于进一步促进宁夏经济社会发展的若干意见》。

时期。主要表现在以下六个方面：

一是经济发展提速。这六年自治区的GDP年均增长率达到11.3%，财政收入年均增长率达到20%以上。二是优势产业的开发已经起步，而且颇成气候。以宁东开发区为代表的优势煤炭资源的开发和转化，还有比较独特的钽、铌、铍、镁等新材料工业的兴起，以及优势农牧业资源的开发等，都在逐步形成自治区的支柱产业，为今后的发展打下了一个很好的基础。三是基础设施建设得到了空前加强。刚竣工的沙坡头水利枢纽是西部大开发十大标志性工程之一，还有太中银铁路，已开工建设；高速公路里程不断增加，通乡公路、通达工程在西部地区名列前茅；电网建设也很有进展。四是生态环境改善是这几年发展的一个亮点。全国都在搞退耕还林、退牧还草，但宁夏是第一个提出在全区实行围栏封育、舍饲圈养的省份。这次实地看了一下，没有看到漫山遍野的羊只，草也长起来了，水土流失、草场沙化局部得到了遏制。五是民生得到了改善。我在九十年代初来过宁夏，去过南部山区和中部干旱带，去年又到了同心县的李家山村，看到宁夏老百姓确实很苦。这些年来，宁夏集中力量解决中部干旱带和南部山区问题，老百姓虽然日子还是苦，但是全区农民人均收入增长幅度已经连续三年高于全国平均水平，这非常了不起，是个非常大的成绩。浙江农民收入增长也很快，但不可比，因为起点不一样，面临的困难和问题不一样。六是宁夏改革开放的意识很强。不要瞧宁夏回族自治区面积小、人口少，但宁夏的许多改革是走在全国前面的。如化解乡村负债问题，自治区是动了真格的。又如粮食流通体制改革，宁夏率先解决老粮、老人、老账"三老"问题，不容易，这是国有企业改革的一个难点。总之，宁夏应该是处在历史上发展的最好时期，为进一步的发展打下了一个很好的基础。这离不开党中央、国务院的关心和正确领导，也离不开自治区党委、政府的坚强领导和广大干部群众的艰苦奋斗。

展望未来发展，我以为首先要认清宁夏区情。我初步考虑，能不能说宁夏发展有三大优势、四大制约。哪三大优势呢？第一大优势是能源和一些稀有的有色矿产资源。宁夏有300多亿吨煤的探明储量，主要集中在宁东，储量大、品位高，水、煤资源组合好，后续产业如煤化工产品的链条可以拉得很长，这是宁夏的一大优势。宁东地区的开发可以"再造一个宁夏"，是宁夏实现跨越式发展的基础。第二大优势是土地、光热和特色农产品的优势。宁夏是我国少数几个人均土地比较宽裕的地方之一，人均2.8亩耕地。从总量上讲，如果水的条件能跟上，宁夏的后备土地还可以开发上千万亩，是全国少数几个土地后备资源上千万亩的省区之一。光照时间长，积温高。农产品确实很有特色，像枸杞子、滩羊、马铃薯、中部圆枣、压砂西瓜。宁夏的瓜果菜都打到中亚去了，有优势。第三大优势是旅游资源。宁夏既有黄河风情，又有大漠风光，有祖宗留下来的丰厚的人文遗产，有沙坡头这个全国少有的五A级沙漠旅游区，旅游资源开发还大有潜力。

有哪四大制约呢？首推水资源。水对宁夏的重要性不言而喻。所谓"天下黄河富宁夏"是因为有水；所谓"苦瘠甲于天下"也是因为没有水。将来宁夏发展的方方面面，包括改善民生，也包括宁东开发区下一步怎么往前走，都面临水的问题。第二个是交通滞后，离目标市场偏远。将来许多工业产品、农产品开发出来，它的消费市场和下游产业不一定在西北，要到东南去，而出省通道不能满足要求。第三个是生态脆弱。宁夏的水土流失面积和沙化半沙化面积占到国土面积的一半以上，宁夏的森林覆盖率只有百分之八点几，宁夏的环境容量和现在以重工业为主体的工业化推进方略相比，显得还不够相称。宁夏每万元GDP消耗约4个标准煤，能耗高，排污量大，如果处理不好，将是一个很大的制约因素。第四个是人才问题。应该说自治区近几年教育事业发展有了长足的进步。许多指标，如中小学生的入学率、辍学率，中学的毛入学率、大学的毛入学率大体都排在西部省区的前列。但是标志人才的最重要的指标，像人均受教育年限，万人拥有的科技人员的数量，还低于全国平均水平。我们到盐池县一个乡的中心卫生院，那里的院长反映，最大的问题是留不住人，医生都跑到县城去了；而县里的同志又反映，县里的优秀人才都跑到银川去了。我了解到，全自治区只有一个院士，人才留不住。这里还不是人才"高地"，而是"洼地"，这是一大制约。

总体来看，宁夏处在什么阶段呢？我认为宁夏经济社会发展仍然处在一个奋力爬坡的阶段。虽然这几年经济发展速度比较快，但与东部地区相比，与全国平均水平相比，差距还在扩大。比如宁夏的人均 GDP，1978 年是 365.6 元，居全国各省（区、市）的第 10 位；1990 年是 1392 元，滑到第 19 位；2000 年是 5376 元，处于第 21 位；到 2006 年，宁夏的人均 GDP 达到 11847 元，但位次为第 22 位。28 年间，从第 10 位滑到第 22 位，发展能不紧迫吗？尤其是中部干旱带和南部山区问题，是宁夏发展的重中之重，难中之难，这一区域的问题不解决，就会拖累整个宁夏的发展。因此，我理解，国务院领导提出要对宁夏问题进行深入全面的调查研究，提出指导意见和政策措施，加快宁夏经济社会发展，是有着很强的针对性的。我认为，加快宁夏经济社会发展的重要性，主要体现在以下四个方面：

一是深入实施西部大开发战略，促进区域协调发展的需要。在科学发展观的指导下，中央提出区域协调发展战略，这几年中西部地区加快发展，与东部地区发展相对差距在缩小。在这个背景下，宁夏不能再往下滑了，宁夏要提速，宁夏的发展要与国家的整体发展有一个更协调的速度。二是发挥宁夏的比较优势，合理开发资源，支持国民经济全局发展的需要。宁夏有很多优势资源，开发出来，对于支撑全局的经济社会发展有着重要意义。不仅是能源资源，还有其他优势农产品资源、旅游资源的开发，潜力很大，应该在西部大开发中给予恰当的定位。三是改善民生，特别是解决中部干旱带和南部山区问题，加快小康建设步伐的需要。关于这个问题我下面还要专门讲。四是促进民族团结和睦，共建和谐社会的需要。这次到同心县，了解到韦州镇有人参与贩毒，是贩毒的重灾区。这里面有汉族，也有回族。他为什么铤而走险去贩毒？说到底，还是被贫穷逼的。要铲除毒品，构建和谐社会，首先要解决贫困问题。所谓加快宁夏发展，很大程度上就是要解决宁夏中南部回汉群众的困难问题、贫困问题。不加快发展，民族团结就难以巩固，就难以实现和谐繁荣。

二、对促进宁夏回族自治区经济社会又好又快发展基本思路和目标的考虑

我认真学习了宁夏回族自治区《"十一五"规划纲要》和其他一些文献，对宁夏同志对今后发展的指导思想、基本原则、目标和战略任务的安排均表赞同。下面，结合这次调研的一些体会，提出一些想法和同志们一起研究。

关于指导思想。宁夏回族自治区认真贯彻党的十七大精神，以邓小平理论和"三个代表"重要思想为指导，按照科学发展观和构建和谐社会的总体要求，促进宁夏经济社会又好又快发展，就要抓住关键问题，力争有所突破。在指导思想上，如何表述今后工作的着力点呢？结合这次调研的体会，我想提出"四个着力"，看看行不行。第一个是着力推进优势资源开发，提高自我发展能力。这里我指的主要是宁东，只有把煤炭等资源优势转化为经济优势，才能有效增强宁夏自我发展能力。第二个是着力转变发展方式，提高资源利用效率和发展质量。这里暗含的意思主要是节水和自主创新。第三个是着力解决南部山区和中部干旱带的民生问题，促进自治区内的区域间协调发展。区域发展不平衡是宁夏的一大区情，必须解决。第四个是着力加快社会事业的发展，为整体发展提供切实的保障，包括人才、教育、科技、卫生等。

关于发展的原则。宁吉喆同志在前次交换意见的时候讲了几条，我在这个基础上换一个说法，提出发展中应遵循的"四个结

合"，切不切合实际，也需要斟酌。第一个是把资源开发、改善民生与生态保护结合起来。从中西部其他省区的经验看，这三个结合不是一件容易做到的事，但又处在发展战略的核心位置，必须处理好。第二个是把解决好当前急迫需要解决的问题与长远发展结合起来。比如中部老百姓的饮水困难问题就是迫切要解决的问题，但解决起来不那么容易，必须统筹规划，分步实施。宁东的开发，也要有计划有步骤地进行。第三个是把切实转变发展方式同进一步深化改革和扩大开放结合起来。宁夏发展的某些方面还是粗放的，比如水的节约利用、能耗的下降、产业链拉长等，要转变发展方式。宁夏在改革方面很多领域是领先的，将来还得扩大开放，包括向周边省区的开放，向中东国家的开放，这是有优势的。第四个是把立足自力更生、艰苦奋斗同国家加大扶持力度结合起来。这是关于发展应该遵循的一些基本原则，可以再斟酌。

关于发展目标。自治区在"十一五"规划纲要中提出，宁夏在"十一五"以及今后一个时期要实现跨越式发展。我认为可以考虑"跨越式发展"这个提法。为什么呢？一是要实现2020年全面小康的目标，全国要翻两倍，而宁夏的GDP年均增长速度要达到13%，大概要再翻2.46倍，发展的任务很重。二是从可能上讲，考虑到如果宁东开发区能够加快发展，真正实现再造一个宁夏的话，那么实现跨越式发展确实有这个基础条件。三是宁夏块头小，如果各方面政策得当、支持到位，完全有加快发展的条件和可能。

关于发展战略的安排。宁夏同志提到要重点抓好四项工作，即工业强区战略、新农村建设、统筹区域发展和大力推进自主创新。我想了一下，结合我对宁夏的认识，想提出"四大战略"，和宁夏同志的提法大同小异，略有差别。一是以宁东开发为重点的优势资源开发转换战略。这和工业强区战略大同小异，但更强调优势资源的利用。在这个战略里要解决的问题，有同志提出了一些意见和建议，比如在"压小"方面还要再加大力度、一个矿区最好有一个矿主,还有宁东开发一定要坚持高起点等,这些意见我都是赞同的。二是以优化水资源配置为重点的可持续发展战略。这个提法不一定准确,但我很看重宁夏的水问题,包括北部灌区节水,还大有潜力;中部干旱带调水,以及南部山区的开源节流,只有把水安排好了,宁夏的发展才可持续。三是以解决中南部民生问题为重点的区域协调发展战略。关于这个问题,我待会儿要重点讲一下。四是以加强基础教育和职业教育为重点的科教兴宁战略,或者叫人才战略。这四大战略和刚才讲的四个着力点是相互呼应的,和前面讲的优势和制约因素也有内在联系。

三、对解决南部山区和中部干旱带民生问题的看法

宁夏南部山区和中部干旱带,包括中南部的八县一区。这块地方占宁夏国土面积的3/4,人口占一半左右。特点是干旱少雨,沟壑纵横,土多水少,资源匹配不好,老百姓饮水异常困难,农民收入低下,又是回族聚居区,是全国18个连片贫困区之一。这次去看了,连续10年干旱,真可以说是赤地千里,有的老百姓家里家徒四壁。与全国其他一些地方的贫困情况相比,应该说宁夏南部山区和中部干旱带的贫困深度和扶贫难度非常突出、相当之大。从20世纪70年代末解决"三西"问题起步,到现在已经奋斗了30年,这个地带的面貌和老百姓的生活状况有所改善,但问题还没有从根本上解决。

我刚才讲,解决中南部八县一区问题是促进宁夏经济社会又好又快发展的重中之重、难中之难。如果说宁东开发区已经蓄势待发,就是扶上马、送一程的问题,那么中南部八县一区的问题,如果没有政府的有力介入,恐怕很难解开这个扣。如何破解中南部的难题呢?这次来宁夏调研,最最关心的就是这个问题,看了不少材料,与水利厅厅长座谈,到实地考察,也与中部县乡基层干部交换了意见。同心县的县委书记很爽快,他说解决南部山区问

题就是一个字,"调"。受他的启发,我把自己的思路整理了一下,我说解决南部山区和中部干旱带问题的思路,就是"三调一改"。

一是"调水"。中部干旱带年降水 100 多最多 200 毫米,地下水匮乏,只能靠区域外调水。目前中部干旱带有四大扬黄工程,即固原扬黄工程、固原扶贫扬黄工程、红寺堡扬黄工程和盐环定扬黄工程,总调水 6.6 亿立方米。现在的问题,其一,解决中南部农村饮水安全问题,还要上七个重点水利工程以及盐环定的续建配套改造。七大工程 3.9 亿元投资,国家发改委已经批了 2 个亿,剩下的项目我们抓紧批。自治区提出的其他项目还要再深化论证。其二,运行成本高。扬程低的 100 多米,高的 300 多米,几级泵站提水,调一方水仅电费成本就要一块多。这两点决定了中部调黄河水必须精心谋划、科学论证,精心管理、高效利用。

这里顺带讲一下大柳树工程。这次考察对大柳树有了新的认识。它的功能不仅在下游的防洪防凌、冲沙减淤,以及通过解决上游电调度与水调度的矛盾形成反调节,还有发电效益等,我看大柳树工程对宁夏最重要的作用和效益就是可以把水位抬高 100 米,这样扬黄工程高扬程可以变成低扬程,低扬程可以变成自流。这个收益现在还没有细算账,我认为是巨大的收益。这次宁夏的同志提出,能不能在大柳树问题上有一个阶段性的推进,希望尽早把方案定下来。这次我们有个组专门研究这个问题。这里我表个态,回去以后请有关方面好好再谈一次,看能不能往前迈进一步。当然也要看到这个事情的复杂性,主要是大柳树水利枢纽的定位以及两省的利益关系问题。

二是"调结构"。调水上去以后,除了重点解决人畜饮水,还有一个相应的农业结构调整问题。中部引黄调来的水金贵得很,中部水的机会成本比灌区要高出很多,不适宜大面积搞春小麦、燕麦等一般的作物。水利用系数一定要提高。我很赞同水利厅提出来的补灌工程,通过补灌工程调整农业结构,搞高效农业、设施农业,发展大棚蔬菜瓜果,听说效益不错,也有市场需求。一个大棚一亩地，造价是2.5万~2.7万元，按照自治区农牧厅的规划，全区搞100万个大棚，就是250亿元，其中在中部山区搞50万个大棚，那也需要125亿元。在宁夏北部搞大棚，农民的投资能力强一点，在中部搞大棚，就需要政府给点扶持。建国书记、正伟主席向总理汇报的五个问题中有一个农村金融问题，估计你们考虑的就是在中部发展高效农业，商业银行却从县里撤走了，没有金融支持不行。我们到基层调查，农民也说拿不到贷款。但是另一个方面的调查又反映，有些农民种压砂西瓜赚了钱不及时还贷，这个事要好好研究一下。与农业结构调整相关的还有技术服务、市场营销要跟上，山东寿光派农民技术员来指导，这个办法好。

三是"调人"，就是生态移民。"调水"是水随人走，"调人"是人随水走，要区别不同情况，把两者结合起来，自治区规划南部山区和中部干旱带整个要移民20万人。把20万人从不适宜生存的地方移出来，再和高效农业匹配上，这个基本思路我是赞同的。我们跑了同心县王团镇刘家川村和盐池县王乐井乡边际洼村，老百姓穷得一塌糊涂，人均收入只有800多元。其中一半靠退耕还林补贴，一半靠家里的劳动力外出打工，农业几年来基本没收成。家家户户门不上锁，因为没什么好偷的，但水窖都要上锁，怕别人偷水，这是我第一次见水窖上锁。这种地方没有生存条件，不搬不行。我问到的老百姓，积极性都很高，争先恐后地要搬。但要搬，整个动用资金量相当之大。我们到同心县惠安新村看，每户54平方米的房子，造价1.94万元。如果按照我们现在移民搬迁的扶持力度，人均补5000元，户均2万元，大体能把房子建起来。20万人，就需要10亿元。更重要的是搬迁后的长远生计问题要解决好，刚才讲的发展大棚设施农业，发展补灌马铃薯、压砂西瓜是一条路，还有就是发展劳务经济，组织外出打工。一定要认识到，调水、调农业结构，特别是调人，这意味着千百年来生产生活方式的根本转变，一定要统筹规划，分步实施，财政予以适当补助，金融要予以支持，这里面有一系列问题需要好好研究。

"一改"是改革水利管理体制。现在宁夏青铜峡、卫宁灌区平均农业水价2.4分，内蒙古后套农业用水每方水价4.2分，黄河流域平均农业用水水价一毛钱。水在宁夏这么金贵，但是价格机制不到位。虽然成立了用水协会，建设了一些节水的设施，但主要还是大水漫灌。汉渠、唐渠老化失修，水到处跑冒滴漏，水的利用系数只有0.38，比全国平均水平至少低10个百分点。中部山区也有节水问题，目前盐环定工程送上去的水，节水力度还不够，有的地方还是大水漫灌，这种漫灌的成本太大。整个中部扬黄工程每年耗电10亿度，宁夏区内平均电价0.32~0.37元/度，而扬黄工程电价仅六七分钱，每度电要贴3毛。谁贴呢？不是自治区财政贴，而是电网公司把它均摊到工业、城镇用电电价上去了，这倒是体现了工业反哺农业，但同志们要认识到中部用水是以很高的代价换来的，一定要把水管好、用好。这次看了盐环定13级泵站里的一处，渠道老化，设备受损，没有维护的钱，一个泵站每年缺运行经费上百万。我刚才讲，回去赶快研究盐环定续建工程、十一泵站以后改造工程等，可以批的尽快批，但是有一个前提条件必须解决，就是这四大扬黄工程的管理体制要完善，否则即便改建新建了，渠道衬砌了，如果运行经费不到位，将来还是要失修损坏，还得再掏一笔钱。水对宁夏的重要性毋庸置疑，但我认为自治区的水管改革还没有走在全国前面。对水管体制，包括水价机制，要好好动动脑筋。目前，宁夏93%的用水是在农业上。黄河水只能是越来越紧张，将来自治区的用水结构要大调，更多的水要配备到城镇和工业上去，农业用水要大大调下来。农业不下大力气节水，不足以支撑未来宁夏的发展。我赞同搞水权置换，一定要充分运用水权置换的机制。现在宁东已经买了3000万方的水了，每方水价格3块钱，实际到位价格应该是7块钱。按工业买水每方7块钱算，调过去8亿方水，就是56亿元，可以解决水利工程建设以及节水设施建设投入不足的问题。

这是算大账，国家支持的还是要支持。

最后，我代表调研组全体同志对宁夏各级党委、政府热情的接待和周到的安排，表示深深的感谢。下一步，我们会继续以认真负责的态度，讲政治，带感情，把文件起草好，我们有这个信心。

支持广西北部湾经济区开放开发[*]

(2008年2月28日)

广西北部湾经济区区位优势明显，战略地位重要。去年以来，按照国务院的要求，发改委会同有关部门和广西壮族自治区共同编制了《广西北部湾经济区发展规划》。我们认为，编制和实施这一规划，具有十分重要的意义。今年1月，经国务院批准，发改委印发了《广西北部湾经济区发展规划》。国家发改委将一如既往地支持广西北部湾经济区开放开发，使其尽快成为沿海发展新一极，充分发挥辐射带动功能，为推动全国区域协调发展、提升整体对外开放水平做出更大的贡献。

一是加强宏观指导。《广西北部湾经济区发展规划》明确了产业发展、基础设施、生态环境和开放合作等方面的重点。我们将会同国务院有关部门，指导和帮助广西壮族自治区抓紧研究制定实施方案，进一步细化、实化具体措施。重点是：根据广西北部湾经济区的独特优势，研究提出加强与东盟国家和泛北部湾地区合作的具体措施，深化合作领域，提高合作水平；针对广西北部湾经济区发展中面临的突出问题，研究提出推进交通基础设施建设、完善产业体系和布局的具体措施，改善发展环境，提高产业竞争力；按照贯彻落实科学发展观的要求，研究提出建设资源节约型、环境友好型社会的具体措施，确保在开放开发中合理利

---

[*] 2008年1月，经国务院批准，国家发改委印发《广西北部湾经济区发展规划》。广西壮族自治区在北京举办《规划》介绍会，这是作者在介绍会上代表国家发改委的发言。

用土地等资源，切实保护好生态环境；按照完善社会主义市场经济体制的需要，研究提出鼓励体制机制创新的具体措施，为加快开放开发提供强大动力和体制保障等。

二是加强统筹协调。《广西北部湾经济区发展规划》的实施主要靠广西自身的力量，也离不开国家有关部门和周边省市的支持和帮助。我委将积极帮助协调落实规划提出的国家支持政策，包括重大项目布局、基础设施建设、金融发展、开放合作等。同时，我委还将加大协调力度，推动广西北部湾经济区与周边地区开展全方位、多领域的联合协作，主动承接粤港澳产业、资金、技术转移和辐射，加强与粤湘黔滇周边省交通、物流、旅游、能源资源开发、环境保护等领域的合作，进一步深化泛珠三角区域经济合作，实现优势互补、相互促进、共同发展。

三是加大支持力度。根据我委的职能，我们将着重在有关规划、重大项目布局及项目审批、核准、备案等方面给予必要的支持。同时，将支持北部湾经济区在符合条件的地区设立保税港区、综合保税区和保税物流中心，拓展出口加工区保税物流功能；支持在北部湾地区探索设立产业投资基金和创业投资企业，扩大企业债券发行规模，支持符合条件的企业发行企业债券；支持广西北部湾经济区在国际区域合作体制创新方面先行先试，允许采取一些便捷的措施和特殊政策，促进国际区域经济合作区建设。此外，根据开放开发的需要，我们还将适时研究提出其他相关支持政策措施。

四是加强评估监督。我们将会同有关方面，尽快研究建立规划实施的监督和评估机制，保证严格按照规划确定的空间布局和发展重点进行开发建设，切实保护土地和生态环境；根据需要组织开展规划实施的分析和评估工作，评估规划实施的效果，针对出现的新情况、新问题，研究提出修改完善规划的建议。

主动应对国际金融危机挑战
进一步理清西部大开发基本思路[*]

（2009年2月17日）

这次会议是在国际金融危机影响进一步向西部地区蔓延、西部大开发面临新挑战的背景下召开的，对于研判当前形势、理清下一阶段工作思路，使西部大开发继续保持平稳较快发展势头，很有必要。

一、充分估计国际金融危机对西部地区的影响

2008年，无论是对全国还是对西部地区而言，都是极不平凡、极不寻常的一年。从年初应对低温雨雪冰冻灾害，到"5·12"汶川地震，以及四季度以来国际金融危机带来的阵阵寒意，西部地区经受住了一次又一次重大考验，保持了西部大开发的良好势头和平稳较快发展的局面。

从经济增长看，初步测算，2008年西部地区生产总值超过57000亿元，同比增长12.3%（西部各省、区、市加总预计数），虽然比2007年回落了2.3个百分点，但仍高于2000~2007年11.6%的平均增速。其中，内蒙古增长17.5%，陕西增长15.6%，重庆增长14.3%。规模以上工业增加值同比增长15.0%，增幅回落4.6个百分点，但高于东部地区3.4个百分点。实现地方财政

---

[*] 这是在北京召开的国家发改委系统西部开发工作座谈会上的讲话，西部地区12省（区、市）及兵团，以及东北、中部部分省发改委负责同志出席会议。

收入5159亿元，同比增长26.4%，高于全国平均水平4.8个百分点。

从扩大需求看，完成城镇固定资产投资32665亿元，同比增长26.7%，增幅回落1.5个百分点，高于东部地区5.4个百分点。1～11月累计实现社会消费品零售总额17292亿元，同比增长22.4%。1～11月，实现进出口总额988亿美元，同比增长40.4%，高于全国平均水平19.5个百分点。实际利用外资总额66亿美元，同比增长79.8%，是西部大开发以来最快的一年，其中，重庆增长126.4%，四川增长104.9%。

另一方面，我们也要清醒地认识到，从去年第四季度以来，西部地区已渐次受到国际金融危机的影响，保持西部大开发的良好势头已成为当前工作中的第一要务。

一是经济发展各项主要指标出现全面下滑。纵观西部地区全年经济运行情况，前三季度保持高位增长，进入四季度后出现明显下降。如地方财政收入从前三季度同比增长29.7%下降到1～11月的26.5%，其中，11月当月同比增长6.1%；进出口总额从前三季度同比增长46.9%下降到1～11月的40.4%，其中，11月当月同比增长5.1%；城镇固定资产投资从前三季度同比增长29.5%下降到1～11月的27.6%，其中，11月当月同比增长19.7%。

二是工业成为受冲击最严重的部门，部分企业出现经营困难。1～11月，西部地区规模以上亏损企业亏损总额达878.3亿元，同比增长208.3%，高于全国26.6个百分点。部分企业减产、限产甚至濒临倒闭的现象开始出现，一些地区用电出现较大幅度下降。如内蒙古自进入9月份以来工业增加值增速逐月下滑，10月份同比增长20.3%，增幅比9月份回落8.4个百分点，11月份同比增长9.8%，比10月份回落10.5个百分点；11月当月全社会用电量同比下降29.3%，电网负荷从5月份最高1029万千瓦，下降到11月份的630万千瓦。

三是农民工大量返乡，就业矛盾十分突出。西部不少地区是劳务输出大省，去年年底前出现农民工提前返乡潮，春节过后，有相当数量的农民工由于原来企业倒闭或难以找到新的工作而滞留农村。根据农业部测算，全国大约有2000万人受到影响，我估计其中西部地区要占到一半以上。

当前，国际金融危机仍未见底，对实体经济的影响还在不断加深，今后一段时间世界经济形势可能会更加严峻。据国际货币基金组织预测，2009年世界经济增长率将放慢到二战以来的最低点，预计今年美国、欧元区、英国、日本经济分别下降0.7%、0.5%、1.3%和0.2%，全球贸易将出现历史罕见的负增长。在全球经济一体化的大背景下，中国经济也很难独善其身，如今年1月，全国财政收入同比下降17.1%，创下2004年以来我国财政收入单月同比最大降幅；外贸进出口同比下降29%，其中出口连续三个月出现负增长。

世界经济和贸易什么时候能够回升还存在很多不确定因素，特别是在实体经济受损、市场信心不足的情况下，世界经济复苏可能是一个缓慢的过程。对世界宏观经济的走向，经济学界主要存在四种观点。最乐观地认为将呈"V"型走势，即下降快、回升也快。第二种认为将呈"U"型走势，即下降后，在谷底徘徊一段时间后回升。第三种认为将呈"W"型走势，即第一次下行没有到底，短暂反弹后再次下滑探底，然后才能回升。最悲观的则认为呈"L"型走势，即经济下滑后将在谷底徘徊相当长的一段时间。我认为至少要做"U"或"W"型走势的准备，宁可把危机对我们的影响估计得更加充分一些，把恢复经济的时间估计得更加长一些，把各项应对工作做得更扎实一些，只有这样，我们才能掌握工作的主动权。

现在有的同志认为，国际金融危机主要冲击的是东部沿海外向型程度高的地区，对西部地区的影响比较小。我认为这种观点值得商榷。从影响的时间上看，东部地区首当其冲，西部地区确实存在一定的滞后性。如去年九月份我到广东省调研，那时东莞市1.9万家外资企业，已经有三分之一出现经营亏损，财政收入出现负增长，随后我到广西，广西经济的各项指标仍保持比较高的增长速度；到今年二月份再次到广西调研，广西的财政收入一月份首次出现了负增长，大体上比广东迟滞3～5个月。虽然在时间上有一定的迟滞，但是从整个周期来看，受影响最大的恐怕还是西部地区，西部地区要战胜这场危机需要付出更多的努力。这是因为：

一是西部地区经济体量小、市场半径小、生产方式粗放、产品竞争力不强、自我调整能力和回旋余地比东部地区要小。东部地区经过多年的发展，具备一定的经济实力和发展基础，可以比较从容地应对危机。特别要注意到，东部沿海发达省份正积极引导企业从外向出口型为主转为主攻国内市场，这对竞争力较弱的西部企业势必构成新的压力。

二是西部地区工业结构以资源加工型产品为主，刚刚进入工业化初级阶段，处于产业链的低端。受国际原材料市场大幅波动影响，煤炭、石油、有色金属、铁矿石、木材等初级产品价格大幅下跌，直接影响到西部企业效益。虽然去年四季度国家实行扩大内需的政策后，部分产品的价格稳住了，有些产品如钢铁线材还略有上升，但是整体价格还处于较低水平。特别是一些资源加工型企业，在原材料价格较高的时候进货，现在又遇到制成品价格大跌，两头一挤，企业流动资金出现了严重困难。

三是就业等民生问题在西部地区更加突出。对东部地区而言，外来务工人员是调节就业压力的蓄水池，经济形势好，大量就业岗位由外来务工人员填补；经济形势不好，企业裁员首先裁掉的就是外来务工人员。因此，农民工等外来务工人员的就业问题，最终还是要由西部地区来解决。西部地区财力薄弱，解决民生问题、保持社会稳定的矛盾更为突出。

综上所述，我认为，西部地区面临的困难更加突出，需要付出的努力更加艰辛。因此,我们工作的基点就不能建立在过于乐观的判断上,要从坏处着眼,往好处努力,只有这样才能争取工作的主动性。

应对国际金融危机挑战,中央及时对宏观政策进行了调整,主动实施宽松的货币政策和积极的财政政策,出台了一系列扩大内需的果断措施。国家在扩大投资、刺激消费方面,在放松银根增加流动性方面,在稳定出口市场方面,在解决民生等突出问题方面,在调整和振兴十大产业方面,在加大结构调整和节能减排力度以及灾后恢复重建等方面,都已经并将继续采取一系列政策措施。西部各省(区、市)一定要把思想统一到中央的判断上来,把行动统一到中央的部署上来,要把中央关于"保增长、防风险、调结构、抓改革、重民生、促稳定"等一系列方针政策真正落到实处,这是我们当前的首要任务。

在困难面前,我们既要看到挑战也要看到机遇。一是中央投资将会继续向西部地区倾斜,在新增国债、增加固定资产投资中我们仍将贯彻这一方针。二是应对国际金融危机的过程也是调整产业结构的过程,东部地区产业向西部地区转移的步伐势必不断加快。我在广西梧州、玉林调研时看到,从广东转移过来的企业还是不少的。西部地区,特别是成渝、关中—天水等重点经济区,要主动做好迎接产业转移的工作。三是有些领域改革的步伐将会加快。如出台对西部地区具有重要意义的资源型产品价格、税费体制改革,目前处于比较好的时机。四是在市场倒逼机制作用下,可以加快推进产业升级换代。改革开放30年来,我国经历了两次通货膨胀,两次通货紧缩。经验表明,每一次通货膨胀或通货紧缩后,国民经济发展就会迈上一个新的台阶。

战胜困难,要具备坚定的信心。正如温家宝总理在世界经济论坛年会上讲话时指出的那样,坚定信心是战胜危机的力量源泉。这信心来源于中国经济发展的基本面没有改变,来源于中国经济发展的长期趋势没有改变，来源于中国经济发展的优势没有改变。总理讲话既是针对全国的，也同样适用于西部地区。面对挑战，只要有必胜的信心和积极的态度，扎实做好各项工作，就一定能够逆势而上，化危为机，继续保持西部大开发的良好势头，巩固和发展西部大开发九年来来之不易的好局面。

二、关于理清思路、统筹谋划西部大开发长远发展问题

实施西部大开发，加快中西部地区发展，是党中央、国务院按照小平同志"两个大局"的思想，面向新世纪作出的重大战略决策，是促进区域发展总体战略的重要组成部分，更是一项跨世纪的伟大工程。实施西部大开发以来的九年，是新中国成立以来西部地区经济增长最快、发展质量最好、综合实力提高最为显著、城乡面貌变化最大、人民群众得到实惠最多的时期。实施西部大开发，凝聚了党心和民心，使西部地区各族群众与全国人民一起共享了我国改革开放取得的丰硕成果，看到了光明的发展前景。

这些成就充分证明，党中央、国务院实施西部大开发的决策是完全正确、深得人心的，我们任何时候都没有理由对这一决策产生动摇，更没有理由放弃这一决策。温家宝总理前一段时间在重庆调研时讲过，西部大开发政策不能变、不应变、也不会变。我理解，西部大开发政策不变的决断。首先，来自西部大开发的重大意义。实施西部大开发，有着多重的重大意义。从经济层面讲，不仅仅在于缩小东西发展差距，还关系到我们能不能把扩大内需作为经济发展长期坚持的基本方针。1999年，江泽民同志在西安第一次谈到西部大开发时，就指出通过西部大开发来扩大内需，可以有效应对亚洲金融危机。从生态层面讲，西部地区是国家的生态战略安全屏障，保护和建设西部生态的重要意义不言而喻。更重要的是，西部是我国少数民族集聚地区，从政治层面讲，

关系到中华民族的向心力、民族团结和边疆稳定。

其次，政策不变的决断还来自这样一个基本判断，即西部大开发虽然取得了一定成就，但是西部地区仍然面临很多困难，西部大开发任重道远。近年来，虽然东西部地区人均 GDP 增速差距有所缩小，但是绝对差距仍在扩大。西部地区整体实力不强，增长方式粗放，资源要素价格和上下游产业关系还没有理顺，市场发育相对滞后，工业化进程中对生态环境保护还不够，以及在人才储备、公共服务的可获得性等方面，西部地区还是存在着很大的差距。特别是应看到，西部大开发的长效机制还没有完全建立，资金投入的可持续性还没有得到切实保障。这些问题的存在，不是放弃西部大开发的理由，恰恰充分说明西部大开发任重道远，还有很多急迫和繁重的工作等待我们去做。这就要求我们既要认清实施西部大开发战略的重大意义，坚定西部大开发的决心，也要清醒地认识到西部大开发的长期性、艰巨性、复杂性，坚持一以贯之的方针政策，不能有任何动摇。

这里，我想提出来和大家讨论的是，如何进一步明确新形势下推进西部大开发的基本思路。2000 年，中共中央、国务院印发《关于转发国家发展计划委员会〈关于实施西部大开发战略初步设想的汇报〉的通知》，是实施西部大开发战略的纲领性文件，对如何推进西部大开发做出了全面的阐述。结合九年的实践，我们有必要进一步深化对战略思路的认识。古人云"善阵者不战"，说明了解决战略问题的重要性，只要战略思路对头，就可以保证工作基本方向不会出现错误，就会取得事半功倍的效果。

根据中央的精神，西部大开发的思路可以概括为以下几句话，就是以生态环境保护为前提，以加快基础设施建设和改善投资环境为依托，以调整产业结构和培育特色产业为主线，以改善民生为出发点和落脚点，以发展科技教育和人才开发为支撑，以深化改革和扩大对内对外开放为动力。

这六句话体现了中央 2 号文件精神，也符合西部地区的实际情况。比如说生态问题，前几年我去青海调研，果洛州的玛多县，1979年还是全国农民人均纯收入最高的县，但后来因为超载过牧，草场退化，草原蜕变成黑土滩，成了沙尘暴的发源地，不仅牧民的收入再也上不去，而且生态环境也遭到了破坏。这个例子充分说明，如果我们不尊重自然，破坏了环境，大自然反过来就会报复我们。西部地区像玛多县这样生态战略地位重要但又十分脆弱的地区还有很多，如果西部大开发过程中不注意，就会犯历史性错误，这也就是为什么要以生态环境保护为前提。

以基础设施和改善投资环境为依托，是因为总体上讲西部地区仍然处于城镇化、工业化不断加快的阶段，而城镇化、工业化进程都不能离开基础设施和投资环境的支撑。西部地区经过九年建设，基础设施等薄弱局面虽有所改善，但是与东部地区相比仍有很大差距。如同样一个工厂，东部的效益就要好于西部，其中一个主要原因就是西部基础设施条件不配套，物流成本居高不下，投资环境也有待改善。

以调整产业结构和培育特色产业为主线。发展的本质就是产业结构的调整。西部地区拥有丰富的资源，但是资源优势并没有转化为经济优势，主要原因在于我们的特色产业还没有发展壮大起来，产业链还没有完全建立起来，特别是缺乏规模化、有竞争力的龙头企业和拳头产品。

以改善民生为出发点和落脚点，是因为西部地区是"老少边山穷库"六大特殊困难最集中的地区（其中，库区是指水库移民地区）。我始终认为，在解决好西部地区民生问题方面，我们肩负着重要的历史责任。每当我到西部基层去，看到那些贫困的老乡，我就感到解放六十年来，我们对他们的关心不够，应该继续加大支持力度。

以发展科技教育和人才开发为支撑，是因为人才是西部大开发的关键。这次我到广西河池的大山里面走了一趟，发现那里初小学生都是用当地方言或民族语言教学，高小阶段才集中到中心村或镇里面上学，相当一部分人普通话说不来，甚至不会说。这些地方的资源毕竟有限，要改变贫困落后面貌必须要走出大山，但是如果连最基本的交流能力都不具备，他们怎么能抓住社会参与的机遇呢？因此，对这些地区要从小抓双语教学，提高文化水平和基本素质，这也是扶贫的根本途径。

以深化改革和扩大对内对外开放为动力。邓小平同志早就讲过，坚持改革开放是决定中国命运的一招，反复强调落后就要挨打，不能闭关锁国。物理学上有一个负熵理论，一个系统如果封闭的话就不会有变化，但如果把系统打开，引入负熵，就会导致系统内部出现积极变化，这充分说明对外交流开放的重要性。这两年西部地区对外开放，特别是向西开放工作做得不错，外贸进出口总额和外商投资都实现了历史性跨越。西部地区面向中亚、东北亚以及东盟三个方向，都大有文章可做。这也是我们西部地区重要的比较优势，如果只注重向东开放而忽视了与周边国家（地区）以及区域内部的交流合作，那么就只能跟在东部地区后面亦步亦趋，永远难以赶上东部地区。

西部地区虽然是一个区域概念，但是做好西部大开发工作，就不能仅仅局限于西部地区，而要站在全国乃至全球的角度，用全局的眼光来看问题，这也就是不谋全局不足以谋一域的道理。当前，我们要做好三件事情。第一是密切跟踪国际金融危机冲击影响，做好形势分析工作，为党中央国务院、为地方党委政府当好参谋助手。第二是加强西部大开发政策研究，积极应对形势变化，提出新的政策。第三是要以西部大开发十周年为契机，认真总结前十年的成绩、经验和问题，谋划下一个十年的发展目标和重点任务。

抓住新机遇　担负新使命
努力推进重庆的改革和发展*

（2009 年 4 月 18 日）

今年 1 月 26 日，国务院印发了《关于推进重庆市统筹城乡改革和发展的若干意见》（以下简称《意见》）。这个文件的出台，是党中央、国务院在改革开放 30 周年之际，在重庆直辖进入第二个十年的重要时点，在批准重庆市成为全国统筹城乡综合配套改革试验区之后，着眼全局做出的又一个重要决策和战略部署。下面，结合自己在文件调研起草中的体会，谈谈对文件的理解和认识，与大家一起交流。

一、关于《意见》起草的背景和重要意义

背景之一：重庆在西南地区乃至全国改革发展大局中具有重要的战略地位。

重庆位于长江上游，坐拥通江达海、承东启西、连接南北的区位优势，自古以来商贾云集，是区域性的中心城市，在西南地区和全国具有举足轻重的地位。抗战时期，重庆是国民政府战时首都，是世界反法西斯战线的中心之一，当年国民政府发布的《移驻重庆宣言》，声明重庆缩毂西南、控抑江汉，表明了重庆重要的战略地位，并进一步奠定了重庆的工业基础。新中国成立初

---

* 2009 年 1 月 26 日，国务院印发《关于推进重庆市统筹城乡改革和发展的若干意见》。这是作者在重庆市干部大会上就《意见》解读所做的报告。

期，重庆是中央西南局和西南军政委员会驻地，是中央直辖市，中央在重庆陆续布点了一批工业项目。"三线"建设时期，沿海大中城市的一些工业项目迁入重庆，重庆的工业基础得到加强。改革开放以来，特别是三峡工程建设推动重庆加快发展并再次成为直辖市，使重庆拥有了更加重要的地位和发展机遇，同时也承担了更加繁重的任务。随着西部大开发战略的实施，重庆作为西部地区唯一的直辖市，是实施西部大开发"点面结合、重点突破"战略的要地，是西部大开发最具增长潜力的地区之一。历史赋予了重庆特殊的市情、特殊的地位、特殊的使命。正因为如此，中央对重庆的发展寄予厚望。1997年中央批准设立重庆直辖市，就是邓小平同志倡议和推动的结果；1994年10月，江泽民同志提出，重庆要努力建设成为长江上游的经济中心；2007年3月，胡锦涛总书记对重庆作出了"314"总体部署，要求重庆加快建设成为西部地区的重要增长极、长江上游地区的经济中心、统筹城乡发展的直辖市，在西部率先实现全面建设小康社会的目标。温家宝总理2008年4月在听取重庆统筹城乡发展情况汇报时提出，今后五年，如果西北把新疆问题解决了，西南把重庆问题解决了，包括重庆的老工业基地改造振兴都解决好了，西部大开发就算有了重大突破；他还指出，在重庆开展统筹城乡综合配套改革试验，既有战略意义，也有示范作用；他特别强调在推进西部大开发中，应把重庆放在更加突出的地位，国家要更加重视和支持重庆发展。中央领导同志的这些指示，十分清楚地阐述了重庆的重要地位。

背景之二：重庆直辖以来经济社会发展取得巨大成就，已经站在新的历史起点上。

改革开放以来特别是直辖以来，重庆市经济社会发展取得巨大成就，城乡面貌发生了历史性的变化，这是历届市委市政府团结带领3200多万重庆人民努力奋斗的成果。这些成就主要体现在以下五个方面：

第一，中央交办的"四大任务"取得重大阶段性成果。直辖之初，中央交给重庆市四件大事（即做好三峡移民、老工业基地改造、生态环保和农村扶贫工作），希望重庆奋力攻坚，打牢建市基础。12年来，重庆人民负重自强，开拓进取，紧紧扭住四项主体攻坚任务不放松，实现了"打基础、建平台、增后劲"的工作目标。112.8万库区移民搬迁任务基本完成，创造了水库移民搬迁史上的奇迹；大力推进国有企业改革，促进汽车摩托车等优势产业集群做大做强，已成为西部地区最重要的产业基地之一；大气和水环境治理取得积极进展，长江及其支流的水质满足Ⅲ类标准，森林覆盖率从直辖之初的20%提高到了现在的34%；大力推进扶贫攻坚，农村绝对贫困人口从366万人减少到38万人。

第二，经济持续快速增长，经济实力大幅跃升。1997年到2008年，全市地区生产总值从1360亿元跃升至5097亿元，年均增长11%；人均生产总值从不足600美元提高到2500多美元；2008年，全市人均地方财政收入3391元，比1997年增长了10倍以上；年固定资产投资规模由371亿元提高到4045亿元，累计完成投资1.8万亿元，办成了一大批多年想办而未办成的大事。

第三，经济结构调整加快，对外开放格局初步形成。三次产业比重由1997年的22.6∶39.7∶37.7调整为2008年的11.3∶47.7∶41，非农产业增加值比重提高了11.3个百分点；城镇化率由1997年的31%提高到49.9%。所有制结构不断优化，非公经济占全市经济比重达到57%，比1997年提高了30个百分点。对内对外开放不断扩大，经济外向度明显提高，1997~2007年累计实现进出口总额520亿美元，年均增长17%，累计利用外商直接投资76亿美元，年均增长19%。2008年，实际利用内资达到843亿元，12年来年均增长速度达到31%。

第四，基础设施建设取得重要进展，城乡面貌发生巨大变化。公路、铁路、航空、水运、管道运输建设五管齐下，"8小时重庆"、"半小时主城"，"一圈两翼"骨干交通网络基本形成。电力装机突破1000万千瓦，构建起国家"西电东送"中通道，220千伏电网基本覆盖全市。直辖以来已建成20多座大中型水库和一批小型水库，城乡饮水安全得到基本保障。城乡规划建设水平不断提高，面貌日新月异。

第五，城乡居民生活水平不断提高，是人民群众得实惠最多的时期。2008年，城乡居民人均收入分别达到14368元和4126元，比1997年分别增长1.7倍和1.4倍，居民消费能力不断增强。社会事业进步，公共服务能力增强。城乡免费义务教育全面实施，高等教育毛入学率达到24.5%，进入大众化阶段。城市医疗保险和农村新型合作医疗全面实施。多层次、广覆盖的社会保障体系初步建立，被征地农民等特殊群体纳入养老保险体系，城乡低保实现全覆盖并挂钩调标，基本消除了城镇零就业家庭。

正是因为有了这些进步和成就，《意见》才指出，重庆已经站在了新的历史起点上。

背景之三：重庆集大城市、大农村、大库区、大山区和民族地区于一体，城乡二元结构矛盾突出，老工业基地改革振兴任务繁重，统筹城乡发展任重道远。

尽管重庆经济社会发展取得巨大成就，但仍面临一些深层次矛盾和特殊困难。主要反映在以下六个方面：

一是经济综合实力不够强，发展速度还不够快。2008年，重庆地区生产总值为5097亿元，在全国排第24位，在西部地区排第6位，分别比1996年后退了2位和1位。人均地区生产总值为18205元，相当于全国平均水平的79.4%，在全国排第18位，在西部地区排第4位，与1997年相比，在全国的排名没有变化，但在西部地区的排名退了1位，被陕西超过了。从发展速度看，重庆过去12年的年均增速为11%，落后于内蒙古、陕西和四川等西部省区。

二是城乡二元结构矛盾突出，区域发展极不平衡。这是重庆最突出的矛盾，在全国也很有代表性。从城乡差距看，城镇居民人均可支配收入与农民人均纯收入之比为3.8∶1，高于全国

3.3∶1 的水平。按户籍人口计算，全市 3200 万人口中农村人口仍高达 2300 万，占比 72%。农村居民的恩格尔系数仍高达 54.5%，比城市高出 17.5 个百分点。按照新的贫困标准 1196 元统计，全市仍有 148 万人农村贫困人口，贫困发生率高于全国平均水平；从区域差距看，"一小时经济圈"与渝东北、渝东南"两翼"地区人均地区生产总值之比均为 2.4∶1。其中，经济发展水平最高的渝中区是最低的巫溪县人均地区生产总值的 8.5 倍。

三是产业结构不尽合理，产业竞争力不强。重庆老工业基地改造和产业结构调整升级任务艰巨。先进制造业和现代服务业发育仍不充分。在制造业领域，其一，结构单一，汽车摩托车占比过大；其二，产业规模效应不显著，百亿级企业仅 9 家。尤其是产业技术创新能力不强，研发投入占 GDP 比重仅为 1.2% 左右，专利授权量仅占全国的 1% 左右，高技术产业销售值仅占 5% 左右。

四是对内对外开放度偏低，开放型经济发展水平总体不高。重庆外贸依存度仅 13.8%，进出口总额占全国的比重仅为 0.3%，在西部排第 6 位。实际利用外商直接投资只占全国的 2.9%。进出口贸易总额、实际利用外资、港口货物吞吐能力、集装箱吞吐量仅分别相当于上海的 1/34、1/7、1/9 和 1/50。非公经济比重与沿海地区相比还有很大差距，有竞争力的中小企业寥寥无几。

五是基础设施依然薄弱，公共服务能力仍显不足。交通、能源、水利等基础设施"瓶颈"制约仍未得到根本缓解，城乡建设和改造任务繁重。全市乡镇公路通畅率仅为 65.1%，通村路况更差。人均旱涝保收田仅有 0.18 亩，在西部排倒数第二。农村饮水不安全人口占比为西部最高。城乡基础教育发展不均衡，农村学校办学条件还比较差，非义务教育发展落后于全国平均水平。75% 的社区没有卫生服务站，农村每千人拥有病床数远低于全国平均水平。受移民迁建、国企改革和老工业基地改造等因素影响，社会保障还有一些遗留问题需要解决。

六是实现库区移民安稳致富任重道远，生态建设和环境保护压力仍然很大。库区经济总量偏小，人均水平低，产业空虚问题突出。移民就业困难，近年调查失业率有所下降，但去年仍高达8.5%。完善基础设施、防治地质灾害、扩大社会保障等任务依然繁重。库区水土流失面积占库区总面积的52%左右，森林覆盖率距2020年达45%的目标还差11个百分点，库区"水华"现象时有发生。石漠化面积和潜在石漠化面积占全市面积的70%以上。

战略地位重要、新的历史起点、面临特殊困难，这三条共同构成了文件出台的背景。在这样的背景下，加快重庆统筹城乡改革发展具有什么样的重要意义呢？这个重要意义就是文件中阐明的"四个需要"。

首先，是深入实施西部大开发战略的需要。10年来，西部大开发不仅促进了西部地区的大发展，而且在全国初步形成了区域协调发展的良好态势，为国民经济又好又快发展注入了新的活力，这充分说明了中央决策的正确性。展望未来，西部大开发的政策不能变，不应变，也不会变。在深入推进西部大开发中，我们要更加自觉地坚持"以点串线带面"的成功经验，其中，重庆是重要的增长极和战略支点，把重庆问题解决好了，才能推动西部大开发取得实质性突破。

其次，是为全国统筹城乡改革提供示范的需要。城乡二元结构是阻碍国民经济发展的基本矛盾，加快形成城乡经济社会发展一体化新格局是推进城乡改革发展的根本要求。由于历史的原因，重庆城乡二元结构具有很强的典型性和代表性，是我国城乡二元结构国情的缩影。正因为如此，中央决定在重庆率先开展统筹城乡改革试验，目的就是希望重庆探索出一条统筹城乡发展的路子，为全国同类地区提供经验和示范。

再次，是形成沿海与内陆联动开发开放新格局的需要。党的十六届五中全会和全国人大批准的"十一五"规划纲要，明确提出了西部大开发、东北振兴、中部崛起和东部率先的区域协调发展总体布局，要求形成东中西优势互补、良性互动的区域协调发展机制，建立区域协调发展的市场机制、合作机制、互助机制和扶持机制。重庆位居承东启西的枢纽位置，这是重庆的优势，同时也赋予了重庆在促进沿海与内地联动开发开放中发挥更大作用的责任。因此，重庆加快对外开放，不仅关系自身的发展，而且关系到全国区域协调发展的大局。

最后，是保障长江流域生态环境安全的需要。三峡库区的生态环境状况，不仅影响到重庆市及其上游地区，而且影响到长江的健康生命和整个流域的生态安全。三峡库区生态环境容量低，而人口密度又高达272人/平方公里，是全国平均水平的2.1倍；三峡水库蓄水至175米以后，江水自净能力降低，地质灾害、水土流失、消落区治理等问题将凸显。这些都要求重庆市在加快经济社会发展的同时，必须有效地保护和治理好三峡库区生态环境，这是摆在我们面前的一道重大课题。

二、关于《意见》提出的指导思想、战略任务和目标

这是《意见》第一部分的主要内容，虽然文字不多，但却是整个文件的灵魂和精髓所在，确定了《意见》的基调，是统领《意见》各个章节的总纲。

（一）指导思想

关于指导思想，我想说明三点：

一是，为什么强调要"进一步解放思想、锐意进取"？解放思想、实事求是，是我们党的思想路线。对比改革开放前后的中国，思想僵化带来的后果不堪回首，而改革开放30年的巨大成就，追根溯源，就是因为我们党恢复、树立和始终坚持了解放思想、实事求是的思想路线。解放思想、实事求是，是我们攻坚克难、无往而不胜的思想武器。客观事物是在不断变化的，解放思想也应该是无止境的。特别是在当前，重庆面临着新的繁重的改

革发展任务，面临着重大挑战和机遇，在这一关键时期，尤其要强调与时俱进、解放思想。还应该看到，我们现在提解放思想，打破一些条条框框，与30年前是有所不同的，现在不仅要打破"左"的教条主义的束缚，还要打破把30年来的发展模式凝固化，进而故步自封、不思进取的惰性思想的束缚。这些经验主义的东西同样会束缚生产力的发展，不打破就不能实现经济社会发展新的飞跃。

锐意进取与解放思想紧密相连，讲的是一种精神状态。前面我讲过，重庆的发展还面临特殊的困难，实现中央交给的新使命，当然需要中央给予特殊的政策支持，但更主要的还是要依靠重庆的干部群众继续负重自强，将士用命、励精图治、奋力拼搏。当今时代，已不是逆水行舟、不进则退，而是慢进则退。重庆市作为欠发达地区，要实现超越和跨越式发展，正像重庆同志经常讲的那样，聚万方之智、聚万众之力，以非常之力、以非常之策而为之。唯有以超乎以往的努力，才能实现重庆改革发展的战略目标，才能不辜负中央的厚望和重托。

二是，为什么要提出"五个加快、五个着力"？我理解，这"五个加快、五个着力"，是重庆推进统筹城乡改革和发展的关键所在。其一，加快推进统筹城乡综合配套改革，着力解决"三农"问题。这是中央在重庆改革发展新时期，立足全局，着眼实际，赋予重庆的新使命，是重庆进一步推进改革发展的最强有力的工作抓手。其二，加快推进结构调整和自主创新，着力发展内陆开放型经济。这是重庆进一步推进改革发展的主线，自主创新和构建内陆开放型经济体系，是实现产业结构调整高度化的两大动力源泉。其三，加快推进基础设施和公共服务设施建设，着力改善城乡人居环境。这是重庆深入实施西部大开发战略的重要依托，也是处于工业化中期阶段的重庆铺就经济起飞跑道和稳步提升的基础性工作。其四，加快推进环境保护和资源节约，着力构建长江上游生态屏障。这是重庆在实现经济腾飞的同时必须恪守的前提，是西部大开发的基本原则，绝不能再重蹈发达国家和先行地区过渡索取自然资源、先污染后治理的老路，这不仅事关重庆，而且事关整个长江流域的生态安全。其五，加快推进社会事业发展，着力做好库区移民和扶贫开发工作。这是重庆的特殊性决定的，我们一切工作的基本出发点和落脚点，就是要真正做到发展为了人民，发展依靠人民，发展的成果由人民共享。

三是，为什么强调要"形成有利于科学发展与社会和谐的新体制"？从全国来看，实现科学发展、和谐发展最大的障碍仍然是体制和机制问题。从重庆来看，要实现跨越式发展，必须深化行政管理体制、企业制度、市场流通体制、资源要素价格形成机制，以及社会和文化体制等方面的改革，这是进一步解放生产力的内在要求。何况重庆作为统筹城乡改革试验区，《意见》赋予了重庆先行先试的权利，这就是要求重庆在同类地区先行一步，在改革的重要领域和关键环节率先取得突破。这不仅是重庆自身发展的需要，也是为全国提供新鲜经验的需要。

（二）战略任务

《意见》根据指导思想的总体要求，在阐明"四个坚持"基本原则的基础之上，提出了"五大战略任务"。

一是实施"一圈两翼"开发战略。这是对重庆空间发展的战略定位。在重庆，"一圈"代表大城市，"两翼"代表大农村。"一圈"、"两翼"发展不平衡，是制约重庆发展的基本矛盾。重庆的同志在长期摸索的基础上，提出了着力打造以主城区为核心，以一小时通勤圈为半径的经济圈，加快建设渝东北和渝东南两翼的战略思路，我认为是符合重庆实际的，既体现了非均衡发展的战略取向，也体现了大城市带动大农村的战略意图，是现阶段加快重庆发展切实可行的战略。

二是实施扩大内陆开放战略。把加快推进内陆地区开放型经济体系提到战略层面，是重庆同志的一个创举，也恰逢其时。我国的对外开放肇始于沿海，渐次推进到内地，重庆壮大经济实力，已经到了必须深化与外部经济交流互动的阶段。为此，《意见》明确提出，支持重庆"积极探索内陆地区发展开放型经济的新路子"。

三是实施产业优化升级战略。这是处于工业化中期阶段重庆进一步发展的中心任务。为此，《意见》从两个层面上提出新要求。一个是从产业结构层面，要求形成城乡分工合理、区域特色鲜明、资源要素优势充分发挥、一二三产业协调发展的产业体系；另一个是从制造业层面，要求加快推进老工业基地改造和振兴，建成国家重要的现代制造业基地。

四是实施科教兴渝支撑战略。这是从发展质量、发展后劲和发展方式方面提出的要求。从粗放型的外延发展方式转向集约型的内涵发展方式，必须要依靠科技和人才。《意见》强调了要大力发展教育，充分发挥企业自主创新主体作用和推进产学研相结合的科技创新体系建设。

五是实施资源环境保障战略。这是加快发展的前提。《意见》首先强调要把握"生态立市"和"环境优先"的理念，接着提出了发展循环经济和低碳经济、建设森林城市、保护好流域和库区水环境、打造"长江上游生态文明示范区"的要求。

（三）主要目标

《意见》分阶段提出了到2012年和2020年的奋斗目标。

从改革的角度看，《意见》提出的目标是，到2012年要在主要领域和关键环节改革上取得重大进展，统筹城乡发展的体制框架基本形成（这个体制框架的基本内容在第五部分有具体阐述）；到2020年，则要求形成统筹城乡发展的制度体系，这与党的十七大提出的到2020年我国要基本建立比较完善的社会主义市场经济体系的要求是一致的。

从发展和资源环境目标来看，包括地区生产总值、城乡收入、城乡收入差距、基本公共服务、能耗，以及环境质量等。这里特别讲一下人均地区生产总值指标。《意见》提出，到2020年，重庆人均地区生产总值要超过全国平均水平，能否达到？1997年全国人均GDP是6605元，重庆是4733元，重庆是全国平均水平的71.6%。2008年全国是22700元，重庆是18205元，重庆是全国平均水平的79.4%，12年间提高了7.8个百分点，与全国平均水平的差距还有20个百分点左右。如果未来12年全国人均GDP按8%的年均增速计，到2020年就是57000元左右，重庆要达到这个水平，未来12年年均增长率就必须达到10.1%。按照重庆前12年年均11%的增长速度计算，2020年人均地区生产总值达到和超过全国平均水平是可能的，当然这仍然需要付出艰苦的努力。

三、关于《意见》提出的重点任务和政策措施

《意见》第二部分至第九部分是文件的主体部分，分别从八个方面提出了推进重庆统筹城乡改革和发展的重点任务。我从中提炼出五个问题，谈谈我的认识和体会。

（一）关于率先探索统筹城乡发展新路子

党的十七届三中全会对形成城乡经济社会发展一体化新格局做出了新的概括和升华，内容更加完善，思路更加清晰，任务更加明确。全会通过的《决定》明确指出，城乡二元结构是阻碍农村发展的基本矛盾，新形势下推进农村改革发展，要把加快形成城乡经济社会发展一体化新格局作为根本要求，进而提出到2020年"城乡经济社会发展一体化体制机制基本建立"的奋斗目标，并以"五大统筹"部署了重点任务。这标志着我国总体上进入了以工促农、以城带乡的发展阶段，进入了城乡协调发展的新时期。

我国城乡二元经济结构及体制的形成不是偶然的，是传统经济发展战略和体制的产物。新中国成立之初，我国在一穷二白的

基础上推进工业化，只能依靠农业、农村来完成原始积累的任务，并逐步形成了以统购统销、城乡分割和人民公社为支柱的行政性分配资源的计划管理体制。据专家估计，1952～1978年，通过工农产品不等价交换的"剪刀差"，农业注入工业的资金达3917亿元，相当于同期国有企业固定资产原值的73.2%。正是在这一体制下，我国在较短的时间里建立起了比较齐全的工业体系。但是在我国工业体系逐步建立之后，高度集中的计划体制的弊端暴露得越来越明显，不仅造成了微观上的低效率和宏观资源配置失当，而且将众多的农村人口排除在工业化、城镇化进程外，束缚了生产力尤其是农村生产力的发展。我国的改革首先在农村突破不是偶然的。30年来，农村改革使经济体制发生了深刻变革，城乡分割的体制逐步打破，极大地解放了生产力，有力地推动了整个发展战略的转变和整个城乡经济体制的变革。但是必须看到，长期形成的城乡失衡状况并没有得到根本改观，农业对国民经济的支撑能力不强，城乡收入和经济发展水平差距仍在拉大，城乡基础设施和社会发展的差距十分明显，农业支持和保护体系不健全，城乡社会管理制度不适应形势发展的需要，统筹城乡发展仍任重道远。

当前和今后一个时期，是着力破除城乡二元结构、形成城乡经济社会发展一体化新格局的关键时期。加快形成城乡经济社会发展一体化新格局，既需要中央加大强农惠农政策的实施力度，也需要各地积极探索，大力推进制度创新。重庆是全国统筹城乡综合配套改革试验区，担负着探索适合中国国情的统筹城乡发展新路子的重任。因此，《意见》以十七届三中全会《决定》精神为指导，以制度创新为重点，分别从强农惠农、土地利用、金融支持、劳动就业、社会管理等方面，对重庆加快推进统筹城乡改革试验提出了明确要求，并给予了必要的政策支持。概括起来，就是要建立"一个机制"、"两个制度"、"两个体制"，即：建立以城带乡、以工促农的长效机制，重点是完善农业支持保护制度，扩大公共财政覆盖农村范围，构建新型工农关系和城乡关系；建立统筹城乡的土地利用制度，重点是保障农民土地承包经营权；逐步建立城乡统一的建设用地市场；建立城乡统一的劳动就业制度，重点以解决农民工问题为突破口；建立覆盖城乡的就业服务体系，加强职业技能培训，加快农村劳动力转移，形成平等就业制度；建立统筹城乡的金融体制，重点是加快发展多层次资本市场，拓展债券、投资基金、保险、小额贷款、信贷担保等金融工具，为城乡发展服务；建立城乡统一的社会管理体制，重点是转变政府职能，探索建立有利于统筹城乡发展的行政管理体制，建设服务型政府，把城乡社区建设成为社会生活共同体。这与党的十七届三中全会提出的"五大统筹"重点任务，即统筹土地利用和城乡规划，统筹城乡产业发展，统筹城乡基础设施建设和公共服务，统筹城乡劳动就业，统筹城乡社会管理是一致的。

(二) 关于加快调整产业结构，转变经济发展方式

发展经济学认为，一个国家、一个地区，经济发展的过程，实质就是产业结构不断调整的过程。这个调整的基本方向，就是生产要素不断从低生产率部门向高生产率部门流动，产业结构不断向高层次跃进。重庆的夜景堪比香港，但香港2008年人均GDP高达29149美元，是重庆的10倍还多。正处于工业化和城镇化中期阶段的重庆，加快产业结构调整无疑是经济发展的主线。进一步看，东北现象、西部现象和库区现象的叠加，凸显了重庆加快产业结构调整的艰巨性和紧迫性。作为老工业基地，重庆历史上为国家经济发展特别是国防建设做出过重要贡献，但在向市场经济转轨的过程中，老工业基地的体制性、结构性矛盾逐步显现，成为困扰重庆进一步发展的突出问题。作为西部工业城市，重庆经济总量偏小，2008年工业增加值刚突破2000亿元，在全国排在第23位，且结构不够合理，自主创新能力较弱，产品升换代不快，企业竞争力不强。还要看到，三峡库区产业空虚问题还没有根本解决，8个库

区核心区县规模以上工业增加值仅占全市的2.2%。因此,《意见》在第三、第四部分要求加快推进老工业基地改造,着力构建特色优势产业集群,积极发展生产生活性服务业,大力发展现代农业,促进科技进步和自主创新等,旨在通过结构变革加快重庆经济发展。

在加快产业结构调整过程中,我想特别强调两点:

一是转变发展方式问题。《意见》自始至终贯穿了科学发展的要求。科学发展,意在转变传统发展方式。正像胡锦涛总书记去年4月指出的:"加快转变经济发展方式,是关系国民经济全局紧迫而重大的战略任务,是提高我国国际竞争力和抗风险能力的重大举措,是全面实现建设小康社会奋斗目标的重要保证。"具体讲,转变发展方式,就是要实现"三个转变",即"促进经济增长由主要依靠投资、出口拉动向依靠消费、投资、出口协调拉动转变,由主要依靠第二产业带动向依靠第一、第二、第三产业协同带动转变,由主要依靠增加物质资源消耗向主要依靠科技进步、劳动者素质提高、管理创新转变。"[①] 重庆目前尚处于工业化中期阶段,扩大经济总量的任务繁重。但是"前车之鉴,后事之师",重庆在工业化中期阶段就应把转变发展方式、实现科学发展提上日程,并努力付诸实践。重庆目前投资在经济增长中的贡献份额占60%左右,消费拉动力弱,出口的贡献份额则为负值;在三次产业结构中,第一、第二产业比重较高但不强,第三产业发展不足;在能源资源消耗中,单位GDP能耗1.3吨标准煤,高于全国平均水平约10%,二氧化碳和COD排放量相对较大,总体上看,增长方式仍然是粗放的。因此,《意见》强调重庆要坚持科学发展,也就是要坚持走新型工业化道路,坚持产业链的高端化取向,坚持一、二、三产业协调发展,坚持发展内陆开放型经济,坚持促进产业向集约化、内涵式发展方式转变,这样才能真正做好又好又快发展。

---

① 见胡锦涛总书记主持中央政治局第五次集体学习时的讲话。

二是发展现代农业问题。加快现代农业发展，是确保国家粮食安全，强化国民经济基础，增加农民收入和推进社会主义新农村建设的迫切需要。重庆农业发展处在关键时期，在加快推进工业化、城市化的同时，要高度重视农业现代化建设。《意见》从统筹规划、整体布局出发，对现代农业建设提出了明确要求。其一，科学定位"一圈两翼"发展重点。"一圈"要打造城郊都市型农业示范区，"渝东北翼"库区要大力建设生态农业走廊，"渝东南翼"要加强山地特色农业基地建设。其二，搭建了示范平台。《意见》赋予重庆农业发展五大示范定位：国家现代畜牧业示范区、全国农业机械化综合示范基地、三峡库区生态家园富民工程示范区、现代农业科技示范区、农产品质量安全示范区。其三，提供了一系列的支持政策。如继续实施良种补贴、柑橘种苗补贴、农机购置补贴、阳光工程补助；支持重庆柑橘优势产业带建设、大中型农产品市场建设、"两翼"农副产品及加工品拓展市场，扶持贫困区县发展1~2个特色产业；鼓励重庆探索城乡资源双向互进、农村土地承包经营权流转，以及加快农业投融资体制、农村集体经济组织产权制度、农业管理与服务体系改革等。

（三）关于提高开放水平，发展内陆开放型经济

改革开放30年的历史，就是我国从沿海到沿江沿边、从东部到中西部，逐步实现全方位、宽领域、多层次对外开放的历史，雄辩地证明了"改革开放是决定当代中国命运的关键抉择"的道理。

相对于沿海地区而言，我国中西部地区对外开放起步稍晚，大体到上世纪90年代初，特别是以邓小平同志南方谈话为标志，我国对外开放进入从特区和沿海港口城市向沿江、沿边和内陆地区推进的新阶段，开启了中西部对外开放的大门。到世纪之交，西部大开发战略的实施，明确提出以对内对外开放为动力，我国成为世贸组织成员，加快融入世界经济，打开了中西部对外开放的新局面。中西部地区加快对内对外开放，特别是一些沿边省区

加快向西开放，为西部大开发注入了新的活力，是10年西部大开发取得巨大成效的重要原因。

对重庆而言，下面三点决定了有必要也必须提高对外开放水平。首先，重庆仍处于相对欠发达地区，要实现经济赶超，就必须充分利用后发优势，通过扩大开放，积极引进国内外先进技术、管理、人才和资金，加快缩小与国外和国内发达地区的差距。其次，重庆要实现又好又快发展，在很大程度上取决于能不能在更大范围内促进要素自由流动，在更大范围内积极主动地参与国内国际经济合作与竞争，从生产力的分工布局及其重新组合中获取发展机遇，提高资源的利用效率和质量。最后，重庆地处内陆腹地，开放既包括对外开放，也包含对内开放。重庆拥有比东部地区更优越的劳动力和要素价格、生活成本等比较优势，又比中西部地区的一些地方具有明显的先发优势，这两个优势只有在开放中才能转化为经济优势。

《意见》第五部分对重庆对外开放做了比较集中的阐述：一是加快内陆开放型经济平台建设，明确设立重庆北部新区内陆开放型经济示范区，加快建设两路寸滩保税港区，认真研究设立"两江新区"问题；二是进一步扩大对外开放，转变贸易发展方式、加强投资贸易合作、支持企业"走出去"；三是加强与周边省市、长江沿线、沿海地区三个层面的区域经济合作；四是建立健全发展内陆开放型经济政策体系、营造与国内外市场接轨的制度环境，从而为内陆开放型经济发展提供政策保障。

（四）关于必须始终高度重视和着力解决民生问题

目前，我国人均GDP已到达3000多美元，重庆也达到了2500美元。从国际经验看，人均GDP超过1000美元，就进入了社会矛盾的多发期，出现利益主体多元化、社会流动加速化、收入分配扩大化、思想行动复杂化的趋势，虽然多属于人民内部矛盾，但处理不好，仍会激化社会矛盾。因此，在促进经济发展的同时，必须高度关注和谐社会建设，做到一手抓经济，一手抓民生，始终把解决人民群众最关心、最直接、最现实的利益问题，作为我们一切工作的基本着眼点。只有社会和谐了，经济发展才能又好又快；只有经济又好又快发展，社会才能更加和谐。

重庆城乡区域发展差异性大，民生领域欠账较多，解决民生问题尤为急迫。《意见》的第二、三、八部分对民生问题都做了比较集中的阐述，我这里再强调两点：

一是库区发展和移民安稳致富问题。库区问题始终牵引着中央的心。2008年，库区城镇移民家庭人均可支配收入为7383元，是全市城镇居民人均可支配收入的51.4%；移民调查失业率8.5%，远高于全市平均水平。因此，《意见》针对重庆的特殊市情，单独列了一部分，而且是放在第二部分的重要位置来阐述库区问题，提出要加大移民后期扶持力度，逐步增加移民后期扶持资金，切实解决移民长远生计问题。《意见》特别强调，要完善移民就业扶持体系，提高移民就业再就业能力。以基本养老、医疗和失业保险为重点，将农村进城镇安置移民、城镇占地移民、生态屏障区及地质灾害避让移民纳入社会保障体系。把落实移民扶持政策这项工作做好了，不仅可以缓解库区当前突出矛盾，而且可以使库区发展成为支持重庆整体发展的积极力量。

二是贫困山区的扶贫开发问题。目前，重庆全市有18个扶贫开发工作重点县（其中，国家扶贫开发工作重点县14个，市级扶贫开发工作重点县4个），2008年底全市有贫困人口148万人，农村贫困发生率为6.3%，比全国高3.8个百分点。尤其是渝东北、渝东南地区，贫困面广量大，贫困程度深，扶贫攻坚任务相当繁重。党的十七届三中全会强调，"搞好新阶段扶贫开发，对确保全体人民共享改革发展成果具有重大意义，必须作为长期历史任务持之以恒抓紧抓好"，"完善国家扶贫战略和政策体系，坚持开发式扶贫方针，实现农村最低生活保障制度和扶贫开发政策有效衔接"，"实行新的扶贫标准，对农村低收入人口全面实施扶贫政策，把尽快稳定解决扶贫对象温饱并实现脱贫致富作为新阶段扶贫开发的首要任务"，这些重要观点在《意见》中都有体现，并结合重庆实际赋予了新的内容。提出要把扶贫工作的重点放在渝东南山区和渝东北库区，要扶持特色产业发展，完善整村推进扶贫规划，实行新的扶贫的标准，加大以工代赈的力度，扩大扶贫搬迁工程，建立渝鄂湘黔四省扶贫经济协作区等一系列措施，希望重庆努力贯彻落实好。

（五）关于切实加强环境保护和资源节约，建设长江上游生态文明区

重庆市是全国生态建设与环境保护的重点地区，党中央、国务院历来高度重视，国内外广泛关注。重庆市特殊的市情和担负的特殊使命，决定了加强重庆生态建设与环境保护，是确保三峡工程效益充分发挥和促进长江流域经济持续健康发展的重要前提。多年来，重庆在中央的支持下，积极推进主城区清洁能源工程和库区污水垃圾处理项目建设，取得阶段性成果，保持了三峡库区良好水质。2005年以后，重庆又着力推动蓝天、碧水、绿地、宁静"四大行动"，环境质量日益改善，生态恶化趋势逐步得到遏制。尽管如此，已取得的成效与生态环境保护的现实需要和国家对重庆市的战略定位要求仍然存在差距。主要表现在，库区环境容量小，水生态环境仍然比较脆弱，经济总量不断扩大，能源资源的消费不断增加，人口密度不断提高，各类污染物不断增多，生态环境压力进一步加大。因此，《意见》的第七部分从节能减排、城乡污染综合治理、建设长江上游生态文明区三个方面，提出了把重庆建成西部地区发展循环经济示范区，认真实施三峡库区及其生活污水污染防治规划，加强重庆长江流域防护林体系建设等重要任务，强调了加强资源节约和环境保护的体制机制建设，并赋予了相关的支持政策。希望重庆同志在生态建设和环境保护中取得新成效，在"两型社会"建设中走在西部前列。

在深入推进关中—天水经济区发展规划实施工作座谈会上的讲话[*]

（2010年4月9日）

在国务院批准的《"十五"西部开发总体规划》中，明确提出"以线串点，以点带面"的西部大开发空间战略。西部地区很多地方生态极其脆弱，西部大开发不能遍地开花，只能实施重点开发。经过反复研究，我们在西部地区选择三片地区：一是广西的北部湾地区，这是西部唯一的沿海地区和出海大通道；二是成渝经济区；三是关中—天水经济区，作为开发的重点区域。这三个地区是西部大开发的战略支撑点，最有希望成为西部地区乃至全国新的经济增长极。要通过三个经济区的发展，引领和带动整个西部大开发向纵深推进、向高层次迈进。目前，国务院已经相继批复了广西北部湾经济区和关中—天水经济区规划，成渝经济区规划编制正在紧锣密鼓地进行。三个经济区中，成渝经济区面积最大、人口最多，人均地区生产总值1.8万元。北部湾经济区面积4万多平方公里，1300多万人，人均地区生产总值1.9万元。关中—天水经济区面积近8万平方公里，2800多万人，人均地区生产总值2万元。从经济总量上看，成渝经济区最高；从人均上看，关中—天水经济区领先。

关中—天水经济区优势明显。一是战略地位重要。经济区地

---

[*] 经国务院同意，2009年6月，国家发改委印发《关中—天水经济区发展规划》。为深入推进规划实施工作，国家发改委在西安召开规划实施工作座谈会，陕西省、甘肃省负责同志及两省有关部门同志参加会议。

处欧亚大陆桥的重要节点，处于我国陆地幅员中心。二是科技力量雄厚。经济区内有80多所高等院校，100多所国家级、省级研究所，100多万科技人员，2007年研发费用占地区生产总值的比重就达到了2.7%，高于全国平均水平。三是经济基础相对较好。经济区的装备制造业在西部地区最具优势，航空航天等产业在全国都具有一定地位。四是历史文化积淀深厚。国家把关中—天水经济区作为深入推进西部大开发的战略支撑点，作为促进西部大开发取得实质性突破、促进区域协调发展的一个新的经济增长点，是符合实际的。

《关中—天水经济区发展规划》（以下简称《规划》）明确提出，关中—天水经济区要努力构建"一个高地，四个基地"的发展格局。所谓"一个高地"，就是内陆型经济开发开放高地；所谓"四个基地"，就是统筹科技资源改革示范基地、全国先进制造业重要基地、现代农业高科技产业基地、彰显华夏文明的历史文化基地。我们要从全国区域协调发展的高度，深刻理解关中—天水经济区在西部地区、在全国区域协调发展中的这一战略定位。关中—天水经济区的发展，不仅是陕甘两省的事，也是关系到整个西部地区发展，乃至全国区域协调发展的重大战略。要紧紧把握国务院批准实施《规划》的历史机遇与重大责任，不仅要把关中—天水经济区的事情办好，还要通过经济区的发展，承担辐射带动西北地区发展的重大责任。

在《规划》印发不到一年的时间里，两省做了大量工作，《规划》实施已经有了一个良好开局。一是领导高度重视。陕西、甘肃两省都成立了由省主要领导同志作为负责人的《规划》实施工作领导小组，设立了专门的办公室，明确了部门的责任分工。二是广泛宣传发动。利用各种媒体以及座谈会、培训班等形式，使《规划》在整个经济区内家喻户晓，形成共识，营造了浓厚的社会氛围。三是出台具体措施。两省以省政府的名义制定了推进规划实施的意见，编制或正在编制一些专项规划。四是加强沟通联系。在省与省之间、省部之间及地区之间，形成共建协议，有力地推进了《规划》落实。如陕西已经签订了5个省部协议，正在协商的还有7个；市与市之间也签署了多项战略性合作协议，加强了联系。五是开工了一批重点项目。从这五个方面看，组织领导有力，工作部署到位，起步开局良好，希望同志们继续秉承这样一种精神，保持这样一种热情，把后续工作做好。

下一步，希望两省围绕以下五个方面推进关中—天水经济区建设，力争在两三年取得新的突破。

一、统筹科技资源，打造创新型区域

关中—天水经济区科技力量雄厚，但目前科技向生产力的转化还相对滞后。在中国社科院发布的2009年《城市竞争力蓝皮书》中，西安市的科技实力指数在294个城市中排名第7位，但科技创新能力和科技成果转化力分别排在第15位和第23位。因此，要做好三项工作。一是加大整合科技资源力度，搭建促进科技资源集聚的平台，集中开展重点领域和关键环节的技术攻关。二是要确立企业自主创新的主体地位，建立产学研相结合的创新体系。企业创新资源、科技资源要向这个方向集聚，要素要向这个方向配置，政策也要向这个方向去倾斜。三是培养人才，集聚人才，留住人才。西安每年培养的大学毕业生大体是位居北京、上海之后，排全国第3位。问题是，培养的这些人才留住了没有，留下的用上了没有，出成果了没有？这方面存在的问题要切实解决，不断加大科技对经济发展的支撑作用。

二、积极调整产业结构，加快转变经济发展方式

无论是从当前应对国际金融危机，还是从长远的可持续发展看，都必须走转变经济发展方式之路，加快转变经济发展方式和

产业结构调整。关中—天水作为西部经济发展的中心区域，更要加快发展方式的转变。一是要抓住国内国际产业转移的战略性机遇，有选择地承接发达国家和地区的产业转移。国务院将出台促进中西部地区承接转移的意见，希望同志们能把这个政策用好用足。二是大力发展战略性新兴产业。加快发展航空航天、新能源、新材料等经济区内具有比较优势的特色产业，打造后危机时代的战略制高点。我很担心，经过金融危机考验，沿海地区产业结构又上了一个层次，而西部地区与沿海地区在能力上和结构上的差距不是缩小反而进一步扩大。因此，要加快发展，抢占发展先机。三是改造提升传统产业。目前，关中—天水经济区资源加工类产业居多，要立足现有产业，向产业链的高端延伸，提升加工的深度和精度，进而带动西北地区的产业结构高度化。

三、推进城市一体化发展，统筹城乡发展

城镇是第二、第三产业发展的载体，推进城镇化就要以发展产业带动城镇发展，要规划先行，预留城市发展空间。这里需要特别指出的是城市与城市之间的一体化发展问题，一体化发展能够解放生产力、创造生产力。所谓一体化，应包括规划一体化、基础设施一体化、产业布局一体化、公共服务的某些方面一体化，还有污染治理和生态保护一体化。西（安）咸（阳）一体化的思路我完全赞成。目前，珠三角的广（州）佛（山）一体化已经取得了相当进展，广佛之间实现了公交一票通、一卡通，电话使用同城号码，跨市看病就医可直接刷卡报销。郑（州）汴（梁）一体化、乌（鲁木齐）昌（吉）一体化也在推进。城市之间不要形成老死不相往来的关系，也不要形成互相恶性竞争的关系，而是要形成一个有序发展和凝聚共同力量的格局。西咸一体化，就是要把握五个一体化目标，大力解放生产力，创造生产力。要统筹城乡发展，不断提高农民收入，完善公共服务。据统计，关中—天水经济

区城乡居民收入的差距是 4.1∶1，比全国平均水平 3.3∶1 的差距还要大，四个农民的收入才顶一个城市居民的收入，非常不利于启动内需。要不断把基础设施向农村延伸，不断把公共服务向农村延伸，让农村居民也享受公共财政的阳光和雨露，让他们过上城里人一样的生活，这当然要经过一段时间的艰苦努力。城乡人民生活水平差距缩小了，这样的经济区才叫模范经济区，才是关中—天水绝大多数人民的经济区。

四、加强协同合作，搞好渭河综合治理

渭河是我们的母亲河，但是目前渭河污染比较严重。渭河治理需要做好四方面工作：第一是防洪减淤；第二是引汉济渭，优化水资源的配置；第三是污染防治；第四是水土保持。调水首先要做好污染防治，先治污后调水，先环保后调水，治污力度还要不断加大，否则清水调过来也会被污染。长期以来，关中地区各个城市、集镇、乡村所有污水都排到渭河里了，有人戏称渭河成了关中的下水道。虽然经过一段时期的治理，渭河水质从劣五类变为五类，有进步，但还需继续努力。陕西在水利上为国家做了两个重大贡献，一个是三门峡，另一个是南水北调。基于此，国家将不断加大对渭河治理规划实施的支持力度。渭河治理得好不好，还影响到投资环境，河水越清澈，环境越优美，越利于招商引资。同时，渭河治理要联合天水市从上游开始，实现统筹治理，两省联合治理。一定要把渭河治理作为一项重大任务，纳入经济区发展建设中。

五、要坚持改革，扩大开放

关中—天水经济区的建设会遇到很多困难，克服这些困难最有力的武器就是改革开放。经济区工业结构中国有经济成分偏高、

体制机制不灵活、资源要素价格不合理，需要改革；完善社会管理体系制度、保障行政体制有效运转，构建和谐社会，正确处理人民内部矛盾，也要靠改革。同样重要的是开放。中国如果不开放就不会有今天。任何一个区域不开放，都不可能发展。前十年西部大开发，重点是在基础设施建设、生态环境保护、培育特色优势产业上，下个十年西部大开发的一大特色，就是对内对外开放。关中—天水经济区一定要强化开放，努力构建内陆型经济开发开放高地。

杜鹰谈西部开发新十年[*]

(2010年7月10日)

继续深入实施西部大开发,在下一个10年"上三个大台阶",绝不仅仅是西部自身发展的需要,而且是全国实现又好又快发展的需要。

记者: 国家实施西部大开发战略10年以来取得了巨大成就,您能否介绍一下成就与经验?

杜鹰: 实施西部大开发战略,是党中央根据邓小平同志"两个大局"的战略构想,着眼于我国现代化建设"三步走"目标,高瞻远瞩,审时度势,在世纪之交做出的重大战略决策。西部大开发战略实施10年来,在党中央、国务院的坚强领导下,在全国人民的大力支持下,西部地区广大干部群众锐意进取,奋力拼搏,西部大开发取得了世人瞩目的巨大成就。

一是经济发展速度明显加快,综合实力显著增强。2000~2009年,西部地区生产总值从16655亿元增加到66868亿元,年均增长11.9%,占各省(区、市)地区生产总值加总比重由17.1%提高到18.5%;全社会固定资产投资由6111亿元增加到49662亿元,年均增长24.8%,占各省(区、市)加总比重由19.2%提高到22.7%。主要经济指标增速均高于全国平均水平,10年间主要的宏观经济指标都翻了一番以上。

二是基础设施建设取得突破性进展,阶段性目标如期实现。

---

[*] 2010年7月,中共中央、国务院召开西部大开发工作会议。这是会议结束后,《中国投资》记者对杜鹰的访谈,原文载《中国投资》2010年第9期。

青藏铁路、西气东输、西电东送一大批标志性工程相继建成。"五纵七横"国道主干线西部路段全线贯通，贫困县出口路、通县油路、县际公路陆续建成通车，基本形成了以大城市为中心、中小城市为支点的路网骨架。铁路、公路通车里程分别是10年前的1.5倍和2.8倍。新建和改扩建机场71个。电力装机容量是10年前的5倍，新增油气管道里程18630公里。10年间，西部地区累计新开工重点工程120项，投资总规模2.2万亿元。

三是生态建设规模空前，取得了巨大进展。启动实施了退耕还林、退牧还草、天然林保护、京津风沙源治理等重点生态工程。其中西部地区退耕还林面积2.4亿亩，退牧还草面积6.8亿亩。生态工程的大规模实施，推动工程区植被覆盖度平均增长14个百分点，产草量平均增长68%，西部地区森林覆盖率达17.05%，比10年前提高了6.7个百分点。城镇环保设施不断改善，农村面源污染治理取得初步成效。

四是社会事业取得长足进展，保障和改善民生力度加大。10年间，中央在西部地区先后组织实施了50多项社会事业建设项目，总投资达上千亿元。实施了西部地区"两基"[①]攻坚计划、职业教育基础能力建设、疾病预防控制体系建设、农村卫生服务体系建设、乡镇综合文化站建设、广播电视村村通工程建设等一大批重大民生工程，西部地区教育、卫生、文化、体育、社会保障和就业水平大大提高。

五是人民生活水平明显改善，精神面貌昂扬向上。城乡居民的收入分别是10年前的2.7倍和2.3倍，10年前西部地区有5700万贫困人口，现在下降到2370万，减少近60%。同时，西部地区与东、中部地区之间互动合作的关系向广度和深度进展，西部地区对内对外开放格局初步形成。广大干部群众开拓创新的

---

① 国家2003年制定的西部地区"两基"攻坚计划，要求到2007年基本实现九年义务教育和基本扫除青壮年文盲。

意识不断增强，西部人民的精神风貌昂扬向上。

总体上讲，西部大开发的10年是西部经济社会发展最快、城乡面貌变化最大、人民群众得到实惠最多的10年，也是西部地区对全国的发展贡献最突出的10年。

在实施西部大开发战略的实践中，我们积累了丰富的经验，得到了重要启示。概括起来说主要是必须坚持科学发展观，全面推动经济社会发展；必须坚持把保障和改善民生作为一切工作的出发点和落脚点，让各族群众共享改革发展成果；必须坚持改革开放，增强发展动力和活力；必须坚持发挥社会主义制度的政治优势，走共同富裕道路。这些经验和启示，对进一步推进西部大开发具有重大意义，一定要深刻认识和充分运用，并在实践中不断丰富和发展。

记者： 您在新闻发布会上表示，尽管西部10年取得了长足发展，但它仍然是区域发展的短板。能否介绍一下，西部地区未来发展还将面临哪些制约和挑战？

杜鹰： 由于历史、自然、社会等多种原因，西部大开发取得的成就还是初步的，长期制约西部地区发展的突出矛盾和主要问题尚未得到根本解决，深入推进西部大开发依然任重道远。

基础设施落后的瓶颈制约仍然存在。综合交通运输网络尚不健全，铁路通道少，运输能力低，干线公路"断头路"多，县乡道路技术等级较低，机场布局需进一步完善；水利设施建设滞后，西南地区工程性缺水和西北地区资源性缺水并存；综合信息基础设施和服务水平相对落后；城市市政设施和农村水、电、路等基础设施建设任务繁重。

生态环境脆弱的局面没有根本性改变。西部地区森林植被少，水土流失，土地沙化，旱涝灾害严重。目前，全国25度以上陡坡耕地面积的70%以上在西部地区，水土流失面积的80%在西部地区，每年新增荒漠化面积的90%以上也在西部地区，西南地区石漠化面积超过1亿亩。三峡库区等河流和湖泊的水环境污染、许多城市的大气污染问题严重。

经济结构不合理、自我发展能力不强的状况仍然没有根本改变。一些地区重工业偏重，一些地区产业结构趋同，资源优势转化程度低。工业发展以资源型产业为主导，能源化工、冶金建材等资源型产业比重较大，初级产品比重高于相应的深加工产品比重，"两高一资"产业比重较大，资源综合开发利用水平不高，产业链条短，装备制造、高新技术产业基础薄弱。

贫困面广量大、基本公共服务能力不足的问题仍然突出。其中，南疆地区、青藏高原东缘地区、武陵山区、乌蒙山区、滇西边境山区、秦巴山—六盘山区6大集中连片特殊困难地区，是经济社会发展水平最落后、基本公共服务能力和人民生活水平最低的地区，是全面建设小康社会最难啃的"硬骨头"。这些地区人均国内生产总值低于全国平均水平60%、农村人均纯收入低于全国平均水平60%、城镇居民人均可支配收入低于全国平均水平75%。

加强民族团结、维护边疆稳定的任务仍然繁重。西部地区地缘位置非常重要，与周边14个国家和地区接壤，是各民族文化交汇地，也是反分裂、反渗透、反颠覆的重点地区。西部地区少数民族分布集中，我国55个少数民族中有50个主要分布在西部地区，其中22个人口较少民族绝大部分在西部地区，西部地区少数民族人口占全国少数民族人口的75%左右。

记者： 过去10年是西部地区打基础的10年，那么未来10年就是承前启后的关键10年，国家支持西部发展的总体思路是怎样的？

杜鹰： 中央在刚刚闭幕的西部大开发工作会议明确提出，深入实施西部大开发战略，必须高举中国特色社会主义伟大旗帜，以邓小平理论和"三个代表"重要思想为指导，深入贯彻落实科学发展观，进一步解放思想，开拓创新，进一步加大投入，强化支持，以增强自我发展能力为主线，以改善民生为核心，以科技进步和人才开发为支撑，更加注重基础设施建设，着力提升发展保障能力；更加注重生态建设和环境保护，着力建设美好家园和国家生态安全屏障；更加注重经济结构调整和自主创新，着力推进特色优势产业发展；更加注重社会事业发展，着力促进基本公共服务均等化和民生改善；更加注重优化区域布局，着力培育新的经济增长极；更加注重体制机制创新，着力扩大对内对外开放。推动西部地区经济又好又快发展和社会和谐稳定，努力实现全面建设小康社会奋斗目标。

记者： 今后10年，国家将努力使西部地区上"三个大台阶"，您能否介绍一下，这"三个大台阶"分别代表了哪些发展目标？为何选取这些发展目标？

杜鹰： 胡锦涛总书记在西部大开发工作会议上，形象地把下一个10年西部大开发的总体目标概括为"上三个大台阶"，即经济综合实力上一个大台阶，人民生活水平和质量上一个大台阶，生态环境保护上一个大台阶，对西部地区未来发展提出了新的更高要求。

综合经济实力上一个大台阶，就是基础设施更加完善，现代产业体系基本形成，建成国家重要的能源基地、资源深加工基地、装备制造业基地和战略性新兴产业基地。

人民生活水平和质量上一个大台阶，就是加快发展以保障和改善民生为重点的社会事业，加快建立覆盖城乡居民的公共服务体系，基本公共服务能力与东部地区差距明显缩小。

生态环境保护上一个大台阶，就是重点生态区综合治理取得积极进展，单位地区生产总值能耗明显降低，生态环境恶化趋势得到遏制。

确立这三大重点发展目标是由西部地区的特殊地位所决定的，是适应新形势、应对新挑战所决定的，是全面建设小康社会、开创中国特色社会主义新局面任务所决定的。

第一，在我国四大板块的区域协调发展战略布局中，尽管西部地区这10年取得长足发展，但和东部地区相比仍然存在着相当大的差距。因此，如果西部地区不发展，全国的发展也就无法实现；西部地区不实现现代化，不实现小康，全国的全面小康和现代化就不能实现。

第二，西部地区国土面积占全国的71.5%，陆地边境线长达1.8万公里，全国陆上边境线82%都在西部。西部地区又是少数民族聚居区、边疆地区。还有相当一部分地区是贫困地区，现在全国年收入在1196元以下贫困人口，有66%在西部地区。再加上西部地区民族文化多元，宗教问题比较复杂，稳边任务相当繁重。

第三，西部地区的生态地位非常重要。西部地区是我国大江大河的源头，森林、草原、湿地、湖泊这些主要的生态载体大多集中在西部，现在全国水土流失、草原退化的主体也在西部。所以，如果不把西部生态环境保护好，全国的可持续发展就无法实现。

第四，西部地区发展潜力巨大，战略资源非常丰富。西部地区煤炭探明储量占全国的67%，天然气可开采储量占全国的66%，水能可开发装机容量占全国的82%。风能、太阳能、特色产业、旅游、沿边开发开放等优势明显，这些方面的开发潜力都非常巨大。

从这四方面来说，继续深入实施西部大开发，在下一个10年"上三个大台阶"，绝不仅仅是西部自身发展的需要，而且是全国实现又好又快发展的需要。

记者：资源税改革对于西部而言意义重大，未来西部还将率先实行哪些政策措施，以促进其综合发展？

杜鹰：最近，中共中央、国务院明确了今后10年深入实施西部大开发战略的各项政策措施，包括财政、税收、投资、金融、产业、土地、价格、生态补偿、人才、帮扶10个方面。主要有：

为加快推进以改善民生为重点的社会建设，促进基本公共服务均等化，中央提出加大对西部地区均衡性转移支付力度，逐步缩小西部地区地方标准财政收支缺口，用于教育、医疗、社保、扶贫开发等方面的专项转移支付重点向西部地区倾斜；推进资源税改革，对煤炭、原油、天然气等的资源税由从量计征改为从价计征，增加资源产地地方财政收入；中央投资项目将重点向西部地区民生工程等领域倾斜等。

为推动基础设施建设，提升发展保障能力，中央将提高专项建设资金投入西部地区的比重，提高基础设施项目投资补助标准和资本金注入比例；中央安排的公益性建设项目，取消西部地区县及县以下和集中连片特殊困难地区市地级配套资金；完善建设用地审批制度，简化程序，保障重点工程建设用地等。

为加强生态建设和环境保护，全面增强可持续发展能力，中央提出要按照谁开发谁保护、谁受益谁补偿的原则，逐步在森林、草原、湿地、流域和矿产资源开发领域建立健全生态补偿机制；逐步提高国家级公益林生态效益补偿标准；增加对上游地区重点生态功能区的均衡性转移支付；加快制定关于生态补偿政策的指导意见和生态补偿条例等。

为鼓励西部地区发展特色优势产业，构建现代产业体系，中央提出要在西部地区实施有差别的产业政策，凡是有条件在西部地区加工转化的能源、资源开发利用项目，支持在西部地区布局建设并优先审批核准，制定西部地区鼓励类产业目录；对西部地区的鼓励类产业企业减按15%的税率征收企业所得税；实施差别化的土地政策，安排土地利用年度计划指标时，适度向西部地区倾斜等。

为推动西部地区加快体制机制创新，扩大对内对外开放，中央提出鼓励和支持西部地区大胆探索，先行先试，加快资源性产品价格改革，建立和完善反映市场供求关系和资源稀缺程度以及环境损害成本的生产要素和资源价格形成体系；积极推动西部地区充分利用国际国内两个市场、两种资源，深化同周边国家发展合作等。

为落实上述有关政策措施，国务院有关部门将制定具体实施细则。

记者：未来10年，中央对西部的投资将达到多大的资金规模？

杜鹰：实施西部大开发以来，无论是中央财政资金，还是预算内基本建设投资，都重点向西部地区倾斜。过去10年，西部地区固定资产投资近20万亿元，中央财政对西部地区的转移支付总量达到4万多亿元，中央预算内基本建设投资安排西部地区的总量达到8900亿元。今后我们还要制定一些鼓励社会资金向西部地区投入的政策，特别是信贷资金，并加大直接融资和间接融资的政策扶持力度，形成多元化的投资格局。"十二五"期间，中央在重大基础建设项目上还要继续向西部地区倾斜，在转移支付和投资安排上也要继续向西部地区倾斜。

支持云南省加快建设面向
西南开放桥头堡[*]

（2010年7月20日）

通过9天的调研，我们切身感受到了云南各族群众对美好生活和美好未来的热切期盼，体会到了全省上下拧成一股绳、围绕桥头堡建设这项中心任务认真做事的巨大能量，使我们调研组的同志深受鼓舞、深受教育和深受启发。刚才，调研组11个组的组长都作了发言，讲的意见和观点还是初步的，回去后还要做一些深化的工作。借此机会，我讲几点初步的认识。

一、关于桥头堡建设的战略定位和发展目标

在见面会上，我曾经对桥头堡的战略定位讲过四句话，就是要把云南建成重要的能源资源通道，建成向西南开放的重要前沿和交通枢纽，建成沿边开放的重要增长极，建成巩固的、和谐发展的西南边疆。经过这几天的看、听和思考，特别是组内的交流，我现在考虑，可以把战略定位表述成五句话：第一句话是我国面向西南开放的国际大通道。把能源资源通道改成国际大通道，这就不光是能源资源了。第二句话是我国沿边开放、开发合作的试验区和实施"走出去"战略的先行区。原来增长极讲得好像比较

---

[*] 这是国家部委调研组在云南实地调研结束后，与省委省政府交换意见时作者的讲话。在这次调研基础上起草了相关文件。2011年5月，国务院印发《关于支持云南省加快建设面向西南开放重要桥头堡的意见》。

高，但内容比较空，改成沿边开放的试验区和"走出去"的先行区，这样都有一些政策含义在里边。第三句话是外向型的特色优势产业基地，这主要指未来的发展方向。第四句话是民族团结、边疆稳定的示范区。原来讲兴边富民、稳定边境，现在讲民族团结、边疆稳定的示范区，这样要求就更高了。第五句话是西南重要的生态安全屏障。云南是长江的上游，珠江的源头，还是四大国际河流澜沧江、怒江、伊洛瓦底江、红河的上游，生态要加一句。这样想来比原来的四句要更全面一点，层次更高一点，也更精当一点，拓展的余地比较大。

发展的目标。我想作两个阶段来布置：第一个阶段到2015年，也就是"十二五"期间；第二个阶段展望到2020年，也就是全面建成小康社会的时候。我初步测算，到2020年时，云南的GDP总量要比2010年翻一番半，也就是2010年的3倍，年均增长速度要达到10%以上，这个目标就可以实现。财政收入恐怕是翻两番的概念，因为此前10年GDP的增长是10.55%，财政的增速是13.4%，所以财政可以翻两番。老百姓的收入特别是农民的人均纯收入，目前云南在西部地区12省区里排第9位，我想10年后能不能达到西部地区的平均水平？人均GDP目前在西部地区排第10位，10年后也应该力争达到西部地区的平均水平。

目标的设定很重要，设定的原则就是要跳起脚能够着。如果不跳脚就够着了，那么这个目标就不够宏伟；如果跳起脚也够不着，那么这个目标就不太现实。这里边，有的是约束性目标，有的是指导性目标。

二、关于桥头堡建设的总体思路

目标和战略定位比较清晰了，如何推进桥头堡的建设？我概括了四句话：统筹内外，互利双赢，以外促内，加快发展。这个基本思路讲了一个什么意思呢？统筹内外，就是桥头堡的建设不能只顾外、不顾内,没有内部的平台和实力这个基础,面向西南的对外开放走不远。就像一把斧子,斧背不厚,砍东西的力道不足。所以,我们要强调内部能量的集聚和自我发展能力的培育提升,就是要通过开放来促开发,把内外很好地结合起来。将来起草文件要在这两者之间找到结合点。要是文件都是讲对外的事,对内的事、关键的事都没有解决,或者是对外开放的思路没讲清楚,那就是失败的。看文件成功与否,就是看是不是实现了统筹内外。互利双赢是从对外角度讲的,然后是以外促内,加快发展,最终是加快发展。

这是一个重要的指导思想。任何偏离这个主线的思想,可能都不能实现中央的意图,也不符合云南的实际。所以在这个问题上希望能够进一步地思考,进一步地研究,以便我们在这一点上达成共识。只要这个共识建立起来了,其他工作就能比较有序地展开。

三、关于桥头堡建设的主要任务

刚才讲了战略定位和发展目标,讲了总体思路。接下来我重点讲"四个过程",也就是桥头堡建设的四个重点任务:第一,桥头堡的建设同时就是逐步消除瓶颈制约、增强自我发展能力的过程;第二,桥头堡的建设同时就是一个加快推进工业化、城镇化的过程;第三,桥头堡的建设同时就是一个不断改善民生、惠及各族百姓的过程;第四,桥头堡的建设同时也是一个不断改革创新的过程。我把这四层意思分别展开一点。

第一,桥头堡的建设同时就是逐步消除瓶颈制约、增强自我发展能力的过程。

云南有不少优势,但是制约因素也同样明显。把两者结合起来看,有这么一些突出的问题:一是向西南开放的区位条件优越,但交通基础设施建设严重滞后。二是水资源相当富集(云南的人均水资源量是全国平均水平的两倍），但是工程性缺水问题十分突出。三是各个民族历史悠久、文化厚重，但是现代教育水平不高，人的素质偏低。全省4571万人，人均受教育年限6.13年，比全国平均水平低了两年。四是云南是非常罕见和珍贵的生物王国，但是又存在生态脆弱的一面。是不是可以把制约因素概括为交通、水利、教育、生态四个方面？我认为，在整个桥头堡建设过程中，要在这四个方面下大气力，逐步消除瓶颈制约，以增强云南自我发展的能力。中央刚刚发出的西部大开发11号文件中[①]，有一条叫作以增强自我发展能力为主线，这是中央对西部大开发今后10年工作提出的一条重要要求，云南要努力增强自身发展能力。

云南产业相对落后，一个很重要的因素就是交通跟不上。云南的物流成本占GDP的比重是24%，高出全国6个百分点。物流成本高，直接影响产业的发展和承接产业转移。所以要通过建设综合、便捷、安全、有效的运输体系把物流成本降下来，这样才能把内地市场和向西南开放的市场结合起来，这可以产生巨大的效益。

水利也是个大问题。水利部正在会同发改委编制西南水利规划，总的任务里边，给云南安排的工作量和投资量约占四分之一。在今年大旱之后，痛定思痛，云南的同志对加快水利建设有很强的紧迫感，老百姓搞水利也有积极性，要借这个机遇，大干快上，把水利问题着力解决一下。

关于教育问题。要针对云南的实际情况，强化两个环节。第一个环节是加强寄宿制学校建设，现在是小学四年级以后才有寄宿制学校，能不能一上小学就实行寄宿。为什么呢？因为在大山里边分散教学，很多学校是一师一校，小孩子从1~6年级，都是一个老师教，教育质量很难提高。集中办学可能是方向，小学到

---

① 《中共中央 国务院关于深入实施西部大开发战略的若干意见》（2010）。

乡里去，中学到县城去。这就需要解决集中办学的条件和师资配备问题，特别是国家要对寄宿制学校的学生给予生活上的补助。只有巩固了目前义务教育阶段的成果，才能提高高中的入学率，目前云南高中的入学率比全国的平均水平低了10多个百分点。第二个环节是抓职业教育。就是要面向那些升不了高中、升不了大学的孩子，让他们接受职业教育，定向培养、定向输出。这些孩子以后有了工作，有些就不要回大山里去了，还可以把自己的家人、父母接出来。所以，教育不仅是一个传授知识的问题，教育实际上还是生产方式、生活方式变革的基础。没有这个基础，就没有社会的系统发育，没有外部因素的进入，没有市场观念的培育，经济发展就没有内在动力。

关于生态问题。这既是云南的比较优势，又是需要我们倍加呵护的一个发展条件。我想云南的生态问题是六大问题：一是长江上游和珠江源头的水土保持问题；二是九大高原湖泊的污染治理问题，这其中有两个已经是五类水、劣五类水；三是生物多样性的保护问题，特别是滇西北地区；四是水电的开发和生态的关系问题，水电开发可以有所作为，但同时要把生态保护好；五是云南高载能产业居多和节能减排的关系问题；六是深化林权制度改革与兴边富民的问题。生态领域要处理好这六个关系。

第二，桥头堡的建设同时就是一个加快推进工业化、城镇化的过程。

云南目前一、二、三次产业结构是18∶42∶40，一产的比重比全国高了近10个百分点；城镇化率云南是34%，比全国平均水平低了大概13个百分点，城镇化、工业化滞后。一国一地经济发展的过程，本身就是一个产业结构不断变革、不断高级化的过程，就是各种生产要素从低生产率部门向高生产率部门不断跃迁的过程，也就是国民财富不断积累的过程。现有的大量资源包括劳动力都集中在一产里，而一产的劳动生产率相对于非农产业的生产率是很低的，这就是落后的标志。因此发展的方向一定是推进工业化和城镇化，工业化是必然趋势，城镇化是工业化的载体。

要进一步加深对建设云南现代产业体系的研究和认识。就二产而言，云南现在有六大支柱产业，烟草、能源、有色、冶金、化工和机械，这六大行业占了全省工业增加值的近80%，其中在轻工业里烟草和农产品加工又占了近90%。云南的整个工业体系里传统产业占了很大比重，特点是总量不大、链条不长、结构不尽合理、创新能力不足。云南省大力提升改造传统产业、积极培育发展战略性新兴产业的任务十分繁重。为什么要特别强调工业化的问题？因为它涉及云南将来的发展和我前面讲到的外向型特色优势产业基地建设。按照一般的客观规律，从农业社会到工业社会，再到知识社会，工业化阶段是不可逾越的。因此，就必须把云南工业的现状、问题，以及将来建立一个什么样的工业体系搞清楚。要立足于云南的比较优势，立足于现有的工业基础，通过改造提升，通过承接东部产业转移，通过打开向西南开放的市场，加快云南工业和制造业的升级换代，加快推进工业化进程。还有一个企业家的培养问题。工业的发展和市场竞争，最终拼的是人力资源，人力资源最重要的是会运作资本的企业家，云南要着力解决这方面的短板。

第三，桥头堡的建设同时就是一个不断改善民生、惠及各族百姓的过程。

我们共产党执政为民，全部工作的出发点和落脚点就是改善民生，桥头堡建设也不例外。我这次一路走来，认为比较突出的民生问题有两个。

一是边疆少数民族问题。全省25个边境县，有16个是贫困县。25个边境县的农民人均收入是2615元，整整是全国平均水平的一半。昨天我在组内交流时讲了一个观点，就是桥头堡的建设要重视四大通道的建设：其一，从昆明到红河到河口到河内的东通道；其二，从西双版纳到磨憨到老挝到泰国的中通道；其三，走保山到瑞丽到曼德勒到皎漂的西通道；其四，北通道，经保山到腾冲到猴桥到密支那到印度方向，最后到加尔各答。但是现在我要说的是，我们千万不要把桥头堡建设的注意力全部都放到四大通道上，还要特别注意解决面上，特别是沿边境地带的民生问题。云南的边境线有4000多公里，占全国的1/5。不能把桥头堡建设只建成沿边的四颗明珠，而其他边境地区却黯然无光。只有四大口岸、四颗明珠是不行的，一定要把沿边的民生问题解决好。这个问题不解决，不仅老百姓不能脱贫致富，也影响边疆的稳固，只有富裕边疆，才能稳固边疆。怎么解决？要增强边疆重要性的认识，增强边疆政策的针对性，加大支持力度。国家解决水电路气房的投资要优先投到边疆地区，国家支持教育、文化、卫生、社会保障、就业的政策也要优先配置到边疆地区。我这次了解到越南方面的沿边政策，很有感触。我们要下决心把边疆从全省发展的洼地，真正变成兴边富民的样板和对外开放的窗口，非如此不足以稳边疆！

二是云南的农垦问题。我是云南兵团出身的，我给农垦一句评价，叫农垦不如农村。云南农村不如全国农村，云南农垦不如云南农村，又是一个洼地。我这次回去和老连长、老排长、老班长聊，老连长退休金1500元，排长、班长也就是千把块钱，还要交土地承包费。我问他们土地承包费是什么性质，是过去农村三提留五统筹的性质，是公共生产费的性质，还是交个人社会养老保险的性质？后来了解到，场部有些人的开销没有列入公务员系列，财政不拿钱，要农场职工掏！农垦是国营农场，是国营企业，因此不能享受农村的各种惠农政策。那么应该享受城里人的社会保障吧，但农垦又是搞农业的，享受不了城里人的政策。这个叫什么呢？叫两头不着，国有企业不能享受农村政策，搞农业又不能享受城里人政策。全省农垦系统30万人是屯垦戍边的重要力量，是全省经济发展和国家战略物资——橡胶生产的重要力量，这么下去怎么行？这个问题要解决。省里已经决定把农垦下放，我完全赞成，这个方向完全正确，就是要让农垦融入地方，同时把两头给它"接上气",这样农垦才能焕发生机和活力。

第四,桥头堡的建设同时也是一个不断改革创新的过程。

云南的改革任务仍然比较重,比如刚才举的农垦体制改革例子。我再举个例子,就是国有企业的改革。云南非公经济所占比重只有39.1%,60%多是国有经济。十年前,非公经济的比重是23.9%,十年下来提高了15个百分点,但是与西部地区平均水平特别是与沿海发达地区相比,非公经济的比重仍然偏低。所以,我主张在实施央企入滇战略的同时,还相应要有一个扩大民营经济、大力发展民营经济的政策。要两条腿走路,央企入滇是对的,见效快,但是要真正把云南的市场经济发展起来,使各方面的要素得到优化配置,特别是实施"走出去"战略的时候,没有民营经济不行。其他的改革还有水电价格的改革、资源价格的改革、投融资体制的改革、外贸体制的改革、生态补偿机制的建立等。桥头堡建设的过程必定是一个不断深化改革和体制创新的过程,最终要建成符合桥头堡发展需要的体制和机制。

促进内蒙古经济社会
又好又快发展[*]

（2010年8月23日）

在刚才各专题小组汇报的基础上，我再讲几点看法和想法。

第一，为什么要制定促进内蒙古经济社会发展的文件。

通过这次实地调研，我感到对这个问题还有再认识或者叫加深认识的必要。在见面会的时候，我初步谈了对内蒙古在全局中战略定位的四点认识，一是民族团结进步、边疆繁荣稳定的模范自治区；二是祖国北方重要的生态屏障；三是国家重要的绿色能源、有色、装备制造和农畜产品基地；四是沿边开放的重要门户和窗口。这个文件就是要立足于这四个定位，进一步促进内蒙古经济社会又好又快发展。通过调研，我又有了新的认识。促进内蒙古经济社会发展，是不是就是文件起草的全部宗旨和目的呢？我以为不尽然，这里还有一层意思，就是要通过促进内蒙古经济社会又好又快发展，来进一步促进民族团结、边疆稳定，这也是制定文件的一个重要的目的。所以说，这个文件的着眼点和落脚点应该既是促进经济社会发展，同时又要促进民族团结、边疆稳定，文件侧重讲经济社会发展，但是最终还要通过经济社会发展进一步促进民族团结和边疆稳定。

这次调研中，接触了很多民族干部，特别是在兴安盟乌兰浩

---

[*] 这是国家部委调研组在内蒙古实地调研结束后，与自治区党委政府交换意见时作者的讲话。在这次调研的基础上起草了相关文件。2011年6月，国务院印发《关于进一步促进内蒙古又好又快发展的若干意见》。

特参观了内蒙古民族解放运动纪念馆和当年自治区成立的五一会址，又翻了点材料，我确实感到民族团结问题是一个极端重要的问题，要像爱护我们的眼睛一样来珍惜、维护民族团结和来之不易的大好局面。

蒙古民族是中华民族大家庭中一个历史悠久和勤劳勇敢的民族，内蒙古地区的历史、文化是中华民族历史和文化的重要组成部分。尤其是近现代以来，蒙古族人民的民族解放运动实质上是在中国共产党领导下的整个中国人民革命解放运动的重要组成部分。第一次鸦片战争后，包括内蒙古在内的中国全部都沦为殖民地、半封建社会，各族人民开展了反帝反封建的斗争。在这一个时期，蒙古族将军僧格林沁和英法联军作战，到清朝末年整个内蒙古地区的蒙汉各族开展了更广泛的斗争，嘎达梅林那个歌，唱的就是科尔沁草原蒙汉人民反军阀、反王公贵族斗争的故事。到1921年中国共产党成立，才真正地提出了马克思主义民族观，指明了各民族团结奋斗的正确道路。内蒙古的第一批革命党人，像乌兰夫，20年代初就在北京的蒙汉学校学习，在李大钊的感召下接受马克思主义思想，走上革命的道路。1925年在内蒙古地区建立了第一个党的组织。以后在第二次国内革命战争时期、抗日战争时期，蒙汉从来都是并肩作战，像百灵庙起义等。到1946年，乌兰夫在中央和东北局的指示下，主持召开了"四三会议"，比较妥善地解决了东西盟自治统一的问题。在这个基础上，1947年5月1日，宣布成立党领导下的全国第一个民族自治地区。

回顾历史，可以看到内蒙古的历史实际上就是各族人民团结奋斗的历史。从反帝反封建反官僚资本的新民主主义革命一直到开创社会主义建设的新局面，自治区的发展离不开党的民族政策，其中包括区域自治政策和制度。历史告诉我们，民族团结是福，民族分裂是祸。我们今后发展的一个重要保障条件，就是切实落实党的民族政策、民族自治法和相关的政策制度，真正使各民族共同团结奋斗、共同繁荣发展，真正践行汉族离不开少数民族，少数民族离不开汉族，少数民族离不开少数民族的理念。

为什么讲这段历史，因为在现实生活中仍然存在着一些隐患和不稳定的因素。《关于建国以来党的若干历史问题的决议》讲了，我们国家的主要矛盾是人民日益增长的物质文化需要与落后生产力的矛盾，因此我们要以经济建设为中心，不能搞以阶级斗争为纲；同时决议也讲了，阶级斗争还存在，有的时候甚至是激烈的，这是特殊矛盾。所以在这个问题上头脑要清醒，作为边疆地区、民族地区，我们要一手抓经济建设，一手抓民族团结和社会稳定，反分裂的意识什么时候也不能丢。

所以我想中央领导这么高度重视内蒙古的工作，我想他们考虑问题的出发点和落脚点就在这个地方。这样来理解为什么搞这个文件，我想是不是更全面一些。为什么给内蒙古一些特殊的政策，其缘由概出于此，就是因为它重要。

第二，制定一个什么样的文件。

一言以蔽之，就是要以科学发展观来统领内蒙古自治区经济社会的发展。改革开放以来，特别是实施西部大开发战略和东北振兴战略以来，内蒙古自治区经济高速增长，年均增长率达到17.5%，连续八年位居全国第一。这个时期的的确确是内蒙古经济发展速度最快、城乡面貌变化最大的时期，甚至可以说是历史性的变化，由此内蒙古的经济社会发展已经站在了一个新的、更高的起点上。站在这个起点上，进一步促进内蒙古经济社会发展，我们应该重点考虑什么问题，解决什么问题，贯穿什么样的主线？通过这次调研，我以为内蒙古的经济社会发展的成绩要充分肯定，与此同时也要看到，内蒙古的发展的确还存在着不全面、不协调、不可持续的问题。前一阶段内蒙古经济的高速增长，在很大程度上是因为中国经济进入一个高速增长期，这个高速增长对能源的巨大需求拉动了内蒙古的资源开发，由此形成了内蒙古新的经济增长格局。但同志们要看到，我们这个增长的基础还是建立在资源初级开发的水平上，特别是比较单一的煤炭资源开发的产业结构没有改变，结构性的矛盾仍然存在。

一是需求结构。我请自治区发改委算了一下自治区的需求结构，这三年平均，消费对经济增长的贡献是36%，投资对经济增长的贡献是77%，净出口对经济的拉动是-13%，所以主要是靠投资拉动。内蒙古现在的人均固定资产投资水平约3万元人民币，是全国平均的1.76倍，仅次于天津，排在全国第二位。问题是这样一个高的投资率和这样一个以投资拉动为主的需求结构还能维持多长时间？这需要分析一下"十二五"乃至"十三五"全国能源需求增长的情况怎么样，我看会有变化。

二是产业结构。内蒙古一产的比重比全国平均水平低，二产的比重偏大，二产中重工业的比重也是偏大，三产的比重明显低于全国平均水平，带有明显的资源加工型经济典型特征。工业体系过于单一，服务业明显不足，经济增长的质量还有很大的提升改造空间。说明内蒙古经济增长基本靠拼投资、拼资源，还没有转到依靠劳动者素质和技术进步的轨道上来。

三是发展的不平衡问题。内蒙古统计上的城镇化率是53%，如果扣除林区的城镇户口，实际的城镇化率要降低6个百分点，也就是47%，城镇化滞后于工业化。还有区域结构，东五盟和西七盟之间存在着明显的经济社会发展不平衡问题。经济增长速度上去了，但劳动者的素质以及教育、卫生、文化等公共服务可及性这些方面的指标与经济发展指标很不相称，排在全国平均水平之下。我们在调研中还注意到，有些迅速发达起来的城市，人的精神面貌的提升跟不上，过分追求奢华，城乡差距太大，确实存在穷的穷、富的富的苗头。

所以我认为，下一步内蒙古发展的主要任务就是解决和消除经济发展中不全面、不协调、不可持续的问题，真正使我们的发展进入科学发展的轨道，这也是贯穿整个文件起草的一条主线。正像我们调研组同志提出的判断，内蒙古经济社会发展正处在一个重要的转型期，在这个时期一定要把发展的模式问题解决好，把发展中的不协调、不可持续问题解决好。自治区的同志讲，尽管这些年发展很快，但内蒙古欠发达的区情没有根本改变，发展不足仍然是当前和今后一个时期的主要矛盾。这个判断我是赞成的，但是我们要切记，当今时代中国经济的发展，一定要是科学发展，这个发展必须纳入科学发展的轨道。

第三，关于若干方面的政策思路问题。

一是产业方面。首先要解决一个认识问题，就是未来内蒙古产业结构和现在的产业结构相比到底能有多大的变化，这关系到内蒙古产业结构的定位问题。我认为一个地区的产业结构一定是面向统一市场，又立足于本地比较优势形成的产业结构。就此而言，我看未来一个时期，内蒙古整个经济体系会更加体系化、更加高度化，但是恐怕很难摆脱资源加工比重比较大的格局。在调研中也在探讨，内蒙古能不能转型搞点高科技，比如电子电器，比如消费品产业等，但现在看来不是特别现实。从内蒙古跟华东、华北经济中心区的匹配关系上看，将来内蒙古的经济结构会更多样化一些，但是从总体上看，可能仍是能源和基础原材料加工支撑的这样一个工业体系。如果我们承认这样一个现实的话，确实将来还是要发展煤炭、煤电、煤化工，以及有色加工等。你们提出要给一些差别化的产业政策，我理解，就是允许内蒙古更充分地发挥自身比较优势。确实这些行业里面，有一些从全局来看是产能过剩的行业，国家的产业政策不仅不支持，甚至有些产能还要逐步消化甚至淘汰，这两者之间或多或少有点矛盾。在这个问题上，我认为只要是市场有需求的，又是内蒙古资源优势的，从全国布局上考虑应当向类似内蒙古这样的地区倾斜，我理解这就是差别化的产业政策。同时也要对内蒙古提一个要求，即便是煤电、煤化工等高载能的行业，也要千方百计地做到高起点、高水平，实现节能降耗和资源优化配置，在同样的产业结构条件下，要努力实现产业的高度化。除了差别化产业政策，还有差别化的土地政策。将来有些项目要落地，土地的供求矛盾很突出，有关部门的同志表示，可以更多地利用城市规划区以外的未利用地，适当降低土地出让价格。还有一个节能减排的容量问题，相关部门表示会实事求是地予以考虑。

二是生态建设问题。内蒙古是我国北方生态屏障，战略地位十分重要。生态的恶化，本质上是千百年来人与自然不和谐的结果。要真正地使生态恢复到良性循环，绝不是短期内就能做到的事情。因此三北防护林、退牧还草、风沙源治理等生态工程建设要有连续性，生态政策要有连续性，生态体制机制也要有长效性。退牧还草这个工程很伟大，但是后续的工作在政策上还要进一步地完善。内蒙古生态体系包括森林、沙地、湿地，但核心是草原。草原的问题，根本上是人、畜、草三者的矛盾。人口增加了，牲畜就增加，牲畜增加导致草原超载过牧，草原生态遭到破坏，最终导致牲畜下降，陷入恶性循环。解决人、畜、草问题，单纯地考虑草畜平衡还不行。现在自治区超载过牧20%，只是压20%牲畜下来还不行，因为还有人的问题。我同意这个概念，草原发展的基本思路是"增草、稳畜、减人"。实现草畜平衡要有补偿政策，相应地还要转移一些牧民到二、三产业去。草原畜牧业要走集约化的路子，提高胴体重，降低死亡率，做到减畜不减产量。这次调研还发现了一个问题，到科右前旗，我才晓得有的旗县1996年分草场的时候，不是按人头分，是按当时各户谁家的牲畜多，谁就多分，谁家牲畜少谁就少分。我们到一个嘎查看，最多的一户草地四五千亩，最少的几百亩，牲畜头只的差别也很大。十年前来锡林郭勒调研，草场按人六畜四分，我觉得还比较合理。这次看到有地方全是按照当年牲畜头只来分，这样农户之间生产资料占有差异很大，补贴的时候无论按照牲畜头只还是按草原面积补，似乎都不合理。我问他们有没有矛盾，怎么解决的？他们讲采取上封顶下保底的方法，最多的补贴5000元，最少的补贴3000元，也是没有办法的办法。封顶保底的补贴，政策的激励作用肯定是下降的，所以结合退牧还草的实际执行情况，我们还得加强草原承包制和生态补偿政策的研究。此外还有天保工程后续完善、治沙缺乏专项资金、三北防护林五期工程政策完善等，都需要我们进一步研究。

三是民生问题。主要是做好十件事：水、电、路、气、房，教、卫、文、就、保。现在的问题是要有重点地解决。内蒙古的贫困发生率，按全国标准1196元算是4.2%，按自治区标准（牧区1800元以下，农区1560元以下）算是76.4万人，占5.8%。据调研，恐怕不止76万人。改善民生问题，首先要瞄准贫困县、贫困村、贫困人口。到底是农区更穷，还是牧区更穷？仅从收入指标看，农区不如牧区，但有人讲牧区的生活费用高，所以相对贫困线比农区高。半农半牧区也是有好有差。我这次看了一个半农半牧区的村，是比较差的，全村200户800人，有73个光棍，人均收入1000来元，大部分是解放前失去草原的牧民转的农民，务农能力差，贫穷有历史原因。去阿尔山看林区，三个林场的林业职工全年平均工资11000元，只有全自治区城镇人均可支配收入的70%不到。职工工资平摊到家庭人口只有三四千元，恐怕比农村还穷。我们一边在搞天然林保护工程，而林区的人为了生计却开荒种春小麦，岂不顾此失彼。说明国有林场体制、天保工程后续政策有问题，还需要完善。扶贫方略也要考虑，有个乡是自治区国资委扶持，每年投资一些钱分到下面，但是不解决根本问题。这个乡的根本问题是基本生产条件差，只有旱改水，才能彻底解决，但总投资要七八百万，国资委没有这么多钱。所以对口帮扶是好的，但是要解决致贫原因还是要统筹考虑，集中力量打攻坚战，否则难以根本解决。

四是东五盟和西七盟的问题。东五盟明显落后于西七盟，需要自治区特别关注。我这次去了兴安盟，据我计算，兴安盟人均GDP和鄂尔多斯比整整差10倍，兴安盟城镇人均可支配收入和农牧民人均纯收入分别是自治区最高盟市的一半不到，财政一般预算收入8个亿，支出78个亿，收支比1：10。兴安盟没有煤炭，自治区从临近的锡林郭勒配给兴安盟 66 亿吨煤，东西互助，这个思路是对的。将来北京市对口支援赤峰和乌兰察布，鄂尔多斯支援兴安盟，得有一些这样的新举措，否则区域差距大，心理不平衡。还有城市贫困人口，到包头看棚户区还有 12 万户贫困人口，住的条件像当年走西口的样子，和我们对呼包鄂的印象反差太大。兴安盟和其他地区反差大，牧区和林区反差大，包头东区和西区反差大，都是要解决的民生问题。

五是对外开放问题。我觉得要加强两个开放：其一，对俄罗斯、蒙古国的开放。这两个国家和内蒙古的进出口额很少，现在才 70 个亿。建议加强双边多边的政府间互访、商贸往来、人文交流，打造开放合作的平台。支持阿尔山口岸开放，然后加快阿尔山—乔巴山铁路建设，连通白城到长春到珲春的出海通道，这个大动脉打通了，能把兴安盟带起来。其二，对内开放，主要是东五盟怎么主动融入东北振兴的问题，也要提到战略层面考虑。比如通辽离长春、沈阳很近，一些电力互补、能源通道、科尔沁沙地治理等都和东三省有密切关系，应该主动接受东三省的辐射，加快承接产业转移。扩大对外开放和对内开放可以给自治区未来一个时期的发展注入新的活力，也有利于优化内蒙古的经济结构。

深入实施西部大开发战略[*]

（2010 年 9 月 16 日）

今年 7 月，党中央、国务院在北京召开了西部大开发工作会议，对今后十年的西部大开发工作做出了全面部署。西部大开发关系到党和国家工作的全局，我们要把思想和行动统一到中央的决策部署上来。

一、实施西部大开发战略的必要性和重要性

实施西部大开发战略，是党中央高瞻远瞩、总揽全局，面向新世纪做出的重大决策。这一重大战略的形成，经历了充分酝酿和逐步完善的过程，充分体现了党中央、国务院对西部地区和民族地区发展的高度重视。

（一）西部大开发战略的决策背景

我国地域广袤，区域发展不平衡是我国基本国情。党中央、国务院历来十分重视促进区域协调发展。在世纪之交，以江泽民同志为核心的党的第三代中央领导集体，根据邓小平同志提出的"两个大局"的战略构想，审时度势，因势利导地作出了实施西部大开发战略的重大决策。回顾十年前中央做出实施西部大开发的战略部署，有两个重要而深刻的历史背景。

一是从区域发展的态势看，有必要缩小区域发展差距。改革

---

[*] 这是在中央党校省部级领导干部民族工作研讨班上所做专题报告的前三部分。

开放以来,根据邓小平同志"让一部分地区、一部分人先富起来,逐步实现共同富裕"和"两个大局"的战略思想,通过设立经济特区、开放14个沿海城市等一系列对外开放措施,形成了沿海地区对外开放先走一步、率先发展,进而带动内地的区域发展格局,被学界称之为非均衡发展战略。这一战略的实施,大大加快了我国改革开放进程,使我国的经济实力迅速上升,缩小了与发达国家之间的差距,为上世纪末实现国内生产总值比1980年翻两番的战略目标和初步小康作出了历史性贡献。但是,这一非均衡发展战略客观上也使东部地区与中西部地区发展速度的差距逐步扩大。1978~1995年,沿海地区吸引外资占全国吸引外资总额的84.7%,沿海地区的生产总值年均增长11.6%,比内地高1.8个百分点,差幅最大的"八五"时期,东部地区生产总值的平均增幅,比中西部地区高4.8个百分点。1999年,占全国国土面积71.5%、占中国大陆总人口28.9%的西部地区创造的地区生产总值,仅占全国各地加总的17.1%;西部地区人均地区生产总值水平相当于全国平均水平的60%,不到东部地区的40%;全国最高的上海市人均地区生产总值是最低的贵州省的12.4倍。区域差距的不断扩大,引起了中西部地区干部群众的焦虑和不安,中西部地区要求加快发展的愿望十分急切。

二是从国内外经济形势看,有必要加快西部地区的资源和市场开发。国务院原副总理曾培炎同志刚刚出了一本书,叫《西部大开发决策回顾》,他讲到,1997年亚洲金融危机的爆发造成外需明显萎缩,国内有效需求不足问题成为制约我国经济发展的主要矛盾,国民经济发展面临重大挑战。中央首次提出,扩大国内需求、拓展发展空间是国家宏观调控的重要目标。国家把目光转向西部,西部地区地域辽阔,战略资源富集,市场潜力很大,蕴藏着巨大的投资机会和发展空间,加快西部开发,对解决全局性问题具有重大意义。江泽民同志当时指出:"把扩大国内需求作为促进经济增长的主要措施,实行积极的财政政策,这对于加快中西部的发展是一个很好的时机,""美国当年如果不开发西部,它能发展到今天这个样子?""西部地区一旦加快步伐,加大力度全面开发起来,那就可以安排成百万成千万的劳动力。这是我们发展的大战略、大思路。"① 同时,经过多年的发展建设,我国也积累了一定的经济实力,具备了支持西部地区加快发展的物质基础。

正是在上述背景下,1994年9月,江泽民同志在十四届五中全会上的讲话中指出:"应当把缩小地区差距作为一条长期坚持的重要方针","从'九五'开始,要更加重视支持中西部地区经济的发展,逐步加大解决地区差距继续扩大趋势的力度,积极朝着缩小差距的方向努力。"1999年3月,江泽民同志在全国人大、全国政协负责人会议上的讲话中,正式提出了"西部大开发"的战略思想。同年6月,江泽民同志在西安主持召开西北五省区国有企业改革和发展座谈会上,系统地阐述了西部大开发的战略构想。2000年1月,中共中央、国务院印发了《关于转发国家发展计划委员会〈关于实施西部大开发战略初步设想的汇报〉的通知》,标志着西部大开发正式启动。

(二)实施西部大开发战略的重大意义

实施西部大开发战略,事关全局,不仅具有重大的现实意义,而且具有深远的历史意义。

实施西部大开发战略,是立足扩大内需方针,保持国民经济持续平稳较快发展的有效途径。西部地区能源资源富集,水能资源蕴藏储量占全国的86%,煤炭保有储量占全国的60%以上,天然气可采储量占全国的66%,石油储量占全国陆上储量的31%,铜、铅、锌等主要矿产资源及稀土、钾盐等资源均大部分分布在西部地区,为全国经济结构调整提供了广阔的回旋空间和重要的

---

① 曾培炎:《西部大开发决策回顾》,中共党史出版社2010年版,第8~9页。

能源资源接续。西部地区社会消费市场潜力巨大，1999年人口约占中国大陆总人口的28.9%，但社会消费品零售总额仅占全国各地加总的16.8%。实施西部大开发战略，把国家扩大内需的积极财政政策与改善西部地区投资发展环境结合起来，有利于进一步激发西部地区发展潜能，扩大国内有效需求；有利于进一步扩大我国经济发展回旋空间，增强防范和抵御世界经济风险的能力；有利于进一步发挥西部地区沿边的地缘优势，充分利用两个市场、两种资源，拓展发展空间。

实施西部大开发战略，是构建国家生态安全屏障，促进经济社会可持续发展的重大举措。西部地区生态地位极其重要，生态的状况极其脆弱。我国地貌最明显的特征就是平地少，山地多，西高东低，呈现三大梯级的地貌格局和南多北少的水文分布。西部地区是我国大江大河的主要发源地，是森林、草原、湿地和湖泊等集中分布区，是国家重要的生态安全屏障。同时，西部地区又是水土流失、土地荒漠化、石漠化严重地区。全国25度以上陡坡耕地面积的70%以上在西部地区，水土流失面积的80%在西部地区，每年新增荒漠化面积的90%以上也在西部地区。西部地区平均森林覆盖率不到11%（西北地区仅为6%左右），比全国低6个多百分点；西部地区草原面积占全国草原总面积的84%，但90%的可利用天然草原不同程度地退化，并以每年3000万亩的速度扩展；石漠化面积超过1亿亩，是造成西南地区农民贫困的重要根源，对长江、珠江上游地区的生态安全构成严重威胁。西部地区许多城市的大气污染，以及河流和湖泊的水环境污染问题十分严重。西部地区生态环境的恶化，引发雪线上升、湖泊干涸、沙尘天气频繁发生，滑坡、泥石流地质灾害加剧，不仅直接影响到西部地区广大人民群众的生产生活和切身利益，而且严重威胁到全国生态安全和经济社会可持续发展。青海省果洛州玛多县，人民公社时期曾是全国农民人均纯收入最高的县，但后来由于超载过牧，草场严重退化，到上世纪80年代，已沦为国家级贫困县。搞好西部的生态环境，不仅是全国的需要，也是西部地区本身的需要。实施西部大开发，有利于从根本上遏制西部地区生态恶化，实现人与自然的和谐发展。

实施西部大开发战略，是维护民族团结和边疆稳定，使各族群众共享改革发展成果的客观需要。西部地区与周边14个国家和地区接壤，陆地边境线占全国的85%左右。我国55个少数民族中有50个主要分布在西部地区，西部地区少数民族人口占全国少数民族人口的70%以上。西部地区是各民族文化交汇地，也是反分裂、反渗透、反颠覆的重点地区，战略地位十分重要。少数民族人口大多集中分布在高寒山区及边疆地区，自然条件恶劣，交通等基础设施薄弱，教育等基本公共服务水平低，经济社会发展相对落后。1999年，5个民族自治区和贵州、云南、青海3个多民族省份的人均地区生产总值为4292元，相当全国的60%；农民人均纯收入1648元，相当全国的74.6%。中央对少数民族地区发展十分重视，在研究确定西部大开发范围时，并没有完全按照地理界限来划定，而是充分考虑民族自治地方的特殊情况，将过去列为中部地区的内蒙古自治区、列为东部地区的广西壮族自治区纳入西部大开发主体范围，将湖北、湖南、吉林省的3个民族自治州纳入比照享受西部开发政策范围。《国务院实施〈中华人民共和国民族区域自治法〉若干规定》第六条明确要求，"未列入西部大开发范围的自治县，由其所在的省级人民政府在职权范围内比照西部大开发的有关政策予以扶持"。这样，就使所有的民族自治地区都享受或比照享受到西部大开发政策。实施西部大开发，对于提高各族人民的生活水平，促进民族团结、维护边疆稳定具有重要意义，这不仅是一个紧迫的经济问题，而且是一个重大的政治问题。

实施西部大开发战略，是缩小地区发展差距，实现全面建设小康社会奋斗目标的必然要求。西部地区是我国区域协调发展中的"短板"，是我国区域差距、城乡差距、贫富差距最大、最集中的区域。1999年，西部地区城镇居民人均可支配收入和农民人均纯收入分别相当于东部地区的70%和55%，城乡收入差距为3.3∶1，高于全国平均水平。全国60%以上的贫困人口集中分布在西部地区，西部地区的贫困发生率为6.7%，高于全国平均水平3个百分点。西部地区社会事业发展的差距更为明显。实施西部大开发之初，全国"普九"教育未达标的县基本都在西部地区，大约有2/3的县不达标。西部地区卫生医疗条件落后，大部分乡村卫生室条件简陋，长期保持着体温计、听诊器、血压计老"三样"的状况。另据国家统计局研究监测，2000年西部地区全面建设小康社会实现程度只有52.3%，约比东部地区落后7年、比东北地区落后4年，比中部地区落后2年，是我国全面建设小康社会的重点和难点。只有实施西部大开发，方能有效遏制区域发展差距扩大的势头，形成区域协调发展的局面。

（三）关于区域协调发展的几点认识

一是如何正确认识小平同志"两个大局"战略构想。新中国成立60年来，我国区域发展先后实施了均衡发展战略、非均衡发展战略和协调发展总体战略。改革开放前，为了改变旧中国遗留下来的工业基础薄弱、80%左右分布在沿海地区这种畸轻畸重的格局，我国在区域发展战略上，选择实施了均衡发展战略。1988年，小平同志提出了"两个大局"的战略构想：一个大局是沿海地区要加快对外开放，较快地先发展起来，从而带动内地更好地发展，内地要顾全这个大局；另一个大局是发展到一定时候，沿海地区要拿出更多的力量来帮助内地发展，沿海地区也要服从这个大局。据此，从改革开放初到上世纪90年代后期，我国的区域发展战略经历了一个从非均衡发展战略到促进区域协调发展总体战略的调整过程。那么，应该如何看待改革开放初期实施的非均衡发展战略呢？改革开放初期，之所以要选择实施非均衡战略，是因为尽管当时国内的发展差距很大，但是我国与发达国家的发展差距更大。当时的主要矛盾是如何通过扩大开放，尽快地缩小与世界发展水平的差距，这就只能让有条件的沿海地区先行一步，而不可能让各地区"齐步走"。事实上，从实际效果看，非均衡发展战略的实施，大大加快了我国改革开放进程，1978～1999年，我国 GDP 年均增长速度高达 9.7%，远远高于改革开放前的发展速度，国民财富迅速积累，综合实力大幅提升，创造了经济发展史上的"中国奇迹"，不仅大大缩小了我国与发达国家之间的差距，而且也为后来国家支持欠发达地区发展创造了必要的条件。这表明，当年实施非均衡发展战略，是从当时我国发展阶段的实际和现代化建设的全局需要出发的，是完全必要的，也是正确的选择。同样地，根据形势发展的需要，以西部大开发为契机，逐步形成并实施区域协调发展战略，也是符合实际和完全必要的。2005 年中央首次提出四大板块的区域总体协调发展战略，所有经济杠杆都根据这个政策调整，向中西部倾斜。由此可见，区域发展战略作为国民经济整体战略的重要组成部分，应当着眼于全局的需要，正确处理好整体与局部的关系，并与时俱进地加以调整和完善。

二是如何看待西部大开发的效益问题。在十年前西部大开发决策过程中，当时的认识并不完全一致。最有代表性的不同意见，就是认为开发西部的投资效益低，国家在西部地区投入五元的产出效益，不如对沿海地区投入一元的产出效益，中央财政的支撑能力不够，西部大开发的时机还不成熟。针对这种情况，2000 年 1 月，时任国务院总理的朱镕基同志在西部地区开发会议上做了深刻的阐述。他指出，强调投资效益和经济效益是对的，但要全面地、辩证地看待效益问题。第一，不能只从单个项目看效益，还要看综合效益。就建设一个项目来说，东部地区的成本可能低一些，但现在东部地区的产业结构矛盾已经相当突出，国家如果不增加对西部地区的投入，东部地区传统产业的产品，如钢材、水泥、玻璃等就没有市场，哪里还有效益可言？第二，不能只看当前效益，还要看长远效益。在西部地区投资，有些是近期就可以有明显效益的，有些需要一定时间，效益才能充分发挥出来。第三，不能只看局部效益，还要看整体效益。只要我们把西部开发出来了，就会发挥出整体效益，国家对西部地区增加投资，不仅有利于西部地区发展，也为全国经济协调发展创造条件，应当从经济发展全局看效益。第四，不能只看经济效益，还要看社会效益。加强西部地区的基础设施和生态环境都是很重要的，有利于促进全国经济与社会协调发展。第五，不能只看到西部地区的薄弱环节和不利条件，还要看到优势。比如有些地方自然和地理条件得天独厚，能源、原材料资源丰富，有些地方也拥有雄厚的科技和人才力量，有不少当地特色产业。在这些有优势的地方投入同样的资金，经济效益不见得比东部地区差。事实证明，当时的决策是正确的。在今年7月召开的西部大开发工作会议上，胡锦涛总书记再次强调指出，西部大开发项目不仅要看单个项目的局部效益，更要看整体布局的综合效益；不仅要看当前效益，更要看长远效益；不仅要看经济效益，更要看社会效益。中央领导同志的这些论述，站在全局的立场上，运用历史唯物主义和辩证唯物主义的基本观点，深刻地阐明了事关现代化建设的重大问题，不仅在当时统一了人们的思想认识，为西部大开发奠定了坚实的思想基础，而且教给了我们正确认识问题的科学方法论。

三是如何正确理解区域协调发展的内涵。2005年10月，党的十六届五中全会第一次完整地提出了推进西部大开发，振兴东北地区等老工业基地，促进中部地区崛起，鼓励东部地区率先发展的区域协调发展总体战略，标志着我国区域协调发展总体战略基本形成。那么如何理解区域协调发展？我们认为，按照科学发展观的要求，主要标准有四条：第一，地区间人均生产总值差距保持在适度范围内。现阶段促进区域协调发展的首要任务，就是要遏制地区间人均生产总值扩大的趋势，并努力使之保持在一个适度的范围内。需要说明的是，这里没有讲经济总量，而是讲的人均生产总值。要求欠发达地区的经济总量赶上发达地区，那是不现实的，也是不科学的，但是世界各国一般规律表明，随着欠发达地区加快发展，特别是人口的流动，地区之间人均生产总值差距的缩小不仅是可能的，而且是符合规律的。第二，各地区的比较优势得到充分发挥。比较优势理论是指导区域协调发展关系的一个重要原则。一个地区也好，一个国家也好，只有比较优势充分发挥出来了，又通过比较优势的交换，全局利益才能最大化，也才能实现真正意义上的协调发展；反之，如果通过抑制发展快的地区来实现区域发展均衡，既违反了效率原则，最终也损害了公平的基础。促进区域协调发展，一定不能让那些可以快的地方慢下来，而是要让那些慢的地方发展快起来，实现积极的平衡。东部发展快是好事，东部发展越快就越有能力支持西部发展。第三，逐步实现基本公共服务均等化。提供基本公共服务是政府的职能，其中包括公共教育、就业服务、社会保障、医疗卫生、人口计生、住房保障、公共文化、涉及民生的基础设施（主要指农村通路、通电、通邮）、环境保护等方面。促进不同地区的人民群众都能享受基本公共服务，是社会主义的本质要求，是国家意志的体现。实现地区间经济发展水平缩小，即人均地区生产总值的缩小，是一个漫长的历史过程，但在这之前，就应该努力实现基本公共服务均等化，这种服务不应因地区的不同、人群的不同而有明显的差异。这是可以做到的。第四，区域协调发展一定要建立在人与自然和谐相处的基础上。按主体功能区的思想，我们国家960万平方公里的陆上国土，不能乱开发，有些地方要划为禁止和限制开发区，有些地方则是优化开发区和重点开发区。只有做到空间分布布局的合理，才能做到人与自然和谐相处。不能为了发展而损害生态环境，而要坚持人口、资源、环境协调发展，这也是区域协调发展的一条重要原则。为此，要研究制定全国主体功能区规划，引导形成合理的空间开发格局。

二、十年西部大开发的基本思路、主要做法和巨大成就

十年来，在党中央、国务院的科学决策、正确指导和统一部署下，西部大开发取得了巨大成就，成为实践小平同志"两个大局"战略构想的生动写照，成为实践"三个代表"重要思想和科学发展观的生动实践，同时也丰富和发展了中国特色社会主义理论。

(一) 西部大开发的基本思路

西部大开发是在新的历史条件下启动和实施的，是一项复杂的系统工程。必须要有新思路、新方法、新机制，而不能沿用传统的区域均衡发展的开发模式。中央慎思谋局，统筹兼顾，在深入调查研究和不断探索的基础上，逐步形成了一套行之有效的西部开发思路。

第一，在指导思想上，避免单纯追求GDP增长，强调要通盘考虑、全面发展。西部大开发之初，西部地区百业待兴，广大干部群众抢抓机遇、大干快上的热情高涨。当时中央清醒地认识到，西部地区面貌的根本改变，需要许多代人持续努力，不可能毕其功于一役。为此，一是要坚持立足当前、着眼长远，量力而行、逐步推进，因地制宜、扬长避短的方针，有力、有序、有效地推进西部大开发；二是要求所有重要建设项目必须纳入国家规划，进行充分论证，避免各地重复建设，盲目发展，上一些没有市场和竞争力的项目，搞"家家点火、户户冒烟"工程；三是要立足促进西部地区经济、社会、生态全面协调发展，不单纯追求GDP增长。当时国家计委提出是否可以不出GDP目标，时任副总理的温家宝同志肯定了国家计委的想法，指出用5到10年遏制东西部差距扩大的趋势、用20年时间做到差距明显缩小，这个难度已经

很大，规划可以不提经济增长指标，在整体上体现加快发展就可以了。上述重要指导方针，为推进西部大开发指明了正确的方向，成为指导解决西部大开发过程中重大问题的基本依据。

第二，在重点任务上，强调抓住主要矛盾，集中力量解决全局性、战略性和关键性问题。一是突出加快基础设施建设。这是西部大开发的基础，也是很多发达国家开发欠发达地区的基本经验和做法。当时中央提出，要有战略眼光，下更大的决心、以更大的投入，先行建设，适当超前。坚持每年新开工一批重点工程，力争用5到10年时间取得突破性进展。二是突出加强生态环境保护和建设。这是推进西部大开发的根本和切入点。坚持保护优先，在保护中开发、在开发中保护的原则，启动实施了退耕还林、天然林保护、退牧还草、京津风沙源治理等一大批重点工程，力争用10年左右的时间基本遏制生态恶化的趋势。三是突出产业结构调整和发展特色优势产业。这是增强自我发展能力的关键，也是逐步缩小区域发展差距的根本。提出发展产业要坚持以市场为导向，从各地资源特点和自身优势出发，发展有市场前景的特色经济和优势产业，国家在产业布局上要向西部地区倾斜，培育和形成新的经济增长点。四是突出加快社会事业发展和科技、人才开发，不断改善民生。这既是西部大开发的重要条件和支撑，也是各项工作的根本出发点和落脚点。西部大开发之初，国家就十分注重促进科技创新和人才开发，提高基本公共服务水平，适当集中财力和物力，发展教育、卫生、文化事业，启动实施了一大批关系群众切身利益的民生项目，特别是2003年启动实施了西部地区"两基"攻坚计划，2003年开始实施了"新农合"，2009年实施了"新农保"试点，深受农民欢迎。

第三，在空间布局上，强调要因地制宜、分类指导，实施以线串点、以点带面的重点开发。西部地区地域广阔，实施西部大开发战略不可能各地齐头并进，更不能搞遍地开花，而必须按照以线串点、以点带面的思路，依托交通干线和中心城市，选取经济基础好、资源环境承载力强、发展潜力大、经济联结紧的区域作为重点经济区,着力培育和打造形成西部大开发的战略高地,辐射和带动周边广大区域加快发展。在"十五"期间提出西陇海兰新线经济带、成渝经济带、南贵昆经济区的基础上,"十一五"期间,进一步明确提出了成渝、关中—天水、广西北部湾三个经济区作为重点经济区。这三个经济区的经济总量占西部地区近30%,从实施效果看,目前都已做了规划,开局良好。

第四,在开发机制上,强调要把政府引导与市场机制相结合,政府市场双轮驱动。实施西部大开发是在社会主义市场经济条件下进行的,与"一五"、"二五"和"三线"建设时期相比,资源配置方式、经济运行机制都发生了深刻变化。政府推动不等于包揽一切,不能再搞"一平二调"、"大而全、小而全",更不能一哄而上。一方面,要充分发挥市场在资源配置中的基础性作用,鼓励多种所有制经济参与西部大开发,把企业培育成西部大开发的主体;针对西部地区商品市场、要素市场发展滞后的状况,下大气力培育市场,搞活流通,创造一个统一开放、竞争有序的市场体系和环境。另一方面,政府要切实履行好职能,把主要精力放在创造良好的政策环境上,着力搞好规划,制定政策,完善法规,加强服务,集中国家财力,加大政府投入,带动社会投资。强调要把改革开放作为西部地区发展的强大动力,不断深化改革,扩大开放;要把国家支持与自力更生、艰苦奋斗结合起来,调动各方面积极性参与和支持西部大开发。

(二)西部大开发的主要做法

10年来,各地方、各部门认真贯彻落实党中央、国务院的决策部署,在规划指导、政策扶持、资金投入、项目安排、人才交流等方面加大了对西部大开发的支持力度。

一是实行政策优惠。2000年以来,党中央、国务院颁布了一系列关于西部大开发的政策措施和指导文件,有关部门、地方也编制印发了一些专项政策文件。据不完全统计，实施西部大开发以来，国家层面出台了以西部大开发为主体内容的政策性文件135个，其中中央及国务院下发27个，国家相关部门下发108个，这些文件推出和细化、实化了一系列支持西部大开发的优惠政策，为顺利推进西部大开发奠定了坚实基础。

二是加强规划指导。先后颁布实施了《"十五"西部开发总体规划》和《西部大开发"十一五"规划》，明确了西部大开发阶段性目标、主要任务，重点工程建设和重点区域。中央办公厅和国务院办公厅印发了《西部地区人才开发十年规划》，加强对西部大开发的人才支持。交通、水利等部门制定了重点专项规划。区域规划方面，近年来，国务院批复了《广西北部湾经济区发展规划》《关中—天水经济区发展规划》等一批重点区域发展规划，有重点、有步骤地推进西部大开发。同时，还出台了一系列文件，明确了支持西藏、新疆、青海等省藏区等民族地区加快发展的政策措施。

三是加大资金项目支持。2000～2009年，中央财政对西部地区转移支付和专项补助累计达4万多亿元，占同期中央对地方转移支付总额的43.7%。中央预算内基本建设资金和国债资金累计达8900亿元，占同期中央投资总额的41%。减免企业所得税、进口设备关税和进口环节增值税2000多亿元。累计新开工重点工程120项，投资总规模达2.2万亿元。国家在西部地区布局建设了一大批重点产业项目，为促进西部地区经济发展发挥了重要作用。

四是促进人才开发。中央加大了对西部地区干部交流、引进智力、人才培养等方面工作力度，为西部地区经济社会发展提供坚实的人才保证。累计从中央和国家机关等选派573名党政干部到西部地区挂职锻炼；选派3700多名干部进藏工作，选派3000多名干部援疆；实施博士服务团工程，累计选派9批1151人赴西部地区挂职；广泛动员大学生赴西部地区志愿服务，已有约10万大学生赴西部地区提供智力支持。同时，累计选派3528名西部地区干部到中央国家机关和东部地区挂职锻炼。中央有关部门组织培训西部地区领导干部和各类管理人才约4万人次，培训了基层数百万应用型人才。

五是健全对口帮扶机制。中央的转移支付叫纵向转移支付，对口帮扶实际上相当于横向转移支付。全世界只有德国搞横向转移支付。西部大开发不仅是西部地区自身的事情，而且还是全党全国一项重大的战略任务，要充分发挥我国的政治优势，调动各方面力量参与和支持西部大开发。各有关方面进一步加强经济支援、技术支援和人才支援工作，加大援助资金和项目的支持力度，鼓励各类经济实体到受援地投资兴业，为加快西部地区发展发挥了重要作用。2001～2008年，对口支援省、中央企业和国家机关援藏资金92亿元；援疆资金39亿元。扶贫开发对口支援全面展开，15个东部省（市）、计划单列市及特区城市与11个西部省（区、市）结成东西扶贫协作关系。对口支援三峡库区建设扎实推进。2008年汶川地震发生后，20个省（市）对口支援汶川地震灾后重建，援建项目金额达674亿元。中央第五次西藏工作座谈会和新疆工作座谈会，又进一步充实和完善了对口援藏、援疆办法，建立了援助资金稳定增长机制，实施干部、人才、经济、企业、科技、教育全面支援，把对口援藏、援疆工作推向了新阶段。

（三）西部大开发取得的巨大成就

实施西部大开发战略以来，在党中央、国务院的正确领导下，各地区、各部门特别是西部地区广大干部群众开拓创新，艰苦奋斗，扎实工作，西部大开发取得巨大成效。

一是经济实力大幅提升。2000～2009年，西部地区生产总值从16655亿元增加到66868亿元，年均增长11.9%，增速自2007年连续3年超过东部地区。地方财政本级收入由1127亿元增加到6055亿元，年均增长19.4%。全社会固定资产投资由6111亿元增加到 4.97 万亿元，年均增长 24.8%。社会消费品零售总额由 5997 亿元增加到 23039 亿元，年均增长 15.4%。进出口贸易总额由 172 亿美元增加到 915 亿美元，年均增长 20.9%。主要经济指标增速均高于全国平均水平。西部地区生产总值占全国的比重，从 2000 年的 17.1% 提高到 2009 年的 18.5%，上升了 1.4 个百分点。这些表明，东西发展相对速度差距在缩小，上世纪八九十年代区域差距扩大的势头得到遏制。

二是基础设施建设取得突破性进展。公路通车总里程达到 150.5 万公里，其中新增 97.2 万公里，"五纵七横"国道主干线西部路段全线贯通，除西藏外地州市基本通二级以上公路。铁路总营业里程达到 3.3 万公里，其中新增 1.15 万公里。其中，青藏铁路的开工建设和通车运营，填补了我国唯一不通铁路省区的空白，成为青藏高原千百年来永载史册的辉煌穿越。民用运输机场数量达到 81 个，大部分是这些年干的。一批大型水利工程相继建成发挥效益，其中 2007 年竣工的宁夏沙坡头水利枢纽工程，结束了当地灌区两千多年无坝引水的历史。解决了近 9437 万农村人口的饮水困难和饮水安全问题，农村公路累计增加 68.7 万公里，解决无电地区 130 多万农户用电问题，新建沼气池近 6000 万口，城乡面貌发生巨大变化。

三是生态建设和环境保护取得显著成效。先后实施了退耕还林、退牧还草、天然林保护等重大生态工程，局部生态环境明显改善，森林覆盖率达到 17.1%，比 1999 年提高了 6.7 个百分点。退耕还林工程成为新中国成立以来投资规模最大、造林数量最多、涉及范围最广、效果最为显著的重大生态工程，西部地区累计营造林 1579.3 万公顷，占同期全国造林总面积的 34%。退牧还草工程累计安排西部地区草原围栏建设任务 4507 万公顷，工程区植被覆盖度平均增长 14 个百分点，产草量平均增长 68%。天然林资源保护、京津风沙源治理、"三北"防护林体系建设四期、青海三江源地区、甘南黄河重要水源补给区、岩溶地区石漠化综合治理以及塔里木河、黑河、石羊河流域治理工程稳步推进。水污染防治积极推进，重点流域水质恶化趋势得到控制。化学需氧量和二氧化硫排放量明显减少。

四是特色优势产业发展呈现良好势头。西部地区一二三次产业比例由1999年的23.8∶41.0∶35.2调整为2009年的13.8∶47.6∶38.6，工业化加快发展的趋势明显。在西部地区培育了一些新的经济增长点，如北部湾经济区、关中—天水经济区、成渝经济区等。形成了一批特色农产品加工业、优势矿产资源开发利用、重大装备制造和高新技术产业基地，培育了一批旅游精品。民族地区特色优势产业蓬勃发展，许多地方依托优势资源建成国家重要的生产加工基地，如新疆的优质棉基地，内蒙古的乳业和羊绒制品生产加工基地，宁东的煤电基地，广西的氧化铝生产基地，青海、新疆的钾肥生产基地，新疆、青海的石油天然气生产基地等。

五是民生事业建设得到加强。"两基"攻坚计划如期完成，"两基"人口覆盖率达到99.5%，累计扫除文盲600多万人，4880万学生享受"两免一补"[①]政策。普通高校数量翻了一番多，在校生增加4倍多。卫生机构床位总数达108.1万张，三级卫生机构建设显著加强，新型农村合作医疗制度参合率达到91.5%。博物馆、文化馆、综合文化站等文化场馆建设步伐加快，广播综合覆盖率达到96%，电视覆盖率达到97%。城镇职工基本医疗保险参保人数和城镇居民基本医疗保险参保人数大幅增加。城乡居民收入分别从2000年的5648元、1661元增加到2009年的14213元、3817元，分别增长252%、229%；贫困人口由1999年的1885万减少到2007年的981万。

六是改革开放不断深化。改革方面，国有企业改革、改组、

[①] "两免一补"是指，国家向农村义务教育阶段的贫穷家庭学生免费提供教科书，免除杂费，并给寄宿制学生补助一定的生活费。

改造步伐加快，个体、私营经济和中小企业在繁荣城乡经济、扩大社会就业、优化经济结构等方面发挥了重要作用。设立重庆、成都市统筹城乡综合配套改革试验区，积极推进西安统筹科技资源改革。开放方面，东西互动合作深入推进，截至2009年底，有20多万家东部企业到西部地区投资创业，投资总额近3万亿元。适应区域一体化发展趋势，推进泛珠合作、沿黄区域合作等，重点支持涉及少数民族地区的区域合作。与此同时，把国际区域合作作为促进边疆少数民族地区发展的重要措施，积极推进东盟－湄公河流域开发合作、大湄公河次区域经济合作、中亚地区国际区域经济合作、图们江地区开发合作，全方位对外开放新格局初步形成。

除了上述物质成果外，西部大开发还凝聚了党心民心，激发和调动了西部地区广大干部群众的积极性、主动性和创造性。各族群众对中央的决策由衷拥护和支持，焕发出空前高涨的热情。各族群众奋发图强的坚强意志和昂扬向上的精神风貌，成为推动西部大开发的不竭动力，展现了西部地区再铸辉煌的美好愿望，坚定了西部人的信心，这是进一步推进西部大开发不竭的动力源泉，有力地增强了中华民族的向心力和凝聚力，加强了民族团结和社会稳定，形成了民族团结、社会稳定的良好局面。

三、新一轮西部大开发的总体要求和基本思路

今年6月份，党中央、国务院印发了《关于深入实施西部大开发战略的若干意见》（以下简称《意见》）。在7月上旬召开的西部大开发工作会议上，胡锦涛总书记、温家宝总理和李克强副总理发表重要讲话，系统总结了西部大开发10年来取得的辉煌成就和积累的重要经验，深刻阐述了深入实施西部大开发战略的重大意义，科学分析了当前及今后一段时期西部大开发面临的新形势，全面部署了深入实施西部大开发战略的各项工作。会议强调，

西部大开发在我国区域协调发展中具有优先地位，在构建社会主义和谐社会中具有基础地位，在可持续发展中具有特殊地位，全党全国要从大局出发，深刻认识深入实施西部大开发战略的重要性和紧迫性，进一步完善扶持政策，进一步增加资金投入，进一步体现项目倾斜，进一步深化改革开放，以更大的决心、更强的力度、更有效的举措，奋力将西部大开发推向深入。

(一) 新一轮西部大开发面临的新形势

今后10年，西部大开发处于承前启后、深入推进的关键时期，发展机遇前所未有，同时也面临着巨大挑战。

主要机遇。一是应对世界经济格局的深刻变化，要求我国必须长期坚持扩大内需的基本方针，西部地区战略资源丰富、市场潜力巨大的优势进一步凸显，有利于发挥后发优势，实现跨越发展。二是全球新一轮技术革命正处于启动期，全球产业分工和贸易格局将发生较大调整和变化，产业转移进一步加快；国内经济结构深刻调整，经济发展方式加快转变，这些都为西部地区承接产业转移和构建现代产业体系创造了有利条件。三是我国与周边国家区域经济一体化深入发展，有利于西部地区发挥地缘优势，为西部地区加快对外开放、提升沿边开放水平提供了新契机。四是经过十年的西部大开发，西部地区投资环境和发展条件不断改善，为实现又好又快发展奠定了基础。五是我国经济保持平稳较快发展的基本条件和长期向好的趋势不会发生改变，我国仍处于可以大有作为的重要战略机遇期，综合国力将继续持续增强，今后有条件、有能力进一步加大对西部地区的支持力度。

主要挑战。虽然西部大开发取得了巨大成就，但必须清醒地看到，西部大开发是一项长期艰巨的任务，依然任重道远。《意见》用了"六个仍然"，对西部地区面临的挑战进行了集中概括，这就是，西部地区与东部地区发展水平的差距仍然较大，基础设施落后、生态环境脆弱的瓶颈制约仍然存在，经济结构不合理、自我发展能力不强的状况仍然未得到根本改变，贫困面广量大、基本公共服务能力薄弱的问题仍然突出，加强民族团结、维护社会稳定的任务仍然繁重，西部地区仍然是我国全面建设小康社会的难点和重点。这六点决定了深入实施西部大开发战略仍然是一项长期的任务。西部大开发是百年工程。要坚定不移地深入实施西部大开发战略，这是西部地区的特殊性质、特殊地位决定的，是适应国内外新形势、应对新挑战决定的，是全面建设小康社会、开创中国特色社会主义新局面决定的。

（二）新一轮西部大开发的战略定位和重点工作

《意见》明确提出，西部大开发在我国区域协调发展总体战略中具有优先地位，在构建社会主义和谐社会中具有基础地位，在可持续发展中具有特殊地位。新形势下深入实施西部大开发战略，要全面贯彻落实科学发展观，以加快转变经济增长方式和增强自我发展能力为主线，以改善民生为核心，以科技进步和人才开发为支撑，推动西部地区经济又好又快发展和社会和谐稳定，努力实现与全国同步实现全面建设小康社会奋斗目标。胡锦涛总书记在西部大开发工作会议上明确提出，到2020年，要使西部地区发展迈上三个大台阶。一是西部地区综合经济实力上一个大台阶，基础设施更加完善，现代产业体系基本形成，建成国家重要的能源基地、资源深加工基地、装备制造业基地和战略性新兴产业基地；二是人民生活水平和质量上一个大台阶，基本公共服务能力与东部地区差距明显缩小；三是生态环境保护上一个大台阶，生态环境恶化趋势得到遏制。在政策支持上，要进一步完善扶持政策，进一步加大资金投入，进一步体现项目倾斜。

按照中央部署，今后十年深入推进西部大开发要重点做好以下几方面的工作。

一是加快基础设施建设，提升发展保障能力。基础设施是西部大开发的重要保障。今后10年，要继续把综合交通运输体系、水利等基础设施建设放在优先位置，加快构建功能配套、安全高效、适度超前的现代化基础设施体系，提升发展保障能力。要着力建设和完善"五横四纵四出境"大通道，加快构建连接东西、纵贯南北、通江达海的综合交通运输体系，着力建设西部地区与东部地区的出海通道，西南地区联结西北地区的南北通道，我国联结周边国家的国际大通道。要把水利建设摆在突出位置，我国水资源短缺，既有工程性缺水，也有资源性缺水，都制约着我国经济社会发展，要一手抓好水资源的节约利用，建设节水型社会，另一手要加大水利工程建设力度，建设一批骨干水利工程，加快大中型水库及城市水源工程建设，着力解决水资源制约瓶颈问题。能源制约是我国发展中的一个大问题，西部地区和周边国家能源资源十分富集，要统筹国内外资源，加快推进能源通道建设，继续加大西电东送力度，加快远距离输电工程建设。要加强中亚、南亚、中缅等油气战略通道建设，保障我国能源安全。

二是加强生态建设和环境保护，构筑国家生态安全屏障。经过 10 年建设，西部局部地区的生态环境有了一定改善，但生态环境恶化的势头尚未得到根本性的遏制。因此，中央要求要以对中华民族子孙后代高度负责的态度，从国家生态安全和可持续发展的大局出发，坚持不懈地抓好生态建设和环境保护。在生态建设方面，要推进西北草原荒漠化防治区、黄土高原水土保持区、青藏高原江河水源涵养区、西南石漠化防治区和重要森林生态区五大生态区综合治理，加快推进退耕还林、退牧还草、石漠化治理、京津风沙源治理、天然林保护、防护林建设、生态移民等 10 大重点生态工程，遏制生态环境日益恶化的趋势，建设国家生态安全战略屏障。在环境保护方面，必须严把环保关，避免因增长的冲动毁掉了祖先留给我们的青山绿水。同时，要注意到西部地区经济粗放型发展的格局没有得到根本改变，经济增长在很大程度上还是依赖物质资源的大量投入。要从西部实际出发，走资源消耗低、环境污染少的产业发展路子。要通过节能增效和生态环保推进经济结构调整，倡导绿色消费、适度消费的理念，加快形成有利于节约资源和保护环境的消费模式，从需求侧减缓对资源和要素的压力。

三是调整结构，转变经济发展方式。在需求结构方面，未来十年，西部地区以投资拉动为主的格局不会有根本变化，相应的中央对西部地区的投资不能减少。与此同时，要努力拓展出口需求和消费需求，把需求结构调合理。这是未来十年西部一个非常重要的任务。在产业结构调整方面，既要继续实施面向市场的优势资源开发转化战略，又要努力构建多元化的产业体系，尽量使西部地区的产业多元化一些。如内蒙古现在是"一煤独大"，新疆也是石化工业"一业独大"，很多西部省份都有这个特点。这些都离不开资源开发，但是要让资源开发的产业链条尽量地向下游延伸，拉长产业链条，使产业向多元化方向走，优化产业结构。在要素投入结构方面，西部地区要下力气把目前主要依靠资金、土地等物质要素的投入，努力转向更多地依靠科技进步和人才素质提高。如果这三个转变能够有效推进，我们就可以比较好地处理"赶"与"转"的关系。当然，光靠西部地区的努力是不够的，还有一条要明确，中央在政策上要给予支持。《意见》里有55条政策，我想强调的是，文件里首次明确了对西部地区实行有差别的产业政策，这一点非常重要。文件提出要根据西部地区产业发展特点，根据西部地区现阶段的发展状况，制定西部地区鼓励类产业目录，促进西部地区特色优势产业发展。中央在给新疆的扶持政策中明确，在全国是属于控制的生产能力过剩或"两高一资"的产业，新疆只要有市场空间，就允许它干。同时，国家在节能降耗、土地政策等方面都要向西部地区倾斜。

四是大力发展社会事业，着力保障和改善民生。改善民生是一切工作的出发点和落脚点。新时期深入推进西部大开发，必须把切实改善民生作为核心，更加注重民生建设。要加快推进以改善民生为重点的社会建设，把中央的支持重点用于改善西部各族人民群众的生产生活条件，在教育、卫生、就业、社会保障、文化体育等领域集中力量办一批老百姓看得见、摸得着的实事。要始终将做好"三农"工作作为西部大开发的重中之重。创造更多就业和增收机会，促进居民收入增长与经济发展同步，大力发展社会事业，着力保障和改善民生。着力加强农村基础设施建设，特别是要想方设法解决部分农村尚不通路通水通电等问题。积极发展特色农业，不断拓宽农民增收渠道。鼓励符合条件的农业人口向城镇转移，通过城镇化带动区域协调发展，推动城乡统筹发展。要重点抓好革命老区、民族地区、边疆地区等特殊困难地区的发展，认真贯彻落实好中央支持民族地区跨越式发展的政策措施和重大项目，抓紧研究革命老区扶持政策，全力实施集中连片特殊困难地区开发攻坚工程，争取到2020年基本消除绝对贫困现象。

五是坚持体制机制创新，扩大对内对外开放。推进西部地区科学发展，需要进一步调整和完善与生产力发展相适应的生产关系，不断深化改革、加强制度创新、扩大对内对外开放。要充分发挥市场配置资源的基础性作用，积极转变政府职能，优化发展环境，推进要素自由有序流动，形成有利于生产力充分释放的发展环境。积极推动国有企业改革，建立国有企业社会责任考核机制，使企业所在地的老百姓能够与企业共享发展成果，大力发展非公经济。要积极发挥西部地区的地缘优势，发展开放型经济，不断开拓经济发展的新空间。增强西部内陆重点区域在东西互动合作和国际区域合作中的优势，加快建设一批内陆开放型经济战略高地。全面推进向西开放战略，提升沿边开发开放水平，积极参与同周边国家的双边、多边投资合作，积极探索边境地区开发开放的新模式，在有条件的地区积极建设沿边开发开放试验区，建成沿边开放的桥头堡。

(三) 新一轮西部大开发的政策措施

西部地区具有特殊重要的战略地位，中央要给予特殊的政策支持。《意见》提出了10个方面55条支持政策。这些政策有的是过去行之有效并加以完善的，有的是根据新形势、新情况新提出的。总体来看，新一轮西部大开发政策亮点多、含金量大，体现了进一步加大对西部地区支持力度的总体精神。主要有：一是财政政策方面，提出要加大中央财政对西部地区均衡性转移支付力度，逐步缩小西部地区地方标准财政收支缺口，为推进地区间基本公共服务均等化提供更加有力的保障。二是税收政策方面，提出对设在西部地区的鼓励类产业企业减按15%的税率征收企业所得税；对煤炭、原油、天然气等的资源税由从量计征改为从价计征。三是投资政策方面，提出加大中央财政性资金投入力度，向西部地区民生工程、基础设施、生态环境等领域倾斜；中央安排的公益性建设项目，取消西部地区县以下（含县）以及集中连片特殊困难地区市地级配套资金。产业政策方面，提出实行有差别的产业政策；凡是有条件在西部地区加工转化的能源、资源开发利用项目，支持在西部地区布局建设并优先审批核准。四是土地政策方面，提出实施差别化土地政策，增加西部地区荒山、沙地、戈壁等未利用地建设用地指标；工业用地出让金最低标准，可区别情况按《全国工业用地出让最低价标准》的10%~50%执行。五是生态补偿政策方面，提出逐步在森林、草原、湿地、流域和矿产资源开发领域建立健全生态补偿机制。上述这些政策有很强的针对性，对深入实施西部大开发战略会起到强有力的推动作用。

牢牢把握西部大开发"十二五"规划编制的主题和主线[*]

(2010年10月28日)

这次会议的主要任务是,认真学习贯彻党的十七届五中全会精神和党中央、国务院关于深入实施西部大开发战略的各项部署,根据编制国家"十二五"规划体系的总体要求,专题研究《西部大开发"十二五"规划》(以下简称《规划》)编制工作。

一、进一步认清"十二五"时期西部大开发的整体背景

认真分析"十二五"时期国内外形势的新变化新特点,明确西部大开发所处的历史阶段,是做好《规划》编制工作的基本前提。回首"十一五",在党中央、国务院的坚强领导下,在全国人民的大力支持下,在西部地区广大干部群众顽强拼搏下,西部地区经济社会等各项事业建设取得全面进展。展望"十二五",总的判断是,西部大开发仍然处在重要的战略机遇期,机遇与挑战并存,机遇大于挑战。

归纳起来,"十一五"西部大开发的成就主要有以下四点:

一是经济实力大幅提升,特色优势产业发展态势良好。"十一五"期间(以下如无说明,均为截至2009年数据),西部地区生产总值年均增长13.4%,比"十五"期间提高了1.5个百分

---

[*] 这是在国家发改委系统贯彻落实中央深入实施西部大开发战略部署暨西部大开发"十二五"规划编制启动会上的讲话。

点，增速居于全国四大板块之首。西部地区生产总值相当于全国的比重由"十五"末期的16.9%提升到2009年的18.3%，提高了1.4个百分点；人均地区生产总值相当于全国平均水平的比重由"十五"末期的59.7%提升到2009年的66.1%，提高了6.4个百分点。地方财政收入、全社会固定资产投资、社会消费品零售总额和进出口贸易总额等主要指标增速也都超过了全国平均水平。此外，西部地区正处在城镇化、工业化进程不断加快阶段，"十一五"时期，城镇化率提高了4.8个百分点，工业化率提高了3.8个百分点。总的来看，东西部地区发展差距不断扩大的趋势在"十一五"时期得到了初步遏制，但只是"趋势"得到遏制，绝对发展差距还是在不断扩大的。"十一五"时期，国家不断加大对西部地区特色优势产业的支持力度，出台了一系列政策措施，推动西部地区初步形成以能源资源开发及深加工、装备制造、特色农牧业、文化旅游、战略性新兴产业等为代表的产业集群，培育了一大批有一定竞争力和知名度的大企业和企业集团，极大地增强了西部地区自我发展能力。

二是基础设施建设取得突破进展，生态建设成效显著。"十一五"时期，国家累计开工建设西部大开发重点工程68项，总投资1.7万亿元。在交通方面，"五纵七横"国道主干线和西部开发八条省际干线公路全部贯通。在水电方面，溪洛渡、向家坝、积石峡水电站建设进展顺利。在水利方面，四川亭子口、西藏旁多等大型水利工程陆续开工建设。在能源方面，川气东输、西气东输二线相继建成开通。在生态建设方面，除继续做好退耕还林和退牧还草工程外，先后启动三江源生态保护、西藏高原生态屏障、甘南黄河水源补给区生态保护、西南石漠化治理等重大生态工程项目。在国土绿化方面，"十一五"期间，西部地区森林覆盖率提高了近3个百分点。

三是社会事业加快发展，基本公共服务水平稳步提高。"两基"攻坚如期完成，"两基"人口覆盖率达到99.5%。三级卫生服务体系基本建成，新农合参合率达到91.5%。文化事业加快发展。社会保障覆盖面逐步扩大。城镇居民可支配收入由8783元提高到14213元，年均增长12.8%，农村居民纯收入由2379元提高到3817元，年均增长12.5%，增速分别高于东部地区0.9个百分点和1.5个百分点。西部地区贫困人口也大幅度减少。

四是改革开放不断深化，重点区域加快发展。在改革方面，设立重庆、成都统筹城乡综合配套改革试验区，推进西安统筹科技资源改革。在东西互动方面，据初步统计，全国已有20多万家东部企业到西部地区投资创业，投资总额超过3万亿元。在对外开放方面，2009年，西部地区实际利用外资总额达到71亿美元，是"十五"期末2005年的3.7倍。同时，西部与周边国家和地区的合作，如大湄公河次区域经济合作、中亚地区区域经济合作等，也都取得了实质性进展。在建设西部地区新的增长极方面，国务院先后批准了《广西北部湾经济区发展规划》、《关中—天水经济区发展规划》，《成渝经济区区域规划》已经编制完成。西部大开发三大高地在引领西部地区加快开发开放方面正发挥越来越重要的作用。

以上是"十一五"西部大开发取得的成就，也是我们做好"十二五"工作的起点。从另一个方面看，在深入推进西部大开发过程中，仍然面临诸多困难和问题，在党中央、国务院2010年《关于深入实施西部大开发战略的若干意见》（以下简称《意见》）里概括为"六个仍然"。一是西部地区与东部地区发展水平的差距仍然在拉大。东西部地区人均地区生产总值相对差距虽然缩小了，但绝对差距从"十五"期末2005年的1.5万元扩大到2009年的2.2万元。二是基础设施落后、生态环境脆弱的瓶颈制约仍然存在。三是经济结构不合理、自我发展能力不强的状况仍然没有得到根本改变。四是贫困面广量大程度深、基本公共服务能力薄弱等问题仍然相当突出。全国66%的贫困人口集中在西部地区。五是加强民族团结、维护社会稳定的任务仍然繁重。六是西部地区仍然是我国全面建设小康社会的难点和重点。

做好《规划》编制工作，既需要系统地梳理总结"十一五"成绩和经验，认清新的起点和现状，也要对"十二五"西部大开发环境进行认真分析，重点分析机遇与挑战。

总的来看，机遇主要体现在以下六个方面：一是国际经济格局正在深刻变化，外需增长速度可能放缓，要保持经济社会发展一定的增长率，必须始终坚持扩大内需的基本方针，西部地区市场潜力大、战略资源丰富的优势显得更加突出。二是贯彻"周边首要"的方针，与周边国家在经济、技术、文化等方面交流合作不断向纵深推进，沿边开放潜力很大，正处在跨台阶、上水平的关键时期，可能会为西部大开发带来新变化，注入新活力。东北是延边朝鲜族自治州所在的长吉图经济区与东北亚合作；西北是新疆等地与中亚国家合作和向西开放；西南是云南、广西等地与东盟自由贸易区、大湄公河次区域合作。沿边开放、向西开放将会与沿海开放、向东开放一起，形成遥相呼应的全方位开放新格局。三是随着国际经济格局变化和国内经济结构战略性调整，国际国内产业转移步伐加快，为西部地区调整产业结构、壮大产业规模创造了条件。四是经过 10 年西部大开发，西部地区的基础条件、投资环境、综合实力有了大幅度提高，为进一步发展奠定了比较坚实的基础。五是国家综合实力不断提升，2009 年全国财政收入 68518 亿元，今年有望突破 8 万亿元，有能力进一步加大对西部大开发的支持力度。六是党中央、国务院召开西部大开发工作会议，对新一轮西部大开发工作做出了全面部署，明确了发展的方向和重大任务，提出和制定了一系列强有力的政策措施。就西部地区当前发展情况看，已经形成了推进新一轮西部大开发的良好态势。

"十二五"西部大开发面临的新问题、新挑战，主要表现在四个方面：一是受国际金融危机影响，东部沿海地区逐步开始由打"外需牌"转为打"内需牌"，在一定程度上会挤占西部地区的市场空间。二是"十二五"时期,国际国内市场竞争将会更加激烈,西部的"小个子"与东部的"大个子"在国内外市场上的竞争总体上仍然处在劣势。三是应对气候变化,减少温室气体排放的压力越来越大,西部地区以资源开发和加工为主的产业结构,节能减排任务比东部地区更加艰巨。四是加快转变经济发展方式的根本出路在于提高科技创新能力。如果不掌握核心技术,没有自主创新能力,在市场竞争中就会处在相对劣势的地位,而这又恰恰是西部地区的"短板"。因此,我们对西部的未来,要有点忧患意识和紧迫感。西部大开发不仅面临《意见》中指出的六个固有矛盾,还面临着上述四个可能出现的新矛盾。

总体来看,"十二五"时期深入推进西部大开发,机遇大于挑战,有利因素多于不利因素,西部大开发仍然处在大有可为的重要战略机遇期。因此,我们编制《规划》要立足紧紧抓住和充分利用好重要战略机遇期,奋发有为地把西部大开发推向深入。

二、牢牢把握规划编制的主题和主线

十七届五中全会明确指出,做好"十二五"时期经济社会发展工作,必须以科学发展为主题,以加快转变经济发展方式为主线。做好《规划》编制工作,也必须要坚持这一主题和主线。

我们要从理论和实践相结合出发,搞清楚为什么中央提出要把科学发展作为主题,把加快转变经济发展方式作为主线。以科学发展为主题,重要的是把握四条:一是必须更加注重以人为本。发展不能只看物不看人,发展要以人为出发点和落脚点。二是必须更加注重全面协调可持续。全面推进经济建设、政治建设、文化建设、社会建设以及生态文明建设和党的建设,促进生产关系与生产力、上层建筑与经济基础相协调,现代化建设各个环节、各个方面相协调,经济发展与人口资源环境相协调,实现经济社会永续发展。三是必须更加注重统筹兼顾。要正确处理好中国特色社会主义事业中的重大关系，重视各方面的利益诉求，照顾到各方面的切身利益。更充分地调动全社会投身现代化建设的积极性。四是必须更加注重保障和改善民生。让广大人民群众共享改革发展成果，也可以更好地释放我国内需的巨大潜力。那种发展只要结果，不要过程，不计成本，不计代价的发展方式，已经不能与现代化社会的要求相适应。预计到"十一五"末期，我国的人均地区生产总值大体可以达到或突破4000美元，正好是低收入国家向中等收入国家迈进的"坎"，社会矛盾将会集中凸显。因为随着收入水平提高，社会将会发生分化，利益主体将会更加多元。如果处理好这个矛盾，我们就可以加快进入发达国家行列；处理不好，就会掉入所谓"拉美"陷阱。因此，在这个阶段，就必须更加强调科学发展。

以加快转变经济发展方式为主线，首先要理解为什么要加快转变经济发展方式。中央第一次提出这个概念时，不叫"发展方式"，叫"增长方式"。十四届五中全会提出要"转变增长方式"，党的十七大提出要"加快转变经济发展方式"。从"增长"到"发展"、从"转变"到"加快转变"，反映了我们党对事物规律的认识，反映了对我国经济社会主要矛盾的把握和认识。随着我国经济社会发展水平不断提高，经济总量不断增大，制约可持续发展的结构性矛盾日益突出，如投资和消费的关系失衡，资源环境的约束不断增强，产业结构不合理，自主创新能力不强，城乡区域发展不协调，收入分配差距较大等。以加快转变经济发展方式为主线，要坚持把经济结构战略性调整作为主攻方向，贯穿经济社会发展全过程和各领域，重点要在四个层面上下功夫：从需求结构看，不能只靠外需和投资拉动，还要着力培育消费市场；从产业结构看，不能只靠制造业拉动，还要强基固本，狠抓农业现代化，大力发展第三产业；从动力结构看，不能只靠资源要素投入，还要把发展向主要依靠科技进步、劳动者素质提高以及管理创新转变；从城乡区域结构看，要积极稳妥推进城镇化，加快推进社会主义新农村建设，促进区域良性互动、协调发展。转变经济发展方式已迫在眉睫。比如，我国经济总量约占世界的8.5%，但是消费的能源、原材料远高于这个比重，煤炭消费占世界的46.9%、钢材占46.4%、石油占10.4%。如果中国发展到美国的水平，以我国的人口规模，采用美国的消费模式，地球将无法承担这个重负。全世界都要转变经济发展方式，从转变消费方式和生活方式开始，继而转变生产方式。无论是一个国家还是一个地区，发展本身就是结构调整的过程，是生产要素从低生产率部门向高生产率部门跃迁的过程，从而实现要素资源更优组合，以相对小的投入获取更多的产出。中央提出加快转变经济发展方式，就是要更有意识、更主动地推进这个转变。

在深入推进西部大开发、在组织编制《规划》中，必须坚持以科学发展为主题，以加快转变经济发展方式为主线。在这个问题上，西部地区面临比东部地区更多的困难，任务更加繁重和艰巨。这主要是由西部地区的区情和特点决定的。

一是西部地区基础差、底子薄，自我发展能力不强，正处于工业化发展初期阶段。在这个阶段上，西部地区面临的主要矛盾是要加快发展，但同时又叠加了要科学发展的任务。在当代中国，坚持发展是硬道理的本质要求，就是坚持科学发展。东部地区已经进入工业化中期、甚至中后期阶段，必须要科学发展，否则难以为继。西部地区刚刚起步，要做到量的扩张和质的提升相协调，既要实现加快增长，又要加快结构转型，两者同时并存、同时提出，也需要同时解决。

二是从需求角度看，当前西部地区经济增长主要依靠投资拉动，需要转向消费、投资、出口"三驾马车"协调拉动。西部地区在外需和消费领域仍面临较大挑战，外贸进出口的增加，有待于进一步扩大对内对外开放；国内市场潜力的挖掘，有待于有效地增加城乡居民收入。

三是西部地区的产业结构是典型的资源开发和加工为主的结

构。产业层次低，产业链条短，技术含量不高，方式相当粗放。前不久去内蒙古调研，内蒙古的能源工业占了工业增加值的绝大部分，产业结构调整、工业向轻型化转化的难度很大。受市场份额小、距离主要市场远等多重因素制约，汽车、电子、家电等制造业很难转移到呼和浩特、包头等地。因此，如内蒙古、新疆、宁夏等地，在一段时间内仍然可能以偏重型工业结构为主。问题在于，内蒙古等地如果不搞煤炭、能源加工，经济总量上不去，但如果继续搞，节能减排的压力非常大，将会在发展中面临更加突出的矛盾。

四是生态环境压力大。西部地区是国家重要的生态安全屏障，但是生态环境脆弱，再加上未来加速推进工业化、城镇化，生态方面带来的问题将愈加严重。近些年来发生的重特大自然灾害，主要都分布在西部地区，这也为我们敲响了警钟。

因此，西部地区如何既要加快发展又要科学发展，是一个重大课题。总的考虑，应当既要保持一定增长速度，又要在"好"字上做文章；既要保持固定资产投资规模，又要着力扩大消费和外需；既要发挥资源开发等比较优势，又要加快转变粗放的发展方式；既要加快工业化、城镇化进程，又要实现经济发展与资源环境相协调，与社会事业发展和改善民生相协调。

如果说这些问题在"十一五"就存在，那么到了"十二五"，全国提出以科学发展为主题，以加快转变经济发展方式为主线的时候，西部地区的这些矛盾就会暴露得更加突出。坚持以科学发展为主题，以加快转变经济发展方式为主线，这是对全国的要求，任何一个地区不能例外。编制《规划》，必须坚定不移地站在这个立场上，不能有丝毫动摇，要求不能放松，标准不能降低，前进步伐不能放缓。

那么西部地区的出路何在？在新形势下，促进西部地区经济长期平稳较快发展，必须走具有中国特色、西部特点的科学发展之路。就像一个班的同学，学习成绩和学习能力有差距，大家都要好好学习，但同时也要因人施教、因地施策，有针对性地解决问题。同志们可以回顾实施西部大开发战略伊始，党中央、国务院是如何统筹兼顾、慎谋开局，逐步形成一套行之有效的西部大开发之路的。10年西部大开发行之有效的经验，其中就包含了有西部特点的科学发展之路的精要：

在指导思想上，推进西部大开发要通盘考虑、全面发展，避免单纯追求经济总量增长。西部大开发之初，各省（区、市）要求上项目、大干快上的热情很高，但中央明确指出不能搞遍地开花，要抓好规划、布好局。国家计委给时任国务院副总理的温家宝同志汇报，请示能否在西部大开发之初不提生产总值增长速度，只提出加快发展的方向，温家宝同志表示同意。因此，西部大开发最早的文件，没有提西部大开发的生产总值增速一定要达到多少。

在重点任务上，一定要抓主要矛盾，集中力量解决全局性、战略性和关键性问题，这是西部大开发始终坚持的原则。要统筹兼顾，突出重点，不能眉毛胡子一把抓。因此，当时明确提出要突出抓好基础设施、生态建设、特色产业、改善民生等领域建设。

在空间布局上，西部大开发的一个基本经验就是以线串点、以点带面，不搞村村点火、户户冒烟。着力打造辐射能力强、基础条件好的产业高地。实践证明，这种空间发展模式是成功的，取得了较好的效果。

在开发机制上，强调要把政府的引导同发挥市场机制的作用结合起来，这与"一五"、"二五"和"三线"建设时期，完全用行政的办法推进西部开发不一样。政府要加强政策扶持和规划引导，特别是强调要实施差别化政策，因地制宜、实事求是地解决问题。

这次编制《规划》，要继续坚持西部大开发行之有效的经验，又要有前瞻性地去研究新情况、新问题，要把科学发展的要求与西部的特点更加有机地结合起来，贯穿始终，落到实处，这是对《规划》编制的基本要求。

三、明确《规划》编制的目标和重点任务

《规划》的目标设置要按照《关于深入实施西部大开发战略的若干意见》，特别是按照胡锦涛总书记在西部大开发工作会上的重要讲话要求，充分体现到2020年要上三个"大台阶"的要求，即西部地区综合经济实力要上一个大台阶，人民生活水平和质量要上一个大台阶，生态环境保护要上一个大台阶。总的目标是"基本实现全面建设小康社会目标"。

具体目标设置，应当充分反映两方面要求：一方面，针对西部地区是全国全面建设小康社会的难点和重点，要反映同步实现全面建设小康社会目标的要求。2008年，西部地区全面建设小康社会实现程度只有66.3%，比全国平均水平低8个百分点，只相当于东部地区2001年、东北地区2003年、中部地区2006年的水平。"十二五"是为全面建成小康社会打下坚实基础的关键时期，因此，"十二五"的目标设置应当是一个跳起来够得着的目标，"快"还是对西部地区的本质要求。另一方面，要反映转方式的新特征。一是基本公共服务和生活水平的指标；二是需求结构、供给结构、要素投入结构、区域城乡结构等结构性指标；三是生态环保方面的指标。因此，既要有一些反映总量，也要有一些反映结构的指标；既要有一些反映"快"的，也要有一些反映"好"的指标。其中，"快"的指标恐怕多是预期性指标，"好"的指标大多是约束性指标。

关于重点任务，有以下七个方面：

一是基础设施。基础设施是西部大开发的重要保障。要继续把交通、水利等基础设施建设放在优先位置，加快构建功能配套、安全高效、适度超前的现代化基础设施体系，提升发展保障能力。交通方面，要全力打造"五纵四横四出境"大通道。水利方面，要一手抓好水资源的节约利用，建设节水型社会，一手加大水利

工程建设力度，建设一批骨干水利工程，加快大中型水库及城市水源工程建设，"十二五"时期要重点解决西南工程性缺水和西北资源性缺水问题。

二是生态环境保护。要以对中华民族子孙后代高度负责的态度，从国家生态安全和可持续发展的大局出发，坚持不懈地抓好生态建设和环境保护。在生态建设方面，要推进西北草原荒漠化防治区、黄土高原水土保持区、青藏高原江河水源涵养区、西南石漠化防治区、重要森林生态功能区5大生态区综合治理，加快推进退耕还林、退牧还草等10大重点生态工程。在环境保护方面，核心是要处理好加快工业化、城镇化与环保标准不降低的关系，避免因增长的冲动毁掉了祖先留给我们的青山绿水。

三是发展特色优势产业。解决西部地区经济社会发展的所有矛盾和问题，归根结底要靠发展。要深入实施以市场为导向的优势资源转化战略，坚持走新型工业化道路，围绕建设国家能源基地、资源深加工基地、装备制造业基地、战略性新兴产业基地，合理布局一批重大产业项目，不断完善特色优势产业体系。这些基地的建设，必须要坚持高标准、严要求，起点要高，避免走东部先污染、再治理的老路。要把发展现代服务业作为产业结构优化升级的战略重点。积极有序承接国内外产业转移，在国家产业分工布局中发挥更加重要的作用。

四是强化科技创新，加强人才开发。事在人为，没有人事情就不好"为"。西部地区的问题是培养人才难、引进人才难、留住人才更难。"十二五"时期，要坚定不移地实施科教兴国战略和人才强国战略，着力促进科技进步，提升自主创新能力，优化科技资源配置，构建以企业为主体、市场为导向、产学研相结合的技术创新体系，推进创新型区域和创新型城市建设。加大各类人才培养力度，扩大干部交流规模，提高交流层次，继续实施重点人才开发工程。

五是发展社会事业。改善民生是一切工作的出发点和落脚点。

新时期深入推进西部大开发，必须把切实改善民生作为核心，更加注重民生建设。要加快推进以改善民生为重点的社会建设，把中央的支持重点用于改善西部各族人民群众的生产生活条件，在教育、卫生、就业、社会保障、文化体育等领域集中力量办一批老百姓看得见、摸得着的实事。要始终将做好"三农"工作作为西部大开发的重中之重。着力加强农村基础设施建设，特别是要想方设法解决部分农村尚不通路通水通电等问题。积极发展特色农业，不断拓宽农民增收渠道。

六是抓好重点区域。按照统筹规划、分类指导的原则，一手抓重点经济区的培育和壮大，一手抓老少边穷地区脱贫致富，有序有力有效推进西部大开发。坚持以线串点，以点带面，着力培育经济基础好、资源环境承载能力强、发展潜力大的重点经济区，形成西部大开发战略新高地，辐射和带动周边地区发展。全力实施集中连片特殊困难地区开发攻坚工程，大力扶持贫困地区加快发展。认真贯彻落实中央对民族地区发展的政策措施，积极支持民族地区跨越式发展。

七是改革开放。推进西部地区科学发展，需要进一步调整和完善与生产力发展相适应的生产关系，不断深化改革、加强制度创新、扩大对内对外开放。要充分发挥市场配置资源的基础性作用，积极转变政府职能，优化发展环境，推进要素自由有序流动，形成有利于生产力充分释放的发展环境。逐步开展建立和完善生态补偿机制、资源税费改革等符合主体功能区要求的体制机制改革。积极推动国有企业改革，大力发展非公经济。积极发挥地缘优势，发展开放型经济，不断开拓经济发展的新空间。增强西部内陆重点区域在东西互动合作和国际区域合作中的优势，加快建设一批内陆开放型经济战略高地。全面推进向西开放战略，提升沿边开发开放水平，积极参与同周边国家的双边、多边投资合作，积极探索边境地区开发开放的新模式。

四、切实做好《规划》编制工作

要在相关文件的基础上，进一步对《规划》思路框架实化、细化、具体化。《规划》编制应当体现四性。一是要有前瞻性。二是要有针对性，既要立足西部，又要把西部大开发放在全国、全球的大背景下思考问题。三是要有战略性，抓重点，管长远。四是要有操作性，不能雾里看花，要实实在在。《规划》编制工作中要注意把握几个重点。

一是要加强学习，深刻领会中央精神。一定要吃透为什么中央把科学发展作为主题，把加快转变经济发展方式作为主线，要把道理弄清楚并运用到《规划》编制的实践中去。这是把握《规划》编制方向的根本。

二是要深入实际调查研究，整体把握西部地区实际情况。上要吃透中央精神，下要吃透西部实情。在编制过程中，可能会碰到一些难题，要以创新的精神来编《规划》。要开阔视野，拓展思路，解决新矛盾、新问题要用新办法，不要落俗套。要站在"十五"、"十一五"西部大开发基础之上，编制一个面向未来，更具有开拓性的规划。

三是在规划内容上既要有重大思路、重大政策，也要有重大项目。李克强副总理在西部大开发工作会闭幕式上的讲话，请大家再重温一下。就是要求把《意见》的各项要求和任务具体化，同时还强调要提出一些重大项目。"十五"时期提出的标志性工程，如西气东输、青藏铁路都十分响亮、振奋人心；"十二五"时期要认真研究提出一些有标志性的重大项目，这对鼓舞西部人民士气是很有好处的，要让人民看到前景，看到奔头。

四是要开门编《规划》。集思广益，听取各方面意见。我们准备采取两个措施，一方面，在国家发改委门户网站上开展建言献策等活动，广泛听取社会各方面意见，提高编制过程的透明度和社会参与度。另一方面，我们准备组织一个专家顾问班子，各个阶段都要广泛听取专家的意见。各个部门在做基础工作的时候，希望也能广泛听取社会各界的意见。

关于西部地区推进产业结构调整与发展方式转变的若干思考[*]

（2011年1月12日）

西部地区在我国区域发展中处于相对落后的地位，是建设全面小康社会的重点和难点。进入新一轮西部大开发，中央要求把深入实施西部大开发战略放在区域发展总体战略的优先位置，努力缩小区域发展差距，这就要求西部地区必须保持一定的发展速度，加快发展。同时，党的十七届五中全会确定以科学发展为主题、以加快转变经济发展方式为主线，这就要求西部地区加快转变发展方式，科学发展。既要加快发展，又要科学发展，这是未来一个时期西部地区面临的双重任务。西部地区如何走出一条具有中国特色、西部特点的又好又快的发展路子？本文重点就这一问题做初步探讨。

一、西部地区所处发展阶段和产业结构特点

实施西部大开发战略以来，特别是"十一五"时期，西部地区特色优势产业快速发展，结构调整步伐加快，主要经济指标增速超过全国平均水平，是历史上发展最好最快的时期。但是与全国平均水平特别是与东部地区相比，西部地区发展总体落后，

---

[*] 这是中共中央党校第48期省部级干部进修班第一课题组的研究成果。课题组组长余效明，课题执笔人杜鹰，课题组成员：干以胜、刘晓峰、冯远、卫小春、郑德涛、石宝华、薛亮，指导老师：李鹏。

产业结构、经济结构不合理，发展中还面临不少突出的困难和问题。

(一) 总体发展水平落后，尚处于工业化初中期阶段

2005~2009年，西部地区生产总值和人均地区生产总值年均增长速度分别达13.4%和12.4%，增速居全国"四大板块"①之首，东西部地区发展差距不断扩大的趋势得到初步遏制。但从主要经济指标的绝对值来看，西部地区发展水平仍然较低，与东部地区的发展差距仍在继续扩大。2009年，西部人均地区生产总值和人均地方财政收入分别为18286元、1649元，仅相当于东部地区的44.8%和42.5%，与东部地区的差距从2005年的14885元和1245元扩大到2009年的22515元和2229元；城镇居民人均可支配收入和农村居民家庭人均纯收入分别为14213元、3816元，只相当于东部地区的67.8%和53.3%，与东部地区的差距从2005年的4592元、2341元扩大到2009年的6740元、3340元。

从历史的角度看，西部地区工业化进程明显落后于东部地区。国际通行判断一个国家或地区工业化水平，主要采用人均GDP、制造业比重②、三次产业结构、城市化率和第一产业就业比重5个指标。通过对东西部地区的比较分析，可以看出，东部地区已处于工业化的中后期阶段，而西部地区尚处于工业化的初中期阶段（见表1）。

---

① "四大板块"是指我国区域发展战略中的东部、中部、西部和东北地区。
② 根据约翰·科迪等学者提出的衡量工业化水平的标准，制造业比重是指制造业增加值在总商品生产部门增值额中所占的份额。总商品生产增加值额（农业、渔业、林业；矿产业；制造业；电力及其他公用事业；建筑业）大体上相当于物质生产部门（第一产业、第二产业）的增加值。

表1　　　　　　　　2009年东西部地区工业化阶段比较

项目		人均GDP（美元）	制造业比重（%）	产业结构	城市化率（%）	第一产业就业比重（%）
工业化阶段参考数值	初期阶段	1634~3269	20~40	一产>20% 二产>一产	30~50	45~60
	中期阶段	3269~6538	40~50	一产<20% 二产>三产	50~60	30~45
	后期阶段	6538~12269	50~60	一产<10% 二产>三产	65以上	10~30
	后工业化阶段	>12269	60以上	一产<10% 三产>二产	75以上	10以下
西部与东部数据	西部地区	2680	30.8	13.7:47.5:38.8	39.4	49
	东部地区	6000	54.2	6.6:49.3:44.1	56.7	26.6

资料来源：根据陈佳贵等《中国地区工业化进程的综合评价和特征分析》（《经济研究》2006年第6期）和国家统计局有关资料计算（其中东西部地区制造业比重为2007年数据）。

（二）结构性矛盾突出，产业发展整体素质偏低

从需求结构看，投资拉动作用大，消费和出口贡献小。区域的需求结构由投资、消费和净流出（指流到本区以外的货物和服务，包括净出口和区际净流出两部分）组成。据测算，2009年西部地区投资、消费和净流出对经济发展的贡献分别为64.3%、52.1%、-16.4%，与2005年相比，投资的贡献上升了9.1个百分点，消费和净流出的贡献分别下降了5.7个和3.4个百分点；东部地区投资、消费和净流出对经济发展的贡献则分别为48.6%、44.7%、6.8%。由此可以看出以下几点：一是西部地区投资对经济发展的贡献比东部地区高，是拉动经济增长的主要因素，且投资率仍处于上升阶段；二是西部地区消费的拉动作用近年呈下降趋势，且2009年西部地区人均社会消费品零售总额仅有6272元，比东部地区低8395元；三是西部地区净流出对经济发

展的贡献为负值,表明西部地区自身产业竞争力不强,大量的消费品、投资品从外地流入。

从三次产业结构看,一产比重大效益低,二、三产比重小层次低。2009年,西部地区三次产业结构为13.7:47.5:38.8,第一产业比重比全国高4.1个百分点,比东部地区高7.1个百分点;第二产业比重比全国低1.7个百分点,比东部地区低1.8个百分点;第三产业比重比全国低2.4个百分点,比东部地区低5.4个百分点(见图1)。从就业结构看,西部地区一产就业比重高达49%,近一半的劳动力只创造了不到1/7的财富,二、三产主要为传统产业。

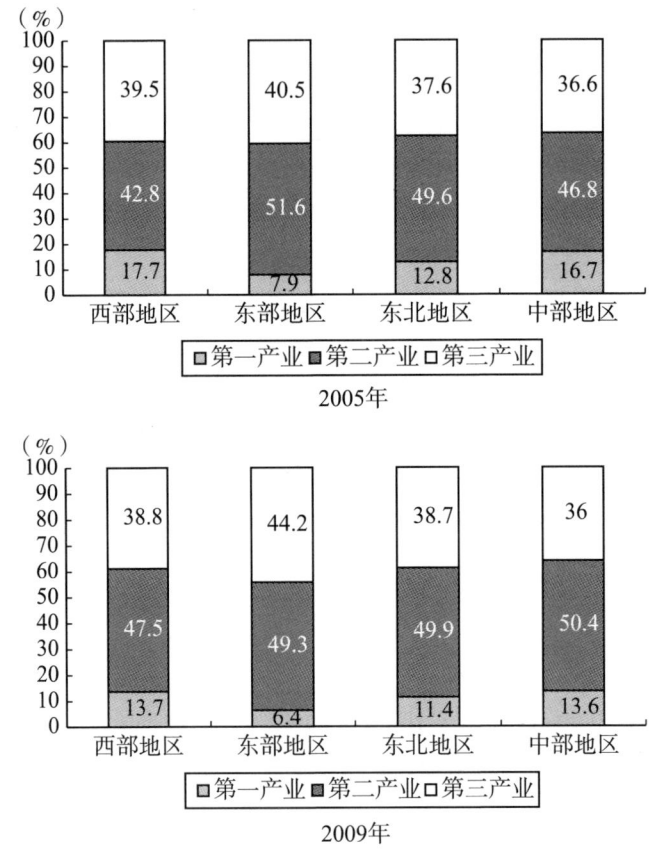

图1 2005年、2009年四大板块三次产业结构比较

资料来源:根据国家统计局统计数据计算。

从工业结构看，重工业偏重、轻工业偏轻、高技术不高。在39个工业行业中，西部地区属传统工业的采掘和原材料加工等14个行业比重较大，2009年占工业总产值的比重达到56.8%，远高于东部地区的35.7%，其中西北地区的甘肃、青海、宁夏、新疆、内蒙古超过70%（见图2）；以非农产品为原料的轻工业仅占轻工业总产值的16.7%，比东部地区低8.1个百分点；属先进制造业的通信设备、计算机和其他电子设备占工业总产值的比重仅有2.2%，远低于东部地区的11.9%（见图3），高技术产业总产值仅占全国的6.7%。

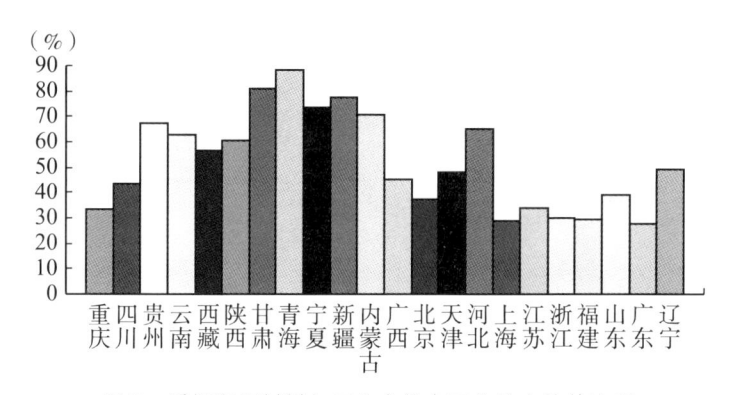

图2 采掘和原材料加工业产值占工业总产值的比重

资料来源：根据国家统计局数据计算。

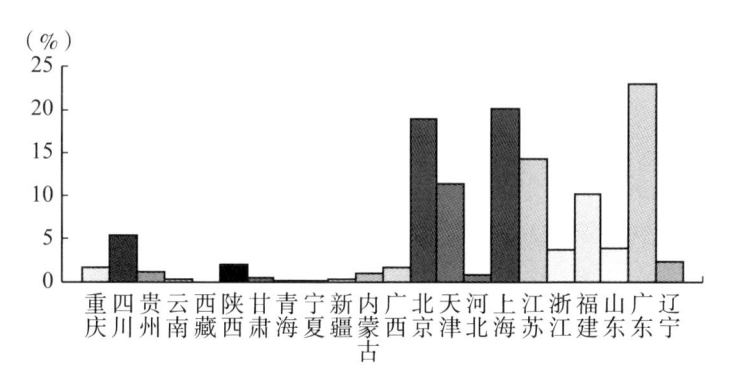

图3 通信设备、计算机和其他电子设备产值占工业总产值的比重

资料来源：根据国家统计局数据计算。

从产业链看，大多处于上游，链条短、加工程度低。西部地区产业多为劳动密集型和资本密集型，知识和技术密集程度低，产业规模化、集约化程度不高，处于附加值"微笑曲线"①的下颚处。2009年，西部地区采掘业占工业总产值比重为29.3%，但资源加工占工业总产值比重只有14.6%，而东部地区相应的比重分别为28.8%和56.7%。西部地区原煤、石油和天然气产量分别占全国的44%、28.9%和79.4%，但电力和热力行业产值仅占全国的19.2%，石化行业产值仅占全国的11.8%。

从企业所有制结构看，国有企业比重高，民营企业比重偏低。西部地区2009年国有及国有控股公司总资产合计43893亿元、产值49840亿元，分别占国有及国有控股和民营工业企业总量的85.8%和64.3%，比东部地区高20个和24.8个百分点，表明西部地区国有及国有控股公司在总资产和产值方面占据明显优势，民营工业企业发展还不充分。

从收入结构看，GDP增长速度相对较快，城乡居民收入增长相对较慢。东部、西部都存在城乡居民收入增长滞后于经济增长的问题，但与东部地区相比，西部的问题更为突出。"十一五"期间，西部人均地区生产总值年均名义增速②为18.8%，城镇居民收入年均名义增速分别为12.8%和12.5%，相差6个和6.3个百分点，而同期东部地区仅相差1.9个和2.8个百分点；从城镇、农村居民收入增长对人均地区生产总值增长的弹性系数看，西部地区分别是0.68和0.67，而东部地区分别是0.84和0.78。

(三) 增长方式仍显粗放，质量效益有待进一步提高

物质资源投入大，单位地区生产总值能耗偏高。西部地区的

---

① 微笑曲线是指在产业链中附加值图形像一个微笑的曲线，产业链上游的开发、设计和下游的销售、品牌管理等附加值较高，处于曲线的两端，产业链中游的生产加工附加值较低，处于曲线的底部。

② 名义增速是指人均地区生产总值，城乡居民收入按当年价格计算。

产业结构，决定了生产以物质资源投入为主，高能耗产业占有相当大的比重。2009年，西部地区单位地区生产总值能耗为1.5吨标准煤/万元，比全国的1.08吨标准煤/万元高39%，比东部的0.87吨标准煤/万元高72.4%。近年来，西部地区单位地区生产总值能耗虽呈下降趋势，但仍为全国最高。

污染物排放强度高，生态环境压力大。2009年，西部地区每万元地区生产总值工业废水、废气、固体废弃物排放强度分别为7.9吨、1.7万标立方米、0.9吨，明显高于东部地区的5.9吨、0.95万标立方米和0.33吨。西部地区工业废水排放达标率为94.5%，比全国平均水平和东部地区分别低1.5个和2.2个百分点。近年来，西部地区除工业废水排放量有所下降外，工业废气、固体废弃物排放量均呈上升趋势。

技术进步贡献低，自主知识产权少。2009年，西部地区研究与试验发展（R&D）经费支出占地区生产总值的比重只有1.1%，总量仅相当于东部地区的19%。专利授权数、技术市场成交额仅占全国的9.9%、8.3%，国家重点实验室和国家工程技术中心数量只占全国的10.3%，都远低于东部地区（见表2）。科技对西部地区经济社会发展的支撑能力特别是对特色产业的引领带动作用亟待加强。

表2　　　　　　　　　2009年四大板块主要科技指标比较

地区	R&D经费支出（亿元）	R&D经费支出占GDP比重（%）	专利授权数（件）	技术市场成交额（亿元）
西部	724.9	1.1	47633	238
东部	3819.8	1.9	369354	2226
东北	422.9	1.4	20552	188
中部	834.4	1.2	45827	209
全国	5802.0	1.7	501786	3039

资料来源：根据国家统计局、科技部有关数据计算。

企业经营效益波动大，持续盈利能力不强。企业经营效益随能源、资源产品价格变化波动较大，是西部地区的一个特点。2002年以前西部地区工业企业营业利润率低于东部地区，此后随着国际国内石油、煤炭和有色金属等矿产品价格加速上扬，西部地区工业企业营业利润率随之提高，2007年达到9.3%，为近10年最高，并超过了东部地区；2008年受国际金融危机冲击，能源、矿产品价格开始快速回落，2009年跌至最低点，西部地区工业企业营业利润率也随之下降到7.43%，与东部地区的利润率差值也由3.21个百分点缩小到1.39个百分点。

综合以上分析可以得出两点结论：一是西部地区仍处在工业化初期向中期的过渡阶段，与东部地区的发展差距大体相差15~20年，这就决定了西部地区必须加快推进工业化，才能实现逐步缩小区域发展差距的战略目标；二是西部地区产业发展仍存在结构不合理、经营方式粗放、科技含量低、能源消耗过高、收入增长与经济增长不同步等问题，这些涉及长远发展的深层次问题，必须在发展中予以解决。

二、促进西部地区调结构转方式的基本思路

"十二五"时期，是我国全面建设小康社会的关键时期和加快转变经济发展方式的攻坚时期。加快转变经济发展方式，是实现科学发展的必由之路，是贯穿"十二五"经济社会发展的主线。党的十七大报告指出，加快转变经济发展方式就是要促进"三个转变"[①]；在此基础上，党的十七届五中全会进一步明确提

---

① "三个转变"，即促进经济增长由主要依靠投资、出口拉动向依靠消费、投资、出口协调拉动转变，由主要依靠第二产业带动向依靠第一、第二、第三产业协同带动转变，由主要依靠增加物质资源消耗向主要依靠科技进步、劳动者素质提高、管理创新转变。

出了加快转变经济发展方式的"五个坚持"①。"三个转变"和"五个坚持"既是对全国的要求，也是对西部地区的要求。正如党的十七届五中全会强调的，在当代中国坚持发展是硬道理的本质要求，就是坚持科学发展。西部地区作为后发地区，尽管还处在工业化的初中期阶段，加快发展和赶超的任务十分繁重，但新的历史条件已不允许西部地区重蹈沿海发达地区或发达国家早期工业化的老路，而是要求必须把加快发展与科学发展统一起来，把"快"与"好"统一起来，把"赶"与"转"结合起来，正确处理好发展速度与质量效益的关系、人与自然的关系、经济发展与保障改善民生的关系，创造性地走出一条在发展中转变、在转变中发展的新路来，这是历史赋予的使命，是摆在西部地区发展"十二五"期间的重大课题。

同时我们也要看到，西部地区在资源禀赋、发展阶段、产业结构等方面与东部地区有很大不同，在全国产业分工格局中的地位和作用也与东部地区不同。这就决定了，西部地区调结构、转方式不能简单照搬东部地区的模式，必须从实际出发，按经济规律办事，走具有自身特点的发展道路。与此同时，宏观政策和宏观调控也要着眼于西部地区新阶段的新情况，实施更加有效的分类管理。

（一）积极调整需求结构，既要保持一定的投资强度又要努力扩大消费和出口

一般规律表明，在工业化进程中，投资率表现为一个倒"U"型曲线，即存在着一个从低到高、再从高到低的变动过程。目前，

---

① "五个坚持"，即坚持把经济结构战略性调整作为加快转变经济发展方式的主攻方向，坚持把科技进步和创新作为加快转变经济发展方式的重要支撑，坚持把保障和改善民生作为加快转变经济发展方式的根本出发点和落脚点，坚持把建设资源节约型、环境友好型社会作为加快转变经济发展方式的重要着力点，坚持把改革开放作为加快转变经济发展方式的强大动力。

西部地区正处于工业化初期向中期过渡阶段，工业化、城镇化加快发展，投资需求强劲，在需求结构上表现为投资率持续攀升，并将在较长时期内保持在一个较高的水平上。"十二五"期间，西部地区面临着继续加强基础设施建设、继续推动生态环境建设、大力发展社会事业、继续为全国发展提供能源和矿产资源等战略资源支撑的繁重任务，投资强度不能也不应减弱。为此，需要国家进一步加大对西部地区的支持力度，并加快建立西部地区投资多元化的资金渠道，这是客观规律，也是现实需要。

另一方面，西部地区必须立足当前、着眼长远，积极调整需求结构，努力扩大消费和出口。目前，西部地区人均消费水平低，城乡差别大，扩大消费具有很大的潜力。加之人均地区生产总值已接近3000美元，正处在居民消费加快升级阶段，这也为扩大内需特别是消费需求提供了更大空间。随着西部地区扩大对内对外开放、积极承接产业转移，特色优势产品的市场竞争力将进一步提升，出口也将对经济增长发挥更为积极的拉动作用。因此，西部地区在继续发挥投资拉动作用的同时，要大力挖掘消费和出口的潜力，努力形成投资、消费、出口协调拉动经济增长的新局面。

（二）促进产业结构优化升级，既要深入实施资源转化战略又要发展多元化产业体系

区域发展必须建立在充分发挥自身比较优势的基础上，这是实现又好又快发展的基本前提。就西部地区而言，资源优势是最大的优势，也是现实的优势。根据区位熵[①]计算，在39个工业行业中，西部区位商大于2的有煤炭开采和洗选、石油和天然气开采、有色金属矿采选等6个行业，大于1的还有9个行业，均属

[①] 区位熵是用来衡量区域某一产业的集中度和相对优势的系数。其计算方法为，区域内某行业产值占本地区工业生产总值的比重与全国该行业产值占全国工业总产值的比重之比。如果区位商值大于1，说明该区域该行业具有相对优势。

资源型产业。为此,《关于深入实施西部大开发战略的若干意见》明确提出,西部地区要深入实施以市场为导向的优势资源转化战略,大力发展特色优势产业,这既符合西部地区资源禀赋和发展阶段的特点,也是全国区域发展分工合作的需要。由此可以认为,以资源加工为主,仍然是今后一段时期西部地区产业结构的主要特征。为了防止出现"一煤独大"、"一油独大"等"资源诅咒"现象,西部地区要着力促进资源型产业链向上下游延伸、左右岸拓展,大力发展精深加工,提升产业高度,特别是积极发展西部地区具有比较优势的新材料、新能源等战略性新兴产业,努力占领新兴产业制高点,做大做强资源型产业。在调整产业结构过程中,西部地区不能盲目照搬东部的做法和经验,要坚定不移地发展特色优势产业,国家也要对西部地区产业发展给予差别化产业政策。

另一方面,从长远看,无论是从提升产业整体素质和抗风险能力出发,还是从加强节能减排和实现可持续发展出发,西部地区都需要因地制宜推进产业多元化发展。要加快发展装备制造业,充分利用成都、重庆、西安、德阳、柳州等地较好的产业基础,积极推进技术装备自主化,努力在重大成套装备、关键零部件制造等方面取得新进展。在有条件的地方,要瞄准产业发展新方向,积极培育高新技术产业,力争在一些领域率先实现技术突破,尽快形成竞争新优势。大力发展旅游文化产业,积极推进服务业扩大规模、拓展领域、优化结构、提升档次,提高服务业的比重,努力实现三次产业协调发展。

(三)大力调整要素投入结构,把提高自主创新能力和劳动者素质作为调结构转方式的主攻方向

就西部地区而言,在相当长时间内,需求结构和产业结构的转变是个慢变量,而通过调整要素投入结构促进产业优化升级则是更为迫切和紧要的任务。西部地区应下大气力调整要素投入结构,把提高自主创新能力和劳动者素质作为调结构、转方式的主

要突破口。一是发挥后发优势,加强与东部地区科技交流与合作。推进与东部地区的科技能力建设合作,有条件的地方共建国家重点实验室、工程技术研究中心、科技成果转化中心和产业技术试验设施,鼓励东部地区企业在西部地区建设研发中心,积极引进先进适用技术,缩短研发周期,加快用先进适用技术改造提升传统产业。二是有效整合科技资源,提升自主创新能力。西部地区要加快提升自身科技创新能力,特别是成都、西安、重庆、绵阳等具有一定科技实力的地方,要盘活现有科技资源,推进中央与地方、军工与民用、企业与院校科技资源的整合,把各方面的力量和优势集中起来,努力突破一批关键技术和核心技术,解决好科技与经济脱节的问题,加快科技成果向现实生产力转化。三是大力提高劳动者素质,加强人才队伍建设。要把提高劳动者素质作为一项基础性工作来抓,大力发展义务教育和职业教育,发展有特色的高等教育学科,加强农民工转移就业培训,不断提高劳动者科学文化素质和劳动技能。加快人才队伍建设,大力培养和引进创新型科技人才、重点领域急需紧缺人才,着力培养和造就一支规模宏大、结构合理、素质较高的人才队伍。四是大力推进管理创新,提高现代管理水平。面对日益复杂的市场环境,西部地区无论是政府部门、还是企业以及各类社会组织,都要解放思想、勇于探索,积极推进观念、战略、组织和制度创新,努力提高现代管理水平。特别是作为市场主体的企业,要加快管理创新,实现由粗放式经营向集约式经营的转变,由注重价格效益向注重管理效益的转变,不断提升发展质量和效益。

(四)创造更多就业和增收机会,促进居民收入增长与经济发展同步

促进居民收入增长是保障和改善民生的重要基础,是实现西部地区与全国同步迈进全面小康社会的迫切需要,是维护民族团结、边疆稳定的重要保障,也是提高消费率、发挥消费拉动作用

的根本途径。如前所述，与东部地区相比，西部地区居民收入增长落后于经济发展的矛盾更为突出，这既是西部地区所处的发展阶段决定的，同时与"嵌入型"工业未能有效融合带动当地发展有着直接的关系。解决西部地区居民收入增长与经济发展同步问题，需要多管齐下。一是加快调整初次分配结构。进一步改革和完善收入分配制度，合理调整收入分配关系，努力提高居民收入在国民收入分配中的比重，提高劳动报酬在初次分配中的比重。特别是要把增加农民收入放在重要位置，东部与西部的差距更多地体现在农民收入的差距上。要通过加快发展现代农业、调整农业种植和养殖结构增加经营性收入，通过大力发展劳务经济、做好农民转移就业增加工资性收入，通过探索农村集体和农户在当地资源开发项目中入股增加财产性收入。二是协调好"嵌入型"企业与当地群众的利益关系。西部地区在资源开发利用中，要协调好"嵌入型"企业特别是中央企业与当地群众的利益关系，切实改变企业发展与当地发展"两张皮"的现象。油、气、煤等资源开发的利益要优先照顾当地生产生活所需，使当地民众共享资源开发成果。要支持当地开展就业培训，积极吸纳当地群众就业，帮助解决当地在交通、教育、医疗等方面的实际困难，让当地群众得到实实在在的好处。三是发挥税收调节作用。积极推进资源税改革，提高征收标准，增加西部地区地方财政收入。中央企业、东部地区企业到西部地区投资，应在西部地区注册法人公司，尽可能把税收留在西部当地。通过税收调节，使西部地方政府能够集中一定的财力，用于改善民生。

（五）坚持绿色发展，走资源节约、环境友好的新路子

西部地区位于我国大江大河上游，是国家重要的生态安全屏障，但生态环境极其脆弱，尤其是在加快发展的阶段上，生态环境的压力更大。西部地区必须牢固树立保护生态环境也是发展生产力的理念，决不能走先污染后治理的老路，努力做到经济发展

与生态环境保护相协调，走资源节约、环境友好的新路子。西部地区在落实主体功能区战略、继续加强生态工程建设的同时，在重点开发区和优化开发区要着力抓好以下几项工作：一是坚持高标准、严要求，严把建设项目环境保护关。在大力发展产业的同时，对资源节约、环境保护的要求不能降低、标准不能放松，坚决防止新上能耗和排放不达标的项目，加快淘汰浪费资源、污染环境的落后工艺、技术和产品，不搞低水平重复建设。要以对中华民族子孙后代高度负责的态度，保护好西部地区的青山绿水。二是坚持集中布局、集聚发展，推进环境综合治理。继续坚持以线串点、以点带面这一西部大开发的基本原则，按照主体功能区定位，引导产业向重点经济区、中心城市圈、资源富集区集中，引导企业向园区集中，引导人口合理向城镇集中，促进产业集中布局、资源集约利用、土地节约使用，做好环境综合治理，形成规模化和集聚效应。三是坚持清洁生产，推广低碳技术，加大节能减排力度。节能减排是西部地区发展面临的最严峻挑战，要把节能减排作为调结构、转方式的重要抓手，合理控制能源消耗总量和能源消耗水平，积极推进清洁生产，突出抓好电力、钢铁、有色等工业和交通、建筑等行业的节能减排，大力开发和推广应用低碳技术，加快城镇污水和垃圾处理设施建设。四是坚持资源综合利用，大力发展循环经济，走可持续发展道路。树立节约观念，大力提高资源综合利用水平，积极发展循环经济，对矿产资源开发过程中的共生矿、伴生矿进行综合开发与合理利用，对生产过程中产生的废渣、废气、废水、余热、余压等进行循环利用，促进资源利用由外延粗放利用向内涵集约利用转变，走绿色、生态、低碳的可持续发展道路。

（六）构筑对内对外开放新格局，增添又好又快发展的动力和活力

一个国家也好，一个地区也好，只有不断扩大对外开放，才

能促进生产要素大范围自由流动和重新组合，激发内生的发展动力和活力，加快经济社会结构的变革。10 年西部大开发，推动了西部地区的对内对外开放，从目前和今后一个时期看，西部地区完全有条件进一步扩大对内对外开放，形成开放经济的新格局。一是抓住国际国内结构大调整时机加快承接产业转移。随着国际国内经济环境的深刻变化，地区间生产力布局加快调整，产业转移已成为优化区域产业分工的大趋势。西部地区要抓住这个有利时机，把承接产业转移作为调结构、转方式的重要途径，坚持在承接中转型、在转型中升级，着力引进具有市场前景、关联度大、带动性强的产业和技术、装备、管理先进的龙头企业，推进引进产业、企业与当地产业、企业融合，提升产业高度。二是通过深化区域合作构筑发展新优势。按照优势互补、互利互惠、共同发展的原则，加强与东部地区的经济技术交流与合作，积极参与泛珠三角、泛长三角和环渤海经济区的合作，促进东部地区的人才、技术、管理、资金等优势与西部地区的资源、市场、劳动力等优势相结合，通过东西互动，构筑加快发展的新优势。三是利用向西开放推动产业国际化进程。西部地区与周边 14 个国家接壤，这是向西开放的特殊优势。要利用上海合作组织、中国—东盟自由贸易区、大湄公河次区域和中亚合作等经济合作平台，深化与周边国家的经济合作，加快推进重点开发开放试验区建设，促进边境经济合作区发展，充分利用两种资源、两个市场，推动产业国际化进程，拓展多元化发展新空间。

（七）深入推进改革，建立和完善有利于转型升级的体制机制

改革开放 30 年来，西部地区曾经为建立社会主义市场经济体制创造了许多鲜活的经验，作出了重要贡献。但迄今为止，西部地区又是受传统体制束缚比较突出的地区。党的十七届五中全会指出，加快转变经济发展方式是我国经济社会领域的一场深刻变革，对完善社会主义经济体制提出了新要求。西部地区要进一步

解放思想，锐意进取，紧紧抓住重点领域和关键环节的改革，力争有所突破，为自身经济发展注入新的活力，这是决定又好又快发展的关键。一是继续深化行政管理体制改革。加快政府职能转变，健全科学决策机制，完善信息公开制度，减少和规范行政审批事项，提高行政效能，加强对市场主体经营行为和活动的监督检查，维护公平竞争的市场秩序，为经济发展创造良好环境。二是继续推进国有企业改革。要加快推进国有企业公司制改革，实现产权多元化，完善法人治理结构，引导企业通过资产重组、强强联合，实现资源优化配置，提高产业集中度，不断提高整体素质和市场竞争力。三是大力支持非公有制经济和中小企业发展。进一步放宽市场准入，营造一个非公有制经济平等使用生产要素的体制环境，支持民间资本进入资源开发、基础设施、公用事业和金融服务等领域。积极促进中小企业发展，充分发挥中小企业在扩大就业、拓展市场、增加服务等方面的重要作用，使之成为地区竞争优势和产业成长的生力军。四是积极推进资源税改革。改革资源价格形成机制，扩大资源税由从量计征改为从价计征的试点范围，并提高征收标准，使资源价格能够反映市场供求关系、资源稀缺程度、对生态环境的损害成本，促进资源节约利用。

三、"十二五"支持西部地区发展的政策建议

"十二五"期间，西部地区面临着加快发展、科学发展的双重任务，处在调结构、转方式的关键时期。西部地区要清醒地认识这个形势，继续奋发有为、迎难而上，努力走出一条具有中国特色、西部特点的新路子。同时，有鉴于西部地区的特殊困难和特殊区情，国家应进一步加大对西部地区的支持力度，实施分类管理的区域政策。

(一) 进一步加大资金投入力度

2000~2009年，中央财政对西部地区转移支付和专项补助累计达4万多亿元，占同期中央对地方转移支付总额的43.7%，中央预算内基本建设资金和国债资金对西部地区支持累计达8900亿元，占同期中央投资总额的41%，有力地促进了西部地区发展。"十二五"期间，应继续保持必要的投资强度，投资比例尽可能进一步提高，重点支持西部地区的民生工程、基础设施和生态环境建设。用于节能环保、新能源、教育、人才、医疗、社会保障、扶贫开发等方面的中央财政专项转移支付，要重点向西部地区倾斜。国家有关部门专项建设资金应提高投入西部地区的比重，提高对公路、铁路、民航、水利等建设项目投资补助标准和资本金注入比例。中央安排的公益性建设项目，应取消西部地区县及县以下以及集中连片特殊困难地区市地级配套资金。鼓励金融机构进一步加大对西部地区信贷支持力度，探索利用政策性金融手段支持西部地区发展。鼓励社会资金参与西部地区重大项目建设。西部地区各级地方政府也要积极筹集资金，集中力量加快各项事业发展。

(二) 实施有差别的宏观调控政策

我国宏观调控政策以财政政策、货币政策为主，辅之以产业、土地等政策。通过近几年宏观调控的实践，越来越清楚地看到，提高宏观调控的有效性、针对性，必须实行有保有压、分类管理的调控措施，防止一刀切。一是对西部地区采取有差别的宏观调控政策。中央相关文件明确提出对西部地区实行有差别的产业政策，符合西部地区的实际，也是对西部地区的特殊支持，当前要切实把这项政策落到实处。二是要尽快研究出台西部地区鼓励类产业目录，并对鼓励类产业企业减按15%的税率征收企业所得税。三是凡有条件在西部地区加工转化的能源、资源开发利用项目，优先支持在西部地区布局建设。对国家宏观调控的重点行业应区别对待,只要西部地区有资源、有市场的,应允许发展。四是实施差别化的土地政策,在安排土地利用年度计划指标时适度向西部地区倾斜。五是研究通过直购电、分段电价和运费补贴等价格政策,支持西部地区特色优势产业发展。

(三)建立科学的节能减排约束机制

加强节能减排、保护生态环境是各地区共同的责任,由于各地区在全国产业分工中承担的任务不同,应结合实际建立科学合理的节能减排约束机制。目前,国家有关部门在研究能源消耗指标时,提出对承担西电东送任务的火电厂,将电厂自用电及部分线损电量分摊的能源消耗计算在送电地区,其他能源消耗计算在用电地区,可以比较好地体现"使用者负担"的原则。下一步,国家在安排节能减排任务时,应综合考虑责任、潜力、能力、难度和产业分工等因素,体现地区差别化的政策,对经济发达的东部地区,节能减排目标应高于全国平均水平;对经济相对落后并承担国家战略资源接续区任务的西部地区,节能减排目标应适当低于全国平均水平。同时,国家应加大对西部地区节能减排资金和技术的支持。

(四)加快建立生态补偿机制

生态补偿是加强生态环境保护、促进人与自然和谐发展的制度安排。应按照"谁开发谁保护、谁受益谁补偿"的原则,逐步在森林、草原、湿地、流域和矿产资源开发等领域建立健全生态补偿机制,推进资源环境外部成本内部化,从制度上落实主体功能区战略,调动西部地区构筑国家生态安全屏障的积极性和主动性。要继续完善国家级公益林森林生态效益补偿制度,实施草原生态保护补助奖励机制。鼓励同一流域上下游生态保护与生态受益地区之间建立生态环境补偿机制,加大力度筹集水土保持生态效益补偿资金,研究建立湿地生态补偿机制。建立资源型企业可持续发展准备金制度,用于环境恢复与生态补偿。发挥市场机制的作用，积极探索通过排污权交易、水权交易、碳汇交易、生态环境产品认证等有效途径，逐步建立社会参与的生态补偿投入机制。

(五) 加大科技创新和人才培养支持力度

加大科技投入力度，提高西部地区研究与试验发展 (R&D) 经费支出占地区生产总值比重，力争达到全国平均水平。对西部地区循环经济、低碳技术及战略性新兴产业等重点领域进行投资补助、资本金注入和贷款贴息，对产业共性关键技术、基础研究、前沿高技术研究、社会公益性研究、科技成果转化和公共科技平台建设给予支持。加快对具有国际竞争力的大型企业的培育，充分发挥大企业在产业自主创新中的领军作用和辐射作用。进一步加强对西部地区创新型中小企业的扶持，帮助解决好研发资金来源等问题，减轻税收负担，促进创新型中小企业快速成长。加大资金、税收支持力度，吸引科技人员、大学生、留学归国人员等高端人才到西部地区创业。采取有效政策措施，鼓励教育、卫生医疗等专业人才到西部地区基层服务。

(六) 允许在改革开放政策上先行先试

鼓励和支持西部地区在深化改革和扩大开放中大胆探索、先行先试，形成有利于又好又快发展的体制机制。在市场主体方面，支持西部地区健全国有资本有进有退、合理流动机制，鼓励和支持西部地区综合运用财政、税收、金融政策，对中小企业科技创新活动和吸纳劳动力就业给予扶持和奖励。在企业运营方面，扩大直供电试点范围，逐步推广电冶联营等用电政策。在生态建设方面，深入开展生态补偿试点，并在条件基本具备时全面建立生态补偿机制，积极开展生态文明示范工程试点建设。在对内对外开放方面，选择条件较好的地方建设承接产业转移示范区，探索建立东西部共建产业园区利益分享机制，支持西部地区推进沿边重点开发开放试验区建设。

促进贵州经济社会又好又快发展[*]

(2011年9月16~22日)

这次国家部委调研组到贵州开展历时8天的实地调研,目的是按照中央领导同志的指示,在深入调查研究和广泛听取贵州干部群众意见的基础上,研究起草关于促进贵州经济社会又好又快发展的指导意见。

一、促进贵州经济社会又好又快发展具有重要意义

党中央、国务院高度重视贵州发展。去年年底,温家宝总理、贾庆林主席、李克强副总理、回良玉副总理在国家民委关于贵州民族地区发展的调研报告上做出重要批示。随后,王刚副主席亲自带队到贵州调研,温家宝总理又在有关报告上做出批示。今年6月,温家宝总理在听取贵州省委省政府主要负责同志工作汇报时,明确指示国家发展改革委牵头、会同有关部门深入调研,制定促进贵州经济社会又好又快发展的文件。中央领导同志如此关心贵州,说明加快贵州发展具有重要意义。我理解,主要体现在以下四个方面。

一是加大扶贫攻坚力度,确保贵州与全国同步实现全面建设小康社会目标的战略需要。改革开放以来,特别是西部大开发11

---

[*] 按照中央领导同志重要批示精神,国家部委调研组赴贵州进行实地调研,本文根据作者在调研见面会和交换意见会上的两次讲话整理而成。在调研基础上起草了相关文件。2012年1月,国务院印发《关于进一步促进贵州经济社会又好又快发展的若干意见》。

年来，贵州经济社会发展取得长足进步，城乡面貌发生巨大变化，脱贫致富步伐不断加快，纵向比成效显著。但是横向比，贵州与西部各省区市的差距还在不断拉大。11年间，贵州地区生产总值年均增速比西部平均水平低1个百分点，人均地区生产总值年均增速比西部平均水平低0.9个百分点。贵州人均地区生产总值去年是12000多元，在全国31个省区市排倒数第一；人均全社会固定资产投资8500多元，比全国平均水平低一半多，也是倒数第一；人均地方财政收入在西部地区12个省区市排第10位，城镇居民可支配收入排第9位，农民人均纯收入排第11位。贵州的贫困问题在全国最突出最典型，按照1196元标准，去年还有505万贫困人口，占全国的15.9%，贫困发生率是14.9%，比全国要高12.1个百分点。据贵州省统计局测算，去年贵州全面建设小康社会实现程度是62.4%，按近年每年进步1.7个百分点算，到2020年全面小康的实现程度只有约80%。穷是贵州的主要矛盾，加快发展是贵州的主要任务。可以说，贵州发展得好坏直接关系我国全面建设小康社会目标是否如期实现。

二是充分发挥比较优势，进一步确立在全国产业分工中的重要地位，促进区域协调发展的战略需要。贵州有很多优势。其一，能源富集。水能资源蕴藏量高达1900万千瓦，居全国第6位；煤炭资源远景储量2419亿吨，居全国第5位，是南方12省区市煤炭资源储量的总和，被誉为"江南煤海"。通常北方有煤缺水、南方有水无煤，而贵州具有水煤结合、水火互济的特点，使其成为我国重要的"西电东送"基地。其二，矿产资源丰富。有28种矿产储量居全国前5位，磷矿、铝土矿探明资源储量分别为27.5亿吨和5.13亿吨，均居全国第2位；重晶石矿保有资源储量高达1.26亿吨，占全国总量的1/3，居全国第1位。其三，生物资源种类繁多。贵州森林覆盖率40%，药用植物3924种，被誉为"夜郎无闲草、黔地多良药"，是全国著名的四大中药材产区之一。其四，有丰富的旅游资源。有以荔波、黄果树为代表的自然风光，以苗族等少数民族为代表的民族风情，以遵义会议会址为代表的红色文化，以梵净山为代表的宗教文化等。其五，区位优势突出。贵州是华东联系西南的大通道，也是西南诸省通江达海的大通道。因此，充分发挥贵州的比较优势，实现又好又快发展，对促进西南板块的崛起具有非常突出的作用，是促进全国区域协调发展的重要举措。

三是加快民族地区经济社会全面进步，促进民族大团结的战略需要。贵州有17个世居少数民族，就少数民族的绝对人口而言，贵州排在广西、云南之后，在全国各省区中列第三，少数民族人口的比重排第四。促进省内民族地区发展对全省有重要的意义。从区域分布上看，贵州贫困地区主要集中在民族地区。贵州民族自治地区面积占全省的56%，人口占全省的44%，但是地区生产总值只占25%，固定资产投资占18%，财政收入占15%。某种意义上讲，在贵州"挖穷根"的主要任务是促进民族地区发展，特别是苗岭、乌蒙山、麻山、瑶山等大山地区。我国民族工作的主导思想是各民族共同团结奋斗，共同繁荣发展。贵州促进民族和谐的工作做得是很好的，同时还要认真抓好民族地区老百姓脱贫致富工作，这也关系到全国民族工作的大局。

四是加强生态建设、构建两江上游生态安全屏障的战略需要。一方面贵州的生态地位非常重要，地处长江、珠江两江上游，另一方面贵州的生态又极其脆弱，岩溶地区面积占全省国土面积的62%，石漠化面积占全省国土面积的19%。生态搞得好不好，不仅是贵州的事，而且关系到整个华南、华东地区，关系到整个中华民族可持续发展。

办好贵州的事情，解决好贵州的问题，做好贵州这篇文章，确实不仅仅是贵州人民的事，也不仅仅是西南地区的事，而是一个重要的国家层面的问题。温家宝总理强调，贵州能比较快地富裕起来，是西部和欠发达地区与全国缩小差距的象征，也是国家兴旺发达的标志。我觉得总理的话讲得太好了。

二、要深入了解掌握贵州省情,进一步明确贵州的发展思路

要从全国的角度来把握贵州的省情,在这个基础上,提出今后一个时期促进贵州经济社会又好又快发展的战略定位、指导思想、奋斗目标和总体思路。

在看到比较优势的同时,也要看到制约因素。贵州根本性的制约因素有三个。一是交通瓶颈制约依然严重。历史上贵州正式建省是在明朝永乐年间,至今600多年,真正形成现在的辖区范围是在清朝雍正年间,至今也有300年。贵州古称夜郎国,为什么"夜郎自大"?主要是交通不便,难与外界沟通。二是水利设施不足。去年和今年大旱,充分证明了贵州解决工程性缺水的必要性,不是无雨,而是雨来了,缺少拦蓄设施,水跑了,把土也冲跑了,导致石漠化加重。三是人口素质相对不高。贵州高中阶段毛入学率低于全国平均水平26个百分点,高等教育毛入学率低于全国平均水平5.8个百分点,属全国最低省份。贵州4100万人口,人均受教育年限7.2年,比全国少1.3年。

关于发展阶段的判断。贵州的资料反映,目前贵州处于工业化初期靠后的阶段。我认为,还没有达到经济起飞阶段,处于蓄势待发实现跨越发展的前夜,还处在打好基础的阶段。主要理由是:贵州人均地区生产总值相当于全国各地区加总平均水平的39%;人均地方财政收入相当于全国加总平均水平的48%;人均固定资产投资相当于全国加总平均水平的42%。就一般经验看,经济发展进入起飞阶段,人均固定资产投资至少要高于1万元。拉动经济发展靠投资、消费、净出口"三驾马车"。贵州投资拉动是65%～70%,消费拉动是20%～30%,净出口寥寥无几。在消费需求和净出口都比较低的情况下,投资又上不去,如何拉动经济增长?三次产业结构是13.7∶39.2∶47.1,主要问题在于工业比

重偏低。城镇化率仅为34%，比全国低了16个百分点。"十一五"期间，贵州牢牢抓住交通这个关键问题，上了一批铁路、高速公路项目，初步解决了交通薄弱的问题。去年总理亲临贵州调研，明确要求解决贵州水利问题。如果这些制约能够得到有效解决，再加上有一个正确的发展思路，贵州应该迎来加快发展的阶段。

关于发展思路。省委、省政府提出了"一个主基调、两大战略"的构想。一个主基调，就是加速发展、加快转型、推动跨越，这完全符合总书记、总理的要求，也符合贵州的实际。两大战略，就是实施工业强省战略和城镇化带动战略。当然，其他方面的工作不是不重要，比如生态问题、扶贫攻坚、科技教育等，都需要认真抓好。

关于战略定位。我们初步提出了五个方面：一是国家重要能源基地、资源深加工基地、装备制造业基地、特色轻工产业基地；二是国家新一轮扶贫开发攻坚示范区；三是国内一流、国际知名的文化旅游休闲度假胜地；四是内陆开放型经济新高地；五是"两江"上游生态安全屏障。以上定位还需作进一步的研究论证，比如目前的表述民族方面就没有体现。

关于空间格局。初步考虑由三大部分组成：一是起龙头带动作用的黔中经济区；二是毕水兴能源矿产资源基地，这是起支撑作用的战略板块；三是黔西南、黔南、黔东南三个自治州，加上铜仁地区一直延伸到遵义市的东北部，这是广大的少数民族地区，是扶贫攻坚的主战场，生态建设的重点地区，也是特色优势农产品生产基地。

三、关于如何破解贵州发展的瓶颈制约

去年"两会"期间，温家宝总理在参加贵州代表团讨论时就指出，贵州最大的问题就是路和水。尽管实施西部大开发战略以来，贵州的道路交通等基础设施有了明显改善，但是由于欠账较

多，交通基础设施建设滞后的状况并未得到根本改变，仍然是制约贵州发展的最大问题，贵州的发展必须首先解决交通问题。一是加快打通外运通道，提升贵州在西南地区的交通枢纽地位。二是加强省内连接线建设，关键是加强各地州市间，以及到县乡的交通建设。我这次从遵义到湄潭走的通县公路，说是三级路，但坑坑洼洼，十分颠簸。三是构建现代综合交通运输体系，包括铁路、公路、机场、水运、管道、电网、通信等，把物流成本降下来。制约贵州发展的另一大瓶颈是水利。前不久，国务院刚刚批复贵州水利建设、生态建设、石漠化治理"三位一体"规划。虽然有了"三位一体"规划，但根据今年的旱情和抗旱的实践，还要深化，提出新思路和新举措。比如贵州虽有丰富的地下水，但是利用率不高，天一旱老百姓喝水都困难。修水库塘坝固然是一方面，但是需要认真研究在喀斯特地质条件下，如何科学开采利用地下水资源，缓解旱情严重情况下老百姓的饮水困难。

四、关于加快推进工业化进程

贵州在能源资源和工业基础方面具有一定优势，如何发挥优势，做大做强特色优势产业，增强经济内生动力和自我发展能力，核心是要找准重点产业和明确发展方向，从实际出发，研究提出落后地区加快新型工业化的思路。

关于工业化进程中应该注意的问题，一是在做大工业规模的同时要加快转变经济发展方式。由于自然禀赋和产业分工的关系，未来一个时期，贵州的工业结构可能仍然是以能源、原材料加工和化工为主的偏重型的工业结构。我不主张过早、过多地提工业的多元化，但是这并不意味着贵州工业的发展就只是数量的增长。核心问题是，尽管是偏重型工业结构，也要有结构的调整，有发展方式的转变。同样是搞能源、搞资源加工，起点要高，同时要尽量地延伸产业链条，向上下游、向旁系发展，这同样是发展方式的转变。虽然今后仍然是偏重型的工业结构，但是更高层次、更宽领域的重化工业态。

二是要看到贵州工业的发展还面临诸多体制机制方面制约因素。比如，调研组内部讨论时提到，贵州采取直供电方式的企业比较少，导致像铝、磷、煤等资源深加工企业的用电成本偏高。现在电的上网价格、销售价格还有输配电的价格三者关系不尽合理，外送电的上网价格、输配价格和落地价格也不尽合理。如果这些关系不理顺，占工业总量37%的能源工业的优势就难以进一步发挥。又比如，军工在制造业领域占很大比重，但是军工企业的体制还没有完全改革到位。本来具备上市资格的企业，由于"婆婆"太多、管得太死，迟迟不能上市。再比如，由于这种偏重的工业结构，决定了国有企业的比重偏大，民营企业发展不足。只有把民间的经济力量调动起来、把市场搞活，贵州的工业发展才能真正有活力。从某种意义上讲，工业强省战略的实施过程，就是体制机制不断改革创新的过程。

三是工业园区问题。全省现有111个园区，规划面积大概是3000平方公里，平均每个园区30平方公里，省里明确起步期是2平方公里，最多是5平方公里，这是对的。园区的建设有三个问题：其一，造地成本高。我们在六盘水几个地方调查，大概把山地开成工业园区，平均每亩造价是30多万元，这个投入不得了。沿海地区填海造地，成本是10万元1亩。移山比填海造地的成本高得多。其二，项目储备不足。有的园区招商引资还不错，但有的不行，主要就是项目储备工作做得不够好。其三，用地很紧张。现在全省每年用地需求大概是130万亩，而去年国家只给了38万亩指标，今年就算再加大支持力度，还是不够。全省每年还要转移80万农村人口进城，按照城镇化用地需求测算，每年就需要80平方公里土地。用地的需求非常强烈，供地的能力又受到诸多条件的限制。省里提出向山要地的政策，方向是对的，我们会认真研究。总之，推进园区建设，一定要坚持整体规划、严格管理、滚动发展、务求实效的原则，以确保工业化进程能够沿着一个健康有序的轨道科学推进。

五、关于促进区域、城乡统筹发展

统筹贵州区域协调发展，关键是要处理好以贵阳为核心的黔中经济区与民族地区的关系。贵州先后提出了黔中经济区，贵阳、遵义、毕节金三角，黔东南、黔南、黔西南银三角等区域布局模式，到底如何摆布，需要根据主体功能定位认真研究。

总体看，贵州城镇体系还在完善和建设的过程中，尚未形成大中小功能协调配套的城镇体系。主要表现为：一是城镇化水平低；二是城市数量少、规模小，城市等级结构不合理；三是城市综合承载能力弱。城镇化是工业化和服务业发展的结果，随着工业化加速，要统筹规划，把城镇体系布局搞好。在加快城镇化发展中，还要特别注意统筹城乡发展。一路看去，贵州农村青山绿水、粉墙黛瓦，煞是好看，但一往山里去就不行了。不管是工业化还是城镇化发展，最后还是要落实到解决民生问题上，不解决民生问题的工业化与群众没有干系，不是我们所需要的工业化。民生的重点在农村。所以在推进工业化、城镇化的进程中，要把农村纳入其中，让2200万农村人口分享工业化和城镇化的成果，不能为了工业化而工业化，为了城市化而城市化。衡量贵州两个战略是否成功的标志，就是贵州这个最穷的省的老百姓能不能脱贫致富。

六、关于发展现代农业

要按照中央的要求，在推进工业化、城镇化的同时，同步推进农业现代化。贵州农业有其自身的特点和优势：一是品种丰富，二是品种优良，三是无公害。贵州农业发展要坚持杂、小、优、精的特色，朝着有机农业的方向发展，走自己特色的路子，有可能在全国农业中一枝独秀。

贵州农业结构调整还没有完全到位，还应该继续调。基本的取向是，减少坡耕地的粮食种植面积，该退耕的就要退，大力发展适合于山地的经济林和经济作物，乃至于草食畜牧业，并同步建设基本农田，提高优质农田的产出，这样就可以在减少播种面积的情况下，确保粮食产量稳定在230亿斤以上。全省6600多万亩耕地，其中4000多万亩是基本农田，基本农田保住了，25度以上的陡坡耕地就可以退。在黔南州调查，农民有这个积极性，尽管现在新的退耕还林任务还没有下达，但是有些农民已主动地在退。坡地种苞谷也就收二三百斤，遇到旱年还没有收成，而种果树不怕旱，既可以发挥贵州山地农业的比较优势，又可以提高抗灾性、抗逆性，减少灾害损失，还可以增加农民收入，一举三得，何乐而不为？要进一步调整农业结构，走一条有贵州特色的高产高效、品质优良、绿色有机、加工精细的现代农业发展路线。其中有的可以形成大批量，有的就是小批量，关键是一定要有品牌。

七、要在扶贫开发上实现重大突破

解决贫困问题，要重点研究人、水、土、植被四者之间关系。贵州之所以穷，很大程度上可以归结于人口增加超过了资源环境承载能力。明朝初年贵州只有70万人，刚解放时1400万人，现在户籍人口已经到4100万人。由于人多、水存不住、土又少，最终导致生态被破坏，陷于恶性循环。当然，这只是农业社会的规律。现在有一个现象值得注意，就是贵州目前常住人口已下降至3475万人，与户籍人口有600万的差额，这些人大多跑到沿海打工去了，意味着传统规律正在被打破。现在全国统计人均地区生产总值用的是常住人口不是户籍人口，因此贵州去年人均地区生产总值12000多元，如果再加上600万外出人口的话，贵州的人均地区生产总值就会降到10000元。所以要处理好资源环境承载能力不足的问题，一方面人口和劳动力要出去或就地转移，还要强调劳务输出，劳务输出也是一大产业；另一方面要提高耕地和水资源的承载能力，要以此为基础来讨论和安排扶贫攻坚和经济发展的路线。

扶贫开发的关键在于提高贫困地区人口的素质。知识改变命运。我在前面已经说了，贵州三个根本性制约因素之一就是人口素质低、教育欠账多。一方面要加强义务阶段教育，特别是要大力开展农村中小学集中办学。另一方面要加强职业教育，通过职业教育培训，提高农民就业技能。贵州人口多、耕地少、农民素质相对偏低，可结合贵州特点，在大力推广职业教育的同时，积极推进教育扶贫试点工作。

扶贫不是仅仅采取哪一个单项措施就可以彻底解决问题的。扶贫特别是开发式扶贫，说到底是要改变人的生产生活方式，这是需要诸多的因素和条件来支撑的。下个阶段，要在三个民族自治州、在铜仁地区、在遵义务（川）正（安）道（真）地区，集中力量扶贫攻坚。

八、如何促进基本公共服务均等化

贵州与其他省区市在基本公共服务方面的差距，在某种程度上要高于经济方面的发展差距。教育、卫生、社会保障等指标在全国排名都很靠后，弥补欠账、加快发展的任务很重。但另一方面也要看到，贵州社会发展在一些具体领域还是有特点、有优势的。贵州的民族文化丰富多彩，在历史上出了很多名人逸士；苗医、苗药等民族医药在全国有名。因此，需要系统研究社会事业发展的薄弱环节到底在哪里，可利用的资源在哪里，要充分发掘出来。80年代初王小强、白南风等同志到贵州调研后，写了一本书叫《富饶的贫困》，说贵州的贫困，是富饶的贫困。意思是说贵州是有资源的，为什么穷呢，是因为资源没有搭配好，没有开发出来。一个地方的贫困落后是系统性的，是多种因素交织形成的，是由短板决定的。社会发育滞后就是贵州的短板。

社会事业里最关键的是教育和人才培养。真正"挖穷根"要靠教育。只有受到良好的教育，有了知识，观念发生了变化，才能走出一条脱贫致富的路子来。解决这个问题，需要做到"一个加大力度，两个结构调整"。一个加大力度，即义务教育阶段寄宿制学校建设还要加大力度。我们讲社会公平，最初始的受教育的权利公平最重要。这次实地调研，我们感到贵州的寄宿制学校建设问题还没有得到较好的解决。为什么要实行集中办学？第一，农村的人口逐步减少，很多学校合并。第二，在任何一个时点上优质的教育资源总是有限的，分散办学，教育质量不可能得到保证，就算安排投资，也不划算。这次去仁怀市坛厂镇看了一个小学，153个学生分6个年级，平均每个班20多个学生。教室光线很暗，我问为什么不开灯，他们说电压不稳；问厕所，到现在还是旱厕。小孩子上学，最远的要走20里路，学校上午10点上课，下午3点半放学，来回走路就要4个小时。从教育厅提供的资料看，全省小学在校生433万人，寄宿的只有20多万人，约占5%，以贵州的地形条件，寄宿生肯定是偏少了。要通过实施"两基"攻坚或农村寄宿制学校建设扫尾工程等方式，切实把义务教育事业办好。

两个结构调整，一是高中阶段教育结构，除了普高以外，要更加重视职业教育。受习惯思维的影响，人们大多还是愿意上高中、考大学，实际上大学毕业后就业门路也不好找，而职业技术学院出来的人抢着要。二是高等院校的结构调整。贵州省本科院校17所，高职（专科）学校23所，其中大多是师范学校、民族学校、医学院，偏偏没有理工科学校。工业化方面前沿的研究力量没有，后续人才培养跟不上，怎么搞工业化？这样的办学结构要调整，强化理工的、实用型的人才培养，满足贵州工业化发展的需要。

九、关于深化改革扩大开放

贵州人穷志不短，在改革开放的某些领域曾经走在全国前列。比如，胡锦涛总书记在贵州工作时创建的毕节试验区，主题是扶贫开发、生态建设、人口控制，科学发展观的雏形就是在这里孕育的。又比如，全国最早搞"包产到户"的，贵州就是其中之一。再比如，湄潭试验区在20世纪80年代末90年代初，就在全国率先提出"增人不增地、减人不减地"的土地制度改革，土地承包不再三五年一调，而是使用权长期化和稳定化，后来被中央文件和有关法律所吸纳。

当前，贵州非公经济比重低，区域经济相对封闭，市场化程度不高。贵州要实现历史性跨越，还需加大改革开放力度。改革开放要两手抓，一手抓改革，一手抓开放。基本思路是以开放促开发、促改革，不开放一切无从谈起。不仅经济要对外开放，干部的头脑也要开放。在六盘水调研的时候，市里一个领导讲了一句话对我很有触动，他说一个地方越是落后、越是穷，发展的阻力就越大。我觉得有一定的道理。越是穷的地方，大家越是往公务员队伍里面挤，导致在这样一个落后地区的社会结构里面，政府往往具有相对更高的权威，凡事都得找政府，使得政府和市场之间的关系不像发达地区那样遵循市场规律。在这样的环境下，如果政府的工作作风不好，办事效率不高，往往会起到束缚生产力发展的作用。因此，一定要加大开放力度，只有开放，才能解放思想，转变观念，打破传统思维惯性；只有开放，才能找准改革的着力点，实施重点突破；只有开放，才能加快发展，才能有真正的、实质性的结构性变革。

缩小区域差距　又好又快发展[*]
——国家发展改革委有关负责人谈《西部大开发"十二五"规划》

（2012年2月21日）

国务院最近批复同意了《西部大开发"十二五"规划》（以下简称《规划》），这是国务院批复的第三个西部大开发五年规划。在新的形势下，《规划》有什么亮点？提出了哪些新举措？

一、《规划》明确基本思路

西部大开发已进入第十二个年头。《规划》在认真总结经验的基础上，围绕主题主线，进一步明确了深入实施西部大开发战略部署的基本思路。一是在开发理念上，更加注重发展的质量和效益。明确要以科学发展为主题，将加快经济结构战略性调整摆在突出位置，坚持在高起点上加快发展，把后发赶超与加快转型有机结合起来，既要保持一定的发展速度，又要在"好"上做文章，走出一条具有中国特色、西部特点的新路子。

二是在开发方式上，更加注重充分发挥区域比较优势。明确提出要深入实施以市场为导向的优势资源转化战略，坚持走新型工业化道路，大力提升产业层次和核心竞争力，建设国家能源、资源深加工、装备制造业和战略性新兴产业基地。同时，适应国内外产业转移趋势，把有序承接产业转移单列一节，明确提出了要求。

---

[*] 这是杜鹰接受人民日报记者采访的答问，原载《人民日报》2012年2月12日。

三是在开发布局上，更加注重因地制宜、分类指导。按照"抓两头、带中间"的工作思路，一手抓重点经济区培育壮大，着力培育新的经济增长极，一手抓老少边穷地区脱贫致富，推动贫困地区加快发展、民族地区跨越发展。

四是在开发重点上，更加注重集中力量解决全局性、战略性和关键性问题。如基础设施建设着力破解交通和水利两个瓶颈制约。生态建设更加注重建立长效机制，提出要加快建立和完善生态补偿机制；更加注重突出重点、综合施策，提出要加强5大重点生态区综合治理。"三农"建设在强调发展现代特色农业的同时，针对西部牧区、林区分布广、面积较大的特点，把振兴牧业经济和提高林业发展水平单列两节，有针对性地分别提出了建设任务。改革开放指向更加明确，进一步突出重点领域和关键环节，进一步突出内陆和沿边地区开发开放。

五是在开发机制上，更加注重坚持政府引导、市场运作。《规划》提出，地方各级政府要强化指导服务，大力改善投资发展环境，充分发挥市场配置资源的基础性作用，吸引各类要素有序向西部地区流动，进一步凝聚社会各方面力量，共同参与和支持西部大开发。

六是在开发政策上，更加注重差别化支持措施。《规划》要求，要以更大的决心、更强的力度、更有效的举措，落实好中央对西部地区在财政、税收、投资、金融、产业、土地等方面的差别化政策，进一步加大资金投入和项目倾斜力度。

二、继续加大对西部基础设施支持力度

"十二五"时期，国家在西部基础设施建设领域将继续突出强调交通和水利两个关键环节。交通重点解决通道建设和路网完善问题。铁路要加快西部地区与东中部地区联系的区际通道、与周边互联互通的国际通道建设；公路要进一步强化路网衔接，打

通省际"断头路"，建设连接东中部地区的公路干线和国际运输通道；民航要加强枢纽机场和干线机场建设，新建一批具有重要作用的支线机场。

水利重点解决西南地区工程性缺水和西北地区资源性缺水问题。加强水资源配置工程建设，加快推进西南地区水源工程建设；在充分节水的前提下，合理建设跨流域、跨区域调水工程，解决西北地区资源性缺水问题。同时，国家将积极推进能源通道建设，完善国内外原油、成品油、天然气等能源输送管网；推进"三网融合"，提高西部地区信息化水平。

三、西部生态建设重点明确

西部地区是我国重要的生态安全屏障，"十二五"时期，一是要按照"谁开发谁保护、谁受益谁补偿"的原则，加快建立生态补偿机制，研究制定《生态补偿条例》，努力实现生态补偿的制度化和法制化。

二是要巩固和发展退耕还林、退牧还草成果，加快编制退化草地治理等重点草原生态保护工程规划，继续推进天然林保护、京津风沙源治理、石漠化综合治理和防护林体系建设，稳步推进生态移民，深入开展生态文明示范工程试点。

三是要继续推进重点流域和区域水污染防治，严格饮用水水源地保护，提高饮用水水质达标率，确保饮用水安全，建立健全工业污染防控体系，推进固体废弃物综合利用及污染防治，大力推进农村环境综合治理，加强农业面源污染治理。

四是要切实加强资源节约和管理，合理控制能源消费总量，严格实行主要污染物排放总量控制，实施节能减排重点工程，大力发展循环经济。

五是要坚持防治结合、以防为主的方针，全面提高综合防灾减灾能力和灾害风险管理水平。

四、五大举措改善西部农民生活

保障和改善民生是政府的重要职责，是实施西部大开发战略的根本目的。《规划》在优先发展教育、千方百计扩大就业、完善社会保障体系、增强医疗卫生服务能力、繁荣文化事业等方面，提出了以保障和改善民生为重点的社会事业建设的重点任务。

在改善西部地区农民生产生活条件方面，主要有五大举措。

一是加快发展现代特色农业。加强农田水利建设和中低产田改造；积极推进农业机械化，调整农业结构；大力发展设施农业，推进农业标准化生产和产业化经营；加强农技推广、动植物疫病防控和农产品质量安全监管。

二是振兴牧业经济。加大牧区基础设施建设力度，全面实施草原生态保护补助奖励机制，改善牧民生产生活条件，加快转变牧业发展方式。

三是提高林业发展水平。加大造林绿化力度，增加森林资源总量，加快构建现代林业产业体系，继续深化集体林权制度改革。

四是拓宽农民增收渠道。拓展农业广度和深度，充分挖掘农业内部增收潜力；努力提高农民家庭经营收入；加强农民培训，推进农民创业，提高农民非农就业收入；落实各项强农惠农政策，大力增加农民转移性收入和财产性收入。

五是建设幸福新家园，实施"六到农家"工程。全面解决农村安全饮水问题，加快建设通乡通村道路，加快推进新一轮农村电网改造，因地制宜实施农村沼气建设，推动农村危房改造，改善村容村貌，建设农村新型社区。

五、西部地区进一步提升开放水平

西部地区陆地边境线长达1.8万公里，与周边14个国家和地区接壤,是我国通往中亚、南亚、东南亚以及俄罗斯、蒙古国的重要通道,地缘优势突出。西部地区的开放水平,决定着我国对外开放的广度和深度。

今后一段时期,扩大西部地区对外开放,是我国对外开放战略的重点。西部地区要实施更加积极主动的开放战略,加大向西开放力度,不断拓展新的开放领域和空间。国务院有关部门要抓紧研究推进沿边地区开发开放的政策措施,加快推进重点边境城镇、重点口岸、重点开发开放试验区建设,打造沿边对外开放桥头堡和经济增长极。加快发展内陆开放型经济,建设重庆、成都、西安、昆明、南宁、贵阳等内陆开放型经济战略高地,积极推动宁夏形成我国面向阿拉伯国家开放的重要窗口。

认清形势　明确任务
把实施西部大开发战略引向深入[*]

（2012 年 2 月 22 日）

这次会议的主要任务是，按照年初召开的国务院西部地区开发领导小组第三次会议的要求，在总结经验、分析形势的基础上，研究部署《西部大开发"十二五"规划》（以下简称《规划》）重点任务的落实工作，巩固和发展西部大开发良好势头，把西部大开发引向深入。

一、西部大开发处在承上启下的关键阶段

实施西部大开发战略 12 年来，在党中央、国务院的正确领导下，各地区各部门各单位特别是西部地区广大干部群众开拓创新，艰苦奋斗，扎实工作，西部地区经济社会全面进步，各项事业全面发展，城乡面貌发生历史性巨大变化。西部大开发取得的成就，主要体现在五个方面：一是综合经济实力大幅提升，二是基础设施和生态环境建设取得突破性进展，三是社会事业取得长足进步，四是改革开放不断深化，五是人们的精神面貌发生巨大变化。还应该看到的是，西部大开发 12 年取得的巨大成绩，并不是以牺牲东部乃至全国的发展速度和效益为代价的，恰恰相反，正是西部

---

[*] 这是在昆明召开的 2012 年国家发改委西部大开发工作会议上的讲话，各省（市、区）发改委负责人、国务院西部地区开发领导小组成员单位有关司局负责人与会。收录本书时有删节。

的崛起，有效地扩大了内需，有效地缓解了资源瓶颈，有效地扩大了环境容量，有效地改善了民生，不仅形成了东西互动、优势互补的良好局面，有力地支持了国民经济发展，更重要的是，使我们赢得了全局上和战略上的主动，这是西部大开发最重要的贡献和意义所在。如果说，实施西部大开发战略之初，还有一些同志心存疑虑，认为西部地区投入产出效率低，担心西部大开发上马得不偿失，那么，12年西部大开发的全部事实雄辩地证明，中央关于西部大开发的战略决策是十分英明的，是完全正确的。

另一方面，我们必须清醒地认识到，西部大开发是一项跨世纪工程，需要几代、十几代甚至几十代人的不懈努力，我们目前取得的成绩仅仅是万里长征走完了第一步。首先，缩小差距需要相当长的时间。尽管近年来西部地区发展提速，与东部地区相对差距有所缩小，但是绝对差距仍在扩大。1999~2010年，西部地区人均生产总值与东部地区的差距从6100元扩大到23000多元；城镇居民可支配收入差距从2239元扩大到7467元；农民人均纯收入的差距从1361元扩大到3725元。目前，西部地区的人均国内生产总值、城乡居民收入只相当于东部地区的48.5%、67.9%和54.3%。其次，提高发展总体水平需要相当长的时间。一个地区的落后是一个系统性的问题，包括生产水平、生活方式、基础设施、市场发育程度、人口素质等，每一项的进步都不容易，系统性的质的变化就更难。比如退耕还林、退牧还草、游牧民定居、扶贫开发，无一不是系统性工程，无一不是生产生活方式的根本变革，所以我们说西部开发是百年工程。2011年《中共中央、国务院关于深入实施西部大开发战略的若干意见》（以下简称《意见》）用了"六个仍然"对西部大开发面临的问题和困难进行了集中概括，明确指出，西部地区仍然是我国全面建设小康社会的难点和重点。

我们既要充分肯定西部大开发12年取得的巨大成绩，坚定西部大开发前景光明、大有可为的信心和决心，又要清醒地认识到西部大开发的长期性、艰巨性和复杂性，做好长期艰苦奋斗的思想准备。那种畏首畏尾、无所作为的思想和行为，那种小富即安、小胜即骄的思想和行为都是片面的和不正确的。

2010年7月，胡锦涛总书记在西部大开发工作会议上的讲话中明确指出，西部大开发在我国区域协调发展总体战略中具有优先地位，在构建社会主义和谐社会中具有基础地位，在可持续发展中具有特殊地位。温家宝总理指出，必须从全局和战略的高度，继续深入实施西部大开发战略，把西部大开发摆在区域协调发展总体战略中的优先地位。中央赋予西部大开发新的战略定位，是着眼于全局提出的，是由西部地区特殊的区情决定的。为什么说西部大开发在区域协调发展总体战略中具有优先地位？我理解，就是因为在四大区域板块中，缩小人均地区生产总值差距任务最繁重的是西部，提供基本公共服务能力最孱弱的是西部，资源、市场等潜在资源优势最明显但远未发挥出来的是西部，人与生态、自然关系最重要又最紧张的也是西部。简言之，实现区域协调发展面临困难和问题最突出的是西部地区，发展潜力最大的是西部地区。正因为如此，中央提出要坚持将实施西部大开发放在区域发展总体战略中的优先位置，这是一个十分重要和非常科学的论断。

"十二五"时期，西部地区处在承上启下、攻坚克难、不进则退的关键时期。搞好了，西部大开发将乘势而上，完全有希望开创良性发展和良性互动的新局面；搞不好，仍然存在发展势头逆转，已有成果得而复失的潜在危险。因此，所有从事西部大开发工作的同志要始终树立忧患意识不浮躁，始终坚持西部大开发战略不动摇，始终保持坚韧不拔精神状态不松懈。只有思想认识对头了，才能形成推进西部大开发的强大力量。

二、进一步明确深入实施西部大开发战略的基本思路

中央总结西部大开发10余年的经验，部署新一轮西部大开发

工作，将"深入"作为今后一个时期西部大开发的关键词。与过去几年的工作相比，怎样才叫"深入"？我认为，可以用三句话来概括，即战略定位更加准确，奋斗目标更加明确；指导思想更加鲜明，开发思路更加清晰；重点任务更加突出，政策措施更加有力。

第一，战略定位更加准确，奋斗目标更加明确。中央对西部大开发的定位，就是在我国区域协调发展总体战略中具有优先地位，在构建社会主义和谐社会中具有基础地位，在可持续发展中具有特殊地位。这"三大定位"，我在前面已经做了阐述。这里需要说明的是，这"三大定位"是对10余年西部大开发理论和实践的深刻总结，充分说明了深入实施西部大开发的必要性和重要性。同时，定位又是抓总的，只有定位更加清晰，才能明确奋斗方向，才能少走弯路。

关于西部大开发的目标，最早是江泽民同志提出的二十个字，即"经济繁荣、社会进步、生活安定、民族团结、山川秀美"。请大家注意，尽管这个目标没有定量要求，但反映出中央确立西部大开发目标从一开始就不是单纯讲经济，更不是单纯讲GDP。中央关于未来10年西部大开发的目标提出了新的更高要求。胡锦涛总书记明确提出了"上三个大台阶"的目标要求，即综合经济实力上一个大台阶、人民生活水平和质量上一个大台阶、生态环境保护上一个大台阶，这"上三个大台阶"的目标，就是根据"三大定位"提出的。《意见》进一步提出了分阶段的发展目标，要求到2015年，即"十二五"时期，西部地区的经济总量要比2008年翻一番，基础设施建设、生态建设、特色优势产业发展、公共服务能力有明显进步，特别是提出城乡居民收入增长与经济发展速度的差距要明显缩小。这些目标的提出是非常有针对性的。到2020年，西部地区的各项事业要进一步发展，最终基本实现全面建设小康社会奋斗目标。国务院刚刚批复的《西部大开发"十二五"规划》，又从七个方面实化、细化了"十二五"的奋斗目标。如，提出"十二五"期间，西部地区的经济增长速度要高于全国平均水平；综合交通运输网络初步形成，水利基础设施明显加强；森林覆盖率达到19％左右，主要污染物排放总量显著减少；公共服务能力与全国的差距逐步缩小，城乡居民收入增速高于全国平均水平，城镇化率超过45％等。这些目标体现了又好又快发展的要求，这些目标实现了，就可以为西部地区与全国同步实现全面建设小康社会目标打下坚实基础。

第二，指导思想更加鲜明，开发思路更加清晰。《意见》明确了深入实施西部大开发战略的指导思想，提出了"两个进一步"、"三个以"和"六个更加"，同时还提出了"六个坚持"的基本原则。我以为，中央提出的指导思想和基本原则充分体现了科学发展观的要求，又非常切合西部地区的实际，具体表现为：

在开发理念上，更加注重发展的质量和效益。实施西部大开发战略之初，中央就明确要求立足全面协调可持续发展，避免盲目追求生产总值增长。制定"十五"西部开发总体规划时，西部很多省提GDP增速，要上项目，发改委认为不提GDP增速目标为好，温家宝总理表示赞同。这次西部大开发领导小组会议又明确指出，西部大开发"十二五"规划，不提经济增长速度的具体目标。一方面，西部地区面临的最主要问题是发展滞后，必须实施赶超战略，加快发展，缩小差距。另一方面，西部地区必须要解决发展方式相对粗放、产业结构不合理的问题。深入实施西部大开发战略，必须要以科学发展为主题，强化"增长是有代价"的意识，把加快经济结构战略性调整摆在特别突出重要的位置，坚持在高起点上加快发展，把后发赶超与加快转型有机结合起来，走出一条中国特色、西部特点的道路。西部地区一旦走出这条新路来，对全国转变经济发展方式具有重要的标志意义。

在开发取向上，更加注重保障和改善民生。"以人为本，执政为民"是我们党的性质和宗旨所决定的，我们经常讲"发展为了人民，发展依靠人民，发展成果惠及人民"，这句话用在西部地区更具有现实意义。西部地区不仅民生问题突出，而且民生改善滞后于经济增长的矛盾也最为突出，中央强调着力解决西部地区的民生问题是完全正确的。只有民生得到不断改善，发展成果不断惠及各族群众，西部大开发才能凝聚民心，才能有不竭的动力源泉。

在开发方式上，更加注重"抓两头、带中间"。西部地区地域广阔，实施西部大开发战略不可能各地齐头并进，更不能搞遍地开花。要一头抓重点经济区的培育壮大，着力培养以成渝、关中—天水、广西北部湾等为代表的重点经济区，充分发挥这些地区的辐射、带动作用。一头抓少数民族地区和集中连片特殊困难地区脱贫致富，继续做好新一轮对口支援西藏、新疆工作，以及对口支援青海等省藏区工作，落实好中央出台的支持民族地区跨越式发展的政策措施，实现贫困地区加快发展、少数民族地区跨越发展。

在开发机制上，更加注重把政府引导与市场机制，把中央支持、对口支援与西部地区自力更生相结合。西部大开发能否成功，取决于全国上下共同努力，各部门形成合力，但最终取决于西部人民。中央要继续加大支持力度，形成稳定的政策扶持机制。初步统计，西部开发前10年，中央财政对西部地区转移支付达到4万亿元，其中包含中央预算内投资8900亿元，分别占到中央财政转移支付总额和中央预算内基建投资总额的40%以上。东中部地区积极参与西部大开发，形成有效的东中西互动制度和帮扶机制。这些年东部地区对西部地区的支持也是有目共睹，功不可没，是一种真心实意的奉献，一种祖国大家庭兄弟之间不求回报的支持。要对东部援助西部的资金、项目、人员、技术情况进行统计。西部开发归根到底要依靠西部地区干部群众自身的艰苦奋斗。西部地区要充分发挥主动性、积极性和创造性，创造良好的政策环境、法制环境、人文环境，让投资者放心安心。

第三，重点任务更加突出，政策措施更加有力。中央对新10年西部大开发各项战略任务做出了部署，《规划》进一步作了细化。各项工作千头万绪，必须要抓住主要矛盾，集中力量解决全局性、战略性和关键性问题。

从任务看，可以把深入实施西部大开发战略的主要任务概括为六句话：以加强交通、水利等基础设施建设为依托，以加强生态建设和环境保护为切入点，以大力发展特色优势产业、转变经济发展方式为主线，以促进科技进步和人才培养为支撑，以保障和改善民生为根本出发点和落脚点，以创新体制机制、扩大对内对外开放为动力。这六项任务既是工作重点，又是相互关联的，必须统筹兼顾，协同推进。不把交通、水利等基础设施搞上去，就不能破除西部大开发的瓶颈制约，支撑西部地区各项事业的发展；不把生态建设和环境保护搞好，就不能解除全国的生态隐患，西部地区的发展也不可持续；西部特色产业发展不起来，就不可能不断增强西部地区的自我发展能力，也不可能有效地拓展国民经济发展空间；不加强西部地区的科技工作和人才培养，西部地区的发展和转型就难以实现；不把保障和改善民生的工作落到实处，西部大开发就不能得到各族群众的广泛支持；不坚持改革开放，西部大开发就不能赢得新的发展机会，就只能跟在发达地区后面亦步亦趋。以上这些认识，既是西部大开发 10 多年经验的总结，也是今后一个时期我们必须始终坚持的工作着力点。

从政策措施看，中央明确提出，西部地区具有特殊重要的战略地位，承担着特殊的使命，应给予特殊的政策扶持，要以更大的决心、更强的力度、更有效的举措，进一步完善扶持政策，进一步加大资金投入，进一步体现项目倾斜。《意见》出台的 10 个方面 55 条政策，有的是过去行之有效并加以完善的，有的是根据新形势、新情况新提出的。总的来看，这些政策亮点多、含金量大、针对性强，有不少新的突破，体现了进一步加大对西部地区支持力度的总体精神。比如，首次在中央文件中明确提出要实行有差别的产业政策，还提出通过加大转移支付逐步缩小西部地区标准财政收支缺口，率先开展资源税改革，扩大中央投资公益性项目地方不再配套资金的受益范围，建立健全生态补偿机制，在部分沿边地区实行特殊开放和经济政策等。对西部地区实行15%的企业所得税优惠，虽然是延续过去的政策，但在内外资企业所得税统一的背景下，这也是一种突破。

三、认真贯彻中央部署，把深入实施西部大开发战略重点任务落到实处

今年是实施"十二五"规划承上启下的关键一年，也是贯彻落实西部大开发"十二五"规划关键的一年。今年在工作的摆布上，要坚持长短结合，坚持"两手抓"，一手抓应对国际金融危机的影响，落实宏观调控各项措施，一手抓《规划》各项任务的贯彻落实。从后者讲，要重点抓好以下六方面的工作。

（一）加强以交通、水利为重点的基础设施建设

2010年，中央常委在听取深入实施西部大开发战略的文件汇报时，一致认为加快交通、水利基础设施建设仍然是西部开发的头等大事。因此，要继续把基础设施建设放在优先位置，尤其要突出交通和水利这两个关键环节。

一是继续加强交通基础设施建设。12年来，西部地区交通基础设施发生了翻天覆地的变化，但依然是制约西部发展的主要瓶颈制约。按照现代物流理论，运输能力的发展可以分为四个阶段，第一阶段是不同运输方式各自独立运行与发展，第二阶段是综合运输体系逐步形成，第三阶段是运输一体化，第四阶段是综合运输体系与经济发展、土地使用、环境改善等高度协调和一体化发展。西部地区还处在第一阶段向第二阶段过渡时期，处在从单项交通、断头路、交通不畅向综合交通运输体系过渡的初始阶段。我们既要"补课"，加快铁路、公路、机场、水运等运输方式的建设，特别是通道和路网建设，又要统筹协调，着力构建综合交

通运输体系，实现各种运输方式从分散独立发展向综合一体发展转变。当前，西部地区交通基础设施建设面临的突出问题是资金紧张，比如，铁路项目，不少项目建设速度放慢，还有一些延缓开工。在国务院部署下，发改委和铁道部已经采取了一些措施，"保在建、上必需、重配套"，着力强化建设资金保障。各地也要创新投融资机制，探索和推进支线铁路、城际铁路新型的投融资模式，拓宽交通基础设施资金来源渠道。

二是要切实加强水利规划，完善水利设施。2010年召开的中央水利工作会议指出："水利是现代农业建设不可或缺的首要条件，是经济社会发展不可替代的基础支撑，是生态环境改善不可分割的保障系统。"对西部地区而言，发展最大的制约因素就是水，水利建设更是具有特殊重要性。要开源与节流并重，挖潜和降耗兼顾，促进水资源优化配置和节约利用，争取通过"十二五"的努力，使西南工程性缺水得到有效缓解，使西北资源性缺水得到一定改善。据有关部门初步统计，去年全国水利投资将近3500亿元，几乎比2010年翻了一番，预计将来水利建设的投入还是方兴未艾。西南地区特别是云南省今年又是大旱，已经连续旱了三年，不是一个短期现象了。西部农村至少还有1300万人喝不上安全、干净的水。因此要进一步加大水利建设力度，尽快解决农村饮水安全问题。西部地区又是灾害发生频次高、受灾面积大、重复受灾情况多的地区，必须扎实推进中小河流治理、病险水库除险加固和山洪地质灾害防治。

（二）建设国家生态安全屏障

"十二五"时期，要坚持不懈地抓好生态建设和环境保护，从源头上扭转西部地区生态环境总体恶化的趋势。《意见》以及《规划》划分了西部地区五大生态区，意在推动生态治理从分散治理转向集中治理、从单一措施转向综合措施、从偏重数量转向提升质量，这是对主体功能区战略在操作层面的深化和延伸。推进"十二五"西部地区生态环境建设和保护，要重点做好以下三方面工作：一是加强重点专项规划编制工作。专项规划是合理安排有关工程进度的重要依据。要抓紧组织编制重点生态区综合治理规划、退牧还草规划，以及科尔沁退化草地治理、甘孜高寒草地修复、伊犁河谷草地保护等重点草原生态保护工程规划。要注意做好规划之间的衔接，工程措施之间的配套，注意发挥生态系统的自然修复能力。二是要注意总结实践经验，不断完善政策措施。不同的生态建设工程既有共性问题，也有特殊性问题，要认真研究和把握工程建设的自然规律、经济规律，着眼于调动人的积极性，着眼于生态、经济、社会效益的统一来研究制定政策，真正做到因地制宜、因事施策、因势利导。还要注意研究工程建设中出现的新情况、新问题，无论是退牧还草、巩固和发展退耕还林成果，还是开展防沙治沙、推进石漠化治理，都要不断总结经验，不断完善政策。三是加快研究建立生态补偿机制。建立生态补偿机制具有重要意义，但工作难度很大，国际上也没有成熟的经验可供借鉴。要注意总结国家和地方在森林、草原、流域、矿产等方面开展试点的工作经验，从个别到一般，逐步丰富我们的认知。在此基础上，要抓紧研究出台建立生态补偿机制的指导意见，起草《生态补偿条例》。此外，西部地区还要更加注重环境保护和节能减排，抓好环境综合治理，大力发展循环经济，处理好工业化、城镇化提速与环保标准不降低的关系。

（三）大力发展特色优势产业

根据我们的初步研究，西部地区产业发展，有三个突出特点：一是总体发展水平不高，还处于工业化初中期阶段，与东部地区的发展差距大体相差15~20年。二是结构性矛盾突出，产业整体素质偏低。西部地区产业结构比较单一，工业以能源化工和资源加工为主，且多处于产业链上游，经济效益总体不高，配套能力不强。三是增长方式仍然粗放，资源能源消耗大、污染物排放强度高。2009年，西部地区万元GDP能耗及废水、废气、固体废弃物排放量分别是东部地区的1.72倍、1.34倍、1.79倍和2.72倍。总体上看，一方面，西部地区产业发展落后，必须加快发展，实现赶超；另一方面，粗放的增长方式又是不可持续的，必须转变。如何正确处理好"好"与"快"、"赶"与"转"的关系？这是摆在我们面前的重大命题。在东部地区快速发展的时期，"转"的任务还没有提出来，现在时代的要求变了，"赶"与"转"的任务同时摆在了西部地区面前。为此，西部地区必须走出一条过去东部地区没有走过的新路来，真正把"快"和"好"、"赶"与"转"统一起来。从这个意义上讲，西部地区肩负着践行科学发展观、走新型工业化道路的繁重任务。为此，西部地区要把充分发挥资源比较优势和加快调整经济结构结合起来，把建设国家能源、资源深加工、装备制造业和战略性新兴产业基地与推动产业结构优化和技术升级结合起来，依靠科技进步和人员素质提高，提升产业整体技术水平和竞争力，坚持在高起点上加快发展，坚持走资源节约型和环境友好型的新型工业化道路。

西部地区又好又快地发展特色优势产业，一个很重要的途径是通过有选择地承接产业转移，实现产业聚集和技术水平提升。当前，西部地区发展正面临承接产业转移的历史性机遇。受全国乃至全球产业格局调整驱动，东部沿海地区产业向西部地区转移、国外投资西进的趋势明显，并呈现转移速度明显加快、规模明显扩大、层次明显提高、港澳台和境外企业明显增多等新特点。像重庆沿江产业转移示范区"十一五"期间实际利用内资累计达到1300亿元，年均增长73.7%。2011年，利用内资总额达到1200多亿元，接近"十一五"总额，增长达92.6%。西部地区要顺势而为，在充分考虑接续地的资源禀赋和环境承载能力的前提下，以实现承接产业转移为切入点，促进西部地区跨越发展。西部各省区市要主动加强与东中部地区的互动交流，按照市场导向、优势互补、生态环保、集中布局的原则，促进产业转移和集聚发展。有关部门要加大支持力度，尽快出台并落实好差别化的产业政策、土地政策，继续开展承接产业转移示范区建设。

（四）统筹区域、城乡发展

按照区域发展总体战略和主体功能区战略的要求，进一步规划好西部地区生产力的空间布局，按照统筹城乡发展的要求，形成城镇化推进与新农村建设"双轮驱动"的战略格局，对于有力有序推动西部大开发战略具有重要意义。

一是要继续做好重点区域规划编制和实施。近年来，国家在西部地区相继批准实施了一系列重大区域规划和区域性政策文件，差别化的区域政策不断完善，有利于解决区域发展长期存在的矛盾和问题，有利于形成区域发展生动活泼的良好局面。今年，要认真抓好已出台的区域规划和区域性政策文件的贯彻落实工作，使政策效应真正发挥出来，同时要根据新形势，抓紧组织编制新的重点经济区区域发展规划。初步考虑，要编制完成《新疆天山北坡经济区发展规划》、《兰（州）西（宁）格（尔木）经济区发展规划》并上报国务院，组织编制《左右江革命老区振兴规划》，批复实施《贵州黔中经济区发展规划》和《毕节试验区发展规划》，配合做好《宁夏内陆开放型经济试验区》的方案设计及实施启动工作。同时，要支持西咸新区、兰州新区、贵安新区做好规划实施方案的编制，加强对西部贫困地区、民族地区发展思路和政策的研究。

二是要把推进西部地区城镇化进程提上日程。李克强副总理在今年全国发展改革会议上强调指出，调整经济结构最重要的是扩大内需，扩大内需的最大潜力在于城镇化。目前，尽管西部地区城镇化率明显低于全国，但应看到，西部地区城镇化正处在逐步加速发展的阶段，西部地区的城镇化大有文章可做。要从提高要素聚集度、培育新的经济增长点和扩大内需的战略高度认识推进西部地区城镇化的重要意义，把相关工作抓实、抓好。一要统筹规划。要突出西部地区特色，把握城镇化发展的客观规律，合理规划空间布局，重视提升城市功能，推进大中小城市和小城镇协调发展。二要解决好农民工市民化问题。这是城镇化的核心内容之一，也是破除城乡二元结构和城市中"新二元结构"的关键问题。要认真总结国家在西部地区设置的两个统筹城乡综合配套改革试验区的经验，加快户籍制度改革，降低进城落户门槛，把有条件的农民工就地市民化。三要统筹城乡发展。要增强以城带乡能力，同时加强社会主义新农村建设。新农村建设要从当地实际情况出发，做好村庄规划，尊重农民意愿，加大投入力度。需要特别强调的是，在推进城镇化和新农村建设中，一定不能侵犯和损害农民的合法财产权利和农民的政治民主权利，绝不能以损害农民利益为代价推进城镇化。正如温家宝总理在中央农村工作会议上强调的，土地承包经营权、宅基地使用权、集体收益分配权等，是法律赋予农民的合法财产权利，无论他们是否还需要以此来做基本保障，也无论他们是留在农村还是进入城镇，任何人都无权剥夺。

（五）着力保障和改善民生

要坚持把改善民生作为西部大开发的首要目标。只有老百姓从西部大开发中得到了实实在在的好处，他们才会真心拥护西部大开发，才能凝聚起不断推进西部大开发的强大力量。改善民生要办的事情很多，这里重点强调三件事。

一是加快推进保障性安居工程建设。实现"居者有其屋"，是最现实、最急迫要解决的民生问题。党中央、国务院对此高度重视。保障性住房包括城市保障房建设、棚户区改造、农村危房改造和游牧民定居。加快推进保障性安居工程建设，具有惠民生、稳房价、扩内需、促发展的多重作用，还能有效促进城镇化进程。按照中央要求，去年全国新开工建设保障性安居工程1000万套，今年开工建设700万套，新开工量有所减少，但考虑到在建规模大，资金供给紧，任务还是很艰巨的。西部各省区要采取有力措施，总结经验，加大力度，把中央安排的保障房建设任务落实好。要继续抓好农村危房改造和游牧民定居工程。无论是保障性住房还是农村危房改造，都需要同步推进水、电、路、气配套工程建设。游牧定居涉及牧民生活方式的根本性改变，更要统筹安排，有序推进。

二是大力发展教育事业。人力资源是最宝贵、最具开发潜力的资源。从根本上讲，西部地区能不能实现后发赶超，最终取决于人口素质的提高。"百年大计，教育为本"，教育决定了一个人的未来，教育公平是最大的公平。西部地区要始终把教育摆在优先位置，下大力气抓紧、抓好。第一，抓好义务教育。要进一步提高西部地区义务教育经费保障水平，促进义务教育均衡发展，努力使全体公民都能接受良好的基本教育。对"普九"巩固率不能估计过高，要继续实施"普九"教育扫尾工程。第二，要抓好寄宿制学校建设。要从西部地区的实际情况出发，积极而又稳妥地推进中小学寄宿制学校建设，使更多贫困山区的孩子可以分享优质教育资源。第三，抓好职业教育。职业教育搞好了，既能为国家和社会培养紧缺的实用技术人才，也能为贫困学生改变自身乃至整个家庭的命运提供一条更现实的道路。要加强西部地区职业学校基础能力建设，完善职业教育家庭经济困难学生资助政策。在职业教育的基础上，继续做好教育扶贫试点工作。此外，还要积极发展学前教育，优化提升高等教育，支持民族地区教育发展。

三是全面推进集中连片特殊困难地区扶贫攻坚工作。去年中央召开扶贫工作会议，下发了《中国农村扶贫开发纲要（2011～2020年）》，对新时期扶贫开发工作做出全面部署。该纲要提出，要把武陵山区等14个重点片区作为扶贫攻坚主战场，这是一项重大的决策，是对扶贫开发方式和工作格局的进一步完善和提升。过去扶贫工作集中在三个层面：重点县、整村推进和瞄准贫困人口，现在加上"片区"，要四个层面统筹推进。片区的扶贫开发要把加快区域发展与扶贫攻坚结合起来，坚持以区域发展带动扶贫开发，以扶贫开发促进区域发展的基本思路。当前的首要任务是抓好片区规划的编制。片区规划编制要立足当前、着眼长远，整体谋划、突出重点，争取年底前全面完成。要通过片区规划的实施，努力开创扶贫开发工作新局面，加快西部贫困地区脱贫致富步伐。

（六）深化改革开放

改革开放 30 多年来，西部地区在许多改革事项上是走在全国前列的，西部地区素来不缺乏敢为天下先的精神。从改革开放之初，贵州在全国率先推行"包产到户"、四川和重庆最早开展工业企业简政放权，到 80 年代末，胡锦涛总书记倡导的毕节"扶贫开发、生态建设、人口控制"试验、贵州湄潭的"生不增、死不减"土地承包制度试验、延安的"四荒拍卖"[①] 等，开创了很多改革先例。但总体来看，西部地区的改革开放与沿海地区相比还有很大差距，通过改革开放来带动经济发展还有很大潜力。要真正实现西部的跨越式发展，必须在改革开放上有新的突破。

第一，要深化重点领域和关键环节改革。西部地区还有很多体制机制难题亟须破解，必须以更大的决心和勇气推进改革。比如，西部地区国有经济比重高，经济活力没有得到有效释放，民营经济不够活跃；再比如，行政权力对经济干预过多，政府越位、缺位、错位现象并存，市场机制的作用发挥不充分；又比如，资源要素价格不合理，不能充分反映稀缺程度。因此，一要深化国有企业改革，同时积极营造有利于民营经济和中小企业发展的政策体制环境。要进一步放宽市场准入，进一步减少审批事项，构筑多种所有制经济平等竞争、共同发展新格局。二要加快行政体

[①] "四荒"是指荒山、荒坡、荒沟、荒滩。

制改革，切实转变政府职能，提高政府服务能力和行政效率，创造良好的企业投资、发展环境。三要积极推进资源要素价格改革，加快电力价格改革、资源税改革步伐。此外，还要积极推进城乡二元结构改革。所有改革都要充分尊重基层和群众的首创精神，充分激发社会各界参与改革、支持改革的热情。

第二，要做好沿边和内陆开放这篇大文章。要实施更加积极主动的开放战略，不断拓展新的开放领域和空间。一是全面提升沿边开放、向西开放水平。我国陆地边境线长2.28万公里，西起北部湾，东至鸭绿江口，与14个国家和地区接壤，是面向东南亚、南亚、西亚、中亚及东北亚开放的重要门户。沿边开放潜力很大，正处在跨台阶、上水平的关键时期。加快沿边开放，将为西部大开发带来新变化、注入新活力，将会与沿海开放、向东开放一起，形成遥相呼应的全方位开放新格局。要贯彻周边首要的外交方针，把与周边国家在经济、技术、文化等方面的交流合作不断推向纵深。当前，要尽快制定实施沿边地区开发开放指导意见和规划，从政策层面对沿边开发开放进行统筹设计。要重点支持广西东兴、云南瑞丽、内蒙古满洲里等重点开发开放试验区加快发展。二是全面提升内地开放水平，积极发展西部地区内陆开放型经济，打造重庆、成都、西安、昆明、南宁等内陆开放型经济战略高地。积极推进两江新区、天府新区、西咸新区和兰州新区等城市新区建设，构建内陆开放新平台。同时，支持宁夏发展成为我国向西开放的重要窗口。

关于支持贵州在新时代西部大开发上闯新路的几点思考[*]

（2021 年 11 月 27 日）

今年 2 月，习近平总书记在贵州考察期间，要求贵州"坚持以高质量发展统揽全局"，"在新时代西部大开发上闯新路，在乡村振兴上开新局，在实施数字经济战略上抢新机，在生态文明建设上出新绩"，从全局和战略高度为贵州的发展指明了方向，提出了新的更高要求。为深入贯彻落实总书记重要指示精神，应贵州省政协邀请，一个月前，中国经济社会理事会以朱小丹同志为组长的"在新时代西部大开发上闯新路"调研组[①]来贵州实地调研，与贵州的同志有过一次比较深入的交流，使我们对贵州如何"闯新路"有了一些新的认识和判断。回北京后，在小丹同志的主持下，调研组很快形成了一份调研报告。这里，我想结合调研体会，就如何贯彻落实好总书记重要指示精神、支持贵州在新时代西部大开发上闯新路谈几点初步的看法，供贵州的同志参考。

一、贵州具备"闯新路"比较坚实的基础和有利条件

西部大开发 20 年来，特别是党的十八大以来，贵州历届省委、省政府坚持以习近平新时代中国特色社会主义思想为指导，

---

[*] 中国经济社会理事会、政协贵州省委员会在贵阳举办"在新时代西部大开发上闯新路"主题研讨会，这是作者在研讨会上的主旨发言。

[①] 中国经济社会理事会参加调研的还有：杜鹰、陈健、庄聪生、赵晋平、李玲、吴晓华、何建武、袁芳、康宁等。

深入贯彻落实党中央、国务院决策部署，带领全省上下勠力同心谋发展，赢得了贵州快速发展"十年黄金期"，创造了欠发达地区跨越发展的宝贵经验，使贵州的面貌发生了历史性变化。总书记要求贵州继续"闯新路"，我们认为，站在新的历史起点上，贵州具备了"闯新路"的基础和条件。

一是经济实力提升，"闯新路"有基础。脱贫攻坚取得全面胜利，彻底挖掉了穷根，全省923万贫困人口脱贫，易地扶贫搬迁192万人，均为全国之最。2010~2020年，贵州经济增速连续10年位居全国前列，经济总量从位列全国第26位跃升至第20位，在西部地区的排名超过内蒙古、新疆，上升至第6位；人均GDP从相当全国平均水平的44.0%上升至64.2%，人均地方财政收入从相当全国平均水平的50.7%上升至65.3%。工业化、城镇化快速推进。10年来，贵州规模以上工业增加值年均增长10%以上，增速位居全国前列，工业增加值总量从全国第27位提升至第21位，开创了贵州工业化进程历史最快时期；常住人口城镇化率达到53.1%，比2010年提升19.3个百分点，增幅高于全国5.1个百分点。

二是发展优势凸显，"闯新路"有支撑。贵州区位、生态、能源、矿产、生物、旅游、人力资源优势明显。贵州位于长江经济带、粤港澳大湾区、西部陆海新通道、"一带一路"等国家重大战略交汇处，随着立体化交通体系建设取得重大突破，以往瓶颈制约已转变为后发优势。生态持续向好，森林覆盖率达61.5%，提高了约20个百分点，城市空气质量优良天数达99.4%，主要河流出境断面水质优良率100%，可持续发展能力显著增强。水煤资源匹配度高，太阳能、风能、生物质能资源富集，大工业目录电价低于周边省份。磷、铝、锰、钡等矿产资源和山地农业资源丰富，适合发展特色优势产业。自然风光、民族风情、红色文化旅游资源得天独厚，旅游业增加值占全省GDP比重达到5.6%，高于全国1个百分点。劳动力资源丰沛，平均年龄低于全国平均水平,具有明显的人口资源优势。

三是新动能持续释放,"闯新路"有潜力。数字经济异军突起,增速连续6年居全国第一,正在成为加快新旧动能转换、引领经济结构转型升级的重要引擎。大数据产业发展指数居全国第三,贵阳贵安成为全球聚集超大型数据中心最多的地区之一。太阳能、风能等新能源已有装机仅占可开发装机容量的10.6%和19.3%,开发潜力大;以磷酸铁锂电池材料为代表的新材料产业优势明显,市场前景广阔。2020年比2015年,全省高新技术企业数量增长4倍,今年1~7月,高技术制造业实现营业收入和利润分别同比增长9.8%和82.2%;全省人才年均增长21%,区域创新能力从全国第22位提升至第20位。

四是体制机制优化,"闯新路"有保证。持续扩大对内对外开放。"十三五"时期,全省货物贸易、服务贸易、实际使用外资额、对外经济技术合作完成额年均分别增长9.6%、15.3%、7.4%和17.6%。2018年以来,累计引进项目1.8万个,到位资金突破2万亿元。深入推进重点领域和关键环节改革,获批建设国家大数据综合试验区、生态文明试验区、内陆开放型经济试验区,在全国率先开展30多个方面的系统性试验。创新体制机制不断完善,在全国率先探索"揭榜挂帅"技术榜单制试点。营商环境不断改善,省直部门行政权力事项比2013年减少近80%,在全国率先实现政府部门信息系统网络通、数据通,省级政府电子服务能力综合指数排名全国第一。2020年在全国工商联开展的营商环境评估中居全国第16位。2012~2020年,全省市场主体数量从109.9万户增加到346.8万户,年均增长15.4%,较全国平均增速高2.4个百分点,今年以来新设立市场主体56.3万户,较去年同期增长24.1%。

五是发展思路清晰,"闯新路"有方向。习近平总书记对贵州发展十分关心,多次对贵州工作做出重要指示。2014年3月,总书记要求贵州"正确处理好生态环境保护和发展的关系";

2015年6月，总书记要求贵州"守住发展和生态两条底线，培植后发优势，奋力后发赶超，走出一条有别于东部、不同于西部其他省份的发展新路"；2017年10月，总书记要求贵州"创新发展思路，发挥后发优势，决战脱贫攻坚，决胜全面小康，续写新时代贵州发展新篇章"；今年2月，总书记又对贵州明确提出了"一个统揽"、"四个新"的新要求。贵州省委、省政府认真学习领会、深入贯彻落实总书记的系列重要指示精神，在深入调查研究、认真总结经验的基础上，明确提出推进贵州工作的总体思路，即坚持以高质量发展统揽全局，守好发展和生态两条底线，实施乡村振兴、大数据、大生态三大战略行动，大力推进新型工业化、新型城镇化、农业现代化、旅游产业化；把总书记提出的"四新"作为高质量发展的主目标，把"四化"作为高质量发展的主抓手。我们认为，这一决策部署是符合总书记的要求和贵州的实际的。

二、贵州在"闯新路"上面临的问题和挑战

在充分肯定贵州经济社会发展取得显著成效的同时，也要清醒地看到，贵州整体发展水平与全国乃至周边省份相比差距仍然较大，起点低、家底薄、短板多的欠发达地区的本质仍然没有根本改变，"闯新路"仍然面临着发展不平衡不充分带来的一系列问题和挑战。

（一）综合实力仍然较弱

贵州人口占全国的2.73%，经济总量占全国的1.75%，人均GDP排在全国第28位。全省88个县（市、区）中，GDP超过全国县级平均水平357亿元的只有11个，100亿元以下的30个。综合财力薄弱，68.8%的财政支出需要靠中央转移支付。工业化总体处于中期阶段，工业和制造业增加值占GDP比重分别只有

25.8%和18.8%，分别低于全国平均水平和高质量发展评价指标5个和11.2个百分点。省会贵阳市迄今没有产值超千亿的产业，贵安新区经济总量在全国19个国家级新区中排在第17位。企业"小散弱"现象突出，全省5.8万户工业法人单位中，规模以上企业仅占8%，产值过百亿的仅7家。城镇化率落后全国近10个百分点，相当于全国2013年的水平。居民人均可支配收入列全国第29位，其中农村居民可支配收入比脱贫的国家级贫困县还低946元。

（二）结构性矛盾较为突出

经济增长主要靠投资拉动，与全国相比，投资的贡献率不降反升，消费和净出口的贡献率较低；在总投资中，工业投资的比重仅占17%，且呈下降趋势。经济发展质量不高，全员劳动生产率7.7万/人，仅相当全国平均水平的65.3%。工业结构不尽合理，"酒煤电烟"四大传统产业占工业经济的比重达65%以上，而高技术制造业增加值仅占规模以上工业增加值5.9%，低于全国9.2个百分点。大数据产业业务模式单一，存储优势尚未转化成产业优势，仅满帮1家入围2020年中国独角兽企业前100排行榜。工业企业大多处于产业链上游和价值链低端，受大宗商品市场波动影响大，企业营收和效益不稳定。供应链缺失，引进的吉利汽车所需零部件只有30%在省内配套，全省在统工业产品覆盖率仅47.6%，本省生产工业消费品省内市场占有率仅10%，制约了生产与消费的良性互动。绿色低碳发展压力大，第二产业单位增加值固体废物产生量比全国平均水平高75.6%；能源结构中煤炭消费比重为69.1%，汇总上报的"十四五"全省工业能耗增量约1600万吨标准煤，远高于国家下达的1100万吨控制指标。收入分配不合理。在国民收入初次分配中，政府收入占比比全国平均水平高1.35个百分点，居民收入占比低3.69个百分点；城乡收入差距大，10年来，城镇居民收入从排名全国第27位提升到第22位，但农村居民收入排名仍停留在第30位，城乡收入差扩大到3.10∶1，明显高于全国2.56∶1的水平。

（三）创新能力短板明显

综合科技创新水平指数为46.95%，在全国排位靠后；R&D经费投入强度仅为0.91%，远低于全国2.4%的平均水平；国家级重点实验室和技术创新中心分别仅占全国总数的1.04%和1.45%。高端人才招不来、本土人才接不上、引进人才留不住的问题突出，支撑新兴产业发展的领军人才、科技人才、技能人才严重缺失。科技人力资源指数52.7%，排全国第29位；每万人企业经营管理人才数量181.8人，约为全国平均水平的一半。教育事业落后，15岁及以上人口平均受教育年限8.75年，比全国平均水平低1.16年，排在全国第30位；高等教育毛入学率41.6%，低于全国平均水平12.8个百分点；万人大专以上学历人数929.9人，排全国第29位；十万人博士毕业生人数0.32人，排全国第31位。

（四）对内对外开放相对滞后

2020年，全省货物进出口额79.1亿美元，实际使用外资额4.4亿美元，服务贸易额16.4亿美元，分别占全国的0.2%、0.3%、0.2%，与2010年在全国的占比大体相当。货物进出口额仅相当云南的20.3%、广西的11.3%、重庆的8.4%和四川的6.8%，明显低于周边省份。物流体系存在先天不足问题。由于贵州产业基础弱、货运规模小，进省货物多、出省货物少，始发贵州的铁路班列开行不正常，贵阳至钦州港铁路运费用反比成都、重庆高，导致全省货物运输中公路运输占比高达91.4%。又由于贵州高速公路建设成本高、过路收费高，再加上货车空驶率高，导致公路货运费用比重庆、四川、云南、广西分别高出7.9%~17.9%。物流体系也存在后天不足问题，货物规模化集散能力弱，全省A级物流企业44家，仅相当湖南的19.7%。投资贸易便利化水平不高。口岸少，全省仅有1个航空口岸和2个临时口岸，省内大部分外资企业只能采取转关方式进出口货物，通关费用高、时间长。外商投资在上海、海南等地均实行"单一窗口"、"一站式"办理，而在贵州仍需提供纸质材料，尚不能一网通办。融资服务能力不足，与深圳等地相比，外贸企业贷款抵押转换率低、信用证保证金高，部分业务在省内无法办理。全省尚无自由贸易试验区。

（五）市场活力仍显不足

全省千人市场主体数89.9家，低于全国平均水平，也远低于福建的146.9家、江苏的144.3家和浙江的118.3家；特别是万人企业数只相当于全国的66.1%、广东的37.8%和浙江的33.9%。国有及国有控股企业数量及增加值占比分别为66.3%和60.8%，民营企业数量明显偏少。要素资源市场化配置机制不完善，资本、土地、劳动力流动仍存在体制机制障碍，市场竞争不充分。例如，一些竞争性领域特别是能矿资源被国有企业或政府平台公司垄断，产生"资源陷阱"及对民营企业的"挤出效应"，民营企业只能通过转包获得准入资格；又如，技术、数据等新型要素产权不清晰，市场化交易滞后，导致数字孤岛现象突出。建立市场化、法制化、国际化营商环境仍需下大气力，国垂、省垂系统数据仍未与政务服务网融通，距一网通办仍有差距；企业减负不到位，扶持政策不落实，一些部门存在不作为、乱作为现象。在政府与市场关系上，仍然存在政府大包大揽、干预过多、不按市场规律办事的偏差，造成资源要素错配，这也是形成大量政府债务的重要原因。

（六）政府债务负担沉重

虽经多方努力，去年全省债务风险等级下降，但贵州的政府债务率仍高于通行的风控标准。其中，政府债务中，公益性项目债务比重高，项目使用期限与债务期限错配；政府隐性债务中，高成本债务占比大，期限结构不合理，加之目前进入连续三年的债务偿付高峰期，化解债务风险和筹集发展资金双重压力叠加。据我们调查了解，省本级及部分市县防范化解债务风险困难大，受债务限额约束，争取国家重大项目支持、保持金融资本流动性也面临很大困难。

三、进一步加深对总书记重要指示深刻内涵的理解

习近平总书记殷切嘱托贵州在新时代西部大开发上闯新路，把"闯新路"的重大使命和任务交给贵州，不是偶然的。首先，这是推进西部大开发形成新格局的需要。西部地区在我国区域发展格局中具有重要战略地位。在新的历史条件下，西部大开发必须要有新作为，推动西部地区经济发展质量变革、效率变革、动力变革，加快形成大保护、大开放、高质量发展的新格局，这对于充分发挥西部地区比较优势、促进区域协调发展、拓展国家发展战略回旋空间，都具有重要现实意义和深远历史意义。其次，是因为贵州在西部地区具有典型性、代表性。贵州的事情办好了，走出一条新路来，不仅在西部地区，而且在全国都具有象征意义和标识意义。最后，是因为贵州在过去20年，特别是近10年的西部大开发中取得了全国瞩目的成就，创造了欠发达地区跨越式发展的突出业绩，具备了闯新路的基础和条件。

"十四五"乃至更长一个时期，是推进西部大开发形成新格局的重要时期，也是贵州"闯新路"、在西部大开发上展现新作为的关键时期。鉴于2012年《国务院关于进一步促进贵州经济社会又好又快发展的若干意见》（以下简称《若干意见》）提出的目标和任务已基本完成，贵州又肩负新时代西部大开发上闯新路重大使命，我们赞同和支持在国家层面再制定一个支持贵州在新

时代西部大开发上闯新路的综合性文件①,帮助贵州加强顶层设计,这对于全面贯彻落实总书记"一个统揽"、"四个新"的重要指示是必要的,也有利于以点带面促进形成西部大开发新格局。

现在需要我们认真思考的一个问题是,新的文件制定应该贯穿一条什么样的主题和主线?在这个问题上,可能会存在不同看法。有的同志希望新文件更多地体现国家对贵州的支持,有的同志希望制定一个加快贵州发展的文件,这些看法不能说不对,但是要真正制定出一个符合中央要求又符合贵州实际、真正管用的文件,我们看问题还要更全面一些,站位还要更高一些。我们认为,新的支持贵州在新时代西部大开发上闯新路的文件,应全面贯彻新发展理念,突出转变发展方式、转换发展动能、实现高质量发展这一主题,突出深化改革、扩大开放、允许先行先试这条主线。这样考虑主要有以下几点理由:

第一,这是国民经济发展新阶段的总体要求。长期以来,我国经济增长主要靠投资拉动、靠工业扩张带动、靠资源投入推动,明显带有"高投入、高消耗、高排放、低效益"粗放发展的特征。这在一定的历史阶段是不可避免的。但是随着世情国情的变化,随着国民经济发展进入新阶段,支撑传统发展方式的条件和环境都发生了根本性的变化,传统发展方式已难以为继。这就要求我们,必须把经济发展方式从投资驱动型增长转向创新驱动型增长、质量效益型增长上来,把经济发展动力从简单的要素投入转向不断提高劳动生产率和全要素生产率上来。能不能实现这个转变至关重要。只有实现了这个转变,我们才能重塑竞争新优势,才能避免陷入"中等收入陷阱",才能实现可持续发展。在这一点上,西部地区不能例外,贵州的发展也不能例外。

第二,这是由贵州发展的主要矛盾决定的。10年前,贵州的绝对贫困问题在全国最为突出,针对这种情况,《若干意见》曾

---

① 2022年1月,国务院印发《关于支持贵州在新时代西部大开发上闯新路的意见》。

指出"贫困和落后是贵州的主要矛盾,加快发展是贵州的主要任务",这样的表述是符合当时贵州的实际情况的。现在贵州的情况已经发生变化了,尽管欠发达地区的本质没有变,但毕竟摘掉了绝对贫困的帽子,交通、水利、生态等支撑条件明显改观,工业化、城镇化有了大步的前进,现阶段贵州发展的主要矛盾已经不是绝对贫困问题,而是发展的不平衡不充分问题,以及发展不平衡不充分背后的结构性、体制性、机制性问题。我们要充分认识到,现在制定新文件的条件、环境与10年前有所不同了,新文件的制定一定要聚焦变化了的主要矛盾,这样才能更加精准的定位。

第三,这是认真总结正反两方面经验教训得出的结论。欠发达地区的发展面临着双重任务:一是"赶超",即加快发展速度,努力实现跨越式发展,缩小与发达地区的差距;二是"转型",即欠发达地区与全国一样,同样存在着发展方式转型问题,要在发展中努力实现质量变革、效益变革和动力变革。事实上,欠发达地区面临的真正难题是,必须正确处理"赶"与"转"的关系,把"赶"和"转"有机结合起来,在赶超中转型,在转型中赶超。从贵州的实践看,这个结合总的情况是好的,也有不少好的经验,但是也要看到,在一些同志中仍然存在片面追求发展速度、片面强调GDP总量的老观念,在一些情况下仍然存在过多地强调政府作用、过多实行行政干预和刺激政策的偏差,并为此付出了代价。实践证明,如果我们忽视或不重视市场机制在资源配置上的基础性作用,忽视或不重视转变经济发展方式的极端重要性,这样的发展可能一时奏效,但是从长远来看是不可持续的,这样的教训我们必须牢牢记取。

第四,这是区域性政策文件制定的要求。新的文件属于区域性文件,区域性文件的制定必须考虑整体与局部、局部与局部之间的关系。为了防止不必要的攀比,新的文件必须要有一个更高层次的主题,只有在这个主题之下并服从这个主题,才能进一步加大国家的支持力度。

归根到底，文件的制定要全面准确贯彻和体现总书记对贵州工作的系列重要指示。我们认为，习近平总书记殷切希望贵州在新时代西部大开发上闯新路，就是要求贵州按照立足新发展阶段、贯彻新发展理念、构建新发展格局、推动高质量发展的要求，进一步深化改革、扩大开放、调整结构、创新发展，实现发展方式从总量扩张为主向质量提升为主转变、发展动能从投资拉动为主向创新驱动为主转换、发展路径从政府干预为主向市场配置为主转轨，充分发挥后发优势，率先闯出一条有别于东部、不同于西部其他省份的新路来，在形成西部大开发新格局中发挥先行先试、示范引领的作用。这既是总书记对贵州重要指示的深刻内涵，也是文件制定应切实把握好的主题主线，希望在这个问题上我们大家能够把思想统一起来。

四、支持贵州在西部大开发上闯新路的具体建议

按照前述主题主线，我们建议新的文件制定要指导贵州做好深化改革、扩大开放、产业转型、创新发展、债务化解等重点工作。

（一）支持设立贵州新时代西部大开发综合改革示范区

深化重点领域和关键环节改革，是激发市场活力的根本举措，是在西部大开发上闯新路的根本动力。闯新路关键在"闯"。建议参照支持深圳建设中国特色社会主义先行示范区的做法，在中央统一部署下，对贵州改革试点实施综合授权，赋予贵州在重点领域和关键环节改革上更多自主权。一是加快要素市场化配置改革。重点深化资源型要素和生态型要素的市场化配置改革，促进贵州的资源优势、生态优势转化为发展优势、竞争优势。支持贵州开展集体荒漠土地市场化改革试点，深化探矿权、采矿权改革，建立矿区修复补偿机制。支持贵州深化生态产品价值实现机制试

点省建设，建立生态产品交易中心，对接国家碳交易市场，开展森林、碳汇等生态资源权益指标交易和生态产品资产证券化交易。积极有序发展资本市场，提高企业直接融资比例。深化劳动力和人才市场改革，打通横向纵向流动渠道。二是深化国有企业改革和营造民营经济发展良好环境。建立现代企业制度，从制度上确定国有企业独立的市场地位。优化国有经济布局，推动国有资本从竞争性领域退出。着力推动资源垄断型政府平台公司改革，促其从管理型向经营型、市场型转变。大力发展民营经济，打破各种各样的"玻璃门"、"旋转门"，保证各类所有制经济依法平等使用生产要素、公平公正参与市场竞争、同等受到法律保护。深入推进大众创业万众创新，积极培育市场主体，激发社会创造力。切实帮助企业纾难解困，重点解决融资难、融资贵问题。三是深化"放管服"改革。深化商事制度改革，开展集中登记试点，全面实施"多证合一"登记制度，进一步放开民营企业市场准入。最大限度取消行政审批事项，全面实施市场准入负面清单制度，推动落实"非禁即入"普遍落实，打造"贵人服务"品牌。制定发布政府权力清单和责任清单，提高行政透明度和公信力，营造市场化、法制化、国际化营商环境。四是深化城乡融合发展体制改革。将贵州66个脱贫县纳入国家乡村振兴定点帮扶县支持范围，推动巩固拓展脱贫攻坚成果与乡村振兴有效衔接。将贵州易地扶贫搬迁复垦宅基地纳入增减挂钩结余指标跨省调剂范围。支持贵州深化"三变"改革，盘活农村存量资产。全面落实城市落户"零门槛"政策，加快推进城镇常住人口基本公共服务均等化。五是支持毕节试验区建设贯彻新发展理念示范区。尽快批复实施《毕节建设贯彻新发展理念示范区规划》，支持毕节在"闯新路"上发挥示范引领作用。

（二）支持贵州内陆开放型经济高水平发展

加大开放力度，是贵州发挥后发优势、在新时代西部大开发上闯新路的必然选择，是贵州在融入西部大开发新格局中展现更大作为的战略突破口。一是支持贵州积极申请设立自由贸易试验区。以打造内陆开放高地为主题，以贵安新区为主要依托，以加快发展数字服务贸易为重点和特色，加快设立贵州自由贸易试验区，率先开展数字经济开放领域压力测试，探索建立数字要素有序安全便利跨境流动，以及投资、市场准入等制度，以自贸区制度性先行先试引领带动全省深化改革、扩大开放。二是支持发展高水平开放经济。整合和扩充现有开放平台功能，从单一商品要素型向规则制度型转变。全面落实外商投资准入前国民待遇加负面清单管理制度。支持贵州研究增设国家一类口岸，支持贵阳、遵义创建国家级外贸转型示范基地。三是支持贵州加快西部陆海新通道建设。加快推进西部陆海新通道中线主通道建设，规划建设新渝贵、贵郑高速铁路，实施高速公路扩容工程。加快打通西江上游航运通道，实现 1000 吨级通航能力，在黔西南州望谟蔗香港建设内河航运口岸，沿西江连珠江口港口群，打造江海联交新通道。着力发展现代物流业。四是支持贵州建设国家承接东部产业转移示范区。支持贵州主动对接粤港澳大湾区，建立健全产业转移目标责任双边考核制度。支持贵州与东中部开放平台建立对接机制，探索实施"飞地经济"模式。国家在贵州承接产业转移项目资金安排上给予支持。

（三）支持贵州加快产业转型升级

产业转型升级，是贵州在新时代西部大开发上闯新路的主攻方向。支持贵州全面推进数字经济与实体经济融合发展、一二三产业融合发展和产城融合发展，培育在西部大开发新格局中具有特殊地位、富有贵州特色、符合时代特征的现代产业体系。一是支持贵州发展大数据产业集群。全方位支持贵州建设国家大数据综合试验区和大数据科创城，引导更多国家级大数据平台、项目和中央企业落地科创城。支持数字化确权、市场化交易等先行先试，开展政府数据授权运营试点，授权贵州开发利用国家部委数据，建设国家级数据交易平台。围绕"互联网+大数据+云计算"打造大数据完整产业链，巩固拓展数字经济先发优势。二是对贵州能源资源型产业实施差别化产业政策，鼓励绿色低碳发展。支持贵州建设全国新型综合能源基地和煤炭清洁高效利用基地，建设乌江、北盘江、清水江流域水风光一体化可再生能源基地，建设六盘水等氢能全产业链示范项目。支持贵州开展资源深加工，提升磷、锰、钡、铝等战略资源开发利用水平，重点支持磷酸铁锂电池材料产业集群建设。研究将贵州纳入国家规划布局、符合环保要求的重大工业项目能耗指标实行单列，同时贵州要加快重大节能降碳技术推广应用。三是支持贵州工业结构优化升级。在巩固传统优势产业的同时，支持贵州大数据电子信息、新能源、新材料、高端装备、生物医药、节能环保、新能源汽车、航空航天等具有一定基础或优势的战略性新兴产业加快发展，培育一批龙头企业，突破一批关键技术，升级一批品牌产品。深入实施延链补链强链工程，增强配套能力，向产业链、价值链中高端迈进。

（四）支持贵州全面提升创新发展能力

提升创新发展能力，是贵州在新时代西部大开发上闯新路的战略支撑。一是强化企业创新主体地位。鼓励和支持企业自建共建产业创新中心、工程研究中心和重点实验室，落实研发费用加计扣除政策，加大省内首台（套）重大装备及关键部件奖励力度，增强企业核心竞争力。继续实施"千企技改""万企融合"工程，促进大数据与实体经济深度融合，催生新技术，培育新业态。提升区域创新能力，支持贵安新区创建国家自主创新示范区。二是布局建设国家科研基础设施和国家实验室。支持500米口径球面射电望远镜（FAST）观测阵列建设，打造世界一流天文研究和科普基地。支持贵州科学数据中心建设，建立超算、人工智能等公共算力平台，推动建设全国一体化算力网络国家（贵州）枢纽节点，实施"东数西算"，引导国家各部委和东部地区优先在贵州等枢纽节点开展算力工作。支持贵州建设喀斯特领域国家重点实验室，针对喀斯特地区环境保护和资源开发等关键共性问题，开展多学科交叉前沿研究，打造喀斯特领域国际领先平台。三是深化科教体制改革。鼓励科研面向主战场，扩大科研院所自主权，加大科研投入。深入实施技术榜单制度和"揭榜挂帅"制度，吸引省外科研团队参与破解"卡脖子"难题。支持贵州与东部地区开展"省外研发＋贵州转化"试点，允许符合条件的科研人员兼职创业，认真总结将职务科研成果使用权赋予科研人员试点经验，最大限度调动科研人员积极性。支持国家科技成果转化引导基金在贵州加大支持力度。支持部省共建专业类大学和市场化运作的技术研究院。支持贵州开展一流大学和一流学科建设，推进部属高校结对帮扶贵州高校，适度扩大高等教育在贵州招生规模。支持贵阳、遵义建设国家产教融合型试点城市。四是加大贵州人才政策支持力度。在贵州率先实施西部地区人力资源市场建设援助计划，加快形成人力资本新动能。支持贵州探索"互联网＋人才"柔性引进模式，搭建网络服务平台，实现远程分享与交流服务。参照自由贸易港相关政策，对贵州急需战略人才实施更加有力的财政税收支持政策。

（五）支持贵州有力有序有效化解债务风险

债务负担是影响贵州当前发展的一大制约因素，贵州自身要努力化解债务和防范风险，同时也迫切需要国家大力支持。一是切实扛起防范化解债务风险政治责任，严格政府投资项目管理，分类转型政府平台公司，严格控制新增债务规模，全力防控债务风险。二是适度加大中央财政对贵州转移支付支持力度，在新增政府一般债券、专项债券分配上予以倾斜。研究制定专项金融政策，对"十三五"时期贵州因易地扶贫搬迁形成的银行融资等债务"停息挂账"。比照2014年政府债务置换政策，帮助贵州置换纯公益性项目隐性债务。将毕节市整体纳入"发行地方政府债券化解隐性债务风险试点"。三是支持有实力企业参与贵州优质资产股权化、证券化，通过盘活存量资产化解存量债务。四是加大对贵州信贷支持力度，增加再贷款、再贴现限额，对地方法人金融机构实施差异化存款准备金率。

第三编 ∨∨ 东北振兴

推进辽宁沿海经济带建设*

（2008年9月9日）

根据中央和国务院领导同志的重要批示精神，这次国家部委及国家开发银行、国家电网公司的同志们来辽宁实地调研，使我们加深了对加快辽宁沿海经济带建设的理解和认识，我们有信心完成好相关规划的编制任务。

一、加快辽宁沿海经济带发展的重要意义

2005年李克强同志还在辽宁省工作，辽宁省委省政府在深入调查研究的基础上，审时度势，提出了建设"五点一线"沿海经济带这样一个战略设想，做出了加快沿海经济带发展的重大决策。辽宁省委省政府的决策既得到了全省人民的支持，也得到了中央的高度关注。这不是偶然的，说明加快辽宁沿海经济带的开发和建设是箭在弦上，势在必发。

从辽宁沿海经济带自身来讲，有这样几个明显的优势：一是区位优势。地处东北经济圈和环渤海经济圈两大经济圈交集的地带，处在东北亚经济圈的核心部位，战略地位十分重要。二是港口条件优越。适于建港的有38处，万吨以上泊位132个，这么密集的港口优势并不多见。三是有大量的土地资源。沿海的废弃盐田、盐碱地和荒地2000平方公里，发展潜力巨大。四是产业基础

---

* 这是国家部委调研组在辽宁调研期间，作者在大连市召开的辽宁沿海经济带调研工作座谈会上的讲话。2009年8月，国务院批复《辽宁沿海经济带发展规划》。

好。辽宁沿海六市1700多万人口，占东三省人口的7%，却集聚了东三省GDP的24%，钢铁、冶金、石油、化工、造船，以及软件服务、电子业、港口服务等产业基础雄厚，而且人才济济。五是腹地广阔。辽宁沿海，背后有资源丰富的东三省和内蒙古东部，将来可拓展到远东，发展的支撑条件非常好。

除了这样一些优势以外，还有时机的把握。从时机上来看，一是东北振兴初见成效，站到了新的起点上；二是在全球经济一体化和我国扩大开放的背景下，有两个趋向值得注意，一个趋势是全球的经济中心从大西洋向太平洋转移；另一个趋势是国内沿海的南资北移，资本的流动从珠三角、长三角递次北上。所以说，辽宁沿海经济带开发有基础、有潜力、有前景、有希望。

加快辽宁沿海经济带发展具有重要意义。

第一，有利于完善我国沿海布局，培育形成我国北部沿海新的经济增长极。沿海地区集中了中国经济发展的带动力量。其中有三大引擎：第一个是珠三角，是80年代开发的；第二个是长三角，是90年代以浦东的开发开放为标志启动起来的；第三个是天津滨海新区，这是在新世纪启动的。同时我们正在研究首都经济圈问题。在这三大引擎之间，近年来又形成了一些新的经济增长点。由南到北依次是广西的北部湾经济区、以福建为主体的海峡西岸经济区、江苏苏北沿海的开发和建设，这三个沿海经济区的发展规划都先后提升到了国家层面，再一个就是辽宁沿海经济带了。这样看，整个中国的沿海布局可以叫"三大四小"，"三大"就是珠三角、长三角、天津滨海新区及首都经济圈，"四小"就是北部湾、海峡西岸、江苏沿海、辽宁沿海，由此形成了我国沿海的完整布局，形成了全方位对外开放的新格局。

有人说天津滨海新区就是大东北的出海口，恐怕不大尽然。我以为就像广东珠三角的开发开放还难以完整带动大西南的发展，因此有必要设置北部湾经济区，这样可以大大降低西南出海的物流成本一样，把辽宁沿海经济带上升为国家战略，对带动东北振兴确实有独立意义，也符合十七大关于在全国形成若干个带动能力强、经济联系紧密的经济圈和经济带的要求。

第二，有利于完善辽宁省的经济布局，提升整体素质，进而带动东北振兴战略的深入实施。由于历史的原因，过去辽宁省的经济布局是面向内陆的，现在提出调转身来面向大海，这意味着全省经济重心和战略布局的重大调整。这几天在大连、营口等地调研，我注意到，大连的一些传统产业已经开始向内地扩散，而海外和辽宁内陆的一些有比较优势的产业正在向沿海聚集，这种区域互动的过程已经开始了，这必将从整体上提升辽宁这个工业大省的竞争实力。不仅如此，辽宁沿海经济带的兴起，对深入实施东北振兴战略具有重大意义。东北振兴开局良好。我们对全国四大板块的监测分析表明，从去年到今年上半年，在东中西和东北四大板块的GDP增长速度中，东北区排第一，在全国31个省（区、市）固定资产投资增长速度中，吉林排第一或第二、辽宁排前五，东北发展的势头是很强劲的。实施东北振兴战略几年来，在国家的大力支持下，东三省深化改革，一些阻碍发展的体制机制正在理顺，历史包袱正在卸掉，老工业基础的活力正在迸发出来。辽宁省在东北占有举足轻重的地位。辽宁省的人口占东三省人口的40%，地区生产总值占东三省的47%多，将近一半。把辽宁省经济盘活了，特别是把以大连为龙头的沿海地带发展起来了，不仅可以增强对整个东北地区的辐射带动能力，而且可以进一步打开东北地区对外开放的窗口，构建对外开放新格局。辽宁沿海经济带的开发开放，不仅是辽宁的需要，也是深入实施东北振兴战略的重大举措。

第三，有利于更好地参与东北亚的合作与竞争。以大连为中心的辽宁沿海，处在整个东北亚的地理中心。改革开放以后，我们利用这个地缘优势，主动参与东北亚的合作。睦邻友好是我国外交的首要。从我国与毗邻国家开展的国际次区域合作来看，大体有三个板块：一是与东盟的合作，主要是湄公河流域开发合作；

二是与中亚国家以上海合作组织为载体的合作；三是与东北亚的图们江地区合作，上世纪90年代，在UNDP的操作下，中国、俄罗斯、朝鲜、蒙古国和韩国签署了图们江地区合作备忘录。从现在的情况看，发展势头比较好、也比较顺的是中国和东盟的合作，贸易额已经突破2000亿美元了。和中亚国家的合作也有不小的进展，主要是油气管线建设。相比之下，东北亚的图们江地区合作还没有实质性突破，主要是这一地区存在一些悬而未决的外交问题和国际上的复杂因素。如果六方会谈有进展，朝核问题能够妥善解决，东北亚的合作应该有更大的潜力。因为从合作方的发展水平和经济实力上看，东盟和中亚国家还是有差距的，而日本、韩国的产业层次更高，与我合作的互补性更强。东北振兴亟须进一步扩大对外开放。统筹考虑目前的周边态势，我们既要为推进图们江地区合作，以及黑龙江省与俄罗斯远东地区的地方合作创造条件，更要积极推进以大连为龙头的辽宁沿海对外开放，积极参与东北亚的合作和竞争，这对深入实施东北振兴战略具有特殊的重要意义。

二、需要深入研究论证的几个问题

省委省政府及有关部门已经做了大量工作，不仅印发了关于沿海经济带开发的决定，配套下发了近10个文件，还委托中国城市规划设计研究院起草了一个规划的文本，已经有了很好的基础。下一步，要在已有工作和进一步深入调研基础上，重新拟定辽宁沿海经济带发展规划。这里提出几个需要进一步研究的问题。

第一，战略定位问题。任何一个区域性规划，第一位的事就是把战略定位搞清楚。从目前的规划文本看，需要跳出辽宁看辽宁，把涉及的几个重大关系认真梳理清楚。一是辽宁沿海经济带与天津滨海新区的关系，两者在环渤海经济圈内是一个什么关系；二是辽宁沿海经济带与东三省和蒙东、整个东北振兴的关系；三是要把辽宁沿海经济带放在东北亚的大背景下来看，赋予应有的定位。从这三个角度看，我初步考虑了四句话，请调研组的同志们调研中再斟酌。辽宁沿海经济带的定位，是否可以叫作我国北方沿海新的区域经济增长极；国内一流的或者先进的临港产业聚集带；东北地区改革开放的先行区；东北亚重要的国际航运中心。以前的提法还有宜居城市、投资的首选区等，我觉得都不太确切，可以考虑不用。总之，要把辽宁沿海经济带在全国乃至对外开放大背景下的战略定位定准，要瞻前顾后，既要考虑现实是什么，也要把眼光放得长远一点，考虑将来建设成什么样。

第二，推进沿海经济带开放开发的指导思想、基本原则和发展目标。现在的文本里有指导思想和发展目标，但是没有基本原则，没有说怎么推进；指导思想和发展目标里的一些提法也值得进一步商榷。这部分看起来比较虚，但确实是处理各种复杂矛盾的一把钥匙、一个标准，解决现实矛盾就靠指导思想和基本原则。我想至少这么几个主要内容在指导思想、基本原则里面要体现。一是贯彻科学发展观、转变经济发展方式，一开始就要强调走新型工业化道路；二是要坚持以改革开放为动力，焕发企业活力，这一条应该牢牢把握并贯穿于整个规划的始终。也就是说，要把辽宁沿海经济带的建设过程，实打实地作为深化改革和扩大开放的过程；三是坚持以人为本，构建和谐社会。规划文本肯定要侧重于经济，但是不能唯经济主义，关于人与人的关系、社会和谐、社会事业发展，这些内容现在基本没有提及，要考虑；四是坚持资源节约型和环境友好型，这是沿海发展的一个重大原则问题；五是区域一体化发展。辽宁沿海的"五点一线"一定要一体化发展，这没有问题，问题在于如何看辽宁省沿海与省内其他地区，以及在更大范围内与吉林、黑龙江的关系？提一体化发展似乎不大确切，尽管一体化发展并不是谁管谁的关系，而是要打破行政划线、互相衔接、整合资源与共享成果，但是又不能没有这方面的表述，不能开天窗，否则就冲淡了应有的重要作用。如何表述，要好好研究。

第三，产业布局问题。产业布局里边又有五个小问题。一是"五点一线"的关系。这次来调研才搞清楚，"五点"实际上是辽宁沿海的五个工业园区，是经济带建设的切入点，用主体功能区的话讲就是重点开发区，但并不是说将来就是这五个点；"一线"就是建设中的滨海交通干线。那么"五点一线"是不是就是辽宁沿海经济带有关空间布局的完整表述，准确不准确，将来在规划里如何表述，要研究。二是"五点"之间是什么关系。大连和其他五市相比，五市的GDP加起来都没有大连多，有没有一个主次关系问题？还有，五市之间应该有所分工，在产业布局上要错位发展，在开发的定位上也不应雷同，这一点在现有的文本里还不是能看得很清楚。三是"五点一线"作为一个整体，与沈阳以及东三省的关系。辽宁过去讲，大连是龙头，沈阳是枢纽，把重心摆布在沈大工业走廊上。交通条件现在是具备了，经过沈大铁路、高速公路，加上将来的哈大客运专线，可以便捷地连通腹地；东部从丹东有东通道，西边从阜新到巴音乌拉有铁路，葫芦岛到赤峰有地方铁路，还要通过运河的开凿把松花江和辽河连通，货物可以直抵营口港。是不是要立足沿海，把开发的战略眼光和布局推出去，看得更远一点。四是辽宁沿海经济带的产业摆布。这里我只举一个例子，就是造船业的产能问题。大连到2012年要形成1400万吨的造船能力，刚才盘锦市讲到2015年形成500万吨、营口市到2012年形成500万吨造船能力，这就2400万吨了，全球造船能力一共才6000万吨。当然，将来韩国和日本的产能还会往这来，但是仅从国内看，江苏和上海排第一、第二，辽宁现在排第三，如果大家都要上，我估计过不了多久就得宏观调控了。类似这些产业，不能每个市自己说了算，省里必须综合平衡，不能搞重复建设。五是产业发展里最重要的一条就是高标准、高起点，走新型工业化道路，走循环经济、资源节约型和环境友好型的路子。辽宁沿海经济带的开发，一定要注意节水、节地、节能，这些思想和内容应该有所体现。

第四，对外开放问题。全国现在的进出口额2万多亿美元，折成人民币大概15万亿元，GDP 25万亿元，全国的外贸依存度是60%。辽宁的外贸依存度是30%多不到40%，作为一个工业大省、沿海省份，外贸依存度比全国平均水平还低。这一方面说明外向度不高，另一方面也说明扩大开放潜力非常大，所以对外开放应该成为我们规划的重点。对外开放不光是引进资金，关键是引进先进的管理和技术，培养人才。这次在大连调研去看了STX、英特尔等公司，我有一个非常深的体会，就是这些企业非常注重员工的培训，一上来就先跟东北的院校建立关系，将来保证他所需要的人才供应源源不断。辽宁从新中国成立以后向全国各地输送了很多的人才，将来辽宁沿海经济带过十年、过二十年看，如果真能成为东北重要的经济增长极，就一定要承担向东北各地输送人才的责任。此外，还有像进出口的结构、外贸发展方式的转变、保税港区的拓展和延伸、软件服务外包的进一步发展、争当世界第一的问题，以及期货市场增加交易品种、拓展服务功能、金融创新的问题，还有通过服务业的发展来提高整个经济运行效率的问题，无一不需要通过扩大开放来推动。

第五，环境保护问题。发改委牵头渤海水环境综合治理。工作过程中我就晓得，现在环渤海的入海水量在逐年减少，不仅是黄河、海河，也包括辽河，而且污染物排放量在增加。尽管从"九五"开始搞碧海行动计划，整个渤海的水质局部好转，但是整体恶化的趋势还没有得到根本转变。到大连的老铁山黄渤海分界线看，黄海是清的，渤海是黄的，两边水体200年交换一次，把这一盆家里的水弄脏了，200年才能倒腾清了。所以，我们的规划提出要海陆统筹，治理渤海的水污染不能仅限于海上治，海面钻井平台的污染、船舶的污染要治，但主要是防治陆源污染，从各个入海河流的源头治起。从现在起就要高度重视污染问题，等污染了再调过头来治成本更高。我非常赞成你们提出的污水处理厂一上来就百分之百落实。同时还要注意，建污水处理厂容易，但污水的收集、管网的建设也要同步开展。还有处理标准，国家规定一般河流的污水处理厂达到一级B标准，要是涉及水源地就要达到一级A标准，投资要增加1/3，这些成本都得计入。新上的项目一定要落实环保措施，否则的话就不能批，这一条一定要严格起来。

第六，水资源短缺问题。我以为辽宁沿海经济带的发展最大的软肋是水资源短缺问题。整个辽宁是这个问题，辽宁沿海经济带尤为突出。现在辽宁省实施了东水西调工程，从浑江调水穿80公里的涵洞进入到大伙房水库，大伙房收水20亿立方不到，分给沈阳8亿立方、盘锦2亿立方、营口2亿立方、大连3亿立方，整体可以往沿海经济带6市的补水是7亿立方。锦州和葫芦岛还各有个水库，各1亿立方，将来水源可以增加9亿立方。如果再算上过去过度开采的地下井要关闭，总供给量增加不了9亿立方。但是，耗水的趋势怎样，需求要增加多少？我就不大清楚了，至少是紧平衡。再一个问题是输水成本，现在卖1.3元，但这不是完全成本。所以我说沿海经济带的开发一定要树立节水的观念。这次我看到一个非常好的例子，营口现在城市所有新建的建筑统统是双管线，有上水有中水，上水出来以后并不直接进下水，经过简单处理以后进中水管线，冲马桶、浇花，打扫街道都用中水。现在还没有见到国内哪个城市全部搞成双管线的，营口是一家。香港缺水，香港都是双管线。长兴岛规划我问了一下，没有设计双管线，市领导当即要求马上补上，我觉得这是对的。整个沿海六市可能除了丹东水资源丰富以外，其他城市将来都要酌情考虑实行更严格的节水措施。与此相适应的，高耗水的产业还要不要往沿海摆？鞍钢的分厂就摆到营口鲅鱼圈了。我问了他们，搬过来吨钢耗水多少，他说2~3立方，这在全国就是高水平了，一般吨钢要耗水8~10立方。营口把一个4000万立方的水库让给他们用。将来如果不够用，就得用东水西调来的1.3块钱的水，再算算生产钢划算不划算。海水淡化现在至少 5 块钱，红沿河核电站设计有海水淡化设施，可以给长兴岛补点淡水过来，但成本比东水西调还高。所以，要以水定产，把水能力搞清楚，然后再考虑产业布局能不能承受。规划里要把水资源作为一个专项。

第七，体制机制创新问题。总的来看，辽宁的经济体制改革卓有成效，国有企业的改造焕发了活力，民营企业得到了发展。在市场主体方面，我赞同国有企业逐步退出竞争性行业。造船行业算不算竞争性行业，应该算吧。我去看 STX，我问那个韩国社长有什么要求，他说能不能让我们造大一点的船，非让我们造 10 万吨以下的。我问是谁的命令，他说是国家发改委的命令，我就觉得很奇怪。我再问，说是怕中国的造船工业竞争不过他们，允许他造 30 万吨船，咱们就拿不到订单了。我们的造船工业就靠这个办法维持怎么行？不改革不行。我非常赞成李克强副总理讲的，国有企业的改革还是要朝着混合经济方向发展，该股份制的就股份制，该合资的就合资，提高竞争力。民营经济也要大发展，我看丹东的民营经济比较活跃。此外，还有财税金融、外贸、涉外经济体制、行政管理体制，资源要素价格等方面的改革，也要大力推进。

在长吉图开发开放先导区
建设座谈会上的讲话[*]

（2009 年 11 月 20 日）

非常高兴参加长吉图开发开放高层论坛座谈会。今年 8 月份，国务院正式批复《中国图们江区域合作开发规划纲要——以长吉图为开发开放先导区》（以下简称《纲要》），把推进长吉图开发开放提升到国家战略层面并付诸实施，具有重要意义。这是深入推进东北地区等老工业基地振兴战略的重大举措，是进一步完善我国区域发展战略布局，特别是沿边开放战略格局的重要部署，是引领图们江区域新一轮合作开发的内在要求，也是推进吉林省加快形成改革开放和现代化建设新格局的必然选择。下面，我就如何落实好《纲要》谈五点意见。

第一，要准确把握发展定位，并以此统领各方面的实施工作。《纲要》立足我国区域协调发展、东北亚区域合作和东北地区新一轮振兴三个不同层面，明确了图们江区域特别是长吉图开发开放先导区的四大战略定位，即它是我国沿边开放开发的重要区域、我国面向东北亚开放的重要门户、东北亚经济技术合作的重要平台、东北地区新的重要增长极。这四个战略定位是在编制《纲要》过程中经过反复斟酌、研究和论证确定下来的，比较好地把握了图们江区域发展的阶段特征和在国家全局中的位置，既符合

---

[*] 2009 年 8 月，国务院批复《中国图们江区域合作开发规划纲要——以长吉图为开发开放先导区》。吉林省在北京召开长吉图开发开放先导区建设座谈会，这是作者在座谈会上的讲话。

图们江区域发展的客观实际，也符合国家区域协调发展战略的总体要求。战略定位是一个地区发展首先要明确和解决的问题，也是指引发展的灵魂和方向。要以这四大战略定位来统领《纲要》的贯彻实施，使该区域的空间布局、产业发展、基础设施建设、对内对外合作等各方面工作都与之相吻合，使每一项举措都服从于、服务于，并且努力去实现这个定位，避免走弯路。

第二，要注重统筹推进，特别是着力解决薄弱环节。推进长吉图开发开放，加快图们江区域合作开发，有不少有利条件。有党中央、国务院的正确领导和各部委的大力支持，有近20年来合作机制不断健全，合作领域不断拓展，合作方式不断创新的良好基础，有吉林省广大干部群众凝聚共识、强力推进的动力。这些都是实施好《纲要》的基本条件。同时也要看到，实施好《纲要》也面临着一些现实的制约因素和问题，主要表现在东北亚局势仍有不确定性、长吉图地区基础设施支撑能力还不完全到位，特别是对外通道还没有完全打通，区内的产业基础和竞争力还有待于进一步增强。因此，要充分估计到推进图们江区域合作开发的长期性和艰巨性。在实施过程中，要统筹考虑各方因素，精心安排实施步骤。从当前看，要着力破解两个方面的问题。一是从外部环境看，要积极妥善应对东北亚局势的变化，与有关国家和国际组织一道，进一步完善现有图们江国际区域合作机制，按照长期谋划、内外结合，突出重点、分步实施，务实操作、水到渠成的基本思路，有步骤地拓展区域合作的范围和领域，创新区域合作的模式和机制，推进合作朝着务实的方向发展；二是从内部建设看，要把强化基础设施建设摆在重要的位置上，大力提升交通、水利、能源等基础设施的共建共享、互联互通能力与水平，形成分工协作、功能互补的区域一体化基础设施体系，特别是要畅通对外通道和省际通道，完善区内综合交通运输体系，夯实合作开发的基础。

第三，要加快产业结构的战略性调整，构建具有竞争力的现代产业体系。产业体系是地区发展的核心内容。要按照《纲要》确定的产业发展格局和重点，着力构建以现代农业和特色农业为基础、以先进制造业和现代服务业为主体、以战略性新兴产业为引领的产业体系，以提高自主创新能力为支撑，大力推进产业结构调整升级。目前，吉林省的产业结构已有了一个不错的基础，已经形成了汽车、石化等支柱产业和农产品加工、医药、电子优势产业以及一批特色产业。但是总体上看，在新形势下，要承担起国家赋予的新的战略任务，这个区域的产业结构还要再调整、再升级、再优化。一方面，要改造提升传统产业，增强核心竞争力，推动向产业链高端延伸。要依托现有基础，进一步壮大汽车、石化、农产品加工等支柱产业，加快发展光电子信息、医药、文化、旅游等特色优势产业。另一方面，要着力培育一批有发展潜力的新兴产业，做大做强动漫设计、风电核电设备、生物技术、软件开发及外包等有较强成长性的产业，积极培育新的经济增长点，增强支撑这个区域发展的后劲。

第四，要不断拓展合作广度和深度，深化对内对外交流与合作。推进长吉图开发开放，必须依托这个区域更大程度、更广范围、更深层次的开放和合作。在对内合作方面，一是要进一步发挥珲春开放窗口作用，努力提升延龙图开放前沿功能，强化长吉作为直接腹地的支撑能力，促进长吉图形成窗口、前沿、腹地有机联结、功能协调、有效互动的空间布局，推进长吉图一体化发展；二是要加强长吉图与东北地区的协同互动，积极推动产业合作和基础设施对接，形成分工明确、错位发展、互利共赢、协同推进图们江区域合作开发的新格局；三是要以省际合作产业园区为载体，加强与国内其他省区特别是东部发达省市在经济、技术、资金、人才等领域的互补合作，积极承接产业转移，大力引进战略投资者和知名品牌。在对外合作方面，首先是要实施重大交通基础设施合作项目，加快国际大通道建设；其次是要围绕提升珲春边境经济合作区的作用和功能，尽快形成集投资贸易、出口加工、国际物流等为一体的多功能经济区,并积极创造条件建设跨境经济合作区和国际产业合作园区;最后是要进一步深化智力、文化、旅游和生态环境等领域的合作。

第五,要立足体制机制创新,加快规划推进实施步伐。《纲要》既阐明了区域发展的战略思路、部署了重点任务,同时也赋予了相应的支持政策。首先,要按照《纲要》的要求,真正把这些政策落到实处、用足用好,这将对推进《纲要》实施起到极大的推动作用。比如,开展城乡建设用地增减挂钩工作,盘活存量闲置土地,增加区域内建设用地增量供给;对区域内建设项目的审批、核准、备案,给予优先支持;国际合作产业园区建设纳入双边政府间合作支持项目;积极支持组建图们江合作开发股份银行和图们江区域合作开发信托基金;加大对长吉图地区的人才支持力度,等等。其次,还要深化体制机制创新,力争在重点领域和关键环节上能够取得突破,形成一个有利于推动长吉图发展的新的体制环境。最后,《纲要》的实施具有很强的探索性和开拓性,要本着解放思想、先行先试的原则,进行一些大胆的探索,不断地研究新的问题,形成一些新的思路,实施一些新的举措,来开拓这个区域的广阔发展前景。

国家发改委作为《纲要》编制的牵头单位和图们江开发项目协调小组组长单位,将一如既往地支持这个区域的开发开放和国际区域合作。我们将会同有关部门,在专项规划编制、政策措施制定、重大项目安排和体制机制创新等方面给予积极支持。同时,按照国务院的要求,我们还将对《纲要》的实施情况进行跟踪检查,做好有关协调工作和督促落实工作。希望通过国家各部委和吉林省及有关方面的共同努力,能够真正把长吉图建设成为我国沿边开发开放的先行区和示范区,为推进我国区域协调发展和完善对外开放格局做出应有的贡献。

编制好长白山林区生态保护与经济转型规划[*]

（2012 年 7 月 23 日）

根据国务院的批示精神，这次有关部委的同志组成联合调研组，在吉、黑两省长白山林区进行为期一周的实地调研，目的是会同两省同志一起，摸清林区的基本情况，理清促进长白山林区生态保护和经济转型的基本思路，提出重点任务和支持政策，为相关规划的编制打下坚实基础。借此机会，我讲两点意见。

一、要充分认识规划编制的重要意义

长白山林区和大小兴安岭林区是我国北方最重要的林区，也是我国北方重要的生态安全屏障。长白山林区和大小兴安岭林区相比具有自己的鲜明特点。长白山林区横跨黑吉两省，面积21万平方公里，有林地面积和森林覆盖率占60%以上，林木繁茂，是与云南"一南一北"相媲美的国家重要生物基因库，是鸭绿江、图们江和松花江三江的发源地，也是东北黑土地重要的生态屏障。编制好这个规划具有重要意义。

一是建设我国北方生态安全屏障的必然要求。长白山林区的生态地位重要，但是又显示出一定的脆弱性和阶段性危机。由于

---

* 这是国家部委调研组在吉林、黑龙江调研期间，作者在长春召开的该规划编制调研工作会议上的讲话。收录本书时有删节。在多次调研基础上，编制了《长白山林区生态保护与经济转型规划（2015～2024 年）》，由国家发改委、林业局于 2015 年 8 月印发。

多年砍伐，导致长白山林区的森林蓄积量比新中国成立初期下降了一半多，吉林的材料反映每亩森林林木蓄积率仅相当于新中国成立初期的46%，现有林地也呈退化趋势。又有资料表明，长白山林区的土壤侵蚀比新中国成立初期增加了一倍，从一千七八百吨增加到三千多吨，流失的都是宝贵的黑土。生物的多样性也受到一定程度损害。过去物种丰富，现在有些物种已濒临灭绝，比如东北虎只剩下不到10只，已经低于一个生物群落最低的维持量。生态恶化的主要原因在于过度砍伐，这种依靠木材生产来维持生计和发展的道路已难以为继，必须进行经济社会发展转型。中央统筹全局，本世纪初就明确提出"林业要从以木材生产为主，转向以生态保护为主"的方针，并先后实施了天然林保护、退耕还林、京津风沙源治理等重大工程。战略定位的转变意味着整个林区生产生活方式的根本变化，也由此带来了一系列需要认真研究和解决的问题。同时我们也要看到，战略转型也为长白山林区实现向生态效益、经济效益和社会效益统一方向发展，提供了前所未有的机遇。所以，这个规划对于两省林区，特别是长白山林区具有非常重要的意义，也是全国前所未有的生态工程建设的重要组成部分。

二是促进林区发展方式的转变，增强林区自我发展能力，实现可持续发展的内在要求。林业的转型不仅是人与自然关系的变化，也是人与人关系的变化，不仅是生产方式的变化，也是生活方式的变化，会给林区的方方面面带来极其深刻的影响。过去长白山林区每年的采伐任务是1300多万立方，后来逐年递减，特别是实行"天保"二期工程以后，采伐量进一步压减。现在，吉林范围内的长白山林区每年采伐任务200万立方，到2013年将下调至134万立方，相当于鼎盛期木材采伐任务的1/10，之后还将继续下调。相应的森工企业、林场的林业收入大幅度下滑，地方来自林业的财政收入大幅度下降，在客观上要求林区由单一林业生产向复合型、多元化的生产体系转变。随着林区经济的多元化，林业生产和木材生产的权重会逐步下降，而非林非木产业产值将会远高于林业和木材生产产值。不仅如此,由于木材砍伐任务的减少,砍树人变成护林人,整个区间布局也要调整。林场或生产队将向小城镇集中,居住方式的调整又将带来一系列生活方式的变化。如何完成这个转型,需要我们认真规划。某种意义上讲,这个规划是资源枯竭型地方经济转型的规划,和辽宁阜新是一个道理,需要统筹考虑接续产业和民生的各个方面。东北的林业资源不能再这样消耗下去了,否则会带来生态灾难,这个教训我们要牢牢吸取。未来林区只能以生态保护的战略定位为支点,开启一个新的历程。

三是解决林区特殊困难,提高林区老百姓的收入水平和生活水平,与全国同步实现小康的迫切要求。长期以来,林业工人生产生活条件艰苦,现在又处在一个经济转型期,面临着特殊困难。两省林区、垦区都困难,林区的困难又甚于垦区,民生问题更为突出。林区不仅是基础设施、生产条件差,特别是面临产业转型,职工收入水平低,失业比例高。从两省实际情况看,长白山林区在职职工年人均收入,只相当于城镇职工平均水平的一半到2/3,这还是在"天保"二期工程增加了补助和提高了工资水平的情况下。林区的失业工人,黑龙江5万,吉林3.3万。两省林区45万人口,职工20多万,估算30%处于失业和半失业状态。解决林区的民生问题,要把基点放在发展持续产业上,这是根本途径。2020年全国要同步实现小康,不能把国有林区落下,而且林区还在负债前行,与非林区不在同一个起点上,所以要给予特别的关注。

2003年中央提出东北振兴战略,到现在是第十个年头了。我们已经给东北四省区的同志发了通知,准备在调查研究的基础上认真总结前十年的成绩,对后十年的振兴战略作出新的部署。目前,东北地区林区的问题最为突出,是东北振兴最薄弱环节之一,把这个问题提上议事日程并加以解决,对于全面实现东北振兴目标具有重大意义。

二、需要进一步深入研究的几个问题

目前,规划初稿已有了较好基础,但是鉴于长白山林区有曲折的历史沿革,有涉及多个领域的复杂因素,还有一定程度的探索性,即还有一些我们到现在为止还没有完全认识清楚的问题,因此编制好规划难度不小。大家要充分认识编制这个规划的复杂性和艰巨性。要把这个规划真正编制成一个国务院认可、老百姓满意的规划,需要我们付出艰苦的努力。下一步,需要在现有规划初稿基础上,进一步深化重点问题的研究。

一是规划范围和规划期问题。目前规划初稿的范围是吉林、黑龙江两省的41个县,国土面积21万平方公里、人口1400万。与大小兴安岭规划43万平方公里、800多万人口相比,国土面积小了近一半,但人口增加了近80%。刚才两省提出,还有14个县未列入规划范围,希望补充列入规划。我认为,规范范围的确定应有一个统一的标准。是否列入范围,主要是看两条:一个是有林地面积和森林覆盖率;另一个必须是国有林区。从这两条看,建议规划仍维持原有41个县不变,有特殊理由需要加入的,可以研究,但一定要按统一的标准办事,这样才公平,而且这个标准对于两省同样适用。实际上,列入规划的县数并不是越多越好,一定时期内政策支持的总量是一定的,列入得越多,支持力度下降,不利于集中力量打歼灭战。

前一稿的规划期是2012~2020年,规划期只有八年时间。长白山林区问题复杂,八年解决问题难度较大。建议规划期调整为十年,即从2012~2022年,通过两届政府的努力,使长白山林区的面貌有一个实质性的改变。中期目标的设置放在2017年,正好是换届年。这样调整可能会使数据的测算复杂一些,和两省五年规划的时间段有点差异,但是专家们认为指标可以测算。

二是要深入研究长白山林区的区情,从全局和战略的角度给出长白山林区的战略定位。规划初稿提出了六到七个方面的重要意义，但是没有提出这个区域的战略定位。初步考虑可以提四条，第一条，长白山林区是我国北方重要的生态屏障。第二条，是国家重要的基因库和木材资源储备基地。林业主要是生态功能，但同时也是木材储备基地。第三条，是国有林区推进经济转型和体制改革的先行区。第四条，是促进民族团结和边疆稳定的模范区。长白山林区1400万人口中有200万朝鲜族同胞，又毗邻俄罗斯和朝鲜两国，边境线全长2000公里。这四条大家还可以讨论。任何一个规划，只有找准定位，才能引领规划、明确思路，才能统一思想，落到实处。

三是要深入研究当前转型中面临的主要困难和问题。长白山林区目前正处在一个痛苦的、同时又是非常重要的转型期。这段历史可能要以百年计，前五十年是靠砍木材发展，后几十年要转型发展，转型期不会低于20年，所以将来可能还要进行二期规划。转型中最难的是从人们的思想意识到生产方式、生活方式的转变，需要逐步扬弃过去已经适应的一套东西，需要不断开创和适应新的生产生活方式，在原有基础上重新塑造一个新的社会结构和城乡面貌。转型的过程必将是经济社会发生深刻变化的过程，必然充满各种矛盾和冲突。生产方式如何转型，就业问题如何解决，一系列历史遗留问题怎么处理，最突出的民生问题从哪里着手，生态保护问题怎样落到实处，体制机制如何理顺，这些方面的工作都会面临不少矛盾和难题。因此，一定要把转型期面临的这些问题找准、梳理清楚，这样规划才能做到有的放矢。要将问题进行分类，哪些是短期问题，哪些是长期问题，哪些是主要矛盾，哪些是次要矛盾，哪些是通过自身努力可以解决的问题，哪些是需要国家政策支持解决的问题。对其中的一些复杂性的问题还要进行分解，分解后再一个一个去解决。

四是要深入研究接续产业的发展，这是转型发展的主线。发展接续产业是林区未来发展的主要任务，是解决限伐禁伐后林区职工群众生计的基础。从当前的情况看，培育接续产业有这样几个亮点：其一，林下经济。如蓝莓，"小蓝莓、大产业"，现在一亩地才产几十斤，但是经过人工抚育以后，产量可以十倍的提高，一亩的收入上千元。还有长白山的人参、号称"北药"的中药材、各种食用菌类，发展前景也很好。养殖方面，有林蛙、梅花鹿等，都会形成新产业。其二，旅游业。林区是天然氧吧，发展观赏、养生、体验旅游的潜力很大。好多林区转型的成功经验，就是把过去的生产区变成了旅游区，内蒙古林区、黑龙江林区、吉林林区，都有这样的典型。旅游业虽然对地方财政贡献不大，但是对当地百姓增收的拉动作用很大，林区要大力发展旅游业。其三，林木资源综合加工。这方面也很有潜质。过去好多残次的林木都当柴烧了，现在通过新技术可以压制成新型建筑材料。我到黑龙江北极村见到新型材料建造的木屋，比一般的木材贵50%，但省了内装修，又可以节省20%造价，实现了变废为宝。其四，物流产业。将来从黑龙江到辽宁沿边要建设东部通道，从绥芬河到丹东，正好横穿规划区，可以带动相应的物流、加工及一系列的现代产业发展。现在需要我们通过认真调研，明确未来接续产业到底有哪几个重点，发展哪些产业，怎么样布局；相应地，发展这些产业还需要国家给予哪些产业政策，在早期的培育过程中需要给予哪些扶植，把这些问题研究清楚。要争取通过十年的努力，把长白山林区过去"一木独大"的产业类型转向一个具有林区特色的现代产业结构。在产业转型的同时，还要考虑相应的基础设施条件，因为这方面历史欠账多，道路、能源、水利、城市基础设施等方面的账都要细算一下，为林区新的产业崛起和发展提供一个好的基础条件。还有刚才提到的，随着生产方式的变化，空间布局也要适当调整，收紧拳头，集中力量发展中心小城镇和城市，这对基础设施的布局影响甚大，也要一并研究。

五是改善民生和解决历史遗留问题。要把改善民生放在规划突出重要的位置上。棚户区改造、教育、就业、社会保障等，是林区最突出的民生问题。其中社会保障和就业是两个难点，要作出专门的安排。吉林材料上反映保费欠缴问题非常突出，个人和企业拿的部分欠缴、地方财政补助部分不到位。需要给什么政策，把这部分人纳入社会保障体系？要好好研究。林区问题与农垦问题有同构性，五年前我们研究全国农场改革发展就碰到这个问题，就是农垦人"非城非乡、非工非农"，既不是城里人也不是农民，说是城市居民却干着农业的活，说是农民却是城市户口，结果城里人的优惠政策他们无法享受，国家给农村的惠农政策他们也享受不到，两头不沾，两头不靠。国营林区也同样有这个问题。这个问题一定要解决，就是要把两头的政策给林场和林业工人连上，把天线和地线接通。就业是最大的民生，这不仅关系到他们的幸福美好生活，也关系到林区的稳定。促进林区就业，主要靠发展接续产业，要加大培训转岗的力度，对"4050"人员要尽可能提供公益性岗位。

六是要研究体制改革问题。国营林区的体制非常特殊，除了前面讲到的"非工非农、非城非乡"问题以外，还有两个突出的问题：一个是政企不分、企事不分；另一个是企业办社会。国有林场政企不分，管理体制不顺，既是企业，又是地方政府，既是运动员，又是裁判员。还有企业办社会负担沉重，企业办学校、卫生院，还设置公检法等一整套机构，开支都由自己负担。过去效益好时没问题，限伐禁伐后就难以为继了。所以怎么理顺林区，特别是森工企业的管理体制和经营机制，是这个规划非常重要的研究内容。前几年，根据国务院的要求，发改委牵头研究东北国营林区的体制改革，到目前还没有一个完整的改革方案。集体林区的改革走在前面了，叫"三定"，林定权、树定根、人定心。国有林场怎么改，还有很多不同的意见。我希望在我们的规划编制过程中，能不能把国有林场怎么改再往前推进一步，把这个问题再研究得清楚一点。有不同意见不怕，真理总是越辩越明。大家都把不同意见提出来，共同讨论，讨论清楚就写进去，讨论不清楚的可以试点。邓小平同志讲摸着石头过河，局部地区的试点哪怕错了，我们再改过来就是了，但是改革总要往前走，不往前走是死路一条。我们在战略定位里讲的国有林区推进经济转型和体制改革的先行区，就是这个意思。

七是要深入研究政策问题。这里讲的政策是指支持政策，也是规划的重要内容之一。原则上，大小兴安岭规划中有的政策，长白山规划中都要有。但是客观上有一个问题，即大小兴安岭地区属于比照西部大开发政策的地区，而长白山林区只有延边州可以比照西部大开发政策，延边州以外的部分还要再研究。规划赋予的支持政策要集中围绕四个领域：其一，支持改革的政策，改革是有成本的，林区和林业企业的体制改革会提出一些需要转移支付支持的政策问题。其二，支持解决突出民生问题的政策，解决林区转型期的民生问题和历史遗留问题，要有一些特殊政策。其三，支持经济转型发展的政策，培育和做大做强接续产业，至少初期需要有政策支持。其四，生态补偿政策，国家每年下达木材限伐指标，但现在有一些林场还在超伐，说明经济转型是有阻力的。因此，一方面要严格执行国家木材限伐政策，加大稽查力度；另一方面也要加大生态补偿力度。

做好新十年东北振兴政策文件起草工作[*]

（2013年4月10日）

起草新十年东北振兴文件现在有了一个稿子，我整体看了一下，讲几点意见：

第一，关于前十年的情况，有几个具体问题要研究清楚。

一是讲到东北地区投资率过高而投资质量效益偏低，单位投资带来的GDP、财政收入和就业人数都比珠三角和长三角要低很多，这里的原因是什么？要认真分析。不要简单地把原因全部归于产业结构和投资结构上。当然传统制造业比重高、投资回报周期较长，可能会影响到投入产出比；基础设施、房地产、制造业三大投资在总投资中的比例，其中基础设施的投资回报期长，即期收益确实不明显。但是还有没有别的原因，比如体制机制问题对投资效率的影响，要研究透彻。另外，固定资产投资上得这么快，资金来源是什么，这个恐怕也要摸清楚，包括地方政府负债、信贷投放占全国的比重等。

二是关于科技创新，你们讲到的东北地区原有科教基础削弱、人才外流、教育经费和高校在校学生数占全国比例下降的问题，这需要充分重视。

三是关于城镇居民收入，你们提出的黑龙江省城镇居民收入

---

[*] 这是在与国家发改委东北振兴司同志讨论新十年东北振兴文件起草工作时的讲话。后来文件起草调整为集中解决近期问题，2014年8月，国务院印发《关于近期支持东北振兴若干重大政策举措的意见》。

较低问题，要进一步细化研究。先把森工和农垦人口与通常意义上的城镇人口区分开，看看扣除森工和农垦人口后，黑龙江省城镇居民收入水平怎样，以便查找出问题的根源。如果扣除以后仍然很低，那就是真低；如果扣除以后和全国平均水平差不多，那就说明森工和农垦拖了后腿，要成为我们下一步的工作重点。

四是关于社保，要看看东北地区养老保险参保率和全国平均水平的比较，还要看看东北地区的赡养系数，即上缴养老保险和领取养老保险的比例，未来是个什么趋势，才能把东北地区的特殊性说清楚。

五是关于"中央企业与地方发展存在利益冲突"。是不是东北地区央企占的比例很大呢？你们要把东北的情况与珠三角和长三角比较一下，看看中央企业占全部企业的比重在东北地区、珠三角、长三角都是什么样的？东北地区中央企业占比可能相对较高。央企比重偏高有利于带动地方发展，但税收归中央，利益分配上可能是个问题。

第二，关于新十年的思路和政策措施。

我看前半部分稿子，把前十年的事情基本说清楚了，现在需要把新十年的事说清楚。总的来看，东北振兴任务仍然十分严峻和繁重，刚经历了"马鞍形"，经济开始回升，但是一些根本性的、体制性、机制性、结构性问题还没有得到解决，随着形势发展，还可能遇到一些新的矛盾。新十年要集中精力解决这些问题。

要在前半部分的基础上，研究提出新十年全面振兴目标。全面振兴的目标是什么，占全国的经济比重能否达到或超过2003年占全国9.2%的水平？要有一个抓总的概念。在经济发展、公共服务、居民生活等方面都要有目标。比如西部大开发新十年文件提出的发展目标，根据总书记的讲话，概括成在综合经济实力、人民生活水平和质量、生态环境保护三个方面"上三个大台阶"，高度概括了今后十年的奋斗目标，既指向鲜明，简短易记，又很鼓舞人，东北振兴也要思考新的提法。

目标定好了，就要思考举措。举措的核心是盯着问题，与目标相衔接，坚持问题导向、目标导向。政策举措要着眼制约东北发展的突出问题，特别是体制问题、机制问题，现在想到的都先提出来，不要有重大遗漏。

比如，林区和垦区、央企比重偏高、厂办大集体等问题，是东北比较特殊的问题，要在这几个问题上下功夫。林区、垦区的体制始终是一个亟待解决的重大问题，有关部门的看法也不一致，要深入研究一下林区、垦区怎么改。还有厂办大集体改革问题，养老保险账户亏空问题，要有实实在在的政策举措来解决。关于央企的问题，如果在东北地区调整央企在中央和地方的利益分配关系，恐怕会引发其他地区的攀比，但我认为这是东北地区一个比较大的问题。你们要计算一下东北地区全口径财政收入里，央企占多大比重，上交中央财政的有多少，可先算黑龙江的，毕竟有大庆在那。前几年，我在新疆算过，看起来新疆是享受大额中央财政转移支付的，但是把在新疆的央企上交给中央财政的利税计算出来对比一下，情况就有所不同，就能说明一些问题。现在调整分配关系很困难，但是可以考虑通过加大转移支付，通过加大央企对地方经济的支持力度等方式来解决这个问题。在市中心的央企，搬也搬不动，这个问题要有个解决办法，不过搬走要给利益补偿。

另外，关于粮食主产区的中央财政支持政策，是否可以考虑按商品粮调出量给予政策奖励。还有生态补偿问题，这几天我也正在研究，像大庆等资源型城市，收益上交给中央，环境问题留给了地方，就有个补偿问题；林区也有这个问题，生态贡献很大，你们结合大小兴安岭和长白山林区生态保护和经济转型再研究一下，还能有什么政策。还有教育体制创新的问题，职业教育的文件解决了培养问题，但是培养了留不住是个大问题。

政策措施是东北地区老百姓所期盼的，一个是给资金，一个是给政策，这两方面都需要。资金我们要争取，但突破性的政策有哪些，这是需要开动脑筋思考的。要帮助东北卸包袱，像厂办大集体、养老保险欠缴，这些问题不解决，国企改革就迈不开步。解决这些问题要给予资金支持。还有像解决国企转换经营机制问题、对外开放等领域进一步放权问题、人才留不住问题，这些重大问题上，要有明确的政策思路，要通过改革解决问题。

要沿着这个思路，把后半段，把新十年的思路和部署研究清楚。稿子的前半部分写得很漂亮，后半部分也要达到前半部分的水平。当然，你们把后半部分弄清楚了，可能前半部分有些内容也要充实调整。

第三，关于下一阶段重点工作。

原来想下个星期就开座谈会征求意见，但是现在看，你们再花一些时间，先把新十年的思路搞清楚。建议三位司领导带队，分三个小组到三个省再搞一次专题调研。调研要带着问题去，不一定到处看，主要是开座谈会，花几天时间集中座谈，问问地方的同志对解决这些突出矛盾和问题有什么看法，有什么建议，把问题谈清楚。地方肯定会提出很多问题，但是你们要分清问题孰重孰轻，扭住关键问题不放，把重点问题梳理出来。主要把握三个方面的问题，第一要注意把握东北三省特有的共性问题，第二要集中到体制机制问题上，第三要集中到将来可能给政策的问题上。要注意，财政支持要与改机制结合起来，政策和资金要结合体制、机制的转换。座谈的时候，除了与省发改委座谈，还要邀请省里相关部门，同时注意邀请研究机构的专家。

新十年振兴的目标也要一并探讨。可以问问地方的同志们，再经过十年的振兴，东北地区的各项指标，像GDP、进出口、百姓生活水平等指标能否恢复到振兴前在全国的排位？

凝神聚力　开拓创新
奋力把东北振兴推向新阶段[*]

（2013 年 8 月 17 日）

今年正值党中央、国务院做出实施东北地区等老工业基地振兴战略重大决策 10 周年。10 年来，在中央正确领导下，振兴战略实施取得了举世瞩目的巨大成就，东北地区发生了翻天覆地的变化，老工业基地焕发出新的生机与活力。

一是综合经济实力大幅提升。东北三省 GDP 由 2003 年的 1.27 万亿元增加至 2012 年的 5.04 万亿元，年均增长 12.7%，比前 10 年加快 3.5 个百分点。特别是过去 5 年，三省 GDP 平均增速已超过全国平均水平。10 年间，东北三省全社会固定资产投资增速居四大区域板块首位，地方财政收入年均增长速度比前 10 年加快 14.8 个百分点。

二是微观经济主体活力增强。90% 以上的国有工业企业完成产权制度改革，百余家大型骨干企业实现战略性重组，国企在改制重组中"脱胎换骨"。一大批企业通过政策性破产、核销呆坏账、分离企业办社会、剥离不良资产、豁免历史欠税、处置不良贷款等方式卸下了沉重的历史包袱，得以轻装上阵。外资、民营经济等多种所有制经济蓬勃发展。与市场经济体制相适应的微观经济基础基本形成，发展活力明显增强。

三是产业竞争优势重新确立。国家装备制造业基地的地位得

---

[*] 这是在内蒙古鄂尔多斯市召开的 2013 年东北四省区合作行政首长联席会议上代表国家发改委的讲话。

到巩固提升，重大技术装备自主化成果显著。百万千瓦核电、火电机组，特高压输变电设备，大型水轮机组，大型风电机组，百万吨乙烯装置，大型盾构机，高速动车组列车，先进船舶和海上钻井平台，高档数控加工中心和重型数控机床等实现自主化。石化产业向集约化、大型化发展，钢铁产业精深加工水平显著提升，汽车产业集群化发展态势明显。国防科技工业发展迅猛，我国首艘航空母舰及舰载机等高新武器装备在东北研制完成。农业战略地位进一步凸显，2012年东北三省粮食产量比2003年增长79.6%，占全国19%，商品粮产量占全国40%左右。服务业快速发展，软件和服务外包、旅游等成为产业发展新亮点。

四是重大民生工程广惠于民。基本养老保险试点率先在东北展开，东北城镇职工基本养老和基本医疗保险参保率达到95%以上，与全国持平。就业形势明显好转，城镇登记失业率显著下降。发端于东北的棚户区改造全面推进，各级政府累计投入1700多亿元，改造各类棚户区面积超过2.9亿平方米，460万户、1460万困难群众因此受益。教育、医疗、文化等社会事业加快发展，基本公共服务保障能力不断增强。

五是资源枯竭型城市转型初见成效。从阜新试点开始，逐步建立起扶持资源型城市转型的政策体系，中央财政累计对三批69座资源枯竭型城市下达转移支付资金463亿元，其中东北三省20座，转移支付162亿元。东北资源枯竭型城市面临的产业衰退、群体性失业等突出问题得到有效缓解，转型初见成效，接续替代产业发展态势良好，人民生活显著改善，城镇居民收入快速增长，国土治理修复取得积极进展。

六是生态环境和基础设施明显改善。林业实现了以木材生产为主向生态建设为主的历史性转变。森林覆盖率达到38.8%，森林蓄积量达到25.7亿立方米。保护区及湿地面积大幅提升，松花江、辽河等重点流域水质明显好转，单位地区生产总值能耗和主要污染物排放稳步下降。基础设施条件明显改善，高速公路建成通车里程超过1万公里，铁路营业里程超过1.5万公里，运营机场达到30个，港口吞吐能力达到8.9亿吨。哈大客运专线等一大批重大基础设施项目建成，振兴发展的支撑能力显著增强。

七是对外开放的领域和深度逐步拓展。10年间，东北三省进出口总额年均增长17.8%，比前10年加快7.9个百分点。实际使用外商直接投资年均增长15.6%，高出全国5.5个百分点，引入了大连英特尔、沈阳宝马等一批具有影响力的外资项目。辽宁沿海经济带、沈阳经济区、长吉图开发开放先导区、黑龙江及内蒙古东部沿边经济带开放步伐加快，大连东北亚国际航运中心建设成效显著。中俄毗邻地区合作实现历史性突破。企业"走出去"成效显著，一批大型企业成功并购国外知名企业。

此外，内蒙古东部地区2007年纳入《东北地区振兴规划》后，同等享受东北振兴政策，发展速度明显加快，和全区相对差距开始缩小，基础设施状况有了很大改观，特色优势产业逐步形成，与辽、吉、黑三省的经济联系日益密切，提升了东北经济区的整体竞争力。

可以说，过去10年，是东北地区改革开放以来经济社会发展最快、体制机制创新成效最显著、人民群众得到实惠最多的时期，开创了老工业基地发展的新局面，为实现全面振兴打下了坚实基础。与10年前体制机制不活、经济增速下滑、大量职工下岗、民生问题突出的困境相比，今天的东北地区面貌焕然一新，已经发生了根本性的积极变化，站在了新的历史起点上。还应该指出的是，国家在东北先行先试了增值税转型、农业税减免、养老保险并轨、资源枯竭型城市转型、棚户区改造、采煤沉陷区治理等一系列重大政策举措，积累了宝贵的经验，经总结后已推向全国，产生了全局性重大影响。实践充分证明，中央实施振兴东北地区等老工业基地的战略决策是完全正确的，广大干部群众对老工业基地实现全面振兴的美好前景充满了自信。

今后一个时期，是东北地区深化改革开放、加快经济转型的攻坚时期，也是再造竞争优势、实现全面振兴的关键时期。在前10年取得巨大成就的同时，我们必须清醒地看到，老工业基地振兴取得的成果还不稳固、不平衡，制约经济社会发展的体制性、机制性和结构性矛盾仍未根本消除。特别是从近段时间东北地区经济发展情况看，振兴工作还存在不少隐忧，经济下行压力大、产能过剩矛盾突出、企业经营存在困难、财政收入增长缓慢。上半年东北经济增速为8.9%，低于东部0.2个百分点，在四大区域板块中落到了最后，这是过去5年没有出现的新情况。要认真审视内外部形势发生的重大变化，把转变经济发展方式，提高经济增长的质量和效益、增强发展的内生动力摆在更加突出的位置，在做好当前经济工作的同时，努力把振兴工作推向新阶段。为此，要把握好以下几个方面：

一是进一步深化改革开放。过去10年振兴战略的实施取得了重大进展，根本上靠的是改革开放。新时期推进东北地区等老工业基地实现全面振兴，必须坚持把改革开放作为根本动力，以更大的勇气推进改革开放，最大限度释放改革红利。要加快转变政府职能，进一步理顺政府和市场关系。不断深化国有企业改革，积极稳妥地推进厂办大集体改革。大力扶持非公经济发展。继续推进向东北亚地区开放合作，全面提升外向型经济水平，不断增强发展动力和活力。

二是加快转型升级再造新优势。培育老工业基地新的竞争优势是振兴老工业基地的主要任务。实现老工业基地振兴，产业转型升级是中心环节。要坚持走中国特色新型工业化道路，加大产业结构调整力度，强化创新驱动，进一步发挥科技创新的支撑作用，改造提升传统产业，积极发展战略性新兴产业，大力发展生产性服务业，推进工业化与信息化融合发展，重塑竞争优势，打造老工业基地产业"升级版"和具有国际竞争力的现代产业基地。

三是促进"四化"同步发展。要把促进"四化同步"发展贯穿到老工业基地振兴之中，努力走出一条有特色、高水平的"四化"协同发展之路，为全国作出探索和示范。要在推进新型工业化和信息化的同时，夯实现代农业发展基础，推进农业现代化，维护国家粮食安全。注重提高城镇化质量，完善城市布局，提升综合功能，加快老工业城市调整改造，大力推进资源枯竭型城市转型和独立工矿区改造搬迁。

四是更加注重保障和改善民生。保障改善民生是振兴老工业基地的根本出发点和落脚点。要提高人民生活水平，使振兴成果更好地惠及广大群众。继续推进棚户区改造等重大民生工程，争取尽快完成集中连片棚户区改造任务。落实各项就业和创业扶持政策，切实解决资源枯竭型城市、独立工矿区、国有林区等地区的就业问题。千方百计扩大居民收入，切实改变老工业基地职工收入偏低的状况。不断提高社会保障水平，补短板，兜底线，织好覆盖全民社会保障"安全网"。

五是切实加强生态文明建设。要牢固树立生态文明理念，着力推进绿色发展、循环发展、低碳发展。加强东北地区森林、草原、湿地等重点生态区保护，打造稳固的北方生态屏障。积极推进节能减排，突出抓好关键行业和重点企业节能，确保完成节能减排目标，加强环境污染整治，大力推进重点区域空气、水和土壤污染治理，促进环境总体状况不断好转，建设资源节约型和环境友好型社会。

我们已经成功召开了四届东北四省区合作行政首长联席会议，达成了一系列合作协议，对深化四省区合作发挥了重要推动作用。东北四省区合作领域明显扩展，合作形式不断创新，合作成果日益扩大。希望四省区不断总结经验，进一步完善和推进合作工作机制，取得更多实实在在的成果。国家发改委将继续积极支持东北四省区合作向纵深发展。对本次会议提出的需要解决的问题，有的已经纳入2013年振兴东北地区等老工业基地年度重点工作中，我们将抓紧落实；没有纳入的，我们将会同有关部门认真研究，积极做好协调工作，推动区域合作不断取得新进展。

新十年东北振兴需要进一步研究的政策问题[*]

（2013年10月8日）

今天我们召开部分国务院振兴东北地区等老工业基地领导小组成员单位的联络员会议，主要是听取大家对《全面振兴东北地区等老工业基地的若干意见（代拟稿）》[①]的意见和建议，就文件稿中的重大事项和重大政策与大家进行协商讨论。刚才听了大家的发言，使我们对一些政策提法有了新的认识，相信一定会对下一步共同修改好这个文件起到重要作用。下面，就文件稿中提出的一些重点问题和政策举措，我再谈谈我们的看法，请有关部门的同志从各自职责出发，帮助我们再做深入研究。

一、关于进一步深化改革

一是国企改革问题。虽然过去十年东北地区国有企业改革有了实质性进展，但目前存在的问题仍然较多：国有企业比重仍然偏高，黑龙江、吉林两省仍然接近50%；企业法人治理结构不完善，竞争性领域国有资本的比重仍然偏大；企业发展中"不找市场找市长"的现象仍较普遍，民营经济发展相对滞后。深入推进国有企业改革，是关系到老工业基地振兴前途的重大问题，必须

---

[*] 这是在起草新十年东北振兴文件部门协调会上的讲话。
[①] 后来文件起草调整为集中解决近期问题，2014年8月，国务院印发《关于近期支持东北振兴若干重大政策举措的意见》。

坚定不移地继续推进。我想，关键的有两个方面：一个是继续解决好历史遗留问题，完善现代企业制度。另一个是给出一些政策空间，允许在老工业基地先行先试新的改革政策。具体包括：在东北地区等老工业基地开展新一轮深化国有企业改革试点，合理降低国有股比例，实现股权多元化；鼓励管理层、技术骨干和员工通过持股等方式参与国有中小企业改制；探索开展国有资产证券化试点，妥善解决国有企业改革遗留的"壳企业"等问题。这些政策请有关部门帮助研究。

二是中央企业与地方关系问题。中央企业集中分布、比重高是老工业基地的显著特点。很多央企生产单元都位于老工业基地，但总部大部分在中心城市。中央企业生产在地方，收益却大多上缴集团，央企与地方尚未形成合理的利益共享机制。在文件起草过程中，我们请很多典型城市做过这方面的测算。如吉林某央企2012年对地方工业总产值贡献为17%左右，对地方财政收入的贡献不足4%，近几年每年留归地方税收只有4亿~5亿元，20多年不增反降。此外，目前很多央企生产单元都处于城市中心区域，制约城市布局调整，而地方政府难以推动。因此我们在文件中建议深入研究中央企业与地方协同发展的政策，支持共建产业园区，探索建立中央企业对地方发展的反哺机制。此外，是否可以从税收机制上进一步破解这个问题，也请有关部门研究。

三是厂办大集体改革问题。厂办大集体改革是10年前《中共中央 国务院关于实施东北地区等老工业基地振兴战略的若干意见》（以下简称《意见》）。提出的政策举措中唯一还没有完全落实的，是影响社会稳定的一个重大遗留问题。国务院两次就此作出专门部署，特别是2011年《国务院办公厅关于在全国开展厂办大集体改革工作的指导意见》，明确提出三年完成改革的目标。但目前地方总体处于观望状态，主要原因是地方政府认为改革资金缺口大，地方负担太重，且容易引发不稳定因素和新的攀比。这个问题不面对、不解决，长时间拖延是不行的。因此我们在文件稿中提出探索采用中央支持、地方政府与相关企业"大包干"的方式,"一揽子"完成改革任务。这样表述行不行,请有关部门帮助研究。

四是林区垦区改革问题。这也是东北地区比较特殊的体制问题,且影响面广。东北重点林区政企不分问题十分突出,大部分森工企业仍承担社会服务职能。资源管理权和经营权不清,对森林资源经营管理无法形成有效的监督。农垦系统也存在政企不分的问题。因此我们在文件稿中提出加快国有重点林区的行政管理、森林资源管理与企业经营分开的改革,以及进一步理顺农垦系统政企关系,强化地方政府公共服务能力,深化农垦企业改革。不论是林区还是垦区改革,推进改革,都会产生成本。这些改革成本如何分担,需要相关部门共同研究。

二、关于扩大对外开放

一是研究在东北地区设立自由贸易试验区问题。党中央、国务院把中国(上海)自由贸易试验区建设作为新时期扩大开放的重大举措。东北地处东北亚区域中心,在全国对外开放全局中地位突出。从东北自身讲,2012年三省进出口总额占全国4.3%,占比不足地区生产总值的一半,外向型经济对经济增长的拉动不够。出口产品中资源型、原料型、劳动密集型以及农副产品等初级产品占比超过60%,高技术含量、深加工、高附加值的产品比重小。东北地区振兴发展迫切需要进一步提升开放型经济水平,通过开放带动改革和发展。李克强总理在担任辽宁省省委书记期间,对研究推动在大连设立自由贸易区问题也非常关注。希望有关部门在研究扩大自由贸易试验区试点时,把东北地区摆在优先位置考虑。

二是支持并购海外科技型企业问题。2008年以来,辽宁省利用国际金融危机带来的机遇,启动了海外"百项企业并购工程和百项引进智力工程"，目前已并购海外科技型企业177户，获得了一大批专利技术和品牌，突破了一大批关键技术，取得了很好的效果。国务院领导去辽宁视察期间，非常重视辽宁省的做法，要求有关部门研究如何利用外汇储备，支持国内企业并购海外科技型企业，建议有关部门予以研究。

三、关于产业转型升级和创新支撑

一是推进传统产业升级和培育新兴产业发展问题。10年前《意见》提出首先在东北地区开展生产性增值税转型试点，对东北企业开展大规模技术改造和推进产业升级起到了很大的引导和扶持作用。这项政策推向全国后，在税收方面，东北地区就没有什么特殊的政策了。西部大开发第二个十年，中央确定继续实行企业所得税优惠政策。在新时期指导老工业基地振兴的文件中，我们从产业转型升级的角度出发，提出中央结构性减税优先安排在东北地区试行，选择若干行业实行加速折旧，这些请有关部门尽可能予以支持。如果这些提得不恰当，也请根据今后改革方向，研究具体如何表述。另外，根据老工业基地特点，文件中提出加快出台重大装备首台（套）扶持政策、设立老工业基地军民融合发展专项、开展军民融合综合试点、支持信息化与工业化融合试点等内容，希望有关部门给予支持。

二是加快现代服务业发展问题。这是老工业基地产业发展的短板。以东北三省为例，2012年三省服务业增加值占生产总值的36.8%，比2003年下降2.7个百分点，比全国平均水平低4.2个百分点，且近年来有与全国差距拉大的趋势。习近平总书记近期赴辽宁视察提出过明确要求，要求加快推动生产性服务业从工业企业中分离，促进生产性服务业大发展。我们在文件稿中提出支持老工业基地加快发展服务业，特别是在发展金融业方面提出扶持东北地区具备条件的银行发展成为全国性股份制银行，在东北地区开展场外交易试点，支持重点装备制造企业开展融资租赁业务试点，探索设立并购投资基金和专项贷款；此外，文件稿中也提出开展老工业基地生产性服务业发展示范工作，探索从制造业内部分离发展服务业的政策举措。这方面的问题，希望有关部门能进一步研究相关政策。

三是强化创新支撑问题。老工业基地科技人才基础雄厚，但创新投入不足，科技与经济发展结合不紧密。2011年，辽、吉、黑三省R&D经费支出分别占地区生产总值的1.52%、1.23%和1.02%，均低于全国1.84%的平均值，占全国比重由2003年的9.16%下降到7.1%。文件稿提出要完善东北地区自主创新政策，将研发人员"五险一金"纳入税前加计扣除范围，提高职工教育经费税前扣除比例。这些政策目前在国家自主创新示范区试行，建议能拓展到东北地区实行。此外，还提出要研究支持老工业基地高等教育振兴和海外杰出工程师引进，支持中科院在老工业基地新建一批科研院所等。类似这些对老工业基地有针对性的举措，希望在座各部门也帮助研究。

四、关于加快资源枯竭型城市、独立工矿区转型以及城区老工业区改造

一是支持资源枯竭型城市转型问题。近年来，中央财政累计对三批69座资源枯竭型城市下达转移支付资金463亿元，对解决资源枯竭型城市面临的产业衰退、重大民生问题等起到了重要作用。李克强总理对资源枯竭型城市转型问题非常重视，多次作出重要批示，去年9月份专门主持召开全国性会议并发表重要讲话，指出这是推进新型城镇化需要解决的重点和难点问题，是长期艰巨而复杂的系统工程，要求集中力量，合力打赢攻坚战。总体上看，资源枯竭型城市转型问题依然艰巨：接续替代产业发展仍处于起步阶段，缺乏骨干项目支撑，要素集聚能力较弱；矿山地质

灾害隐患多，生态环境治理任务繁重；基础设施建设滞后，支撑保障能力不足；民生方面欠账较多，城镇低保人数近200万，占当地城镇人口10%，占全国低保人口总数的8%。因此，建议对资源枯竭型城市转型继续给予大力支持，继续安排资源枯竭型城市财力性转移支付并适当扩大规模。此外，要按照2007年《国务院关于促进资源型城市可持续发展的若干意见》要求，尽快推行资源型企业可持续发展准备金制度等。

二是支持独立工矿区转型问题。全国独立工矿区有100多个，总人口1000余万人，其中矿业职工及家属占1/3。这些独立工矿区资源平均可采储量仅剩8.7年，随着资源储量大幅缩减，传统发展方式难以为继。各地独立工矿区与中心城区的平均距离达50公里，难以接受辐射带动。基础设施严重滞后，城镇功能极不完善，公共服务能力较弱，自然灾害和矿山地质灾害易发多发。2010年独立工矿区人均地区生产总值仅相当于全国的65%，人均财政收入不足全国的20%。民众生活十分困苦，民生问题突出，是城市内部"二元结构"问题最突出的区域。李克强总理作出重要批示，要求统筹规划分步推进，逐步解决基本发展条件，确保解决基本生活保障问题。文件稿提出建立和完善中央、省、市三级改造搬迁投入机制，出台税收、土地优惠政策，引导和带动社会资本参与独立工矿区转型；通过中央财政转移支付支持独立工矿区开展转型试点，逐步扩大试点范围，请有关部门研究支持。

三是支持城区老工业区搬迁改造问题。初步统计，全国位于中心城区的老工业区有240多个，涉及大中型企业8200多家，在职职工550万人，其中亟须整体搬迁改造的有80个左右。这些老工业区目前发展面临很多问题和困难，成为城市的"锈斑"。老工业区生产、生活和公共服务混杂，制约城市布局优化。许多厂区与居民区的间距已突破安全生产标准，安全隐患极大。产业层次低，企业改革转型难度大。绝大多数是传统企业，装备水平普遍落后，"两高一低"产品较多。一些国企改制不彻底，一些企业处于停产半停产状态，土地闲置问题突出。许多市政设施仍由企业运营，道路破损，与区外道路衔接不畅，水电气暖管网老化严重，"三废"排放严重超标。区内居民大多数是企业职工及家属，退休和失业人员多，收入水平低，居住条件差，民生问题突出，社会矛盾集中。李克强总理、张高丽副总理对城区老工业基地搬迁改造问题都作出过重要批示，请有关部门研究支持。

五、关于保障和改善民生

一是职工收入问题。2012年，辽、吉、黑三省城镇人均可支配收入分别为23223元、20208元和17760元，分别低于全国平均水平1342元、4357元和6805元，黑龙江省仅高于新疆、青海两地，东北板块整体低于东部和中部平均水平。实施振兴战略以来，只有辽宁省与全国平均水平相对差距有所缩小，吉、黑两省与全国相对差距进一步扩大。城镇职工工资特别是离退休职工收入偏低是主要原因，2011年，辽、吉、黑三省职工平均工资分别为38154元、33610元和31302元，分别低于全国平均水平3645元、8189元和10497元，其中黑龙江省职工工资列全国31个省市最后一位。文件稿提出加大中央财政工资性转移支付，恢复东北地区御寒津贴，提高艰苦边远地区津贴发放标准等举措，旨在改变老工业基地职工收入偏低状况。如何解决这一难题，请各部门研究支持。

二是社会保障问题。东北地区社保基金支出压力大，2012年，辽、吉、黑三省养老保险赡养比为2.1∶1、1.7∶1、1.4∶1，远超过全国平均3∶1水平；东北三省职工医疗保险抚养比都在2∶1左右，均在全国排名前五位。此外，东北地区未缴纳养老保险职工数量较多，拖欠保费情况也较为严重，这也是老工业基地的一个特殊困难。我们在文件稿中提出加大对老工业基地养老保险的转移支付，妥善解决养老资金缺口问题，请有关部门研究支持。

三是冬季取暖问题。这是东北高寒地区的一个特殊民生问题。在文件起草过程中，东北地区普遍反映，希望中央能考虑高寒带来建设、生产、生活方面的成本增加问题，通过一定方式给予支持。特别是东北地区城市建设早，采暖设施老化，"跑冒滴漏"严重。对这个问题，发改委将通过预算内投资等给予支持，也请相关部门研究，帮助解决好冬季取暖特别是困难群体取暖这一重大民生问题。

六、关于农业、生态和基础设施

一是关于农业问题。东北地区对全国粮食安全的重要性不言而喻，特别是商品粮调出量占到全国一半，是粮食安全的稳压器。目前核心的问题是建立粮食稳产增产的长效机制，提高农业可持续生产能力。我们在文件稿中提出完善粮食主产区利益补偿机制，按商品粮调出量对地方财政给予奖励。关于这条建议，我们在之前有关报告中向国务院提出过，国务院也原则同意，请有关部门研究支持。此外，还提出开展深松作业补贴试点等内容，也是东北地区普遍希望出台的涉农政策。

二是关于生态问题。东北地区是我国的北方生态屏障，森林、草原、湿地等，都有全局性影响。因此，一些生态方面的重大改革或试点，也希望优先安排在东北地区实行。此外，老工业城市和资源型城市中，历史遗留的工业废弃地和老矿区问题多。这方面，欧美等发达国家都有通行的经验可以借鉴。建议参照其做法，研究建立区域或行业性工业废弃地和矿区治理机构，按照"政府支持、市场化运作"方式，对历史遗留问题实施专项治理工程。

三是关于重大基础设施建设问题。这里面，最重要的有几项：其一，加快京沈高铁及其联络线建设；其二，研究推进渤海海峡跨海通道建设；其三，考虑东北地区高纬度特点，支持建设面向欧美的国际航空枢纽港；其四，比照上海和天津航运中心政策，加快大连东北亚国际航运中心建设，目前中央和国务院文件提出的国际航运中心只有这三个，上海、天津都赋予了航运方面的政策，建议对大连航运中心能同等考虑；其五，提高对高寒地区和交通末端公路等项目的补助标准和资本金注入比例，这些地区公路建设维护成本高，又是人流物流的末端，应参照西部地区，提高补助标准和资本金注入比例。

最后，我想再强调三点：一是对我们研究提出的政策举措，请各部门尽可能予以支持，有些表述不准确、不规范的，大家可以帮助我们修改，特别是对于东北地区等老工业基地面临的特殊矛盾和问题，也请大家帮助我们共同研究解决的办法。二是请各部门梳理近期拟推出的重大政策、重大改革事项、重大工程，也尽可能安排在东北地区等老工业基地先行先试。三是东北司也要加大工作力度，及时与有关部门沟通，抓紧修改完善文件，尽可能落实各项支持举措。

在资源型城市可持续发展规划新闻发布会上的答问[*]

(2013年12月3日)

杜鹰：日前，国务院印发了《全国资源型城市可持续发展规划（2013~2020年)》（以下简称《规划》），这个《规划》是我们国家首次在资源型城市可持续发展领域发布的国家级专项规划，应该说是可持续发展领域的一件大事，充分体现了国家对资源型城市可持续发展工作的高度重视。

新中国成立以来，资源型城市为我们国家的能源资源供应、为建立国家独立完整的工业体系做出了突出的贡献，同时也要看到，资源型城市在这一进程中也做出了很大的牺牲，积累了不少矛盾和问题需要解决。所以，在2001年，国务院率先启动了一个试点，就是大家都熟悉的辽宁省阜新市的资源枯竭型城市经济转型试点。2007年国务院又首次发布了一个文件，即《促进全国资源型城市可持续发展的若干意见》。2008年，国家发改委、国土资源部、财政部分三批在全国筛选了69个资源枯竭型城市作为转型试点，给予了专项支持。经过十几年的努力，资源型城市可持续发展工作取得了积极进展，也积累了比较宝贵的经验。

资源型城市的发展，不仅仅是要解决资源枯竭型城市眼下的问题，而且要促进所有资源型城市能够实现可持续发展。所以，在2010年，国务院振兴东北地区等老工业基地领导小组明确要求我们

---

[*] 这是在国务院新闻办举办的有关新闻发布会上的答问，出席发布会的还有国土资源部负责同志、财政部有关负责同志。这里仅摘录杜鹰的答问。

几个部委编制《全国资源型城市可持续发展规划（2013～2020年）》，李克强总理也对编制《规划》提出了明确要求。我们几个部委一起作了深入的调查研究，《规划》的编制整整历时两年多的时间。《规划》首次在全国确定了262个资源型城市，我们又按照可持续发展的能力和资源状况，把这些资源型城市分成四种类型，即成长型、成熟型、衰退型和再生型。

《规划》明确了四大目标，提出了五大任务，特别是提出在可持续发展方面要建立五大机制，明确了整个资源型城市发展的方向和重点任务。下一步，按照国务院的批复，发改委、国土资源部和财政部将会同有关地方认真组织实施好这个《规划》。我们相信，在社会各界的广泛关心支持下，我国资源型城市的可持续发展工作一定能够开创一个新局面。

我先作这样一点说明，下面我和我的同事愿意回答大家的提问。

中央人民广播电台中国之声记者：这次出台的《规划》是我国首次制定资源型城市领域的国家级规划，也是新一届政府以国务院文件发布的第一个专项规划，体现了国家对资源型城市可持续发展工作的重视。那么怎么样有效地促进资源型城市开发的可持续发展，具体的措施是什么？

杜鹰：这个《规划》的重点内容，可以概括成这样几个方面：

第一，在基础工作方面，摸清了家底。过去我们说资源型城市只是一个概念，这次《规划》采用定量和定性分析相结合的办法，首次确定了资源型城市在全国的分布，主要是包括矿业城市和森工城市这样两类。对矿业城市，我们设置了产业结构、就业结构和资源市场占有率这样三个指标；对森工城市，我们设置了森林资源潜力、森林资源开发能力这两个指标。利用这样一个指标体系，并赋予不同的权重，在全国众多城市里筛选出了262个城市，把他们认定为资源型城市。不仅如此，我们还根据它的资源保障能力和可持续发展能力这样两个指标，又把这262个城市区分为成长型、成熟型、衰退型和再生型四种类型，首次摸清了全国资源型城市的家底，《规划》应该说在这方面做出了贡献。

第二，《规划》提出了"四个明显提高"的奋斗目标。第一个明显提高，就是要求资源型城市的节约集约利用资源的水平要有个明显的提高。比如提出资源产出率到2020年比2012年时要提高25个百分点。第二个是可持续发展能力明显提高，要求资源型城市的接续替代产业增加值占地区生产总值的比重提高6个百分点。第三个是环境质量要明显提高。我们知道很多矿山有沉陷区的问题、有植被破坏的问题，所以环境质量要明显提高。要求到2020年，历史遗留的矿山地质问题的恢复治理率要从目前的28%提高到目标期的45%，提高17个百分点。第四个是城乡居民收入要明显提高，增速要高于全国平均水平。资源型城市遗留的最大的民生问题，是"居者有其屋"的问题，要通过棚户区改造解决。对于资源枯竭型城市，我们已经改造了9000万平方米，还有7000多万平方米，到2020年甚至要提前全部改造完。

第三，提出了五大任务。资源型城市发展有五大任务，一是合理有序地开发资源。二是构建多元化产业体系。三是切实保障改善民生。四是加强环境治理和生态保护。五是加强支撑保障能力建设。

针对四种类型的资源型城市，工作重点又有所不同。比如对于成长型的城市，主要是促进它规范有序发展的问题，核心是提高资源开发的准入门槛，合理地确定开发强度，同时要严格环境影响评价。对于成熟型城市，要推进它跨越式发展。核心是要拉长产业链条，培育资源深加工的企业和能力，而且在资源和环保方面，最重要的就是要把环境成本从一开始就内部化为企业成本。对于衰退型城市，要加快其转型发展。核心是大力发展接续替代产业，同时解决最突出的一些历史遗留问题。对于再生型城市，要引导其创新发展。核心是发展的质量和效益，同时率先建立可持续发展的长效机制。这就是四种类型的资源型城市发展的重点任务。

第四,提出建立可持续发展五大机制。一是开发秩序的约束机制,规范开发秩序,控制开发强度。二是资源性产品价格的形成机制,这是一个核心。如果我们的要素价格不能反映供求关系、资源的稀缺程度和环境成本的话,就不可能保证资源型城市的可持续发展。三是资源开发的补偿机制,这个也很重要。矿山开发肯定会造成破坏,谁破坏谁就要负责修复,这就要建立环境的补偿机制。四是利益分配的共享机制,包括中央和地方,企业和城市,利益分配要合理。五是接续替代产业扶持机制,要引进接续替代产业。对发展接续替代型产业,国家要有扶持机制。

概括起来,这个《规划》的要点和要采取的措施,主要就是这样一些内容。

第一财经电视记者: 中央财经工作领导小组办公室副主任杨伟民之前曾经说为了保证环保,为了促进环境保护,可能有一部分地级市以后不再进行GDP的考核,想问一下现在咱们资源型城市里面有没有相关的不再涉及GDP考核的问题?

杜鹰: 这个问题问得很好。实际上,党的十八届三中全会已经明确了,将来国家重点扶贫开发工作重点县不考核GDP。据我所知,在两年前,像青海省的三江源地区,省里已经明确规定不考核GDP。考核不考核GDP,将来可能要根据国家主体功能区的规划,类似禁止开发区这样的地方,确实不应该再考核GDP,这有利于引导地方政府更多地把注意力放到生态环境的保护和可持续发展上,而不要不顾条件盲目地招商引资,或者过度开发本地的资源。

在我们资源型城市的发展中,我觉得更主要的问题是要有一个正确的政绩观。现在资源型城市发展存在一个很突出的问题,就是过度开发资源、超强度地开发资源,也被称作"有水快流",我以为这是一种不正确的政绩观的反映。但是为什么这样?恐怕还不仅仅是观念问题，根本上讲，是体制和机制问题。国家的财税体制还需要进一步完善，中央和地方的事权要进一步理顺。三中全会提出了这方面的工作任务，明确提出了要进一步推进资源税改革，还有设立环境税。资源税改革已经开始在石油和天然气上实施了，这样资源所在地得到的利益就增加了，地方就有这个财力去解决他应该负责的当地民生问题了。至于刚才提到的追求不追求GDP问题，我认为最根本是这么几个机制，一个是资源要素价格的形成机制，一个是资源开发利益的分享机制，还有一个是生态环境的补偿机制。这三大机制建立了，我想单纯追求GDP的问题就可以得到很大程度的解决。

中央电视台新闻中心记者：《规划》中提出要进一步完善促进资源型城市可持续发展的政策体系，做好《规划》的贯彻落实，请问近期将采取哪些措施来保障规划目标和重点任务的完成？

杜鹰：我刚才讲《规划》主要内容时提到，资源型城市要率先建立五大长效机制，你的问题提到要采取哪些政策措施，无非都是围绕这五大机制，我对这个问题再作一点解释说明。第一，规范开发秩序，建立资源开发秩序的约束机制。为什么这样讲呢？因为现在资源型城市存在的一个突出问题就是开发秩序还不够规范，开发强度过大，而且是单纯的初级产品的输出，资源环境也为此付出了过高的代价。在开发秩序的规范方面，国土部已经作了大量的卓有成效的工作，下一步我们要严格执行矿产资源勘探和开采的准入制度和分区管理制度，调控开发的强度，同时要严格执行环境影响评价，防止过采、超采和滥采。

第二，价格形成机制。这个是具有根本性的支持资源型城市发展的一个政策。过去资源富集地区大量输出了一些初级产品，附加值不高，但是它自身遗留了大量的民生问题和环境问题，这在某种意义上反映了我们的资源要素价格形成机制还是有些问题的。正像三中全会提出的，我们要加快建立一个什么样的要素价格的形成机制呢？就是能够充分反映市场供求关系的，反映要素或资源稀缺程度的，以及反映生态环境损坏成本的资源性产品的价格形成机制。同时请注意，三中全会还加了四个字，即反映修复效益的价格形成机制。我想，这对于资源型城市也好，资源型富集地区也好，有了这样一个新的价格形成机制的作用，对于合理地确定开采的强度和技术路线，会起到积极的促进作用。

第三，资源开发的补偿机制。这个事儿老早就提了，也包括生态补偿机制。这些年我们国家在这些方面进步很大，在很多领域都开展了这方面的探索和尝试。基本原则是这样几句话：谁开发谁保护，谁受益谁补偿，谁污染谁治理，谁破坏谁修复。要按照这样一个原则，建立资源开发的补偿机制和生态环境的补偿机制。

第四，利益分享机制。就目前而言，核心是进一步推进资源税改革的问题。我们已经率先在石油和天然气上实行了从量计征改从价计征和提高税率的资源税改革，将来还要向煤炭等其他矿产资源进一步延伸。

第五，接替产业的扶持机制。在这方面，发改委已经设立了一个专项，对资源型城市接续替代产业发展的扶持专项，已经投入了21亿元，带动了社会资本总共300多亿元，对促进资源型城市尽早建立多元化的产业结构发挥了积极的作用。

围绕这五大机制，规划里提出了一些具体的政策措施。在《规划》的组织实施过程中，我们还将根据《规划》提出的原则，去研究制定一些新的政策措施。

湖南卫视记者：刚才资源开发补偿机制里有一个讲到谁开发谁保护，谁破坏谁修复，那么如何做到监督有效？现在有没有比较好的示范案例？再有一个，我们湖南有14个资源型城市，有9个是成熟型的，有5个是衰退型的，对衰退城市有资金和政策的支持，那么怎么支持衰退型城市的发展？

杜鹰：谁开发谁保护，谁破坏谁修复，最典型的就是在矿山开发上。我们建立了矿山环境恢复治理保证金制度，国土资源部是主管部门。所有的矿山开发主体，都要为他将来可能导致的环境破坏先付一笔保证金，这笔保证金的主要用途就是矿山环境恢复，比如矿山的沉陷区治理、矿山的植被恢复等，这个制度的建立就保证了这个原则的贯彻落实。

对于资源枯竭型城市是怎么支持的，最典型的例子，就是我们率先开展的试点城市——辽宁省阜新市。阜新市是个典型的煤炭工业城市，这个城市历史上累计为国家提供了7亿吨的煤炭，当然它的煤炭储量日益衰竭。在世纪之交的时候，这个城市地区生产总值的年均增长率已经下降到2%，失业人口将近占了全部从业人口的一半。所以，国家率先在阜新市开展了资源枯竭型城市的转型试点。经过这十年来的试点，不仅一些突出的民生问题得到解决，主要是后续产业发展起来了。一个突出的例子就是发展液压设备制造业，围绕液压设备的系列产品，当地已经有上百家相关企业建立起来。而且下岗职工里有相当一部分进入了新的产业序列，实现了再就业。还有农产品加工业的开发，也带动了大量的就业。特别是阜新市融入了沈阳经济区，和沈阳市进行优势互补，也带动了阜新的转型和发展，这是最典型的例子。

阜新的转型应该说已经取得了初步成效，但还不能说转型已经成功了。转型成功的城市我们把它叫作再生型城市，这样的城市还不多，大量的还是成熟型的和衰退型的。从世界范围的经验看，实现资源型城市的可持续发展必定是一个长期的任务。比如德国的鲁尔，鲁尔是钢铁和煤炭城市，在二战后的恢复期间，为德国的复兴做出了重大贡献。到上世纪六七十年代，鲁尔以钢铁煤炭为主的重化工业走向了衰退，大量的矿山钢铁厂关闭，职工下岗，城市衰败，治安恶化。德国在1966~1971年花了150亿马克来振兴这个城市，后来又陆陆续续投入大量资金。最关键的一项措施是制定了鲁尔区的振兴计划。经过几十年下来，现在鲁尔已经恢复了生机，成了一个大学城和文化中心，三产比重已经高达70%，可以说是再生了。从这个过程可以看出，资源枯竭地区要真正转型成功不容易，肯定是个长期的过程。

香港大公报记者：刚才《规划》里提到应对措施，我想问的是，我国这二百多个资源型城市面临的问题可以分为哪几种类型，最突出的问题都有哪些？

杜鹰：我们做任何事情都要从问题出发。为什么国务院颁布这个《规划》，实际上最终是要解决这些城市存在的问题，我想突出的是四个问题：第一，资源型城市资源开发的秩序不规范，开发强度过大，为了开发资源，这些地区的生态环境付出了过高的代价。

第二，资源型城市普遍存在资源型产业"一业独大"的问题。"一业独大"就是说它的产业结构不尽合理，资源型产业占的比重非常大，不利于城市的可持续发展。比如我们统计了262个资源型城市，它的矿产资源开发的增加值占全部工业增加值的比重是25%左右，比全国的平均水平高了一倍多。而它的第三产业的比重，比全国平均水平低了12个百分点。这样"一业独大"或者"一矿独大"的产业格局，产生了一个挤出效应，别的产业发展不起来，导致其他接续替代产业发展滞后，一旦资源开发接近枯竭以后，就会出现"矿竭城衰"的现象，某种意义上鲁尔就是一个先例，某种意义上底特律也是先例。

第三，历史遗留问题多，包括民生问题，也包括环境问题。举一个例子，国家现在分三批界定的全国69个资源枯竭型城市，这69个资源枯竭型城市的人口只占全国的4%，但是它的棚户区占了全国的1/4，它的失业矿工占全国采矿从业人员的1/10，它的低保人口也占全国的1/10，还有需要治理的沉陷区占了全国的1/3，这都是历史遗留问题。在这样的情况下，要解决资源型城市可持续发展问题，可以说，我们不是从零开始，而是从负数开始。我们要建立长效发展机制，先得解决资源型城市的历史欠账，第一步先做到不欠新账，第二步慢慢地偿还历史旧账。

第四，根本原因还是没有牢固树立可持续发展的理念，没有建立可持续发展的机制。

东方卫视记者：关于《资源型城市可持续发展规划》，刚才介绍了很多具体措施，但是还有一个重要问题，未来推进落实包括在执行力度方面如何保证？因为过去我曾经坐火车经过一些资源型省份，远远看去，它的山是绿色的，但是火车开到近处，就发现山上是涂了绿色的颜料，而不是真正的绿化。未来在环境治理包括整个监督方面，怎么样能够真正落到实处？

杜鹰：这个《规划》的组织实施工作，我们已经会同有关省（区、市）开始在研究。我想，下一步从我们国家层面可能要做好这四件事情：第一，建立一个可持续发展评价机制，不管哪种类型的资源型城市，它的发展阶段处在什么阶段，在这个阶段上要注意什么问题，它的接续替代产业的培育应该按照什么路线和模式进行，这都要根据这个城市的资源状况和可持续发展的状况进行评价。过去我们没有这个评价机制，将来我们几个部委要联合建立资源型城市的可持续发展评价机制。再有，把着力点放到五大机制建设上，进一步推进资源税的改革，进一步推进资源要素价格形成机制的改革，进一步建立和完善矿山恢复可持续发展的准备金制度等。

第二，分类指导。因为这262个资源型城市分布在全国除了京津沪三市以外的所有省、区、市，情况千差万别，一定要实施分类指导，不可"一刀切"。我们将建立资源型城市可持续发展的统计体系，还要建立资源枯竭型城市转型发展年度绩效考核评价制度。还有，要搞试点，特别是资源富集地区的可持续发展试点。下一步，我们三部委准备着手起草一个资源型城市可持续发展分类指导意见，来进一步落实这个《规划》。

第三，加大支持力度。为了支持资源枯竭型城市转型发展，发改委已经安排了一部分中央预算内资金，国土资源部也会同财政部安排了矿山环境治理资金，更主要的是财政部通过中央财政转移支付对资源枯竭型城市给予了资金支持。下一步我们几个部委将继续加大支持力度，有关内容请国土资源部和财政部负责同志待会儿补充。

第四，加快法制化建设。《规划》里已经明确写了，要加快推进资源型城市可持续发展立法。

党中央、国务院对可持续发展工作高度重视，党的十八大又把建设生态文明列为"五位一体"的重要任务。这次国务院出台了这样一个非常重要的《规划》，是在可持续发展领域里一件具有标志意义的大事，所以我们三部委一定要会同有关部门和地方，把这个《规划》落实好，真的见到成效。

关于辽宁省钢铁行业去产能及深化企业改革问题的调研报告[*]

(2016年4月8日)

3月22~31日,全国政协"东北三省工业转型升级专题调研"辽宁省调研组去产能(钢铁)调研小组在辽宁省开展调研。调研小组先后赴本溪市、阜新市、鞍山市、营口市、大连市,围绕钢铁行业去产能、深化国有企业改革、推进厂办大集体改革三个重点问题,与本钢、阜新矿业、鞍钢、东北特钢等企业及地方政府深入座谈,实地考察企业生产经营情况,掌握了不少第一手资料,感到很有收获。现将有关情况报告如下。

一、关于化解钢铁行业过剩产能

目前,我国已形成粗钢产能11.3亿吨,2015年粗钢产量8.03亿吨,同比下降2.3%,为1982年以来首次负增长。产能绝对过剩是钢铁行业目前最突出的矛盾。2015年,全国钢铁行业产能利用率仅71%,PPI连续47个月下降,据中国钢铁协会统计,会员企业总计亏损645亿元,企业生产经营十分困难。

党中央、国务院高度重视钢铁去产能脱困发展工作。2月份,国务院出台《关于钢铁行业化解过剩产能实现脱困发展的意见》

---

[*] 2016年3月,全国政协组织开展"东北三省工业转型升级专题调研"。这是辽宁省调研组去产能(钢铁)调研小组撰写的调研报告。杜鹰为调研小组组长,参加人员还有范集湘、郭允冲、梁骧、李新创、赵文广、赵崇生。

(以下简称《意见》)。3月份,作为责任部门的发展改革委、工业和信息化部下发《关于做好钢铁煤炭行业化解过剩产能实现脱困发展的意见贯彻落实工作的通知》,要求各省上报去产能计划,经综合平衡后,将于5月底前与相关省份签订责任状。同月,两部门还向国务院上报了钢铁行业去产能脱困发展的8个配套文件。

(一) 辽宁省钢铁行业基本情况和特点

截至2015年底,辽宁省钢铁行业规模以上企业1421家,从业人员40.4万人,已形成7575万吨炼铁、8720万吨粗钢、8761万吨热轧一次材生产能力。2015年,辽宁省生铁、粗钢、钢材产量分别为6059万吨、6071.3万吨、6321.6万吨,同比分别下降3.7%、6.7%、8.9%,全省粗钢产能利用率为69.6%,略低于全国平均水平。其中,鞍山钢铁产量2261万吨,同比下降3.7%;本钢粗钢产量1499万吨,同比下降7.8%。当年,本钢亏损77亿元,鞍山钢铁亏损43.9亿元,东北特钢亏损30亿元。

通过调研我们感到,辽宁钢铁行业也有去产能的任务,但相比之下,转型升级的任务更加繁重。这主要是因为:

第一,辽宁省钢铁企业生产技术装备先进、产业结构比较合理、高附加值产品比例高。全省1000立方米及以上高炉产能约5860万吨,占炼铁总产能的77%;100吨及以上转炉(电炉)产能约7260万吨,占全省粗钢产能的83%。鞍山钢铁产品板管比为83%,涂镀板比达50%以上,高附加值产品比例超过44%,接近70%的产品质量达到国际先进水平;东北特钢的工模具钢、高温合金钢、高强钢、齿轮钢居国内领先水平,系列高档齿轮钢达国际先进水平。

第二,辽宁省钢铁行业集中度较高,鞍钢、本钢、凌钢、东北特钢、五矿营口中板、抚顺新钢铁等重点骨干企业钢铁产量约占全省的87%。

第三,2008~2014年,辽宁省积极推进落后产能淘汰工作。

已累计淘汰落后钢铁产能1040万吨，退出产能560万吨。虽然前不久辽宁省上报国家发改委的计划中没有提出去产能的任务，但据我们了解，省有关部门还在深入细致地摸底，据称全省还要淘汰落后产能几百万吨，如铁岭等市的地方小钢铁厂。

第四，相对于去产能，辽宁省钢铁行业转型发展的任务十分繁重。辽宁省钢铁企业多是老牌的国有企业，改革相对滞后，体制机制不活。这集中表现在"两高一低"上，即人工成本高、财务成本高、全员劳动生产率低。人工成本高可以本钢和江苏沙钢为例，本钢生产能力1500万吨，沙钢生产能力2000万吨，但本钢去年工资支出高达40亿元，沙钢仅22亿元，折算到吨钢成本上，本钢比沙钢多180块钱。财务成本高是因为辽宁省钢铁企业资产负债率非常高，鞍钢负债率67.7%，本钢和凌钢均超过70%，五矿营口中板超过90%，有限的利润被巨额利息吞噬。鞍钢的财务成本从2013年的58亿元，快速上升到2015年的85亿元；东北特钢2015年营业收入才158亿元，财务费用则高达30.7亿元，折合吨钢财务费用1498元，而行业内主要竞争对手中信泰富特钢的吨钢财务费用仅47元。劳动生产率低下表现在，国际钢铁行业人均产钢平均水平是800吨/年，美国和日本是800~1000吨/年，国内民营企业江苏沙钢为940吨，而鞍钢10.4万职工，人均产钢只有216吨/年；本钢8.9万职工，人均产钢只有167吨/年。据本钢介绍，尽管近年来累计淘汰落后产能280万吨，但却未相应分流企业人员，实际上企业只要有2万多职工就够了。

第五，相比去产能，辽宁省钢铁行业还有很大的升级改造空间。2015年，我国进口钢材1278万吨，主要集中在铁路行业使用的轴承钢、齿轮钢、车轮用钢，汽车企业使用的汽车板、轴承钢，以及高能效配电变压器用取向硅钢、900Mpa以上级别热轧薄宽带钢等。这些产品国内产品稳定性差，有的还生产不了。

总体来看，辽宁省钢铁行业也有去产能的任务，但与其他钢铁大省如河北、江苏相比，辽宁省去产能工作的重心，不仅仅在淘汰落后产能上,更重要的是,要通过深化企业改革,裁减冗员,解决历史遗留问题,搞活企业体制机制;通过兼并重组、技术改造和发展进口替代,提高企业的创新能力和市场竞争力,实现从钢铁大省到钢铁强省的转变,这才是辽宁省钢铁行业的主要矛盾和主攻方向。

(二) 主要问题

辽宁省委、省政府对去产能工作高度重视,有关部门已开展调查摸底和相关措施的研究制定工作,鞍钢、本钢等也在重新谋划企业自身的定位和行动。通过调研,我们认为辽宁省推进去产能工作面临着以下几个问题。

1. 对去产能认识不到位,企业存在顾虑

一是普遍存在观望态度,希望别人去产能,自己不去。有的企业反映,"钢铁价格低迷是暂时的,只要熬过这段时间,日子就会好过",缺乏主动调整的积极性。二是即使有去产能的实际需要,也不愿上报。如本钢的负责人表示,担心上报去产能计划会影响企业的信誉,银行部门会认为企业经营不善、效益不好,一旦降低了信用评级,将影响企业的融资。三是担心去产能不彻底,存在死灰复燃的可能。据鞍钢反映,山西省海鑫钢铁破产后,吉林省建龙集团以原资产价格5%的成本对其实施重组,近期由天津市四大钢铁企业组成的渤海钢铁对其实施二次重组,这些企业重组后,剥离了不良资产,虽然技术装备比不上辽宁企业,但甩掉了债务和冗员包袱,竞争力更强了,不仅产能没去掉,反而为下一轮过度竞争和无序竞争埋下了伏笔。

2. 去产能与国有企业体制机制不活问题交织在一起

去产能与深化国有企业改革密切相关。虽然辽宁省钢铁行业国有企业的技术装备是先进的,产品结构相对合理,但企业的治理模式和经营机制仍不能适应市场竞争的要求,特别是冗员多、成本高、效率低的问题突出。有关国企改革问题,我们将在下面做专门的讨论。这里要指出的是,如果在这一轮的结构调整和去产能过程中,没有解决国有企业的体制机制问题,即便用行政的办法去掉部分产能,将来也还会出现新的过剩产能。

3. 去产能与企业历史包袱沉重问题交织在一起

鞍钢、本钢、阜新矿业作为老国有企业,在发展过程中承担了大量办社会职能,积累了诸多历史遗留问题,主要包括分离"三供一业"、解决企业欠缴社保费用、离退休人员社会化安置、厂办大集体改革、处置"壳企业"等。这些问题常年耗费着企业的精力和财力,导致在与其他企业的竞争中一开始就输在了起跑线上,也是影响社会和谐稳定的重大隐患。去产能势必涉及企业资产和员工的大调整,势必把解决历史遗留问题提到日程上来,如果后者得不到妥善解决,去产能也无法顺利进行。

4. 去产能面临人员分流转岗难和不良资产处置难两大难题

去产能过程中最难办的是两件事情:一是职工的转岗分流和安置问题;二是不良资产的处置问题。在职工转岗分流和安置上,辽宁的情况不同于宝钢、武钢等企业,这些企业地处上海、武汉等大城市,而辽宁却具有"一企一市"的特点,如本溪市因本钢而生、鞍山市因鞍钢而生、阜新市因阜新矿业而生,"孤岛"效应明显,社会吸纳再就业人员的能力弱。如阜新市,10多年前因煤矿资源枯竭而分流的10万多煤矿工人至今没有安置完毕,近期阜矿集团彩屯煤业等6家公司关闭,又将有3.3万名职工面临失业和再就业问题,市政府已累计拿出3亿元开发公益性岗位,公益性岗位已枯竭,进一步开发就业市场的难度很大。在不良资产处置上,辽宁企业的债务杠杆率本来就高,一旦实行兼并重组或破产,势必要对企业债务进行重组并面临银行呆坏账的处置问题。现在的问题是,能否通过债转股进行债务重组和不良资产处置,眼下的情况与1995年那轮国企改革有所不同,一方面商业银行已经股份制改革了,商业银行法又限制银行直接持股,另一方面又要防止企业的"道德风险",因此需要认真研究新形势下的债转股方式。

5. 矿山企业税负过重过多

鞍山钢铁的矿山企业，每年除要缴纳土地征用费用外，还需缴纳15种税和11项非税支出，税费负担率22%以上，远高于澳大利亚、巴西4%~10%的水平，是国内工业企业平均水平3倍多。2009年起，矿产品增值税税率由13%提高到17%，仅2015年即多缴纳增值税8.2亿元。

（三）有关建议

推进辽宁省去产能工作，要按照党中央、国务院的有关决策部署，制定周密的方案，综合考虑各方面因素，进一步细化政策举措，方能扎实推进。

1. 进一步明确去产能的工作目标

《意见》明确了钢铁行业化解过剩产能实现脱困发展的总体思路，是个好文件，关键是要落实。现在从实际情况看，无论是在文件解读上还是在工作推进上，都还存在一些模糊认识，即认为去产能就是淘汰关闭落后企业，而且存在"一刀切"倾向。这种认识和做法是片面的，把复杂问题简单化了。必须认识到，去产能只是手段，目的是推进钢铁行业的转型升级，提升全行业的竞争力，最终做大做强中国的钢铁行业。因此，应全面、准确地理解钢铁行业去产能脱困发展工作，在指导思想和具体工作中应始终坚持"四个结合"：一是淘汰落后产能与发展先进生产力相结合，特别要注意保护先进产能，不能采取"一刀切"方式。二是去产能要与提高行业集中度相结合。据统计，2015年全国钢铁行业前十名企业产量为2.75亿吨，占全国总量的34%，集中度太低。水泥行业经过多年整合，行业集中度大为提高，国内前十名企业产量占比超过50%，所以去产能一定是结构性的调整，"一刀切"是不可能提高集中度的。三是要把总量平衡和结构平衡相结合。不同省份钢铁行业内在质量、结构性和技术装备水平是不一样的,只考虑总量、不考虑结构的"一刀切"最终会顾此失彼、事与愿违。四是去产能要与转型升级相结合。东北地区高附加值钢材品种依然生产能力不足,东北的汽车企业如一汽、华晨宝马对高档汽车用钢、石化企业对高性能管材、装备制造企业对高端板材的需求较大,还有很多改造升级替代进口的空间,实现钢铁产业高度化的任务并不比淘汰落后产能更轻松。

2. 充分发挥企业的主体作用

在去产能的过程中,切忌政府冲在前面,企业反而没有积极性。《意见》提出,在去产能过程中要坚持市场倒逼、企业主体,地方组织、中央支持等原则。这里确实有一个如何正确处理好政府与企业、政府与市场的关系问题。我们认为,在依法依规关闭落后产能方面,可以由政府出面,通过严格执法来实现,但在推进企业兼并重组方面,一定要避免"拉郎配",这就必须尊重企业的意愿、突出企业的主体作用。对于后者,我们有的同志意识还不强,也缺乏有力的政策措施。为此建议,中央财政专项奖补资金应加大支持力度,不仅要支持安置职工,还应安排相应资金支持兼并重组,还可考虑将相关政策和资金重点用于支持区域性骨干企业,调动其积极性,由其主导开展兼并重组,真正做到发挥企业的主体作用。

3. 把去产能与深化国企改革、解决历史遗留问题紧密结合

去产能不仅要实现落后企业的退出,同样重要的是要使续存企业健康起来,真正担负起做强中国钢铁行业的重任。从辽宁的实际情况来看,这就必须同步推进钢铁行业企业,特别是国有企业深化改革。这里突出的是两个问题:一是僵化的体制机制;二是沉重的历史包袱。只有加快国有企业改革,建立起适应市场竞争的体制机制,同时有效地解决历史遗留问题,减轻企业负担,才能为钢铁行业的持续健康发展打下坚实的基础。

4. 妥善做好职工分流转岗和安置工作

和20年前国企改革中职工下岗分流相比,这次需要转岗分流

的数量远不如上次多，但职工的期望值更高了、工作难度还是很大的。要把职工转岗和安置作为去产能工作的重中之重，科学制定政策，周密安排部署，做好大量艰苦细致的工作。要切实维护职工合法权益，通过提前退休、解除劳动合同、内退、自主创业、服务输出等方式多渠道安置职工。就辽宁的情况而言，为打破"孤岛效应"，要更加重视加强转岗再就业培训和通过"引进来"、"走出去"千方百计开发新的就业岗位。根据在鞍钢、本钢和阜新矿业了解到的情况，每个职工安置成本约15万元，而中央财政安排的1000亿元专项奖补资金落到人头上只有5.5万元，建议中央财政进一步加大支持力度，同时在安排资金时，充分考虑区域差异因素，对老工业基地给予倾斜支持。此外，对于没有安排去产能任务但化解冗员任务繁重的企业，也应统筹考虑给予资金支持。

5. 妥善处置企业不良资产

针对企业债务过高、财务费用负担过重的问题，要多措并举，妥善处理企业债务和银行不良资产。积极研究债转股方式，坚持市场化、法制化原则，选择产品具有市场前景、管理水平和技术水平先进的企业，依托现有金融资产管理公司或成立新的资产管理公司，剥离国有银行持有的企业债权，转化成对企业的股权，同时要通过债转股，促进企业股权多元化、改善企业治理模式和经营机制。研究采取打包出售、债务置换、资产证券化等市场化方式处置企业债务和银行不良资产。要深入研究有关破产企业政策，提出针对不同类型企业的具体操作细则，便于破产企业明确责任，处置好债务和资产。同时，要对钢铁行业的金融支持政策实施差异化管理，做到有保有压。对技术装备先进、历史负担较重，承担重要军工任务的企业，按照风险可控、商业可持续的原则，保持并适当增加企业授信和贷款规模，为企业改革脱困创造条件。

6. 降低矿山企业税负

从建立公平的市场环境出发，充分考虑我国资源条件差、建设周期长的特点，将税费降低至国外同行业水平，提高国产矿的竞争力。一是改革现有采矿权有偿出让政策，对已经缴纳的价款给予返还；尚未缴纳的价款给予免除或转为国家资本金注入。二是取消征收矿产资源补偿费。三是加快实施资源税从价计征，并参照国内石油和国外铁精矿征税办法，当矿石价格低于社会平均成本时，减半征收或免收，即矿石价格低于60美元时，免收资源税；矿石价格为60~80美元时，半价征收。四是将矿产品增值税率恢复至13%，并扩大增值税抵扣范围，允许购置土地使用权、矿权价款等按17%的抵扣率计算缴纳增值税。五是加强进口铁矿石管控，制定进口铁矿石国家标准，禁止劣质铁矿石进口，保护国家生态环境，促进钢铁行业绿色发展。

二、关于全面深化国有企业改革

东北振兴的重点在工业转型升级，工业转型升级的关键是全面深化国有企业改革。在调研过程中，我们深深地体会到，实现东北钢铁煤炭等行业健康发展，必须要在化解过剩产能过程中，全面深化国有企业改革。

（一）国有企业存在的突出问题

在行业发展面临困境的大背景下，鞍钢、本钢、东北特钢、阜新矿业等国有企业原本就存在的动力不足、活力不强等痼疾愈加明显。

1. 股权结构不合理、开放度低，资产运营效率低

辽宁省国有工业企业大多是在竞争领域，但企业股权多元化改革不到位，特别是在集团公司层面，国有独资企业的占比高达80%以上。就是已进行股份制改革的企业，大部分也是国有股比例过高，市场化程度较低。辽宁省国有企业股权开放度低，混合所有制发展缓慢。国有企业（包括军工企业）与民营企业之间、

央企与地方企业之间各自为主，相对封闭，产权融合度较低，少有利益共享机制。国有资产证券化率仅27%，远低于国内很多省市。资本市场不发达，企业与资本市场对接较少，融资手段以间接融资为主，这是导致企业负债率高、债务负担沉重的重要原因。

2. 历史遗留问题成堆，改革成本高

一是企业办社会问题突出。央企和地方国有企业"三供一业"[①]机构合计222个，职工4.2万人，分离移交费用约需108亿元。二是厂办大集体改革滞后，长期拖累国有企业。如本钢近三年，借付厂办大集体费用3543万元。三是养老保险资金缺口不断加大。目前，辽宁省离退休人员达605万，居全国第3位，参保职工与离退休人员比例为1.79∶1，远低于全国平均水平的2.88∶1，部分城市更低，如本溪市仅为1.66∶1。四是离退休人员社会化管理程度低。仅有地方国企离退休机构284个，管理离退休人员41.9万人，社会化改革成本约165.6亿元。五是"壳企业"难以退出市场。全省"壳企业"830户，负债426亿元，职工16.5万人，职工安置成本约50.9亿元。

3. 体制机制不活，严重制约企业转型发展

从我们调研走访的企业看，国有企业的体制机制问题突出表现在"三个机制缺失、两个意识不强"上。

一是决策机制缺失。从企业内部看，由于企业股份制改革不到位，企业尚未实现股权多元化，股东会呈一元结构，董事会形同虚设，与出资人、经理层之间职责不清，现代企业制度并没有真正建立起来；从企业外部看，对国有企业的定位不清，出资人对企业管得过多过严，没有给企业应有的自主决策空间，决策审批制现象突出，企业行政化色彩浓厚。在被问到对此有何感受时，鞍钢的负责人说"已经习惯了"。在这种治理模式下，企业更像一个车间，而不是市场经济条件下独立的经济组织。

---

① "三供一业"是指供水、供电、供热及物业管理。

二是激励机制缺失。与民营企业相比，国有企业收入分配机制不活，难以拉开工资收入差距，特别是对重要管理岗位和科研人员激励不足，东北国有企业之所以出现骨干人员跳槽、人才外流现象，与此不无关系。本钢为调动企业职工积极性，曾在下属二级公司搞过全员持股试点，但终因公司经营不善而放弃。

三是退出机制缺失。在企业层面，企业能生不能死，即便常年亏损、资不抵债也能靠国有银行贷款维持生产，难以从市场上清零，其原因更多地来自地方政府的保护；在用人层面，职工能进不能出，干部能上很难下，国家在几十年前就开始实行的干部能上能下、收入能增能减、职工能进能出的三项制度改革至今未迈出实质性步伐！

四是竞争意识不强。国有企业在管理和经营上存在浓厚的计划经济模式下的思维惯性，行政依赖性强，预算管理软约束，企业家并不能真正对企业负责，导致企业参与市场竞争的意识不强，应对市场变化的能力难以提升。

五是成本意识不强。国有企业高产低效问题突出，通过精细管理提高效率的意识不强。鞍钢、本钢一线员工实行"四班三倒"工作制，而沙钢实行"三班三倒"。为了降成本，沙钢甚至连厂区洒水除尘的次数都要实施监测并加以及时调整，这在国有企业是很难做到的。

在这里，我们还要讲一下东北特钢这个典型案例。在3月28日我们与东北特钢座谈的当天，该企业被人民银行交易中心宣布债务严重违约，原因是有一笔8亿元的债务到期未能兑付。东北特钢集团是我国特殊钢行业领军企业，由辽宁省大连特钢、抚顺特钢、黑龙江省北满特钢重组而成。东北特钢总资产530多亿元，负债440多亿元，另有账外债务90多亿元。表面看来，东北特钢因易地搬迁、率先改革厂办大集体、大量投资技术改造而导致债台高筑似乎无可厚非，但也正是从这里暴露出企业的债务和资产管理上存在重大漏洞。进一步深究，根本原因在于企业定位不清，尽管东北特钢承担了具有重要战略意义的军工产品生产任务，但自身毕竟是市场竞争条件下自负盈亏的主体，由于两者界限不清，导致企业盲目扩张，缺乏危机意识，最终导致企业陷入困境，这个案例的确值得深思。后来得知，由于国家开发银行紧急授信36亿元，企业暂时渡过了危机，但想必后事仍不容乐观。

（二）有关建议

东北国有企业改革滞后，是一个不争的事实，也是解开"东北问题"的钥匙。要下大力气全面推进国有企业改革，释放东北经济发展的活力和动力。

1. 积极推进股份制改革，发展混合所有制经济

股份制企业具有更加合理的产权结构、更加灵活的经营机制和应对市场的快速反应机制，是建立现代企业制度的普遍选择。从辽宁的情况看，无论是已进行了股份制改造还是尚未实施改革的国有企业都有"补课"的必要，尤其是在充分竞争领域，更应大刀阔斧进行改革。应准确界定不同国有企业功能，尽快完成东北地区中央企业和地方国有企业分类，根据企业分类，积极而有序地推进混合所有制改革，推动国有企业股权多元化。

2. 明确国有企业与出资人之间的定位，完善法人治理结构

国有企业的出资人，包括国有资产管理部门、财政部门及有关投资平台公司等，应进一步明确与国有企业的监管关系，将自身的职责定位在选聘董事会人员、考核企业业绩、保值增值监督、制定生产经营负面清单等方面，减少对生产经营业务的直接干预。国有企业要以法人制度为基础，健全企业治理结构、转换经营机制。在辽宁省开展落实董事会职权、市场化选聘经营管理者、职业经理人制度试点。

3. 推进企业经营机制改革，充分发挥企业家作用

要以推进"三项制度"改革为切入点，深化国有企业内部人事、劳动、分配制度改革，建立职工择优录用、能进能出的用工

制度，政府做好兜底性制度安排；建立企业管理人员能上能下的人事制度；建立健全收入能高能低的薪酬制度。逐步探索建立与市场化选任方式相适应的高层次人才和企业经营管理者薪酬制度。充分发挥企业家的作用，使他们真正担负起企业经营的权责。制定《破产法》实施细则，真正使经营难以为继的企业退出市场成为常态。

4. 积极稳妥解决历史遗留问题，使国有企业轻装上阵

东北地区国有企业的遗留问题不解决，国有企业的改制重组、发展混合所有制经济、公平参与市场竞争就难以迈开步伐，也是影响社会和谐稳定的重要因素。解决历史遗留问题虽然有难度，但早解决早主动，越拖解决起来难度越大、成本越高。无论是妥善安置"壳企业"、厂办大集体职工、解决社保资金缺口，还是剥离国有企业办社会职能，都需要支出一笔巨大的改革成本，是不可能一蹴而就的。为此，应整体考虑、统筹安排，区分轻重缓急，有计划有步骤地加以解决，同时建议建立国有企业和政府合理分担成本的机制，多方筹措资金，中央财政应予倾斜支持，再帮一把。

5. 建议在东北地区设立"全面深化国有企业综合配套改革试验区"

国家实施东北振兴战略十三年来，正如辽宁省同志所说，国企改革没有取得实质性进展，这是制约东北振兴的要害问题。新常态需要新国企，老工业基地振兴需要新国企。在东北三省设立"全面深化国有企业综合配套改革试验区"，不仅是振兴东北的需要，对全国推进新一轮国有企业改革也具有重大意义。把这个主题的试验区设在东北是恰当的：一是东北三省国有企业比重高，是最早进入计划经济、最晚进入市场经济的地区，推进深化国企改革示范效应强。二是东北地区国有企业问题集中，改革难度大，设立试验区，可以集中国家政策资源系统性推进，也有利于突破现行政策，在重点领域大胆探索，寻找实质性推进国企改革的具

体路径。三是东北国有企业类型全、典型性强，在全国的示范效应和可复制性也强。应抓紧制订试验方案，力争用3~5年的时间取得实质性的突破。

三、关于厂办大集体改革

在调研中我们感到，厂办大集体改革是地方政府和企业十分关切的问题，也是化解历史遗留问题中难啃的"硬骨头"。

（一）有关背景

厂办大集体是指20世纪七八十年代，为安置国有企业职工子女和回城知青就业，由国有企业兴办的集体所有制企业。这些企业主要依附主办国企从事生产经营，产权关系不清晰，普遍规模较小、市场竞争力弱。随着市场化进程加快，绝大多数厂办大集体企业陷入困境，据反映，辽宁省90%以上的厂办大集体已处于停产状态，企业亏损严重，拖欠职工社保缴费，许多职工被放长假，生活困难，不少企业已成为无主办单位、无资产、无生产经营活动的"三无企业"。在问到厂办大集体经营不善的原因时，鞍钢一大集体企业负责人说，"国有企业的困难我们都有，民营企业的优势我们全无"，可谓一语中的。

从全国看，厂办大集体主要集中在东北地区。据统计，东北三省未改革的厂办大集体有1.78万户，职工286.4万人，约占全国总数（520万人）的55%。其中，三省推进厂办大集体改革的进度又不平衡。黑龙江省哈尔滨市作为首批试点城市，于2007年正式启动厂办大集体改革试点，2011年已基本完成，吉林省长春市正在推进改革工作，而辽宁省的改革至今尚未启动。

国务院对厂办大集体改革高度重视，2005年成立了由财政部、国资委、人社部和原振兴东北办组成的改革推进小组，首先在东北地区启动改革试点。2011年国务院又出台《关于在全国范围内开展厂办大集体改革工作的指导意见》,加大了财政补助力度,并实行"奖补结合",对进展较快的地方提高补助比例,提出用3~5年时间完成全国厂办大集体改革任务。

(二) 存在的主要问题

辽宁省推进厂办大集体改革之所以滞后,既有主观原因,也有客观原因。

1. 地方政府和企业难以支付改革成本

据辽宁省测算,全省地方厂办大集体3041户,职工46.1万人,改革总成本473.6亿元,人均10.3万元。其中支付经济补偿金144.2亿元,补缴各项社保费166.7亿元,偿还企业拖欠职工债务135亿元,离退休人员取暖费及社会化移交费用27.7亿元。按现行政策,可申请中央财政补助124亿元,其余350亿元需地方承担。从我们调查了解的情况看,全省的匡算数可能还打不住。如本钢厂办大集体职工4.94万人,改革成本约60亿元,人均约12万元。

2. 社会稳定压力大

厂办大集体职工工资水平本来就低,又由于目前所在企业和主办企业经营困难,进一步影响了职工收入和社会保障水平,心态波动很大,上访事件时有发生。2015年,鞍钢附属企业公司(鞍钢大集体企业)接待上访171批3336人次。一旦实施改制,面临或回家或再就业的职工将失去归属感,易造成不稳定因素。

3. 职工转岗就业难度大

厂办大集体职工平均年龄在50岁以上,工作技能较为单一,难以转岗从事其他行业。何况像鞍山、本溪、阜新这些城市"孤岛"效应明显,城市可提供的就业岗位有限,使转岗就业难上加难。

4. 对改革有畏难情绪

实际上,集体企业的改革早在20世纪80年代末90年代初就已经普遍实行,如苏南的集体企业就是那时改制为股份合作制企业的。东北地区的改革之所以滞后，其中一个重要原因，是人们对改革有畏难情绪，担心不改则已，一改就会"把睡着的孩子拍醒了"。经济状况好时不想改，经济状况不好时不敢改，屡屡错过改革时机，以至走到今天积重难返的地步。

（三）有关建议

目前，对尽快启动厂办大集体改革，中央有关部门、地方各级政府以及相关企业已经达成共识，现在的问题是如何遇难而上，攻坚克难。为此建议：

1. 坚持统筹谋划、稳步实施的原则

我们了解到，在改革具体路径上，有关部门与地方强调的侧重点略有不同，财政部门强调财政补助资金要与企业改革相挂钩，而地方则认为在改革资金有限的情况下，应优先解决职工最关心的养老保险接续和足额交付医疗保险问题，解除职工后顾之忧，然后再实施改制，解除劳动关系。我们认为，这两者之间并无实质分歧，地方的考虑可以接受，但前提是要彻底改革，不能搞成"半拉子工程"。建议由地方制定包括改制、转身份、保险托底在内的完整改革方案，经批准后分步实施。

2. 积极争取资金和政策支持

要准确核定厂办大集体职工人数、平均年龄、平均工资、当地最低工资标准等基础数据，在此基础上确定改革总成本。资金来源可采取如下多元化筹资方式：一是按政策申请中央财政厂办大集体改革补助资金、国有资本经营预算资金的支持；二是建议中央财政考虑东北的实际困难，加大对三省财政转移支付力度，用于帮助解决大集体职工养老和医疗保险问题；三是建议国家给予政策，允许东北利用地方政府转让国有资产收益、发行专项企业债，国有企业利用上市公司增资扩股等方式筹措资金，弥补资金缺口。

3. 允许地方统筹使用资金

允许地方结合当地实际，将自筹资金和中央财政专项补助资金统筹用于支持厂办大集体企业接续职工各项社会保险关系、解除职工劳动关系经济补偿等支出，具体范围由各地根据实际情况合理确定。

4. 妥善做好人员转岗安置工作

在安置职工时，要充分考虑大集体职工年龄偏大、技能单一、长期收入较低的特殊困难，制定的方案要细致周全，多渠道多方式解决问题。要加强再就业培训，千方百计开发就业岗位，形成全社会支持改革的氛围。强化社会保障的兜底作用，切实维护社会稳定。

第四编 ∨∨ 中部崛起

关于"十一五"中部地区农业农村发展的几个问题[*]

(2004年8月25日)

中央高度重视中部地区的发展。温家宝总理在十届人大二次会议和今年6月份在武汉召开的中部五省负责同志座谈会上，都强调要实施中部崛起战略。中部崛起是个大题目，也是中部各省"十一五"发展的主题。编制"十一五"规划是发改系统当前和今后一个阶段的重要工作，中部地区的"十一五"规划编制要抓住这个主题，并力争有所突破。

中部地区10省[①]总人口5.04亿，占全国的39%，在全国占有举足轻重的地位。中部地区的发展有资源、市场和区位优势，但中部地区又是典型的欠发达地区，经济相对落后，发展的制约因素较多。中部10省去年的人均GDP 8140元，比全国平均水平低22.5%（按各省加总数计算），只相当于东部9省平均水平的47.0%。中部地区又是我国粮食和农产品的主产区，近年农民收入的增长速度不仅低于东部，而且慢于西部。"三农"的问题集中表现在中部，中部地区是我国"三农"问题的缩影。中部

---

[*] 国家发改委农经司在长沙召开农村经济发展"十一五"规划编制工作中部地区座谈会，这是作者在座谈会上的讲话，原载《中国经贸导刊》2005年第2期。

[①] 1986年六届全国人大四次会议通过的"七五"计划，按经济带将我国划为东部、中部、西部三个地区，其中中部地区包括山西、内蒙古、吉林、黑龙江、安徽、江西、河南、湖北、湖南、广西10个省（区）。2006年4月，中央印发《中共中央 国务院关于促进中部地区崛起的若干意见》，明确中部地区的范围为山西、安徽、江西、河南、湖北、湖南六省。

地区如何抓住机遇，加快发展，事关全局。中部地区在粮食生产上要有所作为，但中部崛起又不仅仅是粮食问题，我们的思维必须拓展到更加广阔的领域。破解了中部崛起的难题，解决我国"三农"问题才能获得实质性进展，实现全面小康才有可靠保证。

一、关于中部地区"十一五"农村经济发展的主线

我认为，应把推进工业化、城镇化、建设现代农业，作为中部地区"十一五"农村经济发展的主线。

首先是工业化。一个地区经济发展的本质，就是产业结构的变革，即生产要素不断从低生产率部门向高生产率部门跃迁的过程。从全国看，我们仍处于工业化的中期阶段，就中部地区而言，还处在从农业社会向工业社会变革的起飞阶段。在这个阶段上，我们的工作就是要为中部的起飞铺筑跑道、奠定基础。中部地区要把人均 GDP 提高到全国平均水平，没有加速工业化是不可能实现的。现在中部地区推进工业化有很多有利条件。一是经过 55 年建设，我国的工业基础已经比较完备，工业门类齐全，新兴部门的发展也很迅速。二是加入世贸组织，我国的制造业在全球有相当明显的比较优势，必定会有更快的发展。这主要得益于劳动力便宜，人均工资只有美国的 1/40～1/30，而技术力量又达到了一定的水平。有人说中国是世界工厂，可能言过其实，但看中的就是劳动力价格低廉又兼有技术上的后发优势。中部地区的优势之一是劳动力资源丰富，据我们分析，"十一五"期间我国农村劳动力每年的新增量比"十五"要大大下降，是加速农村劳动力转移的黄金时期。现在全球生物、信息技术日新月异，变化非常快，中国是发展中国家，可以利用后发优势，加快技术进步速度。三是中部地区具有承东启西的区位优势。东部经济发达地区的产业向中西部梯次转移是个客观规律，为此中部地区要加大对外开放

的力度。武汉的九省通衢，江西的甘当东部沿海地区的"三个基地"，都取得了明显成效，证明只有开放才能加快发展，才能真正开辟"唯楚有才，于斯为盛"的新天地、新纪元。有这么多有利条件，中部地区加速推进工业化是可以实现的。中部地区如何加速工业化？很重要的一条是充分调动民间的力量。新中国早期的工业化是国家工业化，而现阶段工业化的主体是民营经济，是地方主动性可以大大发挥的工业化。要认识到人民群众中蕴藏着创造财富的巨大能量和积极性，要把能人、包括农村的能人挖掘出来，给他们施展才能的舞台。中部崛起要靠亿万农民群众，要把他们的积极性调动好、发挥好、保护好。再一条就是要走新型工业化道路，走技术创新和劳动密集的路子，始终注意节约资源和环境保护。做到这一点，既要有点长远眼光，也要有切实的鼓励和保障措施。

其次是城镇化。任何产业的发展都要有载体。农业的载体是广袤的土地，因为农业是分散的；二、三产业必定要以人口的集聚为前提，因此地域上是集中的。工业化必然要与城镇化同步推进，城镇化是工业化的结果，与工业化相伴而行，二者要紧密结合。现在的问题是工业化超前，城镇化落后。这说明我们工业的集中程度不够，人口的集聚程度不够。发展工业，村村点火、户户冒烟不行，不仅带来环境污染、交通不畅、信息闭塞等问题，而且也不可能带动第三产业的发展。中央在"十五"规划中提出了城镇化发展的基本方针，对大中小城市和城市带的发展都有明确的表述，应认真贯彻执行。"十一五"是我国城镇化发展加速时期，推进城镇化要注意统筹规划，合理布局，突出重点，因势利导。

最后是建设现代农业。这是十五届三中全会的提法。农业现代化强调的是目标、是过程，建设现代农业强调的是起步、是当前。中部是农业主产区，建设现代农业是中部地区的重要任务。中央反复强调要重视农业，就是为了在加快工业化、城镇化的进程中，务必要强化农业对国民经济的支撑力，打牢农业这个基础，两者必须相辅相成。我们首先要搞清楚中部地区农业发展处于什么阶段、面临什么问题。过去，农业发展的主要制约因素是资源约束，现在面临资源和需求的双重约束；过去发展的目标主要是解决粮食不足的问题，现在要同时解决质和量的问题，两者都很重要，质的矛盾更突出。中央对现阶段我国农业发展提出的要求是：优质、高产、高效、生态、安全，这是党中央、国务院对新阶段农业的新要求，都要体现在中部地区的"十一五"规划里。实现这十个字的要求，具体说就是要在农产品优质化、专用化、规模化、标准化、深加工转化上下功夫，不断提高农产品质量和农业效益。优质化的同时要考虑专用的问题，并非什么都是优质的好，如小麦，河南就分强筋、中筋、弱筋搞了三个小麦带，哪一个都不能少。要研究农业标准问题，没有标准化就没有食品安全。要通过深加工拉长产业链条，谋求农业的后续效益。还有规模问题，这是中国农业最头痛的事，主要通过农业产业化带动基地建设来解决。"十一五"中部地区建设现代农业，就是要在这几个方面有所突破，才能在国内、国际上有竞争力。在技术路线上也要有两个突破：一是种子革命。种子革命是中国农业的希望。据一些育种专家分析，近几年单靠良种的创新和普及就可以使全国粮食单产提高15%。技术进步的潜力非常大，如袁隆平的超级水稻，百亩实验亩产可达800多公斤，只是技术上还要完善。专家认为，下一步即将到来的生物革命，估计产值将是IT业的十倍。二是节水革命。未来全国农业用水的总量不仅不会增加，还要减少，同时又要使粮食产量再上新台阶，使菜篮子更加丰富，这就要求我们必须大力开展节水，在节水上要有一个大的突破。节水应作为现代农业的重要标志之一。此外，还有防治面源污染和农业资源综合利用等，都要在"十一五"规划中有所体现。

二、关于粮食问题

"十一五"末期,全国人口将达到14亿,粮食需求超过1万亿斤。从供给上看,虽然粮食产量1996年就突破了1万亿斤,但近四年连年减产,今年经过努力也只能达到9100亿斤,距1万亿斤的产需缺口为900亿斤。到2010年粮食产量达到1万亿斤,平均每年要增产150亿斤,难度不小。我国粮食进口量不能过多,自给率不能低于95%,这是国务院领导多次讲过的道理。

满足国内粮食需求主要靠中部地区。全国13个主产省可调出省外的粮食量为1000亿斤,其中有8个主产省在中部地区,产量占13个主产省的2/3强。以此推算,这8个省可调出省的粮食量应该在600亿斤以上。

在"十一五"期间,务必要初步建立起发展粮食生产的长效机制。中部地区发展粮食生产要讲两句话,一是国家要支持,二是地方要努力。国家要支持,是因为粮食比较效益低、主产区经济落后,又涉及国家粮食安全;地方要努力,是因为粮食生产是中部地区的比较优势,在主产区粮食还是农民收入的重要来源,不搞粮食不行。在具体措施上,一是农田水利基础设施建设,二是科技投入,三是对农民的长效激励机制,四是产业化和粮食的加工转化,五是建立新的区际交换体制。核心问题是要处理好国家粮食安全、地方财政收入和农民增收三者之间的利益关系。粮食成本上升的压力仅由生产者和主产区来承担,这种机制是不行的。中部地区很多产粮大县都是工业小县、财政穷县,耕地、水、电力、贷款等资源都要向粮食倾斜,为保障全国粮食安全作出了很大牺牲。国家的支持要着眼于建立新的区际交换体制,平衡主产区和主销区的利益关系。可以设想从主销区筹一笔钱,建立粮食风险基金,主要用于主产区提高粮食生产能力。"十一五"期间如果这个问题不解决,许多主产省就会把产量定在本省产需平衡水平上，国家粮食安全就得不到保障，因此一定要把产销区关系理顺。

三、关于农村基层组织创新和制度创新问题

现在，农村公共管理能力很弱，公共产品供给严重不足，缺乏必要的组织工作，这是一个大问题。从政治上讲，"基础不牢，地动山摇"，党的十六届四中全会将要研究加强党的执政能力问题，农村基层组织是我们党执政的基础；从经济上讲，不把农户和全国市场联系起来，农村就没有办法摆脱落后状况。因此，农村基层组织建设这方面的内容，在"十一五"规划中要有所体现。

解决小农户和大市场的连接，方式主要有三种：一是农业产业化；二是合作组织，包括社区性和专业性合作组织等；三是社会化服务体系。现在这三条都存在问题，作用还没有完全发挥出来。农业产业化要在完善龙头企业与农户的联接机制上下功夫，规范合同和订单，提倡设立风险基金和利润返还，真正体现"企业带基地，基地连农户"。社区合作社有管理职能也有经营职能，要解决好一家一户干不了、干不好、干起来不划算的事，如统一种植、统一植保、统一购销等，要支持和引导社区合作的发展。农民专业技术协会最贴近农民，更适应市场，要发挥它们的作用，要赋予它法人地位，这是今年一号文件的要求。发展农业社会化服务体系，涉及国家在农村基层技术服务组织的改革，核心是要区分公益性和经营性职能，这个体系建设只能加强，不能削弱。

很多地方在基层政权建设上存在一些问题，其中，突出问题是如何完善村民自治。我们要建立富裕文明的国家，包括物质文明、精神文明和政治文明。村民自治是政治文明的组成部分，是体现农民民主权利的重要方式。农民自治是大方向，尽管存在问题，但不能把问题的原因都推到宗族势力上去。我们必须要学会

做新时期的农民工作。过去乡村的主要职能是"要钱、要粮、要命",现在职能要转变,要加强对村民自治的引导和服务。村一级组织的人员设置可不可以交叉,适当精减人员。现在农村税费改革取消"两工",改为村民"一事一议",加上外出打工人员多,结果农田水利基本建设投劳量明显减少。解决的办法,一是政府要有引导资金,二是完善村民自治,三是乡村要加强组织引导工作。此外,"十一五"期间,村庄面貌一定要有一个变化,如河北省藁城市提出的"三化"(道路硬化、院街净化、村庄绿化)、浙江省提出的"千村示范、万村整治",都提出了改善农村人居环境的内容。

四、关于资源整合和投入问题

第一,增加财政投入问题。一是国家要加大农业投入。眼下的问题很明显,国债要逐步减发,在国债减发的同时,有必要也有可能建立中央财政农业投资的稳定增长机制。二是地方要调整支出结构。一方面很多地方财政日子不好过,但另一方面也存在对农业重视程度不够的问题,增加农业支出还有潜力。全国2860个县级单位,2002年,全国县级地方财政预算内收入2300多亿元,到今年,平均每个县财政收入1亿元左右,再加上预算外收入和转移支付,保吃饭应该没有问题。关键还是在于财政支出安排的优先顺序,是投到城里,还是支持农业。关于中央和地方配套资金的比例问题,很多地方希望降低地方配套,我们这几年实际上已经这样做了,但如果不要地方配套,地方对农业的重视程度恐怕会进一步弱化。

第二,扩展金融渠道问题。国办已下发关于扩大农村信用社改革试点的文件,基本思路就是:明晰产权关系,强化约束机制,增强服务功能,国家适当支持,地方政府负责。从信用社获得贷款的农户只占总农户的25%,要解决农村信用社的体制、机制问题，要大力发展小额贷款。农村邮政储蓄不能变成往城市抽资金的水泵，人行要向信用社返还。对于民间信贷也不能一概否定，要在法制规范的基础上允许存在。要认真研究政府农业投入与银行信贷整合的问题，这里有很大潜力。

第三，优化资源配置问题。应该说这些年对粮食的投入不少，但效果不尽如人意，这里就有一个组织问题。90年代前期，河南小麦单产远远低于山东，刘江同志时任农业部部长，组织人下去调查研究，加大技术推广、精量播种的力度，也没有花多少钱，就把河南的小麦单产搞上去了，现在河南小麦的单产全国第一。组织工作跟不上，给了钱也是白花。还有，刚才提到的如何更好地利用我国丰富的农村劳动力资源问题。我国最大的优势就是劳动力便宜，但全国2002/2003年农田水利基本建设投劳数量比最高年份的1998/1999年下降了60%还多，劳动积累减少了，全部要靠资金积累怎么行，这里也有组织问题，要在组织创新上下功夫。

贯彻落实中央战略决策
加快中部地区崛起步伐[*]

（2007 年 4 月 26 日）

在国务院领导下，国家发展改革委具体负责促进中部地区崛起的协调工作。这里，我就促进中部地区崛起有关问题讲几点看法。

一、促进中部地区崛起是事关我国现代化建设全局的重大战略举措

区域发展不平衡是我国的一个基本国情。促进区域协调发展，从来都是我国国民经济和社会发展整体战略的重要组成部分，也是新世纪、新阶段实现我国国民经济又好又快发展的重要内容和基本保障。党中央、国务院历来高度重视区域协调发展，为此做出了一系列重大战略决策，其中，对中部地区的发展给予了高度关注。

2002 年，党的十六大对我国区域发展战略格局做出了进一步的调整和完善，在原来东、中、西三大经济带划分的基础上，首次提出了东部、中部、西部和东北四大区域布局的设想。2004 年，在十届全国人大二次会议的政府工作报告中，继而在党的十六届四中全会的决定中，明确提出了促进中部地区崛起的战略。2005～2006 年，党的十六届五中全会通过的建议和十届全国人大

---

[*] 这是在郑州召开的第二届中部地区博览会物流业国际合作和发展研讨会上的讲话，原文载《河南日报》2007 年 6 月 1 日。

四次会议通过的《国民经济和社会发展第十一个五年规划纲要》，对中部崛起战略做出了总体部署。2006年4月，党中央、国务院印发了《关于促进中部地区崛起的若干意见》（以下简称《意见》），明确提出了促进中部地区崛起的总体要求、基本原则、工作重点和政策措施，标志着我国以四大区域为主要内容的区域经济协调发展战略格局初步形成。

中部六省地处华夏腹地，幅员广阔，人口众多，历史悠久，文化底蕴深厚，是一个天地钟毓、人杰地灵、物产丰富、资源富集、承东启西、连南贯北的宝地，在农业、能源、矿产资源、旅游、区位等方面有着独特的优势，在国家经济社会发展中占有重要地位。长期以来，中部地区为国家的工业化、现代化建设大业，做出了不可磨灭的突出贡献。实施促进中部地区崛起战略，是党中央、国务院从我国现代化建设全局出发做出的又一重大决策，对于形成中东西互动、优势互补、相互促进、共同发展的新格局具有重大的现实意义和深远的历史意义。

第一，促进中部地区崛起是保障国家粮食安全和资源安全的需要。中部地区是我国粮棉油主产区和重要的能源、原材料基地，具有明显的综合资源优势。我国的中长期发展面临着资源瓶颈等多方面的约束，加快促进中部地区崛起，更加有效地发挥中部地区粮食生产、能源开发和资源接续等方面的优势，是保障实现国家总体战略的需要。

第二，促进中部地区崛起是落实科学发展观，实现国民经济又好又快发展的需要。国家的整体发展和科学发展，有赖于各个区域比较优势的充分发挥。中部地区具有众多得天独厚的比较优势。但是，正如大家看到的，这些优势还没有完全发挥出来，在很多方面还表现为潜在的优势。促进中部地区崛起，目的就是将中部地区的各种优势有效地发挥出来，将潜在的比较优势转化为现实的经济优势，加快中部地区的发展步伐，通过比较优势的交换和内需的扩大，为我国整体经济的发展注入新的活力。

第三，促进中部地区崛起是促进区域协调发展的需要。推进西部大开发、振兴东北地区等老工业基地、促进中部地区崛起、鼓励东部地区率先发展，是我国区域协调发展的完整的战略框架，缺一不可。在我国区域协调发展的总体布局中，中部地区位于几何图形的中心，促进中部地区崛起，不仅对于区域均衡发展，而且对于承东启西、连南贯北，形成各大区域之间的良性互动机制，将发挥不可替代的重要作用。

第四，促进中部地区崛起是构建社会主义和谐社会的需要。让不同地区的人民共同分享改革开放和社会主义现代化建设的成果，是构建社会主义和谐社会的基本要求。由于种种原因，目前中部地区人民的生活水平和享受公共服务的水平还相对落后。促进中部地区崛起，必将有利于缩小区域发展差距，有利于实现基本公共服务的均等化，有利于让中部地区的广大人民群众得到实实在在的实惠，这是和谐发展非常重要的一个方面。

二、促进中部地区崛起是一项长期而又紧迫的战略任务

促进中部地区崛起，既是千载难逢的机遇，也面临着不可回避的挑战。中部地区崛起面临的主要制约因素表现在，一是粮食生产的基础还不牢靠，"三农"问题表现得尤为突出；二是产业发展的层次较低，经济结构调整任务繁重；三是经济增长方式比较粗放，自主创新能力比较弱；四是人口就业压力比较大，环境承载能力不强；五是开放水平还不够高，体制性的制约因素还不少。

面对这些难题，一方面，我们要认真学习、深刻领会党中央、国务院关于促进中部地区崛起战略决策的精神实质和具体部署；另一方面，要从中部地区及六省各自的实际出发，进一步理清思路，把握重点，强化措施，去破解难题，进而有序地推进中部地

区崛起战略。为此，我认为以下几点是很重要的：

第一，实现中部地区崛起，必须明确战略定位和努力方向。中部地区的战略定位和努力方向，《意见》已经有了明确的表述，就是"三个基地，一个枢纽"，即努力把中部地区建设成为全国重要的粮食生产基地、能源原材料基地、现代装备制造及高新技术产业基地，以及联接东西、纵贯南北的全国重要的综合交通运输枢纽。我理解，这是从全局角度对中部地区提出的要求，完全符合中部地区的实际，构成了促进中部崛起的基本骨架。

第二，实现中部地区崛起，必须坚持以结构调整为中心。中部地区崛起的过程，就是一个经济结构从较低层次向较高层次跃迁的过程。这个经济结构，不仅包括产业结构，而且包括就业结构。中部地区现在已经具备实现这个跃迁的基本条件。但问题在于中部地区在实现这个跃迁的过程中，不能简单照搬东部地区乃至国外的现成经验，而必须走出具有中部特色的崛起之路。要按照科学发展观的要求，一开始就坚持走新型工业化道路，坚持走统筹城乡发展的道路，坚持走资源节约型、环境友好型发展的道路，这就要求我们必须要有超前的眼光、创新的精神和新的举措。

第三，实现中部地区崛起，必须始终致力于消除关键性制约因素。在推进经济结构跃迁的过程中，中部地区不同程度地存在着诸多制约因素，比如市场、资金、技术、人才、环境、生态等。实施中部地区崛起，要在综合分析有利因素和不利因素的基础上，扬长避短，集中力量克服阻碍我们前进的短板问题和体制性障碍，不断为新的发展创造条件、积蓄力量。

第四，实现中部地区崛起，必须着力解决好民生问题。亿万人民群众是中部地区崛起的力量源泉。促进中部地区崛起，必须始终着眼于保护好、调动好、发挥好亿万人民群众的积极性和创造性。在推进中部地区崛起的各项工作中，要始终把解决城乡居民最关心、最直接、最现实的利益问题摆在突出重要的位置。要使中部地区崛起的过程，成为不断改善民生的过程，成为凝聚人心、聚集民力的过程，成为亿万人民群众的自觉行动。

第五，实现中部地区崛起，必须始终坚持改革开放。改革就是要消除体制性障碍，开放就是要赢得新的发展机会。没有这两条，中部地区崛起就会事倍功半；有了这两条，中部崛起就如虎添翼。因此，能否坚持推进改革开放，是关系中部崛起成败的关键，也是面临的最大挑战。

我们欣喜地看到，近年来，中部六省认真贯彻中央的决策和部署，艰苦奋斗，奋发有为，经济社会发展呈现出良好的、喜人的态势。2006年，中部六省地区生产总值增长速度、固定资产投资增长速度、规模以上工业企业增加值、进出口总额的增长速度等都高于全国平均水平，而且有的指标名列四大区域之首。对此，我们感到由衷的高兴，也进一步增强了促进中部地区崛起的信心。希望中部地区继续保持这种好态势，为我国的现代化建设做出新的贡献。

三、促进中部地区崛起需要中央和地方的共同努力

中央对促进中部地区崛起非常重视，最近批准成立了"国家促进中部地区崛起工作办公室"（中部办），具体工作由国家发展改革委地区经济司承担。中部办的主要职责是负责研究提出中部地区发展战略、规划和政策措施，促进中部地区崛起有关工作的协调、检查和落实。中部办的设立，标志着中部地区崛起进入了更具操作性的实施阶段。

自《意见》出台以来，国家发展改革委会同国务院有关部门不断加大工作力度，明确了各部门在促进中部地区工作中的分工，确定了中部地区26个地级以上城市比照执行振兴东北地区等老工业基地、243个县（市、区）比照执行西部大开发有关政策。这两个比照政策的具体内容，目前正在国务院各部门之间协调。今年，国家发展改革委中部办要着重做好四件事情：第一，抓紧与

有关部门协调，尽快确定"两个比照"政策的具体内容和操作办法，上报国务院批准后执行；第二，继续协调和督促国务院各有关部门在前一阶段工作的基础上，细化本部门促进中部地区崛起的各项政策措施；第三，加强对中部地区的调查研究，帮助中部地区解决在工作中遇到的重大的和带有普遍性的问题；第四，年内适时召开促进中部地区崛起的工作会议。总之，国家发展改革委中部办将按照党中央和国务院的要求，认真做好政策协调和服务工作，以不辜负中部六省人民的期待。

中部六省也要按照中央的要求，切实把中部地区崛起工作抓好、抓实、抓出成效。目前的主要工作：一是要理清思路，明确方向。各省要从本省的省情出发，结合国家的战略部署，找准自己进一步发展的位置，进而提出切合实际的发展目标和发展思路。二是要统筹兼顾，突出重点。各省要研究提出自身的长期战略和近期的工作计划，在整体推进工作中，既要统筹兼顾，又要突出重点，以点带面。三是要周密部署，强化措施。要紧紧围绕《意见》精神，理解好、运用好国家政策，编制好政策的实施方案，务实操作，确保各项政策落到实处。四是要加强合作，共同发展。中部六省之间，以及中部与东部、西部和东北之间，要自觉地加强互动，加强合作，努力形成良性互动、携手并进、共同发展的格局。

努力开创中部地区经济社会
发展新局面[*]

（2008年4月25日）

2006年4月，中共中央、国务院印发了《关于促进中部地区崛起的若干意见》（以下简称《意见》），标志着促进中部地区崛起战略的形成和实施。国务院有关部门认真贯彻落实《意见》精神，明确了部门分工和责任，提出了促进中部地区崛起的具体措施，确定了"两个比照"政策的实施范围及相关政策，成立了促进中部地区崛起工作办公室，建立了由国家发展改革委牵头的促进中部地区崛起工作部际联席会议制度。中部六省以贯彻《意见》为契机，明确战略部署，狠抓政策落实，扎实推进促进中部地区崛起的各项工作。

两年来，促进中部地区崛起的政策效应逐步显现。2007年，中部地区生产总值增长14.07%，比2005年提高1.57个百分点；中部地区生产总值、固定资产投资、社会消费品零售总额、进出口总额占全国的比重分别为19%、21%、19.6%和3.4%，比2005年分别提高了0.2个、2.5个、0.2个和0.5个百分点，中部地区经济实力有所提升，吸引投资能力明显增强，社会消费需求逐步趋旺，进出口贸易稳步增加。实践充分证明，党中央、国务院关于促进中部地区崛起的战略决策是完全正确的。

促进中部地区崛起的新进展具体体现在以下几个方面：

---

[*] 这是在中部论坛武汉会议上代表国家发改委的讲话，中部六省党政负责同志出席了这次会议。原文载《中国经贸导刊》2008年第13期。

一是重要粮食生产基地建设扎实推进。加快大型排涝泵站更新改造、节水灌溉示范项目、病险水库除险加固等工程的建设，进一步改善了粮食产区农田水利基本设施条件。加大国有粮食企业改组改造力度，中部六省国有粮食企业老人、老粮、老账历史包袱基本解除。积极落实粮食直补、农资综合直补、良种补贴、农机具购置补贴等政策，扩大产粮大县奖励范围，有效调动农民种粮、干部抓粮的积极性。

二是能源原材料基地建设得到加强。国家核准了中部地区13处大型煤矿、5300万千瓦火电及一批钢铁、有色金属、乙烯等建设项目，安排资金用于190多个煤矿安全改造和设备更新。通过投资、税收等多种方式重点支持铁矿石、有色金属等中部地区优势矿产资源开发利用基地建设。山西开工建设了一批重要的煤化工工程。

三是现代装备制造及高技术产业基地建设迈出重要步伐。国家安排专项资金支持中部地区高压输变电设备、大型矿山开采设备、数控机床及关键功能部件、新型农业装备等装备制造业发展。推动电子信息、生物工程、现代中药等高技术领域的研发和产业化，认定长沙、武汉为国家生物产业基地，确定7个中部城市和地区为国家电子信息产业园，设立了25个国家工程技术研究中心。安徽建成了奇瑞轿车发动机生产线等一批重大产业项目，湖北陆续开工建设了一批高新技术重点工程。

四是综合交通运输枢纽建设积极推进。布局了郑州、武汉等全国性综合交通枢纽，加快了客运专线、区际联系通道和煤运通道建设，推动中部地区铁路枢纽扩能改造。编制和实施了促进中部地区崛起公路水路交通发展规划纲要，重点推进中部"五纵九横"高速公路通道建设，加大了省级公路建设和国省道升级改造力度，支持中部地区建制村通沥青水泥路建设。实施了长江及主要支流航道整治工程，建设了一批集装箱、大宗散货码头。扩建部分省会城市枢纽机场，加快了中小型机场建设步伐。

五是城市群和县域经济加快发展。国家批准武汉城市圈和长株潭城市群为资源节约型和环境友好型社会建设综合配套改革试验区。实施了科技富民强县专项行动计划，按照"两个比照"政策加大了对中部地区243个欠发达县（市、区）的支持力度。在中部地区部分省份推行"省直管县"和"乡财县管乡用"财政管理体制改革。河南加强中原城市群内基础设施建设，安徽大力推进皖江城市带发展。

六是对内对外开放进一步扩大。国家出台了扩大开放、提高吸收外资水平促进中部地区崛起的指导意见，认定南昌等9个城市为第一批加工贸易梯度转移重点承接地，主办了两届中国中部投资贸易博览会。积极推进中部六省区域通关改革，组织沿海部分省市与中部六省签署了大通关合作框架协议，实施了口岸跨区域战略合作项目。启动了中西部地区外商投资优势产业目录修订工作，公布了加工贸易限制类商品目录，引导国际和东部地区产业向中部地区转移。江西以制度建设为重点努力改善投资环境，吸引境外、省外客商来赣投资；湖南发挥承东启西的优势，全面融入珠三角。

七是社会事业发展取得一定进展。调整和完善了农村义务教育经费保障机制改革方案，明确从2007年起中部地区243个县（市、区）执行西部地区有关政策。国家安排专项资金支持职业教育基础能力建设、建立家庭困难学生资助体系、改善农村中小学办学条件等，在高校招生计划分配与生源计划安排上向中部六省倾斜。支持中部六省加强卫生基础设施建设，加大了血吸虫病疫区综合治理和艾滋病集中区监控力度。国家启动城镇居民基本医疗保险试点，明确中西部地区按照统一标准给予补助。加大了中部地区文化信息资源共享工程的投入，加强了中部地区文化遗产保护。

八是资源节约、生态建设和环境保护工作力度不断加大。在中部地区开展全国节水型社会建设试点。实施了丹江口水库区及上游水土保持工程，加大了淮河、巢湖、洞庭湖和鄱阳湖治理力度。中部地区纳入中央森林生态效益补偿范围的重点公益林1.18亿亩，新增9处国家级自然保护区，新设立13处国家级森林公园和5处国家级湿地公园。河南108个县（市）全部建成了污水处理厂，山西单位GDP能耗降低4%以上。

在充分肯定促进中部地区崛起开局良好、成效显著的同时，也要看到，中部地区的潜力和优势还没有得到充分发挥，促进中部地区崛起的任务仍然十分繁重。

2008年是贯彻落实党的十七大精神的第一年，也是全面贯彻《意见》精神的关键一年，做好今年促进中部地区崛起工作十分重要。3月10日，马凯同志主持召开了促进中部地区崛起部际联席会议第一次会议，系统回顾了两年来促进中部地区崛起的各项工作，认真研究了今年促进中部地区崛起的形势和任务，明确了八个方面的工作重点，主要是：组织编制促进中部地区崛起规划，推进粮食等重点农产品生产基地和农业农村基础设施建设，推动能源原材料和现代装备制造及高技术产业基地建设，加快综合交通枢纽建设和物流旅游业发展，促进城市群和县域经济发展，扩大对内对外开放和加强区域合作，加快社会事业发展，加强资源节约、生态建设和环境保护等。希望有关部门和地方结合职责分工和各地实际，切实加以落实。这里，我着重从中部办工作的角度强调以下几项工作：

第一，组织编制好促进中部地区崛起规划。今年，温家宝总理在十一届全国人大一次会议上所作的《政府工作报告》中，把编制和实施促进中部崛起规划明确为促进中部地区崛起的一项重要任务。按照国务院的要求，中部办就编制好规划进行了认真研究，近期我们将印发关于组织编制促进中部地区崛起规划的意见，明确规划编制的重要意义、指导思想、基本原则，以及组织领导、主要任务和工作要求。下一步，我们将组织国务院有关部门、中部六省和有关专家学者就规划编制涉及的重大问题展开全面的调研，有计划有步骤地推进规划编制工作。编制促进中部地区崛起规划是一项复杂的系统工程，希望各个方面积极配合，齐心协力做好这项工作。

第二，贯彻落实好已出台的政策措施。今年初，国务院办公厅印发了"两个比照"政策，国务院各有关部门正在推动政策措施的落实。从目前情况看，有的政策已经落实，有的正在落实，有的还在制定具体的实施办法。为了保证"两个比照"政策落到实处，中部办将进一步抓好政策落实的组织协调和督促检查工作。对正在实施的政策，加强跟踪了解，协调解决政策执行中遇到的新问题；对尚未落实的政策，采取有效措施加快工作进度。希望中部六省加强与国务院有关部门的沟通，共同努力把政策措施落到实处。

第三，抓紧建立健全促进中部地区崛起的政策体系。全面落实《意见》明确的各项任务，除用足用好"两个比照"政策外，还需要与时俱进地研究制定其他专项政策，完善已有政策措施，形成促进中部地区崛起的政策体系。按照促进中部地区崛起部际联席会议第一次会议确定的2008年主要工作任务，国家发改委将研究制定促进中部地区城市群发展、承接国际和东部地区产业转移的指导意见，制定支持中部地区县域经济发展和现代物流发展等政策措施；农业部、证监会等部门将研究制定在中部地区培育农产品精深加工基地、促进中部六省农业保险和农产品期货市场发展的政策措施；国土资源部将制定鼓励中部六省开展建设用地整理的政策，在中部地区开展城镇建设用地增加与农村建设用地减少相挂钩改革试点，等等。在政策制定中，要注意做好中部政策与其他区域政策的衔接，与主体功能区规划的衔接。

促进中部地区崛起任重道远。国家发展改革委作为国务院承担促进中部地区崛起具体工作的部门，将与国务院其他部门和中部六省同心协力，按照《意见》的要求，扎实做好促进中部地区崛起的各项工作，努力开创中部地区经济社会发展的新局面。

在武汉大学中国中部发展研究院揭牌仪式上的致辞

(2008年4月26日)

促进中部地区崛起，是继鼓励东部地区率先发展、实施西部大开发、振兴东北地区等老工业基地之后，党中央、国务院从我国现代化建设全局出发作出的又一重大决策，是我国新阶段区域发展总体战略布局的重要组成部分。促进中部地区崛起战略实施以来，中部地区发展保持增长较快的良好势头，经济效益显著提高，发展活力竞相迸发，促进中部地区崛起工作迈出重要步伐。

制定促进中部地区崛起的政策面临着许多需要深入研究的重大理论和实践问题，这就需要动员社会各方面的力量加强研究，为决策提供理论支持、咨询意见和政策建议。武汉大学是一所具有110年办学历史、列入国家"985工程"和"211工程"、人才荟萃、学科门类齐全、实力雄厚的著名学府，在中部地区乃至全国有着很高的声誉。近年来，武汉大学以高度的责任感和宽广的视野，就中部地区发展问题主动开展了卓有成效的研究工作，奠定了良好的研究基础，对制定促进中部地区崛起有关政策发挥了积极作用。以武汉大学为依托，建立中国中部发展研究院，为进一步深化促进中部地区崛起的理论研究积聚力量、提供平台，是一件非常有意义的事，也是完全必要的。

借此机会，我对武汉大学中国中部发展研究院提几点希望：

一是希望通过武汉大学中国中部发展研究院整合各方面的研究力量，特别是充分发挥中部六省有关高校和研究机构的积极性。为此，武汉大学中国中部发展研究院拟建立由发展改革部门、中部六省有关高校共同组建的理事会，这将有利于整合促进中部地区崛起的研究力量，有利于更好发挥中部地区科教和人才优势。

二是希望研究工作紧紧围绕为决策服务这一主线展开。研究方向和选题的确定要紧扣国家促进中部地区崛起实际工作的需要，及时研究中部地区发展中面临的重大问题，提出具有可操作性的政策建议。提倡理论联系实际的学风，认真学习党和国家的有关方针政策，深入实际开展调查研究，使我们的研究成果真正起到为促进中部地区崛起提供强有力支撑的作用。

三是希望多出成果、出好成果。要制定切实可行的年度研究计划，充分利用各种资源组织好课题研究，把理论研究、战略研究、政策研究紧密结合，广泛开展国内外学术交流，力争出多层次的研究成果。要把科研与教学紧密结合，切实加强学院干部队伍建设，努力培养高层次的专业人才，不断提高研究水平，更好地为中部地区发展服务。

武汉大学中国中部发展研究院的建设与发展离不开各方面的关心、支持和帮助。国家发展改革委将在重大课题研究、人才培训、政策指导等方面给予大力支持，中部六省发改委和有关高校也要积极支持和配合武汉大学中国中部研究院的工作。武汉大学中国中部发展研究院肩负着光荣的使命，任重而道远。我相信，通过各方面的共同努力，一定能够把武汉大学中国中部发展研究院办成推动中部地区发展的科学研究基地、人才培养基地、学术交流平台和成果展示窗口，为促进中部崛起做出应有的贡献！

在鄱阳湖生态经济区建设
座谈会上的讲话*

（2010 年 3 月 1 日）

鄱阳湖生态经济区位于沿长江和沿京九两个经济带的交汇点，是长三角、珠三角、海峡西岸等重要经济板块的直接腹地，是中部地区正在加速形成的增长极之一，在我国区域发展格局中具有重要地位。按照国务院领导同志指示，去年初，我委会同国务院有关部门和江西省在实地调研的基础上，组织开展了《鄱阳湖生态经济区规划》（以下简称《规划》）的编制工作。去年 12 月，国务院正式批准了规划，标志着鄱阳湖生态经济区建设掀开了新的一页。推进鄱阳湖生态经济区建设，有利于探索生态与经济协调发展的新路子，有利于探索大湖流域综合开发的新模式，有利于构建国家促进中部地区崛起战略实施的新支点，有利于树立我国坚持走可持续发展道路的新形象。祝愿鄱阳湖生态经济区建设尽早取得明显进展，早日建设成为全国大湖流域综合开发的示范区、长江中下游水生态安全的保障区、加快中部崛起的重要带动区和国际生态经济合作的重要平台。

贯彻落实好《规划》，必须牢牢把握促进生态与经济协调发展这一主线，以体制创新和科技进步为动力，坚持生态优先、科学布局、改革开放、以人为本，促进绿色发展、协调发展、跨越发展、和谐发展。规划实施中，要特别注意做好以下五方面工作。

---

* 2009 年 12 月，国务院批复《鄱阳湖生态经济区规划》。江西省在北京召开鄱阳湖生态经济区建设座谈会，这是作者在座谈会上的讲话。

第一，要切实加强生态建设和环境保护，保护好"一湖清水"。鄱阳湖是我国最大的淡水湖，是四大淡水湖中唯一没有富营养化的湖泊，也是具有世界影响的重要湿地。建设鄱阳湖生态经济区，必须把生态建设和环境保护放在首位，把资源承载能力、生态环境容量作为经济发展的重要依据，实现在集约节约自然资源中求发展，在保护生态环境中谋崛起。要以湖体保护、滨湖控制、生态廊道建设为重点，进一步完善生态空间架构，有效控制滨湖和江河源头地区的人为破坏，合理开发环湖平原地区，保护和修复湖泊生态系统，维护湿地复合生态系统的完整性和生物多样性，提高鄱阳湖生态经济区的环境容量和生态功能，保障长江中下游水生态安全。要按照防治并举、统筹生产生活、兼顾城市乡村的原则，实行最严格的污染防治政策，加强污染防治和环境保护。

第二，要转变发展方式，加快形成环境友好型产业体系。鄱阳湖生态经济区是我国著名的鱼米之乡、重要的商品粮油基地，已经初步建立了以汽车、航空和精密仪器制造、特色冶金和金属制品加工、中药材和生物制药、电子信息和现代家电等为核心的产业体系，是江西综合实力最强的区域，也是今后一个时期江西省加速推进工业化、城镇化的核心区域。推进鄱阳湖生态经济区建设，必须加快转变经济发展方式，按照生态与经济协调发展的要求，努力构建以生态农业、新型工业和现代服务业为支撑的环境友好型产业体系。要巩固和加强粮食主产区地位，大力发展高产、优质、高效、生态、安全的现代农业。要以工业园区为平台，以骨干企业为依托，推广循环经济发展模式，推进节能减排降耗，着力增强自主创新能力，积极承接国内外产业转移，创建新型工业体系。要发挥鄱阳湖地区生态资源优势和交通区位优势，重点发展生态旅游、商贸物流、金融保险等服务业，不断提高服务业的比重。

第三，要着力培育生态文化，加快构建生态文明社会。与此前已经编制的若干区域规划不同的是，鄱阳湖生态经济区规划突出强调了生态文明建设，把生态文明社会初步构建作为规划期（2009~2015年）的三大奋斗目标之一。这是规划编制的亮点，也是规划实施的重点和难点。建设鄱阳湖生态经济区，不仅要为居民提供一个良好的生产生活环境，还要积极营造生态与经济协调发展良好的社会氛围，引导人民群众形成节约能源资源和保护生态环境的生活方式。要培育人们的生态文明意识，推进形成崇尚自然、善待万物、遵循自然规律的生态价值理念。要完善社会监督和信息公开机制，保障公众对生态环保的知情权、监督权和参与权。要创建生态城镇，打造绿色乡村，提高城乡生态环保基础设施建设水平。要引导绿色消费，实施生态文化工程，倡导全社会的生态文明自觉行为。

第四，要提升开放水平，促进区域协调发展。建设鄱阳湖生态经济区，不仅仅要将区内的经济社会发展搞好，而且要充分发挥其龙头作用，引领带动周边地区和革命老区加快发展。在区内，要按照"两区夹一带"（即湖体核心保护区、滨湖控制开发带和高效集约发展区）的功能区划，优化空间布局，构建环鄱阳湖城市群，推进城乡一体化发展。对区外，要以沿江、沿线城市为支撑，以长江、浙赣铁路和京九铁路为依托，积极推进与沿海发达地区和周边重点区域在基础设施、市场体系建设等方面的对接，促进周边地区和革命老区的借势发展。要加强与国际社会的沟通与交流，在湿地保护、流域综合开发、应对气候变化、发展低碳经济等领域广泛开展国际合作。

第五，要深化改革，加快形成有利于生态与经济协调发展的体制机制。建设鄱阳湖生态经济区，必须深化改革，创新体制机制，破解制约可持续发展的体制性、机制性难题。要推进那些直接有利于生态经济发展、生态环境保护的改革，探索建立绿色国民经济考评机制，提高政府科学决策水平。充分运用市场手段，推动资源环境要素价格改革，开展生态补偿试点，建立健全生态建设和环境保护的长效机制。要推进影响生态经济发展和科学发展的一些深层次、关键环节体制环节的改革。

国家发展改革委作为《规划》编制牵头单位和国家宏观调控部门，在鄱阳湖生态经济区建设中肩负着重要责任。我们将结合自身职能，一如既往地支持鄱阳湖生态经济区建设，共同把《规划》贯彻好、实施好。一是加强协调推动。我们将会同国务院有关部门，指导和帮助江西省人民政府研究制定具体的实施方案和一系列专项规划，协调有关方面进一步细化具体措施，为贯彻落实好《规划》创造良好的条件。二是加强政策支持。我委将积极支持鄱阳湖生态经济区建设，着重在规划编制、产业布局及项目审批、核准备案等方面给予必要支持，并协调落实好具体的扶持政策。三是加强监督评估。密切关注《规划》的实施情况，加强对贯彻落实工作的督促检查，针对实施过程中出现的新情况、新问题，研究提出解决方案。会同有关方面，建立健全《规划》实施的评估机制，适时开展对《规划》实施情况的跟踪分析和动态评估，及时向国务院报告需要协调解决的重大问题。

支持河南省加快中原经济区建设[*]

(2011年6月13~17日)

三年前,国家部委调研组来河南做过一次调研,帮助河南编制《河南省粮食生产核心区建设规划》。按照国务院的部署和要求,这次国家部委调研组再次来到河南,研究如何支持河南省加快中原经济区建设,意义更加深远。

一、加快建设中原经济区的重要性和必要性

中原经济区概念的形成有一个历史过程。长春同志在河南工作的时候提出中原崛起,克强同志在河南工作时提出了中原城市群概念,提出要"三化"协调发展①。在此基础上,本届省委省政府统筹考虑区域协调发展和"三化"协调发展,提出中原经济区概念,希望加快中原经济区建设并上升为国家战略。从历史脉络上讲,中原是华夏文明的发源地,是自古以来政治、军事、文化、经济的战略重地之一;从现实状况看,中原经济区是以中原城市群为核心,覆盖河南全省,延及周边经济联系比较密切地区的一个经济区域。中原经济区地处我国中心地带,东承长三角、山东半岛,西连陇海腹地,北靠京津冀,南接长江中游经济带,

---

* 按照国务院要求,国家部委调研组就建设中原经济区问题赴河南省实地调研,本文根据作者在调研见面会和交换意见会上的两次讲话整理而成。在调研的基础上起草了相关文件。2011年9月,国务院印发《关于支持河南省加快建设中原经济区的指导意见》。

① "三化"协调发展是指新型工业化、新型城镇化、农业现代化协调发展。

客观地讲是一个相对独立的经济单元，是全国区域协调发展中一个重要的经济板块。加快建设中原经济区具有重要意义。

一是夯实农业基础，确保国家粮食安全的需要。河南是我国13个粮食生产主产省之一，是国家粮食特别是小麦生产的核心区。河南有耕地1.08亿亩，作为黄河冲积平原，潮土肥沃，地势平坦，良田沃野，一望无际。气候条件非常适合农业，从河南再往北，光照更充足一些，但积温不够；从河南再往南，积温够，但多雨寡照。只有河南这个地方最适合小麦生产，而且农作物生长可一年两季，发展粮食生产最具潜力。河南省用全国6%的耕地，生产了全国1/10的粮食，1/4的小麦。河南省不仅养活了1亿多人口，而且每年调出粮食400亿斤，为维护国家粮食安全作出了突出贡献。当前和今后一个时期，全球粮食安全形势严峻。国际粮价已达到20年以来的最高水平，全球的粮食库存已下降到不足50天，突破了FAO（世界粮农组织）规定的70天的底线。全球的饥饿人口从8亿人又增加到9亿人。一些拉美、中东、北非国家的动荡，与粮食供求关系紧张密切相关。在这个背景下，中国风景这边独好，粮食连续七年丰收，今年有望实现八连增。但是在高基点上再往上攀登，难度越来越大，我们对国家粮食安全始终不敢掉以轻心。从这个角度看，河南对确保国家粮食安全的战略地位，过去没有动摇，现在不可动摇，将来也不能动摇。

二是探索"三化"协调发展，为全国同类地区创造新鲜经验的需要。河南是典型的传统农区，尽管为国家粮食安全作出了重要贡献，但工业化、城镇化的发展仍然处在中级阶段。去年，河南省人均GDP排全国第16位，三次产业结构为14∶58∶28，一产比全国高近5个百分点，城市化率39.5%，比全国低10个百分点。加快中原经济区建设，理所当然要加快发展工业化、城镇化。现在的问题是，我们往往看到这样一个现象，就是一些地方越是工业化，越是城镇化，农业就越是容易被忽视，甚至出现农业萎缩。过去国家粮食调出省有十几个，现在只剩下6个了，分别是：黑龙江、吉林、内蒙古、河南、安徽、江西。一些地方经济发展水平上去了，但却是以牺牲农业、牺牲粮食为代价的；而另一些地方，在粮食生产、农业生产上为国家做了大贡献，但是经济发展速度不行，甚至背上了沉重的包袱。比如河南，粮食产量全国第一，油料产量全国第一，肉类产量全国第三，但是河南省的人均财政收入和支出排名全国倒数第一。我们为什么要提"三化"协调发展呢？就是因为现实中确实存在"三化"不协调问题。

"三化"不协调的根源在于城乡二元结构。正如党的十七届三中全会决定指出的，阻碍农业农村发展的基本矛盾是城乡二元结构，我国总体上已进入以工促农、以城带乡的发展阶段，进入着力破除二元结构、形成城乡经济社会发展一体化新格局的重要时期。促进"三化"协调发展，河南的问题最突出、最典型。这次河南的同志主动提出，要把探索"三化"协调发展作为中原经济区建设的中心任务和主线，不仅体现了河南同志的担当，而且具有重大的现实意义和示范作用。

三是加快河南发展步伐，与全国同步实现全面小康的需要。河南是全国人口第一大省。改革开放特别是"十一五"实施中部崛起战略以来，河南的发展速度不断加快，民生不断改善，但是横向比较，还是一个欠发达的省份。河南农民纯收入大体相当于全国平均水平的90%，城镇居民可支配收入大体相当于全国的80%，人均GDP相当于全国的80%。社会事业方面，每万人的专业技术人才位居全国倒数第一，人均科研投入全国倒数第二，小学生生均经费保障全国倒数第一，人均卫生费用支出全国倒数第一，人均文化经费支出全国倒数第二。河南的同志讲，叫"比东不足、比西不优、比南不如、比北不强"，中间塌陷。另一方面，我们也要坚定信心。通过这次调研，我们深感中原经济区建设已经深入人心、河南加快发展已成蓄势待发之势。要紧紧抓住中原经济区建设的历史机遇，通过不断努力，实现中原大地的崛起。

四是发挥中原地区比较优势，促进区域良性互动和协调发展的需要。河南有农业优势、人才优势、文化优势、后发优势，特别是有区位优势。陇海线和京广线在这里交汇，规划中还要形成米字型大区域铁路交通网络，是沿欧亚大陆桥东部带动西部的第一站。河南承东启西、连南贯北，在全国区域协调发展格局中具有不可替代的战略地位。有同志说"中原兴则中部兴，中原塌陷则东西失衡"，这话说得有道理。所以加快中原经济区建设，不仅是河南的需要，也是促进全国区域协调发展的需要。

二、需要进一步研究的重点问题

（一）关于农业现代化建设问题

国务院 2009 年批复的《河南省粮食生产核心区建设规划》，要求河南省粮食产量在 1000 亿斤的基础上，到 2020 年提高到 1300 亿斤。为实现这个目标，要继续抓好以下工作：一是加大中低产田改造力度。河南有 5000 万亩中低产田改造任务。要实施山水田林路综合整治，加快农田水利和高标准农田建设。同时要在井灌区全面推行"以电代油"，可以降低三分之二的取水成本。这项工程已经开始试点了，有关部门要帮助河南做好规划，把这个重大问题解决了，可以进一步降本增效。二是增强科技储备。河南省的农业科技力量较强，从省农科院到市农科所、到乡镇农技站，体系完备，作用突出。各县市都在培育自己的优良品种，力量分散，品种杂多，要进一步推进资源整合，密切分工，合力攻关，这方面的工作应重点加强。还有一个比较大的潜力，就是提高秋粮产量，河南秋粮生产水平和全国先进省相比还有较大差距。农民不大重视秋粮，叫作"夏抓粮、秋抓钱，抓了夏季管全年"。要集中力量研究如何提高玉米产量。三是调整利益关系，调动"三个积极性"。要使粮食生产能够稳定增长，就要调动

"三个积极性",即农民种粮的积极性,地方政府抓粮的积极性,农业科技人员创新的积极性,在文件里要作为一个重要的内容提出来。农业比较效益低,要调动积极性,就要调整利益关系。第一,加大产粮大县奖励。目前,产粮大县一年能奖几百万到几千万,奖励资金不等。必须扭转"粮食大县、工业小县、财政穷县,谁抓粮食谁吃亏"的局面,产粮大县的奖励资金要逐步提高,目标就是使粮食大县人均财政支出达到全国平均水平,目前全省95个粮食基地县,人均财政支出只有全国平均水平的26.9%。第二,免减产粮大县地方配套。现有政策老少边穷地区公益性事业基本建设的县级配套资金全免,集中连片贫困地区的地市配套资金全免,这次要认真研究产粮大县的县级配套减免问题。第三,稳步提高粮食最低收购价格。第四,建立产销区之间利益补偿机制。

(二)关于推进新型工业化问题

要进一步理清推进工业化的思路。一是要进一步明确主导产业。作为后发地区,实现赶超,应该而且可以明确主导产业。省里确定了6个具有高成长性的行业,包括汽车、装备制造、电子信息、轻工、食品和新型建材。有的是传统的但在河南有比较优势的产业,有的是新兴战略产业。每个领域重点发展什么要精心挑选,不搞重复建设,不重复发达地区走过的老路。二是要突出高起点。一方面要加快老企业技术改造,河南70%是资源加工型企业,技改的任务很重,要进一步加大技改的力度。另一方面新上企业起点要高,技术含量要高,要走低碳技术、循环经济、节材、节水、节地的路子,避免走弯路。三是要集聚集中发展。按照工业化的一般规律,工业一定在空间布局上是集聚的,在行业企业结构上是集中的。目前,河南省有180个产业集聚区,但国家级的很少。推进集聚发展可以降低公摊成本,降低企业外部成本,应予以重视。在促进集中上,一方面,河南民营企业的比重偏低，还要继续发展；另一方面，企业的集中度不够，导致企业研发创新能力不强，所以要按照规律，鼓励行业、企业适当集中。四是加强技术创新。原始创新比较难，引进后集成可能是技术创新更重要的渠道。引进很大程度上靠产业转移，如富士康的入驻，马上就会拉动电子行业快速发展，带动出口大幅增加。总之，加快中原经济区工业化要着力在新型工业化上下功夫，不要走也不能走东部沿海一些地区先破坏后治理、先污染后治理那条老路，要同时完成好"赶"和"转"的双重任务。

（三）关于城镇化和土地问题

一方面，工业化、城镇化发展用地需求会不断增加。据省国土厅介绍，"十二五"时期河南用地需求年均80多万亩，但国土资源部每年给河南的用地指标只有20万~25万亩，供需矛盾非常尖锐。未来的城镇化发展我算了一下，到2020年城市化率比现在提高15个百分点，年均用地需求近200万亩。另一方面，中央要求确保耕地不减少，在目前河南基本没有未利用地的情况下，占补平衡非常困难。在这个尖锐矛盾面前，出路只有在节约、集约用地上做文章。实行农村建设用地减少与城市建设增加用地挂钩是一个办法，但一定要尊重农民意愿，不要强拆大拆，不要让农民"被上楼"。河南省农村居民人均用地248平方米，一般农村居民用地人均150平方米就够了，人均还有100平方米节约集约的余地。河南6000万农村人口，合900万亩，如果农村能做到节约集约用地，"十二五"乃至"十三五"的用地需求是有保障的。当然，这以不侵犯农民利益为前提。在这方面河南有好的经验，新乡经验可以研究推广。同时，河南县城的用地也比较粗放，潜力也比较大。郑州大概是人均用地90平方米，而一般县城是100多平方米，县城建设的容积率要提高，节约出的地优先用于粮食生产。总之，在人口稠密、用地紧张的情况下，要树立高度珍惜每一寸土地的意识，在节约集约用地上想办法。

(四) 关于人力资源开发问题

在搞好中原经济区建设的同时,一定要高度重视民生,让老百姓从中原经济区建设中实实在在得到好处,分享中原经济区建设的成果。现在的问题是,民生问题的解决,主要靠加快发展增加财力,同时国家也要加大支持,逐步解决河南人均财政收入全国倒数第一的问题。这里,我重点强调一下怎么把人口大省打造成为人力资源大省的问题,这个问题解决好了,包袱就变成了财富,人口优势就可以转化为经济优势。这方面最重要的一条就是教育。从河南的情况看,义务教育阶段的问题不突出,职业教育省里是高度重视的,县县都有职教学院和技校,普高教育是跟着高等院校走的。现在比较关键的是高等教育问题。全国"211工程"一共130多所高校,在河南只有1所郑州大学,而且还是省部共建。河南高等教育上不去,导致河南高中毕业的考生,只要是学习好的,一定是考外省的大学,毕业后很多人不回来了,造成人才流失。高等教育是人力资本的集中体现,河南省加快建设中原经济区,要把高等教育发展好。刚才,有关部门的同志提出要努力把郑州大学、河南大学建成国内一流大学,我是赞成的,能不能进入"211工程",回去后还要研究。总之,作为全国人口大省,如果高等教育发展不好,就会影响到经济发展的方方面面,影响到长远竞争力的提升,这个问题必须解决好。

(五) 关于发展文化软实力问题

河南有5000年的文明史,文化底蕴深厚,铸就了河南人的文化形象。卢展工书记概括河南人的形象,叫"普普通通河南人、踏踏实实河南人、不畏艰苦河南人、侠肝义胆河南人、包容宽厚河南人、忍辱负重河南人、自尊自强河南人、能拼会赢河南人"。焦裕禄精神、红旗渠精神,就是中原人文精神的典型代表。随着中原经济区建设的推进,随着工业化、城镇化的发展,河南人的精神面貌、文化形态也一定会发生新的变化。要高度重视发展文化,文化如何,代表了一个地方的软实力,而软实力和硬实力又是会相互影响的,精神变物质,物质变精神。所以家宝总理今年1月份视察河南时讲"四个千万不要忘记",其中一个就是在讲硬实力的时候,不能忘了软实力。我想,中原经济区的建设过程,既是一个生产力发展、生产力变革的过程,也是一个生产关系不断调整、思想文化不断发展的过程。现在我们有一些文化意识还不能完全适应未来中原经济区建设的需要。费孝通先生在《江村经济》里讲,中国农村社会人与人的关系和城市是不一样的,农村社会叫熟识人社会,城市社会叫陌生人社会。因为是陌生人社会,所以人与人之间一定要讲契约关系,而熟识人社会是靠血地缘关系把人联系在一起。血地缘关系是传统农业社会的关系,契约关系是最适合商品经济的人际关系。举这个例子,就是要说明,随着工业化、城镇化进程的加快,农民变市民,传统的人际关系也会随之发生新的变化。文化发展好了,有利于中原经济区建设,发展不好,就会阻碍中原经济区的建设。要把文化传承与变革结合起来,形成中原经济区建设强大的精神力量。

支持赣南等原中央苏区振兴发展*

（2012年4月16日）

根据中央领导同志的重要批示，这次我们国家部委的同志来赣南以及周边地区进行为期7天的调研。通过实地调研，我们掌握了大量第一手的鲜活资料，为下一阶段的政策文件起草打下了坚实的基础。这次赣南之行确实令人难忘！我们处处感受到了赣南这片热土上的老百姓对党和政府的信赖和拥护，对加快脱贫致富奔小康步伐、过上幸福美好生活的殷殷期盼，也看到了赣南各级领导干部仍然保持和发扬苏区干部好作风。与其说这是一次调研之旅，不如说是一次学习之旅、受教育之旅，调研所学到的东西将使在座国家部委的同志终生难忘。

通过这次调研，进一步增强了我们做好支持赣南等原中央苏区加快振兴发展的责任感和紧迫感。中央苏区是我党在土地革命战争时期创建的最大的革命根据地，是全国苏维埃活动的中心区域。在80年前土地革命战争时期，赣南作为中央苏区的主体，贡献和牺牲巨大，牺牲的有名有姓的烈士就达10.82万人，占全国烈士总数的7.5%。仅赣南籍的红军战士在长征路上平均每公里牺牲3人。这里的老百姓义无反顾参战支前，倾其所有支持苏维埃政权，做出了不可磨灭的历史贡献。第三次反"围剿"时，红军在兴国县白石村休整，当年8月份红军走的时候，群众把刚收

---

* 根据中央领导同志重要批示，国家部委调研组赴赣南实地调研，这是调研结束后与江西省委省政府交换意见时作者的讲话。在这次调研的基础上起草了相关文件。2012年6月，国务院印发《关于支持赣南等原中央苏区振兴发展的若干意见》。

获的稻谷包括全部口粮都捐献了。毛主席当时说，将来我们是要还的。这里是人民共和国的摇篮。中华人民共和国成立60多年了，但迄今为止赣南苏区群众的生活依然困难，赣南这块热土的经济社会发展依然滞后，实地看了以后，确实让人寝食难安！我觉得，对不起这里的老百姓，也愧对死难革命先烈。我们有责任帮助这里的老百姓尽快地富裕起来，这不仅是赣州同志的责任，是江西同志的责任，也是我们各个国家部委共同的责任。从某种意义上讲，我们是来还债的啊。

短短2个月时间，5位中央政治局常委对赣南等中央苏区的振兴发展问题作出重要批示。其中，习近平副主席的批示非常明确，他在批示中指出："赣南苏区是中央革命根据地的主体，为中国革命作出了重大贡献和巨大牺牲，由于种种原因，赣南苏区目前经济发展依然滞后，人民生活仍然比较困难，如何进一步帮助和支持赣南苏区发展，使这里与全国同步进入全面小康，使苏区人民过上富裕、幸福的生活，应当高度重视和深入研究"。中央领导同志的批示心系中央苏区人民，感情之深，情谊之切，溢于言表。我深感推动赣南等原中央苏区振兴发展，意义重大，责任重大，这不仅关系到这里的老百姓能不能与全国同步实现小康，而且关系到夯实共产党的执政基础、增强全面小康的说服力。我们一定要强化政治意识，带着感情做工作，完成好中央交给我们的任务。

下面，我从振兴发展的角度，讲五个问题。

第一个问题，怎么看赣南的差距和振兴发展的重要性。

首先要把赣南等原中央苏区的振兴发展，放在我国工业化和城镇化的大背景下来看待，这是认识问题的基点，也是起草好政策文件的基础。赣南与其他地方相比，确实发展还相对滞后。我看了一些材料和数据，大概到改革开放初期，赣南与全省乃至闽西粤北的发展差距并没有拉大，无论是农业生产水平还是老百姓的生活水平与周边地区差距并不大。真正差距拉开是在改革开放以后，尤其是最近10年来，在全国工业化、城镇化加速发展的大背景下，赣南苏区发展相对慢了。如果是这样的话，我们就要认真研究，为什么在从农业社会向工业社会转型的过程中，别的地方走得快、走得顺当，而赣南苏区走得不那么快、走得不那么顺当，原因何在？这里有历史原因，就是战争创伤对人以及地方经济带来的负面影响。比如，土地革命时期，赣南把最好的人力资源贡献给了革命，直到新中国成立后很长时间，这里的人口数量和人口素质都没有恢复到新中国成立前的水平。但是光这么认识还不够，同样有战争创伤的影响，为什么闽西就比赣南发展得快？所以我想一定是综合性的原因导致了目前这样一个结果。我初步考虑，至少还有这么几个原因：一是资源禀赋较差。赣南18个县（市、区）目前人均耕地只有0.635亩，低于全省的0.995亩，也大大低于全国1.45亩的平均水平。耕地中有1/3是冷水田，只能种一季稻。整个赣州市农作物的复种指数只有135%，而全国的复种指数则接近150%。耕地土壤贫瘠，单产水平不高。二是产业结构单一。整个赣州的工业门类中，稀土和钨两个行业就占整个工业主营业务的34.7%，占全市利税的近60%。前几年，稀土和钨的价格一直都不好。这种"一矿独大"的单一产业结构，极易受到外部环境和市场价格的搅动。三是交通不畅。我10年前第一次来赣南的时候，从南昌到赣州的高速公路刚刚修通，过去赣南出去的大通道非常少。京九线铁路通车后，区位条件有所改善，但去年广州到武汉的客专通车，这边再次被边缘化。赣南开放程度不高，环境相对封闭。

由于以上原因，2000年到2010年10年间，赣南的主要经济指标在全省的占比持续下降。人均GDP从占全省平均水平的70%下降到63%，人均固定资产投资从占全省的59%下降到47%，农民收入从占全省平均水平的98%下降到72%。赣南城乡居民收入分别只有全国平均水平的74%和71%，比西部地区还低；赣州全市贫困人口216万人，贫困发生率29.9%，比全国平均数高出16.5个百分点。别说与闽西、粤北比，就是和全省平均水平比，赣南已经处于谷底。如果我们从更广阔的范围看，西部是全国的落后地区，而赣南就是江西的西部，这是对赣南发展态势的一个初步判断。

我为什么今天要讲这个问题，就是希望引起大家的重视。真正要使赣南苏区振兴发展，我们既要带着感情做工作，更要科学地做工作，准确把握赣南区情和发展规律，才能真正使赣州发展起来。

要充分认识到加快赣南发展的紧迫性。赣南现在的全面小康实现程度只有71%。从赣州市提供的材料可以看到，如果要和全国同步实现小康，今后8年农民收入要以每年19%的速度递增，GDP要以每年17%的速度递增，这个任务非常艰巨。我和几位同志商量，我们起草文件的时候，是否可以提"促进赣南苏区跨越式发展"。如果不跨越式发展，就不能与全国同步实现全面小康。目标确定后，基本的战略趋向还是加快工业化、城镇化步伐。赣南工业化、城镇化、农业现代化的起步慢了，我们要把丢下的课在较短的时间内补起来，这是中心任务。当然，实现跨越式发展，困难很多，要攻坚克难。什么东西阻碍了这个进程，我们就要认真地去研究、去解决。一定要把赣南苏区的振兴发展放在这样一个大背景下来认识、来谋划。

第二个问题，集中精力优先解决最突出的民生问题。

当前和今后一个时期，推进赣南苏区振兴发展，要把解决突出的民生问题与着眼长远、加快发展相结合，把"输血"与"造血"相结合。民生问题不解决，振兴发展赣南等原中央苏区就没有群众基础和社会凝聚力。老百姓的殷殷之盼，必须解决好。我考虑，发展目标要分两个阶段。第一个阶段是到2015年，要有经济社会生态各方面的指标，但一定要突出民生指标，把民生放在近期工作的首位来考虑。民生欠账太多，需要解决的问题非常多，我们只能在矛盾成堆的情况下抓主要矛盾。我认为有几个突出的民生问题要优先考虑解决：一是农村饮水安全问题。全国"十二五"时期要解决农村3.2亿人的饮水安全问题，总投资上千亿元。我建议把赣南的问题在两三年内优先解决。瑞金市泽覃乡光辉村就是因为饮水不安全，有几十个老乡患癌症、尿毒症。这个问题非常急迫，要抓紧办。解决问题要系统考虑。水质差和大的生态环境变化有关系。整个区域内的植被品相单一，针叶林多，阔叶林少，地下的土质层又少，水土保持能力差，再加上现在农田施用化肥多，造成水质污染日趋严重。二是土坯房问题。现在赣州市有土坯房69.5万户，如果每户补助一两万元，就要上百亿元，量太大。但是客观地分析，现在赣州918万人口，719.6万农村人口，外出打工的劳动力有110多万，常住人口应该远远少于实际人口。很多人外出打工了，回来可能会住在县城。扣除长年不住、不用改造的土坯房，这部分估计占20%～30%，剩下的大约还有50万户，这50万户要优先考虑，而且要优先考虑"两红"[①]人员。改造土坯房，一要结合城镇化进程统筹考虑，就是说不应该全部在原址改造，应结合老百姓到中心村、乡镇、县城搬迁转移的进程来进行。二要结合新农村建设统筹安排，这样就能够花小钱办大事。三是电的问题。低压电的问题在赣州有普遍性。我们到宁都县小布镇，220伏的电压只有141伏，家里的电器不能用。老百姓的生活况且如此，招商引资发展工业就更不行了。所以整个赣南的电网要统筹安排，然后再配套考虑华能瑞金电厂二期。四是"两红"人员的问题。"两红"人员的政策，民政部、财政部正以积极的态度认真研究。我算了一下，赣南苏区"两红"人员9万余人，占全国的7.5%。客观地说，不仅中央苏区，其他苏区也有这个问题，所以必须统筹考虑。这个政策诉求是合理的，花这个钱有重大政治意义，还是要积极争取，但也有一个分层次和分阶段的问题。

第三个问题，认真谋划赣州产业的发展振兴。

加快工业化进程，有这么几个问题请部委和地方同志再深化研究。一是主导产业的确立。赣州市的主导产业怎么安排？赣州同志的提法叫"三个三"的主导产业，就是打造三个上千亿元的

[①] "两红"人员是指在乡退伍红军老战士、红军失散人员。

产业，包括稀土和钨及其应用、新能源汽车及其配套、铜铝有色金属；打造三个上500亿元的产业，电子信息、现代轻纺、食品工业；然后再打造三个上200亿元的产业，氟盐化工、生物制药、新型建材。赣南的工业现状是，在35个行当中，稀土和钨所占的比重畸高，是"一矿独大"的工业结构。所以在这个产业结构基础上提出"三个三"，目的是促进产业结构的多样化，改变当前单一的产业结构，方向是对的。但是在相对落后的情况下发展新兴产业，要受到很多因素和条件的制约，提"三个三"行不行，一定要进行科学论证。主导产业的衡量标准有两条，第一是市场需求弹性大，就是有市场前景；第二是生产率上升率快，就是技术进步快，只有这样的产业才能形成主导产业。还要统筹考虑本地的资源和各方面工业的配套情况，统筹考虑交通运输能力、电力供应等方面的现状。二是加快承接产业转移。这几年江西的发展势头不错，赣南、吉安等地的发展势头也正在兴起，产业从珠三角、海西转移过来的比较多。承接产业转移仍然是今后一个时期赣南苏区加快工业化的主渠道。三是集聚发展。就赣南而言，国家级开发区赣州市有1个，省级开发区加上市县工业园区有15个，共有企业5000多家，主营业务收入占了赣州市全部主营业务收入的92%。赣南产业集聚发展的基本格局已经形成，这样的态势非常好，千万不要搞"村村点火、户户冒烟"。赣南生态脆弱，既要加快工业化，又必须把生态环境保护好，只能走集约化发展的路子。将来支持政策要优先支持园区。

第四个问题，关于空间布局和对外开放问题。

将来赣州的生产力空间布局，可以规划为"一核两带"。"一核"就是以赣州特大城市为核心。现在赣州城区人口70多万，上100万就是特大城市了[①]，将来的目标要发展成200万人口的城

---

① 这是1989年城乡划分的指标。2014年后，特大城市下限由100万人口提高到500万人口。

市。"两带"，靠近珠三角这边，从赣州到全南、定南、龙南，至广东的河源、深圳，形成一个工业带；联接海西那边，从赣州到宁都、兴国、瑞金，至闽西的长汀、龙岩，再到漳州、泉州，形成另一个工业带。同时建议在赣粤、赣闽交界地区各打造一个跨省的开放合作园区，与赣州形成一个掎角之势。这样就把整个赣南的骨架撑起来了，不仅对江西有好处，对广东、福建也有好处。赣南的发展振兴，要主动与珠三角对接，与海西对接，形成一个新的区域间开放合作的新格局。这不仅必要，也是可能的。现在看，原来制约赣南向工业社会转变的那些因素都在变化。比如，交通条件在逐步改善，区域间的互动和产业转移在增强，赣南110万在外打工人员是一支不可忽视的力量。特别是从大势来看，我国沿海乃至全球的产业布局都在调整，产业转移方兴未艾，赣州面向珠三角、海西乃至长三角，承接产业转移具备了更有利的条件。

从更大范围看，江西将来可以形成一个南北呼应的格局。北边是鄱阳湖生态经济区，南边是赣南振兴发展区，形成两翼齐飞的格局。其中，鄱阳湖生态经济区主要对接长三角，而赣南、吉安、抚州重点对接珠三角和海西。将来开通昌吉赣客专、赣龙铁路复线、鹰瑞高速等，交通条件改善了，赣南作为沿海腹地的作用就可以真正发挥出来，对支持整个江西的发展能起到更积极的效应。

第五个问题，政策支持与艰苦奋斗。

赣南等原中央苏区具有特殊地位、特殊贡献和特殊困难，因此应予以特殊支持。一是设立赣南苏区振兴发展专项资金。叫不叫这个名称可以研究，但要有专项资金渠道。二是减免公益类投资项目地方配套。闽西已经享受到了，赣南等地也要统筹考虑。三是实行差别化产业政策。只要是条件允许、环境容量允许，又有市场，应适当降低产业准入门槛，加快项目落地。一些国家重大项目的摆布，在同等条件下优先考虑。四是对工业园区的鼓励类产业企业，比照西部大开发政策，减按15%的税率征收企业所得税。五是对口帮扶。建议对赣南等原中央苏区实行一对一的结对帮扶，首先考虑中央国家部委以及央企作为结对的一方，帮扶到县。其他提出的政策建议我们带回去，逐条研究。

赣南等原中央苏区的振兴发展具有历史意义。我们一定要认识到，这既是重大机遇，也有重大责任。能不能把握机遇，真正实现振兴发展的目标，对我们是一大考验。在国家加大支持力度的情况下，赣南等原中央苏区的各级领导仍然要坚持艰苦奋斗的作风，要努力努力再努力。不能因为中央加大支持力度，我们就可以松懈了，万万不可这样想。恰恰相反，中央越是加大支持力度，我们越是要百倍努力。赣南能不能实现新的崛起，干部的作风是一个关键因素。要继续弘扬苏区精神和苏区干部好作风。习近平副主席高度概括了苏区精神的内涵，就是"坚定信念、求真务实、一心为民、清正廉洁、艰苦奋斗、争创一流、无私奉献"。弘扬苏区精神，革命战争年代需要，和平建设时期、市场经济条件下更是不能丢。赣州开展"送政策、送温暖、送服务"活动，解民困、聚民力，一心一意为老百姓服务，正是苏区精神的体现。任何时候、任何情况下都不能干与民争利的事、损害群众利益的事。谁损害群众利益，谁就是损害赣南苏区振兴发展的大局。越是形势向好，我们越是要保持清醒的头脑，发扬好传统好作风，以高度的政治责任感做好工作。

接受人民网"中部崛起"在线访谈文字实录

(2013年6月28日)

主持人：各位网友好，我是这次节目的主持人。今天节目的主题是中部地区崛起，我们请来了一位重量级的嘉宾，国家发改委副主任杜鹰。杜主任，请您和网友打个招呼。

杜鹰：网友好，主持人好。很高兴来人民网作这期的在线访谈，介绍中部崛起的一些情况，和大家一起交流。

主持人：杜主任，中央是从2006年开始明确中部崛起战略的，能不能请您介绍一下当时出台这个战略的重大背景是什么？

杜鹰：改革开放以来，我们最先实行的是沿海地区先走一步的非均衡发展战略，沿海地区率先对外开放。在这一进程中，沿海地区先发展起来了，整个国力不断增强，但是同时也带来了一个问题，就是东部地区与中西部的发展差距开始拉大。东部与中西部差距最大的是"八五"时期，也就是上世纪90年代的上半期，东部的年均增长速度要比中西部快4.8个百分点，区域发展不协调问题越来越突出。在这个背景下，按照邓小平同志两个大局的战略思想，中央在世纪之交率先提出西部大开发战略，到2003年又提出振兴东北等老工业基地战略，西部和东北地区发展势头就起来了。在这两个区域战略实施以后，就剩下中部地区了，中部问题凸显，问题成堆，当时人们形象地说叫"中部塌陷"。"中部塌陷"的表现，一是发展速度慢，二是水平低，三是问题多，四是压力大。所谓发展慢，2001~2005年这五年，中部地区发展速度要比东部地区慢1.52个百分点，也慢于西部、慢于东北地区，在四大板块里是垫底的。2005年，中部地区3.6亿人口，人均地区生产总值只有东部地区的43%。

主持人：一半都不到。

杜鹰：所谓水平低，中部六省是国家农业和粮食生产基地，是传统农区，中国的"三农"问题在中部地区表现得最为典型。当时，中部地区农业在GDP中的比重比全国平均水平高4个百分点，而城市化的进程比全国平均水平低6个百分点，工业的层次水平也比较低。所谓问题多，什么矛盾呢？中部地区为我们国家粮食安全做出重大贡献，但是同时存在着农业大县、工业小县、财政穷县的问题，地方政府比较恼火。虽然在粮食安全上为国家作了贡献，但是没有带动老百姓致富，没有带动地方经济发展。再有一个比较突出的矛盾是，中部地区加快发展要走工业化这条道路，但它的工业结构主要是资源加工型产业，耗能高、污染重、产业链条短、附加值低。所以要进一步发展工业，就碰到一个"赶"与"转"的矛盾，既要加快追赶，又必须转变传统的工业发展模式。还有一个问题在中部地区表现得很明显，就是中部地区国营经济的比重大，民营经济不活跃，对外开放的程度比较低。所谓压力大，表现在中部地区的民生问题上。在中部崛起战略实施之前，城乡居民收入年均增长速度明显低于全国平均水平，更低于东部地区。中部地区由于人口多，国家给了大量的转移支付，但是一到人均上就不行了。2005年中部地区人均财政支出只有1339块钱，只相当于全国平均水平的69.6%，只相当于西部水平的77%，在四大板块里，又是垫底的。所以在这样一个背景下，当时中部的同志热切地期盼能够把中部崛起上升为国家战略。也就是在这个背景下，中央在2006年发布的《中共中央 国务院关于促进中部地区崛起的若干意见》中明确提出实施中部地区崛起战略，对中部崛起的指导思想、目标、工作重点和支持政策作出了全面的部署和安排。

主持人：从2006年开始，促进中部地区崛起战略已经实施七年了，七年来我们主要做了哪些工作？另外，"中部塌陷"的局面是不是得到了一些改观？

杜鹰：七年来，在党中央、国务院的正确领导下，在各个部委以及其他地区的大力支持下，在中部地区干部群众自身的艰苦奋斗下，应该说中部崛起战略取得明显成效，中部地区发生了巨大的变化。要说所做的工作，主要体现在以下四个方面：

第一，国家密集出台了一些政策和规划，引导中部崛起战略的实施。其中比较重要的政策就是，2007年，国务院专门发文明确，中部地区六省26个城市可以比照东北振兴的优惠政策，中部地区六省的243个县市区可以比照西部大开发政策。重要的文件和规划，包括2009年国务院批复了中部崛起战略规划，2010年国务院出台了《促进中西部地区承接产业转移的指导意见》，2012年国务院又出台了《大力实施促进中部地区崛起战略的若干意见》等，为中部崛起战略的实施指明了方向。

第二，加大了对中部地区的支持力度，这主要体现在中央财政、中央预算内投资，还有银行信贷等各个方面。"十一五"时期，中央财政对中部地区的转移支付年均增长高达28%，国家发改委预算内投资也明显向中部地区倾斜。资金支持的重点是两方面：一方面支持"三基地、一枢纽"的建设，这是国家对中部地区的战略定位。一是支持国家粮食基地和现代农业建设，二是支持能源原材料基地建设，三是支持现代装备制造和高技术产业基地建设，四是支持全国综合交通运输枢纽建设。大量的投入，巩固和进一步提升了"三基地、一枢纽"的能力。另一方面支持的重点是民生。国家加大了在水电路气房、教卫文教保等方面的支持力度，使中部地区的公共服务能力和老百姓的民生得到了很大的提升。

第三，对重点地区的发展予以重点支持。这些年，国家先后批复了武汉城市圈和长株潭城市群两个国家级的"两型社会"综合配套改革试验区，批复了山西资源型经济转型发展综合配套改革试验区、鄱阳湖生态经济区、皖江城市带承接产业转移示范区、中原经济区等规划和政策文件，目的是培育中部地区新的增长点。另一方面又加大了对中部欠发达地区的支持。比如去年，国务院专门出台了《支持赣南等原中央苏区振兴发展的若干意见》，给予了强有力的政策支持。最近，我们又在编制大别山革命老区振兴发展规划。此外，国家编制的11个集中连片特困地区的扶贫攻坚与区域发展规划，有6个涉及中部。这样就使整个中部地区的区域战略版图更加细化，政策更有针对性。

第四，推进中部地区的改革和对内对外开放，这很重要。比如刚才讲的，为什么武汉城市圈、长株潭城市群要探索"两型社会"转型发展呢？就是为了破解"赶"与"转"的矛盾。中原经济区也承担了国家的改革试验任务，探索"三化"协调发展。

主持人：什么是"三化"协调发展？

杜鹰："三化"协调发展，就是在加快发展新型工业化、城镇化的同时，同步实现农业现代化。比如河南省粮食贡献大，但地方财政不行，农民收入不行，这就是不协调。又比如，中部地区在加速工业化、城镇化进程中如何做到不以牺牲粮食和农业为代价？你说这难不难？所以就要改革，探索建立土地等各种资源的集约利用机制，探索粮食稳定发展的长效机制。还有像丹江口库区，是南水北调中线的主要水源地。丹江口库区为了一湖清水送北京，关闭淘汰了很多落后的或污染的企业，要建立补偿机制。总之，在改革方面，这些年中部地区力度很大。在开放方面，中部要实现崛起，必须要对内对外开放，要主动对接长三角，对接珠三角，对接京津冀，扩大对外开放。同时，省际之间的开放，甚至中部地区向西部地区的开放对中部崛起也非常重要。我们在湘南、赣南、皖江很多地方，还有沿陇海线、长江沿线，沿京九线、京广线，安排了一系列承接产业转移示范区和对外开放区域。

这七年崛起的效果可以概括为五个方面：

第一，发展差距有所缩小，经济实力显著增强。中部六省发展速度已连续五年超过东部地区，这是一个了不起的变化。这意味着过去区域差距扩大的势头已经开始得到遏制。

第二，中部地区的产业结构进一步优化，经济发展的后劲明显增强。现在中部地区的固定资产投资增长、消费增长、进出口增长速度，都超过全国平均水平。这表明地区的经济结构在优化，需求结构也在优化，增长后劲比较强劲。

第三，"三基地、一枢纽"的地位更加牢固，对于支撑全国经济发展发挥了重要作用。尽管这几年中部地区发展速度提升了，但令人欣慰的是，中部地区在粮食生产上对国家的贡献没有减弱，煤炭基地、能源基地升级，传统工业得到改造，战略性新兴产业加快发展，路网建设也在提速。这七年来，中部地区新开通的公路和铁路营业里程以及按国土面积计算的公路和铁路交通的密度都在全国四大板块中排第二位。

第四，重点区域的发展指向更加明确，培育了一批新的经济增长极。

第五，民生改善，老百姓得到实惠。要向大家报告的是，七年来，无论是中部地区的城镇居民可支配收入，还是农民的人均纯收入，年均增长速度都超过了东部地区。

我觉得除了这五个成果之外，最重要的还有一条，就是有信心了。过去塌陷的时候，中部地区的干部群众抱怨，"不东不西，不是东西"。现在看到希望了，劲头足了，这对于今后中部地区的发展会起到一个非常重要的推动作用。

主持人： 去年12月底的时候，李克强总理在江西九江召开的区域发展与改革的座谈会上，提出了一个很新颖的观点，他说"中部地区和长江流域是缩小区域差距的突破之地"。请问您对这样一个重大的判断是怎么理解的，我们怎么看待中部地区在区域发展格局中新的定位？

杜鹰： 我也注意到了李克强总理的论断，我认为这是一个非常重要而且非常精辟的论断。他讲，中部地区和长江流域是缩小区域差距的突破之地，就像下围棋，既要抢金边银边，又要在中间谋事布局。为什么是突破之地？我初步的学习体会有这么四点：

第一，中部地区是中国"三农"问题的典型代表，而在中国的现代化过程中，最难的就是"三农"问题。能不能实现工业化、城镇化和农业现代化"三化"协调，能不能实现"四化"同步，核心是看"三农"问题解决得好不好。而解决这个问题，最具代表性和典型性的是中部地区。

第二，中部地区是推进新一轮工业化和城镇化的重点区域。大的判断，中部地区仍然处在工业化的中期阶段，所面临的问题与当年的东部地区不同了，必须走新型工业化道路，必须破解"赶"与"转"的难题。对于城镇化，中央领导指出，城镇化是我们扩大内需的最大潜力，而中部地区又是推进城镇化的重点地区。所以中部地区如果解决好了工业化和城镇化中的这些难题，在全国都具有突破性和典型意义。

第三，中部地区人口众多，这几年的人均收入在加速增长，市场也开始扩张，但是就绝对水平来讲，还低于全国平均水平，所以市场开拓的潜力非常大。

第四，中部地区是中国区域经济发展的枢纽之地。中部地区不沿边不靠海，但连南接北，承东启西。东部发展了，要是中部不能紧跟着东部发展起来，那西部的发展就会受到很大的牵制。东部地区现在在加快转型，意味着有些产业要往中西部转移，这是一个大趋势，也是一个大机遇。承接产业转移，中部首当其冲，各方面的条件也要优于西部，中部做好了，对将来带动西部的发展，形成全国比较优势互补和东中西互动的区域发展格局至关重要。所以从这四个角度讲，确实是实现中国协调发展的突破之地。

主持人：听您的解读，中部区域发展的潜力还是很大。您刚才讲到七年来国家对于中部地区崛起密集出台了很多政策，去年国务院也又出台了《关于大力实施促进中部地区崛起战略的若干意见》，最近发改委也下发了2013年促进中部地区崛起工作要点。能不能介绍一下今后一个时期促进中部地区崛起的工作重点是什么，有哪些新的举措？

杜鹰：经过七年的发展，中部地区已经站在了新的历史起点上。您刚才提到去年国务院下发文件，这个文件根据新情况、新问题、新形势，赋予了中部崛起新的内涵，提出了新的目标任务。文件提出了到2020年的崛起目标，要求中部地区的经济增长速度要继续快于全国平均水平，经济总量占全国的比重要进一步提高，城乡居民收入的增速要达到或超过经济增速，城镇化率要力争达到全国平均水平，基本公共服务的主要指标要接近东部地区，与全国同步实现小康。这些目标的实现都是需要付出艰苦努力的。文件还提出了提升"三基地、一枢纽"地位，推动重点地区加快发展，大力发展社会事业，加强资源节约、环境保护，大力推进改革创新，全方位扩大开放等六大任务；在支持粮食主产区发展、节约集约用地、加大财税金融支持、投资和产业政策引导、完善生态补偿机制、落实好"两个比照"政策等六个方面又加大了支持力度。当前和今后一个时期，我们的主要工作就是贯彻落实好国务院相关文件。在这里，再强调四个重点：

第一，要深化对中部地区战略定位的认识。七年前启动中部崛起战略的时候，确定了"三基地、一枢纽"的战略定位。现在，经过这些年的实践，按照中央领导的要求，要进一步深化对中部地区战略定位认识，丰富它的内涵。比如说在"三化"协调和"四化"同步方面，能不能走在全国前列，为全国其他地区积累经验。比如说在交通运输枢纽建设中，还有战略通道和物流问题，在这方面是不是应该赋予它新的含义？又比如说在打造内陆开放新高地和对外开放新局面方面，在"两型"社会建设方面，还有在中华文明传承创新方面，都要深化对中部地区战略地位的认识。

第二，优化中部地区开发格局。一个地区也好，一个国家也好，只有把它的比较优势充分发挥出来，通过比较优势的交换，才能加快发展。中部地区也有这个问题。要采取"抓两头、带中间"的办法，一手抓经济增长点的培育，另一手抓中部地区落后片区发展和贫困人口的脱贫致富，加快发展步伐。

第三，继续深化重点领域的改革。我觉得这些年中部地区在"两型"社会转型、"三化"协调、生态补偿、打造内陆开放新高地这些方面都积累了很好的经验。下一步，要围绕市场主体培育等关键领域深化改革，增添新的动力。

第四，进一步扩大开放。我认为今后一个时期，中部崛起战略实施的效果如何，在很大程度上取决于它的开放度。要扩大开放领域，提高开放水平，创新开放形式。就像一个物理系统，只有引入负熵，这个系统内部才能产生积极的变化。过去几年中部崛起能够走得比较好，走得比较顺，得益于改革开放，今后要实现更大的发展，就得更大程度的开放。

主持人：知道您要来，网友也提出了很多的问题，我们整理了两个问题，希望您能回答一下。第一个问题是关于长江中游城市群的问题。对这样一个概念，大家希望得到一个好的解释。李克强总理去年在刚才提到的座谈会上，也对长江中游城市群的发展提出了要求。您认为推进长江中游城市群发展有什么意义和作用？国家会给出一些什么样的政策和措施支持它的发展。

杜鹰：长江中游城市群包括湖北的武汉城市圈、湖南长株潭城市群、江西鄱阳湖生态经济区，也包括安徽皖江城市带的一部分，它的一体化发展被人们称为长江中游城市群。这个地区的人口是1.5亿，地区生产总值是6万亿元，分别占中部地区的41%和51%。从全国看，人口和GDP大体都占全国的10%~12%。这个地区工业基础比较好，交通比较发达，要素比较密集，人才荟萃，我们认为是发展潜力非常大的一个区域，特别是在全球产业分工和产业转移的大背景下。有网友说，现在是三大引擎，一个是长三角，一个是珠三角，一个是京津冀，可以考虑把长江中游城市群打造成第四极。我觉得不无道理，因为确实发展潜力很大，而且分量也不小。现在四省向国务院提出了相关报告，按照国务院领导的要求，我们正在着手进行长江中游城市群规划的研究编制工作，当然还仅仅是初步的。还是要进一步明晰这个区域的战略定位、与其他区域的相互关系、自身的发展思路和重点任务，然后在这个基础上再研究政策。这项工作刚刚开始，我希望在不久的将来能够给网友们一个更明确的答复。

主持人： 第二个问题，刚才您也谈到了，中部地区不沿边，不沿海，好像没有什么优势，现在东部地区在改革开放，在经济发展上已经是先行一步了，在经济转型和结构升级上也在加速推进，而西部地区发展的势头也非常猛。在这样的情况下，中部地区又要追赶，又要转型，矛盾很尖锐，所以中部地区在中国经济下一步的发展中，怎么样能够形成东中西部良性互动、优势互补、协调发展的新格局？

杜鹰： 这是区域经济发展最基本的问题，不仅仅是中部，任何一个区域都是这样，不能把它作为一个孤立系统，而要把它放在整体中来观察它和其他部分的联系。对于中部地区下一步的发展，还是我刚才讲的，要努力打造内陆开放的新高地，扩大对内对外开放水平。我举一个实例你就知道了。去年中部六省固定资产投资总量大数是8.5万亿元，同期六省从省外境内（不算外资）引进的资金是2.5万亿元，比两年前增长了78.5%，势头很猛。所以你可以看到开放的力量有多大。产业转移也在加速，一些著名的企业现在已落户中部，像富士康落户了河南，京东方、格力落户了安徽，通用汽车在湖北建设第四个生产基地，欧姆龙电子在湖南落户，统一食品和一些台资落户江西，山西也承接了一些新能源项目等，产业转移的规模持续扩大，承接的层次不断提升，合作的方式也在不断创新，势头非常好。像您刚才问到的，怎么在东中西良性互动、优势互补、相互促进、协调发展中发挥更大作用？最重要的就是充分发挥自己的比较优势，通过开放进行比较优势的交换，这样就能形成区域发展的新格局。

主持人： 看来中部地区的比较优势已经为区域互动和其他地区越来越证明了、越来越重视了。

杜鹰： 是这样的，势头很好。

主持人： 今天您给我们介绍了中部地区崛起战略的由来和发展现状，我们听了以后觉得非常有信心，希望您今后能给我们带来更多的关于中部地区崛起的好消息。

杜鹰： 最后我想再说一句，我们国家幅员辽阔，区域发展差异大，区域发展不平衡是我们国家的基本国情，所以党中央、国务院历来高度重视区域的协调发展。实际上中国区域发展是篇大文章，协调发展是可以出效益的，是可以把"蛋糕"做大的。所以在这个方面，希望能够多听听网友们的意见，如果你们有什么意见和建议可以直接与国家发改委联系，也可以和所在省发改委联系，我们一定认真听取你们的意见，把区域协调发展这件事做好。

第五编 东部率先发展

率先建设创新型区域
全面提升国际竞争力*

（2007年12月1日）

长江三角洲地区是我国发展基础最好、发展水平最高、综合实力最强的地区，在我国社会主义现代化建设中占有重要地位。党中央、国务院历来高度重视长江三角洲地区的改革开放和经济社会发展，在不同时期多次做出重要部署。1985年，国务院决定将长江三角洲开辟为经济开放区。1992年，根据邓小平同志的重要讲话精神，中央做出了开发浦东、加快长江三角洲和沿江地区开发开放的战略部署，明确提出以上海浦东开发开放为龙头，进一步开放长江沿岸城市，尽快把上海建成国际经济、金融、贸易中心，带动长江三角洲和整个长江流域地区经济的新飞跃。十几年来，江泽民、胡锦涛等中央领导同志先后多次到长江三角洲地区视察工作，对长江三角洲的发展寄予殷切希望，作出重要指示。今年5月份，温家宝总理视察长江三角洲并做重要讲话，要求认真总结经验，采取切实措施，推进长江三角洲地区改革开放和经济社会发展实现新的跨越。在党中央、国务院的正确领导下，在有关省市的共同努力下，长江三角洲地区经济社会发展取得了举世瞩目的巨大成就，有力地带动了沿海地区和长江流域的发展，为全国改革开放和现代化建设做出了重要贡献。

这次研讨会把主题确定为"推动长三角地区协调发展，提升长三角区域整体国际竞争力"，具有重要意义。刚刚胜利闭幕的

---

* 这是在上海召开的2007年长江三角洲地区发展国际研讨会上的讲话。

党的十七大,着眼于国内外形势的新变化,顺应各族人民的新期待,对夺取全面建设小康社会新胜利做出全面部署。面对经济全球化的深入发展和世界科技革命的加速推进,十七大报告把提高自主创新能力、建设创新型国家摆到了促进国民经济又好又快发展最为突出、更为重要的位置上,明确指出这是新时期国家发展战略的核心,是提高我国综合国力和整体竞争力的关键。十七大报告还明确指出,要"更好发挥经济特区、上海浦东新区、天津滨海新区在改革开放和自主创新中的重要作用。"这些,都为长江三角洲地区的进一步开发开放指明了方向。

长江三角洲地区科教力量雄厚,各类人才荟萃,知识技术集聚,开放条件优越,是我国提升自主创新能力、建设创新型国家的重要支撑区域。长江三角洲进一步转变经济发展方式,率先建设成为创新型区域,不仅是长江三角洲地区提高发展层次、保持领先优势的内在要求,也是我们建设创新型国家、加速推进社会主义现代化建设的迫切需要。

长江三角洲地区率先建成创新型区域,全面提升国际竞争力,就要在构建区域创新体系上走在全国前列,成为自主创新的示范区域。要坚决走中国特色自主创新道路,大力整合区域科技资源,加快区域创新体系建设,全面提高原始创新能力、集成创新能力和引进消化吸收再创新能力。特别要加快建设以企业为主体、市场为导向、产学研相结合的技术创新体系,引导和支持创新要素向企业集聚,促进科技成果向现实生产力转化。要结合区域产业结构调整和布局,重点推进电子信息、生物医药、先进制造、新能源、新材料、航天航空等领域的自主创新,实现关键领域和核心技术的创新突破。要营造鼓励自主创新的政策环境,加大资金投入和政策支持力度,进一步改善创新创业投融资环境,推动形成市场化、专业化的创新服务体系,加大知识产权保护力度。要大力培养和引进创新型人才,坚持培养与引进相结合,造就一批自主创新的领军人才、高技能人才、工程化人才,创建一批优秀创新团队。

率先建设创新型区域　全面提升国际竞争力

长江三角洲地区率先建成创新型区域,全面提升国际竞争力,就要在推动产业结构优化升级上走在全国前列,成为经济结构优化调整的示范区域。要率先促进经济增长由主要依靠投资、出口拉动向依靠消费、投资、出口协调拉动转变,由主要依靠第二产业带动向依靠第一、第二、第三产业协同带动转变,由主要依靠增加物质资源消耗向主要依靠科技进步、劳动者素质提高、管理创新转变。要率先把加快发展现代服务业作为推进产业结构调整、转变经济发展方式的重要途径,大力发展现代物流、金融服务、科技服务、信息服务、旅游和文化创意等服务业,积极营造促进服务业快速发展的良好环境和支撑体系,不断提高服务业的比重和水平,尽快形成以服务业为主的产业结构。要率先走中国特色新型工业化道路,进一步调整结构、优化布局、提升核心竞争力,形成区域分工协作、协调发展的产业格局,加快实现工业由大到强的战略性跨越,努力建设国际先进制造业基地。

长江三角洲地区率先建成创新型区域,全面提升国际竞争力,就要在资源节约和生态环境保护上走在全国前列,成为可持续发展的示范区域。要依靠科技进步和创新,实现资源节约和环境保护,增强可持续发展能力,努力实现经济建设与生态建设共同发展,物质文明与生态文明协同进步,经济效益与环境效益同步增长。要加强区域产业政策和环保政策的衔接,协同制定和实施更加严格、统一的环境保护与能耗标准,完善节能减排地方性法规,加快形成可持续发展的体制机制。特别要实行最严格的土地管理政策,提高土地节约和集约利用水平。要采取更有力的措施,率先实行国际先进水平的能耗、物耗、水耗等标准,大幅度提高能源资源利用效率,全面推进节能降耗。要加强区域生态环境的共同建设、共同保护和共同治理,加快解决区域性、行业性环境污染问题。

长江三角洲地区率先建成创新型区域,全面提升国际竞争力,就要在区域联合协作上走在全国前列,成为一体化发展的示范区域。要积极探索社会主义市场经济条件下组织区域经济的新模式，着力构建多层次、宽领域的区域协调机制，加快推进区域经济一体化。要坚持以市场为基础、企业为主体、政府引导、多方参与的原则，进一步完善合作机制，形成"领导协商、部门落实、企业参与、社会响应"的联动发展合作机制，合理引导生产力布局，促进区域内分工协作、优势互补、协调发展，加快形成统一开放的市场体系和基础设施网络，保障各种生产要素的合理流动和优化配置。要进一步拓宽合作领域，提升合作层次，加强基础设施建设、产业分工与布局、生态建设与环境保护、市场体系建设、人力资源开发、社会事业发展等方面的联合与协作，加快形成区域互动机制和一体化发展格局，实现区域融合发展、联动发展。要着力强化服务和辐射功能，拓展服务形式，广泛开展区域经济协作与互动，带动周边地区和长江流域发展。

长江三角洲地区率先建成创新型区域，全面提升国际竞争力，就要在体制机制创新上走在全国前列，成为改革开放的示范区域。要全面深化改革，大力推进行政管理体制改革，加快建设统一开放的市场体系，着力构建规范透明的法制环境，鼓励和支持在关系经济社会发展全局的重要领域和关键环节先行先试，率先建立完善的社会主义市场经济体制，形成有利于科学发展、和谐发展和自主创新的体制机制。要进一步完善涉外经济管理体制，加快转变外贸增长方式，提高利用外资质量，加快企业"走出去"步伐，统筹协调对外开放政策，创新开放方式，提升开放层次，在更大范围、更广领域、更高层次上参与国际合作与竞争，在经济、贸易、科技、文化、旅游等方面扩大对外交流，实现开放型经济的新跨越，提升国内国际影响力。

长江三角洲地区的发展事关全局，使命光荣，责任重大。国家发改委将一如既往地关注和支持长江三角洲地区的发展。按照国务院的部署，我们将积极推动《长江三角洲地区区域规划》的发布与实施，引导长江三角洲地区形成科学的功能分区和合理的空间布局，建设结构优化、功能明确的城镇体系，共建共享高效的区域性基础设施，形成环境优美、适宜人居的区域环境。我们将尽快研究提出进一步推进长江三角洲地区改革开放和经济社会发展的政策措施，切实解决制约长三角地区改革开放和经济社会发展的突出问题，促进长江三角洲地区实现又好又快发展。我们将密切关注长江三角洲地区进一步发展中出现的新情况、新问题，加强与有关部门和地方的协调力度，及时加以研究解决。

在经济全球化和区域经济一体化不断深入的背景下，长江三角洲地区的发展，不仅对中国经济社会的又好又快发展具有重要意义，而且对世界经济的发展也具有重要影响。我衷心地希望与会的国内外知名专家学者围绕会议主题，展开充分讨论，发表真知灼见，提出意见建议；衷心地希望两省一市的同志们齐心协力，共同把长江三角洲地区改革开放和经济社会发展事业进一步推向前进！

关于珠三角改革发展规划纲要编制的几个问题[*]

（2008年9月23日）

通过7天的实地调研，国家部委调研组的同志们耳闻目睹了30年改革开放给广东带来的深刻变化和巨大成就，对广东、对国家未来的发展更加充满信心；同时也真切地感受到广东当前面临问题和挑战的严峻性，清醒地认识到广东正处在一个关键时期，编制改革发展规划纲要是十分必要的。

一、编制一个什么样的规划纲要

通过这次调研，我对编制一个什么样的规划纲要有了新的思考和认识。回想1979年，时任广东省委书记的习仲勋同志向中央提出办特区的建议，中央当年以中发50号文批准了这个建议，文件精神概括起来就是八个字：特殊政策，灵活措施。广东人民不负众望，把这8个字的政策用足用好了，杀出了一条血路，带动了内地的改革开放，才营造了改革开放30年的辉煌。在改革开放30年后的今天，站在一个新的起点上编制珠三角地区改革发展规划纲要，主题词是什么呢？还是特殊政策和灵活措施吗？我的回答是否定的，因为阶段不同了，背景也不

---

[*] 根据国务院领导同志重要批示，国家发改委会同有关部门就编制珠江三角洲地区改革发展规划纲要赴广东省实地调研，这是在实地调研结束后与广东省政府交换意见时作者的讲话。在这次调研的基础上起草了相关规划。2008年12月31日，国务院批复《珠三角洲地区改革发展规划纲要（2008~2020年）》。

同了。

在9月18日见面会上，汪洋书记打了一个比喻，说改革开放之初为什么让广东先试先闯？就像一个家庭，因为当时兄弟们都很穷，所以让老大先单独出去闯。也就是说，当时让广东先行先试先闯的背景，是为了要在全国僵化的计划经济体制上打开一个缺口。为了打开这个缺口，杀出一条血路，所以给了广东8个字的金字招牌。现在，我们国家社会主义市场经济体制的改革目标不仅确立了，而且已经建立了社会主义市场经济体制的基本框架，今后的任务是不断地完善这个体制。另外，现在整个国家的区域经济发展格局也变化了。当年邓小平同志讲让沿海先走一步，让一部分地区、一部分人先富起来，以先富带动后富。世纪之交，按照邓小平同志"两个大局"的战略思想，中央提出西部大开发战略，之后又形成了全国四大板块的区域协调发展战略。这次我们到深圳看，到汕头看，特区和非特区已经没有什么实质性的区别了。现在不要说给沿海特殊政策，反过来，还要求广东支持中西部的发展。编制规划纲要，中央会有针对性地给广东一些政策，但与30年前给广东特殊政策和灵活措施相比，不可同日而语。所以不要把期望值定在特殊政策上。

那么应该定位在什么上呢？我认为，就是汪洋书记讲的，广东要争当实践科学发展观的排头兵，仍然要坚持以扩大改革开放作为推动新发展的动力源泉。不协调、不可持续是当前中国的主要矛盾，也是广东的主要矛盾。受美国次贷危机的影响，广东省上半年主要经济指标下滑明显，这不仅是一个周期性问题，背后反映了广东多年来形成的经济结构不合理、发展方式不协调的深层次矛盾。不转变发展方式，广东的发展难以为继。破解之法就是科学发展。而且广东是沿海发达地区，是领风气之先的地方，践行科学发展观，广东要先行一步。科学发展，先行一步，也是8个字。因此，要把贯彻落实科学发展观，争当实践科学发展观的排头兵，作为贯穿规划纲要始终的一条红线。要鲜明地提出改革开放的新思路、新举措，来推动科学发展的实践，这才是规划纲要的核心。在这点上，我希望大家能达成共识。

所以，从今天开始，同志们就要有这样一个意识，编制规划纲要之日，就是启动广东发展方式转型之时，就是要走一条新的道路了。同志们要有整装待发、踏上新征程的思想准备。这个新的征程不那么容易，面临很多的困难，和我们过去已经习惯了的走法不一样。完成这个新的任务的难度一点不亚于30年前广东被放出去闯的时候。

二、构建现代产业体系和推进经济结构战略性调整问题

这是实践科学发展观的一条主线。我这次调研的体会是，对构建现代产业体系不能有绝对化和片面性的认识，好像一谈构建现代产业体系，就全部是新的、高的、大的，这既做不到，也不符合实际。我们理解的构建现代产业体系，是先进制造业和现代服务业双轮推动、包括各个层面产业要素的一个体系。在东莞调查的时候，我了解到来料加工企业占了东莞整个工业制造的很大一部分。这些企业老板说，现在提出发展先进制造业、现代服务业，要腾笼换鸟，我们心里有点迷惑，是不是我们这些产业就不要了，统统向粤北山区转移了？实际上，加工贸易是中国现有生产力水平和世界经济分工格局所决定的，不是想来就来，想抹掉就抹掉的，没有那么简单。那是不是说我们就一直保持着这个传统产业不变呢？那就又走到另一个极端了。我同意讲着力发展现代产业与提升传统产业并举这句话，因为生产力总是多层次的。传统产业是要的，也是会长期存在的，但是传统产业也要努力向高端的方向走，努力推动科技创新。就像在东莞座谈时讲到的，加工贸易要从贴牌生产到自主研发、到最后创自己的品牌方向发展。从整体上看，加工贸易可能是淘汰一批、改造一批、转移一

批、提升一批。在这个问题上不要有片面性，不要绝对化，要具体事物具体分析。不要笼而统之地提出一个口号，把人家打蒙了，在这个规划里找不到他的位置了。我们不是要千方百计调动方方面面的积极性吗？注意不要剑走偏锋。

三、自主创新问题

自主创新是推动产业结构升级的基本力量和途径，应该成为规划纲要非常重要的一个部分。我刚才讲，现代产业和传统产业并举，是中国生产力的多层次性决定的。生产力是多层次的，你就不能说只要什么不要什么。科技创新也有这个问题。中央讲自主创新，是讲三条途径的，一条是引进、消化、吸收再创新，另一条是集成创新，还有一条是原始创新。我们不要把自主创新都理解为原始创新。华为是原始创新，但我们参观的其他几个厂，几百人千把人，没有基础研究能力，怎么原始创新？就是华为也不都是原始创新。所以自主创新要三条路并举，希望广东在这三条路上都要做出表率来。怎么实现广东的自主创新？我同意刚才有同志讲到的，核心是个体制机制问题。广东 R&D 占 GDP 的比重比全国平均水平还低，这是不正常的。通过调研，我想有几件事要抓紧办。一是要赶快落实 R&D 经费税前列支政策，企业非常期盼。二是省部合作，广东有创新能力，但需要更高层次的牵引，包括在广东设立国家实验室，支持广东在一些重点领域突破。三是加强粤港合作，具体方式就是建立深港创新圈。粤港过去是前店后厂的关系，前店不大看得起后厂，现在香港很看得上深圳。四是完善人才机制和人才政策。广东的高校，文科还行，理工科很少有在全国叫得响的，与广东经济总量第一大省的地位非常不相称，与未来发展的需要非常不相称。实话实说，珠三角的人才基础、人才储备不如长三角。广东要着眼长远，创自己的名牌大学，特别是理工科大学。有同志提出可以给广东教育开放政策，支持广东国际合作办学。五是风险投资，促进企业自主创新，要有相应的金融载体。

四、区域和城乡协调发展问题

通过这次调研，对广东发展不平衡的情况，有了真切的认识。一是区域发展差距大，粤东、粤北、粤西与珠三角反差太大。我这次去汕头，汕头的人均GDP还不到深圳的一半。珠三角与周边地区各有优势，如果能够形成珠三角9市与周边12市之间的优势互补、良性互动、互利双赢的关系，就可以大大提高广东整体的发展效率，这不仅必要，也是有条件的。二是城乡发展不协调。广东农民纯收入已经连续11年增长速度低于全国平均水平，这与广东经济第一大省的位置也不相称。广东粮食自给率已经下降到38%，和如今的日本是一个水平，将来怎么办？农业基础地位还是要巩固，现代产业体系里不能光说制造业、服务业，也要有农业。三是珠三角9市的一体化问题。今天上午调研组内部交流时，至少有五六个组谈到珠三角行政性区域分割问题，包括规划未一体化、基础设施未一体化、产业结构雷同，污染治理没有协调机制等。由此损失的效率可想而知。怎么实现一体化？要认真琢磨。中山提城市联盟，但各有各的想法。可能要区别对待，我看广州和佛山基本上就快同城化了，该同城化就同城化，该一体化就一体化，该建立紧密联系就建立紧密联系，可以分几个层次来考虑。

五、民生、民力和民心问题

在19日省部级干部专题研讨班开幕式上，胡锦涛总书记讲话中有这样一个表述："使贯彻落实科学发展观的过程成为不断为民造福的过程，成为不断提高人民生活质量和水平的过程，成为不断提高人们思想道德素质、科学文化素质和健康素质的过程，成为不断保障人民经济、政治、文化、社会权益的过程,让发展成果惠及广大人民群众。"广东要争当落实科学发展观的排头兵,就要切实践行这"四个过程"。广东在民生方面,还存在很多问题。比如收入分配差距较大的问题;比如在国民收入一次分配里居民所得比较小、企业和政府所得比较大的问题;比如在再分配方面,公共服务是否覆盖了外来人口,户籍人口和外来人口权利义务的关系问题;比如老百姓的住房、环境、上学、医疗问题,等等。我们在推动经济发展的时候,头脑里一定要装着老百姓,不是为当经济大省而当经济大省,要实实在在地为老百姓造福,这一点在任何时候都须臾不可偏离。要牢固树立以人为本的理念,规划纲要里要提出实实在在为老百姓办哪几件事。把民生问题解决好的目的,是为了凝聚民力和民心,形成推进珠三角改革发展的强大力量。

六、改革开放问题

通常认为广东市场化程度比较高,但是通过这次调研我们感到,广东改革的任务依然繁重。比如,广东国有企业改革还不到位,广汽想把一个子公司推出去搞承包,国资部门考核却不允许;东莞一家企业融资很困难,希望尽快把土地证办下来,好拿到银行抵押贷款,但土地证办了好多年才办了一半的地。说明政府与市场的关系还没有摆正,还有前面讲到的科研体制问题、行政性区域分割问题、城乡发展不协调问题、收入分配扭曲问题等,都要求我们还要大力推动改革。改革蕴藏了极大的生产力,仍然是进一步解放生产力的法宝。改革要处理好破与立的关系,改革并非全是破旧,很大程度上是要创新。比如广东的用土这么紧张,指望中央多给你一些指标不现实,恐怕还是要在节约集约用地上下功夫。类似这样的改革要一件一件地去做,逐步把市场经济体制完善起来。

关于开放问题，首先是深化粤港澳合作。在中央政府的支持下，CEPA（内地与香港关于建立更紧密经贸关系的安排）政策实行五年来，粤港贸易自由化、投资便利化的合作不断深化，特别是亚洲金融危机以后，双方合作的愿望更加迫切。刚才国务院研究室陈司长的发言给我很大的启发，我们不要过多地去描述粤港之间的竞争性，这没有必要。现在合作是大势所趋，是时代的要求。香港和深圳，和广东的紧密合作，是基于双方的共同利益，与"一国两制"并行不悖。"一国两制"是基本国策，我们要认真执行，同时要打破你是你、我是我的思维定式。粤港的共同诉求很多，包括共建世界级城市群，现代流通经济圈、优质宜居生活圈、先进制造业服务业基地、科技创新文化创业基地以及重大基础设施一体化、人员往来便利化等，都是可以深化合作的领域。粤港合作的目标是提高资源配置的合理性和共享性，提高要素流通的便利性，提高区域整体的竞争力和影响力。广东的对外开放可以再往深处去做，这仍然是广东今后发展的动力。

在长三角指导意见新闻发布会上的答问[*]

（2008年10月16日）

杜鹰：首先请允许我代表国家发改委，向新闻界的朋友表示感谢，感谢你们多年来对于长江三角洲地区发展的关注和支持。首先我利用一点时间，对国务院上个月刚刚印发的《关于进一步推进长江三角洲地区改革开放和经济社会发展的指导意见》的起草背景和情况做一个说明。这个文件是党中央、国务院在新的形势下，审时度势、着眼于全局，在重要历史时刻制定的一个非常重要的文件。长三角地区包括上海市、江苏省、浙江省，这两省一市是我国经济实力、综合实力最强的区域。当前国际经济形势正发生深刻变化，国内经济发展也出现了一些新的情况。在这样一个时期，制定一个进一步推进长三角地区改革开放和经济社会发展的指导性文件，具有十分重要的意义。

在审议这个文件的时候，国务院领导同志指出，长三角地区是我国综合实力最强的区域，而不是最强的区域之一。这个地区区位条件优越、自然禀赋优良、科教文卫发达、经济实力雄厚，区域国土面积占全国的2.1%，人口占全国的11%，GDP占了全国的22.5%，财政收入占全国总量的31.5%。长年累计吸引外资占到全国总量的35%以上。党中央、国务院对于长三角地区改革

---

[*] 2008年9月7日，国务院印发《关于进一步推进长江三角洲地区改革开放和经济社会发展的指导意见》。国务院新闻办公室召开新闻发布会，向社会各界介绍有关情况。国家发改委、上海市、江苏省、浙江省负责同志出席了新闻发布会。这里仅摘录杜鹰的答问。

开放和经济社会发展历来高度重视,在改革开放的不同时期都作出了非常重要的战略部署。这个地区也不负众望,加快改革开放,加快经济社会发展,对于服务全局、带动周边,加快全国的现代化建设步伐,两省一市都作出了巨大贡献。根据当前新的形势,为什么有必要制定这样一个文件呢?我认为它有四个方面的重要意义。

第一个重要的意义,长三角两省一市自身发展面临着一些亟待解决的问题。比如说如何提高自主创新能力,如何加快产业结构的战略性调整,使我们的产业链从低端向高端延伸;如何统筹区域内的基础设施建设,实现一体化发展;在资源和环境约束日益增强的情况下,如何走一条资源节约和环境友好型的发展之路,如何加强社会建设和社会事业发展,实现和谐发展等。制定这样一个文件,第一个意义就是有利于长三角地区作为全国综合实力最强的地区,在新的历史条件下,在新的起点上,来创造新优势、获得新发展。

第二个重要的意义,就是长三角作为全国经济发展的龙头,进一步提升该地区综合实力,有利于促进全国区域协调发展。党的十六届四中全会以后,我们逐步形成了实施西部大开发、振兴东北老工业基地、促进中部地区崛起和东部地区率先发展这四大板块构成的区域协调发展战略。这里很重要的一个方面就是东部要率先发展,只有东部率先发展了,才能带动其他三大板块发展。长三角是我们沿海地区三大引擎之一,一定要加快发展,才能实现全国区域协调发展。

第三个重要的意义,就是面对全球经济风云变幻,怎么样进一步提升、提高我国的综合经济实力,提高我们的国际竞争力和抗风险能力,长三角地区也承担着责无旁贷的重任。加快这个地区的发展,有利于提升我们对外开放的水平,有利于进一步改进、完善我们的外贸的增长方式;有利于抵御国际上的金融风险,提高我们国家的抗风险能力。

第四个重要的意义，就是长三角地区是领改革开放风气之先的地方，这个地区进一步深化改革，进一步扩大开放，有利于为全国建立和完善社会主义市场经济体制，发挥探路和示范作用。

正是在这样一个背景下，党中央、国务院非常关注长三角地区的发展。去年 5 月 15 日，温家宝总理亲临上海，主持召开了进一步推进长三角地区改革发展的座谈会。在会上，温家宝总理全面分析了长三角面临的形势，总结了长三角多年发展的经验，提出了今后长三角地区努力的方向，同时明确，国务院要专门制定一个推进长三角改革开放和经济社会发展的文件。根据国务院领导同志的重要指示，从去年 5 月份开始，国务院 28 个部门组成 14 个专题小组，深入长三角地区进行了长时间的调研，在调研和广泛听取意见的基础上起草了文件。

从这个文件的篇章结构看，除引言外共包括 12 个部分，大体分三个板块。第一个板块就是这个文件的第一部分，主要是明确了长三角地区加快发展的重要意义、指导思想、总体要求，发展目标和基本原则；第二到第十一部分是第二大板块，分别就发展现代服务业、发展工业制造业和现代农业、推进自主创新、新型城市化和城乡关系、基础设施建设一体化、两型社会建设、社会事业发展，以及深化改革、扩大开放等重要内容提出了下一步工作的努力方向、重点任务和具体措施；第十二部分是全文的一个结尾，也是第三个板块，就是加快推进长三角地区改革开放的组织保障，对落实工作提出了明确要求。这就是文件制定的背景和文件的概况。下面我和两省一市的领导将回答各位记者提出的问题，谢谢大家。

香港民报记者： 关于这个指导意见，对长三角的定位、发展方向和珠三角有什么不同？

杜鹰： 文件里对长三角有一个明确的定位，概括起来就是三句话，即经过一段时间的努力，到 2020 年要把长三角地区建设成亚太地区重要的国际门户、全球重要的先进制造业基地、具有较强国际竞争力的世界级城市群。制定任何一个地区经济发展战略的起点和前提就是要给它一个明确的定位，这三句话的定位是经过深思熟虑以后提出来的，也是未来长三角地区发展的基本方向。

关于长三角和珠三角在定位上有什么区别？长三角和珠三角都是中国重要的经济重心区，是中国经济发展的两大引擎。长三角地区的经济总量占全国的22.5%，珠三角的经济总量大体占全国的1/8。这两个地区各有各的优势，应该把它们作为中国经济的引领地区给予同样的关注。相比较而言，长三角地区整体经济素质的综合性更强一些，珠三角地区外向度更高一些，因此在未来发展上也面临着一些不同的问题。今年7月份，温家宝总理到广东考察，对广东乃至珠三角的经济社会发展提出了明确要求。根据温家宝总理的要求，国务院有关部门正在对珠三角的情况进行调研。珠三角有一条优势是长三角没有的，就是珠三角毗邻港澳，改革开放30年来，珠三角的发展得益于粤港澳的密切合作，我们认为今后一个时期，无论是加快珠三角发展还是抗御国际风云变幻，肯定还要进一步加强粤港澳的合作。谢谢。

凤凰卫视记者：长江三角洲是中国经济带头的地区，今年在全球经济都低迷的情况下，外商直接投资到底下降了多少？出口增长率下降了多少？以及当地的企业的效益如何？因为我们觉得都比较低迷，所以请您提供几个数字。

杜鹰：这位记者问的是共性问题。的确，受美国次贷危机加深、全球经济动荡、经济下滑这样一个国际经济环境的影响，我国沿海地区，外贸的进出口、工业企业的增长速度，以及工业的效益，今年下半年以来出现了下行的趋势。至于具体数字，请二省一市的领导来讲。这一点已经引起了国务院的高度关注，正在研究并准备出台一系列的措施。我认为，这既是一个挑战，同时也是一个机遇。各位可以回想一下，三十年的改革开放，出现过多次的通货膨胀或紧缩的局面，每一次我们应对之后，整个国民经济都迈上了一个新台阶。我认为这次也是同样的情形。这个冲击不可小视，不可轻视，对经济社会发展的影响可能还没完全显现出来，要充分估计带给我们的困难和挑战。但是我坚信，有如过去几次一样，战胜了这次的危机挑战以后，中国经济会上一个新的台阶，应该有这样的信心。

道琼斯通讯社记者： 刚才您在讲话当中谈到了未来进一步促进长三角地区发展，中央所采取的一些措施，然而我想问的是一些关于短期方面的挑战，比如关于一些中小企业密集地区，以及出口方面的挑战，您能不能谈一谈在现阶段的短期措施，比如会不会增加这些企业的出口退税，会不会给一些中小企业信贷方面的支持？

杜鹰： 为应对美国次贷危机所引发的一系列问题，中央政府已经采取措施，近期已经两次下调了存款准备金率。面对沿海经济发达地区由于订单减少导致的中小企业经营困难，我们一方面推进企业的重组和企业的技术进步，另一方面在金融上也对这些中小企业给予了新的信贷支持政策。8月份我去广东调查，广东经济的外贸依存度高达120%，所以受外部的影响更大一些，比长三角受的影响还大。广东省政府已经明确提出，要促进消费的增长和投资的增长，把整个工作的重心进一步放在扩大内需上。在宏观经济政策上，如各位从媒体上看到的，温家宝总理在和布朗首相通电话的时候讲道："我们近期采取灵活而审慎的宏观经济政策，来稳定经济、稳定金融、稳定资本市场。"有关当前的经济形势，各位媒体的朋友都非常关心，我想可能在不久的将来，国务院新闻办会就此举办专门的新闻发布会，这里我还是更愿意回答各位提出的有关长三角的问题。

新京报记者： 我们知道国家层面的户籍改革现在还在调研阶段，我想知道的是长三角区域在户籍改革方面会不会有实际的突破？

杜鹰： 《指导意见》专门有一章论述关于统筹城乡发展问题，其中也提到了户籍制度的改革。我一直以为户籍制度改革是破除城乡二元结构和城乡经济统筹发展的结果，也就是说它一定要水到渠成。正像 90 年代初粮票的消亡一样，城乡两种户籍制度最后不是被取消的，而是在一些条件具备以后消亡的，在这方面两省一市具有一定的优势，它们可以在全国率先推进户籍制度的改革。而这个改革的核心，一方面是如何使城市的福利体制货币化；另一方面是如何提高农村的福利水平。在这两方面，我建议记者朋友可以去两省一市做一点调查，他们有一系列的创新。

新华社记者：现在人们讲东部地区是中国的欧洲，按照《指导意见》，到 2020 年以后，是不是可以这么说，长三角地区会成为中国经济发展的"领头羊"？

杜鹰：毫无疑问，未来一个时期长三角地区在经济发展上领头羊、在改革开放上排头兵的作用不但不会减弱，反而会进一步增强。正因为如此，党中央、国务院对长三角地区提出了新的更高要求，具体就体现在文件里的四句话。第一句话叫率先发展。中央要求长三角地区 2012 年在全国率先实现全面建设小康社会的目标，而全国实现这一目标要到 2020 年。长三角地区到 2020 年或再用更长一点时间，将率先实现现代化。第二句话叫科学发展。《指导意见》要求长三角地区在转变经济发展方式，推进战略性结构调整，形成更强大的自主创新能力，加快建设资源节约和环境友好型社会等方面，率先走科学发展之路。第三句话叫一体化发展。要求两省一市进一步破除行政壁垒，促进要素的自由流动，避免和消除低水平重复建设，促进整个基础设施和社会管理的一体化。第四句话叫促进和谐发展。要求长三角地区未来发展一定要注意解决好群众关心的民生问题，加快社会事业发展，加强社会保障体系建设，确保整个改革开放和经济发展的成果人人共享。坚持率先发展，坚持科学发展，坚持一体化发展，坚持和谐发展，这就是中央对长三角地区未来发展的基本要求。要实现这"四个坚持"，首先还得坚持深化体制改革，坚持扩大开放。

在广东省委理论学习中心组《珠江三角洲地区改革发展规划纲要(2008～2020年)》专题研讨班上的讲话*

(2009年2月1日)

日前,国务院审议通过并正式批准实施《珠江三角洲地区改革发展规划纲要(2008～2020年)》(以下简称《纲要》)。这是党中央、国务院在新形势下,审时度势、着眼全局,在我国改革开放30周年的重要历史节点上,在广东省尤其是珠三角改革发展的关键时期,批准实施的一个非常重要的规划文件,是面向全面小康和现代化进程,深入推进科学发展的重大举措,是积极应对当前国内外经济形势深刻变化,保持经济平稳较快增长的重大举措,也是珠三角地区进一步改革发展的行动纲领。

下面,我结合参与《纲要》编制工作的体会,和大家一起交流,目的是为了进一步统一思想认识,把《纲要》落实好。

一、《纲要》的编制背景和重要意义

珠江三角洲地区是我国改革开放的先行地区和重要的经济中

---

* 2008年12月31日,国务院批复《珠江三角洲地区改革发展规划纲要(2008～2020年)》。广东省委理论学习中心组举办专题研讨班学习研讨规划纲要,这是作者在研讨班上就规划纲要解读所做的报告。

心区域，在全国发展改革开放大局中具有举足轻重的战略地位。党中央、国务院历来高度重视这一地区的改革开放和经济社会发展，在改革开放的不同时期都做出了重要的战略部署。1979年，中央下发了《中共中央、国务院批转广东省委、福建省委关于对外经济活动实行特殊政策和灵活措施的两个报告》，明确了特区管理原则和基本建设等重大事项，标志着我国对外开放工作的实质性启动。1992年春天，邓小平同志视察深圳、珠海等地并发表重要谈话，提出改革开放胆子要大一些、发展才是硬道理等一系列重要论断，有力地推动了改革和发展。江泽民、胡锦涛同志多次视察广东，对广东省的改革发展工作作出了一系列重要指示，"三个代表"重要思想和科学发展观最早就是在广东提出的。2008年7月，温家宝总理在听取广东省工作汇报时指出，应该把珠江三角洲地区的发展放在一个重要的位置，并指示国家发展改革委牵头，国务院有关部门参加，会同广东省研究提出珠江三角洲地区改革发展规划的意见。

按照温家宝总理的指示精神，国家发展改革委从去年8月开始编制《纲要》。编制工作经过三个阶段。第一阶段是筹备阶段。梳理相关基础性材料，形成调研方案和编制《纲要》的基本思路。第二阶段是调查研究阶段。组织国务院39个部委、13个单位和行业协会，分成1个综合组和16个专题调研组，赴珠江三角洲地区进行了为期一周的实地考察，广泛听取意见和建议。第三阶段是规划起草及报批阶段。初稿形成后，广泛征求各方面意见，还就《纲要》涉及与香港、澳门合作内容征询了两个特区政府的意见，数易其稿，最终形成《纲要》（送审稿），上报国务院审议。2008年12月17日，国务院第41次常务会审议并原则通过《纲要》，12月31日国务院正式批准实施。期间，起草组与广东方面保持密切沟通，汪洋同志自始至终重视和关心《纲要》起草工作，多次就《纲要》的框架、基调和重要判断做出指示，起到了把握方向的关键作用，黄华华同志也多次提出重要修改意见。

《纲要》从研究编制到发布实施，前后只用了不到 5 个月的时间，效率之高，是以往同类规划编制工作从未有过的。

关于《纲要》编制的背景，《纲要》在第一章里，从三个方面阐明了这个大背景。

背景之一，《纲要》系统总结和充分肯定了广东及珠三角地区改革开放 30 年来所取得的重大成就，指出广东及珠三角已经站在了一个新的更高的历史起点上。

《纲要》指出，改革开放以来，在党中央、国务院的正确领导下，珠江三角洲地区锐意改革，率先开放，开拓进取，实现了经济社会发展的历史性跨越，为全国改革开放和社会主义现代化建设做出了重大贡献。《纲要》用"四个成为、一个建立"概括了珠三角改革发展的重大成就和贡献，这就是："成为全国市场化程度最高、市场体系最完备的地区；成为我国外向度最高的经济区域和对外开放的重要窗口；成为推动我国经济社会发展的强大引擎；成为我国三大城镇密集地区之一；公共服务体系基本建立。"

回想 30 年前，广东省还只是一个落后的农业大省，全省 GDP 总量只及辽宁的 1/3，仅占全国的 5.1%；人均 GDP 低于全国平均水平。30 年来，广东省发生了天翻地覆、沧海桑田的巨变。

一是从经济规模看，经济总量全国第一。2007 年，广东省 GDP31084.4 亿元，占全国的 12.3%（1/8），来自广东的财政收入占全国的 1/7。30 年来，先是江苏超过辽宁，19 年前广东超过江苏，此后经济总量一直位居全国第一。90 年代初，小平同志要求广东要赶超亚洲"四小龙"。广东不负众望，1998 年超过新加坡，2003 年超过中国香港，前年超过中国台湾，任务已完成大半，估计再有五年左右的时间可以超过韩国。

二是从经济外向度看，从封闭走向开放。1979 年，广东省的外贸依存度为 14.4%，实际利用外资可以忽略不计；2007 年，广东省的对外贸易总额已达 6340.4 亿美元，占全国总量的比重达到

29.1%，外贸依存度高达155%，实际利用外商投资累计171.3亿美元，占全国总量的20.5%。

三是从经济结构和发展阶段看，实现了从低收入向上中等收入、从工业化初期向工业化中后期的转变。1978年，广东省人均GDP只有370元。2007年，广东省人均GDP33151万元，折合4102美元（按照汇率法换算），其中珠三角地区人均GDP57154元，折合7520美元，已经达到世界上中等收入国家水平。1978~2007年，广东省GDP中农业的比重从29.8%下降到5.4%，农业就业份额从73%下降到29%；城市化率从1979年的19.3%提升到目前的63.1%，比全国高出18.2个百分点。

四是从城乡居民生活水平看，实现了从贫困向宽裕型小康的转变。城镇居民人均可支配收入，1978年是412元，2007年17699元，增长了42倍，实际年均增长6.98%；农民人均纯收入，1978年是193元，2007年5624元，增长了28倍，实际年均增长6.75%。城镇居民家庭的恩格尔系数从66.6%下降到36.3%，农村居民家庭的恩格尔系数从61.7%下降到43.1%。

这些巨大的变化来之不易，是改革开放的成果，是坚持走中国特色社会主义道路的胜利。所以《纲要》说，"珠江三角洲地区改革发展的巨大成就雄辩地证明，发展是硬道理，改革开放是发展中国特色社会主义、实现中华民族伟大复兴的必由之路。"

背景之二，《纲要》又指出，当前国内外经济形势正发生深刻变化，珠江三角洲地区正处在经济结构转型和发展方式转变的关键时期，进一步的发展面临着严峻的挑战。

《纲要》从当前国际金融危机的冲击和广东经济存在的深层次矛盾两个方面，刻画这种挑战的严峻性。

首先，从国际金融危机的冲击看。在国际金融危机扩散蔓延对我国影响日益加深过程中，广东首当其冲。珠三角与全国平均水平比，与长三角、京津冀都市圈比，消费和投资所占比重明显偏低，出口所占比重明显偏高。因此，外需的急剧减少对珠三角的影响是直接的和巨大的。2008年,广东省的主要经济指标均呈回落态势,尤其是12月份下滑明显:出口同比下降6.8%,比前11个月的增幅下降17.9个百分点;规模以上工业增加值同比增长12.9%,比前11个月的增幅下降5个百分点;用电量同比下降9.2%,比前11个月的增幅下降13.6个百分点;财政收入同比下降33.2%,比前11个月的增幅下降47.1个百分点。这是1998年亚洲金融危机以来最为严峻的。

其次,从深层次矛盾看,主要问题有以下几个方面:

一是服务业发展滞后,制造业处于产业链低端。第一,服务业发展不足,2007年,广东服务业的比重为43.2%,珠三角地区为46.6%。虽然比全国平均水平40.1%分别高出3~5个百分点,但低于北京的71.3%、上海的51.9%、台湾的71.7%;低于发达国家72.2%的平均水平,也低于巴西的64%、印度的54.7%的水平。在广东的服务业结构中,传统服务业仍占主要地位,仅交通运输、批发零售、住宿餐饮等就占近四成,金融、物流、会展、信息、文化创意等现代服务业的发展还不能适应产业转型升级的需要。比如,金融业的发展,外资、合资银行较少进入珠三角城市,存贷款增速低于GDP增速,直接融资比重不高,保险业市场发展程度低于全国平均水平,金融理念仍停留在融资功能上,对金融服务功能及资源配置功能开发不够。再比如,2006年,广东科研与综合技术服务、教育这两大知识密集型服务业增加值仅占当年GDP的3%,低于上海的5.3%和北京的9.9%;又比如,广东物流成本占GDP的比重为18.6%,比发达国家物流成本高出约8个百分点。

第二,从制造业来看,近年来,广东工业适度重型化趋势明显,"广东制造"也融入了全球价值链,但总体来讲尚处在价值链的低端。这主要体现在工业增加值率和劳动生产率较为低下。2006年,广东工业增加值率为26.37%,低于全国28.77%的水平;2007年,广东工业劳动生产率为10.7万元/人,低于全国13

万元/人的水平，仅相当于1995年美国的9.7%和1993年日本的9.1%；珠三角地区全员劳动生产率8.58万元/人，仅为香港的19.8%和澳门的17.7%。2007年，珠三角来料加工和进料加工的出口额占全部出口的69%，设计研发大都在香港，我们只能赚取有限的劳务费，表明珠三角相当一部分企业仍然是以要素和产品低成本而非技术优势参与国际合作与竞争。这种产业结构具有明显的脆弱性和被动性，当市场销路不畅或要素成本上升时，利润空间很容易遭到挤压，出现所谓的"产业空心化"问题。

第三，从高新技术产业看，信息化基础设施及应用水平有待进一步提高。近年来，国内北京、上海、浙江等地区信息化发展迅猛，珠江三角洲地区信息化领先地位受到越来越大的挑战。目前，日本、韩国、新加坡、中国台湾、中国香港等国家和地区均已制定了以打造"无处不在的网络信息社会"为目标的"U-战略"（泛在网络），以实现无论何时、何处、何种方式均能实现宽带接入，而珠三角地区在这个方面才刚刚起步，比周边国家和地区落后5年左右。

二是自主创新能力与经济总量第一的位置不相称。虽然近年来广东在提高科技进步贡献率、发明专利申请量方面都取得了较大进步，发明专利申请量名列全国第一，但总的来讲，广东省的自主创新能力还不够强，与经济总量第一的位置还很不相称。目前，广东技术对外依存度达50%，高新技术企业来自国外跨国公司的发明专利占70%以上，其中信息技术占90%、移动通信为92.2%、生物技术为87.3%，IT领域为85%。核心技术和自主知识产权少。产品技术水平达国际先进水平的占24.7%，达到国际领先水平的只占5.7%。据调查，大中型工业企业中只有49.7%的企业开展了创新活动，低于全国58.2%的平均水平，在全国仅排第24位；拥有科技活动机构的企业仅占全部大中型企业的16.8%，与全国23.2%的平均水平也有较大差距。2007年底，广东共有8个国家重点试验室，占全国总量不足4%，远落后于北京、上海、江苏和浙江等地。每万名劳动力中从事R&D（研究与开发）活动人员数，广东为28人，低于上海、江苏等省市人才密度，与日本135人、德国120人、韩国87人相比差距更大；每万人口在校研究生为5.3人，低于全国平均的8.4人；高等教育毛入学率24%，低于浙江36%、江苏35.6%的水平。特别是科技投入不足，广东省R&D经费占地区生产总值的比例7年来一直徘徊在1.0%～1.2%，2004年以来，连续三年低于全国1.42%的水平，与发达国家2.5%～2.4%的比重有明显的差距。创新资源过于单一，全省R&D的60%来自深圳，而深圳又有近一半来自华为和中兴两家公司。由于技术进步不快，经济增长仍主要靠要素投入，有专家计算，广东经济增长的粗放度仍大于1，全要素生产率近几年来呈下降趋势。

三是需求结构不尽合理，消费和投资拉动作用不足。2006年，广东省最终消费、资本形成、货物和服务净出口三大需求分别达到12893亿元、9622亿元、3690亿元（其中外贸净出口6114亿元），分别占GDP的49.2%、36.7%、14.1%（其中外贸净出口占23.3%），与全国平均水平相比，最终消费和投资分别低0.7和5.9个百分点，净出口则高出6.6个百分点。从变化趋势看，这种结构近年来还有进一步强化的趋势。最终消费方面，2000年为53.2%；2006年下降到49.2%，低于49.9%的全国平均水平，更低于79.2%的世界平均水平（2003年数据）；外贸依存度方面，2000～2006年外贸依存度均在120%以上，2006年达到160.4%；资本形成率方面，呈现低位徘徊，2000～2006年广东省资本形成率为38.6%，明显低于全国同期的39.9%，2006年为全国最低。广东经济的这种需求结构，印证了它易受外部经济影响的事实。

四是国民收入分配结构不尽合理，居民收入所占份额偏小。广东省GDP增长明显高于居民收入增长，说明GDP增长未能有效地转化为城乡居民收入。1978年，广东省劳动者报酬占GDP

的比重为60.6%，2007年这一比重下降到38.8%，下降了21.8个百分点，在全国31个省市自治区中排在第22位。居民收入增长相对缓慢，2000~2007年，广东城镇居民人均可支配收入和农民人均纯收入年均分别增长8.9%和6.4%，比全国平均增速分别慢了3个和2.7个百分点。2000~2006年，在广东国民收入分配中，个人劳动报酬所占比重从48.1%下降到38.7%，下降了近10个百分点；政府收入比重从18.1%下降到14.2%，下降约4个百分点，企业收入比重从33.8%上升到47.1%，上升了近14个百分点。这种收入结构，对消费市场的扩张和政府调控能力均产生不利影响。

五是城乡和区域差距偏大。从城乡差距看，城乡居民收入差距由2000年的2.67∶1扩大到2007年的3.15∶1。2000~2007年，农村居民收入增幅多年落后于城镇居民收入增速。从区域差距看，广东东西两翼和北部山区总人口（常住）4958万人，比珠三角还多467万人，但GDP总量只相当于珠三角9市的26%。东翼、西翼和北部山区的人均GDP分别只相当于珠三角九市的24.0%、28.2%、23.9%。2007年，珠三角9市人均生产总值54386元，是东西两翼的3.8倍、山区的4.1倍。地区发展差异系数为0.75，高于全国平均水平，也高于同期山东（0.54）、江苏（0.55）、浙江（0.38）等沿海省份。尤其是北部山区，还存在不少贫困人口，有资料显示全国最富的人群在广东，最穷的人群也在广东，这不能不引起我们的注意。

六是能源、资源约束明显，特别是土地开发强度大。广东煤、电、油、矿产等资源大多依靠外部输入，已经成为珠三角经济发展的明显约束。珠三角地区100%的煤炭、95%的木材、86%的成品油、72%的钢材、22%左右的电力需要从省外调入或进口；铁矿石、铝、铜原料也主要依靠外调和进口。仅2007年，广东从省外调入或进口能源达17731.9万吨标准煤，占消费总量的80.9%。近三年来，广东原材料、燃料、动力购进价格指数累计上涨了25.2%，工业发展综合成本上升50%，工业品出厂价格与原材料购进价格已连续6年出现"剪刀差"。土地资源供需矛盾日益突出。目前全省实际建设用地已突破2010年用地规模255.3万亩，2002~2007年，珠江三角洲地区新增建设用地273万亩，耕地面积净减少248万亩，大部分城市特别是珠三角已陷入有建设项目但无地可用的窘境。从土地开发强度（建设用地面积占土地总面积比例）来看，2007年，珠三角9市平均土地开发强度为15.91%，其中深圳达到46.5%，高于香港地区。

七是环境压力大，污染治理和生态建设任务繁重。广东和珠三角对环境保护和生态建设是高度重视的，在多年经济快速发展的同时，基本保持了环境质量的稳定。但是我们也要看到，发达国家几百年工业化过程中出现的环境问题，在珠三角发展的几十年时间里集中出现。总体上看，现阶段珠三角生态环境保护工作还处于历史欠账阶段，环境污染和生态破坏的总体态势未能从根本上得到有效遏制，这是制约珠江三角洲地区可持续发展的主要瓶颈。比如，近年来珠三角灰霾天气呈增加趋势，部分城市多达230天，已成为两会议案、提案和港澳关注的焦点。再比如，珠三角地区的酸雨污染问题，珠三角9市有8个城市都是重酸雨地区。又比如，东江、西江、北江水质有下降趋势，2007年，58个省控断面中，有10个属劣V类水质，其中跨市断面水质多数不达标。此外，还有沿海污染排放、水土流失、外来物种入侵、林分质量不高等问题。

把以上七个问题概括起来看，就是《纲要》指出的，广东特别是珠三角发展中仍然存在产业层次总体偏低、创新能力不足、整体竞争力不强、城乡和区域发展仍不平衡、能源资源保障能力较弱、环境污染问题比较突出等问题。应该看到，这些矛盾和问题在上世纪90年代就已经有所显现，历届广东省委、省政府都高度重视并不断进行调整，也取得了明显的成效。但是必须认识到，经济转型是不容易的，需要有很强的力量去克服所谓"路径依赖"问题。广东经济结构存在的这些问题总是要解决的,即便没有发生国际金融危机,广东经济也要转型,不过是因为国际金融危机的影响,再加上人民币升值、劳动力和土地等要素价格上涨,在需求和供给两方面因素的挤压下,这些矛盾和问题集中暴露出来,已经到了非解决不可的时候了。广东及珠三角正处在一个关键时期,传统发展模式已难以为继,转变发展方式已迫在眉睫,这就是《纲要》出台最主要的背景和原因。

背景之三,《纲要》又从另一个方面指出,挑战与机遇并存,珠三角改革发展也面临着重大机遇。

面对严峻的挑战,广东能否战胜当前的困难,保持经济平稳较快增长,能否通过不懈努力,实现经济结构高级化和经济发展方式的转型?回答应该是肯定的,我们对此充满信心。对此,《纲要》主要讲了三个方面的机遇:一是从国际上看,国际产业向亚太地区转移的趋势不会改变,亚洲区域经济合作与交流方兴未艾,中国—东盟自由贸易区进程加快;二是从发展阶段看,我国仍处在重要战略机遇期,工业化、信息化、城镇化、市场化、国际化深入发展,粤港澳三地经济加快融合,经济发展具有很强的后劲;三是从现有基础看,经过改革开放30年发展,珠江三角洲地区积累了雄厚的物质基础,经济实力、区域竞争力显著增强。这些都为珠江三角洲地区加快改革发展提供了有利条件和广阔空间。

机遇从来是与危机并存的。改革开放30年来,我国宏观经济经历了两轮通货紧缩和通货膨胀,结果怎么样呢?在党中央、国务院的正确领导下,我们都成功地实现了化危为机,变压力为动力,逆势而上,大步推进国民经济结构调整和发展方式转型,每次战胜危机之后,国民经济都提升上了一个新的层次。这次也不例外。

这里,我还想引用温家宝总理几天前在瑞士达沃斯世界经济论坛年会特别致辞中的精彩论述,家宝总理讲,"中国经济能不能继续保持平稳较快发展？有些人可能会有疑虑，我可以给大家一个肯定的回答，我们对此充满信心，我们的信心来自哪里？"然后，家宝总理讲了"四个没有改变和一个更为重要"，即中国经济发展的基本面没有改变，中国经济发展的长期趋势没有改变，中国经济发展的优势没有改变，中国经济发展的外部环境没有根本改变，更为重要的是，我们选择了以人为本、全面协调可持续发展的科学发展理念，始终坚持改革开放，找到了一条符合中国国情，顺应时代潮流的正确发展道路，我们的人民拥有坚韧不拔、自强不息、百折不挠的精神与意志，正是这些优秀品质，使历史悠久的中国在逆境中焕发更加强劲的生命力。我想，把总理这段话里的"中国"换成"广东"，也是同样适用的。广东30年的改革发展经历了多少风雨和磨难，但广东人民都战而胜之了，素有"敢为人先，务实进取、开放兼容、敬业奉献"精神的广东人民，是不会被困难压倒的。

总之，成就、挑战、机遇，这三方面大体概括了编制《纲要》的基本背景。正是在这个背景下，温家宝总理去年7月视察广东时指示"珠三角地区作为改革开放的排头兵，处在新的发展阶段，面临新的内外环境，需要有新规划、新目标，引导这一地区在新起点上实现新发展"。总理一句话用了6个"新"字，是对编制《纲要》重要性和必要性最好的诠释。

关于出台和实施《纲要》、加快珠江三角洲地区改革发展的重要意义，《纲要》共讲了5条，即："有利于推进珠江三角洲地区经济结构战略性调整，增强经济发展的动力和活力；有利于提高我国的综合实力、国际竞争力和抵御国际风险的能力，更好地参与国际经济合作与竞争；有利于辐射和带动环珠江三角洲和泛珠江三角洲区域的经济发展，促进形成优势互补、良性互动的区域经济发展新格局；有利于贯彻'一国两制'方针，保持港澳地区长期繁荣稳定；有利于深化体制机制创新，为建立实现科学发展的体制机制探索新路径、提供新经验"。特别需要指出的是，

《纲要》指出，推进珠三角地区加快改革发展，既是珠三角转变经济发展方式的必然选择，也是全局的战略需要。之所以这样讲，一是珠三角的经济总量和带动能力在全国举足轻重，这一点前面讲了；二是珠三角毗邻港澳、面向东南亚、腹地广阔，全面对内对外开放的区位优势不可替代，进一步发展的潜力巨大；三是珠三角是我国领改革开放风气之先的地区，素有锐意改革的精神，又有雄厚的经济基础，因此广东完全能够胜任中央赋予的任务，中央对广东特别是珠三角地区是寄予厚望的。

二、关于《纲要》提出的指导思想、战略定位和奋斗目标

这是《纲要》第二章的主要内容，这一章的文字虽然不太多，但却是抓总的，是引领整个《纲要》各章节的纲，奠定了整个《纲要》的取向和基调。

（一）指导思想

《纲要》提出的指导思想，强调要"高举中国特色社会主义伟大旗帜，以邓小平理论和'三个代表'重要思想为指导，深入贯彻落实科学发展观，进一步解放思想，坚持改革开放，努力争当实践科学发展观的排头兵"，然后提出了"五个着力、六个率先"，即"着力构建现代产业体系，加快发展方式转变，率先建立资源节约型和环境友好型社会；着力推进科技进步，增强自主创新能力，率先建立创新型区域；着力解决民生突出问题，促进城乡区域协调发展，率先构建社会主义和谐社会；着力深化体制改革，勇于推进体制机制创新，率先建立完善的社会主义市场经济体制；着力加强与港澳合作，扩大对内对外开放，率先建立更加开放的经济体系。要把解决当前问题与谋划长远发展结合起来，保持珠江三角洲地区经济平稳较快发展，为保持港澳地区长期繁

荣稳定提供有力支撑，为我国改革开放和社会主义现代化建设做出新的更大贡献，率先建成全面小康社会和基本实现现代化"。"五个着力、六个率先"概括了全文的宗旨和主要内容，便于记忆，也有利于达成共识，凝聚共识。

关于指导思想，我想再强调两点：

一是解放思想问题。解放思想、实事求是，是我们党的思想路线。对比改革开放前后的中国，对比改革开放前后的广东和珠三角，思想僵化的后果不堪回首，而解放思想、实事求是，则是我们攻坚克难、无往而不胜的思想武器。解放思想应该是永无止境的，特别是在当前，在我们面临重大挑战和机遇的关键时期，尤其要强调解放思想。从前年底开始，广东的同志们开展了解放思想的大讨论，广东省委十届二次全会对此做出决定，这是非常必要的。还应该看到，我们现在提解放思想，打破一些条条框框，与30年前有所不同，那时主要是打破"左"的教条主义的东西，现在当然也还有这样的问题，但更主要的是要打破把30年来的发展模式凝固化、固定化，不思进取，小富即安的思想束缚。为什么呢？因为这些守旧和经验主义的东西束缚了生产力的发展，不打破就不能实现发展方式的转变。在我看来，在新的历史起点上，广东省委高度重视和大力倡导解放思想，实际上就是为了引导大家向前看，破除经验主义和小富即安思想的束缚，只有解决了这些认识问题，才有可能为转变发展方式奠定坚实的思想基础。事实上，这场解放思想的活动也为我们《纲要》的编制做了很好的铺垫，打下了坚实的基础。

二是走科学发展道路。这是贯穿整个《纲要》的红线。党的十六届三中全会以来，中央提出树立和落实科学发展观，党的十七大对科学发展观做了全面的阐述，目前全党又在开展深入学习实践科学发展观活动。树立和落实科学发展观有着重大的现实意义和深远的历史意义。这是因为，那种片面地追求GDP，只见物不见人的发展道路已经难以为继。全国是这样，广东是这样，珠三角更是这样。我非常赞同汪洋同志去年12月9日在《人民日报》发表的文章的观点。他指出，应对国际金融危机，危在于传统的发展方式，而机则在于科学发展。尽管走科学发展之路不易，但它将是一次脱胎换骨的历练，是一次凤凰涅槃的洗礼，但是只要我们认准了这条路，就要坚定不移地走下去。

4个多月前，我们国家部委调研组在结束珠三角调查、与省政府交换意见的会上，我讲到，通过这次调查，我们真切地感觉到广东当前面临的机遇和挑战，更清醒地认识到广东正处在一个改革发展的关键时期，那么我们应该编制一个什么样的规划纲要呢？我当时打了一个比喻，30年前，广东向中央申请在对外开放上先走一步，后来中央在1979年发了一个50号文，50号文的精神，概括起来就是两句话、八个字，即"特殊政策，灵活措施"。有了这八个字，广东人把它用足了、用好了，才铸就了30年的辉煌成就。那么，在30年后的今天，站在新的历史起点上编制新的规划文件，能给广东什么呢？我当时讲，现在阶段不同了，背景不同了，情况不同了，现在要给，就是"科学发展、先行一步"。后来黄龙云同志改了几个字，叫"先行先试"，我认为很好，就是"科学发展，先行先试"，还是八个字。如果你问我，《纲要》的基本精神与宗旨是什么？我的回答就是这八个字。这八个字是贯穿规划纲要始终的一条红线。

（二）战略定位

《纲要》对珠江三角洲地区赋予五大战略定位，即探索科学发展模式试验区、深化改革先行区、扩大开放的重要国际门户、世界先进制造业和现代服务业基地，以及全国重要的经济中心。这个战略定位是根据党的十七大精神和落实科学发展观的要求，集思广益，经过反复论证后确定下来的，比较好地把握了珠江三角洲地区发展的世界坐标、全国方位和阶段特征，既符合珠三角地区的客观实际和自身进一步发展的内在要求，又符合国家区域战略的总体部署。

五大战略定位里，我认为最重要的是前两条，即探索科学发展模式的试验区和深化改革的先行区。这两年，国务院批复了好几个区域性文件，这两条同时出现在一个文件里，还没有过。这两条看起来好像比较虚，但恰恰这两条政策含义最深，换句话说，就是最有"含金量"，《纲要》中赋予了珠三角很多政策和先行先试的权利，其依据就在这里。从《纲要》的实施看，它也为珠三角未来的改革发展留下了空间。还应该看到，中央给一个地区这么重要的定位，既是中央的信任，也同时意味着我们珠三角肩上的担子更重了，我们一定要不辜负中央的重托，按照五大战略定位来打造新的岭南大地。

国内与珠三角定位相似的地方还有长三角和京津冀都市圈，三者并称中国三大经济中心区，或者叫中国经济增长的三大引擎（这里珠三角指广东9个市、长三角指江浙沪"15＋1"城市，京津冀为三省市概念）。2007年，三地的国土面积总计34.9万平方公里，占全国的3.6%，人口总计2.1亿，占全国的15.7%，GDP总量9.62万亿元，占全国的38.3%，地方财政收入9415亿元，占全国地方财政收入的40.0%，进出口总额16739亿美元，占全国的77.0%，实际利用外资647亿美元，占全国的82.6%。

党中央、国务院对这三个地区的改革发展工作给予了高度重视。早在上世纪90年代初批准设立浦东新区，随后被明确为综合配套改革试验区，去年国务院又下发了《关于进一步推进长江三角洲地区改革开放和经济社会发展的指导意见》；2005年国家批准设立天津滨海新区和综合配套改革试验区，2006年国务院又下发了《推进天津滨海新区开发开放有关问题的意见》。在这两个文件中，国家对长三角和天津滨海新区也赋予了明确的定位。对长三角的定位是："把长江三角洲地区建设成为亚太地区重要的国际门户、全球重要的先进制造业基地、具有较强国际竞争力的世界级城市群"；对天津滨海新区的定位是："依托京津冀、服务环渤海、辐射'三北'、面向东北亚，努力建设成为我国北方对外开放的门户、高水平的现代制造业和研发转化基地、北方国际航运中心和国际物流中心，逐步成为经济繁荣、社会和谐、环境优美的宜居生态型新城区。"

我们比较一下三大经济区的异同。三地共同之处是，都地处沿海，人口稠密，城市密集，人才荟萃，经济发达，都是我国改革开放的先行地区和市场化程度、对外开放程度较高的区域，都是我国重要的经济中心区和带动国民经济增长的重要引擎，当然目前也都面临着经济结构转型和发展方式转变的艰巨任务。也正因为如此，国家赋予了三地大体相同的定位，都有"对外开放的门户"、"经济中心"、"现代制造业基地"、"城市群"的定位，只是表述略有不同。但是三地也有区别点，我们主要把珠三角与另外两地相比。一是珠三角的人口比长三角、京津冀少差不多一半，因此在经济总量上不占优，但是在人均指标方面，如人均GDP、城乡居民收入等方面，珠三角处于领先地位，但也要注意去年人均收入的增长幅度，珠三角落后了；二是在对外开放程度方面、对外贸易依存度方面，珠三角领先，但也要注意长三角、京津冀的增长势头（如实际利用外资额、进出口总额等）超过了珠三角；三是在三大需求拉动上，珠三角投资、消费的增长势头逊于长三角和京津冀；四是虽然珠三角专利申请量排在长三角、京津冀之前，但在人均受教育年限、万人中科技人员数量等人才指标方面，落后于长三角和京津冀。总之，珠三角的同志们要清醒地看到长三角、京津冀的后发优势，在这个问题上要有紧迫感和忧患意识。比如天津，去年 GDP 增长 16.5%，固定资产投资增长 42.5%，实际利用外资 70 亿美元，"国"字头大企业在津投资达 900 亿元；今年，天津的目标是 GDP 增长 14%，固定资产投资增幅不低于上一年。

(三) 主要目标

从发展目标看,《纲要》分当前、2012年和2020年三个阶段从产业结构、创新能力、节能减排、区域布局、社会事业、人民生活等方面提出了具体目标,描绘了珠三角未来发展的蓝图。

当前和今后一段时间,必须充分估计形势的严峻性和复杂性,把保持经济平稳较快发展作为首要任务,抓紧落实中央关于扩大内需的各项部署,努力保持经济平稳较快发展。这一点,是家宝总理特别指示要加上去的,有关工作后面我会专门讲。

到2012年,率先建成全面小康社会,初步形成科学发展的体制机制,人均地区生产总值达到8万元(约合1.2万美元,略低于1990年香港的水平),服务业增加值比重达到53%,城乡居民人均收入比2007年显著增长,平均期望寿命达到78岁,社会保障体系覆盖城乡,人人享有基本公共服务,环境质量进一步改善。

到2020年,率先基本实现现代化,基本建立完善的社会主义市场经济体制,人均地区生产总值达到13.5万元(约2万美元,大致相当于1993年香港的水平),服务业增加值比重超过60%,城乡居民收入水平比2012年翻一番,平均期望寿命达到80岁,实现全社会更高水平的社会保障,单位生产总值能耗和环境质量达到或接近世界先进水平。

关于奋斗目标,我要说明三点:

一是指标设置充分体现了科学发展观的要求,不仅有经济指标,而且有人类发展和资源环境的指标。同时要注意,这里的经济指标是预期性的,而人类发展和资源环境指标则是约束性的。

二是这些指标值的确定,是经过反复测算和推敲的,是本着"跳起来,能够得着"的原则设定的。这些也体现了家宝总理提出的要有新的目标的要求。从人均GDP看,为实现2012年和2020年的目标,2008~2012年和2013~2020年年均增长率要分别达到8%和7%,低于近8年来的实际增长率。因此,经过努力应该是可以实现的。

三是这些目标的设定，勾画了珠三角未来美好的前景。总的来说，到2020年，珠三角的奋斗目标，就是要实现从现在上中等收入水平向目前发达国家的水平迈进，那时珠三角的经济总量要赶上韩国，人均GDP要超过现在台湾地区的水平（2007年台湾地区人均GDP为1.7万美元），大体接近香港上世纪90年代中期的水平。这样一个目标，既是鼓舞人心的，也是通过努力可以实现的。我们要用这个目标凝聚广东和珠三角人民群众的智慧和力量，为这个崇高的目标而奋斗。

三、关于《纲要》提出的重点任务和政策措施

《纲要》全文包括引言、12章和52节，共3万字左右。其中第三章至第十一章（共43节），是纲要的主体部分。这九章分别从九个方面，提出了推进珠三角改革发展的远景规划、重点任务和相应的政策措施。这九个方面分别是："构建现代产业体系"、"提高自主创新能力"、"推进基础设施现代化"、"统筹城乡发展"、"促进区域协调发展"、"加强资源节约和环境保护"、"加快社会事业发展"、"再创体制机制新优势"以及"构建开放合作新格局"。由于时间关系，我从这九章里提炼出5个问题，讲讲我的看法和体会。

（一）关于加快转变经济发展方式

胡锦涛总书记去年4月份指出："加快转变经济发展方式，是关系国民经济全局紧迫而重大的战略任务，是提高我国国际竞争力和抗风险能力的重大举措，是全面实现建设小康社会奋斗目标的重要保证。"如何转变经济发展方式？党的十七大报告和胡锦涛总书记的重要讲话都指明了方向，那就是要实现三个转变，即"促进经济增长由主要依靠投资、出口拉动向依靠消费、投

资、出口协调拉动转变,由主要依靠第二产业带动向依靠第一、第二、第三产业协同带动转变,由主要依靠物质资源消耗向主要依靠科技进步、劳动者素质提高、管理创新转变"。这些论述对广东和珠三角同样有针对性,同样适用。

改革开放30年来,珠三角产业快速发展,产业体系逐步完善,就第二产业而言,从过去以轻工业为主,转变为以重化工为主,装备制造、汽车、钢铁、石化、船舶制造、高新技术产业等新兴产业,以及家用电器、纺织服装、轻工食品传统产业蓬勃发展,在全国占有重要地位,产业竞争力不断提高,奠定了广东制造业大省的地位。但是,珠江三角洲地区产业发展也存在前述服务业发展不充分、产业处于国际分工体系的低端、集约化程度低、自主创新能力弱等问题。针对这种状况,广东省委、省政府在深入调查研究的基础上,作出了加快构建现代产业体系的决定,并专门发了文件,提出以现代服务业和先进制造业双轮驱动,形成产业结构高级化、产业发展集聚化、竞争力高端化的现代产业体系,以此带动珠三角经济发展方式的转型,是富有远见的。《纲要》第三、第四章对此也做了集中阐述,这里我再强调以下三点:

一是要始终坚持产业高端化战略取向。经济的发展过程,实质上就是产业结构不断调整的过程。这个调整的基本方向,从生产要素来讲,就是不断从低生产率部门向高生产率部门流动和优化配置;从产业结构来讲,就是依次从以农业为主到以工业为主、再到以服务业为主的转变。为什么香港的人均GDP高(2007年2.9万美元)?就是因为它劳动生产率高,人均创造的财富多,产业结构高级化。珠三角目前正处在从工业化中后期向成熟的工业化和服务业经济转型的关键时期。正是基于这样一个判断,《纲要》提出了实施产业高端发展的战略任务。首先是要大力发展现代服务业。珠三角与发达地区、发达国家相比,现代服务业发展明显不足,已不能适应产业转型升级的需要。第三产业是知识密集型、劳动密集型产业,资源消耗少,污染释放少,附加价值高,有利于提高国民经济的综合素质。珠三角发展第三产业有需求，有潜力，还有毗邻港澳的条件和优势。为此，《纲要》提出，支持珠三角与港、澳地区在发展现代服务业上深度合作，主要发展与香港国际金融中心错位的金融及金融后台服务业，扩大会展业，建立世界一流的物流中心，确立珠三角国际电子商务中心地位，积极发展服务外包业、研发设计、中介服务，要求到2020年现代服务业增加值占服务业增加值的比重超过60%。其次是要加快发展先进制造业和高技术产业。根据"微笑曲线理论"，在产业链中两端的研发与营销的附加值高，而处于中间制造环节的附加值最低。构建现代产业体系，不仅仅要发展新的产业形态，更重要的是打造产业的核心竞争力，也就是要推进从"制造"到"创造"的转变。日本产业经济学家筱原曾提出产业升级的"两基准"，认为符合需求弹性大、生产率上升率高的产业就是朝阳产业，是应该着力发展的主导产业，反之就是夕阳产业。《纲要》提出珠三角要重点发展技术密集、关联度高、带动性强的现代装备、汽车、钢铁、石化和船舶制造等产业，坚持走新型工业化道路，着力在各行业打造规模和水平居世界前列的产业基地，培育一批具有国际竞争力的世界级企业和品牌，并且对各个行业发展的方向和重点提出了明确的要求，要求到2020年，实现先进制造业增加值占工业增加值的比重超过50%的目标。这里还要多说一句，在着力发展先进的制造业的同时，也要抓好传统产业的改造升级，《纲要》专门用一节论述了这个问题。上次来广东调研与企业座谈时，就有一些企业对"腾笼换鸟"表示了疑虑，我当时就讲，要注意防止片面性，要注意生产力的多层次性，不要搞"一刀切"。

二是大力推进自主创新。自主创新是构建现代产业体系、转变经济发展方式的核心。区域创新能力是一个地区提升产业竞争力的决定性力量，是区域发展能力最重要的标识，是在世界分工体系中掌握主动权的关键因素。针对前面讲到的广东和珠三角自主创新能力不强的问题，《纲要》用了一章的篇幅论述了推进核心技术的创新和转化、强化企业自主创新主体地位、构建开放型区域创新体系、深化国家和地方创新联动机制以及加强自主创新环境建设5个重点问题。这里，推进核心技术创新转化和构建创新型区域是目标和工作重点，强化企业创新能力是基础，深化省部合作是必不可少的条件，加强政策环境建设是不竭的动力源泉，由此阐明了推进工作的基本思路。

具体而言包括：第一，创新工作要紧紧围绕现代产业发展的要求，要面向主战场，坚持有所为，有所不为，把有限的资源用在刀刃上。着力抓好关键领域技术的引进消化再创新和集成创新，积极推进原始创新，加快创新成果转化，力争到2020年，基本实现由"广东制造"向"广东创造"转变。第二，要切实加大自主创新投入。加大创新投入是提高自主创新能力的关键。《纲要》提出，到2012年，R&D经费支出占地区生产总值的比重要达到2.5%。要下决心引导各级政府、企业和社会各界加大对自主创新的投入。第三，要认真研究和不断改善有利于自主创新的政策环境，重点是落实企业研发投入税前加计扣除政策、鼓励和支持风险投资、加大知识产权保护、重视人才引进、培养、评价、任用等政策，真正形成强有力的激励机制。还要落实好《纲要》提出的到2020年建成1~2所国内一流、国际领先的高水平大学的任务，办好这件事，具有深远的战略意义。

三是要做好当前的产业调整和振兴工作。目前，国家已经和正在陆续出台10大产业调整振兴规划纲要。这10大产业在国民经济中具有举足轻重的地位。针对目前工业生产增幅加速下滑、产能过剩、企业资金周转困难等问题，要抓紧规划的实施工作。第一，要落实好各项扶持措施，帮助企业渡过难关。第二，充分利用当前市场趋紧的倒逼机制，抓紧推进企业技术改造、联合重组，突破关键技术，优化空间布局。第三，大力开发国内市场，要注意到目前的情况与80年代末以来"两头在外"情况已有所不同，在继续巩固和开拓国际市场的同时，要把开拓国内市场的任务适时提上日程。第四，要落实《纲要》和产业规划提出的要求，促进资源型低端产业逐步退出，加大淘汰落后产能的工作力度。

（二）关于统筹城乡区域发展

《纲要》针对广东的实际情况，在第六、第七章专门论述了统筹城乡和区域协调发展问题。

首先是统筹城乡发展问题。根据国际经验，当人均GDP达到3500美元、非农产业增加值占GDP的比重达到85%、农业就业份额下降到40%、城镇化率达到40%，就应该进入工业反哺农业、城市带动农村的阶段了。所以党的十七届三中全会明确提出了促进形成城乡一体化新格局的战略任务。2007年，广东省人均GDP4360美元，非农产业增加值占地区国民生产总值的比重达到94.4%，农业就业份额为29.4%、城镇化率已达到63%，应该说，包括珠三角在内的整个广东省解决二元结构、统筹城乡发展已经具备了良好的基础和有利条件。目前，广东和珠三角城乡发展仍然存在一些不协调的问题：一是广东农民收入增长相对缓慢，在全国的排位从改革开放初的第4位降到第6位，低于江苏、浙江，且差距还在拉大。二是城乡缺乏统一规划，农村的基础设施和公共服务不足。有人这样描述对珠三角地区的整体印象："走了一镇又一镇，镇镇像农村，走了一村又一村，村村像城镇。"这说明珠三角地区的城乡规划尤其是农村规划比较滞后，居民区与工业、农业区交相混杂，以及城中村、空心村问题突出。三是旱涝保收田所占比重、农业机械化率等指标都低于全国平均水平；粮食和主要农产品自给率逐步下降。目前，粮食自给率只有38%，猪肉的自给率只有53%。四是农民工特别是大量外来农民工为广东和珠三角发展做出了巨大贡献，但公共服务和社会保障尚未有效覆盖这些人群。

《纲要》对珠三角统筹城乡发展提出了明确要求，即："按照城乡规划一体化、产业布局一体化、基础设施建设一体化、公共服务一体化的总体要求，着力推进社会主义新农村建设，完善和提升城市功能，率先形成城乡一体化发展新格局"。这里，我重点强调两个问题：

一是关于提高城乡规划和建设管理水平问题。《纲要》提出，要建设与经济发展水平相适应的现代化城乡示范区，打造具有岭南特色的宜居城乡。《纲要》特别强调，珠三角地区要以主体功能区规划为基础，把三个规划，即国民经济和社会发展规划、土地利用规划和城乡建设规划统一起来，合理划定功能分区，明确具体功能定位，改变居民区、农业区、工业区混杂的状况；要因地制宜改造城中村、拆除空心村、合并小型村，加快推进城乡新社区建设。把这件工作做好了，不仅可以改善城乡面貌，而且可以有效地提高土地利用率。

二是关于农民工问题。目前广东省外来农民工总量达2674万人，约占全国跨省就业农民工总量的1/3。广大农民工是广东省现代化建设的一支生力军，为广东省现代化建设做出了巨大贡献。实现好、维护好、发展好农民工的切身利益，对于保持广东省及珠三角地区繁荣稳定意义尤其重大。请大家注意，在《纲要》中的各个章节中，只要涉及百姓利益的，都强调农民工与当地民众享受同等待遇。如在促进就业方面，提出要统筹城乡和省内外各类群体劳动者就业，把珠江三角洲地区打造成为全国农村劳动者转移就业职业技能培训示范区。在社会保障方面，提出要逐步完善覆盖城乡惠及全民的社会保障网，尽快实现养老保险关系无障碍转移，到2012年，外来务工人员参保率达到80%以上。在建立保险制度方面，大力推动所有用人单位依法为农民工参加工伤保险。在农民工子女入学方面，提出要合理配置义务教育办学资源，逐步解决常住人口子女平等接受义务教育问题。在建立城乡统一的公共服务制度方面，提出建立以常住人口为目标人群的公共服务体系，率先实现基本公共服务均等化，等等。

按照《纲要》的要求，结合当前的形势，希望广东省切实抓好以下三项工作。一是坚定不移地将农民工工作摆在更加突出的位置，高度重视，加强领导。要把《纲要》提出的任务分分类，现在能够办的抓紧落实，一时还办不了的，要积极探索，创造条件。比如，农民工养老保险异地转移接续工作，情况比较复杂，建议开展试点，探索路子，积累经验。二是针对当前就业形势，大力促进农民工就业。要完善人力资源信息网络，为农民工提供快捷、全面的岗位信息服务；加大对农民工就业优惠政策的宣传力度，落实税费减免、职业培训和职业介绍补贴、社保补贴等政策；加大对中小企业扶持力度，加大技能培训力度，有效实现农民工技能就业和稳定就业。三是切实维护农民工合法权益。珠三角地区是劳动争议的多发区，要建立完善中小企业和劳动密集型企业倒闭、停产监控及快速反应机制，及时、妥善做好关停企业农民工权益维护工作；建立完善工资支付保障机制，重点查处企业拖欠农民工工资的行为。

其次是促进区域协调发展问题。"十五"以来特别是近两年来，广东省促进区域协调取得显著成效。东西两翼和北部山区增长势头增强，与全省的发展速度差距有所缩小，投资、消费和进出口贸易等主要指标增速已经接近或快于全省平均水平。2007年，清远市生产总值增长32.3%，河源市生产总值增长20.7%，增速分列全省第一、第二。省内区域间的对口帮扶、互利合作不断加强，成为促进区域协调发展的重要推动力。但另一方面也要看到，促进广东区域协调发展仍然任重道远。除了前述区域发展差距较大问题以外，还有一个突出的问题，就是珠三角城市间仍以行政区划为主体，大多各自为政，区域间协作仍处于较低水平，城市间主体功能定位不明晰，产业同构化和项目重复建设较为普遍，甚至出现恶性竞争现象。有调查表明，珠三角主要城市的工业同构率达60%。

针对上述问题，《纲要》第七章对珠三角地区的区域协调发展提出了明确要求，即："按照主体功能区定位，优化珠江三角洲地区空间布局，以广州、深圳为中心，以珠江口东岸、西岸为重点，推进珠江三角洲地区区域经济一体化，带动环珠江三角洲地区加快发展，形成资源要素优化配置、地区优势充分发挥的协调发展新格局。"这里要特别注意《纲要》提出的两条任务和要求。一是要加快推进珠三角地区九个城市的区域经济一体化问题，二是要带动环珠三角地区加快发展问题。

关于区域一体化问题。促进区域一体化是大趋势，它可以有效地降低交易成本，促进生产要素在更大范围内和更广阔的空间里自由流动和优化组合。首先要推进珠三角9市的一体化，《纲要》阐明了以下几点：一是关于原则和目标。珠三角各市要遵循政府推动、市场主导，资源共享、优势互补，协调发展、互利共赢的原则，创新合作机制，优化资源配置。到2012年，基本实现基础设施一体化，初步实现区域经济一体化；到2020年，实现区域经济一体化和基本公共服务均等化。为此，要制定珠江三角洲地区一体化发展规划。二是坚持体制机制创新。在广东省政府的统一领导和协调下，建立有关城市之间、部门之间、企业之间及社会广泛参与的多层次合作机制。探索建立有利于促进一体化发展的行政管理体制、财政体制和考核奖惩机制。三是率先实现基础设施一体化。在城市规划一体化的基础上，建立统一的综合交通运输体系，统筹推进能源基础设施一体化，形成统一的天然气输送网络和成品油管道网络，实现区域内油、气、电同网同价。统筹规划信息基础网络，统一信息交换标准和规范，共建共享公共信息数据库。四是统筹产业发展。统筹跨行政区的产业发展规划，构建错位发展、互补互促的区域产业发展格局，推进产业协同发展。五是推进公共服务一体化。加强社会公共事务管理协作，推进区域教育、卫生、医疗、社会保障、就业等基本公共服务均等化。实现《纲要》提出的区域经济一体化，近期要以广州、佛山同城化为示范，以交通基础设施一体化为切入点。国务院对珠三角、长三角和京津冀都市圈都提出了区域一体化的要求，考虑到只有珠三角9市是不跨省的，所以希望珠三角在这个方面能够走得更快一些。

关于带动环珠江三角洲地区加快发展问题。这里所说的环珠江三角洲地区，首先是指粤东、粤西、粤北地区，推而广之，也包括第十一章讲的加强泛珠三角区域合作问题。在这方面，广东已有了一个很好的工作抓手，就是省委省政府制定的《关于推进产业转移和劳动力转移的决定》（简称"双转移"）。这个决定在全国来看可以说是一个创造，有目标、有政策、有具体措施保障。这里，我主要强调两个问题。第一个问题是，促进区域协调发展要坚持几个基本原则。一是必须始终致力于缩小区域差距和促进基本公共服务均等化目标，后者可以先行一步；二是必须始终注意发挥不同地区的比较优势；三是必须把人与自然和谐相处作为基本前提，不能搞破坏式开发；四是要把发挥市场机制作用与政府的引导相结合。第二个问题是，东西两翼和北部山区也要加强自身发展战略的研究，不一定要照搬照抄珠三角的模式，核心是要把自己的比较优势发挥出来。在承接产业转移方面，园区是一种可行的方式，但更要注意投资环境建设，力争办一个，成一个。

（三）关于资源节约和环境保护问题

珠三角的可持续发展面临两个突出的矛盾和问题：一是资源要素对外依存度高，相应地保障能力较弱；二是环境容量小、环境压力大。破除资源环境制约，从根本上说，就要转变发展方式，这也从一个方面说明了珠三角实现科学发展的必要性。为此，《纲要》第八章专门论述了建设"两型社会"问题，总的要求是，实行最严格的耕地保护制度和节约用地制度，提高资源节约集约利用水平，切实加强环境保护和生态建设，增强区域可持续发展能力，率先建立资源节约型和环境友好型社会。

这里有四个要点：一是节约集约利用土地。党的十七届三中全会决定第一次提出实行两个最严格的制度，除了过去讲过的实行最严格的耕地保护制度以外，又加了一个实行最严格的节约用地制度。解决珠三角用地矛盾尖锐问题，根本出路是要走内涵挖潜的路子。《纲要》贯彻了这一思想，提出广东和珠三角地区在新一轮的改革发展中，要积极探索耕地保护严、建设占地少、用地效率高的科学发展道路，创新土地管理模式，建立国家节约集约用地试点示范区。同时赋予了珠三角积极整理开发低效园地、坡地，加大闲置土地处置力度，合理有序将围填海造地和滩涂资源用于非农建设，实行差别化供地等政策。希望广东的同志能够真正走出一条新路来。二是大力发展循环经济。将废弃物进行资源化利用，既可缓解资源的不足，又可有效降低污染物的排放，是破除珠三角瓶颈制约问题一举两得的重大举措。要按照循环经济的"3R"（减量化、循环利用和资源化）原则，开展清洁生产和循环经济关键技术与示范，开展清洁生产企业认定工作。设立重大科技创新专项，加强新能源与可再生能源的自主创新，开展资源综合利用和循环利用，重点支持能源资源节约和综合利用新技术、新工艺、新设备的研究开发，积极发展低碳经济、循环经济和生态经济。要对固定资产投资项目可实行严格的节能减排评估审查制度，建立健全现代产业体系的环境绩效统计指标和考核体系，提高企业节能减排降耗的积极性。三是切实加大污染防治力度。重点是对区域型、复合型大气污染进行综合整治。东莞、广州、佛山和深圳是珠江三角洲空气污染物的主要来源，应加强对四城市的污染控制。建立大气污染物的管理制度，增加与大气灰霾相关的污染物因子等监测指标，下大力气解决大气灰霾和区域酸雨问题。加快城镇生活污水和垃圾处理项目建设，加大污水管网建设力度。严格控制工业污染，推进园区集中治理，实行严格的工程措施有效削减污染负荷，防治农业面源污染和畜禽养殖污染。坚持陆海联动，严格控制海域污染，建立良性循环的海洋生态系统。积极探索运用价格、财政、金融等经济手段，引导企业和公民减少污染物排放，切实解决危害人民群众身体健康和影响经济社会发展的突出问题。四是加强生态环境保护。要优化区域生态安全格局，构筑以珠江水系、沿海重要绿化带和北部连绵山体为主要框架的区域生态安全体系。

还需要指出的是，要着力加强粤港澳合作，建立相关机制，加强环保信息沟通和环保技术、环保管理经验的交流，共同改善珠江三角洲地区的环境质量，共同打造优质生活圈。

（四）关于深化改革，再创体制机制新优势问题

《纲要》把改革放在重要位置，这与一般的区域发展规划明显不同，是《纲要》的一大特色。《纲要》明确提出了珠三角"深化改革先行区"的定位，明确赋予了珠江三角洲要继续承担全国改革"试验田"的历史使命，明确规定了到2020年要率先建立完善的社会主义市场经济体制的目标要求，而且还用专章论述了改革问题。

《纲要》之所以突出改革的内容，之所以对珠三角继续赋予改革先行的历史使命，主要是基于三个方面的考虑。第一，是新形势的要求。我国已经初步建立了社会主义市场经济体制，但是从初步建立到比较完善，还有很长的路要走，改革仍然处在攻坚阶段。特别是在当前，无论是应对国际金融危机的冲击、保持国民经济平稳较快发展，还是加快转变经济发展方式、构建社会主义和谐社会，都迫切要求加快改革步伐。第二，是广东自身改革的要求迫切。经过30年的发展，珠三角地区已经处于一个新的发展阶段，同时也比全国其他地区先一步遇到一些发展中的难题，包括在这次国际金融危机冲击下暴露出的深层次矛盾和问题。解决这些问题必须依靠进一步深化改革，再创体制机制新优势。第三，是因为珠三角在体制改革上具有独特的优势。珠三角地区始终走在全国改革的前列，创造了许多全国第一的好经验。在行政审批制度改革方面，深圳在全国率先开展了行政审批制度改革，

珠三角各市在全国率先建成了与省级联网的行政审批电子检察系统；在财政体制改革方面，建立了省以下"分税分成"的财政体制，率先开展财政支付绩效评价工作；在国有企业改革方面，顺德市率先推进产权制度改革的探索，深圳市率先进行国有资产管理体制的改革探索。此外，珠三角还率先进行了价格体制改革探索，较早进行了金融、土地等要素市场改革探索，就业、收入分配和社会保障制度建设和社会领域改革也取得了积极进展。特别是近年来全省上下开展了解放思想大讨论，各级干部对推动改革有强烈的认同感和使命感，改革氛围浓厚。

《纲要》对珠三角地区改革的总体要求是，既要全面推进，又要在重要领域和关键环节率先取得突破。《纲要》第十章对改革的各个重点领域，包括创新行政管理体制、深化经济体制改革、推进社会管理体制改革、推进民主法制建设和充分发挥经济特区的改革开放先行作用，都提出了明确的改革任务和要求。

这里特别要强调一下，为什么要以行政管理体制改革为突破口。从整个改革领域来看，实际上，转变政府职能与深化经济体制改革是一个问题的两个方面，而转变政府职能又是相对滞后的领域。政府职能既存在"越位"问题，也存在"缺位"问题。因此，党的十七届二中全会通过的《关于深化行政管理体制改革的意见》指出，深化行政管理体制改革是发展社会主义市场经济和发展社会主义民主政治的必然要求，强调要深刻认识深化行政管理体制和政府机构改革的重要性和紧迫性。从珠三角的实际情况来看，改革开放至今，珠三角地区开展了五次大规模的政府机构改革，不断探索政府管理创新，推进政企、政事、政社分开，强化政府公共服务职能，在政府职能转变方面取得了一定成效。但是相对于经济社会发展的要求而言，珠三角地区行政管理体制改革还面临着艰巨的任务。一方面，政企不分、政资不分、政事不分、政社不分现象仍然存在，一些政府部门还不适当地或过多地干预经济活动；另一方面，政府履行经济调节、市场监管、社会管理及公共服务等方面的职能还比较薄弱，在管理方式上，一些部门仍习惯于用传统的行政审批方法进行管理，这种状况不利于释放市场主体的活力，不利于统一开放、竞争有序的现代市场体系建设，不利于市场机制在资源配置中的基础性作用的有效发挥，也制约了其他领域改革的推进。

为此，《纲要》提出了创新行政管理体制"四个凡是"① 的总体要求和四个方面的任务。一是着力转变职能、理顺关系、优化结构，努力建设服务政府、责任政府、法制政府和廉洁政府；二是进一步优化政府组织体系和运行机制；三是改进政府管理和服务方式；四是按照责权利相统一的要求，构建专业管理相对集中、综合管理重心下移的城市管理体制。其中有些论述是有相当力度和深度的。如在政府组织体系改革中，明确提出："支持深圳市等地按照决策权、执行权、监督权既相互制约又相互协调的要求，在政府机构设置中率先探索实行职能有机统一的大部门体制。"希望广东的同志们在新的历史时期继续发扬敢为人先的精神，通过深化改革，再创体制机制新优势，为广东发展注入新的活力和动力，为全国提供新鲜经验。

（五）大力推进粤港澳紧密合作

《纲要》第十一章从四个方面明确了珠三角对外开放的任务。其中进一步加强粤港澳紧密合作是这一章的重点，有着特殊的重要意义。

在中国、亚洲乃至全球经济版图上，粤港澳地区发展占有重要位置。其中珠三角地区区位优势突出，经济基础雄厚，交通便利发达，工业化、城镇化、市场化、国际化程度高，是当今世界

---

① "四个凡是"是指，凡是能够由市场机制调节的事，坚决放给市场；凡是应由企业自主决策的事，一律交还企业；凡是能够由社会组织解决的事，积极移交社会组织管理；凡是应由政府承担的职责，要切实履行好。

上最具活力的地区之一。2007年，粤港澳三地地区生产总值4.78万亿元，相当于全国（含港澳）的17.9%，商品进出口总额1.37万亿美元，占全国（含港澳）的47%。粤港澳三地生产总值以单一经济体计算，在亚洲紧追日本、韩国和印度（2007年，韩国GDP是9920亿美元，印度是9280亿美元）之后，排在第四位。就世界大都市圈而言，包括港澳在内的大珠三角，仅排在纽约、东京大都市圈之后，排在第三位。

新形势下加快推进粤港澳紧密合作意义重大。首先，推进粤港澳紧密合作，是应对当前国际金融危机的迫切需要。受国际金融危机影响，不仅广东省经济面临严峻挑战，而且港澳两地经济增速也大幅下滑，财政状况恶化，股市下挫、楼市萎缩。香港前三季度增长分别为7.3%、4.2%和1.7%，预测今年香港甚至有可能出现1998年亚洲金融危机以来首次负增长；澳门2006年经济增长达到26.1%，2008年前三季度增长11.3%，第四季度出现约10%的负增长。目前，港澳两地特区政府除了出台增加公共投资、稳定金融机构、加快基建工程、加大信贷支持等提振经济新举措之外，还特别强调要加速推进粤港澳合作，香港政府还提出了与内地加快合作的具体政策建议。因此，当前形势下既对粤港澳三地经济提出挑战，也为三地紧密合作、共渡难关提供了难得的机遇。

其次，推进粤港澳紧密合作，是重塑珠三角经济圈国际竞争力与核心竞争力，形成具有影响力和带动力的高端战略高地的迫切需要。当今时代，一个国家的国际竞争力主要体现在拥有若干综合实力强大的区域。在目前国内已经形成的经济区中，包括港澳在内的大珠三角地区被称为中国经济的"金三角"，汇集了种类齐全的产业群，形成了深港、广佛、珠澳等大城市圈，拥有世界上最大的外向型港口群、全国最密集的机场群以及四通八达的铁路及高速公路网络，是一个最具有发展潜力的区域。贯彻落实《纲要》，使其加快形成具有国际比较优势的战略要地，成为我国重要的经济引擎，对内可以成为中国经济新一轮增长的爆发点，对外可以成为中国与国际市场的连接点，对全国经济增长的影响力和带动力未可限量。

再次，推进粤港澳紧密合作，是探索新一轮对外开放模式，保持港澳长期繁荣稳定的迫切需要。珠三角地区在对外开放方面有着先天优势。在新一轮对外开放的进程中，通过推进粤港澳紧密合作，继续在这个我国开放程度最高的地区探索更高水平、更好形式的对外开放模式，既有利于解决广东产业结构低端，经济对外依赖性强，地区和城乡发展不平衡等深层次问题，也有利于为港澳提供更广阔的发展腹地，持港澳长期繁荣稳定，增强港澳同胞对祖国的认同感和归属感。进一步看，推进粤港澳紧密合作并取得突破，还可以对台形成强烈示范效应，为未来顺利解决台湾问题，形成两岸四地大中华经济圈积累经验，为祖国和平统一奠定基础。

为此，《纲要》在推进粤港澳更紧密合作方面提出了四项具体任务。一是推进重大基础设施对接。加强三地空间和城市群的发展规划协调，加速基础设施建设和资源整合，积极推进口岸查验模式改革，实现三地人员、资金、货物、信息等要素便捷流动。在基础设施方面，近期可选择一些标志性的项目抓紧启动，如港珠澳大桥、澳门大学搬迁建设等。二是加强产业合作。通过加大CEPA框架下合作力度，加快发展高端服务业，推进粤港澳金融合作与创新。重点是在服务业和高新技术方面，把粤港合作从过去制造业的"前店后厂"提升到现代服务业的"前店后厂"，为广东现代服务业和先进制造业的"两轮驱动"提供动力。三是共建优质生活圈。全面推动科技教育、文化体育、疾病防控、食品安全、生态环境、医药卫生、人才交流、社会治安等社会和民生方面进行实质性合作。共同改善区域生活卫生质量、科技教育质量、生态环境质量和社会安全质量，成为具有国际水平的生态环境优越、适宜居住的优质生活圈。四是创新合作方式。提出了共同编制区域合作规划、完善三地行政首脑联席会议等举措。

最后，希望广东省人民政府要认真做好《纲要》实施的组织工作，落实《纲要》提出的各项任务。国务院有关部门将按照《纲要》的要求，结合各自职能，进一步加强对珠江三角洲地区改革开放和现代化建设的支持和指导。国家发改委将按照国务院批复精神，对《纲要》实施进行跟踪分析、督促检查，加强《纲要》实施的调查研究和综合协调，一如既往地支持广东和珠三角的进一步改革和发展。

推进黄河三角洲高效生态经济区建设[*]

(2010年1月17日)

黄河三角洲位于渤海南部黄河入海口沿岸地区,是环渤海地区的重要组成部分,区位优势独特,战略地位十分重要。国家历来高度重视黄河三角洲地区的可持续发展,国民经济和社会发展"十五"计划、"十一五"规划纲要中都明确要求这一地区大力发展高效生态经济。根据国务院领导同志的指示,2009年3月,国家发展改革委会同国务院有关部门组成联合调研组赴黄河三角洲地区进行实地调研,在此基础上组织开展了《黄河三角洲高效生态经济区发展规划》的编制工作。2009年11月,国务院正式批准实施。这标志着黄河三角洲高效生态经济区发展掀开了新的一页。

发展黄河三角洲高效生态经济,不仅是山东实现又好又快发展的战略需要,也关系到全国发展大局,具有重要的战略意义。第一,有利于培育形成新的增长极,构筑山东跨越式发展的重要支点。黄河三角洲地区有着明显的资源优势和较好的产业基础,有条件成为继胶济沿线地区之后,又一支撑山东发展的新的重要区域。在当前国家保持经济平稳较快发展的政策背景下,抓住历史性机遇大力发展高效生态经济,加快培育形成新的增长极,能够为山东发展注入新的动力和活力,形成与胶济沿线地区协调互

---

[*] 根据国务院批复,2009年12月,国家发改委印发《黄河三角洲高效生态经济区发展规划》。山东省在京召开黄河三角洲高效生态经济区建设恳谈会,这是作者在恳谈会上的讲话。

动的良好局面，对于山东实现科学发展、和谐发展、率先发展具有重要的支撑作用。第二，有利于提升环渤海地区整体实力，进一步完善全国沿海经济布局。目前，黄河三角洲在环渤海地区虽然占有十分重要的战略地位，但整体实力还有待于进一步提高。选择高效生态经济的发展道路，充分发挥比较优势和挖掘发展潜力，把黄河三角洲培育成为支撑环渤海地区加快发展的又一重要区域，与京津冀都市圈、辽宁沿海经济带形成掎角之势，既能够促进环渤海地区的交流与合作，加快一体化步伐，又能够提升环渤海地区整体实力和竞争力。第三，有利于实现开发建设与生态保护的有机统一，开创高效生态经济发展新模式。黄河三角洲是我国东部沿海为数不多的未充分开发地区，由于生态系统独特而脆弱，绝对不能沿袭传统的发展模式，只有在科学发展观的指引下，努力探索符合自身实际的发展道路。突出发展高效生态经济，加强生态文明建设，率先探索开发与保护、资源与环境、经济与生态有机统一的发展模式，既是黄河三角洲自身发展的必然选择，也能够为其他地区乃至全国实现科学发展积累经验和提供示范。第四，有利于保护环渤海和黄河下游生态环境，实现区域可持续发展。黄河三角洲既具有大规模发展生态经济的独特优势，又对渤海湾和黄河下游流域的生态环境保护至关重要。大力发展高效生态经济，不仅有利于加快把资源优势转化为发展优势，更有利于加强以国家级湿地、国家地质公园、黄河入海口为核心的生态建设与保护，改善环渤海地区和黄河下游的生态环境，维护渤海湾和黄河下游流域生态安全。第五，有利于有效应对国际金融危机冲击，保持国民经济平稳较快发展。在中央"一揽子"计划的政策拉动下，我国经济运行出现积极变化，但经济回升的态势还不稳定、不巩固、不平衡。贯彻落实《黄河三角洲高效生态经济区发展规划》，符合中央促进经济又好又快发展的要求，对于应对当前国际金融危机、保持经济平稳较快增长等方面具有十分重要的意义。

蓝图已经绘就，关键在于落实。贯彻落实好《黄河三角洲高效生态经济区发展规划》，特别要做好以下四方面工作：一是加快建设全国重要的高效生态经济示范区。要高效利用区域优势资源，加快推进资源型城市可持续发展，加强以国家重要湿地、国家地质公园、黄河入海口为核心的生态建设与保护，实现生态文明建设和经济社会发展相互促进、协调互动，为全国生态经济发展探索新路径、积累新经验。二是加快建设全国重要的特色产业基地。要发挥该地区生态经济和循环经济发展基础较好的优势，突出发展高效生态经济的要求，壮大发展循环经济规模，大力推进清洁生产，突破制约产业转型升级的关键技术，培育一批特色优势产业集群，构筑现代生态产业体系，建成全国重要的高效生态农业基地和循环经济示范基地。三是加快建设全国重要的后备土地资源开发区。要充分发挥这一地区拥有近800万亩未利用地和滩涂资源丰富的独特优势，统筹规划土地资源开发利用，合理划分农业、建设和生态用地，探索土地利用管理新模式，推进土地集约高效开发，为环渤海地区拓展发展空间提供有力的土地资源保障。四是加快建设环渤海地区重要的增长区域。要根据地处环渤海、面向东北亚的区位特点，立足发挥在对内对外开放中的潜力，充分利用两个市场、两种资源，加快建成支撑环渤海地区发展新的增长区域，为推动全国区域协调发展和提升对外开放水平做贡献。

国家发展改革委作为《规划》牵头编制单位和国家宏观调控部门，在黄河三角洲高效生态经济区发展中肩负重要责任。我们将结合自身职能，一如既往地支持黄河三角洲高效生态经济区发展，共同把《规划》贯彻好、实施好，为提升黄河三角洲高效生态经济区对外开放水平、推动全国区域协调发展作出更大贡献。一是加强协调推动。我们将会同国务院有关部门，指导和帮助山东省人民政府研究制定具体的实施方案、组织编制重大基础设施和产业布局等的专项规划，协调有关方面进一步细化具体措施，为贯彻落实好《规划》创造良好的条件。二是加强政策支持。《规划》实施主要靠山东的自身力量,但也离不开国家有关部门的支持和帮助。发改委将积极支持黄河三角洲高效生态经济区发展,着重在规划编制、产业布局及项目审批、核准备案等方面给予必要支持,并协调落实好具体的扶持政策。三是加强监督评估。密切跟踪《规划》的实施情况,认真总结贯彻落实工作的经验,针对实施过程中出现的新情况、新问题研究提出新举措。会同有关方面建立健全《规划》实施的评估机制,适时开展对动态评估,重大问题及时向国务院报告。

开展海洋经济发展试点工作的重要意义和重点领域[*]

（2010 年 7 月 9 日）

党中央、国务院高度重视海洋经济发展工作，党的十六大、十七大分别提出"实施海洋开发"和"发展海洋产业"的战略部署。国务院 2003 年印发的《全国海洋经济发展规划纲要》和 2008 年批复的《国家海洋事业发展规划纲要》，对我国新时期海洋经济发展的指导思想、战略目标、重点任务、保障措施等方面做了全面部署。去年 4 月和 10 月，胡锦涛总书记两次视察山东时指出，要大力发展海洋经济，科学开发海洋资源，培育海洋优势产业，将海洋经济发展成为区域经济的重要增长极，指明了促进我国海洋经济发展的重大意义和重点方向。今年 4 月，温家宝总理、李克强副总理批示同意我委上报的关于开展我国海洋经济发展试点工作的请示，在山东、浙江、广东三省开展海洋经济发展试点，进一步体现了党中央、国务院对海洋经济发展的高度重视。

一、开展试点工作的重大意义

科学开发利用海洋资源、加快海洋经济发展是保持国民经济平稳较快发展的新动力和新增长点。积极推进全国海洋经济发展试点，对进一步拓展国民经济发展空间、推进发展方式转变、促

---

[*] 国家发改委和国家海洋局共同召开全国海洋经济发展试点工作启动会议，这是作者在会议上的讲话。收录本书时有删节。

进资源持续利用、完善海洋综合管理体制具有重大意义。

（一）开展全国海洋经济发展试点工作，是积极拓展国民经济发展空间，培育新的经济增长极和维护国家海洋权益的必然要求

海洋是人类赖以生存发展的资源宝库，是国际贸易和国际交往的重要通道，是全球气候环境的重要调节器，更是国际政治、经济、科技和军事竞争与合作的重要平台。古希腊海洋学者狄米斯托克利在2500多年前就曾断言："谁控制了海洋，谁就控制了世界"，18世纪美国海权论者马汉指出"国家兴衰的决定因素在于海洋控制"。作为海陆兼备的大国，我国除了拥有960万平方公里陆域国土外，还拥有300万平方公里主张管辖海域，在国际海底区域拥有7.5万平方公里的多金属结核矿区。随着经济全球化、区域一体化趋势增强以及国民经济的快速发展，大力推进海洋国土开发、积极争取国家海洋权益是大势所趋，也是拓展国民经济发展空间的必然选择，我国的和平崛起从来没有像现在这样需要海洋和依赖海洋。从资源保障来看，海洋可为国民经济和社会发展提供持久的资源供应。海洋是巨大而丰富的资源宝库，在食物、能源、矿产、水、空间等战略资源保障方面具有强大的支撑作用。随着科学技术的迅速发展和我国海洋综合开发能力的快速提升，海洋资源的供应和保障能力将会继续加强。从重要通道来看，海洋是我国开放型经济持续快速发展的重要支撑。经过改革开放30多年的发展，我国已基本建立起高度依赖海洋的开放型经济。目前，我国对外贸易运输量的90%是通过海上运输完成的，我国港口货物和集装箱吞吐量均居世界第一位，我国拥有世界上最大的集装箱船队，商船队航迹遍布世界1200多个港口。从权益维护来看，海洋对于保障国家安全日显重要。当前，我国的安全威胁主要来自海上。近年来，由岛屿主权与资源争端、划界争议和海上通道安全引发的政治、经济和军事冲突时有发生，我国的海洋安全形势不容乐观，海洋对于维护国家战略安全的

责任和压力不断加大。随着我国综合国力的提高，有力保障国家海洋战略安全、维护国家海洋战略权益，是大势所趋，日显重要。开展海洋经济发展试点，有利于推进实施国家海洋发展战略，加快海洋强国建设，增强海洋发展对国家战略的保障支撑能力。

（二）开展全国海洋经济发展试点工作，是推动发展方式转变，优化经济结构的有效途径

加快经济发展方式转变是我国经济领域的一场深刻变革，是增强我国抵御国际市场风险能力、提高可持续发展能力的必然要求。现代海洋经济具有知识密集、资本密集和技术高端、产品高端等新特点，海洋产业在《国家高技术产业发展"十一五"规划》中被列为发展重点，是新兴战略性产业的重要组成部分。开展海洋经济发展试点工作，除了直接有利于海洋经济自身发展外，还可以进一步提高海洋经济在国民经济中的地位，增强海洋产业对国民经济的带动作用，为我国加快转变经济发展方式、保持经济平稳较快发展提供强劲动力。在党中央、国务院的大力支持和沿海各级地方政府的共同努力下，近年来，我国海洋经济综合实力显著增强，产业结构发生积极变化，涉海就业规模逐步扩大。2009年，我国海洋生产总值占国内生产总值的比重达到9.53%，三次产业结构占比为6：47：47，吸纳劳动力就业3200多万人。但与世界发达国家相比，我国海洋经济整体上仍处于粗放发展阶段，海洋科技支撑能力不够，海洋科技成果转化率偏低，海洋产业对生态环境的影响还比较严重。目前，发达国家和地区海洋经济科技进步贡献率已达到80%左右，而我国仅约为30%。从总体规模来看，广东、山东、浙江三省均为海洋经济大省，海洋经济规模分列全国第一、第二和第四位。开展海洋经济发展试点工作，有利于积极培育战略性海洋新兴产业，为国民经济结构战略性调整注入新的活力。

（三）开展全国海洋经济发展试点工作，是推进海洋资源可持续利用与海洋生态环境保护的重大举措

海洋是潜力巨大的资源宝库。随着陆上资源逐步枯竭，海洋将成为提供国民经济发展所需战略资源的最重要基地。据统计，目前我国海产品产出蛋白质410万吨，占全国肉蛋产出蛋白质的36%；海洋石油资源探明储量约246亿吨，天然气资源探明储量约16万亿立方米，分别占全国总量的23%和30%；"十一五"以来，全国累计围填海面积535平方公里，相当于同期沿海省（区、市）农业用地转为建设用地总面积的16%；淡化海水在我国北方沿海城市成为淡水补充水源，在有居民海岛成为第一水源。但受传统开发理念、开发方式以及管理体制等方面的影响，海洋开发还存在一些突出问题，如近海渔业资源破坏严重，部分海域、海岛、岸线开发秩序混乱，围填海规模过大，海上作业风险增多，陆源、内生污染加重，防灾减灾压力加大等。据《2009年中国海洋环境质量公报》统计，2009年，我国全海域未达到清洁海域水质面积约14.7万平方公里，比上年增加7.3%；国家实时监测的457个入海排污口中，73.7%的入海排污口超标排放污染物，部分排污口临海海域环境污染呈加重趋势。未来20年，是我国工业化、城镇化快速发展的关键时期，保持资源的持续供给，提高环境承载能力，是实现现代化宏伟战略目标的基本前提。树立科学的海洋资源开发理念，倡导科学的海洋资源开发方式，提高海洋对国民经济的持续保障能力，已成为实现我国现代化宏伟目标的特殊要求。推进海洋经济发展试点工作，有利于不断积累促进海洋经济可持续发展的成功经验，为提高海洋对国民经济的持久支撑能力发挥积极作用。

（四）开展全国海洋经济发展试点工作，是积极探索海洋综合管理模式，建立适合海洋经济发展体制机制的客观需要

实施海洋综合管理，完善海陆统筹机制，是保障海洋经济健

康发展的重要基础，也是实施国家海洋开发战略的体制保障。近年来，随着我国海洋经济和海洋事业的快速发展，涉海事务多头管理、部门职能重叠、协调机制不健全、应对突发事件反应慢、科研教育力量过度分散等问题日益突出，不仅制约了海洋经济的健康发展，也严重损害了国家整体利益。因此，要通过试点工作的深入展开，积极探索出一条符合国情、海情的海洋综合管理新途径，积极创新海洋管理体制机制，进一步强化海域使用、海岛与海洋生态环境保护、科技创新与成果转化、防灾减灾、联合执法等方面的工作力度，推进建立以生态系统为基础的区域海洋综合管理模式，为其他沿海地区的海洋综合管理改革和创新提供示范。

二、推进试点工作的重点领域

推进海洋经济发展试点是个全面探索创新的过程，没有条条框框的限制。为了提高试点工作的效率，争取在短期内取得重大突破，经过认真研究，我们认为试点工作要针对制约海洋经济发展当前存在的突出问题展开，并力争在体制机制层面取得突破。

一是明确海洋经济发展的战略定位问题。开展海洋经济试点工作总的要求是，把试点地区尽快建设成为我国海洋经济率先发展区、海洋高新产业密集区、海洋科技成果高效转化区、海洋生态环境保护示范区、海洋综合管理先行区和海陆关系协调区。实施试点的三个省要根据自身特点和实际需要，实事求是地明确各自推进海洋经济发展的战略目标和重点方向，这是试点工作的首要任务。海洋经济发展的战略定位既要具有战略性、前瞻性和科学性，又要体现区域性、独特性和创新性，希望三个省在试点工作的具体部署上充分体现各自的特色，把总的要求同各省的实际情况有机结合起来。

二是促进海洋产业结构优化升级与培育战略性新兴产业。根据国家行业标准,海洋经济包括12个主要产业门类(滨海旅游业、海洋渔业、海洋交通运输业、海洋电力业、海洋船舶工业、海洋油气业、海洋工程建筑业、海洋化工业、海水利用业、海洋盐业、海洋生物医药业和海洋矿业),如同国民经济构成一样,涵盖了三次产业。从全球范围来看,推动产业结构优化升级已成为海洋经济发展的主旋律。目前,我国海洋产业结构不合理、产业层次不高、经济增长效率偏低等问题十分突出。针对这一问题,建议试点地区结合自身比较优势和市场需求情况,将促进海洋产业结构优化升级作为试点工作的重要目标。围绕产业结构优化升级,在产业规划、战略性新兴产业选择、产业配套政策等方面提出实实在在的措施。

三是优化临海产业和临港产业布局。改革开放以来,我国沿海地区经济快速发展,成为拉动国民经济和区域协调发展的强大引擎。但沿海地区产业重构、产业空间布局不合理等问题也十分突出,一个典型现象就是沿海地区热衷于依托临海、临港优势,竞相上马大钢铁、大石化等重化工业项目。当然,从世界总的趋势看,重化工业布局在沿海地区有其合理性,但是否每个地方都要发展这类产业,临海产业、临港产业是否就是这几类产业,到底如何实现合理布局与科学配置?针对上述问题,希望试点地区能够进行积极探索和尝试,通过制定区域规划、主体功能区规划、产业规划,调整城乡规划、土地利用总体规划等方式,积极探索临海产业、临港产业合理布局与科学配置的有效途径和方法,积极优化地区结构,实现经济效益的最大化。

四是促进海洋科技与教育事业发展。海洋科技创新能力是决定海洋经济发展与结构优化的最关键要素,也是决定海洋产业总体竞争力的先决条件。针对当前海洋科技创新能力不强、成果转化率偏低、人才教育支撑不够等问题,建议试点地区将提高海洋科技研发能力、提高科技成果转化能力、加强海洋科技人才培养、提高海洋教育水平等作为推进海洋经济发展试点的一项重要任务,在完善相关体制机制和配套政策等方面开展工作。

五是加强海洋资源综合利用与生态环境保护。随着海洋经济快速发展及用海需求不断增强,海洋资源开发无序、综合利用水平不高、对生态环境破坏严重等问题十分突出,平衡开发利用海洋资源和保护海洋生态环境之间的关系已成为世界性课题。要走海洋经济科学发展之路,必须在经济发展的同时,高度重视海洋资源综合利用与环境保护,绝不能以牺牲海洋生态环境为代价。因此,在推进试点工作中,建议地方可以从提高科技应用效率、发展循环经济、制定产业政策、完善管理体制等方面入手,积极探索海洋资源可持续利用的有效途径,寻求开发利用海洋资源和保护海洋生态环境之间的动态平衡,努力在人海和谐与生态文明建设方面走出新路。

六是强化海洋服务能力建设与区域海洋综合管理。针对我国海洋服务能力不足的实际情况,建议试点地区在完善海洋管理基础能力建设方面加大工作力度,认真开展海洋调查与测绘、海洋信息化、海洋防灾减灾和海洋标准计量等基础性工作,为提高社会服务水平积累经验。完善的体制机制是促进海洋经济持续健康发展的基础保障。受现行管理体制的制约,从全国范围内实施海洋综合管理还有很大难度。但从省市和区县的角度看,开展"大部制"改革是有条件的。在开展海洋经济发展试点工作中,鼓励试点地区探索建立更有利于海洋经济快速发展的综合管理体制。

七是加强与海洋经济可续发展相适应的政策和法规体系建设。针对当前规划工作重编制、轻实施以及政策保障措施不系统、难落实的问题,为保障试点规划与相关政策能够落实到位,建议地方在开展试点工作中,探索建立海洋经济发展基础信息与动态监测评估系统,建立健全规划监督实施的长效机制、政策实施效果的评估机制和试点绩效考核体系,积极引入公众参与机制,形成规划与政策实施评价体系,积极探索建立健全与海洋经济科学发展相适应的政策、体制,逐步形成规范的法规制度。

上面所说的七个方面仅是我们建议的重点领域,我们鼓励地方根据自身实际，各展所长、百花齐放。为使试点工作能够在短期内取得实效，我们建议各省在实际工作中不要面面俱到，不要胡子眉毛一把抓，而是在认真调研和科学论证的基础上，尽快确定推进试点的重点领域和重点方向。需要强调的一点是，各省在推进试点工作的过程中，一定要按照贯彻落实科学发展观的总体要求，把推进试点的着力点放在转变发展理念、创新发展模式、健全发展机制、提高发展质量上，而不要将推进试点工作简单等同于上项目、争投资、扩大生产能力、争取优惠政策。推进试点工作，要遵循"全面统筹、突出重点、以点带面、递次铺开"的原则，力争在短时内取得实效、积累经验、把握规律。要把点与面很好地结合起来，充分考虑试点的示范性与可操作性，及时总结试点经验，为解决全国海洋经济发展面临的重大瓶颈问题提供实实在在、可资借鉴的经验和模式。

三、对试点工作的几点要求

（一）强化组织领导

推进全国海洋经济发展试点是一项复杂的系统工程，涉及规划编制、方案制订、政策协调、组织推进等诸多工作，需要统筹发挥和充分调动各方面的积极性、主动性和创造性，在涉及深层次矛盾和问题的体制机制创新上形成合力，取得突破。为保证做好试点统筹工作，国家发改委、国家海洋局拟成立推进试点工作领导小组，切实加大对三省试点工作的支持和指导。各省也要切实加强领导，从省级层面上明确牵头负责部门，专职开展发展规划和试点方案的研究制定与试点统筹工作。

（二）抓紧前期工作

推进海洋经济发展试点工作，当务之急是组织编制海洋经济发展专项规划和试点方案。省级区域性海洋经济发展规划是地方促进海洋经济发展的纲领性文件，这个规划主要明确地方海洋经济发展的基本思路、目标原则、重点产业、空间布局、保障措施等内容。规划在内容上要充分体现海洋海域特色、海陆统筹特色、科学发展特色和注重实效特色，要有别于普通的区域规划。试点方案是地方推进海洋经济发展试点工作的具体行动纲领，试点方案应明确各省推进试点工作的思路、原则、目标、重点领域、保障措施和工作步骤等内容。试点方案要体现先行先试的特点，为解决深层次的体制机制问题提供示范，不做表面文章。

（三）重视调查研究

海洋是一门学问，是一门科学，我们目前还知之甚少。为此，做好海洋经济发展试点工作，我们一定要加强学习，向实践学，向专家学，尽快弥补知识上的不足。在工作中，要深入开展调查研究，深入第一线，认真倾听部门、专家和广大人民群众的意见，掌握第一手资料。要尽快建立规划与试点方案实施监测评估体系，随时了解掌握海洋经济发展试点工作前后发生的变化、取得的效益，要注重用事实和数字说话。

（四）鼓励大胆创新

开展海洋经济发展试点工作，无先例可循。既然是试点，就要在一些重要领域上敢于先行先试，这既是中央赋予的权利，也是推进试点工作的基本要求。三省开展试点工作负有两项基本任务：一是探路，为全国海洋经济发展探出一条科学发展之路；二是示范，要形成一些发展经验提供示范。为此，各方面一定要秉承"勇于实践、开拓创新"的工作作风，积极通过工作思路、工作方式的创新来推动体制机制的完善。

把握机遇 开拓创新 努力开创海洋经济发展新局面[*]

(2011年10月28日)

非常高兴来到美丽的黄海之滨青岛,参加2011中国·青岛蓝色经济发展国际高峰论坛。本次论坛以"科技创新与产业发展"为主题,重点就发展海洋经济的两大核心问题进行深入研讨,必将对山东半岛蓝色经济区建设和全国海洋经济发展产生积极的影响。

我国是海洋大国,发展海洋事业事关国家经济社会发展全局。2010年,全国海洋生产总值达3.8万亿元,比上年增长12.8%,占国内生产总值的9.7%,提供就业岗位3350万个,海洋经济在国民经济中的地位日趋重要。党中央、国务院始终高度重视发展海洋经济。党的十六大、十七大分别提出"实施海洋开发"和"发展海洋产业"的战略部署。2009年,胡锦涛总书记在两次视察山东时明确指出,"要大力发展海洋经济,科学开发海洋资源,培育海洋优势产业"。党的十七届五中全会强调要坚持陆海统筹,制定和实施海洋发展战略,提高海洋开发、控制、综合管理能力。国家"十二五"规划《纲要》单列一章,对推进海洋经济发展做出了一系列重大部署。按照国务院部署,2010年4月以来,我委会同有关部门和山东、浙江、广东等省全面启动了海洋经济发展规划编制和试点的调研工作。今年1月初,国务院批复《山东半

---

[*] 国家有关部门和山东省联合主办2011中国·青岛蓝色经济发展国际高峰论坛,这是作者在论坛上的讲话。

岛蓝色经济区发展规划》，随后又相继批复了《浙江海洋经济发展示范区规划》和《广东海洋经济综合试验区发展规划》，批准设立了浙江舟山群岛新区。与此同时，启动了海洋经济发展试点工作，旨在通过试点地区的积极探索，为全国海洋经济科学发展积累经验、提供示范。这些以海洋经济为主题的国家区域发展战略，是我国区域发展从陆域经济向海洋经济延伸、加快推进陆海统筹、拓展国民经济发展空间的重大战略举措，标志着全国海洋经济发展进入全面实施的新阶段。

山东半岛是我国最大的半岛，区位条件优越，海洋资源丰富，科技力量雄厚，产业基础良好，海洋开发潜力巨大。加快推进山东半岛蓝色经济区建设，对于进一步发挥海洋大省的优势，加快培育形成新的经济增长极，完善沿海整体经济布局，提升海洋经济国际合作水平具有十分重大的意义。国务院批复《山东半岛蓝色经济区发展规划》以来，山东省委、省政府高度重视、精心组织、广泛动员，建立了高效有力的领导体制和工作机制，出台了规划实施的指导意见和配套政策，启动了一大批产业项目和重点工程，山东半岛蓝色经济区建设开局良好，试点工作迈出实质性步伐。我们相信，经过不懈努力，山东半岛蓝色经济区一定能够建设成为具有较强国际竞争力的现代海洋产业集聚区、具有世界先进水平的海洋科技教育核心区、国家海洋经济改革开放先行区和全国重要的海洋生态文明示范区，在全国海洋经济发展中发挥引领示范作用。

目前，我国正处于全面建设小康社会、加快转变经济发展方式的重要时期，海洋经济发展面临前所未有的重大历史机遇。加快海洋经济发展，全面推进山东半岛蓝色经济区等海洋经济发展试点，是一项富有开拓性和创新性的工作，需要我们在实践中进一步解放思想、大胆创新，统筹兼顾、突出重点，有序有力地推进各项工作。今后一个时期，要重点抓好以下六方面的工作：

第一，要着力构建富有竞争力的现代海洋产业体系。以海洋经济为发展主题的经济区，离不开现代海洋产业体系的强有力支撑。根据国务院批复要求，遵循海洋发展客观规律，构建具有较强国际竞争力的现代海洋产业体系，是打造和建设好蓝色经济区的中心任务。要按照国家产业政策的要求，以培育海洋战略性新兴产业为方向，以发展优势产业集群为重点，强化港口、园区、基地、海域的基础设施建设，发挥企业和科研单位的主导作用及品牌的载体作用，加快发展海洋第一产业，优化发展海洋第二产业，大力发展海洋第三产业，促进三次产业在更高水平上协同发展。不仅要搞好沿海工业布局和建设，更重要的是要高度重视和大力发展海洋生物医药、海水综合利用、海洋运输物流等充分利用海洋资源的产业。要重点抓好一批市场前景好、带动作用强的重点项目，加快形成以项目促产业、以产业聚项目的良好局面。

第二，要进一步优化海洋经济空间布局。随着国家新一轮沿海开发战略的实施，沿海地区进入新型工业化全面发展的新阶段，重化工业向沿海地区加速转移趋势明显。要特别注意避免和解决沿海产业结构雷同、空间布局不合理、过度围填海等问题，形成合理高效的海洋经济空间发展格局，这是打造和建设好蓝色经济区的重要标志。要根据《全国主体功能区规划》的要求，依据区域战略定位、资源环境承载能力、现有基础和发展潜力，按照以陆促海、以海带陆、陆海统筹的原则，合理选择临海产业和临港产业，牢固树立绿色经济和循环、低碳发展理念，坚持走新型工业化道路，培育形成重要的经济区和城市群，辐射带动区域、城乡统筹发展，构建布局合理的海洋经济开发格局。

第三，要充分发挥科技创新的引领和推动作用。科技创新是海洋经济发展和蓝色经济区建设的重要支撑和动力源泉。在深入推进海洋经济发展试点工作中，要加快构建以国家级科技创新平台为龙头，以省级各类创新平台为主体的科技创新平台体系，全面增强海洋科技创新能力和国际竞争力。要进一步加大科技创新人才培养力度，扩大高层次海洋人才培养规模；完善职业教育培训体系，加快实用型、复合型人才培养；健全人才引进机制，重点引进科技型企业家、创新领军人才和创业团队；完善人才使用激励机制，激发各类人才的积极性和创造性。要着力推动科技成果转化，加快建设海洋科技成果中试基地、公共转化平台和成果转化基地，组织实施高技术产业化示范工程。支持企业与高校、科研院所建立多种模式的产学研合作创新组织，构建科技成果快速产业化的绿色通道。完善海洋科技信息、技术转让等服务网络，加快建设海洋技术交易服务与推广中心，积极推动创新要素集聚和流动。

第四，要切实加强海洋生态建设与环境保护。高度重视海洋生态环境保护，积极构筑人海和谐的良好局面，是海洋经济发展和蓝色经济区建设不可或缺的重要内容。要严格控制高耗能、高污染行业，切实改变沿海地区重化工业比重过大、过于集中的状况。要坚持海陆统筹、河海兼顾原则，实行污染物排海总量控制制度，依据海洋环境容量确定陆源入海排污量，加强入海河流综合治理，切实改善入海河流水质。要加强风险管理，有效防范海洋环境灾害，修订完善相关应急预案。加强海洋生态保护和海洋防灾减灾公益服务，搞好海岸带综合管理，推进海洋环境污染综合治理和生态修复，维护海洋生态安全，增强海洋可持续发展能力，积极探索海洋经济科学发展道路，努力实现海洋经济与海洋生态环境协调发展。

第五，要加快推进海洋综合管理体制机制创新。实施海洋综合管理，是保障海洋经济和蓝色经济区健康发展的基础，也是实施国家海洋发展战略的根本保证。在深入推进海洋经济发展试点工作中，要认真解决涉海事务多头管理、协调机制不健全、应对突发事件反应慢、科研教育力量过度分散等问题，积极探索符合省情、国情、海情的海洋综合管理新途径，积极创新海洋管理体制机制，要进一步强化海域使用、海岛与海洋生态环境保护、科技创新与成果转化、防灾减灾、联合执法等方面的工作力度，确保海洋经济顺利健康发展。要进一步加强对重大理论问题和实践问题的研究，广泛借鉴国外发展海洋经济的好经验、好做法，努力把握海洋经济发展的客观规律。试点地区要进一步深化重点领域和关键环节的改革，鼓励大胆探索，允许先行先试，为全国海洋经济科学发展积累经验。

第六，要不断强化战略规划的宏观引导作用。国务院批复的山东半岛蓝色经济区等战略规划，集中了各部门、各方面的智慧和政策资源优势，明确了试点地区海洋经济发展的指导思想、发展原则、战略定位、发展目标、空间布局、重点任务和保障措施，是各试点地区促进海洋经济发展的纲领性文件，也是指导地方改革发展、编制相关专项规划的重要依据。在深入推进海洋经济发展试点工作中，要严格按照规划提出的战略要求，着力实施规划确定的重点任务，切实发挥规划的宏观引导作用，建立健全规划实施的监督检查和绩效评价机制，确保规划确定的任务目标能够落到实处。

科学促进海洋经济发展，打造和建设好蓝色经济区，对于深化沿海地区改革开放、提升我国综合竞争力具有重大的战略意义。国家发展改革委将一如既往地大力支持试点地区的工作，一方面，及时开展规划实施的督促检查和评估工作，协调解决规划实施中遇到的困难和问题，主动协调有关部门在资金安排、项目落实、体制机制创新等方面给予积极支持；另一方面，在总结海洋经济发展试点地区经验的基础上，抓紧研究制定促进全国海洋经济发展的有关政策，为全面实施国家海洋发展战略提供政策支持。我们衷心希望国务院有关部门和山东省密切合作，努力为山东半岛蓝色经济区建设营造良好的政策环境，共同促进蓝色经济区经济繁荣、生态文明与社会和谐，为促进山东半岛蓝色经济区又好又快发展、积极探索全国海洋经济科学发展道路做出更大贡献。

在河北沿海地区发展规划新闻发布会上的答问*

（2011年12月1日）

杜鹰：新闻界的朋友们，大家上午好。今天很高兴和河北省的领导一起向大家介绍河北沿海地区发展以及相关规划编制的情况，也非常感谢各位一直在关心和关注河北沿海的发展。所谓河北沿海地区，是指河北省的秦皇岛市、唐山市和沧州市，简称：秦唐沧。三市国土面积3.57万平方公里，占全省国土面积的19%；海岸线487公里，其中有80多公里的深海宜港的海岸线，海域面积是7000平方公里，是整个渤海7万平方公里的十分之一。这三市的人口是1755万，占河北全省人口的24%左右；地区生产总值7600多亿元，占河北全省的37%到38%，是河北最具发展潜力的地区。而且这个地区毗邻京津，地理区位优势非常明显，交通体系发达，资源禀赋优良。全国现在探明的10%的油气储量、10%的铁矿石，还有10%的海盐的产能，都集中在这个地区。这个地区文化底蕴也非常深厚。

促进河北沿海地区的发展，不仅能够形成一个带动全省发展的增长区域，而且关系到京津冀的协调发展，关系到我们国家沿海布局的进一步完善。中央领导同志对河北沿海地区发展非常重视，近年来多次作出重要批示。按照国务院的部署，国家发改委会同有关部门和河北省人民政府，从去年这个时候开始，去河北

---

* 2011年10月，国务院批复《河北沿海地区发展规划》。国务院新闻办举办新闻发布会，请国家发改委、河北省负责同志介绍规划有关情况。这里仅摘录杜鹰的答问。

沿海做实地调查，在深入调查论证的基础上，编制了河北沿海地区发展规划。今年10月27日，国务院批准了这个规划。这个规划讲明了河北沿海发展的基本情况、面临的机遇和挑战，在这个基础上提出了河北沿海发展的总体要求、战略定位、重点任务和保障措施。规划对河北沿海地区的战略定位讲了五句话，叫作环渤海地区新兴的增长区域、京津城市功能拓展和产业转移的重要承接地、全国重要的新兴工业化基地、我国开放合作的新高地，最后一条是我国北方生态良好的宜居区。同时，还从产业发展、基础设施建设、统筹城乡发展、建设两型社会、发展社会事业、改革开放六个方面部署了河北沿海发展的重点任务，提出了一些支持政策。我们相信，在党中央、国务院的坚强领导下，依靠河北人民艰苦奋斗和有关部门大力支持，河北沿海地区的发展会呈现出一个新的势头，最后也一定能够实现规划提出的各项目标和任务。

中央电视台记者：请问一下国家是出于哪些方面的考虑出台这个河北沿海地区发展规划的？

杜鹰：从国家战略层面出台河北沿海地区发展规划，主要的考虑概括起来讲叫作"四个一"，即出台这个规划是为了"完善一个布局，形成一个支点，走出一条新路，打造一个新高地"。所谓完善一个布局，各位知道，沿海地区是我国经济开放度最高、经济发达程度也最高的地区，在新的形势下，国家对沿海地区的布局进行了调整和完善，近年来陆续出台了一系列的区域性规划，如辽宁沿海经济带发展规划、黄河三角洲规划、蓝色经济区规划、江苏沿海地区发展规划、长三角地区区域规划和推进天津滨海新区开发开放的文件，还有海峡西岸经济区规划，广西北部湾经济区规划等，唯独河北沿海地区一直没有制定相关的规划，所以出台这个规划可以说是完善整个沿海地区战略规划的需要。所谓形成一个新的支点，主要是从促进京津冀一体化发展的角度讲的。"十二五"规划已经提出要打造首都经济圈，天津滨海新区的发

535

展现在蓬勃向上，人均 GDP 已近 21 万元。相对而言，河北沿海地区和京津相比还有较大差距，北京现在人均 GDP 是 7.6 万元，天津是 7 万元，河北沿海只有 4.2 万元，但发展潜力很大。正如我刚才所说，河北沿海地区将来是京津城市功能拓展和产业转移最重要、最便捷的承接地，这样就可以有力地促进京津冀地区协调发展。所谓走出一条新路，是什么新路呢？因为河北沿海这个地方的工业基础雄厚，但整个工业结构偏重。我们希望通过沿海布局的调整和发展，使河北沿海地区的产业结构能朝着现代产业体系的方向迈进，特别是在发展循环经济和低碳经济方面能够作出有益的探索，走一条新型工业化的道路，并作出表率。所谓打造一个新高地，就是河北沿海地区面向东北亚，背靠东北、华北和西北，腹地广阔，对内对外开放的潜力非常大。这个地方交通条件也很好，深水良港有好几个，如秦皇岛港、唐山港、沧州黄骅港等，开放条件非常优越。事实上，我们也正在唐山打造中日生态工业园，将来还要打造中韩工业园，所以这个地方对内对外开放的潜力也非常大。正是基于这样四点考虑，有必要也应该从国家战略层面统筹考虑河北沿海地区发展。

中国日报社记者： 问一下国家规划对我们河北沿海地区发展具体有什么促进措施和支持措施？

杜鹰： 对你这个问题，我想从两个角度回答。第一，从国家战略层面出台《河北沿海地区发展规划》，这本身就是对河北沿海地区发展最大的支持。第二，规划本身也确实提出了支持河北沿海发展的一些导向性政策和明确的支持政策。大概有这样几个层次：一是按照新兴工业化的要求，在推进河北沿海的产业发展和社会事业发展等方面，提出了明确的土地、环保、产业、人才和对外开放等方面的支持政策。二是在规划中布局了一些重大的产业项目和重大的基础设施项目，而且明确对这些项目国家将给予重点支持。三是允许河北沿海地区在若干重点领域开展先行先试，比如提出在曹妃甸等新区积极探索推进行政体制改革，提出在利用滩涂和盐碱荒地方面可以先行先试，提出在统筹城乡发展方面可以先行先试等。所以，从这几个层面上，国家加大了对河北沿海地区发展的支持力度。当然，河北沿海地区最终的发展还得靠河北人民自己艰苦奋斗。

21世纪经济报道记者：我有一个问题问杜主任。杜主任，我们从国家海洋局了解到的信息，中国沿海地方超过一半的地方已经人工化了，也就是说这种发展导致的污染很严重，近海发展过度。现在国务院出台的河北沿海地区规划是最后一个沿海地区的规划，会不会导致发展恶性竞争加剧？

杜鹰：关于沿海特别是渤海的环境保护问题，世人瞩目。你的这个问题提得很好。实话实说，渤海的环境保护确实形势严峻，因为渤海是一个半封闭的海，周边的工业布局和城市化的加快发展，会对属于"浅盆子"的渤海的海洋生态构成巨大压力。但另一方面也要看到，近年来我们实实在在地加大了渤海生态保护和环境治理的力度，2009年国务院就批复了《渤海环境保护总体规划》，建立了四省一市以及二十几个国家部委组成的省部联席会议制度，加大了对渤海的治理力度。这三年来，已经取得了明显的成效，最突出的就是渤海各个直排口的污染排放明显下降，包括COD、总磷、总氮等。但是我说形势还很严峻，表现在哪里呢？一个是入海河流的污染物还比较多，再一个是海上的溢油风险依然存在。渤海现在有两百多个钻井平台，今年6月份蓬莱油井的溢油事件，给渤海的生态环境保护再次敲响了警钟。9月7日，国务院召开第171次常务会，专题研究和部署渤海的环境保护，明确提出要"海陆统筹，以海定陆，控源节污，综合治理，多措并举，形成合力"。要按照这个思路，加大对渤海的治理。渤海整个海域7.7万平方公里绝大多数海质比较好，问题比较突出的是沿海地带。要把渤海治理好，一是要把陆源的污染控制住，二是要防范海上的生态事件。这两条做好了，渤海的生态环境就搞好了。再回到《河北沿海地区发展规划》（以下简称《规划》），《规划》正是在国务院部署对渤海综合治理的大背景下制定的，因此在这个规划中，始终强调了这样一个理念，就是一定要"在保护中开发，在开发中保护"。我们在规划制定过程中，专门成立了一个生态组，对河北沿海各个产业布局可能对渤海生态环境产生什么样的影响进行了深入分析和研究。这个规划的一个基本要求，就是河北沿海工业的发展，必须坚持高标准和高端化，走新型工业化的道路，一定要摒弃粗放式的发展方式，绝对不允许安排高消耗、高污染、低效益的项目，提高了环境准入的门槛。同时，也强化了对环保方面的要求，所有重点企业都必须实行在线监测，对各种废水、废气、废渣的排放实施严格的处理和管理。在采取了这些措施之后，我们总的看法是，河北沿海地区的发展不会对渤海的生态造成什么大的影响。

中新社记者：相对长三角和珠三角地区，河北沿海地区的开发水平还有差距，按照规划提出的打造我国开放合作新高地的要求，请问在这方面有什么考虑？

杜鹰：在全国区域发展整体布局中，沿海无疑具有重要的战略地位，要率先发展。尽管改革开放已经三十多年了，但沿海率先发展这个使命仍然没有改变。刚才我已说过，这几年我们在沿海的布局方面下了不少功夫，编制了若干个规划，相对而言，河北沿海地区的规划编得晚了一点。编制河北沿海地区发展规划，就是期望通过秦唐沧带动全省发展，使河北整体上更好更快地发展，同时也完善了整个沿海的经济布局。在整个沿海经济布局中，有三个大的引擎，一个叫长三角，一个叫珠三角，还有一个叫环渤海或者说京津冀。这几年，国家编制了《珠江三角洲地区改革发展规划纲要》，在这之前还出台了《关于进一步推进长三角地区改革开放和经济社会发展的指导意见》以及相关规划。现在看来，京津冀地区的规划工作还没有完全做到位。所以，我们接下来还要进一步研究首都经济圈的问题和京津冀一体化发展的问题。总的来说，我们在完善沿海经济布局方面已经做了大量的工作，但还有一些后续工作需要继续做好。

在苏南现代化建设示范区规划编制调研时的讲话[*]

（2012 年 7 月 5～10 日）

一、为什么要编制这个规划

温家宝总理同意编制苏南现代化建设示范区规划，我理解，这是站在全局和战略的高度，经过深思熟虑提出的。我也认为，这次编制苏南现代化示范区规划，不同于一般的区域性规划，这个规划将起到引领全国现代化进程的重要作用，编制难度大，意义也很重大。

第一，这是实现我国现代化建设三步走战略的需要。上世纪 80 年代，作为改革开放的总设计师，邓小平同志最早提出中国现代化建设三步走战略，党的十三大做了全面阐述。在三步走战略的基础上，党的十六大又做了进一步的细化，要求在本世纪头 20 年实现全面小康，到本世纪中叶基本实现现代化。中国实现现代化意义非凡，与先行发达国家有两点不同。一是世界上还没有一个国家像中国这样，是 13 亿这么一个庞大的人口同时迈入现代化，这是一个前无古人的事业；二是我们不可能，实际上也做不到，用先行国家的模式去实现现代化。比如按照美国的能源资

---

* 根据国务院领导同志指示，国家部委调研组就编制苏南现代化建设示范区规划赴苏南实地调研，本文根据作者在调研见面会和交换意见会上的讲话整理而成。经国务院同意，2013 年 4 月国家发改委印发了该规划。

源消耗计算，我们13亿人口达到美国人均GDP 3万~4万美元的水平，那个时候，全球的资源都给我们也不够用。所以，客观条件、历史和现实决定了中国的现代化必须走一条具有自己特色的道路，走绿色可持续发展的道路。从初步小康，到全面小康，这两个目标，我们肯定是能实现的，但是中国如何基本实现现代化，今后的路怎么走，确实需要探索，也确实需要先行地区率先探索。

为什么选苏南？因为苏南在全国是经济实力最强、科技力量最厚重、对外开放程度最高，社会事业最为发达，也最有条件承担这样一个任务的地区。无论是初步小康的时候，还是全面小康的时候，中央都给苏南提出过率先的任务，都要求苏南走在前列。现在中央又把现代化示范区的任务交给苏南，就是要苏南继续起标杆作用。因此我们要认识到，编制这个规划不是单纯促进苏南的发展的问题，而是让苏南为全国现代化进程承担探路和示范作用。

第二，从国际经验看，这是避免陷入"中等收入陷阱"的需要。二战后，真正从落后国家进入发达国家行列的国家或地区寥寥无几，能点出来的只有日本、以色列、"亚洲四小龙"等少数国家和地区。大多数二战后独立的发展中国家，像拉美的墨西哥、阿根廷、智利、乌拉圭、亚洲的菲律宾等，进入中等收入阶段后长期停滞不前，始终未能跨入高收入国家门槛，世界银行2006年的报告将这种现象称为"中等收入陷阱"。陷入"中等收入陷阱"，原因很多，主要有以下几个：一是国家经济发展战略的失误。如拉美一些国家，工业化初期实施进口替代战略，大量举债，对国内民族工业过度保护，中期未能及时调整战略，导致产业升级换代失去动力，国际收支严重失衡。二是错失了增长动力结构转换的时机。进入中等收入阶段后，低成本竞争优势逐步消失，要求把增长的动力转向创新驱动。由于未能完成这一转换，导致在低端市场上竞争不过低收入国家，在高端市场上竞争不过高收入国家，在双重挤压下，陷入经济增长停滞。三是收入不公、贫富分化，引发大量社会矛盾。按照诺贝尔经济学奖获得者库斯涅夫的分析，收入差距随经济增长呈倒"U"型规律，随着人均GDP的提高，人群之间的收入差距是扩大的，如果控制不好，就会出现两极分化，引发各种社会矛盾。四是社会管理体制改革滞后。一国在不同发展阶段上，对经济体制、社会管理体制、法律制度都会提出新的不同的要求，就像小孩子的衣服长大了穿不下一样，社会管理方式也要转型，否则也会阻碍向高收入国家的迈进。我们国家正处在从5000美元向高收入迈进的阶段，特别要注意吸取国际上的失败教训，成功跨越"中等收入陷阱"，这是现代化进程中我们必须面对的问题。

第三，这是进一步增强长三角的综合实力，引领全国区域的协调发展的需要。苏南是长三角的重要组成部分。为什么苏南的人均GDP去年已经突破1.5万美元，但是在三次产业结构中，三产只占43%，比重明显偏小呢？这只能从长三角的分工体系去理解，上海三产比重大，苏南制造业比重大，说明苏南与上海、浙北是一体的，共同构成了长三角这个龙头。从全国区域发展格局看，近年来全国区域协调发展已经形成良好态势，从2007年西部地区GDP增长速度第一次超过东部地区，到2008年中部、西部和东北的增长速度均超过东部地区，区域发展差距缩小的势头已经保持4~5年了。但是我们要看到，这仅仅是相对差距的缩小，绝对差距仍然是扩大的，区域协调发展的任务仍然艰巨繁重。现在的问题是，要继续保持区域协调发展的势头，就要求东部沿海发达地区必须进一步推动产业结构往高度化方向走，因为发达地区不往产业高端走，中端市场就腾不出来，中西部的发展就会受阻。所以苏南发展物联网、云计算、新能源、新材料，不只是苏南的事，这意味着苏南把大量的中低档市场让给中西部，使中西部赢得新的发展机会，这个意义也不可低估。

二、需要深入研究的几个重点问题

现在省里已经有了一个规划初稿,还需要在深入调研的基础上进一步修改完善。修改完善的着眼点,一是要把苏南放在全国现代化进程乃至世界经济一体化这个大背景下来重新认识苏南,把眼界打开;二是既要充分认识苏南现代化建设的比较优势和有利条件,也要找准制约因素和突出问题。要敢于揭露矛盾,敢于亮丑,不能说苏南在全国发展水平最高,苏南就没有问题了。实际上江苏同志自己也讲了,苏南还存在环境容量小、产业升级慢、服务业比重低等不少问题,要坚持问题导向。在这个基础上,要深入研究以下几个问题。

(一)关于发展目标和指标体系

分阶段发展目标能不能定下来,就是分 2015 年、2020 年和 2030 年三个阶段。以人均 GDP 指标而言,2015 年达到 1.9 万美元,相当上中等收入国家平均水平。如果把苏南作为单一经济体,总量按照国家和地区排,现在是 48 位,那时应该进世界前 40~45 位;2020 年可以达到 2.8 万美元,相当于 OECD 国家 2000 年水平;第三个阶段到 2030 年,届时中国经济总量已经超过美国,苏南的人均水平应该超过台湾,总量水平如果以一个经济体计大概可以进入世界前 20 位。一定要有 2030 年概念,这样才有第三步走的示范引领作用。关于指标体系,规划初稿提出了 4 个方面 30 个指标,再加一个主观评价指标,31 个指标。8 号我们在苏州专门开了专家论证会,专家组对指标体系总体肯定,也提出了一些修改完善的意见建议。要根据专家的意见,结合过去统计局做的全国全面小康指标体系、去年国家发改委等部门会同江苏研究论证的江苏省实现两个率先指标体系,再仔细认真推敲。有时候会出现这种情况,你认为这个指标挺合适,但是采集指标的成本太高，没办法用，只能用替代指标；有的指标不难采集，但又不能代表现代化水平，比如住的条件怎么样，只用人均居住面积并不能说明问题，里约贫民窟也有人均居住面积，反映不了质量。但是这个规划有特殊要求，必须有一套指标体系。

（二）关于空间布局

苏南2万多平方公里，5个地级市，这五个地级市如何实现错位发展和协调发展，是规划要解决的重要问题。仅从技术创新和战略性新兴产业角度讲，是可以错位发展的。例如南京主攻软件和系统集成，苏州主要是纳米技术和新能源，无锡主要是物联网，常州主要是新材料，镇江提出创办国家的第二实验室，利用山水城市吸引北京、上海的高端人才。在经济社会发展的其他方面也要给五市不同的任务。从空间布局看，上海过来第一个组团是苏锡常，然后是宁镇扬。宁镇扬要一体化、同城化发展，与苏锡常一体化构成一个哑铃的两头。苏锡常要和上海耦合，实际上昆山跟上海已经开展同城化，电话号码已经是上海的，轨道交通也已经延伸过来，将来形成你中有我，我中有你的格局。宁镇扬要形成跨江的同城化，这个组团的重要作用就是承东启西，带动广大腹地发展。一体化发展，不一定要调整行政区划，可以共建共享，关键是解决行政框架对要素流动的限制，这是解放生产力很重要的内容。

（三）关于产业转型升级和创新发展

这是转变经济发展方式的核心内容。转变经济发展方式看三大结构。一是需求结构。根据统计局提供近年数据分析，净出口、投资、消费"三驾马车"对苏南经济的带动，净出口大概为10%，剩余的90%，多数年份投资在前头，消费在后头。需要研究需求结构的演进方向，产业结构是从需求结构来的。二是产业结构。总的想法是轻型化，苏南的产业结构还是偏重。轻型化里最重要的是服务业，当然要考虑与上海、浙江的区域分工。和浙江相比，实体经济是苏南的一大特点，苏南人喜欢捣鼓机器、部件，搞实业，操持看得见摸得着的营生，浙江人喜欢做买卖，所以浙江发展三产的社会基础更雄厚。轻型化不是不搞实业，而是发展什么实业，怎么发展实业。发达国家中实体经济发展最好的是德国，苏南可以参考德国的经验，比如把生产性服务业从实业中分离出去。我这次在沙钢调研，看了九龙物流园，很受启发。据介绍，全国钢铁行业物流成本占总成本11%，原因是集中度太低，全国钢铁的物流企业有20万家，都是小市场交易行为。沙钢依托长江岸线搞九龙物流园区，采取会员制办法，物流运转更合理。照这个模式计算，全国钢铁物流成本有望从11%下降到6%~7%，而整个钢铁行业的利润率也就是4%~5%。这叫什么，这就叫转型发展，转型发展的核心就是从粗放经营到集约经营，从每一个漏洞里挤出利润来。三是要素投入结构。这就要搞创新驱动。创新驱动的主体是企业，形式是产学研相结合，核心是人才作用的发挥。苏南中等教育、高等教育的入学率是全国最高的地区，珠三角的人均GDP超过苏南，但这方面一直没有超过。苏南的研究费用占GDP的比重2.5%，也高于全国平均水平，但是与发达国家相比还有很大差距。科研体制要解决国企创新动力不足、国家科研经费撒胡椒面问题。要紧扣如何激励企业主体创新，如何发挥创新人才的作用，针对现在存在的问题，理清创新驱动思路。从主要靠物质投入转向创新驱动，是实现苏南第三次创业的主题，也是现代化示范最重要的内容。

（四）关于统筹城乡发展

两个要点，一是农民工市民化。苏南有不少外来人口，主体是农民工。农民工市民化是破除城乡二元结构的要害问题。市民化就是要让农民工享受与城里人一样的公共服务，如何实现这个进程，规划要做出回答。要认真总结苏南和其他地方已有的好经验，博采众长，说出道理来。二是城乡双轮驱动。新型城镇化与新农村建设要统筹推进，这也是未来经济增长的动力源。要率先实现以城带乡、以工促农，建设具有苏南特色现代农业，规划好美丽乡村建设。

（五）社会文明建设或和谐社会建设

这里有四个要点。一是扩大中等收入阶层。随着经济发展、收入水平提高，社会收入差距要收敛，通过不断扩大中等收入阶层，形成中间大两头小的枣核型收入结构，而不能搞成哑铃型，这是和谐社会的基础。二是基本公共服务均等化，这是公民的基本权利，也是政府的责任。重点是城市和乡村、本地人口与外来人口两个方面的工作，苏南要做出示范。三是社会组织的发育。政府一定是有限政府，不能什么都包办，很多社会矛盾要交给社会组织来解决。一般规律下，社会越发育，组织类型就越多。政府不能怕这些社会组织，以为就是一级对一级的政府管理方式最灵，其实不一定。要学会和适应复杂社会的管理方式，把非政府组织引导好了，可以解决很多社会问题，这些组织恰恰是政府职能的延伸。四是民主法治建设。我们国家是法治国家，法制完善的方向是要把政府建成法治政府，不断扩大社会民主。政府要形成决策权、执行权、监督权相互制约和相互协调的机制，社会管理要畅通民意表达渠道，建立纠纷解决机制，树立道德规范，目的是实现全社会的公平正义。

（六）生态文明建设

关键是要处理好经济发展与生态环境的关系。苏南这方面的矛盾比较突出，基本概念叫环境容量小、污染负荷重。太湖就是一个典型。2007年因蓝藻引发的饮水危机历历在目，尽管无锡那时人均GDP7000美元了，一个礼拜喝不上干净水，有什么幸福指数可言？江苏省壮士断腕，铁腕治污，太湖治理已经砸进去上亿元了。在资源节约方面,我这次到昆山花桥商务城,看到节能建筑,比较兴奋。建筑成本可能要高10%~20%,但因为节能,几年成本就收回来了。节能建筑还可以采取合同管理的办法,这样可以大大推进全社会的节能。今年去巴西参加联合国可持续发展大会,我感触很深,绿色发展一定会成为全世界的潮流。苏南的现代化进程,就是要不断增加绿色的内容,向低碳技术、节能环保方向努力,这是现代化的一个标志。

在福建平潭综合实验区建设部际联席会议第一次会议上的讲话[*]

（2013年7月30日）

一年多来，各单位紧紧围绕国务院批复的《平潭综合实验区总体发展规划》（以下简称《规划》），准确把握中央赋予平潭的战略定位，攻坚克难，做了大量卓有成效的工作，推进平潭开放开发取得了重要的阶段性进展。总体看，支持平潭开放开发的政策体系逐步完善，管理开发的运行机制初步建立，两岸合作开发的格局基本形成，平潭的开发建设已从初始起步阶段进入加速发展的新阶段，社会各界对平潭开放开发的信心和决心进一步增强，平潭的品牌效应和在两岸的影响力初步显现。这些成绩来之不易，值得充分肯定。这里，我再讲三点意见：

一、站在服务两岸关系和平发展的战略高度，进一步增强对加快推进平潭开放开发重大意义的认识

加快平潭综合实验区开放开发，是党中央、国务院着眼于推动两岸和平发展和祖国统一大业作出的战略决策。党的十八大提出"要团结台湾同胞维护好、建设好中华民族共同家园"。平潭

---

[*] 2011年11月，国务院批复《平潭综合实验区总体发展规划》。根据工作需要，2013年2月，国务院批复同意建立由国家发改委牵头的平潭综合实验区建设部际联席会议制度。

作为国家设立的综合实验区，承担着推动深化两岸合作交流和对台开放的特殊使命。党中央、国务院高度重视平潭开放开发工作，习近平总书记、李克强总理先后对平潭开发建设作出了重要指示。今年6月，俞正声主席视察平潭时强调，要把平潭综合实验区建设作为推动两岸交流合作的重要着力点，科学规划、分步实施，产业为先、循序渐进，落实政策、完善政策，严格监管、绿色发展，扎实推进开放开发，真正把平潭建成科学发展的实验区。联席会议成员单位要深刻领会中央领导同志的重要讲话精神，从战略和全局的高度来看待平潭的开放开发。

（一）加快推进平潭开放开发，有利于打造两岸交流合作的新载体

进入新世纪，我们党面临着继续推进现代化建设、完成祖国统一、维护世界和平与促进共同发展的三大任务。其中完成祖国统一，使命光荣，任务艰巨。平潭是祖国大陆距台湾本岛最近的区域，具有对台工作的独特区位优势。通过开发建设平潭综合实验区，建设两岸同胞共同家园，创建台湾民众特别是中小企业、中下层民众、中南部地区进入大陆市场的新平台、新载体，让他们获得实实在在的实惠，有利于提高台湾民众的归属感和认同感，使平潭在争取台湾民心民意中发挥不可替代的特殊作用，为促进两岸和平发展和祖国统一大业作出应有贡献。

（二）加快推进平潭开放开发，有利于打造两岸共同参与国际竞争的新平台

不久前，台湾开始实施《自由经济示范区规划方案》，在贸易、投资、金融等方面实行更加自由的政策，加快建设自由贸易岛，目的是打造开放制高点，更好地参与国际市场竞争，减少对大陆经济的依赖。在这一格局下，加快推进平潭开放开发，不仅可以发挥平潭综合实验区的特殊政策优势，吸引台湾资金、人才、

技术等要素更多进入大陆,促进两岸经济全面对接与深度融合,加快形成"我中有你、你中有我"的发展格局;而且可以利用平潭综合实验区、海峡西岸经济区平台,吸引台湾同胞共同参与国际竞争与合作,共享全球化利益,壮大中华民族经济。

(三)加快推进平潭开放开发,有利于探索改革开放新模式

对外开放是我国迈向经济强国的必由之路。这需要我们实行更加积极主动的开放战略,不断拓展开放的新领域和新空间,形成开放新优势,构建开放新格局。通过开发建设平潭综合实验区,在一些重点领域和关键环节大胆开展先行先试,在行政管理体制机制、社会管理创新等方面改革探索、综合实验,在推动区域经济自由化、一体化等领域探索积累经验,将有利于为新时期我国深化改革和扩大开放积累经验、提供示范。

二、用好用足支持政策,加快推进平潭开发建设

中央对于平潭开发建设寄予厚望,社会各界予以期待,下一步关键是需要联席会议各成员单位全力以赴,齐心协力,把推进平潭开发建设的各项工作落到实处,最大限度地发挥政策效应。

(一)抓紧落实先行先试政策

国务院赋予平潭综合实验区开放开发7个方面28条政策,为加快推进平潭开发建设提供了有力的政策保障。俞正声主席视察平潭时也强调,政策的落实进度,将影响整个平潭开放开发的进程。前一阶段,福建省提出需要部际联席会议协调解决的16项政策事项,国家有关部门、福建省进行了研究和协调,一些政策落实工作又有了新的进展。对已出台实施细则或具体办法的政策,请国家有关部门加强指导,做好督促检查,福建省要完善配套措施,精心组织实施,确保各项政策落到实处。对尚未落实的政策,

请有关部门尽快研究细化相关配套措施，重点在财税、金融、人员往来等方面进行突破，争取今年年底前基本落实。这些政策主要包括：请有关部门抓紧研究平潭综合实验区企业所得税优惠目录、不予免税或保税的具体货物清单、离岛免税政策、平潭设立金融离岸中心、设立一家闽台合资的股份银行、设立一家闽台合资的全牌照综合证券公司、批准平潭海港口岸的对外开放、出台台湾机动车辆进出平潭采取两地车牌往来管理办法等。请福建省加强与国家有关部门的沟通衔接，做好对接工作，争取尽快出台配套措施。

（二）进一步夯实开放开发的基础

我们要按照中央领导同志的重要指示要求，扎实推动平潭开放开发。一要坚持高起点科学规划。按照总体发展规划和城市总体规划的要求，继续完善提升实验区空间布局、基础设施、产业发展、生态建设等专项规划，抓好各组团功能区详细规划和设计，做好相关规划的衔接。二要坚持高标准建设。平潭空间较小，土地有限，要坚持循序渐进、分步实施，要建一个成一个，把平潭建成精品。要抓紧一批事关全局的重大基础设施项目建设，重点推进入岛通道、城市主干道、港口码头、供水供电、防洪防潮、生态绿化等配套工程建设，为平潭开发开放创造良好条件。三要坚持高水平培育产业。产业发展是建设共同家园的重要支撑。要广泛吸收借鉴各地尤其是台湾地区的先进发展理念和经验，加强两岸产业合作，优先发展高新技术产业、现代服务业、海洋产业、旅游业等高端产业，夯实平潭发展的载体。

（三）进一步探索完善体制机制

作为改革创新的试验田，要充分利用《规划》赋予的先行先试、综合实验的特殊任务，开拓进取，改革创新，不断完善体制机制。一要创新行政管理体制。在开发建设的同时，要更加注重

"管"的研究探索，不断提升管理水平。按照精简、统一、效能的原则，进一步完善实验区管委会体制机制及运作模式，构建起机构精简、职能综合、结构扁平、运作高效的开发管理体制。积极推进公共服务、投融资体制、土地管理、社会管理等重点领域探索创新。二要创新两岸合作新模式。围绕"五个共同"，探索更加开放的合作方式，重点在两岸共建自由港区、物流中转枢纽、高科技创新园区等领域开展合作试验，推动两岸合作向更深层次、更宽领域迈进。发挥"促进平潭开放开发顾问团"这一民间性议事咨询机构的作用，广开门路、广纳群言，听取和吸纳台湾社会各界对平潭开放开发的意愿和建议，重视解决平潭开放开发中台湾同胞关注的重大问题。三要创新两岸合作新平台。抓紧口岸监管设施建设，尽快启动实施"一线放宽、二线管住、人货分离、分类管理"的通关制度，搭建两岸共同参与国际竞争的新平台。加快对台小额商品交易市场、台湾农副产品市场等平台建设，吸引台湾同胞到平潭投资兴业。积极培育两岸海上直航快捷航线，进一步便利两岸人员、货物往来，发挥两岸交流交往主通道作用。

三、进一步促进各方联动合作，推动形成平潭开放开发的合力

推进平潭综合实验区建设，是一项极具开创性的工作，要充分认识推进实验区建设的艰巨性和复杂性。为此，各方面要切实按照国务院批复要求，进一步统一思想，同心协力，强化合作，扎实工作，有序推进平潭开发建设。

（一）加强对台交流与合作

平潭综合实验区因台而设，对台合作是平潭的特色所在、优势所在、潜力所在。在新的形势下，需要站在更高的层面，以更高的视野来谋划促进平潭与台湾地区的深度对接，使平潭在两岸

交流合作中发挥更大的作用。一要抓住当前有利时机，进一步加大对平潭开发建设的宣传力度，特别要突出平潭的经济功能，让更多的台湾同胞认识平潭、了解平潭、走进平潭，积极参与平潭的开发建设。同时，要以适当的渠道，加强与台湾方面的沟通。二要推动建立与台湾地区县市的对口合作机制，带动更多的台湾县市参与平潭开发建设。三要进一步加强与台湾地区的行业协会、公会、渔农会等行业组织的沟通交流，引进具有相当开发经验、资源整合实力强的台湾企业参与平潭开发建设。四要注重学习吸收台湾成熟的管理理念和经验，引进台湾专业人才参与平潭建设与管理，提升平潭开发建设和运营管理水平。

（二）充分发挥福建省的主体作用

福建省要按照《规划》的要求，继续举全省之力，推进平潭开发建设。一要主动加强对接，积极争取国家有关部门支持。二要及时研究出台一批省级权限范围内的支持政策，进一步加大财政、投融资、人才、技术等方面支持力度，形成推动平潭开放开发的政策合力。三要进一步下放有关管理权限，推动平潭健全管理运行机制，努力营造与世界通行规则接轨的国际化、法制化营商环境。

（三）充分发挥部际联席会议制度的作用

部际联席会议成员单位要真正做到想平潭之所想，急平潭之所急，加强工作衔接，做好跟踪督查，切实加强对平潭开发建设的指导和支持。除了国务院批复的规划和相关政策文件中明确的措施，各有关方面可以从自身职能出发，根据平潭开发建设持续推进的需要，与时俱进地研究出台支持平潭开发开放的新举措，合力推进平潭的开发建设。

关于京津冀协同发展的若干重大问题

(2014年8月26日)

今年2月26日,习近平总书记在北京市考察工作时发表重要讲话,全面深刻阐述了京津冀协同发展的重大意义、基本思路和工作重点。随后,中央成立了京津冀协同发展领导小组,京津冀协同发展进入了实质性推进阶段。

按照国务院领导指示精神,国家发改委会同三省市和有关部门,在深入调研的基础上,加快了重大问题研究和规划编制速度,形成了一个《京津冀协同发展规划总体思路框架》稿子(以下简称《思路框架》)。[①] 下面,我结合学习总书记重要讲话和参与相关工作的体会,就京津冀协同发展谈几点初步的认识。

一、关于京津冀协同发展的重大意义

习近平总书记在讲话中,有两段十分深刻的阐述:一段讲到,"实现京津冀协同发展,是面向未来打造新的首都圈、推动区域发展体制机制创新的需要,是探索完善城市群布局和形态、为优化开发区域发展提供示范和样板的需要,是探索生态文明建设有效路径、促进人口经济资源环境相协调的需要,是实现京津冀优势互补、促进环渤海经济区发展、带动北方腹地发展的需要,做好这项工作意义重大"。在另一段中讲到,"京津冀协同发展不仅

---

[*] 这是在国务院参事室参事学习会上的报告。
[①] 2015年4月30日,中央政治局审议通过《京津冀协同发展规划纲要》。

仅是解决北京发展面临的矛盾和问题的需要,也不仅仅是解决天津、河北发展面临的矛盾和问题的需要,而且是优化国家发展区域布局、优化社会生产力空间结构、打造新的经济增长极、形成新的经济发展方式的需要,是一个重大国家战略"。我理解总书记的重要讲话,有这样几个关键点。

一是要解决首都北京的问题,走出一条中国特色解决"大城市病"的路子。这是京津冀协同发展首先要解决的问题。北京作为首都,是我们国家的象征,是向世界展示中国的首要窗口。改革开放以来,北京经济社会发展取得了巨大成就,但也要看到,不断发展的北京也面临一些让人揪心的问题,主要是:(1)人口过度膨胀。至2013年底,北京常住人口达2114.8万人,其中城六区1253.4万人,全市人口已突破2020年1800万人左右的控制目标。今后一个时期,北京人口仍会保持增长态势,控制新增人口的压力非常大。(2)交通日益拥堵。2013年工作日平均每天堵车近2小时,早晚高峰时段,路网平均时速25.8公里,人均通勤时间之多居全国首位。(3)房价持续高涨。城六区住房均价高达4万元/平方米,工薪收入群体难以承受。(4)大气污染严重。2013年PM2.5年均浓度89.5微克/立方米,冬季有时超过500微克/立方米,蓝天难见、繁星无影。(5)社会管理难度大。城乡接合部治安隐患突出,给城市管理带来巨大压力,等等。北京的问题,已经到了不得不解决的时候了。北京问题的解决,需要跳出北京看北京,把它置于京津冀战略空间加以统筹考量。因为解决北京的问题,很大程度上取决于它的战略定位,以及根据这个战略定位实施非首都核心功能的疏解,这就要求必须同时考虑天津、河北,与周边形成一个有机的、互相联系的格局,才能实现这个目标。

二是要解决区域发展悬殊的问题,打破行政分割,实现优势互补,为全国区域协调发展体制机制创新提供经验。长期以来,河北为京津发展做出了巨大贡献,在水资源保障、生态屏障建设、社会稳定维护等方面承担了重要责任，但与北京、天津经济社会发展水平差距巨大。（1）经济发展水平差距大。2013年，河北人均地区生产总值不足北京、天津的50%，人均财政收入分别只有北京、天津的1/6和1/5左右，城镇居民人均可支配收入和农民人均纯收入均为北京的一半，天津的70%和60%左右。河北地区生产总值占京津冀地区的比重持续下降，由1996年最高时的54.3%下降到2013年的45.5%。（2）公共服务水平落差明显。2013年河北人均财政支出分别只有北京、天津的30%和35%，河北义务教育生均预算内经费不足京津的1/4，域内没有一所"211"院校，一本院校录取率约为北京的40%。（3）环京津贫困带问题突出。目前河北仍有贫困人口366万，国家级贫困县39个，其中环首都贫困县9个。（4）体制不顺，区域分割。河北的发展方式比较粗放，经济结构偏重，这与京津冀市场机制作用发挥不充分有很大关系。首都凭借优越的行政条件，通过财政补贴以低于周边地区的价格提供电、气、交通等公共服务产品，大量资金、人才、技术等优质资源向京津集聚，对周边地区形成"虹吸效应"。为吸引京津优势资源，河北一些市县采取竞相压低地价等手段招商引资，加剧恶性竞争。推动京津冀协同发展，就是要解决这些问题，尽快补上河北这块短板。

三是要解决资源环境整体超载的问题，促进区域经济社会与人口资源环境协调发展。京津冀地区已成为我国东部地区人与自然关系最为紧张、资源环境超载矛盾最为尖锐、生态联防联治要求最为迫切的区域。（1）水资源严重短缺。资源总量为258亿立方米，仅占全国的0.91%，人均水资源量237立方米，仅为全国平均水平的1/9。（2）地下水严重超采。超采量达68亿立方米，占全国的1/3；地面沉降范围不断扩大，漏斗区面积超过5万平方公里。（3）湿地大幅萎缩。近十年湿地面积减少了59万公顷，降幅达46%。人均森林面积0.7亩，仅为全国平均水平的30%。（4）水土流失严重。土壤侵蚀面积达4.36万平方公里，占土地总面积的22%，沙尘天气时有出现。（5）海域生态不堪重负。2013年渤海近岸海域劣四类水质海域面积较2001年扩大了10倍，占总面积的84.5%，自然岸线保有量不足15%，海洋生物资源锐减。从生态保护角度讲，京津冀是一个整体，你中有我、我中有你、相互影响，因此要从根本上解决问题，必须通过协同发展来解决。

四是要发展壮大新的经济增长极，为全国转型发展做出更大贡献。2013年，京津冀区域地区生产总值6.22万亿元，占全国的10.93%，总量比珠三角约多9000亿元，比长三角约少5.6万亿元；人均地区生产总值5.7万元，是全国平均水平的1.36倍。京津冀以全国2.25%的地域面积，承载了全国8.02%的人口，创造了10.93%的经济总量，是拉动我国经济发展的重要引擎。但也要看到，与长三角、珠三角地区相比，经济社会发展还有不小差距。主要表现在：（1）发展水平低。从单位土地面积产出看，京津冀只相当于长三角的1/2、不足珠三角的1/3。（2）内部落差大。以区域内人均地区生产总值最低的城市与最高的城市相比，2013年，京津冀地区的邢台市只有天津市的22.8%，而长三角地区的泰州市是苏州市的54.1%，珠三角地区的肇庆市是深圳市的30.3%。（3）产业协作差。改革开放以来，江浙两省采取工业配套、企业联营、聘用"星期日工程师"等方式，与上海市建立了紧密的产业协作关系；珠三角各城市间也抓住国际产业转移机遇，构建了上下游紧密关联的加工贸易产业体系。而京津冀地区，北京工业占比不高，对周边地区辐射主要是消费性外溢，天津工业辐射主要在辖区范围内。（4）开放程度低。2013年京津冀地区外贸进出口总额6125.1亿美元，仅为长三角、珠三角的46.1%和58.5%。差距就是潜力。推动京津冀协同发展，有利于逐步缩小与长三角、珠三角的差距，进一步释放发展活力和动力，在全国区域大格局中发挥更大作用。

二、关于京津冀协同发展的总体要求

通过认真学习习近平总书记重要讲话精神,《思路框架》提出以下几个方面的内容:

(一) 指导思想

第一,就是"三个坚持"。即坚持问题导向,紧紧抓住制约京津冀协同发展的突出矛盾和关键问题用力;坚持真抓实干,各个方面都要把推动协同发展作为当前和今后一个时期的重点工作,以抓铁有痕、踏石留印和钉钉子的精神推进工作,尽快见到实实在在的成效;坚持改革创新,加快破解制约协同发展的障碍和壁垒,建立健全协同发展体制机制。

第二,就是"四个立足"。即立足各自比较优势,立足现代产业分工要求,立足区域优势互补原则,立足合作共赢理念。强调要遵循科学规律,既有分工,又有合作,力争达到一加一大于二、一加二大于三的效果。

第三,就是"五个以"。即以资源环境承载能力为基础,以京津冀城市群建设为载体,以优化区域分工和产业布局为重点,以资源要素空间统筹规划利用为主线,以构建长效体制机制为抓手。这是协同发展的基本推进路径。

第四,就是"六个着力"。即着力调整优化城市布局和空间结构,着力构建现代化交通网络系统,着力扩大环境容量生态空间,着力推进产业对接协作,着力推动公共服务共建共享,着力加快市场一体化进程,努力形成京津冀目标同向、措施一体、优势互补、互利共赢的协同发展新格局。

(二) 基本原则

主要是五个方面。一是突出改革创新和区域联动。把改革创新作为推动协同发展的根本动力，加大重点领域和关键环节改革力度，破除"一亩三分地"思维定式，坚持局部利益服从整体利益，打破行政分割和市场壁垒，加快建立京津冀协同发展体制机制，真正形成推进协同发展的合力。二是突出优势互补，互利共赢。进一步明确战略定位，充分发挥各自比较优势，调整优化区域生产力布局，加快推动错位发展与融合发展，创新合作模式与利益分享机制。三是突出市场主导，政府引导。在京津冀协同发展中，政府不能包打天下，要充分发挥市场在资源配置中的决定性作用，促进生产要素在更大范围内自由流动和优化配置。政府发挥统筹协调、规划引导和政策保障作用。四是突出整体规划，分步实施。京津冀协同发展不是一朝一夕的任务，要明确实现总体目标和重大任务的时间表、路线图，科学设定不同时期的目标任务和重点工作，分阶段、有步骤地加以推进。五是突出先易后难，统筹推进。立足现实基础和长远需要，从总体上把控好推动协同发展的步骤、节奏和力度。对已达成共识、易于操作的领域率先推进，对制约协同发展的重点难点问题和体制机制障碍在先行试点的基础上，逐步加以突破。

（三）发展目标

主要分为三个阶段目标：一是近期目标。到2017年，要在现实急需、具备条件、取得共识的领域，包括城乡规划布局和交通一体化、生态环境保护和大气污染防治、产业转移对接等重点领域率先取得突破，协同发展取得明显进展。二是中期目标。到2020年，北京市常住人口力争控制在2300万人左右，首都存在的突出问题得到缓解；区域一体化交通网络基本形成，生态环境质量得到有效改善，产业联动发展取得重大进展，公共服务共建共享取得明显成效，协同发展机制基本建立。三是远期目标。到2030年，京津冀协同发展和区域一体化格局基本形成，京津冀地区对全国发展的辐射带动能力进一步增强，成为具有较强国际竞争力和重要影响力的现代化新型首都圈。

（四）空间布局

总的考虑是按照"功能互补、区域联动、轴向集聚、节点支撑"的思路，以"一核、双城、三轴、四区、多节点"为骨架，打造形成以重要城市为支点，以战略性功能区平台为载体，以交通干线、生态廊道为纽带的网络型空间格局。

（1）一核。北京是京津冀协同发展的核心。把解决北京"大城市病"问题、调整疏解非首都核心功能、优化提升首都核心功能作为京津冀协同发展的首要任务。

（2）双城。北京、天津是京津冀协同发展的主要引擎。进一步强化京津联动发展，全方位拓展合作广度和深度，共同发挥高端引领和辐射带动作用。做大石家庄、唐山、保定城市规模，由双城联动向多城联动转变。

（3）三轴。沿京津、京唐秦、京保石等主要通道，以轴串点，以点带面，推动产业要素沿轴向聚集，建设产业发展和城镇聚集轴带，打造支撑京津冀协同发展的主体框架。

（4）四区。中部核心功能区：包括北京市平原地区、天津市平原地区、河北省廊坊市及保定市平原地区。重点抓好非首都核心功能的疏解和承载工作，推动京津保核心区率先联动发展，增强辐射带动能力。东部滨海发展区：包括天津市、河北省沿海地区。重点发展战略性新兴产业、先进制造业以及生产性服务业，形成与生态保护相协调的滨海型产业聚集带和城镇发展区。南部功能拓展区：包括河北省石家庄市、邯郸市、邢台市平原地区以及衡水市。重点承担农副产品供给、科技成果产业化和高新技术产业发展功能。西北生态涵养区：包括北京市山区、天津市山区、河北省山区。重点发挥生态保障、水源涵养、旅游休闲、绿色产品供给等功能。

（5）多节点。发挥石家庄、唐山、保定、邯郸区域性中心城市功能，打造河北经济增长极，强化张家口、承德、廊坊、秦皇岛、沧州、邢台、衡水等节点城市的支撑作用，进一步提高城市综合承载能力和服务能力，加快产业和人口聚集。

（6）构建现代城镇体系。按照优势互补、错位发展、强化联动的原则，调整优化城镇体系和行政区划设置，对具备行政区划调整条件的县有序改市。提升京津双城辐射带动作用，推动区域性中心城市组团式发展，增强节点城市要素集聚能力，培育中小城市和特色小城镇，打造定位清晰、分工合理、功能完善、生态宜居的现代化新型都市圈，建设世界级城市群。

三、关于京津冀协同发展功能定位

区域功能定位是推动京津冀协同发展的基础性工作，决定着整个区域的产业布局和发展模式。

（一）整体定位

目前，我们考虑京津冀总体定位主要有五个方面：

1. 现代化新型首都圈

习近平总书记明确提出，要"面向未来打造现代化新型首都经济圈"。首都是中央国家机关所在地，代表着国家、民族的形象，应充分体现首都在京津冀协同发展中的地位和作用。以首都为核心打造首都圈，符合城市发展规律，也是京津冀区别于长三角、珠江三角的一个显著特点。同时，首都圈的概念并不仅仅包括北京，很大程度上包括京津冀三地，建设现代化首都经济圈是三地协同发展的必然要求。

2. 全国转型发展和经济增长新引擎

习近平总书记讲话指出，京津冀协同发展不仅仅是解决北京、天津、河北发展面临的矛盾和问题的需要，而且是优化国家发展区域布局、优化社会生产力空间结构、打造新的经济增长极、形成经济发展新方式的需要。克强总理和高丽副总理多次强调，要把京津冀打造成为中国经济增长和转型升级的新引擎。

3. 区域协同发展体制机制改革引领区

长期以来，京津冀地区资源配置行政色彩浓厚，市场机制作用发挥不充分，已成为协同发展的重大障碍。因此，协同发展的主要任务之一，就是破解制约协同发展体制机制障碍，加快改革创新步伐，以便为全国其他地区提供可复制、能推广的经验。

4. 人口资源环境协调发展实验区

习近平总书记讲话中对扩大环境容量空间提出了要求，强调实现京津冀协同发展，是探索生态文明建设有效路径、促进人口经济资源环境相协调的需要。从近期看，修复生态和改善环境对扩大京津冀环境容量空间十分必要；从长远看，更重要的是走出一条经济社会发展与人口资源环境相协调的可持续发展路子。

5. 国际交往中心和对外开放重要门户

京津冀具有特殊的区位优势，更应突出国际交往和对外开放的特殊功能，凸显北京的国际交往功能，强化天津国际港口城市的辐射带动作用，提升河北对外开放水平，构建内外联动、互利共赢的开放型经济体系，更好地服务国家全方位开放大局，在我国加强国际交往和参与全球竞争中发挥更加重要的作用。

（二）三省市定位

按照"简明扼要、突出特色"的要求，确定三省市各自的功能定位，必须从三省市的现实基础、比较优势、长远发展和协同发展的要求出发，处理好与区域整体定位的关系，与区域整体定位相吻合，与党中央、国务院对三地现有定位相衔接，并注意三地功能错位、协同发展。

北京市。目前对北京的定位各方意见较为一致，没有太大问题，即全国政治中心、文化中心、国际交往中心、科技创新中心，各方面对此已高度认同。

天津市。根据国务院对天津市及滨海新区的已有定位，综合考虑天津市区位优势、发展基础、港口条件以及与北京市定位的错位，《思路框架》提出天津的定位是"4个北方中心"：

一是北方经济中心。《国务院关于天津城市总体规划的批复》已明确天津是北方经济中心的城市功能定位。考虑到北京不再提经济中心，突出天津经济中心地位可实现与北京定位的错位。

二是北方现代制造中心。主要理由：第一，现代制造中心是国务院赋予天津滨海新区功能定位的拓展。第二，天津是中国近代工业发祥地和北方工业基地，基础雄厚，装备先进，门类齐全，协作配套能力强。第三，具备有效的人力资源支撑和较完善的科技创新体系。

三是北方国际航运中心。主要理由：第一，国际航运中心是国务院赋予天津滨海新区的功能定位。第二，天津港是北方第一大港，吞吐量突破5亿吨，随着天津发展和滨海新区开发开放，天津空港、海港枢纽作用日益增强。第三，航运综合服务能力一流。

四是北方金融创新运营中心。主要理由：第一，国务院明确要求要把金融改革创新作为天津滨海新区综合配套改革试验的首要任务。第二，天津历史上就是我国北方重要的金融中心，近年来天津市全面推进金融改革创新，建立了以传统金融、现代金融和产业金融为特色的金融创新体系，功能健全、职能完善的金融运营体系。第三，北方金融创新运营中心也与北京金融管理中心实现了错位。

河北省。研究三省市定位，最难表述的是关于河北的定位，这也和历史上河北战略定位不清、战略定位多变有一定关系。当然，经过前一阶段的深入研究、探讨、磨合以及专家会诊，目前在定位方向上取得了较为一致的意见，就是从完善城市结构、构建生态屏障、推进新型工业化、深化改革开放4个方面来表述。

一是首都圈城市功能拓展区。河北毗邻北京，具有广阔的腹地、交通便利、联系紧密，无论从当前还是长远看，都具备承接首都功能疏解和产业转移承接的良好条件。

二是京津冀生态环境支撑区。河北环绕京津，生态空间和环境容量大，在区域生态环境改善方面发挥着重要的支撑作用，构筑生态安全屏障也是河北义不容辞的责任。

三是全国新型工业化重要基地。国务院对河北沿海地区已有的定位是"全国重要的新型工业化基地"。立足河北现有产业条件，从加快建立绿色、循环、低碳的现代产业体系，推动河北实现转型升级的角度看，也应该有这么一个定位。

四是环渤海改革开放新支点。这个定位主要是按照十八届三中全会关于全面深化改革的总体要求，充分发挥河北独特的区域优势，明确其在全国新一轮改革开放格局中的重要地位和作用。

四、关于疏解首都非核心功能

从深层次看，北京的人口过多等问题，是功能太多带来的。北京战略定位确定后，就区分了首都的核心功能和非核心功能。其中，首都核心功能，就是与国家政治中心、文化中心、国际交往中心、科技创新中心直接相关的城市功能；非首都核心功能，就是为首都核心功能提供支撑、服务、辅助等作用的功能，以及不符合首都战略定位的其他功能。要疏解首都非核心功能，有几个问题要把握：

第一，要搞清楚疏解对象。

一是部分行政功能。指为核心行政职能提供支撑、服务和后台运作的行政职能，包括为国家机构服务的部分事业单位，承担支撑、辅助行政职能的社团组织、行业协会，国家直接投资主要从事行政服务的控股企业及下属公司等。建议在摸清底数的基础上，有计划地将一些中央单位、社会团体及其附属单位向京外或北京新城疏解，部分北京市属单位向新城疏解。

二是部分公共服务功能。包括教育、医疗、文化、体育等企事业单位。根据第二次全国经济普查数据，北京市辖区内仅教育、医疗、文化、体育、娱乐行业的单位超过1.5万个，从业人员约80万人。集中了过多的优质公共服务资源，吸引了大量的外来人口。2013年，北京市普通高等学校研究生、本专科在校生及中等职业在校生为100多万人，全市医疗卫生机构诊疗人次达2亿以上。其中，三级医院中的外来就诊人次占36%，住院人数占41%。建议重点疏解教育、医疗等资源的增量部分。

三是部分产业功能。包括不符合北京市产业定位和发展方向的二、三产业。2013年，北京在制造业、建筑业、批发零售业、住宿餐饮业、居民服务业等劳动生产率较低行业中，一半以上的从业人口为流动人口，从事这五大行业的外来人口占全部就业流动人口的七成左右。建议重点疏解一般性制造业、高端制造业的生产环节、中心城区的商品批发业以及为区域服务的物流业。

第二，要把握好疏解原则。综合考虑疏解对象的不同性质和特点以及承接地的具体情况，要采取不同方式进行疏解。

一是坚持政府引导与市场主导相结合。对具有经营性质的企事业单位，主要依靠市场手段进行疏解。对具有行政功能和公共服务功能的单位，主要依靠规划引导和综合手段进行疏解。

二是坚持集中疏解与分散疏解相结合。对于行政功能和公共服务功能以及集聚发展要求较高的产业或生产环节，主要采取集中疏解方式。对于集聚发展要求相对较低的产业和部分公共服务功能，可采取分散疏解方式。

三是坚持增量疏解与存量疏解相结合。首先要把住增量关，无论是行政功能、公共服务功能还是产业功能，都应尽早明确总量控制目标，不得突破，尤其是严格控制增量资源在中心城区聚集。其次是推进存量调整，对不符合首都战略定位的功能，研究提出调整方式、路径和步骤，有序引导向周边地区疏解。

第三，要确定合理的疏解方式。

一是集中疏解。在需疏解的非核心功能中，绝大部分行政功能、大部分公共服务功能，甚至对聚集发展要求较高的产业功能，很难依靠分散方式进行疏解。只有通过整体规划、精心设计，集中力量打造具有相当规模的、与输出地发展环境相类似的承载地，才能顺利实现这些功能的转移，也才能真正实现转得出、稳得住、能发展。经初步研究，疏解非首都核心功能的集中承载地应具备以下几个要素：较强的资源环境承载能力，较大的发展空间，便捷的交通条件，与中心城区距离适中等。集中承载地可以是一个，也可以是多个。建设模式可充分借鉴上海浦东新区、深圳特区的做法和经验。

二是分散疏解。除以上者外，其他功能的疏解可采取成本相对较低的分散方式。需要注意的是，分散疏解并不是遍地开花，也要依托现有基础，科学布局、相对集中、功能有别、滚动发展。在天津市、河北省初步研究提出的 52 个功能承接平台基础上，进一步筛选优化，形成功能承接平台方案。

第四，还要严格控制人口增长。

北京市 2013 年常住人口为 2114.8 万人，比上年增加 45.5 万人，增长 2.2%，其中，户籍人口 1312.1 万人，常住流动人口 802.7 万人。其中，常住人口中，流动人口增长大于户籍人口增长；户籍人口中，机械增长大于自然增长。新增流动人口主要聚集于城乡接合部。由此可见，控制首都人口重点是常住人口中的流动人口，户籍人口中的机械增长人口。

严格控制北京市人口规模，应疏堵结合，因地制宜，分类施策。综合考虑北京市资源环境承载能力，落实"以水定城、以水定地、以水定人、以水定产"的要求，科学确定城市人口规模。坚持"以业管人、以房管人、以证管人"，综合运用经济、法律、行政等手段，支持北京实行更加严格的人口调控政策。严格限制中心城区教育、医疗、商业等项目的新建和扩建，缓解中心城区人口、产业过度集聚压力。

五、关于推进协同发展的重点任务

习近平总书记讲话中提出"七个着力",即着力加强顶层设计、着力加大对协同发展的推动、着力加快推进产业对接协作、着力调整优化城市布局和空间结构、着力扩大环境容量生态空间、着力构建现代化交通网络系统、着力加快推进市场一体化进程,抓住了推进协同发展的关键环节。据此,《思路框架》进一步细化为8个方面重点任务,包括推进交通一体化、加强生态环境保护、促进产业协同、加快创新驱动、增强资源能源保障能力、统筹社会事业发展、扶持贫困地区发展和扩大对内对外开放。这8个方面通过协同发展这条主线来贯穿统领,一般性工作尽可能不谈、少谈。

总书记讲话特别强调,交通一体化是推进京津冀协同发展的先行领域,产业一体化是京津冀协同发展的实体内容和关键支撑,生态空间是京津冀协同发展的环境容量基础。按照总书记讲话精神,京津冀协同发展领导小组明确,先行启动交通一体化、生态环境保护和产业转移三个重点领域的工作,集中力量推进,力争率先取得突破。发改委会同有关部门和三省市正在编制三个重点领域率先突破工作方案。

(一)推进交通一体化发展

目前存在的主要问题:一是交通网络呈单中心、放射状布局,不利于优化提升首都核心功能和三地协同发展,城际铁路等轨道交通发展滞后。二是国家高速公路、普通国省道存在很多"断头路"和"瓶颈路段"。据统计,目前河北与京津之间仍有18条"断头路"和24条"瓶颈路",多达2300公里。三是港口群、机场群发展不协调、集疏运体系不完善,交通枢纽衔接换乘不便捷,运输服务水平亟待全面提升。就拿机场来说，曾有人这样形容京津冀三地机场，"北京吃不动，天津吃不饱，河北没得吃"，这确实是三地航空运输市场饥饱不均的真实写照。

下一步的主要任务是：一是建设高效密集的轨道交通网。强化和完善对外高速铁路，充分利用客运专线、普通铁路富裕能力开行城际列车，加快建设首都经济圈城际铁路、市域（郊）铁路并网，积极推动多种形式城市轨道交通发展，实现各种轨道交通有效衔接。二是完善便捷畅通的公路网。加强三省市协作联动，加快打通国家高速公路"断头路"，拓宽跨区域国省干线"瓶颈路段"；重点实施环京津贫困地区国省干线和农村公路改造升级，完善区域公路网络；加快推进首都地区环线国家高速公路建设，缓解北京过境交通压力。三是打造国际一流的航空枢纽。显著提升首都机场、北京新机场的国际枢纽功能，增强天津滨海机场区域枢纽作用，充分发挥石家庄正定机场对冀中南地区的服务水平，建设集中统一的终端管制区，推动形成京津冀机场群分工协作格局。四是构建功能完备的现代港口群。强化天津港北方国际航运中心地位，充分发挥秦皇岛港、唐山港和黄骅港在我国北方能源、原材料等大宗散货运输中的作用，形成分工协作、功能完备的现代港口群。五是发展绿色低碳的城市交通。优化城市道路网，持续快速推进大城市轨道建设，积极发展有轨电车、大容量快速公交等大中运量公共交通，推进区域公交便捷换乘，大力推广清洁能源车辆。六是提升交通智能化管理水平。推动铁路、民航、公路以及城市交通企业之间运营组织、票务和售票系统等衔接，实现不同运输方式间客运"联程联运"和货物"一票到底"；提高车辆进京通行的便利性，加快推进货运车辆 ETC 建设，实行区域内城市公交"一卡通"。

（二）加强生态建设与环境保护

前面已经对京津冀地区严峻的生态环境形势作了全面分析。

下一步，主要是从五个方面用力。一是联防联控环境污染。研究制定区域环境污染联合防治专项规划，建立跨界的大气、地表水、地下水和海域等环境预警协调联动机制，强化突发环境事件的应急响应机制，建立跨区环境联合监察、联动执法、环评会商、区域污染联防联控的工作制度。二是实施重点污染治理工程。以治理PM2.5为重点，集中实施以"减煤、控车、降尘"为主要内容的大气污染治理工程。支持白洋淀、衡水湖等重点湖淀水体污染治理，加大重点水库等生态修复和污染治理力度。开展河流污染综合治理。加强渤海入海河流及排污口的环境治理，削减天津、河北的陆源入海污染物总量。推进土壤治理和农村环境改善工程。三是大力发展循环经济。加快推进区域间、产业间循环式布局，鼓励企业间、产业间建立物质流、产业链紧密结合的循环经济联合体。加强再生资源回收利用体系建设，统筹建设"城市矿产"基地，积极开展园区循环化改造。四是推进生态保护与建设。构建"一核四区"生态安全格局。即加大京津保中心区过渡带退耕还湖还林力度，建设成片森林和湿地。建设坝上高原生态防护区，划定森林、草原、湿地生态保护红线，加强风沙源治理和重点地区生态修复。优化燕山—太行山生态涵养区，加快推进水土流失综合治理、水源保护林、太行山绿化、退耕还林等生态工程建设，恢复破损矿山地质环境。建设低平原生态修复区，推进交通干线两侧绿化及农田林网建设，加强湿地保护，扩大绿色生态空间。构筑沿海生态防护区，实施沿海防护林建设。五是积极应对气候变化。深化北京、天津、保定、石家庄、秦皇岛低碳城市试点，加快低碳产业园区、低碳社区建设。完善低碳发展区域格局和产业政策，推动形成以低碳排放为特征的产业体系。

（三）推动产业转型升级与转移对接

当前，随着环境治理力度加大，京津冀结构调整的阵痛正在加剧，特别是河北，淘汰压减落后和过剩产能任务十分繁重，促进京津冀产业转型升级任务十分紧迫。另外，产业转移对接也面临巨大压力，"业走人留"问题较为突出，即三地的资本、技术、产业开始出现流动，但人才要素仍然向北京集聚。

下一步的主要任务：一是明确产业发展方向。北京突出高端化、服务化、集聚化、融合化、低碳化，构建高精尖经济结构。天津要打造与北方经济中心相适应、具有全球影响力的现代制造业基地和生产性服务业集聚区。河北要积极承接首都产业功能转移和京津科技成果转化，建设环渤海新型工业化基地和华北重要的制造业基地。二是推动产业有序转移承接。加强三地产业发展规划衔接，制定京津冀产业协同发展指导目录，加快津冀承接平台建设。目前，天津、河北省初步研究提出了52个功能承接平台，近期三省市分别签署了一系列合作协议与备忘录，其中提出重点建设曹妃甸产业园、新机场临空经济区、滨海—中关村科技园等合作园区，尽快打造出一批区域协同发展的标志性平台。三是加强京津冀产业协作。在服务业方面，主要是强化北京金融管理、天津金融创新和运营、河北金融后台服务功能。建设区域一体化物流体系。建立京津冀"大旅游"格局。在制造业方面，依托首都科技资源优势和津冀先进制造业基础，进一步优化产业布局。天津、河北加强与首都大院大所合作，促进产业孵化转化。在农业方面，北京与河北共建"菜篮子"产品生产基地、绿色食品生产加工物流基地。

此外，还有几项重点任务，尽管没有列入今年率先突破工作，但也丝毫不能放松。一是加快创新驱动发展。这是加快京津冀转型发展的战略选择。北京汇聚了全国1/4以上的著名高校、1/2以上的两院院士、140多家中央研究机构。北京每年产生的科研成果占全国的近四成，真正实现转化的不足20%，其中向京外转移转化的不足5%。下一步关键要建设全国科技创新中心，构建分工合理的创新发展格局，促进科技创新资源和成果开放共享。特别要提升中关村发展水平。二是统筹社会事业发展。这是推动京津冀协同发展的本质要求。目前，京津冀公共服务政策和管理难以对接，最典型的是燕达医院，在燕达医院发生的医疗费用需要再回到北京报销，这给参保群体，尤其是在燕郊生活的北京退休老年人带来了不便，目前已在搞试点解决。下一步主要是建立统一规范灵活的人力资源市场、统筹教育一体化发展、加强医疗卫生联动协作、推动社会保险顺畅衔接、提升公共文化体育水平等，最终目的是逐步提高公共服务均等化水平。三是扶持贫困地区加快发展。这是推动京津冀协同发展的必然要求。河北现有国家级贫困县39个，其中22个县列入国家燕山—太行山连片特殊困难地区，大部分位于生态涵养功能区。按照现有扶贫标准，河北还有贫困人口379万，占农村人口的9%。在赤城县调研，老百姓反映"跨过一座山、工资翻三番"。加大政策支持，创新帮扶机制，帮助这些地区尽快脱贫致富是京津冀的共同责任。主要是加大倾斜支持力度、建立对口帮扶机制。

六、关于推进体制机制创新

"问题硬，办法就得实"。实现京津冀协同发展，根本上还是要按照中央关于全面深化改革的要求，加快破除行政管理、资源配置、功能布局等体制机制障碍，建立区域一体化发展制度体系和政策体系。主要是：

（一）推动区域协同发展体制机制创新方面

一是建立"多规合一"的规划协同机制。在京津冀全域范围开展三地内及三地间经济社会发展规划、城乡规划、土地利用规划、生态环境保护规划等"多规合一"改革试点，主要是从源头上为三地协同发展明确空间格局和功能定位，引导资源优化配置，解决规划相互冲突和效率低下等问题。二是建立行政管理协同机制。主要是探索在京津冀三地开展区域性、跨省域中央垂直管理部门整合改革试点，推动中央垂直管理部门合并成立区域性管理部门，带动三地破除行政壁垒，减少利益冲突。三是建立中心城区功能疏解机制。制定北京市中心城区有关机构向外搬迁实施方案，有效扩大中心城区公用绿地面积、降低人口密度。规划建设特色新区和城市组团，按照行政、医疗、教育、科技等功能定位集中承接中心城区公共资源和产业资源，避免功能疏解分散化。四是建立区域生态环境保护联动和生态补偿机制。统一京津冀三地生态环境规划、标准、监测、执法体系，依据主体功能区设定并严守资源消耗上限、环境质量底线和生态保护红线。加快推进京津两市与河北张承地区建立横向生态补偿机制。五是建立区域平衡发展机制。主要是补齐京津冀欠发达地区"短板"。考虑三地按一定比例共同出资建立协同发展基金，重点用于支持河北欠发达地区发展和生态环境建设。

（二）推动市场一体化改革

一是推进金融市场一体化改革。设立京津冀开发银行，发行专项建设债券，重点支持回报期较长的基础设施及其他重大项目，主要是充分发挥开发性金融对社会投资的杠杆作用，这有别于国家开发银行三地分行的业务，有利于项目资金跨区域使用。二是推进土地市场一体化改革。在省域范围开展耕地占补平衡，规范推进城乡建设用地增减挂钩试点。按照国家统一部署，慎重稳妥推进土地制度改革，建设城乡统一的建设用地市场，开展农村集体经营性建设用地使用权入市、农村宅基地制度、征地制度等改革试点。三是推进人力资源和公共资源市场一体化改革。加强三地职称、劳动人事、社会保障等政策衔接，切实落实养老保险跨区域转移政策，逐步实现医疗保险转移接续和异地就医服务。推动异地养老和康复疗养，建立医师多点执业制度，缓解核心城市医疗服务压力。建立优质教育资源共享机制，统筹京津冀考试招生制度改革，推动职业教育统筹发展，缩小三地间基础教育发展差距。四是推进技术和信息市场一体化改革。建立统一的技术交易服务体系和科技成果库，建立健全科技成果转化交易市场。鼓励和推动电信企业推出京津冀一体化的资费方案。建立健全农产品产供销一体化和以销定产机制，打造京津农业信息化高地，在河北大力建设服务京津的"菜篮子"产品市场体系和中央厨房供应体系。

（三）先行开展改革试点

一是开展新型城镇化和中小城市综合改革试点。围绕探索农业转移人口市民化成本分担机制、多元化可持续的城镇化投融资机制、创新行政管理和降低行政成本的设市模式等改革任务，开展新型城镇化试点。重点推进北京非首都核心功能向外疏解，开展中小城市综合改革试点。二是开展北京新机场临空经济合作区改革试点。充分利用和科学规划北京新机场周边京津冀三地各类园区，共建北京新机场临空经济合作区，支持北京新机场在条件成熟时，按程序申请设立综合保税区。由京津冀三地国有投资平台牵头，共同投资建立企业化运营的临空经济合作区开发管理平台。三是开展混合所有制经济和民营经济综合改革试点。重点支持民营企业与中央企业共同在京津冀地区发展混合所有制企业。共同制定民营企业进入特许经营领域具体办法，推出一批鼓励社会资本参与的优质项目，培育壮大民营企业集团，扶持发展一大批民营中小企业。四是开展投资和贸易便利化改革试点。借鉴中国上海自由贸易试验区改革试点经验，研究探索发展自由贸易园（港）区。整合京津冀各类经贸合作平台。推动在北京开展国际服务业扩大开放综合试点。深化天津滨海新区综合配套改革试验，推进京津冀海关区域通关一体化和检验检疫业务一体化改革。五是开展环境污染第三方治理、排污权交易等改革试点。主要是在城镇污水垃圾处理和工业园区污染集中治理等领域开展环境污染第三方治理试点；整合建立京津冀地区统一的排污权交易平台，开展跨区域排污权交易，实现三地整体减排；深入推进北京、天津碳排放权交易试点，研究探索将河北纳入两地交易范围等。

京津冀协同发展稳步推进[*]

（2016年3月8日）

今年的《政府工作报告》再次强调要重点推进京津冀协同发展。这是党中央、国务院在新的历史条件下作出的重大决策部署，是一个重大国家战略，重点是通过疏解北京非首都功能，调整经济结构和空间结构，走出一条内涵集约发展的新路子，探索人口经济密集地区优化开发新模式。2014年2月26日习近平总书记在北京市考察工作并发表重要讲话以来，中央国务院有关部门、京津冀三省市，密切协调配合，加强顶层设计，确定重点任务，推动京津冀协同发展有力有序有效向前推进。

一是战略顶层设计加快建立。中共中央、国务院印发实施《京津冀协同发展规划纲要》（以下简称《规划纲要》）；全国第一个跨行政区的京津冀"十三五"规划编制实施；科技创新等4个专项规划相继印发，土地利用等8个专项规划基本编制完成；探索编制京津冀空间规划，目前初步构建起以《规划纲要》为基本遵循、京津冀"十三五"规划为指引、空间规划为支撑、各专项规划为重点，目标一致、层次明确、互相衔接的京津冀规划体系。

二是北京非首都功能疏解有序推进。控增量、疏存量相关政策意见起草完成；一批有共识、看得准、能见效、有影响的疏解示范项目进展顺利，2015年先行启动的一批区域批发市场、院校、医院、央企总部等有序向外疏解转移，其中动物园、大红门、

---

[*] 本文原载《文汇报》2016年3月8日。

天意等批发市场2015年累计疏解从业人员超过2.7万人；北京建筑大学大兴校区二期1.4万平方米学生宿舍已于2015年8月投入使用，部分学生迁出西城区展览路校区；天坛医院整体迁建工程丰台新院址主体结构已于2015年5月封顶，正在进行二次结构砌筑和建筑机电管线安装。通过搬迁生产线、停产、核减生产环节等方式，调整退出东、西城区一般制造业企业。北京市通州行政副中心启动规划建设；曹妃甸区、新机场临空经济区、张承生态功能区、滨海新区等"4+N"战略功能平台加快建设。

三是交通、生态、产业三个重点领域率先突破取得重要进展。2015~2017年重点工作规划和重大项目方案印发实施，京张、京霸等高速铁路和京滨、京唐城际铁路开工建设，一批"断头路"、"瓶颈路段"正在打通或扩容，首钢京唐二期、张北云联数据中心、北京现代汽车沧州第四工厂整车项目等加快建设，环首都国家公园选址工作基本完成；区域大气污染联防联控进一步强化，2015年京津冀及周边地区PM2.5浓度比2014年下降10.4%。

四是改革创新和试点示范稳步开展。京津冀创新驱动指导意见和试点示范工作方案印发实施，京津冀城际铁路投资公司成立并有序运转，产业转移对接企业税收收入分享办法出台实施，京津冀手机漫游费和长途费全面取消；率先启动京津冀海关通关一体化，通关时间平均缩短41天；北京朝阳医院与河北燕达医院合作办医等公共服务方面的重要改革举措相继落地，协同创新共同体加快构建，初步积累了一些可复制、可推广的试点经验。

总的来看，三省市自觉加快打破"一亩三分地"思维定式，正朝着协同发展的目标迈进。北京市以有序疏解非首都功能为重点，"高精尖"经济结构加快构建，2015年全市实现地区生产总值2.3万亿元，增长6.9%，其中服务业占地区生产总值比重达到79.6%；天津市以创新引领转型发展，2015年全市地区生产总值达到1.65万亿元，增速继续位居全国前列，单位生产总值能耗下降7%，研发投入占GDP比重达到3%；河北省以化解过剩产能、推进结构调整为重点,2015年地区生产总值达到3万亿元,钢铁、水泥等六大高耗能行业增加值占规模以上工业比重较2010年下降10个百分点,PM2.5平均浓度比2013年下降28.7%。三省市发展整体性、协同性不断增强,京津冀协同发展实现了良好开局。

大力推进粤港澳大湾区建设[*]

(2017年9月)

推进粤港澳大湾区建设，是党中央、国务院作出的重大决策。习近平总书记多次对推进粤港澳大湾区建设作出重要指示批示，在庆祝香港回归祖国20周年大会暨香港特别行政区第五届政府就职典礼上发表的重要讲话中明确指出，支持香港在推进"一带一路"建设、粤港澳大湾区建设、人民币国际化等重大发展战略中发挥优势和作用，并出席了《深化粤港澳合作 推进大湾区建设框架协议》签署仪式。李克强总理在今年的《政府工作报告》中强调，要推动内地与港澳深化合作，研究制定粤港澳大湾区城市群发展规划，发挥港澳独特优势，提升在国家经济发展和对外开放中的地位与功能。2014年以来，《国务院关于深化泛珠三角区域合作的指导意见》、《国家"十三五"规划纲要》，以及三部委发布的《推动共建丝绸之路经济带和21世纪海上丝绸之路愿景与行动》等重要文件，都对推进粤港澳大湾区提出了明确要求。

大力推进粤港澳大湾区建设，是党中央、国务院审时度势作出的重大决策和"一国两制"实践的新探索，具有十分重大的现实意义和深远的历史意义。

第一，推进粤港澳大湾区建设，是更好发挥粤港澳在全国发展中的引领作用，提升我国全球竞争力和影响力的战略举措。京津冀、长三角、珠三角三大城市群是我国经济发展的重要引擎，

---

[*] 这是为广东省政府参事室决策咨询会提供的稿子。

战略地位十分重要。当前和今后一个时期，国民经济发展正处在从传统要素投入型增长向创新型增长转变的关键时期，重塑竞争新优势，全面提升我国在全球经济中的竞争力和影响力，就要更充分地发挥三大引擎的引领作用，率先实现创新发展。从这个角度来看，推进京津冀协同发展开局良好，疏解北京非首都功能有序推进，北京城市副中心加快建设，河北雄安新区正式设立，重点领域协同发展取得突破性进展；长三角地区作为长江经济带的龙头，率先开展以自贸区建设为突破口的新探索，加快构建对外开放新局面；接下来，珠三角的重新定位和更好发挥战略引领作用问题势必要提上决策日程。粤港澳大湾区战略构想的提出是极富远见和战略意义的。从国际经验来看，纽约、旧金山、东京等湾区都具有开放程度高、资源配置高效、创新能力强、外溢功能明显的特点，是全球经济的重要增长极和创新发展的领头羊。粤港澳大湾区包括珠三角又超越珠三角，具备打造世界一流湾区的基本条件，由三地携手共建粤港澳大湾区，不仅将把粤港澳合作发展提高到一个新水平，而且一定会在我国的转型发展中起到重要的引领和支撑作用。

第二，推进粤港澳大湾区建设，是拓展港澳发展空间，保持港澳经济长期繁荣稳定的客观需要。香港是国际金融中心、航运中心、贸易中心，是全球最自由经济体和最具竞争力的城市之一，人均 GDP 从 1997 年的 2.7 万美元增加到 2016 年的 4.4 万美元，已超越日本和不少欧洲国家。但与此同时，香港发展也面临一些新情况新问题，包括传统优势相对减弱，新的经济增长点尚未形成；经济增长速度放缓，社会贫富差距拉大；住房等民生问题比较突出，人才外流等，还有一些触碰"一国两制"底线搅乱社会的行为，也对香港经济社会稳定发展产生负面影响。与新加坡相比，10 多年前新加坡的 GDP 只相当于香港的一半，而现在新加坡的经济总量已经超过了香港。澳门回归祖国以来，政治稳定、经济繁荣、社会和谐、民生改善，发生了翻天覆地的变化。但澳门经济结构失衡，出口加工业、金融服务业、地产建筑业、旅游博彩业四大支柱产业走势分化，博彩业一业独大的问题仍然突出。中央高度重视港澳的繁荣与稳定，习近平总书记明确指出，发展是永恒的主题，是港澳的立身之本，是解决港澳各种问题的金钥匙。改革开放以来，特别是香港、澳门回归祖国以来，港澳同祖国内地的联系越来越紧密，交流合作越来越常态化，已经形成了唇齿相依、荣损与共的关系。中央作出推进粤港澳大湾区建设，就是着眼于港澳的实际，在坚持"一国两制"前提下，进一步深化港澳与内地合作，实现更紧密地大融合，在深度合作中拓展港澳发展空间，进一步夯实保持香港、澳门长期繁荣稳定的根基。

第三，推进粤港澳大湾区建设，是加快珠三角转型发展，深入实施广东省创新驱动发展战略的内在要求。改革开放30多年来，特别是落实《珠江三角洲地区改革发展规划纲要（2008～2020年）》近十年来，珠三角地区解放思想，奋发有为，着力深化改革、扩大开放，产业结构不断优化，创新能力显著增强，经济社会发展取得长足进步。2016年，珠三角九市经济总量已达6.78万亿人民币，是2007年的2.8倍，人均GDP从7500多美元跃升到1.7万美元。但是也要看到，珠三角地区仍然处在转型发展的关键阶段，经济结构不合理、创新能力不强、城市分工协作不够、要素流动不畅、集聚外溢功能偏弱，以及资源环境压力大等问题仍然存在，创新发展任重道远。把粤港澳大湾区建设上升为国家战略，对珠三角而言，既是难得的机遇，也是新的考验。我们要坚持问题导向和目标导向，推动珠三角地区在大湾区建设中再创辉煌。

粤港澳大湾区呈"9+2"[①]的格局，一个湾区内实行两种社会制度，拥有三个独立关税区，这是大湾区建设的最大特点。推进大湾区建设必须遵循三条基本原则：一是要坚持"一国两制"

---

① 即珠三角9市+香港、澳门。

方针，确保港澳长期繁荣稳定。推进粤港澳大湾区建设必须始终全面准确贯彻"一国两制"、"港人治港"、"澳人治澳"、高度自治的方针，严格依照宪法和基本法办事，既要落实中央对珠三角改革发展的决策部署，也要对接特别行政区本地法律制度和规则，既要加强与中央已经出台的各类规划及政策性文件的对接，也要落实和深化粤港澳之间的多项合作协议，充分发挥港澳在大湾区建设中的独特优势和作用。二是要找准发展定位，不搞重复建设。推动粤港澳深化合作、融合发展，共同打造世界级城市群，是大湾区建设的宗旨和根本。要根据香港、澳门、广州、深圳等城市的比较优势，明确各自的发展定位，比如香港，就是巩固和提升香港国际金融、航空、贸易三大中心地位；比如深圳，就是充分发挥深圳科技创新高地的作用。要坚持优势互补、错位发展，防止争当龙头老大和同质化竞争。三是要着力深化改革，创新体制机制。湾区内，由于基本经济制度及法律规则体系的差异，各类要素还难以实现充分的自由流动，还不同程度地存在着资源错配、比较优势尚未充分发挥的问题。因此推进大湾区建设，要着力在破解制约合作发展的体制机制障碍上下功夫，进一步释放改革红利。

粤港澳大湾区建设肩负着引领创新发展的使命，推进大湾区建设应重点抓好以下5个方面的工作：

第一，把创新能力建设放在重要位置。当前，我国经济增长已经由要素驱动向创新驱动转变，主要靠科技创新提高全要素生产率。创新是大湾区建设的动力源泉，能否实现创新驱动发展，决定着大湾区建设得好不好、成不成功。在这方面，大湾区已经有很好的基础。香港原始创新能力强，有五所大学跻身全球100强，金融市场发达，风投等支持科技创新发展的金融力量强大；深圳科研成果产业化优势突出，拥有华为、中兴等一批高科技企业；广州创新要素不断积聚，创新能力不断提升。要充分发挥粤港澳科技优势，积极吸引和对接全球创新资源，吸引高科技企业和科技人才，提高区域创新能力。

第二，全力打造具有全球竞争力的产业体系。粤港澳大湾区产业结构以先进制造业和现代服务业为主，港澳地区服务业增加值占GDP比重均在90%左右，内地9市制造业基础雄厚，已形成先进制造业和现代服务业双轮驱动的产业体系。要深化供给侧结构性改革，加快发展以金融为核心的现代服务业，促进生产性服务业向专业化和价值链高端延伸，推动生活性服务业向精细化和高品质转变；不断提升先进制造业核心竞争力，推进制造业转型升级和优化发展；着力培育壮大战略性新兴产业，发展新兴产业和新业态，推动新一代信息技术、生物技术、高端装备制造、新材料、文化创意等新兴产业发展壮大，不断增强经济发展新动力。依托独特区位优势，大力发展港口经济，要在探索毗邻地区错位发展方面走在全国前列。积极引导产业集群发展，促进产业优势互补、紧密协作、联动发展，构建具有国际竞争力现代产业新体系。

第三，共同开创"一带一路"对外开放新格局。要全面对接国际高标准市场规则体系，加快构建开放型经济新体制，提升粤港澳大湾区市场一体化水平，共创国际经济贸易合作新优势，为"一带一路"建设提供有力支撑。发挥广东作为"一带一路"建设战略枢纽、经贸合作中心、重要引擎和香港、澳门作为"一带一路"的重要节点作用，深化与沿线国家和地区基础设施互联互通、经贸合作及人文交流。充分发挥港澳在会计、设计、法律及争议解决、咨询、建筑及有关工程等方面国际化专业服务优势，深化合作、拼船出海。与此同时，通过对外投资带动大湾区产品、设备、技术、标准和管理服务等共同走出去。

第四，努力提高大湾区人民的生活品质。发展为了人民，发展成果为人民共享，要坚持以人民为中心的发展思想，着力解决民众关心的民生问题，建设宜居宜业宜游的大湾区，切实提高民众的获得感和幸福感。珠三角地区生态脆弱，要坚持绿色发展，推进美丽湾区建设,加强生态环境协同治理,注重绿色山体和蓝色海湾保护,推动形成绿色发展方式和生产生活方式;以改善民生为重点,增加优质公共产品和服务供给,推动教育合作发展,健全就业创业服务体系,进一步完善相互衔接的社会保障体系,密切医疗卫生合作,深化粤港澳文化交流,推动区域旅游发展,建设休闲人文湾区。

第五,进一步完善合作体制机制。推进粤港澳大湾区建设,必须着力破解制约合作发展的体制机制障碍,加快推进重点领域和关键环节改革,力争在一些重大改革上先行先试,促进人流、物流、资金流、信息流高效便捷流动。在发挥现有泛珠合作、粤港合作、粤澳合作等机制作用的同时,设立粤港澳大湾区建设统筹协调机制,粤港澳三地政府共同组建推进大湾区建设日常工作机制和有关专责小组,着力解决大湾区城市群发展中的重大问题。要充分发挥深圳前海、广州南沙、珠海横琴等重大平台作用,在进一步深化改革、扩大开放、促进合作中积极开展试验示范,引领带动粤港澳全面合作。同时,要扩大大湾区建设中的公众参与,畅通公众意见反馈渠道;加强民间交流与合作,促进民心相通;加强智库合作,为大湾区发展提供智力支持。

"长风破浪会有时,直挂云帆济沧海"。我们相信,在以习近平同志为核心的党中央的坚强领导下,坚持"一国两制"方针,加强粤港澳紧密合作,粤港澳大湾区建设一定会为国家的创新发展做出新的更大贡献!

推进粤港澳大湾区建设的几点建议*

（2018 年 8 月 20 日）

很高兴也很荣幸参加广东省参事决策咨询会。刚才听了几位省参事的发言感到很受启发，我想借这个机会就推进粤港澳大湾区建设问题谈一点看法和建议。

推进粤港澳大湾区建设是党中央、国务院作出的重大决策部署。习近平总书记高度重视，强调这是关系发展全局的重大战略，要求广东省抓住机遇，携手港澳，把粤港澳大湾区建设成为高质量发展的典范。李克强总理也多次提出明确要求。我理解，中央把粤港澳大湾区上升到国家战略，对于完善国家区域协调发展布局、发挥粤港澳在全国发展中的引领带动作用，对于贯彻落实"一国两制"方针、保持香港和澳门的长期繁荣稳定，对于深入实施"一带一路"倡议、构筑全方位对外开放新格局，对于激励广东省"二次创业"、更好地实施创新驱动发展战略都具有非常重要的意义。

前几天，粤港澳大湾区领导小组第一次会议在北京召开，标志着粤港澳大湾区战略已经正式进入实施阶段。省委省政府也专门开了会，制定了三年行动计划，为大湾区建设开好局、起好步打下了坚实的基础。我过去对广东做过一些调研，特别是今年6月随全国政协调研组就大湾区问题来广东调研了几天，有一些实感和体会，借此机会提四点建议。

---

* 这是在广东省政府参事室决策咨询会上的发言。

一、努力把大湾区打造成为具有全球影响力的国际科技创新中心

具有全球影响力的国际科技创新中心，是国家对大湾区几个战略定位里最重要的一个。世界上著名的湾区经济大多经历了从港口经济，到工业经济，到服务经济，再到创新性经济的演进历程，这是一般规律。在当前国际国内的大形势下，中央要求把粤港澳大湾区建设成为具有全球影响力的国际科技创新中心，对于提高我们国家关键核心技术的创新能力，推动国民经济高质量发展，保障国家安全具有特殊的重要意义，也是衡量大湾区建设成效最重要的标志。

十年前，我参与珠三角改革发展规划纲要制定来广东调研，那时候的概念是，珠三角的经济总量很大，但是在科技创新能力的某些方面还不如长三角。当时，广东大中型工业企业开展创新活动的比例还不到一半，比全国的平均水平还低；R&D 占 GDP 的比重只有 1%~1.2%，当时全国是 1.4%；广东的技术很多都是靠跨国公司引进的，技术的对外依存度高达 70% 以上，具有自主产权的技术不多；广东的经济总量占全国的八分之一，但广东的国家重点实验室当时只有 8 个，占全国的 4% 不到。从高等教育看，广东除了综合性的中山大学，理工科方面能在全国叫得响的可能就是一个华南理工，远远落后于长三角、北京，甚至西安；那时广东高等教育的毛入学率只有 24%，而江苏是 35.6%，浙江是 36%。所以当时给我的印象是，广东省经济体量很大，市场化程度很高，商业氛围很浓厚，但是支撑长远发展的这些教育、科研等方面的基础是偏弱的。

十年来的情况发生了很大的变化。据我所知，这十年广东省的科技进步实现了一个新的跨越。现在的广东，科技专利申请量稳居全国第一，R&D 占 GDP 的比重已经提高到 2.65%，高于全国平均水平，特别是广东培育了华为、腾讯、大疆等一大批科技创新龙

头企业，拥有了像5G网络中超高速无线局域网这样在世界上领先的关键核心技术，非常了不起。昨天来了以后和黄宁生副省长聊天，他过去分管科技，我感到在如今的深圳、广州还有珠三角的其他城市，创新的产业链已经基本形成，创新的要素不断积累，创新的驱动力不断增强，已经具备了跻身国际创新性高地的基本条件。

下一步，把粤港澳大湾区打造成为国际科技创新中心，既是挑战，也是机遇。一是要充分发挥香港、澳门的科技优势。香港现在有5家世界排名100名以内的大学，有44位国家两院院士，基础研究和原始创新的能力较强。特别是要看到香港汇聚全球创新资源的能力很强，很多东西不是他的，但他可以吸引、引入全球一流的科学家，这正是我们的短板。要加快建立粤港澳科技创新联动机制，统筹推进中科院在香港设立院属研究机构、落马洲河套地区深港科技创新园、澳门中医药科技产业发展平台等早期项目尽快落地。二是要进一步强化规划引领，明确突破关键核心技术的重点领域，有所为，有所不为，把好钢用在刀刃上。还有"广州—深圳—香港—澳门"科技创新走廊怎么布局，要充分发挥各自的比较优势，特别是要发挥领军科学家和企业的作用，切实解决力量分散的问题。三是加强创新型人才的培养和引进。这些年广东省的科技进步在很大的程度上得益于汇聚全国的创新资源，广东有这个优势，要把这个优势利用好，要通过股权激励、人才绿卡等政策吸引更多的高层次创新人才参与创新高地建设。四是要完善科技金融政策。要拓宽市场化融资渠道，吸引更多创业投资、天使投资、私募基金支持科技创新，探索建立粤港澳大湾区科技创新基金。

二、推进体制机制创新，促进大湾区要素便捷高效流动

粤港澳大湾区最大的特点，也是和世界上其他湾区最大的不同点，就是湾区内实行"'一国两制'、三个关税区、三种货币、三

种法律制度"。在这个"9+2"格局下,要素能否高效便捷流动,是决定湾区建设成效的关键因素。我们在调研中了解到,无论是香港、澳门还是珠三角9市,大家都对要素自由流动、标准对接、资质互认提出了很多的问题,而且对解决这些问题有很高的期待。广东省和有关地市很重视,对存在问题进行了认真梳理,深圳梳理了40条,省里梳理了50条,有些问题已经解决了,有些在通过试点探索解决,有的在国家层面上解决了,如国务院已经宣布取消港澳人员到内地就业的许可制度,同时也还有一些问题需要抓紧研究解决。

为此建议,一是在人员往来方面,加快推广"合作查验,一次放行"的通关新模式,探索实行手机、人脸识别等互联网电子通关方式,提高通关效率。对港澳居民到内地就业、社保、医疗、住房等问题也要有综合性安排。比如我问了一位在前海普华永道就业的香港高管,她说最大的问题是到这里不能买房子,天天住旅馆,能不能给他们国民待遇啊。二是在畅通物流方面,对货物查验实行"委托查验、单边验放"模式。比如拱北海关建议,两地海关互相委托,出去的人委托澳方查,过来的人委托我们查。但问题是我们对人民币出境有限量,澳门没有这个规定,他无法代替你来执这个法,需要通过加强法律、规则的沟通协调才能解决。三是在资金流动方面,我们在资本项下的资金还不能完全自由流动,但是上海有个好办法,他对自贸区企业实行"在岸"和"离岸"两个账户,双轨制管理,对"在岸"账户保留资金流动控制,对"离岸"账户的资金和投资收益允许在境内外流动,要多想些类似这样的办法。四是信息流方面,要大幅降低漫游收费,要探索开放必要的信息通道,香港澳门来内地就业的年轻人很关注这个问题。

三、把合作平台建设放在重要位置,通过点的突破带动面的发展

合作平台是粤港澳融合发展的重要载体,也是推进大湾区建

设的重要抓手。一个前海，一个横琴，一个南沙，这三个平台在促进粤港澳融合发展方面已经有了很好的基础。2014年以来，前海固定资产投资年增长率是84%，利用外资的年增长率是200%，税收的年增长率是170%，吸引了深圳60%的港资；横琴三年来GDP年增长率是39.2%，吸引的港资也占珠海的大头。这几个平台不仅是粤港澳合作的平台，还要看到它实际上是制度创新的先行者，我们很多自贸政策的创新性活动都是在前海横琴南沙先行先试，然后再在省里推广。比如前海在投资便利化、贸易便利化、跨境金融、事中事后监管、法治建设等方面累计推出了358项制度创新成果，其中133项走在全国前列，62项已经在全省推广。

大湾区的建设是"一国两制"的新实践，是改革创新的新探索，有很多东西是要在点上先行先试的，这就要求我们更加自觉地、有意识地来利用好这三个平台。建议给这三个战略性平台更大的自主权，允许它们先行先试，也建议国家有关部门给他们进一步放权，这样既风险可控，也有利于以点带面推进大湾区建设。

这里还有一个问题，调研完前海和横琴后，我感到前海和横琴自身的定位和发展路径也需要好好总结一下了。前海现在入驻了17万家企业，其中港资只有8千家，就是说80%是内地企业。中央当时设置前海服务区，目的是要前海吸引港资、外资入驻，提升珠三角的金融服务业水平。现在到前海注册的内地企业，是不是冲着所得税减按15%征收的政策来的？这个问题一定要处理好。还有，横琴现在注册企业也不少了，但是休闲旅游的比重偏高，这个定位和结构也值得考虑。我认为这三个平台应把贸易自由港作为发展方向，而不是一般的经济区、开发区，因此建议对这几个平台要深入地调研一下，帮助他们研究解决一些问题，确保正确的发展方向，真正发挥特区中的特区作用。

四、努力构建全方位对外开放新格局

按照中央的要求,大湾区要建设成为"一带一路"的重要支撑,去开创对外开放的新格局,这是中央赋予我们的使命和任务。从国家整体战略高度来看,广东和粤港澳大湾区的建设能不能放眼世界,做好"走出去"的文章,至关重要。从当前看,要有效应对中美贸易摩擦带来的挑战,当然要挖掘内需潜力,同时也要坚持经济全球化,坚持贸易自由化,坚持扩大对外开放不动摇。尤其是广东,广东的对外依存度相当高,有对外开放、发展外向型经济的天然优势和雄厚基础,不能一个风吹浪打来了,广东就掉转屁股眼睛向内了。几年前我就说过这个话。国际金融危机爆发的时候,因为周边国货币贬值了,广东的出口遇到了一点麻烦,当时有的专家给广东省建议,说你们赶快"广货北上","广货西进"。我是不同意这种观点的,我说连广东都走不出去的话,还要反过来挤占国内市场,那么广大的中西部地区还怎么发展?所以广东一定要站在国家战略的高度,要有发达省市的责任担当,一定要坚定不移地往外走,叫作"调转屁股,面向大海"。只有广东往外走,中国才有希望,连广东都走不出去了,这事就麻烦了。所以,中央要求大湾区建成"一带一路"的重要支撑,构建新的全方位战略开放平台,的的确确是国家利益。希望广东在这方面要有强烈的意识,要利用好自身的优势,要携手港澳,合力"走出去"。四十年前,广东先行一步,率先改革开放,"杀出了一条血路",为全国打开改革开放新局面做出了历史性贡献;在今天的新形势下,希望广东抓住大湾区建设的重大机遇,在实现国家更高层次对外开放上仍然走在全国前列,为国家做出新的贡献。

杜鹰 区域经济研究文集

[下卷]

中国财经出版传媒集团
经济科学出版社
Economic Science Press

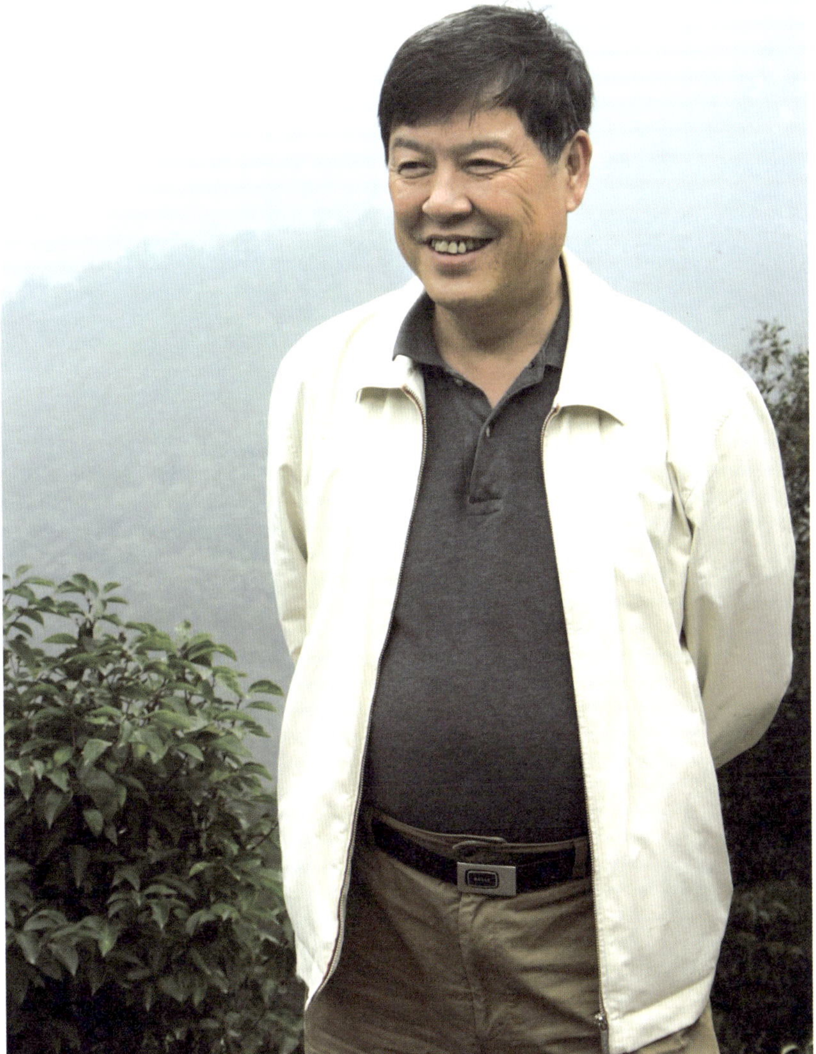

目 录

上 卷

第一编　区域协调发展／1

总结区域发展历史进程　促进区域经济协调发展 ·················· 3
　（2006年10月14日）

准确把握区域协调发展内涵　全面落实区域协调发展战略 ······ 18
　（2007年11月13日）

改革开放30年促进区域协调发展的基本经验 ······················ 33
　（2008年11月17日）

区域政策和立法是促进区域协调发展的必要手段·················· 42
　（2008年11月17日）

做好当前地区经济工作的重要性和着力点······························ 48
　（2009年12月15日）

怎么看我国区域发展不平衡问题 ·· 55
　（2010年5月15日）

"十一五"促进区域协调发展的主要成就和基本经验 ············ 63
　（2010年12月13日）

"十二五"促进区域协调发展的基本思路与重点任务 ············ 71
　（2011年11月18日）

1

深入实施区域发展总体战略　不断完善区域政策体系………… 83
　　（2011年12月23日）
以科学发展观来统领地区经济工作……………………………… 96
　　（2012年1月16日）
深入学习贯彻党的十八大精神　不断开创区域协调发展新
　　局面……………………………………………………………… 99
　　（2012年12月11日）
关于新时期地区工作的着力点…………………………………… 116
　　（2013年1月22日）
区域经济发展：怎么看和如何干………………………………… 120
　　（2014年1月20日）
"十三五"促进区域协调发展的政策建议………………………… 133
　　（2015年5月27日）
怎样看待区域发展的协调性与区域分化………………………… 142
　　（2018年4月8日）
推动区域经济协调发展　为高质量发展注入新动力…………… 148
　　（2019年12月14日）

第二编　西部大开发／155

关于西部大开发和西部地区农村经济发展的几点思考………… 157
　　（2004年9月23日）
关于促进宁夏经济社会发展的几个问题………………………… 166
　　（2007年11月25日）
支持广西北部湾经济区开放开发………………………………… 177
　　（2008年2月28日）
主动应对国际金融危机挑战　进一步理清西部大开发基本
　　思路……………………………………………………………… 179
　　（2009年2月17日）

抓住新机遇　担负新使命　努力推进重庆的改革和发展 …… 188
　　（2009年4月18日）
在深入推进关中—天水经济区发展规划实施工作
　　座谈会上的讲话 …………………………………………… 206
　　（2010年4月9日）
杜鹰谈西部开发新十年 ……………………………………… 212
　　（2010年7月10日）
支持云南省加快建设面向西南开放桥头堡 ………………… 220
　　（2010年7月20日）
促进内蒙古经济社会又好又快发展 ………………………… 228
　　（2010年8月23日）
深入实施西部大开发战略 …………………………………… 236
　　（2010年9月16日）
牢牢把握西部大开发"十二五"规划编制的主题和
　　主线 ………………………………………………………… 259
　　（2010年10月28日）
关于西部地区推进产业结构调整与发展方式转变的若干
　　思考 ………………………………………………………… 273
　　（2011年1月12日）
促进贵州经济社会又好又快发展 …………………………… 292
　　（2011年9月16~22日）
缩小区域差距　又好又快发展 ……………………………… 304
　　（2012年2月21日）
认清形势　明确任务　把实施西部大开发战略引向深入 …… 309
　　（2012年2月22日）
关于支持贵州在新时代西部大开发上闯新路的几点思考 …… 325
　　（2021年11月27日）

3

第三编　东北振兴 / 341

推进辽宁沿海经济带建设 ·················· 343
　（2008年9月9日）

在长吉图开发开放先导区建设座谈会上的讲话 ········ 352
　（2009年11月20日）

编制好长白山林区生态保护与经济转型规划 ········· 356
　（2012年7月23日）

做好新十年东北振兴政策文件起草工作 ··········· 364
　（2013年4月10日）

凝神聚力　开拓创新　奋力把东北振兴推向新阶段 ····· 368
　（2013年8月17日）

新十年东北振兴需要进一步研究的政策问题 ········· 373
　（2013年10月8日）

在资源型城市可持续发展规划新闻发布会上的答问 ····· 382
　（2013年12月3日）

关于辽宁省钢铁行业去产能及深化企业改革问题的调研
　报告 ····························· 392
　（2016年4月8日）

第四编　中部崛起 / 409

关于"十一五"中部地区农业农村发展的几个问题 ····· 411
　（2004年8月25日）

贯彻落实中央战略决策　加快中部地区崛起步伐 ······ 419
　（2007年4月26日）

努力开创中部地区经济社会发展新局面 ············ 425
　（2008年4月25日）

在武汉大学中国中部发展研究院揭牌仪式上的致辞 ······ 430
　（2008年4月26日）

在鄱阳湖生态经济区建设座谈会上的讲话 ······ 432
　　（2010年3月1日）
支持河南省加快中原经济区建设 ······ 436
　　（2011年6月13~17日）
支持赣南等原中央苏区振兴发展 ······ 444
　　（2012年4月16日）
接受人民网"中部崛起"在线访谈文字实录 ······ 452
　　（2013年6月28日）

第五编　东部率先发展／463

率先建设创新型区域　全面提升国际竞争力 ······ 465
　　（2007年12月1日）
关于珠三角改革发展规划纲要编制的几个问题 ······ 470
　　（2008年9月23日）
在长三角指导意见新闻发布会上的答问 ······ 477
　　（2008年10月16日）
在广东省委理论学习中心组《珠江三角洲地区改革发展
　　规划纲要（2008~2020年）》专题研讨班上的讲话 ······ 483
　　（2009年2月1日）
推进黄河三角洲高效生态经济区建设 ······ 516
　　（2010年1月17日）
开展海洋经济发展试点工作的重要意义和重点领域 ······ 520
　　（2010年7月9日）
把握机遇　开拓创新　努力开创海洋经济发展新局面 ······ 529
　　（2011年10月28日）
在河北沿海地区发展规划新闻发布会上的答问 ······ 534
　　（2011年12月1日）
在苏南现代化建设示范区规划编制调研时的讲话 ······ 539
　　（2012年7月5~10日）

在福建平潭综合实验区建设部际联席会议第一次会议上的
讲话 ·· 547
（2013年7月30日）
关于京津冀协同发展的若干重大问题 ······················ 553
（2014年8月26日）
京津冀协同发展稳步推进 ································ 574
（2016年3月8日）
大力推进粤港澳大湾区建设 ······························ 577
（2017年9月）
推进粤港澳大湾区建设的几点建议 ························ 583
（2018年8月20日）

下 卷

第六编　民族地区发展／589

促进民族地区全面发展　夯实民族团结进步基础 ············ 591
（2009年9月30日）
促进民族地区跨越式发展 ································ 595
（2010年9月16日）
民族地区优化产业布局问题 ······························ 608
（2014年5月）
加快民族地区经济社会发展　缩小与全国平均发展差距 ······ 617
（2014年7月24日）
民族地区工业化城镇化进程中的就业问题 ·················· 628
（2014年9月4日）
"十三五"规划中民族地区发展需要关注的几个问题 ·········· 634
（2015年5月）

目　录

第七编　西藏及四省涉藏地区发展／643

关于支持青海等省藏区经济社会发展的几个问题 …………… 645
　　（2007年11月3日）
认真做好西藏经济社会发展调研工作 ………………………… 656
　　（2009年6月29日）
促进西藏跨越式发展的基本经验和总体思路 ………………… 663
　　（2009年8月）
四省藏区的发展差距和实现跨越式发展的基本思路 ………… 673
　　（2009年8月）
认真贯彻落实中央第五次西藏工作座谈会精神　促进西藏及
　　四省藏区经济社会跨越式发展 …………………………… 683
　　（2010年7月27日）
在西藏日喀则地区调研时的讲话 ……………………………… 712
　　（2012年9月5日）
在西藏阿里地区调研时的讲话 ………………………………… 717
　　（2012年9月8日）
认真贯彻中央重大方针政策　努力推进西藏和四省藏区跨越式
　　发展 ………………………………………………………… 723
　　（2013年7月26日）

第八编　新疆发展／747

促进新疆经济社会加快发展的重大意义和战略思路 ………… 749
　　（2007年8月15日）
支持新疆发展的重要性和需要研究的几个政策问题 ………… 763
　　（2009年11月14日）
《关于推进新疆经济社会跨越式发展的调研报告》概述 …… 769
　　（2009年12月23日）

7

促进新疆产业聚集园区建设和发展的总体思路 ·········· 785
　　（2010年5月11日）
推进新疆跨越式发展的基本思路 ·············· 794
　　（2011年8月20日）
当前新疆的经济形势和几个政策问题 ············ 802
　　（2013年5月27日）
学习贯彻第二次中央新疆工作座谈会精神　夯实新疆社会稳定
　　长治久安经济基础 ··················· 806
　　（2014年6月27日）
关于发展纺织服装产业和促进就业政策的落实情况 ······ 829
　　（2014年9月1日）
在新疆和田调研时的讲话 ················· 837
　　（2015年4月14日）
谈谈新疆经济 ······················ 844
　　（2015年6月25日）
在新疆有关工作座谈会上的发言 ·············· 858
　　（2018年1月5日）

第九编　对口支援 / 863

关于进一步加大对口援疆工作力度的建议 ·········· 865
　　（2009年12月23日）
在对口支援新疆工作协调会上的总结讲话 ·········· 867
　　（2010年8月2日）
准确把握新时期对口援藏工作的新要求 ··········· 877
　　（2010年10月25日）
扎实推进对口援青工作 ·················· 887
　　（2010年12月17日）
在对口援疆前方工作座谈会上的讲话 ············ 893
　　（2013年7月16日）

对口援藏 20 年调研报告 ·· 898
　　（2014 年 7 月 9 日）
进一步做好对口援疆工作 ·· 912
　　（2014 年 8 月 18 日）
"十三五"对口援疆工作的思路和对策建议 ··················· 923
　　（2015 年 4 月 30 日）
对口援疆 20 年调研报告 ·· 928
　　（2017 年 4 月 25 日）

第十编　产业转移与区域合作／947

促进东中西良性互动的重大举措 ································· 949
　　（2010 年 3 月 1 日）
深入推进东西合作　不断开创西部大开发新局面 ············· 952
　　（2010 年 4 月 8 日）
携手合作　互利互赢　推动产业转移工作健康有序发展 ······ 958
　　（2010 年 12 月 26 日）
扩大开放　深化合作　开创西部地区承接产业转移工作
　新局面 ·· 969
　　（2012 年 8 月 18 日）
优势互补　良性互动　携手共创泛珠三角区域合作新局面 ···· 982
　　（2013 年 9 月 9 日）
积极开展南水北调水源地与受水区的对口协作 ················ 985
　　（2013 年 9 月 18 日）
在 2013 年两岸企业家紫金山峰会午餐会上的演讲 ············ 990
　　（2013 年 11 月 5 日）

第十一编　流域综合治理与生态补偿／993

加强"三湖"流域水环境综合治理 ······························ 995
　　（2007 年 6 月 30 日）

建立健全生态补偿机制　促进人与自然和谐发展…………… 1002
　　（2009年9月6日）
着力构建政策法规保障体系　加快建立健全生态补偿机制 …… 1007
　　（2010年10月23日）
切实做好渤海环境保护和综合治理工作………………………… 1012
　　（2011年7月25日）
关于《千岛湖及新安江上游流域水资源和生态环境保护
　　综合规划》编制工作有关情况的汇报 ……………………… 1023
　　（2011年11月8日）
齐心协力　攻坚克难　扎实做好太湖流域水环境综合治理
　　各项工作…………………………………………………… 1030
　　（2012年4月6日）
全面推进南水北调中线水源区水污染防治　确保通水水质
　　安全………………………………………………………… 1043
　　（2012年10月24日）
关于生态补偿机制建设工作情况的汇报………………………… 1050
　　（2013年4月2日）

第十二编　国际次区域合作和沿边开发开放 / 1067

相互借鉴　加强交流　不断深化中俄两国地区合作………… 1069
　　（2011年6月14日）
在第六次中欧区域政策高层研讨会上的致辞………………… 1076
　　（2011年10月13日）
加强中俄区域合作　促进双方共同发展……………………… 1082
　　（2012年5月14日）
扩大对外开放　深化东北亚区域合作　努力开创东北地区
　　全面振兴新局面…………………………………………… 1085
　　（2012年8月10日）

抓住机遇　开拓进取　全面推进沿边开发开放试验区
　　建设 …………………………………………………… 1090
　　（2012年8月17日）
扩大向西开放　构筑全方位开放新格局 …………………… 1102
　　（2012年9月13日）
在东盟—湄公河流域开发合作第十五次部长级会议上的
　　讲话 …………………………………………………… 1109
　　（2013年8月21日）
在第12届索契国际投资论坛上的讲话 …………………… 1112
　　（2013年9月27日）
加快西部地区开放合作　促进均衡发展共同繁荣 ………… 1116
　　（2013年10月23日）
在云南瑞丽沿边开发开放研讨会上的讲话 ………………… 1119
　　（2014年12月23日）
在中国（四川）日本产业合作圆桌论坛上的讲话 ………… 1134
　　（2019年8月22日）

第十三编　共建"一带一路"/1139

共建海上丝绸之路　共享发展繁荣机遇 …………………… 1141
　　（2014年5月15日）
希望广东省争当共建海上丝绸之路排头兵 ………………… 1146
　　（2014年8月13日）
关于"一带一路"规划的几个问题 ………………………… 1151
　　（2015年5月14日）
推进新疆丝绸之路经济带核心区建设的看法和建议 ……… 1169
　　（2015年12月21日）
"一带一路"建设取得良好开局 …………………………… 1181
　　（2016年3月7日）

把握机遇　乘势而上　扎扎实实推进"一带一路"建设 …… 1184
　　（2016 年 11 月 4 日）
人类命运共同体理念是指导"一带一路"建设的行动
　　指南…………………………………………………… 1196
　　（2018 年 9 月 17 日）

第十四编　其他／1205

欧盟区域政策考察报告…………………………………… 1207
　　（2006 年 11 月 29 日）
世界主要国家促进区域发展的做法与启示……………… 1214
　　（2007 年 2 月 15 日）

第六编 民族地区发展

促进民族地区全面发展
夯实民族团结进步基础[*]

(2009年9月30日)

在党和国家民族政策指导下,国家发展和改革委员会(以下简称"发改委")紧紧围绕民族工作的大局和重点任务,始终高度重视加快民族地区经济社会发展,在规划指导、政策扶持、资金投入、项目安排、法规制定等方面开展了一系列工作。

一、制定综合性政策文件,指导民族地区经济社会发展

按照党中央、国务院要求,近年来,发改委会同国家有关部门在深入调研的基础上,先后起草了进一步促进新疆、宁夏和青海等省藏区经济社会发展的意见,以国务院文件印发。这些政策文件明确了各民族地区发展的指导思想、战略定位、发展目标、重点任务和支持政策,有力地促进了这些地区经济社会发展。目前,正会同有关方面积极开展促进广西、内蒙古发展政策文件的制定工作,还组织起草了促进西藏和四省藏区经济社会发展的调研报告。

二、编制实施各类发展规划,促进民族地区加快发展

近年来,发改委在牵头制定国民经济和社会发展总体规划、区域规划以及专项规划中,加大了对民族地区的支持力度。

---

[*] 这是在全国民族团结进步创建活动经验交流会上代表国家发改委的发言。

在总体规划方面,"十一五"规划《纲要》明确了促进各民族共同繁荣进步的总体要求,并从加大国家财力投入、加快基础设施建设、发展特色优势产业、加强生态环境保护、促进社会事业发展、强化人才队伍建设以及继续实行支持西藏、新疆发展的特殊政策等方面提出了支持民族地区加快发展的具体要求。

在区域规划方面,经国务院批准,近年来发改委编制印发了《广西北部湾经济区发展规划》、《中国图们江区域合作开发规划纲要——以长吉图为开发开放先导区》等发展规划,积极引导民族地区加快发展。

在专项规划方面,为贯彻国务院批准的总体规划,发改委会同国家民委组织编制并批复了云南省等10省区人口较少民族专项建设规划。发改委还组织编制了西藏高原生态建设规划、落实中央有关新疆工作文件的专项规划等。发改委还与国家民委等部门共同推进《兴边富民行动"十一五"规划》、《少数民族事业"十一五"规划》的组织实施工作。

三、切实加大项目资金支持力度,着力加强民族地区发展的薄弱环节

发改委以改善少数民族地区群众的生产生活条件为重点,优先安排民生建设项目,切实加大基础设施建设投入力度,合理有序推进资源开发,积极促进民族地区经济社会又好又快发展。

在交通、能源等基础设施领域。近年来,青藏铁路、西部干线公路、西气东输、西电东送、水利枢纽等一大批基础设施重大项目开工建设,使民族地区的基础设施条件得到巨大改善。同时,加强农村基础设施建设,安排建设了油路到县、送电到乡、广播电视到村、农村人畜饮水、县际公路、通乡公路、农村能源等一系列工程,大大改善了民族地区生产生活条件。

在特色优势产业发展领域。发改委联合有关部门印发了《关

于促进西部地区特色优势产业发展的意见》，在项目审批、核准和备案管理等方面，鼓励和支持有条件、有优势的产业在民族地区优先布局，促进民族地区建成一批在全国具有举足轻重地位的特色优势产业基地。

在生态环境保护领域。2000年以来，国家先后实施了退耕还林、退牧还草、天然林保护、京津风沙源治理等重大生态建设工程，带动民族地区的生态建设。以退耕还林为例，5个自治区累计安排退耕还林任务7750万亩，中央财政投入资金约255亿元，大大改善了少数民族地区的生态环境。

在社会事业发展领域。"十一五"以来，共安排5个自治区社会事业中央投资155亿多元。特别是去年第四季度以来，中央扩大内需的投资重点向民族地区作了倾斜，对改善民族地区群众生产生活条件、提高社会发展水平发挥了积极的促进作用。

与此同时，针对一些重点问题和重点地区，发改委坚持特事特办，采取专门举措支持少数民族和民族地区的发展。

一是设立支持民族地区发展的专项资金。除了在既有渠道倾斜安排投资之外，发改委还设立了藏区专项投资、扶持人口较少民族发展专项投资和新疆南疆三地州建设专项投资。其中，藏区专项投资"十一五"以来已经累计安排16亿元投资；扶持人口较少民族发展专项投资，截至目前已经安排了8亿元；新疆南疆三地州建设专项投资（2009~2013），总投资53亿元，今年已安排了12亿元。此外，发改委对5个少数民族自治区和大部分少数民族自治州的大庆活动给予了专项投资补助。

二是在资金安排上逐步减免民族地区地方配套。按照《中华人民共和国民族区域自治法》的有关规定，发改委对国家安排的基础设施建设项目，适当降低了民族自治地方承担配套资金的比例；对民族自治地方的国家扶贫工作重点县和财政困难县免除了配套资金。对少数民族地区和贫困地区的地震恢复重建项目不要求省级以下地方政府提供配套资金。

三是重点支持西藏、新疆民族地区发展。按照国务院批准的《西藏自治区"十一五"规划项目方案》，截至2009年8月，已累计完成投资512亿元，占"十一五"计划投资778.8亿元的66%。按照中央和国务院文件要求，发改委加大了对新疆维吾尔自治区及新疆兵团重大基础设施建设的投入力度。2006~2009年，共安排中央投资372亿元。

四、建立健全内部法规体系，切实保障各项民族政策落实到位

根据《中华人民共和国民族区域自治法》和《国务院实施〈中华人民共和国民族区域自治法〉若干规定》的要求，2007年发改委专门出台了《国家发展和改革委员会关于实施〈中华人民共和国民族区域自治法〉的指导意见》，明确提出发改委在开展规划计划编制、体制改革、政策制定、投资安排、项目审核和价格管理等工作时，要把加快民族自治地方经济社会发展，提高民族自治地方人民生活水平放在重要位置，并明确了具体的操作办法。这一规范性文件的出台实施，为促进民族政策在发改委的贯彻落实提供了制度保障。

面对新形势，发改委将认真贯彻落实科学发展观，采取更加务实有效的措施，推动民族地区经济社会全面发展。一是结合国民经济和社会发展"十二五"总体规划、相关区域规划和专项规划的编制工作，把少数民族和民族地区发展摆在更加突出重要的位置；二是在安排投资项目时，要从加快民族自治地方发展的要求出发，优先安排交通、能源、通信、农业、社会事业、就业和社会保障等领域的基础设施建设项目，并在资金上尽量给予倾斜支持；三是积极做好国家已出台的促进民族地区发展的政策性文件和发展规划的协调落实和督促检查工作，务求政策落到实处、见到实效。

促进民族地区跨越式发展*

（2010年9月16日）

2009年9月以来，中央先后召开有关民族团结及西藏、新疆工作的会议，进一步加大了对少数民族及民族地区发展的支持力度。以下，我就加快民族地区经济社会发展谈一点学习体会。

我国是一个统一的多民族国家。支持少数民族和民族地区加快发展，是党中央的一项基本方针，也是西部大开发的重点任务。我国有少数民族人口10600多万人，70%以上在西部地区；全国民族自治地方国土面积610多万平方公里，86%在西部地区；全国155个民族自治地方中，有5个自治区、27个自治州、83个自治县共115个分布在西部地区，其他民族自治州和绝大部分自治县也都比照西部大开发政策。从这个意义上讲，深入推进西部大开发的过程，也是加快民族地区经济社会发展的过程。

西部大开发十年来，是民族地区经济发展最快，群众得实惠最多，社会面貌变化最大的时期。五个民族自治区和少数民族人口较多的贵州、云南、青海三省（以下简称"八省区"）的生产总值由1999年的7961亿元增加到2009年的34619亿元，年均增长12.1%，高于西部地区的平均水平，其中5个自治区地区生产总值年均增长12.8%，占西部地区比重由2000年的31.2%提高到2009年的35.1%。八省区人均地区生产总值由1999年的4408元提高到2009年的17958元，增长了3.1倍；农牧民人均纯收入由1668元增加到2009年的3730元，增长了1.2倍。民族地区的

---

* 这是在中央党校省部级领导干部民族工作研讨班所做专题报告的一部分。

发展已经站在了新的历史起点上。同时，我们也要认识到民族工作具有特殊重要性，民族地区还存在许多特殊困难和问题，加快少数民族和民族地区经济社会发展是民族工作的主要任务，是解决民族问题的根本途径，事关边疆的繁荣稳定和各民族大团结，事关社会主义现代化建设全局和中华民族的伟大复兴。

一、民族地区发展的特殊困难和有利条件

由于特殊的地理环境和历史原因，民族地区多属于欠发达地区，发展中存在着不少特殊的困难和问题。

（一）生存发展条件差

民族地区大多地处偏远，生存环境恶劣，自然灾害频发，生产生活条件差。民族地区陆地边境线1.9万公里，占全国的86.4%；全国135个边境县中107个是民族自治地方。多数民族地区交通闭塞，公路密度和等级偏低，对外联系通道不畅。在四川、云南、甘肃、青海四省藏区（以下简称"四省藏区"）的10个藏族自治州中，至今还有8个州不通铁路，238个乡镇不通油路，2186多个行政村不通公路，尚有15.4万农牧民仍以溜索作为过江渡河的主要交通工具。西藏和四省藏区仍有227万人没有用上电、160多万人尚未解决安全饮水问题。初步统计，民族地区尚有600多万农村贫困人口生活在缺乏基本生存条件的地区，需要易地搬迁。民族地区地貌类型复杂，人口居住分散，公共服务半径大，经济建设和社会管理的成本明显高于内地。据测算，西藏经济建设综合成本比全国平均水平高70%以上。

（二）整体发展水平低

民族地区经济社会发展水平与全国还有较大差距。2009年，

八省区的人均 GDP 比全国低 7230 元，仅为全国平均水平的 71.3%；人均固定资产投资比全国低 4164 元，只相当于全国平均水平的 75.3%；城镇居民人均可支配收入比全国低 2940 元，只相当全国平均水平的 82.9%；农民人均纯收入比全国低 1423 元，只相当于全国平均水平的 72.4%。八省区农牧民人均纯收入不足 1196 元的贫困人口还有 1450 万人，贫困发生率高达 10%，是全国平均水平的 2.6 倍。特别是生活在西南贫困山区的瑶族、傈僳族、景颇族、佤族、拉祜族等人口较少民族，基本的吃、住问题还没解决，农民人均纯收入仅五六百元，一年的粮食收成仅能维持三五个月的生活，许多群众还住在茅草房、杈杈房中，扶贫攻坚任务十分艰巨。

（三）产业基础相对薄弱

民族地区产业发展起步晚、层次低、规模小、竞争能力弱。2008 年，八省区三次产业结构中，一产的比重比全国高 4.6 个百分点，就业结构中，一产的比重比全国高 15.5 个百分点，城镇化率比全国低 8.6 个百分点。总体判断，仍处在工业化初期阶段。大部分地区仍沿袭传统的农牧业生产方式，化肥、农药、机械等现代农用工业品投入少，水利设施落后，科技支持能力不强，农作物产量低，牧业生产方式粗放。在制造业方面，小企业、劳动密集型企业多，具有较强带动力和竞争力的大企业、大集团少；原材料、粗加工产品多，精深加工、知名品牌少。例如，新疆天然气就地加工和民用率仅为 16.7%，棉花区内加工比重仅有 14%。在服务业方面，传统服务业多，现代服务业少；消费性服务业多，生产性服务业少。旅游资源开发程度低，"一流资源、三流产品"问题十分突出。由于区位特殊，优势资源开发受到开发能力弱、外送通道不畅、消纳市场远、物流成本高等的限制，尚未转化为经济优势，自我发展能力尚未形成。

（四）人才和基本公共服务短缺

涉及民生的社会事业欠账多，公共服务能力弱。多数县"普九"基础脆弱，巩固提高的任务还很艰巨。人均受教育年限仅为6年左右，远低于全国8.5年的平均水平。云南边境地区的拉祜族、佤族、怒族、独龙族等少数民族人均受教育年限仅为3年左右。民族地区"双语"教育教学质量不高，教师严重短缺。在中小学教师中，能够胜任"双语"教学的不足30%。青海省玉树、果洛、黄南三州有汉语障碍的小学生占82%，初中生占68%。中等职业教育严重滞后，教师数量不足，整体素质不高。基本医疗和卫生服务能力差，医疗卫生机构基础设施不完善，卫生技术人员匮乏。云南25个边境县有78%的乡镇卫生院不达标。社会保障水平低，覆盖面窄，应保尽保难度大。国家通用语言特别是民族语言的广播和电视节目覆盖率低，部分农牧民或由于不懂汉语，或由于听不到、看不到广播电视，无法便捷地了解党和国家的方针政策。需要特别指出的是人才缺乏问题。民族地区人才总量不足，专业技术人才尤其紧缺。有限的专业技术人才主要集中在自治区和地州所在地，县及县以下基层十分缺乏教育、卫生等专业技术人才和脱贫致富带头人。由于条件艰苦及其他原因，使民族地区吸引人才难，培养人才难，留住人才更加困难，民族地区自身培养的人才还存在流向内地的现象。

（五）社会人文条件特殊

我国少数民族有着灿烂的历史文化，是中华民族文化宝库的重要组成部分，应继承和发扬优秀的文化传统。同时也要看到，少数民族社会人文的历史进程不同。新中国成立以前，各民族处在人类社会发展史上的不同阶段，保持着不同的历史形态和社会制度。由于这种历史和文化的原因，在民族地区，传统文化与现代文明的差异和冲突表现得更为明显。如自然经济观与市场经济不适应，又如特殊宗教氛围对农牧民生产和积累行为的影响等，都反映出特殊的社会人文条件对民族地区经济社会发展的深刻影响。西藏和四省藏区农牧民的收入中一部分转入了寺庙，收入的增加并没有相应提高积累率，对生活水平的提高和再生产投入造成了影响；受"惜售"、"惜杀生"传统宗教思想的影响，青藏牧区牲畜的出栏率、商品率低下，西藏自治区的牲畜出栏率仅为30%。

（六）分裂破坏势力的干扰

在西方反华势力的支持下，达赖集团、疆独分子伺机制造分裂破坏活动，西藏、新疆、四省藏区等民族地区长期处于反分裂、反渗透、反破坏斗争的前沿阵地。围绕反分裂斗争，各级政府投入了大量人力、物力、财力，难以全神贯注开展经济建设。拉萨"3·14"事件、新疆"7·5"事件的发生，使西藏、新疆经济社会发展受到严重负面影响。2008年西藏自治区全年旅游人次、旅游总收入和旅游外汇收入分别比2007年减少44.2%、53.4%和77%，招商引资活动、重大项目建设也放慢了步伐。民族地区维护国家安全和社会稳定的任务十分繁重，取得同样的发展速度和成绩，要比内地花费更大的投入和精力。

与此同时，我们也应当看到，民族地区加快发展也具备一些有利条件，面临着难得的历史机遇。

一是资源优势转化为经济优势潜力大。民族地区水能、矿产、旅游、生物等特色资源丰富，具有大规模开发利用的条件。黄河、金沙江、澜沧江、雅砻江、大渡河、白龙江等重点河流蕴藏丰富的水能资源，仅西藏自治区水能资源理论蕴藏量和技术可开发量分别占全国的29%和24.5%，均居全国首位。太阳能、风能等可再生能源开发利用条件好。石油天然气、钾盐、有色金属、煤炭等资源富集，金、铜、铁、锑、硅石、铅、锌等矿藏资源丰富，矿产潜在经济价值高。新疆维吾尔自治区已发现的矿产有138种；

有41种矿产探明资源储量居全国前10位,其中居首位的7种;石油、天然气、煤炭预测储量分别占全国陆上预测储量的30%、34%和40%。民族地区雪山、大漠、河流、森林等自然景观和民族文化独特,具有大力发展旅游业的先天优势。草场资源丰富,具有较好的畜牧业基础和发展前景。随着开发条件的改善和市场需求的扩大,民族地区的资源优势将加快转化为经济优势,并形成越来越多的具有区域比较优势的支柱产业,拉动地方经济发展。

二是经济发展具备一定基础和条件。经过多年开发建设,民族地区已经初步形成了以水电、矿产、旅游资源开发,农畜产品、民族用品加工,以及建材、化工为主体的产业体系,为培育新的经济增长点创造了有利条件和良好基础。例如,内蒙古自治区经济增长速度自2002年至2009年连续八年保持全国第一,地区生产总值由1941亿元增长到9726亿元,在全国排名由第24位上升到第15位,人均地区生产总值名列全国第7位。随着交通运输条件的改善以及对内对外开放进程的加快,民族地区融入全国乃至全球大市场的前景更加广阔,发展活力和内生动力将进一步增强。特别是近年来国家相继出台了一系列支持民族地区发展的政策性文件和规划,明确提出了支持民族地区发展的指导思想、战略定位、目标任务、重大项目和支持政策,对进一步凝聚各方面力量、增强发展信心、明确发展思路具有深远意义,为新时期民族地区加快发展注入了持久动力。

三是国家有能力加大支持力度。随着我国经济社会持续快速发展,我国综合国力将进一步增强,今年上半年财政收入已完成4.3万亿元,保守估计全年将突破8万亿元,国家有能力在资金、项目、政策等方面对民族地区给予更大的支持。同时,中央明确并进一步完善了对口支援机制,东部发达省份对新疆、西藏和青海藏区在资金、技术、人才等方面将给予更大的支持。随着新一轮西部大开发战略的深入实施,整个西部地区的开发力度将进一步加大，各省区的经济实力和自身财力将会进一步增强，省区政府也有能力对民族地区给予更大的支持。在中央和省级政府的统筹支持下，民族地区加快发展的外部动力将进一步增强。

当前和今后一个时期，民族地区发展既面临着十分繁重的任务，也面临着前所未有的机遇。可以说，确保如期实现到2020年全面建设小康社会的奋斗目标，重点在民族地区，难点也在民族地区。加快民族地区发展不仅仅是一个经济问题，而且是一个政治问题。我们要充分认识促进民族地区发展的特殊性、艰巨性和紧迫性，进一步完善扶持政策，进一步加大资金投入，进一步体现项目倾斜，以更大的决心、更有力的措施、更扎实的工作，深入推进民族地区经济社会发展。

二、民族地区加快发展的基本思路

近年来，党中央、国务院出台了一系列重要文件，进一步明确了加快民族地区发展的大政方针，我们要抓好贯彻落实。在中央进一步加大对民族地区发展支持力度的同时，我们要积极探索促进民族地区跨越式发展的规律和基本思路。主要有以下几点：

坚持发展与稳定两手抓，两手都要硬。之所以提出民族地区实现跨越式发展和长治久安两大任务，从根本上讲，是由民族地区的基本矛盾和战略地位决定的。在中央第五次西藏工作座谈会上，胡锦涛总书记在讲话中深刻指出，"当前西藏的社会主要矛盾仍然是人民日益增长的物质文化需要同落后的社会生产之间的矛盾。同时，西藏还存在着各族人民同以达赖集团为代表的分裂势力之间的特殊矛盾。西藏存在的社会主要矛盾和特殊矛盾决定了西藏工作的主题必须是推进跨越式发展和长治久安。"胡锦涛总书记在新疆工作座谈会上也讲了类似的话，这个分析同样适用于其他民族地区。胡锦涛总书记还指出，发展是硬道理，是解决西藏所有问题的关键；稳定是硬任务，是推进西藏跨越式发展的前提，必须坚持发展稳定两手抓、两手都要硬。这是因为跨越式发展是长治久安的物质基础，长治久安是跨越式发展的基本保障。总体上，我国民族地区现阶段存在的主要矛盾是发展不足，即人民日益增长的物质文化生活需要与落后的生产力之间的矛盾，只有经济发展了，民生改善了，我们才能赢得民心，掌握维护社会稳定的主动权。与此同时，民族地区还有一个特殊矛盾，即维护社会稳定、与分裂破坏势力和敌对势力斗争的矛盾，因此不能就经济抓经济，就发展抓发展，要旗帜鲜明地维护社会稳定、民族团结和国家统一，坚定不移地开展与分裂破坏势力和敌对势力的斗争，只有这样，才能为经济发展创造稳定的外部条件。"3·14"事件的正反经验，充分证明了这个道理。正是因为多年来我们注重改善西藏及四省藏区农牧民的生产生活条件，使他们得到了实惠，因此，在"3·14"事件中，广大农牧民不仅没有参与而且主动抵制，这是我们能够在较短时间内控制局面并消除"3·14"事件负面影响的重要原因；从另一个角度看，"3·14"事件又确实对西藏的旅游、投资等经济发展带来了不可低估的损失，这又说明了维护稳定对促进发展的极端重要性。因此，做好民族地区工作，必须认真贯彻落实中央的这一指导思想，把发展工作和稳定工作更加紧密地结合起来。

积极探索符合民族地区特点的发展路子。胡锦涛总书记在第五次西藏工作座谈会上指出，西藏地理自然条件和经济社会条件特殊，不能照搬照抄其他地方的发展模式，尤其不能走先破坏后治理的路子，必须把中央关于加快西藏发展的决策部署同西藏实际紧密结合起来，转变发展观念、创新发展模式、提高发展质量，充分发挥自身优势和潜力，使跨越式发展建立在科学发展的基础之上，为民族地区实现跨越式发展指明了方向。一是要立足不同民族地区的比较优势，实施分区域发展战略，因地制宜、视情施策，走各具特色的发展之路，不要简单照搬别人的发展模式。有的可以大力推进煤炭基地建设，合理发展煤化工；有的可以合理开发利用水利资源，积极开发利用风能、太阳能等新能源；有的可以开发独具特色的旅游资源，大力发展农牧产品加工业和民族手工业等。二是培育和发展各具特色的主导产业。各地要从自身资源条件、产业基础和国家战略需要出发，着重培育具有比较优势且符合国内外市场需求的战略支撑产业。通过主导产业的发展和带动，逐步将资源优势转变为经济优势，将"输血"转变为"造血"，不断增强自我发展能力。三是利用后发优势，高起点建设，走新型工业化道路，要通过内引外联，提高科技创新能力，创造知名品牌，不断提高企业市场竞争力。要搞好产业布局，提高产业集中度，以工业园区为依托打造新的经济高地。四是正确处理产业发展与生态保护的关系。要坚持在发展中重保护，在保护中求发展。所有建设项目都要严把生态环境关、产业政策关、资源消耗关，走出一条生产发展、生活富裕、生态良好的可持续发展道路。五是在资源开发中，国家要保护当地少数民族的利益，积极引导各族群众参与到开发进程中，把更多的利益留在当地，造福百姓。

把保障和改善民生放在突出重要位置。民族地区以大项目带动经济发展是必要的，但更要重视切实解决广大农牧民生产生活方面的实际困难，让各族群众在发展中得到实实在在的好处，只有这样，才能凝聚人心，凝聚民力，为又好又快发展注入不竭的动力。保障和改善民生，要同时做好"水电路气房、教卫文就保"十个方面的工程。"水电路气房"要以住房为切入点，集中各方面的资源推进游牧民定居、农村危房改造、权权房和茅草房改造等工程，首先解决好"居者有其屋"的问题，以此带动农牧区水、电、路、气等生产生活基础设施建设。"教卫文就保"要以教育为切入点，切实抓好基础教育，大力实施"双语"教育和职业教育。在民族地区，实现各民族的平等，首先就是要保障少数民族劳动者的就业主体地位。要通过发展教育提高少数民族人口素质，为就业打好基础，并以此带动解决卫生、文化、就业和社会保障等基本公共服务问题。

推动形成对内对外开放新格局。我国民族地区内与东中部内地省份相连，外与周边多个国家接壤。从区域条件看，既有地处偏远的劣势，也有连接国内外、处于我国沿边开放前沿阵地的优势。民族地区在发展中要转变观念，加大改革开放力度，以改革促开放，以开放促开发，变劣势为优势，这不仅有利于推动我国形成沿海沿边全面开放新格局，而且有利于民族地区加快走向开放前沿，加快自身发展。在加强对内交流与合作方面，民族地区要把握国际国内生产深刻调整、区域合作向广度深度发展的契机，主动加强与内地尤其是沿海发达地区的经济联系，积极吸引内地的资金、技术和人才，合理承接沿海发达地区的产业转移。在加强对外开发开放方面，民族地区要主动参与国家"引进来"和"走出去"战略，充分利用上海合作组织、中国—东盟自由贸易区、大湄公河次区域和中亚、东北亚国际区域合作的平台，探索建立沿边开发开放综合试验区，支持跨境经济合作区和边境贸易区建设，加强边境口岸和便民互市点建设，完善边境口岸功能和服务水平，加强与周边国家的交流与合作。

三、近年主要工作及下一步工作打算

党的十六大以来，党中央确立了各民族共同团结奋斗、共同繁荣发展的民族工作主题，强调促进民族团结、实现共同进步是民族工作的根本任务，围绕促进民族地区发展作出了一系列重大决策部署，各地各部门卓有成效地开展了一系列工作。

一是中央召开专题工作会议，做出战略部署。2005年5月召开了中央民族工作会议暨国务院第四次全国民族团结进步表彰大会，2009年9月召开了国务院第五次全国民族团结进步表彰大会，今年1月召开了中央第五次西藏工作座谈会，今年5月召开了中央新疆工作座谈会，中央领导在会议上作了重要讲话，会后印发了关于加强民族工作加快少数民族和民族地区经济社会发展的文件，以及中央支持西藏、四省藏区、新藏发展的政策文件。

二是制定重要区域规划和政策性文件，加强分类指导。按照党中央、国务院的决策部署，近年来，发改委联合有关部门牵头起草了促进新疆、宁夏、青海等省藏区、广西等民族地区加快发展的一系列重要区域规划和政策性文件。目前，发改委还在牵头研究起草进一步促进内蒙古经济社会又好又快发展的若干意见，支持云南省加快我国向西南开放桥头堡建设的若干意见，贵州省水利建设生态建设石漠化综合治理规划，以及关于促进牧区又好又快发展的意见。可以说，已经出台和正在制定的重要区域规划和政策性文件，基本涵盖了整个民族地区。在这些区域规划和政策性文件中，明确了支持民族地区发展的指导思想、基本原则、目标任务、重大项目和支持政策。例如，在西藏政策文件中，提出中央财政适当增加定额补助基数并逐年递增；在藏银行业金融机构发放的各类贷款，按贷款平均余额给予4个百分点的综合补贴；力争"十二五"全社会固定资产投资较"十一五"大幅度增长等。在新疆政策文件中，提出加大中央财政转移支付力度，在新疆率先推进资源税改革；对在新疆困难地区新办的属于重点鼓励发展产业目录范围内的企业，给予自取得第一笔生产经营收入所属纳税年度起企业所得税"两免三减半"优惠；实行差别化产业政策、土地政策；在喀什和霍尔果斯设立经济开发区，赋予特殊政策等。

三是组织实施兴边富民等专项规划。国家先后组织实施或支持地方实施了《兴边富民行动"十一五"规划》、《扶持人口较少民族发展规划（2005~2010年）》、《四川阿坝州扶贫开发和综合防治大骨节病试点工作总体规划》、《新疆南疆三地州抗震安居工程建设规划》、《云南省扶持莽人克木人发展总体规划》等15个民族地区重点领域专项规划。截至目前，西部地区所有边境县50%以上的农民人均纯收入超过本省区平均水平；520多个人口较少民族聚居村实现了"四通五有三达到"的规划目标；阿坝州

11个县的2.6万儿童全部安排到非病区寄宿制学校易地育人。这些专项规划的实施,明显改善了少数民族群众的生产生活条件和发展环境,促进了教育、科技、文化、卫生等各项社会事业的发展。

四是加大投资支持和转移支付力度。中央在安排中央预算内投资时,对民族地区给予了大力支持和倾斜。"十一五"前四年,发改委联合有关部门安排五个民族自治区的中央投资分年度规模达到186亿元、214亿元、367亿元、423亿元,年均增长32%,同时还提出了减免少数民族及民族地区地方配套投资的政策。中央财政不断加大对民族地区一般性转移支付和专项转移支付支持,到2009年,中央安排民族地区一般性财政转移支付资金3918亿元,专项转移支付资金263亿元。

国家发展改革委始终高度重视促进民族地区发展工作。下一步,发改委将认真贯彻落实党中央、国务院关于支持民族地区发展的决策部署,适应新的形势和任务,按照职责分工重点做好以下几方面工作:一是进一步完善工作机制。为把支持民族地区发展的各项工作落到实处,2007年发改委专门制定了《关于实施〈民族区域自治法〉的指导意见》,建立健全了委内工作机制,明确了职责分工和工作要求。今后,要进一步增强责任感、紧迫感,带着深厚的感情,做好促进少数民族及民族地区发展各项工作。二是做好规划编制和实施工作。一方面,结合"十二五"规划纲要编制工作,把中央确定的支持民族地区发展的目标、任务和政策纳入国民经济和社会发展"十二五"规划,统筹全社会力量,支持民族地区发展。另一方面,根据中央要求,抓紧研究提出"十二五"期间中央支持西藏、四省藏区加快发展的重大项目建设规划。在此基础上,督促地方积极推进重大项目前期工作,确保中央确定的政策措施和重大项目落到实处。三是加大对重点领域投资支持力度。结合"十二五"规划编制工作,继续扩大支持民族地区的中央预算内投资规模,重点向民生工程、基础设施、社会事业、生态环保和基层政权建设倾斜。研究制定政策措施,引导鼓励社会投资，努力使民族地区"十二五"时期全社会固定资产投资较"十一五"时期有大幅度增长。四是培育经济增长点，扶持特困地区发展。围绕促进区域协调发展，按照统筹规划、分类指导的原则，一手抓重点经济区的培育和壮大，一手抓集中连片特殊类型贫困地区的脱贫致富。一方面，推进广西北部湾、呼（和浩特）包（头）银（川）、新疆天山北坡、兰（州）西（宁）格（尔木）、陕甘宁等经济区发展，形成西部民族地区新的经济增长带，培育滇中、黔中、西江上游、宁夏沿黄、西藏"一江三河"等经济区，形成省域经济增长点；另一方面，针对南疆地区、青藏高原东缘地区、武陵山区、乌蒙山区、滇西边境山区、秦巴山-六盘山等集中连片特殊困难地区加大扶持力度，开展扶贫攻坚，帮助其早日消除绝对贫困现象。五是积极推动经济对口支援。按照中央要求，会同有关部门和地方认真组织落实经济对口援疆工作方案，指导编制援疆项目建设规划；抓紧编制经济对口援藏工作方案，研究提出经济对口支援青海藏区的指导意见，指导编制援藏、援青项目建设规划；加强对援疆、援藏、援青项目和资金的监督检查。同时，指导四川、云南、甘肃三省进一步完善省内对口支援藏区工作机制。六是做好重大事项协调。按照中央工作部署，联合有关部门和地方有针对性地加强工作力度，协调解决民族地区发展中的主要问题和突出困难；建立严格的督察制度，密切跟踪中央关于支持民族地区发展的重要区域规划和政策性文件明确的各项任务的落实情况，定期检查工作进展，确保中央确定的政策措施和重大项目落到实处。

做好新时期民族地区工作，责任重大，使命光荣。党中央、国务院为加快民族地区发展指明了方向，关键是要抓好贯彻落实。我们将认真学习、深刻领会中央的决策和部署，扎实做好各项贯彻落实工作，坚定不移地为支持民族地区跨越式发展作出应有的贡献。

民族地区优化产业布局问题[*]

(2014年5月)

民族地区包括内蒙古、广西、西藏、宁夏、新疆5个少数民族自治区和贵州、云南、青海3个民族省份，面积564万平方公里，人口1.9亿人，分别占全国的58.8%、14.2%。产业布局是区域经济发展的重要支撑，直接关系到民族地区的自我发展和可持续发展能力。党的十八届三中全会提出，要使"市场在资源配置中起决定性作用和更好发挥政府作用"，必将对产业布局产生深刻影响；同时，我国正处在产业结构和布局战略调整的关键时期，也将给民族地区的产业发展带来新的机遇和挑战。带着这一问题，4月9日至18日，由华士飞、杜鹰副主任和甘霖常委带队的全国政协民宗委调研组，赴内蒙古、青海实地调研，并对其他民族地区面上的情况进行了分析，还听取了国务院有关部门的情况介绍。现将有关情况和建议报告如下。

一、民族地区产业发展基本情况

实施西部大开发战略特别是"十一五"以来，党和国家通过制定实施民族地区经济社会发展规划、加大项目和资金倾斜、给予特殊财税金融政策支持、促进产业有序转移等，给予了民族地

---

[*] 这是全国政协民族宗教委员会在调研基础上形成的报告。调研组组长华士飞，副组长杜鹰、甘霖，成员：艾克邦尔·米吉提、安阿月、梁骧、程田青、张燕郊，工作人员：陈言覃、孙冬冬。杜鹰为报告执笔人。

区产业发展有力支持。民族地区的资源优势得到发挥,产业发展进入历史上最好最快的时期。

(一) 经济总量快速增长

2013年,民族地区经济总量6.5万亿元,占全国各地加总的10.3%,2006年以来年均增幅12.9%,比"十五"期间提高1.5个百分点,分别比全国各地加总、东部地区增速高0.6个和1.4个百分点。增长最快的内蒙古,2013年经济总量达到1.7万亿元,2006年以来年均增幅15.2%,人均地区生产总值突破7万元,列居全国第6位。民族地区与其他地区发展速度差距扩大的趋势得到初步遏制。

(二) 特色优势产业加快发展

民族地区能源资源富集,煤炭储量占全国的32%,铁矿占13%,石油占22%,天然气占44%,生物资源、民族文化资源特色突出。近年来,民族地区依托能源资源优势,大力发展特色优势产业,形成了一大批在全国具有举足轻重地位的能源资源及深加工基地。2012年,民族地区原煤、原油、天然气产量和发电量分别占全国的44%、14%、30%和21%,"西电东送"电量近1600亿千瓦时。内蒙古、宁夏、新疆、贵州等省区建成国家大型能源生产基地,青海盐湖化工、内蒙古稀土、新疆有色等资源深加工基地发挥重要作用,特色农副产品加工、装备制造、文化旅游等产业发展呈现良好势头。

(三) 产业发展水平稳步提升

2012年,民族地区三次产业产值比为13.6:48.0:38.4,一产比重比7年前下降5个百分点、二产比重上升6个百分点。产业发展规模化、集约化、现代化水平不断提高,内蒙古煤炭单井规模达到150万吨,火电30万千瓦及以上机组比重超过75%,

有色金属冶炼、现代煤化工技术装备达到全国先进水平。青海工业固体废物综合利用率达到50%以上。同时,产业空间分布呈现向重点经济区、中心城镇、产业园区集中的良好态势,企业实力稳步增强。

(四) 开放合作不断深化

随着交通等硬件和体制机制创新等软件条件的改善,民族地区更多地参与国内产业分工,与全国市场的联系不断加强。近年来,民族地区承接产业转移呈现出规模不断扩大、层次不断提升的特点,如内蒙古自治区2008至2011年共承接非资源型产业转移项目1381个,项目协议总投资达14095.3亿元。同时,民族地区外向型经济迅速发展,2012年进出口总额达到1004亿美元,约为2005年的4倍,2006年以来的年均增幅达到21.5%,高于全国同期11.9个百分点。

(五) 自我发展能力有所增强

2012年,民族地区地方财政收入6517亿元,是2005年的近5倍,"十一五"以来年均增幅超过25%,明显高于全国同期水平。2012年,城乡居民收入分别为20387元和5870元,"十一五"以来年均增幅达到12.7%、14.3%,较"十五"期间明显提高,与全国保持了同步。2005~2012年,第一产业就业比重下降了6个百分点,城镇化率提高近10个百分点,达到43.1%。

二、民族地区产业发展存在的主要问题

尽管民族地区产业发展成效显著,但与东部地区相比仍然存在较大差距,且绝对差距仍在拉大。2005~2012年,民族地区与东部地区人均地区生产总值的差距从1.4万元扩大到2.7万元,城乡居民收入差距分别从4551元、2410元扩大到9235元、4947

元。民族地区财政自给率只有35.4%，贫困人口占全国的30%以上，仍然是我国全面建设小康社会的难点和重点。总体上看，民族地区仍处于工业化初期向中期过渡的阶段，产业基础薄弱，加上目前经济下行压力较大，产业发展存在一些突出问题。

（一）产业结构不合理问题突出

民族地区产业的资源型特征明显，经济发展主要依靠煤、电、重化工等产业，存在"一煤独大"、"一油独大"、"一矿独大"等现象。在三次产业结构中，服务业发展严重滞后，2012年第三产业在地区生产总值中的占比仅为38.4%，比全国低6.2个百分点。从工业结构看，采掘、原材料、电力热力等资源型产业的工业销售产值占规模以上企业工业销售总产值的比重高达68.6%，比全国平均水平高24.6个百分点，其中内蒙古为76%，青海为87.9%。装备、汽车、电子、轻工、纺织行业产值占全国的比重均不到5%。单一的产业结构，使民族地区产业同质同构现象突出，受资源价格波动影响大，经济抗风险能力弱。另外，当前化解过剩产能实行"上大压小"的政策，要求新上项目必须进行等量或减量置换，但由于民族地区产业基础差、规模小，没有"量"，也很难进行"置换"。

（二）产业发展层次仍然较低

民族地区产业大多处于产业链上游，链条短，加工程度低，附加值不高，知识和技术密集程度低，综合配套能力薄弱。内蒙古煤炭60%以上外运，化工、有色金属等多为初级产品，农畜产品加工转化率不足60%，精深加工率不足20%。2012年民族地区净流出对经济增长的贡献率为－32.4%，大量的消费品、投资品从外地流入，表明自身产业的竞争力不强。高技术产业发展滞后，通信设备、计算机和其他电子设备制造业销售产值占规模以上工业销售总产值的比重仅有1%，远低于东部地区的11%。创新能力不强,研发投入不足,自主知识产权少,2012年民族地区研究与试验发展经费支出占地区生产总值比重仅为全国平均水平的1/3,专利授权数、技术市场成交额仅占全国的2.3%、3%,国家重点实验室和国家工程技术中心数量也很少。企业管理、科技创新和专业技能人才缺乏。

(三) 资源配置效率有待进一步提高

我国能源资源生产主要集中在西部民族地区,能源资源消费却集中在东部地区,能源资源赋存与消费逆向分布和流动,造成了运输紧张、物流成本增高。新疆、云南社会物流总费用占地区生产总值的比重分别比全国平均水平高4.5个和6个百分点。内蒙古作为产煤大区,近年来积极发展"西电东送"和煤炭转化利用,但仍有60%以上的煤炭外运到其他省市作为发电燃料。内蒙古蒙西地区每年生产的煤矸石、洗中煤、煤泥等低热值煤资源可支撑发电装机1300万千瓦,准格尔地区每年生产的高铝煤燃烧后的粉煤灰可提取氧化铝1200万吨,目前都未得到充分利用。青海盐湖资源开发以生产钾盐为主,受开发利用技术水平限制,大量水氯镁石、氧化钠露天堆放,综合利用效率低。

(四) 产业发展受生态环境约束较大

民族地区是国家重要战略资源接替区,同时又大多是重点生态保护区,产业发展面临的生态环境保护、节能减排的压力较大。如青海省90%的土地属于禁止或限制开发的区域,只有10%的区域支撑经济发展,产业发展空间受到限制;西北地区资源型缺水和西南地区工程性缺水等问题突出,产业发展需要"以水为先"、"以水为限"。民族地区产业发展相对粗放,工业物质资源投入较大,污染物排放强度较高,2012年,民族地区万元地区生产总值能耗为1.33吨标准煤,比全国的0.793吨高68%;万元地区生产总值二氧化硫、氨氮化物排放分别为8.48千克、7.64千克,比全国平均水平分别高出131%、88%。尽管国家在节能减排指标分配上已对民族地区进行了一定照顾，但民族地区干部群众普遍反映节能减排任务很难完成，产业发展面临升级挑战。

（五）资源优势转化为经济优势较为困难

一方面，民族地区地处偏远，市场发育程度低，交通基础设施条件、劳动力素质、金融业发展、政府管理水平等发展环境相对落后，对产业发展形成"短板效应"；另一方面，资源开发受现行利益分配格局影响，民族地区收益受限。比如，民族地区的资源开发多以央企为主，石化等行业多在总部统一纳税，没有更多地惠及当地；水电虽然近年享受增值税返还政策，但地方仍未从中受益；资源税改革还未到位，征收范围有限，标准偏低。还有，偏重的产业结构吸纳当地群众就业的能力不强，2012年，民族地区第二产业产值占地区生产总值的近一半，但仅容纳了1/6的劳动力，产业发展直接惠及群众的程度不高。

三、促进民族地区产业发展的意见和建议

促进民族地区的产业发展，不仅关系到各族群众福祉，而且关系到民族团结、边疆稳定和国家长治久安，不仅是经济问题，也是社会问题、政治问题。鉴于民族地区的特殊区情，国家在充分发挥市场配置资源效率的同时，应更好地发挥政府的规划和引导作用，进一步加大对民族地区产业结构调整和优化布局的支持力度，支持民族地区走符合自身特点的工业化道路。

（一）发挥比较优势，支持重大产业项目向民族地区优先布局

在西部大开发之初，时任总理朱镕基同志强调要树立正确的利益观，对西部的支持要看综合效益、长期效益、整体效益和社会效益，这一指导思想至今仍然适用。要着眼于充分发挥民族地

区的比较优势，凡是有条件在民族地区加工转化的能源、资源开发利用项目，优先支持在民族地区布局建设。支持民族地区发展智能输配电成套装备、石化成套装备、新能源装备、工程机械、汽车摩托车等装备制造业，形成一批竞争力较强的重大装备制造业基地。支持民族地区根据市场专业化分工承接国内外产业转移，在国家层面建设全国统一的产业转移信息平台，及时发布国家产业政策、行业准入标准、产业转移趋势等信息，促进地区间、企业间交流对接。加快跨区域特高压输电工程建设，特别是蒙东、新疆电力外送通道建设，东部地区原则上不应再上新的火电厂，新上发电项目向能源资源富集的民族地区布局，促进民族地区资源优势转化为经济优势。

(二) 坚持区别对待，对民族地区实施差别化产业政策

既要鼓励民族地区进入全国大市场，也要给予区别对待，正确处理好统一市场、统一政策与特殊支持、差别化政策的关系。产业方面，加快在民族地区推进负面清单管理模式，对非负面清单的产业，统一按15%的税率征收企业所得税；国家在调控产能过剩行业时，实行有保有压的调控政策，对民族地区区别对待，只要民族地区有资源、有市场的，允许其适度发展，并在项目核准、资源配置等方面给予倾斜。节能减排方面，一是要充分考虑到民族地区的特殊情况，在节能减排指标分配上进一步加大倾斜力度，进一步拉大与全国其他地区承担任务的档次；二是要进一步完善能耗统计核算方法，如煤制气能耗应更多地由消费地承担，可再生能源能耗不应按火电能耗标准折算。土地方面，在安排土地利用年度计划指标时适度向民族地区倾斜。价格方面，研究通过直购电、分段电价和运费补贴等价格政策，支持民族地区特色优势产业发展。

(三) 深化制度改革，资源开发利益分配向民族地区倾斜

资源优势是民族地区最大的优势，也是最现实的优势，以资

源加工为主仍将是今后一段时期民族地区产业结构的主要特征。民族地区目前从资源开发上获取的利益相对较少，深化改革、完善资源开发产业利益分配机制已显得十分重要和紧迫。一是加快资源税改革，使资源税能够充分反映资源的稀缺性、资源开发的生态环境成本、资源地的群众利益；二是制定具体办法，使地方分享水电增值税返还收益，地方收益应更多向县级倾斜，并探索资源地以资源入股和享有一定留存电量等方式参与水能资源开发利用的共享机制；三是中央企业、东部地区企业到民族地区开发资源，应在民族地区注册法人公司，把税收留在当地。

（四）加强环境保护，加快建立生态补偿机制

民族地区大多位于我国大江大河上游，是国家重要的生态安全屏障，产业发展必须注意节约资源和保护环境，不适合发展产业的地方坚决不搞。为更好地统筹生态环境保护和产业发展，要加快生态文明建设的制度保障。一是建议国家加快生态补偿立法工作，从法律上明确生态保护者与生态受益者的权责关系，形成谁开发谁保护、谁受益谁补偿的长效机制；二是加大现有生态补偿力度，继续完善国家级公益林森林生态效益补偿制度，实施草原生态保护补助奖励机制，鼓励同一流域上下游生态保护与生态受益地区之间建立生态环境补偿机制，建立资源型企业可持续发展准备金制度；三是发挥市场机制的作用，积极探索通过排污权交易、水权交易、碳汇交易、生态环境产品认证等有效途径，逐步建立社会参与的生态补偿投入机制。

（五）改善发展条件，提升民族地区的产业发展综合能力

国家要进一步加大对民族地区的投入力度，着力改善民族地区交通等基础条件，提高教育、医疗等公共服务水平，大力加强人才培养、培训，不断改善民族地区产业发展的环境和条件，提升其产业发展能力。一是提高中央财政一般性转移支付中民族因

素的系数，各种专项转移支付也要向民族地区重点倾斜；二是国家有关部门的公路、铁路、民航、水利等专项建设资金，提高对民族地区建设项目的投资补助标准和资本金注入比例；三是积极扶持传统行业、重点企业技术改造和创新提升，积极发展节能环保、技术领先的战略性新兴产业和生态旅游、民族文化特色产业；四是建立民族地区科技创新和人才培养专项资金渠道，加强对民族地区创新型中小企业的扶持，吸引科技人员、大学生、留学归国人员等高端人才到民族地区创业；五是鼓励金融机构进一步加大对民族地区信贷支持力度，探索利用政策性金融手段支持民族地区发展；六是允许民族地区在改革开放政策上先行先试，发挥民族地区的沿边优势，紧紧抓住丝绸之路经济带和海上丝绸之路建设的有利时机，努力形成两个市场、两种资源融合发展的开放高地，拓展多元化发展新空间。

加快民族地区经济社会发展
缩小与全国平均发展差距[*]

（2014年7月24日）

改革开放特别是西部大开发以来，民族地区[①]发展进入了快车道，与全国平均水平的相对差距有所缩小，但绝对差距仍在不断拉大，仍是我国全面建设小康社会的难点和重点，有必要进一步加大支持力度，促进其走出一条具有中国特色和民族地区特点的发展道路。

一、民族地区经济社会发展的基本情况

党中央、国务院始终高度重视民族地区经济社会发展。国家通过规划指导、政策扶持、资金投入、项目安排、人才交流、对口支援等举措，不断加大对民族地区的支持力度，有力地推动了民族地区发展。"十一五"以来，中央财政对民族地区转移支付和专项补助52571亿元，占同期转移支付总额的25.6%，安排中央预算内基本建设资金和国债资金5756亿元，占到同期中央投资总额的22.4%。

在国家的大力支持和民族地区干部群众的不懈努力下，民族

---

[*] 这是按照全国政协领导同志要求撰写的研究报告，由杜鹰主持，国家发改委地区司、国家统计局研究所同志参加研究和写作。

[①] 本文所指民族地区，是指内蒙古、广西、西藏、宁夏、新疆5个少数民族自治区和贵州、云南、青海3个少数民族人口占比较多的省份。8省区国土面积和人口分别占全国的58.8%和14.2%，少数民族人口占全国少数民族总人口的63.2%。

地区进入经济社会发展最快、城乡面貌变化最大、各族人民得到实惠最多的时期。经济实力快速增长，2000~2013年，民族地区总产值从7743亿元提高到64772亿元，增长8.4倍，年均增速12.1%，比全国平均增速高0.1个百分点，占同期各地区加总的比重从8.8%提高到10.3%。基础设施条件显著改善，2000~2012年，民族地区铁路营业里程由1.47万公里增加到2.58万公里，公路里程由35万公里增加到97.9万公里。特色优势产业加快发展，2012年三次产业产值比为13.6∶48.0∶38.4，一产比重显著下降，二产比重明显提升，产业发展规模化、集约化、现代化水平不断提高。人民生活水平明显提高，城镇居民人均可支配收入从5426元提高到20387元，增长3.8倍，年均增速10.7%；农（牧）民人均纯收入从1668元增长到5870元，增长3.5倍，年均增速10.2%；教育、医疗等社会事业取得长足进步，城乡居民养老保险基本实现制度全覆盖。生态建设和环境保护成效显著，退耕还林、退牧还草工程顺利推进，累计安排退耕地造林4033.9万亩、草原围栏建设任务7.74亿亩，森林覆盖率和草原植被覆盖度明显提高，主要污染物排放量有所下降。

尽管民族地区经济社会发展取得了显著成绩，但矛盾和问题仍然突出，主要表现在基础设施建设滞后，发展瓶颈制约突出；产业结构单一，发展层次仍然较低；生态环境脆弱，经济发展和环境保护矛盾突出；贫困人口集中，脱贫致富、提高人民生产生活水平难度大；市场体系发育滞后，资源配置能力较弱，民族地区总体落后的状况没有根本改变。

民族地区发展面临困难，亦具备独特优势。一是能源资源富集，煤炭储量占全国的32%，铁矿占13%，石油占22%，天然气占44%，2012年原煤、原油、天然气产量和发电量分别占全国的44%、14%、30%和21%，"西电东送"电量近1600亿千瓦时，是我国主要的能源资源基地。二是旅游文化资源突出，山河壮美、生物多样、民族文化丰富多彩，具有发展文化旅游产业的巨大潜力。三是区位条件独特，大多位于沿边地区，与周边国家和地区在地理、文化上联系紧密，具有扩大沿边开放、推进向西开放的良好条件。当前，我国正积极推进丝绸之路经济带和海上丝绸之路建设，民族地区由开放的后方变为前沿，发展面临前所未有的重大历史机遇。

总体来看，民族地区发展潜力和空间巨大，只要能继续加大支持力度，着力推进改革创新，促进比较优势的充分发挥，民族地区保持加快发展势头，不断缩小与全国发展水平的差距是可以实现的。

二、民族地区的发展差距及趋势分析

根据党的十六大建设全面小康社会要求，统计局建立了全面小康监测指标体系（以下简称《小康指标体系》），采用经济发展、民主法制、文化建设、人民生活、资源环境五个方面的39个指标，对全国和各省区全面小康进程进行跟踪监测。这套指标体系主要是用来分析全面小康进程的，但对分析区域差距也有重要参考价值。我们和统计局研究所的同志据此对民族地区与全国和东部地区发展的差距进行了分析。

（一）发展差距

《小康指标体系》的监测表明，民族地区与全国和东部地区在发展速度上的相对差距有所缩小，基本实现了同步增长。2000~2012年，民族地区小康指数从44.5%提高到70.8%，年均增速为4.0%，增速比全国低0.2个百分点，但比东部地区高0.1个百分点。2012年，民族地区小康指数分别落后全国和东部地区12.7个、19.6个百分点。

进一步看，民族地区与全国和东部地区发展的差距主要表现在以下四个方面。

一是经济发展差距持续扩大。民族地区经济发展虽然有了稳步提升，但与其他地区的发展差距仍呈扩大趋势。2000～2012年，民族地区经济发展指数从34.7%提高到66.2%，与全国的差距从8.0个百分点扩大到18.2个百分点，与东部地区的差距从10.5个百分点扩大到24.8个百分点，在五大类指标中差距扩大趋势最为明显。特别是第三产业增加值比重、科研投入、工业和农业劳动生产率等指标较为落后，拉大了经济发展差距。

二是人民生活差距扩大势头趋缓。2000年，民族地区人民生活指数为50.9%，落后全国和东部地区7.6个、17.8个百分点，2012年提高到75.5%，落后全国和东部地区11.1个、17.5个百分点。其中，与东部地区的差距有一定缩小，与全国的差距虽在扩大，但相对经济发展指标幅度较小；基本公共服务和社会事业、城乡居民收入、农村基础设施等领域指标也都明显提高。这表明，近些年国家在改善民族地区民生方面的投入确实取得了成效。

三是农村差距大于城镇差距。2012年，民族地区城镇化率为43.1%，低于东部地区18.8个百分点，城镇化水平明显滞后。农民人均纯收入相当于东部地区的54.3%，比城镇人均可支配收入相应比例（68.8%）低了14.5个百分点。民族地区城乡差距也较大，城乡收入比从2000年的3.3∶1扩大到3.5∶1，明显高于全国的3.1∶1和东部地区的2.7∶1。这印证了习总书记"小康不小康，关键看老乡"的重要论断。

四是贫困群体和贫困地区发展差距十分突出。民族地区贫困发生率高，贫困人口比重大，全国14个集中连片特殊困难地区有10个位于民族地区，扶贫工作极为艰巨。2013年，民族地区农村贫困人口占全国的31.1%，贫困发生率为17.1%，比全国高出8.6个百分点，云南怒江、甘肃临夏等发展最为滞后的少数民族自治州，贫困发生率分别高达43.1%、32.4%。民族地区城市领取最低生活保障的居民占全国的20.4%，高出城市人口占全国比重 8.9 个百分点。

上述情况告诉我们，缩小民族地区与全国和东部地区发展的差距，经济是难点，民生是根本，农村是重点，减贫是关键。

(二) 趋势预测

《小康指标体系》测算结果表明，民族地区小康指数变化呈现出逐步加快的态势。"十五"期间年均提高 1.3 个百分点，"十一五"期间年均提高 2.5 个百分点，"十二五"前两年年均提高 3.8 个百分点。若这一态势得以延续，则 2020 年民族地区小康指数有望从 2012 年的 70.8% 提高到 90% 以上，如是，届时可以说民族地区基本实现了全面小康社会。

但是需要指出的是，《小康指标体系》是用来分析全面小康进程的，并不能简单地用来分析长周期内的地区发展差距。这是因为，这套指标体系对分项指标都规定了上限目标值，达到目标值后无论再增加多少均按 100% 计算，也就是说，它不反映全面小康先行地区达到 100% 以后的发展进程。因此，把握民族地区的发展何时才能达到全国平均水平还需另做分析。

我们选取了人均地区生产总值、农民人均纯收入这两个有代表性的指标，对于长周期内民族地区与全国和东部地区的发展差距的动态进程进行了分析。2012 年，民族地区人均地区生产总值 30782 元，相当于东部地区 57722 元的 53.3%，其绝对差额从 1999 年的 6515 元扩大到 26940 元。"十一五"以来，民族地区人均地区生产总值年均增速高出东部地区 3.1 个百分点，如果今后保持这个速度差不变，则民族地区需要 32 年才能赶上东部地区。2012 年民族地区农民人均纯收入 5870 元，相当于东部地区 10817 元的 54.3%，其绝对差额从 1999 年的 1327 元扩大到 4947 元。"十一五"以来，民族地区农民人均纯收入年均增速比东部地区高 1.7 个百分点，照此测算，赶上东部则需要 41 年。用同样的方法推算，民族地区赶上全国平均水平也分别需要 30 年和 40 年。

还需要指出的是，一个地区的经济社会发展是一个整体，要远比用这两个指标来分析复杂得多，像受教育程度、人均预期寿命、市场发育程度等，民族地区要动态地达到全国平均水平则需要更长的时间。如 2010 年，民族地区人均受教育年限比全国低 0.7 年，差距比 2000 年还扩大了 0.2 年。由此可见，民族地区的发展要整体追赶上全国特别是东部地区平均水平，是个相当长期的过程。

平衡是相对的，不平衡是绝对的。纵观世界各国发展历程，区域发展的一般规律是，在工业化初中期阶段，产业快速发展，地区差距呈现扩大趋势；在工业化后期，产业从集中逐步扩散，地区差距出现缩小倾向；在后工业化阶段，产业向更大范围转移，高技术产业、现代服务业成为经济增长主要动力，地区差距再次出现扩大迹象。如 1840~1960 年，美国、加拿大等国的地区差距都呈现"先扩大后缩小"的变化过程；上世纪 80 年代以来，美国、欧盟等国家本已缩小的地区差距再次呈现扩大趋势，总体呈"扩大—缩小—再扩大"的波浪形态。

改革开放以来，我国区域发展也经历了由扩大到缩小的过程，差距最大的"八五"时期，东部地区生产总值的增幅比中西部地区高 4.8 个百分点；90 年代中后期特别是实施西部大开发战略以来，我国地区经济增速差距逐渐缩小；到 2007 年，中西部地区经济增速开始超过东部地区并一直延续至今，区域发展相对差距呈现缩小态势。民族地区与全国的发展差距，大体也遵循了这样一个过程。今后一个时期，能不能继续保持区域差距缩小的势头，是摆在我们面前的重大课题。

（三）如何看待差距

我国是一个幅员辽阔、人口众多的发展中大国，各地区自然、经济、社会条件差异明显，区域发展不平衡是我国的基本国情，这在整个社会主义初级阶段都是难以根本改变的。党的十六届五中全会首次提出了以西部大开发、东北振兴、中部崛起、东部率先为标志的区域协调发展总体战略。什么是协调发展？关键是看以下四个方面：一是把区域发展差距控制在合理范围内；二是在缩小区域差距中要率先实现基本公共服务均等化；三是充分发挥不同地区的比较优势，把"蛋糕"做大；四是落实主体功能区战略，实现人与自然和谐相处。这些年来的实践证明，区域协调发展的这四个方面都出现了前所未有的积极变化，充分证明中央提出的区域协调发展战略是完全正确的，是行之有效的。

当前和今后一个时期，要坚定不移地继续实施区域协调发展战略。这里的首要问题是，要坚持把缩小包括民族地区在内的区域发展差距作为总目标和政策导向不动摇。这是因为：第一，目前的区域差距仍然偏大；第二，解决国民经济发展的主要矛盾要求我们扩大内需，而扩大内需的最大潜力在中西部；第三，这直接关系到民生改善、民族团结、边疆稳定和国家统一。

在这个既定目标下，无论是推进民族地区全面小康建设，还是缩小区域发展差距，都应坚持两点论。

一方面，缩小差距应避免过分理想化地提出不切合实际的要求，或片面化地强调经济增长速度。一段时间以来，随着全面建成小康社会时限的逼近，一些民族地区"同步小康"的呼声很高，这是可以理解的。但是必须看到，民族地区大多处于我国大江大河发源地和上游地区，是国家重要生态安全屏障，限制开发区和禁止开发区面积占国土面积的比重超过了90%，这类地区应以提供生态产品、农产品为主体功能，不适宜进行大规模、高强度的工业化城镇化开发。同时应认识到，"同步小康"当然要有一个"及格线"的标准，达到这个标准即可视为同步进入了小康社会，但"同步小康"绝不可理解为同一时点同一水平的小康。因此，在保护好、发挥好民族地区干部群众求发展积极性的同时，应给民族地区的干部在经济发展方面"解压"，缓解民族地区干部群众建设"同步小康"的焦虑情绪，避免不顾地区实际情况大规模圈占耕地搞开发区和新城新区，不加选择地引进工业项目，片面追求 GDP，而是应更多地强调"以人为本"，把工作的关注点、着力点更多地放在努力增加就业、提高各族群众基本公共服务和生产生活水平上。

另一方面，缩小差距国家应下更大功夫、因区施策。今后一个时期，贫穷和落后仍然是民族地区的主要矛盾，加快发展和缩小差距仍然是民族地区的主要任务。多年来，在国家大力支持下，民族地区已经形成了一个好的发展势头，当前民族地区经济下行压力加大，面临一些新的特殊困难，需要国家再给民族地区"加把劲"，促进民族地区朝着逐步缩小与全国发展差距的方向迈进。为此，实行差别化政策是必要的。尽管世界主要国家在不同发展阶段面临的区域问题不同，解决问题的方式方法也各有差别，但政策倾斜、因区施策是主要国家的共性做法。我国民族地区发展相对落后根本上也属于区域问题，支持民族地区发展不可能搞"一族一策"，但可以也应当因区施策，进一步加大对民族地区的支持力度，努力使区域发展差距保持在一个相对合理的范畴，并尽可能缩小这个差距。

三、促进民族地区加快发展的建议

进一步推动民族地区的发展，要充分发挥市场机制的决定性作用，更好地发挥政府的作用，继续执行和不断完善各类行之有效的政策和办法，进一步加大对民族地区的支持力度。

（一）实行差别化政策，进一步加大支持力度

考虑到民族地区的特殊区情，既要鼓励民族地区进入全国大市场，也要给予区别对待，实行差别化的政策，给民族地区发展"垫块砖"，使其"踮一踮脚"更好地融入市场。在财政方面，中央财政在进一步提高转移支付的同时，可考虑建立和完善对民族

地区定额补助办法，适当增加定额补助基数，并逐年递增；在投资方面，可考虑中央预算内投资设立民族地区专项，分省区编制专项建设规划，坚持每年新开工一批重大工程项目；在税收方面，可考虑对民族地区除关税和进口消费税、增值税外，在民族地区征收的其他各项税收全部留给当地。在生态补偿方面，加快推动形成综合补偿与分类补偿相结合，转移支付、横向补偿和市场交易互为补充的生态补偿制度，开展生态补偿示范区建设。结合实施主体功能区战略，探索实行差别化政绩考核，给民族地区各级领导干部"松绑"，让他们真正把劲用在符合当地实际的发展方向上。

（二）推进产业结构调整优化，培育自我发展能力和市场竞争力

凡是有条件在民族地区加工转化的能源、资源开发利用项目，优先支持在民族地区布局建设。积极扶持民族地区传统行业、重点企业技术改造和创新提升，积极发展节能环保、技术领先的战略性新兴产业和生态旅游、民族文化特色产业。支持民族地区根据市场专业化分工承接国内外产业转移，在国家层面建设全国统一的产业转移信息平台，及时发布国家产业政策、行业准入标准、产业转移趋势等信息，促进地区间、企业间交流对接。

（三）坚持把改善民生作为着眼点和落脚点，不断增强中华民族凝聚力

国家应进一步加大对民族地区特别是农村"水电路气房"、"教卫文就保"等民生工程建设的投入力度，着力改善民族地区交通等基础条件，提高教育、医疗等基本公共服务水平，大力加强人才培养、培训，高度重视并积极支持民族地区就业创业工作，不断提高各族群众的收入和生活水平。通过民生改善，激发各族群众的自豪感和国家认同感，牢固树立国家意识、公民意识。

（四）着力培育市场，促进非公有制经济和中小企业发展

民族地区加快发展，归根结底还是要发挥市场在配置资源中的决定性作用。民间投资是促进经济发展、调整产业结构、繁荣城乡市场、扩大社会就业的重要力量。应大力支持民族地区发展非公有制经济，不断拓宽民间投资的领域和范围，鼓励和引导民间投资进入基础产业、市政公用事业、政策性住房建设、社会事业、金融服务等领域。采取切实可行办法，大力推动民营企业发展，支持各族群众创业和小微企业发展壮大，鼓励和支持民营企业"走出去"。同时，中央应给民族地区下放更多的行政审批权限，能下放的全部下放。

（五）适当调整政策，促进资源开发利益分配向民族地区倾斜

资源优势是民族地区最大的优势，也是最现实的优势，以资源加工为主仍将是今后一段时期民族地区产业结构的主要特征。加快资源税改革，使资源税能够充分反映资源的稀缺性、资源开发的生态环境成本、资源所在地的群众利益。提高水电增值税的地方分配比例，地方分成更多向县级倾斜，并探索资源地以资源入股和享有一定留存电量等方式参与水能资源开发利用的共享机制。中央企业、东部地区企业到民族地区开发资源，应在民族地区注册法人公司，把税收留在当地。

（六）抓住"一带一路"建设机遇，进一步扩大对内对外开放

建设"一带一路"，是党中央、国务院统揽政治、外交、经济、社会发展全局做出的重大战略决策。在建设"一带一路"过程中，应支持民族地区发挥独特的区位优势，实行更加积极主动的开放战略，全面提升开放型经济水平。支持新疆、青海、宁夏深化与中亚、南亚、西亚等国家的交流合作，打造新疆丝绸之路经济带核心区，形成向西开放的战略通道、商贸物流枢纽、重要

产业和人文交流基地，支持内蒙古建设向北开放重要窗口和云南建设向西南开放桥头堡，把广西打造成西南、中南地区向东盟国家开放新的战略支点，推进西藏与尼泊尔边境贸易和旅游文化合作。

（七）发挥社会主义制度优越性，进一步搞好对口支援

多年来，对口支援不仅给民族地区以资金、技术、人才支持，对促进民族地区发展发挥了积极作用，更关键的是体现了中华民族大家庭的温暖。要继续执行和不断丰富完善对口支援政策措施，不仅要加强物质投入，更要注重交往交流交融的精神成果，以增强民族大团结，增强"四个认同"。

民族地区工业化城镇化进程中的就业问题[*]

（2014年9月4日）

为深入了解民族地区城镇化进程中就业的总体形势和面临的问题，今年4月至8月，全国政协民族和宗教委员会主任朱维群先后两次率队赴广西、宁夏进行了调研，同时安排民宗委有关同志赴内蒙古、青海、贵州、新疆等省区作了协同调研。现将有关情况报告如下。

一、各级党委、政府高度重视就业问题，把促进就业作为经济社会发展优先目标和保障改善民生头等大事来抓

改革开放特别是实施西部大开发战略以来，民族地区各级党委、政府认真贯彻落实党中央、国务院决策部署，积极拓宽就业渠道，完善就业政策措施，加强就业公共服务，就业形势稳中向好。2013年，民族8省区城镇新增就业人员220万人，比2005年增加了87万人，增长65%，地区生产总值每增长1%吸纳城镇新增就业人数由9.3万人提高到17.9万人，城镇登记失业率保持在4.1%以下较低水平。广西连续3年把职业培训作为政府为民办实

---

[*] 这是全国政协民族宗教委在调研基础上形成的报告。调研组组长朱维群，副组长：王学仁、华士飞、杜鹰、晓敏，成员：才让、马国超、王寿祥、朴英、达娃顿珠、伊丽苏娅、黄元河、崔景龙、吴亚东、王良学、全金玉、赵凯、李春晖，工作人员：刘兴元。杜鹰为起草人之一。

事工程，2011~2013年累计筹措财政资金22.21亿元，对城镇零就业家庭、水库移民、被征地农民、边境地区农村劳动力等特殊就业困难群体实行免费职业培训和创业扶持。宁夏通过政府组织、劳务公司和劳务经纪人带动，实现农村劳动力转移就业70万人，其中回族群众20万人。新疆规定大中专毕业生创业可以申请10万元、期限3年的小额担保全额贴息贷款；对具有新疆户籍、有意愿参加职业技能培训的未就业高校毕业生和未升学初高中毕业生，实行免费技能培训。

二、民族地区发展处于工业化、城镇化转型时期，就业工作面临特殊困难

（一）经济总量小，产业结构偏重，就业吸纳能力差

尽管民族地区生产总值连续以两位数增长，但基数小，差距大。2013年民族地区生产总值64772亿元，仅占全国加总数的10.3%；人均生产总值33936元，是全国平均水平的78%，最低的贵州仅为全国平均水平的54.7%，不到江苏的1/3。民族地区经济结构以煤炭、电力、重化工等资源加工型产业为主，吸纳当地群众就业能力不强。2012年三次产业比重为13.6：48.0：38.4，对应的三次产业就业人员比例为54：16：30，占地区生产总值近1/2的第二产业仅容纳了1/6的劳动力。民族地区国有企业比重高，民营企业比重偏低，不利于吸纳更多劳动力就业。

（二）城镇化水平低，就业总量压力大

民族地区城镇化滞后于工业化，且多为边疆地区和生态功能区，缺少大中城市的辐射和拉动。2012年民族地区城镇化率仅为43.1%，比全国水平低近10个百分点。农村隐性失业问题较为严

重。根据第六次人口普查结果测算，2010年民族地区农村劳动适龄人口（15~64岁）约7700万人，但富余劳动力高达2600万人左右，占适龄人口的33.8%，大大高于全国22.5%的平均水平。按达到全国平均城镇化率水平测算，民族地区每年将有260万农村人口要转为城镇居民，难度很大。此外，民族地区人口自然增长率达7.06‰，是全国的1.43倍，其中新疆高达10.84‰，是全国的2倍多，给未来民族地区就业带来巨大压力。

（三）"就业难"与"招工难"并存，结构性矛盾突出

一方面，农村存在大量富余劳动力，城镇积压大量就业不充分人口；另一方面，受语言、文化素质、风俗习惯等因素影响，不少民族地区劳动力难以实现稳定就业，企业普遍反映招工难。比如，许多少数民族劳动者虽能听懂普通话，但只会讲本民族语言，日常交流存在障碍；一些农牧民因保护生态之需被转移到城镇，缺少就业技能，只能靠政府补偿金度日；企业要为有的少数民族员工配备专门餐食，且员工流动性大，用工管理难。特别是在劳动者素质不能满足企业需求、熟练技工奇缺的情况下，一些民族地区存在企业员工工资比内地还高的现象，再加上劳动生产率低，影响了企业在当地招工的积极性。

（四）就业质量总体偏低，部分群体就业困难

民族地区就业稳定性差，灵活就业人口多。如新疆2013年新增的30万城镇就业人口中，灵活就业高达60%。同时，劳动合同签订率不高，社会保险参保率偏低，拖欠工资、超时加班现象仍较普遍。"两后生"（初中毕业生和高中毕业生）、高校毕业生和城镇失业人员实现就业和再就业难度大，这里既有劳动技能问题，也有就业观念问题。部分少数民族群众认为只有到机关、事业单位、国有企业工作才算就业，不愿到民营企业就业或自主创业，使就业压力进一步加大。

（五）职业教育和技能培训相对薄弱，就业政策落实有待加强

主要是实训基地和教学设备不足、"双师型"教师严重短缺、教学质量不高、"订单"、"定岗"培训少，以及经费匮乏等。国家出台了一系列促进民族地区就业创业的政策措施，但由于种种原因，政策落实效果不理想。如在就业专项经费方面，民族地区财力有限，主要靠中央就业专项转移支付，且多用于困难人员灵活就业社保补贴、开发公益性就业岗位等，挤压了用于职业教育和技能培训的支出，地方普遍反映就业专项资金缺口大。

三、切实做好民族地区就业工作，促进民族团结和社会稳定的几点建议

民族地区就业工作，不仅关系到各族群众福祉，而且关系到民族团结、边疆稳定和国家长治久安。调研组建议：

（一）加大对民族地区产业发展支持力度，增加更多就业岗位

支持民族地区发挥能源资源等比较优势，大力发展特色优势产业，支持有条件的民族地区优先布局能源资源开发利用项目。对民族地区实施差别化产业政策，探索实施负面清单管理模式，对非负面清单的产业，统一按15%的税率征收企业所得税。现有中小企业发展专项资金、科技型中小企业技术创新基金、企业技改贴息资金等，对民族地区符合条件的项目给予适当倾斜。设立民族地区促进就业专项引导资金，对吸纳就业能力强的投资项目和劳动密集型企业给予扶持。大力支持民族地区发展战略性新兴产业和生态旅游、民族文化等特色服务业，培育新的经济增长点和就业增长点。支持非公有制经济和县域经济发展，创造更多就业容量。

（二）大力促进东西互动，通过产业和劳动力"双转移"创造更多就业机会

加强民族地区与东中部的经济技术交流与合作，促进东中部地区的人才、技术、管理等优势与民族地区的资源、生态、文化等优势有机结合，尽快形成优势产业"引进来"和富余劳动力"走出去"的良好局面。支持民族地区有序承接东中部地区劳动密集型、资源加工型、生态友好型产业转移。加强与东部地区劳动力市场、技能培训方面的有效对接，促进民族地区劳动力向东部沿海地区转移就业。

（三）支持和鼓励企业增强社会责任感，吸纳当地特别是少数民族劳动力就业

在民族地区投资的中央企业、对口援建项目和政府投资类项目，应吸纳一定比例和数量的当地员工。鼓励民族地区的外资企业、民营企业、个体经营户吸纳当地员工。对在民族地区注册的各类企业招用当地员工，符合条件的，给予社会保险补贴和职业培训补贴，并在税费减免、小额担保贷款等方面给予政策优惠。尤其要做好少数民族大中专毕业生就业工作，将目前适用于高校毕业生的就业见习补贴、小微企业吸纳就业社会保险补贴、小额担保贷款及贴息等政策的对象范围扩展至民族地区的大中专毕业生。

（四）坚持以人为本，把转移人口就业作为城镇化建设的重要着力点

积极稳妥发展中小城市和小城镇，提高产业集聚和人口吸纳能力，有序推动农业转移人口市民化。探索实施"双轨制"过渡政策，在农牧民落户城镇后，在一个时段内保留其土地承包经营权及享受相关惠农惠牧政策的权利。建立健全由政府、企业、个人共同参与的农业转移人口市民化成本分担机制，推动进城农牧

民与城镇居民平等享有就业、子女就学、住房购房、社会保障等基本权益。进一步完善公共就业创业服务体系，提高劳动者就业创业能力和职业素质。

（五）着力加强职业教育和技能培训，切实提高劳动者就业素质

大力发展职业教育，扩大中职教育招收农村学生规模，推动民族地区未升学应届初高中毕业生免费接受职业教育。建立民族地区职教专项奖励基金和助学贷款机制，对品学兼优的家庭困难学生予以奖励，对家庭困难学生予以助学贷款。加大专项资金支持民族地区职业教育硬件设施的投入，同时优化职教资源配置，调整布局结构和专业设置，避免分散和低水平重复办学。加强与东部地区合作，实现职业教育与岗位技能需求对接，加大"订单"、"定岗"培训力度，建立跨区就学、就业促进机制。推广国家通用语言文字教育，全面推行"双语"教学。对外出务工人员、城镇就业困难人员开展实用技能培训。

"十三五"规划中民族地区发展需要关注的几个问题[*]

（2015年5月）

民族地区是全面建成小康社会的重点和难点，"十三五"时期是民族地区加快发展、与全国一道实现全面小康目标的关键时期。全国政协民宗委近两年先后就民族地区优化产业布局、促进城镇化进程中的就业、加快职业教育发展、加大扶贫攻坚力度等开展专题调研，为了在"十三五"规划中更充分地体现民族地区的发展诉求，近期又与国家发展改革委、科技部、人力资源和社会保障部、交通运输部、商务部等部委同志一起，就"'十三五'规划中民族地区发展需要关注的几个问题"赴内蒙古、云南等省（区）实地调研，并委托广西、贵州、西藏、青海、宁夏、新疆等省（区）政协民宗委协同调研。现将有关情况及我们的建议报告如下。

一、加快交通基础设施建设，打破发展瓶颈制约

交通落后是制约民族地区发展的最大瓶颈，加快交通基础设施建设是民族地区广大干部群众反映最为强烈的问题。改革开放特别是西部大开发以来，民族地区交通基础设施建设取得长足进

---

[*] 这是全国政协民族宗教委员会在调研基础上形成的报告。调研组组长马铁山，副组长：王学仁、杜鹰，成员：王伟、刘世锦、李玉玲、尚绍华、崔景龙、梁骧、潘鲁生、吴亚东、全金玉、童章舜、胡文忠、汪亚干、曹宁、刘天民，工作人员：陈言覃、孙冬冬。杜鹰为报告执笔人。

展，但从整体上看，仍不能适应民族地区发展的需要，也是全国交通运输体系中的"短板"。主要表现为：对内对外骨干通道不畅，物流成本高；国省干线规模偏小，技术等级偏低，缺失路段和断头路多；域内公路网络化格局远未形成，铁路公路水运航空综合交通体系建设滞后；农村公路水平低，通达能力差，有不少乡村至今不通公路。地方同志反映，加快交通基础设施建设面临的主要问题，一是不少项目尚未列入国家规划，二是列入规划的项目审批慢，三是拟建在建项目筹措资金难。为此建议：

（一）把民族地区交通基础设施建设列为"十三五"专项规划的重点

加快改变交通落后状况，事关民族地区繁荣进步、民族团结、边疆稳定和国家统一，有关专项规划应充分考虑民族地区的战略地位和发展中面临的特殊困难，推动重大交通项目优先向西部民族地区布局，加快形成比较完善的路网骨架和运输体系，使民族地区交通运输能力主要指标逐步接近全国平均水平。鉴于"十三五"民族地区交通建设的资金需求比国家盘子高出一倍多，因此规划制定要切实加强综合平衡，抓住关键节点和重点工程，优先启动最紧要最急迫又最具带动能力的重点项目建设，把有限资金用在刀刃上，使建成的项目更快更好地发挥效益。

（二）加快项目前期工作和项目审批速度

铁路、公路、民航等交通建设项目前期工作周期长，审批涉及部门多，应进一步加大中央对西部民族地区重点交通项目前期工作的补助力度，并指导地方做好前期工作；要进一步简政放权，对已列入规划的项目简化审批环节和程序，将立项和可研合并审批；交通、发改等部门要提高部分审批项目下限，将审批权下放到省里，并加强部门之间的协同配合，使成熟项目尽早开工建设。

（三）广泛动员社会资金参与民族地区交通建设

不同的交通项目直接经济效益差别很大，除了重要的且经济效益不高的项目主要由国家出资建设外，大量的具有一定经济效益的铁路、公路等项目，应鼓励采取 PPP 等方式广泛动员社会资金参与建设。地方同志反映，目前交通基础设施 PPP 建设的权责划分、利益分配尚无具体管理办法，建议国家尽快出台指导意见和相关规定，支持各地开展 PPP 项目试点，总结经验，逐步推广。在经济下行压力加大的形势下，二级公路收费可以考虑适当延期。

（四）加大国家支持力度

西部民族地区交通基础设施建设造价高、投资大，一些需要地方配套的项目资金难以落实。青海省、贵州省自有财力占财政支出的比重不到 10%，无力支撑大量配套资金；边疆地区又是国家交通网的末梢，过境交通量少，多元化筹资难度较大。国家在安排重大项目时，应充分考虑到民族地区的特殊性和实际情况，加大资金支持力度，适当提高补助标准，减少或取消地方配套资金。

二、大力促进产业承接转移，打造新的经济增长点

发展特色优势产业是加快民族地区经济发展的重点所在。现阶段民族地区的产业以资源型产业为主，占规模以上企业的比重高达 68.6%，比全国平均水平高 24.6 个百分点，产业发展层次低，产业结构单一。当前，经济下行压力已传递到西部民族地区，使传统产业受到很大冲击。在经济发展进入新常态情况下，调整优化产业结构已成为民族地区发展的当务之急。实践证明，促进区域间产业承接转移，既符合全国工业布局再调整的客观规律，也是民族地区优化产业结构、健全产业体系的有效途径，应予以

积极推进。

近年来，国家推动东部沿海地区产业向中西部地区转移，取得明显效果。目前存在的主要问题是，仍缺乏国家层面的规划引领和政策支持，尚未形成产业梯度转移的政策体系；承接地的软硬件平台建设滞后，配套能力不足，投资环境有待提升改善；承接项目选择存在盲目性和无序现象，与当地资源条件和发展现状结合不紧密，对延长当地产业链、结构优化带动不够。为此建议：

（一）把民族地区承接产业转移提升为国家战略

东部沿海企业不少在谋求向中西部转移或向国外转移，在这一背景下，有必要全面总结2010年《国务院关于中西部地区承接产业转移的指导意见》下发以来的政策执行情况，进一步完善政策措施，加大支持力度。建议设立面向西部地区特别是民族地区的"国家产业转移专项资金"，鼓励和支持沿海企业优先在国内转移；加强产业转移的指导，优化西部地区及分省产业目录，把消化过剩产能与鼓励产业转移政策有机结合，形成更高层次更为系统的产业转移态势；在分解"十三五"能源总量控制和节能减排指标时，进一步向民族地区倾斜，提高其产业转移承载能力。

（二）把承接产业同优化自身产业结构紧密结合起来

民族地区承接产业转移要把好市场准入关和技术门槛，坚决防止落后产能和污染企业输入，规避"低端锁定"和"结构失衡"风险。要把承接产业转移的重心放在提升自身发展能力上，从本地优化提升产业结构的现实需要出发，有选择地吸纳承接区际产业转移，重点承接符合市场需求的链条式产业转移，以培育区域经济新的增长点，真正实现"在承接中提升，在提升中承接"。

（三）打造承接产业转移的集聚平台

民族地区生态环境脆弱，是我国限制开发和禁止开发的集中分布区，承接产业转移不能遍地开花、盲目铺摊子。要严守生态红线，按照以点串线、以线带面的原则，在优化开发区和重点开发区集中力量打造产业聚集平台。如我们调研中看到的呼包鄂产业群、滇中产业园区就是比较好的实例。在园区规划建设上，应整体规划、滚动发展，避免贪大求洋、圈占土地。

（四）优化产业转移投资环境

民族地区承接产业转移需要政策支持，但要处理好差别化支持政策与建立全国统一市场的关系。国务院日前发布通知，暂停对税收等优惠政策的清理工作，不搞"一刀切"，由各地各部门设立过渡期，逐步清理。从长远看，民族地区政府要把吸引产业转移的工作重点放到更好地打造投资环境上来，切实转变政府职能，加强服务意识，简化审批手续，提高行政效率，营造务实精简、优质高效的政务环境。

三、抓住"一带一路"建设机遇，提升对内对外开放水平

实施对内对外开放是激发民族地区内在活力的关键举措。西部民族地区具有沿边开放和向西开放的区位优势，1992年国家开始实施沿边开放，带动了民族地区的发展。但与沿海相比，沿边开放面临两个难题，一是面对的是特定国家和特定市场，受周边国家政经格局变化影响大；二是沿边多为少数民族欠发达地区，经济实力偏弱。针对沿边开放存在的问题，我们建议：

（一）加强口岸和交通通道建设

通道不通、口岸不畅是沿边开放存在的突出问题。与周边国家互联互通整体水平较低，境内境外段（特别是境外段）建设均较为滞后，一些口岸出入境运输仍以口岸换装接驳运输为主，部

分口岸通关能力弱,边检、检疫设施落后。建议加快实施国家已出台的与周边国家互联互通总体规划,确保到 2018 年完成铁路、公路、油气管道、通讯等重点项目。加强国家级边境口岸基础设施建设,重点建设查验监督设施和国际货物换装及中转设施,提高通关便利化水平。

(二)赋予沿边地区新的优惠政策

由于种种原因,沿边境地区上世纪 90 年代实行的"三减两免"、边境小额贸易、人员进出便利化等政策或取消、或已不能适应新形势的需要。中央今年发布的构建开放型经济新体制的指导意见,明确提出赋予沿边地区在人员往来、加工物流、旅游等方面实行特殊方式和政策,应在系统研究的基础上加快落实。建议借鉴沿海地区办法,对沿边开放的产业投资、货物进出实行负面清单管理,给予边境口岸更大的自主权。

(三)把沿边开放与对内开放结合起来

没有沿海和内陆地区强有力的支撑,仅靠沿边地区单打独斗,势必形单影薄、事倍功半。应加强沿边开放点、线、面规划,以沿边开放为牵引,以打造腹地开放新高地为依托,以通道和走廊建设为支撑,促进资源要素优化配置,真正形成内引外联立体布局的沿边对外开放体系。

(四)努力形成对外工作的合力

落实沿边开发开放支持政策和做好周边国家工作涉及国家多个部门,多头管理、多头审批和对外工作缺乏合力是沿边开放中存在的又一个突出问题。建议国家设立沿边开放部际联席会议制度,有针对性地研究和解决对外开放中碰到的突出问题,在对外贸易、产业投资、金融财税支持、人员往来、跨境旅游等方面加强政策研究;跟踪分析周边形势,有针对性地做好相关国家工作,形成对外工作的合力，增强对外工作的有效性。

四、高度重视人才队伍建设，为振兴民族地区积蓄力量

加强人才队伍建设是振兴民族地区的根本大计。高层次人才匮乏，实用技术人才短缺，是民族地区经济社会发展滞后的共性问题。据了解，在民族8省区中，"两院"院士仅14名，占总量的1.16%；全国平均人才贡献率为26.6%，民族8省区除内蒙古外均在10%以内，最低的仅5.8%；研发经费占GDP比重仅相当全国平均水平的44%，大中型工业企业研发人员全时当量仅占全国总量的3.1%；人均受教育年限除内蒙古外，均低于全国平均水平。民族地区人才短缺匮乏还表现在，人才层次低，结构不合理，创新能力弱；分布不合理，越到基层人才越稀缺；优秀人才引不进、留不住，流失现象严重。为此建议：

（一）打造吸引、使用和留住人才的事业平台

吸引人才到欠发达地区去，给予从优待遇是必要的，但更重要的是要有事干、有干事的平台。民族地区不缺科研题目，缺的是科研条件、环境、支撑和平台。因此，吸引和留住人才，要从打造事业平台入手。目前，国家在民族地区设立了15个高新技术产业园区、33个高新技术产业基地、9个国家重点实验室、29个国家工程技术研究中心，有关部门还实施了科技兴藏、科技援疆、科技兴滇等专项，吸引了大批人才到民族地区工作，取得较好效果，建议进一步加大这方面工作的力度。

（二）研究制定吸引人才的新政策

加大国家"老少边穷地区人才支持计划科技人员专项计划"工作力度，国家创新人才推进计划等要进一步向民族地区倾斜。

设立"西部人才发展专项资金",重点用于各类引才引智专项和本地人才培养。凡到民族地区工作的人才,在福利待遇、职称评定等方面从优考虑。加强周转房建设,改善生活、工作条件。建立区域人才交流与合作机制,创新引才引智方法,采取短期服务、承担项目、业余兼职等多种方式吸引紧缺人才。

(三) 鼓励人才到基层发挥作用

民族地区基层工作条件较差、环境艰苦,应制定鼓励中小学教师、医疗卫生人员、农业技术人员、技能人才等到乡镇基层工作和服务的政策措施。通过实行差别化专业技术人才选拔任用政策、调整艰苦边远地区津补贴、提高基层福利待遇水平等方式,稳定基层专业技术人员队伍。

(四) 加强本地人才的培养

巩固九年义务制教育,继续推进双语教育,大力发展职业教育,提高各民族受教育水平和人口素质。由中央财政资助实施民族地区基层专业技术人才、农村实用人才培养培训计划,加大西部地区人才培养特别项目、留学回国人员科研启动基金等项目的实施力度,提高西部地区在国家重点人才培养中所占的比重,打造民族地区留得住、用得上的人才队伍。

(五) 加大干部人才双向交流

通过对口支援、东西互助等方式,加大"请进来、走出去"双向交流工作力度,组织民族地区干部到内地省份、沿海地区、中央部门挂职,了解国家政策,学习发达地区好经验,增长见识和才干;也鼓励中央部门、沿海地区、内地省份干部到民族地区工作,以"传帮带"方式帮助民族地区培养干部人才。

第七编

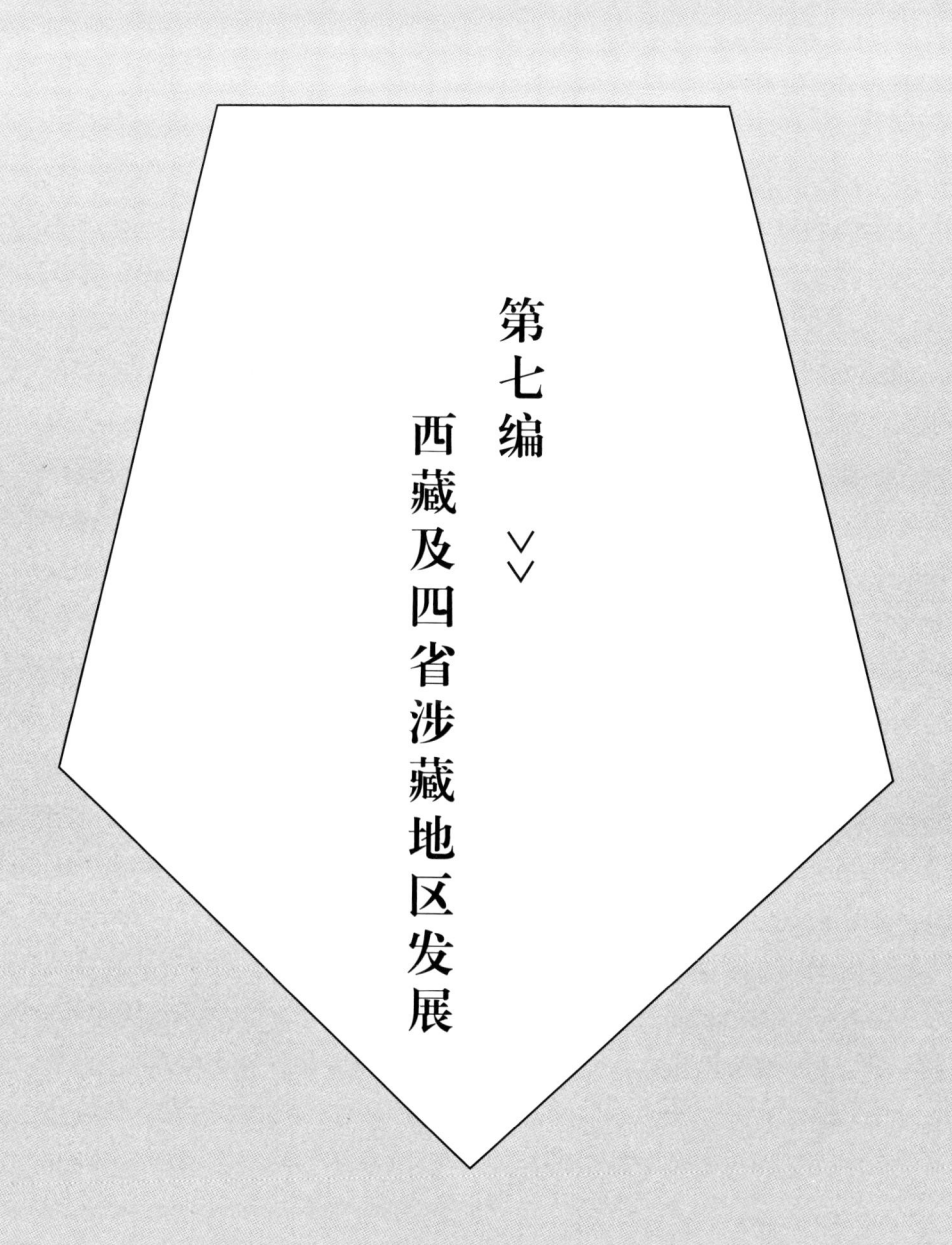

西藏及四省涉藏地区发展

关于支持青海等省藏区经济社会发展的几个问题[*]

（2007年11月3日）

按照中央领导同志的重要批示精神，中央、国务院有关部门和中咨公司的同志，从10月15日至11月3日，分三批到青海省开展了比较深入的调研。调研组分赴全省6州1地1市33个县调研，其中，在6个藏族自治州调研了28个县（市）。通过调研，调研组全体成员受到了一次难得的国情和省情教育，掌握了大量第一手资料，加深了对青海省藏区经济社会发展重要性和紧迫性的认识。下面，结合调研体会，谈几点看法。

一、关于青海藏区发展的总体思路

青海省在国家发展稳定大局中具有重要战略地位。一是青海省是黄河、长江、澜沧江三江发源地，素有中华水塔之称，是青藏高原生态屏障的重要组成部分，生态地位独特而不可替代。二是青海省是我国民族8省区之一，是除西藏以外最大的涉藏地区。由于历史原因，青海藏区处于与达赖集团反分裂、反渗透、反破坏斗争的前沿，负有维护藏区稳定和民族团结的重要使命。三是青海省拥有丰富的矿产、石油天然气、水电水能、农牧业以及旅

---

[*] 根据中央领导同志指示，国家部委调研组赴青海省实地调研，在此基础上起草了有关支持青海等省藏区经济社会发展的文件。这是作者在实地调研结束后与青海省委省政府交换意见时的讲话。

游资源，对于支持青海乃至大西北的开发发展具有重要作用。因此，加快青海藏区经济社会发展具有格外重要的意义。

改革开放特别是实施西部大开发以来，青海省经济社会发展提速，协调性和自主发展能力进一步增强。"十五"期间，青海省GDP增长速度保持在10%以上，基础设施建设明显加强，产业发展规模和效益显著提高，民生进一步改善，民族团结、社会稳定呈现良好局面，为青海藏区今后的发展打下了很好的基础。另一方面也要看到，青海省的发展还面临着很多困难，有些是特殊性困难。调研组认为，中央有关部委关于青海藏区农牧民贫困问题的调研报告，以及发改委关于三江源地区的调研报告所反映的困难和问题是真实的，有些情况甚至有过之无不及。要清醒地认识青海藏区发展的长期性、艰巨性和复杂性，切实加大对青海藏区的支持力度，把国家支持同青海省自身努力更好地结合起来，推动青海藏区经济社会发展打开新局面。

明确总体思路，是青海藏区实现又好又快发展的前提。青海省人大批准的《青海省国民经济和社会发展"十一五"规划纲要》，是一个从省情出发、符合实际且具有前瞻性的规划。在认真落实规划任务的同时，也要根据新形势、新情况、新问题，完善和充实规划思路。调研组认为，青海藏区经济社会发展的核心，是处理好资源开发、改善民生与生态保护三者的关系，要把这一思想贯穿于青海藏区发展问题研究的全过程。省委、省政府提出"科学发展是第一要务，生态保护是首要任务，改善民生是当务之急"，就是讲的这三者之间的关系。《青海省"十一五"规划纲要》在指导思想里有一句话，就是"必须坚持一切从实际出发，走特色发展之路，努力走出一条特色鲜明、经济发展、生活富裕、社会和谐、生态良好、资源节约、全面协调可持续发展之路"。什么是青海特色？就是要处理好三者的关系。以往的经验和现实情况表明，能否处理好这三者的关系，是促进青海藏区经济社会又好又快发展的关键。

这次调研有一个突出的感受,就是青海省各地州的情况差别极大。明确了总体思路,还必须进一步突出分类指导。比如,《青海省"十一五"规划纲要》提出"青海省正处在工业化、城镇化和现代化加快发展时期",这句话是对的,但是它对不同地州的含义是不一样的。我赞同青海省提出的四大板块的区域发展格局,即西宁和海东板块、环青海湖板块(包括海北、海南州)、海西板块以及青南板块。这四大板块按照主体功能来划分,青南板块属于限制开发区,其中"三江源"自然保护区核心区又属于禁止开发区;环青海湖板块属于限制开发区,但也有若干个点,比如海北州的一些地方可以适度开发;海西板块应该是重点开发区,意味着青海省未来的经济中心可能会西移;相对上述三个板块,西宁和海东板块是省内开发程度最高的地区,应该是优化开发区。因此,需要分门别类研究四大板块各自的发展思路,同时明确它们之间的相互联系。这次我调研了3个州,每到一处,都强调要明确本州的发展定位和思路。在四大板块里,资源开发、改善民生、生态保护各自的权重是不一样的。省里的总体发展思路要将这些差异具体化到空间布局上,这样才能使基层干部和广大群众达成共识,形成凝聚力。将来文件里如何准确表述青海经济社会发展的指导思想、基本原则、总体目标和重点任务等,一定要有分区的考量,把整体和部分、共性与个性有机衔接起来。比如省政府已不再考核果洛、玉树两州的GDP指标,就是一个很好的政策导向。

二、关于生态建设

草原是青海生态系统的重要组成部分和基础单元。青海省的草场面积5.4亿亩,草场退化面积和水土流失面积均达到50%左右,其中96%以上的水土流失面积集中在藏区。近两年,降水量虽有所增加,但总体上讲,以三江源和青海湖为代表的生态重点地区生态恶化趋势还没有从根本上遏制。

气候变化和人为因素是导致自然环境破坏的两个主要因素。为应对气候变化、雪线上升，国家已拟定了相应的方案，现在的重点是如何减少和杜绝人为破坏。人为因素方面，一是超载过牧，草畜不平衡；二是滥砍滥挖；三是鼠害问题，鼠害猖獗也与人类活动密切相关。其中最主要的是草畜不平衡的问题，它涉及产草量、牲畜数量和人口三者之间的关系。新中国成立以来，青海省产草量增加有限，但牲畜数量和人口的增长速度更快，造成超载过牧。青海省上报的各类牲畜数量是1700万头（只），约折2900万羊单位。但是，根据基层调查反映，实际数量比统计报表的数量多20%左右，实际数量大致在2000万头（只），约折3700万羊单位。理论上，青海省产草量约为6000万吨，草原承载能力为1500万羊单位。就按上报的2900万羊单位计算，也超载了近一倍。调研中我们看到，公路两边二三公里范围内草场破坏十分严重，特别是大野马岭到野牦牛沟、三塔拉滩地等草场退化严重，很大程度上与超载过牧有直接关系。

解决超载过牧、实现草畜平衡的思路主要有两个：一是增草、增畜，提高产草量和载畜量；二是增草、减畜，提高产草量和减少载畜量。草原就是分布在降雨量200毫米以下的地方，要提高产草量，就要像种粮食一样去种草，就需要水利灌溉，大量超采地下水。从内蒙古、新疆等草原地区的实践看，增草、增畜的思路行不通，难以扭转生态环境恶化的趋势。从符合自然规律的角度讲，牲畜数量不能增长得太快，只能走增草、减畜的路子。此外，藏区牧民把牲畜视为财富，不愿出栏也是个问题，这要通过加大退牧还草补偿力度以及畜牧业发展方式转型来解决。

通过调研我们认为，在增草、减畜的同时，还要减人。牧民定居和生态移民，符合改善牧民生活条件和保护草原生态的要求。我们在玉树结古镇了解到，搬迁群众总体上是拥护生态移民的，好处是小孩上学方便了，住房条件改善了。存在的突出问题是，搬迁后，大多数移民的收入比以前有所减少。本来移民搬迁的最终目的是减畜、增草、增收，既要生态效益，也要经济效益，要让老百姓的日子变好。如何解决好移民的生计问题，已关系到青海省生态建设的成败。据移民反映，搬迁后的生活来源，一半是依靠政府的退牧还草补助，有草原证的，每户每年补助6000元，没有草原证的，每户补助3000元。另外一半收入中，90%是靠挖虫草，只有10%的收入来自打零工、做小买卖等。我们在内蒙古看到，牧民离开草原后，依靠饲养奶牛和外出务工等，很快融入到新的产业中，成功实现了减畜、增草、增收。青海省要在这方面多做一些探索，国家也要加大生态补偿力度。

青海藏区牧民实现转产、转业的最大障碍是技能和素质问题。解决这个问题，要长短结合，采取综合措施。近期措施，一是要明确转产方向，比如一些地方组织搬迁牧民参加藏毯编织就很好，看看还有哪些有发展前景的产业；二是加大培训力度，提高牧民就业的技能。长远之计是加大双语教学力度，青壮年牧民从草原转移出来，难以就业的最大障碍是语言不通。藏民族有着优秀的文化传统和深厚的文化底蕴，但客观地说，如果藏族同胞不掌握汉语，就无法学好现代科学技术知识，就难以掌握从事新的生产岗位所需的技能，也无法接受现代文明。因此，藏语教学要正常开展，但更重要的是要进一步加大汉语教学力度。客观地讲，这也是加强民族融合，提高藏民族文化素质，开展反分裂斗争的需要。对这个问题要统一思想，统一认识。新疆大力推行双语教学的效果相当明显，维吾尔族家长送子女学习汉语的积极性很高，现在的问题反倒是缺少师资和教材。

此外，还有一些政策问题需要统筹考虑。比如，要研究制定草场使用权流转的办法。草场所有权是国家的，使用权是牧民的，那些转产转业的移民可以出让草场使用权，留在草原上的牧民可以扩大经营规模，提高畜牧业的生产效率。再比如，退牧还草补偿期为10年，许多移民已经搬出来3年了，要提早考虑补偿到期后可能出现的情况。生态治理的工程技术措施也要跟上。青海省的鼠害面积近亿亩，要加大鼠害治理的力度，目前比较有效的还是物理办法，同时要结合其他措施，每年至少治理1000万亩。做好草原的水土保持工作，既要采取工程措施，也要重视围栏封育等自然修复方式。

青海省提出扩大《三江源自然保护区生态保护与建设总体规划》实施范围、新增项目、加大支持力度等要求，我们会结合中咨公司的中期评估进一步研究。此外，我委会尽快批复《青海湖流域生态环境保护与综合治理规划》。

三、关于改善民生和扶贫攻坚

改善民生的任务不亚于生态治理的任务。目前，青海藏区有96.2万藏族人口，其中2/3以上是牧民。2006年，青海藏区农牧民人均纯收入2249元，玉树州只有1923元，与全国平均水平相比有很大差距。由于自然条件恶劣，藏区贫困面大、贫困程度深，扶贫攻坚难度很大。农牧民生产生活条件、基础设施、公共服务等方面的欠账也很多。到2020年我国实现全面小康的时候，藏区农牧民生活水平能否有明显提高，使他们分享到改革开放成果，不仅是经济问题，也是民族问题和政治问题。

改善民生要从以下几个方面入手：

第一，发展生产，转变发展方式。青海省农业有亮点，比如发展油菜、马铃薯、蚕豆等特色农作物有优势，还有比较好的土地、光热条件和比较充裕的水资源。要从提高良种覆盖率、农技服务水平、精深加工程度和扩大市场半径等方面入手，实现农业发展方式的转变。畜牧业也要从粗放式经营向集约式经营转变。在减畜的同时，转变畜牧业发展方式，要努力提高良种覆盖率、出栏率、商品率，减少死亡率。要实行围栏封育、舍饲半舍饲圈养，提高饲养水平，加强饲草料基地建设，加强动物防疫体系建设。在经营方式上，一家一户放牧不太科学，能不能几家联合起来放牧，不仅可以节省劳动力，也能够使草场资源得到有效利用。

第二，加大扶贫攻坚力度。十七大报告中已提出要逐步提高扶贫标准，国务院有关部门正在研究。青海藏区6州30个县中，有8个国家扶贫开发工作重点县，8个省级扶贫开发工作重点县，其中玉树、果洛两州的贫困问题实属全国罕见。省政府希望比照西藏自治区实行扶贫政策全覆盖，这要结合其他三个省的藏区统筹考虑。但是，调研组的同志都感到，做好青海藏区的扶贫开发工作，确实需要有一些实实在在的办法。要加大扶贫攻坚力度，实行连片开发、综合治理，重点支持改善农牧业基本生产生活条件，加大以工代赈、易地扶贫搬迁力度，创新扶贫体制机制。

第三，加强水、电、路等农村基础设施建设。这些方面的问题，刚才有关部门的同志都讲了，我重点讲一下燃料问题。我认为这是青海藏区加强生态建设、改善民生面临的一个非常现实的、急迫需要解决的问题。在结古镇走访时了解到，移民家庭取暖用的牛粪也涨价了，一袋8元，一天烧一袋，一年就是3000元左右，刚好把政府补助的3000元花完。在牧区，他们是生产者，搬迁到城镇后，他们就变成商品消费者。将来牧区还要考虑减畜，如果牛羊头只减下一半，城镇的牛粪价格还要大幅上涨。省政府按照《青海三江源自然保护区生态保护和建设总体规划》，实施能源建设工程，当地称之为"温暖工程"，主要是靠太阳能发电。目前，这种方式只能解决烧水做饭问题，取暖问题怎么解决？看来，"温暖工程"要调整思路，改善能源结构，实行多能互补。结古镇目前还是独立的小电网，能力不够，也不稳定，要实现与西北电网的联网。在这个基础上，多方设法，能用天然气的就用天然气，能用小水电的就用小水电，能用沼气的就用暖棚加沼气，能用煤的就要用煤。总之，要采取综合措施尽快解决。

第四，发展社会事业。社会事业也是涉及老百姓切身利益、改善民生的重要方面。青海藏区经济发展落后，社会事业更落后，是短腿中的短腿。教育方面，刚才教育部的同志提出了五个重点问题，一是普九教育，还有16个藏区县实现"两基"攻坚目标难度极大；二是职业教育；三是远程教育及师资问题；四是双语教学；五是教师队伍。要突出双语教学，全面加大对地方教育事业的支持。我们在结古镇一所小学的教室里看到，82个学生挤在一起。之所以会出现这种情况，是由于实行"两免一补"政策后，上学的孩子多了，校舍不够的问题凸显出来了。普通中学和寄宿制学校也存在校舍陈旧和严重不足的问题。医疗卫生方面，藏区的医疗卫生条件十分落后，尤其是缺乏高原病诊治手段，因肺水肿治疗不及时，玉树前不久就失去了一位同志。建议给玉树、果洛配置2~3个高压氧舱，作为特事特办的项目。藏区要加强三级卫生网的建设，加强地方病综合防治。文化、广播电视也要加大支持力度，特别是要扩大藏区藏语广播的覆盖率，提供更多的节目。藏区看不到藏语节目不行，现在曲麻莱县和治多县只能接收到2个电视频道，还都是汉语节目。广电部门要认真研究，多制作一些藏语节目。

此外，中央有关文件明确，把寺庙和宗教人员纳入社会管理和公共服务范围。僧侣也是公民，僧侣的贫困问题应该纳入低保和农村卫生医疗体系，还有寺庙的通水、通电、通路等基础设施建设，要纳入当地经济社会发展规划。

四、关于青海藏区产业发展和循环经济试验区

海西州资源条件好，发展潜力大，富集了全省95%的矿产资源储量。天然气、石油、盐湖和有色金属等矿产资源丰富，还有其他矿产资源，种类多、品位高、组合好。盐湖工业很有潜力，将来会成为青海省新的经济增长点，对支持全省经济发展、民生改善和生态保护都将起到重要作用。国家对这个地区的产业发展应给予重点支持。目前要做好几件事：一是加大地质勘探

力度；二是在做好规划的基础上，加快柴达木循环经济试验区建设；三是加强自主创新和企业制度改革；四是进一步加强柴达木盆地基础设施建设。大家对支持柴达木循环经济试验区问题提出很多要求，包括市场准入、项目审批、财税优惠、土地征用、人才支持等。我感到柴达木盆地作为青海省的重点开发区，与新疆有类似之处，在政策上能否采取类似新疆的政策，使资源开发更多地惠及当地，可以做专门的研究。建议有关部门对柴达木盆地循环经济试验区建设及相关的产业发展问题再组织专题调研。

五、关于基础设施建设问题

基础设施主要涉及水利、综合交通运输体系和电网三个方面。水利方面，青海省提出引大济湟和14个水库等重点工程；水电方面，龙羊峡上游还有800万千瓦的装机能力。公路方面，青海省的公路以西宁为轴心呈放射状，尚未形成网络，而且标准低，通达深度不够，尤其是乡村道路欠账较多。铁路方面，要重点考虑出省通道建设和满足柴达木盆地开发建设的需要。在建的项目要加快进度，已列入规划的项目，视条件争取尽早开工。民航方面，中国民用航空局的态度比较积极，包括在建的玉树机场、西宁机场二期改扩建等，都已明确表态给予支持。电网方面，青海电网是西北电网的末端，由750千伏接入省内，再以西宁为轴心，向西以330千伏通到柴达木盆地，南北各是110千伏通到海南、海北以及果洛的几个县，玉树州以及果洛州另外三县还是小电网。主网比较脆弱，抗波动能力和稳定性较差，尤其是还没有并网的地区，农牧民用电还有很多困难。电力建设要整体考虑、先行一步，一是升级，一是并网，玉树、果洛州都要并网。相关建设项目，希望有关部门做好规划，统筹研究。

六、关于基层政权建设和改善干部待遇

地方基层政权以及负责维护社会稳定工作的公检法、武警以及各方面的力量需要进一步加强，要加大对乡镇政府、派出所等人员编制、经费、设备、办公用房等改善工作条件的支持力度。此前，财政部已经出台了两项对藏区的政策，一是对藏区干部办公取暖经费给予补助，标准是每人每年350元，执行期限是自2007年到2010年；二是改善基层政权办公条件，给每个乡镇每年补助20万元，执行期限同上。在这个基础上，我们还要研究新的政策。对藏区干部，特别是基层干部，要研究完善艰苦边远地区津贴制度、带薪休假、体检保健制度。

七、关于财政、投资支持和对口支援政策

一是要加大中央财政转移支付力度。十七大报告在财税体制改革中，明确提出建立生态环境补偿机制。鉴于青海省在全国生态建设上独有的重要地位，这一机制的建立可否先从青海试点。建议在专项转移支付的财力性转移支付中单列一项，作为开展这方面工作的试点，加大对青海省的转移支付力度。二是在投资政策方面，青海省提出，减少或取消建设项目地方配套资金。青海省地方财力确实困难，2006年，地方财政收入42.2亿元，财政支出214.7亿元，中央转移支付180多亿元，自给率仅20%。在没有免除农业税前，玉树州的财政收入最高为4000多万元，免除农业税后，目前不到3000万元，而玉树州一年的财政支出是8.6亿元，自给率为5%。果洛州玛多县地方财政收入仅有101万元，财政支出则高达5000多万元，自给率仅为2%，地方财政没有配套能力。这个问题涉及面广，要统筹考虑。初步考虑，建议对重点州的重点项目减免配套资金，要把青海省和其他涉藏省区别开

来，青海省6个藏族自治州也要有所区别。三是关于对口支援问题。青海省的确存在"小马拉大车"问题，我们对青海省的对口支援工作持积极态度。目前，仅有辽宁省对口帮扶青海省，能不能动员更多发达地区省份对口支援青海藏区6州，我们将对这个问题进行重点研究，提出建议。

认真做好西藏经济社会发展调研工作[*]

(2009年6月29日)

首先,请允许我代表国家部委的同志,对自治区的热情接待和周到安排表示衷心感谢,同时向长期生活工作和战斗在雪域高原的同志们表示崇高的敬意。按照中央统一部署和国务院领导同志的重要指示,我们经济社会组这次进藏调研,主要目的是系统总结中央第四次西藏工作座谈会以来西藏经济社会发展的建设成就和工作经验,认真分析西藏当前形势和发展趋势,着力研究西藏经济社会发展存在的突出困难和问题,提出支持西藏又好又快发展的建议,以确保西藏按中央要求实现跨越式发展和长治久安。6月2日,经济社会发展组在北京开了启动会,马凯国务委员做了重要讲话,朱维群同志介绍了藏区形势,对搞好调研工作进行了动员和部署,我们要认真贯彻落实。

2001年中央第四次西藏工作会议以来,在党中央、国务院的关怀下,在其他各省区的大力支持下,在西藏党委政府的领导下,各族干部群众艰苦奋斗,西藏各方面工作都上了一个新台阶,取得了新成就。基础设施得到明显改善,优势特色产业得到进一步发展,农牧民生活和城乡面貌发生新的变化,生态环境建设也得到进一步加强,西藏所取得的成就有目共睹,可以说,西藏处于有史以来经济社会发展的最好时期。八年来,西藏自治区 GDP 增

---

[*] 按照中央部署和国务院要求,为做好第五次中央西藏工作座谈会筹备工作,中央西藏工作协调小组经济社会组有关部门组成调研组赴西藏调研。这是作者在调研组与自治区党委政府见面会上的讲话。

长1.5倍，年均增长12.4%，人均GDP达到13000多元；地方一般性预算收入是2001年的3.6倍；农牧民收入比2000年增长1.4倍，在全国排位上升到26位，前进一位。八年来，西藏发展成就来之不易，得益于党中央国务院的正确领导，也是全区广大干部群众艰苦奋斗的结果。

我要强调的是另一个方面，目前西藏在全国仍然是欠发达地区，而且是特殊类型的欠发达地区，西藏的进一步发展面临着特殊的制约因素和特殊的困难。一是西藏的自然地理环境极为特殊。平均海拔在4000米以上，生存条件比较严酷，给经济社会发展带来很多难以想象的困难。二是西藏的经济社会起点比较低。西藏长期处在奴隶社会，民主改革以后一步跨入社会主义社会，发展起点比较低，经济总量比较小，经济结构不尽合理，自我发展能力相对比较弱。三是尽管多年来在中央和有关省区的支持下，基础设施明显改善，但总体而言，交通、能源、水利基础设施薄弱，仍然是制约西藏进一步发展的重要瓶颈。四是西藏的生态地位非常重要，但西藏的生态环境又极为脆弱，一旦破坏，很难恢复。因此，在经济社会发展的同时，任何时候对生态环境保护都不能掉以轻心。五是农牧民的生产生活条件还是比较差。西藏287万人，城市化率22.6%，约80%都是农牧民。"一江三河"和藏北地区农牧业生产方式相当落后，生活水平和社会保障水平低，扶贫攻坚的任务依然繁重，西藏整体是国家扶贫工作18个集中连片困难地区之一。六是教育、卫生、社会保障等社会事业发展水平比较低，社会发展的重要指标与全国平均水平相比明显落后。基本公共服务能力亟待进一步加强，人才匮乏相当严重。七是西藏自治区维护国家统一、与达赖集团反分裂的斗争任务繁重。尽管"3·14"事件后我们取得了阶段性重大胜利，但在西方国家支持下暗流依然涌动，同达赖集团的斗争仍然是长期的，尖锐的。

从发展趋势看也不容乐观。2005年中央有关文件提出西藏发展的阶段性目标是，到"十一五"末期地区生产总值要保持"十五"期间的增长态势，农牧民的人均纯收入也要保持较快增长态势，要求到2010年力争使西藏农牧民人均纯收入进入全国中等行列，2020年要和全国其他地方一样同步实现全面小康目标。2008年，西藏农民人均纯收入是3176元，只相当于全国平均水平的66.7%；西藏人均GDP为13000多元，只相当全国平均水平的61%。到2020年，西藏要和全国同步实现全面小康，非常困难。从文件提出的具体目标来看，"十一五"期间通县沥青路要力争达到80%以上，乡镇和80%的建制村要通公路，要基本实现乡乡通邮、村村通电话，电力方面要基本确保需求，实现这些目标的难度也不小。现在还有81万人没有解决饮水安全，还有4个县的"普九"任务没有完成。所以，我们这次要很好地研判形势，围绕怎样实现中央提出的目标，怎样实现总书记提出的西藏跨越式发展，规划未来发展的蓝图和思路。中央第五次西藏工作座谈会将把经济工作作为重要内容。从经济工作的角度看，西藏下一步的发展要分三个阶段考虑，一是"十一五"还有一年半时间，要认真落实和努力完成"十一五"重点建设项目；二是"十二五"时期的发展，"十二五"是西藏能否和全国一同实现全面小康的关键时期，也是我们这次调研的重点；三是到2020年西藏如何和全国同步实现全面小康。这三个阶段各有各的情况和问题，要落实好中央第五次西藏工作会筹备工作的要求，就要统筹分析研究这三个阶段的工作，这是一个整体的概念。

这次各部委来西藏调研，能不能形成符合中央要求、符合西藏实际的调研报告，我想就此谈几点想法。

第一，报告要充分体现多年来行之有效的西藏工作的"一个中心、两件大事、三个确保"总体工作思路，并贯穿报告始终。这个工作思路来之不易。中央1994年、2001年第三、第四次西藏工作座谈会形成的这个总体思路，被自治区的同志誉为是里程碑，就是"始终坚持以经济建设为中心，抓好发展和稳定两件大事，确保西藏跨越式发展，确保西藏和国家长治久安，确保西藏人们生活水平不断提高"。这是新时期党中央审时度势，总揽全局，总结和平解放以来不同时期西藏工作的经验教训基础上归纳提炼出来的总的要求。过去成就的取得得益于这个总体思路，今后仍然要坚持这个基本思路，这也是我们这次调研工作的指导思想。这个基本思路核心的问题是阐明了发展和稳定的关系。这可以从两个角度来理解，第一，在整个西藏工作中，发展是解决一切问题的基础和关键。就这次调研而言，经济社会发展组的任务格外光荣和重要，我们能不能把西藏经济社会发展的事情谋划好，在很大程度上影响到西藏工作的其他层面和五次座谈会的充分准备，经济社会发展组的每个同志都要有这样的认识高度和责任感。第二，经济社会发展组的调研不仅仅是经济工作的需要，必须要有政治眼光。我重复一下朱维群同志的一段话："西藏发展的目的和内地是不一样的，一个重要甚至第一位的目的是维护我国的祖国统一和领土完整"。西藏的发展不能仅仅是GDP，考虑西藏发展问题，时时要和稳定联系起来。在帮助谋划西藏发展思路或谋划一个项目的同时，经济账要算，但同时一定要算政治账。总之，要记住两条，搞好经济工作是一切的基础，搞好西藏的经济工作不能就经济论经济，得有政治头脑。

第二，怎么规划西藏"十一五"末期、"十二五"时期乃至2020年的发展目标？基调就是跨越式发展，要以跨越式发展作为西藏发展的总体要求。总书记提出，要实现更好的发展、更快的发展、更大的发展，这三个发展就是跨越式发展。这既是西藏各族人民的热切期盼，也是维护统一的迫切需要。这恐怕需要有一点特殊的安排、特殊的政策。马凯同志要求，要制定既符合西藏实际，又符合跨越式发展的目标。具体讲，调研的目标分三个阶段：一是"十一五"末期，重点是已有项目的执行调整和完善；二是西藏"十二五"时期的发展思路、项目安排和政策支持，这是重中之重；三是重大问题展望。到2020年，要衔接好人均GDP、农牧民人均纯收入等指标，应该逐步接近全国平均水平。

在整体规划的时候要考虑这三段的分阶段目标，有些是约束性目标，如生态环境保护；有些是预期性目标，如经济发展。

第三，促进西藏经济发展的基本出发点和落脚点是改善民生，这也是我们这次调研工作的重点。不能为发展而发展，不能追求简单的 GDP 的增加，一定要让党的富民政策惠及百万藏族同胞，要把每一步发展同改善老百姓的生活结合起来，改善民生涉及人心向背，涉及我们同达赖集团的斗争能否掌握主动权。一是大力改善农牧民的生产生活条件。改善基本生产条件，是推进开发式扶贫的基础。二是加快农牧民安居工程建设。特别是牧区，实施游牧民定居，既解决了草场过载问题，有利于保护草原生态，又改变了牧民生产生活方式，小孩可以上学了，有利于人口素质提高，使党的温暖普照农家。三是促进社会事业大发展，教育、卫生、文化、社会保障都要加快发展，特别是教育。要办好基础教育，抓好职业教育，内地班要继续办，六所高等院校要为西藏将来的大发展培养人才。

第四，战略定位和发展思路。战略定位很重要。首先要考虑从全国的角度给西藏发展一个战略定位，如安全屏障、生态屏障、国际旅游的目的地，国家后备水电、矿产资源开发基地等。其次是发展的基本思路。自治区的同志在长期的工作探索中提出了"一产上水平，二产抓重点，三产大发展"的工作思路，是符合西藏实际的。这个基本思路在实际工作中还要细化。比如，要认真研究西藏发展有哪些潜在优势，有哪些制约因素，所谓发展思路，就是不断发挥比较优势，不断消除制约因素。西藏有哪些优势呢？一是旅游业。2007 年西藏的旅游业收入相当于 GDP 的 14%，青藏铁路通车前不到 5%，增长得很快，绝对是一个亮点。二是能源。水电方面，藏东地区理论上的装机容量有 2 亿千瓦，相当于 10 个三峡。还有太阳能，是解决小城镇和农牧民能源需求的最有效的办法。三是矿产资源，铜矿储量在全国名列前茅，锂矿也有前景，需要加大地质勘探力度。四是农牧业方面，有绒山羊、藏牦牛、藏猪、藏鸡等特色资源，可以发展特色农牧产品加工业。还有藏医藏药，目前西藏藏药的销售额还比不上青海，藏东南一带还有很好的中药材。总体来看，西藏尽管落后，但也有自己的绝对比较优势和相对比较优势。西藏的经济发展离不开国家的支持和其他省市的支持，但一定要建立在自己产业发展基础上。推进西藏优势特色产业发展，要一个产业一个产业的逐一加以研究，不仅要考虑资源和原材料，还要考虑市场半径。还有一些资源，如铜矿、水能资源等，是现在开发，还是将来再开发？要统筹研究。将来开发或长期不开发的资源，财政要给予生态补偿。产业的发展离不开企业主体，既要引进央企，也要大力发展民营企业。

第五，从需求结构看项目储备。西藏发展的三大需求中，投资对GDP的贡献率为125%，消费对GDP的贡献率为61%，进出口对GDP的贡献率为-86%。如果不算进出口，西藏经济的增长，三分之二靠投资拉动，三分之一靠消费拉动。再进一步看，投资拉动中，近八年的总投资中，中央政府安排的投资占60%左右，社会投资占40%左右。也就是说，中央政府投资对西藏经济拉动占三分之一到40%，这个比例在全国都是最高的。倒过来推算，西藏的GDP年均增长要达到12%，投资贡献多少，需要中央政府投资多少，不难推算。当然，需求的几个因素是变化的，如中央投资和社会投资的比例可能会变化，近年来社会投资的比例是上升的。西藏各个领域的项目怎么安排，可以从这个角度去考虑，要做好项目储备工作。

第六，基础设施和生态保护。基础设施分三类：能源、交通、水利，三个方面都有问题。尤其是能源问题，整个藏中电网年发电15亿~16亿度，缺电20%，直接影响拉萨的生产生活用电保障。二是交通，逐步在改善，但总体上讲水平低，网络不齐备，结构不太合理。要逐步改善西藏的交通条件，加强西藏与内地的通道建设，提高县乡通达能力，特别是沿边公路建设，这是稳固边疆的重要举措。三是水利还有不少欠账，包括饮水。在生态环境保护方面，气候变化和人为因素都是导致高原生态退化的重要原因，植被退化、雪线上升、水土流失、污水垃圾设施建设滞后等，要切实加强雪域高原的生态保护。

第七，研究重点项目、支持政策和对口支援这三件事。"十二五"期间的重点项目，请各部委认真筛选。在支持政策方面，要认真总结已有政策的实施情况，在此基础上研究提出新的政策举措。三是对口支援要长期坚持，结对关系、工作重点、项目管理等要不要调整完善，怎么调整完善，要重点研究。

促进西藏跨越式发展的基本经验和总体思路[*]

(2009年8月)

一、发展成就

中央第四次西藏工作座谈会以来,在党中央、国务院的正确领导下,在全国人民特别是对口援藏省市、中央各部委和中央骨干企业的大力支援下,西藏自治区党委、政府团结带领全区各族干部群众艰苦奋斗,开创了发展、稳定的新局面,夺取了经济社会发展的新成就。

八年来,西藏经济社会发展呈现出四个方面的明显特征:一是正在从加快发展迈向跨越式发展。2001~2008年,西藏地区生产总值年均增长速度比1978~2000年提高了3个百分点,也高于同期全国平均水平2.2个百分点;2008年人均地区生产总值突破2000美元,在全国的排位由2000年的第29位提升到第28位。二是正在从相对封闭迈向全面开放。随着青藏铁路等重大交通基础设施的完善和对内对外开放政策的实施,西藏与外部地区的人流、物流、资金流、信息流日益增加。2007年,西藏旅游业收入相当于GDP的14.2%;成为全区产出量最大、增长速度最快、带动就

---

[*] 为做好中央第五次西藏工作座谈会筹备工作,2009年6月29日~7月8日,国家部委调研组赴西藏进行实地调研,形成《西藏经济社会发展调研报告》。该报告起草由杜鹰主持,国家发改委地区司及有关部委同志参加撰写。本文摘自《调研报告》。

业最多的重要支柱产业。进出口贸易总额达到7.7亿美元,是2000年的5.9倍;招商引资到位资金八年累计183.6亿元,2008年达到48亿元;优势产品市场半径不断扩展,甘露藏药、奇正藏药、拉萨青稞啤酒、5100矿泉水等一批特色产品远销海内外。三是正在从传统农牧业经济迈向多元经济共同发展。八年来,西藏三次产业结构实现了由"三、一、二"向"三、二、一"的转变,一产比重明显下降,二三产比重显著提升。第一产业从业人员由2000年的91万人下降到2008年的89.4万人,第二、三产业从业人员分别由7.4万人和25.9万人增加到17.1万人和57万人,三次产业从业人员结构由2000年的73.3∶5.9∶20.8调整到2008年的54.6∶10.5∶34.9。传统的以农牧业为主的发展方式发生重大变化,呈现出三产互动、多元发展的良好局面,经济运行质量显著提高。四是正在从解决温饱迈向建设惠及更多人口的全面小康。按西藏地方标准统计,八年来,西藏人均纯收入低于1300元的重点扶持对象减少了124.5万人,贫困发生率由2000年的67%下降到2008年的10.5%。2007年,西藏全面建设小康社会进程综合指标评价为56.5%,比2000年提升了9.2个百分点,全面建设小康社会步伐明显加快。2008年,城镇居民人均可支配收入、农村居民人均纯收入分别比2000年增长了93.6%和138.6%。

纵观西藏发展历程,中央第四次西藏工作座谈会以来的八年,是经济发展最快、社会进步最明显的八年,是基础设施和公共服务能力建设力度最大、城乡面貌变化最快的八年,是人民生活水平提高最快、得到实惠最多的八年,为促进长治久安、凝聚人心提供了坚实的物质基础。当今的西藏,处于历史上发展的最好时期,站在了新的历史起点上。

二、基本经验

西藏八年来的发展积累了弥足珍贵的新经验。

1. 必须始终坚持中央关于新时期西藏工作的指导思想，正确处理发展与稳定的关系

"一个中心、两件大事、三个确保"是由中央第三次西藏工作座谈会提出，第四次西藏工作座谈会完善确立的西藏工作指导思想。正确处理发展与稳定的关系是这一指导思想的关键。发展是解决西藏所有问题的基础和关键，稳定是西藏经济发展和社会进步的前提。事实证明，由于多年来西藏经济社会的巨大发展，赢得了民心，广大农牧民没有参与并主动抵制拉萨"3·14"打砸抢烧严重暴力犯罪事件，使事件的负面影响在短期内得以基本消除，这说明了发展的重要性；另一方面，"3·14"事件毕竟对西藏的旅游、投资等经济发展带来不可低估的损失，这又说明了稳定的重要性。在新时期西藏工作中，必须以满足西藏各族人民的发展愿望为一切工作的出发点和落脚点，用发展凝聚人心，用发展为西藏的长治久安奠定坚实的物质基础。

2. 必须始终坚持从西藏实际出发，把科学发展观真正落到实处，走有中国特色、西藏特点的发展路子

特殊的历史背景和地理自然条件，决定西藏发展不能照搬内地的发展模式，必须努力探索符合自己特点的发展路子。在不同的发展时期，中央对西藏的发展始终采取与其他地区不同的政策措施，使西藏发生了天翻地覆的变化。在新时期的工作中，西藏提出坚持走生产发展、生活富裕、生态良好的文明发展道路，大力实施"一产上水平，二产抓重点，三产大发展"的发展战略，着力培育特色优势产业，有力推动了西藏经济社会加快发展。实践证明，这一发展路子是符合西藏实际的，只有继续坚持走有中国特色、西藏特点的发展路子，西藏才能实现跨越式发展。

3. 必须始终坚持把改善农牧民生产生活条件、增加农牧民收入作为首要任务，不断增强各族人民的凝聚力

农牧民占西藏总人口的80%，尽快改善广大农牧民的生产生活条件、增加农牧民收入，是西藏经济社会发展的首要任务，是

衡量西藏发展战略成功与否的重要标准，也是我们在与达赖集团斗争中掌握主动的根本条件和基础。八年来，西藏自治区党委、政府立足改善民生，采取了一系列务实的措施，农牧民生产生活条件明显改善，收入水平持续提高，广大农牧民切实感受到了社会主义制度的优越性和国家稳定、民族团结的重要性，民族凝聚力进一步增强。实践证明，不断改善民生是把发展和稳定紧密结合起来的关键环节，只有把发展成果不断转化为民生的改善，才能赢得和谐稳定的局面。

4. 必须始终坚持中央关心、全国支援和西藏人民艰苦奋斗，充分调动和发挥各个方面的积极性

中央始终关心西藏的发展，在不同历史时期都给予了特殊的支持。特别是第四次西藏工作座谈会以来，全国加大了对西藏的对口支援力度。八年间，全国承担对口支援任务的 18 个省市（2003 年后为 17 个）、60 多个中央国家部委和 17 个中央骨干企业先后派出 2476 名干部进藏工作，援助资金达 103.0 亿元，援建项目 4527 个，成为推动西藏经济社会加快发展的重要力量。西藏各族人民自力更生、艰苦奋斗，不断发扬光大"特别能吃苦、特别能战斗、特别能忍耐、特别能团结、特别能奉献"的老西藏精神，这是支撑西藏经济社会发展的根本基础和内在动力，孔繁森、伦白、祁爱群、李素芝等英雄模范人物就是这一精神的典型代表。

三、特殊困难

1. 自然条件十分恶劣

西藏高寒缺氧，生产生活条件异常艰苦。超过 85% 的国土面积处于海拔 4000 米以上，空气含氧量和气压不到平原地区的 2/3。西藏地域广阔，地貌类型复杂，人口居住分散，公共服务半径大，经济建设综合成本比全国平均水平高 70% 以上。

2. 农牧民生活水平偏低

2008年，全区农牧民人均纯收入仅相当于全国水平的66.7%，恩格尔系数高出全国水平12.3个百分点。收入来源结构单一，来自第一产业的收入占农牧民纯收入的50.4%。2008年底全区农牧民人均纯收入不足1700元的低收入人口仍然有68万人，占农牧区总人口的比例高达30%，每年因灾因病返贫率高达15%以上。在西藏特殊的宗教氛围下，农牧民的收入中相当一部分转入了寺庙，收入的增加并没有相应提高积累率。

3. 社会公共服务短缺

2008年全区高中阶段入学率为51.2%，比全国水平低23%；全区还有6个县尚未"普九"，学生辍学率仍然较高，学前双语教育基本空白。劳动力平均受教育年限比全国低2.2年。医疗卫生服务可及率低，全区人均期望寿命比全国低6岁，孕产妇死亡率、婴儿死亡率分别是全国的6.8倍和1.7倍。地方病严重，特别是大骨节病致病原因不明，防治难度大。广播和电视节目覆盖率分别比全国低7.2个和7.1个百分点，部分农牧民或由于不懂汉语，或由于听不到、看不到广播电视，无法便捷地了解党和国家的方针政策。

4. 基础设施薄弱

全区电力供需矛盾突出。2008年，全区人均装机容量和人均年用电量分别仅为全国水平的41.8%和25.6%。藏中电网2008年缺电超过10万千瓦，预计未来几年缺电局面将进一步加剧。全区还有73万人没有用上电，占总人口的25.4%。综合交通运输网络尚未形成，黑色路面所占比重仅为9%，全区还有1个县、33个乡镇和1252个行政村不通公路，70多个村仍靠溜索出行。

5. 产业发展水平低

全区每亩耕地农业产值662.5元，仅相当于全国水平的60%；农产品加工率不到10%，比全国平均水平低40多个百分点。畜禽饲养周期长，商品率低、死亡率高，年出栏率仅为

30%，草原牲畜超载率高达39%。第二产业结构不合理，建筑业和工业增加值的比例为2.9∶1，工业发展严重滞后，规模以上工业企业只有88家。非公经济发展不足，吸纳就业能力差。虽然第三产业在产业结构中的占比达到55.5%，但营利性服务业所占比重较小。西藏水电、矿产、特色农产品加工等优势资源的开发受到种种因素的制约，经济增长主要依靠中央投资拉动，自我积累和发展能力还很弱。

6. 生态环境形势严峻

随着全球气候变化，西藏大部分地区呈现暖干化趋势。全区水土流失面积为102.5万平方公里，占全区面积的85.4%；土地沙化面积占全区面积的18%，退化草地面积占天然草地面积的49%。冰川、雪山、湖泊、湿地面积逐年缩小，雪线逐年上升，生物多样性面临严重威胁。

7. 经济社会发展面临着境内外分裂破坏势力的严重干扰

西方反华势力和达赖集团伺机制造分裂破坏活动，西藏长期处于反分裂、反渗透、反破坏斗争的前沿阵地。西藏取得同样的发展速度和成绩，要比内地花费更大的投入和精力。

根据国家统计局"全面建设小康社会统计监测指标体系"计算，2000年、2007年西藏全面小康实现程度分别为47.3%和56.5%，比全国平均水平分别低12个和16.4个百分点；到2020年，即使按照相关指标的高限值测算，西藏全面小康实现程度也只能达到83%左右，仅相当于全国平均水平的80%。

四、发展目标和基本思路

(一) 战略定位

重要的国家安全屏障。西藏位于我国西南边疆，既是国防安全的重要战略方向，是反蚕食斗争的主要战场，又是中国大陆通往南亚的重要通道，是加强与周边国家友好合作的重要窗口。同时，西藏又长期处于同达赖集团进行反分裂斗争的最前沿。西藏的繁荣稳定，是五省区藏族自治地方发展与稳定的基础和关键。要进一步加强边境国防基础设施建设，促进边境地区经济发展和民生改善，有效抵御外部侵蚀，确保国家领土完整；要大力推进向南向西开放，营造与周边国家和平稳定、平等互信、合作共赢的地区环境；要继续坚持和完善民族区域自治制度，巩固和发展爱国统一战线，深入开展反分裂斗争，在我国西部构筑保障国家统一和安全的钢铁长城，努力形成民族团结、社会和谐、边疆稳固的良好局面。

国家重要的生态安全屏障。西藏素有"世界屋脊"和"地球第三极"之称，是世界山地冰川最发育的地区、我国和亚洲重要江河源区、我国乃至世界重要的生物物种基因库、维系我国与东亚气候系统稳定的重要屏障，在全国乃至全球生态系统中占有无可替代的地位。要科学划定生态功能分区，坚持生态环境保护优先，以冻融区草地生态保护与建设为重点和核心，加强天然草地、森林、野生动植物和重要湿地生态保护，推进防护林体系、防沙治沙、水土流失治理等重点生态工程建设，建成生态系统良性循环、人与自然和谐相处的国家生态安全屏障。

国家重要的战略资源储备基地和高原特色农产品基地。西藏能源和矿产资源十分丰富，高原生物资源和农产品独具特色。要进一步加大资源勘查力度，在保护生态环境的前提下，加大水电资源的开发力度，适时加快有色金属、铬铁矿等优势矿产资源的开发，将西藏建设成为国家"西电东送"接续能源基地、国家重要的矿产资源储备与接续开发基地。大力开发青稞、牦牛、绒山羊以及藏药材等优质资源，加快建成高原特色农产品和生物资源开发基地。

重要的中华民族特色文化保护地和世界旅游目的地。藏族文化历史悠久、特色鲜明，是中华民族历史文化的重要组成部分。

要挖掘和弘扬藏族优秀传统文化，推动藏族文化与其他民族文化相互借鉴和交流。西藏集高原风光、历史文化、人文景观与民族风情于一体，拥有世界独一无二的特色旅游资源优势。要大力加强旅游基础设施建设，改善旅游业发展环境，着力打造"高山、雪域、阳光、藏文化"品牌体系，树立"世界屋脊、神奇西藏"旅游主题形象，拓展海内外旅游市场，将西藏建设成为享誉海内外的精品旅游目的地。

（二）基本思路

总体要求。高举中国特色社会主义伟大旗帜，以邓小平理论和"三个代表"重要思想为指导，深入贯彻落实科学发展观，坚持中央新时期西藏工作指导思想和方针政策，进一步解放思想、开拓创新，进一步发扬光大"老西藏精神"，进一步加大政策扶持力度，紧紧围绕改善民生这一全部工作的核心，更加注重改善农牧民生产生活条件，更加注重提高基本公共服务能力和均等化水平，更加注重破解制约发展的基础设施薄弱和人才匮乏等问题，更加注重通过发展特色优势产业增强自我发展能力，更加注重保护高原生态环境，切实推进体制创新，切实加强维稳能力建设，走出一条有中国特色、西藏特点的发展路子，确保经济社会跨越式发展，确保国家安全和西藏长治久安，确保西藏各族人民生活水平不断提高，确保与全国同步实现全面建设小康社会目标。

基本原则。改善民生，是发展的目的，是稳定的基础，是全面建设小康社会的重要内容，是把跨越式发展和长治久安紧密结合的关键。要把改善民生作为西藏一切工作的出发点和落脚点。在这个总体原则下，力求做到"五个结合"，具体是：坚持加快发展与改善民生相结合，必须始终把提高城乡人民生活水平作为工作的重中之重，贯穿于经济社会发展的全过程，着力解决各族群众最关心、最直接、最现实的利益问题；坚持推进发展与保持稳定相结合，通过发展解决前进中的问题，以发展促进稳定，以稳定保障发展；坚持保护生态环境与开发建设相结合，科学开发和合理利用自然资源，促进经济发展与生态环境保护协调统一；坚持立足当前与谋划长远相结合，既要着力解决当前最突出、最紧迫的困难和问题，又要加强统筹规划、分步实施，推动经济社会实现更好、更快、更大发展；坚持国家加大支持和自身艰苦奋斗相结合，既要加大中央政策扶持力度，也要进一步完善对口支援各项措施，更要充分发挥自身潜力和主观能动性，形成谋跨越、奔小康的强大合力，共同推进西藏的繁荣和发展。

（三）发展目标

必须坚持到2020年西藏与全国同步实现全面建设小康社会目标不动摇。据此我们提出，到2015年，西藏在全面建设小康社会进程中迈出更大步伐，明显缩小与全国平均水平的差距；到2020年，实现全面建设小康社会的目标。

"十一五"后期。目前，西藏"十一五"规划实施进展顺利，中央确定的重大项目正在有序推进。"十一五"后期，以推进新农村建设及农牧民增收、加快产业结构优化升级、刺激消费需求等为重点，积极培育新的经济增长点，进一步推进180个项目的落实和调整，重点推进拉日铁路、青藏直流联网等重大项目开工建设，切实把中央确定的规划项目落实好、完成好，力争完成中央确定的目标，为西藏"十二五"时期继续保持跨越式发展态势奠定坚实基础。

"十二五"时期。到2015年，人均地区生产总值与全国平均水平的差距明显缩小；农牧民人均纯收入继续保持快速增长，与全国平均水平的差距显著缩小。基本公共服务接近全国平均水平，高中阶段和高等教育毛入学率接近全国平均水平，人均期望寿命达到68岁，公共文化服务能力明显提高，广播电视人口综合覆盖率达到95%以上，城乡社会保障制度体系基本建立。基础设施建设取得重大进展，瓶颈制约明显缓解。特色产业初具规模，产业层次有所提升。区域布局得到优化，城乡协调发展取得积极进展。生态环境退化趋势得到有效遏制，重点地区生态环境质量明显改善，防灾减灾和应对气候变化能力进一步增强。

"十三五"时期。到 2020 年，经济继续保持快速发展态势，农牧民人均纯收入基本达到全国平均水平，人民生活水平全面提升，基本实现基本公共服务均等化。社会主义新农村建设取得明显成效，城乡统筹发展新格局初步形成。基础设施条件全面改善，支撑发展的能力明显增强。生态安全屏障建设取得明显成效，资源利用效率显著提高。经济发展方式有效转变，自我发展能力明显增强。维护稳定的长效机制进一步健全，社会更加和谐。与全国同步实现全面建设小康社会目标。

四省藏区的发展差距和实现跨越式发展的基本思路[*]

（2009年8月）

四省藏区包括四川省甘孜藏族自治州和阿坝藏族羌族自治州，云南省迪庆藏族自治州，甘肃省甘南藏族自治州，青海省海北藏族自治州、黄南藏族自治州、海南藏族自治州、果洛藏族自治州、玉树藏族自治州和海西蒙古族藏族自治州，以及四川省木里藏族自治县和甘肃省天祝藏族自治县，国土面积102.4万平方公里，占四省国土总面积的49.8%。2008年，总人口513.2万人，其中藏族人口287.4万人，占总人口的56%。四省藏区地处青藏高原腹地及其周边地区，是长江、黄河和澜沧江的发源地及水源涵养区，是我国生物、水能、矿产、旅游资源较为富集地区，是多民族、多文化、多宗教融合的地区，在全国发展、稳定和生态安全大局中具有特殊重要的战略地位。

一、发展差距与加快发展的紧迫性

2001年中央第四次西藏工作座谈会以来，经过八年的努力，四省藏区经济社会发展呈现出明显的阶段性变化：一是已经进入快速发展阶段。2001~2008年四省藏区地区生产总值年均增速

---

[*] 为做好中央第五次西藏工作座谈会筹备工作，2009年6月，国家部委调研组赴四省藏区就经济社会发展问题进行调研，形成《四川云南甘肃青海四省藏区经济社会发展调研报告》。该报告起草由杜鹰主持，国家发改委地区司及有关部委同志参加撰写。这是《调研报告》的一部分。

673

12.7%，比1978~2000年提高了5.6个百分点。二是第二产业已成为带动经济发展的主导产业。2008年，四省藏区第二产业比重首次超过50%，比2000年提高了12个百分点。三是广大农牧民生活逐步从温饱向初步小康转变。八年来，四省藏区农牧民人均纯收入年均增长8.8%，比1978~2000年的增速明显提高；2008年贫困人口较2000年减少81.6万人，贫困发生率下降了19.2个百分点。四省藏区的发展已经站在新的历史起点上。

但是，由于历史和自然地理原因，四省藏区仍属于特殊欠发达地区，存在着不少特殊的困难和问题，与本省、西部地区和全国平均发展水平相比，差距很大，且呈进一步扩大趋势，与全国同步实现全面小康社会目标的任务十分艰巨。

2008年国务院有关文件明确提出，到2020年四省藏区与全国一道全面实现小康社会目标。为分析判断上述目标实现的可能性，我们将四省藏区经济社会的发展情况与全国、西部地区以及西藏做了对比。需要说明的是，在四省藏区10个自治州中，青海海西州的情况较为特殊，其主要经济指标远远高于其他自治州，2008年人均GDP为62583元，是其他9个州平均水平的6.4倍，甚至远高于全国平均水平。为客观反映四省藏区总体实际情况，我们在做以下比较分析时，未包括海西州的有关数据。

（一）四省藏区的发展明显落后于西部地区和全国

与西部地区和全国平均水平相比，四省藏区在经济社会发展各个方面均存在明显差距。从经济发展水平来看，2001~2008年，四省藏区GDP年均增速为10.8%，比全国加总平均水平低1.6个百分点，比西部地区低1.3个百分点；2008年，四省藏区人均GDP为9709元，比西部地区低6291元，比全国低12989元，仅为全国平均水平的42.8%。从经济社会结构来看，四省藏区一产比重明显偏高，2008年分别比西部地区和全国高11.5个和15.8个百分点；城镇化率仅为25.5%，分别比西部地区和全国平均水平低12.8个和20.2个百分点。从城乡居民生活水平来看，2008年，四省藏区城镇居民人均可支配收入比西部地区低2049元，比全国低4844元，只相当全国平均水平的69.3%；农民人均纯收入比西部地区低1186元，比全国低2380元，只相当于全国平均水平的一半；农村居民恩格尔系数为60%，分别比西部和全国平均水平高11.6个和16.3个百分点。（详见表1）

表1　四省藏区与西部地区和全国平均水平的比较（2008年）

指标	四省藏区	西部地区	全国	四省藏区相当于西部地区平均水平（%）	四省藏区相当于全国平均水平（%）
2001~2008年GDP平均增速（%）	10.8	12.1	12.4	89.3	87.1
人均GDP（元）	9709	16000	22698	60.7	42.8
城镇居民人均可支配收入（元）	10937	12986	15781	84.2	69.3
农民人均纯收入（元）	2381	3567	4761	66.7	50.0
农村居民恩格尔系数（%）	60.0	48.4	43.7	123.9	137.2

注：（1）不含海西州数据。
（2）全国GDP平均增长速度为按各省合计数计算的平均增长速度。

（二）四省藏区加快发展的艰巨性不亚于西藏

从区位条件看，虽然四省藏区比西藏更接近内地，但其发展面临的困难不亚于西藏。从主要经济指标来看，除工业化率、城镇化率稍高外，四省藏区的其他指标大多低于西藏。八年来四省藏区GDP的平均增速比西藏低1.6个百分点；2008年，四省藏区人均GDP比西藏低4151元，城镇居民可支配收入比西藏低1545

元，农牧民人均纯收入比西藏低795元。从主要社会指标来看，四省藏区目前有16.9%的县未实现"普九"，未达标率比西藏高11.5个百分点；人均受教育年限除云南藏区略高于西藏外，青海藏区、四川藏区、甘肃藏区分别比西藏低1.8年、0.7年和1.3年；四省藏区缺医少药问题更为突出，四川、云南、甘肃和青海藏区平均每万人医生数分别仅为10.1人、30人、21.7人和15.3人，均低于西藏32.9人的水平。从生产生活条件来看，四省藏区还有42%的农村人口没有解决安全饮水，比西藏高0.3个百分点；四省藏区贫困发生率高达35.8%，比西藏高出25.3个百分点。

总体来看，与西部地区和全国相比，四省藏区经济社会发展均存在不同程度的差距，在某些方面甚至还不及西藏，可以说是全国最落后、最贫穷、最困难的地区之一，如果不断然采取特别措施，四省藏区与全国同步实现全面小康目标的难度极大。加快四省藏区的发展，直接关系到国家的现代化建设的进程，直接关系到西藏的跨越式发展和长治久安，必须谋划超常规的发展思路，采取特殊的支持措施。

二、加快发展的有利条件

四省藏区经济社会发展虽然存在着诸多困难和制约因素，但也具备一些支撑发展的有利条件。

1. 资源优势转化为经济优势潜力较大

四省藏区水能、矿产、旅游、生物等特色资源丰富，具有大规模开发利用的条件。水能资源丰富，拥有黄河、金沙江、澜沧江、雅砻江、大渡河、白龙江等重点河流，太阳能、风能等可再生能源开发利用条件较好。金、铜、铁、锑、硅石、铅、锌等矿藏资源丰富，矿产潜在经济价值高，石油天然气、钾盐、有色金属、煤炭等资源较为富集。人文自然景观独特，具有大力发展旅游业的先天优势。随着开发条件的改善和市场需求的扩大，四省藏区资源优势将加快转化为经济优势，并有望形成一批具有区域比较优势的支柱产业，拉动地方经济加快发展。

2. 经济发展具备一定基础和条件

经过多年发展，四省藏区已经初步形成了以水电、矿产、旅游资源开发，农畜产品、民族用品加工，以及建材、化工为主体的产业体系，为培育新的经济增长点创造了有利条件和良好基础。随着交通运输条件改善与改革开放进程加快，四省藏区融入全国乃至全球大市场的能力加强，发展活力和内生动力将进一步提高。2008年国务院有关文件明确提出了新时期促进四省藏区经济社会发展的目标、任务和保障措施，这对进一步凝聚各方面力量、增强发展信心、完善体制机制具有深远意义，为新时期加快四省藏区经济社会发展注入了持久动力。

3. 国家和省里有能力加大支持力度

随着经济社会持续快速发展，我国综合国力将进一步增强，国家有能力在资金、项目、政策等方面对四省藏区给予更大的支持。随着西部大开发战略的深入实施，西部地区的开发强度将进一步加大。去年以来，为有效应对国际金融危机的影响，国家出台了一系列刺激经济增长的政策措施，将使四省藏区有机会获得更大支持。近年来，四川、云南、甘肃、青海省经济社会快速发展，地方财力明显增强，省级政府也有能力对本省藏区给予更大的支持。在中央和省级政府的统筹支持下，四省藏区加快发展的外部动力将进一步增强。

加快四省藏区经济社会发展意义重大，影响深远。四省藏区是我国重要的高原生态屏障，是民族宗教工作的重点地区。加快四省藏区发展，直接关系到全国的生态安全，直接关系到实现区域协调发展，也直接关系到民族团结和社会稳定。在新的历史时期，在中央的特别关心和支持下，在四省省委、省政府的坚强领导下，只要四省藏区各族干部群众抢抓机遇，迎难而上，艰苦奋斗，扎实工作，维护好民族团结稳定的大局，充分发挥自身优势，逐步消除瓶颈制约，与全国基本同步实现全面小康社会目标是可能的。

三、进一步明确四省藏区跨越式发展的目标和基本思路

2008年国务院有关文件已经明确了四省藏区经济社会发展的指导思想、基本原则、主要目标和重点任务，为四省藏区今后一个时期的发展指明了方向。其中提出的"以保护生态为前提，以改善民生为核心，以发展经济为基础，以维护稳定为保障，建设生态良好、生活宽裕、经济发展、社会和谐的新藏区"的指导思想、"坚持科学发展，着力改善民生，实施分类指导，强化政策支持"的基本原则、到2012年和2020年的发展目标，以及六个方面的主要任务，完全符合四省藏区实际，必须坚定不移地继续贯彻落实。同时，按照中央关于加快西藏和其他藏区发展的有关精神和要求，根据四省藏区发展的新情况、新问题，有必要在工作层面上进一步明确四省藏区加快发展的工作思路及近期工作重点。

（一）从全局和战略的高度出发，促进四省藏区实现跨越式发展

在经济社会发展上，四省藏区与西藏联系紧密，在维护社会稳定上，四省藏区与西藏交互影响。从经济社会发展看，四省藏区一头连着内地，一头连着西藏，是汉藏经济文化交融的重要纽带和桥梁，素有"汉藏走廊"之称，既是本省经济的重要组成部分，同时对西藏的经济社会发展也有着直接影响。目前，四省藏区经济社会发展水平与西部地区乃至全国反差很大。这种局面如果不改变，不仅会直接影响到本省建设全面小康社会的进程，而且也会使西藏的跨越式发展缺乏必要依托和有利的外部环境。从维护社会稳定看，四省藏区素有"治藏依托"、"稳藏必先安康"之说，历来是维护祖国统一、增进民族团结、反对达赖集团分裂

势力破坏和渗透的重点地区。能否实现四省藏区的民族团结和社会稳定，直接关系到我们能否掌握反分裂、反渗透斗争的主动权，直接关系到西南、西北地区的边防巩固和社会和谐。为此，建议同西藏一样，明确提出四省藏区实现跨越式发展的目标要求，采取切实有效的措施加大支持力度，尽快改变四省藏区贫困落后面貌，努力形成与西藏互为犄角、相互依托的有利局面，进一步打牢西藏和藏区长治久安的物质基础。

（二）力争用三到五年的时间集中解决影响四省藏区发展的最突出、最紧迫问题，并取得重大突破

尽管四省藏区发展中面临的困难和问题是长期历史积累的结果，不可能在短期内全部解决，但是抓紧解决其中一些事关民生和当前发展的突出矛盾和问题不仅是必要的、有条件的，也是各级政府的职责所在。为此，必须下更大的决心，用更大的气力，紧紧围绕制约四省藏区经济社会发展的主要矛盾和突出问题，择定一批标志性工程和重点工作，集中力量，攻坚克难，力求用三到五年的时间，取得实质性进展和重大突破。这样做，有利于在较短时间改变四省藏区的落后面貌，鼓舞人心和士气；有利于突破难点，消除瓶颈制约，带动其他问题的解决；有利于惠及百姓，凝聚人心，掌握藏区工作的主动权。从近期看，我们认为，可以把加强改善民生、加强基础设施建设、加强维稳能力建设、加强生态保护与建设四大问题作为主攻方向和工作重点。之所以要加强改善民生，是因为这一地区的民生问题尤为突出，各族群众脱贫致富的愿望非常强烈；之所以要加强基础设施建设，是因为这一地区的交通运输、能源、水利设施十分薄弱，是制约四省藏区全局发展的基本瓶颈和主要矛盾；之所以要进一步加强维稳能力建设，是因为现有维稳条件和基础与这一地区反分裂、反渗透斗争严峻形势很不适应；之所以要进一步加强生态保护与建设，是因为这一地区生态环境恶化对西部乃至全国的可持续发展和生态

安全构成严重威胁。为此，四省要结合国务院有关文件的贯彻落实工作，在国家有关部门的指导协调下，从各自藏区实际情况出发，在上述四个领域内有重点地选择一批项目，制定可行的解决方案并扎扎实实地付诸实施。

（三）加强藏区政策的衔接协调，进一步加大中央对四省藏区的政策支持力度

从政策层面看，中央对四省藏区的政策与西藏的政策存在一定差距。西藏享有各项税收除少数外全额留在地方、贷款利率享受中央财政补贴、干部享受2.5倍工资福利待遇、全国对口支援西藏等政策，四省藏区或享受不到或有明显差距。从省级政府的支持力度看，四川、云南、甘肃和青海都是西部相对落后的省份，支持和带动本省藏区发展的能力有限。如青海省，经济总量和地方财政收入均处于全国倒数第2位，而全省8个地（市、州）中有6个是藏族自治州，面积占到全省的96.6%，"小马拉大车"的问题非常突出。为实现前述三到五年集中解决突出问题的工作目标，建议进一步加大中央对四省藏区的政策支持和投入力度。一是在研究四省藏区政策时，要注意与西藏政策保持有机衔接和平滑过渡，使四省藏区能够在与西藏情况相同或相近领域缩小政策差距，保持国家对同类地区扶持政策的协调性。二是进一步加大中央对四省藏区的财政转移支付和投资支持力度，同时拓宽资金筹措渠道。

（四）强化责任，明确主体，充分发挥省级政府在促进四省藏区发展中的主观能动性

在国家加大支持力度的同时，必须明确四省藏区所在省省级政府是扶持本省藏区加快发展的责任主体。目前，四省藏区绝大多数自治州均为本省最不发达地区，与全省平均水平或本省其他地区落差很大。如四川阿坝州人均地区生产总值只有8458元，是

四川平均水平的55%，仅为省会成都的27.4%；甘肃甘南州2008年人均地区生产总值只有6376元，是甘肃平均水平的52.7%，仅相当于兰州的25%（详见表2）。加快四省藏区经济社会发展，首先要缩小各个自治州与全省的发展差距。要强化省级政府在加快本省藏区发展中的责任，进一步增强使命感和责任感。要按照国务院有关文件的要求，把本省藏区的发展纳入全省发展战略中统筹规划、统一考虑，进一步明确本省藏区的发展定位和重点，切实加强对本省藏区发展的协调和指导。要从财政、投资、项目布局等多方面加大对本省藏区的支持力度。同时，四省藏区也要充分发挥市场机制在资源配置中的基础性作用，继续发扬自力更生、艰苦奋斗的精神，努力增强自我发展能力。

表2　四省藏区发展水平与本省平均发展水平的比较（2008年）

指标	四川 全省	四川 藏区	云南 全省	云南 藏区	甘肃 全省	甘肃 藏区	青海 全省	青海 藏区
国土面积（万平方公里）	48.5	25.1	39.4	2.4	45.4	5.2	72.1	36.9
总人口（万人）	8138	198	4543	38	2628	90	554	143.7
2001~2008年GDP平均增速（%）	11.6	8.9	10.4	18.0	11.0	12.1	12.3	10.9
人均GDP（元）	15378	9035	12587	14817	12110	6729	17389	11200
城镇居民人均可支配收入（元）	12633	11647	13250	13368	10969	7903	11640	11473
农民人均纯收入（元）	4142	2225	3103	2595	2724	2070	3061	2752.5
农村居民恩格尔系数（%）	52.0	63.5	49.6	53.2	47.2	57.4	42.1	58.2
人均地方财政一般预算收入（元）	1280	789	1351	849	1008	344	1298	366
人均财政支出（元）	3644	8956	3237	6230	3674	5743	6567	5360
人均固定资产投资（元）	8733	11031	7563	18210	6460	6529	10516	6079

注：不含海西州数据。

（五）因地施策，因地制宜，切实加强对四省藏区发展的分类指导

四省藏区不仅总体发展水平比较落后，而且各州之间情况差异较大，发展很不平衡。除海西州各项指标均远高于其他州以外，其他9个州经济社会发展也存在较大差距。2008年，9个州中，人均地区生产总值最低的甘南州仅为6376元，是最高的黄南州的42.7%；农牧民人均纯收入最低的甘孜州仅为1926元，是最高的海北州的56.9%；人均地方财政一般性预算收入最低的玉树州仅为165元，是最高的甘孜州的21.7%；"两基"人口覆盖率最低的青海藏区6州为79%，比最高的迪庆州相差21个百分点；职业教育和高中教育毛入学率最低的青海藏区为35%，比最高的甘南州相差20个百分点。鉴于上述情况，同时考虑到10个自治州分属四省，因此不可能按照一个思路、一个模式推进经济社会发展。有关省级政府要针对所辖藏区的实际情况，切实加强分类指导，进一步明确各州的发展思路和具体措施，鼓励走各具特色的发展道路。在适合发展工业的资源集中区域，要把工作重点放在积极延伸产业链，提高资源利用水平上；在旅游资源优势明显的区域，要把工作重点放在加强旅游基础设施建设，强化旅游资源保护，推动旅游资源整合，提高旅游业对当地经济的拉动作用上；在生态保护重点区域，要把工作重心放在生态工程建设上，切实解决好退耕、退牧农牧民的长远生计问题，同时不提倡考核GDP指标。

认真贯彻落实中央第五次西藏工作座谈会精神 促进西藏及四省藏区经济社会跨越式发展[*]

(2010年7月27日)

在今年1月召开的中央第五次西藏工作座谈会上,胡锦涛总书记、温家宝总理和贾庆林主席做了重要讲话,从全局和战略的高度,系统总结了西藏发展稳定取得的成绩和经验,深入分析了西藏工作面临的形势和任务,明确提出了新形势下做好西藏及四省藏区工作的指导思想和基本思路,对推进西藏及四省藏区跨越式发展和长治久安作出了全面部署。这次会议,对西藏工作具有里程碑意义,对党和国家工作全局具有重大意义。我们一定要把思想和行动统一到中央的决策部署上来,把会议精神学习好、贯彻好、落实好。

一、西藏及四省藏区经济社会发展的主要成就和特殊困难

2001年中央第四次西藏工作座谈会以来,在党中央、国务院的正确领导下,在全国人民特别是对口援藏省市、中央部委和中央企业的大力支援下,西藏自治区、四川、云南、甘肃、青海省党委、政府团结带领各族干部群众艰苦奋斗,开创了西藏及四省藏区发展稳定的新局面,夺取了经济社会发展的新成就。

---

[*] 这是在2010年中央组织部举办的援藏援青干部培训班上的专题报告。

(一) 发展成就

与中央第四次西藏工作座谈会以前相比，西藏及四省藏区发展跨入了一个新阶段。主要表现在以下五个方面：

1. 正在从加快发展迈向跨越式发展

从西藏看，2009年，西藏地区生产总值达到441.4亿元，是2000年的2.7倍，年均增长12.4%，连续17年保持两位数增长，增速比1978～2000年提高了3个百分点，高于同期全国平均水平2.2个百分点；人均地区生产总值达到15295元，是2000年的2.5倍，年均增长11%，在全国的排位由2000年的第29位上升到2009年的第28位。地方财政一般预算收入达到30.1亿元，是2000年的4.6倍，年均增长21.1%；全社会固定资产投资达到379.4亿元，是2000年的5.7倍，年均增长21.3%；社会消费品零售总额达到156.6亿元，按现行价格计算，是2000年的2.7倍，年均增长15.6%。从四省藏区看，2009年，四省藏区实现地区生产总值831.2亿元，是2000年的2.9倍，年均增长12.8%，连续九年保持两位数增速，比1978～2000年的增速提高了5.7个百分点；地方财政一般预算收入60.8亿元，是2000年的6.4倍，年均增长22.9%。

2. 正在从相对封闭迈向全面开放

从西藏看，随着青藏铁路的开通、交通基础设施的完善和对内对外开放政策的实施，西藏与外部地区的人流、物流、资金流、信息流日益增强。2009年，西藏旅游人数达到556万人，旅游业收入达55.99亿元，相当于GDP的12.7%，旅游业成为全区产出最大、增长速度最快、带动就业最多的重要支柱产业；2009年，西藏进出口贸易总额达到4.02亿美元，是2000年的3.1倍；招商引资到位资金九年累计达到243.5亿元，2009年达到59.9亿元；特色优势产品市场不断扩展，甘露藏药、奇正藏药、拉萨青稞啤酒等一批特色产品远销海内外。从四省藏区看，随着青藏铁路和九黄、康定、玉树机场等一批重点交通工程的建成运营，四省藏区对内对外开放也取得了重大进展，进出口贸易总额从2000年的2536万美元增加到2009年的13802万美元，增长了4.4倍。

3. 正在从传统农牧业经济迈向多元经济共同发展

从西藏看，2001～2009年，西藏三次产业结构实现了由"三、一、二"向"三、二、一"的转变，三次产业比重由2000年的30.9∶23∶46.1调整为2009年的14.5∶30.9∶54.6；三次产业从业人员结构由2000年的73.3∶5.9∶20.8调整到2009年的54.5∶10.8∶34.7，第二、三产业从业人员分别由7.4万人和25.9万人增加到18.2万人和58.7万人。呈现出一产稳步发展、二产明显提高、三产快速成长、经济运行质量显著提高的良好态势。从四省藏区看，四省藏区的三次产业结构由2000年的25.8∶39.9∶34.3调整为2009年的16.8∶50.5∶32.7，第二产业比重超过50%，已成为带动经济发展的主导产业；工业化进程加快，九年间工业增加值年均增长在25%以上，2009年达到326.7亿元；四省藏区特色优势产业快速发展，水电开发、钾盐和有色金属等矿产资源开发与加工、特色农畜产品生产与加工、中药藏药生产、民族特色手工业，以及特色旅游业已初具规模。

4. 正在从解决温饱迈向建设惠及更多人口的全面小康

从西藏看，按西藏地方标准统计，2001～2009年，西藏人均纯收入低于1300元的贫困人口减少了127.5万人，贫困发生率下降到2009年的9.1%。2007年，西藏全面建设小康社会进程综合指标评价为56.5%，比2000年提升了9.2个百分点，全面建设小康社会步伐明显加快。2009年，城镇居民人均可支配收入、农村居民人均纯收入分别达到13544元和3532元，比2000年增长了110%和165.4%。从四省藏区看，农牧民人均纯收入由2000年的1020元提高到2009年的2816元，年均增长11.9%；2008年贫困人口较2000年减少81.6万人，贫困发生率下降了19.2个百分点。

5. 生态建设和环境保护正在迈向全面治理新阶段

从西藏看，2001～2008年，共投入生态建设和环境保护资金64.6亿元。建立各类自然保护区45个，占全区国土面积的34.4%，居全国之首。先后实施退耕还林、退牧还草和天然林保护工程，全区累计完成人工造林371万亩、封山育林837万亩，治理沙化土地面积64万亩，治理水土流失面积370平方公里，4591万亩天然草场得到保护与恢复，1800万亩天然林得到有效保护，全区1.5亿多亩森林纳入中央森林生态效益补偿范围，补偿资金达到7.6亿元。实施了农村薪柴替代工程，太阳灶在农牧区全面推广，2009年7.1万户农牧民用上了沼气。2009年，国务院批准实施了《西藏生态安全屏障保护与建设规划》，西藏生态建设进入了新的阶段。从四省藏区看，2001～2008年，四省藏区累计完成人工造林236万亩，封山育林699万亩，实施退耕还林565万亩，退牧还草19140万亩，治理水土流失面积4500多平方公里。生物多样性保护取得积极进展，建立各级各类自然保护区102个，保护区总面积占四省藏区国土面积的近30%。2009年，四川、云南、甘肃、青海藏区森林覆盖率分别为18.9%、73.9%、22.4%、5.2%，分别比2000年提高1.3、8.5、1.9和0.2个百分点。

纵观西藏及四省藏区发展历程，中央第四次西藏工作座谈会以来的九年，是经济发展最快、社会进步最明显的九年，是基础设施和公共服务能力建设力度最大、城乡面貌变化最快的九年，是人民生活水平提高最快、得到实惠最多的九年，为促进长治久安、凝聚人心提供了坚实的物质基础。经过九年的发展，当今的西藏及四省藏区经济发展、社会进步、民生改善、民族团结，正处于历史上发展的最好时期，站在了新的历史起点上。

(二) 存在问题与特殊困难

由于历史和自然地理等原因，西藏及四省藏区仍属于特殊欠发达地区，发展中面临着不少特殊的困难和问题，与全国同步实现全面小康社会目标，任务十分艰巨。面临的主要制约因素和特殊困难是：

1. 自然条件恶劣，生态环境脆弱

从西藏看，西藏高寒缺氧，生产生活条件异常艰苦。超过85%的国土面积处于海拔4000米以上，空气含氧量和气压不到平原地区的2/3。气候条件复杂，年平均气温仅为4.4℃，年平均降水量仅400毫米，且时空分布不均，降水量与蒸发量比高达1:4.5。地域广阔，地貌类型复杂，地质结构脆弱，自然灾害频发，人口居住分散，公共服务半径大，经济建设和社会管理的成本明显高于内地。据测算，西藏经济建设综合成本比全国平均水平高70%以上。与此同时，随着全球气候变化，西藏大部分地区呈现暖干化趋势，加上人口增长和人类活动增加，草地退化、水土流失、土地沙化日趋严重。全区水土流失面积102.5万平方公里，占全区面积的85.4%；土地沙化面积占全区面积的18%，且以年均4万公顷的速度增加。退化草地面积较上世纪80年代增加了2.3倍，占天然草地面积的49%，其中中度和重度退化草地占天然草地面积的27%。冰川、雪山、湖泊、湿地面积逐年缩小，雪线逐年上升，生物多样性面临严重威胁。从四省藏区看，四省藏区的自然条件与西藏自治区大体相当，同样是我国生态安全极度敏感区。四省藏区水土流失、沙化土地面积为47.6万平方公里和12万平方公里，分别占国土面积的46.5%和11.7%。沙化、退化草地面积比例高达77.6%。湿地萎缩加剧，三江源区玛多县4077个湖泊中有近一半消失。干旱、冰雹、雪灾及滑坡、泥石流等灾害频发，抵御灾害压力巨大，防灾减灾能力较弱。本世纪以来四省藏区共发生6.0级以上地震7次，其中，2001年11月14

日青海昆仑山口西发生的8.1级地震为本世纪我国震级最大的地震，2008年5月12日发生的汶川8.0级地震、2010年7月14日发生的青海玉树7.1级地震造成了巨大的人员伤亡和财产损失。

2. 基础设施建设欠账较多，瓶颈制约十分明显

从西藏看，基础设施薄弱，仍是制约发展的主要瓶颈。能源方面，全区电力供需矛盾突出，电网覆盖率低，广大农牧区缺电问题严重。2008年，全区人均装机容量和人均年用电量分别为249瓦和662千瓦时，仅为全国水平的41.8%和25.6%。藏中电网2009年缺电超过12万千瓦。2008年全区还有73万农牧民没有用上电，占总人口的25.4%，无电地区地处偏远，人口居住分散，电力建设难度大。交通方面，综合交通运输网络尚未形成，各种交通方式缺乏衔接，互补性不强，维护保障能力差。黑色路面所占比重仅为9%，全区还有1个县、33个乡镇和1039个行政村不通公路，28个县不通油路，70多个村仍靠溜索出行。边防公路建设滞后，还有9个边防站点不通公路，管边控边能力受到严重制约。水利方面，水资源配置能力弱，工程性缺水严重，大中型水利工程、重点灌区配套、节水改造建设滞后。2009年还有92.7万农牧民没有解决饮水安全问题，占农牧区总人口的41.4%。从四省藏区看，2009年四省藏区至今还有8个州不通铁路，5个州没有机场。内部公路等级偏低，通达深度不足，等外公路占公路总里程的40%，还有238个乡镇不通油路，2186多个行政村不通公路，尚有15.4万农牧民仍以溜索作为过江渡河的主要交通工具。进出藏区通道等级不高、保障率低。四省藏区电网结构薄弱，玉树、果洛两州和甘孜州北部地区至今没有与大电网联网，有近一半的县电网孤立运行，供电质量和可靠性差。仍有约33万户、154多万人没有用上电。相当一部分农牧民仍使用薪柴、牛粪等传统燃料。大型水源工程少，青海藏区无骨干水利工程；灌溉体系不健全，有效灌溉面积不足耕地面积的40%，草场基本无灌溉设施。2009年尚有33%的农村人口，约170万人未解

决安全饮水问题。

3. 产业基础相对薄弱，自我发展能力尚未形成

从西藏看，农牧业综合生产能力低，传统农牧业生产方式尚未得到根本改变。全区每亩耕地产值662.5元，仅相当于全国水平的60%；农业发展科技贡献率仅为36%，比全国平均水平低14个百分点，农产品加工率不到10%，比全国平均水平低40多个百分点。畜禽饲养周期长，出栏率低、商品率低、死亡率高，年出栏率仅为30%，草原牲畜超载率高达39%。第二产业结构不合理，建筑业和工业增加值的比例为2.9：1，工业发展严重滞后，规模以上工业企业只有88家，其总资产贡献率位列全国第30位。虽然第三产业在产业结构中的占比达到55.5%，但由于缺乏工业化和城镇化发展的支撑，总体发展水平不高，结构不合理，营利性服务业所占比重较小。由于区位特殊，西藏优势资源开发受到种种因素的制约。藏东南丰富水电资源的开发，受到送出通道和消纳市场不明和环境约束的影响；潜力较大的矿产资源开发，受到地质普查勘探工作滞后的影响；特色农产品加工业的发展，受到开发能力弱、交通物流成本高、远离消费市场的影响。从四省藏区看，四省藏区产业发展起步晚、层次低、规模小、竞争能力弱。大部分地区仍沿袭传统的农牧业生产方式，化肥、农药、机械等现代农用工业品投入少，农作物产量低。牲畜饲养周期长，出栏率、良种普及率、商品率低，死亡率高。制造业方面，原材料、粗加工产品多，精深加工、知名品牌少；小企业、劳动密集型企业多，具有较强带动力和竞争力的大企业、大集团少。四川省藏区规模以上工业增加值总量仅占全省的0.7%。在服务业方面，传统服务业多，现代服务业少；消费性服务业多，生产性服务业少。旅游资源开发程度低，旅游设施建设滞后，"一流资源、三流产品"问题十分突出。

4. 社会事业发展总体滞后，公共服务严重短缺

从西藏看，涉及民生的社会事业发展欠账多，公共服务能力

弱。教育方面，2009年全区高中阶段入学率为56.5%，比全国水平低17.7%；全区多数县"普九"基础也很脆弱，学生辍学率仍然较高，适龄儿童入园率比全国平均水平低39%，学前"双语"教育基本空白；劳动力平均受教育年限6.3年，比全国低2.2年。卫生方面，尽管国家在西藏实施了农牧民免费看病的政策，但由于基层医务人员缺乏，医疗卫生服务可及率低，2008年乡镇卫生院医务人员缺额率高达59.7%。2008年全区人均期望寿命67岁，比全国低6岁，孕产妇死亡率、婴儿死亡率分别是全国的6.8倍和1.7倍。农牧区70%以上的已婚育龄妇女患有不同程度的生殖健康疾病。传染病、地方病严重，特别是大骨节病致病原因不明，防治难度大。社会保障方面，2008年农村五保集中供养率仅为8.3%，远远低于全国28.4%的平均水平，每万人拥有社会福利床位数为12.5张，远低于全国每万人21张的水平。文化方面，2008年广播和电视节目覆盖率分别比全国低7.2个和7.1个百分点，部分农牧民或由于不懂汉语，或由于听不到、看不到广播电视，无法便捷地了解党和国家的方针政策。人才方面，总体不足，专业技术人才尤其紧缺。农牧业技术人员中，2008年具有高级职称的不足5%。中小学教师中，能够胜任"双语"教学的不到20%。有限的专业技术人才主要集中在自治区和地市所在地，县及以下基层专业技术人才十分缺乏。由于条件艰苦及其他原因，使西藏吸引人才难，培养人才难，留住人才更加困难，西藏自身培养的人才还存在流向内地的现象。从四省藏区看，2009年四省藏区尚有2个县未实现"普九"，人均受教育年限仅为5.2年，明显低于全国8.5年的平均水平，甚至低于西藏，其中最低的青海藏区仅为4.5年。"双语"教学质量不高，藏族人口比例高的玉树、果洛、黄南三州有汉语障碍的小学生占82%，初中生占68%。中等职业教育严重滞后，高中阶段教育普及程度低，教师数量不足，整体素质不高。基本医疗和卫生服务能力差，医疗卫生机构基础设施不完善，卫生技术人员匮乏。妇幼保健服务能力弱，果洛州2008年孕产妇死亡率为134.6/10万，是全国水平（34.2/10万）的3.9倍；婴儿死亡率为32.6‰，是全国水平（14.9‰）的2.2倍。大多数乡（镇）没有计划生育服务站。文化设施建设滞后，公共文化设施总量不足，85%以上的乡镇无综合文化站。

5. 农牧民生活水平低，扶贫开发任务繁重

从西藏看，农牧民收入水平低，稳定增收的内在机制尚未形成。2009年，全区农牧民人均纯收入仅相当于全国水平的68.5%，恩格尔系数47.9%，高出全国水平8.6个百分点。城乡和区域发展不平衡，城乡居民收入之比为3.84∶1，大于3.33∶1的全国平均水平。按农民人均纯收入不足1300元的地方扶贫标准计算，2009年底西藏还有农村贫困人口20.3万人，贫困发生率为9.1%，比全国平均水平高5.3个百分点。同时，每年因灾因病返贫率高达15%以上。边境和偏远地区农牧民生产生活尤为困难，贫困发生率高达70%以上。还应指出的是，在西藏特殊的宗教氛围下，农牧民的收入中相当一部分转入了寺庙，因而农牧民收入的增加并没有相应提高积累率，对生活水平的提高和再生产投入造成了影响。从四省藏区看，2009年，四省藏区农牧民人均纯收入2751元，仅为全国平均水平的54.6%。四省藏区是我国集中连片的贫困地区，贫困人口多，返贫率高，扶贫开发任务十分繁重。2009年还有农村贫困人口182.6万人，贫困发生率高达35.1%。近年来，四省藏区农牧民因灾返贫率每年都在15%以上，如受汶川地震灾害影响，2008年四川藏区在解决了近5万贫困人口温饱问题的同时，又有20.2万人因灾返贫。

6. 维稳形势严峻，境内外分裂破坏势力干扰严重

从西藏看，西方反华势力和达赖集团伺机制造分裂破坏活动，西藏长期处于反分裂、反渗透、反破坏斗争的前沿阵地。围绕反分裂斗争，各级政府投入了大量人力、物力、财力，难以全神贯

注开展经济建设。2008年拉萨"3·14"事件的发生，使全区经济社会发展受到严重负面影响，全年旅游人次、旅游总收入和旅游外汇收入分别比2007年减少44.2%、53.4%和77%，招商引资活动、重大项目建设也放慢了步伐。西藏维护国家安全和社会稳定的任务十分繁重，取得同样的发展速度和成绩，要比内地花费更大的投入和精力。从四省藏区看，甘孜州是第七、九、十、十一世达赖的出生地，青海是十四世达赖的出生地，这些地区藏传佛教教派齐全，影响深远，信教群众数量众多，目前仅甘孜州僧尼数量就达5.4万人，比西藏僧尼总数还多1万人。因民族宗教形势复杂，四省藏区也是反分裂、反渗透、反破坏的重点地区，各级政府维稳安民的任务十分艰巨。四省藏区基层政权组织人员短缺、办公条件简陋、干部职工待遇偏低，加之受服务半径大、行政运行成本高以及投入资金不足等影响，难以满足新形势下开展行政管理和维护社会稳定的需要。

根据中央关于西藏及四省藏区到2020年要与全国一道实现全面小康社会目标的要求，我们在调研中对相关指标进行了测算或推算，感到西藏及四省藏区要实现这一目标，需要付出极大的努力。从西藏看，根据国家统计局"全面建设小康社会统计监测指标体系"测算（见表1），2000年、2007年西藏全面小康实现程度分别为47.3%和56.5%，比全国平均水平分别低12个和16.4个百分点；按照相关指标的高限值测算，到2020年，西藏全面小康实现程度为83%左右，相当于全国平均水平的79%。从四省藏区看（不包括海西州数据），由于四省藏区全面建设小康社会统计监测指标数据不全，难以直接测算，但根据四省藏区主要经济社会指标大多低于西部地区、全国乃至西藏的实际情况（见表2、表3），可以推知四省藏区到2020年全面小康实现程度比西藏还低。如2001~2009年，四省藏区GDP年均增速为10.1%，比全国加总平均水平低1.9个百分点，比西部地区低1.8个百分点，比西藏低0.9个百分点；2009年，四省藏区人均GDP为11202

元，比全国低13986元，仅为全国平均水平的44.5%，比西部地区低7053元，比西藏低4093元。城镇居民人均可支配收入比全国低4842元，只相当全国平均水平的71.8%，比西部地区低1880元，比西藏低1211元；农民人均纯收入比全国低2402元，只相当于全国平均水平的53.4%，比西部地区低1066元，比西藏低781元；又如，四省藏区人均受教育年限除云南藏区略高于西藏外，青海藏区、四川藏区、甘肃藏区分别比西藏低1.8年、0.7年和1.3年；四川、云南、甘肃和青海藏区平均每万人医生数分别仅为10.1人、30人、21.7人和15.3人，均低于西藏32.9人的水平。正是基于西藏及四省藏区的特殊困难和实现全面小康目标的难度，中央第五次西藏工作座谈会对促进西藏及四省藏区发展做出了新部署，采取了更为有力有效的支持政策和措施。

表1 2000~2020年全国及西藏全面建设小康社会实现程度测算　　　单位：%

指标	2000年实现程度	2007年实现程度	2010年预计实现程度	2015年预计实现程度	2020年预计实现程度
全国建设小康社会进程	59.3	72.9	79.4	91.3	105.3
西藏建设小康社会进程	47.3	56.5	62.35	70.9	82.9
西藏和全国差距	12.0	16.4	19.1	20.4	22.4
西藏小康进程相当于全国小康进程的比例	79.7	77.5	75.9	77.6	78.8

注：国家统计局"全面建设小康社会统计监测指标体系"包括经济发展、社会和谐、生活质量、民主法制、科教文卫、资源环境6大类25项指标。

表2　四省藏区主要经济指标与西部地区和全国的比较（2009年）

指标	四省藏区	西部地区	全国	四省藏区相当于西部地区平均水平（%）	四省藏区相当于全国平均水平（%）
2001~2009年GDP平均增速（%）	10.1	11.9	12	84.9	84.2
人均GDP（元）	11202	18255	25188	61.4	44.5
工业化率（%）	39.7	39.9	40.1	99.5	99
城镇化率（%）	25.5	38.3	46.6	66.6	54.7
城镇居民人均可支配收入（元）	12333	14213	17175	86.8	71.8
农民人均纯收入（元）	2751	3817	5153	72.1	53.4
农村居民恩格尔系数（%）	60.0	43.6	41	137.6	146.3
人均地方财政一般预算收入（元）	755	1656	2441	45.6	30.9
人均财政支出（元）	9039		4540		199.1
财政自给率（%）	8.4				
人均固定资产投资（元）	17611	13521	16846	130.2	104.5

注：（1）不含海西州数据。
（2）全国GDP平均增长速度为按各省合计数计算的平均增长速度。
（3）工业化率是工业增加值占地区生产总值比重。
（4）四省藏区和西部地区城镇化率、农村居民恩格尔系数为2008年数值。

表3　四省藏区与西藏自治区主要经济社会发展指标的比较（2009年）

指标	四省藏区	西藏	绝对差距	四省藏区相当于西藏的比例（%）
国土面积（万平方公里）	69.56	122.84	-53.28	56.6
总人口（万人）	481.5	290.03	191.47	166.0
藏族人口（万人）	296.7	264.5	32.2	112.2
GDP（亿元）	539.4	441.36	98.04	122.2

续表

指标	四省藏区	西藏	绝对差距	四省藏区相当于西藏的比例（%）
人均GDP（元）	11202	15295	-4093	73.2
2001—2009年GDP平均增速（%）	10.1	11	-0.9	91.8
城镇化率（%）	25.5	23.8	1.7	107.1
城镇居民人均可支配收入（元）	12333	13544	-1211	91.1
农民人均纯收入（元）	2751	3532	-781	77.9
农村居民恩格尔系数（%）	60.0	47.9	12.1	125.3
农牧区贫困发生率（%）	35.1	12.2	22.9	287.7
人均地方财政一般预算收入（元）	755	1037	-282	72.8
人均地方财政支出（元）	9039	16210	-7171	55.8
财政自给率（%）	8.4	6.4	2	131.3
人均固定资产投资（元）	17611	13082	4529	134.6

注：（1）不含海西州数据。
（2）四省藏区城镇化率、农村居民恩格尔系数为2008年数值。

二、促进西藏及四省藏区经济社会跨越式发展的总体要求和基本思路

中央明确提出了促进西藏及四省藏区发展的指导思想和到2020年的奋斗目标，这就是：西藏要坚持走中国特色、西藏特点的发展路子，以经济建设为中心，以民族团结为保障，以改善民生为出发点和落脚点，紧紧抓住发展和稳定两件大事，确保经济社会跨越式发展，确保国家安全和西藏长治久安，确保各族人民物质文化生活水平不断提高，确保生态环境良好，确保实现全面建设小康社会奋斗目标；四省藏区要坚持以经济建设为中心，紧紧抓住发展与稳定两件大事，以改善民生为出发点和落脚点，以保护生态环境为基本前提，以基础设施建设为切入点，以转变经

济方式为着力点，以改革开放为动力，以科技进步和人才培养为支撑，以维护民族团结和社会稳定为保障，全面加强经济建设、政治建设、文化建设、社会建设以及生态文明建设和党的建设，不断提高四省藏区可持续发展能力，确保实现全面建设小康社会目标。

如何理解中央关于促进西藏及四省藏区经济社会跨越式发展的精神实质？我们理解，要把握好以下几个要点：

（一）坚持跨越式发展，确保与全国同步实现小康社会目标

推进西藏实现跨越式发展，从根本上讲，是由西藏社会的基本矛盾和重要的战略地位决定的。胡锦涛总书记在讲话中深刻指出，"当前西藏的社会主要矛盾仍然是人民日益增长的物质文化需要同落后的社会生产之间的矛盾。同时，西藏还存在着各族人民同以达赖集团为代表的分裂势力之间的特殊矛盾。西藏存在的社会主要矛盾和特殊矛盾决定了西藏工作的主题必须是推进跨越式发展和长治久安。"中央阐明了西藏发展的战略定位，指出西藏是重要的国家安全屏障、重要的生态安全屏障、重要的战略资源储备基地、重要的高原特色农产品基地、重要的中华民族特色文化保护地、重要的世界旅游目的地。西藏社会的基本矛盾和西藏发展的战略定位，决定了做好西藏工作，事关全面建设小康社会全局，事关中华民族长远生存发展，事关国家安全和领土完整，事关我国国际形象和国际环境，没有西藏的小康就没有全国的小康，没有西藏的长治久安就没有全国的长治久安。我们一定要从全局和战略的高度来认识推进西藏跨越式发展的重要性和紧迫性。从西藏及四省藏区发展的条件来看，尽管目前西藏及四省藏区发展还比较落后，与全国发展的差距仍然较大，还存在许多特殊困难，但推动西藏及四省藏区实现跨越式发展，也有很多有利条件，经过努力，如期实现全面建设小康目标是可能的。一是具有明显的资源优势。青藏高原的水能、矿产、生物、旅游等特色资源在

全国占据重要位置。如西藏的水资源占全国的15.5%，水能资源开发量占全国的24.5%，均居全国首位；在已查明储量的矿产资源中，有12种居全国前5位，铬、铜等战略资源储量居全国首位；四省藏区的石油天然气资源储量潜力大，柴达木盆地的钾盐资源独具特色；青稞、牦牛、绒山羊、藏药材等生物资源十分丰富，开发潜力大；以雅鲁藏布江大峡谷、珠穆朗玛峰、布达拉宫为代表的旅游资源独具特色，名传遐迩。二是具有一定的发展基础。随着综合交通运输体系逐步建成和对内对外开放不断深入，内外经济联系的物流成本明显降低，西藏融入全国大市场的步伐将逐步加快。特色优势产业不断发展壮大，产品竞争能力进一步提高，如西藏旅游业已成为经济发展的支柱产业，5100矿泉水已进入国内主要城市市场。三是有了比较清晰的发展思路。经过多年的探索和实践，西藏及四省藏区已经摸索出比较符合自身实际的经济社会发展路子。如西藏提出坚持走生产发展、生活富裕、生态良好的文明发展道路，大力实施"一产上水平，二产抓重点，三产大发展"的发展战略。青海提出跨越发展、绿色发展、和谐发展和统筹发展的四大战略。四是国家有能力给予西藏及四省藏区更强有力的支持。随着我国经济实力的逐步增强，中央财政和固定资产投资不断加大对西藏的支持力度。2000年中央财政对西藏的总补助规模为63.6亿元，到2009年增加到470.95亿元，10年间增长了6.4倍。西藏人均财政支出从2000年的2308元增加到2009年的16211元，位居全国第一。"九五"期间中央支持了西藏62个建设项目，总投资48.6亿元，全部为中央投资；"十五"期间中央确定的117个建设项目，国家投资490亿元，其中中央预算内投资360亿元；"十一五"初期确定支持西藏180个建设项目，计划安排投资778.8亿元，其中中央投资596亿元。为进一步加大对西藏的支持力度，后将建设项目由180个增加到188个，总投资增加到852亿元，其中中央投资增加到652亿元，加上中央企业的158亿元投资，两项合计占总投资的95%，预计

"十一五"规划项目今年年底前基本完成。当前我国的经济形势持续向好,财政收入稳步增长,去年国家财政收入达到6.8万亿元,今年上半年财政收入已完成4.3万亿元,随着国家财力的不断增强,国家对西藏及四省藏区的支持会进一步加大。同时,随着四省经济实力不断增强,也将进一步加大对本省藏区的支持力度。此外,西藏及四省藏区人口较少,2009年西藏人口为290万人,四省藏区人口为481万人。举全国之力援藏援青,是可以在较短时期内实现根本性变化的。

(二)坚持科学发展,积极探索具有中国特色、西藏特点的发展路子

中央强调要以科学发展观来统领西藏及四省藏区的跨越式发展。胡锦涛总书记指出,西藏地理自然条件和经济社会条件特殊,不能照搬照抄其他地方的发展模式,尤其不能走先破坏后治理的路子,必须把中央关于加快西藏发展的决策部署同西藏实际紧密结合起来,转变发展观念、创新发展模式、提高发展质量,充分发挥自身优势和潜力,使跨越式发展建立在科学发展的基础之上,阐明了实现西藏及四省藏区科学发展的特殊重要性。在不同的历史发展时期,中央根据西藏实际和形势变化,始终鼓励西藏探索符合自身特点的发展路子,始终对西藏的发展采取与其他地区不同的政策措施,西藏自治区在长期实践中逐步形成并大力实施"一产上水平、二产抓重点、三产大发展"的发展战略,使西藏发生了天翻地覆的巨大变化。西藏及四省藏区在今后的发展中应注意以下几点:一是充分发挥不同区域的比较优势,扬长避短,确定各具特色的主导产业。西藏及四省藏区既有产业基础薄弱、基础设施支撑能力不强、远离消费中心、市场半径大等劣势,也有发展矿产资源加工、特色农业、民族手工业、旅游观光等的独特优势,西藏及四省藏区要从自身资源条件、产业基础和国家战略需要出发,着重培育具有比较优势的战略支撑产业。要实施分

区域发展战略，因地制宜、视情施策，走各具特色的发展之路，不强求一律，也不要简单照搬别人的发展模式。在适合发展工业的资源集中区域，要把工作重点放在积极延伸产业链、提高资源利用水平上；在旅游资源优势明显的区域，要把工作重点放在加强旅游基础设施建设、加强旅游资源保护和整合、提高旅游业对当地经济拉动作用上，通过主导产业的发展和带动，逐步将资源优势转变为经济优势，将"输血"转变为"造血"，不断增强自我发展能力。二是坚持优化布局，着力推进结构调整和发展方式的转变。推进工业化、城镇化进程，要始终坚持"以线串点、以点带面"的空间布局战略，按照主体功能区的要求引导生产力合理布局，切忌遍地开花；要着力破解交通基础设施落后、能源紧缺、人才短缺等瓶颈制约，努力提高主要产业发展的支撑能力；要把积极引导东中部产业转移同推动农牧业从传统向现代转变、推动工矿加工业从粗放向集约转变、推动旅游业上规模、上水平结合起来，不断壮大特色优势产业。三是高度重视生态环境保护，正确处理产业发展与生态环境保护的关系。西藏及四省藏区地处大江大河源头，生物多样性十分丰富，是我国重要的高原生态屏障，生态地位十分重要。西藏及四省藏区生态环境又十分脆弱，一旦遭到破坏，恢复起来需要付出加倍的努力。因此，西藏及四省藏区的产业发展，必须以生态环境保护为前提，正确处理产业发展与生态保护的关系。正如温家宝总理指出的，"西藏要坚持在发展中重保护，在保护中求发展，走出一条生产发展、生活富裕、生态良好的可持续发展道路。所有建设项目都要严把生态环境关、产业政策关、资源消耗关。我们一定要让西藏的青山绿水常在，对国家、对人民、对子孙后代负责"。

（三）坚持以人为本，让各族群众分享改革发展的成果

在这次西藏工作座谈会上，胡锦涛总书记、温家宝总理反复

强调，要坚持发展为了人民、发展依靠人民、发展成果由人民共享，切实把保障和改善民生作为西藏经济社会发展的出发点和落脚点，这是西藏实现跨越式发展和长治久安的首要任务。中央领导同志的这一指示具有重大的现实意义，这不仅是因为西藏及四省藏区与全国发展的差距，突出表现在民生问题上，而且是因为，改善民生是实现西藏及四省藏区跨越式发展和长治久安两大战略任务的结合点。一方面，促进西藏及四省藏区跨越式发展的最终目的是改善民生，使各族群众都能分享改革发展的成果；另一方面，民生连着民心，民心关系全局，只有民生改善了，长治久安才能够有牢靠的物质基础。抓好改善民生工作要处理好三个关系：一是上项目与改善民生的关系。欠发达地区以大项目带动经济发展是必要的，但更要重视切实解决广大农牧民生产生活方面的实际困难，让各族群众在发展中得到实实在在的好处。只有这样，才能凝聚人，心凝聚民力，为又好又快发展注入不竭的动力。二是近期要集中力量解决民生方面存在的突出问题。胡锦涛总书记指出，要用3到5年时间，集中解决制约经济社会发展最突出最紧迫的问题，把民生改善、社会事业发展、生态环境保护、基础设施建设作为主攻方向，并取得重大突破。西藏自治区以农牧民安居工程为切入点，集中各方面的资源改善农牧民居住条件，带动农牧区水电路气等生产基础设施建设，同步推进教育、卫生、文化、社会保障和就业，取得明显效果，得到各族群众的衷心拥护，这一经验值得认真总结和推广。三是率先推进基本公共服务均等化。地区之间的发展差距，不仅表现在收入差距上，也表现在基本公共服务差距上。从国内外的经验看，缩小收入差距需要一个较长的时间过程，但缩小地区间公共服务差距则是可能提前做到的。正是基于这一点，中央要求，到2020年，西藏及四省藏区的基本公共服务能力接近全国平均水平。保证人民群众享有均等的基本公共服务是各级政府的主要职责，为实现这一目标，需要各级政府加大投入力度，加快各项社会事业的发展。

（四）坚持自身努力与全国支持相结合，不断增强自我发展能力

早在1994年召开的中央第三次西藏工作座谈会上，中央就做出了"中央关心西藏，全国支援西藏"的重大决策，明确了"分片负责，对口支援、定期轮换"的对口援藏方式，标志着以干部援藏和经济援藏为主要内容的对口援藏工作全面展开，并走向制度化轨道。2001年中央第四次西藏工作座谈会进一步完善了对口援藏办法，使受援地区覆盖了西藏所有地市和县市区。16年来，全国共选派了3700多名干部进藏工作，援建项目6300多个，援建资金总规模达到125.3亿元，有力地促进了西藏经济发展、社会进步、民生改善和民族团结。当前和今后一个时期，西藏及四省藏区发展处在一个关键阶段，全国对口援藏援青以及省内对口支援其他藏区的工作只能加强，不能削弱。与此同时，要适应新形势、新任务的要求，进一步加大力度，完善办法，突出重点，加强管理，使援藏援青工作发挥更大作用。一是要把对口支援工作的着眼点放在不断增强受援地区自我发展能力上，使藏区经济社会发展实现从"输血"向"造血"的转变；二是援建项目要向农牧区倾斜，着力改善农牧民生产生活条件，确保民生得到改善；三是要把无偿援助与互利合作有机结合，在做好对口支援西藏及青海藏区工作的同时，通过经济技术交流与合作，使援受双方共同受益，实现互利双赢。前不久，胡锦涛总书记、贾庆林主席在有关武汉对口支援山南地区乃东县经验材料上做出重要批示，要求认真总结经验，加以推广和借鉴。我们要认真学习和借鉴，不断提高对口支援工作水平。

（五）坚持发展与稳定相结合，两手抓，两手都要硬

胡锦涛总书记在讲到深入开展反分裂斗争时指出，发展是硬道理，是解决西藏所有问题的关键；稳定是硬任务，是推进西藏跨越式发展的前提，必须坚持发展稳定两手抓、两手都要硬，这

是对多年来西藏工作经验的高度概括和总结。一方面，在西藏及四省藏区工作，时刻都要绷紧反分裂斗争这根弦，不能就经济抓经济，就发展抓发展，要旗帜鲜明地维护民族团结、国家统一，只有这样，才能为经济发展创造稳定的外部条件；另一方面，要大力促进西藏及四省藏区更好更快发展，只有经济发展了，民生改善了，我们才能赢得民心，掌握反分裂斗争的主动权。"3·14"事件的正反经验，充分证明了这个道理。因此，做好西藏工作，必须认真贯彻落实中央的这一指导思想，把发展工作和稳定工作更加紧密地结合起来。

三、加快西藏及四省藏区发展的主要任务和支持政策

"十二五"是西藏及四省藏区加快推进全面建设小康社会进程的关键时期。我们要按照中央第五次西藏工作座谈会确定的促进西藏及四省藏区经济社会发展的总体要求，明确发展思路，突出工作重点，加大支持力度，落实政策措施，力争在破解发展难题和瓶颈制约上取得重大突破，在改善民生和实现基本公共服务均等化上取得实质进展，在增强改革活力和发展后劲上取得明显成效，推动西藏及四省藏区经济社会发展再上一个新台阶。具体讲，要重点做好以下几个方面的工作：

（一）切实保障和改善民生

解决西藏及四省藏区民生方面存在的突出问题，要以改善农牧区生产生活条件、扶助贫困弱势群体、进一步扩大基本公共服务产品供给为重点，不断提高各族人民群众的生活水平。一是着力改善生产生活条件。在改善农牧区生产生活条件方面，到2013年，西藏及四省藏区要全面解决农牧民饮水安全问题，解决好农牧区无电地区用电问题。加大游牧民定居和农村危房改造工程实施力度，西藏要力争"十二五"期间全部完成。在扶贫开发方

面，要继续把西藏作为特殊集中连片贫困区域予以大力扶持，把扶贫开发和农村最低生活保障制度有效衔接起来，帮助西藏制定专项扶贫开发规划。四省藏区也要打破扶贫开发工作重点县界限，实行连片开发、综合治理。在改善城镇居民生活条件方面，要加大廉租住房建设、棚户区改造，以及城镇居民住房供水供气等城市基础设施的支持力度，适当提高国家补助标准等。二是大力发展直接关系人民生活的社会事业。在教育方面，支持农牧区双语幼儿园建设，普及学前两年教育，将相关经费纳入财政保障范围。加快寄宿制学校建设，实现农牧民子女义务教育"三包"政策全覆盖并提高补助标准，同时将高中阶段纳入"三包"政策范围。实行中等职业学校免学费和贫困学生资助政策，举办内地中职班。加大师资培训和人才培养。在医疗卫生方面，重点加强各级医院、卫生服务中心建设，改善基层医疗设施条件，不断完善公共卫生和基本医疗服务体系，加大地方病、高原病、传染病防治力度，加强人口和计划生育及妇幼保健工作。进一步完善西藏以免费医疗为基础的农牧区医疗制度，提高补助标准和保障水平。在文化方面，加强物质及非物质文化遗产的保护和传承，加大西新工程、广播电视村村通工程实施力度，加强广播影视制作、播映和区域性藏语方言译制能力建设。在就业方面，对农牧民职业培训给予补贴，支持农民工返乡就业。大力开发牧区草场维护、乡村道路协管等适合地区经济发展特色的公益性岗位，解决好城镇"零就业"家庭和困难群体就业问题。政府投资的建设项目，要优先吸纳当地劳动力就业。在社会保障方面，加快建设覆盖城乡居民的社会保障体系，完善城镇基本养老保险、基本医疗保险、失业保险、工伤保险和生育保险制度，提高居民最低生活保障标准，进一步提高企业退休人员养老金水平。加快建立新型农村社会养老保险制度，西藏到2012年前、四省藏区到2015年前要基本实现全覆盖等。

（二）加强生态建设与环境保护

加快西藏及四省藏区经济社会发展，必须树立生态优先理念，把发挥自然修复功能与工程治理结合起来，抓紧实施一批重点生态保护和建设工程，保护和建设好高原生态环境。一是继续实施好重点生态保护和建设工程。要继续实施好西藏生态安全屏障保护与建设、青海三江源自然保护区生态保护与建设、青海湖流域生态环境保护和综合治理、甘南黄河重要水源补给生态功能区生态保护与建设等重点工程。目前已累计安排青海三江源自然保护区生态保护与建设工程中央投资39亿元，启动了西藏生态安全屏障保护与建设工程和青海湖流域生态环境保护和综合治理工程，继续实施退牧还草、游牧民定居工程。同时，国家发改委正在组织青海、甘肃两省开展祁连山水源涵养区生态保护和综合治理规划编制工作，争取尽早启动实施。二是做好青海三江源国家生态保护综合试验区工作。国务院决定，在青海三江源地区建立国家生态保护综合试验区，主要目的是以生态保护为核心，统筹生态保护、民生改善和产业发展，在体制机制上进行超前探索，为全国同类地区生态保护建设和完善宏观政策积累经验。国家发改委会同青海省编制了《青海三江源国家生态保护综合试验区试验总体方案》，提出了推进草原承包、草畜平衡、人口布局调整、转变发展方式、加强监测能力建设等八项任务，以及生态监测、生态补偿等四项体制机制创新内容，拟于近期修改完善后报国务院审定。三是大力发展循环经济。今年3月，国务院批复了《青海省柴达木循环经济试验区总体规划》，这是国务院批复的第二个区域循环经济发展规划，也是国内面积最大、唯一布局在藏区的循环经济试验区。试验区建设将综合考虑资源优势、环境承载能力、现有开发强度和发展潜力，重点构建盐湖化工循环型产业、金属产业、油气化工循环型产业、煤炭综合利用产业以及高原特色生物产业和可再生能源产业六大产业链。

（三）加强基础设施建设

继续大力加强交通、水利、能源和通信等基础设施建设，加快建立与经济社会跨越式发展相适应的基础设施服务保障体系。一是加大交通基础设施建设力度。完善以公路网为基础，以干线公路、铁路和航空运输为骨架，以农村公路和国边防公路为重点的综合交通运输体系。在铁路方面，作为西部大开发的重要标志性工程，青藏铁路格拉段已建成通车，促进了西藏和青海的资源开发、产业发展和对内对外开放。今年将开工建设拉日铁路，加快川藏铁路拉萨至林芝段和康定至林芝段、滇藏铁路香格里拉至波密段、日喀则至聂拉木、日喀则至亚东，以及格尔木至成都、格尔木至库尔勒等铁路前期工作。在公路方面，继续实施通县油路改造工程，到"十二五"末基本实现县县通油路，加快新藏、川藏（国道317、318）、青藏、滇藏公路等进藏公路干线整治改建工程，加强拉萨和其他地区综合交通枢纽建设，开工建设拉萨贡嘎机场专用路，推进边防站点公路和边境横向公路通道建设等。加快推进京藏高速公路青海藏区内有关规划内路段建设。在民航方面，已完成阿里机场建设并进行了试航，加快日喀则机场改造建设，抓紧拉萨机场、那曲机场、邦达机场、林芝机场，以及青海藏区的花土沟、德令哈、果洛等机场的新建和改扩建的前期工作。二是加强水利基础设施建设。加快西藏旁多水利枢纽工程建设，继续实施"一江两河"综合开发和重点河段治理工程。抓紧开展前期工作，适时开工建设澎波灌区、拉洛水利枢纽工程和配套灌区工程。依托黄河沿岸水利枢纽工程适度建设灌区。加强病险水库除险加固、重要河流河段防洪、重点城镇堤防和中小河流治理工程等。三是完善能源综合体系。当前，要抓紧建设藏中和阿里地区应急电源，落实柴油发电机组进藏，近期将开工建设青藏直流联网工程。下一步，将开展"藏电外送"水电项目和通道前期工作并适时开工建设，建成阿里、藏中等地大型并网光伏电站和储能装置等。要尽快实现青海藏区玉树、果洛两州与西北电网联网。四是提高通信保障能力。建立完善的应急通信保障机制，加快基础电信网络、宽带通信、网络信息安全、无线电监测系统建设，完善应急通信系统等。

(四) 促进产业发展与资源开发

大力实施"一产上水平、二产抓重点、三产大发展"的经济发展战略，加快推进特色农牧业发展，稳步提升农牧业发展水平，统筹规划，科学布局，培育具有地方特色和比较优势的特色优势产业，促进资源优势转化为经济优势，提高自我发展能力。一是转变农牧业发展方式。充分挖掘藏区高原农牧业特色资源优势，加快转变农牧业发展方式，既是实现农牧业增效农牧民增收的当务之急，也是确保藏区经济可持续发展和生态环境改善的长远之计。要加大农业基础设施投入力度，以"一江两河"、尼洋河、黄河沿岸河谷地区等粮食主产区为重点，改造中低产田、建设高标准农田，重点推进青稞、高原油菜、马铃薯等优质农产品生产基地建设，确保青稞供给，逐步提高粮食、油料及蔬菜自给率，积极推广日光温室等现代设施农业。要大力发展高原生态畜牧业，加强优质绒山羊、牦牛、藏系羊、藏猪、藏鸡等特色养殖基地建设，加大畜禽良种工程实施力度，调整优化畜群畜种结构，提高优良畜种比例，加强品种资源保护、品种改良和生物育种等生物产业项目建设，着力打造高原特色绿色品牌，努力提升农牧业发展水平。二是合理开发矿产资源。西藏及四省藏区资源富集，水电、盐湖、石油天然气、有色金属等资源储量可观，西藏水能资源理论蕴藏量和技术可开发量分别占全国的29%和24.5%，均居全国首位。柴达木盐湖资源在全国独具优势，已初步探明氯化钠、氯化钾、氯化锂、镁盐、锶矿、芒硝等储量均居全国第一位，此外，西藏及四省藏区铬、铜等有色金属以及石棉、石英、石灰岩、石墨等非金属矿产资源也有相当大的储量，是我国能源和矿产资源的重要战略接续地。今后一段时期，要进一步加大矿产资源勘查力度，重点在青藏铁路沿线、藏中和藏东"三江"流域优先布局资源开发项目，形成藏中、藏东地区有色金属及铬铁矿产业基地和藏西盐湖资源开发基地。开发利用柴达木盐湖和石油天然气资源，将其建成全国最大的盐湖化工、钾肥生产和区域性石油天然气化工生产基地。有序推进铜矿、铅锌矿、铬铁矿、盐湖锂硼镁等矿产资源开发和建材工业结构调整，统筹规划好特色优势资源深加工产业基地和工业园区。三是培育壮大特色优势产业。重点开发利用优势特色农副产品资源，提高精深加工能力。推动少数民族特需商品和民族特色手工业发展，鼓励开发藏药创新产品，支持藏药规范化、标准化生产，推动藏医药业发展。继承挖掘民族传统手工业的生产技艺，发展唐卡、堆绣、藏毯、藏香、民族服饰等民族特色手工业，以及少数民族特需商品生产，努力形成品牌效应。四是大力发展第三产业。充分发挥旅游资源优势，大力发展高原风光旅游、民族风情旅游、红色旅游、探险旅游等，打造以拉萨和林芝为中心的精品旅游路线。启动实施香格里拉生态旅游核心区和青藏铁路沿线地区旅游发展规划，加大环青海湖、三江源、祁连山等重点旅游线路和景区开发力度，加强旅游基础设施建设。与此同时，进一步完善市场体系，加快实施"万村千乡市场工程"，大力发展非公有制经济和个体工商业，促进大型物流企业扩大经营规模和升级改造。加大边境口岸基础设施建设和改造力度，加强南亚贸易陆路大通道建设，积极推进吉隆口岸跨境经济合作。

（五）加大政策支持力度

促进西藏及四省藏区跨越式发展和长治久安，需要国家给予特殊的帮助和支持。既要继续加大现有政策的支持力度，又要根据新形势、新情况和新任务出台一些新的政策措施。一是财政税收方面。考虑到西藏发展和维稳任务繁重，经济建设和社会管理成本高等因素，中央第四次西藏工作座谈会决定实施"收入全留、补助递增、专项扶持"的财政政策，对地方财政支出给予保障。为保障西藏地方各级政府的有效运转和公共服务支出，中央第五次西藏工作座谈会决定继续执行并完善该项政策。此外，还决定完善均衡性转移支付、民族地区转移支付办法，充分考虑西藏及四省藏区的支出成本差异，加大专项转移支付力度，除国务院另有规定的项目外，不要求西藏财政配套。将四省藏区公益性项目国债转贷资金全部改为拨款。二是金融政策方面。继续维持现行西藏自治区金融机构优惠贷款利率和利差补贴政策，在西藏银行业金融机构发放的各类贷款，按贷款平均余额给予综合补贴。各商业银行对在藏分支机构实行差异化的信贷管理办法。合理确定商业银行和担保机构的代偿比例与贷款担保放大倍数。稳步推进农业保险，扩大范围，增加险种。鼓励和支持银行业金融机构在西藏及四省藏区设立分支机构，在金融服务空白乡镇和旅游区设立服务网点。支持符合条件的企业发行股票并上市。三是投融资方面。西藏经济增长主要依靠投资拉动，其中又以中央投资拉动为主。预计"十一五"期间西藏全社会固定资产投资将达1600亿元，比"十五"翻一番。中央第五次西藏工作座谈会决定继续加大中央投资倾斜力度，扩大专项投资规模，并引导鼓励社会投资，力争使西藏及四省藏区"十二五"时期全社会固定资产投资较"十一五"时期大幅度增长。中央安排的基础设施、生态建设和环境保护、社会事业、农牧林水气、基层政权等公益性建设项目，取消西藏各级地方政府和四省藏区州县两级政府投资配套，并适当降低四省省级政府投资配套比例。同时，要统筹和保障建设用地的需求。四是项目建设规划方面。按照中央第五次西藏工作座谈会精神，我委正在组织研究"十二五"期间西藏及四省藏区项目建设规划方案，重点支持民生改善、基础设施、生态环境、政权建设，以及特色优势产业发展等方面。五是干部职工待遇方面。为稳定西藏及四省藏区干部队伍，提高干部职工工资福利等待遇，中央明确提出继续执行对西藏特殊工资政策，完善津贴实施办法；由西藏合理调整住房公积金缴存比例，逐步安排落实住房补贴政策；完善机关事业单位干部职工年度体检制度和冬季取暖补助制度；从优处理折算后工龄涉及的有关待遇政策问题；加快地县乡（镇）干部职工周转房建设等。此外，对四省藏区也提出根据艰苦边远程度，提高机关事业单位工资收入水平。

（六）做好经济援藏援青工作

中央第五次西藏工作座谈会进一步充实和完善了对口支援西藏和青海藏区工作，并要求四川、云南、甘肃三省建立健全省内对口支援本省藏区和探索建立发达省市经济对口帮扶三省藏区的机制，使对口援藏的范围和内涵更加丰富。第一，明确了结对关系。根据援受双方有关省市对下一步援藏工作的意见，中央决定继续维持原有结对关系不变，仍由原17个省市、17家中央企业和60个中央国家机关对口支援西藏7个地市的73个县（市、区）和双湖特别区。根据青海省及援助方的意见，确定由北京、上海、天津、山东、江苏、浙江6个东部省市，以及20个中央国家机关和13家中央企业对口支援青海的6个藏族自治州及其所属的33个县市。第二，建立援藏资金稳定增长机制。为切实解决已往对口援藏资金规模不确定、增长不均衡、不协调等问题，有必要建立援藏资金稳定增长机制。中央要求，援藏省市年度援藏投资实物工作量，在现行体制下，按该省市上年度地方财政一般预算收入的一定比例安排。初步估算，17省市"十二五"期间援助资金总规模约140亿元，是2005~2009年17省市对口援藏资金总额的2.5倍，这为制定援藏建设规划、有序推进项目实施奠定了基础。同时，考虑到企业的实际情况，这次只是原则性地要求中央企业加大对口援藏投入力度，没有规定企业援藏资金规模和增长幅度。第三，编制对口援藏援青项目建设规划。针对已往对口援建项目缺乏统筹考虑和统一规划等问题，这次中央明确提出要制定对口援建项目建设规划，援建重点向农牧区和民生工程倾斜。在规划编制过程中，支援方和受援方要注意做好与"十二五"地方经济社会发展规划、其他专项规划、干部援助、人才援助规划，以及与中央扶持政策的衔接。第四，加强对口援藏援青资金项目管理和制度建设。这里主要涉及两方面问题，一方面是资金和项目管理问题。在多年对口援藏工作实践中，各支援省市和中央企业对援助资金项目大致形成了三种管理模式：即由支援方管理、由援受双方共管、由受援方自主管理。各种管理方式各有利弊，需要在实践中进一步总结完善。从实施效果看，要进一步探索有利于调动双方积极性、提高援助资金使用效率和规范性的管理模式。另一方面是制度建设问题。为保障援建项目效益、资金安全和工程质量，一是要按照建设规划开展建设，确保资金投向符合政策规定，严禁搞形象工程；二是切实遵循建设程序。要严格执行项目法人责任制、招标投标制、工程监理制、合同管理制和竣工验收制等建设程序，不搞例外；三是切实加强援助资金管理。精打细算、厉行节约，严格控制工程造价，努力提高投资效率；四是切实加强工程质量管理，严格按照技术规范和抗震设防标准组织工程设计和施工，使每一项工程建设都经得起历史的检验，让全国人民放心，让藏区人民满意；五是切实加强监督检查工作，密切跟踪援建任务完成情况和实施效果，定期开展稽查审计，自觉接受社会监督，发现问题及时纠正解决。第五，建立经济对口支援工作协调机制。一是中央层面的协调机制。根据中央要求，经济对口援藏援青工作由国家发改委牵头，发改委将会同有关方面积极做好协调和服务工作。初步考虑，建立部际联席会议制度，负责政策制定、规划指导和组织协调工作，同时拟定经济对口援藏援青工作的指导意见，用以指导援受双方有力有序有效地开展经济对口支援工作。二是支援方各省市要将对口援藏援青工作纳入到党委、政府的重要议事日程，作为本省市工作的重要组成部分。三是受援地区各级政府也要相应成立领导工作机构，制定工作制度,明确目标任务,将经济对口支援工作责任逐项分解细化并落实到各个单位和个人,同时建立健全责任制度。

最后,祝愿同志们在新的工作岗位上,发扬光大"老西藏"精神,与当地各族干部群众休戚与共、艰苦奋斗,为推进西藏及四省藏区发展和民生改善做出应有的贡献,取得新的成绩。

在西藏日喀则地区调研时的讲话[*]

（2012年9月5日）

很高兴再次来到日喀则，刚才地区行署对日喀则经济发展、社会进步、边疆稳定、民族团结等方面的情况作了介绍，提出了一些意见和建议，上海、山东、黑龙江、吉林四省市和宝钢集团、中化集团的同志也介绍了对口援藏工作情况，听了以后我感到很受鼓舞，很受教育，也很受启发。这次中央西藏工作协调小组经济社会发展组组织20个部门的35位同志进藏，分3个组用一周时间深入各地市实地督查，主要目的是对西藏的经济社会发展状况、国家确定的重点项目的进展情况以及对口援藏工作情况进行一次检查、督导和调研。

中央第五次西藏工作座谈会召开以来，在西藏自治区党委、政府的坚强领导下，在广大干部群众的共同努力下，在各对口援藏省市和央企的鼎力支持下，我们感到西藏的发展和稳定形势非常好，经济上保持了快速发展的势头，社会稳定上采取了诸多有效的、有针对性的办法。西藏的实践充分证明，党中央、国务院关于西藏工作的决策是英明正确的。今年是党的十八大召开之年，也是"十二五"规划实施承上启下的重要一年，希望同志们共同努力，能够在较好的基础上把工作做得更好。

这次到日喀则来，调研的时间比较短，我到白朗县看了山东援建的蔬菜大棚和农业机械站，到附近的一个村看望了藏民。一路上，我向丹增书记、雪光专员了解了一些情况，应该说还只是

---

[*] 这是在西藏日喀则地区调研，听取地区行署情况介绍后的讲话。

比较初步的了解，还不够深入。刚才听了大家讲的这些情况，结合过去对西藏和日喀则的了解，我想讲两点不太成熟的意见，供大家参考。一是关于日喀则的稳定和发展；二是关于对口支援工作。

日喀则在西藏是一个非常重要的地区。从历史沿革上讲，它属于后藏，是班禅大师的驻锡地，在西藏历史上和文化的影响上都具有不可替代的地位。日喀则又是一个人口大区、农业大区，在西藏的经济社会发展占有重要地位。日喀则还是一个有着1000多公里边境线的地区，边境县市比较多，维护边疆稳定、坚定不移地开展反分裂斗争任务异常繁重。所以，把日喀则的工作做好，对整个西藏自治区都有着举足轻重的地位。刚才听了你们介绍的情况，我一边听一边算了一下，从经济发展情况看，日喀则"十一五"时期发展态势不错，自己和自己比进步很快，地区生产总值年均增长速度达到12.2%，地方财政收入增长速度达到17%，农牧民人均纯收入的增长速度达到14.6%，城镇居民人均可支配收入增长速度达到12.9%，固定资产投资年均增长速度接近12%。但是，如果和全国比、和全自治区比，日喀则的很多经济指标比全区平均水平要低，恐怕还是处在偏下或中游偏下的位置。比如说，去年全区人均地区生产总值已达到20000元，全国是35000元，日喀则地区才14000元；农牧民人均纯收入全区去年是4904元，日喀则地区4473元；人均地方财政一般预算收入全区是1735元，日喀则是605元；人均固定资产投资全区是18000元，而日喀则只有10000元多一点。所以，从这些指标看，日喀则地区在全区还达不到平均水平，还处在中游稍偏下的水平。以我做地区经济工作的经验，如果一个省、一个地区人均固定资产投资达不到人均GDP水平，恐怕就很难实现经济起飞。

我们把大概念搞清楚以后，就要深入分析日喀则地区的区情，认真研究未来发展的前景。我是看好日喀则未来发展前景的。从交通基础条件看，和平机场已经通航，拉日铁路到2014年6月也将全线贯通试运营，国家在"十二五"以及今后的一段时间都会加大边疆公路、骨干道路建设投入力度；从自然资源看，农业、地矿、旅游、太阳能等可利用、可开发资源，应该都不亚于西藏的其他地区。此外，还有四个省和两个央企的大力支持。刚才雪光专员说日喀则地区的受援金额是32亿元，我算了一下正好能达到全区的平均水平。对口支援结对关系是18年前定的，当时没有按照支援省市的财力强弱和受援地区的困难程度一一匹配，所以有的地方的人均受援强度很高，有的地方的人均受援强度就很低，最低的是昌都，你们正好是平均线。下一步，我以为你们是不是可以给自己定个目标，就是使日喀则的经济发展能快就快一点，在全区7个地市里争取位次前移。能不能再好好梳理一下我们的有利条件是什么？比较优势是什么？主要制约因素和困难是什么？可以争取到的前景是什么？从而更好地谋划和推进日喀则地区经济社会发展。

在这个过程中，日喀则要处理好以下几个关系：一是要处理好稳定和发展的关系。中央讲西藏工作的基本思路叫"一个中心、两件大事、四个确保"，两件大事是稳定和发展，稳定是西藏全部工作的前提，而发展是解决西藏全部问题的基础和出路。要很好地把稳定和发展结合起来，形成一个经济发展、社会稳定相互促进的有利环境，不要把两者截然对立起来。既不能说我们的工作就是稳定，发展要等稳定了再说，也不能反过来说我们就是要发展，稳定的事以后再说，这两种认识都有偏颇。做好日喀则的工作和做好西藏的工作一样，一是要把稳定和发展这两件事都抓好，把两者的关系处理好。二是要处理好发展和民生的关系。经济发展归根到底是要让老百姓得到好处，得到实惠。今天我看了白朗县的几个项目深有感触，老百姓确实得到了好处，白朗县的农民从蔬菜产业中得到的收入已经占到全部收入的四分之一，成为了农民增收的一个新亮点。在调研中，我看到一个小姑娘在科技园区里打工，问她学了手艺将来干什么？她说自己回家搞大棚。这不就带动周边的农民增收了吗？因此，要把经济发展和民生改善同步起来，事实上，稳定、发展和民生改善这三者是相互关联的，只有民生改善了，民心才能向着共产党，才能为稳定赢得群众基础。在西藏做经济工作从来都是要有政治头脑的，西藏的经济工作从来都不单纯是一个GDP增长问题、人均收入增加问题，是关系到国家核心利益的大事。三是要处理好"输血"和"造血"的关系。近年来，中央财政对西藏、对日喀则的转移支付力度不断加大，日喀则地区的财政收入只有4亿多元，但来自中央和自治区的转移支付是51亿元，而且将来还会不断加大。但是，在中央不断加大"输血"力度的同时确实需要想一想，我们有没有可能再增强一点"造血"机制。这就回到我刚开始说的，再有不到两年日喀则就会进入铁路时代，这确实是一件具有划时代意义的事。这条铁路的开通势必会给日喀则带来无限的商机、无限的发展机遇，现在就应该开始打好基础，梳理和明确将来日喀则地区的主导产业。要在这个事情上下功夫，搞好调查研究，不断摸索，看看通过三五年的努力，能不能开创日喀则发展的一个新局面，这是我讲的第一点感想。

关于对口援藏工作。首先，我要充分肯定四个省和两个央企对日喀则所做出的积极的、无私的、非常有效的奉献，我也相信在有关省市和央企领导层的坚强领导下，你们对口支援日喀则的工作会越做越好。在这里，我想重点谈几个问题。一是要完整地理解对口援藏工作。对口援藏工作从1994年中央第三次西藏工作会开始，至今已有18年，从中央第五次西藏工作座谈会开启的新一轮对口援藏，也已经有两年多了。新一轮对口援藏所发生的变化，绝不是简单地核定了实物工作量，而是要从过去的单方面或某几个方面援藏转变为全方位对口援藏，这是新一轮援藏的要点、核心和本质要求。这不光是干部援藏，还有经济援藏，有教育、卫生、文化、科技、人才等方面的援藏，不光是政府援藏，还有企业援藏，是全方位的援藏。因此，不能因为新一轮对口援藏核定了实物工作量，将来对你们的评价也仅仅停留在这些任务量完成的好坏上，要有一个更宽广的视野。刚才，有的省介绍了帮助日喀则搞招商引资的做法，这说明在企业援藏方面已经启动且初见成效，这些虽然不在实物工作量内，却是援藏工作必须要做的事情。二是要在帮助发展经济、改善民生、培养人才、增强后劲的同时，把民族团结放在援藏工作的突出重要位置。各支援省市向日喀则各族人民传递的不仅仅是物质财富，还应有精神财富，这个精神财富是什么呢？就是通过我们的实际行动更加密切汉藏和各族人民之间的情谊与血肉联系。温家宝总理就对口支援工作讲过这么一句话，我们给受援地区送去两个东西，一个是物质的力量，一个是精神的力量。所以我们的对口援藏工作要结出两个果实，一个是物质的财富，一个是精神的财富，要使日喀则各族群众深切地感受到祖国大家庭的温暖，感受到党中央的厚爱。我们日喀则的援藏干部，不仅仅要帮助农牧民怎么生产好蔬菜，还要让他把你看成兄弟，要把我们的一言一行放到这样一个标准上来严格要求，这样才能真正达到中央对对口支援工作所要求的高度。三是援受双方要密切沟通、紧密配合。援受双方有时候在同一件事情上看法会不一样，因为大家站的角度不一样，所获得的信息不一样，各自领导所提出的要求也不一样。在援藏工作中产生不同看法是正常的，问题是怎么看待这些不同的看法。我觉得一定要学会换位思考，要学会彼此理解，甚至要求同存异，这样才能搞好工作。在这一点上，大家要大气一点，不要斤斤计较，援受双方的团结比什么都重要，有不同意见不怕，甚至有矛盾都不怕，只要双方有这样一种精神，就没有抹不平的事情。所以，我希望援受双方的同志能够心往一处想，劲往一处使，共同做好对口援藏工作。此外，对于国家核定的援藏资金计划外的部分，你们如果愿意多拿一点可以多拿点，但建议你们处理好第四期和第五期援藏工作的关系。

在西藏阿里地区调研时的讲话*

（2012年9月8日）

按照中央西藏工作协调小组的工作安排，这次我们中央部委的同志进藏开展一次督查调研。我带的这个组主要在日喀则和阿里工作。在这4天时间里，吴英杰副主席和我们一路奔波2500多公里，到了近10个县，广泛接触了各级干部职工和农牧民，看望了机关事业单位、驻口岸的各机构工作人员和边防部队官兵，对当前整个西藏的情况有了更加感性的认识。我想先谈几点在此次督查调研中比较深刻的印象和感受，再对阿里的同志作个回应。

在这几天实地调研中，我个人感到印象比较深刻的有以下五点：

一、中央第五次西藏工作座谈会以来，西藏自治区在维护社会稳定工作方面措施得力、效果很好

自治区党委对维稳工作高度重视，大力加强了维稳能力建设，在反分裂斗争的各条战线上都作出了周密的部署。比如向寺庙派驻了工作队，动员了上万名干部下乡驻村，帮助老百姓解决实际困难；比如对寺庙的僧尼施以人文关怀，加强思想教育，开展了和谐寺庙评比活动。在这些举措的作用下，这两年来西藏的稳定形势整体是好的。当然，反分裂斗争的形势仍然严峻，

---

* 这是在西藏阿里地区调研，听取地区党委行署情况介绍后的讲话。

依然是长期的、艰巨的、有时甚至是很激烈的，不可有丝毫麻痹大意。

二、目前西藏经济社会发展的总体势头是好的

西藏自治区历届党委、政府不断摸索，提出了"一产上水平、二产抓重点、三产大发展"的经济发展战略，这是符合实际的。"十一五"以来特别是"十二五"规划实施两年来，在中央的大力支持下，在各援建省市和有关央企的鼎力支持下，经过各族干部群众的艰苦奋斗，西藏经济社会保持了快速发展的势头，经济增长速度连年保持在两位数以上。而且，随着交通基础设施的改善、投资环境的优化和新经济增长点的不断培育，西藏经济社会的快速发展是有基础、有后劲的。因此，我感到，中央第五次西藏工作座谈会以来，是西藏经济社会跨越式发展和维护社会稳定、主动开展反分裂斗争形势最好的时期，希望同志们珍惜这一局面，巩固和发展这一局面。

三、农牧民增收既有挑战也有机遇

促进农牧民增收、改善民生与维护社会稳定、推动经济快速发展同等重要。从纵向看，西藏农牧民的收入增长速度不算慢，但是要从横向比，就不容乐观了。2011年，全国农民人均纯收入已达到7000多元，西藏只有4900元，大概只相当于全国平均水平的三分之二，在全国31个省（区、市）的排名中，比"十一五"时期还下降了一个位次。这次调研，我到了日喀则地区西部和阿里地区的牧区，应该说，目前实施的退牧还草工程和向牧民发放草原生态补偿资金的做法，对于牧民增收是有正面效果的，但也要看到其中也隐含的一些问题。这些草场基本上都牲畜超载，超载率在30%左右，实施生态补偿机制就必须压掉三分之一的牲

畜，这对于牧民增收的影响又是负面的。而且，这些地区牧民的牧业收入占到总收入的八成左右，目前国家定的草原生态补助期只有5年，5年后怎么办？到时候牲畜数量减下来了，补助如果停了，农牧民的收入可就成大麻烦了。为此，回去以后我们要和财政部的同志研究延长补助期限的问题。在考虑当前一些政策对农牧民收入影响的同时，我们还要为他们多拓展增收渠道。仲巴县的同志给我提出了以下几条增收渠道，我以为是有潜力、有希望的。一是提高牲畜出栏率。目前的出栏率大概是35%，完全有可能达到45%～50%以上，这10～15个百分点就是牧民增收的潜力所在。二是增加胴体重。最有效的办法是改良品种和建设饲草基地，只要有水源的地方就应该支持搞人工饲草基地，同时，要降低牲畜死亡率，提高防灾减灾能力。三是延长产业链。可以搞屠宰加工，包括山羊绒深加工，通过延长产业链增加畜产品附加值。四是推动转产转业。无论是往旅游业、矿业转，还是往加工业转，都是有前景的，但前提是必须要使农牧民成为一个有技能的劳动者，要加强职业教育、双语教育，提高他们的劳动技能。所以，农牧民的增收既有挑战、也有机遇，希望同志们认真研究，要下更大的气力，把眼光放长远一点，千方百计帮助他们增收。

四、基础设施有明显改善，但仍然欠账太多、任务繁重

这几年来，随着国家资金投入的不断加大，西藏的交通、能源、水利等重大基础设施条件在逐步改善，城市基础设施包括通讯设施等也都在积极改善。但是，我时时处处感觉到，西藏的基础设施欠账太多，仍然是经济社会发展的主要瓶颈，这一点印象也比较深刻。

五、西藏沿边开放有潜力、有前景，但还需要进一步创造条件

一个地区越是封闭就越是落后，只有在对外开放的过程中，才能加速发展，才能获得发展的加速度，这个道理无论是对东部沿海地区，还是对西部边陲，都是通用的。西藏有5个一级口岸，其中沿边境的有4个，3个对尼泊尔，1个对印度。除了这些口岸，还有不少没有作为口岸开放的边贸点，据统计，全自治区的涉外通道有240多个，这是西藏对外开放的重要条件。这次我看了樟木和普兰，没有想到在樟木这样一个地形狭窄的地方，人流物流、经贸活动竟如此活跃，每天有上千人过境，仅樟木口岸一年给县里带来的税收就有7000万元。12年前中央启动西部大开发战略，其中一个很重要的举措就是推动西部地区对内对外开放，扩大开放度，提高开放水平，看来这一举措在实践中取得了明显成效。现在，西藏自治区正在谋划将扩大对外开放纳入经济发展战略，下一步，应该加强对这个问题的研究，使对外开放成为助推西藏经济加快发展的一个新动力。

下面，我再讲讲阿里地区的发展问题。阿里有30万平方公里国土面积和10万人口，是我国最西部的边境地区，在全国的重要战略地位不容抹杀，也不可替代。做好阿里的经济社会发展工作，不仅对西藏，对全国也具有重要意义。对于西藏的工作，我历来都讲要高看一眼，对于阿里的工作，我想应该在这个基础上再高看一眼。在这样一个高寒缺氧、地处偏远、交通不便、生活条件异常艰苦的地方，面对对外关系非常复杂、反分裂斗争任务异常艰巨的局面，你们不辱使命，默默无闻地为国家作出了重要的贡献，我要向你们表示崇高的敬意。吴英杰副主席和我都是西藏二代，所以我们更理解你们工作的重要性和艰苦性。刚才，白玛专员介绍了阿里的经济社会发展、民生改善、交通基础设施、能源、

生态建设、干部职工待遇等情况，我感到，在中央的关心支持和自治区党委政府的大力推动下，阿里方方面面都在朝着好的方向发展。

这次你们提出了一些需要自治区特别是中央解决的问题，刚才白玛专员提了7条，我归纳实际上是6条：一是工作成本高，希望中央加大转移支付力度；二是交通问题，包括铁路、公路和北线通道建设，以及从新疆过来的铁路和公路问题；三是能源问题，电力不足制约着阿里的发展和老百姓生活水平的提高，需要加快解决；四是生态环境问题，一路上我们看到了不少野驴，说明生态环境在改善，但是野驴多了又糟蹋庄稼和草场，还需要给农牧民补偿，这是一个愉快的烦恼，生态改善了才有这样的烦恼；五是稳定边民的问题，实际上是希望加大转移支付力度，提高边民补助标准；六是干部职工待遇与保健问题。在这几个问题中，交通、能源是经济社会发展组要重点考虑的问题。交通方面，你们提出来的具体项目比较多，有的已经列入"十二五"规划的226个项目，有的超出了这个范围，下一步，请自治区交通厅、发改委再统筹考虑一下，按轻重缓急排排序。对于已经列入226项目的，要积极争取早点立项、早点开工，对于没有列入的，部分项目经过优化后可以考虑在方案中期调整时增补进去。能源方面，我以为，单独发展哪项能源可能都不足以解决阿里的问题，只能走多能互补的道路，推动火电、水电、太阳能发电和地热发电四能互补，请自治区发改委和能源局早点动手，尽快考虑阿里地区能源发展路径。关于干部职工保健问题，中央第五次西藏工作座谈会以来，广大干部职工待遇和生活条件有了比较明显的改善，但听你们刚才的介绍，2003年以来因为突发疾病就走了71位同志，这必须高度重视。当前亟待做的是加强阿里地区人民医院能力建设，一方面，要配备齐全必要的硬件设施。比如，要尽快配备高压氧舱，如果肺水肿患者能很快进入高压氧舱，就可以把症状减轻，然后赶快送回内地治疗，如果没有高压氧舱，加之路途遥远，半路上就要命了；另一方面，要加强医护人员的配备，可以通过中央、自治区正常的人员派遣渠道，也可以通过对口援藏的渠道，加大技术人才支持力度。关于提高边民补助标准，我十分同意，稳定边民是稳固边疆的一个重要方面，所有的边民都在部队前面，应该加大支持力度。这次我对边境地区有了更为切身的感受，从札达县城到最边远的一个乡有350公里路程，这在内地是不可想象的。对于你们提出来的其他问题，我们都会带回去逐条梳理，认真研究。

借此机会，我也要向对口支援阿里的陕西省、河北省、国家电网、中国移动、中国联通的同志们表示敬意和感谢。结对关系把你们结到了最困难的地区，多年来，特别是新一轮对口援藏以来，你们的工作非常有起色，非常见实效，给阿里人民带来了实实在在的帮助。希望你们继续想阿里之所想，急阿里之所急，把今后的援藏工作做到好上加好。

总之，这一趟西藏之行收获很大，衷心祝愿西藏自治区和阿里地区的同志们能继续巩固和发展中央第五次西藏工作座谈会以来发展稳定的好势头，造福西藏的百姓，也为国家做出我们应有的贡献。

认真贯彻中央重大方针政策 努力推进西藏和四省藏区跨越式发展[*]

(2013年7月26日)

党中央、国务院始终高度重视西藏工作。在西藏发展和建设的各个历史时期,中央做出一系列重大战略决策,不断发展和完善治藏方略,推动西藏走上繁荣进步的康庄大道。党的十八大以来,习近平总书记多次对藏区工作做出重要指示,提出"治国必治边,治边先稳藏",进一步强调了西藏工作的特殊重要性。俞正声主席先后赴四川、青海、甘肃省藏区调研,提出新要求,做出新部署。中央的治藏方略和重大决策,为我们做好西藏和四省藏区工作指明了方向。

2010年1月中央第五次西藏工作座谈会以来,在中央、国务院有关部门和有关省市的大力支持下,经过广大干部群众的艰苦奋斗、扎实工作,西藏和青海等省藏区经济社会发展取得了明显成绩。同时我们也要清醒地认识到,西藏、青海等省藏区经济社会发展面临的困难和问题仍然较多,到2020年与全国同步实现全面建成小康社会的任务仍然艰巨。我们一定要把思想和行动统一到中央的决策部署上来,切实做好支持西藏、青海等省藏区经济社会发展的各项工作。

一、牢牢把握跨越式发展和长治久安两大任务

1994年召开的中央第三次西藏工作座谈会,首次提出了西藏

---

[*] 这是在2013年中央组织部举办的援藏援青干部培训班上的专题报告。

工作"一个中心、两件大事、三个确保"的工作方针，即以经济建设为中心，紧紧抓住发展经济和稳定局势两件大事，确保西藏经济的加快发展，确保社会的全面进步和长治久安，确保人民生活水平的不断提高。2001年召开的中央第四次西藏工作座谈会，在实施西部大开发战略的背景下，明确提出促进西藏经济从加快发展到跨越式发展，促进西藏社会局势从基本稳定到长治久安。2010年召开的中央第五次西藏工作座谈会，进一步重申和强调了这一指导思想，鲜明地提出了推进西藏跨越式发展和长治久安两大任务，同时要求加快四省藏区经济社会发展，做好反分裂斗争、维护社会稳定工作。2011年7月，习近平同志在庆祝西藏和平解放60周年大会上的讲话中也再次强调，要全面落实中央第五次西藏工作座谈会精神，推进跨越式发展和长治久安。深刻认识和牢牢把握发展、稳定两件大事，把实现跨越式发展与长治久安紧密结合起来，是我们做好西藏工作的首要前提。

（一）主要矛盾和特殊矛盾决定了两大任务

分析和把握社会发展的基本矛盾，历来是我们党制定基本路线和方针政策的基石。革命战争年代如此，社会主义建设时期如此，做好西藏工作也是如此。在中央第五次西藏工作座谈会上，胡锦涛同志指出，"当前西藏的社会主要矛盾仍然是人民日益增长的物质文化需要同落后的社会生产之间的矛盾。同时，西藏还存在着各族人民同以达赖集团为代表的分裂势力之间的特殊矛盾。西藏存在的社会主要矛盾和特殊矛盾决定了西藏工作的主题必须是推进跨越式发展和长治久安"。俞正声同志在今年中央西藏工作协调小组会议上也强调，正确认识西藏社会的主要矛盾和特殊矛盾，是我们制定西藏工作方针政策的理论依据，决定了西藏工作必须紧紧抓住发展和稳定两件大事，加快缩小发展差距，持续实现社会稳定进而走向长治久安。在今后相当长的历史时期内，西藏社会的主要矛盾和特殊矛盾不会改变，这就决定了实现西藏跨越式发展和长治久安是长期的历史性任务。

（二）正确认识两大任务的相互关系

跨越式发展和长治久安两大任务密切相关，互为前提。胡锦涛同志在五次会议上明确指出，"发展是硬道理，是解决西藏所有问题的关键；稳定是硬任务，是推进西藏跨越式发展的前提，必须坚持发展稳定两手抓、两手都要硬。"这是对长期西藏工作经验的高度概括和总结，也是对做好西藏工作的基本要求。一方面，在西藏和四省藏区工作中，时刻都要绷紧反分裂斗争这根弦，不能就经济抓经济，就发展抓发展，要旗帜鲜明地开展与达赖集团及国际敌对势力的斗争，坚定不移地维护民族团结、国家统一，只有这样，才能为经济发展创造稳定的前提条件；另一方面，要大力促进西藏及四省藏区更好更快发展，只有经济发展了，民生改善了，我们才能赢得民心，掌握反分裂斗争的主动权，为长治久安打下坚实基础。2008年拉萨"3·14"打砸抢烧严重暴力犯罪事件的正反经验，充分证明了这个道理。正是因为多年来我们注重改善藏区农牧民的生产生活条件，因此，广大农牧民不仅没有参与而且主动抵制打砸抢暴力犯罪，这说明了发展的重要性；与此同时，"3·14"事件又确实对西藏的旅游、投资和经济发展带来很大损失，这又说明了维护稳定的重要性。2011年以来的反自焚专项斗争实践也表明，参与自焚的人员大多是偏远乡村的信教农牧民，他们没有接受过完整的义务教育，容易受到达赖集团的怂恿和蛊惑；相反，受教育程度较高、经济较宽裕的城乡居民就不会轻易被裹胁。因此，做好西藏和四省藏区工作，无论是在什么岗位上，都必须牢牢树立发展稳定密不可分的意识，始终紧绷两手抓、两手都要硬这根弦。

（三）做到两手抓、两手都要硬

在座的同志大多数是从事经济社会发展工作的，在实际工作中如何做到两手抓，两手都要硬？从以往的经验看，要特别注意以下两点：一方面，要牢固树立维稳意识，把提升维稳能力和加强基层组织建设纳入经济社会发展整体工作同时考虑。维稳能力建设是确保西藏和四省藏区长治久安的必要条件，加强基层组织建设是维稳的根基。我们无论在地方哪个层级、哪个部门工作，都要树立维稳意识，在制定经济社会发展中长期规划、安排年度工作计划时，都要把维稳能力建设和基层组织建设作为重要内容，抓紧抓好。另一方面，要切实增强机遇意识，在保持大局稳定的基础上抢抓机遇、加快发展。树立维稳意识，并不是为维稳而维稳，目的还是给发展创造有利条件。从事经济社会发展工作的同志，在支持和做好维稳工作的同时，不能顾此失彼，更不能以维稳为理由淡化了抢抓发展机遇的意识。既要有维稳意识，也要有发展的机遇意识，这就给我们的工作提出了更高的要求。要牢固树立发展是解决西藏社会所有问题关键的理念，把中央要求与地方实际紧密结合，认真落实五次会议确定的各项政策，一步一个脚印地推进西藏和四省藏区实现跨越式发展。

二、推动西藏和四省藏区在科学发展的轨道上实现跨越式发展

中央明确提出推进西藏和四省藏区经济社会跨越式发展，确保与全国同步实现全面小康的目标要求。提出这样的奋斗目标，从根本上讲，是由西藏和四省藏区重要的战略地位决定的。西藏和四省藏区不仅是国家重要的生态安全屏障，重要的战略资源储备和接续基地，重要的中华民族特色文化保护地和世界旅游目的地，而且是我们反对达赖集团及国际敌对势力渗透破坏的重点地区和前沿阵地，是重要的国家安全屏障。因此，能不能实现西藏和四省藏区跨越式发展和全面小康，不仅关系到这一地区发展和各族群众的福祉，而且关系到能否掌握反分裂反渗透斗争的主动

权，关系到国家安全和祖国统一。从这个意义上说，推动西藏和四省藏区跨越式发展和实现全面小康，是中央站在全局和战略高度提出的重大任务，具有极其重要的意义。正如习近平总书记在参加十二届全国人大一次会议西藏代表团审议时指出的，西藏长期处于欠发达状态，实现跨越式发展不仅具有重大经济意义，而且具有深远政治意义。

西部大开发特别是中央五次座谈会以来，西藏和四省藏区经济发展提速，多数年份经济增长均保持在两位数以上。今年上半年西藏的增长速度在全国名列前茅，跨越式发展的势头良好，但是总体来看，西藏和四省藏区发展起步晚、底子薄、欠账多，欠发达地区的本质没有根本改变，自我发展的良性机制尚未形成。2012 年，西藏人均 GDP 为 22757 元，仅相当于西部地区、全国平均水平的 72.6% 和 59.2%；农民人均纯收入为 5719 元，相当于西部地区、全国平均水平的 94.9% 和 72.2%。四省藏区（不含青海省海西州）人均 GDP 仅相当于西部地区、全国平均水平的 62.7% 和 51.1%，农民人均纯收入仅相当于西部地区、全国平均水平的 78.5% 和 59.7%。

（一）实现跨越式发展的特殊困难和有利条件

西藏和四省藏区特殊的自然地理条件和特殊的社会历史条件决定了发展中还面临着许多特殊的问题和困难。

1. 基础设施薄弱，瓶颈制约明显

交通方面，西藏和四省藏区综合交通运输网络尚未形成，各种交通方式缺乏衔接，互补性不强，维护保障能力差。西藏未硬化路面仍占到公路总里程的 86.4%。边防公路建设滞后，还有一些边防站点不通公路，管边控边能力受到严重制约。四省藏区 10 个州中还有 8 个州不通铁路，5 个州没有机场，4 个州不通高速公路。能源方面，西藏电力供需矛盾较为突出，主电网向农牧区延伸不够，昌都电网仍然孤网运行，广大农牧区缺电问题还较为严重。四省藏区供电质量和可靠性相对较差，四川、青海省藏区仍有17个县处于孤网运行状态。水利方面，西藏水资源配置能力较弱，工程性缺水较为严重，大中型水利工程、重点灌区配套、节水改造建设仍然缓慢，有效灌溉面积仅占耕地面积的67.9%。四省藏区大型水源工程少，一些骨干水利工程虽已陆续开工建设，但由于配套工程建设缺位，即将建成的骨干工程也难以实现有效灌溉。城镇基础设施方面，城镇供暖、供气以及污水处理设施等建设滞后，通信基础设施覆盖率较低。目前，拉萨作为自治区首府仍未实现集中供暖全覆盖，其他地市集中供暖设施建设尚未起步，西藏全区移动通信网络覆盖率仅为65%。

2. 产业层次低，仍然处在工业化的初中级阶段

西藏城镇化进程较为缓慢，城镇化率仅为23%，比全国平均水平低30个百分点，二三产业发展缺少有效的支撑和载体。三次产业结构为11.6∶34.7∶53.7，看似较为合理，但如果剔除旅游业，第一产业占比在20%以上，比全国平均水平高11个百分点。从就业结构看，西藏第一、二、三产业就业人口占比分别为46.3%、13.4%和40.3%，第一产业就业人口占比高于全国13个百分点。从各产业看，农牧业中传统生产方式还占有相当比重，综合生产能力较弱。西藏每亩耕地产值仅相当于全国水平的47.5%，农业发展科技贡献率比全国平均水平低12个百分点。畜禽饲养周期长，出栏率低、商品率低、死亡率高。牛、羊年出栏率比全国平均水平低31个和64个百分点。第二产业发展尚处在起步阶段，以资源和原材料加工业为主，现代工业占比较低，产业集中度低，产业间关联度差。西藏规模以上工业企业59家，总利润仅13亿元，工业增加值仅占GDP的7.9%，比全国水平低33个百分点。工业产品档次依然不高，附加值高、竞争力强的全国知名品牌较少。第三产业大而不强，结构不合理。以消费性服务业为主，生产性服务业发展明显滞后。旅游业发展虽然较快，但精品线路少、品牌效应弱的问题依然存在，发展效益和质量有

待提高。总的看,西藏和四省藏区仍处在由传统农牧业社会向工业社会过渡的初中级阶段。

3. 经济增长主要靠投资拉动,自我发展能力较弱

西藏和四省藏区经济发展仍然主要靠投资拉动,消费和出口贡献率较低。2012年,西藏投资、消费、净出口三大需求对GDP的贡献率分别为195.4%、89.6%和-185%,分别拉动GDP增长23个、10.6个和-21.8个百分点。由于民营经济和市场经济发展不充分,投资又高度依赖中央政府,尽管近年来中央投资的比重有所下降,但目前中央政府安排西藏的投资仍占西藏固定资产投资总额的一半以上。从财政收支看,地方财政收入虽然连年增长,但人均财力仍然低于全国和西部地区平均水平,绝大部分地方财政支出都依靠上级财政转移支付,西藏和四省藏区财政自给率分别仅为9.6%和9.5%。从科技、人才看,西藏和四省藏区基本没有中央级科研单位入驻,地方科研单位基础薄弱,优秀科研成果较少,科技转化能力差,大多数企业缺乏专门研发力量,没有自主创新能力,产品升级换代难以跟上市场需求。人力资源总体不足,专业技术人才尤其紧缺,西藏农牧业技术人员中具有高级职称的仅占6.3%。有限的专业技术人才主要集中在自治区和地市所在地,县及以下基层专业技术人才十分缺乏。

4. 境外分裂势力干扰经济发展

西藏长期处于反分裂、反渗透、反破坏斗争的前沿阵地。围绕反分裂斗争,各级政府投入了大量人力、物力、财力,难以全神贯注开展经济建设。西藏取得同样的发展速度和成绩,要比内地花费更大的投入和精力。四省藏区历来是达赖集团进行分裂活动的重要地区,也是反分裂、反渗透、反破坏的重点地区,各级政府维稳的任务十分艰巨。

在看到困难和问题的同时,我们也要看到,西藏和四省藏区实现跨越式发展也具有不少有利条件。一是资源优势明显。青藏高原拥有丰富的水能、矿产、旅游和特色农牧业等资源,在全国

占据重要位置。水电。西藏是我国水能资源最丰富的省份，可开发装机容量约 1.4 亿千瓦，相当于 7 个三峡工程，仅藏东南地区的雅鲁藏布江中下游及"三江"上游可开发资源量就有 1.2 亿千瓦，是国家"西电东送"接续能源基地。目前，雅鲁藏布江中游的藏木水电站已接近建成投产，其他流域水电规划工作正在有序开展。矿产。西藏已查明储量的矿产资源中有 12 种居全国前 5 位，其中铬、铜等战略资源储量居全国首位，特别是昌都等地铜矿资源开发潜力巨大，将是我国有色金属资源重要接续地。青海柴达木盆地的钾盐资源丰富，已形成一条较为完整的产业链。旅游。西藏雅鲁藏布江大峡谷、珠穆朗玛峰、布达拉宫等旅游资源独具特色，"世界屋脊、神奇西藏"的旅游主体形象不断提升。2012 年西藏接待国内外旅客 1058.4 万人次，旅游总收入达到 126.5 亿元。四省藏区的青海湖、九寨沟、稻城亚丁、梅里雪山也已成为全国著名的旅游目的地。农牧特产。藏区青稞、牦牛、绒山羊、藏药材等高原农牧业资源特色鲜明，市场看好，开发潜力大。二是具有一定发展基础。西藏和平解放以来，经济社会发展有了长足进步，尤其是改革开放特别是西部大开发以来，更是发生了巨大的变化。西藏经济增长已持续 12 年保持在两位数以上，到 2012 年，西藏地方生产总值达 696 亿元，分别是 1978 年的 100 倍和 2000 年的 6 倍，地方财政一般预算收入达到 86.6 亿元，是 2000 年的 16 倍。西藏交通、水利、能源等瓶颈制约正在逐步得到缓解，青藏铁路于 2006 年建成通车，以拉萨贡嘎机场为中心的五大民用机场网络形成，青藏直流联网工程投入运行，旁多水利枢纽工程主体工程进展顺利，对西藏长远发展形成了支撑。玉龙铜矿、甘露藏药、拉萨青稞啤酒、5100 矿泉水等特色优势产业、产品不断发展壮大，产业竞争能力进一步提高。三是发展思路更为清晰。经过多年的探索和实践，已经摸索出比较符合自身实际的经济社会发展路子。如西藏提出坚持走生产发展、生活富裕、生态良好的文明发展道路，大力实施"一产上水平，二产抓重点，三产大发展"的发展战略，努力建设富裕西藏、和谐西藏、幸福西藏、法治西藏、文明西藏、美丽西藏。青海省提出跨越发展、绿色发展、和谐发展和统筹发展的"四大发展"战略。四是中央政府和各支援省市大力支持。中央成立了西藏工作协调小组，下设若干专项工作小组，加强了统筹协调，明确了财税、投资、金融、土地等方面的优惠政策，制定了"十二五"项目建设规划方案，形成了强大推动力。新一轮对口援藏全面实施，对口援青工作机制首次启动，川甘滇三省省内对口支援工作积极开展，经济、人才、科技等全方位对口支援工作格局正在形成，为发展注入了活力。此外，西藏和四省藏区人口基数小，通过自身努力加上举全国之力援藏援青，是有可能在较短时间内实现跨越式发展的。

（二）坚持科学发展理念，走出一条中国特色、西藏特点的发展路子

西藏的自然、历史、社会条件特殊，因此推动西藏的跨越式发展，绝不能照搬照抄其他地方的发展模式，尤其是不能走先破坏后治理的路子，必须把中央的要求同本地的实际紧密结合起来，转变发展理念，创新发展方式，在科学发展的轨道上实现跨越式发展。胡锦涛同志在五次会议上指出，没有跨越式发展，西藏就不可能跟上全国发展步伐；没有科学发展，西藏跨越式发展就难以持久。俞正声主席在今年中央西藏工作协调小组会议上也强调，要更加注重改善农牧民生产生活条件，推动经济社会协调发展，不断增强自我发展能力，切实保护高原生态环境，真正体现科学发展观的要求。我们要深刻学习领会中央领导同志讲话精神，坚持科学发展理念，在努力走出一条具有中国特色、西藏特点的发展路子上下功夫。初步考虑有以下几个要点：

一是坚持比较优势战略。西藏不能照搬沿海和内地其他地方

的发展经验，但是在坚持比较优势战略上是共同的。要真正做到从西藏的实际情况出发，走扬长避短、错位发展的路子。一方面，要靠市场导向，把开发的重点放在水能、矿产、旅游、特色农牧资源优势上，培育新的经济增长点，努力把资源优势转化为经济优势；另一方面，要瞄准交通、能源、人才等"短板"，循序渐进地解决开发中的制约因素，不断地创造条件，积小胜为大胜，积极探索欠发达地区的开发模式。

二是努力提升开发的水平和质量。按照主体功能区的要求引导生产力合理布局，坚持"以线串点、以点带面"的空间开发格局，切忌遍地开花。要积极承接东中部产业转移，并把它与推动农牧业从传统向现代转变、推动工矿加工业从粗放向集约转变、推动旅游业上规模、上水平结合起来，不断提升产业竞争力。要特别注意品牌的培养，不断扩大优势品牌的市场半径。

三是坚持生态优先，在开发中保护、在保护中发展。在推进产业发展过程中，必须以生态环境保护为前提，正确处理产业发展与生态保护的关系，对于可能破坏生态环境的产业项目要严格控制、坚决不上。要加快推进西藏生态安全屏障、三江源自然保护区、川西藏区等生态保护与建设工程建设，不断完善生态补偿机制，强化生态环境保护执法，形成全社会珍惜和保护生态环境的良好氛围。

四是统筹城乡发展，把工作的重点放在农牧区。西藏300万人口中有240万农牧民，四省藏区农牧民的比重也很大，要坚持不懈地改善农牧区生产生活条件，有序推进"村镇化"，要始终注意让产业发展的成果惠及广大农牧民。

五是推进经济社会协调发展。把事关民生的各项社会事业发展好，才能更有效地凝聚人心，凝聚发展的动力。在发展各项社会事业中，要把教育和就业摆在突出位置，这是利当前、惠长远的大事，必须牢牢抓住不放。

六是扩大对外开放，拓展经济新空间。一个地区越是封闭就越是落后,只有在对外开放的过程中,才能加速发展,才能获得发展的加速度。西藏与尼泊尔、印度接壤,有发展对外经贸合作的条件。2012 年西藏进出口总额达到 34.2 亿美元,是 2009 年的 8.5 倍,对外开放水平不断提高。要充分把握这一有利形势,扩大对外贸易领域和规模,提升对外开放水平,这有利于西藏形成投资、消费、出口共同支撑的需求结构。

三、统筹推进西藏与四省藏区经济社会发展

党中央、国务院一直高度重视四川、云南、甘肃、青海四省藏区发展,五次会议首次将四省藏区工作纳入涉藏工作大局一起研究、谋划和部署,这在历史上还是第一次,这是中央着眼国家总体发展战略和反分裂斗争需要作出的重大决策。

(一)将四省藏区纳入重要议事范畴的主要考虑

第一,从维护社会稳定看,四省藏区素有"治藏依托"、"稳藏必先安康"之说,历来是维护祖国统一、增进民族团结、反对达赖集团分裂势力破坏和渗透的重点地区。1959 年西藏武装叛乱的策源地就在四川甘孜州,现流亡国外的达赖集团骨干分子大部分来源于这些地区。2011 年以来,在四川甘孜、阿坝和青海果洛、黄南以及甘肃甘南等藏区发生了数十起自焚、爆炸、非法聚集和打砸抢烧暴力犯罪等事件,对当地社会秩序和经济发展冲击较大。四省藏区特别是安多藏区能否实现民族团结和社会稳定,直接关系到整个涉藏地区的反分裂、反渗透斗争,直接关系到西藏及西南、西北地区的大局稳定和社会和谐。

第二,四省藏区发展明显落后全国和本省其他地区,甚至落后于西藏,是涉藏工作的又一重点。与西部地区和全国平均水平相比,四省藏区在经济社会发展各个方面均存在明显差距。2012 年,四省藏区(不含海西州)人均 GDP 仅相当于全国平均水平

的51.1%,且绝对差距由2009年的14343元扩大到18906元;农牧民人均纯收入与全国平均水平的差距,由2009年的2402元扩大到2012年的3692元。与本省其他地区相比,藏区经济社会发展也明显落后,如四川藏区人均GDP、农民人均纯收入仅为全省水平的63%和72.5%,青海省藏区(不含海西州)人均GDP、人均地方财政一般预算收入仅为全省水平的2/3和1/3。四省藏区加快发展的艰巨性甚至不亚于西藏。从区位条件看,虽然四省藏区比西藏更接近内地,但从主要经济指标来看,除工业化率、城镇化率稍高外,四省藏区的许多指标都比西藏差。2012年四省藏区(不含海西州)人均GDP为19661元,比西藏少3096元;人均地方财政一般预算收入为1724元,比西藏少1104元;农民人均纯收入为4728元,比西藏少991元。从主要社会指标来看,四省藏区学前教育入园率除青海藏区略高于西藏外,四川藏区、云南藏区、甘肃藏区分别比西藏低8.4、18.2和10.9个百分点;四省藏区有卫生站(室)的行政村比重平均仅为56.2%,低于西藏61.5%的水平,缺医少药问题更为突出。从生产生活条件来看,四省藏区还有24%的农村人口没有解决安全饮水,比西藏高13.7个百分点;贫困发生率高达38.6%,比西藏高出3.4个百分点。形象地说,四省藏区在一定程度上已成为西藏和内地之间的"塌陷地带"。不把四省藏区的经济社会发展搞上去,整个涉藏地区发展稳定的战略目标就实现不了。

第三,从统筹西藏和四省藏区工作看,四省藏区一头连着内地,一头连着西藏,是汉藏经济文化交融的重要纽带和桥梁,素有"汉藏走廊"之称,既是本省经济的重要组成部分,同时对西藏的经济社会发展也有着直接影响。目前,四省藏区经济社会发展水平低,仍属于集中连片特困地区。这种局面如果不改变,不仅会直接影响到本省建设全面小康社会的进程,而且也会使西藏的跨越式发展缺乏必要依托和有利的外部环境。正如俞正声主席今年在中央西藏工作协调小组会议上的讲话中指出的,西藏和四省藏区同处青藏高原，同属欠发达地区，同样面临达赖集团和国际敌对势力的渗透破坏，在维护民族团结、社会稳定、国家安全中担负着共同的责任，要从战略上来统筹谋划。

（二）要采取特殊政策、特殊手段加快四省藏区发展

解决四省藏区的落后问题，必须谋划超常规的发展思路，采取特殊的支持措施，推动四省藏区加快发展，与全国同步实现全面小康目标。

一是国家要进一步加大对四省藏区的支持。今年2月，我们组织经济社会发展组各成员单位对五次会议贯彻落实情况进行了梳理排查，从排查结果看，绝大多数政策措施落实情况良好，但也有个别政策在落实过程中存在问题。在下一步工作中，一方面，要根据四省藏区经济社会发展中出现的新情况、新问题，及时研究出台一批有针对性的支持政策和措施；另一方面，要进一步分解细化既定的政策措施，加快推进"十二五"规划项目前期工作，明确责任单位，加大工作力度，争取尽早落地、见到实效。

二是青海等四省政府要强化支持本省藏区发展的责任。在国家加大支持力度的同时，必须明确四省藏区所在省省级政府是扶持本省藏区加快发展的责任主体。加快四省藏区经济社会发展，首先要缩小各个藏族自治州与全省的发展差距。要强化省级政府在加快本省藏区发展中的责任，进一步增强使命感和责任感。四省政府要按照中央要求，把本省藏区的发展纳入全省发展战略中统筹规划、统一考虑，切实加强对本省藏区发展的协调和指导。一方面，要明确省直部门的责任分工，从财政、投资、项目布局等多方面加大对本省藏区的支持力度，严格落实需省级配套的资金和政策。另一方面，加强四省与中央有关部门的沟通衔接，加大对藏区州县的工作指导力度，重点要协调推进规划项目前期工作，进一步细化政策实施方案，宣传和落实好现有支持政策，及时对落实情况开展督促检查。

（三）四省藏区要避免与西藏简单攀比

四省藏区确实需要特殊支持，但又不要与西藏自治区简单攀比，这是我们在做好四省藏区经济社会发展工作中必须把握的一条原则。这是因为，首先，达赖集团图谋在大藏区搞"高度自治"，实质就是顽固坚持"藏独"立场，但是，有史以来就从没有过行政一统的大藏区，我们不能给达赖集团搞"大藏区"以任何口实。其次，四省藏区由四省领导，并不直接隶属中央，因此必须要调动四省的积极性。再次，四省藏区的具体情况与西藏不同，且四省藏区之间也有差别。最后，也是为了防止民族之间的攀比。因此，正如中央领导同志在五次会议上指出的，既要对事关全局的重大问题统一谋划部署，又要兼顾四省藏区的特点；既要在基本政策上大体一致，充分调动各方面的积极性，又要在具体政策上有所区别，避免简单攀比；既要符合我国民族区域自治制度基本要求，又要避免单独为某一民族设定特殊政策。

四、高度重视保障和改善民生

中央第五次西藏工作座谈会明确提出，保障和改善民生是西藏实现跨越式发展和长治久安的首要任务。习近平总书记在参加十二届全国人大一次会议西藏代表团审议时特别强调，"在发展经济的基础上不断提高人民生活水平，是党和国家一切工作的根本目标，也是西藏各项工作的出发点和落脚点"。俞正声主席负责中央西藏工作协调小组领导工作后，在几次会议上都特别强调改善民生、争取民心问题，他指出，我们同达赖集团的较量，本质上是争取人心的较量，我们一切工作要立足于争取民心，而不是一般意义的去发展经济。学习中央领导同志关于民生、民心的论述使我们认识到，改善民生是实现西藏及四省藏区跨越式发展和长治久安两大战略任务的结合点。一方面，促进西藏及四省藏区跨越式发展的最终目的是改善民生，使各族群众都能分享改革发展的成果；另一方面，民生连着民心，民心关系全局，只有民生改善了，才能赢得民心，长治久安才能够有牢靠的群众基础。

（一）改善民生的任务依然繁重

一是广大农牧区生产生活条件落后，民生问题最为突出。用水方面，截至2012年底，西藏还有23.1万农牧民没有解决饮水安全问题，占农牧区总人口的10.3%。四省藏区尚有24%的农村人口，约93.7万人未解决安全饮水问题。用电方面，到2012年底，西藏仍有3个乡镇不通电，无电人口达52万人，占农村总人口的22%。四省藏区仍有21.9%的自然村没有通电，无电人口达87.64万人，占农村总人口的16.8%，特别是青海省藏区，无电人口数量占四省藏区的一半以上。出行方面，西藏还有11个县、410个乡镇和4675个建制村不通沥青（水泥）路，有544个建制村不通公路，68%的建制村没有通客运班车，不少自然村仍靠溜索出行。四省藏区还有18个乡镇和4620个建制村不通沥青（水泥）路，有600个建制村不通公路，约45%的建制村没有通客运班车，出行靠溜索、上学爬天梯在一些地方还屡见不鲜。住房方面，截至2012年，四省藏区仍有20万户农牧民未完成危房改造，占农户总数的21.2%，远高于全国6.7%和西部地区8.6%的水平。

二是社会事业发展总体滞后，基本公共服务能力不足。教育方面，2012年，西藏和四省藏区学前教育毛入学率分别为45.2%和45%，较全国平均水平低20个百分点左右。西藏小学五年级巩固率为88%，初中三年巩固率为92.6%，均低于全国平均水平。西藏和四省藏区高中阶段毛入学率分别为70.2%和65%，均低于全国85%的平均水平。四省藏区双语教育发展严重滞后，仅有39.5%的入园儿童接受到了双语教育。卫生方面，尽管国家在西藏实施了农牧民免费看病的政策，但由于基层医务人员缺乏，医疗卫生服务可及率低。西藏人均期望寿命比全国低8岁，孕产妇死亡率、婴儿死亡率分别是全国的9倍和2.4倍。西藏和四省藏区大骨节病等地方病依然较为严重，防治难度较大。文化方面，西藏广播、电视节目综合覆盖率均比全国低4个百分点，四省藏区广播、电视综合覆盖率分别比全国平均水平低6个和4个百分点。一些农牧民或由于不懂汉语，或由于听不到、看不到广播电视，无法便捷地了解党和国家的方针政策。

三是农牧民稳定增收机制尚未形成，扶贫开发任务艰巨。农牧民收入水平低，稳定增收的内在机制尚未形成。2012年，西藏和四省藏区农牧民人均纯收入仅相当于全国水平的72.2%和59.7%，且城乡收入差距要高于全国3.1∶1的水平，云南省藏区更是高达4.5∶1。还应指出的是，在特殊的宗教氛围下，农牧民的收入中相当一部分转入了寺庙，因而农牧民收入的增加并没有相应提高积累率，对生活水平的提高和再生产投入造成了影响。按农民人均纯收入不足2300元的国家扶贫标准计算，2012年底西藏还有农村贫困人口85万人，贫困发生率为35.2%，比全国平均水平高25个百分点。四省藏区还有农村贫困人口161万，贫困发生率高达38.6%，比全国和西部地区平均水平分别高28个和21个百分点。

（二）突出重点，全力做好民生改善工作

抓好改善民生工作要把握住几个关键环节：一是处理好上项目与改善民生的关系。欠发达地区以大项目带动经济发展是必要的，但更要重视切实解决广大农牧民生产生活方面的实际困难，让各族群众在发展中得到实实在在的好处。只有这样，才能凝聚人心，凝聚民力，为又好又快发展注入不竭的动力。从这个意义上讲，宁可少上几个大项目，也要集中力量优先解决突出的民生问题。二是用三至五年时间解决一批民生领域的突出问题。未来一段时间将是民生领域的攻坚阶段，必须下更大的决心，用更大的气力，紧紧围绕农牧区水电路气房、教卫文就保以及城镇供暖、供气等重点领域，开展一批标志性工程建设，集中力量，攻坚克难，力求用三到五年的时间，使民生保障水平再上一个新台阶。中央要加大投入，其他省市也要给予支持帮助。三是总结推广各地的好经验和好做法。近年来，西藏自治区和四省政府高度重视民生改善，从本地实际推出一系列举措，收到了明显效果。如，西藏以农牧民安居工程为切入点，集中各方面的资源改善农牧民居住条件，用几年时间解决了40万户农牧民的住房问题，占应解决户数的89%。四川省累计投入12.9亿元，积极推进藏区"9＋3"免费职业教育计划，组织全省近4万名藏区学生在内地90所国家级、省级重点学校免费就读，其中，2009级首批8410名毕业生初次就业率达98.3%以上。青海省出台《三江源地区异地办学奖补机制实施办法》，对异地办班学生按初中每学年4500元、高中5500元、中职6500元标准提供资助，目前省内异地办班共招收来自六州牧区的普通高中学生5000余名，向省外组织输送普通高中学生1800余名。这些经验做法值得在下一步工作中认真总结和推广。

五、充分发挥各方面积极性，推动西藏和四省藏区加快发展

五次会议以来，在中央的坚强领导和通盘部署下，以增强藏区自我发展能力为核心，中央部门大力支持、支援省市和中央企业无私援助、西藏和四省藏区艰苦奋斗的工作格局不断完善，有效地调动了各方面的积极性，进一步强化了推动藏区经济社会发展的合力。

(一)中央出台一系列特殊支持政策措施,营造了有利的政策环境

西藏和四省藏区具有特殊的战略地位,面临特殊困难,因此有必要给予特殊的支持。近年来,中央有关部门深入贯彻落实中央第五次西藏工作座谈会精神,不断加大工作力度,陆续出台了财税、投资、金融、土地、干部职工福利待遇等一系列特殊优惠政策。财税政策方面,中央对西藏继续实行"收入全留、补助递增、专项扶持"的财政补贴政策,除关税和进口消费税、增值税外,在西藏征收的其他各项税收全部留给西藏,逐年增加对西藏定额补助和转移支付力度。加大中央财政一般性转移支付和专项转移支付对四省藏区的支持力度,将藏区公益性项目国债转贷资金全部改为拨款。2011年和2012年,中央财政安排给西藏的各类补助资金,超过了2007至2010年四年的总和;中央财政和川滇甘青四省合计安排给藏区的各类补助资金比2009、2010年之和增长了54.1%。投资政策方面,一是加大中央投资倾斜力度。按照中央部署,专门编制了西藏和四省藏区"十二五"建设项目规划方案,其中,西藏规划"十二五"投资1931亿元,四省藏区规划"十二五"投资5470亿元。目前,两个规划方案有序实施,交通、水利、能源以及生态等领域的重大项目正在顺利推进。二是对中央安排的基础设施、生态建设和环境保护、社会事业、农牧林水气、基层政权等公益性建设项目,取消西藏各级和四省藏区州县两级政府配套投资,并适当降低四省省级政府配套投资比例。金融政策方面,对西藏金融机构实施优惠贷款利率和利差补贴政策。鼓励增加信贷投放,各商业银行对在藏分支机构实行差异化的信贷管理办法和单独的考核办法,合理扩大授信审批权限。积极支持符合条件的西藏企业发行股票并上市。鼓励银行业经营机构在藏区金融服务空白乡镇和旅游区设立服务网点。截至2012年底,西藏商业银行机构本外币贷款余额达664亿元,比2009年

底的248亿元增加了168%。土地政策方面，根据实际需要，适当增加西藏土地利用年度计划安排量，简化国家批准规划内的项目用地审批程序，对城镇规划建设用地范围外使用戈壁荒滩发展产业的，免收新增建设用地土地有偿使用费。近年来，新增建设用地总量年均递增65公顷，城镇、交通、能源、水利、旅游等各类建设用地需求得以保障。同时，还全面落实了建设用地配置新机制，扩大了先行用地范围，简化了国家批准规划内的项目用地审批程序。干部职工福利待遇方面，对西藏继续执行特殊工资政策，并按全国规范津贴补贴的平均水平相应调整西藏特殊津贴标准。落实干部职工子女内地就学、干部内调安置等政策，妥善解决干部职工后顾之忧。2010年以来，已提高了干部职工特殊津贴、冬季办公取暖补助和年度体检补助标准，提前实现了城乡居民社会养老保险制度全覆盖。

（二）完善对口援藏工作机制，形成全方位援藏新格局

早在1994年召开的中央第三次西藏工作座谈会上，中央就做出了"中央关心西藏，全国支援西藏"的重大决策，明确了"分片负责，对口支援、定期轮换"的对口援藏方式，标志着以干部援藏和经济援藏为主要内容的对口援藏工作全面展开。2001年中央第四次西藏工作座谈会进一步完善了对口援藏办法，使受援地区覆盖了西藏所有地市和县市区。2010年的中央第五次西藏工作座谈会，首次明确了17个援藏省市的对口支援实物工作量，着手开展对口援青和其他三省对口支援工作，促进形成了全方位对口援藏的工作格局。

1. 扩大了对口支援覆盖面

按照中央要求，新时期对口支援工作的覆盖面从西藏扩大到青海等省藏区，并相应明确了具体政策导向。对口援藏方面，按照全覆盖的要求，继续保持17个省市、17家中央企业和60个中央国家机关对口支援西藏7个地市73个县（市、区）和双湖特

别区的关系，并做了个别调整。对口援青方面，确定由北京、上海、天津、山东、江苏、浙江6个省市，以及20个中央国家机关和13家中央企业对口支援青海6个藏族自治州及其所属的33个县市。对口支援四川、云南和甘肃省藏区方面，首先要求三省政府建立健全对口支援本省藏区的机制，同时探索建立东部发达省市对口帮扶机制。

2. 核定了实物工作量

为了规范对口支援资金要求和建立稳定增长机制，中央决定，从2011年开始，17个援藏省市按照本省市上年地方财政一般预算收入的一定比例核定实物工作量，并每年按比例递增。17省市"十二五"时期援藏资金总计约140亿元，超过1994～2010年的总和。去年，经国务院批准，又核定了6个援青省市的实物工作量，"十二五"时期总计约48亿元。

3. 完善了工作机制

为了确保对口支援工作能够按照中央关于向基层倾斜、向农牧区倾斜等要求得到真正落实和有序推进工作，新一轮对口援藏工作启动了规划编制工作。支援省市会同受援地区编制援助规划，经中央西藏工作协调小组经济社会发展组审核后由支援省市人民政府批准实施。同时，中组部牵头出台了援藏干部人才管理办法，财政部出台了援助资金管理办法，我委会同有关方面正在起草援藏援青项目管理办法。援受双方也出台了一系列资金、审计、纪检、项目管理等规章制度。

4. 明确了工作格局和重点

新时期对口支援工作的一个突出特点，就是由干部支援、经济支援逐步发展为经济、干部、人才、教育、科技全方位支援的新格局，变过去"输血"支持为"造血"支援。工作重点是，着力改善农牧民生产生活条件，不断增强基层公共服务能力，大力加强干部、人才、科技和教育援藏力度，努力提高特色优势产业水平，不断深化经济技术交流合作等。

三年来，17个援藏省市已安排援建项目1750个，下达援藏资金59.8亿元；6个援青省市已安排援建项目270个，下达援青资金20.8亿元。这些项目和资金主要用于城乡居民住房、农牧区基础设施、市政设施、社会事业、基层组织和基层办公生活条件等民生建设方面。17家援藏中央企业和13家援青中央企业也主动承担社会责任，积极投身于对口支援工作，援藏企业"十二五"期间投入资金比"十一五"时期增长26.3%，援青企业计划投入资金15.9亿元。在对口支援的强力推动下，受援地区民生得到了明显改善，数百万农牧民住进了宽敞明亮、功能完善的安居房、定居房，许多孩子第一次进入了宽敞明亮、设施一流的学校、幼儿园学习，一批县城拥有了环境幽雅、设备先进的医院。此外，产业支援是构筑受援地区自我发展能力的重要支撑，已成为新时期对口支援工作的最大亮点。按照中央部署，支援省市积极引导和鼓励本地企业参与受援地区建设，对口支援工作正在逐步从"无偿援助"向"合作共赢"的良性循环转变。对口支援工作不仅给西藏和青海等省藏区注入了强大的物质力量，更重要的是，通过干部人才支援、教育支援、就业支援和文化支援，把支援省市先进的文化、思想、理念带入受援地区，将受援地区优秀少数民族文化资源引入内地，使藏区与内地的交流交往和融合发展不断深化，为藏区广大干部群众带来了宝贵的精神力量，让他们切身感受到了全国人民的关心和祖国大家庭的温暖。

（三）继续发扬老西藏精神，艰苦奋斗，自强不息

西藏和四省藏区的发展，根本上要依靠西藏和四省藏区各族干部群众艰苦奋斗，充分发挥他们的主体作用。要克服等、靠、要思想，继续发扬"特别能吃苦、特别能战斗、特别能忍耐、特别能团结、特别能奉献"的"老西藏精神"，迎难而上、艰苦奋斗、锐意进取，也只有这样，中央的方针政策和各项扶持措施才能最终落到实处。

中央领导同志反复强调五省区党委政府的主体责任，这不仅是因为五省区党委、政府要对本省区发展稳定负全责，而且是因为中央各项支持政策、项目，需要通过五省区各级政府落实和实施，援藏干部和对口支援工作也要接受当地党委政府的领导，纳入当地国民经济社会发展规划通盘考虑。三年来，五省区党委政府带领各族干部群众不断解放思想，深化改革，充分发挥积极性和主动性，把中央关心和全国支援转换成为加快发展的强大动力。一方面，主动加强与各部门各地区的衔接配合，推动政策措施的实化细化和贯彻落实，为加快发展营造良好的体制环境和投资环境。另一方面，紧紧抓住新时期全方位援藏的大好机遇，与支援省市密切配合，扎实推进城乡居民住房、教育、医疗卫生、广播电视、社会保障等民生工程建设；大力实施劳动力培养培训计划，千方百计扩大就业，努力提高各族群众收入；广泛开展民族团结"手拉手"、文艺演出、书画展览等丰富多彩的活动，组织当地干部、青少年、宗教界人士到内地参观学习和培养培训。四川、云南、甘肃三省主动将支援藏区工作摆到重要议事日程，建立起由较发达市、省直单位和国有企业对口支援本省藏区的工作机制。其中，四川省明确由省内7个较发达市，按照市级公共财政收入的一定比例对口支援甘孜、阿坝、凉山三州的20个藏区县；云南省明确由昆明市、曲靖市和玉溪市对口帮扶迪庆州，并进一步完善了省级机关企事业单位定点帮扶机制；甘肃省明确由省内10个市，每年筹集1亿元以上的资金支持甘南州发展，同时明确省属国有大型企业按照效益状况，结对帮扶藏区各县。

六、全力做好当前和今后一个时期支持西藏和青海等省藏区发展的重点工作

为贯彻落实中央西藏工作协调小组会议精神，切实解决西藏和四省藏区经济社会发展存在的突出问题，按照俞正声主席提出

的"抓住研究政策和狠抓落实两个重点"的要求，当前和今后一个时期，我们将着力做好以下几方面工作。

（一）优化教育结构，推进教育发展

一是支持调整教育结构。针对西藏和四省藏区各级各类教育的办学情况、教学模式、学科专业结构、课程设置、就业渠道等，统筹研究提出调整教育结构的政策措施。二是支持学前双语教育、义务教育和普通高中发展。进一步支持四省藏区学前双语教育发展，逐步提高学前双语教育覆盖面，研究建立学前教育资助政策，提出支持义务教育阶段和普通高中发展的措施。三是支持职业教育发展。支持西藏和四省藏区根据需要办好一批特色中职学校，合理调整专业结构，落实好中职教育免学费和国家助学金政策，大力推广"9+3"免费中职教育模式，研究提出加强教师队伍建设的措施。

（二）完善促进就业工作

一是指导做好促进就业工作。加大积极就业政策落实力度，完善促进就业创业税收优惠、小额担保贷款等政策，积极开展离校后未就业高校毕业生就业服务。协调对口援藏省份将到本地求职的受援地高校毕业生纳入就业扶持政策范围。指导藏区不断推进农牧民转移就业，建立健全就业信息监测制度。研究制定政府投资建设项目优先吸纳当地劳动力就业的具体措施。二是指导做好公务员考试录用工作。指导藏区公务员主管部门统筹考虑来源结构、年龄结构、民族结构、学历结构、专业结构等问题，采取有针对性的倾斜政策措施，做好公务员考试录用工作。

（三）加快重大项目建设，完善"十二五"项目规划方案

一是研究提出推进重大项目前期工作的措施。取消或下放一批项目的审批权限。研究设立"绿色通道"，对于符合国家产业

政策、相关规划及规划环评要求等条件的项目，优先办理国土、环保等前置性审批手续。二是提高部分项目的补助标准。结合西藏和四省藏区的项目建设实际和投资可能，研究提高农村危房改造、安全饮水、农田水利建设等民生领域中央投资补助标准。三是组织开展项目规划方案中期评估。按照"实事求是、有进有出、优化结构、加大力度"的原则，组织开展对"十二五"支持西藏和四省藏区经济社会发展建设项目规划方案的中期评估工作。

（四）培育经济发展内生动力

一是扶持特色优势产业发展。研究支持农牧业发展的政策措施，加大农牧业基础设施建设支持力度，开展农牧业主推品种和适用技术遴选推荐工作。支持特色农牧产品加工、矿产资源开发、太阳能利用、民族特需商品及藏药等产业发展，提升产品质量。支持旅游基础设施、乡村旅游、森林和高原生态旅游项目建设。二是加大财税金融支持力度。研究提出进一步完善中央对西藏特殊财政体制的具体办法。引导银行业金融机构加大信贷资源的倾斜力度。引导符合条件的银行业金融机构和民间资本发起设立村镇银行。对于股份制商业银行在四省藏区设立分支机构开辟"绿色通道"，鼓励和引导银行业金融机构向藏区县、乡镇延伸。

（五）提升广播电视节目覆盖能力

研究制定全面提升藏区广播电视节目覆盖能力方案。在与广播电视村村通工程、西新工程充分衔接的基础上，升级四省藏区硬件网络，提升服务能力。支持加强安多、康巴藏语节目制作和译制能力建设，增加安多、康巴藏语广播电视节目播出时间，丰富节目内容。

第八编 新疆发展

促进新疆经济社会加快发展的
重大意义和战略思路[*]

（2007年8月15日）

通过这次调研，我们进一步深化了对加快新疆发展重要性、必要性和紧迫性的认识。总的看法是，在我国深入落实科学发展观和全面对外开放的新形势下，新疆的战略地位越来越重要，新疆发展面临着难得的机遇，有必要对新疆发展的重大问题进行前瞻性的综合研究。

一、重大战略意义

促进新疆加快发展、保持新疆长期稳定，不仅关系2000多万新疆各族人民群众的切身利益，关系西部地区尤其是西北地区的稳定和发展，而且关系全国改革开放和现代化建设的大局，关系中华民族的伟大复兴。加快新疆经济社会发展不仅十分重要，而且也十分紧迫。

第一，加快新疆发展是从我国现代化建设全局出发，拓展国民经济发展空间的战略选择。从全国看，要保持经济社会长期平稳快速健康发展，不仅需要可靠的能源资源作为支撑，也迫切需

---

[*] 根据国务院领导同志重要批示，2007年4月上中旬，国家发改委、国务院研究室会同国家有关部委同志赴新疆实地调研，形成《新疆经济社会发展问题综合研究报告》，并在此基础上起草了有关进一步促进新疆经济社会发展的政策文件。本文摘自《新疆经济社会发展问题综合研究报告》，该报告起草由杜鹰、宁吉喆主持，国家发改委地区司、国务院研究室及有关部门同志参加撰写。

要培育新的增长点，以增强经济发展的后劲和可持续性。新疆能源资源富集，开发潜力大。把新疆置于全国的大局中来统筹考虑，通过合理加快新疆经济社会发展，开发利用能源资源，不仅有利于增强新疆自我发展能力，解决自身的特殊困难和问题，同时也有利于保障国家能源安全，拓展国民经济新的增长空间，增强我国经济的综合竞争力和抗风险能力。

第二，加快新疆发展是深入推进西部大开发，带动和促进区域协调发展的重大举措。推动全国区域协调发展，是中央在新世纪新阶段的一项重大战略决策，也是落实科学发展观和构建社会主义和谐社会的重要内容。西部大开发是全国区域总体战略的重要组成部分，新疆是西部大开发的重点地区之一。新疆属于少数民族边疆地区，长期以来经济发展滞后，发展基础薄弱，与全国同步实现全面建设小康社会目标面临较大挑战。新疆不加快发展，不仅会影响到西部大开发战略本身的顺利实施，也会影响到全国区域发展的协调性。通过加快新疆经济社会发展，有利于促进新疆发挥比较优势，优化全国生产力布局；有利于缩小新疆与全国经济发展的差距，促进东中西优势互补，良性互动，协调发展；有利于发挥新疆的经济增长点和发动机作用，带动整个西北地区加快发展。

第三，加快新疆发展是全面提高对外开放水平，形成东西互动的开放型经济的必然要求。我国实施全方位对外开放战略，既包括向东开放，也包括向西开放。改革开放以来，国家实行沿海开放带动内地开放的政策，取得重大成功。在加入世贸组织过渡期基本结束的新形势下，全方位扩大开放很重要的一个方面，就是扩大向西开放，逐步形成"陆上开放"与"海上开放"、西部开放与东部开放并重的对外开放新格局。向西开放，有利于新疆发挥地缘优势，在更大范围、更广领域和更高层面参与国内外竞争，全面提高对外开放水平；有利于加强与周边国家的合作，充分利用中亚和欧洲地区的战略资源和市场需求，实现优势互补、互利互惠、共同发展；有利于体现我国与邻为善、以邻为伴以及睦邻、安邻、富邻的周边外交政策，增强我国在中亚经济格局中的地位和影响力。

第四，加快新疆发展是加强民族团结、维护国家统一、保障边疆安全的迫切需要。新疆多民族聚居、多种宗教并存，境内外宗教极端势力、国际恐怖主义和民族分裂主义势力活跃，新疆维护国家安全和社会稳定的责任十分重大。同时，中亚国家经济近年来普遍步入恢复和增长期，平均增速在7%以上，一些国家人均GDP已达到3000美元左右，而2006年新疆人均GDP还不到2000美元。在这种新形势下，民族问题与宗教问题相互交织，政治问题与经济问题紧密相连，新疆的整个局势更趋复杂。确保新疆长治久安，归根到底要靠发展，全面增强综合经济实力，不断提高各族人民群众的生活水平，对周边国家形成发展上的优势。只有这样才能增强各族人民的凝聚力，才能筑牢抵御民族分裂的坚实基础，才能实现"稳疆兴疆、富民固边"的战略目标。

加快新疆经济社会发展，保持新疆长期稳定，不仅具有重大的经济意义，而且具有重大的政治意义；不仅具有重大的现实意义，而且具有长远的战略意义。

二、独特优势和战略机遇

本世纪头二十年，是我国必须紧紧抓住并且可以大有作为的重要战略机遇期，也是新疆经济社会加快发展的战略机遇期。新疆进一步加快发展，既有独具特色的优势条件，又面临前所未有的历史机遇。

新疆发展具有四大独特优势：

一是能源资源优势。新疆矿产资源种类全、储量大、品位高、质量优，尤其是能源资源蕴藏丰富。目前，已发现的矿产有138种，保有储量居全国首位的有10种，居前十位的有58种。其中石油预测资源量 222 亿吨，占全国陆上资源总量的 1/3 以上；天然气预测资源量 13.8 万亿立方米，占全国陆上资源总量的 34%；煤炭预测资源量 2.19 万亿吨，占全国预测资源量的 38.8%；铁、铜、金等金属矿产发展潜力巨大。丰富的能源矿产是新疆加快发展的基础，也决定了新疆在全国未来发展中的重要战略地位。

二是土地光热优势。新疆土地资源丰富，2006 年全区农用土地面积超过 9.4 亿亩，占全国的 1/10，其中耕地 6160 万亩，人均耕地面积 3 亩，是全国人均数的 2 倍多；耕地后备资源 2.23 亿亩，居全国首位。新疆太阳光热充足，年均日照时数 2600～3600 小时，气温大于 10 摄氏度的持续日数较长，北疆 150～170 天，南疆 180～210 天。新疆的生物资源种类繁多、品种优良，林果、畜禽、药草等物种丰富而独特。这些得天独厚的土地、光热和生物资源优势，适合特色农牧业和林果业发展。

三是地缘区位优势。新疆与蒙古、俄罗斯、哈萨克斯坦、吉尔吉斯斯坦、塔吉克斯坦、阿富汗、巴基斯坦、印度八国接壤，边境线长 5600 公里，具有向西开放的独特优势。周边国家及邻近地区资源富集、市场潜力大。中亚－里海地区是极具潜力的能源基地，石油探明储量达 328 亿吨，天然气探明储量达 18 万亿立方米，能源储量在中东、俄罗斯之后，居世界第三位。其中，哈萨克斯坦石油探明储量 55.4 亿吨，天然气剩余探明可采储量 3 万亿立方米，铀储量 100 万吨。从长远看，我国石油、矿产等战略资源进口需形成多元化格局。通过新疆构筑我国能源新的陆上安全大通道，可以克服我国石油需求对中东地区和马六甲海峡运输的依赖。新疆处在内地与周边国家两个大市场的结合部，周边国家经济恢复快，消费需求不断增长，发展内外贸易市场广阔。

四是人文风光优势。新疆拥有独特的自然风光、浓郁的民族风情和厚重的历史文化积淀。新疆地域辽阔，冰峰与火洲相望，沙漠与绿洲为邻，我国最干、最热的地方均在新疆。新疆 47 个民族各自保持着独特的民族风情和文化习俗，创造出了绚丽多彩的民族文化和悠久的民族历史，形成了浓郁的民族民俗风情景观。新疆历史上曾是古"丝绸之路"的必经之地，名胜古迹众多，历史文化辉煌。新疆发展旅游业潜力巨大。

从国内外环境条件看，新疆加快发展面临着难得的历史机遇。第一，国家综合经济实力显著增强，中央作出统筹区域协调发展、实施西部大开发战略以及加快少数民族地区发展等重大决策，为新疆经济发展和社会稳定提供了有力支持和巨大空间。第二，我国经济发展中能源资源瓶颈制约突出，国家对新疆能源资源的需求越来越大，新疆的能源资源优势将逐步显现。特别是新能源安全观的落实和国家能源战略的实施，必然促进新疆能源产业加快发展。第三，中亚地区在世界政治经济格局中的地位日显重要，成为极具潜力的能源基地和全球瞩目的能源宝库，也是美、日、欧、俄等能源大国的必争之地。在经济全球化和区域经济一体化的背景下，新疆的地缘优势进一步显现，这为新疆利用"两个市场、两种资源"加快发展创造了良好机遇。第四，新疆发展正处在快速转型时期，经济发展已经有比较好的基础，在自力更生、国家支持、对内对外开放等内外力的作用下，新疆将呈加速度发展态势，这将是新疆实现跨越式发展的"黄金机遇期"。

三、突出问题和制约因素

必须清醒地看到，新疆经济社会发展中也面临不少特殊困难。

一是经济基础薄弱，自我发展能力偏低。新疆经济总量在西部虽处于中上水平，但在全国仍处于较低水平。2006年，新疆地区生产总值3019亿元，在全国31个省（区、市）中位列倒数第七；地方财政收入和人均地方财政收入分别为219亿元、1081元，比全国地方财政收入平均规模和人均地方财政收入水平分别低370亿元和313元，财政收入与刚性支出的缺口主要依靠国家财政转移支付。人民生活水平总体上处于低层次的小康阶段，居民收入水平低。2006年，城镇居民人均可支配收入8871元，仅相当于全国平均水平的75%，在全国位居倒数第一。农民人均纯收入2737元，仅相当于全国平均水平的76.3%，在全国排在倒数第七位。人均储蓄4432元，仅相当于全国人均储蓄水平12293元的1/3。

二是经济结构矛盾突出，资源加工转化程度较低。从产业结构看，农业基础薄弱，工业结构过重，服务业发展缓慢。2006年，新疆三次产业结构为17.7：47.6：34.7，第一产业高于全国平均水平5.9个百分点，第二产业低1.1个百分点，第三产业低4.8个百分点。一二三产业就业比重分别为51.1%、13.7%和35.2%，第一产业就业比全国平均水平高8.5个百分点，第二产业就业比全国低11.5个百分点。工业以重化工业为主，石油石化行业工业增加值占了70%以上。2006年，规模以上轻、重工业增加值比为7.1：92.9，重工业比重高出全国平均水平23.9个百分点。在整个工业企业中，主要以中央企业为主，地方企业所占比重较小。2006年地方规模以上工业增加值仅占全区的21.8%，实现利润不到全区的10%。石油、天然气、煤炭预测储量丰富但实际查明储量低。1：5万区域地质矿产调查和1：5万地球化学调查比全国平均水平分别低8.6个和5.3个百分点。工业主要以资源开采业为主，加工业增加值只占重工业的5.3%，优势资源加工转化程度低。

三是区域发展不平衡，特别是南疆问题突出。新疆地域辽阔，各地经济社会发展差异大，突出表现为城市和农村差距大，腹心地带和偏远、边境地区差距大，南疆和北疆差距大。2006年，北疆和南疆人均GDP分别是21152元、8998元，差距达2.35：1，其中天山北坡经济带与南疆三地州的人均GDP差距达7.6：1。特别是南疆三地州贫困面大，民生问题尤为突出。24个县中有19个是国家扶贫开发重点县，占全区的70%，成为全区扶贫开发的重中之重。

四是经济社会发展不协调，社会事业发展滞后。据测算，新疆社会发展水平指数仅相当于全国平均水平的一半左右，部分指标还远远落后于周边国家的发展水平。在教育方面，历史欠账多，中小学师资特别是"双语"教师严重缺乏。在医疗卫生方面，艾滋病、结核病、地方病等防治形势依然严峻，一些指标低于全国平均水平。在文化方面，农牧民群众看书报难、看演出难、看电影难的"三难"问题突出，有7%的人听不到广播、看不到电视，1/3的行政村没有文化室。新疆存在数量庞大的城乡贫困人口和低收入人口，社会保障水平低。同时，新疆作为国家反分裂斗争前沿阵地，维护民族团结和社会稳定任务艰巨。

从新疆的特殊情况看，在加快发展中面临四个方面的制约因素：

第一，水资源制约突出。新疆干旱少雨，大片沙漠、戈壁与绿洲相间，水资源总量相对不足、时空分布不均与低效利用并存，农业用水、工业用水、生态用水和生活用水矛盾突出。一是新疆水资源总量不足，可利用量有限。新疆水资源可利用量仅占水资源总量的一半左右；人均水资源量虽然是全国的近2倍，但每平方公里水量却只有全国的1/6。二是水资源与生产力布局不协调，局部地区缺水严重。全疆现状缺水量近27亿立方米，缺水率达5.4%。天山北坡一带现状缺水率超过10%，东疆地区水资源极度匮乏，南疆水资源开发利用总体已接近承载能力。三是控制性水利枢纽少，抵御洪旱灾害能力差。全区平原水库多，山区水库少，蒸发渗漏损失大，调蓄控制能力相对较差；灌溉和防洪设施薄弱，部分河段和地区防洪压力大。四是用水效率低，节水任务重。全疆人均用水量是全国平均水平的5倍多，万元GDP用水量是全国平均水平的6倍多。其中，灌溉水有效利用率只有43%，工业水重复利用率不到50%，城市管网漏失率近20%。

第二，交通瓶颈仍未消除。新疆地域辽阔，远离内地大市场，运输成本高，导致产品竞争力下降。如南疆喀什地区的棉花运至华东地区约 5000 公里，每吨运费高达 670 多元。交通建设不仅尚未形成综合运输网，而且运网结构也不尽合理，客、货运输量主要由公路承担，铁路运力严重不足，货物出疆困难。其中，公路密度低，技术等级不高，通达深度不足，二级以上等级公路仅占公路网的 8.3%，2/3 以上的公路属于四级公路和等级外公路；铁路密度低，营运里程仅占全国铁路通车里程的 4.4%，区内只有兰新铁路、南疆铁路两条干线，仅有兰新铁路与内地联结；航线网络布局单一，虽然有 14 个民航机场，但只有乌鲁木齐机场可以直飞疆外航线，疆内支线机场还不能直航。

第三，生态环境脆弱。新疆荒漠多，绿洲少，生态环境具有明显的脆弱性、不稳定性和不易恢复性。一是水土流失、荒漠化、盐碱化等问题严重。沙化土地面积达到 74.6 万平方公里，占全区面积的 45% 以上；绿洲面积约 7.1 万平方公里，只占全区面积的 4.25%。森林覆盖率在全国是最低的省区之一，水土流失面积占全国的 28%。河流、湖泊等水域日渐萎缩，水质趋于恶化，生物多样性受到破坏。二是重化工业污染严重。2006 年新疆单位 GDP 的二氧化硫、化学需氧量排放强度远远高于全国平均水平。城市环境基础设施薄弱，沙尘和煤烟等污染普遍严重。在全区监测的 19 个城市中，空气质量达不到国家Ⅱ级标准的多达 13 个，流经城市的河流受到不同程度污染。此外，南疆地区地处干旱、极度干旱区，地震、沙尘暴、大风等自然灾害频发，恶劣的生态环境严重威胁经济发展和社会稳定。

第四，人才严重缺乏。一是人才队伍结构不合理。人才总量不足，高层次人才所占比例低，高技能人才仅占就业人员总数的 2%。二是人才分布不均衡。在地方国有单位中，91% 的专业技术人才集中在事业单位，企业只占 9%；高级专业技术人才 70% 以上集中在自治区和地市两级，基层和生产建设一线人才明显短缺。三是人才引不进、留不住问题突出。缺乏吸引和稳定人才的环境和条件，人才特别是高层次人才流失严重，外流人才中有大专以上学历和具有中级以上专业技术职务的高达80%。

总体上看，新疆的经济社会结构正从工业化初期向工业化中期转变，处于工业化、城镇化、市场化、国际化加快的发展阶段。新疆已经站在新的历史起点上，要实现经济社会发展的新跨越，既要抓住机遇，趁势而上；也要深刻认识新疆发展的长期性、艰巨性和复杂性，做好长期艰苦奋斗的思想准备。

四、总体要求和战略思路

（一）战略定位

加快新疆经济社会发展，不仅要从新疆自身实际出发，而且要从国家发展全局的、战略的高度，从我国对外开放和经济全球化的大视野，准确把握新疆未来发展的战略定位。

第一，从我国能源资源需求来看，新疆是我国重要的能源资源接替基地和生产基地。新疆作为我国资源富集区，也是世界上成矿条件较好的地区，矿产资源种类多、储量大，特别是石油、天然气、铀、煤炭等战略资源和能源资源丰富。随着进一步加快这些优势资源的开发利用，新疆将成为我国能源资源的重要生产基地和战略资源接替基地。

第二，从我国区域经济发展布局来看，新疆是我国西部地区经济增长的重要支点。新疆具备加快发展的许多独特优势和有利条件，蕴涵着巨大的发展潜力。特别在我国实施西部大开发战略中，新疆具有突出重要的地位。促进我国大西北发展，新疆是关键。加快新疆的开发、建设和发展，可以带动整个西北地区的发展，形成我国区域发展新的战略格局。

第三，从我国全方位对外开放来看，新疆是我国向西开放的重要门户。新疆周边国家能源、矿产资源丰富，经济发展处在上升阶段，制造业相对薄弱，特别是轻工产品紧缺，向西直到西亚、东欧，具有亟待开发的广阔市场。新疆位于亚欧大陆中心，东连我国东部沿海，西连欧洲经济圈，是我国与中亚、俄罗斯、欧洲连接的重要陆路通道。加快新疆向西开放步伐，既可以积极进口我国急需的能源矿产资源，又可以扩大出口我国的工业制成品。新疆将会成为我国新的国际商贸基地和对外贸易大通道。

第四，从我国边疆稳定和国家安全来看，新疆是我国西北地区重要的战略屏障。新疆自古以来就是边防重地，对国家安全影响巨大。这里位于我国西部边陲，地处亚欧大陆腹地，境外中亚、南亚地区战略地位重要，国际安全形势复杂；境内多民族聚居，多种宗教并存，社会稳定任务艰巨。实现新疆的稳定和发展，关系到我国的发展稳定和国家安全大局。

（二）总体要求

加快新疆经济社会发展的总体要求是：坚定不移地贯彻中央关于新疆发展与稳定的战略部署，全面落实科学发展观，加快构建社会主义和谐社会，紧紧抓住重要战略机遇期，充分发挥自身比较优势，着力优化产业结构，着力加强基础设施建设，着力保护生态环境，着力提高公共服务水平，着力深化改革开放，稳疆兴疆，富民固边，努力实现新疆发展的新跨越，促进经济社会又好又快发展。

加快新疆经济社会发展，要把握好几个原则：

第一，正确处理好中央与地方的关系，把中央的支持与发挥新疆的积极性很好地结合起来。加快新疆经济社会发展，必须充分调动中央和地方两个积极性，共同把新疆的事情办好。针对新疆发展面临的特殊困难，中央需要给予特殊的政策支持。新疆也要自觉服从全国发展大局，发挥自身的优势和潜力。

第二，正确处理好当前与长远的关系，把制定长远发展政策与解决当前突出问题很好地结合起来。加快新疆经济社会发展，一方面要着眼于研究制定带有长远意义的规划和政策，以指导和带动今后长时期的发展；另一方面要立足于解决当前影响经济社会发展的突出问题，把新疆的发展建立在坚实的基础之上。

第三，正确处理好政府与市场的关系，把政府的宏观调控与充分发挥市场机制的作用很好地结合起来。加快新疆经济社会发展，要最大限度地发挥市场配置资源的基础性作用，特别是产业发展、项目安排都要按照市场经济的规律办事。中央和地方要搞好发展规划、经济布局和政策导向，引导经济社会发展切实转入科学发展的轨道。

第四，正确处理好开发与保护的关系，把加快经济社会发展与保护生态环境很好地结合起来。加快新疆经济社会发展，既要加快能源资源开发利用和经济建设步伐，也要十分注意节约利用资源和保护生态环境，不能走"重开发、轻保护，先污染、后治理"的老路，要努力实现经济社会发展与资源环境相协调。

第五，正确处理好对内开放与对外开放的关系，把内引外联、东来西进很好地结合起来。加快新疆经济社会发展，既要积极承接内地产业转移，加快引进资金、技术、人才和先进的管理经验；又要积极拓展全方位、深层次、宽领域的对外开放格局，全面提高面向周边国家的开放水平。

第六，正确处理好发展与稳定的关系，把加快新疆发展步伐与保持新疆长期稳定很好地结合起来。加快新疆经济社会发展，一定要坚决贯彻稳定压倒一切的方针，巩固和加强民族团结，努力维护边疆稳定和国家安全。同时，积极促进经济社会发展，全面提高基本公共服务水平，让各族人民共享改革发展成果。以发展促稳定，以稳定保发展，开创新疆发展稳定的新局面。

（三）发展目标

到2010年，新疆经济社会发展接近或达到全国平均水平，位居西部地区前列。经济增长速度达到或超过全国平均水平，城乡居民收入接近或达到西部地区较高水平，人均基本公共服务接近或达到全国平均水平，地方财政收入有较大幅度增长，对外开放取得更大成效，单位生产总值能耗实现预期目标，生态环境得到改善。

到2020年，新疆建设成为我国新的经济增长点和对外开放的前沿地带，实现全面建设小康社会的目标。形成优势产业全面发展、全方位对外开放的新格局，社会保障体系比较健全，人民生活更加富足，资源利用效率显著提高，生态环境实现好转，可持续发展能力显著增强。

（四）战略思路

新疆发展的战略思路可以概括为重点实施"三大战略"，突出加强"四大建设"，即：重点实施以市场为导向的优势资源转换战略，实施重点区域带动的协调发展战略，实施面向中亚的扩大对外开放战略；突出加强基础设施建设，加强生态环境建设，加强基本公共服务体系建设，加强自主发展能力建设。

1. 重点实施"三大战略"

一是实施以市场为导向的优势资源转化战略。巩固新疆作为我国油气主要增产区的地位，把新疆作为国家能源资源开发转化示范区，在建设石油、天然气等重要能源基地的同时，大力推进优势资源开发利用，努力将资源优势转化为经济优势。重点建设四大基地：其一是石油、天然气开采及加工基地；其二是煤炭开采及加工转化和煤层气开发利用基地；其三是国家急需矿产资源开采及加工基地；其四是特色农副产品生产及加工基地。实施优势资源转换战略，必须坚持以市场为导向，统筹规划，突出重点，分步推进。近期以石油、天然气开发和加工转化为重点，同时促使煤炭资源后备区向重点开发区转变。中期要建成全国最大的油气生产基地、重要的石油化工基地，建成煤炭液化、煤气化多联产、煤层气开发利用和可再生能源规模化利用示范基地。远期使新疆成为我国重要的能源生产基地、重要的能源资源加工转化基地、重要的能源供应基地。

二是实施重点区域带动的协调发展战略。坚持统筹城乡、区域、经济与社会、人与自然协调发展，搞好区域规划和产业布局，为新疆发展做出战略设计。突出重点区域，优化产业布局，加快落后地区发展，形成具有新疆特点的区域发展格局。重点扶持塔克拉玛干沙漠南缘（南疆三地州）喀什—克州—和田贫困地区发展，加快发展社会事业，提高基本公共服务水平。优化发展天山北坡经济带，形成乌鲁木齐—克拉玛依—阿拉山口工业走廊，提高乌昌经济首位度。推动天山南麓经济发展，形成库尔勒—轮台—库车—阿克苏石油天然气化工带。

三是实施面向中亚的扩大对外开放战略。努力把新疆融入国内、国外发展的大格局中，建设成为我国向西开放的重要门户，建成依托内地，面向中亚、南亚、西亚乃至欧洲国家的出口商品基地和区域性国际商贸中心。突出三个重点：其一是向西出口商品加工基地和商品中转集散地；其二是进口能源和紧缺矿产资源的国际大通道；其三是"走出去"和"引进来"的桥头堡。实施向西开放战略，必须立足于上海合作组织大平台，充分发挥新疆"内引外联"、"西来东去"的区位优势；必须加快建设向西开放的铁路、公路、航空等综合性国际大通道；必须建设外向型出口加工区、境外经济合作区和进口资源开发区，将乌鲁木齐建设成为国际性经贸合作中心，开辟中国对外开放"新丝绸之路"。

2. 突出加强"四大建设"

一是加强基础设施建设。基础设施建设适度超前，奠定经济社会发展的良好基础。重点抓好几个方面：其一是交通建设，形成包括铁路、公路、航空、管道运输在内的综合运输体系。其二是水利建设，主要是节水改造、重点水利工程建设、跨国界河流开发利用等。其三是电力建设，重点是区域内外电网改造、电力生产与输配等。其四是农业基础设施建设，加强农田草场改造，特别是大力发展节水农业。其五是城乡基础设施建设，特别是农村基础设施建设，包括农村公路、饮水安全、沼气、广播电视等方面建设。

二是加强生态环境建设。坚持走可持续发展道路，建设资源节约型和环境友好型社会。其一是加强重大生态工程建设，包括重点流域生态综合治理，沙漠化防治，城市及绿洲生态保护，退耕还林与退牧还草等。其二是加强资源保护和节约利用，有序开采能源资源，提高资源开发利用效率。其三是加强环境保护，切实减少污染物排放总量，重点防治水污染和大气污染。其四是大力发展循环经济和清洁生产，突出加强节能降耗工作。

三是加强基本公共服务体系建设。大力发展社会事业，解决民生问题，致力于实现基本公共服务均等化。重点加强义务教育、公共卫生、劳动就业、社会保障、扶贫开发、社会救助等方面工作，保证城乡居民享有最基本的公共服务，逐步解决城乡、区域、经济社会发展不平衡问题，特别是解决南疆地区贫穷落后问题。

四是加强自主发展能力建设。进一步完善造血功能，努力提高新疆自身发展能力。主要包括：其一是深化体制机制改革，特别是改革资源税费制度，完善能源资源和生态环境补偿机制，解决新疆在发展中的利益分享问题，增强新疆财力。其二是树立科教兴疆、人才强区的战略思想，加快教育、科技发展，为新疆发展奠定人才基础。其三是加大对口支援工作力度，内引外联，引进人才、技术和先进的管理经验，进行各方面的人才培训，以提高新疆发展的自主创新能力。

支持新疆发展的重要性和需要研究的几个政策问题[*]

（2009 年 11 月 14 日）

我代表经济社会发展组综合组重点讲两个问题：一是要进一步增强加快新疆经济社会发展紧迫性的认识；二是从几个重点领域就支持新疆经济社会发展讲点初步的意见。

党中央、国务院对新疆经济社会发展高度重视。改革开放以来，特别是西部大开发以来，在党中央、国务院的正确领导下，在全国各地的支持下，在自治区党委、人民政府的直接领导下，新疆各族干部群众奋发有为、开拓进取，各方面的工作都取得了显著的成绩，至少表现在七个方面。一是新疆经济发展整个态势是好的；二是基础设施建设取得了突破性的进展；三是具有比较优势的特色优势产业发展势头强劲，已经初步形成了具有新疆特色的产业集群；四是社会事业各方面得到长足发展，公共服务能力提升，老百姓得到了实惠；五是生态保护、环境建设投入力度明显加大，重点地区生态环境得到有效保护；六是城乡居民收入明显增加，扶贫攻坚力度加大，贫困人口生活水平得到提高；七是不断推进改革，扩大开放，使整个新疆的经济社会发展呈现出新的格局。这些成绩的取得确实来之不易，也为新疆今后的发展奠定了非常好的基础。

---

[*] 为筹备召开中央新疆工作座谈会，根据中央新疆工作协调小组的部署和安排，2009 年 11 月 5～14 日，经济社会发展组有关部委的同志赴新疆进行调研。这是调研结束后向自治区党委、政府反馈意见时，作者代表经济社会发展组综合组的讲话。

同时我们也要看到，新疆虽然自己跟自己比取得了长足的进步，但是和全国平均水平比，和实现全面建设小康社会的目标要求比，发展的任务仍非常艰巨，时间非常紧迫。我这里给大家报告一组数据。自西部大开发以来，即1999年到2008年，新疆的人均GDP年均增长8.3%，同期全国人均GDP年均增长9%；地方财政一般预算收入年均增长18.6%，全国是20%；固定资产投资年均增长17.8%，全国是19.8%；城镇居民人均可支配收入年均增长8%；全国是11.3%；农民人均纯收入年均增长8.1%，全国是8.2%。当然也有一些指标新疆比全国高，GDP的增长新疆是10%，全国是9.1%，这里有一个用各省区加总数据还是国家统计局数据的问题。从新疆经济在西部乃至在全国的位次看，几组数据也要引起我们的重视。1999年的时候新疆的人均GDP在西部十二省区排第一，但是到2008年排第二；全社会固定资产投资1999年在西部排第四位，到2008年退到第七；城乡居民收入1999年在西部排第七、第六，到2008年都掉到了第十一位。国家统计局有一个全面建设小康社会指标体系，共6个方面23个指标，每个指标都有不同的权重，来推算各省实现小康的程度。我请国家统计局、自治区统计局的同志算了一下新疆实现全面建设小康社会的情况，结果是：到2008年新疆实现全面建设小康社会的程度是58.2%，此前10年每年提高1.59个百分点，按这个速度推算，到2020年新疆的全面建设小康实现程度只能达到78%。我们给西藏也做过测算，到2020年能达到80%。新疆的资源条件、区位条件、基础条件都要好于西藏，我想新疆到2020年实现全面建设小康社会的程度只能比西藏更高，不应比西藏低。从以上情况我们可以看到，新疆经济确实存在一些结构性矛盾，加快新疆的发展任务艰巨。

胡锦涛总书记8月25日在新疆考察时提出，要促进新疆实现跨越式发展。据我所知，这是在中央领导讲话中第一次提出要促进新疆跨越式发展。我想，要实现新疆经济社会的跨越式发展的目标，在我们起草的总报告中要体现以下四点：一是要提出几大战略目标。第一个目标就是要实现新疆跨越式发展和长治久安，这是我们一切工作的最终目标，要力争使新疆到2020年能够和全国基本同步实现全面建设小康社会的目标。二是报告中要体现新疆走一条中国特色、新疆特点的发展路子，不能简单地套用全国或内地发达省区的发展路径和经验，新疆必须从自身的实际情况出发，走自己的路，不搞"一刀切"。三是要把民生问题放在首要位置上。我们理解，民生问题是跨越式发展和长治久安的结合点。光跨越式发展，不一定能长治久安。当然，经济不发展，也没有稳定的基础。这两者的结合点就是改善民生。只有把民生问题解决好，才能真正实现民心的凝聚和各民族的向心力。四是一定要体现对新疆支持政策的针对性、突破性和可操作性。所谓针对性，就是要针对新疆发展的瓶颈问题、难点问题，对症下药；所谓突破性，就是对新疆必须给予一些特殊的政策支持；所谓可操作性，就是像刚才一位部长说的，2007年国务院发布的相关文件挺好，就是缺少实施方案，所以很多事落实不下来。这次一定要把提出的任务和政策真正落到实处。

根据这样一个大的思路和原则，我这里提出五个政策问题，还只是一个初步的想法，回去以后还要跟有关部委进一步深化研究。

第一个政策，就是通过资源税费改革等措施增强新疆的地方财力。2008年新疆地方财政一般预算收入是361亿元，支出是1059亿元。也就是说，中央对新疆的转移支付近700亿元。但是这里有一个没算，就是央企在新疆所占的比重很大，中石油、中石化两大公司在新疆产生的利润大部分上交了，并没有留在新疆。新疆经济社会发展在全国的排位、在西部的排位后移，发展的制约因素这么多，民生领域的困难这么多，但自主财力不够，因此有必要调整国民收入再分配结构。资源富集地区的资源产出，首先要让当地的老百姓受益，这个原则应该坚定不移。就此我建议尽快推出资源税费改革，从从量计征改为从价计征，税率由现在相当于1%左右提高到5%，预计可以增加地方财政收入40亿元。资源税费改革后，石化产品的加价顺出去以后由消费方承担，但是好处留给新疆，通过国民收入再分配的手段，来实现全国对新疆的支持。此外，建议油气资源的转化利用，要逐步提高新疆当地加工比例，央企新办企业建议实行本地注册，这也有利于新疆把资源优势转化为经济优势。

第二个政策，就是要从新疆的实际情况出发，来确定符合新疆实际的产业政策。产业政策上不能全国"一刀切"。我到南疆调查，克州的同志反映，铁矿石的储量是2亿吨，在靠近吉尔吉斯斯坦有一个储量几十亿、上百亿的大铁矿，因此他们建议能不能在克州或者是阿克苏、喀什建一个300万吨的钢铁厂。他们现在使用的钢铁都是从外地调来的，南疆三地州的钢铁需求上百万吨，加上将来的增长，再加上南疆抗震安居房的建设，需求是有的。问题是国家现在的产业政策不允许建300万吨的钢铁厂。全国目前的炼钢生产能力是6.5亿吨，在建的7000万吨，总需求是4亿吨，国家政策是上大压小，压钢的生产能力。但是像新疆这个情况，不允许上，克州具有比较优势的资源就开发不出来。实际上，南疆的火电就没有"一刀切"。全国都在压小火电，但允许南疆上5万千瓦和13.5万千瓦的机组，因为将来新疆的750千伏电网往南疆送电，中间需要上支撑电源。新疆有一定的特殊性，我举这样一些例子是要提醒大家研究，如何使国家的产业政策适合新疆的发展实际。我们回去以后要把对新疆的产业政策认真地梳理一下，看看哪些适用于新疆，哪些不适用于新疆，不适用的就要调整。产业政策调整了，土地、金融政策等都可以跟着调整了。像土地政策，工业用地出让价格全国一共是15档，相关文件提出新疆可执行最低一档，但每平方米还要18块，一亩地还是要上万块钱，像南疆戈壁滩那样的地方，还是贵了。再比如金融政策，有的项目不错，但不符合产业政策，银行不批。所以只要把产业政策的门槛放下来，符合新疆的实际，金融就可以跟进了，这一系列的问题就可以解决了。刚才讲到民生，就业是民生之本，稳定之基。解决就业问题我看不能完全靠大企业，还得大力发展民营经济，鼓励民间资本创办中小企业。我到喀什专门看了三个维吾尔族创业者创办的小企业。一个企业是把从浙江采购来的大线团拆成小线圈，外销到乌兹别克斯坦等地，一个可以赚一毛多钱，吸收了100多个人就业。另一个企业是把温州的胶鞋部件运到这里来加工，也吸收了上百人就业，鞋全部卖出去了。还有一个企业是给美克配套的，做三合板。我看了以后感到新疆有希望，喀什有希望。只要真的把老百姓创业的积极性调动起来，就业问题是能解决的，关键是把政策设计好。

第三个政策，是干部待遇问题，新疆的干部待遇要提高。自治区劳动厅报告，新中国成立初期的1954年，新疆的工资水平列全国第二位；1985年，列全国第三位，在西藏和青海之后；1993年，列全国第15位；2006年，工资套改以后列全国第16位，其中机关干部列全国第20位。1954年，新疆的工资是全国平均工资的102.73%；到2006年，比全国平均水平低6.78个百分点。这次我到南疆岳普湖县，县上的王书记工资不到3000元，一年至少还有一个月的工资要捐出来，对口扶贫两到三户维吾尔族群众。王书记说，他的生活水平要比当地的老百姓好多了，建议要是提高工资水平，就先把村干部的待遇提高了，村干部是稳定的基础。我说，人是要有点精神的，越是有这种精神，国家越要帮助他们解决实际困难。新疆的发展稳定政策确定后，干部是决定性的因素，干部待遇太低，后顾之忧没有解决，工作不安心，整个工作都要受到影响。所以建议提高南疆干部待遇，提高多少、怎么提高要进一步研究。另外还要考虑提高"三老"人员、边境守边牧民的待遇和补贴。

第四个政策，是减轻兵团一线职工负担问题。兵团一线农业职工的亩均负担平均是148元，主要用于连队的开支，我到南疆一师、二师、三师看到，实际负担都比这个平均水平高。另外还有养老保险的个人缴费，平均每亩也有上百元钱。一亩地的净收益只有500元，这两块负担加上，一半没有了。农村都不交"三提留、五统筹"了，兵团到现在没有解决这个问题。解决这个问题，一要认真核定团连两级干部编制，该转公务员的转为公务员，该压减的压减；二是有必要减免一线职工个人养老保险缴费，由国家财政负担，把亩均负担分两到三年逐步取消完毕。这个事为什么这么重要？就是要增强兵团拴心留人的能力。兵团人口现在是257.31万人，历史上，兵团人口经历了三次阶段性的减少，第三次是2008年减少了1万人，减少的主要是第三代兵团人。所以一定要降低兵团职工的亩均负担，由公共财政负担。

第五个政策，是对口支援。新疆对口支援是从1996年开始的。开始是干部援疆，后来充实了项目援疆和经济援疆。1999～2008年，14个省（市）、15家中央企业累计支援新疆物资折合资金37.2亿元。今后加强省区之间的横向对口支援还是非常必要的，要把中央的支持、各省的支持、企业的支持结合起来，重点加大对南疆的支持力度。初步考虑，南疆三地州加上8个国定贫困县，总共32个县，作为重点对口支援对象。再有一个方案是把18个边境县算上，一共是50个县市。近期重点解决农村的抗震安居房，还可把城市的保障性住房加上去。初步测算，把抗震安居房和廉租房两项加起来，小方案资金需求101.3亿元，大方案138.7亿元。初步考虑，如果选择10个东部省市和5个计划单列市作为对口援疆的地区，那么根据这15个省市2008年地方财政收入测算，每年拿0.2%，分三年拿，就可以把大方案解决了。以上想法还需要进一步论证，包括范围合不合适、援助方与受援方的配对名单等，要尽快拿出方案来，实施一个有重大意义的新的对口援疆的计划。

《关于推进新疆经济社会跨越式发展的调研报告》概述[*]

（2009年12月23日）

按照中央新疆工作座谈会筹备工作领导小组的统一部署，在马凯同志带领下，11月5日~14日，经济社会发展组组织国务院有关部门、单位和中央企业的同志赴新疆进行实地调研。根据实地调研的情况，各专题组起草完成了11份专题调研报告，在此基础上，经济社会发展组综合组起草完成了《关于推进新疆经济社会跨越式发展的调研报告》（以下简称《调研报告》）。《调研报告》深入分析了新疆发展的有利条件和特殊困难，提出了促进新疆经济社会发展的战略定位、总体目标、重点任务，并就相应的支持政策和保障措施提出建议。《调研报告》的主要内容如下：

（一）关于战略定位和发展目标问题

今年8月，胡锦涛总书记在新疆考察工作时的重要讲话，深刻阐明了新疆的四大战略定位，即新疆是我国西北的战略屏障，是我国实施西部大开发战略的重点地区，是我国对外开放的重要门户，也是我国战略资源的重要基地，并第一次提出了推动新疆实现跨越式发展的要求。按照这一总的定位和要求，《调研报告》提出把实现跨越式发展作为今后一个时期促进新疆经济社会发展

---

[*] 这是作者在中央新疆工作座谈会筹备工作领导小组专题会议上就《调研报告》所做的汇报。该报告起草由杜鹰主持，国家发改委地区司及有关部门的同志参加撰写。收录本书时有删节。

的基本要求，并力争到2015年，新疆人均GDP超过全国平均水平，保持位居西部地区前列；到2020年，把新疆建设成为我国新的经济增长点和沿边开放的示范地带，与全国基本同步实现全面建设小康社会目标。这些要求和目标既注重与已有发展目标的衔接，保持连续性和相对稳定，又在有些方面有所提高，以保证实现跨越式发展的新要求。

从设定的必要性看，实现跨越式发展既是新疆自身发展的迫切需要，也是基于全国发展大局的必然要求。一是扭转近年来新疆与西部地区和全国平均水平的发展差距不断拉大的趋势，需要进一步加快发展步伐。以1999~2008年为例，与全国其他省（区、市）相比，新疆GDP位次从第15位退到第25位，人均GDP位次从第13位退到第15位，全社会固定资产投资位次从第20位退到第25位，城镇居民人均可支配收入从第17位退到第30位；与西部其他省区相比，新疆人均GDP位次从第1位退到第2位，全社会固定资产投资位次从第5位退到第7位，城镇居民人均可支配收入从第7位退到第11位，农民人均纯收入从第6位退到第11位。二是与全国同步实现全面建设小康社会目标，需要进一步加快发展步伐。根据国家统计局全面建设小康社会指标体系（共6个方面23个指标）测算，2008年新疆实现小康程度是58.6%，居于全国后位。2000~2008年，新疆实现全面建设小康社会的程度从45.3%提高到58.6%，年均提高1.66个百分点，按此速度计算，到2020年新疆的全面建设小康社会实现程度只能达到78.6%，与全国同步实现全面建设小康任务十分艰巨。三是更好地服务于国家全局发展，需要进一步加快发展步伐。在国内外经济格局发生深刻变化的背景下，加快新疆的经济发展，不仅有利于新疆自身的发展，而且有利于拓宽我国经济发展空间，确保国家能源安全，有利于培育新的经济增长极，增强经济发展后劲。从实现的可能性看，当前，新疆加快发展已具备良好的基础，既有资源优势转化为经济优势的巨大潜力，又有良好的地缘区位条件；既有多年积累的较好基础，又有中央和全国的大力支持，正处在全力加快发展、追赶全国步伐的关键时期，通过努力，新疆的跨越式发展是完全可以实现的。

(二) 关于保障和改善民生问题

民生连着民心，民心关系稳定，改善民生是发展的目的，也是稳定的基础。受历史、自然和经济等因素影响，新疆社会事业发展总体水平仍比较落后，就业和社会保障问题比较突出，尤其是城镇居民可支配收入、农村人均纯收入指标在西部地区的位次下降，未能与经济发展实现同步增长。以往正反两方面的经验告诉我们，在加快经济发展的同时，必须始终把民生问题放在突出重要的位置，下大力气解决好。只有着力解决好民生问题，才能更好地凝聚民心，使各族群众更加紧密地团结在党和政府周围，形成开发新疆的强大力量；才能形成对周边国家的相对优势，打牢维护民族地区稳定和抵御民族分裂主义的根基。

为此，《调研报告》突出强调了民生问题，对保障和改善民生给予了前所未有的重视，做出了更加系统的分析，给予了更大力度的支持。《调研报告》明确把改善民生作为新疆一切工作的出发点和落脚点，并提出宁肯暂时少上几个大项目，也要集中力量先办几件亟待解决的民生大事、实事。按照集中有限资源、突出工作重点、狠抓薄弱环节的原则，要尽快干几件立竿见影的实事，以最快的速度、最大的强度提高各族人民群众的生活水平。重点有以下六个方面：

一是大力改善农牧区生产生活条件和促进农牧民增收。新疆的农牧业基础设施薄弱，农牧民受教育程度不高，贫困问题突出，持续增收难度加大。目前全区贫困人口还有207万人，占全区农牧民人口的16.1%，特别是南疆三地州和边境地区群众生活尤为困难。针对这些问题，《调研报告》提出了加强农牧业基础设施建设，打造农牧业四大基地，切实加大扶贫开发力度，大力促进农牧民增收的一揽子措施。主要包括，推进以节水为核心的农业基础设施建设，到 2015 年，发展田间高效节水灌溉 1200 万亩，农业灌溉有效利用系数达 0.53，到 2020 年，基本完成大中型灌区续建配套和节水改造，再发展田间高效节水灌溉 1800 万亩；加强农牧业四大基地建设，着力推进国家粮食安全后备基地、国家优质商品棉基地、优质畜产品基地、特色林果业基地四大基地及服务体系建设；加大扶贫开发力度，继续把南疆三地州和边境贫困地区作为扶贫开发的重点区域，对农村低收入人口全面实施扶贫政策，对高寒山区等缺乏基本生存条件地区的贫困人口实施易地搬迁，力争到 2015 年，彻底解决新疆绝对贫困人口问题；大力改善农牧民生产生活条件，2013 年前，全面解决农村 463.2 万人口饮水不安全问题。解决边远山区农牧民缺电、少电及无电问题，到 2020 年，实现具备条件的建制村（连）通沥青（水泥）路，到 2015 年，解决全部游牧民定居问题；提高农村劳动者素质，大力实施"阳光工程"、"雨露计划"和"农民劳动力转移培训工程"，在南疆三地州抓紧实施 100 万青壮年农牧民"一年一户一人一技"致富技能培训工程和 60 万农牧民职业技能培训。

二是大力发展双语教育和中等职业教育。实践证明，推广双语教育和中等职业教育是提高新疆少数民族综合素质、增强就业技能行之有效的手段。在双语教育方面，要新建、改扩建一批学前双语幼儿园、双语寄宿制学校、双语普通高中和"民汉合校"，推进双语现代远程教育，力争到 2012 年学前"双语"普及率达 85%以上，到 2015 年双语教育贯穿各个教育阶段，各族学生熟练使用国家通用语言交流。为解决双语教师队伍极度缺乏的问题，提出了通过中央增加编制、地方提前使用自然减员空编、国家扩大特岗计划、对口支援、志愿者服务和大学生实习支教六个途径，充实双语教师队伍，并对双语教学人员给予政策倾斜，力争到 2015 年南疆地区双语教师合格率达到 80%以上。在中等职业教育方面，要重点建设南疆 44 所中等职业学校、承担南疆中职培养任务的北疆60所职业学校和兵团12所职业学校，每年安排南疆12万名初中毕业生接受汉语教育和中等职业技能教育。在南疆地区率先实现中职教育免费教育。

三是努力扩大就业。新疆就业再就业矛盾十分尖锐，大中专毕业生、新增就业人口、农村富余劳动力转移就业都十分困难，其中少数民族占很大比重。2009年需要就业的大中专毕业生（含历年结转）数量达20.5万人；今后几年自治区城镇每年新成长劳动力大约55万人，目前每年只能吸纳35万人，每年约有20万人不能就业；现有农业人口1200万人，约有富余劳动力200万人需要就业转移。鉴此，《调研报告》从增加就业岗位供给与提高就业素质两方面提出了对策，主要有，在新疆特别是南疆地区大力发展劳动密集型企业、中小企业、民营企业以及第三产业；对吸纳少数民族劳动力就业比例较高的在疆企业按规定给予一定的优惠政策，重点吸纳南疆少数民族劳动力就业；发挥政府投资和重大项目带动就业的作用，积极增加社区服务、公共服务等公益性岗位；进一步加强职业技能和普通话能力培训，提高劳动者素质，通过有组织的劳务输出等多项举措，力争到2015年，动态消除城镇零就业家庭，南疆农村富余劳动力转移就业取得重大进展。

四是加快抗震安居工程和保障性住房建设。新疆特别是南疆农村危旧房面广量大，由于城镇住房制度改革滞后，城镇住房困难群众较多。为此，《调研报告》把解决低收入群体的住房问题放在突出重要位置，提出了以下一些建设任务和支持政策。在抗震安居房建设和农村危房改造上，适度提高南疆三地州和同区域内的兵团团场以及南疆三地州外的25个国家级贫困县和边境县（市）抗震安居房补助标准，在统一规划的基础上，力争5年内完成南疆三地州30.2万户抗震安居房建设任务，加快推进全区92.4万户农村危房改造任务；在城市棚户区改造上，加大改造力度，比全国提前一年完成城市、国有林区（场）、独立工矿区、兵团棚户区改造任务；加快城市保障性住房建设，对符合条件的住房困难家庭实施租赁补贴；在廉租房建设上，适当提高南疆三地州和同区域内的兵团团场以及南疆三地州外的25个国家级贫困县、边境县（市）及兵团77个边境和南疆困难团场新购（建）廉租住房补贴标准，市县不再配套。

五是提高社会保障水平。新疆城镇社会保险覆盖面较窄，企业离退休人员基本养老金水平低；兵团社会保险负担重，基金征缴困难，参保能力不足；社会救助水平偏低，城市最低生活保障标准列全国倒数第一。针对这些问题，《调研报告》分别从新农保、城镇社会保险、城乡低保、边民补助等方面提出了支持政策，包括有，从2010年起，在南疆各县、边境县和国家级贫困县实施新型农村社会养老保险制度，2012年实现新农保在新疆的全覆盖，大大快于全国进度安排；在完善城镇基本养老保险统筹办法时一并考虑已超过法定退休年龄且未参加基本养老保险人员的养老保险问题；从2010年起将已参加养老保险退休职工冬季取暖费纳入城镇职工基本养老保险社会统筹基金中予以解决；适当提高城乡低保标准、孤儿、流浪儿童的养育标准和农村五保集中供养标准，所需资金由中央财政和新疆维吾尔自治区财政解决；提高对承担守边任务的边民补助标准。

六是改善干部职工待遇。新疆干部职工待遇低，近年来在全国位次不断下降。1990~2008年，干部职工平均工资在全国的位次，由第8位下降到第23位。为有效缓解这一问题，《调研报告》提出，根据艰苦边远程度，并适当考虑新疆机关事业单位工资收入水平等因素，逐步提高其工资收入水平；将住房公积金缴存比例由现行标准统一提高到单位、个人各12%；支持地（州、市）、县（市）、乡（镇）和师团干部职工周转房建设等支持政策。

此外，《调研报告》还提出，到2015年初步建立起覆盖城乡居民的基本医疗卫生制度，新疆总人口自然增长率控制在10‰以内，南疆地区人口自然增长率有明显下降，等等。

(三) 关于重大基础设施建设问题

加快基础设施建设，是推进跨越式发展的基本保障。与经济社会发展需要相比，新疆的基础设施建设还明显薄弱，瓶颈制约十分突出。为此，《调研报告》提出要按照统筹规划、突出重点、优化布局、有序推进的原则，加快基础设施建设步伐，为推动新疆跨越式发展提供有力支撑。在关于重大基础设施建设方面，《调研报告》将重点放在了水利和交通两个方面。在水利建设方面，针对新疆水资源短缺且时空配置不均、瓶颈制约突出问题，《调研报告》明确提出了压减农业用水、调整行业用水结构的总体思路，指出要大力推进以节水为核心的农业基础设施建设，大力普及高科技节水技术，防止在现有灌区改造之外无序扩大灌溉面积；要切实采取措施加强流域水资源分配和管理，重点抓好水资源配置工程和山区水库建设，到2015年，要完成喀腊塑克水利枢纽工程、恰甫其海南岸干渠等项目建设，力争基本建成克孜加尔水利枢纽、布尔津西水东引一期工程，开工建设引额济乌配套工程、艾比湖流域生态环境保护工程和阿尔塔什、卡拉贝利、吉音等水库工程，将水库的调蓄能力提高到15%左右，到2020年，将水库调蓄能力提高到20%左右。此外，《调研报告》还提出了跨流域调水的总体思路，安排了部分重大调水工程。在交通基础设施方面，主要针对疆内通达深度不够，疆外通道不畅等突出问题，提出要加快构筑综合交通运输体系。铁路建设方面，提出要加快在建项目，特别是出疆铁路建设，强化欧亚大陆桥及与内地联系的大运量通道建设。争取早日开工建设库尔勒至格尔木、福海（北屯）至富蕴、哈密至额济纳、哈密至将军庙铁路；推进新和至拜城、富蕴至五彩湾、罗布泊至若羌、阿克苏至阿拉尔等铁路前期工作；加强国际铁路通道和口岸站建设，加快建设精伊霍铁路复线及电气化，积极推进中吉乌铁路建设，适时开展中巴铁路的规划研究。公路建设方面，提出加快疆内已规划的国家高速公路路段高速化，提升重要干线公路技术等级，国道基本达到二级及以上公路，基本实现省道黑色化、连接14个地州市及兵团师部的公路快速化、县市（大部分团场）基本通二级及以上公路；加快全疆特别是南疆农村公路建设，实现具备条件的乡镇（营）通沥青（水泥）路，具备条件的建制村（连）通公路，并推进建制村（连）通沥青（水泥）路建设。民航方面，提出要新建塔中机场，迁建且末、富蕴机场，扩建乌鲁木齐（四期）、和田、库尔勒机场，抓紧开展莎车机场前期工作，完善和优化区内、区外航线网络和国际航空运输网络，加密航线航班，加快航线网络建设。此外，《调研报告》还在城镇基础设施建设等方面，提出了具体任务和目标。为加快推进基础设施建设，《调研报告》还配套提出了部分支持性政策，包括：提高国家对重要交通基础设施建设投资补助标准。加大国债资金和中央预算内资金对南疆地区交通基础设施建设的支持力度等。

（四）关于优势资源开发问题

新疆要实现跨越式发展，必须始终立足于发挥自身比较优势，坚定不移地实施以市场为导向的优势资源转换战略，不断增强自我发展能力，并注重将优势资源开发转化的利益更多地留在资源地，更直接地惠及当地群众。经过多年努力，新疆以石化工业、煤电煤化工等为主导的特色优势产业快速发展，新型工业化进程快速发展。但总体来看，新疆目前的工业结构还不尽合理，国有及控股经济比重大，天然气就地加工和民用率比较低。《调研报告》在对新疆资源状况和市场需求等情况进行系统分析的基础上，明确指出新疆要加快实施以市场为导向的优势资源开发战略，并将其作为推进新疆实现跨越式发展的重要着力点。围绕这一定位，《调研报告》从五个方面进行了谋划。一是推进重要矿产资源勘查工作，尽快摸清资源家底。要加强基础地质调查工作，确定新的重要矿产资源集中区。到2015年完成重要经济区、重点成矿带和重大地质问题区1∶5万区域地质调查工作，2020年全面覆盖重要成矿带。到2015年形成一批重要资源后备勘查开发基地，新增一批重要矿产资源储量。二是积极推进能源矿产资源基地建设。把新疆作为国家第十四个大型煤炭基地，尽快批复准东煤田五彩湾等矿区总体规划，抓紧开展哈密大南湖矿区一号矿井等一批已经上报项目前期工作。围绕把新疆建设成为国家大型煤化工基地的战略定位，重点发展煤制天然气，建设煤制油示范工程，稳步发展煤制醇醚燃料等煤制燃料产业，以准东、准南、库拜、吐哈等煤田为主，加大煤层气勘查开发和综合利用力度。围绕把新疆建成全国大型油气生产加工基地的战略定位，提出要做大做强石油石化产业。到2015年，油气产量达到6000万吨油当量左右，原油加工能力提高到3100万吨；到2020年，进一步增加油气产量和原油加工能力。按照国家石油储备中长期规划，加快石油储备库建设。三是不断提高资源就地加工比重。为使新疆在资源开采加工中更多受益，《调研报告》明确提出，要稳步提高疆内油气加工比例，允许南疆三地州利用当地天然气资源，适当放宽现有天然气利用政策的限制、提高利用当地天然气资源规模，适当发展天然气发电、天然气化工等项目。同时，还特别强调在资源开发利用的过程中，要为当地群众创造更多的就业和收入机会，使当地各族群众更便捷、更便宜地使用上油气煤电，更广泛地惠及民生。四是加快形成具有中国特色、新疆特点的现代产业体系。要扶持壮大农产品加工业，推进特色农产品加工基地和现代优质畜产品加工基地建设；积极利用信息、节能降耗等先进适用技术改造提升传统产业，推进优质棉纱、棉布和棉纺织品加工基地建设，推进国家矿业经济区建设，形成一批国家级矿产资源开采和加工基地，发展一批专业化的制造企业；积极发展战略性新兴产业，积极推进信息产业、生物制药、新能源、新材料等高新技术产业发展，大力发展旅游业，加快科技创新体系建设。五是提出了一些新的产业政策。《调研报告》提出，要统筹考虑新疆油气外送和疆内利用的关系，在疆中石油、中石化等要在保证民用天然气基础上，增加当地下游产品开发企业油气资源量，把资源开发产生的利益尽可能多地留在新疆。对新疆具备资源优势和有明确市场需求的部分行业，在保证安全、质量、环保要求的基础上，在建设规模、工艺水平等方面适当放宽行业和环境准入限制。修订新疆外商投资优势产业目录。对符合国家产业政策、行业发展规划、新疆及兵团产业发展总体规划的项目，简化审批（核准）程序，加快审批（核准）进度。适当提高棉纱出疆运输补贴标准，研究将运费补贴扩大到其他棉纺织产品。

鉴于新疆独特的地理位置和生态环境整体恶化的现状，《调研报告》在强调优势资源开发转化和产业发展的同时，十分注重加强生态建设和环境保护，提出要树立保护优先、生态立区的理念，正确处理资源开发与生态保护的关系，综合实施工程和生物措施，注重发挥自然修复功能，遏制生态环境恶化趋势，切实保护绿洲生态环境，并相应提出了五个方面的重点任务。

（五）关于扩大对内对外开放问题

新疆具有外引内联、东联西出、扩大向西开放的独特区位优势，是实现新疆跨越式发展的重要途径。《调研报告》提出要把加快对内对外开放作为实现新疆跨越式发展的重要支撑条件，从国家战略层面来谋划和推动。为此，《调研报告》指出，推动新疆对内对外开放的重点是积极构建"新欧亚大陆桥"，加快进出口商品加工基地、商品中转集散地、区域性国际商贸中心和物流大通道建设，把新疆打造成我国向西开放的桥头堡。围绕这一战略目标，《调研报告》提出了四个方面的关键性的举措：一是积极推进特殊功能经济区建设。在南、北疆第二欧亚大陆桥交通枢纽地带各建立一个西部经济特区，设立乌鲁木齐和精河综合保税区。对特区实行特殊政策和灵活措施。加快海关特殊监管区域建设，将符合条件的省级开发区升级为国家级开发区，加快建设边境经济合作区、跨境经济合作区等产业聚集园区。二是重点加强口岸建设。合理调整口岸布局，加大"一关两检"建设投入，完善口岸功能，提高通关能力。扩大开放都拉塔、红山嘴、老爷庙等公路口岸开放程度，新设霍尔果斯、吐尔尕特铁路口岸，伊宁航空口岸，中俄喀纳斯口岸、中吉乌什公路口岸，积极研究新设中阿托克满苏口岸、开通中哈木扎尔特和阿黑土别克口岸。三是不断推进内引外联，积极实施"走出去"战略。抓紧出台并实施新疆对外投资合作总体规划，鼓励和支持新疆企业与周边国家开展多领域、多方式的投资合作。力争用3~5年的时间培育3~5家较大型对外投资合作企业，投资建设8~10个有影响的合作项目，在周边国家建设2~3个境外经贸合作区，对外承包工程和境外资源开发取得较快发展。积极承接东部地区产业转移。鼓励东中部省市与新疆合作共建产业聚集园区，并加强对工业园区的规划布局、产业定位、基础设施、科技创新等方面的指导，提高新疆承接产业转移的能力。加强商贸和物流体系建设。营造良好的对外开放环境，完善上合组织经贸部长会议机制，以及与周边国家的边贸合作机制，稳妥推进同周边国家贸易自由化进程。四是研究制定配套政策。主要包括：国家加大对边境公路口岸和边境公路建设支持力度，对已不能满足需要的口岸的基础设施、检验检疫信息化、生活设施进行改造，加大补助力度；对新设立的口岸，建立相应的联检机构，并按规模设定人员编制和经费预算；健全口岸边防、海关、检验检疫等管理机构，改善口岸查验设施配备。适当调高旅游购物限额，增加边境小额贸易项下旅游购物贸易海关代码；加快中哈霍尔果斯国际边境合作中心建设，中央财政加大对其基础设施建设支持力度，支持兵团参与中心建设，尽快解决合作中心出入人员证件使用和异地签发、边境游及落地签证等问题；支持新疆企业在开展对外承包工程业务过程中申请使用优惠贷款。增加出口信用保险在中亚地区国别限额，扩大承保规模，降低保险费率，允许企业分期缴纳保费；支持乌鲁木齐和石河子两个国家级经济技术开发区扩区。批准设立石河子经济技术开发区海关、出入境检验检疫局等。

(六) 关于南疆发展和稳定问题

南疆地区特别是喀什、克州、和田三地州自然条件严酷,生态环境脆弱,经济基础薄弱,农牧民生活贫困,是全国最典型的集中连片贫困地区之一。2008年三地州人均 GDP 仅为全区平均水平的 28.6%;低收入贫困人口 227.1 万人,占总人口的 36.6%,占全区低收入贫困人口的 82.3%;人均受教育年限仅为 6 年,初中毕业生升学率仅为 28.5%,高中毛入学率仅为 33.1%。南疆又是少数民族集中、宗教氛围浓厚、"三股势力"重点渗透的地区,历来是反分裂斗争的前沿阵地。因此,新疆问题在很大程度上是南疆问题,南疆不发展,新疆就难以实现跨越式发展,南疆不稳定,新疆就不能实现长治久安。《调研报告》提出要把解决南疆问题作为促进新疆实现跨越式发展的突破口,下更大决心、用更大气力,采取更为特殊的举措加以解决,通过努力确保南疆 3~5 年内有一个明显的变化,5~10 年内经济社会发展迈上新台阶。

围绕这一目标,《调研报告》提出了解决南疆问题的三条主要思路,一是通过普及"双语"教育、提高初高中阶段入学率,着力发展职业教育,全面提高基本素质和技能;二是通过鼓励发展民营经济、壮大特色优势产业、适当增加公益性工作岗位,多渠道创造更多就业机会;三是通过高标准建设居民住房、改善水气路电配套设施、加强生态环境保护,全方位改变城乡整体面貌。

为落实这些发展思路与重点任务,除了新疆普惠政策外,《调研报告》还提出了支持南疆发展的特殊政策。主要包括:对南疆三地州农牧区义务教育阶段寄宿制学生生活费补助给予特殊政策;免除南疆三地州公益性项目配套资金,减免部分由中央和自治区财政解决;对南疆三地州金融机构发放给当地企业和农牧民的各类贷款，按照贷款平均余额给予适当补贴；自治区成立南疆办公室，负责统筹协调和督促落实南疆发展中的重大项目、民生工程和政策措施，并与中央有关部门对接。《调研报告》还要求所有支持新疆的发展政策要注重向南疆三地州倾斜，一些具有探索性的政策可在南疆三地州先行先试。

（七）关于增强兵团综合实力问题

新疆生产建设兵团作为新疆维吾尔自治区的有机组成部分，在促进新疆经济社会发展、维护新疆社会稳定、巩固祖国边防、捍卫祖国统一上发挥着重要作用，在推进新疆实现跨越式发展的新阶段，兵团实力只能加强不能削弱，地位只能提高不能降低。因此，《调研报告》提出把增强兵团综合实力作为推动新疆实现跨越式发展的重要组成部分，既要进一步发挥兵团推动跨越式发展的推动作用，又强调兵团必须与自治区实现同步跨越发展。

当前，兵团的发展壮大还面临不少困难。主要集中在以下五个方面：一是经济结构矛盾突出。兵团第一产业比重高达35%，第二、三产业基础薄弱、层次较低。兵团占自治区经济的比重从上世纪七十年代的约1/4下降到目前的1/8。二是公共保障程度低。兵团团场连队运转经费缺口高达30亿元，主要由团场职工负担。目前全兵团承包职工负担总额仍有20亿元。三是贫困团场问题严重。现有77个贫困团场，大多集中在高寒山区、干旱缺水地区、边境地区。四是生活条件差。兵团基本建设欠账多，水电路气等生活设施总体水平不高。兵团职工住房多为土木或砖木结构的平房，建设标准低，抗震能力弱。兵团职工参加房改的比例仅为17%。五是团场职工队伍不稳定，汉族人口流失现象明显，职工子女不愿意在团场就业。

针对当前兵团发展面临的上述问题，《调研报告》提出了以增强维稳戍边能力、履行好屯垦戍边使命为目标，以推进经济结构调整和发展方式转变为主线，以理顺体制为重点，以减轻负担为切入点，进一步发展壮大兵团的总体思路，并明确了促进兵团发展的重点任务和支持政策。一是大力调整经济结构。核心就是要推进产业结构优化升级，坚定不移地走农工商综合经营的道路。要建设节水灌溉示范基地、农业机械化推广基地和现代农业示范及农产品深加工基地。要积极参与煤炭、有色金属等资源的勘探与开发，大力发展氯碱加工、石化产品精深加工业，培育延伸煤化工产业链，着力构建优势矿产资源转换基地。到2015年，以工业为主导的经济结构初步形成，三次产业结构调整到23：46：31，2020年三次产业结构调整到15：50：35。为实现上述目标，相应提出以下政策措施：将兵团产业发展规划纳入国家相关规划；中央支持兵团设立产业发展基金；有计划、有步骤地将国家投资的、适宜兵团发展的产业和项目交给兵团建设和管理；在南疆协调落实一定数量的油气和矿产资源由兵团开发利用。二是营造拴心留人环境。在中央财政保障政策支持下，解决团场连队运转经费，免除团场职工不合理负担。以建设项目和发展产业吸引复员转业军人、大中专毕业生来兵团就业，提高职工整体素质。提高社会保障标准，完善社会保障体系，解除职工群众后顾之忧。力争3~5年从根本上改变基层职工群众的住房、饮水、交通等条件，用10年时间，使团场职工全面享受与城市同等的公共服务。完善城市功能，完成北屯设市工作，推进新建城市建设，将石河子市升格为地级市。到2020年力争兵团城镇基础设施建设和运行指标达到同期全国平均水平，城镇化率达到70%。在支持政策上提出：在深化改革、严格按照中央核编的基础上，补足团场机关行政编制，由中央财政给予运行经费保障，并对兵团全额事业单位基本运转经费给予全额保障，三年内取消除职工自身收益部分外的不合理负担。研究制定鼓励退役官兵及大中专毕业生到兵团基层锻炼和工作的政策，确保队伍的稳定。加大中央财政对兵团综合财力补助力度，建立符合兵团发展需要的综合财力补助稳定增长机制。提高中央财政对兵团公共事业发展的保障水平，加大对基本养老、基本医疗保险的补助力度,对城市和团场城镇市政、水管单位公益性支出给予补贴,以保障正常运转。分清各类历史性债务,采取积极有效措施妥善解决。三是夯实发展平台。抓紧实施奎屯河引水改建应急工程、叶尔羌河中游渠首配套工程、伊犁河南岸和北岸干渠灌区配套工程等一批骨干水利工程建设。加快灌区节水改造步伐,2015年前完成400万亩现代化节水灌溉。推进垦区主干线、通营通连公路建设,完成石河子支线机场迁建。支持兵团在准东、哈密大南湖、三塘湖、伊犁、库拜等地区参与大型煤炭煤电煤化工基地建设。加快落实已纳入国家"十一五"电力规划的火电项目。建设肯斯瓦特、哈熊沟、奎屯和古尔图等水电站。同时在政策方面提出:提高国家对兵团公益性基础设施建设的投资标准,并逐步减少兵团自筹配套资金部分。创新兵团行政区划设置,健全辖区内的行政管理职能。选择战略地位重要、经济基础较好、发展潜力大的中心垦区城镇增设自治区直辖的县级市或建制镇,并纳入国家城市规划建设体系,在新建城市发展和建设上给予指导和协调。四是增强兵团在南疆的实力。力争经过10年左右的努力,明显提高兵团在南疆的经济比重和人口比重。在政策措施上,我们建议加大边境团场基础设施、社会事业投入力度,支持边境团场参与口岸经济发展。对兵团民兵应急能力建设和政法系统、基层政权基础设施建设加大支持力度。

此外,为了落实好上述重点任务,《调研报告》还明确提出,所有对自治区的支持政策兵团同样适用、在南疆的团场享受南疆特殊政策。

(八)关于财税、金融等支持政策

《调研报告》提出的政策措施,大部分已在上述各领域作了说明,此外,《调研报告》还提出了有关财税和金融支持政策的建议。

有关财税方面的政策。主要包括:一是在新疆进行资源税费改革试点，对石油、天然气和煤炭、黑色金属矿原矿、有色金属矿原矿从价征收资源税，税率分别为5%和3%；二是企业所得税政策。研究完善西部大开发企业所得税优惠政策。大力扶持中小企业发展，对符合条件的小型微利企业减按20%的税率征收企业所得税；三是逐步解决税源转移问题，提高"西气东输"石油天然气管道营业税返还比例；四是加大对国家级公益林补偿力度，提高集体和个人所有的国家级公益林补偿标准，建立完善生态补偿机制。五是按照经济合理的原则，对可再生能源发电项目上网电价、建筑一体化光伏电站建设和建筑节能投资给予财政补贴，加大可再生能源补贴力度。

有关金融方面的政策。主要包括：一是完善机构设置。新疆地区的银行金融机构要设立小企业信贷专营机构，大力支持小企业发展。采取有效措施，鼓励在偏远地区设立金融服务网点，力争3年内实现乡镇基础金融服务全覆盖。支持股份制商业银行和外资银行到新疆设立分支机构。二是加强信贷支持。鼓励和指导各金融机构改进对新疆地区的信贷管理，适当下放贷款审批权限。根据需要适当增加对新疆金融机构的再贷款规模，增强金融机构放贷能力。三是支持在新疆开展跨境贸易人民币结算试点。研究建立新疆与中亚国家的人民币跨境结算、清算系统。鼓励金融机构在这两个区域内设立分支机构。积极研究扩大代办股份转让系统的试点范围，适时将试点扩大到具备条件的高新技术园区。四是积极研究在新疆设立棉花交割仓库问题，方便新疆涉棉企业参与棉花期货交易和交割。五是保险政策。稳步推进农业保险，扩大范围，增加险种。提高保费补贴标准，由中央财政提高对新疆政策性农业保险的保费补贴比例。尽快审批设立中国出口信用保险公司在疆分支机构。中央财政支持新疆设立担保公司和再担保公司，丰富中小企业的增信手段。

促进新疆产业聚集园区建设和发展的总体思路[*]

(2010年5月11日)

产业聚集园区是二三产业发展的重要载体。促进新疆产业聚集园区建设和发展，是加快推进新疆新型工业化进程的有效途径，是促进新疆跨越式发展和长治久安的重要任务。本文所指产业聚集园区，包括特殊经济开发区、国家级经济技术开发区、国家级高新技术开发区、边境经济合作区，以及省级经济技术开发区和各类工业园区。根据中央有关文件精神，现就促进新疆产业聚集园区建设和发展提出以下基本思路。

一、发展现状和基础条件

1992年，国家批准设立乌鲁木齐高新技术产业开发区，新疆产业聚集园区建设正式起步。2004年，新疆成立工业园区工作领导小组及其办公室，统筹规划、指导协调全区工业园区建设。2005年，新疆召开加快推进新型工业化进程会议，对产业聚集园区建设提出明确要求，以此为标志，新疆产业聚集园区由起步建设进入快速发展的阶段。

为了促进各类产业聚集园区发展，中央和新疆地方各级政府

---

[*] 这是在中央新疆工作协调小组专题会议上的汇报。该文稿起草由杜鹰主持，国家发改委地区司、规划司、产业司、高技术司及有关部门同志参加研究。在进一步研究论证基础上，起草了《国务院关于支持喀什霍尔果斯经济开发区建设的若干意见》。

先后出台了一系列的支持政策。中央层面，中央财政对新疆各类国家级产业聚集园区的基础设施建设给予贴息支持，并对中哈霍尔果斯边境合作中心建设给予了专项资金支持。自治区层面，自治区财政每年安排专项资金用于产业聚集园区基础设施贷款贴息以及规划编制补助；对奎（屯）—独（山子）石化工业园、乌苏石化工业园基础设施建设分别给予5年、3年贴息支持；加大中哈霍尔果斯边境合作中心基础设施建设投入；兵团对进入各类产业聚集园区棉纺企业新增纺锭给予补贴。地市县层面，一些地州、县市也拿出一部分资金用于产业聚集园区基础设施建设；采取在产业聚集园区建设标准厂房并供企业无偿使用的办法，降低企业投资成本，吸引企业入驻。

经过多年的努力，新疆产业聚集园区建设步伐明显加快，规模逐步壮大，基础设施建设投入不断增加，综合实力逐渐增强，产业集群雏形已经显现。目前，新疆进入国家开发区目录的各类产业聚集园区共18家，其中国家级7家，总面积约49平方公里；省级11家，总面积81平方公里。2008年，省级以上产业聚集园区实现工业增加值210亿元，占全区工业增加值的11.8%。各类产业聚集园区在加速产业集群发展，促进产业结构调整、优化和改善投资环境、加快城镇化建设以及推进新型工业化进程中，起到了重要的辐射、示范和带动作用。

二、制约因素和存在困难

一是，基础设施建设资金短缺。产业聚集园区基础设施建设资金主要依靠县市财政和银行贷款，由于地方财政困难，园区基础设施建设进展较慢。大部分产业聚集园区未建立盈利机制，资金运营能力差，投资回收期长，自我滚动发展能力不强。

二是，优惠政策吸引力不够。国家级各类开发区现行政策的优惠程度正在逐步降低，新疆产业聚集园区的优惠政策也没有特殊性，边境经济合作区与合作区外优惠政策趋于一致，对吸引企业进入产业聚集园区投资办厂缺乏吸引力。中哈霍尔果斯边境合作中心的中方中心区政策还不太明确。

三是，园区发展整体环境亟待优化。一些产业聚集园区地价、电价等要素价格偏高，仅靠本地财政补贴支持，难以提升园区扩大发展和提供公共服务的能力。同时，外部配套条件难以满足园区发展需要，产业聚集园区吸引力明显不足。

四是，不少园区缺乏科学规划。由于早期没有统一科学规划，有的产业聚集园区入驻企业和引进项目少，投资密度低，集聚和辐射作用不强；且不少园区初级产品过多、产业链条短，园区整体发展水平较低。同时，一些批复较早的国家级经济开发区建设用地紧缺，开发区扩区受限。

三、新时期推动产业聚集园区发展的总体思路和基本原则

产业聚集园区发展要立足发挥新疆比较优势，积极利用中央支持和全国对口支援的特殊政策和有利条件，以市场为导向、以营造投资环境为切入点，坚持统筹规划与突出重点相结合，坚持开发建设与保护环境相结合，力争用5年时间，重点提升和打造2个特殊经济开发区和各类国家级产业聚集园区，初步规划建设一批省级和县级产业聚集园区，园区工业增加值占全区工业增加值的比重达到20%以上，使之成为带动新疆经济社会发展的重要增长点；力争用10年时间，大幅提升新疆产业聚集园区整体水平，形成各有分工、各具特点的产业聚集园区体系，园区工业增加值占全区工业增加值的比重达到30%以上，为推动新疆跨越式发展发挥良好的带动作用。

推进产业聚集园区发展要坚持以下基本原则：

统筹规划，合理布局。结合新疆发展实际，本着实事求是、

集中力量，干一个、成一个的原则，统筹协调各地区之间、地方与兵团之间产业园区布局，编制实施好产业聚集园区总体规划。

市场导向，政府推动。产业聚集园区的布局、发展定位和项目选择要遵循市场规律，以市场需求为导向；政府要发挥好宏观引导作用，营造良好政策和体制环境，积极引导产业转移。鼓励东部省市开发区对口支援受援地区开发区建设，实现优势互补、产业联动、利益共享。

突出重点，注重特色。重点支持喀什、霍尔果斯两个特殊经济开发区和南疆地区产业聚集园区发展；同时，兼顾地域特点和资源优势，发展各具特色的产业聚集园区。

因地制宜，滚动发展。根据各地发展特点，按照市场化原则，采取循序渐进、滚动发展的办法，分批起步、分期建设各类产业聚集园区，逐步扩大园区规模。

保护环境，节约资源。在产业聚集园区开发建设中，要注重生态环境保护，绝不能以破坏生态环境为代价。要集约节约使用土地等各类资源，尽量使用戈壁荒滩，不占或少占农田耕地。

四、各类不同层次产业聚集园区的设置和扶持政策

（一）特殊经济开发区

按照"充分利用欧亚大陆桥交通枢纽的独特区位优势，在喀什、霍尔果斯各设立一个经济开发区，实行特殊经济政策，将其建设成为我国向西开放窗口和新疆经济增长点"的要求，在喀什、霍尔果斯各设立一个特殊经济开发区。

1. 特殊经济开发区地域范围

喀什特殊经济开发区范围：以喀什边境经济合作区为基础设立喀什特殊经济开发区，近期规划面积8.5平方公里，远期规划

面积50平方公里。

霍尔果斯特殊经济开发区范围：包括霍尔果斯口岸、清水河开发区和伊宁市边境经济技术合作区，近期规划面积30平方公里，远期规划面积150平方公里。

2. 对特殊经济开发区的扶持政策

对园区的政策：

（1）喀什、霍尔果斯特殊经济开发区享受国家级经济技术开发区各项政策。

（2）中央财政对喀什和霍尔果斯特殊经济开发区建设各给予一定数额的资金补助，重点用于特殊经济开发区的"五通一平"基础设施建设。中央财政对基础设施建设贷款给予贴息补助，执行10年。由中央财政出资支持解决目前中哈霍尔果斯国际边境合作中心的资金缺口。

（3）适当增加建设用地规模和新增建设用地占用未利用地指标。在城镇建设用地范围外使用戈壁荒滩开发建设产业聚集园区、引进产业项目的，免交土地出让金和土地有偿使用费。

（4）研究2011年至2020年期间，将喀什和霍尔果斯特殊经济开发区新增财政收入全部留在当地用于基础设施建设的政策。

（5）在喀什特殊经济开发区内选择符合条件的地区设置海关特殊监管区域。研究明确中哈霍尔果斯国际边境合作中心中方中心区的海关、税收、外汇等相关政策。

（6）《关于支持新疆经济社会发展若干政策和重大项目的意见》确定的差别化产业政策重点向喀什和霍尔果斯特殊经济开发区倾斜。

（7）赋予喀什和霍尔果斯特殊经济开发区省级经济管理权限。

对园区企业的政策：

（1）2010年至2020年，对在喀什和霍尔果斯特殊经济开发区新办的属于重点鼓励发展产业目录范围内的企业，给予自取得第一笔生产经营收入所属纳税年度起企业所得税"两免三减半"

优惠，具体目录由财政部、税务总局会同有关部门研究制订。

（2）中央财政对进入喀什和霍尔果斯特殊经济开发区符合条件的企业贷款给予贴息补助，执行10年。

（3）特殊经济开发区内企业进口自用设备和基建物资免征关税，研究进口环节增值税即征即退和采购国产设备和基建物资退还增值税政策的可行性。特殊经济开发区内进口能源资源产品加工免征进口关税，研究进口环节增值税即征即退政策。

（4）已确定的有关职业技能培训的补贴政策要对特殊经济开发区给予重点倾斜。对特殊经济开发区内吸纳就业困难人员就业的企业，按其为就业困难人员实际缴纳的基本养老保险费、基本医疗保险费和失业保险费给予补贴。

（5）在喀什和霍尔果斯特殊经济开发区内成立融资担保公司。鼓励国内外银行在喀什和霍尔果斯特殊经济开发区内设立营业机构。

（6）采取综合措施，有效降低新疆发供电企业成本，以降低特殊经济开发区内企业用电价格。

此外，还需制定园区外配套政策为特殊经济开发区的又好又快发展提供良好的软硬环境。适时开通喀什至西北兰州、西安等大城市客运列车；开通经停喀什或直达伊斯兰堡、比什凯克等周边国家重要城市的国际航线，开通喀什直达西安、北京、上海等内地城市的国内航线。加快中吉乌铁路前期工作，尽快确定中方起始点位置。批准开放伊宁机场口岸和霍尔果斯铁路口岸，设立霍尔果斯铁路换转站。研究在喀什航空口岸实行落地签证，在乌鲁木齐市设立签证代办处或领事处，便利人员往来。

（二）国家级产业聚集园区

1. 国家级产业聚集园区的设置

现有国家级开发区7家：乌鲁木齐高新技术产业开发区、乌鲁木齐经济技术开发区、乌鲁木齐出口加工区、伊宁市边境经济合作区、塔城市边境经济合作区、博乐市边境经济合作区、石河子经济技术开发区。

拟升格的国家级开发区 2 家：库尔勒经济技术开发区、奎屯—独山子石化工业园。

拟新设的国家级开发区 5 家：准东煤电煤化工产业园区、库车化工园区、阿拉尔工业园区、五家渠市东工业园区（甘泉堡工业园区）、吉木乃边境经济合作区。

2. 对国家级产业聚集园区的扶持政策

对园区的政策：

（1）国家级产业聚集园区分别享受国家级各类园区现行各项政策。

（2）中央财政对设在新疆困难地区的国家级产业聚集园区建设酌情给予资金补助，重点用于园区基础设施及配套设施建设。

（3）适当增加建设用地规模和新增建设用地占用未利用地指标。对设在对口支援受援地区的国家级产业聚集园区城镇建设用地范围外使用戈壁荒滩开发建设产业聚集园区、引进产业项目的，免交土地出让金和土地有偿使用费。

（4）研究 2011 年至 2020 年期间，对设在新疆困难地区的国家级产业聚集园区新增财政收入部分留在当地用于基础设施建设的政策。

（5）在具备条件的国家级产业聚集园区设立海关特殊监管区。尽快批准设立乌鲁木齐综合保税区、阿拉山口综合保税区。

（6）已确定的差别化产业政策要向国家级产业聚集园区倾斜。

对园区企业的政策：

（1）2010 年至 2020 年，在新疆困难地区的国家级产业聚集园区内新办的属于重点鼓励发展产业目录范围内的企业，给予自取得第一笔生产经营收入所属纳税年度起企业所得税"两免三减半"优惠，具体目录由财政部、税务总局会同有关部门研究制订。

（2）国家级产业聚集园区内符合相关目录的企业进口国内不

能生产的自用设备和基建物资免征关税，研究进口环节增值税即征即退和采购国产设备和基建物资退还增值税政策。特殊经济开发区内进口能源资源产品加工免征进口关税，研究进口环节增值税即征即退的政策。

（3）中央财政对新疆困难地区国家级产业聚集园区内的符合条件的企业贷款酌情给予贴息补助，执行10年。

（4）已确定的有关职业技能培训的补贴政策要对国家级产业聚集园区给予倾斜。对国家级产业聚集园区内吸纳就业困难人员就业的企业，按其为就业困难人员实际缴纳的基本养老保险费、基本医疗保险费和失业保险费给予补贴。

（5）采取综合措施，有效降低新疆发供电企业成本，以降低新疆困难地区设立的国家级产业聚集园区内企业用电价格。

（三）省级产业聚集园区

1. 省级产业聚集园区的设置

现有省级产业聚集园区11家：头屯河工业园区、乌鲁木齐水磨沟工业园区、米泉工业园区、奎屯经济开发区、霍城经济开发区、和硕经济开发区、库尔勒经济开发区、吐鲁番经济开发区、鄯善化工产业园区、昌吉高新技术产业园区、石河子工业园区（其中奎屯经济开发区和库尔勒经济开发区拟升格为国家级园区，升格后现有省级产业聚集园区9家）。

拟将阿克苏工业园区、克拉玛依石油化工工业园区、阜康重化工业园区、伊东工业园区、托克逊能源重化工工业园区、乌苏化工园、玛纳斯工业园区、阿拉山口工业园区、轮台工业园区、拜城重化工工业园区、兵团温州工业园区、伽师工业园区、哈密工业园区等13家园区升格和新设立为省级园区。

2. 对省级园区的扶持政策

省级园区建设以及具体优惠政策由自治区人民政府根据权限范围进行制定，国家给予一定扶持。

（四）县级园区

1. 县级园区的设置

新疆维吾尔自治区共有 98 个县级单位，其中县（市）87 个，市辖区 11 个。根据上述特殊经济开发区、国家级产业聚集园区和省级产业聚集园区设置办法，其中 36 个县级单位有省级以上产业聚集园区，62 个县级单位无省级以上产业聚集园区。这些无省级以上产业聚集园区的县级单位，有的依靠自身财力或通过原来对口支援形式已建立了县级园区。今后，可以按照有利于优势产业发展、扩大就业、促进县域经济发展的原则，在有条件的县市扩建或设立产业聚集园区，具体设立方案由自治区统筹考虑。

2. 对县级园区的扶持政策

县级园区的开发建设主要由当地人民政府负责，自治区以及对口支援省市给予相应支持。

推进新疆跨越式发展的基本思路

(2011年8月20日)

去年5月召开的中央新疆工作座谈会深入分析了新疆工作面临的形势和任务,明确提出新时期做好新疆工作的指导思想和目标任务,这就是,要高举中国特色社会主义伟大旗帜,以邓小平理论和"三个代表"重要思想为指导,深入贯彻落实科学发展观,坚持中国共产党领导,坚持社会主义制度,坚持民族区域自治制度,坚持各民族共同团结奋斗、共同繁荣发展,深入实施稳疆兴疆、富民固边战略,始终把推动科学发展作为解决一切问题的基础,始终把改革开放作为促进发展的强大动力,始终把保障和改善民生作为全部工作的出发点和落脚点,始终把加强民族团结作为长治久安的根本保障,始终把维护社会稳定作为发展进步的基本前提,努力推进新疆跨越式发展和长治久安;坚持走具有中国特色、符合新疆实际的发展路子,确保与全国一道实现全面建设小康社会的奋斗目标。

要实现上述总体要求和目标,就要进一步明确并牢牢把握新时期促进新疆经济社会又好又快发展的基本思路。

(一)把实现跨越式发展作为今后一个时期促进新疆经济社会发展的基本要求

中央提出新疆工作跨越式发展和长治久安两大目标任务,是基于对新疆社会基本矛盾的深刻分析得出的。中央指出,新疆同

---

* 这是在中央国家机关第七批援疆干部培训班上所做报告的一部分。

全国一样，社会主要矛盾仍然是人民日益增长的物质文化需要同落后的社会生产之间的矛盾。同时，新疆还存在着分裂势力以暴力恐怖手段和其他方式进行的分裂祖国活动，反对民族分裂的斗争尖锐复杂。中央关于新疆社会主要矛盾和特殊矛盾的分析是科学的，完全符合新疆的实际，是考虑新疆问题、做好新疆工作的根本出发点和基本依据。正是这两大矛盾的存在，决定了新疆工作的两大任务，即跨越式发展和长治久安。其中，跨越式发展是针对主要矛盾而言的，是解决新疆问题的根本途径，是做好新疆工作的基本要求，也是长治久安的基础。胡锦涛总书记在中央新疆工作座谈会上指出，发展是党执政兴国的第一要务，也是做好新疆工作的重中之重，要紧紧抓住我国发展的重要战略机遇期，把走科学发展道路、加快发展作为解决新疆问题的根本途径。温家宝总理也在会议上指出，边疆强则中国安，要实现新疆长治久安，就必须加快推进新疆经济社会发展，以发展促稳定，以稳定保发展，这是中央的基本治疆理念，也是被历史所证明的成功经验。加快新疆经济社会发展的步伐，努力形成一心一意谋发展，聚精会神搞建设的良好局面，这是当前新疆工作的中心任务。实现新疆跨越式发展不仅是必要的，也是完全可能的。新疆资源丰富，市场广阔，有中央和全国的大力支持，具备了良好基础，正处在全力加快发展，追赶全国步伐的关键时期。新时期，新疆要紧紧抓住跨越式发展的重要战略机遇期，更加注重发挥自身比较优势，更加注重消除瓶颈制约，更加注重转变发展方式，不为任何困难所惧，不为任何干扰所惑，是完全有可能早日建设成为经济强区的，也是完全有可能实现中央提出的到2015年新疆人均GDP要达到全国平均水平、到2020年与全国同步实现全面小康社会奋斗目标的。

（二）把改善和保障民生作为新疆一切工作的出发点和落脚点

民生问题是实现新疆跨越式发展和长治久安的结合点。一方面，推进新疆跨越式发展的最终目的是改善民生，使各族群众都能分享改革发展的成果；另一方面，民生连着民心，民心关系全局，只有民生改善了，长治久安才能够有牢靠的物质基础。只有着力解决好民生问题，才能更好地凝聚民心，使各族群众更加紧密地团结在党和政府周围，形成开发新疆的强大力量；才能形成对周边国家的相对优势，打牢维护民族地区稳定和抵御民族分裂主义的根基。胡锦涛总书记在中央新疆工作座谈会上指出，"要坚持把保障和改善民生作为经济社会发展的首要目标"。为此，在全面推进新疆工作的过程中，要始终按照以人为本的要求，以最快的速度、最大的强度，集中有限资源、突出工作重点、狠抓薄弱环节，把改善农牧民的生产生活条件、优先发展教育、扩大就业渠道、加快完善社会保障体系等作为改善民生的优先领域，切实解决好各族群众最关心最直接最现实的利益问题。要正确处理好上项目与惠民生的关系，宁愿暂时少上几个大项目，也要集中力量先办几件亟须解决的民生大事、实事，最大限度地提高新疆各族群众的生活水平。这既是各族群众的迫切愿望，也是推进新疆跨越式发展和长治久安的迫切要求。

（三）把加快实施优势资源开发转化战略作为推动新疆跨越式发展的着力点

新疆要实现跨越式发展，必须始终立足于发挥自身比较优势，坚定不移地实施以市场为导向的优势资源转换战略，不断增强自我发展能力。这一情况与西藏完全不同，受开发条件、市场条件、产业基础等方面的实际限制，西藏在未来相当长的时期内仍将以中央扶持为主。而新疆能源、矿产等资源十分丰富，优势资源开发初具规模，完全有条件依托优势资源的开发转化形成"造血"机制，增强自我发展能力。从市场需求的情况看，今后一个时期，资源富集地面临着良好的发展机遇，新疆优势资源的开发转换将会进入一个加速推进的新阶段。中央明确指出，要科学有序地开发利用优势资源，扶持优势特色产业发展，形成具有新疆特点的经济发展新格局。发挥新疆的经济优势，除了切实加强粮食、棉花、畜牧业和林果业四大基地建设，为确保国家粮食安全和农产品有效供给以外，最重要的是着力把新疆建设成为国家大型油气生产加工和储备基地、大型煤炭煤电煤化工基地、大型风电基地和国家能源资源陆上大通道，确保国家的能源安全。要正确处理好全国统一配置资源与疆内加工转化之间的关系，逐步增加石油、天然气、煤炭等资源就地加工转化的比重，以有效增强新疆的经济实力和财力；要正确处理资源开发与改善民生的关系，在资源大开发的同时，要高度重视为当地各族群众创造更多的就业和收入机会，使开发成果更广泛、更直接地惠及民生；要正确处理资源开发与生态保护的关系，坚持优化布局，坚持走新型工业化道路；要处理好中央支持与自力更生、艰苦奋斗的关系。一方面，中央明确，将对新疆优势资源的开发给予特殊支持；另一方面，新疆的发展归根到底要靠自身的努力，要继续发扬不等不靠、奋发图强的精神，立足于调动各方面的积极性。

（四）把解决南疆问题作为促进新疆实现跨越式发展的突破口

南疆地区特别是喀什、克州、和田三地州不仅是全国最典型的集中连片贫困地区之一，而且历来是反分裂斗争的前沿阵地。新疆问题在很大程度上是南疆问题，南疆不发展，新疆就难以实现跨越式发展，南疆不稳定，新疆就不能实现长治久安。因此，在推进新疆跨越式发展的进程中，必须把南疆问题摆到更加突出重要的位置，下更大决心、用更大气力、采取更为特殊的举措，加快南疆经济社会的全面发展。一是通过统一规划建设居民住房、改善水气路电配套设施和加强生态建设，按照现代化和民族特色相统一的要求，规划建设新农村和新城镇，力争用5年时间完成农村安居工程建设，全方位改变城乡整体面貌。二是改善农业农村生产条件，加强基础设施建设。着力加强水利设施建设、盐碱化改造，解决交通、电力等瓶颈制约问题。三是通过鼓励发展民营经济，壮大特色优势产业和外向型经济，适当增加公益性工作岗位，加强职能技能培训等，多渠道创造就业机会，增加群众收入，繁荣地方经济。四是加快普及"双语"教育，提高初高中阶段入学率，着力发展中等职业教育，全面提高少数民族青少年的基本素质和就业技能。通过上述努力，确保南疆3~5年内有一个明显的变化，5~10年内经济社会发展迈上新台阶，攻克新疆跨越式发展中的难点和重点任务，为推进全疆协调发展奠定坚实基础。

（五）把增强兵团综合实力作为推动新疆实现跨越式发展的重大举措

新疆生产建设兵团是新疆维吾尔自治区的重要组成部分，担负着中央赋予的屯垦戍边的重要历史使命，发挥着建设大军、中流砥柱、铜墙铁壁的作用。兵团成立50多年来，百万军垦战士在新疆两大沙漠边缘和千里边境线沿线英勇奋斗、建功立业，与新疆各族人民一道，为促进新疆经济发展、维护社会稳定、巩固祖国边防、捍卫祖国统一作出了重大历史性贡献。在推进新疆实现跨越式发展的新阶段，兵团实力只能加强不能削弱，地位只能提高不能降低。随着外部环境的深刻变化，特别是市场经济体制的逐步建立和发展，兵团发展还面临着产业结构单一、综合实力不强、基础设施薄弱、城市化水平低、公共保障不足、历史包袱沉重、干部职工流失等一些深层次矛盾和问题。这些问题不解决，将直接影响兵团的发展壮大和维稳戍边能力的提高。支持兵团发展壮大是中央的一贯方针，针对兵团存在的特殊困难，中央已有针对性地提出了一系列重大支持措施。依托中央和自治区的支持，兵团在加快发展中要重点做好如下几项工作：一是着力促进产业结构优化升级，加快推进新型工业化和农业现代化，切实增强兵团自我发展能力。设置兵团产业基金，支持兵团产业升级。二是着力推进城镇化进程，支持增设新市，加强团场城镇基础设施建设，提高城镇化水平，增强城市经济实力和城市功能。三是着力做好减负增效工作，按照中央要求，进一步减轻兵团团场职工负担，提高兵团公共事业发展的保障水平，切实增强兵团的凝聚力和向心力。四是解决好体制机制问题，正确处理好屯垦与戍边、特殊管理体制与市场机制、兵团与地方等关系，加大中央财政支持力度，增强自身发展能力。五是加强干部人才队伍建设，加强应急处置、重点地区基层力量建设，特别是加强59个边境团场建设，全面提升民兵动员能力和维护社会稳定能力。

（六）把加快对内对外开放作为促进新疆实现跨越式发展的重要途径

新疆地处亚欧大陆腹地，邻近中亚、南亚、西亚国家，是亚欧大陆通道的重要枢纽，是我国在更大范围、更广领域、更高层次扩大对外开放的战略要地。从国家战略层面扩大新疆对内对外开放，不仅是促进新疆跨越式发展的内在要求，也是经济全球化条件下形成我国参与国际经济合作和竞争优势的重要举措。从扩大对内合作看，今后一个时期，东部沿海发达地区产业向中西部地区转移的步伐将不断加快，新疆完全可以把本地的资源、市场、劳动力优势与东部地区资金、技术、人才优势结合起来，开展多种形式的联合与合作，积极吸收先进技术和管理经验，实现优势互补、互惠互利、共同发展；从扩大向西开放看，把新疆建设成为我国向西开放桥头堡的条件日臻成熟。一是新疆连接中亚、西亚和南亚市场的物流大通道及口岸设施建设步伐加快。二是新疆与周边国家在经贸及能源、矿产资源和农牧产品合作开发等方面的潜力将进一步释放。三是周边国家与我国经济贸易合作意愿增强，有利于新疆加快实施"走出去"战略。四是进一步发挥上海合作组织、中亚区域经济合作机制、政府间经贸混委会机制，以及把"乌洽会"提升为"中国—亚欧博览会"等合作平台的作用，仍有很大潜力。因此，中央把扩大新疆对内对外开放工作放在十分重要的位置，明确提出要把新疆打造成为我国对外开放的重要门户和基地的任务目标，并在加快物流大通道和口岸建设、设立喀什和霍尔果斯特殊经济开发区、加快边境贸易发展、实施进出口优惠政策、支持新疆企业"走出去"、推进对外开放平台建设等方面出台了一系列重大措施。

（七）把国家支持和全国支援作为促进新疆实现跨越式发展的有力支撑

新疆战略地位重要，维护与巩固新疆的民族团结、经济繁荣和边疆稳定是我国的核心利益。胡锦涛总书记指出"做好新形势下新疆工作，不仅具有重大经济意义，而且具有重大政治意义。做好新疆工作绝不仅仅是新疆的事情，而是全党全国的事情"。温家宝总理也指出"新疆是我国多民族聚居区，又是边疆地区、欠发达地区，加快新疆发展是全国各族人民的共同责任"。未来一个阶段，是新疆实现经济社会跨越式发展和维护长治久安局面的关键时期，要尽快解决制约新疆发展的特殊困难，特别需要国家给予特殊的帮助和支持，特别需要相关省市和企业的大力支援。经过改革开放30多年的快速发展，我国综合国力显著增强，完全有能力举全国之力，共同把新疆的事情办好。中央新疆工作座谈会后，中央针对推动新疆跨越式发展出台了一系列重大政策，这些措施既充分考虑了全国各地区间的平衡性，又重点突出了新疆发展的特殊性；既考虑了原有政策的延续性，又体现了符合时代要求的创新性，为新疆跨越式发展营造了良好的政策环境，注入了十分强劲的动力，充分体现了中央对新疆一如既往的关心和支持。开展对口支援工作，是贯彻邓小平同志"两个大局"战略思想的伟大实践，是发挥社会主义制度优势的伟大创举，是增强中华民族大家庭凝聚力的伟大工程。中央决定进一步加强和推进对口援疆工作，不仅有利于东西优势互补，促进区域合作联动，而且有利于新疆各族群众切实感受到祖国大家庭的温暖和社会主义制度的优越性。中央要求，新一轮对口援疆不仅要加大资金和项目的援助力度，还要把更多干部、人才、技术、管理输送到新疆，实行"输血"与"造血"、"硬件"与"软件"、"支援"与"互利"相结合，集全国之智，举全国之力，协同推进经济援疆、干部援疆、人才援疆、教育援疆和科技援疆，帮助新疆破解发展难题，释放发展潜力，增添发展动力，充分调动新疆各族人民的积极性，切实增强新疆自我发展能力，努力形成全面、协调、可持续发展的新局面。

当前新疆的经济形势和几个政策问题[*]

(2013 年 5 月 27 日)

中央新疆工作座谈会召开后这三年，整个新疆包括兵团抓住历史机遇，经济社会发展取得了长足进步和显著成绩。无论是从经济社会发展速度和结构调整优化，还是民生改善和打破重大发展瓶颈制约等情况看，都可以说是西部大开发以来新疆发展的最好时期。今年一季度也不错，很多主要经济指标高于全国平均水平，而且有希望继续保持这个好势头。在这个进程中，中央也加大了对自治区和兵团的支持力度，2011 年和 2012 年中央财政转移支付（包括预算内投资资金）大数是 4000 亿元，中央转移支付和基本建设投资安排的力度都比中央新疆工作座谈会之前明显加大了。这些成绩的取得确实来之不易，除了中央的支持和各对口支援省市的大力支持，主要还是靠新疆各族人民的奋力拼搏、团结奋进。

尽管三年来新疆经济社会发展取得了很大成绩，但是需要强调的是，从中央提出新疆要实现跨越式发展的总要求看，从"新疆到 2015 年人均地区生产总值基本达到全国平均水平，民生要明显改善，公共服务能力要明显提高，到 2020 年要确保与全国同步实现小康"的具体要求来看，将来一个时期的发展任务依然非常繁重，是新疆加快工业化和城镇化的关键时期。

之所以这样讲，可以通过新疆相对全国和西部地区平均水平的几组基本数据加以说明。2000 年前后，也就是西部大开发之

---

[*] 这是在中央新疆工作协调小组有关会议上代表经济社会组的发言。

初，新疆许多经济社会发展指标在全国排名是比较靠前的，而到中央新疆工作座谈会召开之前，这些指标的位次多数呈下降态势，直到现在仍然没有完全恢复到2000年时的相对水平：比如，1999年新疆人均GDP相当于全国平均水平的94.5%，到去年虽然绝对量增加了，但只相当于全国平均水平的78.5%，下降16个百分点；农民人均纯收入在全国的排名位次是上升的，1999年新疆农民人均纯收入相当于全国平均水平的三分之二，这两年的增速提高了，去年相当于全国平均水平的80.8%；但城镇居民人均可支配收入方面，1999年新疆相当于全国平均水平的90.9%，到去年只相当于全国平均水平的73%。从西部地区看，新疆许多指标的排名位次也是下降的：比如，1999年新疆人均GDP在西部12省区排名第一名，现已下降到第5名；人均财政收入1999年是西部地区第2名，现在是西部地区第5名；进出口总额在1999年时是西部地区第3名，现在是第4名；固定资产投资在1999年时是西部地区第5名，现在是第7名；城镇居民人均可支配收入在1999年时是西部地区第6名，现在是第10名，即倒数第3名。所以说，虽然新疆的资源条件较好，近三年来新疆再发动、再提速的成绩非常大，基本实现了中央提出的要求，但是，资源优势还没有很好地转化成经济优势，将来一段时期要解决的问题和困难还很多，发展的任务还非常繁重。

新疆经济发展中存在的问题大多与结构性矛盾和制约因素有关。一是远离中心市场。尽管资源丰富，但远离中心市场，物流成本高，很大程度上抵消了资源的比较优势。二是水资源紧张。新疆的特点是有水则有绿洲，有绿洲则有发展，但目前的水资源使用量和供给量已经是紧平衡关系了。三是经济结构不合理。在三次产业结构方面，自治区的比重是17∶47∶35，兵团为32∶40∶28，当然，自治区这两年工业的比重提高2个百分点，兵团三年内提高6个百分点。在工业结构方面，轻重工业比例是1∶9，重工业占绝对大头，而重工业中的石化工业又占大头。石化工业所占比重尽管从前几年的60%以上下降到去年的不到50%，说明结构开始优化，但由于大环境的影响，这两年石化工业在发展速度上是拖后腿的，去年的增加值只增长了1%。在收入结构方面，农民收入的80%来自一产，即非农收入的比例很小。四是所有制结构，新疆非公经济比例在全国的排名非常靠后，整体经济运行在很大程度上靠央企、靠国企，市场经济氛围不浓厚，人们的市场经济观念没有完全到位。五是城镇化水平低，城镇化率只有44.5%，比全国平均水平低8个多百分点。最后，人均地区生产总值水平低，新疆是33000元，而全国平均达43000元，新疆仅为全国平均水平的78.5%。从这些分析看，新疆处在发展任务非常繁重、工业化城镇化发展最关键的时期，这是一个大体判断。

关于下一步的经济社会发展工作，建议从以下五个问题入手。

第一，帮助新疆进一步落实好中央提出的政策。具体包括：一是煤电外送通道。现在已经批准准东—郑州的±800千伏。新疆正向国家能源局积极争取准东—成都和哈密—重庆两条±1100千伏通道的路条，但有关部门和企业的意见还不一致，还要再协调；二是帮助新疆落实喀什和霍尔果斯两个经济开发区的政策，近期要抓紧编制鼓励类产业目录；三是无电乡改造中部分贷款转拨款的问题，中央相关文件已明确了相关政策，但目前还没有落实，要抓紧工作。

第二，研究做大做强新疆的优势产业，特别是瞄准对增加就业带动能力强的优势产业。俞正声主席提出自治区要深入研究发展纺织服务业问题，我们要积极落实。去年，全国进口棉花400万吨，相当于新疆的棉花产量，而且进口棉花价格是14000元/吨，比新疆棉花地头收购价低很多，对今年新疆棉花的外运和播种都会有影响。这里面有一个办法可以把新疆棉花的生产成本降下来，现在采一亩棉花的手工费用大概是五六百元，如果用机械采棉，就可以大幅度降低生产成本，所以可以先从这个环节入手，然后再扩大纺织纱锭。目前，全疆的纱锭产能约700万锭，如果按照400万吨的棉花产量，将来可以搞到2000万~2500万纱锭，可以扩大就业十几万人，建议通过调整增值税政策等措施来做大这个优势产业。另外，就是帮助新疆优化石化产业结构，更多安排一些石油、天然气在疆内加工，回去以后再深入研究。

第三，关于消化过剩产能问题。一方面，新疆的钢铁、水泥、多晶硅、电解铝、平板玻璃等几个行业的生产能力几乎是市场需求量的两倍；另一方面，自治区有关部门同志认为，新疆是个半封闭市场，除了电解铝之外，钢铁、水泥、平板玻璃、红砖等都是疆内平衡，不参与全国平衡，而且新疆每年只有半年施工期，剩下的半年时间不能施工，如果生产的话，就会占压资金。那么，到底新疆有没有产能过剩？对此我们要认真研究。习近平总书记在去年的中央经济工作会上专门讲了过剩生产能力问题，要求通过消化过剩产能来提升和优化产业结构。国家发改委也正在形成消化过剩产能的工作方案，国家会给予差别化产业政策支持新疆发展，请新疆的同志实事求是解决好过剩产能问题。

第四，在加快发展的过程中还要特别注意水资源平衡，特别是水污染治理问题。在经济发展的同时，要把绿洲生态保护好。目前，新疆90%的水资源用于农业，因此水资源平衡的核心是要控制无序开荒，这方面自治区和兵团都专门下发了文件。关于污水处理厂，地级市基本都建立和运转起来了，但县级市的污水处理厂和垃圾处理设施刚刚起步。另外，这两年乌鲁木齐市大气环境有所改善，我们有理由相信，"气化"南疆后，会进一步好转，植被也能够保护得更好。

第五，困难的仍然是南疆，问题积累比较多的也仍然是南疆。比如，全疆的农民人均纯收入是6000多元，喀什是4000多元，和田只有3800元。南疆的问题还是要作为特殊问题，有特殊的解决方案才行。

此外，我们将进一步做好对口支援新疆的指导和协调工作。

学习贯彻第二次中央新疆工作座谈会精神　夯实新疆社会稳定长治久安经济基础[*]

（2014年6月27日）

今年5月28日至29日，中央在京召开了第二次中央新疆工作座谈会，这是在新疆反恐维稳斗争尖锐复杂的形势下召开的一次重要会议。习近平总书记在会议上发表了重要讲话，从政治的、全局的和战略的高度，科学分析了新疆形势，深刻阐述了新疆工作一系列重大理论和实践问题，明确提出了必须把社会稳定和长治久安作为工作的总目标和新疆一切工作的着眼点和着力点，为进一步做好新疆工作指明了方向。李克强总理对新疆经济社会发展工作做出部署，俞正声主席对全面、准确贯彻落实会议精神提出明确要求。做好新疆的发展和稳定工作，事关全党、全国工作大局。我们一定要认真学习、深刻领会第二次中央新疆工作座谈会会议精神，把思想和行动统一到中央的决策部署上来，把会议精神切实贯彻好、落实好。

一、正确认识稳定与发展的关系，准确把握新疆经济社会发展的定位

稳定与发展历来是新疆工作的两大主题，做好新疆工作，处

---

[*] 这是2014年6月27日在中央民族干部学院新疆工作联络员培训班、7月2日在浦东干部学院新疆干部培训班、9月12日在第八批援疆干部培训班上的报告。收录本书时有删节。

理好稳定与发展的关系特别重要。稳定是发展的前提，没有稳定，一切都谈不上；发展是稳定的基础，没有发展，稳定也长久不了。正是基于这样一个基本认识，第一次中央新疆工作座谈会提出了推进新疆跨越式发展和长治久安两大任务。

这次的中央新疆工作座谈会提出，要把维护新疆社会稳定和实现长治久安作为新疆工作的总目标和新疆一切工作的着眼点和着力点。也就是说，包括新疆经济社会发展在内的各项工作，都要围绕着这个总目标来统筹安排、统筹推进。这是新形势下中央对新疆工作做出的科学判断，也是第二次中央新疆工作座谈会的核心精神，体现了我们党对新疆工作规律性的深刻把握，对于做好新时期新疆工作，特别是经济社会发展工作具有极为重大的指导意义。

社会稳定是从社会层面讲的，长治久安是从政治层面讲的。为什么中央把维护社会稳定和实现长治久安作为新疆工作的总目标，这与中央一次会关于推进跨越式发展和长治久安两大任务是什么关系？这是我们首先要弄明白的。我认为，二次会的提法并不是对一次会提法的否定，而是在科学分析新形势、认真总结以往经验基础上，与时俱进的丰富和完善。在这个问题上，我们一定要吃透中央精神。

第一，这是由新疆分裂与反分裂斗争的形势决定的。一个时期以来，新疆"三股势力"连续策动严重暴力恐怖事件，造成重大人员伤亡，社会影响十分恶劣，而且其活动正在从新疆向内地蔓延。新疆正处于暴力恐怖活动活跃期、反分裂斗争激烈期、干预治疗阵痛期，分裂与反分裂斗争是长期的、复杂的、尖锐的，有时甚至是十分激烈的。新疆的暴力恐怖活动有着十分深刻的国际背景和时代背景。一方面，冷战结束后，全球恐怖活动升温，从北非、西亚到南亚形成了恐怖活动的弧形地带，中亚"三股势力"活跃，而新疆正处在这一弧形地带当中。另一方面，我们越是接近实现中华民族伟大复兴的目标，西方敌对势力必然会使尽浑身解数进行阻挠和破坏，利用民族问题进行捣乱破坏就是他们惯用的伎俩，并将新疆作为西化、分化我国的一个突破口。面对十分猖獗的暴力恐怖活动，必须把严厉打击暴力恐怖活动作为当前斗争的重点。最近，新疆已作出部署，将开展为期一年的严厉打击暴力恐怖活动专项行动。

第二，这是由维护国家安全的整体战略考虑决定的。从新疆看，不打败"三股势力"的挑战，新疆就不得安宁，发展就没有良好环境，各族群众就不能安居乐业。从全国看，暴恐活动向内地蔓延，不打败"三股势力"的挑战，社会稳定就会受到冲击，各族人民大团结就会受到破坏，改革发展稳定大局就会受到影响。从周边环境看，我们国家统一和安全面临的挑战主要在东南和西北方向，东南方面面临的挑战更大。美国推行亚太"再平衡战略"，在东南方向对我们形成的战略压力越来越大。从战略上看，必须下大气力把西北方向稳定住，绝不能让"东突"分裂势力坐大成势，避免我们两头受力。因此，要把稳定新疆作为先手棋，稳住西北，以利经略东南。

第三，要认识到发展并不能自然而然地带来稳定。发展是第一要务，是实现长治久安的基础，这是对的，但不能认为发展起来了一切问题就迎刃而解了。一次会以来，新疆经济社会发展明显提速，进入了改革开放以来发展速度最快的时期，2009~2013年，新疆地区生产总值年均增长11.5%，翻了近一番，生产总值达到8510亿元，增速由全国第30位提升到第7位，在这四年实现新增生产总值超千亿元；公共财政预算收入年均增长30.5%，翻了一番半，达到1128亿元；城镇居民和农民人均纯收入年均增长12.5%和17.4%。从这些数据看，新疆的发展形势不可谓不好；但是另一方面，恰恰是这几年，暴恐事件频发，而且向内地蔓延，暴恐活动呈明显多发和上升态势。这两方面的事实说明，发展是不可能替代稳定工作的。

第四，在处理稳定与发展的关系上，要防止实际工作中出现偏差。新疆的确有实现跨越式发展的有利条件。一是有能源矿产资源优势。新疆石油、天然气、煤炭预测储量分别占全国陆上预测储量的30%、34%和40%，已发现矿产有138种，占全国总数的80.7%，其中41种矿产探明含量居全国前10，水能理论蕴藏量3817万千瓦，居全国第4位，水能资源占全国总量的近40%。二是有土地光热资源优势。新疆土地资源丰富，有农用地9.46亿亩，占全国的1/10，后备耕地2亿多亩，居全国首位，草原面积占全国18%，是五大牧区之一。光热资源居全国第二，农产品品种独特而质优。三是有向西开放的区位优势。新疆与八国接壤，边境线长5600公里，靠近中亚—里海能源基地，也是欧亚大陆桥的必经之地。四是有独特的文化旅游资源。新疆自然风光独特，民族风情浓郁，历史文化积淀厚重，冰峰与火洲相望，沙漠与绿洲为邻，发展旅游业潜力巨大。在发展条件上，新疆与西藏不同，是具备后来居上、跨越发展条件的。这些年来，新疆的发展成就巨大，但也要看到，工作中也存在单纯就发展讲发展、片面追求GDP增长速度、经济发展与长治久安结合不够紧密、对事关改善民生、凝聚人心的就业、教育等突出问题抓得不紧、不实等问题，这些问题如果不解决，既不利于科学发展，也不利于为稳定打下坚实基础。

正是基于以上情况，中央才做出社会稳定和长治久安是新疆工作的总目标、是新疆一切工作包括经济社会发展工作的着眼点和着力点的判断和决策。这个判断和决策，符合新疆的实际，符合大局的要求，是科学的、正确的。

之所以是科学的、正确的，从根本上讲，在于我们党准确地把握了新疆工作的主要矛盾。大家都知道，对社会主要矛盾的分析和把握，历来都是我们党制定基本路线和基本政策的前提，是我们党战胜一切困难、从胜利走向胜利的法宝。土地革命战争、抗日战争、解放战争时期是如此，社会主义建设时期也是如此。

早在建党初期，我们党就认识到，自鸦片战争以来，近代中国已逐步沦为半殖民地半封建社会，帝国主义和中华民族的矛盾、封建主义和人民大众的矛盾是近代中国社会的主要矛盾，只有推翻帝国主义和封建主义的统治，才能实现国家繁荣富强和人民共同富裕。但在不同时期，党又根据对主要矛盾的认识，提出了不同阶段的奋斗目标和任务。比如，随着抗日救亡运动新高潮的到来，我们党估计到民族矛盾已上升为主要矛盾，提出了建立民族统一战线的理论和策略。又比如，抗日战争结束后，我们党又及时提出以美国支持的蒋介石集团为代表的大地主、大资产阶级同以中国共产党为代表的人民大众之间的矛盾，正在取代日本帝国主义同中华民族之间的矛盾而成为中国社会的主要矛盾，进而提出了打倒蒋介石、解放全中国的任务。

新中国成立以后，几经探索和曲折，1981年党的十一届六中全会通过的《关于建国以来党的若干历史问题的决议》正确地提出，我国仍处在社会主义初级阶段，现阶段面临的主要矛盾已经不再是工人阶级和资产阶级的矛盾，而是人们日益增长的物质文化需要同落后的社会生产之间的矛盾。正是基于这样一个理论认识，我们党才实现了拨乱反正，把党和国家的工作重心转到了以经济建设为中心的社会主义现代化建设上来，开启了改革开放新时代。同时《决议》还指出，由于国内的因素和国际的影响，阶级斗争还将在一定范围内长期存在，在某种条件下还有可能激化。对敌视社会主义的分子在政治上、经济上、思想文化上、社会生活上进行的各种破坏活动，必须保持高度警惕和进行有效的斗争。

第一次座谈会时，中央对新疆的判断是，新疆的主要矛盾同全国一样，也是人民日益增长的物质文化需要同落后的社会生产之间的矛盾，同时还鲜明地提出了新疆还存在一个特殊矛盾，即分裂与反分裂的斗争，因此要求两手抓、两手都要硬。但是我们要看到，主要矛盾与次要矛盾、一般矛盾与特殊矛盾是可以转化的。从当前的情况看，新疆分裂与反分裂斗争这一特殊矛盾已上升为主要矛盾,这是从新疆实际出发、从全局和战略着眼作出的判断,做出这一判断更有利于抓住新疆工作的要害,更有利于从全局和战略上赢得工作的主动权。在这一点上,我们一定要切实地把思想认识统一到中央的判断、决策和部署上来,坚定不移地与中央保持一致,这对于进一步做好新疆工作至关重要!

还有一个思想认识问题要解决,那就是要准确地定位新疆的经济社会发展。我们说,新疆的经济社会发展要着眼于维护社会稳定和实现长治久安,要为这个总目标服务,是不是说这项工作就不那么重要了呢,是不是就弱化了经济社会发展工作了呢?我认为这种认识是片面的、形而上学的和不正确的。发展是第一要务,是实现长治久安的基础,是解决一切问题的根本途径,这个道理同样适用于新疆,因此我们必须牢牢地抓住新疆的发展工作不放松。问题仅仅在于,考虑新疆的发展不能简单化,不能简单地照搬内地的做法和思路,而是必须从新疆的实际情况出发,紧紧围绕改善民生、争取人心这个根本,为维护社会稳定和实现长治久安这个总目标服务,我们在任何时候都必须绷紧这根弦。经验证明,脱离了这个总目标,新疆的发展就失去了根本,发展得越快可能带来的问题更多,而只有把发展同稳定更加有机地结合起来,才能更加有效地从整体上推进新疆工作。从这个意义上讲,中央对促进新疆经济社会发展工作的定位不是弱化了,而是提出了新的更高的要求。在这一点上,我们也要转变工作思路,只有这样,才能在推进新疆经济社会发展的工作中精准发力。

二、围绕民生推进全疆科学发展,夯实新疆社会稳定和长治久安的物质基础

2010年第一次中央新疆工作座谈会以来,在中央的大力支持下,在有关方面的共同努力下,新疆围绕加快发展、改善民生、基础设施建设、发展特色优势产业、扩大对内对外开放做了大量

工作，取得了显著成效。但同时也要清醒地看到，新疆经济社会发展中仍然存在一些不平衡、不协调、不可持续问题。为了推动新疆经济社会在科学轨道上又好又快发展，更好地为总目标服务，中央明确提出了今后一个时期新疆经济社会发展的基本思路：以社会稳定和长治久安为着眼点和着力点，以提高发展质量和效益为中心，以丝绸之路经济带建设为重要契机，以改善民生、凝聚人心为目的，走具有中国特色、新疆特点的科学发展之路。坚持就业第一，着重拓展就业渠道，提升就业能力；坚持教育优先，着重培养各级各类优秀人才；坚持发展成果惠及各族群众，着重在资源开发利用转化过程中提高地方参与程度；坚持发展可持续，着重加强水土资源合理配置、集约节约利用和生态环境保护；坚持开放战略，着重加快互联互通建设，将新疆建设成为我国向西开放的桥头堡。这里提出了"4个以"和"5个坚持"，明确了新疆发展工作的目标和主要任务。在此基础上，要着力抓好以下几个方面的工作。

（一）要把促进就业放在更加重要的位置

如果说民生是发展与稳定的结合点，那么就业则是民生之本。人有恒业，方能有恒心。一个人有了就业，就容易安定；一个家庭有一个人就业，就增加一分稳定的力量，这对新疆来说特别重要，是经济发展更好地为社会稳定服务的直接体现和第一抓手。新疆就业形势比较严峻，主要体现在四个方面：一是就业总量压力大。2012年末，新疆总人口2233万人（少数民族1379万人，占62%），其中劳动力人口大数1500万人。按城乡划分，城镇700万，农村800万；按地区分布，南疆4地州923万人。经测算，今后几年，每年城镇就业需求60万人，农村富余劳动力需转移就业300万，而每年新疆就业岗位不足以消化新增就业人口，且人口仍处于高增长态势，近两年新疆人口自然增长率10.7‰左右，比全国平均水平4.8‰左右高出约6个千分点。二是就业渠道偏窄，就业质量不高。由于新疆的产业结构不合理，工业结构偏重，资源开发和资源加工型工业占比高，导致带动就业能力不强。2013年新疆三次产业比重为17.4∶46.4∶36.2，第二产业中重工业占比达91.4%，比2009年高约5个百分点；以民营经济为主体的中小企业发展不稳定，市场活力不强。第二产业增加值比重高于全国5.5个百分点，而就业人数比重为15.6%，仅为全国平均水平一半左右。新增就业中60%为灵活就业，就业稳定性差，就业转失业频繁。三是结构性矛盾突出，"就业难"与"招工难"并存。一方面，农村存在大量剩余劳动力，城镇积压大量就业不充分人口。但另一方面，企业反映招工难，少数民族人口受文化、技能、语言的限制，难以实现稳定就业，这从一个方面反映了教育结构的不合理和职业教育的不足。全疆职业教育在校生23.5万人，师资1.04万，师生比1∶22.7（其中和田地区1∶50.1）。双师型教师2552人，仅占24.6%。四是就业观念亟待转变。在落后地区普遍存在一种观念，认为只有到机关事业单位工作才算就业，到企业工作不算就业，这在新疆也表现得很突出。就是到企业就业，也是经常说来就来，说走就走，使用工企业感到很头痛。加之新疆劳动力成本逐年提高，工作效率与内地相比又存在一定差距，也一定程度影响到用工企业招工的积极性。总体看，新疆就业的重点和难点在少数民族、在南疆。

解决好新疆的就业问题，需要从供给和需求两个方面双管齐下，既要扩大就业吸纳能力，增加就业岗位；又要着力加强劳动力就业技能培训和转变就业观念，提升就业能力。

增加就业岗位方面，主要是大力发展纺织服装等劳动密集型产业。在研究选择增加就业的着力点时，新疆方面和有关部门做了大量调研工作，认为可以大力发展纺织服装产业。一是纺织服装业吸纳就业能力强。如果全疆纱锭从700万增加到2000万，服装生产从2826万件套增加到8亿件套，测算全产业链就业容量可达100万人左右，产值2535亿元。二是新疆有棉花资源优势。三是开拓疆内国外市场有潜力。2012年，新疆自产的服装仅占全疆市场的10%；我国对中亚5国出口纺织服装71.9亿美元，其中，新疆本地自产出口2.89亿美元，仅占出口金额的4%，其他均为内地纺织服装产品过境新疆口岸贸易。另一方面也要看到新疆发展纺织服装业有不少制约因素，包括新疆棉花价格比国际棉价高、运输和物流成本高、水资源和环境条件约束强、新疆整个纺织行业面临亏损等等。尽管存在这些困难，但从促进就业这一大局出发，中央还是下定决心，支持新疆纺织服装业发展，并量身定制了一系列特殊扶持政策。主要是：安排新疆纺织服装产业发展专项资金，支持纺织服装产业发展；新疆纺织服装企业缴纳的增值税，全部用于新疆纺织服装企业发展；支持高标准建设污水处理设施，在一定时期内对运行费给予补贴；继续在电价、运费补贴方面给予优惠政策，目的就是要为新疆纺织服装产业营造良好的发展环境，让东、中部地区的企业愿意转移过来。此外，还要通过扩大农牧业就业容量，大力发展民族手工业、旅游业、演艺业、餐饮业，引导新疆少数民族群众到内地就业等方式，拓展就业渠道。

提升就业能力方面，一是加大职业技能培训力度。会议明确提出，要新建和改扩建一批符合当地产业发展需要的公共实训基地，加强各类就业再就业人员特别是城镇下岗人员、农村转移劳动力职业技能培训。按照现行政策，对企业开展岗前培训的，国家将会按规定予以培训费补贴。二是加强双语教育和职业教育。语言是交流的工具，不懂得国家通用语言文字，日常生活会遇到不便，外出就业创业就会形成障碍。要坚定不移地依法推进双语教育，帮助新疆各族群众特别是年轻人学好用好国家通用语言文字，确保到2020年少数民族学生基本掌握和使用国家通用语言文字。职业教育与就业直接相关，是各族青年打开就业之门的金钥匙。要切实办好中等职业教育，为初高中未升学的毕业生，提供职业技术和国家通用语言培训，力争让每个青年都学得一技之长，打开就业之门。三是要鼓励新疆少数民族群众到企业就业或自行创业，重点培养一批少数民族经营管理者、创业者和能力素质较高的新疆籍员工，引导带动少数民族劳动力逐步转变就业观念。

(二) *新疆资源开发要更多惠及当地、惠及民生*

第一次中央新疆工作座谈会明确了新疆"三基地一通道"（即国家大型油气生产加工和储备基地、大型煤炭煤电煤化工基地、大型风电基地、国家能源资源陆上大通道建设）的战略定位。近些年，通过西气东输、疆电外送等重大工程建设，新疆的能源资源优势得到发挥，也为全国做出了贡献。但是另一方面，新疆的确存在资源开发惠及当地、惠及民生不够的问题。

资源开发的利益分配，与现行的财税体制、分配方式密切相关，因素比较复杂，而且涉及全国其他省市的统筹平衡。尽管如此，考虑到新疆工作的特殊重要性，在此次会议上，中央就资源开发利用惠及当地问题，为新疆专门制定了以下几项特殊政策。一是明确新疆要继续推进国家大型油气生产加工和储备基地、大型煤炭煤电煤化工基地、大型风电基地和国家能源资源陆上大通道建设；抓好大型煤炭基地建设规划落实工作，稳步推进煤制气项目建设，增设一批煤层气矿业权，启动煤层气开发利用示范工程。做好西气东输三线投运和四线建设工作，稳步推进煤制气项目建设，加快推进疆电外送第二通道，积极启动第三通道相关工作，建设一批大型并网光伏电站、风力电站。二是率先在新疆进行油气勘探开发体制改革试点。通过改革，支持符合条件的企业特别是当地企业，参与新疆油气区块竞争性出让和勘探开发。三是中石油、中石化在新疆新设置企业实行属地注册。同时，推进现有在疆分支机构与新疆当地企业合资合作，以使新疆获得更多实惠。四是在资源转化利用上，要逐步提高在新疆当地加工、深加工的比例。根据国家统一调整加工贸易禁止类商品目录进程，研究放宽对新疆企业进口原油的资质条件，由符合产业政策的企业加工使用。此外，中央还明确提出，鼓励在疆各类企业特别是中央企业尽可能多吸纳新疆籍员工，对符合当地规定条件的，在社会保险、培训等方面给予补贴。这是对央企吸纳当地就业从正向激励角度提出了明确要求。

（三）推动新疆可持续发展

水资源短缺和生态环境脆弱对新疆经济发展已呈刚性约束。一是水资源短缺且结构失衡。2012年全疆供用水量590亿立方米，已经超出国家下达的新疆2030年用水总量控制红线指标。水利控制性工程建设滞后，工程性缺水问题突出。水资源利用效率和效益较低，用水结构严重失衡，农业用水占比高达94.8%，每立方米用水增加值仅约为工业的1%，工业与农业争水矛盾日益凸显。二是生态环境非常脆弱。荒漠化土地面积占45%以上。草原牲畜超载率在70%以上，80%的草原出现不同程度的退化、沙化、盐碱化。人工绿洲只占全区总面积的4.25%，天然绿洲不断萎缩。三是节能减排形势严峻。扣除新疆外送能源因素，"十二五"前三年，新疆单位GDP能耗累计上升23.9%，远高于国家要求新疆下降10%的目标，使全国单位GDP能耗少降低约0.9个百分点。同期，全疆化学需氧量、氨氮、二氧化硫、氮氧化物排放量4项主要污染物均不降反升，累计上升1.4%、1.8%、7.0%、28.2%，其中氮氧化物排放量远超"十二五"减排目标。

新疆生态环境能否得到有效保护，事关民生，事关子孙后代。新疆的发展要充分考虑生态环境特点，坚持在发展中保护，在保护中发展，实现经济社会可持续发展。中央对新疆经济社会发展中如何重视生态环境保护、实现可持续发展作了全面部署。一是落实最严格的水资源管理制度，将国家下达的水资源开发利用控制、用水效率控制、水功能区限制污染"三条红线"控制指标逐级分解落实到基层，强化重大规划和项目水资源论证。要把节约用水放在更加突出的位置，大力推广高效节水，完善水价政策，推进水权交易，提高用水效率。二是优化用水结构，适当压减灌溉面积，加强水资源在农业、工业、生活、生态之间高效配置，逐步提高用水效率和效益。特别是要大力发展节水农业，加大高效节水灌溉工程的投资力度，大力扶持先进节水设施、设备的研发和生产，使经济实用的农业节水技术惠及天山南北。坚决制止非法开荒，有序实施退地减水。三是要实施一批环保重点工程。加快伊犁河、额尔齐斯河等重要河流开发治理，推进重大水资源配置和枢纽工程建设，尽快完成病险水库除险加固工程。实施盐碱地治理、水资源安全保障等一批重大科技示范工程。加强生态环境保护，推进重点流域、湖泊、绿洲水污染防治，继续实施林业重点工程，加强防沙治沙和自然保护区、绿洲外围防护林、湿地建设，巩固乌鲁木齐大气污染防治成果。四是要规范资源开发利用，大力发展循环经济。严格按照矿区总体规划有序推进大型现代化煤矿建设，禁止未批先建、批小建大行为。积极化解过剩产能，加快淘汰落后产能，加大节能减排力度。中央领导同志明确强调，节能减排是我国政府对人民群众、对全世界做出的庄严承诺，新疆在这个问题上不能拖后腿。节能减排也是新疆自身的要求。有新疆的同志提出，新疆的环境容量和节能减排指标应该按国土面积来衡量。这是不合理的。新疆地域辽阔，但产业发展和人口聚集都要依托绿洲，而天然绿洲的面积十分有限，只占新疆国土面积的 4.25%，一旦污染了，也就意味着发展空间将进一步压缩。在这个问题上，我们一定要把眼光放长远些，把思想和行动统一到中央的决策部署上来，保护好自己的家园。

（四）把握丝绸之路经济带建设机遇，加快新疆对外开放步伐

新疆区位优势明显，但这种优势尚未转化为新疆的发展优势，特别是东联西出通道建设滞后，新疆的全方位开放格局尚未形成。一是通道建设滞后。东联内地的铁路通道单一（仅兰新铁路），运输能力已趋饱和且存在季节性不平衡，公路仅有国高网 G30 线

和国道315线。西出周边国家的中巴铁路目前处于规划研究阶段，中吉乌铁路进展缓慢，仅有霍尔果斯和阿拉山口两个铁路口岸与中亚实现联通，但所需车皮能够满足的不及20%。航空港国际航线线路少、覆盖面小，通达城市有限，航空中转及枢纽作用尚未充分发挥。二是口岸建设滞后，15个一类陆路口岸中仅有4个口岸通二级以上公路，29个一、二类口岸只有8个面向第三国开放，基本以转口贸易为主。部分口岸不同程度存在通关费用高、效率低、服务较差现象。三是对外贸易年度间波动大，结构不合理。2013年外贸依存度仅为20.1%，远低于45.3%的全国平均水平。边境贸易占对外贸易半壁江山，本地产品出口仅占总额的20%左右。四是主要贸易伙伴国实施关税和非关税壁垒措施，如俄白哈关税同盟2010年1月正式运转，对新疆进出口不利影响逐步显现。

新疆要紧紧抓住建设丝绸之路经济带的历史机遇，加快打通东联西出的国际国内通道，将区位优势转化为经济优势，打造我国向西开放的桥头堡，努力建设好丝绸之路经济带核心区。一是要加快构建新疆区内、新疆与内地四通八达、快捷经济的综合交通运输体系。要推进库尔勒至格尔木铁路等重点线路建设，积极推进阿克苏至喀什铁路扩能、准东至富蕴至北屯等"十二五"规划项目实施，加快北屯（阿勒泰）至吉木乃口岸、克拉玛依至巴克图口岸等铁路前期研究工作。支持明水至哈密、墨玉至和田、喀什至疏勒、吐鲁番至小草湖等国家高速公路以及国家边防公路建设。完善新疆机场布局，加快推进乌鲁木齐新机场等项目建设，支持将塔什库尔干等机场纳入全国民用机场布局规划。新建和改扩建一批通用机场，支持发展通用航空等，不断完善交通网络，增加路网密度。为保证新疆顺利建成综合交通运输体系，李克强总理特别强调，新疆构建综合交通运输体系，政府加大投入是一个方面，还要创新思路，深化投融资体制改革，让民间资本更多地参与进来，为这项工作顺利推进提供坚实的融资保证。二是要努力打通和完善面向南亚、中亚和蒙古等方向的国际综合运输通道，促进互联互通。要加快中巴经济走廊规划与建设，抓紧中巴铁路前期工作，继续为中吉乌铁路建设创造条件，推进喀喇昆仑山公路改造升级。要研究开通乌鲁木齐至中亚国家主要城市的直达定点班列，以及新疆至欧洲直达货运班列。此外，在21世纪信息化时代，信息基础设施是通道建设的重要组成部分，要推进丝绸之路经济带通信枢纽建设，加快亚欧信息高速公路基础设施建设，提升乌鲁木齐国际通信出入口局和国际互联网节点地位，构建乌鲁木齐连接亚欧非的西向国际通信、信息传输光缆大通道。三是要着力加强对外开放平台建设。要加大对喀什、霍尔果斯经济开发区的支持力度，进一步落实特殊优惠政策，采取推进人民币跨境业务创新等措施，面向中亚等国市场，承接国际和沿海地区的产业转移，培育一批有市场前景和竞争力强的产业。中央明确，喀什、霍尔果斯经济开发区比照享受国家级经济技术开发区各项政策，要进一步研究完善享受所得税优惠政策的产业目录，研究推进两个经济开发区人民币跨境业务创新。要加强口岸设施建设，支持条件成熟地区设立综合保税区。支持重点边境城镇申请设立海关保税监管区。要扩大与周边国家经贸合作，办好边境经济合作区，规范发展一批边民互市贸易示范点，建设一批国际商贸集散地、大型边境贸易市场和储运中心。要推进通关便利化，研究允许利用边境通行证等形式开展边境旅游，克服部分口岸通关费用高、效率低的现象。要发挥我国的技术、劳动力、资金优势，支持新疆与周边国家开展种植业、畜牧业等合作，参与周边国家的基础设施建设、能源资源开发和其他产业合作。要继续办好中国—亚欧博览会。中国—亚欧博览会已经成为中国与周边国家（地区）开展首脑外交的重要平台、扩大中国新疆与周边国家经贸合作的重要渠道、深化与周边国家科技人文交流的重要纽带、树立中国新疆对外良好形象的重要窗口。2013年9月举办的第三届中国—亚欧博览会，对外经济贸易成交总额56亿美元，内联项目集中签约156个，签约总金额2132亿元人民币，有力促进了新疆经济社会发展，应当继续发挥好这个平台的积极作用。

三、采取特殊措施支持南疆发展，推动新疆社会稳定和长治久安的重点突破

南疆是新疆工作的重点难点，是反恐维稳工作的主战场，把南疆问题解决好，就可以赢得新疆工作的主动权。南疆四地州包括和田地区、喀什地区、克孜勒苏柯尔克孜自治州和阿克苏地区，区划面积58.6万平方公里，占全疆总面积的35.2%，2012年末总人口923.2万人，占全疆总人口的41.3%。其中农业人口698.9万人，占南疆总人口的75.5%，少数民族人口835.7万人，占南疆总人口的90.5%。2013年南疆四地州的人均地区生产总值和农民人均纯收入分别为1.7万元和5979元，相当于新疆平均水平的45%和82%，相当于全国平均水平的41%和67%。其中，喀什、和田和克州三地州的人均地区生产总值和农民人均纯收入分别为1.3万元和5459元，相当于新疆平均水平的34%和75%，相当于全国平均水平的30%和61%。南疆还是全疆扶贫攻坚和民生改善的重点难点地区。现有贫困人口217.2万人，占总人口的23.5%，占全疆贫困人口的84.8%；扶贫开发工作重点县26个，占全疆扶贫县市总数的79%。第一次中央新疆工作座谈会以来，南疆地区生产总值、全社会固定资产投资年均增速均高于全疆平均水平，民生保障力度不断加强，但南疆与全疆的绝对差距仍在拉大，发展中面临的深层次问题没有根本解决。

总书记多次强调要从国家层面谋划部署南疆工作。正是基于这样的考虑，这次中央对南疆给予了一系列"含金量"很高的特殊政策措施，而且将政策覆盖范围从原来的三地州扩大到包括阿克苏地区在内的四地州。一是在财政政策方面。南疆经济实力很弱，人均公共财政支出明显低于全疆平均水平，财政支出80%以

上靠转移支付。为增强南疆地区公共服务保障能力，中央要求中央财政加大转移支付力度，通过一般性支付增加综合财力支持南疆，自治区在财力分配上向南疆地区倾斜，逐步提高南疆财政支出在全疆的比重。二是在投资政策方面。根据新疆地方反映的基础设施条件较差、基层公益性项目配套困难等情况，中央决定免除公益性项目地县两级地方配套资金政策，免除部分由中央和自治区承担。对南疆水利、交通运输、科技、生态环境、城镇市政公用设施等重大基础设施建设项目，适当提高中央投资补助标准。用中央集中的彩票公益金支持南疆社会福利设施建设。三是在金融政策方面。为更好地满足南疆经济发展对金融服务的需求，继续加大中小企业担保贷款贴息、农村金融税收优惠、县域金融机构涉农贷款增量奖励、农村金融机构定向费用补贴等政策支持力度，加大对南疆的信贷投放。同时，支持国家开发银行、中国进出口银行、新疆银行在南疆设分支机构，允许民间资本在南疆设立民营银行、农村新型金融组织。加大对南疆农业保险的政策支持，减少农民的后顾之忧。四是在人才政策方面。新疆机关事业单位人员工作压力大，工作生活环境差，工资收入水平与全国平均收入水平仍有一定差距。中央明确了一系列鼓励南疆干部、事业单位人员扎根基层、扎根南疆的措施，决定大幅度提高南疆包括农村中小学在内的机关事业单位人员工资收入水平，提高退休人员待遇水平。

根据这次中央新疆工作座谈会的部署，推进南疆经济社会发展，应重点抓好以下几个方面的工作：

（一）加大改善民生和扶贫攻坚力度

大力推进"水电路气房"、"教卫文就保"等民生工程建设，加大扶贫攻坚力度，这既是民生工程，也是民心工程，是南疆工作的重中之重。一是着力加强人居环境设施建设。继续推进农村安居工程建设，采取建筑面积分类方式，考虑建材等价格上涨因素，妥善解决困难户建房问题。加大对农村安全饮水和柯坪、伽师、巴楚等饮水困难城镇供水工程支持力度，尽快解决饮水难、饮水不达标问题。加大农网改造升级力度，力争"十二五"期间全面解决无电人口用电问题。加强边境山区农村公路建设，提高通达深度、覆盖广度、服务水平。继续推进实施南疆地区天然气利民工程，到 2020 年普及率要达到 70%，对民用天然气价格给予特殊优惠。二是继续加大对教育事业的投入。全力支持南疆巩固义务教育普及成果，采取特殊措施解决教师缺乏这一瓶颈问题，尽快普及双语教育。实行高中阶段免教科书费、免住宿费、补助家庭困难寄宿制学生生活费政策。加大教师培养培训力度，加快农村教师周转宿舍建设。南疆地区各民族实行同等教育优惠政策，适当扩大高等学校定向南疆招生规模，实行高考招生计划单列，调整招生计划结构。三是不断提高医疗卫生水平。健全基层医疗卫生和计划生育服务体系，加强基层医务人员队伍建设，聘用村医的报酬由财政补助。采取城市支援农村、内地支援南疆等方式，提升医疗服务水平。四是大力推进扶贫攻坚工程。南疆是我国 14 个集中连片特殊困难地区之一，要继续加大扶贫工作力度，建立精准扶贫工作机制，确保扶贫资金和项目向农牧区、边境地区、特困人群倾斜。

（二）推进南疆水土资源平衡和农业结构调整

农业发展对于南疆农民增收具有重要意义。南疆 2000 年以来开荒新增灌溉面积 950 多万亩，现状用水量已超过 2030 年用水总量控制红线指标，无序开荒和水资源过度开发已严重危及南疆长远发展的基础。为实现水资源平衡必须实施退地减水。同时要看到，实行退地减水对南疆农民增收可能带来的负面影响。南疆农民从农业获得的收入占总收入的 77.6%，其中，棉花贡献了农民收入的 21.5% 左右（主产县占 50%~70%），林果贡献 27% 左右。此前棉花种植收益主要靠国家临时收储政策来支持，今年实行目标价格改革试点后，预计南疆农民人均纯收入因此减收6%以上。林果业近年发展较快，但从市场供需看，价格已呈下滑趋势，目前挂果面积仅占70%，一旦1317万亩林果全部挂果并进入盛果期，价格还将进一步下滑。因此，推进南疆的退地减水，要长短结合，综合施策，既要实现水土资源平衡，也要兜住农民增收的底线。为此，中央强调，一是要加强水土资源平衡工作力度。坚决制止非法开荒行为，有序实施退地减水，将退地减水试点工作纳入农业环境突出问题治理规划。二是加快重大水利工程建设和节水改造。编制《南疆水资源利用和水利工程建设规划》，加快建设阿尔塔什等一批山区控制性水库，加大叶尔羌河等流域防洪治理，切实减轻农民劳务负担。制定科学合理的水资源管理方案，强化塔里木河流域水资源统一管理，实现流域生态保护目标，促进流域生态持续改善。以建设节水型社会为目标，加大对南疆节水改造支持力度，2020年前力争完成大中型灌区续建配套和节水改造。开展盐碱耕地改造试点工作。统筹安排农田土壤盐渍化治理和灌溉排水系统建设和水资源分布相匹配，严格划定南疆城市开发边界、永久基本农田和生态保护红线，保护现有绿洲农业。三是优化调整农业结构，确保农民持续增收。国家在继续支持棉花、林果等优势种植业发展、稳定粮食净播面积的同时，稳妥发展设施农业，积极发展沙产业，大力发展农区畜牧业，适度退减中低产棉田，重点抓好高标准人工饲草料基地建设，以及肉羊、肉牛、家禽、特色养殖等生产基地及其配套设施建设。

（三）千方百计推进产业发展和城镇化

南疆非农产业和城镇化发展十分落后，主要是客观上存在诸多不利条件和制约因素：地处大陆腹地，远离中心市场，运输成本高，本地市场容量有限，东联西出内地的通道能力不足，电力保障水平低，劳动力综合素质普遍偏低等。2012年，南疆工业增加值仅占地区生产总值的18.7%，且以农林牧产品加工、纺织、地毯编织等传统工业为主，企业数量少、规模小、层次低，仍处于工业化初级阶段。旅游业发展滞后，与其资源品位和国内外游客期盼不相适应。由于缺乏产业支撑，城镇发展滞后，仅有喀什、阿克苏市2个中等城市，城镇化率为26.5%。城镇基础设施和公共服务设施滞后，辐射带动能力不强，农业人口转移就业难度大。但从长远来看，解决南疆各族群众就业和增收问题，根本上还要依靠产业发展和城镇化。为此，中央指出，一是重点在产业发展和城镇化建设方面落实特殊的财政、投资和金融政策。免除公益性项目地县两级地方配套资金，提高重大基础设施项目中央补助标准，加大中小企业金融支持力度。二是支持特色产业加快发展。加快疆内直销信息网络、直销平台和物流通道建设，支持建设地县两级鲜活农产品产地批发市场。支持南疆发展纺织服装、农副产品加工、机电生产组装、民族特色手工业等劳动密集型产业。扶持南疆光伏电站建设，按照国家可再生能源发展规划给予电价补贴。支持民族医药及关联产业发展，将国家已经批准上市的民族药按规定列入国家医保目录。支持旅游专业人才培养、旅游商品研发设计、旅游基础设施及特色旅游城市和乡村建设，把南疆建设成为丝绸之路文化和民族风情旅游目的地。三是科学推进城镇化建设。统筹南疆中心城市、小城镇发展，加强城镇规划建设管理工作，推进公用设施建设。

（四）调整优化南疆人口结构

受生育观念、生育政策等因素影响，南疆人口持续快速增长，特别是2009年以来呈加速态势。2013年，人口自然增长率为16.2‰，比全疆高5.5个千分点，比全国高11.2个千分点。从人口年龄结构看，生育旺盛期妇女较多，根据自治区计生委预测，人口出生高峰将延续至"十三五"时期。在人口快速增长的同时，人口素质提升较慢，平均受教育年限和预期寿命明显低于全国平均水平。过快的人口增长对经济发展效果的抵消作用明显。初步测算，2009年以来，人口增长因素冲抵了4年来南疆地区年均生产总值增速1.8个百分点。为此，中央提出三项政策措施。一是调整完善计划生育政策。要以降低并稳定适度生育水平为主要目标，在南疆地区实行各民族平等的计划生育政策。二是严格控制计划外生育。实施计划生育特殊奖励政策，加强对流动人口超生的控制。三是优化人口结构。制定吸引内地企业到南疆投资发展的优惠政策，在南疆工作、经商办企业并落户人员享受当地教育、社保、计划生育等优惠政策。

此外，《意见》强调了支持兵团在南疆发展，在有条件的地方扩建或新建团场。在南疆新建扩建团场，已经是近年来被实践证明了的一种较好的改善人口结构、带动地方发展、增进民族团结的形式。调研中发现地处和田地区的兵团14师224团于2004年建团，该团每年吸纳相邻皮山、墨玉等县农村富余劳动力45万余人次，劳务费支出达5500多万元。因此，要优先考虑水土资源承载条件，推动兵团新建或扩建团场，发挥好兵团特殊作用。

四、加强和改进兵团工作，充分发挥兵团维稳戍边功能

在新疆组建兵团，是党中央治国安邦的战略布局，是强化边疆治理的重要方略。60年来，兵团作为中央支援地方、内地支援边疆、兄弟民族相互支援的有效形式，发挥了建设大军、中流砥柱、铜墙铁壁作用，尤其在维护稳定、戍边守防上凸显其特殊作用。

在党和国家的大力支持下，兵团不断发展壮大，总人口由组建时的17.5万人发展到268万人，下辖14个师、7个市、175个团场、2004个农牧连队，有一批工交建商法人企业以及科教文卫

体和公益性事业单位。第一次中央新疆工作座谈会以来，兵团积极推进"三化"建设，取得明显成效，实现了"两个扭转"、"两个提升"和"一个增强"。"两个扭转"：一是兵团经济总量占自治区比重下降的趋势得到扭转。2013年兵团生产总值占自治区的比重达到17.4%，四年提高了3.1个百分点。二是兵团人口总量下降的趋势得到扭转。2013年末兵团总人口比2009年增加约11万人。"两个提升"：一是城镇化水平显著提升。北屯、铁门关和双河市相继挂牌，城镇化率达到62%，四年提高了15个百分点。二是新型工业化水平显著提升。优势农产品和矿产资源转换基地建设取得新进展，工业增加值增长近2倍，占生产总值的29%，提高了5个百分点。"一个增强"：即维稳能力不断增强。在重点地区建立了融生产、学习、训练、执勤、应急于一体的常态化民兵轮训备勤机制，积极担负地方网格化巡逻防控和备勤任务，支持做好维稳安保工作。

两千多年的新疆屯垦史告诉我们，屯垦兴则新疆安，屯垦废则新疆乱。总书记明确提出，兵团存在和发展绝非权宜之举，而是长远大计。兵团工作只能加强不能削弱。针对兵团工作目前存在的突出困难和问题，在深入调研基础上，中央从三个方面提出了工作要求和支持政策。

（一）积极稳妥推进师市合一，支持兵团产业发展

一是为了发挥好兵团城镇在维稳戍边、集聚人口、传播文明方面的独特作用，中央对师市合一和团镇合一问题进行了细化要求，要求根据新疆城镇体系规划，在战略地位重要、经济基础较好、发展潜力较大的兵团中心垦区增设县级市或镇，中央财政对兵团城镇公共服务设施运行给予适当补助。二是支持兵团产业发展壮大，积极支持农业"三大基地"和国家能源储备基地建设，继续安排产业发展资金，支持兵团参与自治区矿产资源开发利用，将兵团纳入丝绸之路经济带建设总体战略规划，优先布局建设一

批重大项目。

(二) 推进兵团财务体制改革

中央提出,一是要规范兵团内部国有资本收益收缴管理办法,适当降低收缴比例,改进和完善综合财力补助加专项转移支付的机制,中央财政补助要适当考虑国有资本收益收缴比例改革带来的减收因素,使兵团更好履行所承担的社会职能,使所属企业更好参与市场竞争。兵团也要适应发展社会主义市场经济的要求,深化内部改革,完善治理结构,提高治理水平。做好国有企业改制重组工作,加快建立现代企业制度,克服政企合一体制弊端,发展混合所有制经济。二是中央将在落实责任和健全制度约束的基础上,帮助兵团化解历史债务。三是进一步改进和完善综合财力补助加专项转移支付的机制,在确保国家相关规划实施的前提下,研究适时在兵团开展财政专项转移支付资金整合试点,增强兵团统筹能力。

(三) 促进兵地融合发展

中央明确要求,兵地双方要牢固树立兵地"一盘棋"思想,从国家战略和新疆大局出发,处理好兵地关系,实现与地方利益同体、感情相连,推动兵地融合发展。一是要探索兵地产城融合、园区共建、相互参股、以团带乡等新模式。探索兵地在重大基础设施、公共服务体系建设方面,同步规划、同步建设、同步受益。制定吸引当地少数民族群众到兵团就业、定居的政策,兵团团场、企业招录新职工要吸纳一定比例的地方少数民族群众,充分发挥兵团凝聚各族群众的大熔炉作用。统筹兵地基本公共服务体系建设,建立教育、卫生、文化、服务联手机制,支持兵地共建共享基层劳动就业和社会保障服务平台。将石河子大学、塔里木大学纳入新疆双语教师培训基地,扩大兵团团场学校、幼儿园招收少数民族子女的比例,兵团中等职业学校面向地方群众提供职业技能培训。制定兵地干部双向交流规划，形成长效机制。二是要发挥文化黏合剂作用。发挥兵团职工来自五湖四海的优势，布局建设一批弘扬中华文化、体现兵团特色的文化项目，构筑各民族共有的精神文化家园。三是要充分发挥支持政策的助推作用。中央强调，对自治区的支持政策，兵团同样适用；对困难地区和对口支援受援地的政策，所在地兵团团场同样适用。四是要加强对兵地融合工作的领导。建立健全联席会议制度和战略规划实施协调机制，积极推进兵地在经济、文化、社会、干部人才和维稳等方面的交流协作，形成兵地融合发展的良好局面。

关于发展纺织服装产业和促进就业政策的落实情况[*]

（2014年9月1日）

一、关于促进纺织服装产业发展

（一）自治区和兵团大力推进纺织服装产业发展

新疆维吾尔自治区先后召开政府专题会议、党委常委（扩大）会议进行研究部署，召开全区发展纺织服装产业带动就业电视电话会议，还在北京召开了新疆发展纺织服装产业带动就业新闻发布会，公布了支持纺织服装产业发展的"十项政策"。专门出台了《关于发展纺织服装产业带动就业的意见》、《发展纺织服装产业带动就业规划纲要（2014～2023）》、《发展纺织服装产业带动就业2014年行动方案》等文件，确定了新疆（含兵团）纺织服装业到2018年、2023年的发展目标，明确今年将实施10个方面33项行动计划，抓好155个纺织服装项目开工建设，完成纺织服装项目固定资产投资70亿元。兵团也相应作出部署。

从目前情况看，内地纺织服装企业对出台的"十项政策"反

---

[*] 为推动第二次中央新疆工作座谈会关于经济社会发展决策部署的贯彻落实，2014年8月18～24日，由杜鹰带队，中央新疆办、国家发改委等有关部门同志组成调研组，赴新疆就5个方面的政策落实情况进行调研，并形成调研报告。这是调研报告中的两个部分。

应热烈,向新疆转移的迹象明显。截至今年8月底,新疆纺织业产能已经由2013年的700万锭增加到760万锭,预计新增就业4万人。更多的内地企业正在与新疆方面接触、洽谈,预计明年将突破1000万锭。在今年的经济形势下,能取得如此进展,成绩来之不易。

(二)影响新疆纺织服装业发展的主要因素

新疆发展纺织服装业必须要有特殊的支持政策,但成功与否最终取决于市场和企业。为此,需要特别关注以下几个问题。

一是政策对企业扭亏增盈的效应问题。据统计,今年1到5月,新疆纺织行业整体开工不足,主营业务收入下降14%,亏损面达56%,盈亏相抵后全行业亏损1.5亿,平均亏损1%~2%。据自治区经信委测算,支持纺织服装业发展"十项政策"叠加落实后,可使企业节支增收约10%,盈亏相抵后利润率可达7%~8%,比目前国内纺织行业平均利润率5.6%高出2个多百分点。由此推断,只要"十项政策"全部落实到位,新疆的纺织服装产业是可以实现扭亏为盈的,而且对内地纺织服装企业进疆投资应该具有较强的吸引力。但还有一个情况必须注意,就是在"十项政策"帮助企业节支增收的同时,由于市场的作用,市场终端产品的价格也有可能下降,因此企业能否拿到7%~8%的利润率仍有不确定性。我们认为,当前的首要任务是尽快地、不折不扣地落实"十项政策",这是推动新疆纺织服装产业发展的关键。

二是市场和终端产品问题。通过调研我们认为,就市场而言,新疆纺织服装业的发展应主攻出口市场特别是欧洲市场;就终端产品而言,纺纱能力的扩张要有度,要把更多的精力放到发展服装、针织和家纺产品上。2013年,我国纺织品服装年出口额2900亿美元,欧洲是我国纺织品服装出口的主要市场,市场潜力巨大,其中服装、针织和家纺产品出口潜力要远大于纱锭。同年,由新疆口岸出口的纺织品服装仅83亿美元，其中新疆本地企业生产的仅占1%。随着共建"丝绸之路经济带"的展开，依托国际铁路联运大通道，向西出口纺织品服装将大幅缩短运输时间，这将有利于吸引国内服装出口加工型企业依托其原有销售渠道向新疆转移。同时也要看到，"向西走"也面临一些现实挑战和不利因素：发达国家凭借技术、品牌和供应链整合的优势，占据着高端服装市场主动权；在中低端产品市场上，土耳其、印度、巴基斯坦、越南、孟加拉国等发展中国家凭借低成本优势，正在快速发展纺织服装业。调研组在阿克苏、伊犁座谈时，几家纺织企业的经理普遍认为，新疆发展纺织服装产业，最大的潜力在于向西开拓国际市场，最大的不确定因素也在国际市场。因此，必须加强市场调研论证，摸清不同国家和地区的市场需求情况，有针对性地进行生产和出口，以减少盲目性。更为根本、更为长远的是，必须提高产品的技术含量和档次，开发适销对路的高端产品，增强国际市场竞争力。

三是融资问题。目前，金融部门规定纺织服装产业为限制类产业，工行、中行、建行、兴业银行等商业银行基于纺织业的高风险，不愿意提供贷款。在调研中，企业对这一问题的反应十分强烈，希望政府帮助协调解决。

四是影响企业效益的其他问题。人工成本方面，企业普遍反映新疆用工成本高，劳动生产率低。新疆农村富余劳动力数量多，但受教育程度偏低，就业技能不高，还存在语言沟通障碍，加上受宗教习俗的影响，就业的稳定性差，存在招工难、管理难问题。物料成本方面，国内棉花价格远高于国际市场，实行目标价格后，预计市价最终会回落到15000元/吨，但仍比进口棉多2000元。电价方面，尽管可以通过建设自备电厂将电价降至0.25元/度，但自备电厂尚未开工，建设周期至少需要一年半。污水处理方面，阿克苏纺织园区污水处理厂距离自备电厂太远，不利于中水回用，加上前端软化环节，增加了污水处理的成本。此外，受近期新疆稳定局势的影响，企业有观望犹豫心理，有些已经谈成的企业放慢了投资。

（三）下步工作建议

调研组认为，新疆发展纺织服装产业，必须坚持以市场为导向，以企业为主体，以服装为重点，以出口为主攻方向。当前，要把主要精力放在落实政策、营造良好发展环境、提供优质服务和加强市场调研上来。为此建议：

第一，请有关部门尽快落实相关政策，特别是纺织服装产业发展资金、增值税返还、电价及运费补贴、污水处理厂建设资金及运行补贴等要尽快落实到位，让企业实实在在得到好处，提振产业发展信心。国家发改委、财政部设立的专项资金要尽快下拨，可以采取报账制，每年先下额度、据实报账。

第二，请商务部牵头，会同自治区和兵团相关部门，组织纺织服装企业家对中亚、西亚和欧洲市场进行调研，摸清市场需求，以便有针对性地组织生产和出口。只有把市场情况搞清楚了，才能进一步明确新疆纺织服装产业发展的定位和主攻方向。

第三，请自治区政府在实施"三城七园一中心"规划时，根据南北疆和国内外市场的不同情况，进一步细分市场，坚持差异化和错位发展，避免内部"同质性"竞争和盲目发展。

第四，请银监会、中国人民银行研究解决在疆纺织服装企业贷款难问题。请证监会对在疆非公有制纺织服装企业上市融资给予优先考虑。

第五，建议由中央财政支付的制服以及抗震救灾等应急纺织品服装，继续按一定比例在新疆定向采购，作为新疆纺织服装产业发展的过渡环节，为培育新疆纺织服装产业、向西开拓市场赢得时间。

二、关于促进就业

(一) 新疆开展的工作

为促进新疆少数民族群众及困难群体就业,自治区提出了43条具体措施,明确了每项具体措施的责任领导、责任部门、责任人及完成时限。起草了《关于进一步促进就业的意见》,从促进企业就业、农村富余劳动力转移就业、高校毕业生就业和鼓励自主创业等方面进一步拓展和完善了现有扶持政策。投资8亿元支持"短平快"项目133个,促进少数民族就业。自治区人社厅组织伊犁州、克州、喀什地区、和田地区、阿克苏地区五地州的29个县市,到北京、上海、广东等10个对口援疆省市开展劳务对接工作,掌握用工信息3万多个,达成用工协议6800人。8月中旬喀什地区英吉沙县已有70多人前往山东青岛务工。广东省制定了新疆劳动力万人进粤务工方案,计划分3年实施,目前正在进行宣传、摸底等基础工作。江苏省已经就开展苏疆两地劳务合作事宜,专门派人赴疆进行了对接。

(二) 对新疆就业问题的基本看法

此次调研,我们对新疆就业问题有了新的认识,概括起来主要有三点:

第一,新疆就业总量矛盾与结构矛盾并存、就业难和招工难并存,两相比较,结构性矛盾和招工难问题更为突出。一方面,新疆维吾尔自治区农村有270万~300万富余劳动力,城镇还有几十万乃至上百万就业不充分人口,就业压力很大。但另一方面,企业普遍存在招工难问题,在南疆四地州表现得尤为突出。比如,喀什地区需转移和待业劳动力80万,而目前各类企业的空岗有5600多个。喀什市今年招收环卫、保安、园林等岗位人员,很难招到，市内餐饮业服务人员基本上都是从内地来的。又比如，阿克苏新雅棉纺厂经理反映招工难，准备招 450~500 人，目前只招到 380 人。阿克苏七星袜业即将投产，通过公司加家庭生产方式，预计能够吸纳南疆乡村 1 万人就业，经理说最大的问题是招不到工人。造成这一现象的原因主要是南疆少数民族劳动技能低，在语言沟通、生活习惯上存在障碍，再加上南疆少数民族群众就业观念陈旧，认为只有到机关事业单位工作才算就业，到企业工作不算就业。

第二，招工难、用工难问题是可以解决的，一定要有耐心。在阿克苏纺织工业园区调研时，我们发现，与其他一些企业招不到工人形成鲜明对比的是，巨鹰纺织公司却不为用工问题发愁，生产繁忙，一派兴旺景象。公司经理王宏磊原是阿克苏一家国有纺织企业的负责人，管理经验丰富，精通维语。她介绍说，少数民族员工原来主要从事农业生产，让他们成为合格的产业工人有一个过程，一定要有耐心。要带着感情去做工作，关心他们、体贴他们，设身处地地替他们着想，替他们解决实际困难，从感情上拴心留人。即使不稳定，一次招工 100 人留下 30 人，多招几次就能够招满。巨鹰的经验，让我们看到了解决南疆企业用工难问题的出路，增强了信心。

第三，少数民族群众进入企业就业，对于抵制宗教极端思想影响作用很大。阿克苏、喀什几家纺织服装企业经理说，他们在对少数民族员工进行岗前培训时都已明示，为确保生产顺利进行，员工上班期间一般不能从事宗教活动，进入企业工作的员工大多都遵守了这一规定。也有企业反映，一些少数民族员工刚进企业时还抽空做礼拜，过了一段时间后就不做了。实践表明，少数民族群众一旦转变为产业工人，现代企业的生产方式、管理规范对帮助他们转变观念、更新思想、进而抵制宗教极端思想的影响，作用很大，也充分印证了中央关于吸纳南疆少数民族群众到企业就业的决策是完全正确的。

（三）下步工作建议

解决新疆就业难、用工难的问题，要围绕"两降低两提高"（降低失业率、降低流失率、提高劳动参与率、提高劳动生产率）的目标制定政策、综合施策，形成促进就业的工作合力。工作路径上要两个"双管齐下"：一方面大力创造就业岗位，另一方面要强化职业培训，提升就业能力，转变就业观念；一方面要以促进就地就近就业为重点，另一方面要更多地引导南疆少数民族群众到内地、到北疆就业。具体建议如下：

第一，加强对企业用工工作的指导。特别要注意做好企业家的工作，教育引导企业家们增强社会责任感，为了新疆社会稳定和长治久安，也为了企业的长远利益，宁愿暂时牺牲一点效率，宁愿麻烦一点，也要积极吸纳少数民族到企业就业。在这方面，国企要带头，对做得好的民营企业，要大力表彰，形成浓厚的社会氛围。

第二，就业扶持政策一定要与招收新疆当地劳动者特别是少数民族员工挂钩。按照目前制定的政策，对在疆各类企业吸纳新疆籍劳动者就业，财政对企业应缴纳基本养老保险费、基本医疗保险费、失业保险费等，以及开展培训给予补贴。我们在霍尔果斯看到一家针织企业，员工绝大多数是汉族，又大多是从内地招来的，这不行。国家给的优惠政策一定要与企业招工实绩挂钩，不招用新疆籍劳动者特别是少数民族员工的企业，不得享受政策。

第三，进一步加大对新疆就业工作转移支付支持力度。在新疆，促进就业的财政开支主要用于职业培训补助、4050人员再就业补助、灵活就业及企业社保补助、开发公益性岗位补助等。近年来，自治区用于开发公益性岗位和灵活就业社保资金支出大，各级都反映就业专项资金有缺口。根据形势的变化，新疆方面要注意调整就业专项资金支出结构，另一方面也请中央加大这方面转移支付的支持力度。

第四，加强订单、定岗职业培训。培训要更具针对性，以满足企业用工为目标，建立中学、培训机构和企业三方合作机制，将两后生组织起来开展"语言＋技能"培训，特别要提倡和鼓励订单、定岗培训。对口支援省市的职业院校与受援地的职业院校合作，根据双方的产业发展需要开展培训是个好办法，既有利于当地就业，也有利于到内地就业，应认真总结经验并加以推广。

在新疆和田调研时的讲话[*]

（2015年4月14日）

今天上午这个座谈会开得很好，我们不仅是讨论对口援疆工作，实际上也是在讨论和田经济社会发展、社会稳定和长治久安工作，我就两方面的工作讲点意见。

一、关于和田地区经济社会发展

刚才地委书记的一句话"和田被逐步边缘化"，给我触动比较大。我们考虑南疆问题，过去是三地州、现在是四地州，整体研究多，但区分四地州各自情况，具体情况具体分析，确实做得不太够。你们提供了一个附件材料《和田地区与周边地区经济发展对比分析报告》，说明和田的问题的确值得我们重视。目前，和田人均生产总值在全疆14个地州中倒数第一，人均固定资产投资全疆倒数第一，工业化率全疆倒数第一，人均财政支出全疆倒数第二。与喀什和克州相比，和田的人均生产总值最低、工业化率最低，进出口占GDP的比重最低，人均固定资产投资最低，人均消费总额最低，地方财政自给率最低。人均财政支出稍微比喀什高一点。农牧民人均纯收入，和田比克州高出不到600元，但2010～2014年，和田的农牧民收入增长68.5%，而克州农牧民收入增长了151.5%，从增长态势上看，过两年克州有可能超过你

---

[*] 这是在新疆和田地区调研对口援疆工作，和地委、行署及对口援疆前方指挥部同志交换意见时的讲话。

们，你们的倒数第二又会成为倒数第一。主要经济指标都沦为全疆倒数第一，就这么个态势，这个严酷的现实摆在我们面前，怎么办？这要好好分析。

我觉得和其他地方比，和田经济社会发展最根本的问题还是工业化、城镇化滞后。

我们可以从农民收入讲起。农民收入这两年增长还不错，目标是力争到2020年突破1万元，靠什么呢？第一靠核桃，第二靠红枣，靠开荒是不可能了，不让再开荒了，只能在现有耕地上做文章。和田的红枣有60万亩，喀什、克州、巴州都比你们多。红枣的地头价格在下降，最早每公斤30元，然后25元、然后15元，去年就到了10元。而且红枣还没有进入最高峰的盛果期，如果这两年陆续进入盛果期，就算天津、北京帮你们往内地销，我估计价格也稳不住。虽然卖得数量比上年增多，但很可能价格下降幅度更大。刚才，大家提到要把核桃种植纳入国家木本油料补贴范围，但是我担心和田地区的150万亩核桃如果都进入盛果期，不知道价格会怎样？据我了解，云南省也在大力发展核桃产业，国内市场能不能消化掉这些核桃？大家一定要有忧患意识。农民收入的增长，直接关系到民生，直接关系到稳定。到2020年能否实现人均收入1万元的突破，我觉得不容乐观，要充分考虑以上这些因素。

除了农业结构调整，还有一条路子，就是工业化和城镇化，促进农民转移就业。在和田发展工业化和城镇化有优势也有劣势，劣势是距中心市场太远。即使现在铁路从喀什通到了和田地区，但是向东还没有延伸。从这个意义上来讲，和田处于比喀什还要靠西的位置，因为从内地过来必须要绕个圈子才能到达和田。电价原来有优势，现在也没有了。所以，要统筹考虑有优势的矿产资源、油气、玉石等。我不反对你们"三个一"工程（即一人一亩果，一户一棚菜，一家一人就业），但是"三个一"工程主要是在农业领域做文章，就东三县而言，农业收入在一定时间上还是农民收入的主体，但是以和田为中心的和洛墨地区耕地少，必须未雨绸缪加快打造工业化、城镇化发展的增长极。

前提条件是要加快和田至若羌的铁路建设。争取这条铁路及早开工建设，正好与格尔木至库尔勒铁路连接上，形成出疆的第二大通道。这样，从喀什－和田－若羌－格尔木－西宁直到与目前修建的至成都铁路连接，就可以直接插入西南和内地，同时还会形成与陇海线平行的铁路线，到那个时候和田就会位于交通枢纽位置，发展态势就会大为改观。航空事业发展也要加强，于田机场要加快建设，特别是要利用现有机场增加航班，目前和田至喀什的航班已经开通，客源还不错，票价也比较便宜。交通条件改善，是打造以和田市为中心的和田工业化、城镇化的一个必备条件。

要在认真分析的基础上做好规划。我个人观点，就和田工业化、城镇化发展而言，如果不给一些差别化政策确实不行，因为制约因素多、现有的基础不足以支撑加快发展，特别是在初始阶段，必须要有一些差别化政策支持。但是这个差别化政策不可能给全地区，我的建议是，在和田市打造一个十几平方公里的工业园区，集中给园区政策，集中通过园区来招商引资。

关于留不住人才的问题。人才来了就要有事可干，如果没事可干，即使引进来了也会走掉。如果是铁路开工建设了，工业园区也建成了，形成气候了，形成势头了，人才必定会聚集。要盖人才公寓也要在那个时候盖，再出台一些留人才的辅助政策。这次调研我的一个基本判断是，现在职业学校似乎有些过剩了，每个县都有一个职业学校，硬件不错，一个学校一年毕业1000多人，8个学校就是8000到一万人，到哪里去就业？都去外地就业了。如果和田的工业发展起来了，现在的职业学校都可以派上用场，都会为将来发展工业化做人才储备。

"十三五"对和田是一个重要时期，是一个奋力一搏的时期。什么是同步实现小康？不一定要看发展指标，而是要看发展势头。如果和田"十三五"出现了一个厚积薄发的势头，老百姓看到了希望，同步实现小康就有希望了。

和田地委、行署还是比较敏锐的，观察到和喀什的不同，他们有口岸的优势。我和史大刚副主席也聊过，急需把中巴铁路、中吉乌铁路修通，这样就可以把喀什给带动起来了。但是现在喀什他们也有办法，就是借助口岸的优势，靠陆路运输。和田的外贸额占GDP的比重要比喀什、克州低很多，所以和田发展要靠出疆第二大战略通道、靠内地需求来拉动，当然也要借助克州和喀什的外贸口岸优势。从战略上考虑，如果能早点把南疆铁路东段提到国家"十三五"建设时间表上，这样就要赶快筹划工业园区，国家给的差别化政策也才有用武之地，整个发展局面就可以有一个很大的改观。和若铁路是龙头，是牛鼻子，有了大通道的拉动，其他事就都好办了，人才、资金问题，都是属于有了大通道以后必须配给的政策条件。要把这个战略构想的重要性、必要性讲清楚。

从现在开始，和田要朝着这个方向努力，开始深入调查研究，开始着手编制规划，该争取的关键性项目就必须盯住。首先，要把和田地区在南疆、在新疆被边缘化的实际情况讲清楚，要有危机感，不奋斗不行，不奋斗就根本不可能同步小康。如果得到各方面支持以后，这些战略构想就呼之欲出了。如果只是一般化地说因为我们落后，所以才要这些项目和政策，和在战略层面上讲清楚不这么干不行，那说服力是不一样的。

二、关于对口援疆工作

总的来说，北京、天津、安徽的对口援疆要吃透和田目前的态势，吃透它未来几年发展的主线和重点。刚才讲的那些话，不仅仅是对和田讲的，实际上对口援疆也要策应和田的这个新思路，这应是未来几年三省市援疆工作的主线。就和田对口援疆而言，今后要抓住五个方面的重点工作。

1. 加大以就业为导向的产业援疆力度

要把就业特别是转移就业放在第一位，否则农民收入再也支撑不了了。产业援疆，重心是第二产业，也包括第三产业。和田现在的产业结构不合理，一产占30%，二产占20%，三产占50%，三产虚高，因为一产比重太高，二产比重太低，所以重心还是工业化。三个指挥部在这方面要配合和田工业园区建设，出实招，扎实引进一些项目，特别是不要放弃引入劳动力密集型项目来吸纳就业。2014年援疆资金120多亿元，只占当年新疆财政支出的2.5%，别看这个量小，但是由19个援疆省市引进的产业援疆资金每年都在千亿元以上。"十二五"头四年，由19个援疆省市引进的产业援疆资金和企业投资，占到新疆固定资产投资的23%！如果没有这一块，新疆的固定资产投资就没有增量。所以，要把账算清楚，产业援疆潜力非常大，要充分发挥作用。

2. 深入推进双语教育和职业教育

这两项工作都有很好的基础，现在的问题是要深入推进。这两项工作也是为了促进就业，提高劳动者的就业能力。双语不行怎么就业？技能不行怎么就业？这个和上面的任务是配套的，现在的难点是双语教育要提质扩面，职业教育课程设置有雷同，双语教师和双师型教师跟不上，三个省市在这个方面要加大支持力度。

3. 有针对性地推进民生项目

民生项目要有针对性。我同意安居工程还要继续搞，但下一阶段的搞法可能和上一阶段有很大不同。考虑到对象是更困难一些的农户，补助标准要提高，同时农户的住房面积要差别化，资金补助在提高标准的基础上也要有点差别化。"十二五"解决了20万户，总的来看，如果"十三五"再接着干，再解决25万户，和田农村的住房问题基本就解决了，相应的还有水电路气的配套。去年12月，社科院写了一份要报，反映南疆部分富民安居工程空置率高达40%～80%，我觉得不大可能。但是要注意这个事。一是老百姓的承受能力，8万块钱的总造价，虽说补助了2.85万，但老百姓自己要掏5万多，掏不出来就得"拉饥荒"。二是房子盖好了，水电气路不配套，那也没法入住。可能安居工程是花钱最多的，包括游牧定居。这些要搞得比上一阶段更精当一些。所以我说要有针对性地推进。

4. 大力促进民族交流交往交融

这包括柔性引进人才、当地人才的培养、当地干部到内地的培养、当地少数民族到内地的就业，内地和当地的青年和少年儿童的"手拉手"，也包括文化援疆、向内地介绍维吾尔族等少数民族优秀文化，以及文化新疆行、动漫、拍片子，通过这些互动，加强民族之间的认同感。要在这方面做大文章、做好文章。过去我们援疆存在一个什么问题呀？叫见物不见人。项目虽然要重视，但更重要的是，这些项目是为了使边疆人民感受到祖国的温暖，最终还是要在人心上做文章。

5. 要把维稳处突纳入援疆重要内容

不仅是人员，还有设施，现在已经做了一些了，下一步在这方面还要继续做，正式把这个内容纳入援疆范围。

另外，我调研中还感到一些问题。

一是规划编制要增加弹性。因为援疆五年规划和援疆干部三年一周期不匹配，又由于县与县之间的情况，甚至本地区与所属县的情况都会有一些变化，所以规划不可能一开始把握得很准。你们希望加强地区一级的统筹管理，我认为可以考虑。"十三五"援疆规划编制，不一定一开始就把项目排满，可以预留一部分，给后面的人作为机动，要留一点弹性，只要大的方面是准的就行了。

二是项目管理问题。总的就是尽量减少"交钥匙"工程，加大"交支票"工程的比重，这样可以更好地发挥援疆资金的效益，提高当地实施项目的积极性。但同时地方也要注意，如果这样提倡了以后，地方包括兵团在实施"交支票"工程的时候要增强责任感，尽量不要超预算，否则的话援疆单位就很难办了。总的来说，"交支票"工程比"交钥匙"方式是可以节约投资的。这对各个指挥部提出了新的更高的要求，"交支票但不交责任"，交了支票指挥部仍然有责任直接参与这个项目的实施，一路监督。项目建设的最好办法就是双方共同实施，撤掉哪一方都不好。因为地方毕竟在项目的管理经验上不如内地、人才上不如内地，援疆单位要"传帮带"，监督资金的使用。能不能明确提出，除个别项目以外，原则上提倡"交支票"，这样可以大大提高援疆资金使用效率。

三是效率的问题。"十三五"援疆资金的基数比"十二五"要大。就十九个援疆省市看，2010年开局之年资金总量是110亿元，到今年2015年是150亿元，也就是2016年第二阶段的初始资金基数至少是150亿元，但是增量不如"十二五"。整个"十二五"的援疆资金总量在650亿元，"十三五"期间援疆资金总量在800亿元以上。现在要研究怎么提高援疆资金的使用效率，这是一个很重要的问题。

要研究如何充分发挥援疆项目的效益。有些援疆的报告老说援疆项目百分之百开工，百分之百竣工，百分之百质量合格，这是最起码的要求，最终援疆项目能不能百分之百发挥效益，这才是最根本的一个要求。如援建了一个医院，资金也都投入了，结果编制下不来，医生不到位，那么这个援建医院投入的资金有百分之多少发挥效益了？安居工程资金投入了，结果空置了，投入的资金多少发挥效益了？援建的一个卫生院，包括CT等好的设备都配备了，但是援疆省市的干部一走，和田当地的同志没有人会用这些设备，就搁在那了，这个项目多少资金发挥效益了？所以，要以更高的标准来要求援疆项目，特别是要建立援疆效益的考评机制。

谈谈新疆经济[*]

(2015年6月25日)

感谢主办者给我这样一个机会,和大家面对面地就新疆的经济问题进行交流。2007年以来,我多次来新疆调研,对新疆经济问题有一些初步的认识,尽管还不成熟,但我愿意和大家一起讨论交流。

一、怎样理解跨越式发展

谈新疆经济,首先要回答一个问题,就是要不要推动新疆经济跨越式发展?新疆经济能不能实现跨越式发展?我的基本看法是,实现新疆经济的跨越式发展,不仅是必要的,而且是可能的。

从全国来看,新疆经济所占比重并不大,但战略地位十分重要。新疆166万平方公里,占全国的1/6,自然禀赋独特,比较优势明显:一是油气矿产资源十分丰富,石油、天然气、煤炭预测储量分别占全国陆上预测储量的30%、34%和40%,风能、光伏、水电等清洁能源已占全区能源消费的1/3,在全国名列前茅;二是土地光热资源充足,新疆耕地灌溉面积占全国的1/10,人均占有耕地是全国平均水平的2.6倍,天然草场占全国的近1/5,光热资源占全国第2位,生物农牧业资源十分丰富;三是旅游文

---

[*] 这是在国务院参事室、中央文史馆组织的"中华文化四海行——走进新疆"活动专题讲座上的报告,原载《新疆经济研究》2015年第4期,《新疆社会科学》2015年第6期。

化资源厚重，新疆拥有独特的自然风光、浓郁的民族风情和厚重的历史文化积淀，冰峰与火洲相望，沙漠与绿洲为邻，民族文化绚丽多彩，丝路文化享誉全球，发展旅游业潜力巨大；四是区位优势突出，新疆与八国接壤，位于东亚与中亚两大市场的结合部，是欧亚大陆桥的必经之地，具有向西开放的独特优势。

基于这样一种区情，新疆的同志在20世纪90年代初就提出要实施优势资源转换战略。尽管这个战略在此后不同时期被赋予了不同的内容，但立足自身比较优势实现赶超的战略导向一直没有变。

也正是基于对新疆经济的这种认识，第一次中央新疆工作座谈会和第二次中央新疆工作座谈会，都赋予了新疆经济"三基地一通道"的4大战略定位，即新疆是国家大型油气生产加工储备基地、国家大型煤炭煤电煤化工基地、国家风电基地和国家能源资源陆上大通道，充分肯定了新疆面向市场的优势资源开发转化战略。

我们知道，中国幅员辽阔，地区发展不平衡始终是我国的基本国情，包括新疆在内的西部地区处于相对欠发达的地位。改革开放之初，我国的区域发展采取的是"非均衡发展战略"，东西差距有所拉大，但从世纪之交中央启动西部大开发战略以来，特别是2006年党的十六届五中全会第一次明确提出"四大板块"的区域协调发展战略以来，西部地区的发展开始提速，东西相对差距开始缩小，这是一个十分了不起的变化，也为新疆实现跨越发展创造了有利的外部环境。

西部12省（市、区）各自的情况不同，发展的路径也有所不同。比如新疆和西藏，都是民族自治地区，都是反分裂斗争任务繁重的地方，中央也都给予了特别的支持，但新疆和西藏的自然禀赋、开发条件、产业基础和市场半径很不相同，发展的战略态势也会有所不同。以我的观察，西藏在相当长的时期内仍将以中央扶持为主，而新疆完全有条件通过实施优势资源开发转化战略来增强自

845

我发展能力，成长为西部地区新的增长极。记得2006年在重庆，时任总理温家宝曾经说过，西部大开发，西南是重庆，西北是新疆，这两个地方发展起来了，就可以说西部大开发有了重大突破。可见新疆发展的潜力巨大，是有条件走在西部大开发前列的。

2009年8月，胡锦涛同志在新疆考察工作时的讲话中，第一次明确提出要推动新疆实现跨越式发展。党的十八大以来，习近平总书记、李克强总理也多次讲过要推进新疆跨越式发展。实现新疆的跨越式发展，不仅是可能的，而且十分必要，其重大意义不仅表现在要确保新疆与全国一道实现全面小康，不仅表现在要确保国家能源资源安全，也不仅表现在有利于打造西部地区新的经济增长极，全面提升我国向西开放水平，更重要的是，推动新疆实现跨越式发展，是维护新疆社会稳定和实现长治久安的内在要求。

第二次中央新疆工作座谈会明确提出了新疆工作的总要求，就是要把维护新疆社会稳定和实现长治久安作为新疆工作的总目标和新疆一切工作的着眼点和着力点，包括发展在内的各项工作都要围绕这个总目标来统筹安排和推进。这是新形势下中央对新疆工作做出的科学判断，因为归根到底它是由新疆社会的主要矛盾决定的，这也是这次座谈会的核心精神，对于做好新时期的新疆工作具有极为重要的指导意义。

可能有同志要问，说发展要为维护社会稳定和实现长治久安服务，这是不是弱化了经济发展工作的重要性？我认为这种看法是形而上的，也是不对的。在发展与稳定的关系上，我们要讲两句话：一句是，稳定是发展的前提，没有稳定的局面，发展就无从谈起，而且发展并不能自然而然地带来稳定，不能用发展工作来替代稳定工作；另一句是，发展是稳定的基础，是解决新疆一切问题的根本途径，没有发展也就没有稳定。那么，怎么理解这两句话的关系呢？这里的关键就是要把发展和稳定紧密结合起来，所有的发展都要有利于改善民生、争取人心，紧紧围绕新疆工作的这个根本要求来推动发展。我们说发展的根本目的是改善民生，这在新疆有着特殊的重要性和内涵,因为民生连着民心,只有民生不断改善了,才能凝聚人心,才能真正为社会稳定和长治久安打牢根基。从这个意义上讲,要求新疆的发展必须为长治久安服务,并不是弱化了经济工作,相反,是对新疆经济工作和实现什么样的跨越式发展提出了新的、更高的要求。

二、发展的成绩和面临的挑战

许多同志讲,第一次中央新疆工作座谈会以来这5年,天山南北发生了巨大的变化,是新疆发展速度最快、各族群众得实惠最多、城乡面貌变化最大的时期。我完全赞同这个看法,因为它是符合实际的。

从主要经济指标看,改革开放特别是西部大开发以来这15年,新疆经济发展的曲线并不是一路上升的,而是经历了一个比较明显的"马鞍形"。我们来看表1和表2。

表1　　　　西部大开发以来新疆主要经济指标的位次变化情况

项目	在西部的位次		在全国的位次	
	1999年	2009年	1999年	2009年
人均GDP	1	6	13	22
农民人均纯收入	6	6	25	25
城镇居民人均收入	6	11	17	27
人均财政收入	2	4	13	15
进出口总额	3	3	18	16
固定资产投资总额	5	7	20	25
社会消费品零售总额	7	9	26	27

从表1所列7个经济指标看,2009年比1999年,新疆在西部12省(市、区)的排位,只有农民人均纯收入和进出口总额两个

指标持平，其他指标的排位都是下滑的，其中人均 GDP 从第 1 位下滑到第 6 位；在全国的排位，只有进出口总额指标前进了两位，农民人均纯收入持平，其他都是下滑的，其中人均 GDP 指标后移了 9 位。

表 2　第一次中央新疆工作座谈会以来新疆主要经济指标的位次变化情况

项目	在西部的位次		在全国的位次	
	2009 年	2014 年	2009 年	2014 年
人均 GDP	6	5	22	16
农民人均纯收入	6	4	25	23
城镇居民人均收入	11	8	27	26
人均财政收入	4	1	15	7
进出口总额	3	5	16	22
固定资产投资总额	7	7	25	23
社会消费品零售总额	9	9	27	27

从表 2 可以看出，最近 5 年来，无论是在西部还是在全国，新疆除了进出口总额排位下滑，其他指标的排位都是上升的或持平的，特别是人均财政收入跃升到西部第 1 位、全国第 7 位。

通过这两个阶段数据的对比，我们可以清楚地看到，这 5 年新疆经济的确发生了积极的变化、呈现出良好的势头。具体讲，新疆经济的实质性进步主要表现在以下五个方面：

(一) 经济发展明显提速

2009～2014 年，新疆地区生产总值由 4200 多亿元提高到 9200 多亿元，每年增加 1000 亿元，年均增速达到 11.1%，比 1979～1999 年高 0.6 个百分点，比 1999～2009 年高 1 个百分点。2014 年，新疆人均地区生产总值相当于全国平均水平的 87.0%，比 2009 年提高了近 10 个百分点。

（二）经济结构不断优化

新疆的经济结构偏重，而且二产呈石油工业"一业独大"的格局。这几年结构调整加速，非石油工业快速发展，在工业增加值中所占比重由2009年的40%提高到2014年的52%。三产加快发展，所占比重与二产的差距由滞后8个百分点缩小到1个百分点。

（三）发展的质量效益提高

5年间，地方财政一般预算收入由2009年的不到400亿元提高到近1300亿元，年均净增180亿元，年均增速高达22.7%。财政收入相当于GDP的比重由不到10%提高到近14%。利税总额超过亿元的企业达到132家，比2009年增加了1倍，城乡居民收入连续多年保持两位数增长。

（四）发展的基础条件改善

基础设施建设滞后历来是新疆经济发展的瓶颈和短板，这5年的情况有了很大的改观。水利方面，大批重点工程开工建设，节水面积每年增加300万亩，总面积翻了一番；交通方面，高速公路通车里程增加了2倍，铁路营运里程增加52%；能源方面，电力装机增加3.3倍，第一条特高压外送通道建成。

（五）民生建设迈上新台阶

一是安居工程，新建富民安居房120万套、兴牧定居房8万套，使500万各族群众受益。二是双语教育和职业教育，全疆学前和中小学双语教育普及率达75.5%，比2009年提高33.5个百分点，在南疆实行了从学前到高中阶段的14年免费教育，新建和改扩建职业学校59所。三是就业，三年前就实现了消灭城镇零就业家庭目标，通过大力发展纺织服装业，仅2014年即新增就业4万多人。

这五年新疆经济发展的成绩来之不易,一方面,是中央大力支持、各省市无私援助、新疆同志奋力拼搏的结果,不仅为今后的发展打下了坚实基础、积累了丰富经验,而且证明中央的政策和新疆的战略选择是正确的,必须坚定不移地走下去。

另一方面,我们也要清醒地看到,新疆经济发展尽管取得了很大的成绩,但新疆经济发展底子薄、欠账多的区情还没有根本改变,新疆作为欠发达地区的本质还没有实质性变化,新疆经济发展的主要制约因素还没有从根本上消除。尤其是眼下,在世界经济复苏乏力、我国经济发展进入新常态的背景下,新疆经济发展面临着新的冲击和挑战。

当前,新疆经济面临的最大问题,是如何应对经济下行压力的冲击。从今年一季度的情况来看,新疆地区生产总值仅增长6.9%,比全国低0.1个百分点,是近15年来同期增长速度最低的。受国际石油价格持续低迷和主要工业品价格持续下降的影响,新疆石油工业、煤制气、煤化工产业开工不足,钢铁、水泥、电解铝等行业产能过剩更加突出,规模以上工业企业1/3停产或未开工,工业增速仅5.3%,同比下降5.5个百分点。投资和消费增长乏力,分别仅增长14.9%和6.1%,同比分别下降14.2个百分点和5.6个百分点;受俄罗斯等周边国家货币贬值、大宗商品价格继续回落的影响,新疆进出口总额同比下降38.3%。特别是财政一般预算收入出现负增长,使收支矛盾加剧。还要注意到,在经济运行出现困难的同时,新疆经济长期存在的一些深层次问题将会凸显出来,如产业结构不合理问题、就业问题、农民增收问题等,使稳增长、调结构、惠民生面临的形势更加复杂。综合判断,正像新疆同志所讲的那样,今年的新疆经济很可能是国际金融危机以来最困难的一年,而能不能有效地加以应对,则是摆在我们面前的一个重大考验。

面对错综复杂的形势,自治区党委和政府按照党中央、国务院的决策部署,结合新疆的实际,已经并正在采取有力的措施加以应对，开始收到成效。有关这方面的工作，新疆的同志都感同身受，我就不多讲了。这里，我只想讲一个观点，就是当前的形势对于新疆经济而言，既是挑战，更是机遇。所谓挑战，是指新疆经济带有西部地区经济的一般特点，产业结构偏重，以资源加工行业为主，抗风险的能力不强，因此一旦经济下行压力传递过来，对新疆经济带来的冲击要比沿海发达地区来得更大。所谓机遇，是指新疆经济结构调整的回旋余地比较大，经济生活中一些新的积极因素正在成长，加上下行压力本身就构成倒逼机制，为新疆经济结构的战略性调整提供契机，只要我们坚持稳中求进的方针，一方面妥善应对当前问题，另一方面采取更加积极主动的措施去推动新疆经济转型发展，是一定可以迈过这道坎、打开一个新局面的。认识到这一点十分重要，正因为如此，我们有理由对新疆经济充满信心。

三、"十三五"的几个问题

今年是"十二五"的收官之年，一件很重要的工作就是要着手编制"十三五"规划。"十三五"对于新疆经济承前启后的发展非常关键，关系到新疆能不能继续保持发展的好势头，能不能破除阻碍在转型发展上取得实质性进展，能不能与全国一道实现全面小康。因此，要下大气力谋划好新疆下一步的发展，编制好新疆"十三五"规划。

目前，自治区有关部门正在深入调查研究，扎实推进"十三五"规划编制。新疆"十三五"发展涉及的问题很多，这里我就三个方面的问题提点建议，希望对深化规划编制研究能够有所帮助。

（一）把"转型升级、提质增效"作为新疆"十三五"规划的主线

从全国来看，转变经济发展方式是"十三五"的核心问题，

推动传统的要素投入型增长方式向创新驱动型、质量效益型增长方式转变，是"十三五"规划的主线。之所以这样讲，一是因为传统发展方式已经难以为继。传统发展方式的基本特点是，需求结构上主要靠出口和投资拉动，产业结构上主要靠工业扩张带动，要素投入结构上主要靠投入量的增加驱动，这样的发展方式必然是粗放的。传统发展方式的延续是需要特定的条件来支撑的，但在我国经济发展进入新常态的情况下，所有支撑传统发展方式的条件和环境都发生了根本变化，排浪式的消费投资需求消退，劳动力、土地等要素低成本优势不复存在，投资的边际报酬递减开始显现，资源环境的承载能力已经达到极限等，这表明，传统发展方式已经走到了尽头。二是只有及时地转向创新驱动型增长，才能避免落入"中等收入陷阱"。创新驱动型与要素投入型两种增长方式的根本不同点，在于后者的增长主要靠要素投入量的增加，而前者的增长主要靠技术进步、组织创新、专业化分工和结构变革，用经济学上的术语，就是靠提高全要素生产率。我国目前全要素生产率对经济增长的贡献率不到20%，而发达国家都在50%以上，所谓经济发达不发达，主要差距就表现在这里。二次大战以后，有100多个发展中国家赢得了独立，其中不少国家完成了从低收入向中等收入阶段的跨越，但真正实现现代化，跻身高等收入国家行列的没有几个，大多落入了所谓"中等收入陷阱"。为什么会落入"中等收入陷阱"？学界的解释很多，但归结起来看，根本原因就是这些国家未能实现发展方式的转变。由此我们可以说，一个国家或一个地区，在不同发展阶段上所要求的发展方式是不同的，说到底，要素投入型增长方式只适用于从低收入到中等收入发展阶段，而从中等收入向高收入国家迈进，就必须实现向创新驱动型发展方式的转变。我们国家目前就面临着这个坎，经济增长从高速转向中高速是表象，本质要求是加快推进发展方式的转变。

我们再来看新疆经济。新疆经济也存在不合理、不协调、不可持续问题：一是经济增长主要靠投资拉动。据测算，2009~2013年，投资对新疆经济增长的贡献率为66.2%，消费的贡献率为46.4%，净出口的贡献率为-12.6%，而且近年来投资对经济增长的贡献率还在提升。二是产业结构畸轻畸重。尽管这两年新疆轻工业发展提速，但到目前为止重工业与轻工业的比例仍为88.3∶11.7，其中石化工业又占整个工业的半壁江山，比重高达47.9%。这种偏重的产业结构带动就业能力较差，新疆二产的比重高达42.4%，而吸纳的就业只占16%。三是市场竞争不充分。在新疆的企业结构中，国有及国有控股企业的增加值占规模以上工业增加值的74%，其中央企又占了大头，民营企业和多种所有制企业所占比重偏小，市场竞争不活跃。四是高能耗高污染问题突出。"十二五"前三年，新疆单位GDP能耗上升了23.9%，而国家要求"十二五"要下降10%。全疆化学需氧量、氨氮、二氧化碳、氮氧化物排放也是不降反升，分别上升了1.4%、1.8%、7.0%和28.2%。五是发展的质量效益不高。新疆产业大多属资源开采加工型，处于产业链上游，受市场波动影响大，营利性不稳定，加上创新能力不足，研发经费占地区生产总值的比重远低于全国平均水平，竞争力不强。

由此可见，新疆也面临着和全国同样的问题，因此也要高度重视和积极推进转型发展。尽管转型发展对于新疆来讲需要一个较长的时间过程，但我认为从"十三五"就要做好战略谋划并迈出实质性步伐。一是要进一步挖掘进出口和消费的潜力，调整需求结构；二是要大力发展非石油化工行业，重点是高新技术产业、现代制造业和劳动密集型产业，调整产业结构；三是要大力发展非公经济，推动大众创业、万众创新，调整企业结构；四是高度重视节能减排降耗和高效利用水资源，提高可持续发展能力；五是要努力提高科技创新能力和大力培养人才，这是转型发展最重要的支撑力量。在这个过程中，新疆要用好用足国家给予的差别化政策，还要注意处理好"稳"与"进"、"赶"与"转"的关系，在稳中求进，在赶超中实现转型，真正走出一条具有中国特色、新疆特点的发展路子来。

（二）把推进丝绸之路经济带核心区建设作为促进新疆发展的重大机遇

"一带一路"建设是党中央根据全球形势深刻变化、统筹国内国际两个大局作出的重大战略决策。在国际格局进入大调整时期、国内经济发展进入新常态的情况下，我国必须加快构建全方位对外开放新体系。改革开放30多年来，对外开放始终是我国经济持续快速增长的主要动力。前20多年的增长得益于东部沿海地区的率先开放，近10多年的增长得益于加入WTO后的进一步扩大开放，今后的发展仍有赖于对外开放。需要强调的是，此前30年的对外开放和今后的对外开放是有很大不同的，此前的对外开放是以"引进来"为主，而今后我国的对外开放将进入一个以"走出去"为主的新阶段。去年，我国吸引外商投资1196亿美元，而对外投资已达1029亿美元，预计今年中国的对外投资很可能首次超过外商在华投资，也就是说中国将成为资本净输出国。这是一个具有重大标志意义的变化，意味着中国将在更大范围、更宽领域、更高层次上融入全球经济体系，这是一个不可逆转的大趋势。

"一带一路"建设是实施全方位对外开放战略的"先手棋"和突破口，目的是与沿线国家发展更加紧密的经济合作伙伴关系，共同打造政治互信、经济融合、文化包容的利益共同体、命运共同体和责任共同体。这不仅有利于通过对外投资带动我国产品、装备制造走出去、富余产能转出去、技术标准带出去，提升我国在世界经济舞台上的发言权和影响力，而且也有助于沿线国家搭上"中国快车"，加快自身的结构变革和工业化进程，因此是互利双赢的大好事。

国家的"一带一路"战略规划已经明确新疆是丝绸之路经济

带核心区,这对于新疆来说,既是一个重大机遇,也是一份沉甸甸的历史责任,一定要努力把核心区建设好。据我所知,自治区党委、政府对此高度重视,很早就启动并完成了核心区建设的实施意见和行动计划。这里我再提几条具体建议:一是要把口岸建设和大通道建设放在优先位置,提高对外贸易投资的便利化水平和与周边国家的互联互通水平;二是加大"内引外联"、"东联西出"的工作力度,充分利用核心区建设的有利条件,吸引内地企业到新疆投资兴业,这样既可以增强新疆向西开放的能力,也有利于推动新疆产业结构的转型升级;三是创新"走出去"方式,支持企业通过链条式转移、集群式发展和园区化经营"走出去",扩大对外投资,建设好境外产业园区;四是合力做好对外工作,重点做好俄罗斯、中亚等国家的工作,俄罗斯主导的欧亚经济联盟与我国倡导的"一带一路"有许多共同点,要寻求最大公约数,争取更多的合作伙伴,共同推进丝绸之路经济带建设。

(三)把加快南疆经济社会发展作为"十三五"新疆发展的重中之重

"新疆一盘棋,南疆是棋眼"。所谓新疆问题,在很大程度上就是南疆问题。南疆宗教氛围浓厚、暴恐活动多发,是敌对势力渗透的重点,也是反分裂斗争的前沿。从经济社会发展方面看,南疆的问题也十分突出:一是南疆的经济发展严重滞后,2014年,南疆四地州的人均GDP和农民人均纯收入仅相当于新疆平均水平的38.4%和77.1%,相当于全国平均水平的33.5%和68.1%。二是在全国14个集中连片贫困区中,南疆是贫困面比较大、贫困程度比较深的片区之一,目前南疆四地州还有贫困人口186万人,贫困发生率为24.8%,贫困人口占全疆的85.4%,扶贫攻坚的任务十分繁重。三是就业和增收门路窄,南疆四地州还有农村富余劳动力158万人,由于南疆工业化、城镇化发展滞后,劳动力就业转移门路不多。南疆农民收入的大头来自农业，虽然这些年南疆农民收入增长较快，但目前面临着棉花、林果价格下跌的不利影响，今后的增收压力加大。四是水资源供需矛盾突出，目前新疆的用水量已超过国家用水红线，其中问题最突出的又是南疆，退地减水是必要的，也有可能对南疆农民增收带来负面影响。五是人口增长过快，全国人口自然增长率不到5‰，全疆为10‰，而南疆四地州人口自然增长率为16‰，是全国也是各民族自治地方中人口增长最快的地区，经济发展的努力在一定程度上被过快的人口增长抵消掉了。

加快南疆经济社会发展，不仅是一个经济问题，也是改善民生、争取人心，牢牢把握反分裂斗争主动权的大问题。国家已经把南疆问题提升到国家层面，单独施策，自治区也采取了许多有力有效的措施，这几年南疆的发展速度已超过全区平均水平，但还很不稳定。希望自治区、兵团都高度重视南疆问题，在各方面的共同努力下，力争南疆发展在"十三五"能够有新突破。一是要搞好南疆发展的规划，认真分析南疆发展的有利和不利因素，以推进工业化、城镇化为主线，加快南疆经济社会变革。二是要继续加大支持力度，国家财政和预算内投资要向南疆倾斜，自治区的财政和投资盘子也要进一步向南疆倾斜，对口援疆要继续把南疆作为工作重点。三是以就业为中心，继续实施"短平快"项目，千方百计发展劳动密集型产业，继续推进双语教育，大力发展职业教育，提高劳动者就业技能。四是努力促进农民增收，要按照"稳粮调棉、优果兴畜"的思路推进农业结构调整，大力发展设施农业和农产品加工业，采取硬措施加大扶贫攻坚力度。五是加强水利、交通等基础设施建设，加快南疆铁路库尔勒—喀什复线建设，深化中吉乌、中巴铁路前期工作，和田至若羌铁路是第二条出疆大通道，对带动南疆发展意义重大，要力争在"十三五"开工建设；加快卡拉贝利、阿尔塔什等水利枢纽建设，加快叶尔羌流域防洪治理工程建设，大力发展节水农业，实施盐碱地改造工程。六是加大民生改善工作力度,继续实施富民安居工程,力争"十三五"实现规划目标,加强南疆卫生医疗和计划生育服务能力建设,在农村低保全覆盖的基础上不断提高社会保障水平。

在新疆有关工作座谈会上的发言[*]

(2018年1月5日)

根据会议安排,我就新疆经济、兵团改革、对口援疆问题做一简要汇报。

一、关于新疆经济发展

新疆与西藏不同,资源富集,经济基础较好,又地处丝绸之路经济带核心区,经济发展的潜力较大。党的十八大以来,以习近平同志为核心的党中央对新疆经济发展提出明确要求,一是不要单纯追求GDP,不以GDP论英雄,要坚持稳中求进工作总基调,深入推进供给侧结构性改革,坚持绿色发展、有质量的发展;二是经济发展要紧贴民生改善,要始终服从和服务于维护社会稳定和实现长治久安总目标。

西部大开发以来,新疆经济发展经历了一个"马鞍形",2000～2009年,主要经济指标在西部和全国的排位是下滑的,尔后开始企稳回升。预计2017年地区生产总值10884亿元,增长7.6%,财政一般公共预算收入1459亿元,增长12.3%,社会消费品零售总额3030亿元,增长7.3%,进出口总额1367亿元,增长15%,全社会固定资产投资1.2万亿元,增长20%以上,增速位居全国前列。规模以上工业增加值2950亿元,增长6.3%,实现利润805亿元,增长1.3倍。"稳定红利"初步显现,接待国内外游

---

[*] 这是在中央新疆工作协调小组召开的有关座谈会上的发言。

客突破1亿人次，增长20%以上。城镇居民人均可支配收入30683元，增长7.8%，农民人均可支配收入10997元，增长8%。

新疆经济具有以下几个显著的特点：一是经济增长主要依靠投资拉动。据测算，投资对新疆经济增长的贡献率在2/3以上，消费和净出口的贡献率不高，消费品零售总额在全国排在倒数第5位，出口商品中地产商品仅占15%。二是产业结构偏重，带动就业能力差。重工业占比高达88%，石化煤炭工业又占了整个工业的半壁江山。二产比重占38.5%，带动就业仅占14.6%。每年需安排城镇新增就业64万人，去年实际新增47万人，就业的总量和结构性矛盾突出。2014年以来大力发展纺织服装产业，带动新增就业35.9万人，已成为少数民族群众就业的重要渠道。三是市场竞争不充分，国有及国有控股企业增加值占规模以上工业增加值的70%以上，其中央企又占了大头，民营企业和多种所有制企业所占比重小。四是资源优势转化面临困难。疆电外送受消纳区负荷限制，已建成的哈郑直流工程即便降价保量，仍不能满负荷运行，在建的准东—华东直流工程被要求压缩电源点规模；3条过境天然气管道留疆自用比例小；钢铁、煤炭、水泥、电解铝只能区内平衡，去产能矛盾多；向西通道没有完全打开，我丝绸之路经济带与俄主导的欧亚联盟亟须对接。五是新兴产业发展和创新能力不足。新兴产业、高新技术产业增加值占工业的比重分别仅有5.2%和1.5%，研发经费占地区生产总值的比重仅0.64%。六是节能减排难度大。高耗能企业能源消费占比高达73%，能源消费需求量刚性上涨，若不扣除"三基地一通道"项目能源消费量，实难完成国家下达的能耗总量控制及强度下降考核指标。在国家统计局最近发布的2016年各省绿色发展指数中，新疆排名垫底。七是水资源高度紧张，尤以南疆问题最突出。据水利部2015年报告，南疆现状用水总量363.9亿立方米，已分别超过国家下达的到2020年和2030年的用水总量红线，南疆除大力节水外，需退地减水。八是财政自给能力弱。2017年全区财政支出约 4500 亿元，人均约 2 万元，仅次于西藏，主要是靠国家加大转移支付力度，全区财政自给率约为 32%。九是区域发展不平衡。2016 年，南疆四地州作为深度贫困地区，人均 GDP 和农民人均可支配收入分别为全区的 45.2% 和 79.8%、全国的 34.0% 和 65.7%；贫困县和建档立卡贫困人口分别占全区的 74.3% 和 86.1%；总人口 1007 万人，其中少数民族占 91.5%，人口自然增长率为 14.3‰，分别比全区和全国高出 3.2 个和 8.4 个千分点。

总体上看，新疆经济底子薄、欠账多，经济类型特殊，矛盾问题集中，转型发展任务十分艰巨。下一步，要协助新疆牢固树立新发展理念，深化供给侧结构性改革，抓住丝绸之路经济带核心区建设机遇，着力培育新产业、新动能，打好"三大攻坚战"，化解突出矛盾，为转型发展创造有利条件。

二、关于兵团深化改革

兵团是稳疆建疆的重要力量，组建兵团是党中央治国安邦、强化边疆治理的战略安排。党的十八大以来，党中央对兵团的改革发展提出新要求。2016 年，根据中央领导同志的重要批示，中央新疆工作协调小组各成员单位对深化兵团改革问题进行了深入调研。2017 年，中央对深化兵团改革做出部署。

针对兵团体制机制上存在的"五个不适应"问题，中央要求，深化兵团改革，要坚持中央对兵团的性质定位和大政方针不动摇，以不断丰富和完善党政军企合一特殊体制内涵及实现形式为方向，以建立完善既使市场在资源配置中起决定性作用，又有利于更好发挥兵团特殊作用的体制机制为主线，以重点领域和关键环节的改革为突破口，正确处理好屯垦与维稳戍边、特殊管理体制与市场机制、兵团与地方三大关系，全面深化体制改革。

一年来，自治区党委和兵团党委认真贯彻落实中央决策部署，扎实推进各项改革，取得了阶段性进展和积极成效。一是统一思想，加强领导。认真学习习近平总书记重要讲话，开展"发挥兵团特殊作用"大讨论，把思想和行动统一到中央决策部署上来。二是把深化团场改革作为突破口和重头戏，系好改革的第一粒扣子。在第六师五家渠市部署开展团场改革试点，从人口、土地、资产、债务"四清"入手，推进"四分开"；减少连营干部，实行实名制管理；建立党支部领导下的连队管委会、监委会，实行民主管理；逐步收回"经营地"，扩大职工土地承包经营权；取消团场的企业法人资格，不再直接经营管理企业；对"三供一业"全部"断奶"，实行市场化经营。三是健全和转变"政"的职能。自治区人大、政府在相关事项上向兵团授予行政执法权。暂时冻结机构编制，加快推进机构改革和职能转变。四是启动财政管理体制改革，完成兵团辖区税源和税收基数核实工作，确定兵团内部财政体制，强化预算硬约束。开展财经纪律大检查，清退滥发薪酬、奖金、补贴资金。五是稳步推进国资国企改革。通过调研梳理问题，形成兵团国资国企改革意见，拟通过关闭破产一批、转让退出一批、重组整合一批、培育发展一批，优化国有资本布局，创新企业经营机制。六是提高维稳戍边能力。强化兵地维稳联动机制，参与地方社会面防控和暴恐案件处置，配合自治区加强管边控边。加强民兵队伍建设意见。七是进一步加强党对兵团工作的领导，推动兵地融合发展和干部交流。八是认真落实中央关于兵团向南发展的重要指示。

三、关于对口援疆

习近平总书记强调，对口援疆是国家战略，必须长期坚持。对口援疆工作从 1997 年开始实施，历经 20 年。20 年的对口援疆大体上分为三个阶段，开始是干部人才援疆，2010 年后实施全方位对口援疆，党的十八大后进入聚焦总目标对口援疆新阶段。20年来，共选派 9 批 19438 名援疆干部，柔性引进人才 4.96 万名，培训新疆干部人才 135 万人次；2010~2017 年，新一轮对口援疆实际投入 1004.3 亿元，实施项目 10374 个。对口援疆是新疆工作的重要组成部分，为新疆经济社会发展注入了强大活力，为新疆社会稳定和长治久安作出了突出贡献，发挥了不可替代的重要作用。

党的十八大以来，先后召开了三次全国对口支援新疆工作会议。2017 年 7 月，在新疆喀什召开了第六次全国对口支援新疆工作会议，俞正声同志出席并做重要讲话。会议对 105 名对口援疆先进个人进行表彰，总结了 20 年对口援疆工作，分析了援疆工作面临的新形势新情况，对下一阶段的工作做出安排部署。

第六次援疆会议要求，对口援疆要紧紧围绕社会稳定和长治久安工作总目标，继续贯彻"五个必须坚持"的重要原则，始终紧扣"六个更加注重"重要任务，在事关新疆改革发展稳定的根本性、基础性、长远性问题上精准发力，在对口援疆广度拓展、深度挖掘、力度强化上狠下功夫，着力加强机制建设，调动援受双方两个积极性，不断提高对口援疆的综合效益。会议提出了下一步对口援疆的六项重点工作，即坚定不移聚焦实现全面小康推进脱贫攻坚；坚定不移聚焦扩大就业推进产业援疆；坚定不移聚焦提高人口素质推进教育援疆；坚定不移聚焦增强实效推进干部人才援疆；坚定不移聚集民族团结推进交往交流交融；坚定不移聚焦夯实基础推进基层建设。

第九编 对口支援

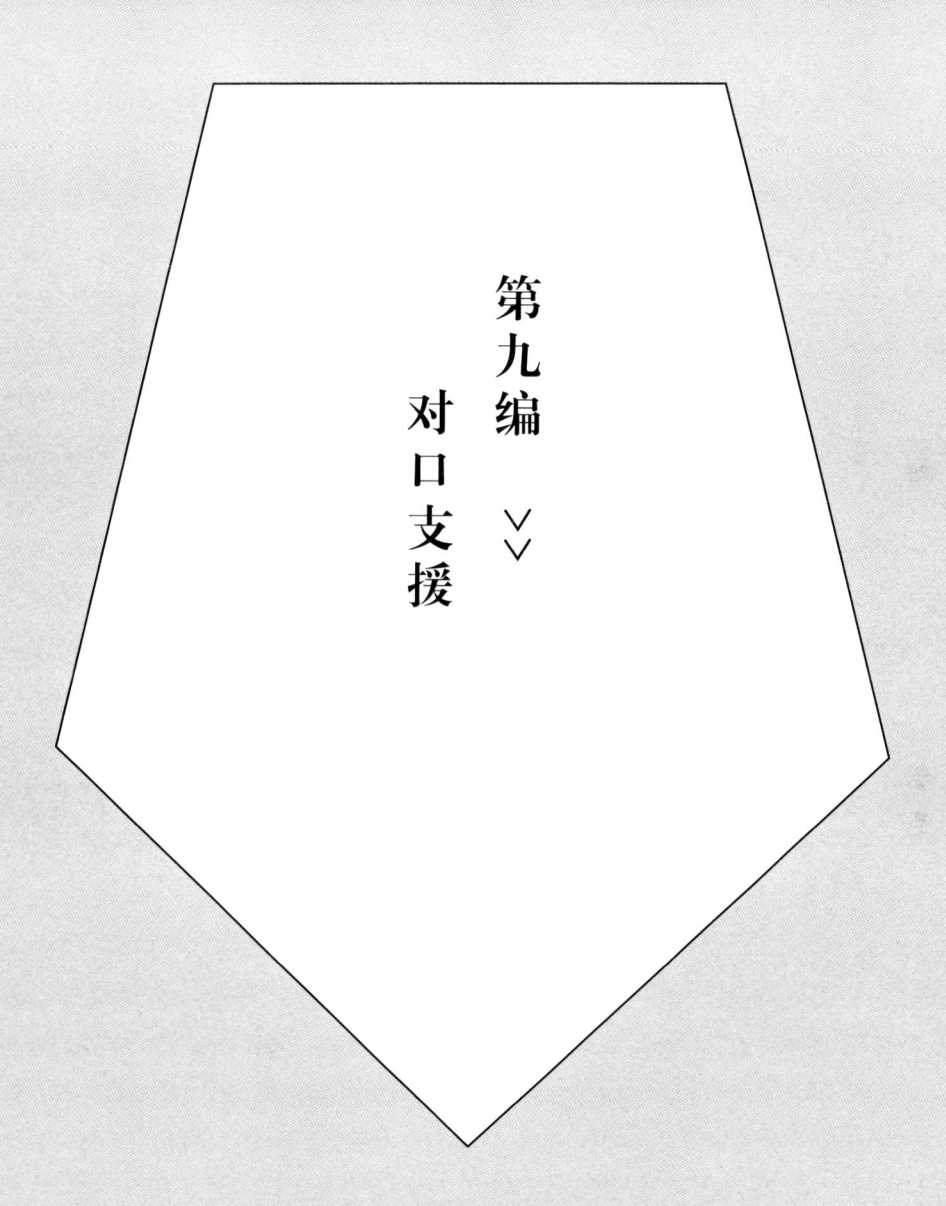

关于进一步加大对口援疆
工作力度的建议[*]

(2009年12月23日)

新疆战略地位重要，新疆的发展稳定事关国家核心利益。做好新疆工作不仅是新疆的事情，而是全国的事情。未来一段时期，是新疆加快经济社会发展的关键时期，既需要国家继续给予特殊的帮助和支持，又需要相关省市和企业的大力支援。实践已经证明，全国对口支援新疆是推动新疆发展行之有效、一举多得的战略性举措，不仅有利于东西优势互补，促进区域合作联动，而且有利于新疆各族群众切实感受到祖国大家庭的温暖和社会主义制度的优越性。

因此，我们在调研报告里明确提出，要在全面总结过去援疆工作的基础上，结合新形势的需要，进一步加大对口援疆支持力度，适当调整对口援疆工作布局，加强对口支援建设规划和项目前期工作，将民生领域作为对口支援的重点，努力形成全国支援新疆的新格局。

一是增加支援省市数量，适当调整工作布局。初步考虑在现有14个对口支援省市的基础上，适当扩大对口支援省市范围，增加黑龙江、吉林、安徽、山西4省，并将深圳市单列，共19个省市作为支援省份。在此基础上，根据受援县市的困难程度和人口总量等因素，在总体保持对口支援结对关系稳定的前提下，将尚

---

[*] 这是在中央新疆工作座谈会筹备工作领导小组会议上，代表经济社会发展组就赴疆调研报告所做汇报的一个内容。

未有省市对口支援的县市纳入范围，并适当调整优化工作布局。

二是加大投入力度，明确实物工作量。初步考虑支援省市每年要拿出地方财政一般预算收入的一定比例作为援疆资金，并根据支援省市发达程度梯次确定不同的资金比例。考虑到企业性质特殊，要求中央企业进一步加大对口援疆的投入力度，但不提具体量化要求。

三是做好前期规划，重点突出民生。为保证对口支援有序推进、取得实效，根据支援省市的能力和受援地区实际需求，编制对口援疆项目建设规划，明确对口支援的目标、重点和任务。对口支援资金、项目要重点用于改善民生特别是改善南疆地区的群众的生产生活条件。

四是完善管理机制，加强资金监管。要进一步完善对口支援项目和资金的管理和运作机制。在国家层面上，建立对口支援部际协调机制，负责援疆政策、规划指导等工作，统筹协调解决经济援疆工作中的重大问题。新疆维吾尔自治区和兵团要强化组织领导，加强对受援地区的组织协调和管理，指导做好项目规划和前期工作，推动工程实施，加强资金监管。

根据目前工作进度，我们力争年底前拿出对口支援方案。

在对口支援新疆工作协调会上的总结讲话*

（2010年8月2日）

为期一天半的对口援疆工作协调会就要结束了。会议期间，大家听取了张平同志的重要讲话，听取了关于对口援疆专项规划编制大纲和规划管理办法两个草案的说明，进行了热烈的讨论。下面，根据同志们在讨论中提出的需要研究和明确的问题，我再讲一些意见，供同志们参考。

一、关于援疆规划的体系问题

按照中央的要求，新一轮的援疆不同于过去的援疆。新一轮援疆能不能开好头、起好步，关键是要编制一个科学的、符合实际的并有一定前瞻性的规划，作为我们今后行动的依据。19个省市前方指挥部会同自治区和兵团已经做了大量的工作，但是有些问题还需要进一步明确。根据这次会议讨论的情况，我以为整个援疆规划的体系可以分三块：

一是以19个援建省市为单元，会同地方和兵团组织编制的某某省（市）对口支援新疆某某地（兵团某某师）综合规划。这个综合规划，在规划编制大纲里已经提出了相关内容和要求，包括

---

* 根据第一次中央新疆工作座谈会部署，为做好新一轮对口援疆工作，国家发改委牵头在乌鲁木齐召开工作协调会，对具体工作进行部署。中央国家机关13个部委、自治区、兵团有关负责同志、对口援疆19省市前方指挥长等参加会议。这是作者在会议结束时的讲话。

援建的指导思想、基本原则、建设内容、资金安排、项目和资金的管理，还有时间期限等。这种口径的规划，比过去以县为单位编制的规划，可以大大减少规划的数量，大大提高规划的质量，也便于将来对19个省市进行考核。需要强调的是，这次对口援疆方案明确要求建立直接对县的对口援建机制，因此在综合规划里，所有的项目和资金都要分解到县市、分解到师团场。综合规划的报核程序是，以援建省市的前方指挥部商受援地区提出规划，然后由双方分别与自治区以及后方领导小组进行衔接，征得自治区和后方领导小组的同意，加以平衡后，再报国家部际联席会议审核。重点是审核规划的项目内容、资金安排是否符合中央的要求。审核同意后，正式作为2010年、2011～2015年对口援助工作的依据。鉴于新一轮对口援疆是一个开创性的事情，因此允许对规划做中期调整。

二是在19个综合规划之下，如果援建方认为有必要，也可以编制分县规划和专项规划。这个规划主要是供前方指挥部和受援地区更好地协调推动综合规划的展开使用的，是在综合规划的原则和框架内的分县规划和专项规划，因此不必再报批，只需报国家部际联席会议备案。

三是中央和国务院有关部门编制的专项规划，比如说，中组部要牵头编制对口援疆的人才规划和干部规划，卫生部要编卫生的援疆规划等，对这类规划，考虑也要由部际联席会议审核。

整个援疆规划体系就由这三部分组成，其中核心的是各省市编的综合规划。请国家发改委地区司按照这样一个框架来修改我们此前提出的规划编制大纲和管理办法。

二、关于分县资金规模和分配使用问题

援建方急于了解各县的资金强度到底如何安排，这确实是规划编制之前需要明确的事情。目前，19个支援省市中，只有安徽

只援助和田地区皮山县，所以资金总量就对这一个县，除此之外各省市至少有 2 个援建单位，最多的是江苏，达到 15 个，涉及 2 个地州，需要把资金分配到各县。实际上，在确定各省市援建资金总量时，分县资金是测算过的，是有底数的，但当时的主要矛盾是资金总量的确定问题，如果那个时候涉及分县资金，会影响大方案的确认，所以没有公布。一个省援助资金如何分解到受援的县市，主要考虑两个因素：

第一个因素是困难程度。我们根据人均 GDP、农民人均纯收入、地方财政一般预算收入等相关指标测算后，把新疆受援的 82 个县市分成三类：第一类是最困难县，共 32 个县，平均每年安排 2.1 亿元，比如南疆三地州的县市都在这 32 个县范围内；第二类是中间的 34 个县，平均每年安排 7000 万元；第三类是条件相对好的 16 个县，平均每年安排 3000 万元。

第二个因素是人口数量。同样是一类县，人口数量是不一样的，将 2.1 亿元的平均资金数乘以人口系数，就得到该县实际的援助资金量。比如，塔县是一类县，但人口只有 3.5 万人，因此测算下来每年援助强度是 3000 多万元；另一个例子是莎车县，人口是 72 万人，测算下来每年援助强度是 6.97 亿元。

对兵团是另外一个算法。考虑到兵团的重要性，按照援助地方的一个加强系数给兵团安排资金，再乘以不同师团的人口系数，确定每个受援师团的受援资金量。

要注意的是，大家拿到了这个方案后，可能会出现县与县之间的攀比问题，因此一定要做好说服和解释工作。

会上新疆有关地州的同志提出，援建资金能不能切出一块作为机动资金，留在地州统一使用？这个想法能够理解，但我不同意这么做，理由是这样的做法不符合中央的要求。按照中央要求，这次援建资金都要尽量下沉，落实到基层去，明令不许搞楼堂馆所和形象工程，这是校正此前的一些不当做法后明确的一个重大方针。因此地州就不要留机动资金了，原则上全部资金都要分解落实到县，否则有可能造成跑冒滴漏。地州的困难怎么解决呢？地州的困难由自治区的支持、国家的支持来安排资金，就不要再分散使用对口援疆的资金了，否则就会出现使用方向不当的问题。附带的一个问题是，前方指挥部的工作费用可否进援建的资金盘子？这里只能援引汶川地震、玉树地震灾后重建的经验，前方指挥部的费用不能进援建资金的盘子，这里包括工资、差旅、工作生活开支等。规划编制、勘测设计等费用各省自己定，有的省风格高就不进盘子，如果要进盘子，在资金管理办法中要定一个比例界限，比如不能超过援助资金量的 1% 或 1.5%。有关这个问题，请财政部制定具体办法加以明确。

三、关于发挥好部门的指导作用问题

会上大家强烈要求国务院有关部门对规划的编制加强指导，特别是希望了解国家在新疆将安排哪些建设项目、使用多大资金规模，好与各援建地方的项目之间有效衔接。这个要求是对的。目前，援疆规划编制走在前头，国家部委相关信息的告知滞后，因此这个工作我们要抓紧做。比如，援助方要搞富民安居建设，相关的水气路电等配套设施国家到底安排不安排资金，是援建方干还是国家干？国家安排给新疆的项目，重点是涉及民生方面，其中又重点是"水电路气房"、"教卫文就保"等下沉到基层的项目，要列出一张大单子，尽快告知 19 个援建省市。会后，建议由发改委投资司牵头，会同有关部委，尽快做好此项工作。自治区发改委、自治区有关部门也要配合做好工作，使援疆省市能充分考虑项目之间的衔接，不要干重复的活，也不要衔接不好留下空白。

需要说明的是，因为正在编制"十二五"规划，各方面的项目安排还会有调整，所以将要提供给大家的项目和资金单子还只能作为参考。关键是把握好援疆资金的投向，这与国家投向新疆的资金还是有分工的。援建资金关键是解决 4 个方面的问题：民生方面，重点是居者有其屋问题；产业发展方面，与国家安排的项目不在一个档次上，就是县和地州的工业园区、农业现代园区等；就业和人才培养方面，办多少培训班、培养多少人，或者内地办多少班，以及培养当地多少干部和人才，这些与国家安排的大交通、大水利原则上是有很明显的分工的。

会上反映的一些部委规定援疆资金的多少要用于哪个方面的问题，我能理解各个部门的心情，但不同意这个做法。最近，各个部门都召开了对口援疆会议，表明了各个部门对贯彻落实中央援疆精神的高度责任感，行动非常迅速，工作也比较扎实，这些都是好的，尤其是在这些专业会上，已经和19省市就一些专业项目进行了对接，这也是非常好的。为什么不同意规定比例的做法？第一，这不是财政资金，是横向转移支付，是发达省援助欠发达省的资金。第二，各部门都提资金比例要求，会搞得人家手足无措。我们各部门要为受援地区和前方指挥部做好服务、指导和协调，可以加强项目的衔接和指导，如何确定项目是由援建方和受援地两家商量确定的，我们不能硬性规定必须安排什么项目，这样不合适。

四、关于援疆项目的审批程序问题

我认为可以分两类：一类是覆盖千家万户的打捆项目，如富民安居项目等。有些同志说，能不能进了综合规划，经部际联席会议审核同意后，这些覆盖千家万户的项目就视同立项？我认为可以简化审批程序。另一类是单体资金量比较大的项目，到底要报谁审批？有的同志提出是不是报后方领导小组审批？我以为不妥，恐怕还是要执行属地原则，这些项目还是要在自治区有关地州或县市来履行审批手续。为什么？因为这些项目都会涉及土地的预审、环境影响的评价、银行的贷款等，这些只能在属地解决，不可能回到后方援建省解决。而且在项目执行过程中，如果发生一些矛盾和纠纷，如果要走法律程序的话，在属地才能获得更好的法律援助。除了以规划替代立项的项目以外，其他单体项目按照政府各个层级的审批权限，在属地履行审批手续。

请自治区各级发改委和相关部门要把援建项目审批放在优先位置，要采取一些简化程序和环节的办法，不要拖时间，不要让援建方到各个部门磕头。我们可以采取现场办公的方式、几部门联合起来一站式办公的方式，来加快援疆项目的审批，不能因为我们工作效率不高影响援疆工作的进度。国家发改委审批权限内的所有援疆项目，一律下放自治区或是兵团审批。

五、关于富民安居工程问题

富民安居是整个援疆工作的重中之重。在富民安居工程方面，以下几个问题需要澄清：

第一，总规模或总户数问题。自治区82个县范围内，"十二五"期间需要建设和改造122万户，这里不包括已经完成抗震安居房建设的175万户。已经完成抗震安居房建设的，也有提升改造问题，如果将这部分175万户全部纳入，富民安居工程规模就是297万户。此外，游牧定居还有10多万户。自治区农业人口是1400万，以4口为一户，大概有350万户，而刚才算下来纳入工程范围的就有近300万户了。兵团还有32万户。将来援疆的富民安居工程到底是按哪个口径的户数干？这个范围请住建部会同自治区、兵团尽快澄清。

第二，户均面积如何安排。现在提出80平方米，是各地在援建的前期调研过程中提出的意见，汶川和玉树地震灾后重建也是80平方米，所以户均面积可以按80平方米考虑。但这次会上有的同志提出，有的户是鳏寡孤独，就1口人或2口人，是不是也要建80平方米？我认为可以因地制宜，对只有一两口人的户，可以考虑建60平方米，比原来的30平方米抗震安居房已经改造升级了。

第三，建设标准问题。标准里面首先是功能。请大家看对口援疆的方案，对功能是有明确要求的，水、电、气都入户，路也要到户。按照这样的功能要求和80平方米的平均面积标准计算，户均造价最少要4万~5万元，多的要6万~7万元。有的户是新建，有的户是改造提升，平均造价需要5万元。资金如何筹措？有的地方现在提出1∶1∶1的方案，援建方、国家和自治区、住房户各拿1/3。如果按照平均造价5万元计算，每户要拿1.7万元。如果按300万户计算，每户拿1.7万元，就是500亿元。分5年完成，一年要拿出100亿元，全区老百姓每年要拿出100亿元盖房子，有这么多积蓄吗？如果因为盖房子拉了饥荒呢？是做好事还是在做坏事呀？我们要以民为本，珍惜民力，老百姓但凡有点积蓄，怎么用都是有选择的，比如想先弄个菜园子，等有了钱再盖房子行不行？现在是整村推进，全部推倒重来，不管怎样都要往盖房子里拿钱，这能把好事办好吗？所以，头脑要清醒，入界宜缓，每临大事有静气，不能头脑发热。

对富民安居工程，我建议方方面面要抓紧开展工作。自治区一定要提出总规模来，搞清到底多少户纳入富民安居工程；建设部要尽快制定出富民安居工程的标准；各援建省要会同地方做深入的调查。我赞成统一规划，不赞成整村推进。一个村统一规划，谁家先改后改，要去征求老百姓意见，要尊重老百姓意见，不能强迫一律。统一规划好后，5年干不完，六七年也行。要充分考虑复杂性，做规划要留点余地。工作要做细，不能因为工作不到位，造成后续工作遗留一大堆问题。

六、关于控制建材和房地产价格不正常上涨问题

富民安居工程每户5万元的标准，是建立在当前建材市场价格水平上的。如果明年大规模展开建设，供求矛盾失衡的话，必定导致建材价格大幅上涨。汶川和玉树就有这个问题，必须未雨

绸缪，早作打算。依我了解到的情况，新疆钢材水泥基本趋于自给，缺的是玻璃、砖和木材。第一，要增加供给能力。可以考虑在调查的基础上，合理选择新的生产厂家，尽快上马。能不能在安排进口方面做一些规划，财政部和税务总局能不能考虑在木材进口关税、进口增值税方面做些减免，以降低建材价格。还有机制砖，各个地区尽快上一些机制砖厂。第二，是定点采购，建立和定点厂家的购销关系。价格部门要对生产企业的合理成本进行核算，只要是定点厂家就是保本微利。第三，合理安排运输，尽量降低运输成本。第四，北京市很有经验，请北京最大的建材商到和田，马上建立和强化已有的建材行业的功能。要借鉴北京的经验，通过扩大吞吐来平抑价格。第五，物价部门加强监管。打击囤积居奇、投机倒把行为，发布严禁牌。自治区物价部门要把每月建材价格监测改为每旬报一次，相应做好调控预案，决不能让这5年600亿元的援建资金因为涨价缩水成300亿元。各级物价部门要全力负起责任，发改部门、工信部门要尽快安排生产能力。

七、关于尽快落实中央各项优惠政策问题

要尽快落实中央赋予的各项优惠政策，为新疆的产业发展创造一个更好的环境，这里包括差别化产业政策、差别化土地政策、新建企业所得税两免三减半政策、特殊经济开发区政策、进出口政策、石油天然气等原料多留在新疆就地加工政策，还有已出台的资源税费改革的政策等。要尽快使这些政策落地，造成一个吸引包括19省市在内的内地产业向新疆转移的良好态势，产业援疆的项目安排就可以有一个更好的环境。在援建工作中还要注意处理好改善民生与长远发展的关系，我们最终目的是让老百姓富起来。以南疆而言，农民收入是2100元，相当于全国平均水平的40%；全自治区农民收入是3800元，相当于全国平均水平的

70%左右，让南疆尽快赶上全区的平均水平不那么容易，根本途径还是要发展产业项目，减少农业人口。这方面的工作任务绝不比富民安居工程轻。当前要把主要工作精力放在改善民生的项目上，但两者不矛盾。

八、关于加强兵团干部和专用技术人才援助问题

兵团干部和专用技术人才相对地方偏弱。请援建省考虑兵团的重要性，兵团是新疆发展中的建设大军、维稳中的中流砥柱、固边的铜墙铁壁，对兵团的作用要有充分认识，对兵团的困难和支持也要有充分认识。各省市要考虑加强对兵团人才和干部这方面的支持力度，如果已经确定结对关系不好调整的，建议由省级统筹调整，加强对兵团干部和人才的支持力度。

九、关于项目和资金的管理问题

项目有一套基本建设程序，资金财政部也有援疆资金管理办法，这是两个最基本的法规。无论是援建方还是受援方，都要结合国家的规定来制定完善援建项目和资金的管理办法，尽快把这个制度建立起来。这里我侧重讲一下援建项目和资金的管理到底是以援建方为主还是以受援方为主的问题。第一，要区别不同项目。如果是"交钥匙"工程，那自然是援建方为主，如果是"交支票"工程，那自然是受援方为主。第二，按照中央的精神，支援方和受援方两个方面要充分协商，要积极探索能够充分调动两个方面积极性的管理办法。按以往在西藏、新疆、青海以及其他贫困地区援建项目的管理看，不管是以援建方还是受援方为主，都有管得好的，也有管得不好的，很难一概而论。要建立调动两个方面积极性的管理办法，可以实施"项目长"工作模式，"项目长"既可以是援建方的，也可以是受援方的。第三，之所以今

年安排试点,重要意图就是要在项目和资金管理上摸索经验,拿出一个符合当地实际的管理办法。总之是要调动两个积极性,要充分协商、协商一致,这是做好对口援疆工作的重要原则。充分协商就是生产力,虽然花点时间,但长远看是有效率的,反之就叫破坏生产力,就是降低效率。

准确把握新时期对口援藏
工作的新要求[*]

（2010年10月25日）

这次会议开得很好。上午，西藏自治区郝鹏副主席系统总结了15年对口援藏工作的经验和成效，对新时期对口援藏工作提出意见和建议；湖北、上海、江苏、神华集团、林芝地区的同志，代表援受双方做了典型发言；发改委地区司负责同志就《关于进一步加强经济对口支援西藏工作的指导意见》（以下简称《指导意见》）和《经济对口支援西藏专项规划编制工作大纲》（以下简称《规划编制大纲》）两个文件稿做了说明，大家进行了热烈讨论。中央统战部朱维群副部长做了非常重要的讲话，介绍了我们与达赖分裂集团斗争的有关情况，指出经济援藏是党中央交给我们的一项重要政治任务，并对经济援藏工作提出五点希望和要求，很有针对性和指导意义。下面，结合会议讨论情况，我再讲三点意见。

一、要进一步增强做好经济援藏工作的大局意识和责任感

（一）充分认识对口援藏工作的阶段性特征

1984年中央第二次西藏工作座谈会提出并启动了对口援藏工

---

[*] 为贯彻落实中央第五次西藏工作座谈会精神，做好新时期对口援藏工作，国家发改委牵头在成都召开经济对口援藏工作座谈会，中央统战部、西藏自治区领导同志，以及援藏省市、央企代表出席。这是作者在座谈会上的讲话。

作。1994年中央第三次西藏工作座谈会进一步明确了"分片负责、对口支援、定期轮换"的对口援藏工作基本方式和格局。2001年中央第四次西藏工作座谈会对结对关系进行了调整，对口援藏结对关系基本固定下来，实现了对西藏7个地（市）74个县（区）的全覆盖。15年来，内地省市、中央和国家机关及企事业单位共向西藏选派了3747名干部，实施了4393个援建项目，援藏资金总计达到133亿元。温家宝总理在中央第五次西藏工作座谈会讲话里指出，"对口支援西藏工作，体现了全国人民大团结的物质和精神力量，在西藏发展史上树立了一个丰碑"。正是在全国各省市、中央企业的大力支持和西藏各族群众艰苦奋斗下，与15年前相比，西藏发生了天翻地覆的变化，已经站在了新的历史起点上。2009年，西藏地区生产总值达到441.43亿元，是15年前的9.6倍，城乡面貌发生了巨大变化，贫困面大幅缩小。这些成就都融入了在座各省市、各部门和各单位的贡献和奉献。

今年年初召开的中央第五次西藏工作座谈会，对新时期对口援藏工作做出了全面部署，一是决定对口援藏工作延长到2020年；二是明确了经济援藏投资实物工作量，建立了对口援藏资金稳定增长机制；三是不断完善经济援藏、干部援藏、人才援藏、教育援藏、科技援藏相结合的工作格局；四是根据中央和国务院有关文件，明确了包括对口支援在内的一些特殊支持政策。中央第五次西藏工作座谈会后，各地区、各部门积极行动。干部援藏方面，各援藏单位明确了援藏干部队伍，第六批995名援藏干部已于今年7月底前全部到位。组织保障方面，中央西藏工作协调小组明确经济援藏工作由经济社会发展组负责，由国家发改委牵头。发改委将会同相关部门，配合做好经济援藏的协调服务工作。承担经济援藏工作的17个省市和17家中央企业，也相继成立了对口援藏工作领导小组或后方指挥部。截至9月中旬，各援藏单位已落实援藏资金12.5亿元，已实施援藏项目340多个。西藏自治区和各受援地市也做了大量基础性工作。可以说,新一轮对口援藏工作已正式起步,开局良好,进展顺利。

(二)充分认识对口支援西藏工作的特殊意义

开展对口援藏,既是西藏特殊情况决定的,也是党和国家工作大局决定的。要充分认识西藏极端重要的战略地位。中央指出,西藏是重要的国家安全屏障、重要的生态安全屏障、重要的战略资源储备基地、重要的高原特色农产品基地、重要的中华民族文化保护地、重要的世界旅游目的地。这是中央对西藏的六个战略定位。这六个战略定位中,最重要的莫过于安全屏障这个定位。要充分认识西藏经济社会发展面临的特殊困难。这些困难主要体现在六个方面,一是自然条件恶劣,生态环境脆弱;二是基础设施建设欠账较多,瓶颈制约十分明显;三是产业基础相对薄弱,自我发展能力尚未形成;四是社会事业发展总体滞后,公共服务能力严重短缺;五是农牧民生产生活水平低,扶贫开发任务相当繁重;六是维稳形势严峻,境内外分裂势力的破坏干扰比较严重。具体讲,西藏120多万平方公里,80%的地区位于海拔4000米以上,服务半径大,公共服务成本高;西藏全境水土流失面积占80%,沙化面积占18%,草原退化面积49%,雪线上升、湖泊干涸,生态问题突出;2009年,西藏农民人均纯收入3532元,仅相当于全国平均水平的68%,1300元以下的贫困人口占全区人口的9.1%;产业规模小,发展制约多。比如,藏东水电,理论蕴藏量大,水能资源丰富,但要形成产业规模,就受到了远离中心市场,物流成本太高等方面制约;基础设施建设滞后,还有1000多个行政村不通路,1/4的农牧民用不上电,1/3的农牧民存在饮水安全问题,等等。与内地相比,这些困难在西藏表现得更加明显和突出,因为存在着我们与达赖集团斗争这个特殊矛盾,这是左右西藏、影响全局的大问题。要充分认识西藏面临的两大矛盾和肩负的两大任务。中央明确指出西藏经济社会发展存在的两大矛盾，其中，主要矛盾是人民日益增长的物质文化需要同落后的社会生产之间的矛盾。可以说，前5个困难都是这个矛盾的体现。这个矛盾，西藏有，内地也有。但是，西藏还存在着一个特殊矛盾，就是各族人民同以达赖集团为代表的分裂势力之间的斗争。这个斗争是长期的、尖锐的、复杂的，有时甚至是十分激烈的。正是因为存在这两大矛盾，中央对新时期西藏工作提出了两大任务，即跨越式发展和长治久安。其中，跨越式发展是针对上述主要矛盾讲的，而长治久安则是针对上述特殊矛盾讲的。这就是我们需要从政治和战略的高度整体把握西藏问题的关键所在。

(三) 要充分认识对口援藏工作的重要作用

关于对口援藏的作用，温家宝总理多次强调两个力量，即物质力量和精神力量。西藏离不开中央支持，离不开自己的艰苦奋斗，同时也离不开各支援省市和中央企业的无私援助。要给西藏注入物质力量，这个力量已经得到量化，五年下来约140亿元。但更重要的是精神力量，也就是全国人民对西藏各族人民的关心和关爱，一定要让西藏各族人民切身感受到祖国大家庭的温暖，一定要通过对口援藏工作体现出社会主义制度的优越性。有了物质力量和精神力量，就可以更好地争取民心、更好地把握住与达赖集团斗争的主动权。同志们一定要认清这一点，做好西藏工作，不仅是西藏人民的事情，也是全国人民的事情，是各省市、各部门、各中央企业必须要肩负起来的政治责任，就是再困难，也要全力支持西藏，这是政治问题。说到底，西藏是国家最紧迫的核心利益之一，为了这个利益，就必须营造出全国关爱西藏的良好氛围和态势。因此，必须从政治的高度看待对口援藏特别是经济援藏工作。

二、要紧紧把握新时期经济对口援藏工作的新要求

（一）新时期对口援藏工作要充分体现"两个倾斜"，更加注重改善民生

以中央第五次西藏工作座谈会为标志，对口援藏工作已进入一个新时期。总结15年来对口援藏工作，主要方面做得很好，但有些方面还需要加强和完善。大家一定要有这个意识，不能说过去15年的援藏工作已经形成定制，不能改变。客观地讲，以往的对口援藏工作，成绩是八分九分，但需要完善的地方也有一分两分，要用与时俱进的观点看待这个问题，要树立对口援藏工作已进入一个新时期的概念和意识。

对国家发改委起草的《指导意见》，大家提出了不少修改意见。对《指导意见》的修改，谈几点具体意见。一是在基本原则部分，要增加生态保护一条。鉴于西藏生态地位的极端重要性，推进对口援藏工作，首先要有强烈的生态保护意识，一定要保护好这片雪域高原的蓝天净土。二是重点任务要体现胡锦涛总书记关于"两个倾斜"的指示精神，着力改善农牧民基本生产生活条件。要把扶贫开发和增加农牧民收入的内容写入这部分。三是应该将教育、卫生、文化、就业、社会保障等方面的内容纳入经济援藏工作的视野和范围，这关系到基本公共服务均等化。在经济发展方面，若要缩小西藏与全国平均水平或上海水平的差距还需要相当长的时间。但是，按照基本公共服务均等化的要求，通过提高基本公共服务能力和水平，着力促进教育、卫生、文化、就业、社会保障等社会事业发展，率先缩小与全国基本公共服务能力的差距，则是可以做到的。经济援藏与教育援藏、卫生援藏要紧密结合，经济援藏要侧重于提高基本公共服务能力。四是加强各类适用人才的培养，包括农牧民培训。人才匮乏是西藏发展之

落后的突出瓶颈制约。目前，西藏人均受教育年限平均为6.3年，比全国平均水平少2.2年；高中入学率仅有50%多，比全国低了17个百分点。因此，一定要把西藏的教育搞上去。发展西藏教育，其中最重要的一条是要大力推进双语教育，让各民族的孩子们掌握国家通用语言。如果藏族群众连国家通用语言都掌握不了，将来如何能就业，如何增加收入？因此，推广双语教育是涉及藏族群众核心利益的大问题，要毫不动摇地坚持，也要纳入经济援藏范畴。五是再强调一下经济技术交流合作。这是对口支援西藏工作的重要内容之一，要充分发挥支援各方的优势和积极性，特别是援藏干部要发挥好桥梁纽带作用。

（二）新时期对口援藏工作要坚持正确的政绩观，更加注重实效

与前15年对口援藏工作相比，新一轮对口援藏已有了重大调整。过去15年直接用于改善民生的资金约有18个亿，只占援藏资金规模的13.5%，比重太小。今后，对口援藏工作一定要坚持科学发展观，树立正确的政绩观，充分体现向农牧区、向基层"两个倾斜"的要求。对口援藏建设不再提倡搞楼堂馆所、宽马路、大广场。将来对援藏资金的考核重点是，援藏建设是否体现了"两个倾斜"的要求。比如，在地、县等中心城镇搞基础设施建设，建设医院、疾病防控中心、输血站，以及开展旧城区改造等，是西藏经济社会发展的需要，但这些建设主要由国家投资来解决或通过市场机制来运作，不再作为新时期援藏工作的重点，重点是体现"两个倾斜"的项目。希望大家一定要统一思想，紧紧抓住并倾力解决西藏民生方面存在的突出矛盾和老百姓最关心、最迫切的主要问题。此外，援建项目建设，要注意做好规划和设计，突出民族特色和现代化相结合的要求。我几次进藏调研，有个明显感觉，援藏项目建设，突出民族特色不够，建筑与内地许多地方雷同，名称不伦不类。因此，援建项目一定要将民族特色与现代化相结合。

三、需要进一步明确的几项工作

（一）抓紧做好新时期对口援藏规划编制工作

新时期对口援藏工作与以往有所不同，很重要的一条是将这项工作全部纳入规划管理。此前，对口援藏既没有编制规划，也没有注意与中央、地方规划的衔接，其中一个重要原因是，对口援藏投资实物工作量不确定。发改委在筹备中央第五次西藏工作座谈会期间，征求并采纳了大家的意见，向中央提出明确年度援藏资金总盘子，建立援藏资金稳定增长机制的建议。现在，对口援藏投资实物工作量已经确定下来，也就具备了编制规划的前提。今年是新时期经济援藏工作的启动年，明年是新时期对口援藏实施的第一年。在启动年，大家要抓紧做好两件事，一是要把在建的援藏项目搞好，同时还要继续探索新经验、新路子；二是要集中精力编好对口援藏规划，为明年正式启动新一轮对口援藏工作奠定坚实基础。关于对口援藏规划工作，需要把握以下几个要点：一是正确认识对口援藏规划的性质。对口援藏规划对未来5～10年支援省市援藏工作具有指导性和约束性。援藏资金本质上是财政资金，援藏工作本质上是政府行为，制定规划就是要对财政资金和政府行为加以规范，进行管理。二是正确处理对口援藏与全面援藏、经济援藏和全面援藏的关系。对口援藏工作内容十分丰富，下一步，有关部门可能还要编制干部援藏规划、教育援藏规划、卫生援藏规划等有关专项规划，但经济援藏规划是最基础的规划，其他专项规划要与这个规划相衔接。因此，为了处理好上述各个规划的关系，建议我们编制的这个规划不要叫经济援藏规划，就叫对口援藏规划，以经济援藏规划为基础，也可以将教育、科技、人才等援藏内容包括进来。三是明确规划期限和规划编制主体。关于规划期限，对口援藏规划期限应与国民经济社会发展规划期限相衔接，期限可以是五年，展望到十年，但不能是三年规划。根据对口援疆的经验，允许对规划进行中期调整，与干部援藏批次相结合做适当调整，比如到2013年就可以调整一次。关于规划编制主体，对口援藏规划可以由支援省市为主编制，也可以由援受双方共同编制，前提是必须建立在援受双方充分沟通协商的基础上。至于是否需要编制其他专项规划或分解规划，由支援省市视情况自主决定。四是扎实做好规划编制各项准备工作。规划编制前要开展深入的调查研究。新疆在编制援疆规划时，有些地市给老百姓发调查卷，询问老百姓需要支援省市重点做哪些事，并建立了项目库。只有援受双方共同努力，才能做好这个规划。五是规范审批程序。初步考虑，规划编制完成后，由支援省市先报西藏自治区协调平衡，再报对口援藏部际联席会议审核，最后报请各支援省市政府批准实施。部际联席会议按照《指导意见》，重点审核规划的总体方向是否恰当，援藏资金是否体现了"两个倾斜"，以及资金到位情况等。西藏自治区按7个地市整合编制的总体规划，既是今后工作的指导，也是今后考核的依据。六是编制中央企业对口援藏计划。这次虽然没有明确17家中央企业投资实物工作量标准，但中央企业也要加大支持力度，主要是加大资金支持力度。因为没有明确资金规模，所以不要求中央企业编制援藏规划，但要做好对口援藏计划。

（二）切实加强资金项目管理

关于规范资金管理。国务院已同意财政部关于对口援藏投资实物工作量标准的意见。其中，有几个问题需要明确，一是援藏资金预算管理问题。如果支援省市的援藏资金是财政资金，就必须纳入支援省市各级预算管理。二是援藏资金到位问题。援藏资金按季度拨付，还是一次性拨付，请财政部予以明确。三是援藏资金开支范围问题。原则上，援藏干部工资、差旅、办公等费用都不能纳入对口援藏资金盘子里。至于编制援藏规划发生的费用，今后支援方所派专家在西藏工作期间发生的工资、生活费、差旅费、特殊津贴等费用,以及支援方选派受援地区学生到内地学习发生的费用等,是否纳入援藏资金总盘子,请财政部抓紧调查研究,尽快出台援藏资金管理办法予以明确。四是中央企业援藏资金问题。主要涉及资金来源和优惠政策两个问题。资金来源需要明确具体支出科目和资金拨付授权。此外,中央企业对口援藏资金可否考虑给予所得税前列支的优惠政策,汶川地震灾后重建资金就是从税前走,请国资委、财政部与中央企业协商明确资金来源和出资政策。

关于加强项目建设管理。从目前情况看,对口援建主要有三种方式,第一种以支援省市为主,第二种以受援地区为主,第三种是双方合作。实际上,三种方式的提法比前15年已做了微调了。前15年,17个支援省的援建方式基本上是以支援省市为主,现在调整为三种方式都可以,目的就是要调动受援地区的积极性,让受援地区能够更深入地全程参与到援建工作中来。无论哪种方式,都要建立责任制。交钥匙工程以支援方为主,交支票工程以受援方为主。但无论哪种方式,都必须有人负责。基本原则是,援受双方要建立起有效的沟通协商机制。如何建立这个机制,还需要在实践中进一步探索和总结。总之,要发挥两个积极性,两个积极性总比一个积极性好。

(三) 要抓紧做好对口援藏有关配套工作

一是明确援建项目有关国家标准和技术规范。规划编制过程将会涉及一些国家标准和技术规范,请各部门、各行业向17个支援省市提供相关标准和规范,以避免支援省市之间以及受援地区之间相互攀比。二是研究援建项目优惠政策。对口援建项目是否需要给予一些优惠政策,如土地开发、工业园区建设和安居工程等方面的政策,请国家发展改革委会同有关部门抓紧开展工作,策应规划编制向前推进。三是做好国家投资项目和对口援藏项目衔接。在拉动西藏经济社会发展的"三驾马车"中,消费对拉动当地经济的作用不大,进出口贸易更小。国家要求西藏保持两位数增长,主要靠投资拉动,特别是要加大国家投资。西藏自治区已将"十二五"期间的建设盘子上报我委,我们将抓紧核定后上报国务院,为支援省市和西藏方面开展援藏工作提供支撑。四是建立新时期对口援藏工作制度。《指导意见》已明确,近期要建立对口援藏工作制度,包括信息通报制度、统计监测制度、监督检查制度、总结考核制度等。今后,对口援藏工作协调机构有三方,一是部际联席会议制度,二是17个支援省市各设立领导小组和办公室,三是西藏自治区成立的对口援藏领导小组和办公室。部际联席会议和西藏领导小组两家都是为支援省市和中央企业服务的。对口援藏三方要密切配合,无障碍沟通,协同推进新时期对口援藏工作。

扎实推进对口援青工作[*]

(2010年12月17日)

一、充分认识做好对口援青工作的重要意义

2008年国务院印发的有关文件第一次提出对口援青工作，今年年初召开的中央第五次西藏工作座谈会对对口援青工作做出部署，这是由青海省在我国发展、改革及稳定大局中的重要地位和特殊省情决定的。青海省藏区与其他三省藏区有所不同，四省共有10个藏族自治州，其中有6个在青海，特别是青海省财政"小马拉大车"的问题十分突出，困难和问题特殊。因此中央决定，把青海省的对口支援工作提升到国家层面。

（一）要充分认识青海省藏区在国家发展稳定大局中的重要地位

中央对青海省藏区的战略定位可以概括为三句话，第一是国家的生态安全屏障。青海省是我国大江大河的发源地，被称为"中华水塔"，孕育了长江、黄河、澜沧江等众多大江大河。由冰川、草原、湿地和生物多样性组成的生态系统，不仅对青海，而且对全国乃至对整个亚洲的气候变化都会产生显著影响，是我国重要的生态安全屏障。第二是我国能源和矿产资源的重要接续地。

---

[*] 为贯彻落实中央第五次西藏工作座谈会精神，做好对口援青工作，国家发改委牵头召开对口支援青海省藏区工作会议，中央统战部、青海省领导同志，援青有关省市、央企代表出席。这是作者在工作会议上的总结讲话，收录本书时有删节。

目前青海省藏区已发现的矿产有 125 种，其中已探明储量的 105 种，综合开发利用潜力很大。第三是我们与达赖集团分裂与反分裂斗争的重要场所。青海省藏区是我国除西藏以外最大的藏族聚居区。青海省 6 个藏族自治州总人口约 187 万人，其中藏族人口约 105 万人。青海是十四世达赖的出生地，是达赖集团通过寺庙、僧侣等各种渠道进行渗透和从事分裂破坏活动的重要地区，也是反分裂、反渗透和反破坏的重点地区，所以"稳藏必先安青"。

（二）要充分认识青海省藏区经济社会发展面临的特殊困难

一是高寒缺氧，生存条件恶劣。青海省藏区平均海拔在 3000 米以上，超过 4000 米的地区占全省面积的 54%，空气含氧量仅为海平面的 60% 左右，是全国自然条件最艰苦的地区之一。二是基础设施建设欠账多，瓶颈制约明显。目前，青海省藏区还有 31 个乡（镇）1269 个行政村道路不通畅；11 个县（行委）未与大电网连接，800 多个村不通电；124 万人未解决安全饮水问题。三是生态环境脆弱，总体恶化趋势尚未有效遏制。由于气候变化和人类活动影响，青海省藏区冰川后退、雪线上升，湖泊水位下降、沼泽萎缩，草场退化十分严重，生物多样性受到极大威胁。四是产业基础薄弱，层次较低。农牧业方面，大部分地区仍然沿袭传统的农牧业生产方式，工矿业方面，除海西州经济实力较强外，其他 5 州的工业发展总体上处于工业化初期阶段。五是社会事业发展滞后，公共服务严重短缺。人均受教育年限 7.3 年，比全国低 1.2 年；藏区人口平均寿命 66.4 岁，比全国人口平均预期寿命低 5.6 岁。六是经济发展水平和农牧民生活水平低。除海西以外的 5 个州，人均国内生产总值仅为全省平均水平的 61%、全国平均水平的 47%；全省农牧民人均收入 3346 元，仅相当于全国平均水平的 64.9%；农牧民人均纯收入不足 1196 元的贫困人口约 49.1 万人，贫困人口发生率 13.4%，高于全国平均水平 9.6 个百分点；除海西外的 5 州，地方财政自给率仅为 6.6%。

(三) 要充分认识青海省藏区面临的两大矛盾和两大任务

中央提出，西藏及四省藏区经济社会发展存在着两大矛盾，其中的主要矛盾与内地一样，就是人民日益增长的物质文化需要同落后的社会生产之间的矛盾。此外，藏区还存在着各族人民同以达赖集团为代表的分裂势力之间斗争的特殊矛盾。正是因为存在这两大矛盾，中央对新时期西藏工作提出了两大主要任务，即跨越式发展和长治久安。其中，跨越式发展是针对上述主要矛盾讲的，而长治久安则是针对上述特殊矛盾讲的。两大任务之间又存在必然联系，其中做好经济社会发展工作是实现长治久安的基础，做好长治久安工作反过来为经济社会发展提供保障。如果不做好青海省藏区经济社会发展工作，维稳工作就没有基础，就难以掌握对达赖分裂集团斗争的主动权。由于青海省藏区特殊重要的战略地位，又面临着特殊的困难，因此要举全国之力帮助青海省藏区发展，这就是对口援青。所以，对口援青不是可援可不援，也不仅仅是援受两省之间的事情，而是国家核心利益的需要。

二、紧紧把握对口援青工作的总体要求

(一) 关于对口援青工作的指导思想和基本原则

发改委起草了《关于开展对口支援青海省藏区经济社会发展工作的指导意见》（以下简称《指导意见》），此前已随会议通知印发给大家征求意见。《指导意见》提出了对口援青的指导思想、主要目标和基本原则。关于指导思想和基本原则，我主要想强调三点。第一，对口援青工作的重要指导思想之一就是要处理好近期和远期的关系，也就是要立足当前，着眼长远，处理好近期急迫的民生问题与长远发展的关系。从近期看，要着力解决广大藏区群众最关心、最迫切、最急需的民生问题；从长远看，要着力

培育青海省藏区的自我发展能力。第二，要形成综合援青的工作格局。对口援青工作不仅是经济援青，而应该是经济援青、干部援青、人才援青、科技援青、教育援青、企业援青相结合的综合援青格局。温家宝总理在中央第五次西藏工作座谈会上提出，对口支援西藏实际上给西藏注入了两个力量，一个是物质力量，另一个是精神力量。物质力量就是帮藏区搞经济建设，精神力量就是内地干部进入藏区，与藏区干部群众同生活、同生产、同工作，促进民族交融、交流和合作，使藏区各族群众不仅切身感受到对口支援带给他们的物质利益，而且使他们切身感受到祖国大家庭的温暖，以及作为中华民族组成部分的自豪感。所以，对口援青不仅仅是资金支持，更要重视精神力量。全世界没有哪个国家像中国这样如此大规模地开展对口支援，这是邓小平同志先富带动后富，最终实现共同富裕伟大思想的具体实践，体现了中国特色社会主义制度的优越性和中华民族的凝聚力。同志们要认识到对口援青的丰富内涵，把握住这个总体要求。第三，在六条基本原则中，我重点强调"面向基层，突出民生"这条原则。胡锦涛同志在中央第四次西藏工作座谈会上明确提出，对口援藏工作要"向基层倾斜"、"向农牧区倾斜"两个倾斜的要求。今年的对口援疆工作也提出了这项要求，对口援青工作同样也要强调这个要求。支援省市和中央企业在选择援青项目时，要避免搞楼堂管所等形象工程建设，主要任务是扑下身子，面向基层，解决县及县以下最困难、最急迫的问题。这个问题如果处理不好，援青工作就会偏离正确的方向，中央关于新时期西藏和四省藏区的战略部署就难以实现。

（二）关于对口援青的主要任务

我们在《指导意见》中提出了六项主要任务。除了改善农牧民生产生活条件、增强基层公共服务能力、加大科教智力支援力度、提高特色优势产业水平、深化经济技术交流合作五项任务外，基于青海省藏区区情的特殊性，比对口援疆增加了一项任务，就是加强生态建设和环境保护。我这里特别强调一下保护青海藏区生态问题。青海省藏区生态地位确实非常重要，这个地区的生态搞不好，经济社会发展肯定也搞不好。果洛州玛多县的发展历程就是个十分典型的例子。1979年，玛多县是全国农民人均纯收入最高的县，因为草场多，牛羊多，但是，1986年国家在核定第一批贫困县时，玛多县成了国家级贫困县，究其原因，主要是超载过牧导致草场破坏造成的。因此，国务院要求适时调整草原定位，即不再把草原提供牲畜产品放在第一位，而是把提供生态产品放在第一位。一定要把超载过牧问题解决好，要按照以草定畜的原则核定草场载畜量，把载畜量减下来，给农牧民退牧还草补贴。同时通过培育发展特色产业、开辟公益岗位等，为农牧民创造就业岗位。保护草原生态的本质是转变牧民的生产生活方式，在草原生态步入良性循环轨道的同时，改善农牧民的生产生活条件，结合安居工程、农村危房改造、游牧民定居、农村安全饮水等工程建设，帮助解决农牧区水电路气房、教卫文就保等问题，让藏族群众过上现代生活。

（三）关于对口援青资金实物量

考虑到多数支援省市承担了多项对口支援任务的情况，国务院领导明确，目前暂不明确对口援青资金实物工作量，同时要求加大对口援青力度。这一点，希望青海的同志予以理解。同时又考虑到经济援青工作于明年全面启动，六个援青省市要切实加大援青资金的支持力度。为了有利于下一步编制对口援青规划，在暂不明确资金实物工作量标准的前提下，我们为六省市提供一个参考性指标，具体支持多少由各省自己决定，但原则是要符合中央关于加大支持力度的要求。这次会上也有企业的同志提出，最好能明确一下企业出资问题。我们确实不能对企业的援助资金提量化要求，但是，也可以为中央企业提供一个参考性指标，建议请国资委商有关部门和企业提出一个可操作的意见。同时希望国务院各部门结合"十二五"专项规划制定工作,对青海省藏区给予倾斜。

(四)关于编制对口援青规划

对口援青工作也要编制规划,规划期限以5年为期,展望10年。规划提出的主要目标,不是地方发展所要实现的目标,而是对口援青所要实现的目标,要准确反映对口援青将在其中发挥的作用,要符合对口援青的定位。对口支援规划以支援省市为主编制,同时一定要与受援地区进行充分衔接,与国家有关专项规划充分衔接。对口援青规划报经济社会发展组审核,最后的审批还是由各支援省市人民政府负责。总体上讲,明年上半年的主要工作是调查研究、规划编制和建设试点,整体工作推进从明年下半年开始。

(五)关于资金项目管理

一是关于援青资金管理问题。建议由财政部参照对口援藏援疆的资金管理办法提出意见,请大家遵照执行,援受双方可以根据这个意见制定具体的资金管理办法。二是关于项目管理问题。根据援藏援疆经验,对口支援项目管理大致有三种方式,第一种是以受援方为主进行管理,也可以称为"交支票工程";第二种是以支援方为主进行管理,也可以称为"交钥匙工程";第三种是援受双方共同管理。三种管理方式要因时、因地、因项目而异,由你们自己在实践中摸索和确定。但是,无论采取哪种方式,都要设立项目长制,也就是要有人负责。

在对口援疆前方工作座谈会上的讲话*

（2013年7月16日）

一、充分肯定新时期对口援疆工作成绩，认真研究和切实解决存在的问题

新时期对口援疆形成了新的工作格局。中央新疆工作座谈会以来，天山南北发生了一系列积极变化，形成春潮涌动的大好局面。这些都离不开新一轮对口援疆。三年来，19个援疆省份先后派出6000多名干部，柔性引进人才10000多名；截至今年6月底，已实施和完成项目3700多个，到位资金约370亿元，实现了"十二五"援疆时间过半、到位资金过半。这些项目和资金，70%以上向民生倾斜、向基层倾斜，显著地改善了受援地群众的生产生活。特别是安居富民工程，目前已完成80多万套，也已完成任务过半。同时，形成了产业援疆、教育援疆、科技援疆、人才援疆等全方位援疆的大好局面，引进了一些有发展潜力的产业，促进了就业，进一步发展了地方的经济，提升了基层公共服务水平。更重要的是，加强了新疆与内地人员往来和感情的交流。

有同志说，援疆资金占新疆财政支出不到4%，援疆干部占本地干部的比例更少。我以为，仅从人力物力财力的有限性看，

---

* 为筹备召开第四次全国对口援疆工作会，国家发改委在乌鲁木齐召开座谈会，参加会议的有国家部委、自治区有关负责同志及19个援疆省市前方指挥长。这是作者在座谈会上的讲话。

确实如此。但如果换个角度看，援疆省市投入370亿元带动企业投资2500多亿元、培养了那么多干部人才、增强了民族之间的情感交流和"四个认同"等，这些伟大成绩恐怕就不能单纯用数字来衡量。所以，要对援疆工作给予充分肯定。援疆省市和援疆干部的辛勤付出，我相信新疆人民是永远不会忘记的。

刚才，20位指挥长谈了工作、谈了成绩、谈了问题、谈了建议，也谈了苦衷和纠结。今天，大家能够敞开心扉，比较实事求是地反映情况，这有助于我们进一步深入了解和全面评判援疆工作，有助于我们找准援疆工作中存在的问题，认真对待和解决这些问题。新一轮对口援疆的工作方式在调整，存在这样那样的问题也是必然的。你们讲的时候，我边听边归纳，大致归纳了17个问题，重点的问题我点点，就不展开讲了。

第一，有些援疆项目，地方负责征地拆迁等工作进展落后，影响项目的落地和进度。第二，有些援疆项目需国家、自治区进行配套，如安居工程，房子建了，由于协调不够，水电路气没有配套，影响了援疆项目如期发挥效益。第三，工程竣工验收滞后，主要环节卡在审计上。第四，一些项目交付使用后，还存在运行经费短缺或者人才短缺问题，导致项目建成不能及时发挥效益。第五，前方指挥部和受援地党委政府需进一步完善共建共管机制，目前的工作协调机制还存在一些磕磕绊绊的问题。第六，部分省市资金进度偏快，如何做好援疆资金年度之间的平衡，需要进一步研究解决。第七，引进的产业项目缺乏当地技术支撑、产业链配套以及技术工人不足等问题。第八，指挥长们提出，在产业援疆和招商引资过程中，如何避免走"先污染、后治理"的老路问题。第九，地方希望引进高层次人才，前指感到为难，需要加强沟通问题。第十，有同志建议，对南北疆要分类指导，北疆是否更多考虑发展问题，南疆问题复杂，要统筹发展和稳定。第十一，今后两年和未来一个时间，援疆思路要不要调整，工作重点如何安排问题。第十二，对援疆干部高看一眼、厚爱三分的问题，等等。这些问题都是带有共性的问题，请对口援疆工作部际联席会议办公室认真梳理，逐条研究，在第四次全国援疆会之前，要提出解决问题的意见或办法。

二、认真总结三年来对口援疆工作经验，明确下步工作的重点和思路

实践出真知。三年来，前方的同志在实践中边探索边积累，形成了很多值得推广的经验。比如在促进就业方面，在加深双方沟通和合作共建机制方面，在产业援疆招商引资方面，以及通过产业带动促进就业方面等，都创造了很好的经验，这些经验不仅宝贵，而且对下一步工作也很管用。目前，筹备召开第四次全国对口援疆会议、第七批与第八批援疆干部压茬轮换、对口援疆规划中期评估调整在即，认真总结三年来的工作经验格外重要。做好经验总结工作，是对口援疆工作可持续发展的重要环节，是确保援疆工作不断上新台阶的重要环节。做好这项工作其他人无法替代，建议前方指挥部同志花一些时间和精力，把三年来的工作很好地总结一下，特别是要坚持问题导向、目标导向，这样总结经验才更有针对性。

关于下一步工作。中央明确了对口援疆的指导思想、基本原则以及四项重点任务。四项任务，一是改善基本生活条件，二是支持产业发展，三是促进就业，四是培养干部人才。刚才，大家普遍有这样一种看法，认为前三年的工作突出解决的是民生问题，标志性的工作就是富民安居工程，干得很漂亮，农村面貌发生很大变化。有同志提出，下一步工作重点是否要从解决民生问题转到促进产业发展上来，也有同志建议转到促进就业和加强教育上来，也就是说，都认为援疆工作重点要有一个阶段性调整。我同意在认真总结工作的基础上，提出对下一步援疆工作重点的摆布进行适当调整，但这个调整不是另起炉灶。我完全赞同更加关注就业和教育，这个观点是站得住脚的，也是符合新疆实际的。我

认为，下一步的重点工作的确要紧紧围绕就业和教育展开，但这不是从此前关注民生转到关注就业和教育，因为就业和教育本身就是民生。对口援疆工作依然要把民生作为工作重点，是在富民安居工程的基础上，把民生工作进一步深化到就业和教育上来。具体如何表述，要在第四次全国对口援疆会议上确定。

5月份，俞正声主席来疆考察，在南疆专门开了就业座谈会。正声主席讲，解决好就业特别是到企业就业，对促进新疆特别是南疆发展是第一位的。我认为，正声主席站得很高，看问题看得很深，抓问题抓得也很准。他在中央新疆工作协调小组有关会议上讲话时也指出，民生是新疆跨越式发展和长治久安的根本所在，而最重要的民生是就业和教育，就业是民生之本，教育是民生的关键。新疆的两大任务，一个是跨越式发展，一个是长治久安。为什么提出两大任务呢？因为新疆有两大矛盾，一个是主要矛盾，就是日益增长的物质文化需要和落后生产力之间的矛盾，这个矛盾不仅新疆有，全国也有；新疆还有一个特殊矛盾，就是同"三股势力"的斗争，这是阶级斗争，不仅是长期的、复杂的，有时还是尖锐的、激烈的、残酷的。正是这两大矛盾，决定了新疆的两大任务，一个是跨越式发展，一个是长治久安。跨越式发展和长治久安的结合点是什么呢？是民心，是民生。跨越式发展是为了改善民生，而民生的改善是为了赢得民心。只有赢得民心，社会才能稳定，长治久安才能有群众基础、社会基础和思想基础。民生的重点是什么？就是就业和教育。因此，把就业和教育作为下一步对口援疆工作的重中之重，或者叫关键或重点，完全符合中央精神，也完全符合新疆实际。

从工作节奏上看，先把居者有其屋的问题解决好，接下来就要解决就业问题。新疆有2233万人口，劳动人口1400万，其中农村800万，城市600万。新疆每年新增就业人口60万，而目前自治区每年只能安排40万人，也就是说，每年还有不少劳动力沉淀下来成为富余劳动力。由此可见，当前和今后一个时期，新疆的就业形势仍然十分严峻。南疆的青少年就不了业，在社会上容易被地下讲经班拉去，被"三股势力"所利用。解决好就业问题，就是要让这些孩子上完初中，上高中或职高，或者上大学，或者有就业的门路。正声主席特别强调要在企业就业，到企业就业是有纪律性的就业。新疆的就业面临几大矛盾：一是总量压力大，每年需要安排60万，而每年只能安排40万；二是就业质量不高，60%的就业是灵活就业；三是结构性矛盾，因为技能不精，素质不行，一边是招不上人，一边是就不了业；四是就业观念落后，都往公务员队伍挤，这个是最难解决的问题，所以要治穷先治愚；五是就业的主要困难在少数民族、在南疆、在农村。这5个堡垒怎么攻克？说起来无非就是两件事，一件事是提供就业岗位。现在我们有个基本思路，通过发展劳动密集型产业来扩充就业水池的容积，吸纳更多人就业。现在新疆纺织业规模是700万纱锭，将来若扩展到1500万～2000万锭，就能解决很多人的就业问题。中央新疆工作座谈会之前，新疆产能300万锭，现在发展到700万锭，还是有一定潜力的。最能容纳就业的是服装业，在新疆要解决印染和后整理，解决印染整理造成的水污染不是没有办法。另一件事就是提高劳动者素质。需求方面要提供劳动岗位，供给方面就要提高劳动者素质。首先是双语教育，掌握国家通用语言；其次是职业教育，提高劳动技能；第三是转变就业观念。如果劳动力供给和需求方面的问题都解决了，新疆的就业问题就会有一个新局面，对新疆的跨越式发展和长治久安意义重大。

下一步，各前方指挥部要重点围绕俞正声主席的指示精神，进行深入研究。不能当事务主义者，只是围着规划转、围着项目转，现在到了除了埋头拉车还要抬头看路的时候了。在总结前三年经验的基础上，要深入思考后两年的工作怎样服务于就业和教育，为此要做深入的调查研究。通过调查研究，理清下一步的工作思路，逐步提升对口援疆工作的水平，使之更加符合新疆实际和中央对新疆工作的要求。

对口援藏 20 年调研报告[*]

（2014 年 7 月 9 日）

去年年底以来，我们多次召开专题会议，广泛听取援受双方有关负责同志的意见。今年 6 月 12~17 日，经济社会发展组有关成员单位组成调研组赴西藏自治区实地调研，先后考察了林芝、山南、拉萨等地市援藏项目建设及运营情况，并召开经济对口援藏工作座谈会。现将对口援藏特别是经济援藏有关情况及意见报告如下。

一、对口援藏取得的主要成绩和基本经验

（一）历史回顾

上世纪八十年代以来，中央先后五次召开西藏工作座谈会，对做好西藏发展和稳定工作产生了重大而深远的影响。其中，以 1994 年中央第三次西藏工作座谈会为标志，逐步建立起全国支援西藏的工作格局。20 年来，对口援藏工作经历了起步、发展和深化三个阶段：一是 1994 年 7 月召开的第三次西藏工作座谈会，将"一个中心、两件大事、三个确保"确定为新时期西藏工作的指导思想，明确了"全国要长期支援和帮助西藏，西藏要自力更

---

[*] 按照中央领导同志指示，为筹备召开全国对口支援西藏工作 20 周年电视电话会议，经济社会发展组有关成员单位的同志组成调研组赴西藏自治区开展专题调研。这是在调研基础上形成的报告，由杜鹰主持，国家发改委地区司及有关部门同志参加撰写。

生、艰苦奋斗"的原则和"分片负责、对口支援、定期轮换"的支援方式，做出全国支援西藏和 15 个省市对口援助西藏的重大决策，并相应确立了对口支援西藏 7 个地（市）的结对关系。二是2001 年 6 月召开的第四次西藏工作座谈会，提出了"一加强、两促进"（切实加强党的建设，促进西藏经济从加快发展到跨越式发展，促进西藏社会局势从基本稳定到长治久安）的历史任务。会议决定，把西藏作为西部大开发的重点地区之一，将对口支援西藏工作在原定 10 年基础上再延长 10 年。同时决定，扩大对口支援范围，新增 3 个省、17 家中央企业对口支援西藏，使对口援藏范围覆盖到西藏所有 74 个县（市、区），形成了中央关心西藏、全国支持西藏的基本格局。三是 2010 年 1 月召开的第五次西藏工作座谈会，明确提出要坚持走有中国特色、西藏特点的发展路子，以经济建设为中心，以民族团结为保障，以改善民生为出发点和落脚点，紧紧抓住发展和稳定两件大事，确保经济社会跨越式发展，确保国家安全和西藏长治久安，确保各族人民物质文化生活水平不断提高，确保生态环境良好，努力建设团结、民主、富裕、文明、和谐的社会主义新西藏。会议决定，将对口支援西藏政策延长到 2020 年，制定对口援藏规划，建立援藏资金稳定增长机制，明确提出援藏资金和项目要"向基层倾斜、向农牧区倾斜"（以下简称"两个倾斜"），进一步完善经济援藏、干部援藏、人才援藏、科技援藏相结合的工作格局。对口援藏工作开始走向制度化、规范化轨道。此外，第五次西藏工作座谈会还将四川、云南、甘肃、青海四省藏区首次纳入中央西藏工作进行整体部署，决定由 6 个东部省市对口支援青海省藏区，四川、云南、甘肃三省要相应建立省内对口支援本省藏区的工作机制。

（二）主要成绩

20 年来，西藏经济社会快速发展，取得巨大成就。经济规模不断扩大。2013 年与 1993 年相比，地区生产总值从 37 亿元跃升到807亿元,连续20年保持两位数增长。地方财政收入由1.56亿元增加到110.4亿元,固定资产投资由18.1亿元增加到918.5亿元。基础设施建设显著加强。全区公路总里程达到7万公里,墨脱公路建成通车,结束了全国最后一个县不通公路的历史。青藏铁路建成通车,结束了西藏没有铁路的历史。区内机场达到5座,航空旅客运输273万人次。电力装机达到128万千瓦。青藏直流联网建成运营,结束了藏中电网孤网运行状况。建成旁多水利枢纽和墨达、满拉、雅砻三大灌区,新增和改善灌溉面积230万亩。初步形成地县乡三级防洪体系。特色产业加快发展。启动实施了高原特色农畜产品基地、"西电东送"能源接续基地、国家重要有色金属基地、世界旅游目的地等一批重大规划和重大项目建设。游客数量和旅游收入逐年增长。各族群众生活水平不断提高。46万户230万农牧民全部住上了安全适用的房屋,解决了200多万人安全饮水问题,乡镇和建制村公路通达率分别达到99.7%和97.4%,广播电视综合覆盖率分别达94.4%和95.5%。15年义务教育免费"三包"政策全面落实,劳动人口人均受教育年限达8.4年。农牧民人均纯收入从706元增加到6578元,增长了8.3倍。生态环境明显改善。实施了西藏高原生态安全屏障建设与保护规划,退耕还林、退牧还草稳步推进,生态补偿机制全面落实,生态建设与环境保护成效显著。民族团结更加巩固。深入开展爱国主义教育、反分裂斗争教育、新旧西藏对比教育、民族团结宣传教育等活动,大力开展和谐模范寺庙、爱国守法先进僧尼创建评选活动,深入推进城镇网格化管理和驻村驻寺工作,社会局势持续稳定,为经济社会发展创造了良好环境。

  20年来,西藏经济社会发展取得的历史性进步,离不开党中央、国务院的坚强领导,离不开自治区各级党委政府和全区各族群众的艰苦奋斗,也离不开全国人民的关心关爱和大力支持。尤其是对口支援省市、中央国家机关及企事业单位的无私援助,为西藏经济社会持续快速发展、社会大局和谐稳定提供了有力支撑，发挥了不可替代的助推作用。

一是项目援藏有力助推了西藏经济社会发展。20年来，各对口援藏省市和单位累计实施援藏项目7615个，投入援藏资金260亿元。其中，支援省市援助资金214亿元、中央部门援助资金27亿元、中央企业援助资金19亿元。其中，第五次西藏工作座谈会以来，共实施援藏项目2198个、支援资金约109亿元。4年援藏投入资金占20年援藏资金总和的42%，对西藏跨越式发展起到了有力的促进作用。

二是"两个倾斜"明显改善了基层基础条件。对口援藏工作按照中央关于"两个倾斜"要求，重点围绕新农村新牧区建设，集中力量推进实施"四通"（通水、通电、通路、通讯）、"三就"（就医、就业、就学）、"两保"（社保、医保）、"一开发"（扶贫开发）等工程，建设了一大批高水平的幼儿园、学校、医院（卫生院）、养老院、实训基地、供热管网、基层社区等项目，明显提高了受援地基层公共服务能力和水平。

三是智力援藏显著提升了管理水平和生产效率。20年来，各援藏省市和单位先后派出4000多名援藏干部、1400多名专业技术人才进藏工作，覆盖了自治区、7地（市）主要直属部门和74个县（市、区）。一方面，援藏干部结合自身优势，全力做好"传帮带"工作；另一方面，通过"走出去"和"请进来"等方式，加强对当地干部人才的培养培训和双向交流工作。20年来，共有1.2万人次到内地挂职锻炼，培训受援地人才3.6万人次。培训交流和挂职锻炼活动，使受援地行政管理水平、工农业生产技术水平均得到有效提高。

四是交流交往有效促进了民族团结和国家认同。支援省市始终坚持把援藏工作与促进民族团结、维护社会稳定有机结合起来，援藏干部积极参与驻村驻寺工作，深入高山牧场、农家牧户了解情况，广泛开展认亲结友活动，捐资捐物帮助贫困农户解决现实困难,与各族群众建立了深厚感情。仅第六批援藏干部捐款捐物折合人民币就达1.38亿元,资助贫困学生6049人,领养孤儿37人。援受双方密切交流、深入交往,促进了民族交融,使西藏与内地的联系更加密切,使国家的凝聚力和西藏各族人民对祖国的向心力进一步增强。

(三) 基本经验

20年来,对口援藏工作取得了显著成就,同时在工作实践中也形成了一些行之有效、弥足珍贵的基本经验。

坚持讲政治、顾大局,不折不扣贯彻落实中央西藏工作决策部署,是做好对口援藏工作的基本前提。各支援省市和单位高度重视援藏工作,坚持高位推动,加强组织领导,完善工作机制,明确目标责任,选派优秀干部人才赴藏工作,全面落实援藏资金实物工作量,科学规划、精心实施,扎扎实实将各项援藏措施落到实处;西藏各级党委政府发挥主体作用,紧密配合,主动工作,切切实实为援藏工作创造良好环境。援受双方多算政治账、战略账、长远账的大局意识,确保了援藏工作的顺利开展。

坚持民生优先,体现"两个倾斜",是做好对口援藏工作的内在要求。西藏环境最恶劣、条件最艰苦的地区在基层,发展最落后、贫困最突出的地区在农牧区。援受双方在援藏规划编制、项目资金安排上坚持把改善民生放在突出位置,坚持向基层倾斜、向农牧区倾斜。初步统计,"十二五"援藏规划安排到县及县以下的资金超过70%,重点用于改善广大农牧民和基层干部群众生产生活条件。通过"两个倾斜",对口援藏省市和单位把全国人民的关心关爱以最直接最有效的方式送到各族群众身边,使他们切身感受到社会主义大家庭的温暖,受到各族干部群众的真诚拥护。

坚持责任共担,充分发挥"两个积极性",是做好对口援藏工作的有力支撑。对口援藏工作是支援方和受援方共同的使命、共同的责任。支援方具有发展思路开阔、经济工作经验丰富的优势，受援方具有了解西藏实情、熟悉当地实际情况的优势。只有充分调动"两个积极性"，才能使对口援藏工作事半功倍。20年来，援受双方充分发挥各自优势，主动协调，密切配合，心往一处想、劲往一处使，共同用好援藏政策、共同谋划援藏规划、共同推进援藏项目，不断总结实践经验，不断创新援助模式，不断完善工作机制，形成了推动西藏发展稳定的强大合力。

坚持规划先行，严格项目资金管理，是不断提高援藏综合效益的重要保障。援藏工作是一项复杂的系统工程。20年来，援受双方经历了以干部援藏为主向全面援藏转变的过程，特别是新时期援藏工作开展以来，援藏资金规模大幅增加，项目覆盖领域不断延伸，工作内容更加丰富。为适应新时期援藏工作的新要求，各支援省市与受援地积极探索、努力创新，逐步建立了目标责任管理、规划计划管理、资金项目管理、工程组织管理、监督检查管理等制度，形成了各具特点、行之有效的管理模式，将各个环节的工作逐步纳入规范化、制度化轨道，为确保对口援藏目标任务的顺利完成奠定了坚实基础。

坚持"输血""造血"相结合，不断增强自我发展能力，是做好对口援藏工作的长久之计。发展是解决西藏所有问题的关键，调动发展的内生动力、培育自我发展能力是确保受援地区实现持久健康发展的根本举措。20年来，对口支援省市和单位在大力支持受援地区改善城乡面貌和群众生产生活条件的同时，努力创新援助模式，从单纯的政府主导逐步向政府主导、市场引导双轮驱动转变，着力发挥市场机制在对口援藏中的特殊作用；从单纯给钱给物等"输血型"支援逐步向产业扶持、人才培养、技术引进、经贸合作等"造血型"工作领域拓展，依托当地自然资源和人文资源优势，为受援地区培育了一批新的经济增长点，有效带动了当地群众增收致富，可持续发展能力不断增强。

坚持增进民族团结，促进社会和谐稳定，是做好对口援藏工作的根本目的。增进民族团结是维护西藏和谐稳定的生命线。广大援藏干部把巩固发展民族团结作为重要职责，心系西藏发展大业，情牵当地百姓冷暖，与当地各族群众结下了深厚友情，赢得了各族群众的信赖。对口援藏工作以项目建设为载体、经济合作为平台、文化交流为纽带，推动参与式、融合式发展，架起了民族间地区间的沟通桥梁，夯实了受援地区社会和谐的基础。加强西藏与内地间的交流交往交融，是实现西藏长治久安的治本之策。

20年间，全国18个省市（目前为17个省市）、60多个中央国家机关及事业单位、17家中央企业先后选派7批近6000名援藏干部进藏工作。他们带着党中央的殷殷重托和全国人民的深情厚谊，以造福各族群众和促进民族团结为己任，继承和发扬"老西藏精神"，勇于面对"生命禁区"、勇于担当使命责任，砥砺奋进，磨炼意志，自觉奉献，与各族群众一道建设西藏、发展西藏、稳定西藏，实现了自我完善和自我超越。涌现出一大批像许晓珠、张宇等优秀援藏干部代表，有11位祖国的优秀儿女将生命永远留在了这片圣洁的高原上，在西藏发展改革的历史进程中，架起了一座座民族团结的彩桥，铸就了一座座普世敬仰的精神丰碑。

二、存在的主要问题

（一）援藏规划的科学性和严肃性不够

五次会后，各援藏省市会同受援地方启动了对口援藏规划编制工作，但受以往工作惯性影响，以及对援藏规划特殊性认识不足，在目标任务确定、项目前期准备、规划编制和执行等方面均存在一定问题，突出表现为项目调整随意性大，管理程序不严。客观上，主要受当地规划设计能力薄弱、项目前期工作达不到深度要求，建安成本上升较快、概算控制难度较大，以及与当地经济社会发展总体规划目标任务衔接不充分、不紧密，地方多头申报项目、部分援藏项目与国家项目出现重复等因素影响。在规划年限方面存在5年规划与3年干部轮换批次不匹配问题，每批援藏干部更重视本批次规划任务的落实，存在"新人不理旧账"的现象，规划实施上存在超前实施、首尾不衔接等问题。主观上，主要受当地领导变更和思路调整等影响。两方面因素相比，因主观原因频繁变更调整项目，对规划的冲击最大。此外，部分行业部门通过本系统向支援省市硬性摊派任务，也是导致援藏规划落实不力的重要原因，干扰了规划执行和建管秩序。

（二）部分地区援受双方沟通协调不畅

援受双方文化背景、工作理念存在差异，援藏工作的开展思路、目标追求、工作方法也有所不同，这是客观存在的，也是难以避免的。在大多数情况下，双方通过充分沟通和协调，是可以达成共识的，但也不同程度地存在着"沟通难、落实难、推进难"的问题。这种情况主要表现在援建方式上，援受双方由于对"交支票"和"交钥匙"两种援建方式存在不同认识，实际工作中存在管理上互不过问、信息上互不沟通、实施中互不参与等问题，影响两个积极性的发挥。

（三）资金项目管理尚不规范

严格援藏资金和项目管理是确保对口援藏工作不断提高质量和效益的重要手段。目前在资金使用和项目管理中还存在一些问题。在项目管理方面，由于目前尚未出台统一的援藏项目管理办法，援受双方在项目审批、实施、监管、验收、交接和档案管理等方面责任不明确，存在多头管理与监管缺失并存现象，项目"四制"落实不到位。在资金管理方面，目前，年度援藏资金由支援省市分两次划拨至自治区财政厅，再逐级划拨至地市和县级财政部门，拨付环节较多，影响了项目实施进度和工程结算。财务管理不规范，存在资金拨付与项目监管"两张皮"现象，个别的还存在资金挪用现象。规划调整存在随意性，一定程度上冲击了到县资金安排。在运行管理方面，部分援建项目建成后，由于缺乏合格的技术管理人才或运行维护费用，致使利用效率不高甚至处于闲置状况。同时，由于城镇规划调整、前期项目论证不足、个别领导主观臆断等原因，导致部分项目改变了设计用途甚至被拆除，造成了重复建设和资金浪费。此外，受援地方要求支援省市额外增加援助资金、受援单位要求援藏干部为本单位另筹工作经费等情况也不同程度存在。

（四）专业技术人员援藏规模与当地需求尚有差距

纳入中央组织部干部援藏计划的专业技术人员占比小。初步统计，20年来，专业技术人才援藏干部仅有1466名，不到援藏干部总数的1/3。同时，各省市各部门选派的短期援藏专业技术人员，在职称评聘、福利待遇、工作经费等方面缺少配套政策和必要保障，成为智力援藏工作的短板。此外，为受援地区培养培训和双向交流专业技术人员规模偏小。初步统计，20年来，安排赴内地交流或参加内地培训的专业技术人才仅有4.8万人次。

（五）受援地区受援力度不平衡

现有对口援藏结对关系，是20年前确立的。确定资金实物工作量后，由于支援省（市）财力水平存在差异，7地市特别是县级受援力度不平衡问题凸显出来，尤其以昌都地区最为突出。2012年，昌都地区城镇居民人均可支配收入（15593元）、农牧民人均纯收入（4962元）均位列西藏7地市末位，而人均受援资金量（1136元）却是最低的，仅为自治区人均受援水平的1/5，不到林芝地区的1/10。同时，各县之间的受援力度也不均衡。以昌都地区11县为例，天津市支援的3县，年度县均受援资金2900万元，重庆支援的2县为3100万元，6个中央企业支援的6县，仅为1000万元，而全区最高的县达到1.55亿元。

（六）对口援藏工作缺乏激励约束机制

从国家层面看，对口援藏工作的目标约束、工作评价、绩效考核和奖惩等机制尚未建立，导致不按程序办事无所约束、达不到目标要求无从考核、做出突出贡献得不到表彰，存在干好干坏一个样的现象，既影响了援藏省市积极性、援藏干部能动性和受援地区主体性的全面发挥，也不利于不断改进和提高工作质量。此外，由于对中央企业援藏工作没有规定援助资金量，也未要求编制援藏规划，导致企业援藏资金支持和人员配备偏少，帮扶力度偏弱。

三、进一步做好对口援藏工作的意见建议

（一）进一步认清形势、统一思想，明确今后一个时期做好援藏工作的总体要求

西藏工作事关党和国家工作全局。习近平总书记指出"治国必治边，治边先稳藏"，这是对我党治藏方略的高度概括。长期以来，在党中央、国务院的坚强领导下，在西藏各族干部群众共同努力和全国人民的大力支持下，西藏发生了翻天覆地的变化，进入了发展最快时期。但也要看到，以达赖集团为代表的境内外敌对势力分裂国家的活动一刻没有停止过，容不得半点麻痹。与此同时，西藏正处于全面建成小康社会的关键时期，改革发展稳定工作面临的任务异常繁重艰巨，容不得半点松懈。我们要深刻把握当前西藏发展的阶段性特征，清醒认识到改变藏区物质和精神环境绝非一日之功，充分地估计到未来前进道路上面临的困难和问题，始终坚持"治国先治边、治边先稳藏"的治藏方略和"依法治藏，长期建藏，争取人心，夯实基础"的工作方针，进一步夯实发展稳定的基础。对口援藏是中央治藏方略的有机组成

部分，是促进西藏经济社会发展、维护和谐稳定的有生力量，也是推动各民族融合发展、增进民族团结不可替代的重要途径，在新的历史时期，对口援藏工作只能加强，不能削弱。

今后一个时期，对口援藏工作的总体要求是，牢固树立政治意识、大局意识、责任意识，坚持对口援藏工作的长期性、科学性和群众性，坚持充分发挥和调动援受双方两个积极性，坚持资金和项目向基层倾斜、向农牧区倾斜，着力做好就业、教育援藏工作，提高各族群众的文化素质和就业能力；着力保障和改善民生，解决广大群众最关心、最直接、最现实的问题；着力推进产业援藏，不断培育壮大特色优势产业；着力加强智力援藏，扩大专业技术人才援藏规模；着力开展多种形式的交流交往交融活动，促进民族团结，增强"四个认同"，使对口援藏工作在争取人心、夯实基础方面发挥更大作用，更好地服务于促进西藏社会稳定和长治久安总目标。

(二) 进一步突出规划引领，着力提升对口援藏的综合效益

对口援藏规划是受援地区经济社会发展规划的重要组成部分，是指导援受双方有序推进援藏项目实施的重要依据。援受双方要加强规划编制前期工作经费保障，提高前期工作深度和质量。要做好援藏规划与国家及受援地相关规划的衔接。援受双方都要严格落实规划确定目标任务，共同维护援藏规划的严肃性，严格禁止因主观原因特别是因地方领导变更而随意调整的现象。为处理好五年援藏规划制定与三年干部援藏批次的关系，经规划中期评估后可进行适当调整。抓紧启动"十三五"对口援藏规划前期研究和编制工作。

(三) 进一步推进民生改善，不断夯实社会和谐的民心基础

改善民生是发展的根本目的，是长治久安的社会基础。教育和就业是民生之要，也是对口援藏工作的重中之重。要切实加强

教育援藏,帮助受援地区不断提高义务教育、职业教育和双语教育水平,支持办好内地西藏班和中职班,为西藏的经济建设培养合格人才。要大力开展就业援藏,支持援藏省市针对西藏生源建设实训基地,鼓励引导西藏籍大中专毕业生到内地就业;支持内地大中专毕业生到西藏就业创业,实现双向就业。要坚持"两个倾斜",在项目安排和资金使用上确保援藏资金用于县以下(不含县)的比例不低于80%,根据不同地区情况,重点用于新农村建设、农村安全饮水、乡村道路、公共卫生医疗、基层文化设施和社区建设、特色产业发展等工程,不断改善基层基础设施和农牧区生产生活条件。同时,通过"请进来"、"走出去",组织更多的西藏基层干部群众到对口支援省市参观学习,组织内地专家学者、文化团体和社团组织到西藏开展讲座、采风、创作、公益性演出等形式多样的活动,鼓励援受双方部门间、行业间广泛开展"结对子"活动,进一步做好西藏与内地学生"心连心、手拉手"、家庭联谊等活动,大力推进地区间民族间交流交往交融。

(四)进一步加强产业援藏,逐步增强受援地区自我发展能力

产业援藏是对口援藏工作的重要内容,是由"输血型"援藏向"造血性"援藏转变、提升西藏自我发展能力的重要途径,也是更多吸纳各族群众就业的必然要求。目前,产业援藏依然是对口援藏的短板,需要进一步加强。援藏省市要在"两个倾斜"基础上,结合新农村新牧区建设,扶持当地发展特色农牧业、农牧产品深加工、民族特色手工业等劳动密集型产业;充分发挥对口支援工作平台作用,加大招商引资力度,鼓励和引导本省市优势企业进藏投资兴业;承担对口援藏任务的中央企业,在全力做好对口支援工作的基础上,结合西藏现有产业基础和优势资源特点,采取独资、合资合作、参股改制等市场运作方式,面向全区,在饮用水、清洁能源开发、旅游文化、高原生物产品、藏药、生态环保、商贸物流等重点领域选择一个主导产业长期扶持,形成产

业规模，打造品牌优势。通过产业发展创造更多就业岗位，优先吸纳当地劳动力就业，使产业发展成果惠及当地、惠及百姓。西藏各级政府要创造条件，加强产业布局引导，协调资源分配，给予各类进藏企业同等优惠政策支持。

（五）进一步优化结对关系，加大对口援藏工作力度

按照"大稳定、小调整"的原则，优化结对关系，使受援力度相对较小地区的援助资金规模明显提高。初步考虑，一是增加河南、山西、江西3省作为对口支援省，与昌都地区由中央企业对口支援6县建立结对关系。按照资金实物工作量标准测算，3省五年援助资金总规模约13亿元，昌都地区11县人均受援资金可从1679元提高3618元，约为全区人均受援水平70%。二是中央企业要按照五次会议要求，加大对口支援力度。建议规定最低援助资金实物工作量并逐年递增，同时，将援藏干部人数从目前的每县2人增至4~5人。三是还可考虑将昌都地区由中央企业对口支援的6县交由广东省共同负责援助。建议结对关系调整方案从2016年（"十三五"首年）开始实施。此外，抓紧落实东部省市对口支援四川、云南、甘肃藏区方案。

（六）进一步加强智力援藏，不断改善专业技术人员短期援藏政策环境

为进一步加大专业技术人才援藏力度，建议请中组部、人力资源和社会保障部统筹专业技术人才支援工作。一是在中央下达的援藏干部人才计划中，适当提高专业技术人才比例，增加人员数量。二是为鼓励和指导各援藏省市、行业部门加大专业技术人才短期援藏力度，对人员派遣条件、工作费用来源、津贴补贴标准和职称评聘待遇等方面，做出原则规定或出台指导意见，由支援省市实化细化后具体实施。重点加强教育、卫生、农牧业、工程技术等重点领域专业技术人才的支持力度。三是由受援地方会

同支援省市根据需要和可能，编制专业技术人才专项规划，国家发展改革委、人力资源和社会保障部给予必要的指导和协调。

（七）进一步加强制度建设，不断提高援藏工作科学化规范化管理水平

制度建设是做好对口援藏工作的基本保障。要认真总结20年来对口援藏工作的经验和做法，既要遵循经济工作的一般性规律，又要结合援藏工作特殊性要求，不断加强和完善制度建设。一是从国家层面抓紧制定出台对口援藏项目资金管理办法，在项目实施和资金管理全过程，推行"双审、双管、双签、双评"（即项目选择由双方共同审核、项目建设由双方共同管理、资金拨付由双方共同签字、项目竣工验收由双方协商委托审计等），真正形成援受双方权责共担、信息共享、联合推动的工作机制。充分调动援受双方的积极性，共同把援藏项目规划好、管理好、实施好。二是援藏资金筹措严格按照中央确定的实物工作量标准执行，各项援藏任务所需资金要全部纳入规划统筹安排。严格禁止各部门各行业向对口支援省市硬性要求援藏资金切块比例、摊派任务；西藏自治区及受援地市不得在中央规定的援藏资金实物工作量之外，额外要求支援省市增加资金、安排其他任务。此外，支援省市要按照财政年度拨付援藏资金，受援地区各级财政要明确援藏资金拨付时限，确保及时到位，满足援藏项目实施需要。三是在深入研究论证基础上，着手建立对口援藏绩效考评制度。建议在援藏干部结束本批次援藏工作半年前，重点围绕对口援藏目标任务实现情况和完成质量，对援受双方进行绩效考评。同时，建立对口援藏工作激励机制，对对口援藏工作表现突出的单位和个人给予表彰。

进一步做好对口援疆工作[*]

(2014年8月18日)

今年5月召开的第二次中央新疆工作座谈会,从全局和战略的高度,科学分析了新疆形势,明确提出把维护社会稳定和实现长治久安作为新疆工作的总目标和一切工作的着眼点与着力点,为进一步做好新疆工作指明了方向。同时,会议对对口援疆工作也做出了新部署,提出了新任务和新要求。今天,各援疆省市的同志都来参加会议,根据会议安排,我就进一步做好对口援疆工作讲几点意见,供同志们参考。

一、充分肯定新一轮对口援疆工作取得的成效

2010年召开的第一次中央新疆工作座谈会,对新一轮对口援疆工作做出全面部署。会议完整地提出了对口援疆工作的总体要求、基本原则和主要任务,调整了结对关系,充实了支援省市,首次确定了资金实物工作量标准,建立健全对口援疆的组织领导机制,由此形成经济、干部、人才、教育、科技相结合的全方位对口援疆工作新格局,推动对口援疆工作步入制度化、规范化轨道。党中央、国务院连续4年召开全国对口支援新疆工作会议,及时总结经验,研究解决问题,从根本上保障了对口援疆工作顺利推进。截至今年6月底,对口援疆共投入援助资金492.6亿元,

---

[*] 中央新疆办在广州召开第三次内地涉疆服务管理工作会议,这是作者在会议上的讲话。

组织实施了4790个项目，至2013年底，有2510个项目完工投入使用。4年来，在党中央、国务院的坚强领导下，在19个援疆省市与自治区、兵团各级党委政府的紧密配合下，以项目实施为抓手，充分发挥援受双方两个积极性，援疆工作取得了巨大成就。

（一）民生建设成效显著

各援疆省市始终把保障和改善民生放在优先位置，结合自治区连续四年开展的"民生建设年"活动，以改善受援地各族群众生产生活条件为切入点，将超过七成的援疆资金用于民生项目建设，将95%以上的援疆资金安排到基层。尤其是安排了三分之一的资金，即167亿元用于支持城乡住房及配套设施建设，帮助近400万城乡居民改善了住房条件。使受援地城乡居民住房、教育、医疗条件、基层政权和阵地建设得到进一步加强，群众生产生活条件得到明显改善，公共服务能力和水平不断提高。

（二）产业援疆取得重大进展

各援疆省市与自治区和兵团建立了援疆省市国家级开发区与自治区和兵团产业聚集园区的结对关系，累计安排63.4亿元资金支持受援地产业园区建设、引进先进技术，扶持当地特色优势产业发展。各援疆省市与受援地密切协作，按照"政府引导、企业主导、市场运作、互利双赢"的原则，积极搭建各类平台，充分发挥驻疆商会与援疆干部的桥梁纽带作用，建立服务跟踪机制，鼓励引导本省市优势企业进疆投资兴业，大众汽车、三一重工、湖北宜化、三峡集团、中船重工、北京能源等一大批投资规模大、带动能力强的项目进疆落地。截至今年6月底，19个援疆省市累计落地自治区经济合作项目4414个，实际到位资金5209亿元，一批强产业、惠民生的重大项目密集开工和建成投产，取得了良好的经济效益和社会效益，使受援地"造血"功能和长远发展能力不断增强。

（三）干部人才援疆力度空前

新一轮援疆工作开展以来，19个援疆省市和中央国家机关企事业单位先后选派两批援疆干部共6000多人，柔性引进各类人才超过2.3万名。广大援疆干部无私奉献、忘我工作、忠实履职，与新疆各族人民共同团结奋斗，充分展现了良好的政治品质、专业素质和奉献精神，在新疆的发展与稳定工作中很好地发挥了生力军、工作队、宣传队的作用。援疆干部所带来的发展理念、先进技术和管理经验，为受援地经济社会发展注入了新的活力。与此同时，各省市还积极培养当地人才。初步统计，4年来，累计为新疆培训各类人才58.5万人，选派7000多名干部人才赴内地省市挂职锻炼，有效提升了新疆干部人才队伍的整体素质。

（四）交往交流全面深化

援疆省市、有关部门和单位把加强交往交流交融贯穿于援疆工作各个环节和各个层次。各援疆省市相关市（区）与82个受援县（市）、兵团12个师及团场建立了结对关系。充分发挥对口援疆的桥梁纽带功能，大力促进新疆与内地之间、各民族之间加深交流交往交融，组织民间力量、公益组织、社会团体等各方面参与援疆建设，通过额外支持、企业社会捐赠等渠道，累计提供援助资金和物资超过20亿元。在援疆省市设立新疆特色产品销售点，组织开展"万人游新疆"、"双结双促"、"1+1"互助、文艺演出以及组织受援地青少年、宗教界人士到内地参观学习等各类文化交流活动，开展了4.1万名乡村和街道社区干部赴支援省市轮训工作，加深了新疆和内地之间的互相了解，促进了民族交融和各族群众的"四个认同"。

在各方面的共同努力下，2010~2013年，新疆（含自治区和兵团）连续四年实现新增生产总值超千亿元。今年上半年，全区实现生产总值3159亿元，同比增长10%，高于全国平均水平2.6

个百分点；全区固定资产投资（不含农户）完成 3068 亿元，同比增长 28.7%，高于全国平均水平 11.4 个百分点，增速居全国前三位。新疆稳定形势尽管严峻，但是通过广大援疆干部的无私奉献和实际行动，使新疆各族群众真切地感受到了祖国大家庭的温暖，为反分裂斗争提供了珍贵的民心支持。总之，在新疆的发展稳定工作中，对口援疆工作发挥了不可替代的重要作用，值得充分肯定。

二、全面领会和贯彻落实好对口援疆工作的新部署新要求

第二次中央新疆工作座谈会明确提出要把维护社会稳定、实现长治久安作为新疆工作的总目标，这是新形势下中央对新疆工作做出的科学判断，是第二次中央新疆工作座谈会的核心精神，体现了我们党对新疆工作规律性的深刻把握，对于做好新时期的新疆工作，包括对口援疆工作具有极为重要的指导意义。

中央提出新疆工作的这一总目标，并要求经济社会发展工作服务于这一总目标，说到底，是由新疆分裂与反分裂斗争的新形势决定的，是由新疆工作的主要矛盾决定的，也是中央从维护国家安全的整体战略出发作出的决策。牢牢把握这个工作总目标、总要求，并且把它贯彻落实到实际工作中去，首先要求我们正确认识和处理好发展与稳定的关系。

在发展与稳定的关系上，我们要讲两句话，第一句话，发展不能自然而然带来长治久安，更不能用发展来代替稳定。一次会以来，新疆经济社会发展明显提速，进入了改革开放以来发展速度最快的时期，无论是生产总值、公共财政预算收入、城镇居民和农民人均纯收入增长，都保持在全国前位，新疆的发展形势不可谓不好，但是恰恰是这几年新疆暴恐事件频发，且呈明显上升态势。新疆正处于暴力恐怖活动活跃期、反分裂斗争激烈期、干

预治疗阵痛期,而"三期"叠加又有着十分深刻的国际背景和时代背景。一方面,冷战结束后,全球恐怖活动升温,从北非、西亚到南亚形成了一个恐怖活动的弧形地带,中亚"三股势力"异常活跃,而新疆正处在这一弧形地带当中。另一方面,我们越是接近实现中华民族伟大复兴的目标,以美国为首的西方敌对势力就越是加紧阻挠和破坏,将新疆作为西化分化战略的一个突破口。因此,新疆分裂与反分裂的斗争,是长期的、复杂的、尖锐的,有时甚至是十分激烈的,这是不以人的意志为转移的。这就要求我们必须把反分裂斗争放在第一位。

第二句话,新疆所有的发展工作都要着眼于改善民生、争取人心,围绕稳定谋发展,通过发展促稳定。在这个问题上,中央明确提出,新疆工作不能简单以国内生产总值增长率论英雄,不要求新疆地区生产总值一定要达到怎样的水平,衡量新疆工作做得好不好,最根本的是要看反分裂斗争搞得怎么样,是不是保持了安定团结的政治局面、和谐稳定的社会局面。同时要求,促进新疆的经济社会发展,要以社会稳定和长治久安为着眼点和着力点,以改善民生、凝聚人心为目的。这一论断同样适用于对口援疆工作。还有一个认识问题要解决,我们说,新疆的发展要为总目标服务,是不是说发展工作就不那么重要了呢?不是的。提出新疆的发展要紧紧围绕改善民生、争取人心这个根本,把发展同稳定更加有机地结合起来,不是削弱或淡化了发展,而是对发展工作提出了新的更高要求。

具体到对口援疆工作,第二次中央新疆工作座谈会也有明确要求,具体讲,有3个方面的内容需要大家重点把握。

一是对口援疆是一项需要长期坚持的国家战略。习近平总书记在第二次中央新疆工作座谈会上首次提出,对口援疆是国家战略,必须长期坚持。他还指出,新疆的问题最长远的还是民族团结问题。树立正确的祖国观、民族观和社会主义核心价值观,是非做不可而且必须做好的工作。正是新疆工作的这种性质,决定了对口援疆的长期性和艰巨性。如果说，做好新疆工作必须谋长远之策，行固本之举，建久安之势，成长治之业，那么，做好对口援疆工作，也必须牢固树立医心为上，争取人心，长期奋斗，久久为功的理念和宗旨。以这样的更高标准来总结我们这几年的对口援疆工作，有没有急功近利的问题，有没有见物不见人的问题，是值得认真反思的。要不断改进和完善对口援疆工作思路和具体措施，使对口援疆工作更加有的放矢、精准发力，使援疆资金和项目安排真正落实到改善民生、惠及当地、增进民族团结上来，使援疆工作与受援地区的社会稳定和长治久安工作更加紧密地结合起来。

二是对口援疆要最大限度地惠及民生争取人心。民生关乎民心，民心决定人心向背，民生工程是发展和稳定的最佳结合点。对口援疆工作要继续把改善民生工作放在首位，要继续坚持项目资金安排向基层倾斜，向保障和改善民生倾斜，多办一些群众牵肠挂肚的事情，顺民意、得民心的事情。我在前面总结成绩的时候讲过，这些年援疆工作有超过七成的资金投入到民生项目上，有大量的资金投入到安居工程上，这是应当肯定的。但也存在着一些需要我们注意的问题，比如，一些省市的同志向我们反映，在农村安居工程中，一些贫困农户"拉了饥荒"，搞不好就会好心办了坏事。还有，随着城镇化的推进，在村里有没有必要盖那么多房子，也是一个值得研究的问题。又比如，就业是民生之本，人有恒业，方有恒心。对新疆特别是南疆来说，增加一份就业，就可以增加一份稳定的力量。在这方面，我们的工作也有进一步完善和改进的余地。各援疆省市要根据二次会议精神，充分发挥各自的优势，下大力气把就业、教育等民生项目搞上去。

三是对口援疆要进一步强化交往交流交融。加强各民族间交往交流以促进交融，不仅是新疆工作的根本导向，也是援疆工作的重要内容，这方面的工作做得好不好，是衡量援疆工作成效的一个重要标准。习近平总书记讲，来来往往、说说唱唱、聚聚聊聊里面就有大政治。李克强总理强调，要认真总结援疆工作中交流互访、"双结双促"等好经验好做法，把引导新疆各族群众到内地学习交流和就业创业作为一项常态化工作抓实抓好。俞正声主席指出，援疆不光是要给钱、"交钥匙"，更要交心、交朋友。我们要认真落实中央领导同志的这些重要指示。此前，各援疆省市在这方面都做了不少工作，付出了很大努力。比如，山西省组织了知名作家组团进疆与当地作家进行交流、笔会，上海、江西、湖南等援疆省市拍摄播出了纪录片《喀什四章》、吐鲁番申遗"宣传片"《水之行》、电视连续剧《同心兄弟》、《冰山下的来客》等，各省市的援疆干部广交基层朋友、民族朋友，都收到了很好的效果。下一步，大家在促进交往交流交融上还要开动脑筋、大胆创新，打开"三交"工作的新局面。要多渠道、多层次、多种方式地加强新疆与内地的联系，不断增进各民族群众之间的心灵沟通，真正把对口援疆打造成加强民族团结的工程。

三、抓紧抓好当前重点工作

第二次中央新疆工作座谈会后，各援疆省市行动很快，各省市党委政府及时传达学习会议精神，有的已经出台了贯彻落实意见或工作方案，有的正在抓紧研究制定相关文件或细化措施。截至目前，已有11个省市由主要领导或分管领导带队前往新疆考察调研，了解受援地的需求和前方工作情况，有针对性地加强工作指导。这些都充分体现了援疆省市的大局意识、政治意识和责任意识。

下一步，对口援疆工作要按照第二次中央新疆工作座谈会部署，以社会稳定和长治久安为着眼点和着力点，以改善民生、凝聚人心为目的，进一步发挥援受双方两个积极性，不断巩固全方位援疆工作格局，着力改善农牧民生产生活条件，突出抓好就业、教育等重点工作，大力实施产业援疆，深入推进各民族之间的交往交流交融，力求在重点领域和关键环节上有所突破，努力开拓对口援疆工作新局面。

（一）深入实施民生工程

保障和改善民生仍然是对口援疆工作的主方向、主战场。要按照"扩面、提质、深化"的要求，在继续抓好农牧区"水电路气房"、"教卫文就保"等工作的同时，关键是要进一步突出工作重点，使资金和项目真正沉下去，着力解决好基层群众最突出最直接最现实的困难和问题。农村安居工程建设要集中力量解决贫困家庭和边远地区的住房建设，避免"一刀切"和不切实际地追求数量。对确实困难的地区和农户建房，实事求是地安排建筑面积，该提高补助标准的要提高标准。如有必要，安居工程建设规划该调整的要抓紧调整。南疆地区的民生建设是重中之重，要结合扶贫攻坚工程，进一步加大就业、教育、医疗卫生、文化和基层政权建设的投入力度。要十分尊重群众意愿，贴近群众需要，少一点锦上添花，多一点雪中送炭，确保干一项、成一项。要把民生工程与民心工作结合起来，把改善民生真正落实到争取人心上。

（二）突出抓好就业、教育

新疆特别是南疆的就业形势比较严峻，突出表现在就业总量压力大、就业渠道偏窄、就业质量不高、"就业难"与"招工难"并存、就业观念亟待转变等。促进就业，要从供给和需求两个方面双管齐下。一方面，要通过大力开发当地就业岗位、向内地转移就业、吸纳受援地群众参与援疆项目建设等途径拓宽就业渠道。要把发展劳动密集型产业促进就业，作为下一步对口援疆的重要内容抓紧抓好。按照中央要求，各援疆省市要加大引导新疆少数民族群众到内地务工经商工作力度，把在内地解决多少新疆籍劳动力就业纳入援疆规划，落实责任、严格考核。有条件的省市要大力支持新疆纺织服装产业发展带动就业工作。另一方面，要进一步加强双语教育、职业教育和技能培训工作，使少数民族群众具备就业所需的文化素质和一技之长。要进一步加大双语教育和职业教育的支持力度，在推进硬件建设的同时，要重点加强双语教师和双师型教师的培养，并向南疆四地州倾斜。教育和培训工作的对象主要为"两后生"①、各类就业再就业人员特别是城镇下岗人员、农村转移劳动力等，不仅要学习国家通用语言和劳动技能，也要培养他们正确的就业观和对国家的认同感。要认真总结援疆省市职业技术院校与受援地职业学校联合办学、订单培养、定向就业的经验并加以推广。

(三) 加大产业援疆力度

援疆省市要以增加就业为导向，鼓励本省市有优势的纺织、服装、机电、食品加工、物流、商贸等劳动密集型产业向新疆转移。二次会前后，已经有许多省市积极行动起来了。比如，二次会前，江苏省负责同志专门向中央报告了江苏省的做法，他们结合霍尔果斯经济开发区建设，设立了纺织服装劳动密集型产业基地，预计1年后可实现新增30万纱锭、3000~4000人就业的目标。又如，二次会议后，山东省结合喀什经济开发区建设，推动如意集团投资纺织服装项目，计划总投资200亿元，一期投资60亿元，建设100万锭如意纺、1亿米面料和5000万件服装，预计用工2.6万人。产业援疆要进一步拓展内涵，把支援省市的资金、技术、人才优势与当地的资源和市场优势有机结合起来，把生产建设与人才培养结合起来，把满足当地需求与开拓境外市场结合起来，不断提高产业援疆的综合效益。在南疆地区，要因地制宜地大力扶持林果加工、地毯、刺绣、旅游生产的发展，多搞一些家庭式、小规模、低门槛的产业，广辟就业门路。

---

① "两后生"是指初、高中毕业未能继续升学就读的青少年。

（四）加强人才援疆和"三交"工作

二次会议对人才援疆工作赋予了新内容，要求组织实施技能型人才赴支援省市培养培训、将维稳力量人才援疆工作纳入干部援疆总体计划、对非受援市、兵团团场开展人才支援等，扩大了人才援疆的专业领域和覆盖范围。人才援疆要以新疆发展的需求为导向，以操作型、实用型人才为主，缺什么补什么，既要加强计划派遣，也要扩大柔性引进。要组织实施好高技能人才和紧缺职业技能人才赴援疆省市培养培训计划。各支援省市要认真落实俞正声主席提出的"促进各民族交往交流交融是新疆工作的重要导向，是各地的重要工作任务"这一重要指示精神，积极主动做好相关工作。要认真总结以往的好经验、好做法，继续坚持"送进去"和"请出来"相结合，扩大"三交"范围，深化"三交"内涵，提升"三交"水平。可以继续组织支教团、援疆医疗队、农业科技服务队，可以多搞一些双向考察学习活动，也可以举办群众性联谊联欢活动，多渠道、多形式地增加新疆与内地的互动。要加强对民族团结进步的宣传报道，增强各族群众"四个认同"，引导内地群众把少数极端暴力恐怖分子同新疆群众、同特定民族区分开来。要按照本次会议要求，认真做好在内地新疆少数民族群众的服务管理工作，并把这项工作与对口援疆工作有机结合起来。

（五）完善援疆工作机制

一是按照受援地州范围内兵团团场全覆盖的要求，将湖南、山西2省对口支援范围扩大到兵团第十二师二二一团和二二二团。前不久，湖南省领导同志已带队前往兵团进行了工作对接，初步确定由益阳市与二二一团结成对子。对乌鲁木齐、克拉玛依两个非受援市和兵团建工师、十二师两个非受援师的干部人才支援工作，也要抓紧推进。二是开展援疆工作绩效评估。目前，国家发改委正在组织力量进行研究，准备就经济援疆绩效评估提出具体考核指标体系和考核办法，之后还要征求大家的意见，力争年内印发实施。三是建立援疆省市涉疆工作协作机制。各援疆省市要加强与自治区和兵团的沟通合作，围绕涉疆反恐维稳、流动人口管理、就业、宗教管理等方面建立联系机制，定期不定期进行信息沟通，加强预警分析，共同研判问题，提出解决对策，尽快形成涉疆工作联动协调机制，形成合力共同做好维稳工作。

"十三五"对口援疆工作的思路和对策建议[*]

(2015年4月30日)

"十三五"是新疆经济社会发展的关键时期,"三期叠加"的特征依然明显,改革发展稳定的任务艰巨繁重,与全国同步全面建成小康社会的难度不可低估。必须高度重视、认真谋划对口援疆工作,为新疆的和谐稳定和繁荣发展作出新的更大贡献。经过认真研究,我们对"十三五"对口援疆的基本思路、重点任务和工作机制提出如下建议。

(一) 基本思路

做好"十三五"对口援疆工作,必须全面贯彻落实第二次中央新疆工作座谈会精神,紧紧围绕新形势下新疆工作的着眼点和着力点,牢固树立科学援疆、长期援疆、真情援疆思想,科学制定"十三五"援疆规划,加强统筹协调,注重精准发力,释放综合效益,完善体制机制,切实把援疆工作思路和发展战略转到维护新疆社会稳定和长治久安上来。

(二) 重点任务

1. 进一步加大以就业为导向的产业援疆力度

大力引进纺织服装等劳动密集型产业,严格行业准入条件,

---

[*] 根据中央领导同志指示精神,2015年4月7~16日,由杜鹰带队,国家部委调研组赴新疆就"十三五"援疆工作进行调研。这是调研报告的一部分。

重点扶持和优先发展就业容量大、投资少、见效快的服装服饰、家纺、针织等终端消费品行业。调整产业援疆结构比例，大力发展农产品深加工、民族手工等特色优势产业，挖掘就业潜力，引导受援地群众就近就地稳定就业。落实好就业、技能培训等补贴政策，引导中央企业、援疆省市企业吸纳更多的当地劳动力。尊重市场规律和企业自主权，打破结对关系的局限性，在受援地资源市场条件不具备的情况下，援疆省市企业可到非对口受援地创业发展，鼓励招录对口受援地少数民族劳动力，并纳入援疆省市绩效考核范围。

2. 深入推进双语教育和职业教育

着力在硬件向软件、外在向内涵的转变上下功夫，进一步扩面提质，继续完善学校配套设施建设，加大双语和双师型教师培养培训力度，推广多媒体、远程网络等教学手段，帮助受援地提高教学管理水平。根据产业发展实际需求，科学设置职业教育课程，采取"订单式"培训方式，加强技能培训，提高受援地劳动者就业创业能力。制定实施优惠政策，提供更多的就业岗位，采取有效办法，引导南疆职业学校毕业生到北疆或内地就业。

3. 有针对性地推进民生项目建设

坚持援疆项目继续向基层倾斜、向民生倾斜、向南疆倾斜，着力解决基层群众牵肠挂肚的切身利益问题。多安排一些下乡下村的援疆小项目，让每个乡村、每个家庭、每名群众都能得到实惠，感到温暖。继续大力推进"两居"工程，更多地采取因地制宜、"就汤下面"的方式改造现有住房，按照不同群体的实际需求和承受能力，实行补助标准差别化、住房面积差别化政策，同时适当提高政府补助。由受援地加大资金统筹力度，同步推进水电路气等基础设施配套建设及公共服务设施建设。建议由国家发展改革委牵头，会同财政部、住房和城乡建设部，以及自治区、兵团共同研究，尽快拿出"十三五""两居"工程实施方案。援受双方要在人才培养、技术支持、资金保障等方面密切配合，着力解决部分硬件设备闲置问题，使援疆项目更好地服务群众，发挥综合效益。

4. 大力促进各民族交往交流交融

把促进"三交"作为"十三五"援疆规划的重中之重，各项工作都要往"根"上做、往"深"里做、往"心"里做。有关部门要研究部署，加强指导，明确援疆工作促进"三交"的工作思路、政策措施。各援疆省市要在编制规划中安排好具体项目，划出一定比例的资金予以保障。高度重视文化援疆，帮助基层建设宣传文化阵地、科技普及场所和村级文体设施，支持创办一批民语网站，组织创作反映新疆各民族优秀文化的文艺作品，广泛开展群众性的文化交流活动。动员全社会力量，深入开展"结对子、结亲戚、交朋友、手拉手"等活动，组织各类考察团、参观团、疗养团、青少年夏令营、观光旅游、文艺演出，促进新疆与内地各族群众加强了解、增进感情。更加重视并做好引导新疆少数民族群众赴内地上学、就业、生活，做好内地涉疆服务管理工作，帮助他们扎根内地、融入内地。

5. 加大对基层基础建设的支持力度

认真贯彻习近平总书记"两个坚定不移"的重要指示，坚持重心下移，在抓基层、打基础上下功夫，帮助受援地提高维护社会稳定的能力。继续加大投入，进一步支持村"两委会"阵地、村民服务中心、文化场所等建设，加大科普力度，加强基层干部培训，增强基层组织凝聚力、战斗力。把支持反恐维稳能力建设作为"十三五"援疆规划的重要内容，增加资金项目投入，加强反恐维稳基础设施和装备器材建设，加大维稳人才选派和技术支持力度，帮助提高反恐维稳水平。

(三) 健全完善援疆工作机制

1. 科学制定规划

根据第二次中央新疆工作座谈会精神，在全面总结"十二五"援疆工作的基础上,援受双方要认真编制"十三五"援疆规划,与地区"十三五"规划同步完成。国家发展改革委等部门要加强指导,使"十三五"援疆规划与国家、新疆"十三五"规划有机衔接、形成合力。提高援疆规划的预留资金比例,进一步完善规划中期评估机制,预留空间,增强弹性。研究完善援疆干部三年轮换工作机制,确保五年援疆规划执行的连续性。修订完善《对口支援新疆项目管理暂行办法》等政策文件,防止随意变更、过快执行等现象。

2. 加强统筹协调

赋予地州、师市层面更多的职责,允许地州、师市统筹安排使用一定比例的援疆资金,在援疆规划编制、项目安排、人才管理等方面发挥更大作用。在同一个地州内,各援疆省市要建立通气制度,加强受援县(市)之间援疆工作的协调配合。自治区和兵团相关部门要发挥协调、指导、审核、监督等职能作用,加强南北疆、援疆省市之间工作的统筹。

3. 创新援建方式

提倡援建项目由"交钥匙"向"交支票"过渡,除个别技术含量高的项目外,只要受援地有建设力量,原则上应采取"交支票"方式。援疆省市要全程参与建设和监督,"交支票"不交责任,保证资金安全和工程安全。受援地要充分发挥主体作用,在项目建设和使用上承担主要责任。严格实行项目问责制。提倡建立"合作共建"、"嵌入式"援疆模式,实现干部人才嵌入式培训、工程项目嵌入式实施、援疆工作嵌入式推进,援受双方互相学习、互相帮助、互相支持。

4. 完善工作制度和考评机制

完善各项规章制度,加强对援疆项目资金的监督、检查和审计,确保资金安全、项目安全和干部安全。建立国家层面援疆工作绩效考核评价机制,科学设置考核内容,既考核硬件建设情况,更注重考核软件建设和内涵提升,既考核项目建设完成情况,更注重考核项目建成后的综合效益,特别要考虑带动就业、惠及民生、群众满意、促进"三交"等要素,引导各地各部门紧紧围绕总目标开展援疆工作。

5. 加强援疆干部人才工作

研究完善援疆干部选派政策,明确援疆干部一般平职选派,援疆期间表现优秀、符合任职条件的,可在援疆期间或期满后提拔使用。严格援疆干部人才的属地化管理,安排承担更多的工作职责,支持他们更好地融入当地。根据受援地需求,进一步加大柔性引才力度,增派教师、医生、科技等专业人才数量。援疆干部人才期满返回后应"高看一眼",援疆省市在职务晋升、职称评定等方面应给予充分考虑,尽量安排实职。研究制定鼓励援疆干部人才留疆工作的政策意见。

对口援疆 20 年调研报告[*]

(2017 年 4 月 25 日)

调研组听取了自治区、兵团及 19 个援疆省市工作情况介绍,分成 4 个组赴南疆、北疆、东疆 5 个地(州市)21 个县(市)和兵团 5 个师 8 个团场调研,广泛听取援受双方及基层干部群众的意见建议。我们总的看法是:20 年对口援疆成效显著,特别是党的十八大以来,援疆工作聚焦新疆工作总目标,调整工作布局,完善援疆方式,工作成效更加扎实,新鲜经验不断涌现。同时也感到,援疆工作与新疆整体工作越来越密不可分,要推动援疆工作取得新成效,就必须统筹解决援疆工作本身以及新疆整体工作中存在的突出问题,这应成为下一阶段的工作重点。

一、20 年来特别是党的十八大以来 对口援疆工作取得显著成效

今年是对口援疆工作 20 周年。20 年来对口援疆工作大体可分为三个阶段:1997~2009 年,主要是干部人才援疆;2010 年以后,对口援疆转为全方位援疆,扩大了援受范围,调整了结对关系,确定了实物工作量;党的十八大特别是第二次中央新疆工作座谈会以来,对口援疆工作紧紧围绕新疆工作总目标,更加突出

---

[*] 根据中央领导同志指示精神,为做好第六次全国对口支援新疆工作会议筹备工作,2017 年 3 月 18~24 日,国家发改委、中央新疆办等部门的 30 余名同志组成调研组,赴新疆进行实地调研。这是在调研基础上形成的报告,由杜鹰主持,国家发改委地区司、新疆办及有关部门同志参加撰写。

就业、教育、人才等重点工作，在事关新疆根本性、基础性、长远性问题上发力，开创了对口援疆工作新局面。

（一）20年对口援疆工作概况

干部人才援疆力度不断加大。1997~2016年，援疆干部人才计划选派九批1.5万余人，实际选派1.9万余人，其中2010年以后计划选派三批1.1万余人，实际选派近1.5万人，是此前13年选派干部人才数量的3.3倍。此外，柔性引进人才近5万人，培训新疆干部人才130多万人次，也主要是2010年以后实施的（报告所列数据均含兵团，下同）。

援疆资金项目密集投入。1997~2009年，这期间援疆省市及有关单位累计无偿向新疆援助资金物资折合43亿元，实施项目1200多个。2010~2016年，新一轮对口援疆计划投入援疆资金815.69亿元，实际投入829.69亿元，实施项目8332个。

援疆工作体制机制不断完善。明确了中央新疆工作协调小组对对口援疆工作的指导协调职责，组建了对口支援新疆工作部际联席会议，制定了对口援疆总体实施方案和指导意见，建立了资金、项目、审计、绩效考核等规章制度，指导援受双方编制对口援疆规划；各支援省市、单位及受援地区普遍建立了高规格的领导小组和专门工作机构，对口援疆工作纳入制度化、规范化轨道。

（二）党的十八大以来对口援疆工作的新经验新成效

党的十八大以来，以习近平同志为核心的党中央提出了一系列治疆新理念新思想新战略，明确了社会稳定和长治久安的新疆工作总目标。按照第二次中央新疆工作座谈会，以及第四次、第五次全国对口支援新疆工作会议要求和部署，对口援疆工作紧紧围绕新疆工作总目标，按照"五个必须坚持"和"六个更加注重"的要求①，定位更加清晰，目标更加明确，重点更加突出，措施更加精准，实践中创造了很多好做法好经验，推动对口援疆工作进入了更加务实高效的新阶段。

第一，不断创新产业援疆模式，拓展就地就近稳定就业渠道。坚持把发展产业带动就业放在对口援疆工作的首要位置。2013年以来，援疆省市进一步加大工作力度，安排产业促进就业援疆资金132.4亿元，建成各类产业园区135个，引进内地企业2600余家，吸纳富余劳动力52.26万人次。尤为可贵的是，援受双方共同努力，从实际情况出发，不断创新产业援疆新模式。比如，广东省援疆前指采取"以商招商、园中园开发"模式，将伽师县兴业中小企业孵化基地交由广东民营企业自主招商和管理，已吸引内地9家企业落户、21家企业签订协议，预计可吸纳就业6000多人。又如，喀什恩科电子科技有限公司、山东中兴手套厂等企业采取"总部+卫星工厂"模式，将生产线和就业岗位向乡、村、户辐射延伸，方便了少数民族群众就地就近就业。再如，广东省援建的兵团三师草湖纺织服装产业园区一期工程已建成投产，为了提高运营效率，采取了投资与运营管理相分离的模式，引进全行业管理领先的山东恒丰集团进行管理，产生了较好的经济效益。我们在实地调研中看到，尽管企业在招工、培训和稳定员工方面还存在一定困难，但这些困难不是不可克服的，落户企业充分发挥政策的激励作用，做深入细致的思想工作，使越来越多的员工稳定下来，展现了将处在落后封闭状态的农民转变成现代产业工人的可为前景。

第二，着力加强师资力量建设，切实提高教育援疆实效。坚持把教育援疆放在优先位置，支持新疆积极推进双语教育和中等

---

① "五个必须坚持"是：必须坚持凝聚人心，必须坚持促进各民族交往交流交融，必须坚持夯实基层基础，必须坚持久久为功，必须坚持一切从实际出发；"六个更加注重"是：更加注重扩大就业，更加注重抓好教育，更加注重人才援疆，更加注重向基层特别是农牧区倾斜，更加注重促进民族团结，更加注重支持反恐维稳能力建设。

职业教育。2013年以来，投入教育援疆资金89.7亿元，新建改扩建双语幼儿园429所、中小学校422所、职业技术培训学校56所，惠及学生143.14万人；选派教师4184人，其中双师型教师938人；帮助培训受援地教师10万余人次；资助8.94万余名内地新疆籍贫困学生完成学业。在加大人力物力投入的同时，援受双方着眼教育质量提升，进行了大量有益探索。一是"组团式"教育援疆促进学校管理教学水平整体提升。如山东充分发挥以优秀校长、教师为核心的团队作用，通过"专家带团队，结对带交流，项目带人才"，打造永远留得住的教师队伍。二是职业教育实用性增强。浙江安排35所职业院校与阿克苏及兵团一师所有中高职业院校组成"职教联盟"，上海搭建"申喀职教联盟"，加大专业师资培养力度，实现优势资源共享。更多的职校采取"定向"、"订单"、"定岗"式培训、教学和就业模式，培训教学内容更加契合就业实际，少数民族学生就业创业和职业转换能力不断提升。三是助推国家通用语言文字使用。新疆双语教育取得明显进展，农村学前双语教育覆盖率和中小学双语教育覆盖率分别达到100%和78%，较2010年分别提高43个和39个百分点。上海推广"韬图汉语动漫教程"，激发学生学习兴趣，目前已覆盖300多所学校、12万名学生；天津高校选派29名维汉双语大学生到策勒县任教，为当地培训双语教师2238名；深圳在喀什市创立"国语节"，先后举办3轮数十场系列活动，积极营造国家通用语言使用氛围；江西安排300万元奖励师生，激发了他们双语教学的积极性。

第三，完善干部人才选派和管理使用机制，更好发挥干部人才援疆作用。干部选派方面，改以往"先提拔再援疆"为干部择优平级选派，注重把优秀年轻干部特别是后备干部选派到援疆一线去，有利于将援疆绩效考核考评与援疆干部成长进步相挂钩，有利于援疆干部的磨砺、成长和管理。干部人才管理方面，更加突出"受援地管理为主"原则，实行新疆各级党组织管理和援疆前指自我管理相结合，使广大援疆干部走出机关大院，到受援地任实职履实责，促进了双方的互帮互学。兵团还在援疆干部中探索开展了"交一个朋友、认一门亲戚、办一件实事、引一个项目、搭一座桥梁、提一条建议"的"六个一"活动。"组团式"人才援疆方面，在医院、学校等领域，组织技术、管理、学术等人才进行"团队式"支持，相关单位专业能力、管理水平显著增强。如喀什二医院在上海团队的支持下，实施了多项新技术、新项目，不仅在南疆首创，而且在全疆领先。该院还带动基层医院共同发起建立全疆首家"医疗联合体"，迄今成员单位已包括本地及阿克苏、克州的26家医疗单位。湖北在博乐市打造妇幼中心产科援疆团队，在五师85团医院开设"小针刀"等特色专科，深受当地群众欢迎。大连机场选派24人组成的团队支援石河子机场运营管理，帮助兵团发展民航事业。柔性引进人才方面，在中组部计划外，援疆省市采取更加灵活方式积极引进和培训各类急需短缺人才，如上海、江苏等地发挥内地退休技术人员余热，推进"银龄援疆"和"银发援疆"；辽宁通过"引进来"、"走出去"，为"一地两师"培训紧缺干部人才1.8万人次。

第四，聚焦基层群众和贫困人口，全力保障和改善民生。援疆工作贴近群众实际需求，着力解决基层群众牵肠挂肚的问题，80%以上的资金投入到县及县以下基层，越来越多的项目往乡村倾斜。2013年以来，投入援疆资金330多亿元，支持建成安居富民房120万套、游牧民定居房6.38万套，医院、图书馆等各类公共服务设施622个，一大批乡村文化中心、乡村道路等建设项目落地使用。在支持农牧业结构调整、促进农牧民增收方面，援疆省市也做了大量卓有成效的工作。如广东在伽师县克孜勒依乡16村、17村开展农牧林果水组合式扶贫试点，整合各渠道资金建设养殖小区，采取"公司+农户"模式运作，并在两村推广高效节水、青贮饲料种植，使300多户贫困农民受益。又如，吉林引进"双膜双拱"设施农业技术，成功引进24大类367个新品种。再如，安徽、浙江等省组织开展扶贫公益活动，动员电商等企业帮助受援地贫困户销售农产品。各援疆省市都把扶贫帮困作为重点，在中央核定的资金量外，动员社会力量额外筹集援助款物20.66亿元。

第五，深入推进交往交流交融，促进民族团结。对口援疆是新疆与内地各民族之间交往交流交融最直接的桥梁和纽带。2013年以来，组织各类交流活动2134场次，创作各类优秀文化作品19788件。19省市的107个地市（区）与新疆的82个县市和104个团场建立结对关系，与新疆少数民族结对认亲5431人。在推进"三交"过程中，更加突出增加新疆少数民族群众对援疆工作的参与感和获得感，援疆项目尽可能吸纳当地少数民族群众参与规划和建设。更加突出发挥文化援疆的潜移默化作用，组织创作反映各民族优秀文化的文艺作品，互派一批文艺团体进行演出，积极倡导各民族文化相互包容、相互欣赏。如湖南卫视《爸爸去哪了》栏目组到吐鲁番实地拍摄，宣传了新疆，在社会上引起热烈反响。更加突出搭建多层次交流平台，结对关系不再局限于省市和地州。如江苏省与伊犁州开展百村结对，广东东莞镇街与兵团三师团场全面结对，南疆1082所学校与援疆省市开展结对子、写书信、发微博等"千校手拉手"活动。更加突出双向交流，在把受援地干部人才、宗教人士、劳动模范等送到内地培训交流的同时，组织内地经贸考察团、参观旅游团到新疆。如河南的"十万人游哈密"、山西的"万人游新疆"、福建的"闽疆情、闽昌情"等活动，拉近内地与新疆距离。

第六，支持新疆反恐维稳能力建设，助力维护社会稳定。把支持基层反恐维稳能力建设纳入援疆工作范畴，重点加大人才、技术的支持力度。北京、浙江、河北、河南、黑龙江等省市投入一批资金项目，支持受援地反恐维稳能力建设。各援疆省市进一步加大维稳专业人才选派和技术支持力度，与新疆建立维稳处突协作配合机制，组织受援地区技能型人才和基层党员干部赴援疆省市培养培训。在与国家、地方相关专项规划进行衔接的基础上，各援疆省市统筹做好受援地乡镇（街道）社区活动场所、村民服务中心等基层组织阵地建设。

20年来特别是党的十八大以来，对口援疆工作取得了丰硕的物质成果和精神成果，在助推新疆经济发展、民生改善、社会稳定、民族团结中发挥了越来越重要的作用，已成为新疆工作密不可分的重要组成部分。援疆工作之所以取得显著成效，得益于以习近平同志为核心的党中央坚强领导，得益于中国特色社会主义制度的优越性，得益于新疆各族干部群众主体作用的充分发挥，得益于支援省市讲政治顾大局的全力推动，得益于以黄群超、王华等先进典型为代表的广大援疆干部人才的无私奉献和辛勤努力，谱写了各民族携手共建美好新疆的壮美诗篇，唱响了中华民族大团结的主旋律，充分说明党中央关于新疆工作总目标的决策和长期援疆的工作方针是完全正确的。

二、需要研究解决的主要问题

在这次调研中，我们认真查找对口援疆工作中存在的问题，并对这些问题进行了综合分析。我们明显地感到，目前对口援疆工作中面临的问题与以往相比已有很大不同。一方面，随着援疆工作体制机制的建立和不断完善，对口援疆工作本身存在的问题，如规划如何编制、项目如何安排、资金如何管理、干部如何选派等，这方面的问题虽然还存在，但已显得不那么突出；另一方面，随着对口援疆工作日益融入新疆整体工作，当前影响对口援疆工作深入推进和更好发挥作用的一些突出问题，恰恰正是新疆整体工作中迫切需要解决的问题。也就是说，新疆整体发展中存在的一些突出问题不解决，将会影响到援疆工作综合效益的进一步发挥。这两类问题都需要认真研究解决，概括起来看，主要是：

（一）东联西出通道不畅，政策支撑缺乏后劲，深入推进产业援疆面临瓶颈制约

新疆特别是南疆远离中心市场，发展基础薄弱，人才匮乏，产业发展先天不足。近年来，在政策激励和各支援省市的大力支持下，产业援疆取得阶段性成果，但也要清醒地看到深层次的制约因素还没有根本解决。喀什开发区不少企业表示，投资喀什，就是看中新疆是丝绸之路经济带核心区，希望以此为支点开拓中亚乃至欧洲市场。现在的问题是，向西通道迟迟打不开，东联内地物流成本高的现状亦未改观，久而久之，势必对企业的投资热情和信心产生负面影响。政策是弥补劣势的重要手段，但目前诸多含金量高的政策仅限于纺织服装领域，其他劳动密集型产业无法享受，如广东引进的恩科电子已在喀什吸纳就业3500多人，是典型的劳动密集型企业，但却无法享受电价等扶持政策。即便是纺织服装产业本身，由于主要扶持政策的有效期至2018年结束，企业亦期待政府早日明确后续政策以稳定预期。此外，新疆自身工作也存在一些问题，如各县市区产业园区遍地开花，存在恶性竞争现象，分散了支援省市产业援疆的力量；投资经商的政务环境亟待改善，企业申领社保和培训补贴程序烦琐复杂，招商引资承诺的部分优惠政策落实不及时、不到位。

（二）双语教育的实施情况与中央要求存在差距，尤其是双语师资严重不足已成瓶颈

两次中央新疆工作座谈会都对在新疆普及以国家通用语言文字授课、加授本民族语言文字的双语教学提出明确要求，要求到2020年实现少数民族学生基本掌握和使用国家通用语言文字的目标。在具体实施过程中，新疆并行推进部分课程少数民族语言文字授课、部分课程国家通用语言文字授课和以国家通用语言文字授课、加授少数民族语言文字两种模式。今年以来，自治区

党委坚持问题导向，明确提出3~5年实现学前和义务教育阶段国家通用语言文字授课全覆盖，但又面临着双语教师短缺的客观制约。据新疆方面测算，到2020年全区学前和中小学双语教师缺口16.92万名，其中南疆双语教师缺口11.5万名。我们在调研中明显感到，新疆的教育设施、设备等"硬件"近年来得到很大提升，部分甚至超过支援省市的水平，但在师资数量、水平、教学质量等"软件"方面欠账甚多。为解决双语教师匮乏问题，自治区将主要采取内部挖潜方式，同时拟在计划外分配给19个援疆省市选派"万名教师支教"的任务，给援疆省市特别是教师需求量大的省市造成很大压力。以浙江省为例，过去6年按计划选派双语教师317名，而根据自治区"万名教师支教"计划，今年一次性就要选派教师2412名。此外，教育部门反映，一些地方安排教师驻村维稳，加剧了双语教师紧缺矛盾。

（三）农村人口和户数过快增长，安居工程规模不断加码，占用大量援疆人力财力

2011年，住房和城乡建设部等部门印发的《新疆农村安居工程建设规划（2011~2015年）》确定新疆农村住房改造总任务为266万户，计划"十二五"实施175万户，"十三五"实施91万户。在"十二五"如期实现改造任务的情况下，近期住房和城乡建设部函复原则同意的《新疆农村安居工程建设规划（2016~2020年）》又提出"十三五"新疆农村安居工程任务为136.2万户，比此前规划多出约45万户。农村安居工程加码的主要原因有两个，一是执行政策泛化、核查监管不力，二是新疆农村人口和户数增长过快且未得到有效控制。据新疆方面统计，2010~2014年，自治区农村户籍人口从1083.8万人增加到1271.8万人，增长了17.3%，年均增加47万人，年增幅高达41‰；总户数从295.3万户增加到329.3万户，增长了11.5%，年均增加8.5万

户，而同期全国农村户籍人口从6.71亿下降到6.19亿。按要求，新疆实施农村安居工程，需从援疆资金中给建房户每户补助1万元，再加上游牧民定居工程及相关基础设施配套投资，"十二五"期间援疆资金在"两居工程"上的投入为236.5亿元，占援疆资金总量的36.7%。而根据新的规划，"十三五"援疆资金在"两居工程"方面的投入不仅不能减少，反而要进一步增加。调查中，一些援疆资金量较少的省市反映，几乎要有超过半数以上的资金投入到安居工程上来。还要看到，新疆特别是南疆脱贫攻坚任务异常艰巨，解决贫困人口脱贫致富问题，除了靠发展产业带动就业外，也要做好农牧业增收的文章。援疆省市在这方面下的功夫还不够，这多少也与"两居工程"占用了大量资金有关。此外，在新疆安居工程建设上以前就存在的一些问题，如除建档立卡贫困户外一般化要求户均建筑面积不低于80平方米、新建户与改扩建户比例不合理、建房户补助均等化普惠化等问题，仍然没有得到很好的解决。

（四）新疆人才短缺与援疆人才作用发挥不充分并存，干部人才选派使用与考核管理体制尚不健全

人才短缺特别是专业技术人才匮乏，是制约新疆经济社会发展的瓶颈问题之一。如何更好地实施人才援疆，主要存在三个问题：一是家底不清、需求不明。调研中，各地各方面都反映人才短缺，但新疆对各行各业的人才到底有多少、需要增加多少，是自己培养还是从外部引进，缺乏扎实的数据和整体的规划。要求援疆省市选派人才带有一定的盲目性，有的一味追求高学历、高职称，反而不适应受援地区实际需求，甚至出现"大炮打蚊子"现象。二是援疆人才到疆后也存在使用不当、作用发挥不充分的现象。比如，在一些医院、学校等受援单位，对援疆省市选派的人才往往安排顶岗多、带岗培训少，虽然短期看解决了一线高素质人才短缺问题，但从长远看不利于当地人才队伍的培养，甚至有的受援单位还存在"技术提高了就要走,不提高还能踏实工作"、"这批援疆医生走了还有下批要来"等念头。三是专业技术人才的配套政策不完善,不少技术人员反映,到了新疆后难以跟踪国内外学术前沿问题,导致业务生疏、水平退化、职称晋升受影响。部分省市专业人才待遇与援疆干部不同,计划外计划内之间也存在较大差异,影响专业人才工作积极性。在干部援疆方面也存在三个问题:一是有的援疆干部在当地的职责分工与援疆工作没有什么直接联系,有的还要求驻村,不利于发挥援疆干部的自身优势。二是在目前"平级进疆"新规则下,干部考核提拔的管理权限和细则亟待明确,谁来管、谁来提,走什么程序,成为广大援疆干部的普遍关切。三是鼓励援疆干部人才长期留疆的政策也不明确,这涉及子女高考加分、留疆工作后能否在原工作地退休等问题。

(五)对民族交往交流交融工作重视不够,广度、深度和力度都有待进一步提升

调研中我们感到,相比党的十八大以前,援受双方都越来越意识到推进各民族交往交流交融的重要性,在具体工作中也做了积极有益的探索,但总的来看,工作还处在点和线的状态,还没有形成全面和整体推进的态势,无论是在形式上还是在实效上,还有很大提升空间。究其原因,既有消除民族隔阂需要各方面下大力气创造条件等客观因素,也有援疆工作重视程度不够、研究探索不深等主观方面的原因,在一定程度上仍然存在"重硬件、轻软件"、"重当下、轻长远"、"见物不见人"的现象。具体表现在,一是资金不到位,安排在交往交流交融领域的资金项目明显偏少,占"十三五"援疆规划总资金比例只有1.3%。二是"三交"的层级单一、平台不够多样。尽管也有援受双方县、乡、村和学校的结对以及援疆干部的结亲结对,但整体上看还是偏少,大多仍停留在省地级政府之间的对口结对上,还远没有拓展到社会的各个领域、各个层级、各个方面，远未形成全社会蓬勃活跃的交往交流交融态势。三是交往交流交融的深度还不够，活动形式也还可以更加多样化。援受双方开展了结对认亲、干部交流、青少年手拉手、参观互访、文化交流、文艺作品创作等活动，但在贴近群众需求、增进互相了解、增进思想沟通、增进"五个认同"的工作深度上还不够，有的停留在形式上，有的浅尝辄止，影响了活动的实际效果。特别是在不能正确处理维稳措施与民族平等关系的情况下，使一些同志开展"三交"活动畏首畏尾，人为增加了工作开展的难度。

（六）援疆规划资金项目管理有待进一步规范改进，两个积极性发挥不够充分

在规划方面，主要是维护规划严肃性不够。部分受援地区对支援省市不是加强双方沟通协商"提需求"，而是直接"提要求"，使支援方十分为难。个别受援县市主要领导变更后，又在规划外提出安排新项目的要求。在资金使用方面，主要是管理不够规范，缺乏有效审计监督。有的受援地区把援疆资金看成计划外的"小金库"，认为这笔钱好使好用，导致随意调用、临时救急甚至套取援疆资金现象时有发生；有的地方对把资金用到基层乡村、用到贫困群体身上兴致不高，更希望在地州所在地、县城所在地集中做一些"显性"项目。在项目实施管理方面，主要是共同监管、共负责任尚未落实。目前绝大多数援疆项目已采取"交支票"方式，有的援疆省市在"交支票"后注重对项目实施监管，做到"交支票不交责任"，但也有支援省市缺乏担当精神，萌生"大撒把"的消极念头，这不利于发挥援疆资金项目效益，也不利于确保援疆资金安全、干部安全。

三、下一步工作的基本思路和政策建议

习近平总书记明确指出,"对口援疆是国家战略,必须长期坚持",强调"要把有利于新疆社会稳定和长治久安作为对口援疆的根本目标",为对口援疆工作指明了前进方向,提供了根本遵循。

当前和今后一个时期,对口援疆工作要以习近平总书记治疆新理念新思想新战略为指引,深入贯彻落实第二次中央新疆工作座谈会精神,紧紧围绕维护社会稳定和实现长治久安新疆工作总目标,继续贯彻"五个必须坚持"重要原则,始终紧扣"六个更加注重"重点任务,着力在事关新疆发展改革稳定的根本性、基础性、长远性问题上精准发力,着力在对口援疆广度拓展、深度挖掘、力度强化上下功夫,着力在调动援受双方两个积极性上加强机制建设,把不断提高全方位对口援疆的综合效益作为努力方向,锐意进取、开拓创新,为建设团结和谐、繁荣富裕、文明进步、安居乐业的社会主义新疆做出新的更大贡献。

为深入推进对口援疆工作,针对存在的问题,提出以下建议:

(一)聚焦就业推动产业援疆

产业援疆一头连着经济发展,一头连着群众就业,必须积极创造条件予以推动。一是加快打通南疆地区东联西出的通道,切实将新疆的区位优势发挥出来。综合运用外交、经济等多种手段,加快推进中巴公路、中巴铁路、中吉乌铁路等国际通道建设。创新完善海关、边检、口岸体制机制,切实提高工作效率和服务水平。加快推进和田至若羌铁路前期工作,积极商有关方面专题研究建设资金和运营补贴等问题,力争"十三五"前期开工建设。加快联通南北疆的电网建设。二是国家发展改革委、财政部要会同有关方面组织开展新疆纺织服装产业相关支持政策中期评估,

抓紧研究明确 2018 年到期后的政策。三是参照支持纺织服装产业的优惠政策和经验做法,针对南疆地区电子产品加工、农产品深加工等劳动密集型产业发展研究制定特殊优惠政策,重点在电价、运费、社保和培训、标准化厂房、金融等方面给予政策支持。加快推进旅游援疆工作步伐,提升旅游产业发展水平和效益。加大新疆特色林果业政策扶持力度。四是鼓励央企、援疆省市国资企业落地新疆,带领社会资本投资新疆。请有关部门研究对在新疆投资的中央企业和援疆省市国有企业,将吸纳新疆籍员工就业纳入考核指标,并适当降低企业收益率的考核标准。鼓励和引导中央企业和援疆省市国有企业参与兵团向南发展建设。五是强化法治意识、诚信意识和服务意识,切实纠正招商引资和投资建设环节中的政策落实不力、行政服务效率低下、办事推诿扯皮甚至"吃拿卡要"等违法违规现象,优化投资经商环境。六是自治区要加强园区统筹协调,在地方间税收分成、政绩考核等方面建立健全分享机制,鼓励采取"飞地"模式集中力量打造精品产业园区。进一步完善支援省市国家级产业园区对受援地国家级、自治区级园区结对共建机制,在干部选派、招商引资等方面予以重点支持。明确各支援省市产业援疆落地不局限对口支援地区,完善相关配套政策。

(二)着眼长治久安加强教育援疆工作

教育特别是双语教育关乎人才培育和就业增收,更关乎各族青少年对伟大祖国、中华民族、中华文化、中国共产党和中国特色社会主义的认同,迫切需要下定决心、下大力气予以改进。一是要明确目标和路径。教育部和自治区要切实贯彻落实中央决策部署,采取有效措施缩短双语教育两种模式的过渡期,在学前和义务教育阶段全面推广国家通用语言文字授课。要严把教材编审关,少数民族文字的语文教材内容要与国家通用语言文字的语文教材保持一致,少数民族文字教材必须符合马克思主义"五观"、

"五个认同"及"三个离不开"思想，引导学生牢固树立中华民族共同体意识。研究举办内地新疆初中班，研究将自治区直属高等职业院校纳入对口援疆范围。二是自治区要全面准确领会和贯彻落实中央领导同志关于新疆双语教师的指示精神，坚持眼睛向内，加大培训转岗力度，用足用好优化本地教师资源、特岗教师计划、分流不胜任双语教学教师以腾出岗位招聘新的老师等政策。鼓励援疆省市采取选派师范院校实习大学生、退休教师或购买服务等形式增加援疆教师数量、加大培训力度优化存量、利用高科技多媒体设备创新教学方式等多种形式补充师资力量，力所能及加大教师选派力度。同时，充分发挥好现有教师积极作用，切实减轻教师维稳负担，明确教师维稳任务重点放在学校内。三是研究出台鼓励内地教师到新疆支教的优惠政策，如在职称评定、薪资待遇、支教结束后的工作安排等方面出台优惠措施，同时积极探索利用民间力量办学等方式加强双语教育。此外，自治区应出台相应规定，要求公务人员在所有政府会议及公共场所必须使用国家通用语言文字进行交流，营造氛围、形成导向。

（三）精准务实推进安居工程建设

安居工程还要继续实施，但必须要把好事办好、取得实效。一是全面评估安居工程实施情况，做好一户一档基础工作，加大审计稽查力度，确保资金发挥实效，确保"十三五"全面完成农村安居工程建设任务。二是结合全国安居工程补助标准提高和扶贫开发政策优惠的契机，改变过去"一刀切"的补助方式，按照国家要求，重点补助农村建档立卡贫困户、低保户、分散供养特困人员和贫困残疾人家庭，分类分档明确补助标准。对于经济条件较好、产业发展条件成熟的地区，可通过贴息贷款等方式支持。要根据不同类型、不同地区农户实际情况，合理确定住房建筑面积，更多地采取改扩建方式。三是建议结合分类分档补助改革，要求援疆资金集中补助重点困难人群，具体范围和标准可根据实际情况由援受双方协商。特别需要指出的是，除了上述"战术"层面的对策，更要在"战略"层面切实遏制人口无序快速增长的势头，坚决贯彻落实中央明确的"以降低并稳定适度生育水平为主要目标，调整完善计划生育政策"要求，树立正确的计划生育工作方向，严格执行国家和自治区婚姻管理法律法规，严肃查处非法婚姻、非法宗教干预婚姻及计划外生育行为。

（四）突出管用有效加强干部人才援疆

相比援疆资金和项目，干部人才是更重要的援疆力量，要切实关心好、使用好、管理好。一是坚持援疆干部"由援受双方共同管理，以受援地管理为主"原则，地方安排援疆干部任职分工要发挥其特长，且宜密切联系援疆工作，不能简单化地作为"顶岗力量"，也不要派去驻村。对援疆干部试用压茬交接、弹性延长任期机制，保证援疆工作连续性。二是尽快研究制定援疆干部在疆职级调整管理办法，受援地和后方组织部门在充分征求所在前指意见基础上，积极稳妥地做好援疆干部提拔任用工作。三是自治区和兵团在摸清底数、分布结构的基础上，编制教师、医生等专业技术人才需求规划，坚持适用原则，不追求高学历高职称。利用部分援疆资金在全国范围内选用援疆人才，可不局限于19个援疆省市。推广上海的"银龄援疆"和江苏的"银发援疆"模式。四是充分发挥传帮带作用，全面开展"一帮一"、"一带多"传帮带提工作，加大当地骨干人才培养力度，提升专业水平。调整优化援疆教师选派时间，与教学周期保持一致。五是鼓励优秀援疆干部人才留疆工作，明确相关政策，特别是允许留疆干部人才工作一定年限后可以调回内地，或者回原单位办理退休手续。

（五）强化效果导向创新民族交往交流交融方式

促进"三交"是加强了解、增进互信、巩固各民族大团结的重要手段，必须提到援疆工作重要议事日程上抓紧抓好。一是拓展"三交"空间。"三交"不能仅仅停留在省级及部分地市县范围内，要进一步拓展到社会的各个层面。推广江苏"小援疆"模式、广东东莞镇街结对喀什贫困村模式，鼓励援受双方因地制宜推进内地百强村镇、明星村镇与南疆贫困村结对子，对口行业部门结对子，各类学校、医院结对子，援疆干部与地方干部群众结对子，青少年结对子，搭建多层次的交往交流交融平台。二是通过考核激励、经验推广等形式，鼓励援受双方创新丰富活动形式。综合采取"请进来"与"走出去"等多种方式，组织受援地区宗教爱国人士、基层干部群众、青少年及社会各界人士到内地参观学习，鼓励内地广大群众到新疆旅游、交流。加大内地优秀影视作品、文艺节目译制引进力度，组织新疆特色文化节目"走出去"，鼓励创作推广地区间、民族间交流交融的文化作品。三是加大资金项目保障力度。援受双方要加大人员交往、文化交流的力度，规划调整资金和机动资金要优先保障交流项目，确保资金安排增速高于援疆资金增速。

（六）切实规范资金项目管理

用好援疆资金、实施好援疆项目是援疆工作发挥实效的基础和保障。一是对口援疆的资金和力量要切实聚焦到解决各族群众牵肠挂肚的困难上来，当前要更多地安排到脱贫攻坚上来。截至2016年底，全疆还有122万建档立卡贫困人口，其中92%集中在南疆，是全疆乃至全国脱贫攻坚最难啃的"硬骨头"。要聚焦贫困人口，大力改善新疆特别是南疆农牧业生产条件，助力脱贫攻坚战，实实在在地把钱用在刀刃上。加大支持兵团向南发展力度。维稳支出应坚持国家和地方财力主渠道作用，援疆资金可以拾遗补阙，重点用于技术支持和人才培养培训。二是注重发挥好援受双方两个积极性。援疆项目坚持由受援地区提出，但同时要充分尊重支援省市意见，要坚持换位思考，多沟通多协商，凝聚双方合力。要进一步明确援疆资金双方共同监管的责任，推广江苏省在项目管理上"第二法人制"典型经验,不断健全相互监督、联合推动的工作机制。三是要维护好规划的严肃性,各项援疆任务所需资金要全部纳入规划统筹安排。严禁部门向对口支援省市提出援疆资金硬性切块要求;自治区(含兵团)及受援地市在中央规定的援疆实物工作量之外,不宜再向支援省市提出增加资金或安排其他任务的要求,确需调整规划的,应加强沟通协商,在开展规划中期评估和修订工作时统筹考虑,杜绝"先上车后补票"。四是落实好对口援疆绩效考评办法。重点围绕对口援疆规划目标任务实现情况和完成质量,对援受双方进行绩效考评。建立对口援疆工作激励机制,定期对对口援疆工作表现突出的单位和个人给予表彰,对严重违规的予以通报批评,用考核"指挥棒"形成积极的工作导向。

第十编 产业转移与区域合作

促进东中西良性互动的重大举措[*]

（2010年3月1日）

新年伊始，国务院正式批复了《皖江城市带承接产业转移示范区规划》（以下简称《规划》），这对于探索建立承接产业转移新模式、促进中部地区加快崛起、推动区域协调发展、形成更加合理的区域产业分工格局，具有十分重大的意义。

随着经济全球化和区域经济一体化深入发展，国际产业分工加速调整，国内产业跨区域转移趋势日益明显。一方面，长三角等沿海地区要素成本持续上升，传统产业的发展优势在减弱，外延型发展方式难以为继，加之受国际金融危机的严重冲击，加快经济转型和结构升级刻不容缓；另一方面，广大的中西部地区基础设施逐步完善，要素成本优势明显，内需市场广阔，发展潜力巨大。在此背景下，加快东部沿海地区产业向中西部地区梯度转移，形成更加合理、有效的区域产业分工格局，已成为促进区域协调发展的政策取向和重要任务。

皖江城市带是《中共中央国务院关于促进中部地区崛起的若干意见》确定的重点发展区域，是国务院批复的《促进中部地区崛起规划》明确的六大城市群增长极之一。这一地区区域位势明显，与长三角地区山水相连、人缘相亲、文化相近，是长三角向中西部地区产业转移和辐射的最接近区域，具有环境承载能力较强、要素成本较低、产业基础和配套能力较好等综合优势。组织

---

[*] 这是在国务院批复《皖江城市带承接产业转移示范区规划》后撰写的文章，原载《人民日报》2010年3月1日。

实施《规划》，有利于构建区域分工合作机制，探索产业合理布局、要素优化配置、资源节约集约利用有效途径，为中西部地区大规模承接产业转移发挥示范带动作用；有利于安徽积极参与泛长三角区域发展分工，转变经济发展方式，加速新型工业化和城镇化进程，加快构建现代产业体系，促进经济社会又好又快发展；有利于优化地区产业布局，拓展国民经济发展空间，促进资源要素优化配置和区域经济布局调整，形成东中西互动、优势互补、相互促进、共同发展新格局；有利于积极主动地应对国际金融危机冲击，增强经济发展动力和后劲，保持全国经济平稳较快发展。

作为我国第一个专门为中西部地区承接产业转移而制定的区域规划，《规划》立意高远，内涵丰富，重点突出，特色鲜明。在《规划》实施过程中，要着力把握好以下几点：第一，坚持在承接中促进产业优化升级。始终突出在承接中发展、在发展中承接这个主题，高起点引进、高水平承接，明确产业承接重点和产业发展方向，着力打造产业承接平台，严格执行产业准入标准，严禁落后生产能力转入，努力把承接产业转移与促进产业结构调整升级结合起来。第二，坚持在承接中不断增强自主创新能力。充分发挥皖江城市带既有的创新优势，加强自主创新能力建设，完善自主创新体制机制，实现在承接中创新、在创新中发展，促进承接产业转移与自主创新相融合。第三，突出强化与长三角地区的分工合作。深化皖江城市带与长三角区域发展分工，广泛开展全方位、多层次、宽领域区域合作，实现与长三角地区错位发展、优势互补，在合作承接中探索建立良性互动、互利共赢的机制。第四，处理好政府主导与市场主体的关系。发挥政府主导作用，通过规划引导和政策支持，避免产业承接和转移中的无序无度；发挥市场机制的基础性作用，突出企业在产业转移中的主体地位，把政府推动与市场导向有效结合起来。第五，坚持把体制机制创新作为承接产业转移的强大动力。进一步解放思想，紧紧抓住赋予示范区在重点领域和关键环节先行先试的机遇，创新政府服务，构建规范透明的法治环境，完善社会管理体制，扩大对内对外开放，着力破解发展难题，为承接产业转移创造良好的制度环境。

宏伟蓝图已经绘就，关键是要抓好落实。国家发展和改革委员会作为《规划》的牵头编制单位，将继续会同安徽省人民政府和国务院有关部门，切实加大对示范区建设的政策支持力度，在专项规划编制、政策实施、项目安排、体制创新等方面给予积极指导和支持，加强《规划》实施情况的跟踪分析和督促检查，定期组织开展《规划》实施情况评估，注意研究新情况，协调解决新问题，不断总结新经验，共同推动《规划》顺利实施，努力把皖江城市带建设成为产业实力雄厚、资源利用集约、生态环境优美、人民生活富裕、与长三角有机融合、全面协调可持续发展的示范区，为加速安徽崛起、促进东中西良性互动、推动区域协调发展作出新贡献。

深入推进东西合作　不断开创西部大开发新局面[*]

（2010年4月8日）

今年是实施西部大开发战略十周年。经过十年的不懈努力，西部大开发取得了举世瞩目的巨大成就，西部地区经济发展、社会进步、民族团结、边疆稳定，基础设施建设取得突破性进展，生态建设与环境保护取得明显成效，经济发展速度超过全国平均水平，综合经济实力大幅跃升，人民生活水平显著提高，各族人民群众呈现出昂然向上的精神风貌。这些成就的取得，是党中央、国务院坚强领导的结果，是西部地区广大干部群众努力奋斗的结果，也是东中部地区积极参与和支持的结果。十年来，东中部地区以高度的责任感和使命感，从大局出发，积极推动东西部合作，引导企业和社会力量广泛参与和支持西部大开发，为带动和促进西部地区发展做出了积极贡献。同时，东西部合作也为东中部地区经济发展提供了有力支持，开辟了更为广阔的发展空间。

当前，我国正处于继续应对国际金融危机、保持经济平稳较快发展的关键时期，正处于加快转变经济发展方式、促进经济结构战略性调整的关键时期，正处于西部大开发承前启后、深入推进的关键时期。我们在深入推进西部大开发的前进道路上，既面临重大的历史机遇，也面临复杂的严峻挑战。国际金融危机的冲击和影响仍然没有消除，西部地区自然条件较差、基础设施落后、生态环境脆弱、经济结构不合理、自我发展能力不足的状况仍然

---

[*] 这是在西安召开的第一届东西部合作论坛上的讲话。

没有根本改变，与东部沿海发达地区发展水平差距扩大的趋势尚未根本扭转，仍然是我国全面建设小康社会的重点和难点。深入实施西部大开发战略，需要我们深入贯彻落实科学发展观，进一步锐意改革，扩大开放，凝聚力量，以更大的决心、更有效的举措、更务实地工作，深入推动东西部合作，力争在重点领域实现新突破，取得新成效。

一、深入推进产业合作

产业合作是东西部合作中最具活力的内容，也是应对国际金融危机、有效扩大国内需求、拓展经济发展回旋空间的重要途径。当前，国际国内产业结构正处于大调整、大变革时期，为东西部地区发挥比较优势、深化产业合作提供了难得的历史机遇。东西部地区要按照"政府引导，市场导向，优势互补，互利共赢"的原则，广泛开展基础设施、生态建设、环境保护、特色农业、矿产资源开发利用、重大装备制造、现代服务业等领域的合作，联合搞好企业重组改造，积极推进东部地区产业向中西部地区有序转移，促进形成更加合理的产业分工格局。要把产业合作与结构调整结合起来，积极采用新技术、新工艺、新材料、新设备，改造提升传统产业，淘汰落后产能，大力发展精深加工，推动产业上规模、上质量、上水平；要把产业合作与生态环境保护结合起来，加强节能减排，大力发展绿色经济、循环经济，积极推广低碳技术；要把产业合作与提高自主创新能力结合起来，重视和加强新技术研发、推广和应用，不断提升产业层次和水平，努力构建现代产业体系。为支持东部与中西部地区深入开展产业合作，国家即将出台支持中西部地区承接产业转移的意见，在财政税收、土地利用、配套建设等方面采取有效措施，鼓励有市场前景的产业和有较高技术装备水平的企业向中西部地区转移。

二、深入推进科技合作

科技是第一生产力。西部地区经过长期建设和发展，科学技术已经有了很大进步，但总体水平仍然较低，是制约经济社会发展的主要瓶颈。加强东西部地区科技交流与合作，关键是要充分发挥东部地区科技力量雄厚的优势，带动和帮助西部地区加快科技进步，提升自主创新能力，引领经济社会实现跨越式发展。要积极推进科技能力建设合作，有条件的地方共建国家重点实验室、工程技术研究中心、科技成果转化中心和产业技术试验设施，鼓励东部地区企业在西部地区建设研发中心，加快建立以企业为主体、市场为导向、产学研相结合的创新体系；积极推进重大科技攻关合作，依托重大建设项目，着力突破带动技术升级和促进产业升级的关键科技问题；积极推进科技成果转化利用合作，相互转让先进适用技术，促进科技成果向现实生产力转化。面对战略性新兴产业迅猛发展的澎湃浪潮，东西部地区要紧密合作，瞄准产业发展新方向，促进科技资源优化配置、开放共享和高效利用，联合推进新能源、新材料、节能环保、生物医药、信息网络和高端制造等产业的技术研发，力争在新一轮科技革命和产业革命中抢占制高点。

三、深入推进人才合作

西部大开发，人才是关键。人才交流与合作是长期以来东西部合作的一项十分重要的内容，取得了可喜的成绩。深入推进西部大开发，必须继续把推进人才合作放在东西部合作的优先位置，向深度广度进军，着力培养和造就一支规模宏大、结构合理、素质较高的人才队伍。继续实施好"东部城市对口支持西部地区人才培训计划"，扩大现有培训规模，让更多东部城市加入培训计划；组织开展西部地区特色优势产业发展人才培养，通过搭建创新平台、开展教育合作、实施重大项目等形式，培养产业发展急需紧缺人才；继续实施高校对口支援，利用东部地区高校的人才优势，帮助西部地区高校加强师资队伍建设和学科建设，提高管理水平；广泛开展支医支教活动，继续动员、组织东部地区和西部城市合格医师和教师，到西部基层特别是农村医院、学校工作；继续加强干部交流和培养，加大领导干部跨地区交流力度，选派西部地区干部到东部地区挂职锻炼。同时，进一步推进"博士服务团"、"西部之光"、"院士西部行"、"大学生志愿服务西部计划"等人才合作工程，鼓励东西部地区在引进国外人才智力上加强合作，不断推进东西部地区人才合作迈上新台阶，取得新成果。

四、深入推进开放合作

东部地区的沿海优势和西部地区的沿边优势都是我国对外开放的宝贵资源。随着西部地区发展步伐的不断加快，全面推进向西开放、提升沿边开放水平，已成为构筑我国全方位对外开放新格局的战略举措。东中部地区要紧紧抓住西部地区加快开发开放的有利时机，全面加强与西部地区在对外开放领域上的合作，广泛参与中国—东盟自由贸易区、上海合作组织、澜沧江－湄公河次区域经济技术交流与合作，积极参加边境经济合作区、出口加工区及沿边重点边境口岸城镇等建设，推进欧亚大陆桥及其他国际运输通道建设。联合实施"走出去"战略，进一步利用两个市场、两种资源，深化与周边国家的能源、交通、节能、环保、投资合作，大力发展出口加工贸易，扩大优势产品出口，推动我国对外经贸交流与合作向更宽领域、更大规模、更高层次迈进。

五、深入推进对口支援

实施对口支援,是党和国家为促进区域协调发展作出的重要部署,是发挥社会主义制度优越性的伟大实践,是贯彻"两个大局"思想的战略举措,是增强中华民族大家庭凝聚力的连心工程。长期以来,东中部地区加强和推进对口支援西藏、新疆工作,做好青海等民族地区和集中连片特殊困难地区对口支援和帮扶,为促进当地经济社会发展发挥了重要作用。"5·12"汶川地震发生后,全国19个省(市)按照"一省帮一重灾县"的原则,对口支援24个重灾县,成为灾后恢复重建的一支重要力量,为灾后恢复重建作出了突出贡献。目前,西部地区特别是民族地区、贫困地区,仍然是我国发展基础最薄弱、发展任务最重、发展难度最大的地区。东中部地区要从我国经济社会发展全局高度出发,把继续做好对口支援、对口帮扶作为自己应尽的责任和义务,加强组织领导,完善支援方式,加大支援力度,建立经济援助、干部支援、人才交流等全面对口支援机制,为促进民族地区繁荣稳定、贫困地区脱贫致富作出新贡献。受援地区要发扬主人翁精神,立足自力更生,矢志艰苦奋斗,积极配合支援省市的工作,为支援方提供及时、周到、高效的服务。通过双方努力,形成强大合力,共同谱写展现中国特色社会主义制度优越性和中华民族优良传统的新的辉煌篇章!

新形势下加强东西部合作,对于我们应对国际金融危机挑战、保持经济平稳较快发展,对于我们深入推进西部大开发、促进区域协调发展,都具有十分重要的意义,具有无限广阔的前景。我们要齐心协力,扎实工作,不断提高东西部合作水平。更加注重政府引导与市场运作相结合,充分发挥政府的组织和引导作用,充分发挥市场在资源配置中的基础性作用,确保东西部合作沿着高效有序的轨道顺利展开和有效推进。更加注重资源综合利用与生态环境保护，特别是在产业合作中，决不能以破坏生态环境为代价，决不能以浪费宝贵资源为代价，决不能以牺牲群众利益为代价。更加注重以人为本，把惠民富民作为出发点和落脚点，通过东西部合作，帮助和带动西部地区发展经济，扩大就业，提高收入，使各族群众共享发展改革成果。更加注重体制机制创新，不断创新合作方式，消除制约合作与发展的体制机制障碍，增强经济发展的活力和动力，努力形成东中西相互促进、优势互补、共同发展的新格局。

国家发展改革委作为实施西部大开发战略和促进区域协调发展的职能部门，我们将一如既往地支持东西部合作，加强与各地区、各部门的配合，全面贯彻落实中央深入实施西部大开发战略的各项政策措施，积极探索推动区域合作的新思路和新举措，努力开创西部大开发新局面！

携手合作　互利互赢　推动产业转移
工作健康有序发展[*]

（2010年12月26日）

我们今天在马鞍山召开推进皖江城市带承接产业转移示范区建设工作座谈会，是在皖江城市带承接产业转移示范区规划即将实施一周年之际召开的。会议的主要任务是，学习贯彻党的十七届五中全会和中央经济工作会议精神，认真落实《国务院关于中西部地区承接产业转移的指导意见》和国务院对皖江城市带承接产业转移示范区规划的批复要求，全面总结一年来示范区建设的成绩和经验，共同研究进一步推进示范区建设工作，促进产业转移工作健康有序开展。借此机会，我讲三点意见，供同志们参考。

一、不断加深对中西部地区主动承接产业转移工作重要性的认识

产业转移是全球经济一体化推动下不可逆转的发展趋势，也是市场经济规律作用下优化区域产业分工的必然要求。"二战"以来，国际上先后大致经历了三轮产业转移：第一次是20世纪50年代，美国将机械、冶金、纺织等传统产业向日本、联邦德国等国转移，集中力量发展半导体、通讯、电子计算机等新兴技术

---

[*] 国家发改委在安徽马鞍山市召开推进皖江城市带承接产业转移示范区建设工作座谈会，安徽省委省政府主要负责同志，上海市、江苏省、浙江省负责同志，国务院部委有关负责同志参加会议。这是作者在座谈会上的讲话。

密集型产业；第二次是20世纪60、70年代，日本、联邦德国等发达国家积极发展集成电路、精密机械、精细化工等技术密集型产业，将劳动密集型产业向亚洲"四小龙"等新兴工业化国家和地区转移；第三次是20世纪80年代以后，全球产业结构进入了以信息技术为核心的新技术广泛应用为特征的结构调整期，世界加工制造和电子信息产品制造业向发展中国家转移。目前，国际产业转移整体上仍处于上升态势，转移规模和领域不断拓展，转移方式趋于多样化，跨国公司日益成为国际产业转移的主体。

我国是国际产业转移的受益者。改革开放以来，我国东部沿海地区利用率先开放和得天独厚的区位优势，紧紧抓住国际产业转移的历史机遇，20世纪80年代，承接了大量以劳动密集型产业为主的加工工业，加快轻纺产业升级换代步伐；90年代，承接了大量制造业的国际转移，促进了机电产业的发展和产品出口；进入新世纪以来，积极承接以信息产业为代表的高科技产业转移。经过30多年的承接发展，中国已经被称为世界制造业中心。

随着国内外经济环境的不断变化，加快东部沿海地区产业向中西部地区转移已成为推动我国产业结构调整、优化生产力布局的一个令人瞩目的经济现象。2008年11月，在应对国际金融危机冲击的关键时刻，温家宝总理在《求是》杂志发表的《关于深入贯彻落实科学发展观的若干重大问题》中就非常有远见地指出，"当前促进区域协调的一个重要方向，就是加快东部沿海产业向中西部地区的梯度转移，形成更加合理、有效的区域产业分工格局。"必须看到，经过多年的发展，一方面，长三角、珠三角、环渤海等东部沿海发达地区土地、劳动力、能源等要素供给趋紧，资源环境压力加大，加快经济转型和结构升级已刻不容缓。像珠三角地区几年前出现的"民工荒"，引发了学术界关于中国的人口红利是不是已经消失、是不是已经到了"刘易斯拐点"的大讨论；还有东部沿海地区的资金相对饱和问题，大略统计仅浙江省的民间资本就在6000亿~10000亿元，这些资金亟须寻找出路。另一方面，广大的中西部地区基础设施逐步完善，资源比较富集，土地、劳动力价格相对便宜，要素成本优势明显，市场潜力和空间巨大，具有承接东部沿海地区产业转移的良好基础和条件。

近年来特别是国际金融危机以来，我国东部沿海地区产业向中西部地区转移呈现出一些新的特征：一是转移速度明显加快。不仅是本土企业西移，很多跨国公司也加快了布局中西部地区的步伐，富士康、惠普、英特尔、TCL、美的、格力、海尔等企业生产基地纷纷进军中西部。据有关方面统计，2008年2月至2010年2月，我国通信、计算机和其他电子设备制造行业雇佣人数，沿海地区减少了2.8%，内陆地区增加了28.4%；仪器仪表和机械制造行业的雇佣人数，沿海地区减少了2.6%，内陆地区增加了26.4%，皮革、家具、造纸、印刷等行业的雇佣人数也呈东部地区减少、中西部地区增加的态势。二是转移规模明显扩大。东部沿海地区向中西部地区产业转移，已经不是零星的、小规模转移，而是呈现关联产业大规模转移的现象。如温州鞋业巨头奥康集团到重庆璧山县建立"西部鞋都"，带动浙江、四川、重庆、台湾等地的50多家鞋业企业相继尾随入驻璧山；随着富士康台式电脑基地迁移到武汉，预计总共将吸引100多家配套企业跟随落户；富士康落户河南后，预计可吸纳50万人就业；京东方液晶平板生产基地项目进驻合肥，带动了长虹等一批高技术企业加速布局。三是转移档次明显提高。过去，东部沿海发达地区到中西部地区投资，主要以能源开发、资源加工和劳动密集型产业为主。近年来，中西部地区一些科技实力雄厚的省份，吸引高新技术产业转移的能力逐步增强，汽车、电子、家电等资本密集型产业转移加速。据有关方面统计，2004~2009年，中部地区汽车产量占全国比重由27.3%上升到33%，家电产量由15%上升到30%，仅安徽汽车和家电的产量占全国的比重就上升到7%和15%，而同期东部沿海地区汽车和家电的比重则分别下降4%和15%。总的看，目前东部沿海地区产业向中西部地区转移的态势是好的，中西部地区承接产业转移的成效也非常明显。今年前三季度，重庆市实际到位国内资金1408亿元，同比增长84.9%，增幅高居中西部地区第1位，全年预计突破2000亿元；安徽省1~10月引进省外资金近6000亿元，同比增长51.7%；四川省1~10月引进省外资金4674亿元，同比增长36.8%，外商投资实际到位资金43.7亿美元，居中西部首位，同比增长46.8%；湖南省今年前10个月实际到位省外资金1492亿元，同比增长24%；河南省前三季度实际到位省外资金2028亿元，同比增长23.2%。依我们观察和判断，中西部地区大规模承接东部沿海地区和国际产业转移的势头可能要延续到"十二五"末期，未来5年将是我国地区生产力布局调整最为显著的窗口期。总的看，中西部地区承接国内外产业转移，具有以下重大意义：

一是有利于进一步增强中西部地区自我发展能力。由于历史原因，中西部地区产业层次较低，农业比重大，工业主要以能源化工、资源加工为主，处于产业链的低端，加之服务业发展滞后，产业整体发展水平和竞争力较弱。东部沿海地区比较先进的制造业和高附加值产业向中西部地区转移，可以充分利用中西部地区的资源、劳动力、市场等优势，重塑产业的竞争优势，同时可以使中西部地区通过引进新的要素投入，获取技术溢出、关联带动、观念更新和体制转型等效应，提升产业技术水平，优化产业结构，构建现代产业体系，提高中西部地区的经济发展水平，增强发展活力和动力。

二是有利于加快推动东部沿海地区产业优化升级。目前东部沿海地区存在着产业进一步高度化的问题，包括提高第三产业的比重。以长三角为例，只有上海市第三产业比重接近50%，江苏、浙江两省的比重与全国平均水平差不多，而且制造业基础也不是非常雄厚，整体产业链仍处于全球产业分工和产业链的偏低端。金融危机促使产业回归在短期内成为发达国家的政策取向，美国提出了"再工业化"的口号；而我国的工业化还没有走完，要在加快工业化进程中优化产业结构，并向产业链的高端发展。根据"微笑曲线"理论，发达国家从事设计和销售都是高附加值环节，中间低附加值的加工环节都甩给中国了，理论界把这个现象称为中国工业的名义高度化高、实际高度化低。历史赋予东部沿海地区打穿"微笑曲线"、扭转工业实际高度化低的任务，只有东部沿海地区实现产业高度化，才能腾出国内巨大的市场，让中西部得到发展的机会，现在条件和时机基本成熟了。因此，促进中西部地区有序承接产业转移，能够为东部地区腾出更大的发展空间，缓解资源约束和成本压力，加快产业结构优化升级，进一步发挥东部地区对全国经济发展的支撑作用，在更高层次参与国际经济合作和竞争，在转变经济发展方式、调整经济结构和自主创新方面走在全国前列。

三是有利于在全国范围内优化生产力布局。产业布局有的是市场指向，有的是原材料地指向，过去计划经济条件下并没有完全遵循这些规律，造成了生产力布局不尽合理。新形势下，通过产业梯度转移，可以优化区域产业分工，实现生产力区域布局的合理化。党的十七届五中全会强调要"以科学发展为主题、以加快转变发展方式为主线"，我觉得加快转变发展方式一个很重要的方面就是产业结构的战略性调整，这里面包括空间布局的合理化。只有不同地区的比较优势都得到了充分发挥，全国的整体效益才会得到进一步提高。因此，促进产业在地区间有序转移与承接，可以充分发挥各地区比较优势，推动产业区际合理分工和良性互动，促进经济增长和市场需求空间由东向西梯次拓展，促进产业结构调整和优化升级，加快转变经济发展方式，从而在全国范围内形成更加合理、有效的区域产业分工格局。

四是有利于缩小区域间发展差距。区域发展不平衡是制约我国经济社会发展的重大问题。党的十六大以来，中央确立了区域发展总体战略，通过深入实施西部大开发、全面振兴东北地区等老工业基地、大力促进中部地区崛起和积极支持东部地区率先发展，初步扭转了我国区域发展差距扩大的势头。"十一五"期间，西部、中部和东北三大板块发展速度均超过东部地区，这是改革开放以来的第一次。虽然相对差距有所缩小，但绝对差距还在扩大，10年前西部地区人均 GDP 与东部地区的差距是 6000 元，到 2009 年已经扩大到 22000 元。地区发展差距不仅仅是一个经济问题，更是一个政治问题。促进东部沿海地区产业向中西部地区转移，有利于逐步缩小地区间发展差距，有利于保持区域协调发展的好势头。

皖江城市带作为国家设立的第一个承接产业转移示范区，不但自身要积极承接产业转移、加快发展，还要为整个中西部地区承接产业转移提供示范、摸索经验。希望安徽省和长三角两省一市的同志们充分认识产业转移工作的重大意义，更加自觉和积极主动地做好示范区建设各项工作。

二、充分肯定皖江城市带承接产业转移示范区建设一年来取得的明显成效

2008 年 1 月，胡锦涛总书记在安徽视察工作时强调指出，安徽要充分发挥区位优势、自然资源优势、劳动力资源优势，积极参与泛长三角区域发展分工，主动承接沿海地区产业转移，不断加强与兄弟省份的横向经济联合与协作。按照中央领导同志的要求和国务院的部署，发改委会同有关部门和安徽省人民政府共同编制《皖江城市带承接产业转移示范区规划》，去年 7 月组织国务院 23 个部委来示范区调研，在调研的基础上形成了规划稿，今年 1 月 12 日，国务院正式批复了这个规划。一年来，围绕规划确定的目标和任务，各有关方面做了大量扎实有效的工作，示范区建设紧张、有序、有力地向前推进。

从刚才的介绍可以看出，安徽省推进工作的力度相当大。我

归纳了一下，省里主要做了五方面的工作：一是切实加强领导。成立了推进示范区建设领导小组，下面专设了办公室。示范区10市和有关县（区）也分别成立了相应的领导小组和办事机构，省直各部门确定了专门负责示范区建设工作的业务处室，制定了实施方案，落实了分工责任，形成了强有力的工作推进机制。二是抓紧编制专项规划。已经着手制定整个示范区的产业园区发展规划，包括江北、江南两个承接产业转移集中区建设规划和各市的工业园区规划。三是出台一系列支持政策。省委、省政府及时出台了支持示范区建设的40条政策意见，含金量很高、力度相当大。如，从2010年起连续6年、省财政每年安排不少于10亿元的专项资金用于集中区建设。省里还制定了示范区建设考核评价办法，示范区各市、县（区）也相继出台了具体和可操作的政策措施。四是基础设施建设力度加大。围绕构建面向长三角、实现无缝对接的立体交通网络，省里加快推进京沪高铁、扬绩高速等一批重点工程建设，加大示范区内能源保障水平，加快区域信息一体化建设，努力为产业承接提供完善的基础设施支撑。五是开展大规模、高层次的招商引资。积极利用第六届国际徽商大会、上海世博会等平台，全面加强与央企和民营企业的对接，签署了一系列战略合作协议，引起了海内外的广泛关注，示范区影响力不断扩大。安徽省提出示范区建设"一年打基础、三年见成效、五年大发展"的目标，已经比较好地完成了"一年打基础"的工作。

上海市、江苏省、浙江省认真贯彻中央领导同志指示精神，按照国务院批复要求，积极支持示范区建设，利用地缘相近、人缘相亲、商机相同的优势，积极加强与安徽省的合作，主动与示范区开展对接，制定了促进本地产业向中西部特别是皖江示范区转移的政策，加强高层互访与企业的横向联系，以政府为主导、企业为主体、项目为载体的高效合作机制逐步形成。如，上海市与安徽省签订了多项进一步加强合作的部门专题合作协议，浙江和安徽省强化了皖浙战略合作伙伴关系，苏皖两省建立了"决策层、协调层和执行层"的三级运作合作机制。上海华谊、上海电力、申能股份、上海华电等大企业集团纷纷在示范区投资建设一批特大项目，浙江省向示范区转移的大项目数量和到位资金在来皖投资的沿海省份中名列第1位，江苏省采取组建投资开发公司、开发"飞地"等形式引导开发区和企业参与示范区建设。今年前11个月，示范区实际到位的4011.8亿元省外资金中，来自长三角两省一市的比例高达57.7%。

国务院有关部门也对示范区建设给予了大力指导和支持，发改委批复了《皖江城市带承接产业转移示范区产业发展指导目录》，国务院法制办、工商总局等相继出台了支持示范区建设的专项政策，商务部、建设部、人力资源和社会保障部、质检总局、新闻出版总署、国家开发银行等先后与安徽省签署了合作备忘录，国土部、环保部、交通部等也提出了支持示范区建设的指导意见。

在各方的共同努力下，近一年来，皖江城市带承接产业转移示范区建设开局良好，产业承接初见成效。今年1~11月份，示范区共新批内外资项目8630个，其中新批内资项目6180个，同比增长16.8%；示范区实际利用外资40.1亿美元，同比增长23.3%；实际利用省外境内资金4011.8亿元，同比增长57.5%。一批大项目纷纷落户示范区，引进产业层次和入园项目质量不断提高。示范区正在成为促进安徽省与长三角两省一市合作的重要平台，成为带动安徽加快开发开放的强大引擎，逐步成为中部地区经济发展最有活力的地区之一。

三、进一步做好示范区建设工作的几点建议

目前示范区建设已经有了一个好的开头，但这仅仅只是规划实施的第一步，还有许多工作需要我们奋力开拓。"气可鼓、不可泄"，希望同志们继续抓住这一难得的历史机遇，继续保持示

范区建设的良好势头，努力使 2011 年的工作取得新的更大成绩。明年以及今后一个时期，要认真学习贯彻党的十七届五中全会和中央经济工作会议精神，全面落实《国务院关于中西部地区承接产业转移的指导意见》，牢牢把握皖江城市带承接产业转移示范区规划确定的四大战略定位，即合作发展的先行区、科学发展的试验区、中部地区崛起的重要增长极、全国重要的先进制造业和现代服务业基地，推动示范区建设扎实稳步向前发展。在工作中要注意把握好以下几个重大问题：

第一，要坚持在承接中转型、在转型中升级。产业转移和承接的过程应是一个产业转型升级的过程，而不应该是简单的复制。长三角等东部沿海地区那些本应淘汰的、落后的、过剩的生产能力，不能无条件地向皖江示范区、向中西部地区转移，必须设置一定的门槛，经过改造提升后才能进行转移。东部沿海地区是工业化先行地区，长期以来在全国经济发展中发挥了"引擎"作用，但是也有一些需要总结的深刻教训，那就是在工业化和城镇化快速发展中，资源环境却付出了相当大的代价。目前中西部地区正面临着加快发展和科学发展的双重任务，既要通过加快发展来缩小差距，又要通过科学发展来实现经济社会与资源环境协调发展，因此，中西部地区承接产业转移，就不能简单地把东部地区的产业照搬过来，必须坚持走新型工业化道路，做到在创新中承接、在承接中创新，避免走东部地区的老路，这是决定示范区建设成功与否的关键。

第二，要注重资源节约和环境友好。必须把示范区建设同资源节约型、环境友好型社会建设结合起来，严禁污染产业和落后生产能力转入，落实好节能减排任务，促进经济发展与资源环境相协调。一方面，在承接产业转移过程中，要根据比较优势原则制定产业指导目录，实现皖江城市带与长三角地区的错位发展、示范区 10 市之间的错位发展。另一方面，要严格产业准入门槛，在资源节约和环境保护方面坚持高标准、严要求。"十二五"节能减排目标很快就要分解和落实到各省了，安徽省万元 GDP 能耗等指标比长三角两省一市高一些，完成节能减排任务的压力很大。中央相关文件明确提出要把资源承载能力、生态环境容量作为承接产业转移的重要依据，因此，示范区建设必须高度重视资源节约和环境保护，进一步强化污染防治，加强生态建设，提高产业承载能力，实现人与自然和谐发展，促进可持续发展，这也是衡量示范区建设成功与否的重要标志。

第三，要千方百计打好基础。重点是加强基础设施和产业承接平台建设。2011 年，要按照规划确定的任务，下大力气继续加快高速公路、铁路、电力、防洪减灾体系、垃圾污水处理等基础设施建设，努力降低物流成本。要推进现有产业园区整合发展，引导转移产业和项目向园区集中，实现产业集聚发展，发挥规模效应。特别是江南、江北两个承接产业转移集中区建设一定要做到规划先行，先谋后动，一次规划、滚动发展，不要贪大求洋，首先把起步区建设好。在产业园区建设中，必须严格土地管理制度，切实保护耕地特别是基本农田，征地拆迁一定要尊重农民意愿，防止盲目圈地布点和大拆大建，不得损害农民合法利益。

第四，要继续深化泛长三角区域发展分工。产业转移只是安徽和长三角两省一市合作的一个重要领域，但并不是全部。要按照优势互补、互利共赢的原则，进一步做好"十二五"规划纲要和区域发展战略的对接，加快推动形成分工合理、共同发展的区域发展新格局。要结合各自的战略定位和发展目标，发挥各自比较优势，进一步深化投资、能源、粮食、生态环境保护、人才技术、金融服务业等全方位合作与对接，实现资源要素在更大范围内优化配置，为安徽发展提供产业支撑，为长三角两省一市发展提供更大的空间。

第五，要加快体制机制创新。要在原有工作基础上，不断完善泛长三角产业联动机制，逐步建立泛长三角产业合作发展协商对话机制、省际产业转移统筹协调机制、重大承接项目促进服务机制，特别是在共建园区方面要大胆探索，力争取得实质性进展。对安徽省来说，要努力实现与长三角地区在体制机制上的"无缝"对接，充分利用好规划赋予示范区的先行先试权，大胆创新，在政府管理、社会服务、合作兴办开发园区、发展"飞地"经济、建立和完善利益分享机制等方面积极探索，认真总结可以在全国范围内推广的好做法、好经验。

第六，要正确处理市场主导与政府推动的关系。建设好示范区，做好产业转移与承接工作，必须遵循市场经济规律，充分发挥市场配置资源的基础性作用，突出企业主体地位。政府的职责在于加强规划引导、完善政策支持、优化投资环境、完善公共服务，必须减少行政干预，规范政府行为，防止越位错位，不可越俎代庖，更不得硬性层层下达招商引资指标，确保承接产业转移工作规范有序开展。

加快推进皖江城市带承接产业转移示范区建设，是党中央、国务院赋予我们的重大历史使命。安徽省要进一步加强组织领导，完善工作机制，抓紧研究明年的工作计划，实实在在抓几件大事，把责任和任务分解下去，推动示范区建设不断向前深入。长三角两省一市要进一步研究提出引导和支持本地产业向示范区有序转移的具体措施，加强与安徽省的全方位合作，不断深化泛长三角区域发展分工。国务院有关部门也要一如既往地支持示范区建设，加强工作指导和政策支持。发改委将继续会同各有关方面，加大工作协调力度，加强监督检查和分析评估，研究新情况、解决新问题，总结新经验。通过大家的共同努力，确保2011年示范区建设再上一个新台阶，促进泛长三角合作机制呈现出更加强大的生命力。

扩大开放　深化合作
开创西部地区承接产业转移工作新局面[*]

（2012年8月18日）

党中央、国务院对加快区域间产业转移高度重视。2010年发布的《关于深入实施西部大开发战略的若干意见》对此提出了明确要求；同年，国务院又印发了《关于中西部地区承接产业转移的指导意见》。两年来，在东部地区的大力支持和配合下，西部地区承接产业转移方兴未艾、势头看好、成效明显。今天，我们在广西梧州召开西部地区承接产业转移工作座谈会，专题研究产业转移和促进区域合作问题，大家在发言中提出了很多很好的意见和建议，我们要认真研究，更好地推进产业转移工作。借此机会，我讲三点意见，供同志们参考。

一、深刻认识加快西部地区承接产业转移的重要意义

深入分析国际国内形势，我们可以肯定地讲，经济全球化的大趋势不可逆转，国际国内的产业结构大调整必将进一步推进产业在我国区域间的转移。在这种大势下，西部地区积极做好承接产业转移具有重要意义。

一是有利于提升西部地区自我发展能力。实施西部大开发战

---

[*] 国家发改委在广西梧州市召开西部地区承接产业转移工作座谈会，上海、浙江、山东、广东、广西、重庆、宁夏等省（区、市）发展改革部门负责同志、国家部委有关负责同志参加会议。这是作者在座谈会上的讲话。

略以来，我们始终坚持把产业发展作为重要方向。经过10年的努力和发展，西部地区工业基础更加牢固，工业体系更加完善，工业化水平也在不断提高。但总体上看，西部地区产业发展水平与东部地区相比，乃至与全球产业体系相比，确实存在巨大差距。当前，西部地区仍处在工业化初期向中期的过渡阶段，产业层次低、结构不合理的问题仍然十分突出，农业比重大效益低，服务业比重小层次低，工业则主要以资源能源、原材料加工为主，呈现出重工业偏重、轻工业偏轻、高技术不高的特征，产业整体抗风险能力和竞争力都较弱。随着东部沿海地区比较先进的制造业和高附加值产业向西部地区转移，可以充分发挥西部地区自身资源、劳动力、市场等优势，通过引进新的要素投入，获取技术溢出、关联带动、观念更新和体制转型等效应，提升产业技术水平、优化产业结构、壮大产业规模、促进产业和人口集聚，构建多元化的现代产业体系，增强自我发展能力。因此，加快西部地区承接产业转移是深入实施西部大开发战略的重大任务，对于西部地区加快发展速度、提高发展质量，逐步缩小与东部地区的发展差距、促进区域协调发展有着十分重要的意义。

二是有利于推动东部地区产业优化升级。经过多年的发展，长三角、珠三角、环渤海等东部沿海发达地区土地、劳动力、能源等要素供给趋紧，资本相对饱和，资源环境压力加大，加快经济转型和结构升级已经刻不容缓。同时，东部地区产业结构也不尽合理，存在着产业名义高度化高、实际高度化低的问题。以长三角为例，2011年上海市第三产业的比重为57.9%，远低于发达国家70%以上的水平，江苏、浙江两省第三产业比重更低，而制造业比重虽然大，但整体处于全球产业链的中低端。珠三角从加工贸易起步，随着劳动力成本和土地要素成本的提高，一度也面临产业空心化的问题。从全球产业分工体系看，发达国家从事的设计和销售是高附加值环节，我国从事的加工是低附加值环节，理论界把这个现象称为"微笑曲线"。近年来，东部地区瞄准国际市场，积极调整产业结构，技术密集型和资金密集型产业发展迅猛，在技术、人才和资金等方面有了丰厚的积累，具备了打穿"微笑曲线"的基本条件，展现了产业结构优化升级的良好态势。东部地区的转方式、调结构具有双重意义。一方面，只有东部地区实现了产业高度化，才能有效缓解资源约束、打破需求制约，在更高层次上参与国际经济合作与竞争，继续发挥对全国经济发展的引领作用；另一方面，也才能腾出国内巨大的市场空间，让中西部地区得到发展的机会，促进西部地区加快承接产业转移，促进区域协调发展。因此，东部地区要站在全局的高度，加快转型发展和产业转移，这不仅对东部地区自己，而且对全国都具有重要的现实意义。从这个意义上讲，产业能不能转移，核心不在中西部，核心在于东部的产业结构能否高度化。因此，东部的同志要有高度的责任感，能不能成功应对国际金融危机的挑战，能不能抓住国际产业转移的机遇，关键看东部地区。

三是有利于在全国范围内优化生产力布局。党的十七届五中全会强调，"十二五"国民经济的发展，要以科学发展为主题、以加快转变发展方式为主线。加快转变经济发展方式一个很重要的方面，就是通过各地区产业结构的战略性调整，实现全国产业空间布局的合理化。从理论上讲，一个企业的布局有两种选择，或是以销售市场为指向，或是以原材料地为指向，主要取决于要素价格的比较。我们看到，在过去计划经济条件下，由于要素价格是扭曲的，要素的自由流动受到限制，导致生产力布局不尽合理。在社会主义市场经济条件下，要素扭曲问题正在逐步解决，有利于企业布局的合理化。因此，我们要充分发挥市场机制的作用，积极引导产业向西部地区有序转移，使东西部地区比较优势得到充分发挥，进一步优化全国生产力布局。

四是有利于扩大国内有效需求。经济发展无非是受两个因素的制约，一个是资源约束，一个是市场约束。过去，计划经济时期，主要是受资源约束，表现为短缺经济；市场经济发展到一定水平后，资源约束往往不是主要的，主要矛盾转化为市场约束。中央在世纪之交提出实施西部大开发，其中一个核心指向就是要破除经济发展的资源约束和市场约束。西部地区国土面积占全国的71.5%，2010年人口36069万人，占全国的27.0%，但全社会固定资产投资仅占全国的22.8%，社会消费品零售总额仅占全国各地加总的17.4%，是全国未来扩大内需潜力最大的地区；西部地区水能资源蕴藏储量占全国的86%，煤炭保有储量占全国的60%以上，天然气可采储量占全国的66%，石油储量占全国陆上储量的31%，铜、铅、锌等主要矿产资源及稀土、钾盐等资源均大部分分布在西部地区，是全国最重要的矿产资源和能源资源接续地。这两个方面都凸显了西部地区市场潜力巨大和战略资源丰富的优势。西部地区加快承接产业转移，促进工业化与城镇化加快发展，提高城乡居民收入水平，将有利于进一步激发和扩大国内有效需求，进一步拓展我国经济发展空间，有利于破解能源资源瓶颈制约，增强我国防范和抵御世界经济风险的能力，保持整个国民经济平稳较快发展。

五是有利于调整劳动力就业布局结构。改革开放以来，我国东部沿海地区率先发展，积极承接国际产业转移，劳动密集型产业和装备制造业发展迅速，创造了大量的就业机会，中西部地区的劳动力向东部沿海地区大规模转移。据统计，2011年全国农民工总量达25278万人，其中外出农民工15863万人，外出农民工中68.4%来自中西部地区。从就业区域分布来看，在长三角务工的农民工5828万人，在珠三角务工的农民工5072万人，分别占到了全国农民工总数的23.1%和20.1%。农民工现象是我国发展现阶段的特有现象，这种钟摆式的人口流动带来了一系列社会问题，给经济发展和社会稳定造成很大压力。比如，流动人口大量涌入中心城市，使城市基本公共服务和社会管理面临较大挑战；劳动力"候鸟式迁徙"流动，给交通运输带来巨大压力；农村劳动力大规模外出后，农村留守儿童的教育和安全、老人赡养等问题突出，还有不少地区出现了耕地抛荒现象。出现这些问题的根本原因是产业分布不均衡、地区间发展差距过大。西部地区加快承接产业转移，将有力促进西部地区工业化和城镇化进程，增加就业机会，大量农村剩余劳动力可以实现就地就近转移就业，这对于有效解决我国劳动力市场供需总量矛盾和结构性矛盾，缓解交通运输和东部地区基本公共服务压力，促进我国社会和谐稳定，具有重要意义。今年上半年，西部地区城镇新增就业人数与去年同期相比增加了14%，高于全国水平8个百分点，已经成为拉动新增就业的新亮点。

二、充分肯定西部地区承接产业转移取得的明显成效

实施西部大开发以来，西部地区积极推进对内对外开放，东部地区积极参与和支持西部大开发，有效推进了东西部地区的产业转移合作。特别是2010年以来，东西部地区进一步完善合作机制，优化发展环境，规范发展秩序，承接产业转移取得了重要进展和明显成效，共同走出了一条"政府引导、市场运作、企业为主、社会参与"科学推动产业转移合作的新路子。

(一) 产业转移规模明显扩大

"十一五"以来，西部地区紧紧抓住东部地区产业结构调整的历史性机遇，发挥自身政策、资源、劳动力和市场优势，积极承接东部地区产业转移，速度明显加快，规模明显扩大。重庆2009~2011年实际利用内资三年分别迈上一千亿、两千亿、四千亿元台阶，2011年达到4920亿元，年均增速超过80%。四川2007~2011年实际利用内资每年也以超千亿元的规模递增，2011年达到7083亿元，年均增长37%。陕西去年实际利用内资2820亿元，今年上半年已达到1853亿元。其他省区增长速度也很快，云南"十一五"期间实际利用内资超过4000亿元，是"十五"

期间的 7.79 倍；宁夏承接长三角和珠三角产业转移的资金由 2007 年的 24 亿元扩大到 2011 年的 277 亿元，四年翻了三番多。

（二）产业转移层次明显提升

随着东西部地区经济结构的深刻调整，东部地区向西部地区产业转移的层次发生明显变化，逐步由以纺织、服装为主的劳动密集型产业向以机械、电子信息为主的资本密集型和技术密集型产业转变，由以能源、矿产资源采掘为主的初加工向资源精深加工转变，由小企业、小项目向大企业、大项目转变。英特尔、富士康、联想、戴尔、宏碁、纬创、一汽大众、现代汽车、吉利沃尔沃、格力电器、上海重工、北车集团等一大批电子、汽车、家电、装备制造大型企业落户重庆、四川、陕西等省市。重庆电子信息产业产值由 2001 年的 20 亿元左右增加到 2010 年的 1400 亿元，比重由不到全国的千分之一提高到 2%。电子信息、汽车、油气化工已成为四川三大千亿元产业。今年 1~5 月，西部地区高技术产业总产值增长 40%，分别比中部和东部地区高出 9 和 31 个百分点。

（三）产业转移方式不断创新

过去，东部地区向西部地区的产业转移主要是自发的、零星的、分散的、小规模的。随着东西部地区产业转移合作的逐步深入，各地在实践中积极探索、不断创新，产业转移呈现出了产业链式、产业集群式以及园区共建等多种有组织、有规划的新方式。重庆沿江承接产业转移示范区就规划了 18 条产业承接链。重庆笔记本电脑、四川汽车、甘肃新能源装备、新疆及兵团纺织等产业集群初具规模。深圳在西部地区分别与昆明、重庆等地共建了云南昆明（深圳）工业园、重庆璧山工业园等，目前正在积极推进与四川广安合作共建产业园区；北京中关村与内蒙古乌兰察布、山东淄博与宁夏石嘴山也正在推进共建产业园区；东部省份在对口支援汶川地震灾后重建、对口支援新疆时，也积极与当地共建产业园区。

（四）产业转移示范区建设稳步推进

建设承接产业转移示范区是探索产业承接发展新模式和区域合作新途径、推动西部地区科学有序承接产业转移的重要举措。广西桂东、重庆沿江、宁夏银川承接产业转移示范区自设立以来，积极在完善机制、创新方式、改善环境、提高效益等方面先行先试，取得了明显成效。广西桂东示范区2010年10月设立，两年来承接东部产业转移项目3289个，投资额达2745亿元，分别占广西全区总量的43%和35%。重庆沿江示范区2011年1月设立，当年利用内资总额达到1222亿元，比上年增长了92.6%，相当于"十一五"五年的总额。宁夏银川示范区2011年9月设立，已与山东、江苏、浙江等一批企业达成投资意向。总体来看，示范区建设对承接产业转移起到了明显的带动作用。

各地在推进产业转移合作中，做了大量工作，形成了一套行之有效的方法，取得了许多宝贵的经验。一是加大政策支持力度。东西部地区各级政府都高度重视承接产业转移工作，纷纷出台了一系列支持承接产业转移的政策措施，有的设立了专门领导机构，有的印发了推进产业转移工作的文件，有的制定了产业转移指导目录，有的设立了产业转移专项资金，千方百计支持企业投资西部。二是加强产业承接平台建设。西部地区把产业园区作为承接产业转移的重要载体和平台，积极加强园区交通、通信、供水、供气等基础设施建设，增强园区综合配套能力，促进产业集中布局、集聚发展。充分利用西博会、西洽会等大型投资贸易会展活动，积极发挥行业协会、商会的桥梁和纽带作用，搭建产业转移平台。三是充分发挥企业主体作用。坚持市场导向，遵循市场经济规律，尊重各类企业在产业转移中的主体地位，充分发挥市场配置资源的基础性作用，企业成为产业转移的主力军。政府积极转变职能，减少行政干预，大力改善投资环境，努力为企业做好服务工作。四是创新体制机制。坚持优势互补、互利共赢的原则，积极探索产业园区共建的新机制，创造了共同投资、利益分成等合作方式，为产业转移合作注入活力。东部地区还将对口支援、对口帮扶与产业转移合作结合起来，变原来的授人以鱼为授人以渔，帮助西部地区增强造血功能，提升自我发展能力。

同时，各有关部门也加大了对产业转移工作的指导和支持，出台了一系列促进东西部地区产业转移合作的政策措施。比如，财政部、税务总局落实了新一轮西部大开发税收优惠政策；商务部印发了国家级经济技术开发区对口支援新疆产业聚集园区名单；科技部、工业和信息化部、国土资源部、环境保护部、交通运输部、铁道部、人民银行、银监会等也都在相关领域提出了支持政策或措施，形成了协同推进东西部地区产业转移合作的良好政策环境。

总的来看，目前东西部地区产业转移合作的态势是好的，成效是显著的。在充分肯定成绩的同时，我们也要清醒地认识到，目前东西部地区产业转移合作还面临着不少新情况、新问题，应引起大家注意：一是当前国际承接产业转移的竞争加剧。近年来，东南亚国家经济发展活跃，为吸引我国和其他国家的产业转移，出台了土地、税收、金融等一系列优惠政策，并且力度不断加大。这些国家很多具有临海的优良区位条件，劳动力资源丰富，工资成本低，如越南的平均用工成本仅 100 美元左右，这对企业形成了很强的吸引力，不仅国际上，国内也有不少企业转向东南亚国家。同时，为应对金融危机的冲击，美国提出了"再工业化"的口号，其他一些发达国家也将制造业回归作为主要政策取向。国际竞争日趋激烈，对西部地区承接产业转移形成严峻挑战。二是对产业转移还存在一些认识上的误区。东部一些地区还存在本位主义思想，对产业转移有顾虑，担心企业到外地投资会导致本地税源流失、产业空心化，影响本地区 GDP、工业产值、就业率等指标的考核，因而进行人为限制。这是产业转移应该打破的壁垒。东部地区还有的地方将产业转移合作看作是一种义务，认为只有投入没有回报，而没有看到其中蕴含着的巨大发展机会，没有认识到对产业优化升级的重大促进作用。西部地区有些地方则担心肥水流入外人田，总觉得外来投资者把资源拿走了，把利润拿走了，对承接产业转移不积极。这些思想是造成产业转移不顺畅的一大障碍，也是应该加以克服的。三是产业转移还存在薄弱环节。西部地区有的地方还存在服务意识差、服务能力低的问题，投资环境亟待改善。有些项目落地后，当地政府未能兑现承诺，有些后任领导不理前任的账，甚至有意刁难，存在"开门招商、关门打狗"现象，严重影响了投资者信心。这些问题不仅东部同志有反映，很多西部同志也有体会。有些政府出台的扶持中小企业、农业产业化等项目的贷款贴息等优惠政策只对本土企业实施，对招商引进的企业没有给予同等待遇，出现不公平竞争。四是对产业转移的门类、项目把关不严。虽然我们一再强调要坚持高标准、严要求，严把环境保护关，防止落后产能向西部地区转移，但是仍然有一些低层次的、污染重的、环境不友好的项目在西部地区落户，对当地的生态环境造成影响。以上这些问题，需要我们高度重视，在今后的工作中逐步加以解决。

三、切实做好产业转移工作

当前，西部地区发展已经站在了一个新的历史起点上，东部地区正处于产业结构调整的关键时期，中央和国务院有关文件对中西部地区承接产业转移也提出了明确要求，我们要紧紧抓住当前的战略机遇，采取积极有效的措施，进一步推动东西部地区互动合作，努力推进产业转移取得新的更大进展。

第一，更加注重优化布局，错位发展。西部地区地域广袤，并非所有地方都适合承接产业转移。因此，西部地区承接产业转移要坚持以点串线，以线带面，绝不能遍地开花。一是工业布局要有高度的主体功能区意识，不能因我们的工作马虎而贻误子孙后代，不能为开发获得一点点利益而让子孙后代付出巨大的偿还代价。二是园区布局要合理，坚持按经济规律办事，可以突破行政区划界限，不局限每个县都设园区，也不局限于每县只设一个园区。三是园区投入强度要加大，特别是我国西南地区人口十分密集，要惜土如金，努力提高园区单位面积的投资强度，提高土地利用率。重庆把承接产业转移园区的投资强度门槛由每平方公里产出15亿元提高到50亿元，这是值得学习的好做法。四是产业要错位发展，加强产业布局的宏观指导，避免相互间产业结构雷同，避免埋下将来恶性竞争的隐患。

第二，更加注重在承接中转型，在转型中升级。产业转移和承接的过程，往往伴随着技术进步和要素的重新组合，它本身就是一个转型升级的过程，而不应该是简单的复制。必须坚持在承接中转型、在转型中升级，把承接产业转移的过程变成西部地区产业结构合理化和高度化的过程。东部沿海地区是我国工业化先行区，长期以来在全国经济发展中发挥了引擎作用，但是也有一些需要总结的深刻教训，那就是在工业化、城镇化快速发展中，资源环境付出了相当大的代价。目前西部地区正面临着加快发展和科学发展的双重任务，既要通过加快发展来缩小差距，又要通过科学发展来实现经济社会与资源环境协调发展。因此，西部地区承接产业转移，必须坚持高起点、高标准，坚持以我为主，坚持在承接中转型、在转型中升级，提高自身产业的竞争力和高度化。东部地区那些落后的、本应淘汰的生产能力，不能向西部地区转移。要把这个思路贯穿到招商引资、产业布局的各个环节中去，这是决定西部地区承接产业转移成功与否的关键。

第三，更加注重关联配套，提高整体效益。重庆总结归纳了承接产业转移的四条经验，就是整机＋配套形成产业集群、同行抱团集聚形成规模效益、上下游一体化形成产业链、生产关联形成循环经济，我看这四条可以作为承接产业转移的一个基本经验。西部地区承接产业转移一定要注意产业的配套，注意产业链上下游的衔接，注意旁系产业的关联度，着力促进产业向上下游延伸、左右岸拓展，只有把这些方面做好，整个效益才能发挥出来。这在经济学上称为溢出效应。产业关联度高或者上下游关联紧密就会产生溢出效应，否则孤零零一个企业产生不了溢出效应。

第四，更加注重改善环境，打牢发展基础。优越的投资环境是吸引企业落地的前提条件。西部地区交通、能源、水利等基础设施仍比较落后，要下大力气加快推进高速公路、铁路、机场、电力、垃圾污水处理等基础设施建设，着力改善交通等基础条件，增强能源保障水平，提高城市承载能力，改善产业园区基础设施条件，为承接产业转移营造良好的硬件环境。要加强服务型政府建设，转变政府职能，规范政府行为，减少行政干预，重点在规划引导、政策支持、完善服务上下功夫。要切实保持政策的连续性、稳定性，切实保护投资者的合法权益，着力营造有利于产业发展的软环境，真正做到亲商、爱商、富商。

第五，更加注重资源节约和环境保护，实现可持续发展。西部地区是我国大江大河的主要发源地，是森林、草原、湿地和湖泊等的集中分布区，是国家重要的生态安全屏障，生态地位极其重要。但同时，西部地区又存在雪线上升、草原退化、土地荒漠化和石漠化，以及水土流失等问题，生态环境十分脆弱。承接产业转移必须充分考虑本地区的资源环境承载能力，必须守住生态环境保护这根红线，以不破坏生态环境为前提，以资源承载能力、生态环境容量为依据。要严格产业准入门槛，避免低水平重复建设，避免走东部一些地方先污染后治理的老路。要牢固树立科学发展的理念，高度重视资源集约节约利用，大力发展循环经济、低碳经济、绿色经济，走资源节约型、环境友好型发展道路，实现经济社会的可持续发展。

第六，更加注重体制机制创新，增强发展活力。产业转移的核心问题是利益问题，要在体制机制方面积极探索尝试，实现互利共赢、共同发展。积极探索创新区域协作联动机制，在原有工作基础上，逐步建立省际产业合作发展协商对话机制、产业转移统筹协调机制和重大承接项目促进服务机制。进一步发挥行业协会、商会以及大型投资贸易会展活动的桥梁和纽带作用，为产业有序转移搭建广阔平台。积极创新园区管理模式和运行机制，发展"飞地经济"①，推进东西部地区共建产业园区，探索投资合作、园区管理、利益分享新模式。进一步加强承接产业转移示范区建设，充分发挥示范区在促进产业优化发展、区域互动合作、保障改善民生、保护生态环境等方面的示范带动作用。

第七，更加注重研究新情况，着力解决新问题。产业转移从某种意义上讲还是新事物，发展过程中还会不断出现新情况、新问题，希望各地都能加强这方面的研究。要加强对产业转移情况的跟踪分析，建立健全信息统计制度，及时掌握产业转移的新动向、新趋势。加强对相关政策的分析评估，根据新情况及时研究调整政策的方向和力度，形成有利于产业转移的良好政策环境。进一步理顺促进产业转移的工作机制，增强工作的主动性、积极性。积极探索搭建成本低、效率高的交流平台，让各地有更多机会相互交流、学习，博采众长、取长补短，有效提高产业转移的工作水平，从整体上推进承接产业转移工作。希望国务院各部门也注意研究产业转移新情况、新问题，从政府层面给予指导和帮助。

承接产业转移是一项关系到全局的重要工作。这两年西部地区承接产业转移已经取得明显成效，当前进一步推进这项工作面

---

① "飞地经济"是指两个相互独立、发展落差较大的行政地区，在平等协商、自愿合作的基础上共建产业园区，并建立互利共赢的利益分配机制的一种区域合作发展模式。

临难得的机遇。衷心希望通过这次座谈会，各地充分交流经验，深入研究和思考这一问题，从思想认识上、组织上、工作方式方法上，进一步完善和加强区域合作，使产业转移更加有力、有序、有效地推进，为促进区域协调发展、促进我国经济长期平稳较快发展作出我们应有的贡献！

优势互补　良性互动
携手共创泛珠三角区域合作新局面[*]

（2013年9月9日）

党中央、国务院历来高度重视区域协调发展。进入新世纪以来，在国家区域发展总体战略的指引下，我国区域发展呈现出良好的态势。东部地区不断优化产业结构，努力提升自主创新能力，经济发展质量明显提升，综合实力和国际竞争力不断增强，继续在全国发展中发挥引擎作用。广大中西部地区紧紧抓住西部大开发和中部崛起的战略机遇，基础设施条件和投资环境不断改善，特色优势产业加快发展，培育了一批具有较强竞争力的区域增长极。特别应该看到的是，东中西部立足于自身比较优势，加强区域间交流与合作，深化合作内容，创新合作方式，开创了优势互补、共同发展的生动局面，我国区域发展正朝着协调性不断增强的方向迈进。

泛珠三角区域横跨东中西三大板块，区域内既有在全国发挥重要引擎作用的珠三角地区，又有资源丰富、环境承载力强的广大中西部腹地，地区间比较优势明显，产业发展互补性强，深化合作的动力和潜力巨大。泛珠三角区域合作开展近10年来，区域内各省区秉承互利互惠、共同发展的宗旨，开展了多领域的、卓有成效的区际合作，不仅为本区域的发展注入了活力，并且为深入实施国家区域发展总体战略提供了有益的经验和示范，成为全

---

[*] 这是在贵阳召开的第九届泛珠三角区域合作与发展论坛暨经贸洽谈会高层论坛上的演讲。

国促进区域协调发展的一大亮点。一是合作机制不断完善。在《泛珠三角区域合作框架协议》的基础上，制定了《泛珠三角区域合作规划纲要》及专项合作规划，搭建了合作与发展论坛和经贸洽谈会两大合作平台，建立起了多层次的联系机制，为深化合作奠定了坚实的基础。二是基础设施互联互通水平不断提升。大力加强跨区域重点交通基础设施建设，联手打造畅通便捷的物流通道，区域综合交通网络不断完善；能源合作深入推进，西电东送以及省际煤炭、天然气产销合作稳步开展。三是产业协作进一步深化。着力打造公开透明的市场环境，共建产业园区，推动产业转移承接；充分发挥各自比较优势，不断加强技术、金融等领域合作，提高整个区域的产业发展水平。四是经贸往来日益密切。共同推动信用体系建设，充分发挥信息化优势，加强检验检疫合作，规范和完善市场秩序，促进了区域商贸流通。五是社会事业合作扎实推进。泛珠各方共同开展文化科教、环境保护、食品安全、卫生防疫、劳务输出等多方面的合作，在社会管理一体化方面开展了积极的探索，积累了有益的经验。

本届大会是第一轮泛珠三角区域合作的收官大会，也是开启新一轮泛珠合作的起点。要认真总结第一轮泛珠合作的成功经验，在下一轮泛珠三角区域合作"合作发展，共创未来"的主题下，不断拓宽合作领域，不断深化合作内容，努力把区域合作推向更高水平的新阶段。在此，我提出四点建议，供大家参考：

一是深入推进区域经济一体化。积极推进重大基础设施共建共享，消除贸易壁垒，打造高效统一的市场体系。积极探索社会管理和公共服务体系一体化。充分发挥前海、南沙、横琴、平潭等重大合作平台先行先试作用，推动制度和体制机制创新，深化内地与港澳台合作，促进各类生产要素在更大范围内的优化配置。

二是积极推动产业转移承接。充分发挥地区比较优势，完善产业合作体系，依托湘南、桂东、赣南等承接产业转移示范区，支持产业跨省区转移，在促进中西部地区经济社会发展的同时，为沿海发达地区推动产业结构优化升级腾出空间，共同打造中国经济升级版。

三是统筹推进对内对外合作。实现对内区域合作与对外开放的联动，在加强区域内部合作的同时，注重与长三角、京津冀等发达地区的交流互动，实现互利共赢；以加强资源与市场合作为重点，积极深化中国—东盟自贸区建设，以孟中印缅经济走廊建设为契机，提升与南亚国家的合作水平，不断拓展与欧美等发达经济体的合作，更好地融入世界经济体系。

四是更加重视生态文明建设。泛珠区域是我国自然环境、自然生态最好的地区之一。要牢固树立生态优先理念，切实加强生态建设和环境治理，积极探索建立生态补偿机制，正确处理发展与保护的关系，让区域内不同地区共享发展成果，共同打造环境优美、经济繁荣的泛珠生态经济圈。

泛珠区域各省区人脉深厚，山水相依，进一步合作发展的前景十分美好。国家发改委将一如既往地积极支持泛珠三角区域合作。衷心祝愿新一轮泛珠合作实现更充分的互动融合，形成区域发展特色鲜明、互惠共赢的新格局，在促进全国区域协调发展中发挥更大的作用。

积极开展南水北调水源地
与受水区的对口协作[*]

（2013年9月18日）

按照国务院要求，南水北调中线一期工程明年汛后要通水，抓紧启动受水区对水源地的对口协作工作具有时间上的紧迫性。下面，我讲几个问题，提几点具体要求。

第一个问题，为什么要开展对口协作。开展受水区与水源地对口协作，是实现两区之间利益互补和合作共赢的重要举措，也是确保南水北调正常运行的必然要求。一是从总体情况看，水源地贫困落后。湖北、河南、陕西三省水源地共8个地市43个县市区，1726万人口，其中，农村人口1042万人。这些地区发展相对滞后，底子薄、困难多。8地市人均地区生产总值不足2万元，仅相当于全国平均水平的一半左右；农民人均纯收入5118元，相当于全国平均水平的64.6%，城镇居民人均可支配收入15320元，相当于全国平均水平的62.4%，财政自给率仅有20%。位于秦巴山集中连片特殊困难地区的国家重点扶贫县29个、省级重点扶贫县5个，占43个县的77.3%。

二是贡献大。水源地为了一泓清水北送，做出了巨大的贡献和牺牲。丹江口水库大坝加高，淹没耕地24万亩、林地7万亩，搬迁安置35万人，目前移民后续发展问题仍然比较突出。水源地

---

[*] 国家发改委和南水北调办在北京召开丹江口库区及上游地区对口协作会议，湖北、河南、陕西及北京、天津等省市负责同志、国家部委有关负责同志参加会议。这是作者在会议上的讲话。

累积关停并转企业约 500 家，带来的直接经济损失数百亿元，下岗职工 6.3 万人，就业压力很大。为了保障水量水质，水源区各级政府还拿出大量的配套资金截污治污、保持水土，地方财政负担很重。同时，作为国家最重要的生态功能区和水源地，设置了比较高的产业准入门槛，使今后发展面临的复杂性和难度也比以前大得多。

三是虽然中央已经加大了支持力度，但是不能替代受水区对水源地给予支持。从中央角度讲，近几年，财政部、发改委在安排转移支付资金和具体项目时都向水源地倾斜，财政部安排的均衡性转移支付累积达 140 多亿元，库区的 11 个县都纳入了天然林保护工程安排资金，所有县级污水处理厂中央都给予了 84% 比例的补助，在全国算最高的。但除了中央的支持外，我们考虑还是有必要请北京、天津对河南、湖北和陕西给予对口协作。为什么这么考虑？一个简单的道理，就是吃水要付费。由于种种原因，实际上现在南水北调的水费中并没有包括给水源地的水资源费。南水北调的水价是按以下三个原则确定的，即保障工程正常运行和偿还贷款、兼顾受水区的承受能力、有利于节水和水资源优化配置，其中并没有包括水资源费。现在东线的水价定了，中线的水价正在做，不过原则已经定了，其中没有包括水源地的水成本和为保护水质丧失的机会成本等，甚至连折旧都没有算。这样做，主要是考虑受水区的承受能力，所以现在的水价是不完全成本的概念。水源地为了保护水源付出很大代价，作为受益方应该有所表示。我们曾考虑了几种方案，最早考虑通过水价方式，但受制约因素太多，没有采用。现在采取价外补偿即对口协作的方式，我认为其性质属于生态补偿，一方为保护水生态付出了代价，受益方理因给予补偿。党的十六大、十七大、十八大报告都提出建立生态环境补偿机制，对口协作就是这个基本理论的体现，而且北京、天津有能力支援水源地。除中央的纵向转移支付外，再加上横向的转移支付，这样就可以更好地解决水源地民生改善、经济发展、同步小康的问题。

第二个问题，为什么叫对口协作，不叫对口支援。我们国家地区间的对口支援已经比较普遍，就是发达地区对口支援欠发达地区，比如对口援疆、对口援藏、对口支援汶川地震灾区、东西扶贫互助等，这是社会主义制度优越性的体现。为什么这次叫对口协作？这是在南水北调第五次工作会上，时任副总理李克强同志提出的。我理解，对口支援是一方援助一方，而对口协作是互惠的，水源区为了保护一泓清水做出了贡献，受水区理应补偿，也要在帮助水源地改善民生、支持经济发展方面做出我们的贡献，是双向的，这是一层含义。另外一层含义就是在协作方式上，要把政府行为与市场行为结合起来，不单纯是政府行为，是社会性的协作。目前，全国叫对口协作的只此一家，怎么搞好对口协作，需要我们在实践中不断探索，不断完善协作机制。

第三个问题，对口协作的范围，就是谁和谁对口协作。水源区比较明确，就是3省8地市43个县，支援方为什么定北京、天津，没有定河南河北？南水北调中线受益区也包括河南河北。为什么没有河南河北，这里面的考虑我要交代一下。首先，河南既是水源区又是受益区，所以国务院的方案中讲了，河南省内受益区对水源区也要开展对口协作，同时考虑河南已经对整个工程做出了贡献，所以在援助方就没有再加河南。河北的情况大家都比较清楚，这些年河北为保水进京已经做出了很大贡献，今后为保水进京仍将做出重大贡献。再加上河北自己也比较穷，近年为治理PM2.5关了一大批企业，所以就不再加入对口协作了。国务院最后明确，对口协作支援方就是北京、天津两市。其中，北京对口协作湖北、河南，天津对口协作陕西。

第四个问题，资金量问题。国务院批的方案里的提法是，请北京天津每年拿出一定的资金量用于开展对口协作，没有像对口援疆、对口援藏那样核定实物工作量，没有规定每年拿多少钱。但是为了编制规划，总要有个资金量的概念。为此，国家发改委与北京、天津两市事先都做了沟通，初步意见是，起始年份，北京每年拿5亿元，天津拿4亿元用于对口协作。将来每年是不是递增，递增幅度是不是按对口援疆的增幅计算，双方可以再做研究。我再说一下这5个亿和4个亿是怎么来的。很巧合，南水北调中线工程一期调水是95亿立方米，这9亿元好像是按一立方米水一毛钱计算出来的，实际上不是。办事总要有依据，依据就是国务院水资源费征收管理条例。南水北调的水到北京、天津，北京市、天津市征收的水资源费就有一个增量，我们按照北京天津新增水资源费的一个比例计算的。从水源区看，9个亿43个县，大体一个县两千多万，这个强度比对口援青支持力度还大。水源区又分水源核心区和水源影响区，湖北河南算水源核心区，陕西属水源影响区，考虑到核心区的任务更重，所以陕西27个县4个亿，湖北河南16个县5个亿，请陕西人民理解。

第五个问题，对口协作的基本工作目标和重点任务。国务院批复的方案阐明了指导思想、基本原则、工作目标。工作目标概括起来就是两句话，一是确保一泓清水有序北送，二是增强水源区的自我发展能力和民生改善，双目标。这两条既互相联系又是辩证的，两条缺一不可，实现了这两条就是对口协作成功，没有实现就是不成功。关于重点任务，方案里面讲了7个方面，我就不详细讲了，概括起来就是三句话：保水质、强民生、促转型。保水质是第一目标，更多的责任在水源区地方政府；强民生、促转型需要我们协作双方共同努力。我们不要小看了这个任务，怎么在严格保护环境、保证水质的情况下，比如开矿不能开了，又要使当地的经济社会能发展，又要使老百姓能致富，任务相当艰巨。从某种意义上讲，搞好协作是落实科学发展观的具体实践，这里有大量的问题要探索，大量的矛盾要处理，我们要随时总结经验，不断完善不断推进。

下面，对下一步工作提几点具体要求：

一是组织上要落实。两市和三省都要建立相应的工作机制，机构不要新建，在现有机构基础上明确工作职责，明确牵头单位、参与单位。国务院有关部门也要明确哪个司局来负责这件工作。

二是加快编制对口协作规划。北京市、天津市已有所考虑，有的已开始行动了。请两市会同三省密切合作，深入调查研究，弄清需求，明确任务，任务在资金确定了后可以落到项目。规划编制要以国务院批复的方案为依据，要注意和国务院批准的《丹江口库区及上游地区水环境治理和水土保持规划》《丹江口库区及上游地区经济社会发展规划》相衔接，争取明年一季度完成。

三是确保通水前水质和建立确保水质安全的长效机制，这是硬任务。目前，最重要的就是六条超标河流的治理，已经有一河一策的方案了，要尽快落实下去。发改委今年改革了，简化审批程序，项目区的项目打捆下达，不用一个一个批了。资金要尽快到位，项目要尽快开工。希望三省抓紧项目实施，确保明年通水前的水质保持在二类。同时要着眼建立长效机制，比如污水处理厂的污水处理费要到位、农业面源污染治理要强化，要有针对性地开展工作。

四是尽快落实对口协作的资金和项目。要把财政资金与充分利用市场机制结合起来，广泛动员各类企业开展互利共赢的协作。北京市打算拿出一部分财政资金支持企业协作，我看是四两拨千斤的办法，可以在这些方面开展尝试。特别要注重就业、教育、和人才培养、劳务输出方面的工作，这是增强造血能力的重要内容。

五是加强部门指导。部门规划内的资金项目，能覆盖到水源区的，要考虑向水源区倾斜。对口协作开展以后，要及时加强指导，帮助双方研究解决工作中存在的问题，必要的情况下可以组织试点。

在 2013 年两岸企业家紫金山峰会午餐会上的演讲[*]

（2013 年 11 月 5 日）

自 2010 年 6 月《海峡两岸经济合作框架协议》正式签署以来，在两岸各界的共同努力下，两岸产业和投资合作快速发展，取得了显著成效。

一是形成了制度化合作机制。2011 年 2 月，在两岸经济合作委员会第一次例会期间，成立了产业合作工作小组。该小组积极开展工作，确定了两岸产业合作愿景、目标、范围和职责，成立了研究咨询小组，建立了包括业务主管部门、研究机构、行业协（公）会和企业之间密切配合、相互促进的工作机制，并举办了两届两岸产业合作论坛。

二是加强重点产业交流合作。两岸产业合作工作小组下设 LED 照明、无线城市、冷链物流、液晶显示和汽车等五个产业分组。在两岸有互补优势的重点产业加强了交流，在试点城市及项目、两岸共研技术、共通标准、共创品牌等方面合作取得积极进展。

三是两岸双向投资快速发展。据大陆统计，截至今年 8 月底，台湾对大陆投资累计设立企业近 9 万家，大陆实际利用台资累计达 586 亿美元。大陆企业赴台投资虽然起步较晚，但发展也很迅速。自 2009 年 6 月台湾正式开放"陆资入岛"以来，大陆企业入岛投资项目共计 179 个，总投资达 10.2 亿美元。

---

[*] 这次会议在南京召开，这是代表国家发改委在会议上的演讲。收录本书时有删节。

当前，两岸都面临外需趋紧、结构调整难度大、中小企业经营困难等诸多挑战。同时，我们也应看到，两岸很多产业发展各有优势，互补性强，具有良好的合作基础。比如在 LED 照明领域，大陆已形成了一定的产业规模和完整的产业链，在关键原材料供应方面有稳定保障，台湾在上游芯片制造方面有一定比较优势。在无线城市领域，大陆在通信系统和设备制造方面有明显优势，台湾则以芯片、终端和业务应用见长。如果双方能够切实加强合作，取长补短，对于提升产业发展水平、实现互利双赢具有重要的意义。

因此，深化产业和投资合作，既是两岸齐心协力共渡难关的客观要求，也是共同发展、培育国际竞争新优势的必然选择。面对挑战，两岸应顺应产业发展的客观需要，放眼世界、着眼长远，化挑战为机遇，不失时机地促进两岸优势互补和互利合作，在激烈的国际经济竞争中携手抢占新的制高点。下面，结合本次峰会的主题，我就加强两岸产业和投资合作讲4点意见：

一是加强规划指导，扩大两岸产业合作范围。两岸要在继续做好现有大陆试点项目的基础上，积极推动产业合作试点扩大到台湾，充分发挥示范作用，提高两岸企业参与的广度和深度，使产业合作成果更好地惠及两岸人民。要积极规划研究扩大两岸产业合作领域，研究制订切实可行的工作计划，切实改变目前两岸产业合作以制造业为主的局面。

二是推动区域对接，创新两岸产业合作方式。今年2月，国务院正式批复同意设立昆山深化两岸产业合作试验区。据了解，台湾正在推进以"五海一空"自由贸易港区为核心的自由经济示范区建设。考虑到两岸还有多种不同类型的产业园区，下一步两岸可积极探讨以园区为平台，推动两岸特定区域的对接与合作，不断扩大产业链的延伸和配套，实现产业合作的规模效应，提高产业合作水平。

三是突出新兴产业，促进两岸产业转型升级。从两岸产业中长期发展趋势来看，大陆"十二五"规划提出要求培育发展七大战略性新兴产业。台湾正在推动制造业服务化、服务业科技化与国际化、传统产业特色化的"三业四化"策略。下一步，两岸应充分发挥研究机构和智库的作用，聚焦高新技术产业，加强共同研发技术、共创国际标准等方式合作，特别是要在科技成果产业化、共创民族品牌、共同开发国际市场上下功夫，促进两岸产业转型升级。

四是以企业为主体，推动双向投资均衡发展。企业是市场的主体，也是两岸产业合作的重要载体，推动两岸产业合作要充分发挥企业投资的积极作用。目前，在双方共同努力下，"陆资入岛"投资取得了积极进展，但与台商到大陆投资相比还有较大差距。对此，希望台方能进一步开放大陆企业投资，减少限制条件，方便从业人员往来，促进投资便利化，支持两岸企业开展投资合作，促进双向投资均衡发展。

当前，世界经济仍然处于深度调整期，经济全球化趋势继续对各国各地区的经济社会发展产生深远影响。面对国际形势的深刻变化，面对经济相互依存程度空前加深的客观现实，两岸应当携手努力，同舟共济，充分发挥各自比较优势，促进经济紧密务实合作，共同面对发展中的挑战和机遇，努力谋求共同发展和繁荣。

第十一编

流域综合治理与生态补偿

加强"三湖"流域水环境综合治理[*]

（2007年6月30日）

按照国务院领导同志关于加强"三湖"流域水污染综合治理工作的重要批示精神，今年以来，发改委会同江苏、安徽、云南等省及国务院有关部门，对太湖、巢湖、滇池流域污染治理工作进行了认真研究，并到太湖、滇池实地调研。我们对"三湖"水环境面临的严峻形势有了更清楚的认识，对理清下一步的治理思路有了初步的看法。

一、要把"三湖"流域的水污染防治作为全国流域综合治理的重点

"三河三湖"[①] 流域水污染防治工作是"九五"期间相继提出的。国家先后制定了"三河三湖"流域水污染防治"九五"、"十五"规划。1998年以来，国家在国债和中央预算内资金安排上，把"三湖"治理作为流域治理的重点，支持了"三湖"流域城镇污水处理、饮水安全、水利骨干工程和底泥清淤等工程建设。江苏省、安徽省和云南省根据国家有关规划要求，积极开展水污染防治工作，取得了一定的成效。

但是，"三湖"水污染防治工作的现状与经济社会可持续发

---

[*] 2007年6月，江苏无锡市发生水污染事件后，温家宝总理赴无锡检查指导治理工作，并主持召开太湖、巢湖、滇池污染防治座谈会。这是作者在座谈会上的发言，原载《中国经贸导刊》2007年第15期。

① 其中"三河"是指淮河、海河和辽河。

展的要求相比，还有相当差距。随着区域工业化、城市化的快速发展，污染物排放总量仍在不断增加。化学需氧量（COD）排放总量仍然高于计划确定的控制目标，尤其是总磷、总氮没有得到有效控制，远远超出了水环境的承载能力。污染控制和治理不力，是"三湖"富营养化趋于加重、蓝藻爆发和导致无锡百万人饮水危机的根本原因。

党中央、国务院对太湖污染防治高度重视，国务院领导做出重要批示。江苏省和无锡市在国务院有关部门的指导下，采取应急措施，在短时间内恢复了正常供水。下一步，要在认真总结以往治太经验和教训的基础上，抓紧研究"三湖"污染防治的治本之策和长效机制。

全国天然湖泊有4000多个，一平方公里以上的有2305个。其中，"三湖"的水污染防治和生态保护，具有较强的典型性和代表性。由于"三湖"均属碟形湖泊，污染消纳能力差，又毗邻城市，污染程度尤为严重。在"三湖"中，太湖水质正在从中度富营养化向重度富营养化转化，是"三湖"治理的重中之重；滇池的草海和外海均呈重度富营养化，是"三湖"治理的难点；巢湖污染趋于严重，形势也不容乐观。在全国各流域水污染防治工作中，"三湖"既是重点，更是难点。"三湖"分别地处我国东、中、西部，把"三湖"的事情办好了，在全国具有重要借鉴意义。

从发达国家水环境治理的经验来看，人均国内生产总值达到5000美元以上的发展阶段，往往是工业化、城市化给环境承载带来巨大压力的阶段，若不把包括水环境在内的生态环境治理放在突出重要的地位抓紧治理，将来治理就要付出更大的代价。太湖流域的人均地区生产总值已达5800多美元，是全国平均水平的近3倍，环境压力加大，必须把流域水污染防治工作摆在更加重要的位置上来。"三湖"流域，特别是太湖流域，有必要、也有条件在水污染防治方面先行一步，在贯彻落实科学发展观，促进人与自然和谐相处方面走出一条新路来，为全国湖泊流域治理做出表率。

二、充分认识"三湖"治理的艰巨性、复杂性和长期性，同时又要树立根治"三湖"的信心

要充分认识根治"三湖"的难度。其艰巨性在于，在加大治污力度的同时，必须切实转变粗放的经济增长方式，转变运行机制和管理体制；其复杂性在于，它是一个涉及经济、社会、技术多方面，以及需要工程与非工程措施综合配套的系统工程，必须统筹考虑。这两点，再加上湖体污染内负荷的衰减需要一个时间过程，决定了根治"三湖"的长期性。制定和实施"三湖"综合治理方案，要从这一实际情况出发，拟定分阶段的目标，做出不懈的努力。

另一方面也要看到，根治"三湖"的条件和时机已经成熟。比如在太湖污染的治理上，已经具备了基本的硬件、软件条件："十五"期间，江苏、浙江两省太湖流域11个城市加快供水设施和供水管网建设，提高了供水安全保障程度；截至目前，该流域大部分城镇污水处理设施已建成投产；治太11项水利骨干工程已完成，初步形成洪水北排长江、东出黄浦江、南排杭州湾的流域防洪及"引江济太"水资源调控体系；五里湖水环境综合治理一期工程取得明显成效，为太湖治理积累了经验，增强了人们的信心；国家在重点污染行业推行清洁生产，组织开展循环经济试点，已将环太湖的苏锡常地区列为实施方案的重点；太湖流域通过制定政策、深化改革，在全国率先实行了污水处理项目产业化运作和市场化运营。特别是在饮水危机事件之后，人们痛定思痛，还太湖一湖清水，已成为政府和老百姓的迫切要求和共同意志，这是我们攻坚克难取得胜利的根本保证和力量源泉。

三、应提高"三湖"流域水环境治理标准

据有关部门统计,太湖流域的工业污水处理达标率和城市污水处理率已远远优于全国平均水平,但太湖仍然出现严重的富营养化,这是一个值得认真反思的问题。这表明,由于该区域经济总量太大,环境容量太小,即使城市污水和企业废水处理排放达到了国家标准,污染物排放总量仍然超出太湖流域水环境的承载能力。

太湖流域地处长三角地区的核心区,是我国经济最发达地区。这里人口稠密,经济发达,工业密集、污染负荷重,另一方面,水环境容量小,经济发展与水环境保护的矛盾格外突出。2005年,该流域每平方公里人口密度达1000人以上,其中,无锡市已高达1500人左右,是全国平均水平的十倍以上。全流域地区生产总值2.1万亿元,占全国国内生产总值的11.6%,每平方公里国土面积的生产总值达5700多万元,是全国平均水平的57倍。无锡市一、二、三产业的比重分别为1.6%、59.6%、38.8%,工业高度密集,每平方公里的工业企业数达10家左右。在这种情况下,即使单个企业和污水处理厂实现达标排放,但污染排放的总量仍会超出水环境容纳总量。因此,在太湖流域有必要实行比全国更高水平、更加严格的水污染防治标准,并从总量上控制污染物排放。

从总体上看,我国目前的水环境标准比发达国家低。逐步提高我国水环境标准,可以考虑从"三湖"流域入手。一要根据各自的经济社会发展水平,进一步提高各流域工业废水排放标准,提高企业环保准入门槛。对达不到高标准排放要求的企业,必须限期进行整改或不予项目核准;二要严格执行城镇污水处理厂污染物排放标准。按照环保总局公告的要求,太湖、滇池流域所有城镇污水处理厂的出水应尽快达到一级A的排放标准,巢湖也要

逐步落实；三要严格执行国家新的饮用水卫生标准，将检测指标从原先的35项率先增加到106项。

在"三湖"中，太湖应率先实现水污染防治标准与发达国家的接轨。地处我国中部和西部的巢湖流域、滇池流域，也应实行比周边地区更高的标准。这样做，既是"三湖"流域确保实现"十一五"削减污染物排放总量目标和可持续发展的要求，也有利于推动"三湖"地区的产业结构调整和工业布局的优化。

四、加大水污染综合治理的力度

对"三湖"流域水污染治理，必须采取更具综合性的措施，并加大治理力度。要坚持污染防治与产业结构、工业布局调整相结合，治污的工程措施与生物措施相结合，人工治理与生态修复相结合，流域内治污与外流域调水相结合。

一是加快产业结构调整，优化工业布局。特别是太湖流域，目前产业结构不尽合理，二产比重高、总量大，导致污染负荷过重。因此，太湖流域在加大节能减排工作力度的同时，应主动优化产业结构，集中力量发展高新技术产业、现代制造业和现代服务业。合肥和昆明也有类似问题。二是加大对工业点源污染的治理。工业点源污染对"三湖"水质影响占相当大比重。在太湖流域，纺织印染业、化学原料及制品业、造纸及纸制品业、黑色金属冶炼业、医药制造业等五个行业的COD、氨氮排放量占全流域工业污染负荷的70%以上。因此，要加大污染企业治理力度，实行最严格的环境准入制度，并下决心关闭一批污染超标企业。对关闭企业的人员要主动做好转岗再就业工作。三是扩大污水处理管网覆盖面，提高覆盖城乡的污水集中处理率。特别是太湖流域，不仅要提高城市污水收集能力，而且要将管网延伸到相对集中的农村村镇，力争污水处理率在"十一五"末达到85%。滇池、巢湖流域城镇污水处理率也要高于全国平均水平。四是控制和减少农业面源污染。近期"三湖"蓝藻的产生和爆发与农业面源污染关系密切。"三湖"流域大都水网密布，面源污染控制难度大。因此要下决心调整农业结构，大力推广测土配方施肥，做到化肥、农药施用减量化，控制水产养殖规模，加快畜禽养殖小区建设，提高畜禽粪便集中处理率。五是科学合理地实施外流域调水。太湖流域在望虞河"引江济太"基础上，应抓紧论证和实施第二通道建设，提高太湖水环境容量。巢湖、滇池流域也要继续开展"引江济巢"、"滇中调水"的前期工作。六是认真总结太湖五里湖等湖泊综合治理的经验，实施底泥清淤和生态修复工程，增强湖泊的生态调节能力。七是依靠科技进步，加强国际合作，开展污染防治技术的科技攻关，提高湖泊治理水平。

五、进一步完善污染防治的运作机制和管理体制

总结以往的经验和教训，要治理好"三湖"，首先要理顺运作机制和管理体制。一是必须改变"谁污染谁占便宜，谁守法谁吃亏"的不合理局面，形成"谁污染谁负责治理，谁环保谁受益"的机制。为此，要进一步提高排污收费标准，并加大执法和监管力度，强化在线监测，严肃查处违法排污行为。对主动实施技术改造及排污达标的企业予以扶持。二是要深化水价改革。"三湖"流域应该也完全有可能进一步提高污水处理收费标准，并足额征收。这样做，既可以满足污水管网建设、处理设施的升级改造，以及正常运行的需要，也有利于社会资金进入环保领域。在提高水价的同时，对困难群体应给予照顾。三是要充分运用市场机制，建立多元化投资渠道。如可考虑通过污水处理收费权质押贷款等方式，拓宽投资来源，同时鼓励社会资本参与流域综合治理工程建设。四是要理顺流域管理体制。流域水环境管理涉及

诸多部门及相关地区，尤其是太湖流域涉及两省一市，因此有必要建立一个覆盖全流域的、各区域和各部门之间密切配合的有效的协调机制，落实责任制，形成合力，为深入开展"三湖"流域水污染防治提供制度保障。

建立健全生态补偿机制
促进人与自然和谐发展[*]

（2009 年 9 月 6 日）

生态补偿是以保护生态环境、促进人与自然和谐发展为目的，根据生态系统的服务价值和保护成本，综合运用政府和市场手段，调节生态环境相关者之间利益关系的公共制度安排。党中央、国务院高度重视生态文明建设和建立生态补偿机制工作。党的十六届五中全会首次明确提出，"按照谁开发谁保护、谁受益谁补偿的原则，加快建立生态补偿机制"。胡锦涛总书记在党的十七大报告中再次强调，"实行有利于科学发展的财税制度，建立健全资源有偿使用制度和生态环境补偿机制"。建立健全生态环境补偿机制，是全面贯彻落实科学发展观的重大战略举措，具有特别重要的意义。

第一，这是建设生态文明的重要体制保障。建设生态文明，促进形成资源节约型和环境友好型的产业结构、增长方式、消费模式，实现人与生态环境的相互依存、相互促进，是中国全面建设小康社会的一项重要奋斗目标。经过连续多年大规模的建设和治理，近年来我国生态建设和环境保护工作取得重要进展和显著成就。但是从总体上看，我国生态环境比较脆弱的局面还没有根本改变，生态环境保护的任务依然十分艰巨，尤其是推进生态建设和环境保护的利益关系还没有理顺。建立健全生态环境补偿机

---

[*] 国家发改委在宁夏石嘴山市召开生态环境补偿机制国际研讨会，这是作者在研讨会上的讲话。

制，就是要使生态环境的外部成本内部化，形成生态环境的受益者付费、破坏者赔偿、建设者和保护者得到合理补偿的良性运行机制。这样做，有利于提高社会各界的生态环境意识，有利于促进经济发展方式的根本转变，有利于调动各方面从事生态建设和环境保护的积极性。

第二，这是推进形成主体功能区的内在要求。中国"十一五"规划纲要提出，要根据资源环境承载能力、现有开发密度和发展潜力，统筹考虑未来人口分布、经济布局、国土利用和城镇化格局，将国土空间划分为优化开发、重点开发、限制开发和禁止开发四类主体功能区。目前，正在由国家发展改革委牵头编制全国主体功能区规划。按照规划，凡涉及国家生态安全的天然林资源保护地区、退耕还林地区、草原"三化"地区、重要水源保护区、水土流失严重地区等，均属限制开发区域；凡依法设立的各类自然保护区等，均属禁止开发区域。对限制开发区域和禁止开发区域为保障国家生态安全做出的贡献，必须进行合理的补偿，这就要求加快建立健全生态环境补偿机制。这是落实规划纲要部署、推进主体功能区形成的必要条件。

第三，这是促进区域协调发展的重要举措。西部地区是我国重要的生态安全屏障，保护生态环境的责任重大。我国重要的水源区和水源涵养区、水土保持和防沙治沙重点区、生物多样性保护区等，大多位于西部地区。为确保西部地区与全国同步实现全面建设小康社会的奋斗目标，一方面，西部地区要有选择、有重点地加快特色优势产业开发，增强造血功能；另一方面，在国家层面上，也要加快建立健全生态补偿机制，特别是通过加大中央财政转移支付力度，促进这一地区在保护好生态环境的同时，不断提高公共服务水平，不断提高城乡居民收入，逐步缩小与全国的发展差距。

中国坚持把保护生态环境放在经济社会发展的突出位置，在积极探索建立生态环境补偿机制方面已经取得了一些积极进展。

一是在建立生态环境补偿政策体系方面迈出了重要步伐。1998年修改的《森林法》提出，"国家设立森林生态效益补偿基金，用于提供生态效益的防护林和特种用途林的森林资源、林木的营造、抚育、保护和管理"。为保证退耕还林工作顺利推进，2002年国务院出台了《退耕还林条例》，对退耕还林的资金和粮食补助等做了明确规定。2008年修订的《水污染防治法》首次以法律的形式，对水环境生态保护补偿机制做出明确规定："国家通过财政转移支付等方式，建立健全对位于饮用水水源保护区区域和江河、湖泊、水库上游地区的水环境生态保护补偿机制"。各地在推进生态补偿试点中，也出台了流域、自然保护区、矿产资源开发生态补偿等方面的政策性文件。比如，浙江省人民政府在2005年就颁布了《关于进一步完善生态补偿机制的若干意见》，是全国第一个以比较系统的方式全面推进生态补偿实践的省份。

二是积极开展建立生态补偿机制试点。2001~2004年，国家开展了中央森林生态效益补偿基金的试点。从2005年起，中央财政正式设立了森林生态效益补偿基金，标志着我国森林生态效益补偿机制正式建立。目前已累计投入资金220亿元，将7亿亩重点生态公益林纳入补偿范围。2006年，国家有关部门印发了关于逐步建立矿山环境治理和生态恢复责任机制的指导意见，对矿山生态环境补偿试点作出部署。同时，中央财政还通过提高环境保护支出标准和转移支付系数等办法，加大对青海三江源、南水北调中线水源区以及部分天然林保护区等的财政转移支付力度。浙江、山西、湖北、广东等不少省份也积极开展生态补偿方面的试点。

三是大幅度增加生态建设和环境保护的投入。近10年来，中国先后启动实施了退耕还林、退牧还草、天然林保护、京津风沙源治理、西南岩溶地区石漠化治理、青海三江源自然保护区、甘肃甘南黄河重要水源补给区等重大生态建设工程，总投资达7000

多亿元，其中用于各种补助性质的支出3000多亿元。开展了大规模的水污染治理工作，加大环保基础设施建设力度，累计安排用于重点流域水污染治理和城镇污水垃圾处理设施建设投入的资金有2000多亿元。这些投入都具有一定的生态补偿性质。

建立健全生态补偿机制是一项全新的战略任务，各项工作刚刚展开，还存在着补偿范围不明确、补偿标准不科学、补偿模式比较单一、资金来源缺乏、政策法规体系建设滞后等问题。下一步，我们将认真学习借鉴国外的做法，系统总结各地试点工作的经验，重点做好以下几个方面的工作。

第一，深入开展建立生态环境补偿机制试点。在继续搞好青海三江源、南水北调中线水源地等中央生态补偿试点的基础上，条件成熟时再选择有代表性的跨省区流域、主要矿产资源、重要生态功能区开展生态补偿试点，启动实施西藏草原生态补偿试点。进一步扩大森林生态效益补偿覆盖范围，不断提高补偿标准。同时，鼓励地方根据当地实际，通过资金补助、定向援助、对口支援等多种方式，对生态功能区因加强生态保护建设造成的利益损失开展补偿试点。

第二，制定完善符合生态补偿理念的区域政策体系。结合推进形成主体功能区，按照基本公共服务均等化原则，完善公共财政政策和投资政策。在中央财政和省级财政转移支付中增加用于生态保护和修复的支出。国家安排预算内基本建设投资，重点支持生态功能区基础设施和公共服务设施建设，扶持适宜产业发展。积极引导商业银行资金和社会资本投向生态环保领域和生态功能区项目建设。此外，还要积极研究完善有利于生态环境保护和建设的产业政策、土地政策、人口政策、税收政策和技术标准等。

第三，加强生态环境补偿机制制度法规建设。在借鉴和总结国内外经验的基础上，抓紧研究制定《生态补偿条例》，明确实施生态环境补偿的基本原则、主要领域、补偿办法，确定相关利益主体间的权利义务和保障措施，并以此为依据，进一步细化流域、森林、草原、湿地、矿产资源等各领域的实施细则。

建立健全生态补偿机制是一项复杂的系统工程,既需要政府积极推动,又需要区域之间加强合作,还需要全社会的大力支持。本次研讨会汇聚了国内外在研究生态补偿方面的高层次专家学者,各地各部门参会同志也带来了各自开展生态补偿的实践经验和理论思考。希望与会代表和中外专家学者,围绕生态补偿的理论与实践问题畅所欲言,为中国建立健全生态补偿机制积极建言献策。

着力构建政策法规保障体系
加快建立健全生态补偿机制[*]

（2010年10月23日）

一年前，在宁夏石嘴山市召开的生态补偿机制国际研讨会上，我对中国建立健全生态补偿机制的必要性和生态补偿工作的进展情况作了简要的说明和回顾，与会专家学者围绕着理论和实践问题进行了深入讨论，提出了很好的意见和建议。一年来，中国在建立生态补偿机制操作方面又取得了新的进展，主要表现在以下几个方面。

一是生态补偿立法工作全面展开。今年1月，国务院将《生态补偿条例》（以下简称《条例》）列入立法计划。由国家发展改革委牵头，会同财政、国土资源、环境保护等10个部门，成立了《条例》起草领导小组，组建了由有关部门业务骨干组成的工作小组。同时，我们还邀请了25位相关领域的资深专家成立专家咨询委员会，中国工程院沈国舫院士担任主任委员，李文华院士担任副主任委员。今年4月下旬，我们对《条例》起草工作进行了全面部署，并在国家发展改革委门户网站设立了《条例》立法建言献策专栏，广泛听取社会各方面的意见。《条例》起草领导小组、工作小组先后组成6个专题调研组，分赴13个省进行调研，形成了专题调研成果。

二是建立生态补偿机制的总体框架已经初步形成。党的十六

---

[*] 国家发改委在四川雅安市召开生态补偿立法与流域生态补偿国际研讨会，这是作者在研讨会上的讲话。

届五中全会明确要求，按照谁开发谁保护、谁受益谁补偿的原则，加快建立生态补偿机制。几年来特别是近两年来，国家对生态补偿的整体工作又作出了新的部署。对于森林生态补偿，明确要求逐步提高国家的补助标准；对于草原生态补偿，明确要求按照核减超载牲畜数量、核定禁牧休牧面积的办法进行补偿；对于流域生态补偿，中央财政将加大对上游地区等重点生态功能区的均衡性转移支付力度，同时鼓励同一流域上下游生态保护与生态受益地区之间建立生态补偿机制；对于矿产资源开发生态补偿，明确建立资源企业可持续发展准备金制度，矿产资源所在地政府对企业提取的准备金按一定比例统筹使用。在今年 7 月中央召开的西部大开发工作会议上，首次明确将生态补偿政策作为西部大开发的一项重要政策内容。刚刚闭幕的中共十七届五中全会审议通过了《中共中央关于制定国民经济和社会发展第十二个五年规划的建议》，强调面对日趋强化的资源环境约束，健全激励和约束机制，加快建立生态补偿机制。前不久国务院又审议通过了《全国主体功能区规划》，为建立生态补偿机制确立了空间布局框架。

三是生态补偿试点取得新进展。森林生态效益补偿范围进一步扩大，补偿面积达到 10.5 亿亩，中央累计投入资金 296 亿元；从 2010 年起，对属于集体和个人所有的国家级生态公益林，中央补偿标准由每亩每年 5 元提高到每亩每年 10 元。2008 年以来，中央财政开展对国家重点生态功能区转移支付试点，对关系全国或区域生态安全的 372 个县市区，加大了生态补偿力度，该项补偿资金已达 180 多亿元，2010 年将进一步扩大转移支付范围。草原生态补偿迈出实质性步伐，从 2011 年开始，对所有禁牧的草原，按每亩每年 6 元的标准给予补偿；对落实草畜平衡制度的草场，按每亩每年 1.5 元的标准给予奖励。各地还完善了省级财政对省以下转移支付制度，统筹资金，加大转移支付的力度，推广了省域、县域内不同形式的生态补偿。

生态补偿的实践正在深入开展，生态补偿立法工作也在紧锣密鼓地推进，一些深层次的问题逐渐显现出来，需要进一步研究。这些问题主要包括：一是生态补偿的内涵和外延如何界定。从内涵看，生态补偿是否应将对生态环境的损害纳入补偿的范围，还是仅仅将对生态环境的保护和建设纳入补偿的范围。从外延看，生态补偿应包括哪些领域。二是补偿主体的问题。哪些领域应由中央政府进行补偿，哪些领域应由地方政府负责补偿，哪些领域需要通过市场机制来解决，相应的受偿对象是哪些，是地方政府、企业事业单位还是农牧民个人。三是补偿标准问题。森林、草原、湿地、矿产资源和流域的补偿标准肯定不同，流域问题更加复杂，所以这次研讨会专门要对流域生态补偿进行研讨。补偿标准是按照生态保护建设的直接投入成本，或是按照机会成本，还是按照生态系统服务功能的价值来进行测算，这些标准和方法都有待于进一步明确。四是补偿的方式问题。哪些领域可以通过财政一般转移支付来补偿，或者通过专项转移支付方式，或者采取其他的办法。最后，生态补偿机制和公共财政体系到底是什么关系。是所有的生态补偿都纳入公共财政体系一并解决，还是生态补偿与公共财政体系是两个相交的圆，这个问题有待于研究。正是因为在实践中提出了这些问题，我们对于这些问题的认识还是若明若暗，因此需要进一步加以澄清。我们召开国际研讨会，目的是认真总结实践经验，广泛听取多方面意见，在理论层面上加以深入研讨，为立法工作提供坚实的理论基础。

建立健全生态补偿机制是落实科学发展观的重大举措，是完善社会主义市场经济体制的重要组成部分，既关系到国家生态安全和区域协调发展，又关系到方方面面的切身利益；既是一项重大的政策设计，又是一项相当复杂的系统工程。在下一步工作中，我以为要坚持以下几个原则：

第一，要始终尊重实践。建立生态补偿机制没有现成的模式，需要我们从中国国情和现阶段发展特点出发，在实践中不断探索，认真总结经验教训，积极推广成功做法，把经过实践检验证明是成功的经验做法上升到国家政策和法规层面。第二，要在实践的基础上坚持不懈地进行理论探索、理论创新。要认真研究生态补偿的内涵和外延、生态补偿的主体和受体、生态补偿的标准和测算方法、生态补偿的方式和具体的操作办法，不断深化我们的认识，使未来的政策框架和法律法规，能够建立在坚实的理论基础上。第三，要坚持分类指导。中国各地发展极不平衡，而且生态补偿涉及不同的领域，要在坚持总的原则基础上对不同领域的生态补偿机制进行分门别类的研究，以增强政策的针对性。第四，要注重与现有政策的衔接。对目前已有的环境、水资源、矿产资源等方面的政策进行梳理，合理的要继续坚持，不适应的要加以完善，在此基础上，构建一个完整统一的生态补偿体系。

完成生态补偿立法工作，时间紧、任务重。下一步要着力做好三项工作：

一是加快制定出台建立健全生态补偿机制的指导意见。按照中央关于加快建立健全生态补偿机制的总要求，目前，我们会同有关部门提出了《关于建立健全生态补偿机制的若干意见》初稿，征求了各部门意见。这次会议后，领导小组、工作小组和专家咨询委员会还要进行讨论，将根据讨论提出的意见和建议，抓紧修改完善，尽快提请国务院审议。

二是加快推进生态补偿试点工作。现在已经开展了一些试点，从目前的情况看，试点的范围有必要进一步扩大，使试点工作更具代表性。同时，有些试点的内容有待于进一步深化，希望各省同志回去后抓好试点工作。

三是加快《条例》的起草工作。《条例》已经有了框架，最近再召开会议对框架进行敲定。这次研讨会提出的建议，对于完善框架将发挥重要的作用。

总之，生态补偿机制的建立是贯彻落实科学发展观的必然要求，任务相当艰巨和复杂。希望各位中外专家学者围绕中国生态补偿的理论和实践问题进行广泛研讨，知无不言、言无不尽，允许有不同看法、不同意见，真理越辩越明。希望提出的意见和建议能够真正对推进中国生态补偿制度的完善起到积极的作用。

切实做好渤海环境保护和综合治理工作[*]

（2011 年 7 月 25 日）

党中央、国务院对海洋环境保护工作高度重视。去年以来，温家宝总理、李克强副总理多次就海洋保护工作特别是渤海保护做出重要批示。我们这次会议的主要任务是，认真学习领会和贯彻落实国务院领导同志的重要批示精神，按照国务院批复的《渤海环境保护总体规划》（以下简称《规划》）的总体要求，认真总结前一阶段的工作，深入分析渤海环境保护面临的新情况、新形势、新问题，进一步明确下一步工作目标、基本思路和重点任务，齐心协力把渤海环境保护工作提高到一个新水平。

一、充分肯定两年来渤海环境治理取得的成效

自国务院 2009 年初批复《规划》以来，环渤海区域三省一市[①]的同志高度重视，在省部际联席会议的指导下，切实加强组织领导，落实责任，大力推进相关的项目建设和任务落实，渤海环境保护取得明显成效。

---

[*] 为了加强渤海环境保护，经国务院批准，2009 年建立了渤海环境保护省部际联席会议制度，国家发改委为牵头部门。这是作者在辽宁葫芦岛市召开的第二次省部际联席会议上的讲话。收录本书时有删节。

[①] 即辽宁省、河北省、山东省和天津市。

（一）局部海域环境质量状况有所改善

目前，渤海中部海域海水环境质量状况良好，海洋功能区基本满足水质要求，近岸海域水质恶化趋势有所减缓，海洋环境质量状况总体趋稳。一是部分主要污染物入海量有所减少。与2005年相比，2010年化学需氧量（COD）入海量从150万吨削减到125万吨，接近规划的中期目标。总氮的入海量从14.95万吨削减到12.5万吨，已经基本完成2012年的目标任务。二是部分海域生态恶化趋势有所缓解。随着黄河淡水入海量的持续稳定，黄河口滩涂湿地面积持续增加，生态环境质量有所改善。与2009年相比，2个排污口邻近海域水质明显改善。三是富营养化状况有所改善。2010年，渤海富营养化海区面积主要集中在辽东湾、渤海湾和莱州湾底部的河口附近，占渤海总面积的19%，比2005年降低了4个百分点。四是赤潮发生次数和面积双下降。2010年共发现7次赤潮，面积达3559平方公里，与2005年发生9次赤潮、面积5320平方公里相比，呈双下降趋势。五是海洋油气区开发污染减少。

（二）《规划》项目顺利推进，陆源污染物排放得到控制

据初步统计，规划自实施以来，已完成投资243.8亿元，占规划投资总数的53.4%。时间过半，投资过半。从项目实施进展看，三省一市已完成工业点源治理项目129个，完成率79.6%；完成城市污水处理设施建设项目146个，污水集中处理率达到87.8%，实现了规划提出的到2012年设市城市污水处理率不低于80%的目标；完成城市垃圾无害化处理设施建设项目48个，城市生活垃圾无害化处理率达到74.9%，其中，河北和山东两省垃圾无害化处理率基本达到了规划确定的90%的目标。

"十一五"期间，三省一市按照国家要求，积极采取多种措施控制入海陆源污染物排放，在一定程度上减轻了渤海的环境压

力。一是深化工业污染源治理。三省一市制定了更为严格的地方排放标准，提高了环境准入门槛，大力推行清洁生产，从源头上控制新的污染源产生。二是加大环渤海十三市环保基础设施建设力度。三省一市积极推进城市垃圾无害化处理和资源化利用，环渤海十三市污水集中处理率和垃圾无害化处理率均有大幅提高。三是加强农村面源污染防治。2009年以来，三省一市按照《规划》确定的农业环境污染治理重点，结合农村环境保护工作，开展农业面源控制试点示范区，大力推广生态养殖模式，加强畜禽养殖污染治理，推广化肥、农药减量化应用新技术，有效减少了农村面源污染物排放量。四是大力推进入海河流综合治理。三省一市制定了辽河、凌河、小清河、蓟运河、漳卫新河、子牙河等流域综合整治方案，通过海域和陆域同步规划、联动治理，有效缓解了流域污染直接入海问题。五是加强重点近岸海域污染治理。河北省将秦皇岛近岸海域水质保护作为重点，加大了污染治理和污染源排查力度，确保暑期环境安全。

（三）生态修复工作持续推进，海域污染防治进一步加强

一是实施了渤海沿海地区湿地保护工程。共新建湿地自然保护区7个，开展湿地保护与恢复生态工程9项，恢复湿地面积约2.62万公顷。二是大力推进沿海防护林建设。重点加强环渤海地区海岸基干林带、纵深防护林和示范林建设。三是加强水质环境监测和海洋生物监测，推动海洋生态监控区的恢复治理。四是推进保护区建设。截至2010年，保护区面积共131.29万公顷。

在海域污染防治方面，加强了船舶和海洋工程建设污染控制，大力发展生态养殖业，减少渔业养殖污染，加强海上溢油污染事故应急防备及处理能力建设，增强了事故防范和应急处置能力。

（四）初步形成了一套政策体系和工作机制，执法和应急能力不断提高

环渤海区域三省一市在已有法规条例的基础上，结合渤海环境治理的实际要求，编制出台了一系列实施方案和专项规划，制定了更为严格的地方性环境保护标准。在国家层面，连续3年开展了包括渤海在内的海洋环境保护联合执法检查，保持了海洋环境保护执法的高压态势。国家海洋局印发实施《渤海环境立体监测与动态评价规划纲要（2008～2012）》，提升对渤海环境现状的认知能力和对环境问题的诊断水平。交通运输部继续加大区域船舶溢油应急能力建设，启用卫星监测监视手段打击黄渤海船舶非法排污行为，充实完善烟台溢油应急技术中心油指纹数据库。辽宁省、山东省均按要求制定了应急预案，配备了必要的溢油应急物资，具备了一定的海上溢油回收和清除能力。

总结这两年半的工作，我们可以大致总结出以下三条基本经验。一是加强领导，落实责任。环境保护工作社会意义重大，直接的经济效益不明显。因此各级政府必须履责，把这项工作抓起来，把责任层层落实下去。如，河北省政府在全省七大水系主要河流全面推行了跨界断面水质目标考核及生态补偿金扣缴政策，实行"河长制"，强化了政府对辖区水环境保护责任。二是加强协调，完善机制。2009年，我们就渤海环境治理成立了全国第一个海洋环境保护工作的省部际联席会议制度，部门间、地区间的协调沟通得到了加强，形成了部门协作、省地联动的海洋环境保护合作机制，改变了多龙治海的局面。三是海陆统筹，综合治理。渤海必须实行综合治理，把工程措施和非工程措施结合起来，把污染治理和生态修复结合起来，把陆源污染物的拦截与海上防护结合起来，哪个环节跟不上都会对总体工作造成负面影响。下一步工作，我们要继续坚持这三条基本原则。

二、认清形势，进一步明确渤海治理目标和基本思路

渤海是我国唯一的半封闭内海，海水交换能力差，海洋生态环境极为脆弱。渤海也是海洋和陆地之间的重要缓冲带和重要通道，受人类活动的影响较大。环渤海地区是我国北方的经济重心区，如何处理好沿海的经济发展和海洋生态环境保护的关系是一大难题。做好渤海环境保护工作关系到环渤海地区经济社会的可持续发展，关系到渤海乃至我们国家整体的生态安全，关系到老百姓的切身利益，关系到我们的国家形象，我们要进一步增强工作的责任感和紧迫感。尽管这两年工作取得了成效，但是我们要充分认识到渤海治理的长期性、艰巨性和复杂性。

（一）渤海治理存在的问题

1. 陆源污染物尚未得到有效控制，近岸海域污染状况未得到根本改善

一是入海河流水质较差。2005年，环保部监测的38条河流入海口的断面，Ⅰ类水质的没有，Ⅱ类的有3条，劣Ⅴ类的有18条。2010年，监测的48条河流入海口断面水质，Ⅰ类水质的没有，Ⅱ类原来有3条，现在也没了，Ⅲ类的为9条，劣Ⅴ类为28条。二是陆源污染物排放总量居高不下。2010年，通过径流入海的氨氮、总磷均比2005年有较大幅度的增加，其中，总磷增加了近63.6%、氨氮增加了48.1%。三是近岸海域清洁海水面积大幅下降。2010年，一、二类水质海域面积所占比例由2005年的66%下降到55.1%、三类海水面积由2005年的14.8%增加到20.4%，四类和劣四类海水面积由2005年的19.2%增加到24.5%。

2. 规划任务实施进展不平衡，工作力度有待进一步加大

中央投资支持力度较大的污水处理和垃圾处理项目，项目建

设进度较快，实施情况较好，项目完成率较高；对于农业面源污染治理、小流域治理、生态修复、溢油防治和湿地建设等治理项目，中央投资支持力度较少，项目整体进展较慢。治污项目建设仍以中央资金为主，地方配套资金落实较为困难。在项目运行监管方面，各地普遍存在"重建设、轻运行"的现象，监管责任不明确，治理项目的环境效益尚未得到充分发挥。

3. 海洋产业结构和空间布局不合理，对渤海生态压力越来越大

在新一轮沿海开发活动中，环渤海地区仍热衷于依托临海、临港优势，发展钢铁、石化等重化工业，沿海一线海洋生态环境面临高压态势。海洋资源过度开发和低效利用现象也较为突出，近海渔业资源破坏严重，海岸线不合理利用、海岛和围填海开发建设过度的现象仍普遍存在。仅2010年渤海填海面积就达50余平方公里，约占全国全年围填海总面积的三分之一。沿海经济活动大量占用自然岸线，改变海域岸线形态的情况时有发生，湿地面积逐年减少，对局部海域地形地貌、水动力及冲淤环境造成负面影响。

4. 环境监测、预警和应急处置能力还需进一步提高

近岸海域、陆源入海排污口、重要海洋功能区和生态敏感区的监测站位仍然偏少。监测自动化程度低，监测站位空间分布和监测时间分布仍难以全面、客观反映海域环境状况。环渤海十三市针对赤潮、海上溢油等重大海洋灾害和污染事件的快速监测和预警预报技术手段仍有待进一步加强。此外，海洋环保投入不足，海洋环境保护专业人才短缺，也制约了渤海环境保护工作的有力推进。

（二）进一步明确工作目标和总体思路

1. 工作目标

根据《规划》要求，我们可以把渤海环境保护工作的目标确

定为"一个确保、一个下降、两个力争"。"一个确保",就是确保渤海生态安全,避免发生生态灾难事件。"一个下降",就是要做到入海污染物排放总量下降,在继续保持化学需氧量下降的基础上,重点削减无机氮、活性磷酸盐和石油类污染物入海量。"两个力争",一是力争渤海近岸海域水质总体改善,一类海水面积增加、四类和劣四类海水面积减少,重点区域水质得到明显改善;二是力争实现人海和谐,降低人类活动对渤海生态环境的负面影响,实现经济社会和海洋环境协调发展。

2. 推进渤海治理的工作思路

一是在指导思想上,要坚持科学发展。渤海治理不仅仅是就污染治污染的事,从根本上讲,是沿海三省一市能否实现科学发展的问题。要以科学发展观为指导,紧紧围绕转变经济发展方式这一主题,转变发展理念,创新发展模式,努力实现经济社会发展与渤海环境保护的统筹协调。

二是在治理思路上,要坚持海陆统筹。渤海治理要加强从山顶到海洋、从入海口到流域上游地区的污染源控制,目前规划区只包括了三省一市,一些河流的上游区域还没包括,将来也要综合考虑。要坚持海域和陆域并重,统筹近岸海域污染治理和海洋生态安全保障,增强渤海环境保护工作的全局性。

三是在工作着眼点上,要坚持以海定陆。要根据渤海环境容量和承载能力,合理规划沿海地区区域开发和产业布局,加强入海河流等陆域污染源总量控制,有效缓解渤海环境压力。

四是在治理方式上,要坚持综合治理。要将工程措施与非工程措施相结合,多措并举,加强工业点源、城市生活和农村面源污染治理、入海河流综合整治和生态修复,进一步完善管理措施,全面提升治理水平。

五是在组织方式上,要坚持形成合力。进一步加强环渤海三省一市之间的协作、部门之间的沟通,以及部门和地方之间的联动,进一步促进流域上下游之间的统筹协调、军事管理区和地方之间的共享共建，形成了上下联动、横向协作的工作局面。

六是在工作机制上，要坚持大胆创新。要根据渤海治理实际和需要，创新治理模式，提高治理效率，探索建立生态补偿机制，力求在干部政绩考核机制、多元化投入机制、环境监管机制、预警应急机制、水资源水环境综合管理机制、公众参与机制等方面有所突破。

三、切实把渤海治理的各项任务落到实处

结合当前渤海环境治理中存在的问题，下一步要进一步落实"七个坚持"的治理任务。

一是坚持合理开发，优化沿海产业结构和布局。要充分考虑海洋环境和资源承载能力，正确处理好环境保护和经济社会发展的关系，推动海洋经济发展由数量增长型向质量效益型转变，海洋开发方式由资源消耗型向循环利用型转变，海洋产业结构和布局由生态破坏型向环境友好型转变。抓紧制定并出台《海洋产业绿色发展政策指南》，指导环渤海地区产业结构优化和布局调整，推动海洋经济发展方式转变。要重点加强辽宁沿海、天津滨海新区、河北沿海、山东半岛等地区的产业结构调整，加快淘汰落后产能，严格项目环保准入门槛。严格执行围填海计划，合理控制环渤海地区围填海规模和强度，进一步规范海岸带开发利用活动，最大限度降低人类活动对生态环境的影响。

二是坚持抓重点，切实控制陆域污染。根据近岸海域污染状况和环境容量，实行主要污染物排海总量控制制度，切实控制陆源污染物入海量。第一，要加强黄河、海河、辽河和污染较重的次级河流综合整治，增加入海河流水量，有效改善入海河流水质，削减入海污染负荷。第二，要继续加大工业污染防治力度，确保工业污染源全面实现达标排放，有效削减沿海陆域工业污染源排放总量。第三，要提高城镇污水处理设施运行效率和垃圾无害化

处理率。进一步加强城镇污水处理厂建设与升级改造，完善污水收集管网建设，提高污水处理厂再生水循环利用效率；加大垃圾处理设施建设，提高垃圾收集和处理率，推进生活垃圾无害化、减量化和资源化。第四，要加强沿海陆域农村面源污染控制。农业面源是治理的重点和难点，要高度重视，攻坚克难。要加快农村环境保护基础设施建设，开展农村环境综合整治，加快农业产业结构调整与优化，加强大型养殖场畜禽粪便无害化和综合利用。

三是坚持突出重点，建立海洋污染防控体系。首先，全面提高船舶和港口污染防治水平，建设港口油污水接收处理系统和生活污水接收处理设施，规范船舶污染物接收处理行为，严格控制不符合规定的单壳油轮进入渤海海域。其次，加强海上钻井平台、海洋油井及管道等海洋工程和海岸工程污染防治，推进清洁生产，严格控制生产过程中产生的泥浆、钻屑和废水等污染物，强化环保设施运营管理，提高运行率和达标率。最后，合理规划水产养殖规模和养殖方式，有效控制养殖的自身污染及因养殖活动对海洋环境造成的影响，建设生态养殖示范工程。

四是坚持多管齐下，推进重点海域生态保护与建设。首先，在莱州湾、渤海湾和辽东湾等生态破坏较为严重的海湾，开展生态环境综合治理，加强湿地保护和恢复、自然保护区建设、退耕还林和沿海防护林建设；加强本区域内海洋与生物多样性保护优先区域的保护，维护保护优先区域的生态功能，加强生态系统功能评估；加强自然保护区的监管。其次，在海洋保护区、增殖区和养殖区等生态敏感区，开展海域水质现状、陆域污染源、海洋生物资源、养殖规模、海岸和滩涂使用等方面的综合调查与监测，加快水生生态修复，建立海洋特别保护区、水生野生动物自然保护区和渔业种质资源保护区，推进海洋牧场建设，改善海洋初级生产力。最后，进一步完善生态灾害防治体系。建立海洋生态红线制度，对重要海洋生态系统划定红线禁止开发。建立生态灾害防治中心。推进海洋保护区网络建设，实施海洋保护区规范化建设和管理。选择具有典型代表性的海洋生态区域，开展海洋生态文明示范区建设试点。

五是坚持环境风险管理，有效防范海洋环境灾害。近期，康菲公司在渤海湾进行石油勘探开发过程中发生的蓬莱19—3号油田溢油事故，导致地层断裂、井涌以及大面积海洋环境污染，至今为止其溢油真正源头仍未明确和封堵。我们要深刻吸取蓬莱19—3油田溢油事件教训，加强对突发海洋环境污染事故的防范。首先，加强海洋监控和监管体系建设，加强海洋开发项目的全过程环境监管，完善对入海河流、直排口、沿海重点企业、海洋工程、海洋油气勘探开发、海洋倾废管理的实时监控系统，对海洋油气开发污染防控的全天候监控，防范渤海湾采挖砂事故风险。其次，建立渤海海洋环境预警机制，加强国家和相关省市的海洋环境预测预警、信息发布、灾害风险评估等能力建设，形成技术先进、体系完善、功能完备的灾害预测预警体系。加强监测点位建设，提高检测自动化程度，提高对赤潮、绿潮、风暴潮、溢油等海洋灾害的监测和预警能力，制定重大环境污染事故应急响应计划，增强应对突发环境污染事件的应急能力。最后，加强海洋重大环境突发事件潜在环境风险评估，建立健全海洋重大环境污染和生态破坏事件损害评估制度。

六是坚持制度建设和科技支撑，全面完善治理保障体系。第一，尽快落实船舶油污损害赔偿基金制度，探索建立海上石油勘探开发溢油事故责任追究和赔偿制度，完善海洋石油勘探开发和海洋倾废管理制度，研究制订海洋生态补偿标准、《海洋生态损害赔偿办法》及配套的检定评估技术标准，建立完善渤海各类油品指纹库。第二，科学制定相关规划体系。《渤海环境保护总体规划》实施年限为2008年到2020年。考虑到目前环保部正在会同有关部门编制《"十二五"渤海近岸海域污染防治规划》，为此，我们不再开展《渤海环境保护总体规划》修订，而是要做好《"十二五"渤海近岸海域污染防治规划》、海洋环境监测体系发展规划、海洋倾废区规划等专项规划的编制和实施工作。制订出台《关于促进海洋环境保护的意见》和《关于促进海洋产业绿色发展的若干意见》。第三，加强污染治理、生态修复、防灾减灾、海洋监测与评价等关键领域的科技创新和技术攻关，开展气候变化对海洋生态系统影响、适应与减缓气候变化的监测评价与技术应用，加强海洋环境保护专业科技人才队伍建设，提高渤海环境保护的科技支撑能力。

七是坚持公众参与，营造有利于海洋环保的外部环境。加大宣传教育力度，拓宽公众参与渠道，动员全社会力量自觉投身于渤海环境保护事业，充分发挥公众和舆论的监督导向作用。完善信息发布制度，增加决策透明度。企业作为社会的重要组成部分，要进一步增强环境保护的社会责任。履行企业社会责任已成为企业生存发展的灵魂和市场评判的重要标准，企业要重视社会道德建设，杜绝以牺牲环境为代价、换取一时发展的现象，要积极承担渤海环境保护的社会责任，实现环境改善和企业增效双赢。

关于《千岛湖及新安江上游流域水资源和生态环境保护综合规划》编制工作有关情况的汇报[*]

(2011年11月8日)

根据会议安排，我简要汇报《千岛湖及新安江上游流域水资源和生态环境保护综合规划》（以下简称《规划》）编制工作进展情况。

一、已经开展的工作

2010年11月，张梅颖副主席率队赴浙江省就千岛湖水资源保护进行了专题调研，形成了《关于千岛湖水资源保护情况的调研报告》（以下简称《调研报告》），全面客观地分析了当前千岛湖水资源现状和面临的形势，提出了切实可行的政策建议。此后，中央领导同志将《调研报告》批转国家发展改革委等部门研究，并多次做出重要批示，要求国家发展改革委牵头研究提出千岛湖水资源保护的综合规划。按照中央领导同志重要批示精神，国家发展改革委会同有关部门和安徽、浙江两省对《调研报告》进行了认真研究，启动了《规划》编制工作。主要做了以下工作：

---

[*] 全国政协人口资源环境委员会召开有关千岛湖规划编制工作对口协商会，这是作者在会议上代表国家发改委的汇报。

(一) 多次召开座谈会，研究起草规划编制工作方案和编制大纲

今年3月，在北京召开了千岛湖水资源保护综合规划编制工作座谈会，邀请了全国政协人资环委办公室、财政部、环境保护部、水利部、林业局和浙江、安徽两省发展改革部门，以及有关专家，深入学习领会中央领导同志的批示精神，共同商议如何更好地推进下一步千岛湖水资源保护工作。4月，又在浙江召开了现场座谈会，听取了浙江省有关部门和淳安县、建德市等关于千岛湖水资源保护工作的汇报，初步了解了千岛湖的相关情况。会后，启动了规划工作方案和编制大纲的起草工作。7月，在前期工作的基础上，形成了编制大纲（初稿），并征求了有关部门和地方的意见。

(二) 开展实地调研，研究确定规划编制大纲和分工方案

8月24~28日，由国家发展改革委牵头，来自工业和信息化部、财政部、环境保护部、住房和城乡建设部、水利部、农业部、林业局、能源局等部门有关司局的负责同志和规划编制技术支撑单位的相关专家组成联合调研组，前往安徽黄山市和浙江淳安县开展实地调研。调研期间，国家部委联合调研组深入了解了千岛湖及新安江上游流域水资源与环境保护的现状和经济社会发展情况，先后召开了3次座谈会，与安徽省、浙江省政府负责同志，以及省有关部门、专家充分交换了意见，认真听取了地方的诉求，对千岛湖水资源、生态环境保护面临的形势、存在的突出困难和亟待解决的重大问题等进行了全面分析和深入探讨，理清了今后一个时期做好水资源与环境保护工作的总体思路、主要目标和重点任务等。根据调研情况，对《规划》编制大纲（初稿）做了进一步修改完善，成立了由国家发展改革委牵头，浙江省、安徽省、工信部、财政部、国土资源部、环境保护部、住房和城乡建设部、水利部、农业部、林业局、旅游局、能源局和中国国际工程咨询

公司参加的领导小组，下设工作组和相关技术支撑单位参加的编制组，印发了《规划》编制大纲和工作方案，标志着《规划》编制工作进入实质性阶段。

（三）分头开展专题研究工作，起草专题研究报告

在前期研究和实地调研基础上，我们确定了经济社会发展和水资源保护的现状及趋势分析，产业结构调整及城镇和工业布局优化、功能定位、生态补偿、水污染防治、水土保持、农业面源污染治理、生态保护与修复、投融资机制等方面的专题研究内容，分别由国家发展改革委、工业和信息化部、财政部、环境保护部、水利部、住房和城乡建设部、农业部和林业局负责起草相应的专题研究报告。同时，要求浙江省、安徽省分别编制完成本省的《规划》（草案）。目前，专题研究报告和两省的《规划》（草案）编制工作正有序推进，将作为《规划》的重要支撑。

二、存在的难点和重点问题

浙江和安徽两省都高度重视千岛湖及新安江流域水环境治理、水资源保护和生态建设问题，做了大量工作，但难点在于，浙皖两省的省情不同，所处的发展阶段不同，利益关切也不尽相同。上游黄山市经济社会发展明显落后于下游淳安县和建德市，淳安和建德又是浙江省内相对落后的地区，这些地区发展经济和改善民生的任务都非常繁重和紧迫。由于上下游经济社会发展存在巨大落差，上游地区产业层次较低、经济发展相对滞后、发展愿望迫切，且受财力所限，维护水质安全的压力较大；下游地区经济发达，对上游来水的水质、水量要求较高，导致浙皖两省的诉求不同、期待值差距较大，上下游区域联动、综合管理、共同保护的格局尚未形成。从以往湖泊治理的经验来看，作为一个跨省界的湖泊，要做好千岛湖的保护工作，首要的问题就是要处理好发

展与保护的关系，以及上游和下游之间的关系，只有上下游齐心合力，步调一致，才能把千岛湖保护好。

在《规划》编制中，还要深入研究以下六个方面的问题：

(一) 水环境的现状和治理的必要性

尽管千岛湖迄今仍是我国少有的优质水源地，但同时也要看到，新安江上游地区水环境和生态建设的压力正在逐步加大，千岛湖水环境受到影响的压力也在不断的加大。从监测数据来看，千岛湖水质保持在Ⅱ类，属于贫度、不到中度的营养化程度，但是从总氮等个别指标的发展趋势看，形势不容乐观，千岛湖总的情况属于"水质尚好、前景堪忧"。因此，《规划》编制的首要任务是，摸清水质现状，分析流域经济社会发展的现状和趋势，把今后一个时期千岛湖及新安江上游水质可能的演变前景特别是存在的问题搞清楚，测算出千岛湖的水环境容量，弄清楚主要污染物的来源、治理的必要性及其生态环境效益。

(二) 功能定位和功能区划分

分三个层次。第一个层次，是要研究千岛湖及新安江上游流域在全国主体功能的定位。第二个层次，是要研究千岛湖的战略定位。由于历史原因，新安江水电站设计之初是以发电为主、兼顾防洪，运行管理由华东电网负责。近年来，随着钱塘江及其支流水质下降，浙江省乃至整个长三角地区水质性缺水问题十分严重，浙江省多次提出将千岛湖的功能定位调整为以供水为主，并将其管理权交由浙江省。因该问题由来已久，较为复杂，虽经过多次协调，但一直未能得到妥善解决。第三个层次，是要研究水功能区划问题。目前，浙皖两省对于千岛湖及新安江上游流域的水功能区划，尤其是省界缓冲区的目标等还存在分歧，有必要从千岛湖保护的需求出发，对500多平方公里的湖面，包括上游新安江流域的水功能区进行科学合理的划分，从而设定相应的水质目标。

（三）关于综合治理的目标和原则

从《规划》的定位来讲，并不是一个单纯的生态环境治理规划，而是一个指导未来10年的综合性规划，因此，规划目标是一个兼顾生态效益、经济效益和社会效益的综合目标。为实现这一目标，我们将按照生态优先、以人为本，统筹规划、建立机制，突出重点、分步实施的原则，有序推进《规划》编制工作，通过《规划》的实施最终实现生态保护与社会发展的互利互赢，浙江与安徽的互利互赢。

（四）关于重点任务

目前来看，主要有以下几方面的任务：一是源头治理，要有效控制工业点源污染、城镇生活污染和农业面源污染；二是生态修复，要加强河流入湖口湿地建设和修复、周边防护林建设和水土保持工作，保持森林覆盖率；三是优化城镇和工业布局，提高产业准入门槛，转变不利于千岛湖保护的经济发展模式；四是改善民生，做好新安江水库移民的后期扶持工作，改善流域内人民群众生产生活条件；五是科技支撑，要开展千岛湖环境容量和富营养化防治等科技攻关，提高防治的科学化水平和技术含量；六是加强能力建设，包括监测预警等硬件设施和队伍建设，以及部门之间、地方之间信息沟通平台和合作机制建设等。根据上述任务，再具体确定各类建设项目，确保《规划》落到实处。

（五）关于生态补偿机制

今年，财政部和环保部向安徽、浙江两省人民政府印发了《关于启动新安江流域水环境补偿试点工作的函》，启动实施了新安江流域水环境补偿试点工作，率先建立了两省的协调机制和生态补偿机制，具有重大的意义。按照试点工作方案，今年暂安排安徽省补偿资金3亿元，其中中央财政安排2亿元，浙江省安排

1亿元，补偿资金专项用于新安江上游水环境保护和水污染治理。对新安江流域水质优劣的奖惩措施将按照另行印发的《新安江流域水环境补偿试点实施方案》执行，目前财政部和环保部正在与两省协商实施方案。据了解，浙江省对此试点方案意见较大，认为该方案并未体现"既要有生态补偿，又要有污染赔偿"的原则，建议将补偿方式调整为：若水质改善明显，浙江省补偿安徽省；若水质恶化明显，则应由安徽省补偿浙江省。此外，关于生态补偿基准问题，浙皖两省也尚未达成共识。浙江省提出，两省交界的街口断面水质应按照地表水环境质量湖泊Ⅱ类标准考核，且考核标准不应低于现状水质；在水质考核以外，还建议适时推行入河污染物总量控制。安徽省则认为，目前环保、水利部门均按照河流属性对街口断面水质进行评价，考虑到新安江流域总氮浓度本底值高，建议仍沿用地表水环境质量河流Ⅲ类标准考核。如何完善现有的生态补偿机制以及相应的政策支持，最终建立保护千岛湖的科学、公平、合理的长效机制，都有待进一步认真研究。

（六）关于工作机制

千岛湖保护事关浙江、安徽两省乃至整个长三角地区的生态安全，意义重大。做好《规划》的编制和实施工作，需要建立一个浙皖联动、部门协作的工作机制，明确职责分工，使浙皖两省在有关部门的指导下，进一步形成合力，共同推进千岛湖保护工作。

三、下一步工作打算

保护好千岛湖，既是促进浙皖两省可持续发展的需要，又是巩固长江三角洲生态屏障的需要，也是为国家同类地区提供两省联合治理湖泊、体制机制创新经验的需要。《规划》是我国第一个真正意义上将流域经济社会发展和生态环境保护结合起来，统筹协调流域上下游、发达地区和欠发达地区生态保护和经济发展问题的综合性规划。编制好这一规划，不仅对于千岛湖及新安江流域水资源保护具有重要意义，也将为全国其他同类湖泊治理提供有益借鉴。我们将本着对国家、对人民高度负责的精神，按照工作方案确定的目标、任务和时间安排，认真推进《规划》编制工作。在此过程中，我们将进一步加强与全国政协人口资源环境委员会的沟通，充分听取和吸收各方意见，力争把《规划》编制好，为保护好千岛湖这一优质水资源贡献一份力量。

齐心协力 攻坚克难
扎实做好太湖流域水环境
综合治理各项工作[*]

（2012年4月6日）

这次会议的主要任务是，按照中央关于太湖治理的总体要求，认真总结2011年治太工作，深入分析治太面临的形势，明确2012年太湖治理的工作目标和重点任务。

一、太湖治理工作取得新成效

（一）流域水环境稳中趋好，饮用水安全得到保障

一是太湖流域水质得到改善。国务院批复的《太湖流域水环境综合治理总体方案》（以下简称《总体方案》）将2005年定为基准年。与2005年相比，太湖主要水质指标均有不同程度改善。其中高锰酸盐指数年均值已接近Ⅱ类；氨氮从Ⅲ类提升到Ⅱ类；总磷维持在Ⅳ类；总氮虽然仍属劣Ⅴ类，但从2005年的2.95mg/L下降到2011年的2.37mg/L，改善幅度达20%。与《总体方案》2012年近期目标相比，高锰酸盐指数和氨氮已经稳定达到要求，总磷接近达标。江苏省15条主要入湖河流基本消除劣Ⅴ类，浙江

---

* 为了有效推进太湖流域水环境综合治理工作，经国务院批准，2008年建立了太湖治理省部际联席会议制度，国家发改委为牵头部门。这是作者在江苏常州市召开的第五次省部际联席会议上的总结讲话，收录本书时有删节。

省6个主要入湖断面水质均达到或优于Ⅲ类，上海市治理区域内主要河道水质也有一定改善。

二是污染物总量控制持续推进。2011年两省一市①的化学需氧量（COD）和氨氮均完成了年初制定的减排目标，其中江苏省COD、氨氮、总磷排放总量较2010年分别下降2.62%、2.85%和2.53%。2011年两省一市关闭取缔小造纸、小印染企业152家，关停其他污染企业930家。江苏和浙江两省累计征收有偿使用费11.5亿元，排污权交易累计3.8亿元；上海市实施COD超量减排奖励政策，兑现奖励金额7494万元。

三是饮用水安全保障水平不断提高。江苏省9个国家考核的集中式饮用水源地水质全部达标，各水厂出厂水质主要指标全部满足或优于国家标准；浙江省14个主要饮用水源地中，有10个已经达到2012年考核目标要求；上海市治理区域内的太浦河原水厂取水口水质达到Ⅲ类标准。去年全年望虞河引长江水31.9亿立方米，其中直接入太湖16.1亿立方米，提高了太湖流域的水环境容量，确保了流域生产、生活和生态用水。

四是太湖富营养化状况有所好转。湖体综合营养状态指数从2007年的62.3下降到2011年的58.5，为轻度富营养化；太湖蓝藻成片聚集时间推迟，水体未发现大面积水质黑臭，蓝藻水华规模有所减少。

（二）项目实施情况良好，治理力度明显加强

一是《总体方案》实施进展顺利。截至2011年6月30日，两省一市共开工项目1041个，占《总体方案》项目总数的84.4%；完工项目812个，占《总体方案》项目总数的65.9%。饮用水安全、点源污染治理、城镇污水垃圾处理、面源污染治理、河网综合整治、节水减排建设等项目开工率较高，均超过了

---

① 即江苏省、浙江省和上海市。

80%；点源污染治理、城镇污水垃圾处理等项目完工率较高，均超过了80%。

二是流域治污能力得到加强。目前，已累计建成城镇污水处理厂近280座，设计处理能力近1000万吨/日，城市污水处理率基本达到90%。2011年，江苏省新增垃圾处理能力2000吨/日；浙江省县以上生活垃圾无害化处理率达到100%。

三是多元化投资渠道得以完善。太湖治理项目建设已基本形成了"政府引导，地方为主，市场运作，社会参与"的多元化筹资机制。同时，两省一市完善污水处理费和排污费征收制度，推进排污权有偿使用和交易试点，探索环境资源区域补偿，增加了治太的建设资金。截至2011年6月30日，两省一市实际已完成《总体方案》投资共计862.99亿元，为《总体方案》规划总投资的77.4%。

（三）多措并举优化产业结构，全面深化污染源治理

一是坚持调结构抓创新，推动产业转型升级。江苏省积极打造太湖流域现代化产业体系，苏锡常三市分别确定了自身重点发展的战略性新兴产业，以新能源、新材料、节能环保、电子信息、生物医药等新兴产业为发展方向，高新技术产业增加值所占比重有较大增长，三产增加值的年均增长率超过了二产。浙江省坚持增量优化与存量提升并举，加快工业化与信息化深度融合，促进经济增长质量和效益稳步提高，推进服务业综合改革试点，高新技术产业、装备制造业和服务业增加值稳步增长。

二是深化源头控污，加快重点行业整治。江苏省2011年关闭化工企业462家，完成690家企业强制性清洁生产审核和572家企业自愿性清洁生产审核；强化环境执法检查，立案处罚2117件环境违法事件。浙江省对太湖流域项目审批严格执行"十不批"要求，禁止审批排放含氮含磷污染物的建设项目，开展了对电镀等六大重污染行业的整治工作，杭嘉湖地区共有258家企业完成

清洁生产审核。上海市治理区域内10家工业企业污染治理工作已全面完成。

三是积极推广生态农业建设，促进面源污染防治。江苏省启动环太湖生态有机农业示范区建设；加快推进生态农业圈循环、有机农业示范工程建设，编制并加快实施环太湖一、二级保护区农村环境连片整治方案。浙江省加强粮食生产功能区和现代农业园区建设，2011年推广测土配方施肥面积1100万亩，实施农药减量增效绿色工程面积256万亩，建设完成农村生活污水净化沼气工程池容8.75万立方米。上海市累计对177个自然村生活污水进行治理，年处理农村生活污水达到280万吨。

(四) 切实加强生态修复，全力推进引排工程

一是加快实施湿地保护和生态修复工程。江苏省控制性种养水生植物1.65万亩，建设162万平方米氮磷生态拦截系统，完成封育造林4.3万亩，保护与恢复湿地2万亩，着力推动15条主要入湖河流综合整治工作。浙江省2011年完成了太湖流域清水河道建设1080公里，推进西溪湿地、水源湿地保护工程实施，启动实施环太湖生态保护带建设工程。上海市加快淀山湖生态修复、湿地修复工程建设。

二是有序推动引排工程项目实施。望虞河常熟水利枢纽和望亭水利枢纽更新改造工程已完成，走马塘拓浚延伸工程等4项正在建设，太浦闸除险加固工程将于今年汛后开工建设，新沟河延伸拓浚工程、太嘉河工程等8项可研报告已报国家发改委，望虞河西岸控制工程、新孟河延伸拓浚工程等2项可研报告已通过水利部组织的审查，太浦河清水走廊工程、望虞河拓宽工程等2项正在抓紧编制可研报告。

(五) 流域立法取得突破，科技支撑得到加强

一是《太湖流域管理条例》等法规正式颁布实施。国务院法

制办会同水利部等有关部门编制完成了《太湖流域管理条例》，并经国务院批准后于 2011 年 11 月 1 日起正式施行。这是我国第一部关于流域综合管理和保护的行政法规，为太湖流域两省一市加强水资源保护和水污染防治等工作提供了一个统一的、需共同遵守的行政法规。国务院于 2012 年 1 月 12 日印发《关于实行最严格水资源管理制度的意见》，确立了水资源开发利用控制、用水效率控制、水功能区限制纳污等三条红线。国务院法制办会同住房城乡建设部加快推进《城镇排水与污水处理条例》立法进程。地方立法工作也有新进展，《苏州市湿地保护条例》已获江苏省人大常委会通过，《江苏省湿地保护条例》已起草完成。

二是科技支撑水平有了长足的进步。科技部、环保部等相关部门组织实施的水专项取得丰富成果，编制完成了水专项"十二五"实施计划，建设了 40 余项示范工程，10 余项关键技术取得了突破，发布了《水污染防治技术汇编》，促进了水环境治理技术成果的转化应用，为治太工作提供了有力的技术支撑。林业局实施的"太湖流域湿地生态系统功能作用机理及调控与恢复技术研究"取得了阶段性研究成果。

二、认清太湖治理形势，明确今年工作目标

（一）当前太湖治理面临的形势

今年是实施《总体方案》的第五个年头，是实现《总体方案》近期目标的冲刺之年。太湖治理机遇与挑战并存，我们既要充分看到有利条件和积极因素，坚定治理信心，又要足够估计面临的困难和挑战，加强战略谋划，增强应对能力。今年的治太工作压力加大，难度增加，主要表现在以下三个方面：

1. 蓝藻暴发仍存可能，流域水质依然较差

2011 年太湖蓝藻最大一次聚集面积为 505 平方公里，不仅大

大低于2007年的1050平方公里，也低于2010年的780平方公里。最大藻密度低于2008年以来的水平，与2010年相比下降近七成，未出现湖泛现象。但是，由于长期以来太湖氮磷营养盐不断积累，湖体藻型生境已经形成，只要外部条件具备，湖内就有可能出现蓝藻大规模暴发的情况。此外，气候水文等条件异常变化会进一步加大蓝藻防控难度。2011年，因太湖湖体总氮评价为劣Ⅴ类，导致湖体水质整体评价仍为劣Ⅴ类，尚未达到《总体方案》近期目标（2012年）的Ⅴ类水要求；太湖流域重点功能区水质达标率为32%，与近期目标（40%）尚有一定差距。从空间分布来看，太湖西北部入湖河道水质仍然较差，相应地梅梁湖、竺山湖和西部沿岸区等湖区水质为劣Ⅴ类。

2. 湖体总氮难以控制，实现目标风险较大

初步分析，《总体方案》近期目标中，主要饮用水水源地及其输水骨干河道水质、河网水（环境）功能区水质等目标可以基本实现，污染物总量控制近期目标已于2011年提前实现，湖体水质目标中的COD、氨氮、总磷指标可以达标，但总氮指标能否达标存在较大不确定性。环保部门数据显示，2011年太湖湖体总氮浓度为2.37mg/L，与《总体方案》2012年要达到2.0mg/L（Ⅴ类）的目标还有较大差距。目前总氮难以控制的原因是多方面的，一是总氮来源涉及工业、生活、农业和大气沉降等多个方面，来源结构较为复杂，控制任务比原先设想的困难。二是总氮缺少基数，实施总氮污染总量减排尚不具备条件，需要尽快全面实施流域总氮监测工作，作为开展流域总氮总量控制的基础。三是由于河流水质评价体系中不包括总氮，长期以来入湖河道总氮指标不受控制，包括调水通道在内的多条入湖河流总氮超过2.0mg/L（2012年1月，9条主要入太湖河道控制断面总氮浓度超过6.0mg/L），也是造成太湖湖体总氮难以控制的重要因素之一。

3. 短板任务尚需加强，工程效益有待提升

目前一些太湖治理项目实施进展相对缓慢，如生态修复、河

网综合整治、引排通道建设等。这些项目对于遏制水质恶化、稳定治污成效、修复生态系统具有重要意义，亟待加强。农业面源和农村生活污染的治理单纯靠工程措施难以根本解决，治理技术和管理措施均有待进一步强化。此外，还存在治污设施作用尚未得到充分发挥、执法监督不到位等问题。如一些工业园区污水处理设施运行不正常，存在超标排放、处理负荷偏低等现象；个别企业未经处理的高浓度印染废水、强酸性废水、含重金属废水偷排或者超标排放，河道污染十分严重，群众反映强烈；一些污水处理厂仍执行一级B排放标准，个别甚至还执行二级排放标准，与地区经济发展水平和水环境综合治理要求不相适应；部分乡镇污水处理厂管网建设及运行管理严重滞后；规模化畜禽养殖缺乏环保监管，"环评"、"三同时"等环保手续执行率有待提高；有的企业污泥露天堆存且无任何防渗防雨处理，地下水污染隐患突出。

面对当前的形势，我们必须进一步增强忧患意识，做好应对各种困难挑战的准备，坚定不移地落实太湖治理各项任务，努力把太湖治理工作提高到一个新的水平。

（二）年度工作目标

今年2月，联席会议办公室组织召开了太湖流域水环境综合治理2012年工作目标讨论会，总结了2011年太湖治理工作目标的实现情况，提出了2012年太湖治理工作目标建议。经研究，确定2012年工作目标为"两个确保、一个基本实现"，即"确保饮用水安全、确保太湖水体不发生大面积水质黑臭、基本实现《总体方案》近期目标"。

饮用水安全是关系到人民健康的大事，任何时候都不能放松。当前保障饮用水安全，让人民喝上清洁的、放心的水仍然是首要任务。确保太湖水体不发生大面积水质黑臭，是国务院对太湖流域水环境综合治理工作提出的明确要求。这两项任务关系到流域人民群众的切身利益和社会稳定,应该继续在太湖治理中予以坚持贯彻。

2012年是《总体方案》近期目标的实现之年,实现近期目标是今年太湖治理工作的中心任务。国务院各有关部门和两省一市应全力以赴,确保《总体方案》近期目标的实现,相关治太工作和任务应围绕实现近期目标来进行安排。"一个基本实现"主要内容为"太湖湖体水质达到Ⅴ类,富营养化趋势得到遏制,主要饮用水水源地及其输水骨干河道水质基本达到Ⅲ类,河网水(环境)功能区达标个数提高到40%左右"。两省一市要结合本地实际,对上述各项指标予以细化和明确。

三、2012年太湖治理的工作重点

(一) 继续做好保障饮用水安全工作

在保护水源地水质方面,要加强对饮用水源地、入湖河流水质、气象条件及蓝藻水华的监测预警,强化信息沟通,加快实现相关数据的共享;继续在水源地和蓝藻易聚集区开展蓝藻打捞,合理使用市场化手段进一步提高蓝藻打捞的水平;继续科学实施蓝藻易聚集区、湖泛易发区、主要入湖河口等重点区域的生态清淤,减少内源污染;妥善处理好出湖的蓝藻和底泥,避免二次污染;继续采取调水引流措施,科学调度,确保引水入湖水质,增强水体自净能力,缓解蓝藻的暴发。在供水设施建设方面,要加快城镇供水设施改造与建设,推进水厂增加深度处理工艺、改造现有老旧供水管网,提高饮用水水质,在太湖流域城市实现新的供水水质标准(《生活饮用水卫生标准》要求2012年7月1日供水水质全面达标,包括106项指标)。在供水信息共享和应急管理方面,要完善全国城镇供水管理信息系统,实时掌握太湖流域城镇供水水质安全状况;进一步提升城镇供水设施应急处理能力,落实供水企业的应急处置措施，因地制宜推进应急水源建设。

(二) 抓紧落实流域总氮污染控制工作

要尽快提出并落实总氮污染控制的具体措施，并将其责任分解到各级政府。在总氮总量控制和河流总氮标准修订方面，要完善污染源总氮排放监测体系，积极稳妥推进总氮总量控制；针对太湖流域特点，尽快专门研究制定适用于太湖流域范围的河流水质评价中的总氮标准，使入湖河流与太湖湖体水质评价的总氮标准相协调。在城镇污水和工业废水处理方面，要强化城镇污水处理设施的监管，确保已建成的脱氮除磷设施发挥最大效益；研究制定流域统一的更为严格的工业企业总氮排放标准，减少点源的总氮排放。在面源总氮控制方面，面源是太湖总氮的主要来源，是总氮控制的重中之重。要加强沿河湖农业面源氮磷生态拦截工程建设，优化农业种植结构和布局，控制氮肥施用，减少农业面源总氮污染；推广先进适用的生态养殖模式，建设大中型规模畜禽养殖场综合整治工程和畜禽粪便集中处理中心，进一步提升畜禽排泄物无害化处理和资源化利用水平；加强农村环境综合整治，建设适宜农村分散的秸秆、粪便、垃圾、污水等处理利用设施，减少农村总氮排放。在入湖河道总氮控制方面，要集中开展总氮浓度较高的入湖河道治理，减少对太湖湖体的冲击；加强引江济太河道周边地区排污的管理，确保入湖水质。在总氮控制科技支撑方面，要进一步研究太湖湖体总氮来源及其构成，建立并完善太湖总氮控制技术体系，以企业为主体加强总氮污染控制相关技术的研发。

(三) 充分发挥太湖已建治污设施的效益

在工业点源治理方面，要进一步强化工业点源的排放监管，确保其治污设备的稳定达标排放；探索实行企业、行业自愿协议的环境管理方式；依法严厉打击违法排放行为，实行执法责任追究制，使违法排污的责任人得到惩罚，切实保护公众的环境权益。在生活污水垃圾处理方面，进一步加大生活污水垃圾收集的工作力度，加快城镇污水处理厂配套管网和城乡生活垃圾收运体系建设，因地制宜完善城市雨污分流体系，强化设施安全运行的监管，全面提高污水垃圾处理设施的运行水平；选择适宜的垃圾渗滤液处理方式和污泥处理处置方式，避免二次污染。在农业面源治理方面，推广农业清洁生产技术，全面实施好测土配方施肥，推进农家肥、畜禽粪便等有机肥料资源的综合利用，提高农药使用效率；通过市场化手段激发农民的环保自觉性，把"要我做"变为"我要做"。在流动源管理方面，要继续做好船舶污染防治工作，扎实推进危险化学品船舶污染责任保险工作，进一步建立完善内河船舶污染应急体系。加强城市节水，落实定额用水管理，促进源头减排。

(四) 扎实推进流域产业结构调整

在资源要素定价方面，要进一步改革不合理的资源要素定价制度，使要素价格准确反映资源使用和环境损害成本，准确反映市场需求，让价格机制在产业的升级换代中发挥更大的作用。在产业发展方面，要创造更加良好的发展环境来推进产业结构优化升级，大力培育战略性新兴产业，加快发展信息咨询、电子商务等现代服务业，不断拓宽新兴服务领域，降低地区发展对传统高污染企业的依赖；依法严格执行相关环境保护政策法规，控制新上各类高污染项目。在推动企业转型方面，要在重点领域推进清洁生产示范，进一步加大太湖上游区域等重点地区印染、化工等行业的淘汰落后产能工作，做好任务分解落实；加大环境监管和执法检查力度，强化环保排放标准和总量控制的倒逼作用；通过淘汰落后和技术改造，推动流域高污染工业企业的转型升级，从源头控制污染物产生和排放。在农业发展方面，要在重点区域合理发展生态农业，加大力度引导市场对生态农业的消费偏好，优化农业种养殖业结构和布局，实现加强环境保护和保障粮食生产的有机统一。

（五）统筹协调治太各项任务进展

在生态建设方面，要继续搞好湿地保护与恢复工作，通过建立湿地保护区、湿地公园等多种方式，加强对流域内自然湿地的保护，开展退化湿地恢复，并因地制宜开展与污水处理厂结合的净化型湿地建设；扎实推进防护林体系建设和造林绿化工作，将太湖流域作为重点纳入《长江流域防护林体系建设三期工程规划》。在河道整治方面，要加大断头浜的综合整治力度，降低其可能造成的污染风险；对部分入湖河道适时开展疏浚整治，改善河网水质。在引排通道建设方面，要继续加强水利项目前期工作的技术指导，加快推进流域性重点水利项目前期工作。抓紧望虞河西岸控制工程、太嘉河工程、新沟河延伸拓浚工程、平湖塘延伸拓浚工程、杭嘉湖地区环湖河道整治工程、扩大杭嘉湖南排工程、苕溪清水入湖河道整治工程、新孟河延伸拓浚工程的立项和开工建设。同时，加快太浦河清水走廊工程、望虞河拓宽工程可研报告编制工作。在土地配套方面，要严格实施新一轮土地利用总体规划，统筹安排年度土地利用计划，进一步推进环太湖地区水环境综合治理重点项目建设；完善限制、禁止供地目录，严格控制新增污染项目。

（六）稳步提高太湖治理公众参与水平

在交流沟通方面，要多层次搭建政府与公众对话的平台，尊重和支持公众参与环境保护的权利和意愿，提高公众参与太湖治理的广度和深度；要更加重视社会组织在太湖治理中的作用，引导其有序参与环境保护工作；充分发挥农村基层政权的作用，创新体制机制，切实依靠农民，建立有利于环境保护的生活习惯和生产方式。在信息公开方面，要依法定期向社会公布太湖流域检查和治理的有关信息，主动接受舆论和群众监督；加快推进企业环境信息披露，逐步公开对重点污染企业的在线监测数据，逐步扩大监控范围，强化社会化监管；依法提高调整城镇污水处理收费和排污收费标准的透明度，确保公众的知情权和参与权。在宣传教育方面，要通过加强执法和教育培训并举，增强企业社会责任感；采取多种措施，积极引导社会形成可持续消费、绿色文明的生活方式；在充分发挥各社会主体践行生态文明方面积极作用的同时，注意宣传的方式方法，客观分析当前太湖流域经济社会发展和环境保护之间的矛盾，合理引导公众对生态环境质量的需求和预期。

（七）积极发挥体制机制、法律法规等基础性作用

在创新体制机制方面，要进一步发挥已有的协调、协商和责任落实机制的作用，切实解决治理中的难题；综合运用价格、财税、金融等经济手段，建立科学合理的环境补偿机制、投入机制、使用权交易机制等，从根本上建立经济发展与环境保护的平衡关系；进一步研究生态补偿办法，加强上市公司环保核查和重大建设项目环境影响评价工作；研究创新干部政绩考核机制，提高太湖治理工作在干部政绩考核中所占比重。在执行法律法规方面，要贯彻落实《太湖流域管理条例》相关要求，强化依法治水和依法管水，尽快完善配套制度，制定相应的实施细则，加大对涉水项目未批先建、侵占水域、违法设置排污口与排污等违法行为的查处力度；贯彻落实《国务院关于实行最严格水资源管理制度的意见》相关要求，严格实行用水总量控制，全面推进节水型社会建设，严格控制入河湖排污总量。在优化投融资体系方面，要完善多元化投融资体系，加大各级财政投入力度，创新民间资本参与太湖治理的激励政策，广泛吸引社会资金的投入；在现有试点基础上，进一步完善排污权交易制度。在强化科技标准方面，要进一步加大水专项对太湖流域水环境综合治理技术集成与工程示

范的支持；制定和完善农业面源污染防治技术规范和标准，研发适合农村特点的生活污水、垃圾处理利用的技术与产品，着力示范推广农业清洁生产技术；组织开展污泥减量化、稳定化和无害化处理处置。

全面推进南水北调中线水源区水污染防治　确保通水水质安全[*]

（2012年10月24日）

南水北调工程建设已经进入倒计时，在距2014年中线工程通水仅有的2年时间里，要如期实现水污染防治各项规划目标，任务十分艰巨。我们要从全局高度和战略层面进一步增强责任感和紧迫感，齐心协力，合理安排，扎实推进，切实做好各项工作，确保通水时水质达标。

一、进一步明确工作目标

6月4日，国务院在批复《丹江口库区及上游水污染防治和水土保持"十二五"规划》（以下简称《规划》）时，再次强调了规划目标的严肃性。规划目标涉及水质、污染物总量、生态三个方面，可以归纳为"两个确保，一个下降，一个改善"，即"通水前，确保中线工程取水口陶岔和汉江干流省界断面水质为Ⅱ类，其他主要入库支流符合水功能区目标；2015年末，确保丹江口水库水质稳定在Ⅱ类，直接入库的主要支流不低于Ⅲ类，入库河流全部达到水功能区目标。污染物COD和氨氮排放总量双下降，达到'十二五'控制要求。水土流失累计治理面积6300平方公里，治理程度达到50%以上，新增林草覆盖率5%~10%"。

---

[*] 国家发改委牵头在湖北十堰市召开丹江口库区及上游水污染防治和水土保持部际联席会议第三次全体会议，这是作者在会议上的总结讲话。收录本书时有删节。

"两个确保"是国务院对水源保护工作提出的刚性要求，关系到南水北调中线工程的成败，关系到人民群众的切身利益，关系到水源区经济社会可持续发展。近年来国家在水源区投入不断加大，丹江口水库水质保持稳定，我们一定要再接再厉，毫不松懈，巩固已有治理成果，进一步提高水质达标率。

"一个下降"是水质达标的根本。《规划》提出，化学需氧量（COD）和氨氮在"十二五"期间分别减排8%和10%。中线工程建设目标是为我北方地区提供优质饮用水，应该严于全国标准。要采取切实有效的措施，使氮、磷等富营养化指标进一步降低。

"一个改善"是水源区生态建设和水土流失治理成果的直接体现。水源区大部分地区作为国家限制开发区，要不断增强涵养水源、保持水土、保护生物多样性的能力，巩固国家重点生态功能区的战略地位。

二、正确处理好几个关系

一是要处理好整体利益和局部利益之间的关系。南水北调工程是党中央、国务院决策建设的国家重大战略性工程，是保障我国北方地区未来经济社会可持续发展的基础。经过几代人的努力，工程建设取得实质性进展，即将发挥效益。水源区三省[①]为工程建设，尤其是水源保护做出了贡献和牺牲。由于项目建设准入门槛提高、产业发展受限、税源减少、生态环境保护投入加大，一定程度上影响了地方的发展。但同时我们也应看到，水源保护工作的开展，加速了区域经济结构转型，提高了城乡环境基础设施建设水平，改善了生产生活和生态条件，从长远看，对区域经济社会的发展是有利的。我们要辩证看待工程建设对水源地的影响，要通过国家支持、对口协作，把不利影响降到最低；同时水源地

---

① 即河南省、湖北省、陕西省。

也要牢固树立大局观念，坚定不移地完成工程建设的各项任务。

二是要处理好经济社会发展与水质保护之间的关系。我们要以科学发展观统领各项工作，按照建设"两型社会"的要求，统筹协调地区经济社会发展与环境保护之间的关系，绝不能再重复走以牺牲资源环境换取经济增长的粗放式发展道路。近年来，水源区各级政府和广大人民群众要求发展经济、改善生活的愿望十分迫切，工业、农业及城镇生活用水量、排污量增长较快，水源区脆弱的生态环境面临新的压力。三省要认真分析新形势，研究解决工作中出现的新问题，正确处理经济发展与环境保护的关系，努力走出一条发展与保护"双赢"的新路子。国务院有关部门要帮助地方政府减轻压力，指导水源区加快产业结构调整，优化产业布局，发展特色经济，逐步增强区域经济实力；要针对污染防治和水土保持的隐患，采取更加有效的措施进行综合治理，为水质长期稳定达标创造条件。

三是要处理好项目建设与管理之间的关系。完成"十二五"规划提出的120亿元投资，任务十分艰巨。一方面要继续加大城镇污水和垃圾等环境基础设施、工业点源污染防治、水土流失治理、监测能力等项目建设，另一方面还要开展库周生态隔离带建设、农业面源污染防治、尾矿库污染治理、入河排污口整治、重污染河道内源治理等工作。要按照规划目标要求，扎实做好项目前期工作，拿出切实可行的项目建设方案，明确实施主体，加快项目建设步伐。同时，要高度重视项目的运行和管理。从"十一五"规划实施情况看，三省很多地方都存在"重建设、轻管理"的现象，大部分已建污水和垃圾处理设施不能正常运行，原因是污水收集管网配套设施建设滞后、运行成本高、财政补偿及垃圾污水处理收费不到位，致使已建成项目"晒太阳"，不能如期发挥效益。要牢固树立建管并重思想，采取综合措施解决运行管理中出现的问题，确保建成项目尽早发挥效益。

三、通水前的重点工作

第一，明确目标，落实责任，确保"一泓清水入库"。按照国务院关于中线水源保护工作的总体要求，三省作为规划实施的责任主体，要将规划目标和任务逐级分解，切实做到责任到位、措施到位、工作到位。这次会议后，要抓紧制定规划实施的具体方案，报省政府批准后，加快开展项目前期工作。到2014年通水前，要确保完成重点控制单元内的骨干项目，尤其针对目前污染严重尚未达标的入库支流，要采取更严格的措施，拿出切实可行的方案进行综合治理，进一步削减污染物排放，千方百计地确保通水时水质达标，确保"山常绿、水长清"。国务院有关部门要加强对规划实施的组织和指导，结合部门职责，加大政策措施倾斜支持力度。各部门、各地区要协同作战，真正形成一套有机综合的水污染防治体系。

第二，实施一河一策，对入库不达标河流进行重点治理。针对神定河、犟河、官山河、泗河等主要入库支流水质不达标，总氮、总磷等污染物超标严重的问题，要实行"一河一策"，严格控制河道两侧工业污染物排放，提高地方行业排放标准，严打非法排污，加强入河排污口管理。提高城市污水处理厂运行效率和除磷脱氮水平，降低城市生活污染物排放。建设库周生态隔离带，率先在河道两侧一定范围内实施农业结构调整，降低农药化肥使用量，控制面源污染。加快实施重污染入库河道内源整治项目，降低河道内源底泥污染物释放。研究制定在主要支流入库口建设人工湿地的必要性和可行性，采用生物措施进一步削减入库污染物。

第三，坚持控源减排，进一步削减点源污染物排放。对于工业点源，要提高企业治污设备稳定运行水平，实施精细化管理；加强对重点污染企业在线监测，逐步扩大监控范围，开展污染源监督监测；加大监督执法力度，严厉打击违法排污行为，提高违法成本；加快入河排污口整治步伐，制定水功能区限制纳污红线，严格控制入河排污总量；抓紧划定饮用水源保护区，规范水源区人们的生产生活活动。对于城镇生活污染源，结合城镇化建设，加快污水处理厂配套管网和城乡生活垃圾收运体系建设，提高污水和垃圾收集率；进一步完善雨污分流体系，提高污水设施运行效率，水库周边的地区要逐步提高污水处理厂的除磷脱氮能力；加大垃圾渗滤液处理能力，污水处理厂污泥处置要做到"减量化、无害化和资源化"，避免二次污染；加强库周重点乡镇污水和垃圾处理能力，总结并推广经济适用型的处理模式。

第四，多措并举，强化面污染源综合整治。针对水源区农业生产和农村生活两个面源污染源，要坚持以调整产业结构为切入点，大力发展生态农业；以社会主义新农村建设为主线推进清洁乡村环境整治；以严格控制污染物进入水体为抓手，加大水土流失治理力度。要在巩固已有治理成果的基础上，加快实施规划确定的各类面源治理项目。以丹江口库区及上游地区经济社会发展规划为依托，三省要优化农业产业结构，发展生态、绿色、高效和节水农业。有关部门要继续加大测土配方、病虫害综合防治、沼气池建设、农村清洁工程示范力度，生态移民等专项规划资金要向水源区倾斜。

第五，加强生态建设，构建生态屏障。继续实施天然林资源保护、退耕还林还草、防护林体系建设等工程，进一步提高水源区林草覆盖率；积极推动生态清洁型小流域建设；开展野生动植物保护及自然保护区建设，加强对主要入库河流源头的保护；研究制订主要入库河流、水库消落区人工湿地建设方案，因地制宜地开展与污水处理厂相结合的净化型湿地建设；强化对森林植被的预防保护，防止人为破坏，落实管护责任，保护和巩固综合治理成果。经过几年的努力，力争在水源区形成以森林植被为主体，林草相结合的生态安全屏障。

第六，加快产业结构调整，促进经济社会协调发展。依托资源优势和比较优势，推进水源区重点产业结构调整，转变经济发展方式，优化产业布局，加强企业技术改造。通过倒逼机制、约束机制和激励机制推进产业结构优化升级，优先发展特色种植业，做强做优先进制造业，加快发展生态旅游业。严格控制新上污染项目，依法执行相关准入政策。支持引导企业推行清洁生产，在重点领域开展清洁生产示范，从源头和生产全过程控制污染物产生和排放。逐步增强水源区行业排放标准，促使企业提高治污水平，提高市场竞争力。加快淘汰不符合国家产业政策和与水源保护工作不相适应的落后产能，提高资源化综合利用水平。对于中线水源区来讲，产业结构调整的前提是要充分认识到良好生态环境的内在价值，目的就是要促进区域经济协调健康发展、减少污染物排放，从根本上改善人民群众的生活水平，确保调水水质。

第七，创新体制机制，建立水源保护长效机制。一是落实责任机制。建立规划"目标、项目、投资、水质、责任"五位一体的水源保护新举措，借鉴全国其他重点流域治污经验，在主要入库河流推行"河长制"，把责任落实到实处，同时三省要加强沟通协调，形成水源保护"一盘棋"的良好局面。二是优化投入机制。规划中污水和垃圾处理设施、水环境监测能力建设、入河排污口整治、重污染入库河道内源污染治理等5类项目所需的中央补助资金，纳入重点流域水污染治理专项投资统筹解决；水土保持、库周生态隔离带建设、农业面源污染防治、工业点源污染防治、尾矿库污染治理项目，纳入现有渠道解决。污水和垃圾处理设施项目继续执行中央补助资金84%比例的政策。研究提高水土保持项目建设标准的可能性，取消县及县以下水土保持项目配套。按照"谁受益、谁补偿，谁污染、谁治理"的原则，积极探索符合市场规律的生态环境补偿机制。加快实施丹江口库区及上游地区经济社会发展规划和对口协作，帮助水源区又好又快发展。三是健全管理和运行机制。严格按照基本建设程序有关规定开展项目前期工作，对于符合条件的项目，按照国家发改委的相关规定，抓紧开展可研和初步设计审核工作，对于不需审核的项目，按同类项目的建设标准下达中央投资补助，加快建设进度；要完善项目建设实施、验收、运行及后评价管理制度，落实法人责任制、招投标制和工程监理制，加强对工程建设各个环节的监督管理。对于已建项目要强化其运行管理，完善运行管理体制和后期维护机制，切实发挥工程环境效益。四是突出监督考核机制。有关部门要从行业角度加强协调、指导及监督考核，将已建项目的运行情况作为下一年度中央资金分配的参考依据。三省也要分层级进行考核，将干部政绩考核与水源保护目标任务挂钩，切实落实规划任务，实现规划目标。

关于生态补偿机制建设工作情况的汇报[*]

（2013年4月2日）

一、工作进展情况及主要成效

党的十八大把生态文明建设放在突出地位，纳入中国特色社会主义事业"五位一体"总体布局，号召全国各族人民更加自觉地珍爱自然，更加积极地保护生态。建立生态补偿机制，是建设生态文明的重要制度保障。在综合考虑生态保护成本、发展机会成本和生态服务价值的基础上，采取财政转移支付等方式，对生态保护者给予合理补偿，明确界定生态保护者与受益者权利义务、使生态保护经济外部性内部化的公共制度安排，对于促进欠发达地区和贫困人口共享改革发展成果，对于加快建设生态文明、促进人与自然和谐发展具有重大意义。

党中央、全国人大、国务院高度重视生态补偿机制建设。2005年，党的十六届五中全会《关于制定国民经济和社会发展第十一个五年规划的建议》首次明确提出，按照谁开发谁保护、谁受益谁补偿的原则，加快建立生态补偿机制。第十一届全国人大四次会议审议通过的"十二五"规划《纲要》就建立生态补偿机制问题作了专门阐述，明确要求研究设立国家生态补偿专项资金，推行资源型企业可持续发展准备金制度，加快制定实施生态补偿

---

[*] 这是在第十二届全国人大常委会第二次会议上的工作汇报。

条例。党的十八大报告明确要求建立反映市场供求和资源稀缺程度、体现生态价值和代际补偿的资源有偿使用制度和生态补偿制度。全国人大连续三年将建立生态补偿机制作为重点建议。2005年以来，国务院每年都将生态补偿机制建设列为年度工作要点，并于2010年将研究制定生态补偿条例列入立法计划。根据中央精神，近年来，各地区、各部门在大力实施生态保护建设工程的同时，积极探索生态补偿机制建设，在森林、草原、湿地、流域和水资源、矿产资源开发以及重点生态功能区等领域取得明显进展和初步成效，生态补偿机制建设迈出重要步伐。

（一）各部门密切协作，合力推进生态补偿机制建设

按照党中央、国务院的部署，有关部门深入实际调查研究，广泛听取各方面意见，借鉴国外生态补偿实践经验，从我国实际出发制定和完善政策措施，积极推进生态补偿机制建设。

1. 认真开展生态补偿政策法规研究制定工作

2006年以来，国家发展改革委根据第十届全国人大四次会议审议通过的"十一五"规划《纲要》要求，组织编制《全国主体功能区规划》，指导地方编制省级功能区规划，为建立生态补偿机制提供了空间布局框架和制度基础。同时，会同有关部门、地方、科研机构以及国际组织，在建立生态补偿机制方面开展了大量研究。成立由国家发展改革委、财政部、国土资源部、环境保护部、住房城乡建设部、水利部、农业部、国家税务总局、国家统计局、国家林业局、国家海洋局等11个部门组成的生态补偿条例起草领导小组和工作小组，聘请25位各领域专家组成专家咨询委员会。先后派出10个调研组赴18个省（区、市）进行专题调研，系统总结地方的经验做法，明确了工作方向和工作重点。与亚行等国际组织合作，组织开展了9项专题研究，在宁夏、四川、江西等地举办生态补偿国际研讨会，厘清了生态补偿机制建设的主要理论问题。在此基础上，国家发展改革委会同有关部门起草

了《关于建立健全生态补偿机制的若干意见》征求意见稿和《生态补偿条例》草稿，提出了建立生态补偿机制的指导思想、基本原则、重点领域、补偿方式和主要政策措施。

2. 初步形成生态补偿制度框架

一是建立了中央森林生态效益补偿基金制度。根据1998年修订的《森林法》中关于国家设立森林生态效益补偿基金的规定，2001年以后，财政部、国家林业局先后出台了国家级公益林区划界定办法和中央财政森林生态效益补偿基金管理办法，率先开展森林生态效益补偿。2004年设立了专项基金，重点用于国家级公益林的保护和管理。2010年，将集体和个人所有的国家级公益林补偿标准从每亩每年5元提高到10元。目前补偿范围已覆盖18.7亿亩，其中国有林10.7亿亩。二是建立了草原生态补偿制度。2011年，财政部会同农业部出台了草原生态保护补助奖励政策实施指导意见，国家对禁牧草原按每亩每年6元的测算标准给予补助，对落实草畜平衡制度的草场按每亩每年1.5元的测算标准给予奖励，同时对人工种草良种和牧民生产资料给予补贴，对草原生态改善效果明显的地方给予绩效奖励。截至2012年底，草原禁牧补助实施面积达12.3亿亩，享受草畜平衡奖励的草原面积达26亿亩。三是探索建立水资源和水土保持生态补偿机制。今年3月，国务院批复了丹江口库区及上游地区对口协作工作方案，支持北京、天津受水地区对南水北调中线工程水源区湖北、河南、陕西开展对口协作。近期，国家发展改革委、财政部、水利部联合出台关于水资源费征收标准有关问题的通知，进一步提高了水资源费征收标准，用于管理和保护水资源。目前，三部委正在研究制定水土保持补偿费征收使用管理办法，专项用于水土流失防治。四是形成了矿山环境治理和生态恢复责任制度。从2003年起，国家设立矿山地质环境专项资金，支持地方开展历史遗留和矿业权人灭失矿山的地质环境治理。2006年，国务院批复同意在山西省开展煤炭工业可持续发展试点，从煤炭销售收入中提取专项资金用于生态修复。同年，财政部会同国土资源部、原国家环保总局出台了建立矿山环境治理和生态恢复责任机制的指导意见，要求按矿产品销售收入的一定比例，提取矿山环境治理和生态恢复保证金，专项用于矿山地质环境治理和生态恢复。2009年，国土资源部颁布有关规定，进一步明确矿山环境恢复责任机制。2010年，国土资源部出台建设绿色矿山工作的指导意见，明确了建设绿色矿山9个方面的目标任务。五是建立了生态功能区转移支付制度。2008年以来，财政部出台了国家重点生态功能区转移支付办法，通过提高转移支付补助系数的方式，加大对青海三江源保护区、南水北调中线水源地等国家重点生态功能区的转移支付力度。目前，重点生态功能区转移支付实施范围已扩大到466个县市。同时，中央财政还对国家级自然保护区、国家级风景名胜区、国家森林公园、国家地质公园等禁止开发区给予补助。

3. 加大生态补偿资金投入力度

据统计，中央财政安排的生态补偿资金总额从2001年的23亿元，增加到2012年的约780亿元，累计投入资金约2500亿元。其中，中央森林生态效益补偿资金从2001年的10亿增加到2012年的133亿元，累计安排资金549亿元；草原生态补助奖励资金从2011年的136亿元，增加到2012年的150亿元，累计安排资金286亿元。矿山地质环境专项资金从2003年的1.7亿元增加到2012年的47亿元，累计安排资金237亿元；水土保持补助资金从2001年的13亿元，增加到2012年的54亿元，累计安排资金269亿元；国家重点生态功能区转移支付从2008年的61亿元，增加到2012年的371亿元，累计安排资金1101亿元。财政部会同国家海洋局于2010年开始，利用中央分成海域使用金45亿元，开展海洋保护区和生态脆弱区的整治修复。近年来，中央财政还对湿地保护和流域水环境保护给予了适当补助。此外，1998年以来，国家先后启动实施了退耕还林、退牧还草、天然林保护、京津风沙源治理、西南岩溶地区石漠化治理、长江黄河上中游等重点区域水土流失综合治理、青海三江源自然保护区、甘肃甘南黄河重要水源补给区、塔里木河、石羊河、黑河等生态脆弱河流综合治理等重大生态建设工程，累计投入约8000亿元。

4. 积极开展生态补偿试点

为了探索重点区域综合性生态补偿办法，以及拓宽生态补偿领域，有关部门组织开展了相关试点。按照国务院批复的西部大开发"十二五"规划要求，国家发展改革委组织开展了祁连山、秦岭—六盘山、武陵山、黔东南、川西北、滇西北、桂北7个不同类型的生态补偿示范区建设，通过整合资金、明确重点、完善办法、落实责任，为健全生态补偿机制提供经验。2007年，原国家环保总局出台了关于开展生态补偿试点的指导意见。2010年，财政部会同国家林业局启动实施了中央财政湿地生态补偿试点，将27个国际重要湿地、43个湿地类型自然保护区、86个国家湿地公园纳入试点范围。2011年，财政部会同环境保护部向浙皖两省印发了新安江流域水环境补偿试点实施方案，明确了补偿的资金来源、补偿标准和补偿办法。今年，财政部会同国家林业局将启动沙化土地封禁保护补助试点。

5. 加强监测和监督考核

这是保证生态补偿机制落到实处的关键环节。按照国家有关规划和政策要求，各部门加强监测评估能力建设，完善统计评价体系，强化对生态补偿实施情况的跟踪分析和监督检查。财政部会同环境保护部制定出台了国家重点生态功能区县域生态环境质量考核办法，采取地方自查与中央抽查相结合的方式，对国家重点生态功能区县域生态环境质量进行定期考核，将生态功能区转移支付资金拨付与县域生态环境状况评估结果挂钩。国务院出台了关于实行最严格水资源管理制度的意见，批复了全国重要江河、湖泊水功能区划，把水功能区水质达标作为地方政府考核的主要内容。国家林业局建立重点公益林实施效果评价体系，把生态补偿资金与森林质量挂钩。财政部会同农业部出台了中央财政草原生态保护补助奖励资金绩效评价办法,形成了落实草原生态保护补助政策的奖罚机制。环境保护部、水利部加强跨省断面水质监测体系建设,对主要河流跨省断面水质进行实时在线监测。国家海洋局出台了海洋生态资本评估技术导则等规范。按照2011年国务院印发的《青海三江源生态建设和环境保护实验区总体方案》,有关地方取消了GDP等经济指标的考核,建立以生态保护建设、社会事业发展和民生改善为主要内容的新型绿色绩效考评制度。

(二)各地方勇于探索,积极推进重点领域生态补偿实践

在中央财政建立森林、草原等专项生态补偿资金的基础上,地方各级政府也积极安排财政资金,扩大了重点领域生态补偿范围,加大了补偿力度。同时,在国家有关部门支持和指导下,积极探索多元化生态补偿方式,积累了宝贵经验,取得了积极成效。

1. 在森林生态效益补偿方面

据统计,各省都建立了省级财政森林生态效益补偿基金,逐步增加资金规模,支持国家级公益林和地方公益林保护与管理。各地补偿资金筹措方式各有不同。山东省安排省级财政专项资金,按照国家补偿标准对省级公益林进行补偿,同时组织全省13个地级市78个县市开展市、县级生态公益林补偿,形成了中央、省、市、县四级联动的补偿机制。广东省由省、市、县按比例筹集公益林补偿资金。福建省从江河下游地区筹集部分资金,专门用于对上游地区森林生态效益补偿。各地对地方公益林的补偿标准有明显差异,东部地区明显高于中央对国家级公益林补偿标准,西部地区则大多低于中央补偿标准。各地注意完善补助方式,如北京市除森林生态效益补偿外,还建立了护林员补助制度,山区生态公益林每亩每年补助40元,护林员每人每月补助480元。

2. 在草原生态补偿方面

内蒙古多渠道筹集配套资金,认真落实国家草原生态保护奖补政策。2011年,自治区、盟市和旗县三级财政落实配套资金

10.3亿元，重点用于牧民燃油补贴、禁牧区转移安置点建设、村级草原管护人员工资等。落实奖补责任，根据草原承载能力，核定了2689万个羊单位的减畜量，分三年完成减畜任务。甘肃省综合考虑草原承载能力、生态贡献、牧民收入、人口数量等因素，将该省草原分为青藏高原区、黄土高原区和荒漠草原区，实行差别化的禁牧补助和草畜平衡奖励政策，将减畜任务分解到县、乡、村和牧户，层层签订草畜平衡及减畜责任书。

3. 在湿地生态补偿方面

截至目前，全国有16个省（区、市）出台了湿地保护条例，强化了湿地保护。2010年以来，各地方加大财政补助力度，逐步将重要湿地纳入生态补偿范围。天津市安排专项资金，主要用于古海岸与湿地国家级自然保护区保护与恢复，以及对核心区内集体经济组织和个人土地长期委托管理的经济补偿。山东省对实施退耕（渔）还湿区域内部分农民的利益损失给予补偿，同时支持农民转产转业，退耕（渔）还湿第一年按同等地块纯收入水平补偿，第二年度按60%补偿，从第三年起农民获得稳定收入不再补偿。黑龙江、广东每年各安排1000万元，专项用于湿地生态效益补偿试点。江苏省苏州市从2010年起，在全市范围内开展生态补偿工作，将105个生态湿地村、29个水源地村列入补偿范围，通过财政转移支付，对因保护和恢复生态环境，经济发展受到限制的地区给予经济补偿。

4. 在流域和水源地生态补偿方面

在中央财政支持重点流域生态补偿试点的同时，各地积极开展流域横向水生态补偿实践探索，形成了多种补偿模式。一是探索建立流域综合补偿机制。浙江省出台了生态环保财力转移支付办法，在全省八大水系开展流域生态补偿试点，对主要水系源头所在市县进行生态环保财力转移支付，成为全国第一个实施省内全流域生态补偿的省份。二是开展基于断面水质考核的试点。江苏省在太湖流域开展环境资源区域补偿试点，监测跨界断面水质超标的,由上游补偿下游;直接排入太湖的河流水质超标的,由所在地市向省级财政上缴补偿资金。湖北省在汉江流域开展生态补偿试点,断面水质超标时由上游给予下游补偿,断面水质指标值优于控制指标时由下游给予上游补偿。福建省采取下游补偿上游、省级财政扶持的办法,筹集资金专项用于闽江、九龙江流域环境综合整治。三是探索水源地保护补偿机制。江西省安排专项资金,对"五河一湖"(赣江、抚河、信江、饶河、修河和鄱阳湖)及东江源头保护区进行生态补偿,补偿资金的30%按保护区面积分配,70%按出境水质达到或优于Ⅱ类标准分配,出境水质劣于Ⅱ类标准时取消该补偿资金。四是跨省生态补偿。安徽、浙江两省按照财政部会同环保部印发的《新安江流域水环境补偿试点实施方案》要求,签订了新安江流域水环境补偿协议,明确了各自的权利义务。北京、天津分别与河北省签订协议,开展区域生态保护合作。北京市级财政安排专门资金,支持密云水库上游河北张家口、承德两市实施"稻改旱"工程,加强两市水环境污染治理以及发展节水产业;在北京周边河北有关市县实施100万亩水源林建设工程。天津市安排专项资金用于引滦水源保护工程。五是建立地下水保护机制。在地下水严重超采地区,大幅度提高水资源费征收标准。北京、天津地下水资源费平均征收标准提高到4元/立方米,减少了地下水超采。

5. 在矿产资源开发生态补偿方面

全面落实矿山环境治理和生态恢复责任机制,做到谁开发谁保护,大部分省(区、市)基本建立了矿山环境恢复治理保证金制度。截至2012年底,各地矿山累计缴纳保证金612亿元,分别占应缴矿山总数及应缴额的80%和74%。山西省从2006年开始进行生态环境恢复补偿试点,对所有煤炭企业征收煤炭可持续发展基金、矿山环境治理恢复保证金和转产发展资金。截至2012年底,山西省累计征收煤炭可持续发展基金970亿元、煤炭企业提取矿山环境恢复治理保证金311亿元,提取转产发展资金140

亿元。

6. 在海洋生态补偿方面

山东、福建、广东等省在围填海、跨海桥梁、海底排污管道等项目建设中开展生态补偿试点。山东省2011~2012年累计征收海洋工程生态补偿费7750万元，专项用于海洋与渔业生态环境修复、保护、整治和管理。福建、广东采取由项目开发主体实施红树林种植、珊瑚礁异地迁植等方式，对工程建设造成的生态破坏进行补偿。广东大亚湾开发区安排资金扶持失海社区发展，对失海渔民进行创业扶持和生活补贴。

7. 在重点生态功能区生态补偿方面

江苏省对国家级自然保护区和国家级森林公园，以及列入省重要生态功能保护规划中面积较大的其他自然保护区、重要湿地和重要水源涵养地所在市、县给予生态转移支付。福建省安排生态保护财力转移支付资金，采取补助和奖励相结合的方式，支持限制开发区域和禁止开发区域增强公共服务保障能力。广东省级财政安排专项资金，支持26个省级重点生态功能区县生态环境保护和修复，以及保障和改善民生等。

通过建立生态补偿制度，强化了全社会的生态保护意识，落实生态保护责任，拓宽了生态保护资金渠道，形成了生态建设、生态综合治理和生态补偿三位一体的工作格局，有力地推动了重点区域和重要领域的生态保护和修复，为加快建设生态文明、促进欠发达地区发展注入了新的活力和动力。

二、工作中存在的主要问题

生态补偿机制建设虽然取得了积极进展，但由于这项工作起步较晚，涉及的利益关系复杂，对规律的认知水平有限，实施工作难度较大，因此在工作实践中还存在不少矛盾和问题，需要认真加以解决。

（一）生态补偿力度有待进一步加强

一是补偿范围偏窄。现有生态补偿主要集中在森林、草原、矿产资源开发等领域，流域、湿地、海洋等生态补偿尚处于起步阶段，土壤生态补偿尚未纳入工作范畴，即便是森林、草原的生态补偿，也还没有实现全覆盖。二是生态补偿的标准普遍偏低。有的领域的补偿不足以弥补生态保护的投入成本，有的领域尚未考虑发展机会成本。比如森林生态补偿，集体所有国家级公益林每亩每年补偿10元，多数地方反映标准低。有的领域补偿标准过于笼统，不适应不同生态区域的实际情况。三是补偿资金来源渠道和补偿方式单一。补偿资金主要依靠中央财政转移支付及省级财政投入，基层政府、各类受益主体、优惠贷款、社会捐赠等其他融资渠道明显缺失。除资金补助外，产业扶持、技术援助、人才支持、就业培训等补偿方式未得到应有的重视。此外，随着转移支付补偿资金渠道增多，需要进一步理清生态建设、生态治理和生态补偿资金的关系，并加以必要的整合。四是补偿资金支付和管理办法不完善。有的地方没有及时足额将补偿资金发放到生态保护者，有的地方没有做到专款专用，挤占、挪用补偿资金。

（二）配套的基础性制度需要加快完善

一是相关产权制度不健全。明确生态补偿主体、生态补偿对象及其服务价值，必须以界定产权为前提。在相关领域，少数集体林尚未完成确权发证，少量林地仍未完成商品林和生态公益林划分工作；全国还有近四分之一草原未承包，机动草原面积过大，南方草地和半农半牧区草原权属不明晰，草原与林地存在较多争议。二是部分省级主体功能区规划尚未发布。目前国家重点生态功能区的具体范围已由《全国主体功能区规划》明确，但部分省级主体功能区规划仍在修改完善过程中，需要抓紧发布和付诸实施，明确生态功能区划和功能定位，为生态补偿提供基础。三是基础性工作和技术支撑不到位。生态补偿标准体系、生态服务价值评估核算体系、生态环境监测评估体系建设滞后。目前，学术界和政府部门对如何测算生态系统服务价值、如何确定生态补偿标准等问题尚未取得共识，缺乏统一、权威的指标体系和测算方法。现有重点生态领域的监测评估力量分散在各个部门，虽然已开展了一些工作，但缺乏与生态补偿工作直接挂钩的监测指标体系，不能满足实际工作的需要。

（三）保护者和受益者的权责落实不到位

一是对生态保护者合理补偿不到位。重点生态区的各族群众为保护生态环境作出很大贡献，但由于多种原因，还存在着保护者付出多、补偿少的现象。除了前述补偿标准偏低和有的地方未及时足额拨付补偿资金外，一些地方还没有把生态区域、生态保护者的底数摸清楚，不能有效实施生态补偿全覆盖，也是影响保护者积极性的原因之一。二是生态保护者的责任不到位。补偿资金与保护责任挂钩不紧密，尽管投入了补偿资金，但有的地方仍然存在生态保护效果不佳的状况，甚至在个别地方还存在着一边享受生态补偿、一边破坏生态的现象。三是生态受益者履行补偿义务的意识不强。生态产品作为公共产品，生态受益者普遍存在着免费消费心理，缺乏补偿意识，需要加强宣传和引导，为生态补偿机制的建立创造良好的氛围。四是开发者生态保护义务履行不到位，如还有部分矿产资源开发企业没有缴纳矿山环境恢复治理保证金。

（四）多元化补偿方式尚未形成

近年来一些地方开展的横向生态补偿实践仍处于探索过程中，实施效果还有待观察，实施范围还有待扩大。横向生态补偿发展不足的主要原因是，在国家和地方层面，尚缺乏横向生态补偿的政策依据和法律规范；利益相关的开发地区、受益地区与生态保护地区、流域上游地区与下游地区之间缺乏有效的协商平台和机制；对重点生态区域，需要加强中央的专项资金引导和部门指导。资源税改革尚未覆盖煤炭、矿产主要品种，环境税尚在研究论证过程中，制约了生态补偿资金筹集能力。碳汇交易、排污权交易、水权交易等市场化补偿方式仍处于探索阶段。

（五）政策法规建设滞后

推进生态补偿工作，迫切需要制定出台综合性的生态补偿政策和专门的法规，促进生态补偿工作走向规范化、法制化。尽管近年来有关部门出台了一些生态补偿的政策文件和部门规章，但权威性和约束性不够强；目前我国还没有有关生态补偿的专门立法，现有涉及生态补偿的法律规定分散在多部法律之中，缺乏系统性和可操作性。对已有的政策法规，也存在着有法不依、执法不严的现象。

三、下一步工作打算

建立生态补偿机制是一项全新的战略任务，也是一项复杂的系统工程。随着我国工业化、城镇化快速发展，资源约束趋紧、环境污染严重、生态系统退化的形势将更加严峻；同时，随着全面建成小康社会深入推进，城乡居民生活水平不断提高，广大人民群众对良好生态环境的要求越来越迫切。只有加快建立生态补偿机制，大力推进生态文明建设，才能满足新形势的要求和人民群众的新期待。

当前和今后一个时期工作的指导思想是：认真贯彻党的十八大精神，以邓小平理论、"三个代表"重要思想、科学发展观为指导，以保护修复生态系统为目的，以落实补偿政策为关键，以创新体制机制为动力，立足当前、突出重点，着眼长远、先易后难，着力推进重点领域和区域生态补偿，增强生态产品生产能力；

着力构建稳定的补偿资金渠道，持续推进生态保护修复；着力深化体制改革，完善市场化补偿机制，促进人与自然和谐发展，着力加强法制建设，推动生态补偿规范化、制度化和法治化，真正走出一条生产发展、生活富裕、生态良好的文明发展的路子。

下一步的工作重点是：

（一）进一步加大生态补偿力度

中央财政要在均衡性转移支付中，考虑不同区域生态功能因素和支出成本差异，通过提高转移支付系数等方式，加大对重点生态功能区的转移支付力度。根据"十二五"规划《纲要》要求，设立国家生态补偿专项资金，支持重点生态功能区转变经济发展方式，强化生态服务功能。总结实践经验，逐步建立资源型企业可持续发展准备金制度。进一步完善森林、草原、水、海洋等各种资源费征收管理办法，加大各种资源费中用于生态补偿的比重。研究扩大资源税征收范围，适当调整税负水平。适时开征环境税。加大筹集水土保持生态效益补偿资金的力度。

（二）进一步明确各级政府及受偿主体的权责

生态补偿的支付主体主要是代表生态受益者的各级人民政府。中央政府重点负责国家重点生态功能区、大型废旧矿区和跨省流域的生态补偿；地方各级政府重点负责本辖区内重点生态功能区、废旧矿区、集中饮用水水源地及流域的生态补偿。各级人民政府要将生态补偿列入预算，切实履行支付义务，及时足额将补偿资金发放到受偿主体。要引导企业、社会团体、非政府组织等各类受益主体履行生态补偿义务，督促生态损害者切实履行治理修复责任。受偿者要切实履行生态保护建设义务，保证生态产品的供给和质量。有关部门要切实加强对生态补偿资金使用和权责落实的监督管理。

（三）积极探索多元化生态补偿方式

在利益攸关领域，充分应用经济手段和法律手段，探索多元化生态补偿方式。搭建协商平台，完善支持政策，引导和鼓励开发地区、受益地区与生态保护地区、流域上游与下游通过自愿协商建立横向补偿关系，采取资金补助、对口协作、产业转移、人才培训、共建园区等方式实施横向生态补偿。建立第三方监测、评估和仲裁机制。积极探索碳汇交易、排污权交易、水权交易、生态产品服务标志等市场化生态补偿方式。

（四）建立健全配套制度体系

进一步深化产权制度改革，明确界定林权、草原承包经营权、矿山开采权、水权，完善产权登记制度。加快建立生态补偿标准体系，根据各领域的实际情况和特点，综合考虑生态保护成本、发展机会成本、生态服务功能价值和支付能力，完善测算方法，分别制定生态补偿标准，并逐步加大补偿力度。切实加强监测能力建设，建立健全重点生态功能区、跨省流域断面水量水质国家重点监控点位和自动监测网络，制定和完善监测指标体系，及时提供动态监测信息。逐步建立生态补偿统计信息发布制度，抓紧建立生态补偿效益评估机制，积极培育生态服务评估机构。将生态补偿机制建设工作成效纳入地方各级政府绩效考核。

（五）深入开展生态补偿试点

继续推进青海三江源、南水北调中线水源地、海南中部山区及有关自然保护区等生态补偿试点。加快推进祁连山、秦岭—六盘山、武陵山、黔东南、川西北、滇西北、桂北等生态补偿示范区建设。在新安江、东江、九龙江、赤水河、滦河、东江湖等开展流域和水资源生态补偿试点；在水土流失严重地区、重要蓄滞洪区开展水生态补偿试点；在天津、山东、浙江、福建、广东等省开展海洋生态补偿试点；在鄱阳湖、三江平原和高原湿地开展湿地生态补偿试点；在西北地区开展沙化土地封禁保护补助试点；在山西、内蒙古、陕西等生态脆弱区开展矿产资源开发生态补偿试点；在中东部地区典型煤矿塌陷区建立土地复垦示范区；在具备条件的城市开展耕地生态补偿试点。

（六）加快出台生态补偿政策法规

抓紧修改完善《关于建立健全生态补偿机制的若干意见》，按照生态功能区实行综合性补偿，其他区域分领域制定生态补偿政策，跨省区横向生态补偿实行中央引导、地方为主的基本思路，推动完善生态补偿政策，争取年内出台。加快研究制定生态补偿条例，明确生态补偿的基本原则、主要领域、补偿范围、补偿对象、资金来源、补偿标准、相关利益主体的权利义务、考核评估办法、责任追究等，力争年底年初形成征求意见稿。通过完善政策和立法，建立健全生态补偿长效机制。

（七）强化生态补偿工作部门协调机制

由国家发展改革委、财政部会同有关部门建立部际协调机制，加强对生态补偿工作的协调、指导和监督，研究解决生态补偿机制建设工作中的重大问题，组织制定综合性生态补偿政策法规。有关部门要各负其责，密切配合，加强生态补偿资金分配使用的监督考核，加大对重点地区和重点领域生态补偿特别是试点工作的指导协调，形成合力，共同推进生态补偿工作。

在大力推进生态补偿工作的同时，要继续实施天然林保护、退耕还林、退牧还草、青海三江源自然保护区等重点生态建设工程，加强荒漠化、石漠化、水土流失综合治理，强化重点流域和区域水污染防治，同步推进生态补偿、生态建设和生态综合治理。

多年来，全国人大及人大常委会高度关注和积极推动生态补偿机制建设工作，许多人大代表深入实际调查研究，提出了许多有价值的意见和建议,对政府工作发挥了重要的监督和指导作用。今后,我们将更加自觉地接受全国人大的监督和指导,进一步增强工作的责任感和紧迫感,扎实推进生态补偿机制建设各项工作,更加有效地推进生态文明建设,努力开创建设美丽中国新局面。

第十二编

国际次区域合作和沿边开发开放

相互借鉴　加强交流
不断深化中俄两国地区合作[*]

（2011年6月14日）

非常高兴与巴萨尔金部长在美丽的哈尔滨共同主持中俄地区合作交流会议。过去几年，在中俄元首的直接推动下，在双方的共同努力下，两国毗邻地区合作取得了长足进展，初步形成了互利共赢的良好局面，并显示出深化合作的广阔前景。我相信，今天这次会议，必将对巩固和发展中俄地区合作起到积极的推动作用。借此机会，我愿向俄罗斯朋友介绍中国促进区域协调发展，特别是全面振兴东北老工业基地的有关情况，并就进一步深化两国地区合作提出几点建议。

中国是一个地域辽阔、人口众多的发展中大国，区域经济社会发展不平衡是中国的基本国情。这一国情决定了，促进区域协调发展在中国具有特殊的重要性。新中国成立以来，中央高度重视正确处理区域发展关系，始终把区域发展置于国家总体发展战略之中统筹考虑。60多年来，中国区域发展战略历经了从均衡发展战略到非均衡发展战略、再到促进区域协调发展战略三个阶段的转换和演进。这种区域发展战略的转换和演进，符合不同历史时期的实际和总体战略的需要，对促进新中国社会主义现代化建设和改革开放的伟大进程发挥了重要的基础性作用。

---

[*] 2009年，中俄两国元首共同批准《中国东北地区与俄罗斯远东及东西伯利亚地区合作规划纲要（2009～2018年）》，将地区合作确立为双边合作战略重点。为落实两国元首批准的规划，国家发改委和俄罗斯地区发展部在哈尔滨共同主持召开中俄地区合作交流会。这是作者在交流会上的主旨演讲。

党的十六大以来，中国确立了促进区域协调发展战略。深入实施西部大开发、全面振兴东北地区等老工业基地、大力促进中部地区崛起、积极支持东部地区率先发展，是这一战略的基本框架；逐步缩小不同区域之间人均地区生产总值差距、促进不同地区基本公共服务均等化、注重发挥不同地区的比较优势、推动人与自然的和谐相处，是这一战略追求的基本目标；市场机制、合作机制、互助机制和扶持机制，是实施这一战略的基本手段。在这一战略的指引下，近10多年来，特别是"十一五"期间，中国的区域增长格局和区际关系发生了重大而积极的变化。一是区域发展的相对差距开始缩小。"十一五"时期，中国西部、东北和中部地区生产总值年均增长分别为13.5%、13.4%和13.0%，分别比东部地区高出1个、0.9个和0.5个百分点，标志着长期以来区域发展差距扩大的趋势得到初步遏制。二是不同地区自主发展能力显著增强。欠发达地区基础设施状况、投融资环境、体制政策环境等都有明显改善，中西部地区发展思路更加清晰，比较优势进一步发挥，发展活力竞相迸发。三是区域合作进一步深化。跨行政区划的要素整合加速，区域合作机制不断创新，经济一体化发展趋势增强，进一步促进了资源配置效率的提高。中国的区域合作正在向宽领域、全方位的合作与相互开放阶段转变。四是促进区域协调发展的长效机制基本建立。中国促进区域协调发展十分注重将政府主导作用与市场机制紧密结合。一方面，中央政府加强区域规划的制定，加大财政转移的支付力度，实施差别化的税收政策，建立对口支援的帮扶机制，启动区域发展的立法进程；另一方面，又充分发挥市场机制的作用，引导企业和社会各方面参与区域合作，为区域协调发展营造有利的政策环境。根据"十二五"规划纲要，今后一个时期，中国将继续深入实施区域协调发展战略。

实施振兴东北地区等老工业基地战略，是中国区域发展总体战略的重要组成部分。实施这一战略，是由东北地区的重要战略地位决定的。东北地区是新中国工业的摇篮，是中国重要的农产品特别是粮食生产基地，是全国生态安全的重要屏障。一方面，东北地区资源丰富，工业基础雄厚，又地处东北亚区域的核心圈，经济发展潜力很大；另一方面，受传统计划经济体制的影响和束缚，东北地区在改革开放和进一步发展中又面临着许多困难和问题。改革开放之初的1978年，广东省的经济总量只有辽宁省的80%，而振兴战略实施之前的2002年，东北三省的经济总量仅有广东省的85%。正是在这一背景下，中央在2003年正式作出了振兴东北老工业基地这一具有全局意义的重大决策。

振兴东北战略实施八年来，取得了重要的阶段性成果。一是东北经济增速加快，再次成为重要经济增长区域。"十一五"期间，东北三省地区生产总值由1.71万亿元增加至3.71万亿元，年均增长13.4%，高于全国和东部平均水平，也明显高于"九五"、"十五"东北自身经济增速，经济综合实力明显增强。二是历史遗留问题初步解决，发展条件得到极大改善。社会保障体系逐步健全，政策性关闭破产、分离企业办社会、剥离不良资产、解决企业历史欠税、处置装备制造业不良贷款等全面推进，资源枯竭城市经济转型得到有力的政策支持，棚户区、采煤沉陷区改造全面实施。老工业基地得以轻装上阵，重新站上了公平竞争的起跑线上。三是改革开放取得重大进展，良性发展机制初步形成。国企改革取得实质性突破，改制国有企业近万家，对老工业基地新的体制机制确立产生深远影响。东北地区开放型经济发展加快，沿海沿边全方位开放格局初步形成，与周边国家和地区合作深入推进，正成为吸引外资的新热土，其中辽宁省2010年实际利用外商直接投资跃升至全国第二位。四是现代产业体系建设成效显著，自主创新能力和竞争力明显提升。通过大规模的技术改造和科技创新投入，东北地区骨干企业的技术装备水平、生产制造能力、产品质量和创新能力显著提高，又创造了很多"中国第一"。重大技术装备自主化成果显著，形成了超（超）临界发电机组、百万千瓦核电设备、兆瓦级风电机组、特高压输电设备、大型石化成套设备、高速动车组、高附加值船舶等一大批自主化新产品，有力促进了产业技术升级和竞争力提升。

"十二五"时期，是东北振兴大有可为的重要机遇期。目前，国家发展改革委正在组织编制《东北地区"十二五"振兴规划》，总的指导思想是要着力加快老工业基地调整改造，推动经济转型取得更大进展；着力保障和改善民生，推进社会事业全面进步；着力培育壮大接续替代产业，推进资源型城市可持续发展；着力加强环境保护和节能减排，推动生态文明水平显著提高；着力深化改革开放，推动体制机制不断创新。经过五年努力，把东北地区建设成为产业特色鲜明、竞争优势明显、城乡发展协调、生态环境优美、人民生活幸福的繁荣和谐地区，为实现全面振兴奠定坚实基础。

扩大对外开放，加强与周边国家和地区合作，是振兴东北战略的重要内容和基本动力。近年来，两国领导人高瞻远瞩，建立了战略协作伙伴关系并不断丰富充实其内涵，双方关系进入了历史上最稳定、最好的发展时期。中国东北地区与俄罗斯远东地区毗邻而居，两国为协调区域经济发展和提升改善民生，分别实施了东北老工业基地振兴战略和东部大开发战略，为地区合作提供了难得的历史机遇。两国元首把地区合作确立为双边合作的战略重点，共同批准《中国东北地区与俄罗斯远东及东西伯利亚地区合作规划纲要（2009－2018年）》（以下简称《规划纲要》）。《规划纲要》批准实施一年多来，我们重点作了以下工作：

一是出台了落实《规划纲要》的具体方案。中俄两国元首共同批准《规划纲要》后，中国政府下发了《关于落实〈规划纲要〉有关工作的通知》。国家发展改革委和外交部发布了《规划纲要》文本，并制定了任务分解落实方案，多次组织召开东北四省区和有关部门参加的贯彻落实工作会议。国务院有关部门和东北四省区研究制定了《规划纲要》具体实施方案。

二是积极推动和参与对俄互动磋商。中国国家领导人在与俄方有关方面会晤时，多次强调以落实《规划纲要》为核心，推动地区合作向广度和深度发展。国家发展改革委先后与俄总统驻远东联邦区全权代表机构、俄地区发展部举行会晤，组织东北四省区赴俄考察交流，接待伊尔库茨克州、马加丹州和萨哈林州代表团访华，积极参加俄远东和贝加尔经济论坛等活动，广泛接触各界人士，加深了解，增强互信。中国东北省区政府与俄地方互动频繁，双方企业交流洽商合作增加。

三是一批地区合作项目取得积极进展。《规划纲要》涉及的中方跨境涉边基础设施项目大多已开工建设。其他有些相互投资项目取得积极进展，如同江—下列宁斯阔耶铁路大桥，中方审批程序全部完成，与此桥建设密切相关的俄基坎诺姆年处理1000万吨铁矿石选矿厂项目已开工；总投资31.4亿元的中俄犹太州阿玛扎年产40万吨木浆一体化项目进入建设阶段；总投资15亿元的克兹尔—塔什特克年产100万吨铅锌多金属矿项目投资过半；总投资66.2亿元的阿穆尔州—黑河500万吨油品储输项目前期工作基本完成；沈阳金飞马与俄LKP公司合作的镀锌涂料、海洋防腐和船舶用涂料项目已完成选址；神华集团已与俄统一电力签署关于共同开展煤液化一体化项目的初步意向。

四是研究利用金融手段支持地区合作。国家发展改革委与中国国家开发银行签署了《贯彻落实中俄地区合作〈规划纲要〉加强跨境涉边基础设施建设合作备忘录》，重点支持对俄跨境涉边基础设施、运输通道、合作园区和重大合作项目建设。另外，中俄地区合作发展投资基金方案已初步形成，等待国务院审批。

我们注意到，俄方特别是联邦地区发展部和远东及东西伯利亚的地方联邦主体，为落实中俄地区合作《规划纲要》，推进地区合作同样做了大量工作。中俄地区合作深入扎实推进的实践表明，有两国元首的高度重视，有两国人民的殷切期望，有政府部门的扎实推进，中俄地区合作完全有可能在现有基础上向更高层次、更大范围、更广领域迈进，成为两国关系中新的亮点。

近年来，中国国家发展改革委与俄联邦地区发展部举行多次会议及会晤，就双方关心问题进行了深入交流，达成了广泛共识。下面，我就进一步加强双边地区合作提出几点建议：

第一，加强在区域规划和政策制定方面的交流。俄联邦地区发展部是俄联邦专职区域发展部门，中国政府促进区域协调发展的职责主要由国家发展改革委承担。俄联邦地区发展部在制定区域政策战略方面有着丰富的经验，如俄联邦《远东和贝加尔地区2025年前经济社会发展战略》、《西伯利亚地区2020年前经济社会发展战略》等战略规划文件，非常系统，有很强的前瞻性和操作性，值得我们学习借鉴。俄联邦地区发展部在深化推动"单一经济结构地区"的结构调整，这与中国推动资源型城市转型、老工业基地城市调整改造工作非常相近。在这些方面，中俄双方应加强交流，深入探讨，相互借鉴经验和做法。

第二，推动一批具有带动示范作用的重大项目。我们对俄方调整补充《规划纲要》重点合作项目的建议表示赞赏。同时，我们也认为，一要加快推进已列入《规划纲要》中基础条件较好、影响力大的项目实施，形成示范带动作用；二要加快双边跨境基础设施项目建设。我们期待俄方尽快完成同江—下列宁斯阔耶铁路大桥审批手续。同时研究推进黑河大桥、洛古河大桥、东宁大桥以及一些新的通道建设，为开展重大项目合作和扩大大宗贸易创造条件。

第三，推进黑瞎子岛联合开发。中方已经成立了黑瞎子岛（大乌苏里岛）开发中方工作组。下一步，希望尽快与俄方工作组召开联合会议，商讨双方共同关心的问题，推进黑瞎子岛保护与开放开发。要优先推进岛屿基础设施建设，优先开展休闲旅游合作，适时推进其他领域合作，逐步实现岛屿的生态保护、旅游休闲、口岸建设、岛内商贸等功能。

第四，深化中俄地区旅游合作。旅游合作是中俄地区合作的重要内容，也是《规划纲要》的重点合作领域。按照今年 5 月份在满洲里召开的中俄地区旅游合作交流会议达成的共识，双方应共同努力，力争把旅游领域合作打造成为两国地区合作的典范。

第五，完善中俄地区合作机制。在近年的工作实践中，双方已初步形成委部级中俄地区合作协调推进机制。为进一步加强合作机制，我们建议，每年中国国家发展改革委与俄联邦地区发展部举行部长级会晤；适时不定期进行双方司局级工作磋商；以中俄既有的国际展会和论坛为平台，轮流举办中俄地区合作国际交流会议；鼓励毗邻地方政府建立完善地方合作推进落实机制；根据需要共同组织落实《规划纲要》相关问题及合作项目座谈会，联合举办专题（项）会议或专家会议。

中国黑龙江省地处中俄合作前沿，也是中国重要的商品粮基地和工业基地，对俄合作发展前景广阔，潜力巨大，我们衷心希望黑龙江省在中俄地区合作中能够发挥更重要的先导作用。

中俄两国都处于国家发展和民族复兴的关键阶段，为两国地区合作开创了新的发展机遇。深化中俄地区合作，是我们的共同愿望与责任，让我们携手共同努力，共创中俄地区合作的美好明天！

在第六次中欧区域政策高层研讨会上的致辞[*]

(2011年10月13日)

自2006年中欧双方签署合作谅解备忘录以来,在双方的共同努力下,中欧区域政策合作不断深入,取得了一系列丰硕成果。一是围绕区域发展的重大政策问题,中欧双方轮流承办区域政策高层对话会和研讨会,及时开展讨论研究,形成了一系列共识;二是针对区域发展的基础与前瞻性问题,组织双方专家联合开展研究,推出了一批高水平的研究报告,此次会议中欧专家将向我们展示"中欧区域政策合作研究项目"取得的丰硕成果;三是为提高区域管理的水平,中欧双方组织实施了区域发展管理人员能力培训项目,并已成功举办两期培训任务,第三期培训目前正在欧盟举行,今天培训班的学员也来到了会议现场,近距离地感受中欧区域政策合作;四是在中国和欧盟各选择一些地区,联合开展实地调研,深入分析区域协调发展的典型案例,不断增进相互了解与认知。可以说,中欧区域政策合作机制已成为中欧众多合作领域与机制中的一个典范。

中欧区域政策对话合作开展以来,正值中国实施"十一五"规划和开启"十二五"规划的关键时期。这一期间,中国的经济社会发展取得了举世瞩目的成就,国家综合实力和竞争力大大增

---

[*] 2006年,中欧双方签署区域政策合作谅解备忘录,加强双方区域政策交流合作。这是作者在比利时布鲁塞尔召开的第六次中欧区域政策高层研讨会上的致辞。收录本书时有删节。

强，国内生产总值跃居世界第二，人民生活水平得到显著改善。这一期间，中国推动区域协调发展的工作也取得了重大进展，中国政府在继续实施鼓励东部地区率先发展、实施西部大开发、振兴东北地区等老工业基地战略的基础上，又提出了促进中部地区崛起战略，形成了完整的国家区域发展总体战略。在此基础上，中国政府又陆续出台了一系列区域规划和政策文件，规划建设了一批各具特色、充满活力的经济区和功能区。这些举措有力地促进了区域协调发展。主要表现在：

一是区域经济增长格局发生重大转变，区域发展协调性显著增强。长期以来，中国中西部地区经济增长速度一直落后于东部地区。近年来，随着区域政策体系的不断完善，中西部地区经济增长速度落后于东部地区的格局得到了扭转。2007年，西部地区经济增长速度首次超过了东部地区。2008年，中西部和东北地区全面加速，西部、东北和中部地区生产总值全面超过东部地区的增速。2009年和2010年继续保持了这一良好势头。这是一个具有重大历史意义的转变，在促进区域发展进程中具有标志性意义，为逐步缩小地区差距打下坚实基础。

二是区域发展目标更加科学合理，区域协调发展内涵不断丰富。近年来，按照科学发展的战略理念，区域发展目标任务从过去单纯追求经济增长向经济、社会、生态全面协调发展转变。特别是对中西部地区而言，过去更多的是关注缩小经济增长速度的差距，现在则更加注重经济与人口、社会、资源、生态环境的协调发展。经过努力，中国中西部地区不仅经济发展速度超过了东部地区，而且社会事业发展和生态建设也取得了巨大成就。如教育事业，"十一五"期间财政投入西部地区的人均教育经费高于全国平均水平，办学条件、中小学师资合格率与东部地区的差距明显缩小。又如生态建设，从1999年到2010年西部地区累计完成退耕还林及配套荒山荒地造林2.37亿亩，占全国的57.1%，森林覆盖率从10.4%提高到17.1%。中西部地区以经济、社会、生态等方面协调发展的态势追赶东部地区，这比 GDP 增长差距缩小来得更为不易，也更加珍贵。

三是地区比较优势逐步发挥，国土开发格局进一步优化。近年来，中国政府有针对性地实施差异化区域政策，大力推进条件较好地区开发开放，积极扶持特殊困难地区加快发展，各地比较优势得到进一步发挥。一方面，长三角、珠三角、京津冀等发达地区产业结构不断优化，自主创新能力显著增强，继续发挥带动经济增长的引擎作用；中西部地区培育形成了广西北部湾经济区、成渝经济区、关中-天水经济区、安徽皖江城市带等一批新的经济增长极。另一方面，民族地区、边疆地区和贫困地区的生产生活水平得到较大提升，全国农村贫困人口大幅度减少，西藏、新疆等特殊困难地区的自我发展能力得到显著增强。与此同时，根据不同区域的资源环境承载能力、现有开发密度和发展潜力，中国政府编制实施了全国主体功能区规划，将全国国土空间划分为优化开发、重点开发、限制开发、禁止开发四类主体功能区，明确各自的主体功能定位及财税、投资、产业、土地、人口管理、环境保护等配套政策，以引导开发方向，规范开发秩序，推动形成人口、经济、资源环境相协调的空间开发新格局。

四是区域合作广度深度不断拓展，经济一体化进程大大加快。以市场机制与利益关系为纽带，区域间商品要素自由流动步伐加快，中西部地区承接东部沿海地区产业转移有序推进，一体化进程全面深入；以凸显特色和发挥比较优势为基础，区域间多种形式的经济协作与技术人才合作蓬勃开展；以除危解困和促进快速发展为目的，东部地区积极带动和帮助中西部地区发展，对欠发达地区特别是新疆、西藏等民族地区和四川汶川、青海玉树等地震灾区开展了全方位对口支援。

今年是中国"十二五"规划实施的开局之年。"十二五"时期，是中国经济社会发展重要的战略机遇期，也是促进区域协调发展的关键期。中国区域发展虽然取得了前所未有的进步，但面对的国内外环境仍十分复杂。一方面，区域发展的外部环境存在不确定性。从国际看，世界经济正在复苏之中，但复苏进程还很脆弱、很不平衡，世界经济发展走势的不确定还在增加。在当前经济全球化和区域一体化的深入推进的背景下，这必将对中国的整体发展带来复杂影响，从而对促进区域协调发展形成挑战。从国内看，在市场竞争不断加剧、资源环境压力日益加剧的背景下，中国中西部地区正面临加快发展速度与优化经济结构双重任务带来的严峻挑战。所有这些，都给缩小地区差距，促进区域协调发展增加了变数和难度。另一方面，区域发展本身仍然存在许多深层次矛盾和问题。尽管区域发展取得了突出成绩和突破性进展，但一些根本性问题并没有得到解决。这些问题主要包括：地区经济发展差距仍在扩大，地区间公共服务水平差异明显，地区间的无序开发与恶性竞争仍然存在，促进区域协调发展的体制机制还不完善。

为有效应对这些困难和挑战，中国政府对未来一个时期促进区域协调发展工作做了全面部署和安排。国家"十二五"规划纲要明确：要实施区域发展总体战略和主体功能区战略，构筑区域经济优势互补、主体功能定位清晰、国土空间高效利用、人与自然和谐相处的区域发展格局，逐步实现不同区域基本公共服务均等化。在深入实施区域发展总体战略方面，我们将推进新一轮西部大开发、全面振兴东北地区等老工业基地、大力促进中部地区崛起、积极支持东部地区率先发展。在此基础上，着眼于推进条件较好地区率先开发开放和大力扶持老少边穷地区加快发展；大力推进公共政策服务均等化、社会事业公民享有同权化，努力使民生基础设施惠及到全体人民；以引导产业承接转移、推进区域一体化、加大对口支援力度为重点全面深化区域合作，从深化沿海开放、提升沿边开放、加快内陆开放多方面努力推进全方位扩大开放。在积极贯彻主体功能区战略方面，我们将制定投资、产业、土地、农业、人口、民族、环境和应对气候变化等方面的配套政策措施，做好相关专项规划和区域规划与主体功能区规划间的衔接，逐步建立有效绩效评价体系和实施机制。最根本的一条，就是要进一步健全区域政策、法律和组织体系，逐步推动建立促进区域协调发展的长效机制。

从总体上说，中国区域政策体系的形成是来自对中国实际情况把握基础上的积极摸索和大胆创新，但在很多方面也学习借鉴了包括欧盟在内的世界各国推动区域发展方面的成功做法。"十二五"时期，要解决中国区域发展面临的难题，仍然需要向欧盟等国家和地区汲取先进经验。对于中国与欧盟的区域政策合作来说，我们需要更加深入地进行研究探索和加强对话交流。我以为，下一步可以在以下一些方面深化交流，寻求共识。第一，如何做好区域协调发展立法工作。在这一方面，欧盟具有丰富的经验，值得我们参考和借鉴，希望能将这一主题列为下一阶段中欧区域政策合作的重点内容和能力培训项目的重要部分。第二，如何加快推进区域合作和一体化发展。面对经济全球化和区域一体化的趋势，如何切实消除贸易和投资障碍，促进资源要素自由流动，值得双方深入思考。第三，如何进一步强化区域合理分工。在发挥市场的基础性作用的前提下，政府如何根据各地的特点实施差别化政策，引导各区域确定错位有序的发展方向和重点，这里面有很多问题需要研究。第四，如何推进地区间基本公共服务均等化。政府怎样通过强化政策扶持，提高公共产品供给能力，努力使不同地区人民都能享受大体相当的基本公共服务，这方面双方有很大的交流合作空间。第五，如何促进人口与经济在空间上均衡布局。解决人口过度膨胀、交通拥挤、环境恶化等特大城市发展面临的问题，是双方共同面临的难题，很有研究价值和实践意义。

这次中欧区域政策对话研讨会的主题是区域政策的多层治理及对特殊区域的支持。就中方来讲，我们邀请了中国最具发展活力的珠江三角洲地区的广东省和沿边开放前沿的云南省的代表就区域政策的多层管理和法律框架发表见解；我们还邀请了地处东部沿海开放前沿的江苏省和第二个国家级新区滨海新区所在地天津市的代表就区域政策对特殊区域的支持分享经验。此外，来自英国、德国以及捷克、波兰等欧盟国家的专家和官员也将作精彩演讲。我衷心希望这次研讨会能进一步增进我们彼此的了解，进一步加强相互间的合作，共同解决区域发展中面临的难题，实现互利共赢，促进共同发展。

加强中俄区域合作　促进双方共同发展[*]

（2012 年 5 月 14 日）

很高兴出席中国长江中上游地区与俄罗斯伏尔加河沿岸联邦区地方领导人座谈会。借此机会，我向俄罗斯朋友简要介绍一下中国促进区域协调发展和中俄地区合作的情况，并重点就推进长江中上游地区与伏尔加河沿岸联邦区合作提几点建议。

中国是一个地域辽阔、人口众多的发展中大国，区域发展不平衡是基本国情。这决定了在中国促进区域协调发展具有特殊的重要性。2006 年以来，中国确立了区域协调发展总体战略，形成了西部大开发、东北地区等老工业基地振兴、促进中部崛起、支持东部率先发展的区域战略格局，明确了缩小地区发展差距、促进基本公共服务均等化的基本目标。在区域总体战略的指引下，中国的区域增长格局和区际关系发生了重大而积极的变化，各地发展的相对差距开始缩小，不同地区自主发展能力显著增强，区域合作进一步深化。长江中上游六省市地处中西部，开展这一区域与俄罗斯伏尔加河沿岸联邦区合作，对于更好地实施区域协调发展战略具有重要意义。

近年来，中俄关系不断发展，合作领域不断扩大。中俄地区合作作为全面战略协作伙伴关系的重要组成部分，对充实两国务实合作，提升合作整体水平有着重要的战略意义，受到中俄两国

---

[*] 2012 年 1 月，国务院批复同意开展中国长江中上游六省市与俄罗斯伏尔加河沿岸联邦区合作。同年 5 月 14 日，在武汉召开中国长江中上游地区与俄罗斯伏尔加河沿岸联邦区地方领导人座谈会。这是作者代表国家发改委在座谈会上的致辞。

领导人的高度重视。2009年,两国元首共同批准了《中俄投资规划纲要》和《中国东北地区与俄罗斯远东及东西伯利亚地区合作规划纲要》,为双方投资合作和地区合作奠定了政治、法律基础。三年多来,在中俄双方的共同努力下,毗邻地区合作得到快速发展,一批具有示范和带动作用的合作项目取得了积极进展,并成为中俄区域全面合作的新亮点。

去年4月,李克强副总理访俄期间,在喀山与巴比奇全权代表共同主持召开了中俄地方领导人座谈会,李克强副总理明确提出要加强中国与俄罗斯伏尔加河沿岸联邦区的合作,并从国家层面上加大支持力度。这之后,中方加强与俄方沟通和磋商,提出了扩大中俄地方合作的具体设想。今年1月,国务院批复同意开展中国长江中上游六省市与伏尔加河沿岸联邦区合作,并将其纳入了中俄地方领导人定期会晤机制。中国长江中上游地区地处承东启西、连南接北的重要位置,资源丰富,人才荟萃,是中国重要的能源原材料基地、粮食生产基地、现代装备制造及高技术产业基地,也是中国最具潜力的经济增长区域。长江中上游地区与俄罗斯的交流合作历史悠久,新中国成立初期,苏联援建中国的重点项目中有20多项布局在这里,其中武汉长江大桥即是中俄友谊的象征。长江中上游地区和伏尔加河沿岸联邦区在中俄两国均具有重要地位,在市场、资源、产业、科技等领域互补性很强,双方合作有着巨大的潜力和广阔的前景。我们愿意与俄方统筹规划,高起点、高水平地推进区域合作。为此,提出几点建议:

一是积极推进重点领域的项目合作。与中俄毗邻地区合作相比,长江中上游地区与伏尔加河沿岸联邦区空间相距遥远,因此更要突出双方合作的优势领域。建议按照"高档次、高质量、高技术、高附加值"的原则,研究确定若干重点合作领域或优先合作领域,引导和支持这些领域有实力的企业强强合作,开展技术交流和直接投资。要尽快形成双方合作的项目清单。在起步阶段,尤其是要组织实施好具有示范带动作用的项目。

二是不断扩大经贸和人文交流。积极支持两区域扩大贸易规模，优化贸易结构。充分发挥双方各自优势，支持两区域品牌产品开拓市场。加强各领域经济技术合作，扩大双边人文和旅游合作，鼓励高等院校和研究机构在科研、教育、人才等领域广泛开展交流与合作。

三是促进两区域合作便捷化。促进两地区中心城市开通直达航线，巩固渝新欧铁路物流通道。推进签证通行便利化，为双边经贸活动提供便捷服务。鼓励人员往来和交流，互相开展俄语和中文教学，培养语言类及相关专业人才。建立两区域合作信息系统及交流平台。

四是建立区域合作协调推进机制。双方政府应通过规划编制和政策指导为区域合作创造良好的环境。在将两区域合作纳入中俄地方领导人定期会晤机制的同时，建议加强双方中央部门协调推进机制。加强两地区领导人定期互访和交流，建立和发展更多友好省州、城市关系。多种形式搭建合作平台，广泛开展项目推介活动，及时帮助企业解决合作中出现的问题。

中俄两国均处在国家发展振兴的关键时期，加强双边合作是必然的选择。我们相信，地区合作的扩大和深化，一定会为两国经济发展振兴创造新的机遇，为加强中俄全面战略协作伙伴关系奠定更加坚实的基础。按照国务院的要求，国家发展改革委将会同外交部，切实加强与安徽、江西、湖北、湖南、重庆、四川六省市的协调和配合，认真做好推动长江中上游地区与伏尔加河沿岸联邦区合作的各项工作，努力实现两区域合作良好开局。

扩大对外开放 深化东北亚区域合作 努力开创东北地区全面振兴新局面[*]

(2012年8月10日)

前不久,国务院刚刚批复实施《中国东北地区面向东北亚区域开放规划纲要》,本次会议又选择在黑瞎子岛召开,并把"扩大对外开放,实现合作共赢"作为主题,还将围绕扩大对外开放签署四个合作协议,必将对落实规划纲要,促进东北地区扩大对外开放产生积极的推动作用。

中央确定实施东北地区等老工业基地振兴战略以来,东北地区对外开放有了长足进展,为老工业基地经济社会发展注入了强大动力。辽宁沿海经济带、沈阳经济区、长吉图开发开放先导区、黑龙江和内蒙古沿边开放带等重点区域开放水平显著提升,大连东北亚国际航运中心、珲春国际合作示范区和满洲里重点开发开放试验区建设加快推进。对外贸易和利用外资快速增长,实施振兴战略以来,东北地区进出口由2003年的440亿美元增至2011年的1668亿美元,年均增长18.1%;实际利用外商直接投资由34亿美元增至325亿美元,年均增长32.6%。

东北地区地处东北亚区域中心位置,充分发挥东北地区地缘政治经济优势,从战略高度推进东北地区对外开放,深化与东北亚区域合作,对于实施新时期更加积极主动的对外开放战略,优化我国对外开放战略的总体布局,营造和谐稳定的周边环境,提高在东北亚区域合作中的竞争力,实现东北地区全面振兴,具有

---

[*] 这是在黑龙江黑瞎子岛召开的东北四省区合作行政首长联席会议上的讲话。

重大意义。

首先,是深化与东北亚各国合作的战略需要。东北亚是世界政治和经济大国集中分布的区域,对亚太地区乃至全球政治经济格局具有重要影响。从发展潜力上看,我国与东北亚各国有着重大的利益交融。中俄全面战略协作伙伴关系不断巩固,俄罗斯把开发东部摆在前所未有的高度,两国元首批准的《中国东北地区与俄罗斯远东及东西伯利亚地区合作规划纲要(2009~2018年)》顺利实施;中日韩经济依存度不断提高,将于2012年启动自由贸易区协定谈判;中朝共同签订了开发罗先、黄金坪两个经济区规划框架协议,中蒙传统友好关系和互利合作进一步深化。东北地区在坚持互利共赢基础上积极发展与上述国家的交流与合作,对于开创面向东北亚开放合作新局面,维护我国重大战略机遇期具有十分重要的政治经济意义。

其次,是形成我国全面开放格局的战略需要。改革开放以来,由于种种原因,我国北方地区的开放水平落后于南方,沿边开放水平落后于沿海。近年来,外商投资渐次北上,东北地区对外开放渐趋活跃。下一步,要按照新时期深化沿海开放,扩大内陆开放,加快沿边开放的总体要求,进一步扩大东北地区对外开放,进一步加强与东北亚各国的合作,这对于加快改变我国对外开放"南强北弱、海强边弱"的状况,加快形成"北南并举、边海互动"全方位、宽领域、多层次对外开放新格局,同样具有十分重要的意义。

最后,是推动东北地区全面振兴的战略需要。扩大开放是振兴东北老工业基地的强大动力。在实施振兴战略新的10年里,要在坚持深化改革的同时,进一步提高东北地区对外开放的层次和水平。东北地区要立足于地缘优势,深入开展与东北亚地区各国的开放合作,把"引进来"与"走出去"相结合,充分利用两种资源、两个市场,积极参与全球产业分工转移,这有利于自身产业结构优化升级,有利于加快转变经济发展方式,必将为东北振兴注入新的活力。

国务院的批复意见明确了东北地区对外开放的指导思想和战略定位。新的历史时期推动东北地区对外开放工作，要高举中国特色社会主义伟大旗帜，以邓小平理论和"三个代表"重要思想为指导，深入贯彻落实科学发展观，实施更加积极主动的开放战略，以扩大和深化与东北亚国家合作为着力点，坚持"引进来"与"走出去"并举，推动经济发展方式转变和综合实力提升，努力把东北地区建设成为我国面向东北亚区域开放的重要枢纽和东北亚区域最具发展活力的地区。

一是新时期我国对外开放的战略重点。从地缘政治经济的战略高度，把东北地区摆在我国对外开放总体布局的重要位置，充分发挥比较优势，完善政策措施，创新开放合作机制，扩大合作领域，提升开放层次和水平，构建沿海沿边全面推进的重要开放区域。

二是面向东北亚开放的重要枢纽。进一步完善区域基础设施、提升产业整体水平。扩大对外开放程度。增强综合发展实力，培育对东北亚开放合作的核心地位，发挥服务全国、面向东北亚、辐射亚太的重要枢纽作用。

三是兴边富民与睦邻友好的沿边发展示范区。在东北沿边地区形成经济繁荣、民族团结、生活富裕、社会安定的和谐局面。与周边国家构建好邻居、好朋友、好伙伴关系，推动东北亚区域的和平稳定与共同发展。

四是先进生产要素集聚的现代产业基地。适应对外开放新形势，进一步解放思想，创新体制机制，加快"走出去"和"引进来"步伐，引进资金、技术、人才和先进管理经验，进一步优化外贸结构，探索通过扩大开放促进经济结构调整和产业转型升级的有效途径，建设具有独特优势和较强竞争力的现代产业基地。

为实现上述战略目标，要重点抓好以下工作：一是按照适度超前原则，完善综合交通运输网络，加强边境基础设施建设，为深化东北亚区域合作创造有利条件。二是优化对外开放的空间布局，加快培育面向东北亚合作开放的重点区域，提升带动东北地区整体对外开放水平。三是积极引进资金、技术、管理和人才，改造提升传统制造业，培育发展战略性新兴产业，加快发展现代服务业，完善现代产业体系。四是鼓励有实力的企业"走出去"，积极开展农业、制造业、能源资源等领域的投资合作。五是优化进出口贸易结构，推进对外贸易转型升级，支持发展大宗贸易，积极发展边境贸易。六是加强跨境旅游、科技教育、文化卫生、生态环保领域的交流合作，共同营造和谐融洽的区域发展氛围。七是完善区域合作机制，扩大地方合作。充分发挥东北四省区行政首长协商机制在对外开放合作方面的作用，探讨与俄罗斯等周边国家建立更加长效的地方合作机制，推进地方合作制度化。

从2003年启动实施东北地区等老工业基地振兴战略以来，东北振兴已经走过了近10年的历程，取得了重大的阶段性成果。东北地区等老工业基地综合经济实力显著增强，产业优化升级明显加快，历史遗留问题逐步解决，社会民生不断改善，改革开放成效显著，老工业基地重新焕发出强大生机和旺盛活力，发生了翻天覆地的巨大变化，初步探索出了一条有中国特色的老工业基地振兴道路。这充分说明党中央、国务院的决策部署是完全正确的。同时我们也要看到，老工业基地振兴是一个世界性难题，是一项长期复杂艰巨的任务，制约东北地区等老工业基地振兴的体制性、机制性、结构性矛盾尚未根本解决，振兴工作正处在巩固提升、统筹推进、全面深化的关键时期。

2013年我们将迎来实施振兴战略10周年，面对世界政治经济形势的新变化，面对我国工业化城镇化信息化和农业现代化加速推进的新形势，面对资源环境刚性约束不断强化的新挑战和加快转变经济发展方式的新要求，迫切需要我们以10周年为契机，认真总结实施振兴战略的成就、经验和做法，广泛宣传成绩，坚定发展信心，深入研究和全面部署未来十年全面振兴东北地区等老工业基地工作，巩固扩大振兴成果，这对加快推进新型工业化、促进区域协调发展、全面建设小康社会、建设社会主义现代化强国具有重大意义。为此，我们将按照党中央、国务院的统一部署，认真做好相关工作。一是研究起草《关于全面振兴东北地区等老工业基地的若干意见》，提出新十年全面振兴东北地区等老工业基地的总体要求、主要目标、重点任务和政策措施，进一步丰富、深化和发展振兴东北地区等老工业基地战略。二是筹备召开中央振兴东北地区等老工业基地工作会议。总结实施东北地区等老工业基地振兴战略十年经验，部署今后十年全面振兴东北地区等老工业基地工作。三是围绕实施东北地区等老工业基地振兴战略10周年，组织中央媒体进行集中宣传报道；拍摄实施东北地区等老工业基地振兴战略10周年系列电视纪录片；举办实施东北地区等老工业基地振兴战略10周年成就展。

今年以来，面对严峻复杂的国内外形势，东北四省区认真贯彻中央决策部署，扎实工作，经济社会保持平稳发展。上半年，东北三省地区生产总值增长10%，固定资产投资增长29%，物价涨幅持续回落，城乡居民收入增长较快，经济发展的总体形势是好的，但也面临突出的矛盾和问题，主要是工业下行压力较大，部分行业下滑趋势明显，企业生产经营困难加剧，经济趋稳的基础还十分脆弱。对此必须要高度重视，要切实把思想认识统一到中央对经济形势的科学判断上来，认真贯彻落实中央决策部署，坚持稳中求进的工作总基调，坚持把稳增长放在更加重要的位置，坚持把扩内需作为稳增长的重要着力点，坚持把稳增长与调结构、促改革、惠民生更好地结合起来，扎实做好下半年各项工作。国家发展改革委作为宏观调控部门，承担国务院振兴东北地区等老工业基地领导小组的具体工作，我们将按照职责分工，加强统筹协调，抓好专项规划编制，务实推进区域合作，更好地推动东北振兴工作。

抓住机遇　开拓进取
全面推进沿边开发开放试验区建设[*]

（2012年8月17日）

今年7月9日，国务院正式批准了广西东兴、云南瑞丽、内蒙古满洲里三个沿边重点开发开放试验区建设实施方案，这标志着沿边重点开发开放试验区建设进入了实质性的实施阶段。今天，我们在这里召开会议，目的就是认真领会和深入贯彻落实国务院关于加强沿边重点开发开放试验区建设的部署和要求，进一步明确试验区建设的指导思想、基本原则和重点任务，总结交流试验区建设工作的经验，研究安排试验区建设下一步工作。借此机会讲三点意见，供同志们参考。

一、充分认识沿边重点开发开放试验区建设的重要意义

2010年6月，《中共中央、国务院关于深入实施西部大开发战略的若干意见》明确提出，积极建设广西东兴、云南瑞丽、内蒙古满洲里等重点开发开放试验区。这是党中央、国务院面向新时期、新形势作出的又一战略部署，是完善我国全方位对外开放格局、深入推进西部大开发的战略举措。我们一定要把思想和行动统一到中央的决策和部署上来，加深对试验区建设必要性、重要性和紧迫性的认识。我认为，建设三个重点开发开放试验区，

---

[*] 国家发改委在广西东兴市召开沿边重点开发开放试验区建设工作会议，广西、云南、内蒙古等省区负责同志、国家部委有关负责同志出席会议。这是作者在会议上的讲话。

至少具有以下四个方面的重要意义。

第一，建设沿边重点开发开放试验区，是提高沿边开放水平、完善我国全方位对外开放格局的需要。改革开放以来，我国对外开放首先从东部沿海开始，继而实施沿江、沿边开放，历经 30 多年的努力，逐步形成了海陆统筹的全方位对外开放格局。事实说明，对外开放是加快我国现代化建设进程的必由之路。就沿边开放而言，从 1992 年国家实施沿边开放战略、设立了 14 个边境经济合作区以来，沿边开放不断拓展，我国陆地进出口额（铁路、公路运输）从 657 亿美元增长到 2010 年的 5127 亿美元，年均增长 12.1%。但是另一方面又必须看到，由于种种原因，西部的开放水平落后于东部，沿边的开放水平落后于沿海，我国对外开放总体上呈现出"东强西弱、海强边弱"的状况。近 20 年来，沿海地区对外贸易年均增速为 22.3%，几乎是沿边的一倍。党的十七大明确提出，要深化沿海开放，加快内地开放，提升沿边开放，实现对内对外开放相互促进。胡锦涛总书记在去年 12 月中国加入世界贸易组织十周年高层论坛上的重要讲话中指出，中国将进一步完善全方位对外开放格局，把扩大对外开放和区域协调发展结合起来，协同推动沿海、内陆、沿边开放。习近平副主席在 2010 年 3 月访问俄罗斯滨海边区时特别强调，沿边开放是我国新一轮对外开放的主要内容。无论是党的文件还是中央领导同志的讲话，都表明加快推进沿边开放是我国全方位对外开放格局的重要组成部分，是今后工作的重点，也是目前工作中的难点。我国陆地边境西起广西北部湾，东至辽宁鸭绿江口，长达 2.28 万公里，分布着 9 个省（区），与 14 个国家接壤，沿边开放的潜力很大。一是沿边省区与周边国家长期友好往来，有着传统的睦邻友好关系；二是双边开展经济、技术、贸易合作互补性强，有着良好的合作基础；三是近年来周边国家经济快速发展，市场潜力逐步释放；四是我国向东盟、中亚和东北亚的开放已取得很大进展，双方的合作意愿进一步增强。中央决定建设广西东兴、云南瑞丽、内蒙古满洲里三个沿边重点开发开放试验区，加上此前国家已批准设立的新疆喀什、霍尔果斯经济开发区和珲春国际合作示范区，这六个点共同构成我国沿边开发开放先行区，目的就是通过他们的先行先试，以点带面，加速提高沿边地区开放水平，进而真正形成海陆统筹的全方位对外开放新格局。

第二，建设沿边重点开发开放试验区，是探索沿边开放新模式、促进形成与周边国家互利共赢共同发展新局面的需要。沿边开放与沿海开放不同，主要有两点：一是面对的是特定的国家、特定的市场，一定程度上具有一对一的性质；二是受对方或周边国家政治、经济格局变化的影响大，开放的外部环境相对复杂。因此，沿边开放不能简单照搬沿海开放的模式，必须从实际出发，创造性地走出一条与周边国家互利共赢、共同发展的新路来。首先，要坚持以邻为善、以邻为伴的周边外交方针。作为一个亚洲国家，我们要强化对亚洲文明的认知，确立永做好邻居、好朋友、好伙伴的亚洲目标，积极发展同亚洲各国的睦邻友好关系。近年来，我国周边形势趋于复杂，美国战略重心向亚太东移，插手亚洲事务，遏制我国和平崛起的意图极为明显。在这样的形势下，我们要更自觉地坚持睦邻安邻富邻，主动加强与周边国家全方位的经济技术交流与合作，带动周边国家共同发展。其次，要坚持互利共赢的开放合作方针。要看到，随着经济全球化的深入推进，国际次区域合作不断强化的趋势更加明显，周边国家与我区域合作的意愿不断增强，对与我合作充满新期待和新要求，这是沿边开放面临的新机遇。但同时周边国家对与我合作，也存在着这样那样的疑虑和顾忌。在这样的大背景下，我们要紧紧抓住机遇，更加自觉地贯彻互利共赢的方针，把国际次区域合作不断引向深入。三是要不断探索沿边开放的新方式、新模式、新途径和新办法。要进一步拓宽沿边开放的领域，进一步深化沿边开放的内容，进一步创新沿边开放的方式，进一步完善沿边开放的机制，不断开创沿边开放新局面。总之，加强与周边国家睦邻友好与共赢发展，是历史赋予沿边开放的使命，也是维护世界和平发展主题，维护和延长我国重要战略机遇期的重大任务。

第三，建设沿边重点开发开放试验区，是深入实施西部大开发战略、打造新的区域增长点的需要。当前和今后一个时期，是西部大开发深入推进的关键时期。中央强调，必须从全局和战略的高度，继续深入实施西部大开发战略。深入实施西部大开发战略，我认为有两个东西必须始终牢牢抓住：一个是充分发挥西部地区的资源优势，加快发展特色优势产业，增强西部地区的内生发展能力；另一个是充分挖掘和发挥西部地区沿边优势，加快对内对外开放，提高开发开放水平。把这两个潜力发挥出来，西部大开发才真正能够有希望引向深入。从资源优势看，不仅西部地区是我国战略资源的重要接续地，而且周边国家能源和矿产资源也十分丰富。据统计，周边国家天然气储量占世界总储量的42％、铁占25％、铜占27％、镍占23％、钨占23％、锡占32％、金占29％、钾盐占27％，沿边地区是我国利用境外资源的重要地区。再从沿边优势看，沿边优势是指通过与周边国家比较优势的交换来加快发展。就目前看，沿边地区发展的绝对水平还不高，但从长远看发展潜力巨大。2010年，沿边9省（区）136个边境县（旗、市、市辖区）的人均地区生产总值约为西部地区平均水平的98.9％，但"十一五"期间沿边地区生产总值年均名义增速高达20.6％，分别比西部和全国高1.2个和3.6个百分点。同时，周边14个国家中有一半以上国家年均经济增长速度超过6％，是亚洲乃至全球经济增长前景比较看好的一个区域。只要沿边地区把潜在的优势真正发挥出来，就完全有可能打造成为西部大开发新的增长极。总体上看，建设重点开发开放试验区，就是要加快生产要素的聚集和集中，形成开放度高、辐射力强的经济增长极，带动沿边地区经济社会全面发展，更好地发挥对西部大开发的战略支撑作用。

第四，建设沿边重点开发开放试验区，是深入推进兴边富民、维护边疆繁荣稳定的需要。沿边地区大多是民族地区，有壮族、蒙古族、回族、藏族、维吾尔族等45个少数民族，肩负着加快发展、科学发展、民族团结、稳疆固疆的繁重任务，在国家改革发展稳定大局中具有重要战略地位。近年来，西方一些国家插手我西藏、新疆事务，支持和怂恿达赖分裂主义集团和"三股势力"加紧进行分裂和破坏活动，对我国国家安全和核心利益构成现实威胁。中央第五次西藏座谈会和第一次新疆工作座谈会明确提出，西藏和新疆存在两个矛盾，主要矛盾同全国一样，是人民日益增长的物质文化生活需要与落后的社会生产力之间的矛盾，同时还存在一个特殊的矛盾，就是分裂与反分裂的斗争。要处理好这两个矛盾，维护边境民族地区长治久安，关键要加快这些地区的经济发展，大力改善民生。民生决定民心，只有民生改善了，才能赢得民心，才能为民族团结、边疆稳定打下坚实的物质基础，才能使各族人民更加紧密地团结起来，共同抵御敌对势力的西化分化企图，更好地维护边疆稳定，确保国家长治久安。所以，沿边重点开发开放试验区的建设，不仅是经济发展的任务，也是一项外交、政治上的任务。

综上所述，建设沿边重点开发开放试验区，是党中央、国务院高瞻远瞩，站在深入推进西部大开发、全面实施向西开放的战略高度上提出的重大举措，是对过去20年沿边开发开放历史进程和经验的深刻总结，是对沿边开发开放思路的拓展和创新，是对我国全面对外开放体系的充实和完善，也是赋予我们的一项重要的历史任务。我们必须从全局和战略高度，充分认识建设重点开发开放试验区的重要性、必要性和紧迫性，进一步解放思想，坚定信心，谋划好、建设好、发展好沿边重点开发开放试验区。

二、准确把握沿边重点开发开放试验区建设的总体要求和重点任务

国务院批准同意的实施方案,明确了试验区建设的指导思想、基本原则、主要任务,这是试验区建设的行动纲领。我们要认真领会和贯彻落实国务院的要求,把试验区建设的各项任务落到实处。

(一)把握好试验区建设的总体要求

试验区建设要以邓小平理论和"三个代表"重要思想为指导,深入贯彻落实科学发展观,以科学发展为主题,以加快转变经济发展方式为主线,以深化改革、扩大开放为动力,进一步解放思想,先行先试,着力创新体制机制,着力加强交通等基础设施建设,着力加快特色优势产业发展,着力保障和改善民生,着力深化经贸投资合作,着力加强生态建设和环境保护,加快工业化、城镇化、国际化进程,推动试验区跨越式发展,努力建成沿边开放先行区、沿边地区经济增长极、国际通道重要枢纽、边疆民族地区和谐进步示范区、睦邻安邻富邻示范区。

落实好国务院对三个试验区建设的总体要求,在实际工作中,我们要把握好这样五个原则:

一是坚持国内发展与对外开放相结合。基于沿边地区作为欠发达地区的现状,加强国际次区域合作必须首先加强国内区域合作。要充分发挥试验区的沿边地缘优势,进一步加强与东部沿海、周边经济区,以及内陆腹地的交流与合作,发挥内引外联的作用,促进资源和要素在更大范围内的优化配置,形成对外开放的综合优势。要以开放带动开发、以开发促进开放,以对外合作带动对内合作,以对内合作支持对外合作,在实现与周边国家互利共赢的同时,更好更快地推动边境地区经济社会全面进步。

二是坚持"引进来"与"走出去"相结合。为了充分利用国内国外两个市场、两种资源，既要重视"引进来"，也要重视"走出去"，通过比较优势的交换，充分发挥试验区的窗口作用，加快建立试验区外向型优势产业体系，成为"引进来"、"走出去"的重要基地和对外经贸合作的"桥头堡"。

三是坚持加快发展与转型发展相结合。试验区在加快发展的同时，从一开始就要坚持高标准、高起点，不能再搞低水平的重复建设，要高度重视转变经济发展方式，推动经济、贸易发展转型升级，努力实现从以边境贸易为主的开放向综合性开放转变。要加强资源集约节约利用，加强生态保护和环境综合治理，促进城乡协调发展、经济社会协调发展、产业与贸易协调发展，不断增强可持续发展能力。

四是坚持经济发展与改善民生相结合。把保障和改善民生作为根本出发点和落脚点，通过沿边开发开放带动边境地区、民族地区加快发展，大力改善生产生活条件，确保城乡居民收入增长与经济增长同步，使改革发展成果惠及沿边各族人民群众，更好地凝聚民心民力，调动老百姓建设好试验区的积极性，增强试验区建设的说服力，增添试验区发展的后劲。

五是坚持扩大开放与体制创新相结合。试验区肩负着为沿边其他地区先行探路、积累经验、提供示范的使命。因此，要进一步解放思想，在体制机制创新上下功夫，在重点领域和关键环节先行先试、率先突破，探索和创新沿边地区跨境经济合作的新模式、促进沿边地区发展的新机制、实现兴边富民的新途径，建立健全更加适应发展开放型经济需要的体制机制，加快提升对外开放水平。

（二）落实好试验区建设的各项任务

广西东兴、云南瑞丽、内蒙古满洲里三个试验区所处的区位不同，发展基础和条件有所差异，但总体上看，都要抓好以下六个方面的重点任务。

一是推进体制机制创新。创新是试验区增强活力的关键所在，试验区要发挥先行先试的优势，积极推进体制机制创新，为加快发展提供有力保障。在边境管理方面，实行更加便捷、高效的出入境管理措施，促进投资、贸易和人员往来便利化。在财税金融管理方面，提高财政管理绩效，扩大金融改革试点，在人民币跨境贸易结算、外汇管理、多种所有制金融企业准入等方面深化改革，积极拓展国际金融合作。在土地管理方面，统筹城乡发展、耕地保护和生态建设，积极稳妥推进土地综合利用开发试点。在行政及人才管理方面，促进政府职能转变，提高行政服务效能，创新人力资源开发和管理模式，建立符合试验区建设需要的人才激励机制和绩效评价体系。

二是拓展国际交流合作。提高对外贸易水平，拓展经济技术交流，推进全方位、宽领域、多层次对外开放。加快发展对外贸易，坚持扩大出口与增加进口并重、货物贸易与服务贸易并举，转变贸易发展方式，优化贸易结构，打造沿边重要国际贸易平台。加强国际经济技术合作，加快实施"走出去"战略，创新对外投资与合作方式，推进双边合作项目建设，加强边境地区跨国教育、文化、科学技术、医疗卫生等社会事务合作。加快边境经济合作区发展，增强配套服务能力，努力建成集边境贸易、加工制造、生产服务、物流采购等功能为一体的经济功能区。加强双边和多边合作，创新和完善对外合作机制。

三是加强基础设施建设。把基础设施建设放在优先位置，加快解决薄弱环节，为试验区建设奠定坚实基础。加强国际综合运输通道建设，加快推进国内段铁路、高速公路建设，协调推进境外段铁路、公路建设工作进度，加强国际道路运输管理，协调开通国际客货运输线路，加快发展国际航运、空运业务。积极发展国际物流，培育一批物流龙头企业，完善集运输、仓储、配送及信息服务为一体的现代国际物流体系。加快改善口岸设施条件，完善口岸功能，提高口岸通关效率。加强城市交通、供水、供电、供气、通信、污水和垃圾处理等基础设施建设。

四是培育特色优势产业。充分利用两个市场、两种资源，加快特色优势产业发展，增强试验区自我发展能力。大力发展进出口加工，面向周边市场建设轻工、家电、机械等产品出口基地，合理开发利用境外资源，提高综合利用和精深加工水平。推进旅游文化产业发展，建立区域旅游双边和多边联合营销机制，做强跨国精品旅游线路，培育具有区域民族特色的文化产业群。积极发展特色农业，开展特色农产品深加工，推进跨境农业技术合作。加快发展服务业，提高商贸、金融、信息等服务水平，建设国际商务服务基地。

五是保障和改善民生。加快推进城镇化和新农村建设，提高群众生产生活水平，促进经济社会发展同步、城乡发展同步、边境内陆发展同步。推进城乡公共服务一体化建设，促进城镇基础设施、公共服务设施向农村延伸，建立基础设施和公共服务设施城乡共建共享机制；加快建立健全覆盖城乡居民的社会保障体系，建立基层劳动就业和社会保障公共服务平台；建立健全覆盖城乡的医疗、文化服务体系。深入推进兴边富民行动，加大对少数民族的扶持力度，做好边民基本养老、基本医疗、最低生活保障和基本住房保障工作。

六是加强生态建设和环境保护。坚持保护优先，加强自然保护区、风景名胜区、水源涵养林区等重点生态功能区管护，保护生物多样性。加强边境动植物疫病防控体系建设，切实防控外来物种入侵。加强环境保护，合理引导调控产业发展及城镇空间布局，避免资源环境超载，切实保护好耕地。坚持资源集约节约利用，大力发展循环经济，严格控制落后产能和低水平重复建设。

总之，试验区建设是一项系统性的工程，任务重、要求高，既要有科学务实的态度，又要有开拓进取的精神，要力争通过5年左右的努力，使试验区建设取得突破性进展，对外开放水平上一个大台阶；经过10年的努力，把试验区建设成为开放度高、经济繁荣、生态优美、和谐宜居、睦邻友好的边境新区。

三、全面提高试验区建设的工作水平

两年来，在党中央、国务院的亲切关怀下，在国家相关部委的大力支持下，广西、云南、内蒙古三省区及有关地州市高度重视、迅速行动，周密部署、扎实工作，试验区建设各项工作有序开展。在试验区建设进入实质性实施阶段后，工作任务更加繁重。为此，我提六点希望和要求：

第一，要切实加强组织领导。有关方面要进一步深化对试验区建设重大意义的认识，把试验区建设作为经济社会实现跨越式发展的重大历史机遇，作为我们各级党委、政府工作的重点任务，摆到重要议事日程上来。国务院批准的试验区建设实施方案已经明确，三省区人民政府成立试验区建设领导小组，同时，为加强试验区规划、建设和管理工作，可根据需要，按有关规定和程序研究设立试验区管理机构。请三省区在现有工作的基础上，进一步充实和完善领导机构，健全机制，明确分工，落实责任，有力、有序、有效推进试验区建设。

第二，要抓紧编制好规划。国办批复要求，认真研究编制试验区建设总体规划和有关专项规划。目前，三省区都在组织编制，发改委和有关部门要加强指导，尽快把三个总体规划及相关专项规划编制好。规划编制要紧紧围绕开发开放相结合这条主线，坚持优化空间布局，严格保护耕地，集约节约利用资源；坚持立足当前、着眼长远，既解决好当前开发开放的重点领域和关键环节，又为未来发展留有足够空间；坚持统筹兼顾、综合协调，既做好与国家有关规划及地方有关规划的衔接，各规划间又要相互衔接、相互协调。规划期可以考虑从2012年到2022年，中期调整放在2017年。规划内容应该包括空间布局、产业发展、基础设施、民生改善、环境保护和必要的政策支持体系等，将实施方案提出的主要任务落实到位，同时分阶段提出试验区发展的目标。

第三，要稳步推进各项建设。试验区建设千头万绪，涉及方方面面，要在统筹规划的基础上，深入分析、科学论证，集中力量解决全局性、战略性和关键性问题，有序推进各项建设。要更加注重推进体制机制创新，更加注重拓展与周边国家的交流合作，更加注重加强基础设施建设，更加注重发展特色优势产业，更加注重生态建设和环境保护。要抓紧抓好建设项目的前期工作，合理安排有关重大项目和重点工程建设并按程序进行报批，重大项目、重大事项要主动对接，积极争取资金、项目、技术等方面的支持。

第四，要努力改善发展环境。发展环境包括很多方面，我在这里强调两点。一是要提高政府工作效率。作为沿边重点开发开放试验区，一定要提高政府的工作效率，不能拖延误事、推诿扯皮，要加快行政管理体制改革，减少和规范行政审批事项，提高行政服务效能；二是要提高社会管理水平。试验区建设中要坚持"三不要"、"两管住"。"三不要"，就是不要盲目圈地占地、不要炒作房地产、不要破坏生态环境；"两管住"，一个是管住"黄赌毒"、一个是管住走私贩私，这是试验区建设的底线要求。

第五，要进一步研究支持政策。试验区建设涉及国际合作、对外贸易、基础设施、产业发展、改善民生等诸多方面，面广、点多、难度大。广西、云南、内蒙古三省区人民政府要抓紧研究出台具体政策，千方百计支持试验区建设。试验区所在市也要研究提出具体措施，集中力量推进试验区建设。国务院有关部门在前一段工作中，对试验区建设实施方案的编制和试验区有关工作给予了积极支持。刚才，三省区领导还提了几条建议，包括边境游异地签证和外国人落地签证问题、扩大边民互市范围问题、建立跨境合作区问题、设立综合保税区问题、加大对基础设施和项目建设支持力度问题等，希望有关部委抓紧研究，随着规划编制同步提出一些支持政策。同时，也希望国务院各有关部门根据职能分工，进一步加大对试验区建设的支持力度，在政策制定、资金投入、项目安排等方面给予倾斜，为试验区建设营造良好的政策环境。

第六，要加强跟踪检查。要加强对试验区建设实施方案和有关规划落实情况的跟踪分析，切实做好各项工作和政策措施落实的督促检查，适时组织开展试验区建设阶段性总结评估工作，及时总结、推广建设经验。完善社会参与和监督机制，鼓励公众积极参与试验区建设。同时，面对不断变化的世情国情，要在先行先试的基础上，不断分析新形势、解决新问题，做好经验总结，为试验区发展提供有力支撑，为沿边地区开发开放积累经验、做好示范。

扩大向西开放　构筑全方位开放新格局[*]

（2012年9月13日）

在昨天的洽谈会和论坛开幕式上，李克强副总理已经宣布，中国政府已批准建立宁夏内陆开放型经济试验区，这标志着试验区的建设进入了实质性阶段，宁夏迎来了新的发展机遇。宁夏地处新亚欧大陆桥国内段中枢位置，是我国最大的回族聚居区，又是国家重要的煤电化基地和新能源开发示范区，在我国与中亚中东、阿拉伯国家和世界穆斯林地区的交流往来中具有独特的区位优势、人文优势和资源优势。2008年，国务院出台的《关于进一步促进宁夏经济社会发展的若干意见》，就明确提出支持宁夏着力发展内陆开放型经济。近年来，在宁夏回族自治区党委、政府的坚强领导和各方面的共同努力下，内陆开放试验区的建设扎实推进并引起社会各界的广泛关注。加快推进宁夏内陆开放型经济试验区建设，是一件具有标志性意义的事情，不仅对促进宁夏经济社会又好又快发展具有重要的现实意义，而且对深入实施西部大开发具有重要的战略意义。

西部大开发在我国区域发展总体战略中居于优先地位。实施西部大开发战略10多年来，国家在规划指导、政策扶持、资金投入、项目安排、人才交流等方面加大了对西部大开发的支持力度。国家为西部大开发制定实行了一系列优惠政策，先后颁布实施了三个五年总体规划，批准设立了若干个特色鲜明的重点功能区，

---

[*] 这是在银川召开的第三届中国·阿拉伯国家经贸论坛上的演讲，收录本书时有删节。

开工建设了一大批重点工程和项目。国家逐年加大对西部地区的资金支持力度。中央财政对西部地区转移支付和专项补助占同期总额的43%以上，中央预算内基本建设资金和国债资金占同期中央投资总额的41%以上。累计开工建设了青藏铁路、西气东输、西电东送、退耕还林等重点工程165项，投资总规模达到3.1万亿元。中央还加大了对西部地区干部交流、智力引进、人才培养等方面的工作力度，按照中央统一部署，东中部地区开展了规模空前的对口支援、对口帮扶和经济协作。西部大开发热浪滚滚、举世瞩目，社会各界广泛参与到西部大开发的热潮中，形成了共谋西部发展、共推西部开发的生动局面。

10多年来，西部地区经济社会全面进步，各项事业加快发展，城乡面貌发生历史性变化，干部群众精神面貌昂扬向上。西部大开发取得的巨大成就集中表现在，自2007年以来西部地区经济增速连续5年超过东部地区，各项经济指标增速均高于全国平均水平，这是改革开放以来从未有过的，初步实现了国家区域发展总体战略遏制区域差距进一步扩大的战略意图。还应该指出的是，西部地区的崛起，还有效扩大了内需，有效缓解了资源瓶颈，有效扩大了环境容量，有效改善了民生，推动形成了东西互动、优势互补的生动局面，有力地支持了国民经济整体上又好又快发展。

时间进入本世纪第二个10年，西部地区已经站在新的历史起点上，进入了新的发展阶段。我们清醒地看到，尽管近年来西部地区与东部地区发展的相对差距有所缩小，但是绝对差距仍在扩大。1999~2011年，东西部人均地区生产总值差距由6100元扩大到2.5万多元，城乡居民收入差距分别由2200多元、1300多元，扩大到7600多元和4600多元。西部地区总体落后的状况没有根本改变，西部大开发依然任重道远。2010年，在实施西部大开发战略10周年之际，党中央、国务院再次召开西部大开发工作会议，对深入实施西部大开发战略作出全面部署，充实和完善了支持政策，明确提出了到2020年西部地区综合经济实力、人民生活水平和质量、生态环境保护"上三个大台阶"，与全国同步迈入全面小康的奋斗目标。

第二个10年的西部大开发面临难得的机遇。扩大内需被确立为国民经济发展的长期战略方针、国际国内产业转移势头方兴未艾、我国与周边国家区域一体化深入发展、西部地区的投资环境和发展条件不断改善，都为深入实施西部大开发提供了有利条件。推进新一轮西部大开发，要在"深入"上下功夫。在开发理念上，要更加注重发展的质量和效益，把加快经济结构战略性调整摆在突出的位置，把后发赶超与加快转型有机结合起来。在开发取向上，要更加注重保障和改善民生，着力推进基本公共服务均等化，使发展成果惠及各族群众。在开发方式上，要更加注重充分发挥区域比较优势，努力挖掘自身潜力，形成各具特色的优势产业，增强自我发展能力。在开发布局上，要更加注重"抓两头、带中间"，一头抓重点经济区的培育壮大，充分发挥这些地区的辐射带动作用；一头抓少数民族地区和集中连片特困地区的脱贫致富，实现这类地区的跨越式发展。在开发机制上，要更加注重把政府引导与市场机制，中央支持、对口支援与西部地区自力更生相结合，形成更加有效的东中西互动机制和帮扶机制。为了有效支持新一轮西部大开发，国家在财政、税收、投资、金融、产业、土地、价格、生态补偿、人才开发、对口帮扶等方面给予了政策支持。这些政策有的是过去行之有效并加以完善的，有的是根据新形势、新情况新提出的，必将为深入实施西部大开发战略创造更为有利的条件和环境。

回顾我国34年改革开放和西部大开发12年不平凡的历程，其中最重要的成功经验，就是要把扩大对内对外开放作为加快发展的活力之源、动力之本。改革开放以来，我国对外开放首先从东部沿海开始，继而实施沿江、沿边开放，逐步形成了海陆统筹的全方位对外开放格局。随着我国对外开放不断深入，西部地区开放程度不断扩大，开放水平不断提高。2011年西部地区进出口总额达1840亿美元，是1999年的9.4倍，占全国比重比1999年提高了1.1个百分点；实际利用外资115.7亿美元，是1999年的10倍，占全国比重比1999年翻了一番；沿边开放不断拓展，我国陆地进出口额从657亿美元增长到2010年的5127亿美元，年均增长12.1%。但是另一方面又必须看到，由于种种原因，西部的开放水平仍然落后于东部，沿边的开放水平仍然落后于沿海，我国对外开放总体上仍呈现出"东强西弱、海强边弱"的状况。2011年，西部地区进出口总额、实际利用外资占全国的比重分别只有5%和10%，近20年来，沿边地区对外贸易年均增速仅为沿海地区的一半。

在世界政治经济格局深刻变化、国内经济结构深刻调整的背景下，中国必须更加深入地参与世界分工和国际经济合作，向西开放成为我们的必然选择。李克强副总理去年在出席首届"中国—亚欧经济发展合作论坛"时强调，向西开放是中国全方位对外开放的重大举措，我们将深入实施西部大开发战略，在全面提升沿海开放、向东开放水平的同时，进一步扩大内陆开放、沿边开放、向西开放。此后，李克强副总理又多次提出了进一步加强向西开放的要求。可以说，西部地区正在成为新时期对外开放的重点地区，加快向西开放正在成为完善我国全方位对外开放格局的战略举措。

向西开放是相对于沿海开放而言的，就是要加强与我国陆路接壤的中亚、东南亚、东北亚，乃至向西延伸到西亚、中东和欧洲的国家和地区的交流与合作。向西开放的空间十分广阔，具备了良好条件。首先，东北亚、中亚、东南亚等国家近年来经济发展速度加快，我国周边14个国家中有一半以上国家年均增长速度超过6%，是世界范围内经济发展活跃，具有较大发展潜力的地区。其次，欧洲国家为摆脱国际金融危机和欧洲主权债务危机的影响，亟须与保持经济强劲增长势头和拥有巨大市场容量的中国开展深度合作。第三，我国与亚欧国家资源禀赋不同，发展阶段相异，开展经济、技术、贸易、能源资源合作互补性强。最后，近年来区域和次区域合作快速发展，中国与东盟国家首脑会晤、上海合作组织峰会、中欧领导人峰会、中国与中东欧领导人会晤等合作机制不断发展和完善，双方共同利益不断扩大，双边合作意愿进一步增强。应该指出的是，中国加快向西开放，在互利互惠、合作共赢的基础上扩大与亚欧国家的经贸合作与各领域的交流，不仅有利于完善中国全方位对外开放格局，有利于深入实施西部大开发战略，而且有利于相关国家的振兴与发展，有利于构筑良好的国际政治经济发展环境。

以向西开放引领新阶段的西部大开发，以深入推进西部大开发支持向西开放，这样一个宏大而生动的局面正在展开。站在向西开放的战略高度上，我们将不断拓宽开放领域，深化开放内容，创新开放方式，完善开放机制。去年以来，国家相继提出了支持云南向西南开放、内蒙古向北开放、黑龙江成为沿边开放桥头堡的文件或要求，批准设立了新疆喀什、霍尔果斯经济开发区、珲春国际合作示范区、广西东兴、云南瑞丽、内蒙古满洲里三个沿边重点开发开放试验区，并允许这些先行地区先行先试，以发挥示范带动作用，率先打开向西开放的新局面。与此同时，我委正会同有关部门就沿边和内陆开放总体政策和规划进行深入研究，以便从宏观层面加强对向西开放的指导。

向西开放既包括沿边开放，也包括内陆开放，沿边开放与内陆开放互为窗口与支撑。从这个意义上说，设立和推进宁夏内陆开放型经济试验区建设，同样是实施向西开放的重大举措。设立宁夏内陆开放型经济试验区，对于构筑向西开放平台，全面加强我国与阿拉伯国家及世界穆斯林地区的经贸文化交流与合作，探索内陆地区开发开放新路径，具有重要意义。试验区建设的总体要求是，坚持对外开放与深化改革相结合，对外开放与对内开放相结合，重点突破与全面发展相结合，以创新体制机制为引领，以推动资源型地区转变经济发展方式为主线，以夯实对外开放基础为支撑，努力把宁夏建设成为国家向西开放的重要战略高地。落实好这一总体要求，在实际工作中要重点抓好以下几项任务：

一是创新对外开放体制机制。要探索建立高级别的中阿交流协商机制和互动合作机制，鼓励宁夏与阿拉伯国家及世界穆斯林地区搭建多种形式的交流合作平台，建立政府、民间、企业多层次交流合作机制，以全面推进经贸投资、科技教育、文化旅游、金融服务等全方位的合作。

二是积极推进能源领域开放合作。依托国家重要的能源加工转化和战略储备基地，办好中阿能源合作论坛，积极推进与中亚等地区能源合作，探索建立长效合作机制。支持国内大型企业和有关单位到阿拉伯国家及世界穆斯林地区进行油气、天然气等开发合作；鼓励有条件的企业参与国际能源贸易，不断提升国际能源贸易水平。

三是建立推进特色优势产业开放合作机制。积极探索加快产业结构调整新途径，促进资源深加工产业及高端装备制造、生物医药、新一代信息技术等战略性新兴产业加快发展。建立完善食品、用品认证和市场准入制度，推动与阿拉伯国家相互承认认证结果。支持阿拉伯国家及世界穆斯林地区的企业和机构在试验区设立商会等商务服务机构。加强中阿文化旅游合作，打造特色鲜明的国际旅游目的地。

四是提高对外开放支撑保障能力。创新基础设施投融资体制，鼓励和引导民间资本进入铁路、公路、市政等基础设施建设领域。加快推进交通基础设施建设，构建综合交通运输体系。科学配置和节约利用水资源，兴建一批事关长远的重点水利工程。推进生态建设和环境保护，重点加强沙化土地综合治理。加强开放型人才队伍建设，为内陆向西开放提供人才保障和智力支持。

为支持宁夏内陆开放型经济试验区建设，国家有针对性地出台了若干具体政策措施。在投资政策方面，继续对试验区重点基础设施建设给予支持，加大对铁路、公路、民航和水利等项目中央投资力度。在财税政策方面，加大对试验区的均衡性转移支付力度，逐步缩小地方标准财政收支缺口；继续对试验区贫困地区扶贫贷款及符合条件的产业贷款给予贴息。在金融政策方面，引导金融机构进行产品和服务创新。积极引进国内外各类银行、证券、保险等金融机构落户试验区，鼓励宁夏企业参与国家金融创新试点业务。在试验区探索构建防沙治沙和退耕还林草土地贷款抵押方式。鼓励县域法人金融机构吸收的存款主要用于当地发放贷款。在土地政策方面，支持试验区规范开展土地管理综合改革试点，提高土地利用效率。适当增加试验区建设用地指标。完善土地交易制度，开展建设用地审批改革试点，支持开展低丘缓坡荒滩等未利用地开发利用。鼓励建设项目充分利用未利用地。这些政策必将有力地推动宁夏内陆开放型经济试验区的建设。

两千年前的丝绸之路铸就了不同文明交相辉映的历史辉煌。今天，向西开放将掀开深化东西交流、南南和南北合作新的一页。我们相信，在国务院各部门的大力支持下，在宁夏回族自治区党委、政府的坚强领导下，宁夏内陆开放型经济试验区必将建设成为我国向西开放的重要门户和战略高地，为深入推进西部大开发，为促进中阿交流合作、深化中阿传统友谊做出新的更大的贡献。

在东盟—湄公河流域开发合作第十五次部长级会议上的讲话[*]

(2013年8月21日)

东盟—湄公河流域开发合作（AMBDC）是落实《中国—东盟面向和平与繁荣的战略伙伴关系联合宣言行动计划》的重要组成部分，也是中国建立中国—东盟自由贸易区倡议的实际行动。一直以来，中国政府积极参与大湄公河次区域各重点领域的合作，取得了良好进展。通过大家的共同努力，中国与区域各国的合作得到全面加强，双边贸易额大幅度增长，为地区经济的发展注入了新的活力。中国政府代表团愿与各国同行们就湄公河流域开发合作的有关问题展开讨论。借此机会，我向各位简要介绍一下中国参与大湄公河次区域合作的工作进展情况。

中国作为大湄公河次区域的一员，一直是各项活动的积极参与者和推动者。过去一年中，中国与区域各国在加强合作方面取得了新的进展。在交通方面，中国积极参与建立大湄公河区域铁路联盟，并积极推进泛亚铁路合作。在电力方面，中国南方电网公司与泰国国家电力公司签署"泰国国家电力公司（EGAT）向中国南方电网公司（CSG）购电300万千瓦谅解备忘录"。在信息通讯方面，中国电信在大湄公河次区域与缅甸、老挝、越南等国建有8条陆缆，传输系统总容量超过100Gb，并提前部署大湄公河次区域跨境陆缆的扩容工程；中兴、华为、上海贝尔、大唐等

---

[*] 东盟—湄公河流域开发合作（AMBDC）第十五次部长级会议在文莱达鲁萨兰国斯里巴加湾市举行。

通信设备制造企业也积极参与老挝、缅甸等国的通信项目工程实施。在农业方面，中国积极参与并推动大湄公河次区域经济合作（GMS）框架下的粮食安全、跨境动物疫病防控、农业科技交流与示范等方面的合作，完善次区域农业信息网软硬件建设，发挥其作为农业信息交流平台的作用。在环境方面，积极推动GMS核心环境项目/生物多样性走廊计划（二期）实施。在卫生方面，中国继续在传染病防控、口腔医学、卫生管理等领域开展深入务实合作。在旅游方面，中国积极推进与次区域各国的旅游合作，继续巩固与柬埔寨、老挝、缅甸、泰国、越南的友好交流关系，开发建设跨境旅游；推进GMS旅行便利化，发展旅游交通合作，积极打造GMS统一旅游目的地。在人力资源开发方面，中国通过举办高层专题研讨会、干部培训班、进行友好交流等方式，与大湄公河次区域各成员国进行定期交流和合作。在贸易与投资方面，中国积极推进跨境经济合作区的建设，参与并大力推动大湄公河次区域经济走廊建设。

在今年7月7日召开的AMBDC高官会上，不少代表对中国温家宝总理于2009年宣布的向东盟国家提供150亿美元信贷和设立100亿美元的中国—东盟投资合作基金（以下简称"东盟基金"）表达了关切，利用这个机会，我现将有关情况也做一简单介绍：

关于150亿美元的信贷。2009年，温家宝总理出席东亚领导人系列会议期间宣布向东盟国家提供150亿美元信贷，支持东盟一体化建设和区域合作。上述信贷包含67亿美元优惠性质贷款，其余为商业贷款。在67亿美元优惠性质贷款中，55亿美元为优买贷款，12亿美元为援外优惠贷款。截至2013年7月，我对东盟55亿美元优买贷款已基本落实到国别，具体金额53.75亿美元，尚余1.25亿美元，累计支持缅甸、老挝、柬埔寨、马来西亚、印尼、越南等东盟国家41个项目的建设；2009~2012年我对东盟约84亿人民币（12亿美元）援外优惠贷款已经全部落实，累计支持缅甸、老挝、柬埔寨、越南等东盟国家在交通、水利、电力、电信等领域 26 个项目的建设；2009 年至今，中国进出口银行在东盟地区共签约落实自营贷款项目 181 个，贷款余额 474.29 亿元人民币（约合 76.87 亿美元），主要支持了新加坡、老挝、柬埔寨、泰国、印尼、缅甸、越南、马来西亚等 9 个国别的电力、基础设施建设、船舶、采矿业、机电设备以及化工领域项目。

关于中国—东盟投资合作基金。2009 年，温家宝总理在博鳌亚洲论坛上宣布决定设立总规模为 100 亿美元的东盟基金。按照有关要求，由中国进出口银行主发起设立了东盟基金。基金总规模为 100 亿美元，其中第一期基金规模为 10 亿美元。第一期基金投出 70% 后，发起第二期基金，以此类推，采取滚动发展的方式最终达到 100 亿美元规模。中国东盟投资合作基金于 2010 年完成首轮 7 亿美元募资并开始投入运营、于 2013 年初完成 10 亿美元募资。截至目前，东盟基金已投资 8 个项目，投资金额已近 6 亿美元，涵盖了东盟地区 7 个国家的基建、交通、电信、媒体、矿业、医疗服务和能源等多个行业。东盟基金将于 2014 年初开始启动二期募资工作。各位代表如想进一步了解相关情况，可与中国商务部、中国进出口银行联系。

进一步加强东盟—湄公河流域各国之间的区域合作，有利于各国发挥自身优势，改善投资环境，加快发展步伐，提高经济实力和国际竞争力，有利于促进本地区的和平、稳定和繁荣。中方愿继续与东盟各国携手并肩，扩大经贸金融合作、推进立体式互联互通、深化社会人文交流，共同开拓湄公河流域开发的新局面，共同促进本地区的和平、稳定、发展与繁荣。

在第12届索契国际投资论坛上的讲话[*]

（2013年9月27日）

一、在"俄罗斯投资环境和吸引外资"会议上的讲话

很高兴来到索契参加索契投资论坛。首先我想向各位来宾介绍一下中国海外投资情况，再回答各位的问题。中国改革开放已经35年，一直奉行积极的对外开放政策。这35年来，中国吸引海外投资一直保持较高速度增长，截止到去年底，中国利用外商投资累计达到1.28万亿美元，其中，去年中国利用外商投资达到1117亿美元。中国连续四年成为全球第二大吸引外资国家，位居发展中国家利用外资第一位。今年上半年，中国利用外商投资达到620亿美元，同比增长4.9%。据联合国发布的世界投资报告，中国在最近3年一直是外国跨国公司投资的首选地。外商投资确实对助推中国经济30多年高速增长发挥了重要作用，因为外商投资带来的不仅是资金，也给我们带来了先进的技术和管理经验。我再讲一下中国企业海外投资情况。中国不仅实行"引进来"政策，也实行"走出去"政策。截至2012年底，中国企业累计境外投资超过5000亿美元，2003~2012年年均增长35%。去年，全球跨国直接投资约1.3万亿美元，同比下降18.3%，但中国企业境外投资达到831亿美元，同比增长27.7%；今年上半年，中国企业境外投资达到484亿美元，同比增长29.1%。

---

* 这是在俄罗斯第12届索契国际投资论坛两个分论坛上的讲话。

中国在吸引外商投资方面取得的成绩，我想主要得益于以下几点：第一是有稳定的政策和法律环境。市场经济本质上是法律经济，讲究权利和义务对等，没有法律作为基础，市场经济是不可能良性发展的。中国对外方投资（包括独资、合资、合营企业）分别确定了法律文件，从法律上保证外商投资的安全性和利益。一开始我们使用减免税吸引外资，如20世纪80年代为了吸引外资，国内企业所得税为33%，而对外资企业征收14%，但是我们后来意识到这样一种非国民待遇未必对吸引外资有利，所以我们对政策进行了修改。2008年中国取消了对外资企业所得税优惠，无论是外资企业还是内资企业统统征收25%所得税。可能各位会说，外资企业会不会感到没有利润可赚，全跑掉了。实践证明，给外资企业和内资企业同样国民待遇，反而会使外资企业感到你的法律环境是稳定的，所以这几年外商在中国投资没有减少，反而增多。第二个重要条件是政府的工作效率。中国长期以来实行的是计划经济体制，从计划经济到市场经济转轨，最重要的就是政府简政放权，凡是市场能管的事，政府都不要管，统统交给市场。中国政府这些年已经连续6次取消和调整行政审批事项2497项。政府应该树立这样一个理念，就是政府是为企业服务的。第三个吸引外商的要素是创造比较好的基础设施条件。因为这样可以有效降低物流成本，便利人员经贸往来。概括起来，法律环境，政府工作效率，基础设施，对吸引外资同样重要，如果一定要说哪条更重要，那可能政府工作效率更重要，因为这是起主导作用的方面。中国经济正在转型，正在打造中国经济升级版，今后我们还会进一步实行更加开放的政策，吸引外资和到海外投资。

中国企业累计在俄罗斯投资280亿美元，只占中国海外投资很小部分。我们对中俄投资前景非常看好，中国国家发改委愿意为扩大中俄投资做出新的贡献。

二、在"俄罗斯西伯利亚发展中的联邦政府作用"会议上的讲话

大家都知道中国有一条著名的铁路,从连云港经中国腹地到新疆霍尔果斯口岸,一直连接到欧洲各国,我们称之为欧亚大陆桥。我可以告诉你们的是,经这条铁路从中国出境的过货量,这些年的增长还是比较快的。当然,经中国上海或广州走海运,绕道欧洲,也是一条运输大通道,两者比较起来,各有特点。从中国经海上到欧洲,价格要便宜,但时间长;走欧亚大陆桥,运费虽然贵一点,但时间短,所以要看你运什么,运附加值高的产品,走欧亚大陆桥反而要更好一点。现在,我们简化了铁路运输通关手续,中国到欧洲货物,在中国装箱可以一站式运到欧洲。俄罗斯的西伯利亚铁路改造,将来可以与我国东北的铁路连上,形成另一条中欧大动脉。现在中俄两国都加强了在东北亚地区基础设施建设规划,有好几条铁路和高速公路都在规划之中,这对加强未来东北亚地区的合作,包括中国、俄罗斯、韩国、朝鲜、日本、蒙古六国都有帮助。

在我看来,中国西部大开发与俄罗斯东部大开发有相似之处。中国西部地区包括12个省区市,国土面积占全国的71%,人口占28%,GDP占18%,是经济落后地区。中国政府在2000年开始实施西部大开发战略,主要基于两个原因:一是沿海地区与西部地区差距不断拉大,二是当时遭遇了亚洲金融危机,中国出口增速有所放缓。这样就需要开发西部,缩小差距,增加内需。西部大开发已经实施13年,效果非常明显。最近5年,西部地区GDP增速高于全国平均水平和东部发达地区水平。中国的西部大开发积累了这样几条经验:一是制定出好的规划,明确目标。二是政策上要向西部倾斜。比如,中国企业所得税率为25%,而西部地区税率为15%,中央政府投资和转移支付也明显向西部倾

斜。我刚才讲，西部地区人口占全国的28%，但12年来，中央财政转移支付的44%都给了西部；中央投资41%都安排在西部。三是基础设施先行，我们在西部大规模建设铁路、公路。四是保护好西部地区生态环境，不能破坏。五是政策上吸引东部地区企业和国外企业向西部地区投资。六是注意培养西部人才。在西部大开发中我们也碰到了一个问题，就是如何看待西部的投资效益？这里有一个怎么算账的问题。有人说，西部地区投资效益差，不如把投资安排在东部。就有如俄罗斯联邦政府往边疆区投资，有人反对，认为不如投到圣彼得堡更有效益一样。但这种算账方法是不对的，因为无论是中国的西部大开发，还是俄罗斯开发西伯利亚，算投资效益的账，不能只从单个项目算，不能只从短时间算，而要从整体上算账。我们西部大开发最大的收获是内需起来了，在国际金融危机情况下，中国经济能保持高的增长速度，和西部大开发有很大关系。我认为中国西部大开发的经验，可供俄罗斯参考。

我同时认为，中国西部大开发和俄罗斯的西伯利亚及远东大开发互补性很强，合作潜力很大，能不能把这两个地区的大开发更好地结合起来，这件事办好了，对俄罗斯的西伯利亚和远东开发，对中国西部与东北开发都有利。

中国对往俄罗斯西伯利亚地区投资感兴趣。中国现在海外投资增长迅速，但对俄罗斯累计投资只有280亿美元，这个比重与中俄两国间贸易和经济总量非常不相称。中俄两国元首已经签署了一个规划纲要，要加强中俄双方地区间投资。现在中俄两国虽然投资基数小，但投资增长迅速，这两年以年均40%速度增长。衷心希望俄罗斯把西伯利亚大开发搞好，我们把西部大开发搞好，进一步加强两国的地区合作。

加快西部地区开放合作
促进均衡发展共同繁荣[*]

（2013年10月23日）

推动经济全球化朝着均衡、普惠、共赢的方向发展，实现福祉共享的包容性增长，是各国人民的共同心愿。当前，世界经济仍然处于深度调整期，主要发达经济体的结构性问题远未解决，新兴市场经济体增速放缓，世界经济全面复苏和健康发展艰难曲折。面对国际形势的深刻变化，面对经济相互依存程度空前加深的客观现实，世界各国必须携起手来，同舟共济，充分发挥各自比较优势，促进经济紧密务实合作，建立更加均衡和新型的全球发展伙伴关系。

中国西部地区地域辽阔、人口众多、资源富集，与周边13个国家接壤，是中国经济增长的重要支撑，也是国家新一轮对外开放的重要地区。历经十几年的开发建设，中国西部地区已经站在新的历史起点，进入了新的发展阶段。在新一轮西部大开发中，中国政府高度重视西部地区的开放合作，明确要求西部地区大力推进沿边开放、内陆开放，加快向西开放步伐，全面深化与周边及有关国家的开放合作。近年来，国家积极建设成渝、关中－天水、北部湾等重点经济区，着力打造重庆、成都、西安等内陆开放型经济高地，相继出台了支持广西向东盟开放、云南向西南开放、新疆向西开放、内蒙古向北开放的政策措施，批准设立了新疆喀什、霍尔果斯经济开发区，推进建设广西东兴、云南瑞丽、

---

[*] 这是在成都召开的第六届中国西部国际合作论坛上代表国家发改委的讲话。

内蒙古满洲里等沿边重点开发开放试验区，加快建设宁夏内陆开放型经济试验区，并允许这些地方先行先试，目的就是要进一步推动西部地区加快开发开放，探索与相关国家互利共赢、共同发展的新模式。

中国西部与相关国家有着广泛的合作需求和良好的合作前景，一个更加开放的中国西部将为与相关国家的深化合作、均衡发展和共同繁荣带来新的机遇，我们愿为此而作出新的努力。

一是推动基础设施互联互通。我们愿同各方积极探讨完善跨境基础设施，加快推进公路、铁路、水运、航空、电信、能源等领域互联互通合作，加快实施泛亚铁路等一批重大项目，打通从太平洋到波罗的海等国际运输大通道，逐步形成连接东北亚、中亚、南亚、东南亚的综合交通运输网络。在加强"硬件衔接"的同时，抓好信息、通关、质检等制度标准的"软件衔接"。

二是拓展和深化经济贸易合作。我们将充分发挥西部地区的沿边优势、资源优势和市场优势，积极扩大与周边及有关国家的投资与产业合作，促进产业对接融合发展、经济贸易转型升级。在巩固和深化能源资源领域合作的基础上，促进农业、机械制造业、战略性新兴产业、现代服务业等领域合作。共同规划建设一批绿色环保、智能高效的产业园区，搭建经贸合作新平台。积极推进丝绸之路经济带、孟中印缅经济走廊、中巴经济走廊建设，全面加强国际区域合作。

三是加强科技合作与人文交流。我们愿与各国共同把握世界范围内新一轮科技革命和产业变革的重要机遇，全面加强多层次、多领域、多形式的国际科技创新合作，在尊重文明和文化多样性的基础上，全面加强与周边及有关国家在教育、卫生、文化、旅游、安全、环保等领域的交流合作，加强青年交流，深化人文往来，巩固传统友谊，维护共同利益。

"一花独放不是春，百花齐放春满园"。均衡发展，既是世界各国面对挑战、实现共同繁荣的必然选择，也是中国全面建设小康社会，实现"中国梦"的必然要求。西部地区是我国最具潜力的发展区域，也是中国未来一个时期深化国际区域合作的重要舞台。我们将进一步加大向西开放力度，与世界各国团结合作，携手并进，致力于建设均衡发展、互利共赢的经济体系，共创繁荣、美好的崭新未来！

在云南瑞丽沿边开发开放研讨会上的讲话[*]

（2014 年 12 月 23 日）

瑞丽是我下乡插队生活和战斗过的地方，是我的第二故乡。我对瑞丽充满了感情，衷心希望瑞丽紧紧抓住沿边开发开放的历史机遇实现跨越式发展，造福边疆各族人民。这次会议重点研讨沿边开发开放试验区建设问题，契合了中央提出的建设丝绸之路经济带和 21 世纪海上丝绸之路、打造全方位对外开放新格局的战略部署，恰逢其时，很有必要，希望对加快试验区建设和沿边开发开放步伐起到积极的推动作用。下面，我讲几点意见，供同志们参考。

一、沿边开放是全方位对外开放新格局的重要组成部分

对外开放是我国的基本国策。改革开放 30 多年来，我国经济之所以持续快速发展，对外开放起到了关键作用。当前，面对世情国情的深刻变化，我国的对外开放面临着新的转型升级。党的十八大和十八届三中全会明确指出，适应经济全球化新形势，必须实行更加积极主动的开放战略。这是因为，一方面，世界经济版图出现新变化，中国的加速复兴成为冷战后世界地缘政治的最大事件，中国正在走向世界舞台的中心，国际竞争更趋激烈；另

---

* 国务院参事室、云南省参事室、云南省德宏州在瑞丽举办沿边开发开放研讨会，这是作者在研讨会上的主旨讲话，原载《国参建言》2015 年第 1 期。

一方面，我国经济发展进入新常态，原来的低成本比较优势正在发生变化，也要求我国通过高水平引进来、大规模走出去塑造新的国际竞争新优势。正是在这一背景下，党中央、国务院高瞻远瞩、统揽全局，适时提出了建设丝绸之路经济带和21世纪海上丝绸之路的重大构想，不仅得到了沿线国家的广泛共鸣和积极响应，而且对于我国构建开放型经济体制，打造全方位对外开放新格局具有重大的现实意义，我国将在更大范围、更宽领域、更深层次上融入全球经济体系。

沿边开放是全方位对外开放的重要组成部分。我国陆地边境长达2.28万公里，分布着9个省（区），与14个国家接壤。继沿海地区率先对外开放后，1992年，国家设立了14个边境经济合作区，标志着启动实施沿边开放战略。20多年来，沿边地区的开放开发不断取得新进展。1992~2011年，沿边地区136个县、58个团场的生产总值增长22倍，进出口总额增长32倍，城镇居民人均可支配收入和农村居民人均纯收入分别增长25倍和15倍，有了长足的进步。

但是另一方面又必须看到，由于种种原因，西部的开放水平落后于东部，沿边的开放水平落后于沿海，我国进出口总额沿海地区占比超过80%，近20年来，沿海地区对外贸易年均增速超过20%，几乎是沿边的2倍，我国对外开放总体上呈现出"东强西弱、海强边弱"的状况。

构建东西共济、海陆并举的全方位对外开放新格局，必须补上沿边开放这块短板；在进一步提升沿海开放水平的同时，必须大力推进沿边开放。实施沿边开放战略，不仅是全方位对外开放的要求，而且对于保障国家安全、深化次区域合作、促进民族团结和边疆稳定具有特殊的重要意义。

从政治和外交看，周边是首要。近年来，我国周边形势趋于复杂，围绕东亚、东南亚、中亚的政治、经济、外交、军事博弈日益激烈。美国战略重心东移，实施"亚太再平衡"战略，强化与日本、菲律宾等盟国的军事关系，与印度、越南等加强安全合作，挑起钓鱼岛及南海争端，力图形成对我围堵的多重岛链，遏制我和平崛起。在中亚、南亚地区，美国一方面提出"新丝绸之路计划"，希冀从阿富汗撤军后，继续维护其在该地区的既有利益；另一方面纵容境外极端主义和恐怖主义蔓延，境内外"三股势力"相互勾结，对我边疆稳定带来严峻挑战。俄罗斯主导推进欧亚经济联盟，继续强化对独联体国家的控制，对其他大国进入该地区心存疑虑。面对这一新形势，习近平总书记在今年10月周边外交工作座谈会上指出，周边对我国具有重要的战略意义，睦邻友好、互利合作是周边国家对华关系的主流，我们要更加奋发有为地推进周边外交，让命运共同体意识在周边国家落地生根，这既是实现中华民族伟大复兴的中国梦的需要，也是使我国发展更多惠及周边国家、共同发展的需要。

从资源禀赋和发展基础看，我国与周边国家有巨大的合作潜力。周边国家人口众多，资源丰富，市场发育滞后，成长潜力很大。据统计，周边国家天然气储量占世界总储量的42%，铁占25%，铜占27%，镍占23%，钨占23%，锡占32%，金占29%，钾盐占27%。同时，近年来，在全球经济陷入低迷的大环境下，周边14个国家中仍有一半以上国家年均经济增长速度超过6%，呈现出较强的经济增长活力和发展后劲，是亚洲乃至全球经济增长前景比较看好的一个区域。相对于周边大部分国家，我们在产业、资金、技术、管理、人才等方面具有明显的比较优势，双方经济互补性较强，拓展经贸技术合作的空间很大，通过深化双边和多边经贸合作，既可以拓展我发展空间，也可以带动周边国家的发展。

从深化合作的条件看，和平、发展、合作、共赢仍是时代主题，我与周边国家长期友好往来，有着传统的睦邻友好关系。不少沿边地区与周边国家民族相近、语言相通、文化相融，双方经贸往来、人文交流活跃，边民关系融洽。随着经济全球化的深入推进，国际区域次区域合作方兴未艾。我国向东盟、中亚和东北亚的开放取得很大进展，与东盟、巴基斯坦建立了中国—东盟、中国—巴基斯坦自由贸易区，大湄公河、中亚、大图们倡议等次区域经济合作不断深化。去年习近平总书记提出"一带一路"倡议后，周边国家积极响应，与我深化合作、搭"中国快车"的意愿不断增强，对与我合作充满新期待和新要求。

从我国国内的情况看，大力实施沿边开放战略也有重要意义，主要有两点。

一是深入实施西部大开发战略的必然要求。中央强调，必须从全局和战略的高度，继续深入实施西部大开发战略。深入实施西部大开发战略，我认为有两个东西必须始终牢牢抓住：一个是充分发挥西部地区的资源优势，加快发展特色优势产业，增强西部地区发展的内生能力；另一个是充分挖掘和发挥西部地区的沿边优势，加快对内对外开放，提高开发开放水平。一个资源优势，一个沿边优势，把这两个潜力发挥出来，西部地区才能真正实现跨越式发展。从资源优势看，不仅西部地区是我国战略资源的重要接续地，而且沿边地区是我利用境外资源、开展资源开发合作的关键区域。从沿边优势看，沿边优势是指通过与周边国家比较优势的交换来加快发展，某种意义上可以说，西部地区的沿边优势是继资源优势之后又一个最重要的优势。就目前看，沿边地区发展的绝对水平还不高，但从长远看发展潜力巨大。2013年，沿边9省（区）136个边境县（旗、市、市辖区）的人均地区生产总值和西部地区相当，是全国平均水平的73.6%，"十二五"以来生产总值年均增速达12.1%，分别比西部和全国高0.6和1个百分点。进一步扩大沿边开放，可以更充分地释放沿边地区的优势和潜力，更好地发挥对西部大开发的战略支撑作用。

二是维护民族团结、边疆稳定的客观需要。沿边地区大多是民族地区，有壮族、蒙古族、回族、藏族、维吾尔族等45个少数民族，肩负着加快发展、同步小康、民族团结、稳疆固疆的繁重任务，在国家改革发展稳定大局中具有重要战略地位。近年来，西方一些国家插手我西藏、新疆事务，支持和怂恿达赖分裂主义集团和"三股势力"加紧进行分裂和破坏活动，对我国国家安全和核心利益构成现实威胁。中央第五次西藏工作座谈会和第二次新疆工作座谈会明确指出，我们与分裂势力的斗争是长期的、尖锐的、复杂的，有时甚至是很激烈的。要牢牢把握反分裂斗争的主动权，维护边疆地区的社会稳定和长治久安，关键要加快这些地区的经济发展，大力改善民生。民生决定民心，只有民生改善了，才能赢得民心，才能为民族团结、边疆稳定打下坚实的物质基础，才能使各族人民更加紧密地团结起来，共同抵御敌对势力的西化分化图谋。因此，进一步扩大沿边开放，不仅是经济任务，也是政治任务。

二、深刻认识和牢牢把握沿边开放的特点和基本规律

沿海开放36年，沿边开放22年，积累了不少经验。现在的问题是，沿边开放与沿海开放有哪些共同点，又有哪些差异？这是一个需要深入研究的问题。我以为，相对于沿海开放，沿边开放的确有它的特殊性：

一是面对的是特定的国家、特定的市场，一定程度上具有"一对一"的性质。沿海地区开放主要依靠濒临海洋的地缘优势，利用便捷、低廉的海上运输，面向广大的海外市场，选择面宽，受地缘局限小。而沿边地区直接与某一个或几个国家陆地相连，其开放主要面对特定国家、特定市场，对外经贸往来更多是"一对一"的线性关系。

二是受对方或周边国家政治、经济格局变化的影响大，开放的外部环境相对复杂。沿边开放"一对一"的性质，决定了其对周边环境的变化更为敏感，具有很强的外部性，周边政治经济形势的变化直接影响我沿边开放的进程。而我国周边地区又是地缘

政治关系错综复杂的地区,是大国博弈的敏感区域,部分国家政局不稳,法律不健全,相互缺乏政治互信,少数国家对我抱以既合作又防范的矛盾心态。同时,边境地区还面临着跨境犯罪、走私贩毒、"三股势力"等不稳定因素,发展环境十分复杂。

三是沿边地区多是民族地区、欠发达地区,经济社会发展相对滞后。从一定意义上讲,自身经济社会发展的水平决定着对外经贸合作的水平。沿海地区是我国经济最为发达、理念最为先进、发展环境最为优越、市场机制最为完善的地区,这些都有力地支撑了沿海地区的对外开放。而沿边地区少数民族聚集、远离中心市场、市场发育程度低、基础设施不完善,产业发展还处在工业化的初中期,开放的基础薄、能力弱,制约了与周边国家经贸合作的水平。

总的来看,沿边开放既有前述的有利条件,也面临着不少困难和挑战。在这一背景下,要有效地推进沿边开放,就必须充分认识沿边开放的特殊性,牢牢把握沿边开放的基本规律,在实际工作中,要特别注意处理好以下几个基本关系。

一是把对外开放与对内开放、沿边开放与内陆开放结合起来。基于沿边地区作为欠发达地区的现状,加强国际次区域合作必须首先加强国内区域合作,只有借助沿海和内陆发达地区的资金、经济、技术、人才、管理等方面的雄厚实力,依托广大的国内市场,才能不断深化与周边国家的经济技术交流与合作,才能在次区域合作中占据高端、赢得优势。这犹如斧背与斧刃的关系,斧背越宽厚,对斧刃的支撑力量就越大,斧刃的作用才能有更大的尺度和更大的力度;没有宽厚坚实的斧背,再锋利的斧刃也难以有效发挥作用。在沿边开放中,沿海和内陆地区是后盾,没有沿海和内陆地区的强有力支撑,仅靠沿边地区单打独斗,沿边开放势必形单影薄、事倍功半。因此,沿边开放必须以沿边地区为战略前沿,以沿海和内陆地区为战略腹地和战略支撑,加强互动合作,有针对性地促进资源和要素在点、线、面上优化配置,才能形成沿边开放的综合优势，才能使沿边开放的步伐更快、力度更大、效果更好。为此，沿边地区要有足够的内引外联的意识，以开放带动开发、以开发促进开放，以对外合作带动对内合作，以对内合作支持对外合作。

二是要正确处理好"赶"与"转"的关系。沿边地区的经济社会发展与内地特别是与东部地区相比，仍有较大差距。因此，沿边地区的发展首先面临着一个"赶"的任务，必须加快发展，努力缩小与内地和沿海的发展差距；另一方面，新的历史条件又不允许沿边地区重蹈沿海发达地区"先破坏、后治理"的老路，必须一开始就把加快发展与科学发展统一起来，把"赶"与"转"结合起来，正确处理好发展速度与质量效益的关系、人与自然的关系、经济发展与保障改善民生的关系，创造性地走出一条在发展中转变、在转变中发展的新路来，这是历史赋予的使命，也是摆在沿边开放面前的重大课题。为此，沿边地区在加快发展的同时，从一开始就要坚持高标准、高起点，不能再搞低水平的重复建设，要高度重视转变经济发展方式，以开放促开发，内引外联，推动经济、贸易发展转型升级，努力促进沿边开放从以传统的边境贸易为主向综合性、多层次经贸合作转变，从低层次产业结构向高层次产业结构转变。

三是要树立正确的义利观。沿边开放受周边环境的影响很大，能否处理好与周边国家的关系，不仅关系沿边开放成败，更是事关我国改革发展大局。目前，周边不少国家对与我合作，既充满期盼，也存在着这样那样的疑虑和顾忌，甚至担心双方合作只是中国得益，更有一些别有用心的声音散布"中国威胁论"、"中国掠夺论"，这给我们敲响了警钟。在这样的形势下，我们要更加自觉地坚持以邻为善、以邻为伴的周边外交方针，突出亲、诚、惠、容，秉持和平合作、开放包容、互学互鉴、互利共赢的核心理念，树立正确的义利观，积极发展同周边各国的睦邻友好关系，主动加强全方位的经济技术交流与合作，带动周边国家共同发展，把国际次区域合作不断引向深入。互利共赢是保持合作长久生命力的前提。在与周边国家合作上，一定要有长远眼光、战略眼光，不能光想着自己得利，一定要照顾彼此关切，让彼此都从合作发展中得到好处。要牢固树立多予少取、先予后取，循序渐进、久久为功的理念；多算大账、少算小账，既要算眼前账、更要算长远账，不仅算经济账、也要算政治账。实际工作中，不仅做好高层工作，也做好民间工作，多做得人心、暖人心的事，增强亲和力、感召力、影响力，奠定沿边开放坚实的民意基础。

四是要坚持以改革创新助推沿边开放。相对于沿海开放，沿边开放还是新生事物，时间较短、规模较小、层次较低。在当前国家加快推进"一带一路"建设、打造全方位对外开放新格局的大背景下，沿边地区由开放的末梢变为前沿，原有的体制机制与新的开发开放要求还有很多不相适应的地方。比如签证办理复杂，人员往来不便；口岸功能滞后，贸易便利化水平不高；金融服务不完善，资金保障能力较弱；审批环节较多，政府服务效率较低；法律法规不完善，贸易投资保护机制缺乏等等，这都要求我们必须打破现有的体制机制障碍，以壮士断腕的决心推进改革、进行创新，建立健全更加适应发展开放型经济需要的体制机制，以改革创新助推沿边开放。同时，要从沿边开放的实际情况出发，允许沿边地区实施特殊政策和灵活措施，在重点领域和关键环节先行先试、率先突破，在政策和投入等方面加大支持力度，鼓励沿边地区探索和创新跨境经济合作的新模式、促进沿边地区发展的新机制、实现兴边富民的新途径。

三、近年重点开放开发试验区建设进展情况

为加快完善我国全方位对外开放格局，提升沿边地区开放水平，党中央、国务院及时作出了建设沿边重点开发开放试验区的战略决策。2010年6月，《中共中央、国务院关于深入实施西部

大开发战略的若干意见》提出，提升沿边开发开放水平，积极建设广西东兴、云南瑞丽、内蒙古满洲里等重点开发开放试验区。2012年7月9日，国务院批准广西东兴、云南瑞丽、内蒙古满洲里重点开发开放试验区建设实施方案。2013年12月，国务院对沿边开发开放试验区建设进行全面部署，提出研究设立广西凭祥、云南勐腊（磨憨）、内蒙古二连浩特、黑龙江绥芬河（东宁）、吉林延吉（长白）、辽宁丹东重点开发开放试验区，并明确了新时期试验区建设的要求。今年6月，国务院又批准设立了内蒙古二连浩特试验区。

《国民经济和社会发展第十二个五年规划纲要》明确提出了我国沿边开放的重点方向，即向东北亚开放、向西开放、向东盟开放、向西南开放。上述试验区的布点符合国家沿边开放总体布局的要求。其中，向西方向，国务院已批复在新疆设立喀什、霍尔果斯经济开发区；东北亚方向，布局建设内蒙古满洲里、二连浩特、黑龙江绥芬河（东宁）等试验区；东盟方向，布局建设广西东兴、凭祥试验区；西南方向，布局建设云南瑞丽、勐腊（磨憨）试验区。这些试验区共同构成我国沿边开发开放先行区，目的就是通过先行先试，以点带面，全面提高沿边地区开放水平，为"一带一路"建设提供重要支撑，加快形成海陆统筹的全方位对外开放新格局。

两年多来，有关省（区）、有关部门认真贯彻落实党中央、国务院的部署，根据国务院批准的试验区建设实施方案和国家发改委批复的试验区建设总体规划，切实加强组织领导，及时出台政策措施，给予试验区工作有力的支持和指导，广西东兴、云南瑞丽、内蒙古满洲里等试验区建设各项工作有序推进，取得了明显成效。

一是推进体制机制创新，先行先试成效显著。目前，广西东兴、云南瑞丽、内蒙古满洲里三个试验区全部恢复了边境旅游异地办证业务，开展了跨境贸易人民币结算业务。东兴试验区建立了农行中国—东盟货币业务中心，启动了办理外国人口岸签证业务，并被批准成为进境种苗指定口岸。瑞丽试验区开展了边境贸易进出口商品人民币结算退税、个人本外币特许业务兑换、人民币与缅币兑换，以及全国低丘缓坡土地综合开发利用试点工作。满洲里被国务院列为卢布流通试点城市，成为全国陆运指定粮食进口口岸，并率先开展企业"零资本注册"，其互市贸易区实现了"双向开通"。云南、内蒙古、广西三省区还给予试验区积极的财政税收优惠政策。

二是基础设施逐步完善，发展环境进一步改善。连接东兴的南（宁）防（城港）高速铁路、防（城港）东（兴）高速公路建成通车，中越北仑河二桥开工建设。瑞丽畹町芒满至缅甸木姐105码公路建成通车，龙瑞、瑞陇高速公路加快推进，瑞丽直升机场基本建成，中缅天然气管道全线贯通供气。满洲里成功开行"苏蒙欧"（苏州—内蒙古—欧洲）铁路专列，"中俄"（广州—满洲里—莫斯科）铁路专列筹备工作进展顺利，满西高等级公路开工建设，满伊铁路建设顺利实施，满洲里至俄罗斯赤塔电气化铁路改造工程及高等级公路改造工程加快推进，满洲里至俄罗斯博尔贾国际定期旅客班车恢复开通。

三是一批重大产业项目落地，自我发展能力不断增强。试验区把产业发展作为工作重点，加快招商引资力度，一批大型企业集团陆续入驻，各项重点项目建设有序推进，产业体系不断完善。东兴试验区，金川有色金属加工、金源镍业等项目顺利竣工，东兴汽贸城、日升物流、澳加粮油等一批重点项目开工建设。瑞丽试验区，重庆银翔摩托车生产基地、北京汽车集团汽车生产线等项目，以及中储集团、华力、钢海、香港雅居乐等一批国内外大企业、大集团相继落户。满洲里开工建设了西航国际文化旅游度假城、万达广场等一批商贸旅游项目和天源重油加工、多金属矿分布回收综合利用等重点工业项目。

四是周边合作持续深化，对外贸易增长迅速。越南、缅甸、俄罗斯等国家相邻地区对我试验区建设高度关注，合作意愿十分明显。德宏州与缅甸商务部建立定期会晤机制，同时建立中缅边境银行间合作关系。满洲里加强与俄罗斯赤塔、乌兰乌德以及蒙古肯特省等城市和地区的友好往来与合作，强化中俄满洲里—后贝加尔边疆区域协调联络机制。国家有关部门正在研究跨境经济合作区建设工作，瑞丽与缅甸木姐跨境合作事务正在进行磋商，满洲里与俄罗斯相邻地区跨境旅游合作区建设正在进行商谈。2013年东兴边境贸易额增长18.9%，瑞丽及满洲里的市属外贸进出口总额分别增长47%和10.5%，对外贸易稳步增长。

重点开发开放试验区建设为沿边地区发展带来新气象、注入新活力，正在成为区域经济发展新的增长点。2013年，瑞丽试验区生产总值47.2亿元，同比增长15.0%；固定资产投资完成65.3亿元，增长47.0%。东兴试验区生产总值399亿元，同比增长12%；全社会固定资产投资384亿元，增长23.4%。满洲里试验区生产总值192.4亿元，增长9.3%；全社会固定资产投资完成135.6亿元，增长23.1%。试验区各项经济指标普遍高于全国平均水平，经济社会发展进入快车道，为进一步加快发展奠定了良好基础。

四、进一步推进试验区建设的几点建议

试验区建设有了一个好的开头，取得了可喜成绩，但是也要看到，试验区建设尚处于起步阶段，基础设施不够完善，产业功能比较薄弱，经贸合作水平相对较低，人才支撑明显不足，体制机制不够灵活等问题依然存在，亟待进一步加强和改善。我们要紧紧抓住国家推进"一带一路"建设、加快沿边开放步伐的重大历史机遇，加强地方与部门的协作，锐意进取、开拓创新，进一步加大试验区工作力度，努力把试验区建设工作推向新阶段、提高到新水平。就此，提出以下几点建议。

一是加快交通等基础设施建设。基础设施互联互通是试验区发展的基本前提。试验区地处边境地区，过去是国家交通网络的末梢，通达能力差、物流成本高是制约发展的突出矛盾。只有打通交通大动脉，才能有效降低物流成本，才能带动项目投资和经贸流通，也才能推进试验区建设步入良性循环的轨道。要把交通基础设施建设放在试验区建设的优先领域，抓住关键节点和重点工程，尽快打通缺失路段，畅通瓶颈路段，提升道路通达水平，构建联通内外、安全通畅的综合交通运输网络。还要以试验区为重要节点，积极推进与中亚、东南亚、南亚等战略方向的骨干通道建设，加快形成中国至波罗的海、中国至波斯湾、中国至印度洋的战略通道。推动口岸基础设施建设，完善口岸服务功能，促进国际通关、换装、多式联运有机衔接，形成统一的运输规则，实现国际货物运输便利化。加快综合信息基础设施建设，提升信息资源共享及服务水平，构建面向周边国家的区域性国际通信与信息服务枢纽。

二是加强经贸和产业合作。深化经贸和产业合作，是加快沿边地区发展、促进与周边国家经济深度融合的重要途径，也是试验区建设大有可为的重点领域。过去，试验区所在地多以边贸为主，产业发展整体水平不高，虽然口岸贸易量较大，但大多属于"过路财神"，对当地经济发展贡献不大，老百姓受惠不多。近年来，试验区要素聚集呈现良好势头，预示着试验区已经进入产业结构跃迁的关键阶段。今后一个时期，试验区建设要以提升自我发展能力为主线，推动单一发挥口岸功能向经济贸易协同发展转变、由简单加工向产业制造转变。一方面，加快推进贸易转型升级，积极优化贸易结构，在积极发展边贸的同时，不断提高大贸在本地贸易中的比重和在全国对外贸易中的比重，同时坚持扩大出口与增加进口并重、货物贸易与服务贸易并举，更好地服务全国大市场。另一方面，立足我国比较优势，瞄准两个市场、利用两种资源，积极发展符合周边市场需要的汽车、电子、机械、轻纺等出口型产业，利用好进口资源发展符合国内市场的资源型产业，构建和完善外向型产业体系。同时要鼓励和引导我国企业通过试验区到周边国家投资兴业，推动我装备制造业走出去、优势产能转出去、技术标准带出去。

三是加大金融和人文领域交流。深化与周边国家在金融、人文等领域的交流合作，是试验区开展对外经济合作的有力支撑。当前，我与周边一些国家签署了双边本币互换协议，与周边部分国家签订了双边本币结算协议，国家也加大了对试验区的金融支持力度，但仍存在融资能力较弱，银行间结算渠道不通畅等问题。我们要加快优化试验区金融服务环境，完善金融服务体系，提高金融服务水平，创新金融业务和金融产品。拓展国际金融服务业务，积极推动跨境贸易人民币结算业务开展，研究开展居民个人本外币兑换特许业务。鼓励创新外汇监管方式，下放资金审核管理权限，放宽外汇准入限制，促进投资贸易便利化。同时，要进一步密切人文往来，加强试验区与周边国家在教育、文化、科学技术、医疗卫生等社会事务合作，通过积极开展中外合作办学、办医，扩大相互间留学规模和来华培训规模，联合开展重大科技攻关，加大文化艺术交流活动等多种方式不断深化人文交流，为试验区与周边国家的交流合作奠定坚实的民意基础。

四是加大战略投入和政策支持。党的十八届三中全会《决定》明确提出，允许沿边重点口岸、边境城市、经济合作区在人员往来、加工物流、旅游等方面实行特殊方式和政策。这既体现了中央对沿边开放的高度重视，也是对有关部门工作提出的新要求。各有关方面应从我国开放大局和经济社会发展长远角度出发，进一步加大对试验区建设的支持力度。有关部门要深入分析当前制约沿边开放的体制机制障碍和有关问题，在财政税收、人员往来、对外贸易、产业发展、金融支持、跨境旅游等方面提出有针对性的政策建议和应对措施，在资金支持和项目审批方面，要切实加大投入力度，对试验区建设和整个沿边地区开发开放给予有力支持。在这个问题上，要算大账，要有长远的战略眼光。试验区在争取国家投入的同时，还要积极吸引社会资本参与试验区建设。国务院日前出台了创新重点领域投融资机制鼓励社会投资的指导意见，明确提出了要在基础设施建设等领域推广政府和社会资本合作（PPP）模式。试验区应以此为契机，充分发挥市场作用，盘活资源，拓展建设资金渠道。

五是推动制度创新和环境改善。试验区的关键词是"试"。习近平总书记要求各项改革试点工作都要把制度创新作为核心任务，把可复制、可推广作为基本要求。重点开发开放试验区建设也要坚持这一基本原则，进一步解放思想，立足实际，大胆闯、大胆试，以开放促增长、兴市场，以开放促调整、兴产业，以开放促改革、兴活力，在"一带一路"建设中，真正发挥先导作用、窗口作用，走出一条符合沿边开放需要和沿边地区特点的新路子。同时，在试验区建设过程中，还要不断改善发展环境，奠定良好基础。一是要提升行政服务效能。作为沿边重点开发开放试验区，无论是内引还是外联，都要求我们加快行政管理体制改革，提高政府的工作效率，不能拖延误事，不能门难进、脸难看，不能推诿扯皮，减少和规范行政审批事项，提高行政服务效能；二是要提高社会管理水平。试验区建设要牢牢坚持"三不要"、"两管住"。"三不要"，就是不要盲目圈地占地、不要炒作房地产、不要破坏生态环境；"两管住"，一个是管住"黄赌毒"、一个是管住走私贩私。这是试验区建设的底线要求；三是要高度重视人才队伍建设。试验区建设要创新人力资源开发和管理模式，大力引进各类人才，加快建立与试验区建设相适应的人才队伍。

党中央、国务院对沿边开发开放和重点开发开放试验区建设高度重视，新形势下沿边开放正迎来重要的战略机遇。我们要按照党中央、国务院的战略部署，抢抓机遇、开拓进取，统筹谋划、扎实工作，有力有效地推进试验区建设迈上新台阶。我相信，在大家的共同努力下，重点开发开放试验区建设一定能够不断取得新成绩和新突破，为进一步提高沿边开发开放水平，推动"一带一路"建设，深入推进西部大开发，全面建成小康社会作出更大贡献！

在中国（四川）日本产业合作圆桌论坛上的讲话[*]

（2019年8月22日）

今天会议的主题是"中国（四川）日本产业合作"。中日两国是一衣带水的邻邦，人缘相近，人脉相通，两国的友好交流源远流长。1972年两国邦交正常化以后，两国关系总体上是在波动中向上发展的。特别是改革开放以来，两国的经贸合作更加密切、广泛、深入。截至去年，中日两国贸易额为3276.6亿美元，比上年增长了8.1%。日本是中国仅次于美国的第二大贸易伙伴国，中国是日本最大的贸易伙伴国，中日双边贸易额已经连续六年突破3000亿美元。在投资领域，日本在华累计投资1119.8亿美元，是中国最重要的外资来源国，日本在我国利用外资国别中排名第一。

去年是中日缔结和平友好条约40周年，逢此佳期，李克强总理对日本进行正式访问，取得了重要的、丰硕的成果。其中一个重要的内容是双方在加强地方与地方的交流合作上达成了新的共识。为落实总理的访日成果，国家发改委正在积极谋划和推进中日地方交流合作的框架和具体事宜。今年年初，日本的地方经济担当大臣和国家发改委负责人就建立两国地方经贸合作伙伴关系进行了磋商，很快将签订一个协议文本，标志着中日双方地方合作将进入一个新的发展阶段。

实际上，中国与周边国家地方与地方的交流合作由来已久，其中包括中国东北三省与俄罗斯西伯利亚的地方合作、中国长江

---

[*] 这次会议由成都市高新区管委会主办。

中上游城市群与俄罗斯伏尔加河流域城市群的合作、中国与东盟有关国家开展的澜沧江与湄公河地方合作等。这些地方之间的经贸合作，是对国家层面经贸合作的一种有益补充。中日地方合作协定签订以后，也将把中日经贸合作进一步推向深入。

　　中日之间未来经贸关系的发展，尽管还有一定的不确定性，但总体上看，我还是持一个积极的、乐观的态度。为什么这样讲呢？因为中国和日本，在经济、贸易、投资、科技等各个领域有着非常强的互补性。与日本的科技水平相比，我们还有很大差距，这是日本的优势；而中国的优势，在于我们有非常广阔且非常具潜力的市场。在安倍首相的经济政策下，日本实现了一个温和经济增长，要进一步保持这个增长势头，发展同中国的经贸合作是不可或缺的。对中方而言也不例外，我国经济正在从高速增长转向高质量发展，对科技、创新、人才的需求没有任何一个时期像今天这样显得格外迫切和重要。还有一个因素，就是由美方挑起的中美经贸摩擦，明显是要遏制中国的崛起，我们对此要有打持久战的准备。在中美贸易摩擦的背景下，实际上日本也会受到影响，日本和中国加强双边的经贸合作可能恰逢其时，因为在目前的阶段上，中国和日本的经贸合作权重实际上是上升的。我相信，在美国四处挑起经贸摩擦的背景下，相关国家都会面对这场变局做出适应性的、理性的调整。

　　具体到今天的主题，发展中日地方的经贸合作，我想是有基础、有潜力的，也是有可预期的前景的。为什么这样说呢？因为中日经贸关系的发展已经进入了深化合作的新阶段，而地方合作则是新阶段的一个重要标志。实际上，现在中日地方层面上的合作交流已经启动了。据我所知，广州、苏州、青岛、天津、大连、武汉还有成都，七八个城市已经进入了双方地方合作的备选清单，实质性的合作有的已经开展起来了。比如广州与日本京都大学、九州大学、日本富士制药已经签订了合作协议，准备在南沙新区进行生物医药的合作；苏州与日本科技文化中心、野村综合研究所签订合作协议，将在苏州相城国家开发区就智能制造开展合作；青岛与日中经济协会签订协议，将在青岛西海岸新区就节能环保开展合作，天津拟与日方在健康产业领域合作等。成都的初步考虑是，在动漫文化产业领域与日本开展合作。

就成都而言，成都是重要的国家中心城市，近些年经济发展势头不错。成都有1600多万人口，去年地区生产总值突破1.5万亿元，人均不到10万元人民币，但1.3万美元是有的。根据世界银行的标准，超过1.2万美元就属于高收入国家，所以成都已经是高收入地区了。成都的产业结构不断升级，高新技术产业产值已经突破1万亿元。成都的要素聚集程度比较高，首位率也比较高，占全省地区生产总值的37%。成都营商环境很好，是2018年中国国际营商环境标杆城市，连续6年被评为中国最具投资吸引力第一名。在对外合作交流方面，世界500强有285家落户成都，这是一个很不错的成绩单。日商投资企业在成都有310家，全省447家，也就是说日商在四川的投资四分之三落户成都。从这些情况看，成都进一步发展和深化与日本的合作，是具备基础条件和比较优势的。

接下来的问题是，如何打造和推进与日本的地方交流合作？我想提三点看法和建议。

第一，要从全局着眼来把握中日产业合作的规律。改革开放40年来，中日经贸合作从小到大，目前的体量已经不小了，与以往相比，中日经贸合作将进入一个新的阶段。为什么这样说呢？因为中日双方的经贸、投资合作都处在一个战略调整期，这是由双方的发展阶段决定的，也取决于世界贸易格局的变化。要注意日资对华投资的新变化。比如在投资方向上，正在从制造业向服务业，以及制造业中的高新产业拓展，同时投资方式、投资环节及合作方式也都有新的变化。就中方而言，中国经济也正在转向高质量发展阶段，再不是所有的外资我们都要了。这些规律性的变化是我们今后开展对外经贸合作需要特别注意的一点，要符合新时代的新要求。

第二，就是要准确定位，认真做好前期工作。定位就是双方合作的契合点。要本着优势互补的原则，来确定双方合作的重点领域和重点项目。现在成都提出发展文化产业，这是一个很有前景的产业，不妨多做一些考察和研究，多一些与日方的沟通，多做一些项目储备，在比较中把最终的合作领域和重点项目确定下来，把项目库建立起来。前期工作也包括要建立一个很好的工作机制。中日地方经贸交流与合作分三个层次，国家层面是国家发改委对日本负责地方经济的部门，其次是城市对城市层级，第三个层级就是我们新区（高新区）对日本超级都市（日本的超级都市大体相当于我们的新区）。成都需要在国家指导下，把后两个层级的工作关系建立起来。

第三，就是要进一步改善我们的营商环境。我看发改委对日资企业的调研资料，讲日资企业对在华投资有三个诉求：一是希望中方进一步放宽对外资限制，减少限制措施；二是强化知识产权保护，营造公平竞争环境；三是加强人才培养，提高劳动力水平，提高生产效率。对日资企业的诉求我们要重视，成都的营商环境在不断改善，希望成都市以及高新区认真梳理一下，看看我们在哪些方面做得还不到位，在原来做得比较好的基础上，进一步提升和改善我们的营商环境，这对于达成中日双方地方经济合作的目标是很有必要的。

第十三编　共建『一带一路』

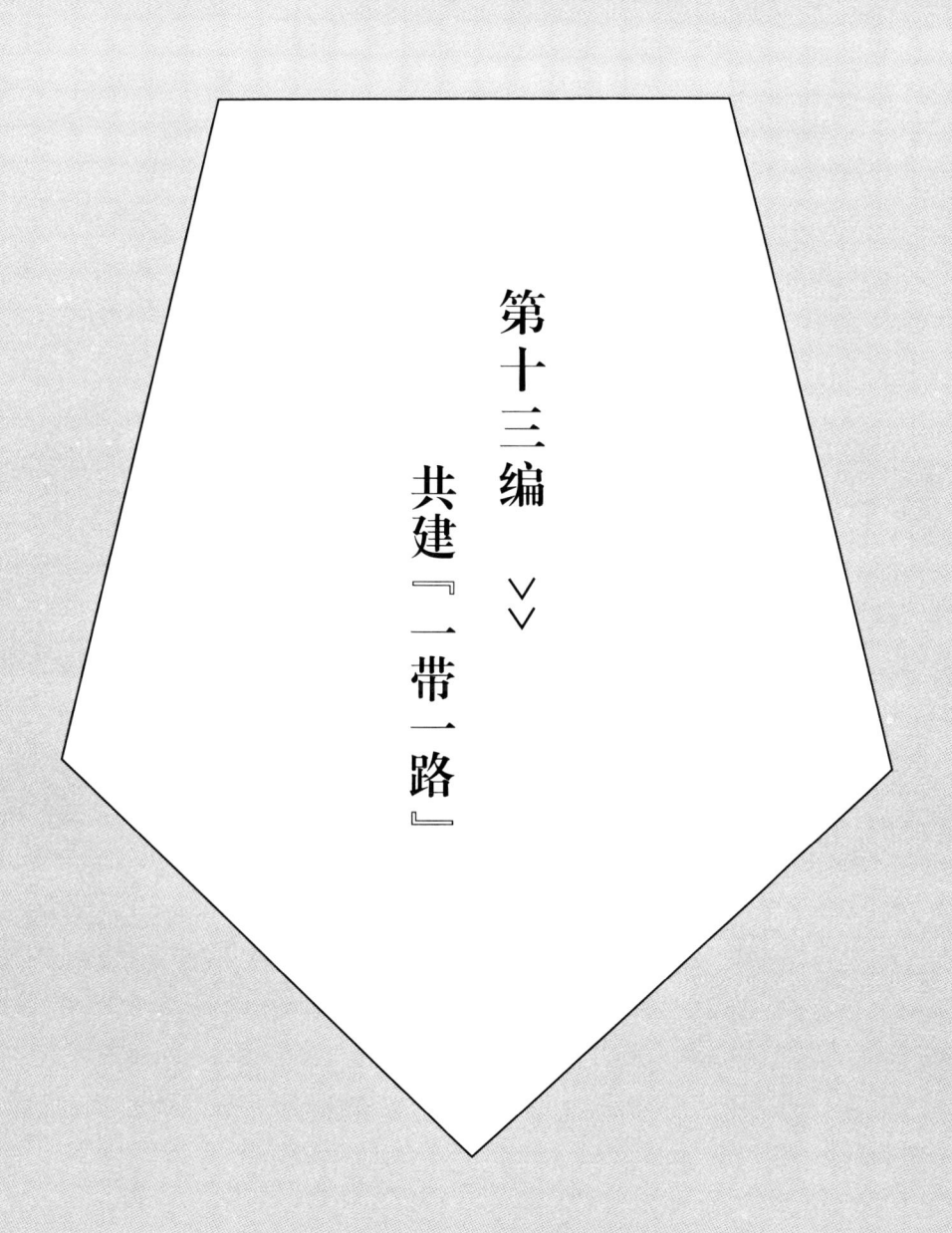

共建海上丝绸之路　共享发展繁荣机遇*

（2014年5月15日）

去年10月，在中国与东盟建立战略伙伴关系10周年之际，习近平总书记在印尼国会演讲时，提出了共建21世纪海上丝绸之路的倡议，得到沿线国家的积极响应，赢得广泛共鸣。今年，李克强总理在政府工作报告中和博鳌亚洲论坛上，要求抓紧推进21世纪海上丝绸之路建设有关工作。本届论坛以"携手推进泛北合作，共建海上丝绸之路"为主题，恰逢其时。

海上丝绸之路历史源远流长，始于秦汉，兴于唐宋，盛于明朝，延续至今，是世界上最为古老的海上航线之一。千百年来，海上丝绸之路不仅是连接东西方的交通要道，也是沿线不同种族、不同信仰、不同文化背景国家进行经济合作、文化交流的重要渠道，拓展了中国与沿线国家的友好关系，谱写了千古传诵的友好篇章。

当今世界正处于深刻变化之中。世界经济增长格局出现新变化，新兴经济体成为世界经济增长的重要支撑力量，亚太地区的重要性凸显；国际贸易投资规则和秩序出现新变化，超大自由贸易区正在孕育发展，国际竞争更趋复杂；国际产业转移态势出现新变化，劳动密集型产业加速向低收入国家转移，中高端制造业分别向发展中国家转移和向发达国家回流。中国的改革发展也正处在关键时期，要求我们在努力转变自身经济发展方式的同时，更加有效地利用国际国内两个市场和两种资源，努力打造东西互

---

* 这是在广西南宁召开的第八届泛北部湾经济合作论坛上的演讲。

济、陆海统筹的全方位对外开放新格局。海上丝绸之路沿线各国从来没有像今天这样利益攸关，紧密相连。

正是在这样的时代背景下，我国领导人审时度势、高瞻远瞩地提出了共建海上丝绸之路的构想和倡议，契合了沿线各国共迎挑战、共享机遇、共克时艰、共谋发展的美好愿景。为落实我国领导人提出的共建海上丝绸之路构想和倡议，国家发展改革委、外交部、商务部会同有关部门和地方，正在抓紧研究编制丝绸之路经济带和海上丝绸之路相关规划。这一愿景的实现，将强化沿线各国经济文化纽带，形成更广范围、更宽领域、更深层次的区域协调发展大格局，造福沿线各国人民。

推进海上丝绸之路建设，东盟国家是重点。东盟国家与我国山水相连、血脉相亲，是好邻居、好朋友、好伙伴。我国与东盟国家同属发展中国家，同处经济快速发展阶段，产业互补性强，市场潜力大，近10年来双方贸易额和相互投资成倍增长，未来合作的空间十分广阔。2013年经合组织（OECD）发布报告指出，东盟未来五年有望维持稳健增长，年均增长将在5.5%左右。根据东盟经济共同体蓝图，到2015年将形成拥有6亿人口的市场和生产基地，成为高度融入全球经济的区域。中国愿在平等互利的基础上，扩大对东盟国家开放，共同建设21世纪海上丝绸之路，共同打造中国与东盟关系的"钻石十年"。

推进海上丝绸之路建设，我们将秉承团结互信、平等互利、包容互鉴、合作共赢的核心价值理念，突出亲、诚、惠、容的方针，以政策沟通、道路联通、贸易畅通、货币流通、民心相通为主要内容，以重大合作项目为抓手，以完善合作机制为载体，把海上丝绸之路打造成为沿线国家和谐共处的和平之路、稳定畅通的安全之路、情感相依的友谊之路、互利共赢的合作之路、持续繁荣的发展之路，形成惠及沿线各国的利益共同体、命运共同体和责任共同体。

推进海上丝绸之路建设，必须秉持开放精神，树立正确的义利观和大局观，把我的立足点与沿线国家的关切点结合起来，寻求合作"最大公约数"；必须紧紧围绕经济合作，充分利用现有合作机制和平台，将政治关系优势、地缘毗邻优势、经济互补优势转化为务实合作新优势；必须根据沿线国家不同情况，确定不同的合作模式，以点带面，从线到片，逐步形成区域大合作；必须发挥好政府作用，加大规划引导和战略投入力度，也要充分发挥企业主体作用，遵循国际惯例和商业原则来推动各项建设。

推进海上丝绸之路建设，应重点加强与沿线国家六大领域的合作。

一是促进基础设施互联互通。我国与沿线国家基础设施互联互通建设滞后，一些骨干通道存在缺失路段，不少通道通而不畅。要抓住关键通道、关键节点和重点工程，加快形成陆海相连的国际大通道。围绕建设孟中印缅、中巴和中新经济走廊，重点推进泛亚铁路东、中、西三条线路，中巴、昆曼等公路改造合作建设，畅通澜沧江—湄公河国际航道和陆水联运通道，推进港口合作建设，拓展建立民航全面合作的平台和机制，增加空中航线。加快推进跨境光缆建设，扩容中国—东盟跨境信息通道，打造信息丝绸之路。

二是提升经贸合作水平。近年来，我与沿线国家贸易快速发展，但与大部分国家存在贸易顺差，贸易结构不够合理，贸易便利化水平有待提高。要积极推动与沿线国家巩固传统贸易，努力优化贸易结构，积极培育贸易新增长点，继续扩大从东盟国家进口农产品，支持我国企业在东盟国家建设一批经济贸易合作区。进一步提高贸易便利化水平，深化与沿线国家海关、标准检验检疫等方面的多双边合作和政策交流。中国将与东盟各国共同努力，打造中国—东盟自由贸易区升级版，争取到2020年双方贸易额达到1万亿美元。

三是大力拓展产业投资。深化产业投资合作，契合了沿线国家实现工业化的需求，是促进与沿线国家经济深度融合的重要途径，是海上丝绸之路建设大有可为的重点领域。要顺应沿线国家产业转型升级趋势，鼓励和引导我国企业到沿线国家投资兴业，合作建设产业园区。鼓励有条件的企业到科技实力较强的地区设立研发中心，实现产品价值链从低增值的加工制造环节向高增值的研发设计、营销服务环节延伸，在合作中提升当地产业水平和我国企业的竞争力。

四是拓宽金融合作领域。金融合作是海上丝绸之路建设的重要支撑。我已与沿线多个国家签署了双边本币互换协议，与周边部分国家签订了双边本币结算协议，但仍存在融资能力较弱、银行间结算渠道不通畅等问题。深化金融合作，核心是推进亚洲货币稳定体系、投融资体系和信用体系建设。重点加强沿线地区金融合作和风险防范，扩大双边本币互换的规模和范围，扩大跨境贸易本币结算试点，降低区内贸易和投资的汇率风险和结算成本，发挥好中国—东盟银联体作用。积极推进筹建亚洲基础设施投资银行。

五是密切人文交流合作。我与沿线国家高层交往密切，民间交流频繁，人文合作领域日益扩大。要一如既往地坚持弘扬和传承丝绸之路精神，为深化合作奠定坚实的民意基础。扩大相互间留学规模和来华培训规模，今后5年内，中国将向东盟国家提供1.5万个政府奖学金名额。与沿线国家互办文化年、艺术节、电影周、旅游年等，互设文化中心，引导和动员民间力量开展丰富多样的文化交流。强化与周边国家合作，提高处理突发公共卫生事件的合作水平。

六是积极推进海上合作。南海是建设海上丝绸之路的重点区域。要坚持以和平方式，通过平等对话和友好协商妥善处理南海存在的争议和分歧，维护双方关系和地区稳定大局，积极推进海上合作和共同开发。扩大并用好中国—东盟海上合作基金，深化农业渔业、互联互通、海洋环保、航道安全、海上搜救、防灾减灾等领域的合作。以海水养殖、远洋渔业加工、新能源与可再生能源、海水淡化、海洋生物制药业、海洋工程技术、环保产业和海上旅游等为重点，合作建立一批海洋经济示范区、海洋科技合作园、境外经贸合作区和海洋人才培训基地。结合落实《南海各方行为宣言》（DOC）后续行动和制定"南海行为准则"（COC），共同打造中国—东盟命运共同体。

在推进海上丝绸之路建设中，对各方面积极性和意向性较高、前期工作比较扎实的重大项目，要抓紧推进实施。我们将结合落实国家领导人高访成果，遴选一批基础好、可行性强、见效快的项目，优先推进实施，发挥示范效应，实现早期收获。

广西壮族自治区与东盟国家陆海相邻，地相连、人相亲、话相通，经济合作基础好。希望广西壮族自治区发挥好独特优势，加快北部湾经济区和珠江—西江经济带建设，加快构建面向东盟的国际大通道，打造我国西南、中南地区开放发展新的战略支点，为海上丝绸之路建设做出新的贡献。

推进海上丝绸之路建设，是一项规模宏大的系统工程，是造福沿线各国人民的伟大事业。衷心希望沿线各国和社会各界有识之士凝聚共识，群策群力，相向而行，共谋发展，共同谱写海上丝绸之路新篇章，共创亚洲经济一体化美好新未来。

希望广东省争当共建海上丝绸之路排头兵[*]

（2014年8月13日）

今年三月以来，我参与了"一带一路"建设规划的研究起草工作。这里，结合参与相关工作的体会和广东的一些实际情况讲四点意见。

第一，未来一个时期，能不能打造全方位对外开放新格局，决定着我们这个民族的命运。我们国家现在已经是世界第二大经济体、第一大贸易国、第三大对外投资国、第一大外汇储备国。一个13亿多人口的国家，要在较短的时间内实现现代化，这在全球都是前所未有的事情。现在全球高收入国家的总人口不过就是13亿，13亿还不到，中国现代化了，就意味全球现代化人口翻了一番，这将会对全球政治经济格局产生巨大影响。

那么，我们的短板在哪呢？第一个是资源约束。我国地大物博，但是人口太多，一算到人均，资源量相当匮乏。虽然现在中国的GDP占全球的12%，但是进口了大量原油、天然气、铁矿石、铜矿、铝矿等，有的消费量甚至占全球三分之一以上。要是中国13亿人都过上现代化生活，全球的资源都给中国也不够。所以，一方面我们必须转型发展，加上越过工业化中期阶段后，单位GDP资源消耗量会下来，第三产业的比重会上去，投入产出效率会进一步提高；另一方面就是中国必须要走向世界，必须要对全球进行开放，充分利用国内、国际两个市场。第二个是环境约

---

[*] 这是在广东省参事室召开的参事决策咨询会上的发言。

束。环境约束指的是我们这个国家虽然地盘很大，但真正适合人类居住和真正适合搞开发的地方并不多，一旦把不能开发的地方开发了，就会造成污染和环境破坏。事实上，我们现在的环境已经为发展付出了高昂的代价，污染已经成为政府最头痛、老百姓反映最强烈的问题。环境问题，从另一个角度看也可以说是发展空间不足问题。第三个是市场约束。为什么我们现在的国民经济，包括广东经济下行压力那么大？就是需求不足。破解这三个因素都要求我们必须"走出去"，不能关起门来搞现代化，一定要开门搞现代化，而且是全方位的开放。

改革开放到现在已经36年了，前20年是靠沿海的开放带动了中国的发展，广东是第一个走出去的。那时中国穷，和世界的差距大，怎么办呢？中央下决心，让广东先出去闯世界，没有钱给广东，只给了特殊政策、灵活措施。广东很争气，把经济搞上去了，把沿海14个开放城市带动起来了，整个中国这盘棋就搞活了。2001年中国加入世贸组织，对外贸易大幅跃升，我们又一次尝到"开放红利"。现在中央提出"一带一路"建设，"一带"，丝绸之路经济带就是向西开放，"一路"，海上丝绸之路就是向海洋开放，建设海洋强国，形成东西互济的全方位开放新格局。共建海上丝绸之路，不仅是要破解刚才讲的那几个难题，不完全是经济上的考虑，还有周边外交和能源安全的考虑。我们对外贸易的80%是走海上，大多要经过马六甲，需要打造安全的能源通道。在南海问题上，该争的要争，同时也要唱响海上合作的主旋律。

还有一条，就是资本走出去，这是新趋势，新需要，新课题。中国现在正在从"引进来"为主转向"引进来"与"走出去"并重的新阶段。此前我们对外开放的主要内容是"引进来"，今后一个时期是"引进来"与"走出去"并重，甚至是以"走出去"为主。我们现在是以吸引外商直接投资（FDI）为主，将会转向以海外直接投资（ODI）为主。2004～2013年，我国累计的对外投资是5000亿美元，年均增长12%。我们预计10年之内，中国的海外投资总量会将达到15000亿美元，要比现在翻一番半。将来中国将全面走向世界舞台，是经济规律使然，也是中华民族复兴的一个必然趋向。

第二，"一带一路"是全方位对外开放的突破口和先手棋。"一带一路"的战略取向和规划的战略通道，都围绕着欧亚大陆板块。欧亚大陆十分重要，一头是发达的欧洲，一头是活跃的东亚。这个板块大概有60多个国家，人口占了全球的62%，GDP只占全球的28%，尽管还不太发达，但是这个地区的战略地位十分重要。一是我国石油进口的70%来自这个地区，天然气进口的92%来自这个地区，还有铁矿石、木材等也多从这个地区进口。二是这个地区的发展潜力大，我们和这个地区国家的对外贸易额大约10000亿美元，占我国整个对外贸易的1/4左右，和这个地区的对外贸易年均增长19%，潜力很大。三是与我国传统关系比较好，尽管地区内国家关系错综复杂，但大多与我国友好，与我们互补性很强，完全可以错位发展。四是有"丝绸之路"的历史渊源，利用这个历史符号，共同打造利益共同体、命运共同体、责任共同体，形成政治上互信、经济上互利、文化上互鉴的全方位合作，就可以打开"走出去"的新局面、新天地。五是"一带一路"建设搞好了，还有利于解决我们家门口的问题，有利于打击"三股势力"，有利于南海的合作，可以把经济、政治、外交、安全各个方面统筹纳入共建范畴，统筹解决相关问题。这就是为什么全方位对外开放要选择"一带一路"这个突破口的理由，因为它是最重要的战略方向。"一带一路"建设搞好了，我们就可以把握主动权，就可以顺理成章地打开全方位对外开放的新格局。

第三，"一带一路"的建设实际上会倒逼我们进一步改革。实现全方位对外开放，我们国内的体制机制在很多方面是不适应的，必须进一步深化改革。中国整体上是个比较内敛型的国家，"走出去"有诸多的不适应。比如，我们一些企业出去是短期行为，一些海外建设项目被叫停，当然有该国复杂的政治背景，但是和我们企业"走出去"以后没有注意争取民心也有很大的关系。再比如，我们企业出去以后，很多服务跟不上，如法律服务问题，对当地的法律不了解，不会与当地政府打交道；更多的是金融服务跟不上，只能在国外银行贷款，我们自己的银行没有跟出去。与沿线国家缺乏双边的贸易投资保护，不利于提高贸易便利化程度。又比如，我们存在政出多门问题，一个部门管一摊，"走出去"无法形成合力。有的时候需要把贸易、投资、国产设备的输出等捆绑起来，但我们现在的"走出去"，往往是只做这一单生意，不做那单生意，很多需要加以整合的没有整合。再有，现在"走出去"的多是国企，真正的民企也有，但是数量上还不占优势。

因此，要打造"走出去"的升级版，就要改革。一是转变观念，真正树立开放包容、共建共赢的理念。就是说，"一带一路"建设不能光对中国有利，对他国不利，或者对中国利多，对他国利少，这不行，一定要互利双赢，就是习近平总书记讲的要树立正确的义利观。泱泱大国跟别国打交道，眼光要放长远。二是要发挥市场机制的作用和企业的主体作用，政府只是起一个规划引导作用、服务作用。三是要因国施策，区别对待。这60多个国家情况非常不一样，要加强海外调查，入乡随俗，打好交道。四是深化改革，创新机制。整个对外政策体系都要做出适应性的调整，以适应全方位开放和"一带一路"建设的新要求，目的就是重塑我国国际竞争的新优势。

第四，希望广东在打造全方位对外开放新格局和共建"海上丝绸之路"中起排头兵的作用。广东过去的发展，得益于对外开放，今后的发展，仍要坚持对外开放。刚才一些同志讲了广西、甘肃、上海、天津的例子，他们在某些方面走到了广东的前头。中国经济发展有三大引擎，长三角、珠三角和京津冀。上海率先进行自贸区试验，天津的发展势头强劲，GDP增长率已经连续多年全国第一，相比珠三角确实要有点紧迫感。

这些年，广东在落实《珠三角改革发展规划纲要》上下功夫，在转型发展方面，在粤港澳深度合作方面，在与粤东、粤北、粤西的双转移方面，在泛珠三角合作方面等都有很多新进展，但仍要看到形势逼人的一面。2008年国际金融危机的时候，广东外贸受阻，有同志建议广东可以转过来主攻国内市场，广货北上、广货西进，起到了一定的作用。但是要看到，广东实力强，如果只盯着国内市场，和国内中西部落后地区竞争，那全国整盘棋就走死了。从全局的要求来看，广东还是要调头转身，面向大海，只有真正走出去了，腾出空间，中西部才能发展。所以从某种意义上讲，广东、上海、浙江、江苏这些地方不往外走，全局发展就受阻；只有沿海地区率先往外走，才能闯出中国的新天地。长期看，还得眼光向外，只有这个战略才符合中央精神，也只有实行这个战略才能得到中央的有力支持。

广西和东盟合作某些方面走在广东前面，福建在努力赶超台湾。广东走出去有自己的平台和优势，如横琴、南沙、前海等。还要特别关注中国香港，近10年香港和新加坡比，差距又拉开了，广东特别是珠江三角洲与香港是一荣俱荣、一损俱损的关系，所以要维护香港的国际地位。广东的大企业、跨国公司不多，只有中兴、华为几个企业是不够的，广东走出去需要打造新的航母。还有，走出去的战略方向是哪儿，重点国别是哪儿，如何有针对性地做这个地区和国家的工作，都需要重新做战略谋划。建议广东找准"一带一路"建设中必须要改革的那些事先做起来，虽然不是自贸区，但有些事是可以先做起来的，比如金融方面的、保险方面的。广东要转型发展。传统的比较优势没有了，过去靠内地廉价的劳动力，靠香港的前店，靠中央给予的特殊政策，这些慢慢都会淡化。未来真的要拼的是开放型经济新优势，广东只有全力打造这个新优势，把这个新优势树起来了，才能够继续在全国领先，而且为全国撑起一片天来。总之，希望广东能够积极作为，在新的形势下展现一个对外开放的新姿态、新面貌，这对全局是有利的。

关于"一带一路"规划的几个问题[*]

(2015年5月14日)

推进丝绸之路经济带和21世纪海上丝绸之路（以下简称"一带一路"）建设，是党中央、国务院根据全球形势深刻变化、统筹国内国际两个大局作出的重要战略决策。2013年9月和10月，习近平主席在访问中亚和东南亚期间，先后提出了共建丝绸之路经济带和21世纪海上丝绸之路的倡议。按照党中央、国务院的部署，国家发改委、外交部、商务部会同有关部门和科研机构着手研究"一带一路"相关规划。今年3月份，三部委联合对外发布了《推动共建丝绸之路经济带和21世纪海上丝绸之路的愿景与行动》（以下简称《愿景与行动》）。从"一带一路"的提出到相关文件的出台，引起了国际社会和国内社会各界的高度关注、热烈反响和积极响应。下面，我结合参与相关研究工作和再学习的体会谈几点认识，供同志们参考。

一、时代背景与重大意义

"一带一路"是在国际格局和国际秩序进入大调整时期、我国全方位对外开放进入关键时期的大背景下提出的。认清世情国情的变化，有助于理解"一带一路"的重大意义。

---

[*] 这是在中央党校省部级干部民族理论专题研讨班上的报告。收录本书时有删节。

（一）世情国情要求进一步全方位对外开放

从国内来看。经过30多年的改革开放，我国已成为世界第二大经济体、第一大货物贸易国、第三大对外投资国和第一大外汇储备国，正在加速向现代化强国迈进。一个13亿多人口的国家在较短时间内实现现代化，在全球是前所未有的事情。实现这一目标，我们面临着三个方面的约束：

一是资源约束。我国人均资源量匮乏，许多重要的战略资源产品有赖进口。目前，我国石油、天然气对外依存度分别超过60%和30%，且以每年一个百分点的速度增加，预计到2030年石油进口依存度将达到80%以上。2014年，我国经济总量占全球经济总量的13.3%，但消费了全球22.4%的能源总量、47.2%的钢铁、36.9%的铜和51%的铝。这种粗放的发展方式不转变，全球的资源无法支撑中国的现代化。所以，一方面要转变发展方式，另一方面必须进一步开放，充分利用国际市场、国际资源。

二是环境约束。我国真正适合人类居住和开发的地方并不多，一旦把不能开发的地方开发了，就会造成环境破坏。环境已经为发展付出了高昂的代价。多种污染物排放量远超出环境容量，环境风险日益突出；大气污染日趋严重，按新标准全国有70%左右的城市空气质量不达标；水体污染依然突出，20%左右的国控断面水质为劣V类，57%的地下水监测点位水质较差甚至极差；土壤污染日益凸现，全国20%的耕地土壤污染超标，对农产品质量和人体健康构成威胁。污染已经成为政府最头痛、老百姓反映最强烈的问题。从另一个角度看，这也可以说是发展空间不足问题。

三是市场约束。当前，我国经济发展进入新常态，经济增长速度正从高速增长转向中高速增长。要素低成本优势正在发生变化、产能结构性过剩、企业赢利空间收窄等，都表现为需求不足，经济发展面临着严重的市场约束。在新常态下，我国经济发展方式和动力机制必须加快从要素投入型增长向创新驱动型增长转变，同时要求我国通过高水平"引进来"、大规模"走出去"拓宽国民经济转型发展的空间，重塑国际竞争新优势。

破解这三个约束，都要求我们加快"走出去"步伐，更加有效地实施全方位对外开放战略。

从国际上看。进入新世纪，特别是全球金融危机爆发以后，国际格局和国际秩序加速调整，国际治理体系深刻变革。一是世界经济增长格局出现新变化。以中国为代表的新兴经济体开始成为拉动世界经济增长的重要力量，中国正在逐步走向世界舞台的中心，在重塑全球经济治理结构中开始有了更大的话语权，也将承担更多的责任。二是国际投资贸易领域出现竞争加剧新趋势。美国主导推进的跨太平洋伙伴关系协定（TPP）和跨大西洋贸易与投资伙伴关系协定（TTIP）谈判，实质上都是针对中国实力提升而采取的防御性策略，对我构成现实压力。迫切要求我们另辟蹊径、积极作为，加快推进多双边投资贸易自由化，增强我在国际经贸规则制定中的主动权。三是全球能源版图出现重心转移新调整。美国实现页岩气革命，对中东油气资源依赖程度明显下降，直接影响到世界能源格局。这意味着，我国在增加国外能源供给渠道的同时，也相应增加了风险，要求我们合理布局能源进口来源，加快构建海陆能源安全通道，提升国家能源安全水平。

从周边环境看。我国面临的周边环境是世界大国中最复杂的。美国实施"亚太再平衡"战略，强化与日本、菲律宾等盟国的军事关系，与印度、越南等加强安全合作，力图形成对我围堵的多重岛链。在美国纵容下，日本、菲律宾等挑起钓鱼岛及南海争端，试图将领土争端扩大化、海洋权益争议国际化，意在牵制我崛起。在中亚、南亚地区，美国提出"新丝绸之路计划"，希冀从阿富汗撤军后，继续维护其在该地区的既有利益。同时，境内外"三股势力"相互勾结，暴恐活动时有发生，对我边疆稳定带来严峻挑战。

如何应对世情国情的深刻变化，在很大程度上决定着中国的命运。改革开放30多年来，对外开放始终是我国经济持续快速发展的重要动力。前20多年的增长得益于东部沿海地区的率先开放，近10多年的增长得益于加入世界贸易组织（WTO）后的进一步扩大开放。当前和今后一个时期，我国的对外开放已经从以"引进来"为主进入"引进来"与"走出去"并重的阶段，处在吸引外商直接投资（FDI）和扩大对外直接投资（ODI）并重的窗口期。这标志着我国将在更大范围、更宽领域、更深层次上融入全球经济体系。我们必须更加自觉地树立全球视野和战略思维，更加积极地统筹国内国际两个大局，谋划和打造全方位对外开放新格局，化解各种内外部矛盾和挑战。

（二）"一带一路"是全方位开放的"先手棋"和突破口

1877年，德国地理学家李希霍芬在他的著作《中国》一书中，第一次使用了"丝绸之路"。丝绸之路绵延两千多年，成为促进沿线各国繁荣发展的重要纽带，东西方交流合作的友好象征。考察丝绸之路的历史沿革，可以看出，丝绸之路的海陆通道并不是固定不变的，而是我国与亚洲、东非和欧洲国家经贸往来和文化交流的通称；还可以看到，丝绸之路兴盛之时，也是中国开放兴盛时期；丝绸之路衰败之时，也是中国封闭落后的时候。

"一带一路"借用古丝绸之路的历史符号，以和平发展、合作共赢为时代主题，倡议沿线各国发展更加紧密的经济合作伙伴关系，共同打造政治互信、经济融合、文化包容的利益共同体、命运共同体和责任共同体。是借古代之名，行现代之事，内涵更为丰富、寓意更为深远。

综合考虑历史渊源、现实基础和国家发展需要，《愿景与行动》提出了"一带一路"的五大重点走向。陆上丝绸之路经济带有三大重点走向：一是波罗的海方向，从我国西北、东北经中亚、俄罗斯至欧洲（波罗的海）；二是波斯湾方向，从我国西北经中亚、西亚至波斯湾、地中海；三是印度洋方向，从我国西南经中南半岛至印度洋。21世纪海上丝绸之路有两大方向：一是印度洋方向，从我国沿海港口过南海，经马六甲海峡到印度洋，延伸至欧洲；二是南太平洋方向，从我国沿海港口过南海，经印尼抵达南太平洋。

具体讲，丝绸之路经济带包括若干个经济走廊：新亚欧大陆桥经济走廊，自我国江苏和山东沿海，经哈萨克斯坦、俄罗斯、白俄罗斯，抵达波罗的海沿岸；中蒙俄经济走廊，自我国天津、大连经二连浩特、满洲里、黑河、绥芬河，通过蒙古、俄罗斯，抵达波罗的海沿岸；中国—中亚—西亚经济走廊，自我国新疆乌鲁木齐，经哈萨克斯坦、吉尔吉斯斯坦、塔吉克斯坦、乌兹别克斯坦、土库曼斯坦、伊朗、土耳其，抵达波斯湾、地中海沿岸和阿拉伯半岛；中国—中南半岛经济走廊，自我国云南昆明和广西南宁，分别经老挝、越南、柬埔寨，连通泰国、马来西亚，抵达新加坡。此外，还有中巴、孟中印缅两个经济走廊与推进"一带一路"建设关联紧密，要进一步深化研究、同步推进。这些经济走廊以沿线中心城市为支撑，以能源资源区块、重点经贸产业园区为合作平台，构成丝绸之路经济带的基本骨架。

21世纪海上丝绸之路布局了若干个重要支点：一方面，优化国内沿海港口布局，重点拓展综合服务功能，提升辐射带动能力。主要包括长三角地区、珠三角地区、东南沿海地区、西南沿海地区、环渤海地区的港口群；另一方面，在海外与我关系良好的国家选取一批地处战略要冲、建港条件优良的港口，通过投资、参股、长期租赁等方式参与建设和经营，使之成为保障我海上通道安全、促进双边合作的战略支点。

为什么说"一带一路"是构筑全方位对外开放新格局的先手棋和突破口？这是因为"一带一路"的重心是欧亚大陆，而欧亚大陆一头连着发达的欧洲，一头连着活跃的东亚，是我国外交和"走出去"的主攻方向。"一带一路"沿线有65个国家（含中国），人口占全球的62%，GDP占全球的28%，尽管还不太发达，但是战略地位十分重要。首先，我国石油进口的70%、天然气进口的92%来自这个地区，还有铁矿石、木材等也多从这个地区进口。其次，我国和这一地区国家的对外贸易额大约1万亿美元，虽然只占我国对外贸易总量的1/4左右，但增长速度快，潜力大。第三，尽管区内国家关系错综复杂，但与我国有着传统的友好关系，且经济上与我互补性很强，合作前景广阔。第四，沿线国家多处在国际金融危机后结构调整或工业化的重要时期，普遍希望搭上中国经济快车，对"一带一路"反响积极。最后，有"丝绸之路"的历史渊源，有较为深厚的民心基础。更重要的是，我国经济实力和综合国力逐步提升，有能力在更高层次上统筹国内国外两个大局。"一带一路"建设搞好了，我们就可以把握主动权，打开全方位对外开放新格局。

（三）加快推进"一带一路"建设的重大意义

第一，有利于构建以合作共赢为核心的新型国际关系。当今世界正处在大分化、大重组的变局当中。一方面，世界多极化进程不断深入，全球经济进入结构变革和转型发展的新常态，国际格局和国际秩序加速调整，重塑国际政治经济治理结构已成为绝大多数发展中国家的共同愿望。另一方面，面对金融危机带来的困难局面，对内实行更加彻底的结构化变革，对外推动各种区域、次区域合作机制加快发展，已成为世界各国的共同选择。中国作为正在和平崛起的大国，提出"一带一路"倡议，契合发展中国家的期待，符合世界和平发展的潮流，既可以带动全球经济的复苏、促进全球治理体系朝着更加公平、公正、合理的方向变革，也有利于我确立全球大国地位，展示负责任大国的形象，提升在国际事务中的话语权和影响力。

第二，有利于促进我国经济转型升级。通过"一带一路"建设，可以使我更充分地利用国际市场和国际资源，扩大对外投资、贸易，带动我产品、装备"走出去"，拓展我发展空间，有力地促进产业结构转型升级。还要看到的是，国内的经济体制在方方面面还存在不适应全方位对外开放问题，加快"一带一路"建设，将对深化经济体制改革形成倒逼机制，推动我们加快改革步伐，建立与全方位开放相适应的新体制新机制，这对重塑我国竞争新优势同样具有重要意义。

第三，有利于建立多元化的能源资源大通道。目前我国进口石油的80%通过马六甲海峡，如何保证能源运输安全，是迫切需要解决的重大战略问题。未来我国能源资源获取的重要通道在向西方向，即中东、中亚的油气和非洲的矿产资源。其中中亚地区是世界最主要的油气资源产地，蕴藏着世界约65%的石油和73%的天然气，是我国未来油气资源的重要来源地。实施"一带一路"，有利于我国减少对马六甲海峡通道的过度依赖，实现能源资源来源及运输通道多元化，提高能源资源安全保障水平。

第四，有利于稳定周边安全局势。周边是我国外交的首要。我国所面临的周边环境是世界大国中最复杂的。中亚地处亚、欧、非三大洲的交通咽喉，是未来地缘政治博弈的"棋眼"，东南亚扼守两大洋、连接三大洲，既是我"走出去"的必经之地和对外贸易的重要通道，也是世界大国角力最敏感、最集中、最激烈的区域之一。周边国家大多处于工业化发展的初中期阶段，在资源禀赋和产业结构上与我有较强的互补性，对与我扩大合作充满新期待和新要求，为我实施"走出去"战略提供了重要的窗口期。通过实施"一带一路"，拉紧与这些国家的利益纽带，有利于创造和平、稳定的周边环境，延长我国和平发展的战略机遇期。

第五，有利于促进国内区域协调发展。西部地区、民族地区仍然是我国发展的短板，是实现小康社会的重点和难点地区。"一带一路"建设不仅可实现我国与中亚、东南亚乃至欧洲国家交通的互联互通和贸易、金融的大发展，而且通过打通亚欧经济动脉，可以将广大的西部地区、民族地区从开放的末梢变成开放的前沿，为深入推进西部大开发增添新的助力，缩小东西发展差距，形成对外开放两翼齐飞的新格局。

推进"一带一路"建设，既有机遇，也有挑战，但总体来看机遇大于挑战。只要我们把握大局，妥善应对，乘势而上，就一定能够打开"一带一路"建设新局面。

二、总体要求和重点任务

（一）总体要求

《愿景和行动》提出了"一带一路"建设的总体要求，这主要包括五层意思：一是在指导思想上，要坚持党的基本路线特别是十八大精神，统筹国内国外两个大局；二是在理念和行为上，要秉持和平合作、开放包容、互学互鉴、互利共赢的核心价值理念和"亲、诚、惠、容"的周边外交理念，遵循共商、共建、共享原则；三是在国别和重点任务上，要以周边国家为重点，以政策沟通、设施联通、贸易畅通、资金融通、民心相通为主要内容；四是在支撑条件和推进方式上，强调创新对外合作模式，强化国内政策支撑，统筹国家安全需求，提高战略耐力；五是要达到的目标，就是通过全方位推进与沿线国家务实合作，打造利益共同体、命运共同体和责任共同体，促进形成互利共赢、多元平衡、安全高效的开放型经济体系，不断开创与实现中华民族伟大复兴中国梦相适应的对外开放合作新格局。在推进"一带一路"建设中，我们要把思想和行动统一到这一总体要求上来。

（二）基本原则

"一带一路"建设涉及国内国外和方方面面，必须充分照顾到沿线国家的感受。《愿景与行动》强调要恪守联合国宪章，提出了要遵循的几个基本原则，主要是：

开放包容，共建共赢。这一条最重要，关键是要秉持平等合作、开放包容精神，树立正确的义利观和大局观，不能搞零和博弈赢者通吃那一套，也不能只顾眼前利益，而要把我们的立足点与沿线国家的关切点结合起来，寻求合作"最大公约数"。只有这样，才能吸引各方共同参与、共同建设、共同发展，打造普惠经济带与和平合作之路。

市场运作，政府引导。"一带一路"建设的主体是企业，因此必须充分发挥市场机制的作用，遵循国际惯例和商业原则来推动各项建设，不能靠政府大包大揽。政府的作用也是重要的，要综合使用政治、外交、经济手段，为企业"走出去"创造良好的条件，同时加强规划引导和加大战略投入。

分类施策，重点突破。要对沿线国家进行深入的国别研究，根据各国的实际情况，确定不同的合作模式，防止"一刀切"和"大呼隆"。要确定重点国别、优先领域、关键项目，集中力量取得早期收获，以点带面，从线到片，形成示范带动效应，影响和带动区域大合作。

改革创新，内外统筹。"一带一路"的建设过程，也是不断调整完善我整个对外政策体系的过程。要主动适应全方位对外开放和"一带一路"建设的要求，全面深化改革。要整合国内的资源和力量，充分调动各方积极性，形成分工协作、步调一致、共同推进的工作局面。

(三) 重点合作领域

根据习近平总书记提出的"政策沟通、设施联通、贸易畅通、资金融通和民心相通"的"五通"倡议，《愿景与行动》基于"五通"提出了十几个方面的合作倡议，这里重点讲以下五个方面：

一是促进基础设施互联互通。这是"一带一路"建设的优先领域。目前，"一带一路"沿线国家基础设施互联互通建设滞后，多数骨干通道存在缺失路段，不少通道通而不畅。尤其中亚地区是一个碎片化地区。研究"一带一路"顶层设计时,发改委、外交部、商务部的同志到中亚地区调研,他们从吉尔吉斯斯坦首都飞土库曼斯坦首都,竟然要绕道土耳其,可见中亚交通状况的落后。同样地,我们与周边国家的互联互通,由于技术标准不统一、各国诉求差异,以及融资困难等原因,也是相当滞后的。交通基础设施互联互通要抓住关键通道、关键节点和重点工程,加快形成中国至波罗的海、至波斯湾、至印度洋的国际大通道,畅通我与东南亚国家的大通道。重点推进泛亚铁路东、中、西三条线路,中吉乌铁、中蒙铁路,中巴、昆曼等公路改造建设,畅通澜沧江—湄公河国际航道和陆水联运通道,推进港口合作建设,拓展建立民航全面合作的平台和机制,增加空中航线。加快推进跨境光缆建设,合作建设中国—中亚信息平台和东盟信息港,打造信息丝绸之路。

二是提升经贸合作水平。近年来,我国与沿线国家贸易快速发展,但在沿线国家贸易中的整体占比并不高,过去10年间,我与沿线国家贸易年均增长19%,比同期我国对外贸易增速高4个百分点,但在沿线国家对外贸易总量中仅占11.5%,明显低于我国与欧盟、美国、日本贸易量的比重(分别为12.3%、13.3%和20.1%)。进出口结构也不平衡,除西非、北非外,与大部分国家存在贸易顺差。服务贸易规模小、贸易便利化水平不高。要优化贸易结构,在巩固传统贸易的基础上,积极培育贸易新增长点,加快成套设备、机电产品、高技术产品出口,扩大油气、矿产品进口。加快与沿线国家检验检疫谈判,扩大农产品贸易。创新贸易方式,把对方对我装备、设备需求转化为在其境内的投资。支持与毗邻地区研究共建跨境经济合作区。支持引导国内企业在中亚、东南亚、南亚、西亚国家及俄罗斯、蒙古等国建设一批境外经济贸易合作区,以投资带动贸易发展。鼓励具有较强竞争优势的服务贸易企业赴境外投资。积极开展与沿线国家的服务外包合作。

三是拓展产业投资合作。深化产业投资合作,契合了沿线国家实现工业化的需求，是促进沿线国家经济深度融合的重要途径，是"一带一路"建设大有可为的重点领域。我国与沿线国家产业合作仍处于初级阶段，存在着资源开发多、生产加工少，承包工程多、投资项目少，以及企业行为不够规范、政府引导服务不到位等问题。要顺应沿线国家产业转型升级趋势，鼓励和引导我国企业到沿线国家投资兴业，合作建设产业园区。要结合国内产业结构调整，推动我国装备制造业走出去、优势产能转出去、技术标准带出去。鼓励有条件的企业到科技实力较强的地区设立研发中心，充分利用当地的科技资源和人才，实现产品价值链从低增值的加工制造环节向高增值的研发设计、营销服务环节延伸，在合作中提升当地产业水平和我国企业的竞争力。近期重点加强印尼、哈萨克斯坦、埃塞三个重点国家的产能合作。

四是拓宽金融合作领域。金融合作是"一带一路"建设的重要支撑。当前，我与沿线多个国家签署了双边本币互换协议，与周边部分国家签订了双边本币结算协议，但仍存在金融服务跟不上、融资能力较弱、银行间结算渠道不通畅等问题。深化金融合作，核心是推进亚洲货币稳定体系、投融资体系和信用体系建设。鼓励中资金融机构"走出去"设立机构，与境外金融机构开展合作。重点加强沿线地区金融合作和风险防范，进一步扩大人民币跨境使用。扩大双边本币互换的规模和范围，扩大跨境贸易本币结算试点，降低区内贸易和投资的汇率风险和结算成本。推动亚洲债券市场的开放和发展。推进筹建亚洲基础设施投资银行，助推"一带一路"建设。

五是积极推进海上合作。南海是建设21世纪海上丝绸之路的重点区域。坚持以"双轨思路"处理南海问题，有关具体争议由直接当事国在尊重历史和国际法基础上通过谈判协商和平解决，南海的和平稳定由中国和东盟国家共同加以维护。积极推进海上合作和共同开发，共同打造"和平之海"、"合作之海"。进一步扩大并用好中国—东盟海上合作基金，推进海洋经济合作，合作建立一批海洋经济示范区、海洋科技合作园、境外经贸合作区和海洋人才培训基地。结合落实《南海各方行为宣言》(DOC)后续行动和制定"南海行为准则"(COC),共同打造中国—东盟命运共同体。找准我与沿线国家海上合作的契合点,拉紧相互利益纽带,形成利益共同体。加强海上战略支点建设。鼓励国内有实力的企业积极投资参与海外重要商港、渔港建设,拓展港口综合服务保障功能,保障战略通道安全。

此外,还要推进能源合作、密切人文交流、加强生态环境保护合作。

三、创新开放型体制机制

"一带一路"建设将推动更高层次的"引进来"和更大规模的"走出去",这对我们的体制和管理提出了更高的要求。国内的体制机制在很多方面还存在不适应的地方。例如,企业"走出去"存在一定的盲目性和无序竞争,金融、法律、会计等服务跟不上,与沿线国家投资贸易便利化制度安排滞后,境外投资安全保障体系不健全,对"走出去"的政策支持力度不够,对外工作力量缺乏统筹,等等。为此,要以对外开放力促全面深化改革,加快建立适应全方位开放新要求的体制机制,更好地服务于"一带一路"建设。

(一)积极务实开展新型外交

近两年来,中国外交工作成果丰硕,布局全面展开,全球伙伴关系网络不断拓展,为当代国际关系不断注入鲜明的中国元素。要以中央外事工作会议精神为指引,以推进"一带一路"建设为依托,以加强发展中国家团结合作为主线,以构建合作共赢的新型国际关系为核心,全方位推进中国特色大国外交。一是切实加强政府间合作。"一带一路"沿线各国经济发展水平不同,政治生态千差万别，加强政府间合作是关键。要突出高层引领，把推进"一带一路"建设作为高访重要内容，形成巨大的政治推动力。加强与沿线国家双边、多边沟通磋商，对合作意愿强的国家，要促成共同编制"一带一路"建设合作规划，推动签署合作备忘录，探索建立"一带一路"多边合作机制。二是妥善处理大国关系。从中美关系大局出发，向其阐释"一带一路"建设有利于国际经济合作，有利于维护地区和平稳定，符合美国的长远利益，积极探索与美国开展合作，争取在亚太地区形成良性互动的格局。进一步提升与俄罗斯的政治互信和合作水平，使"一带一路"与俄罗斯倡导的欧亚经济联盟相互补充、相互促进、共同发展。积极参与俄远东和西伯利亚开发。积极做好欧盟工作，把中欧合作与丝绸之路经济带建设相结合，欢迎欧洲国家参与"一带一路"建设。三是积极开展公共外交。积极开展同沿线国家立法机构、党派和政治组织的友好往来，开展城市外交、智库交流、青年交往、民间往来等，既可提升我国软实力，又能为促进"一带一路"政策沟通和民心相通提供助力。

（二）创新企业"走出去"方式

近年来，中国企业"走出去"进程明显提速。从以往注重能源资源开发和承包工程，转变为产业投资、能源资源合作和工程建设"三驾马车"并驾齐驱；从过去注重短期经济回报，转变为延伸资源深加工产业链、并购国外企业。去年我国对外直接投资（ODI）达到1160亿美元，与当年吸引的外国直接投资（FDI）相当。企业是"走出去"的主体，企业"走出去"的成效关系到"一带一路"建设的成败。一是简政放权，让企业轻装上阵。深化"走出去"管理体制改革，进一步简化审批手续、减少审批环节，加强对企业"走出去"的指导协调，营造良好政策环境。研究制定对外投资管理条例，更新发布对外投资合作国别（地区）指南，推动境外投资重大项目实施。二是加快转变企业"走出去"方式。支持企业通过链条式转移、集群式发展、园区化经营"走出去"。鼓励上下游产业链转移和关联产业协同布局，提升产业配套能力和综合竞争力。鼓励企业差别化经营，避免同质竞争，提高市场影响力和占有率。鼓励资源开发与基础设施建设相结合、工程承包与建设运营相结合，探索"资源、工程、融资"捆绑模式，实现综合效益最大化。支持企业到境外建设产业园区、科技园区，促进集中布局、集群发展。鼓励企业投资采取 BOT、PPP 等方式，带动我国设备、技术、标准和服务"走出去"。三是规范企业"走出去"经营行为。企业要树立社会责任意识，尊重和保护知识产权，严格保护生态环境，积极帮助当地经济发展和民生改善，树立良好形象。

（三）加快促进贸易投资便利化

实现与沿线国家投资贸易便利化是我企业"走出去"的基础条件，但目前还存在不少问题。如沿线国家有些还不是 WTO 成员，相互间的贸易规则和标准存在很大差异，硬件、软件"不兼容"的问题突出；部分国家局势动荡，腐败高发，商业环境极差；也有的国家民族主义情绪高涨，对国外产业资本的进入对本国产业带来冲击较为抵触。虽然存在这些障碍，但"一带一路"建设可以先从基础较好、合作意愿强的国家做起，尽快促成签署贸易投资协定和安排，以点带面，逐步扩大覆盖范围。一是降低关税壁垒。总书记前不久在印尼万隆会议上提出，今后将对不发达国家的绝大部分进口商品实行零关税。这一决策是互利双赢的，既有利于满足更多沿线国家向我出口的意愿，也有利于我对外扩大出口，优化外贸结构。二是扩大通关便利化合作。加强与沿线国家在海关、检验检疫等方面的合作，商签各种形式的贸易补充协定或合作备忘录，共同提高通关效率，降低通关成本。渝新欧货运班列从开通时的 30 多天到欧洲，到现在最快单程 13~14 天，主要就是采取了与沿途国家签署一站式通关协议的措施，对物流效率和商业效益的提升非常明显。三是加快投资便利化进程。逐步破除投资涉及的法律、制度、外汇管理、税收等障碍，相互扩大投资准入领域，消除投资壁垒，探索建立准入前国民待遇加负面清单的投资准入管理新模式。不断落实和完善已签署的双边投资保护协定，对未签署的国家要加快协商进程，降低投资贸易风险。四是大力实施自贸区战略。按照"一带一路"年度工作安排，今年要抓紧区域全面伙伴关系协定（RCEP）谈判，打造中国—东盟自贸区升级版，争取签署中国—斯里兰卡、中国—马尔代夫自贸区协定。今后的自贸协定标准将会越来越高，除了商品贸易、服务贸易和投资自由化外，还涉及知识产权、劳动政策、环境保护、竞争政策等敏感领域。

（四）加大对外战略投入

总的考虑是，改变过去内重外轻的工作思路，加大对外战略投入，统筹国内各种资源，更好地支持企业"走出去"和"一带一路"建设。一是加大财政支持力度。一方面，用好中国—东盟海上合作基金、亚洲区域合作专项资金、中国—阿联酋共同投资基金、中国—中东欧投资合作基金等政府性基金，优化支持结构，创新运用方式，对基础设施互联互通、能源资源开发利用、重点经贸产业合作区建设、重点标准海外推广、重点产业核心技术研发、海外军事支撑保障体系建设等予以支持。另一方面，对事关长远的重要战略性优先项目，市场化手段无法妥善解决的，财政可以采取项目贴息、资本金注入等手段，适当予以支持。二是提高金融服务水平。发挥政策性金融连接政府和市场的优势，加大"两优"贷款支持力度，支持重大项目建设。引导和鼓励银行发展境外业务，加大对"走出去"企业的信贷支持力度，为企业参与"一带一路"建设提供良好的金融服务。支持金融机构创新业务模式，支持企业境外并购、产能转移和劳务输出。支持符合条件的境内企业到境外上市。支持符合条件的境内金融机构和企业在境外发行人民币债券和外币债券，所筹资金在境外使用。三是创新外汇储备运用。继续用外汇储备委托贷款支持金融机构和企业外汇融资，加强与开发性国际金融机构合作，支持沿线国家基础设施建设，主要用于我国战略性优先项目。加快丝路基金组建和运营。鼓励有关公司扩大对境外商业性股权投资基金的投资、参股。鼓励金融机构在依法合规、风险可控的前提下与企业加强合作，支持或直接参与企业在境外重点领域的投资项目。四是加强保险保障作用。鼓励保险机构设立与国别风险相关的专项险种，支持国内企业到沿线国家投资。创新配套保险机制，加大对出口信用保险、海外投资险和再保险的支持力度，鼓励保险机构在风险可控和符合条件的原则下，适当扩大对"一带一路"相关国家和地区的承保范围，丰富保险产品，合理确定赔付上限并厘定项目保险费率。研究采取更为灵活的融资担保形式，鼓励信贷资金为"一带一路"建设提供融资支持。五是提升对外援助水平。对外援助是体现大国责任的重要方面。我们目前每年的援款占GDP的比重与主要大国比还是偏少，在投向和运作方式上也有需要改进的地方。要根据国家整体对外战略需要和受援国需求扩大对外援助规模，加大对沿线受援国的援助力度，新增对外援助资金向沿线国家倾斜。增强对外援助的战略性和有效性，进一步发挥援外资金导向作用。推进援外项目管理体制改革，创新项目管理模式，帮助受援国提高技术和管理能力，增加当地就业，培养亲华友华力量。六是强化人才支撑。适应"一带一路"建设对人力资源的需要，着力培养具有国际视野、通晓国际经济运行规则、熟悉当地法律法规的外向型、复合型人才。加强企业经营管理人才的培养和引进，依托国内外高等学校、职业教育机构，建立跨国经营管理人才培训基地。调整国内高校学科专业设置，在有实力的大学增设一批沿线国家语种专业，加强国际管理人才创新培养工作。鼓励国内规划设计、高等学校和科研院所等单位的专业人才到沿线国家参与重大项目建设。

（五）发挥各地方比较优势

推进"一带一路"建设，不仅要发挥沿海沿边省份的作用，通道建设和腹地支撑作用同样重要，只有充分发挥国内各地区比较优势，才能全面提升开放型经济水平。《愿景与行动》特别讲到了四个板块。一是建设丝绸之路经济带核心区和向西、向北开放窗口。包括发挥新疆维吾尔自治区向西开放重要窗口作用及兵团的特殊作用，打造丝绸之路经济带核心区；发挥陕西、甘肃、宁夏、青海优势，形成面向中亚、南亚、西亚国家的战略通道和商贸物流枢纽；加强内蒙古、黑龙江、吉林、辽宁与俄蒙的合作，建设向北开放的重要窗口。二是建设面向东南亚、南亚开放重要门户。广西要加快北部湾经济区和珠江—西江经济带开放发展，打造西南、中南地区开放发展新的战略支点，有机衔接海上丝绸之路与丝绸之路经济带；云南要着力打通陆上连接印度洋的战略通道，推进中老泰、中越等国际运输通道建设，建设"一带一路"西南开放桥头堡；同时推进西藏与尼泊尔等周边国家边境贸易和旅游文化合作。三是发挥沿海地区龙头引领作用。支持福建建设21世纪海上丝绸之路核心区，打造粤港澳大湾区，深化闽台合作，推进浙江海洋经济发展示范区和舟山群岛新区建设，加大海南国际旅游岛开发开放力度。加强沿海城市及港口建设，打造海上合作战略支点，加快推进上海、天津、福建、广东自由贸易试验区建设，以扩大开放倒逼深层次改革，形成参与和引领国际合作竞争新优势。四是发挥内陆腹地战略支撑作用。依托长江中游城市群、成渝城市群、中原城市群、呼包鄂榆城市群、哈长城市群等重点区域，推动区域互动合作和产业集聚发展，打造内陆开放型经济高地，建立中欧通道铁路运输、口岸通关协调机制，打造"中欧班列"品牌，建设沟通境内外、连接东中西的运输通道。

目前，"一带一路"建设已进入实施阶段，相关部门将按照建机制、抓重点、强服务、促落实的工作总思路扎实开展工作。一是建机制。为推动"一带一路"建设，中央已经成立推进"一带一路"建设工作领导小组，并在国家发改委设立了办公室。下一步，要尽快形成全国各省区市协同推进"一带一路"建设的机制，建立政府与企业，特别是与"走出去"企业的联系协调机制。二是抓重点。办公室已确定了"三个一批"重点合作项目：大力推进一批在建重点项目，力争新开工一批重点项目，主动推进并力争签署一批项目合作协议。三是强服务。一方面，要完善政策措施，统筹国内各种资源，强化政策支持，包括支持和推动亚洲基础设施银行筹建、发起设立丝路基金、积极推进投资贸易便利化、推进区域通关一体化改革等。另一方面，要积极搭建"一带一路"建设各种平台，为双边、多边推进务实合作提供良好的服务。四是促落实。把抓落实放到与制定规划同等重要的位置，建立信息沟通制度、督促检查制度，加强实施情况的跟踪评估。

推进新疆丝绸之路经济带核心区建设的看法和建议[*]

(2015年12月21日)

综合调研情况,我们形成了三点看法、五点建议。三点看法是:

第一,中央赋予新疆丝绸之路经济带核心区的战略定位是正确的,体现了对新疆的关心和支持,但真正发挥核心区的作用,需要付出长期艰苦的努力。

在丝绸之路经济带建设的大格局下,新疆无论从地理区位、资源条件看,还是从历史人文、发展基础看,都具有十分明显的优势。特别是,新疆地处连接东西两大经济圈(亚太经济圈、欧洲经济圈)的重要节点,是连接中亚—欧洲、南亚和西亚三条陆上国际大通道的必经之地,是我"东引西出"的战略枢纽,建设核心区的条件得天独厚。同时又必须看到,核心区不仅仅是大通道,更重要的是要发挥向东吸引集聚要素、向西辐射带动周边的作用。从这个意义上说,新疆只有不断成长为区域经济发展的增长极和向西开放的新高地,才能真正担纲丝绸之路经济带核心区的使命。按照这个标准来衡量,核心区的建设任重道远。

第二,要以核心区建设为抓手,把扩大对内对外开放与改革、发展、稳定各方面工作有机结合起来,使核心区建设真正成为新

---

[*] 为落实中央的决策部署,推动新疆丝绸之路经济带核心区建设,2015年11月18~24日,由杜鹰带队,中央新疆办、外交部、国家发改委、交通运输部、商务部、海关总署、中国人民银行和铁路总公司等单位同志组成调研组,赴新疆进行专题调研。这是调研后形成的报告。

疆发展的重大机遇。

我国的对外开放正处在从引进外资为主向扩大对外投资转变的新阶段，中央提出"一带一路"倡议是实施新一轮对外开放的先手棋，具有历史的必然性和深远的战略意义。当前，新疆正处在转型发展的关键时期，经济运行中一些深层次的矛盾和问题开始显现，迫切需要加快经济结构的战略性调整。推进丝绸之路经济带核心区建设，对新疆无疑是一个重大的历史机遇。我们在调研中感到，尽管我与周边和沿线国家的合作还存在一定的不确定性，还有大量工作要做，但是总体来看，周边国家市场潜力巨大，与我合作的意愿不断增强，开放合作前景广阔。可以预见，新疆牢牢抓住核心区建设的重大机遇，带动经济结构战略性调整，倒逼体制机制改革，是可以开创发展稳定新局面的。这不仅对新疆，而且对整个丝绸之路经济带建设都具有重大作用。

第三，要坚持问题导向，聚焦突出问题攻坚克难，积小胜为大胜，推进核心区建设早日见到成效。

丝绸之路经济带提出以来，新疆方面积极响应，做了大量研究论证工作，提出了建设交通枢纽中心、商贸物流中心、文化科教中心、医疗服务中心、区域性金融中心等战略定位，制定了核心区建设实施方案和行动计划，确定了总体思路、建设目标和重点任务，加快推进重大项目建设，深化与沿线国家的经贸合作和人文交流。总的看，核心区建设开局良好。同时也要看到，新疆核心区建设的短板和制约因素不少，无论是外部还是内部、宏观层面还是微观层面，都存在一些迫切需要破解的难题。要聚焦问题、真抓实干，推进核心区建设尽快从研究论证阶段转入务实操作阶段。

对核心区建设中存在的诸多问题，需要深入分析、理清脉络，以便集中力量重点突破。我们认为，有以下五个问题尤为突出，建议作为近期工作的重点。

一、进一步加强对外工作

中亚地区是我向西开放、合作共建丝绸之路经济带的必经之地，又是大国博弈的重点地区，地缘政治较为复杂。总体上看，中亚国家对我倡导的共建丝绸之路经济带反应积极，与我合作意愿较强，但又存在矛盾心态。今年1月，在俄、白、哈关税同盟基础上，欧亚经济联盟正式运行，对我对外贸易和投资的影响有利有弊，需要认真对待。

据海关统计，今年1~10月，我国与欧亚经济联盟成员国（俄罗斯、白俄罗斯、哈萨克斯坦、吉尔吉斯斯坦、亚美尼亚）贸易总额731.7亿美元，同比下降29.6%。其中中方出口398.7亿美元，同比下降33.8%；中方进口332.9亿美元，同比下降23.9%。同期，新疆对上述国家的贸易额83.8亿美元，同比下降了35.9%。究其原因，除了俄罗斯及中亚国家货币贬值、购买力下降，以及我国内市场需求减弱是主要原因外，欧亚经济联盟的影响也是重要因素。欧亚经济联盟内部实行零关税，对外实行统一关税，因与共同关税衔接，哈萨克斯坦、吉尔吉斯斯坦、亚美尼亚入盟后的平均关税税率不降反升，直接导致我对中亚国家出口额下降。非关税壁垒和贸易保护主义也随之抬头。为此建议：

一是积极推进与周边国家建立自贸区进程。从我周边四大战略方向看，面向中亚的开放和贸易自由化水平远低于东南亚、东北亚甚至是南亚方向，应作为今后我实施贸易自由化战略的主攻方向。其中，重点是做好俄罗斯的工作。今年5月，习近平主席与普京总统签署了《中俄关于丝绸之路经济带和欧亚经济联盟建设对接合作的联合声明》，并宣布启动我与欧亚经济联盟的经贸合作伙伴协定谈判。应按照既定的贸易投资便利化、深化经济技术合作、建立自贸区"三步走"战略，加快"一带一盟"对接，最终实现建立自贸区战略目标，这对于改变中亚地区的经济格局具有重大意义。

二是加强对中亚国家的援助和合作交流，拉紧利益和情感纽带。核心区建设要认真贯彻丝绸之路经济带合作共赢理念，既不搞零和博弈、赢者通吃那一套，又要主动对接周边，多做工作。中亚国家大多经济落后，搭乘中国经济发展顺风车的意愿较强。要找准利益共同点，充分发挥亚洲基础设施投资银行、上海合作组织的作用，进一步加大对中亚地区的援助和投资，使他们实打实地分享丝绸之路经济带建设的成果。新疆要加强涉外工作统筹，加大高层往来和民间交流，扩大中亚国家在华留学生规模，培养更多知华友华人士，厚植双边合作的民意基础。

三是在自贸区建立前，充分利用欧亚经济联盟有所作为。欧亚经济联盟的成立对我也有有利因素，如我向加盟国家出口商品只需缴纳一次综合关税，即可进入其他成员国市场。我们在调研中走访的兵团九师永利公司，以向俄罗斯、中亚地区及欧洲出口果蔬为主，该公司反映，联盟成立后，其出口商品在联盟内国家间通关更加便捷。又如，联盟为鼓励外商投资生产加工型项目，对半成品和零部件的进口关税低于成品，客观上有利于我国企业在加盟国家投资建厂。我们走访的深圳雨凡制衣公司在喀什开发区和吉尔吉斯斯坦分别投资设厂，在喀什将面料加工成半成品后通过喀什综合保税区出口到吉国制成成衣，有效降低了向中亚地区及欧美市场销售的成本。

二、加快国际大通道建设

交通基础设施的互联互通是核心区建设的重要基础，加快推进交通通道特别是国际通道建设，对新疆核心区建设意义重大。在喀什开发区考察时，几位新近落户开发区的企业负责人说：我们是响应习近平总书记的号召来参与丝绸之路经济带建设的，尽管现在向西通道还没有打通，产品还要经转内地出口，但只要国际通道打通了，我们就占得了向西发展的先机。由此可以断定，一旦国际大通道建成，就会有更多的内地企业来疆投资兴业，这不仅可以为核心区"东引西出"战略提供强有力支撑，而且可以使南疆一举从全国开放的"口袋底"变成向西开放的前沿，南疆的面貌将会随之出现根本性变化，其意义怎么估计也不为过。由此得到的启示是，在决策相关项目建设时，不能只算眼前账，更要算长远账；不能只算单个项目的账，更要算综合效益账。

目前，新疆与周边国家互联互通水平低，与周边"邻而不通、通而不畅"问题突出，是制约核心区建设的突出短板。铁路通道建设有待进一步加强，目前除阿拉山口、霍尔果斯两条西出通道外，与俄罗斯、吉尔吉斯斯坦、塔吉克斯坦、巴基斯坦等周边国家尚无铁路连通；跨境公路等级低，通达能力弱；国际航线少，至今没有一条通往欧洲的航线。为此建议：

一是铁路方面。在南疆方向，从目前的情况看，中吉乌铁路开工建设出现转机。近期，吉方对建设中吉铁路的态度趋向积极，主动提出尽快落实中吉乌铁路项目。目前，新一轮前期工作正在抓紧推进，国内段已确定在"十三五"期间开工建设。建议国家发改委等相关部门抓住有利时机，加快与吉方谈判协商进程，尽快解决吉境内段线路走向、轨道标准、投资来源等关键问题，推动中吉乌铁路国外段尽早开工建设。中巴铁路是建设中巴经济走廊的重要工程，对我西出南下印度洋意义重大。中巴铁路喀什—拉瓦尔品第正线全长1150多公里，估算总投资900多亿元，技术上还存在永久冻土层、线路比降大等难题。中巴铁路尚未列入中巴经济走廊建设近期合作项目，但瓜达尔港已交由中国海外集团公司运营，中巴石油管道建设正在谋划中，中巴铁路早晚是要上马的。建议国家发改委等相关部门进一步深化前期工作，为项目早日开工建设创造条件。在北疆方面，建议将克拉玛依—塔城—阿亚古兹（哈萨克斯坦）铁路、阿勒泰通往俄罗斯的铁路纳入国家铁路规划，这对于形成多元化的西出通道至关重要。

二是公路方面。中巴公路（喀喇昆仑公路）升级改造工程建设正在进行中，这对于恢复和活跃南疆与巴基斯坦贸易创造了有利条件。建议加快我国境内奥依塔克至红其拉甫段改造工程建设，确保奥依塔克至布伦口段明年完工，布伦口至红其拉甫段尽快开工建设；境外段在堰塞湖已基本打通的基础上，中巴将于近期签订塔科特—哈维连段改造合同文本，建议帮助巴方加快施工进度，尽快实现全线畅通。积极推进阿勒泰至红山嘴口岸、鸣沙山—乌拉斯台—塔克什肯口岸、都拉塔口岸至昭苏等口岸公路建设。

三是航空方面。加快实施乌鲁木齐、喀什国际机场改扩建工程，积极推动塔什库尔干等支线机场建设，完善机场布局，提高机场综合保障能力。进一步优化航空运输网络，统筹配置航线、航班和时刻资源，新开或加开新疆机场国内国际航线。目前乌鲁木齐机场已有20多条国际航线，但还没有一条欧洲航线；喀什机场开通了直飞巴基斯坦伊斯兰堡、阿联酋迪拜两条航线。调研中我们感到，开发国际航线的潜力还是很大的，建议进一步加大工作力度和前期市场培育补贴力度，增开连接中亚、西亚、南亚、欧洲等地区的国际航线，以便利人员往来和经贸交流合作。

三、提高口岸通关便利化水平

我们在调研中深感，加强口岸建设，无论对促进边境贸易还是提升一般贸易，都是不可或缺的重要一环。目前，新疆有18个国家一类口岸，但作用远没有充分发挥出来。14个公路口岸中，有8个面向第三国开放，4个季节性开放。部分口岸公路等级低、通行条件差，口岸联检厅狭小，水、电、路等基础设施薄弱，功能不完善，特别是办证、签证及通关的管理机制还没有完全理顺，直接影响到通关能力和效率。为此建议：

一是创新口岸管理机制。我们看到，伊尔克什坦口岸的管理井然有序，一个重要原因是口岸管委会将海关、出入境检验检疫、边检、道路运输管理4个部门均吸收为管委会成员单位，其主要领导兼任管委会党委（党组）成员，有效提升了各部门的工作合力和统筹协调能力。与此形成对照的是，我们在吐尔尕特口岸看到长达6公里的压车等待现象，据有关人员反映，尽管有哈萨克斯坦上调整车限重和相关费用后绕道该口岸的车辆大增，以及海关新配置H986设备后核验更加仔细等客观原因，但主要问题还是口岸管理机制不顺、部门间缺乏协调配合、服务意识和应急能力不强所致。建议进一步健全通关协调机制，充分发挥好口岸管委会主体作用。

二是处理好严格查验和通关便利化的关系。我们在与南疆商会、企业代表座谈时，他们对商务签证难、代办签证费用高、通关花费时间长等问题反映十分强烈。解决签证难问题，建议通过外交渠道根据对等互惠原则，积极推进我与周边国家人员往来便利化，在条件成熟的情况下，支持有关国家在乌鲁木齐设立代办处，同时规范签证程序，加强代办签证管理。解决通关时间长问题，核心是要处理好严格检验与通关便利化的关系。严格查验是反恐维稳的需要，不能有丝毫放松，在此前提下，应完善通关便利化政策措施，采取更加灵活便捷的边境管理、人员出入境管理办法，简化通关手续，缩短通关时间，为通关人员和货物提供便捷服务。显然，这对新疆口岸的管理提出了比其他地方更高的要求，为此建议海关、公安边防等部门将新疆口岸作为通关便利化的试点，并加强工作指导。

三是进一步完善边贸政策。发展边境贸易对于繁荣边境地区经济、维护边境稳定具有重要意义。特别是新疆，边境贸易在对外贸易中常年占半数以上份额，2014年以前一直是全国9个边境省区中边贸规模最大的省区。但2008年以来，由于国家政策调整等原因，新疆边贸发展滞缓下来，占全国边贸总额的比重从2008年的56.9%下降到2014年的33.4%。国家调整边贸政策，主要是出于履行入世承诺和减少税源流失等考虑，但新疆同志认为还应考虑新疆的特殊性。主要问题和建议是：其一，新疆边贸企业大多从事代理出口业务，有关不退税货物及出口可退税货物但未申报退税的企业须补缴增值税、所得税和滞纳金的规定，对这些企业明显不公平，导致企业不得不放弃代理出口业务，建议不再计提销项税或征收增值税；其二，取消边贸商品进口关税和进口增值税减半征收的优惠、代之以财政专项转移支付支持边贸企业能力建设的政策，实难起到促进边贸发展的作用，在边贸规模大幅下滑的情况下，提高边贸企业能力建设的实际意义已大打折扣，建议调整专项用途，并由地方统筹使用。建议商务部、财政部考虑新疆反映的这些实际情况，进一步完善边贸政策，以活跃边疆经济，带动边民增收。

四是加强口岸基础设施建设。口岸建设主要由地方政府负责投资，中央予以补助。近年来新疆口岸联检厅、货场、装卸设备、检验检疫设备等有所改善，但由于欠账多，仍不能满足发展的需要。特别是近年来南疆红其拉甫、卡拉苏、伊尔克什坦、吐尔尕特口岸联检区下迁办公后，从国门前哨班到口岸联检区之间出现了长距离孔道，最长达上百公里，监管难度大，是口岸整体监管的一个薄弱环节。建议国家发改委、财政部等部门和自治区进一步加大对新疆口岸基础设施建设的支持力度，尽快使重要口岸实现二级以上公路直通，提升硬件设施水平，加强孔道技防、人防综合监控工程建设，增强口岸服务保障能力。

四、大力促进产业结构优化升级

优化新疆产业结构，提升向西开放的竞争力和支撑力，是核心区建设的核心内容。这就犹如斧背与斧刃的关系，只有斧背越厚，斧刃才能劈得越深。从目前的情况看，新疆的产业结构不能适应外向发展的需要，突出地表现在新疆出口结构与产业结构的严重错位上。2014 年，新疆外贸出口 234.8 亿美元，其中服装、纺织、鞋类、日用品、农产品及食品等轻工类产品占60.2%，机电产品占24.1%，而这两类行业的增加值在新疆产业结构中的占比仅分别为8%和2.8%；相反，占新疆工业增加值比重80%以上的重化工业，其出口份额连30%还不到。此外还有一点值得注意，新疆外贸出口的79.3%是民营企业做的，而民营企业的比重在新疆只占1/4左右，实际情况是，从新疆出口的商品大多并不产自新疆。据我们了解，从新疆口岸出口商品的80%是由新疆外贸企业从内地组织的货源，出口中真正属新疆地产的商品只占20%左右。也就是说，新疆的外贸出口并不是靠新疆产业而是靠内地产业支撑的，新疆只是"通道经济"。

展望未来，新疆核心区建设不能仅仅停留在通道经济上，要真正成长为有力支撑向西开放的新高地，就必须加快自身产业结构优化升级的步伐。为此建议：

一是积极推进产业结构的战略性调整。重点解决几个问题：其一，产业结构畸轻畸重。目前新疆重工业与轻工业比例为88.3∶11.7，其中石化工业占比高达47.9%。这种偏重且单一的产业结构受国际大宗商品市场波动影响大，且既不利于带动就业，也不利于形成西出的比较优势。其二，产业链条短、配套能力弱。新疆产业大多属资源开采加工型，产业链条短且多处于产业链上游，最终产品制造和开发能力不强。其三，创新能力弱。新疆也有像特变电工、金风科技等创新能力强的企业，但数量太少，多数企业创新能力弱，企业研发经费占地区生产总值的比重远低于全国平均水平。其四，市场竞争不充分。新疆国有及国有控股企业增加值占规模以上工业增加值的74%，其中央企又占了大头，民营企业和多种所有制经济占比偏小。产业结构战略性调整的方向是，大力发展劳动密集型产业、现代制造业特别是高新技术产业，促进产业结构的多元化和高度化；大力发展非公经济，推动大众创业、万众创新，强化市场竞争体系；大力培养科技创新人才，推进校企合作，提高重点行业、重点企业核心竞争力。

二是发挥通道优势促进产业结构调整。我们在调研中了解到，几年以前，新疆机电产品出口在出口结构中还排在10位以后，而现在已快速提升到第2位，其中一个重要原因，就是"十二五"期间国内一些著名企业，如三一重工、陕汽、中国重汽、北方奔驰卡车、徐工等，继通过新疆口岸出口产品一段时间后，纷纷落户新疆投资办厂，大大提升了新疆机电生产和出口能力。这说明，通道有通道的作用，大通道与产业结构调整是可以互相促进的。开放度越大，通道能力越强，拉动新疆产业结构调整也就越有力；相应地，新疆产业结构调整力度越大，就越是可以有力支持通道建设和向西开放。为此，应坚持"东引西出"战略，以打造对内对外开放新高地为目标，着眼于产业结构优化升级，进一步做好大通道文章，真正实现扩大开放与结构调整的良性互动，为新疆开放型经济发展不断注入新活力。

三是加快推进乌鲁木齐陆路港建设。所谓陆路港，是指将多种运输方式无缝对接且具有通关功能的综合服务体。乌鲁木齐作为大通道的交通枢纽和商贸物流中心，面向中亚和欧洲，服务新疆和内地，非常适合陆路港建设。乌鲁木齐陆路港分线上、线下两个部分。线上部分包括物流信息平台、电子口岸、跨境电子商务等；线下部分主要是集乌鲁木齐西编组站、北站、集装箱中心站、公路运输枢纽和航空港为一体，实现多式联运，可综合提供集装箱编组、货物集并、仓储物流、海关监管、金融服务等多种功能。该陆路港的建成，将使起运地集货等待时间由平均3.5天减少到1天，降低国际货运回程空载率，使中欧班列运价降低25%左右，显著提高双向物流的效率和服务水平，将更有利于吸引国内外企业在新疆落户。目前，该项目在上海交通大学等单位的支持下已完成可研报告，预计三年建成。建议海关总署及有关部门将丝绸之路经济带的陆路港建设定位在乌鲁木齐，并给予积极支持。

四是支持新疆企业"走出去"。近年来新疆企业境外投资意愿增强，境外投资增长较快。截至目前，新疆境外投资企业共376家，境外机构88家，协议投资总额81.7亿美元，项目分布在30多个国家，其中53%集中在中亚五国。境外投资企业多数规模不大，但其中也有像广汇石油、华凌集团、金风科技、特变电工、塔城国际、紫金矿业、新疆利华等投资规模较大、项目质量较高的企业。在我们召开的企业座谈会上，这些企业反映的问题和建议主要有：加大"两优"贷款和境外融资支持力度；加快人民币"走出去"步伐，提供人民币结算服务，减少汇率损失；提供投资项下的保险服务；加强"走出去"平台建设，提供政策、信息服务等。建议有关部门认真研究"走出去"企业的诉求，加大支持和服务力度。

五、加强金融支持

支持新疆建设区域性金融中心，更好地服务于新疆产业结构调整和企业"走出去"，是核心区建设的重要支撑。近年来，在"一行三会"的支持下，新疆初步建立起了多元化、多层次、广覆盖的金融组织体系。国家开发银行、进出口银行分行入驻喀什，民生银行乌鲁木齐分行即将开业，外资银行机构落户乌鲁木齐；金融机构网点不断增加，各项贷款平均增速保持较高水平；资本市场初具规模，上市公司数量位居西北五省区前列；已开展跨境贸易和直接投资人民币结算业务和霍尔果斯金融创新业务试点，并取得进展；与周边部分国家签订了双边本币互换协议。但与核心区建设的要求相比，新疆金融服务体系尚不完备，支持新疆产业发展和企业"走出去"的服务能力亟待提升。主要表现在：一是由于新疆产业结构的特点，一些行业风险大，一些企业特别是中小企业存在贷款难、融资难问题。二是由于银行贷款方面存在一些限制，部分基础设施建设配套资金不足。三是在新疆企业"走出去"地区缺少相应金融机构支持，在境外投资企业用人民币结算仍存在困难。四是跨境人民币创新业务的范围、力度有待拓展。为此建议：

一要完善金融服务体系。调研表明，短期内新疆仍以银行间接融资为主，建立一个较为完整的银行体系对于核心区建设意义重大。可通过以下四种方式完善新疆银行体系：一是研究借鉴哈比银行在新疆设立分支银行的方式，适当降低门槛，吸引国外商业银行到新疆开设分支机构。二是2012年，华凌集团在格鲁吉亚收购一家银行并控股90%。可研究借鉴华凌模式，鼓励新疆优质企业在境外也可在境内并购金融机构，或是作为发起人成立民营银行，为新疆企业"走出去"和新疆实体经济发展提供更多更好的金融服务。三是研究建立政府主导、民资参与的银行，如新疆银行。四是研究建立以民资为主、政府参股的银行，如南疆银行。

二要积极发展直接融资。直接融资成本低，灵活性强、较有弹性。为了支持新疆企业发展和"走出去"，应大力发展多层次资本市场。一是中国人民银行已经为新疆地区开设了银行间债券市场的绿色通道，建议新疆企业更好利用银行间债券市场融资。二是研究建立"四板"市场，使具备条件的境内外优质企业能够在"四板"上市融资。三是研究建立甜菜、番茄等具有新疆特色的大宗商品交易市场。

三要发展外汇市场交易。在中国外汇交易中心交易的货币是世界主要货币，挂牌的哈萨克斯坦货币坚戈是银行间市场区域交易币种之一。可充分利用这一有利条件，引进周边国家货币挂牌交易，规避汇率风险，促进贸易和投资便利化。

四要发展跨境保险服务。鼓励出口信用保险机构落户新疆，研究探索保险机构发放境外人民币保单等业务，延伸跨境保险金融服务功能。

五要拓展跨境人民币业务创新。中国人民银行赋予中哈霍尔果斯经济合作中心较为优惠的金融开放政策，今后可选择适当时机将这一政策逐步推向新疆四个综合保税区和一个保税物流中心。

"一带一路"建设取得良好开局[*]

（2016年3月7日）

今年的政府工作报告对"一带一路"建设提出了明确要求。推进丝绸之路经济带和21世纪海上丝绸之路建设，是国家主席习近平2013年提出的重大倡议，得到国际社会的高度关注和热烈响应。在党中央、国务院的正确领导下，在各地方、各部门的共同努力下，在企业和社会各界的积极参与下，两年多来，"一带一路"建设工作起步顺畅、开局良好，以"五个一"为标志，"一带一路"建设取得了实实在在的成果。

一个顶层设计。2015年3月28日，习近平总书记在出席博鳌亚洲论坛时发表重要演讲，详细阐述"一带一路"构想。期间，经国务院授权，发展改革委、外交部、商务部联合对外公布了《推动共建丝绸之路经济带和21世纪海上丝绸之路的愿景与行动》（以下简称《愿景与行动》），提出了共建"一带一路"的时代背景、共建原则、框架思路、合作重点、合作机制以及中国的开放态势和行动等，使"一带一路"成为国际社会共同聚焦的热点，为共建"一带一路"描绘了宏伟蓝图。这份纲领性文件的发布，标志着"一带一路"倡议的顶层设计工作已顺利完成。必须说明的是，这份文件只是一个方向性、框架性、意向性的设计，未来有许多具体的内容还需要我们与沿线各国进一步商量、完善，其中的合作理念、建设方向，将在今后"一带一路"建设过程中，不断在协商中予以明确，在实践中予以体现。

---

[*] 本文原载《文汇报》2016年3月9日。

一系列国际共识。"一带一路"倡议自提出始,就引起了国际社会的高度关注,一些国家表达出了浓厚的参与愿望,一些国家对此抱有较高的期待,当然也有一些国家存有疑惑。《愿景与行动》正式发布以后,"一带一路"所体现的和平合作、开放包容、互学互鉴、互利共赢的核心理念,特别是在实际推动过程中注重和强调与沿线国家发展战略和规划对接的做法,比如与俄罗斯主导的欧亚经济联盟、蒙古"草原之路"、印度尼西亚"海洋强国"、哈萨克斯坦"光明之路"、巴基斯坦"愿景2025"等对接,使得沿线国家对"一带一路"的理解认同不断提升,合作意愿持续升温。"一带一路"所倡导的共商、共建、共享原则,以及共同打造利益共同体、命运共同体和责任共同体等,逐渐成为国际社会的重要共识。

一揽子合作协议。中国已与匈牙利、土耳其、波兰等30多个国家签署共建"一带一路"谅解备忘录。与俄罗斯签署了《丝绸之路经济带建设和欧亚经济联盟建设对接合作的联合声明》。乌法峰会期间,中蒙俄三国签署了《关于编制建设中蒙俄经济走廊规划纲要的谅解备忘录》。我国与吉尔吉斯斯坦签署了《中华人民共和国政府与吉尔吉斯共和国政府关于两国毗邻地区合作规划纲要(2015~2020年)》,与哈萨克斯坦签署了《关于加强产能与投资合作的框架协议》,与塔吉克斯坦签署了《关于编制中塔合作规划纲要的谅解备忘录》。这些合作文件的签署为下一步"一带一路"的务实推进奠定了良好的政治基础。

一批建设项目。在"一带一路"建设五大重点方向上,特别是在中亚、东南亚等亚洲周边重点区域,都有一批在建或新开工的重要项目。中巴经济走廊建设顺利推进,习近平总书记访巴期间,签署项目累计金额达300亿美元。莫斯科—喀山高铁勘察设计工作全面启动。匈塞铁路的匈牙利段项目已签署中匈政府间合作协议,塞尔维亚段项目已签署中塞总合同,并于2015年12月25日举行了启动仪式。中老铁路签署了两国政府间合作协议,首条与我国铁路网直联的境外铁路已经落地，并已于 2015 年 12 月初开工建设。缅甸皎漂特别经济区项目中方联合体已经中标。雅（加达）万（隆）高铁项目已落地动建，中印尼双方企业联合体正式签署组建合资公司协议。中白（俄罗斯）工业园已经全面动工。

一套支撑保障体系。鉴于"一带一路"建设是一项宏大系统工程，涉及方方面面，需要有强有力的组织领导机构来把握方向，统筹对内对外工作，推动各项工作顺畅有序进行。为此，中国政府成立了推进"一带一路"建设工作领导小组，负责审议重大规划、重大政策、重大事项、重大问题，指导部门和地方开展工作，在国家发展改革委设立了办公室，承担日常工作。中央有关部门也普遍建立了工作领导机制，研究制定本部门的实施方案，提出了支持措施，能源、农业、生态环保、教育、文化合作等一大批专项规划编制工作也在有序推进。各地方也都根据各自的优势和特点，研究制定了本地区参与"一带一路"建设的实施方案，并已完成了与国家规划的衔接。金融系统积极发挥支撑保障作用，中国人民银行积极引导降低对沿线国家贷款利率，组建中非产能合作基金。丝路基金全面启动运行，已投资包括巴基斯坦卡洛特水电站等多个项目。八方动员、协同推进的格局已初步形成。

把握机遇 乘势而上
扎扎实实推进"一带一路"建设*

(2016年11月4日)

习近平总书记提出"一带一路"倡议三年来,国际社会反应强烈,国内工作扎实推进,"一带一路"建设开局良好,已经取得了超出预期的进展和成果。今年8月17日,习近平总书记在推进"一带一路"建设工作座谈会上发表重要讲话,充分肯定了"一带一路"建设取得的显著成绩,深刻阐述了推进"一带一路"建设的重大意义,对下一步推进"一带一路"建设工作作出全面部署,为进一步做好"一带一路"建设工作指明了前进方向。

一、深刻认识推进"一带一路"建设的重大战略意义

"一带一路"倡议是在国际格局和国际秩序进入大调整时期、我国全方位对外开放进入关键时期的大背景下提出的。认清世情国情的变化,有助于深刻理解"一带一路"重大的现实意义和深远的历史意义。

从国际看,"一带一路"倡议的提出,是促进全球经济复苏的中国方案,是增进不同文明互学互鉴的中国智慧,是推进全球治理体系变革的中国担当。

首先,世界经济仍处于国际金融危机发生以后的深度调整期,

---

* 天津市参事室等单位举办2016中国(天津)"一带一路"发展战略参事研讨会,这是作者在研讨会上的发言。

原有的发展格局被打破，世界经济增长的新动力、新格局尚未形成，世界经济复苏的道路艰难曲折。经过多年的快速发展，中国已经成为第二大经济体、第一大外汇储备国和第二大对外投资国，大国地位显著提升，有意愿也有能力在促进全球增长上做出更大贡献。"一带一路"横跨欧亚大陆，沿线国家借中国发展的东风加快发展的愿望十分强烈。推进"一带一路"建设，不仅契合了沿线国家的愿望，而且正如习近平总书记所讲，本质上是通过提高有效供给来催生新的需求，形成新的经济增长点，实现世界经济再平衡，必将有力地推进世界经济的复苏。

其次，在全球金融危机背景下，经济全球化和区域经济一体化仍是主流，但也出现了逆全球化的暗流。西方发达国家为重振本国经济、推动再工业化进程，纷纷祭起贸易保护主义，或打贸易仗，或打货币战，加上西方民粹主义抬头，反全球化思潮上升。一部世界史，是不同文明相互借鉴、融合发展的历史，这才是人间正道，零和博弈是没有出路的。"一带一路"倡议的提出，秉承开放包容、共建共赢的理念，为各国提供了一个包容性巨大的发展平台，致力于打造中国发展与世界各国共同发展的利益共同体、命运共同体，再一次指明和坚持了世界各国共同繁荣、共同发展的正确方向。

最后，国际金融危机充分暴露了全球治理体系存在的缺陷和不合理性。现在的全球治理体系是由美国等西方国家主导的，是为他们的战略利益服务的，缺少发展中国家的参与，不能反映发展中国家的利益。在全球东西方力量对比发生彼消此长深刻变化的背景下，国际上变革全球治理体系的呼声日益高涨，我国参与和塑造全球经济治理的有利条件越来越多。我国无意寻求势力范围，但一定要积极主动作为。推进"一带一路"建设是我国推动全球治理体系变革的主动作为。它不仅有利于深化沿线国家的务实合作，而且可以使我广结朋友，提升国际影响力，大大增强我国在制定国际规则、维护核心利益上的主动权和话语权，推动全球治理体系的变革。

从国内看，推进"一带一路"建设，是应对国民经济进入新常态的战略之举，是构建全方位对外开放新体系的顶层设计，是倒逼经济体制深化改革的重大机遇。

经过30多年改革开放，我国综合国力日益增强，正在加速向现代化强国迈进。一个13亿人口的国家在较短的时间内实现现代化，在全球是前所未有的。随着支撑传统增长方式的国内外条件和环境的深刻变化，国民经济发展进入新常态，"人口红利"消退、资本劳动比上升、企业盈利空间收窄、各类风险累积，这要求我们必须通过稳增长、调结构、转方式、促改革重新塑造国际竞争新优势。应对国民经济新常态下市场约束和资源约束趋紧的新挑战，我们在转变经济增长方式的同时，必须更加积极主动地在全球范围内配置资源。2008年以来，我国海外直接投资（ODI）呈两位数快速增长，到2015年超过外商直接投资（FDI），创下1456.7亿美元的历史新高，首次位列世界第二，这意味着我国已进入资本输出国行列，将在更大程度、更广范围、更深层次上融入世界经济。改革开放30多年来，对外开放始终是我国经济持续快速发展的重要动力。前20多年的增长得益于东部沿海地区的率先开放，近10多年的增长得益于加入世界贸易组织后的进一步扩大开放，当前和今后一个时期，我国的对外开放将从"引进来"为主转向"走出去"为主的新阶段，必须更加自觉地树立全球视野，更加积极地统筹国内国际两个大局，更加主动地谋划海陆并举、东西相济的全方位对外开放大战略。我们有理由相信，推进"一带一路"建设必将有效地拓宽国民经济发展空间，优化产能结构，打破资源瓶颈，增加有效供给，提升中国经济国际化水平和竞争力，这本身就是推进供给侧结构性改革的关键一招。

总之，"一带一路"是我国扩大对外开放的重大战略举措和经济外交的顶层设计，是我国今后相当长时期对外开放和对外合作的管总规划，内涵深刻、寓意深远。推进"一带一路"建设，不仅有利于为世界经济增长注入新动力，推动全球治理体系变革出现新局面，而且有利于我国构建开放型经济新格局，在开放中增强发展新动能，在开放中增添改革新动力，在开放中争创竞争新优势。

二、"一带一路"建设开局良好、成效显著

"一带一路"倡议提出三年来，在党中央、国务院的坚强领导下，各地各部门积极开展工作，"一带一路"建设从无到有、由点及面，取得了超出预期的阶段性成果。

（一）认真做好顶层设计，统筹推进国内工作

党的十八届三中全会确定了推进"一带一路"建设的战略构想，党中央决定成立推进"一带一路"建设工作领导小组。按照党中央、国务院的部署，国家发改委、外交部、商务部会同有关部门和科研机构开展深入研究，着手编制相关规划。2015年3月，经国务院授权，三部委联合对外发布了《推动共建丝绸之路经济带和21世纪海上丝绸之路的愿景与行动》，引起国际社会的高度关注和积极响应。领导小组办公室制定了推进"一带一路"建设三年滚动计划和实施方案，以及年度工作要点，明确了重点方向、重点国别、重点项目和重点工作。各地各部门普遍建立工作协调机制。各部门按照顶层设计要求，先后开展了国际产能合作、基础设施互联互通、能源合作、农业合作、海上合作、科技合作、教育行动、标准"走出去"、文化发展、旅游合作等一批专项规划的编制工作。各省区市主动作为，从各自实际出发，纷纷制定实施方案，推出了一批项目和举措。国家丝路基金和亚洲基础设施投资银行相继成立，强化了"一带一路"建设的资金支持。国资委、工商联出台支持企业参与"一带一路"建设政策措施，推动各类企业"走出去"，实现国际化经营转型升级。

（二）深化对外沟通磋商，不断凝聚各方共识

近年的外交工作以构建新型国际关系为核心，以国家领导人高访为引领，加强议题和成果设计，将"一带一路"融入双多边重大交往活动中，广泛宣传开放包容、合作共赢的丝路精神，有效增进了外方对"一带一路"的理解和认同。俄罗斯是调动"一带一路"全局的关键国家。习近平总书记亲自做普京总统工作，抓住俄"向东转"的契机，推动俄方从有所疑虑转向认同合作，双方签署了丝绸之路经济带与欧亚经济同盟对接协议，带动了中亚地区整体的积极参与。注重与哈萨克斯坦"光明之路"、蒙古国"草原之路"、波兰"琥珀之路"、印尼"海洋支点"等共建国家的发展战略进行对接，努力契合双方发展愿景。积极推进与先期签署备忘录的国家共同编制双边合作规划纲要。中蒙俄经济走廊建设规划纲要编制完成并顺利签署，实现了"一带一路"首条经济走廊、首个多边规划的突破。中哈、中塔、中老、中柬等双边合作规划正在编制当中。迄今为止，已有100多个国家和国际组织表达了参与"一带一路"建设的意愿，我国已同40多个沿线国家签署了共建协议，同时还加强与国际组织合作，与联合国开发计划署签署了关于共同推进"一带一路"建设的谅解备忘录，与联合国亚太经社会签署了首份共建"一带一路"合作文件。

（三）加强陆海廊道建设，取得一批早期收获

在新亚欧大陆桥经济走廊方向，实施《中欧班列品牌建设方案》，重点打造统一品牌。习近平总书记访问波兰期间举行了中欧班列境外首达仪式，在国内8个城市举行了中欧班列品牌发布暨国内首发仪式。截至目前，中欧班列已累计开行超过2400列。匈塞铁路政府间合作协议已经生效，马其顿米拉蒂诺维奇—斯蒂普和基切沃—奥赫里德高速公路项目有序推进。中哈（萨克斯

坦）连云港物流合作基地一期正式启用。在中国—中亚—西亚经济走廊方向，中吉乌铁路安格连—帕普段隧道项目（乌境内）竣工通车，塔吉克斯坦瓦赫达特—亚湾桥隧项目一号隧道贯通，吉尔吉斯斯坦南—北公路项目、土耳其东西高铁前期工作抓紧进行。在中国—中南半岛经济走廊方向，雅万高铁启动先导段建设，中老铁路作为首条与我国铁路网直联的境外铁路工程建设进展顺利，中泰铁路正在加紧磋商。境内玉溪—磨憨铁路项目加快建设。澜沧江—湄公河国际航道二期整治工程前期工作全面启动。在中巴经济走廊方向，巴基斯坦喀喇昆仑公路二期、卡拉奇高速公路开工建设，拉合尔轨道交通橙线等一批重点项目完成融资。在孟中印缅经济走廊方向，缅甸皎漂特别经济区项目中方联合体已经中标。在21世纪海上丝绸之路方向，斯里兰卡科伦坡港口城复工，汉班托塔港二期工程即将竣工，希腊比雷埃夫斯港股权收购项目完成交割。毛里塔尼亚、哈萨克斯坦、印尼、伊朗等海外海水淡化项目正在推动落实。"南北极环境综合考察与评估"专项已启动。

（四）推进经贸投资合作，推动重大项目落地

国际产能合作进展明显。国务院印发了《关于推进国际产能和装备制造合作的指导意见》。截至目前，我国已同20个"一带一路"沿线国家开展了机制化的产能合作。已与法国、德国、韩国、英国、西班牙等国家就共同开拓"一带一路"沿线第三方市场达成重要共识，与法国合作的英国欣克利角核电站项目已成为"一带一路"建设第三方合作的典范。与俄罗斯、哈萨克斯坦、巴基斯坦、伊朗等国家开展核合作，推动中国自主三代核电技术"华龙一号"等走出国门。各类双多边产能合作基金规模超过1000亿美元，其中中哈产能合作协议投资超230亿美元。

境外合作园区蓬勃发展。目前，在"一带一路"沿线国家已经建设52个境外合作区，其中中白（俄罗斯）工业园等重点园

区建设取得积极进展。中印尼综合产业园区合作加快推进，中哈霍尔果斯国际边境合作中心建设初见成效。柬埔寨西哈努克港经济特区、泰国罗勇工业区以及中老、中越、中蒙跨境经济合作区、阿曼杜库姆经济特区中国产业园正在积极推进，埃及苏伊士经贸合作区、匈牙利中欧商贸物流园正在加紧招商引资。

贸易投资便利化水平继续提高。自贸区建设步伐加快，正在全球布局建设"一带一路"自贸区网络。中国—东盟自贸区升级《议定书》生效实施，《区域全面经济伙伴关系协定》（RCEP）、中国—新加坡自贸区升级、中国—格鲁吉亚自贸协定、中国—马尔代夫自贸区谈判稳步推进，中国—海合会自贸区、中国—以色列自贸区谈判重启，中国—土耳其跨境电子商务平台已上线启动。我国与哈萨克斯坦、吉尔吉斯斯坦、塔吉克斯坦在边境口岸启动农产品快速通关"绿色通道"，农产品通关时间缩短90%。

（五）完善国内支持政策，加强境外安全保障

各部门主动出台政策，服务"一带一路"建设。财政部会同有关部门起草了《境外政府和社会资本合作项目贷款管理办法》，拟对符合要求的境外PPP贷款予以贴息，与中投海外直接投资有限公司合作发起"中国农业投资开发基金"。商务部对企业境外投资备案实行无纸化管理，研究取消对外承包工程资格审批，降低企业进入对外承包工程市场门槛；通过融资保险推动大型成套设备开拓沿线国家市场。农业部起草了首个支持农业"走出去"的政策文件，编制完成种业、农机、农垦等重点行业规划，以及与哈萨克斯坦、埃塞俄比亚等重点国别的农业合作规划。国土资源部建立包括"一带一路"在内的全球矿产资源信息系统数据库，为企业在"一带一路"沿线国家进行矿产资源勘查开发提供资料信息。外汇管理局取消了境外直接投资项下外汇登记核准、境外再投资外汇备案、境外直接投资外汇年检，大大便利了境内机构参与国际经济技术合作和竞争。海关总署深入推动"三互"

大通关建设、建立海关多式联运监管体系，加强与沿线海关间的"经认证经营者"（AEO）互认合作，大幅提升通关效率。质检总局举办以"认证认可助力中国高铁走向世界"为主旨的2016年世界认可日主题活动。环保部启动建设中国—东盟环保信息共享平台，开展中巴经济走廊战略环评，启动建设"一带一路"生态环保大数据共享与决策支持平台，提供生态环保支撑工具。国家知识产权局建立国际化发展知识产权信息网，组织研究并发布"一带一路"有关国家知识产权环境报告。中联部创办了《笔尖下的丝路》（*New Stories of the Silk Road*）英文电子网刊，定期向沿线国政要、专家学者、媒体记者、企业家等重要群体发送，生动鲜活地介绍"一带一路"建设进展情况。外交部加强"一带一路"建设境外安全保障工作，加强了与沿线国家情报、信息、执法安全、军事合作和安保合作机制建设，着力构建安全风险评估、监测预警、应急处置"三位一体"境外安保体系，加强了境外风险防范。

在肯定成绩的同时也要看到，推进"一带一路"建设还存在一些需要认真解决的问题，主要是：在思想认识方面，对"一带一路"建设的长期性、艰巨性、复杂性认识不清，存在着急功近利、眉毛胡子一把抓等片面认识和做法；在对外工作方面，解疑释惑、增进共识、安全保障工作还需要进一步加强；在政策协调方面，相关政策措施的出台既要符合国内法律法规，又要与国际惯例接轨，同时需要加强政策间协调，形成合力；在项目落地方面，如何与共建国家找好利益契合点、如何加大金融支持等，都需要进一步完善。

三、把"一带一路"建设继续推向前进

习近平总书记8月17日重要讲话强调，总结经验，坚定信心，扎实推进，聚焦政策沟通、设施联通、贸易畅通、资金融通、

民心相通，聚焦构建互利合作网络、新型合作模式、多元合作平台，聚焦携手打造绿色丝绸之路、健康丝绸之路、智力丝绸之路、和平丝绸之路，以钉钉子精神抓下去，一步一步把"一带一路"建设推向前进。为此，要认真抓好以下重点工作。

（一）进一步增进共识、统一思想

要继续把增进共识的工作抓紧抓好。"一带一路"倡议提出以来，国内外支持和赞同的声音占大多数，但也有不少误解和误读，有的说中国搞"一带一路"就是为了输出过剩产能，更有甚者，一些别有用心的人将"一带一路"与"马歇尔计划"混为一谈，把经济问题政治化，不遗余力地渲染"中国威胁论"。我们要有理有据地回击这些不实言论，讲明我们的理念是合作共赢，我们的合作从不寻求势力范围，是不附加任何政治条件的。对外舆论宣传要围绕国际社会普遍关注的热点问题，用事实说话，开展鲜活的宣传报道，有效传播"一带一路"的核心理念，团结更多的沿线国家参与到"一带一路"建设中来。要进一步统一内部的思想认识，深刻认识"一带一路"建设的长期性、艰巨性，纠正对"一带一路"认识上的偏差。要始终秉承开放包容、互利共赢的理念，始终坚守共商、共建、共享的原则，努力寻求我与沿线国家共同发展的最大公约数，绝不搞零和博弈和"一锤子买卖"。要避免把"一带一路"当作筐，什么都往里装，要牢牢把握"一带一路"建设的近期目标和工作重点，周密组织，精准发力。

（二）着力做好重点方向、重点国别的工作

推进"一带一路"建设涉及面广，沿线国家的国情千差万别、情况复杂，要求我们必须进一步明确主攻方向，突出重点方向、重点国别、重点项目，本着先易后难、以点带线、以线带面的原则，集中力量取得突破，使其更好地发挥示范效应。在经济走廊建设上，要重点把中巴经济走廊打造成为"一带一路"的旗舰项目，在产能合作上，要重点推进与印尼、哈萨克斯坦等国的产能合作。要坚持"一国一策"、"因国施策"，对不同国家要有针对性地制定不同合作策略，将工作做实做细。要发挥好智库、金融机构和"走出去"企业的力量，加强对"一带一路"沿线国家国情及发展战略的系统研究，全面深入地了解情况，更好地聚焦沿线国家的诉求和关切，掌握"一带一路"建设的主动权。要特别注意做好大国工作，妥善处理中美、中俄等大国关系，化解各种矛盾和挑战，减少消极因素，增加积极因素，为"一带一路"建设的顺利推进营造良好的国际环境。

(三) 切实推进关键项目落地

项目建设是推进"一带一路"建设取得实质性进展的关键环节，是展示"一带一路"建设成就的重要标志，也是吸引沿线国家参与"一带一路"建设的有效手段。要进一步落实好已签署的"一带一路"合作协议，使意向性、框架性协议转变为具体的合作项目，争取更多的早期收获。要以基础设施互联互通、产能合作、经贸产业合作区作为项目建设的重要抓手。互联互通就是要畅通从我国到印度洋、波斯湾、波罗的海的海上运输大通道，实现亚洲铁路网与欧洲、非洲铁路网的连接；产能合作就是要坚持优势互补、以我为主，把我国企业的技术、资金、管理优势与所在国的市场、资源等要素结合起来；经贸产业合作区建设就是要依托重点项目，打造项目群和产业链，推动我贸易、投资、技术、标准整体"走出去"。要按照符合战略要求、契合外方关切、建设条件成熟、具有重要影响的原则，继续遴选出一批重大关键项目，不断充实"一带一路"建设重大项目储备库。在推进关键项目落地的过程中，还要特别注意改善当地的民生，推进民心相通，厚植民意基础，为"一带一路"建设创造有利的舆论环境。

（四）加强国内政策支撑和增强安全保障

企业是"一带一路"建设的主体，要充分发挥企业的市场主体作用，引导和鼓励更多企业"走出去"。要针对企业特别是民营企业反映的参与"一带一路"建设中面临的问题，如金融支持不够、外汇结转难、缺乏安全保障等，认真研究并完善政策支持体系。要加快构建服务"一带一路"建设长期稳定、风险可控的政策支持体系，通过综合运用政策性融资、出口信用保险、出口信贷等手段，简化国内项目审批手续，完善配套服务，支持企业在"一带一路"建设中发挥更加积极的作用。要通过推进"一带一路"建设，倒逼国内改革开放，着力推进开发型经济体制建设。对不符合"一带一路"建设需要、不符合构建开放型经济体制的政策规定，要全面梳理、改革完善。要坚持体制机制创新和政策工具创新，逐步形成一整套更成熟、更完备、更管用的制度体系，为"一带一路"建设释放更多的制度红利。要加大对"走出去"企业安保工作力度，帮助海外投资企业建立健全内部安防制度，深入推进海外利益安保体系建设。同时也要加强对企业境外投资行为的引导和管控，尊重所在国的法律和习俗，督促企业履行好社会责任。

（五）统筹做好各方面的工作

要牢牢把握"一带一路"建设在我国对外开放中顶层设计的定位和核心理念，处理好国内发展与对外合作、本国利益与互利共赢、政府引导与市场原则等重大关系，真正形成"一带一路"建设的强大合力。要坚持内外统筹。开展"一带一路"建设要统筹国际国内两个市场、两种资源，既要重视研究海外市场和资源配置，也要重视发挥国内经济的支撑辐射和引领带动作用。要统筹"走出去"和"引进来"，既要鼓励国内企业到沿线国家投资经营，也要欢迎沿线国家企业到我国投资兴业。以双向开放实现与沿线国家更好的利益融合。要坚持区域统筹。要以"一带一路"建设带动我国东中西部梯次联动并进。要加强区域战略的协同配合,把"一带一路"建设同京津冀协同发展、长江经济带发展等国家战略对接起来,同西部大开发、东北振兴、中部崛起、东部率先发展、沿边开发开放结合起来,带动形成全方位开放、东中西部联动发展的生动局面。要加强区域政策的协调统筹,引导不同区域充分发挥各自的比较优势,形成优势互补、良性互动的局面,切忌"一哄而上"、"打乱仗"。要加强政企统筹。进一步厘清政府与企业、政府和市场的关系。在"一带一路"建设中,政府的角色不可或缺,政府要充分发挥规划、引导、服务和保障作用,既不要越位,也不要缺位;要充分发挥企业作为"一带一路"建设主体的作用,充分尊重企业的自主权,自主决策,自主经营,在国际竞争的大风大浪里锻炼成长。只有把政企关系处理好了,才能为"一带一路"建设注入持久的动力和活力。

人类命运共同体理念是
指导"一带一路"建设的行动指南[*]

（2018年9月17日）

我就牢固树立人类命运共同体理念、加强"一带一路"理论建设问题，谈一点看法和建议。

一、从西方的负面炒作看加强"一带一路"理论研究的重要性

习近平总书记提出"一带一路"倡议五年来，"一带一路"建设取得了超出预期的丰硕成果。我国已与130多个国家和国际组织签署了近150份共建"一带一路"合作文件，推动共建"一带一路"倡议及其核心理念写入联合国等重要国际机制成果文件；与沿线国家货物贸易累计超过5.5万亿美元，中欧班列累计开行1万余列，直达欧洲15个国家43个城市；对沿线国家投资超过800亿美元，在沿线国家共建设82个境外投资经贸合作区，入区企业4000多家，上缴东道国税收22亿美元，为当地创造就业岗位24.4万个；与39个国家签署产能合作文件，人民币跨境支付系统覆盖41个沿线国家和地区；多领域深化人文合作，增强了与沿线国家合作的民意基础。总的看，"一带一路"倡议得到愈来愈多沿线国家的积极响应和参与，在国际社会产生重大而深

---

[*] 中国国际经济交流中心与上海社会科学院联合举办"一带一路"上海理论研讨会，这是作者在研讨会上的发言。

刻的影响。

另一方面也要看到，随着我国全球影响力的不断上升，美西方加紧了对"一带一路"的负面炒作和攻击抹黑，特别是在美国挑起贸易战、试图遏制中国崛起的背景下，这类杂音噪音有明显上升态势。从可以收集到的材料看，美西方对"一带一路"的攻击炒作多属蓄意抹黑，是站不住脚的，这里试举几例：

论调之一："中国版的马歇尔计划"。"马歇尔计划"是冷战时期美苏争霸的产物，带有浓厚的意识形态色彩，把8个东欧社会主义国家排除在外，并在援助中附加了许多不平等条件。而我们的"一带一路"建设是开放包容的，遵循平等互利原则，既不搞小圈子，也不附加任何政治条件，不仅造福中国人民，而且惠及沿线各国人民，说明"一带一路"与"马歇尔计划"根本不是一回事。

论调之二："中国式的新殖民主义"。英国外交大臣、美国《纽约时报》等西方政客和媒体屡屡把新殖民主义的帽子扣在"一带一路"头上，而且总是拿中非关系说事。他们声称中国在非洲的大量投资旨在控制非洲的资源，没有增加当地就业和惠及民众，中国商人与非洲政治精英结成不同寻常的关系，搞非法木材和濒危野生动物交易，涉及逃税、洗钱丑闻，干的是西方150年前在非洲已经做过的事，是现今非洲面临的十大挑战之一等。事实上，中非基于相似的历史遭遇和共同使命结成了牢不可破的命运共同体，中国秉持真实亲诚理念，对非洲提供了无私的援助，开展了互利双赢的合作，不仅造福了民众，而且给非洲带来了新的发展机遇，赢得了非洲国家和人民的普遍赞赏和信任，这些事实是不容抹杀的。新殖民主义那套强国凭借资本、技术、贸易、金融、文化垄断地位来维护自身既得利益、控制发展中国家的做法，与中非合作无关，也根本扣不到"一带一路"头上。

论调之三："输出过剩产能论"。英国《外交官》、《金融时报》多次发文，声称中国向沿线国家输出过剩产能，中国提出

"一带一路"是旨在为国内过剩产能提供出路的机制设计。这种似是而非的论调根本站不住脚。首先，产能的国际转移是客观必然趋势，中国改革开放以来，也从西方国家引入了大量生产线，照此说法，岂不是西方国家在向中国输出过剩产能？其次，中国与"一带一路"沿线国家有着很强的经济互补性，中国与沿线国家开展产能合作，是从这些国家所处工业化阶段的实际需要出发的，是互利双赢的，合作项目不仅包括基础设施，也包括制造业，不仅包括初级产品加工，也有不少深加工项目，这是由市场决定的，根本就不存在强买强卖问题；再次，中国与沿线国家的产能合作是长期的，绝不会去干这种只顾眼前不顾长远的事。

论调之四："债权帝国主义和债务陷阱"。今年初，一世界著名网站刊发了印度新德里政策研究中心某教授《中国的债权帝国主义》一文，构陷中国正在使许多国家陷入"债务陷阱"；美国前国务卿蒂勒森也声称，中国的对非投资增加了非洲的债务。这是对中国的无端指责。第一，利用外资本身并无不妥，只要把握得当，有利于加快经济发展，这正是中国改革开放取得成功的一条基本经验。第二，"一带一路"沿线国家迫切需要开展基础设施和工业化建设，又往往面临资金短缺、信用不足的难题，中国提供投资和贷款是应需之举，而且采取的是国际通行做法，没有附加任何条件，更不可能干乘人之危的事情。第三，外媒列举的事例多属捕风捉影。例如，所谓斯里兰卡的债务危机，这主要缘于其国内的连年赤字，且中国对斯的债权比日本还少，就是占了中国对斯投资大头的汉班托塔港，其贷款也完全可以由自身的新增收益支付。非洲的债务问题也大体如此，约翰斯·霍普金斯大学对非洲17个债务严重国家的调查承认，"中国提供的贷款目前并未显著加剧非洲的债务危机"。

论调之五："地缘扩张论"。一些西方政客和精英戴着传统地缘政治的有色眼镜看待"一带一路"，认为中国提出的"一带一路"是进行地缘政治扩张的工具，是中国从保守的地区大国向扩张主义的全球大国转变的标志。所谓地缘扩张,指的是强国利用各种手段对某一战略要地施加影响和控制,以此来改变国家之间权力地位的战略。这本是西方列强谋求霸权主义的行径,用来指责"一带一路"同样是毫无根据的。中国早就宣示走和平发展道路,从不谋求霸权与势力范围,我们提出的"一带一路"倡议从不针对任何特定国家,是经济合作倡议而非政治议题,谋求的是和平发展而非霸权控制,与地缘扩张根本不沾边。

从以上情况和分析可以得出两点结论:第一,共建"一带一路"作为我扩大对外开放的重大战略举措和推动全球治理体系变革的中国方案,势必要触及美西方的战略利益,美西方对"一带一路"的攻击抹黑和负面炒作反映了西方国家对"东升西降"、国际秩序行将发生变革的一种焦虑,是美西方为维护自身既得利益,遏制和打压我综合国力和国际影响力的又一手。围绕"一带一路"的话语争夺和舆论斗争将是长期的、复杂的和尖锐的,对此必须要有充分的思想准备。第二,我们还要有足够的理论准备。美西方对"一带一路"的攻击抹黑,往往披着学术的外衣,使用的是经济学、社会学、政治学的逻辑和术语,具有很强的迷惑性和煽动性。这场舆论斗争实际上也是理论斗争,要真正做到把我们"一带一路"的道理和主张讲清楚,有理有利有节地批驳谬误、澄清是非,并不是一件容易的事。正像习近平总书记多次强调的,话语权决定主动权,失语就要挨骂。这就要求我们要切实加强"一带一路"的理论研究和话语体系建设,这是摆在我们面前一项急迫的任务。

二、站在构建人类命运共同体高度推进"一带一路"理论建设

推进构建人类命运共同体,是习近平新时代中国特色社会主义外交思想的核心内容,科学回答了人类从哪里来、现在在哪里、

将来到哪里去这一人类发展的根本性问题,继承了古今中外先贤哲人"大道之行、天下为公"的优秀思想遗产,符合马克思恩格斯对共产主义"只有在共同体中才能有个人自由"的科学论断,是人类发展,特别是应对全球性挑战的必然选择。构建人类命运共同体,是我国开展中国特色大国外交的根本遵循和前进方向,也理应成为"一带一路"建设的指导思想。

过去,我们讲"一带一路"的重大意义,多是从我国扩大全方位对外开放角度讲的;讲扩大全方位对外开放,又多是从经济进入新常态、要破除种种约束就要加快"走出去"的经济工作角度讲的。命运共同体也讲,但是远没有现在理解得那么深刻。现在看来,要全面准确地理解"一带一路"的主张和要义,确有必要把"一带一路"放到中国外交工作全局和全球治理体系变革的大局中重新认识,更加突出构建人类命运共同体对"一带一路"的引领作用。

什么是"一带一路"的主张和要义?我认为可以概括为"一体三共五通"。"一体",就是"一带一路"构建人类命运共同体的目标方向;"三共",就是"一带一路"秉持的共商共建共享原则;"五通",就是"一带一路"政策沟通、设施联通、贸易畅通、资金融通、民心相通的重点任务。

习近平总书记在博鳌亚洲论坛、联合国大会、联合国日内瓦总部的演讲中多次系统阐述了人类命运共同体理念,其思想内涵十分丰富,要点是"五观":

一是在人类命运上的天下大同观。人类只有一个地球,各国共处一个家园。各国相互联系、相互依存,全球命运与共、休戚相关,世界的前途命运由各国共同掌握,世界上的事情要大家一起来办,没有谁可以独霸世界。和平与发展是全人类孜孜以求的共同目标,是全人类的共同价值和时代潮流。要以构建合作共赢的新型国际关系为宗旨,打造你中有我、我中有你的人类命运共同体。

二是在国与国关系上的主权平等观。这是国际关系中最重要的准则。各国应相互尊重、平等相待。国家体量有大小、国力有强弱、发展有先后，但都是国际社会平等的一员，都有平等参与国际事务的权利。大国只有更大的责任，没有对国际事务的垄断权。主权和尊严必须得到尊重，反对干涉别国内政。主权平等还表现在尊重各国自主选择社会制度和发展道路上，尊重彼此核心利益和重大关切，客观理性看待别国的发展壮大。要完善全球治理体系，推动各国权利平等、机会平等、规则平等。

三是在共同发展上的义利相兼观。只有合作共赢才能大家一起发展，只有大家一起发展才是真发展。要树立双赢共赢理念，秉持开放包容精神，践行正确的义利观，义利相兼，义重于利，摒弃零和博弈、你输我赢、赢者通吃的旧思维，在追求自身利益时兼顾他方利益，在寻求自己发展时促进共同发展，建设一个共同繁荣的世界。经济全球化是人类发展的大方向，要积极推动全球治理变革，维护开放型世界经济体系，坚持多边主义，反对单边主义，建设开放、包容、普惠、平衡、共赢的经济全球化。

四是在安全问题上的和平共处观。国家和，则世界安；国家斗，则世界乱。国家之间要超越意识形态和社会差异，构建对话不对抗、结伴不结盟的伙伴关系，摒弃一切形式的冷战思维，树立共同、综合、合作、可持续的安全观。沟通协商是化解分歧的有效之策，政治谈判是解决冲突的根本之道，要坚持以和平方式解决争端，求同存异，聚同化异，不断增强互信认同，反对动辄使用武力或以武力相威胁，努力建设一个持久和平的世界。

五是在不同文明关系上的文明互鉴观。世界孕育了不同文明，世界因此而丰富多彩。文明没有高下之分，只有特色之别。文明相处需要和而不同的精神，要对话不要排斥，要交流不要取代，在交流中取长补短，在互鉴中共同发展。文明差异不应该成为世界冲突的根源，而应该成为增进各国人民友谊的桥梁、推动人类社会进步的动力、维护世界和平的纽带。

"一带一路"作为推动构建人类命运共同体最重要的实践平台，要在方方面面体现构建人类命运共同体的理念和要求，要自觉地用构建人类命运共同体这个大目标、大方向去指导我们的实践，这是推进"一带一路"建设沿着正确轨道不断前行的根本保证。

习近平总书记提出的处理国际事务的共商共建共享原则，是完善全球治理体系的新理念，是推动构建人类命运共同体的有效途径和基本方法。共商，就是加强沟通、平等协商。与国际事务中的霸权主义、强权政治、猜忌隔阂、结盟对抗不同，共商理念倡导的是国际社会的平等、民主、互信、和谐，通过和平协商解决多边、双边的纷争和矛盾，寻求最大公约数，画出最大同心圆。共建，就是加强合作，共同参与。经济全球化已将世界市场融为一体，形成你中有我、我中有你，一荣俱荣、一损俱损的利益格局，面对机遇和挑战，各个国家应加强合作共建，分享发展机遇，扩大共同利益，而不能搞以邻为壑、损人利己的事。共享，就是包容发展，共享成果。面对发展赤字、数字鸿沟、南北失衡等世界性难题，要建立更加公平正义的世界秩序，让所有国家和人民都享有平等的发展机会，共同分享世界经济发展的成果，打牢维护世界和平的根基。我们说，世界的命运应由各国人民共同掌握，国际规则应由各国人民共同书写，全球事务应由各国人民共同治理，发展成果应由各国人民共同分享，这就是共商共建共享最终要实现的目标，也应成为"一带一路"建设必须遵循的"黄金法则"。

习近平总书记提出的"五通"，即政治沟通、设施联通、贸易畅通、资金融通、民心相通，最早是用在共建"一带一路"重点任务上的，实际上也是打造人类命运共同体的切入点和助推器，把共建"一带一路"的"五通"搞好，就是在推进人类命运共同体建设。

总之，人类命运共同体是一个完整的思想体系，"一体三共五通"是这一思想体系的"四梁八柱"。加强"一带一路"理论建设，就要把什么是人类命运共同体、为什么要构建人类命运共同体、怎样推动构建人类命运共同体讲清楚；把"一带一路"与人类命运共同体的关系，在构建人类命运共同体中的地位、作用讲清楚；把共建"一带一路"的基本原则和路径讲清楚。把这些道理讲清楚了，一是有利于"一带一路"占据国际道义的制高点，赢得更广泛的国际支持和参与；二是有利于赢得舆论斗争中的主动权，维护好"一带一路"建设的外部环境；三是有利于防止和纠正工作中的认识偏差，确保"一带一路"行稳致远。

三、对加强"一带一路"思想理论建设的几点具体建议

在新的起点上，"一带一路"建设的国际环境依然复杂多变，自身工作中也还存在不足和短板，要推进"一带一路"建设在更高层次上不断取得新成果，有必要进一步加强思想引领和理论指导。为此提几点建议：

一是进一步统一思想认识。要全面准确地把握共建"一带一路"建设的主张要义，高举构建人类命运共同体的旗帜，始终坚持共商共建共享原则和正确的义利观，扎扎实实推进"五通"建设，不断扩大合作共建的朋友圈。要充分认识到中国扩大对外开放，不是要一家唱独角戏，而是欢迎各方共同参与；不是要营造自己的后花园，而是要建设各国共享的百花园。要充分认识到"一带一路"建设不仅仅是经济合作，也是完善全球发展模式和全球治理、推进经济全球化健康发展的重要途径，进一步增强"一带一路"是构建人类命运共同体最重要实践平台的意识和自觉性，主动增进与沿线国家的政治互信，更好地照顾彼此的利益关切，使"一带一路"建设发挥更大的综合效益。

二是均衡推进"五通"建设。在"五通"里，设施联通、贸易畅通、资金融通是合作共建的物质基础，政策沟通和民心相通

是合作共建的引领和保障。"一带一路"建设不能追求短期效应，也不应单纯追求经济效益，这就要求均衡地推进"五通"建设，更好地发挥政策沟通和民心相通的作用。把政策沟通做好了，就可以找到双方合作的契合点，为实现互利共赢打下坚实基础，就可以不断地积小胜为大胜；把民心相通工作做好了，就可以赢得沿线国家广大人民的情感认同和支持，减少共建的阻力和障碍，增强我与美西方舆论斗争的主动权和话语权。

三是督促企业切实承担社会责任。企业是"一带一路"建设的主体，在很大程度上代表着国家的形象。我国有4万多家"走出去"企业，大多数企业的表现是好的，但也存在某些企业行为不规范问题。政府有责任支持企业"走出去"，但不能为违法违规企业埋单、背黑锅。要加强对"走出去"企业的思想教育和监督，督促企业履行好社会责任，纠正短期行为，避免授人以柄，自觉地践行丝路精神，主动地承担起"一带一路"建设形象大使的职责。

四是切实加强理论研究和对外宣传。要加强理论界、智库与政府部门、企业界的交流互动，加强与国外智库的合作，认真总结五年实践经验，不断地把感性认识上升到理性认识，形成一整套有说服力的理论体系和话语体系。要加强对外宣传工作，针对美西方的攻击抹黑有计划地增设外宣议题，有理有据地宣传共建"一带一路"的理念主张、进展成效，澄清事实，以正视听。要改进外宣的方式方法，多用对方听得懂、听得进的方式，增强宣传的实效性。

第十四编 其他

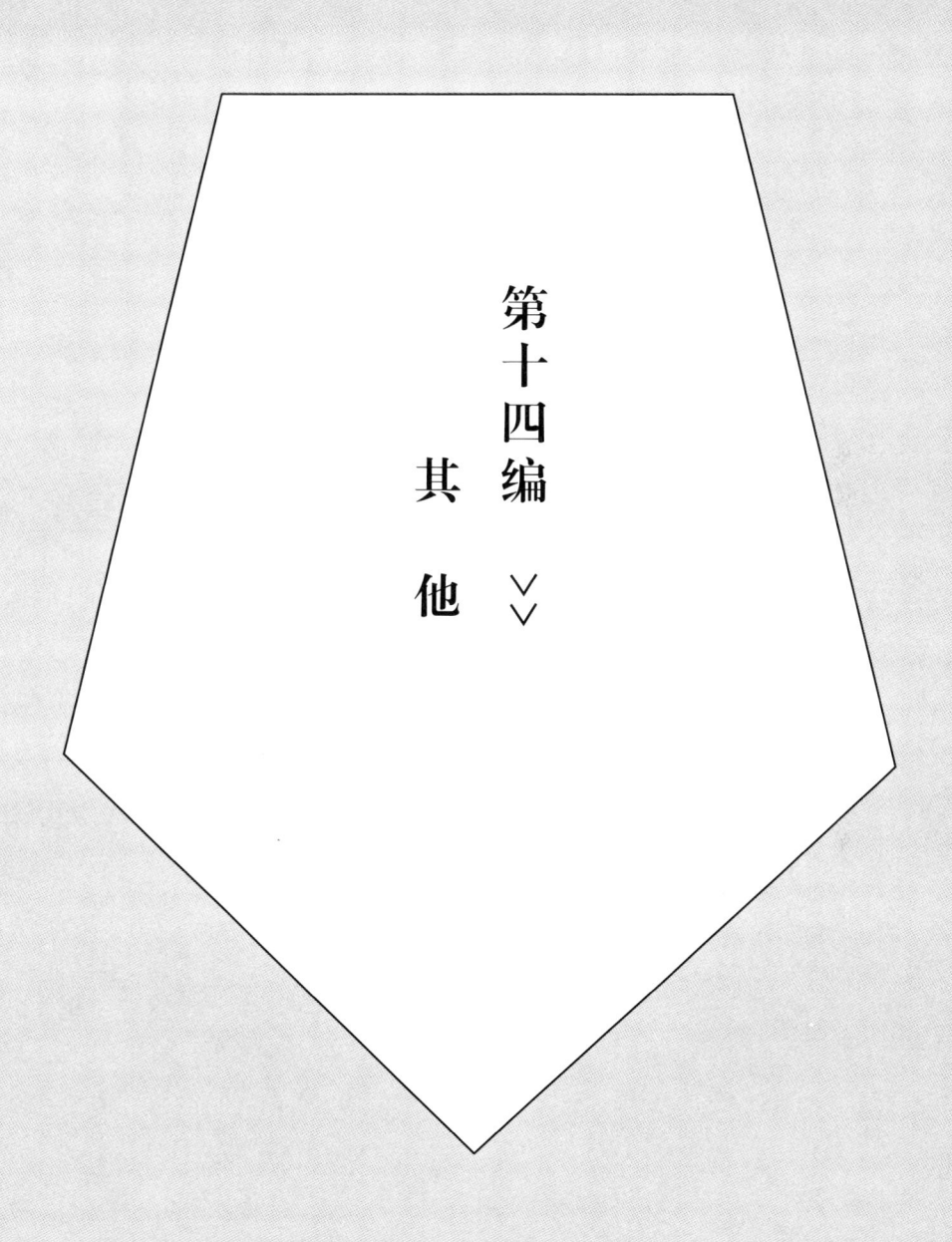

欧盟区域政策考察报告[*]

(2006年11月29日)

一、欧盟的区域政策概况

欧盟无论在成员国之间还是在成员国内部,都存在地区发展不平衡问题。特别是欧盟经历5次扩大后,25个成员国之间发展水平差距更大。卢森堡作为欧盟最富的国家,其人均GDP是欧盟平均水平的2倍多;法国、德国、英国和丹麦也分别比欧盟平均水平高出18%、22%、36%和63%;10个新成员国则明显落后,捷克、斯洛伐克、立陶宛和波兰等国人均GDP还不到欧盟平均水平的一半,土耳其、保加利亚、罗马尼亚等候选国人均GDP不足欧盟平均水平的40%。缩小地区发展差距、促进共同发展、增强凝聚力和竞争力,是欧盟一贯倡导的目标,欧盟的区域政策是达成这一目标的主要手段,也是欧盟最具影响力的内部政策之一。从考察的情况看,欧盟区域政策的实施力度一般要大于成员国协调本国地区发展的力度。

欧盟的区域政策经历了一个演进的过程。1958年签订的《欧共体共同条约》就明确了区域问题的重要性,以及解决区域问题的法律规范。1969年,欧共体委员会首次提出了共同区域政策的

---

[*] 根据中欧领导人联合声明,双方建立了中欧区域政策交流与合作机制。2006年10月30日~11月8日,杜鹰率团赴欧盟,就加强中欧区域政策交流合作进行会谈磋商,并考察了欧盟区域政策实施情况。这是考察后形成的报告。

概念。1975年，欧共体部长理事会批准的一份关于地区发展的报告，确立了全面的区域政策概念和执行架构，建立了区域政策的专门工具——欧洲区域发展基金。1993年欧盟成立后，欧盟基本法第2条规定："欧盟的目的在于促进经济和社会发展，实现高就业水平和维持可持续与平衡发展"；第158条规定："缩小欧盟不同地区间的发展差距，特别是那些欠缺扶持的弱势地区"。1997年的《阿姆斯特丹条约》明确规定了要促进地区均衡可持续发展。欧盟的区域政策经历了几十年的实践和发展，已形成比较完善的体系。

欧盟区域政策具有明确的援助对象。欧盟规定了四种类型的地区为"问题区域"，需要提供援助。一是基础设施缺乏而需要长期援助的不发达地区；二是为了调整产业结构，促进新兴工业的建立而需要短期或中期援助的地区；三是受到世界经济形势变化或受共同体政策负面影响的地区；四是边境地区。

欧盟具有统一的区域划分。为确定欧盟区域政策的受益范围，欧洲委员会统计局设计了一套通用的成员国地域分类框架，把整个欧盟的区域划分为三个层次的分区，每个成员国分为一个或多个第一分区，每个第一分区又分为多个第二分区，下面进一步分为多个第三分区。政策操作针对第二级的划分，共254个标准统计区域，为区域政策的直接作用对象。欧盟为评价区域发展状况，制定了判断"地区失调"的标准，主要指标是：地区失业率的趋势、农业和衰退工业部门中就业的劳动力比重、人口净迁出率、地区GDP的水平和趋势等，并由此测算254个区域享受政策的水平。在25个成员国的254个标准统计区域中有64个区域被确定为受援区域，超过25%的人口受惠。

欧盟设立了专门基金，用于支持区域发展。目前，欧盟协调区域发展的主要政策工具是包括区域发展基金在内的结构基金和凝聚基金两大基金，以及其他基金、金融及行政手段。欧盟对区域发展基金的申请使用、项目报批、监管等作了严格的规定。区域发展基金主要面向低于整个欧盟人均GDP水平75%的相对落后地区。凝聚基金只适用于人均GDP低于欧盟均值90%的成员国。欧盟区域援助政策的预算总金额占欧盟同期财政预算的三分之一左右，是欧盟最大的一笔公共开支。区域援助预算的80%以上投向低于整个欧盟人均GDP水平75%的地区。欧盟对落后地区的资金援助设定上限，每个国家最多不能超过本国GDP的4%。

欧盟十分重视制定区域援助政策规划。欧盟已先后实施了"1994～1999年欧盟结构政策"（资金额达1600亿欧元），"2000～2006年欧盟结构政策"（资金额达2600亿欧元），目前正在酝酿形成"2007～2013年欧盟结构政策支出计划"，资金额将达到3360亿欧元。这些政策规划具有强制性的法律效力，受援国家和地区也要按照欧盟要求，相应制定资金使用规划。未来7年欧盟区域政策的重点将集中在以下三个领域：一是促进区域发展的凝聚，鼓励落后地区，特别是新成员国加快发展和增加就业机会。二是提高欧盟其他地区的区域竞争力。按照里斯本战略要求，大幅度增加研发投入力度。三是加大区域合作力度，在整个欧盟推进地区之间和成员国之间的和谐发展。

欧盟构建了多层次的区域政策执行机构，并形成了相互配套的区域协调机制。在机构设置上，欧盟层面为第一个层次，决策机构为欧盟理事会内设的区域政策委员会，执行机构为欧盟委员会内设的区域政策事务部即区域政策总司，咨询机构为欧洲议会内设的区域政策委员会。成员国居于第二个层次，各国政府一般都有区域管理机构，负责本国政策的制定，同时接受欧盟统一的协调整合。第三个层次是各国的地方政府，也相应设立区域政策机构。同时，在国家间或地区间跨境区域合作方面，欧盟国家建立健全了各种跨境合作组织并形成相应的协调机制。

政策协调机制由纵向、横向两方面组成。纵向方面，欧盟的区域政策协调行为，在严格遵照政府间有关法律和制度的框架下，一般采用自下而上的方式，重视成员国及各国地方政府的主动参与，而很少采取自上而下的行政干预。横向方面，欧盟发挥公共部门、私营机构与中介机构的合力作用，区域协调组织类型多样，在区域政策的制定、执行和反馈过程中担当着重要的角色。

在2000年制定的里斯本战略指导下，欧盟更加重视建立更具竞争力和活力的知识经济体系，进一步完善开放式的区域政策战略实施协调方法和制度。欧盟进一步改进了区域政策目标，以及决策和实施方式：一是简化现有指导性政策，更加侧重中长期的经济发展、就业和社会和谐目标。二是决策分散化，由成员国自己选择和实施区域政策，使欧盟总体战略与成员国的经济社会体系和决策程序更加协调。三是突出知识经济体系的建设，提高区域竞争力。四是以援助政策为主的主动政策组合，将让位于以促进竞争为主的从动政策组合，减少对企业直接支持的计划，增加创造公平竞争环境方面的支持。五是鼓励地区间的合作与互动，促进形成共赢局面。

二、实施效果

从总体上看，欧盟区域政策的实施效果是明显的。1988～2001年，欧盟受援的落后地区人均GDP已从占欧盟25国人均GDP平均水平的63%提高到70%；13个受援落后成员国人均GDP已从占欧盟25国人均GDP平均水平的68%提高到81%。1995～2002年，欧盟25国中10%人口最富地区人均GDP与10%人口最穷地区的比值，由12∶1下降为8.5∶1。这表明欧盟区域发展差距是缩小的。

葡萄牙是欧盟区域政策的净受益国。葡萄牙作为欧盟的落后国家，1986年加入欧共体后，至今已先后与欧盟协同推进了3期"共同体支持框架"的规划，累计接受了908亿欧元的援助。在政策推动下，葡萄牙的人均GDP由1995年的11138欧元提高到2002年的16248欧元，从相当于欧盟人均GDP平均水平的

58.2%提高到69%。欧盟区域政策的实施，不仅缩小了葡萄牙与其他国家的差距，而且对葡萄牙国内地区间的协调发展也发挥了巨大作用。

土耳其积极推行向欧盟靠拢的战略。作为加入欧盟的候选国，土耳其正在按照过滤程序，梳理以经济政策为主的国内制度条款，与欧盟进行35个章节的谈判，并相应进行国内改革。在区域管理与政策方面，按照欧盟要求，土耳其开展了区域类型划分、区域管理机构建设与调整等工作，开始按照欧盟预备接纳基金的程序和规范开展项目实施。

三、启示与建议

在科学发展观和构建社会主义和谐社会两大战略思想指引下，我国统筹区域发展的整体战略已基本形成，为实现到2020年扭转区域差距扩大趋势的目标，我们需要进一步增强统筹区域协调发展的能力，从加强基础性工作做起，有序推进相关领域的改革，形成更为有效的政策体系。欧盟促进区域协调发展的做法，对我们是有借鉴和启示意义的。

（一）规范区域划分，做好基础性工作

欧盟择取反映经济社会发展水平的主要指标，设置指标体系，统一标准，进行了细致的区域划分，为政策操作奠定了坚实基础。目前，我国的区域划分还是大尺度、概念化的划分，且按不同标准又有多种多样的划分。前者如最初的沿海与内地、后来的"东、中、西"，以及东部、中部、西部和东北"四大区块"的划分；后者如"老、少、边、穷"、国家扶贫开发工作重点县的划分等。这样的划分，在一定阶段是必要的，但随着区域关系的复杂化和支持力度的不断加大，粗略和多样的划分很容易为政策的实施带来歧异，给政策的衔接带来困难。"十一五"规划明确提

出了四类主体功能区的划分，对于统一标准、改进区域划分具有重要意义，应予积极推进。在主体功能区划分的细化和落实上，可借鉴欧盟的经验，选择好反映区域发展状况的主要指标，统一标准和口径，逐步建立起更为规范、细致的区域划分框架，以增强区域政策的针对性和可操作性，为区域发展战略的有效实施提供保障。

(二) 完善区域政策体系，增强统筹协调能力

我国目前的区域政策整体是有效的，但也存在着因地而异、区域间政策缺乏一致性、政策指向不够明确等问题。比如，西部大开发以生态建设、解决"三农"问题、加强交通基础设施建设为主，而对振兴老工业基地的政策不够明确；东北以振兴老工业基地为主，对发展县域经济、支持"三农"的政策不够明确。由于上述原因，专项转移支付的类别多样，专项资金名目繁多，基本建设投资补助标准也不一致。此外，还存在着区域管理职能分散、政出多门、政策实施中职能交叉、地方参与程度较低、政策实施的监督与后评估不完善等问题。协调区域发展，需要有统一的政策框架和多种政策手段的配合。为此，应根据我国区域经济发展的阶段和特点，考虑现有区域性政策的衔接和整合，包括明确政策指向、协调政策工具、统一资金安排等，以逐步建立起统一有效的区域政策体系。同时，还要健全、规范区域管理机构和协调机制，加强区域管理和协调，确保区域政策实施步调一致。

(三) 加强立法工作，奠定法制基础

迄今为止，我国还没有一部促进区域协调发展的法律。在政策执行中，人为因素的干扰和政策变形时有发生，弱化了区域协调发展的调控效果。改革开放以来，特别是新世纪以来，国家在协调地区发展方面做了大量工作，将行之有效的政策上升为法律，将区域政策实施纳入法制化、规范化操作轨道的条件正在成熟。

为此，建议抓紧构建促进区域协调发展的法制基础，尽快启动区域发展基本法的立法程序。立法的过程，也是一个逐步明确区域类型划分、区域协调发展目标、区域政策在国家宏观调控中的作用、协调区域发展的基本制度和机制、中央政府与地方政府各自职责的过程，争取用3~5年的时间，形成法律基本框架。

（四）加强地区间的合作，促进共同发展

欧盟十分注重成员国以及地区之间的合作，将其视为共同发展的基础。虽然欧盟的每个成员国每年都要上缴本国GDP的1%作为欧盟预算经费，而在资金分配上，只有少数国家是区域援助资金的净受益国，但由于整体上促进了市场的开放竞争，结构调整的加快和资源共享，其他国家包括净捐赠国，也从统一市场的完善上受益，从而促进了共同发展。可见，援助与合作缺一不可，是区域政策相辅相成的两个方面。近年来，我国地区经济合作取得明显成效，为活跃市场、扩大内需、优化资源配置、调整结构做出了贡献。应加强对区域合作的指导和协调，努力破除市场的行政壁垒和障碍，推进资源、要素价格的改革，进一步完善地区间合作互动机制，充分发挥区域性合作组织的作用，真正形成良性互动、互利双赢的局面。

世界主要国家促进区域发展的做法与启示[*]

（2007年2月15日）

从世界范围来看，很多国家尤其是大国，在不同的历史时期都面临区域问题，也都采取了相应的措施努力解决这些问题。但是清晰明确的区域政策是在上世纪20年代以后形成的。1929年世界经济大萧条之前，自由竞争的思想占主导地位，政府对区域发展的干预较少，也还没有明确完整的区域政策。大萧条之后，随着凯恩斯主义的盛行，政府对区域发展的干预逐步加强，区域政策体系也逐步形成。由于各国不同历史时期面临的区域问题各有差异，不同国家区域政策的目标和手段也不尽相同。

一、世界主要国家发展过程中出现的区域问题

区域问题的产生与四个方面的因素有关：一是区域的自然条件和资源，包括区位和地形、水文、气候等自然条件，土地、矿产、水和生物等资源禀赋，这些因素短期内不会发生显著变化，对区域问题的产生具有基础性影响；二是区域的劳动力、资本、技术、创新能力以及交通等基础设施，这些因素具有较强的流动性和可变性，对区域问题的产生有着直接而又快捷的影响；三是

---

[*] 2007年，国家发改委牵头起草有关区域发展问题专家讲座稿，具体工作由杜鹰负责，参加起草的有国务院发展研究中心研究员李善同、中国科学院研究员樊杰，以及发改委地区司有关同志。本文为专家讲座稿的第一部分，主要由李善同、樊杰撰写。收录本书时有删节。

区域的民族、宗教和文化等，这些因素在深层次上影响着区域问题的产生；四是发展阶段和体制，这些因素具有时代和国别特征，决定着区域问题的类型和表现形式。

归纳起来，世界主要国家面临的区域问题有以下五类：

（一）地区差距问题

这是最核心的区域问题，也是多种区域问题的综合反映。

世界各国普遍存在着地区差距。从人均国内生产总值的水平看，2001年，美国除华盛顿特区外，最高的特拉华州是最低的密西西比州的2.32倍；巴西最发达的东南部地区是最落后的东北部地区的5.04倍；土耳其最高的科杰礼地区是最低的哈卡里地区的13倍；印度尼西亚最富裕的东加里曼丹省是最贫困的哥伦打洛省的17倍。

发达国家的地区差距相对较小。由于发展阶段和国情不同，地区差距的程度、持续时间和演变轨迹也不同，但总体上看，发展中国家的地区差距相对较大。从各地区人均国民收入的基尼系数看，2001年，印度尼西亚的基尼系数为0.40，土耳其为0.32，墨西哥为0.27，波兰为0.21，比利时为0.19，韩国为0.18，英国和美国分别为0.18和0.13。

从发展历程看，一些国家的地区差距呈现较明显的"倒U型"变化轨迹。如1840~1960年，美国、加拿大和瑞典等国的地区差距都呈现"先扩大后缩小"的变化过程。美国上世纪30年代初期，加拿大30年代中期，瑞典20年代末期的地区差距最大。当然，也有一些国家的地区差距没有显著的规律性变动。

值得注意的是，上世纪80年代以来，美国、欧盟、日本等国家和地区，本已缩小的地区差距再次呈现扩大趋势。对此，一些学者又提出了"倒U型+U型"的理论，认为地区差距经过一个从扩大到缩小的变化以后，还会再次扩大。其主要原因有三个：一是在经济全球化的背景下，传统制造业大规模向发展中国家转移，从而使以传统制造业为主的地区出现衰退；二是高技术产业、现代服务业成为发达国家经济增长的主要动力，而这些产业更适合在相对发达的地区集聚，从而成为推动地区差距再次扩大的新因素；三是一些发达国家弱化了政府对经济的干预，缩小了区域政策的实施范围，减弱了区域政策的实施力度。

（二）落后地区发展问题

落后地区大多出现在传统农业地区、少数民族地区、边远地区、自然条件恶劣地区等。许多大国，甚至是富裕的大国也都存在落后地区。

美国比较典型的落后地区是阿巴拉契亚地区。该地区是美国东部沿阿巴拉契亚山脉形成的一个带状区域，包括美国13个州的410个县，面积50万平方公里，人口占美国的8%。1965年，该地区人均收入相当于美国平均水平的78%，是当时美国最为贫困的地区之一。上世纪60年代，美国政府将阿巴拉契亚地区的开发提上了重要的日程。经过几十年的开发，尽管取得了一些成效，但目前这一地区仍比较落后，2002年其人均收入仍然不到美国平均水平的80%。

欧盟成员国之间和成员国内的落后地区问题比较突出。上世纪七八十年代，落后地区主要是欧盟的农业地区和边境地区，如南欧的西班牙、葡萄牙、巴尔干半岛的希腊，以及爱尔兰等地区。即使在较发达的成员国内部，也存在着落后地区问题，如荷兰的北部、法国的西部和意大利的南部。这些落后地区的共同特点是，土地资源少而贫瘠，基础设施落后，居民受教育程度较低，生产效率低下，隐性失业率高，人均收入低于全国平均水平。

巴西的中西部、北部和东北部经济落后。中西部和北部地广人稀，1990年，面积占全国的64%，人口占13.4%，国内生产总值占11.2%（其中亚马孙流域所在的北部地区，面积占全国的42%，人口占7%，国内生产总值占5.5%）。东北部地区人口密集，旱灾频发，贫困严重。1990年，其国土面积占全国的18.2%，人口占28.9%，国内生产总值仅占15.9%。上世纪30年代到70年代，东北部地区人均收入仅为东南部地区的1/3左右，到1989年，人均收入提高到东南部地区的40%，但城市居民中仍有40%属于贫困人口。

(三) 产业转型和资源枯竭地区问题

传统产业地区的经济衰退及其转型困难，是一些国家发展中面临的一个较难解决的区域问题。

英国面临的主要是北部地区衰退问题。作为最早开始工业化的国家，英国北部的钢铁、造船、棉纺、采矿等传统工业地区，从上世纪20年代就已出现衰退迹象。40年代后，随着南部以伦敦为中心的大都市地区机械、化学、航空、汽车等工业的快速兴起，生产要素不断向南部地区集中，进一步加剧了北部地区的衰退。

德国面临的主要是鲁尔工业区问题。在德国工业化的起步阶段，位于西部的以煤炭、钢铁为核心的鲁尔工业区，依靠资源优势成为德国工业化早期的核心区。二战结束以后，机械、电子工业在南方快速兴起，而鲁尔工业区则结构转变缓慢，加之资源趋于枯竭，鲁尔工业区的发展陷入了困境，成为德国经济衰退最严重的地区。

美国的"锈带"问题也非常具有典型性。"锈带"主要指美国北部的老工业区，包括汽车城底特律、钢都匹兹堡、重工业城市克利夫兰和芝加哥。随着资源枯竭和制造业在经济中所占比例急剧下降，上世纪70年代后，这些地区开始走下坡路，企业倒闭，工人失业，城市人口锐减，社会问题丛生，遗弃的工厂设备锈迹斑斑，成为美国经济衰退最严重的地区，"锈带"之称由此而来。

（四）过度开发地区问题

经济活动在空间上的集聚和扩散是最重要的区域发展形态。一般来说，高速增长时期，经济活动更多地表现为向特定区域的快速集聚，发展到一定阶段，当少数区域的经济活动过度集聚时，就会超出其资源环境承载能力，带来交通紧张，用地困难，人口过密，环境恶化，基础设施建设成本和商务成本过高等"膨胀病"。这时，要解决这些问题，继续提高国家的综合国力，就必须调整经济活动的空间结构，促进经济活动的适度扩散。发达国家在经历经济高速增长阶段后，大都遇到过部分区域过度开发问题。

日本的过度开发问题主要指其太平洋沿岸地区。1955年起，日本经济进入高速增长阶段，京滨、阪神、中京和北九州四大工业地带，因其有利的自然条件和较为雄厚的物质技术基础，经济活动快速集聚，以钢铁、汽车、化工为代表的重化工业快速发展。到上世纪70年代初期，形成了经济活动高度密集的太平洋沿岸带状工业区，其中的东京圈、关西圈和名古屋圈密度最高，1975年，三大经济圈的人口占日本的47.6%，工业产品出口占53.7%。经济活动的过度集聚带来了一系列的资源环境问题。上世纪70年代以来，日本一直把解决过密问题作为其区域政策的重点，目前正在编制的第六个国土综合开发规划，拟再次把解决过度开发问题作为一项重要内容。

上世纪50年代以后，法国大巴黎地区急剧膨胀，人口、工业和服务业过度集中。该地区面积只占法国的2%，人口却占19%，就业占29%，而法国西部的乡村地区面积占55%，人口只占37%，就业占24%，区域发展很不平衡。为此，法国在1960年出台了大巴黎区域规划，提出了防止巴黎大都市区过度增长和密集的具体方案。

（五）全球化背景下发达地区的竞争力问题

随着经济全球化进程的加快，提高发达地区竞争力，对带动落后地区发展和促进国家整体经济发展日益重要。因此，各国开始重视提高发达地区的竞争力，并将其作为区域政策的一项重要内容。欧盟 2000 年制定的里斯本战略，就非常重视提高德国、法国、英国等发达国家的竞争力，并要求每个成员国都要选择一些地区作为提高竞争力的重点支持对象。

区域问题对一国的经济发展、社会稳定、可持续发展和国家整体竞争力有着直接的影响，因此世界各国均比较重视并采取措施解决区域问题。

二、世界主要国家促进区域发展的做法

尽管世界主要国家在不同发展阶段面临的区域问题不同，解决问题的方式方法也有所不同，但也有一些共性的做法。概括起来，可以归纳为：立法为本，规划先行，机构健全，政策倾斜，投资促进。

（一）立法为本，保障区域战略的权威性、规范性和连续性

促进区域发展需要强有力的法律保障。世界主要国家都将立法作为落实区域发展战略的先行性措施和制度性前提。

英国较早就制定了专门针对欠发达区域开发的法律。1934 年颁布了特别区域法，以后又调整为工业布局法、工业法。美国上世纪 30 年代颁布了田纳西河流域管理法，60 年代又颁布了地区再开发法、公共工程与经济开发法、阿巴拉契亚地区开发法等一系列法律。

日本构建了比较完备的地区开发法律体系。既有国家层面的法律，又有地方性的法律，既有产业法，又有特定地区法。1950

年，日本制定了国土综合开发法，作为地区开发的基本法，以此为基础，陆续制定了一系列地区开发法律，如土地利用计划法、北海道开发法、偏僻地区振兴法、振兴地区法等。

各国关于地区开发的法律，主要是对开发地区的选定方式、开发的内容和程序、区域开发机构的设置、各级政府在地区开发方面的职责、优惠措施等，作出明确详细的规定，从而为区域开发活动规范、有序进行提供了法律保障。

（二）规划先行，引导区域有序发展

区域规划是对特定区域经济社会发展和环境保护的战略部署和总体设计。尽管有关国家对区域开发规划定义的名称不同，有的称空间规划，有的称国土规划，但就其规划对象来说，都是针对特定区域的规划，规划内容也是大同小异。依法编制区域规划，并作为区域开发的依据，是许多国家的基本做法。

德国早在1923年就编制了鲁尔工业区的区域规划，1974年编制了第一个全国性的联邦国土规划，各州和许多工业集聚区都相应编制了区域整治规划或区域发展规划。

日本1940年编制了国土开发纲要，1946年又编制了复兴国土新规划纲要。随着日本经济从复兴走向繁荣，根据不同时期的发展目标和任务，日本先后编制了五个全国国土综合开发规划，目前正在着手编制第六个全国综合开发规划。

巴西根据不同时期经济发展实际和各地区的特点，编制了一系列地区开发规划。1967年，为促进北部地区的发展，编制了包括工、农、牧业全面发展的综合性开发规划。1970年，联邦政府从战略上考虑，编制了全国一体化空间规划和土地再分配计划，1972年又编制了鼓励北部和东北部地区农工业发展计划，其主要目标是在亚马孙河沿岸地区推进经济开发。同期还推出了中西部地区综合开发规划，通过对该地区的公路、仓储、食品加工等基础设施的建设以及对该地区沼泽地的治理，加快区域开发。

国外的区域规划有两个特点：一是体系比较完整。日本的国土规划按照开发对象，分为全国性综合开发规划、都道府县综合开发规划、地方综合开发规划、特定地域综合开发规划四个层次。德国的区域规划也分为联邦、州、区域、市（县）四个层次，各层次的规划各有侧重又相互衔接。联邦的规划，是原则性和指导性的，主要明确空间结构调整的原则。州的规划，主要是根据联邦规划确定的政策、规定和要求，明确重点区域、发展极和发展轴、基础设施布局、土地利用方案等。特定区域的规划，是跨县市的行政区的规划，主要是在联邦和州的规划指导下，进一步确定土地利用的结构和类型。市或县的规划，是区域规划的最低层次，也是最详细的和最有约束力的规划。

二是以功能区划为基础。德国采用劳动市场区的方法将全国分为271个空间单元，以此作为区域规划和区域政策的目标地区。美国以县为基本空间单元，将全国3141个县划为179个经济地区，并搜集和公布这些地区的经济社会发展信息，供政府机构规划公共项目使用。欧盟划分了254个标准统计地区，以此作为编制规划和实施区域政策的基本单元。同时，各国在区域规划编制和实施中，十分重视电子信息技术的运用，注重将规划内容数字化、图形化，既便于公众了解规划内容，也便于规划实施的监督。

（三）机构健全，把区域政策落到实处

设立指导和统一协调区域发展的专门机构，是国家区域战略、规划和政策得以顺利实施的一项重要保障。区域问题比较突出的国家和地区，一般都设立全国性和综合性的专门机构；区域问题较少或者不突出的国家和地区，一般只设立负责特定区域发展的机构。这些机构都被明确赋予了区域规划和政策的决策、实施、评估的职责。

欧盟设立了多层次的区域政策决策、执行机构，形成了相互配套的区域政策协调机制。在欧盟理事会内部，设有区域政策委员会，专门负责欧盟区域发展政策的制定；在欧盟委员会内部，设有主管区域政策的欧盟委员职位及其领导下的区域政策总司，负责相关的规划、管理、执行和评价工作；在欧洲议会内部，设有区域发展专门委员会，负责有关区域政策法案的征求意见、内部协调以及审议表决等。欧盟还设有欧盟地区委员会等区域政策的咨询机构。欧盟各成员国也都设有区域管理机构，负责本国区域政策的制定，并接受欧盟相关机构的指导。

美国设有专司特定区域发展的机构，如田纳西河流域管理局、阿巴拉契亚地区委员会等，这些机构被赋予规划、开发、利用和保护指定区域内各种资源的职责，统一负责指定区域的开发建设。

(四) 政策倾斜，增强落后地区发展能力

各国促进区域均衡发展和支持落后地区发展的政策手段主要有财政转移支付、税收优惠和财政补贴、金融手段等。

财政转移支付是各国促进地区间公共服务均等化的主要手段。联邦德国主要采取横向财政转移支付的方法，即按照一定标准确定出富裕州和贫困州，由富裕州拿出本州一定的税收收入"捐给"贫困州，以有效控制州际差距。日本中央政府大约集中了国家总税收收入的60%，将其中的一半左右通过财政转移支付的方式分配给地方，以此来缩小地区间人均财政支出或人均公共支出的差距。多数国家在运用财政转移支付手段时，比较重视两个方面的问题：第一，集中财力，保证中央政府掌握足够的收入，以满足财政转移支付的需要；第二，规范标准，各国对财政转移支付的分配都有一套规范的方法，如根据人口规模、人均财政收入水平、人均财政支出水平和支出成本差异等，计算各地区享受的财政转移支付规模。

税收优惠和财政补贴主要是针对特定区域采取的政策手段。法国为鼓励工业和服务业向落后地区转移，刺激山区和农村地区创建多种经营活动，建立了多种形式的财政补贴和奖励制度。

1964年法国设立了地区开发奖金,规定凡在矿区、中央高原等落后地区开展经营活动的企业,都可根据新创造的就业岗位获得每人1.2万~2.5万法郎的奖金。1975~1979年,有约3800家企业得到了这类奖金,创造就业岗位20万个。印度国家发展委员会根据相关标准确定出一些需要扶持的落后地区,给予税收减免和财政扶持,如规定在落后地区投资建厂的企业,5年内可以免除所得税、执照税、销售税,对落后地区企业进口设备免除进口税,并提供运输补贴等。

金融手段也被广泛用于支持落后地区发展。具体方式有设立政策性银行、提供优惠贷款、贷款担保等。1956年,日本为开发北海道地区,设立了北海道开发金融公库。此后,又在日本开发银行中设立了地方开发局,统一承担地区开发金融职能。欧盟设有欧洲投资银行,提供政策性贷款,支持落后地区发展。1976年,意大利的中央中期银行开始在南方一些大区设立分行,同时还成立了金融租赁公司,帮助南方中小企业筹措资金、租赁先进技术设备。1977年,意大利政府又规定,对设备更新和进行结构改造的南方企业,给予投资总额70%的优惠贷款。

(五)投资促进,直接推动落后地区发展

扩大对落后地区投资是促进其经济发展的重要措施。通过增加投资,不仅可以扩大落后地区的就业规模,提高居民收入水平,还可以改善发展条件,增强自我发展能力。

设立基金是帮助落后地区开发的重要方式。这方面比较成熟和规范的例子是欧盟。1975年欧盟就设立了欧洲地区发展基金,用于对落后地区的援助。目前,欧盟主要通过结构基金(由欧洲社会基金、欧洲农业指导与保证基金、欧洲地区发展基金和渔业指导基金组成)和凝聚基金,推动区域均衡发展。结构基金的规模较大,2000~2006年,占欧盟总预算的30%左右。按照相关规划,2007~2013年,这一比例将提高到36%,总额将达到3076

亿欧元。结构基金的援助对象是欧盟254个标准统计地区中符合条件的地区，目前欧盟25个成员国中共有64个标准统计地区得到了结构基金的援助。凝聚基金的规模较小，2000～2006年，总共为180亿欧元。援助对象主要是人均国内生产总值低于欧盟平均水平90%的国家。目前，捷克、爱沙尼亚、塞浦路斯等13个成员国得到凝聚基金的援助。

欧盟结构基金的使用也比较有特色。第一，目标明确。援助目标有三类：一是促进落后地区的发展和结构调整，二是资助工业衰退地区和部分农村地区的经济社会转型，三是支持教育、培训和就业及体制的现代化。第二，标准统一。相关机构制定具体的判断地区失调的标准，以此来确定需要接受援助的区域。如规定人均国内生产总值低于欧盟平均水平75%的地区就可以成为结构基金的第一类援助目标。第三，重点突出。结构基金不是长期援助，而是针对结构性问题和薄弱环节，重点对基础设施建设、生态环境保护、教育培训发展等提供资金援助，创造自主的、可持续的发展条件，增强受援地区的自我发展能力。第四，改善管理，欧盟把受援国政府和地方政府的有效管理作为获取基金的前提条件，促进了受援国家和地区政府管理制度的改进和管理能力的提高。

直接投资是各国促进落后地区发展的常用措施。从上世纪30年代开始，美国联邦政府曾直接投资实施了落后地区三大开发工程。从上世纪30年代至80年代末，实施了田纳西河流域工程；从60年代初开始，实施了阿巴拉契亚区域开发工程，以及哥伦比亚河的水电建设和流域开发。此外，美国把一些尖端军事工业和重要的军事基地建在落后地区，带动了所在地区的经济发展。除了传统意义上的基础设施建设以外，90年代以后，美国把高速信息网络建设作为刺激国内经济发展、保持国际竞争力的重大战略措施，建成了遍布全国的信息高速公路网，使得美国各地区都能快捷地分享全美和全球的经济、科技、市场信息，以促进落后地区的发展。

三、世界主要国家促进区域发展的启示

通过对世界主要国家区域问题及其解决措施的考察，可以得出以下几点启示：

（一）地区差距问题不仅是经济问题，也是政治和社会问题，不可等闲视之

地区差距过大常常会导致地区关系紧张，甚至带来社会冲突。如1994年初墨西哥南部吉巴斯地区爆发的起义，就与该地区人民生活长期处于贫困状态，没有公平分享全国经济发展的成果有关。

值得注意的是，当地区差距过大问题与民族问题、宗教问题纠葛在一起时，往往成为一些国家社会动荡甚至国家分裂的诱发因素。如前南斯拉夫解体前，最富的斯洛文尼亚地区的人均收入是最穷的科索沃地区的8倍，使得不仅低收入地区的不满情绪不断滋长，而且高收入地区也因过多地承担了支持落后地区的义务而不满，要求独立的声音最早就来自这两个地区。

历史和现实均表明，把地区差距控制在一定幅度内，是一个国家长治久安的根本需要。

（二）区域政策与发展观的演进密切相关，政策目标应该是多样化的

发展观是对经济社会发展总的看法和根本观点，并在相当程度上决定和影响着区域政策。随着发展实践的日益丰富，对发展的认识也经历了一个不断深化、逐步丰富的过程。

二战结束之初，各国面临的普遍问题是经济复苏，发展就是经济增长成为共识，加快增长成为各国的首要任务，因而都把增长视同于发展，区域政策也主要关注资源的空间配置效率和区域的经济增长。

随着高增长条件下暴露出的分配不公、两极分化、大量失业等问题的日益严重，人们开始重新反思增长的目的，重新审视发展的涵义。认为发展不仅是经济增长，还应该包括消除贫困、扩大就业、改善分配、提高人民生活水平，发展应该带来社会进步。随着发展观的这一变化，区域政策的内涵也在丰富，从注重经济增长为主，转变为更加注重为落后地区提供就业机会，消除落后地区的贫困现象，以及促进地区间公平地享受基础设施和公共服务等。

随着全球范围的能源紧张、资源短缺、环境恶化、自然灾害频发，促使人们进一步思考发展的价值取向。发展必须与资源环境相适应，人类社会必须与自然界和睦相处，发展不仅要满足当代人需求，还应该不削弱后代人的发展能力。可持续发展战略应运而生，并成为区域政策的基本原则和重要目标，分量越来越重。

(三) 区域政策要服从国家发展战略和区域问题的需要，政策目标和重点要适时调整

区域政策作为国家调节区域发展的重要手段，是国家发展战略的重要组成部分。当国家发展战略变化时，区域政策也要随之调整。在工业化初期，区域政策主要关注产业布局问题；在工业化快速推进的时期，主要关注解决地区差距扩大和落后地区发展问题；近年来，随着经济全球化趋势深入发展，许多国家把提高区域竞争力问题放到重要位置上。

区域政策因新的区域问题出现而更新。在区域发展的不同阶段，区域的内部结构和外部关系不同，在国内乃至全球的竞争地位不同，区域问题的类型和性质也不同，新的区域问题需要采用新的区域政策。

(四) 区域协调发展需要有全局性、前瞻性的政策设计，也需要组合多种手段加以推动

不同地区的经济社会发展是相互影响的，需要统筹考虑各地

区的发展，明确各地区的功能定位，使各地区的发展既有利于国家整体利益的扩大，又与各地区的资源环境承载能力相适应。

区域政策必须系统设计，否则，有可能形成各地区对优惠政策的轮番攀比，破坏全国市场的统一性；也有可能带来对落后地区的不合理开发，损害这些地区的可持续发展。印度2006年2月开始实施的经济特区法，由于设计不周，没有考虑该法实施可能带来的乱征地、滥优惠等问题，不仅引发了持续不断的被征地农民与征地官员的冲突，而且导致国家税收大量流失，不得不于今年年初暂停实施。

促进区域协调发展，在系统规划的基础上，需要采取综合的手段，包括经济的、法律的和行政的手段。而且，要有相应的执行机构，没有强有力的执行机构，再好的区域规划和政策也难以收到理想的效果。

（五）既要发挥市场的作用，也要正确发挥政府的作用，并注重培养落后地区的自我发展能力

效率与公平是区域发展中长期存在的一对矛盾。市场机制有利于提高区域间资源配置的效率。但由于市场的不完备性以及集聚经济的作用，市场机制的自发作用在一定阶段会导致地区差距迅速扩大，加剧区域发展失衡。因此，实现区域的均衡发展，就必须发挥政府的作用。一些国家促进区域发展的实践表明，政府在区域均衡发展中是能够有所作为并发挥积极作用的。

落后地区的发展及其人民生活的改善，需要中央政府在政策、投入等方面的扶持。但要使落后地区的居民过上与区外居民大体相当的现代生活，必须发挥落后地区的积极性和主动性，增强其自我发展能力。

图书在版编目（CIP）数据

杜鹰区域经济研究文集/杜鹰著．--
北京：经济科学出版社，2022.12
ISBN 978-7-5218-2263-2

Ⅰ.①杜⋯　Ⅱ.①杜⋯　Ⅲ.①区域经济发展-中国-文集　Ⅳ.①F127-53

中国版本图书馆 CIP 数据核字（2020）第 264497 号

责任编辑：孙丽丽
责任校对：隗立娜　郑淑艳
责任印制：范　艳

杜鹰区域经济研究文集

杜　鹰　著

经济科学出版社出版、发行　新华书店经销
社址：北京市海淀区阜成路甲 28 号　邮编：100142
总编部电话：010-88191217　发行部电话：010-88191522
网址：www.esp.com.cn
电子邮箱：esp@esp.com.cn
天猫网店：经济科学出版社旗舰店
网址：http://jjkxcbs.tmall.com
北京季蜂印刷有限公司印装
710×1000　16 开　78.75 印张　1033000 字
2022 年 12 月第 1 版　2022 年 12 月第 1 次印刷
ISBN 978-7-5218-2263-2　定价：318.00 元
（图书出现印装问题，本社负责调换。电话：010-88191510）
（版权所有　侵权必究　打击盗版　举报热线：010-88191661
QQ：2242791300　营销中心电话：010-88191537
电子邮箱：dbts@esp.com.cn）